Marcelo Zago & Flávio Rolim

Peça Prática Decifrada para Delegado de Polícia

O GEN | Grupo Editorial Nacional – maior plataforma editorial brasileira no segmento científico, técnico e profissional – publica conteúdos nas áreas de concursos, ciências jurídicas, humanas, exatas, da saúde e sociais aplicadas, além de prover serviços direcionados à educação continuada.

As editoras que integram o GEN, das mais respeitadas no mercado editorial, construíram catálogos inigualáveis, com obras decisivas para a formação acadêmica e o aperfeiçoamento de várias gerações de profissionais e estudantes, tendo se tornado sinônimo de qualidade e seriedade.

A missão do GEN e dos núcleos de conteúdo que o compõem é prover a melhor informação científica e distribuí-la de maneira flexível e conveniente, a preços justos, gerando benefícios e servindo a autores, docentes, livreiros, funcionários, colaboradores e acionistas.

Nosso comportamento ético incondicional e nossa responsabilidade social e ambiental são reforçados pela natureza educacional de nossa atividade e dão sustentabilidade ao crescimento contínuo e à rentabilidade do grupo.

Marcelo Zago & Flávio Rolim

- Os autores deste livro e a editora empenharam seus melhores esforços para assegurar que as informações e os procedimentos apresentados no texto estejam em acordo com os padrões aceitos à época da publicação, e todos os dados foram atualizados pelos autores até a data de fechamento do livro. Entretanto, tendo em conta a evolução das ciências, as atualizações legislativas, as mudanças regulamentares governamentais e o constante fluxo de novas informações sobre os temas que constam do livro, recomendamos enfaticamente que os leitores consultem sempre outras fontes fidedignas, de modo a se certificarem de que as informações contidas no texto estão corretas e de que não houve alterações nas recomendações ou na legislação regulamentadora.

- Fechamento desta edição: *13.02.2023*

- Os autores e a editora se empenharam para citar adequadamente e dar o devido crédito a todos os detentores de direitos autorais de qualquer material utilizado neste livro, dispondo-se a possíveis acertos posteriores caso, inadvertida e involuntariamente, a identificação de algum deles tenha sido omitida.

- **Atendimento ao cliente: (11) 5080-0751 | faleconosco@grupogen.com.br**

- Esta obra passou a ser publicada pela Editora Método | Grupo GEN a partir da 2ª edição.

- Capa: Bruno Sales Zorzetto

- **CIP – BRASIL. CATALOGAÇÃO NA FONTE.**
  SINDICATO NACIONAL DOS EDITORES DE LIVROS, RJ.

F442p

Ferreira, Marcelo Zago Gomes
Peça prática decifrada para delegado de polícia / Marcelo Zago Gomes Ferreira, Flávio Rolim Pinheiro Resende; coordenação Cláudia Barros Portocarrero, Filipe Ávila, Rogério Greco. – 2. ed. – Rio de Janeiro: Forense, 2023.
776 p. ;23 cm. (Decifrado)

Inclui bibliografia
ISBN 978-65-5964-637-1

1. Delegacia de polícia – Concursos – Brasil. 2. Direito penal – Peças práticas. 3. Direito processual penal – Peças práticas. I. Resende, Flávio Rolim Pinheiro. II.
Portocarrero, Cláudia Barros. III. Ávila, Filipe. IV. Greco, Rogério. V. Título. VI. Série.

22-81530 CDU: 343.2(81)

Gabriela Faray Ferreira Lopes – Bibliotecária – CRB-7/6643

Sobre os Coordenadores

CLÁUDIA BARROS PORTOCARRERO

Promotora de Justiça. Mestre em Direito Público. Professora de Direito Penal e Legislação Especial na Escola da Magistratura dos Estados do Rio de Janeiro e Espírito Santo, na Escola de Direito da Associação e na Fundação Escola do Ministério Público do Rio de Janeiro. Professora de Direito Penal Econômico da Fundação Getulio Vargas. Professora em cursos preparatórios. Autora de livros e palestrante.

@claudiabarrosprof

FILIPE ÁVILA

Formado em Direito pela Universidade Estadual de Mato Grosso do Sul. Foi aprovado no concurso de Agente de Polícia PC/DF (2013), tendo atuado por aproximadamente quatro anos na área de investigação criminal de diversas delegacias especializadas no Distrito Federal (Coordenação de Homicídios-CH; Coordenação de Repressão aos Crimes Contra o Consumidor, a Propriedade Imaterial e a Fraudes-CORF; Delegacia de Proteção à Criança e ao Adolescente-DPCA; Delegacia Especial de Atendimento à Mulher-DEAM). Posteriormente, pediu exoneração do cargo e, atualmente, é professor exclusivo do AlfaCon nas disciplinas de Direito Penal e Legislação Criminal, com foco em concursos públicos. Na mesma empresa, coordenou a criação de curso voltado para a carreira de Delegado de Polícia.

@filipeavilaprof

ROGÉRIO GRECO

Procurador de Justiça do Ministério Público do Estado de Minas Gerais. Pós-doutor pela Università degli Studi di Messina, Itália. Doutor pela Universidad de Burgos, Espanha. Mestre em Ciências Penais pela Universidade Federal de Minas Gerais. Especialista em Teoria do Delito pela Universidad de Salamanca, Espanha. Formado pela National Defense University, Washington, Estados Unidos, em Combate às Organizações Criminosas Transnacionais e Redes Ilícitas nas Américas. Professor de Direito Penal e palestrante em congressos e universidades no País e no exterior. Autor de diversas obras jurídicas. Embaixador de Cristo.

Apresentação da Coleção

A *Coleção Decifrado* da Editora Método foi concebida visando, especialmente, ao público que se prepara para provas de concursos jurídicos (os mais variados), embora atenda perfeitamente às necessidades dos estudantes da graduação, os quais em breve testarão o conhecimento adquirido nas salas de aula – seja no Exame da Ordem, seja em concursos variados.

Nessa toada, destacamos que o grande diferencial da coleção consiste na metodologia do "objetivo e completo".

Objetivo, àqueles que têm pressa e necessitam de um material que foque no que realmente importa, sem rodeios ou discussões puramente acadêmicas que não reflitam na prática dos certames.

Completo, porque não foge a nenhuma discussão/posicionamento doutrinário ou jurisprudencial que já tenha sido objeto dos mais exigentes certames. Para tanto, embora os autores não se furtem à exposição de seu posicionamento quanto a temas controversos, empenham-se em destacar a posição que, por ser majoritária, deverá ser adotada em prova.

Na formulação de cada obra, os autores seguiram o padrão elaborado pelos coordenadores a partir de minudente análise das questões extraídas dos principais concursos jurídicos (Magistratura, Ministério Público, Delegado, Procuradoria, Defensoria etc.), indicando tópicos obrigatórios, sem lhes tirar a liberdade de acrescentar outros que entendessem necessários. Foram meses de trabalho árduo, durante os quais sempre se destacou que o **foco da coleção é a entrega de um conteúdo apto a viabilizar a aprovação do candidato em todas as fases das mais exigentes provas e concursos do país**.

Para tanto, ao longo do texto, e possibilitando uma melhor fluidez e compreensão dos temas, a coleção conta com fartos e atualizados julgados ("Jurisprudência destacada") e questões comentadas e gabaritadas ("Decifrando a prova").

Como grande diferencial, contamos ainda com o **Ambiente Digital Coleção Decifrado**, pelo qual é possível ter uma maior interação com os autores e é dado acesso aos diferentes conteúdos de todos os títulos que compõem a coleção, como informativos dos

Tribunais Superiores, atualizações legislativas, *webinars*, mapas mentais, artigos, questões de provas etc.

Convictos de que o objetivo pretendido foi alcançado com sucesso, colocamos nosso trabalho à disposição dos leitores, futuros aprovados, que terão em suas mãos obras completas e, ao mesmo tempo, objetivas, essenciais a todos que prezam pela otimização do tempo na preparação.

Cláudia Barros Portocarrero, Filipe Ávila e Rogério Greco

Agradecimentos

Em primeiro lugar, agradeço a Deus, que guia meu caminho desde o meu nascimento. À minha mãe, meu espelho de vida e de retidão. A meu irmão, pai, amigos, alunos e demais pessoas que me auxiliaram, mesmo que de maneira indireta, na concretização de mais esta obra.

Marcelo Zago

Agradeço, inicialmente, a Deus pelo dom da vida e pela oportunidade diária de aprender algo sobre ela. Agradeço imensamente por todo o companheirismo da minha esposa, Ilana, e pela motivação da minha pequena filha, Maitê. Todos foram cruciais nesta jornada.

Flávio Rolim

Sumário

PARTE II
Peças Práticas Internas

PARTE III
Peças Práticas Externas

Introdução

Pode ser observado que em tempos atuais, nos concursos para Delegado de Polícia, vivemos uma verdadeira "**Era do Protagonismo das Peças Práticas**", ou seja, cada vez mais estas estão sendo cobradas em primeira fase e, de forma mais recorrente, atribui-se pontuação expressiva a essa etapa (*vide* os seguintes concursos: DPF 2013, DPF 2018, PC/RR 2018, PC/PA 2020, PC/RN 2020, DPF 2021, PC/PB 2021, PC/AM 2021, PC/BA 2022, entre outros).

É importante entender que esta é, de fato, uma tendência aos próximos concursos para Delegado de Polícia por, pelo menos, dois motivos relevantes que geram economia de recursos públicos:

1. Quando se exige do candidato conhecimento prévio acerca de atos de ofício da própria carreira, a polícia tem menos necessidade de investir em capacitação profissional e, também, reduz-se a possibilidade de cometimento de erros no exercício do mister.
2. Exigir a peça prática com protagonismo afasta candidatos que estudam para demais carreiras jurídicas (e as têm como objetivo) e logo deixam a carreira de Delegado, gerando uma lacuna que deverá ser sanada com nova e dispendiosa capacitação.

Nesse sentido, o objetivo desta obra é elucidar como o candidato deverá atuar na fase subjetiva das provas concursais para o cargo de Delegado de Polícia, essencialmente nos exames em que são cobrados conhecimentos a respeito das peças práticas profissionais elaboradas diariamente pelos referidos profissionais.

Logicamente, também se destina ao auxílio daqueles que já exercem a profissão e buscam atualizar-se ou mesmo ter à mão um roteiro objetivo de como confeccionar as peças mais comuns na atividade policial cotidiana.

Ao longo dos anos de magistério, percebemos que os concurseiros muitas vezes enfrentam mais dificuldades na contextualização e no encaixe do direito processual envolvido às peças práticas do que propriamente na sua confecção, motivo pelo qual optamos por tratar do arcabouço teórico mínimo a respeito do tema "instituições policiais e investigações preliminares", trabalho desenvolvido na primeira parte desta obra. Busca-se, assim, conferir segurança ao candidato com uma visão ampla da atuação do Delegado de Polícia na fase investigatória.

No mesmo sentido, antes de cada um dos temas tratados, elaboramos um quadro doutrinário geral e correlacionado com a peça prática respectiva. Dessa forma, almeja-se esclarecer temas que estão intimamente ligados com o objeto de atuação do Delegado de Polícia.

Destarte, o presente trabalho será estruturado em três partes:

- **Parte 1 – Arcabouço Teórico Mínimo**, na qual trataremos das instituições policiais e investigação preliminar.
- **Parte 2 – Peças Práticas Internas**[1], na qual estudaremos as peças práticas que tramitam internamente nas instituições policiais, a exemplo de despachos, portarias, autos etc.
- **Parte 3 – Peças Práticas Externas**, na qual trabalharemos as medidas que se sujeitam à cláusula de reserva jurisdicional. Neste ponto, estudaremos as diversas representações: por prisão preventiva, temporária, busca e apreensão, interceptação telefônica e diversas outras, além do relatório final.

Prontos?

Sejam bem-vindos a essa caminhada!

---

[1] Ao leitor que possui sólida base processual, sugerimos iniciar a partir desta parte a leitura da obra.

PARTE I

Arcabouço Teórico Mínimo

Conceitos essenciais à atividade policial

1.1 POLÍCIA E ATIVIDADE POLICIAL

Originariamente, o termo "polícia" era utilizado como sinônimo ao exercício daquelas atribuições indispensáveis para o controle e fiscalização da atividade social, especificamente da Cidade-Estado. Etimologicamente, faz referência ao termo *polis* (do grego "cidade", em uma abordagem, porém mais próxima dos atributos do Estado) e *civitas* (concernente ao latim em que se estabelecia a delimitação daqueles que eram nascidos na cidade de Roma, em um enfoque fundamentalmente político), passando por alterações de sentido, conjuntamente com aquelas enfrentadas pelo Estado (GOMES, 2015).

A atividade policial decorre da **supremacia estatal diante do particular**, essencialmente na função de limitar o exercício de atividades particulares que possam de alguma forma ofender os interesses da coletividade. Nesse sentido, o Estado limita atividades particulares em prol do interesse público e coletivo. Define-se, assim, o termo **polícia**, sob a perspectiva da atividade exercida, como o **exercício da função policial limitativa de atividades particulares em prol da coletividade**.

O termo **polícia** pode ainda ser utilizado para definir as **instituições policiais**. Nessa senda, será designado como órgão estatal incumbido de desempenhar a atividade fiscalizatória, investigatória e limitativa; assume a função precípua de salvaguarda da ordem pública, da segurança pessoal, da propriedade e de assegurar os direitos individuais.

Ainda em uma análise conceitual, o termo polícia (atividade) pode ser analisado sob dois enfoques distintos:

a. Polícia administrativa.
b. Polícia judiciária.

A **polícia administrativa** possui **função preventiva**, atuando essencialmente sobre atividades, bens e direitos e somente indiretamente incidente sobre pessoas. Trata-se de atividade que se inicia e se encerra no âmbito da atividade administrativa. Essa atividade se desempenha antes da configuração da infração de natureza penal, buscando justamente evitar que ela ocorra.

Já a função de **polícia judiciária** é exercida de **forma repressiva**, desenvolvendo-se essencialmente na apuração de ilícitos criminais. Desenvolve atividade auxiliar do Poder Judiciário, buscando angariar elementos informativos aptos a desencadear de forma regular toda persecução penal, além de ser incumbida de cumprir as determinações emanadas pelo Poder Judiciário.

A polícia judiciária, diz Faustin Hélie (apud MENDES, 1920, p. 275):

> *É* o olho da Justiça; *é* preciso que seu olhar se estenda por toda a parte, que seus meios de atividade, como uma vasta rede, cubram o território, a fim de que, como a sentinela, possa dar o alarma e advertir o juiz; *é preciso que seus agentes,* sempre prontos aos primeiros ruídos, recolham os primeiros indícios dos fatos puníveis, possam transportar-se, visitar os lugares, descobrir os vestígios; designar as testemunhas e transmitir *à* autoridade competente todos os esclarecimentos que possam servir de elementos para a instrução ou formação da culpa; ela edifica um processo preparatório do processo judiciário; e, por isso, muitas vezes, *é preciso que,* esperando a intervenção do juiz, ela possa tomar as medidas provisórias que exigirem as circunstâncias.

As **polícias judiciárias** atuam na obtenção de **elementos informativos** (fase pré-processual) ou mesmo na **obtenção de provas** (fase processual), apresentando-se como essencial a sua atuação pós-ilícito criminal. As informações produzidas – cujo objetivo é a revelação da melhor verdade possível[1] – possuem como destinatários imediatos os agentes responsáveis pela formulação da acusação (Ministério Público ou querelante) e, mediatamente, o próprio órgão jurisdicional que irá valorar os referidos elementos quando do julgamento da lide penal.

As **funções de polícia judiciária** normalmente são desempenhadas por instituições policiais investigativas: **Polícia Civil**, no âmbito dos Estados, e **Polícia Federal**, no âmbito Federal. Logicamente, deve-se ressaltar que instituições militares possuem atividade investigativa quando da apuração de ilícitos de natureza penal militar (crimes militares).

A **polícia administrativa**, de outro modo, é representada por organismos administrativos de caráter mais **fiscalizador e amplo**, direcionada à disciplina de atividades executadas por indivíduos. Conforme estatui Maria Sylvia Di Pietro (2015, p. 118), "a linha de diferenciação está na ocorrência ou não de ilícito penal. Com efeito, quando atua na área do ilícito puramente administrativo (preventiva ou repressivamente), a polícia é administrativa. Quando o ilícito penal é praticado, é a polícia judiciária que age".

Ambas as atividades (função policial administrativa e judiciária) atuam, em regra, de **forma autônoma**, ou seja, não dependem de intervenção do Poder Judiciário. Veja, por exemplo, que não é necessária ordem ou autorização judicial para que policiais militares realizem rondas em determinadas localidades, buscando evitar a prática de ilícitos de natureza criminal. No mesmo sentido, não é necessário que o Delegado de Polícia, no âmbito de inquérito policial, represente por ordem judicial para ouvir testemunhas, requisitar perícias e outras atividades investigativas.

---

[1] Ou verdade aproximada, como afirma o professor Eliomar Pereira (2010, p. 119).

Contudo, em determinadas situações, essencialmente quando o exercício da investigação esbarra em direitos e garantias fundamentais, as atividades desempenhadas no âmbito da função policial se submetem ao que se convencionou chamar de **cláusula de reserva jurisdicional**.

Assim, quando a investigação, mesmo que por via indireta, restringir prerrogativas constitucionais ou mesmo flexibilizá-las, conforme mandamento legal, será indispensável autorização judicial nesse sentido. São as chamadas **diligências investigativas judicialmente condicionadas**. Vejamos alguns exemplos:

a. busca e apreensão (flexibilização à inviolabilidade de domicílio);
b. interceptação telefônica (flexibilização ao sigilo das comunicações telefônicas);
c. prisões cautelares – prisão preventiva ou temporária (flexibilização à inviolabilidade do direito de locomoção).

Esse ponto será **muito importante** para fins de diferenciação das peças práticas internas e externas, respectivamente localizadas nas partes 2 e 3 deste livro.

Como vimos, a atividade policial (investigativa ou judiciária), em regra, desenvolve-se de forma autônoma, sem intervenção do Poder Judiciário, salvo naquelas hipóteses em que se exige autorização judicial para a prática do ato. Assim, não é necessária autorização judicial para que seja, por exemplo, instaurado inquérito policial.

A **Lei nº 13.964/2019**, denominada **Pacote Anticrime**, institui a figura do **juiz de garantias**, órgão jurisdicional responsável, em regra, pelo controle de toda a fase pré-processual.

Desse modo, não se exige autorização judicial para o desempenho de atividades ordinárias da investigação, salvo com relação àquelas que se sujeitam à cláusula de reserva jurisdicional. Contudo, a Lei nº 13.964/2019 estabeleceu um **dever de comunicação ao magistrado**, quando da instauração de inquéritos policiais. Vejamos:

> **CPP**
>
> **Art. 3º-B.** O juiz das garantias é responsável pelo controle da legalidade da investigação criminal e pela salvaguarda dos direitos individuais cuja franquia tenha sido reservada à autorização prévia do Poder Judiciário, competindo-lhe especialmente:
>
> (...)
>
> IV – ser informado sobre a instauração de qualquer investigação criminal.

Assim, de acordo com a legislação, o Delegado de Polícia Civil ou Federal, ao instaurar o inquérito policial, deverá proceder à comunicação do juiz de garantias nos termos do art. 3º-B, IV, do CPP.

Poderia haver dúvida, caso a peça fosse uma portaria, acerca da necessidade de constar dentre as determinações a comunicação da instauração ao juiz de garantias. A resposta, ao menos por enquanto, é não.

Observe que o Ministro Luiz Fux, no âmbito do ADI nº 6.298/DF, suspendeu, em caráter cautelar, a eficácia de diversos dispositivos legais introduzidos pela Lei nº 13.964/2019, entre eles o art. 3º-B do CPP, citado anteriormente. Vejamos as razões invocadas:

Decisão de suspensão da eficácia do dispositivo

1. A jurisdição constitucional, como atividade típica deste Supremo Tribunal Federal, diferencia-se sobremaneira das funções legislativa e executiva, especialmente em relação ao seu escopo e aos seus limites institucionais. Ao contrário do Poder Legislativo e do Poder Executivo, não compete ao Supremo Tribunal Federal realizar um juízo eminentemente político do que é bom ou ruim, conveniente ou inconveniente, apropriado ou inapropriado. Ao revés, compete a este Tribunal afirmar o que é constitucional ou inconstitucional, invariavelmente sob a perspectiva da Carta da 1988.
2. A medida cautelar na ação direta de inconstitucionalidade tem escopo reduzido, sob pena de prejudicar a deliberação a ser realizada posteriormente pelo Plenário da corte. Consectariamente, salvo em hipóteses excepcionais, a medida cautelar deve ser reversível, não podendo produzir, ainda que despropositadamente, fato consumado que crie dificuldades de ordem prática para a implementação da futura decisão de mérito a ser adotada pelo Tribunal, qualquer que seja o teor. Fixadas essas premissas, impende esclarecer que foram propostas as ADI n°s 6.298, 6.299, 6.300 e 6305, cujo objeto de impugnação são os seguintes dispositivos: (a) arts. 3º-A a 3º-F do Código de Processo Penal, na redação concedida pela Lei nº 13.964/2019 (Juiz das garantias e normas correlatas):

(a1) o juiz das garantias, embora formalmente concebido pela lei como norma processual geral, altera materialmente a divisão e a organização de serviços judiciários em nível tal que enseja completa reorganização da justiça criminal do país, de sorte que inafastável considerar que os arts. 3º-A a 3º-F consistem preponderantemente em normas de organização judiciária, sobre as quais o Poder Judiciário tem iniciativa legislativa própria (art. 96 da Constituição);

(a2) o juízo das garantias e sua implementação causam impacto financeiro relevante ao Poder Judiciário, especialmente com as necessárias reestruturações e redistribuições de recursos humanos e materiais, bem como com o incremento dos sistemas processuais e das soluções de tecnologia da informação correlatas;

(a3) a ausência de prévia dotação orçamentária para a instituição de gastos por parte da União e dos Estados viola diretamente o art. 169 da Constituição e prejudica a autonomia financeira do Poder Judiciário, assegurada pelo art. 99 da Constituição;

(a4) deveras, o art. 113 do Ato das Disposições Constitucionais Transitórias, acrescentado pela Emenda Constitucional nº 95/2016, determina que "[a] proposição legislativa que crie ou altere despesa obrigatória ou renúncia de receita deverá ser acompanhada da estimativa do seu impacto orçamentário e financeiro";

(a5) é cediço em abalizados estudos comportamentais que, mercê de os seres humanos desenvolverem vieses em seus processos decisórios, isso por si só não autoriza a aplicação automática dessa premissa ao sistema de justiça criminal brasileiro, criando-se uma presunção generalizada de que qualquer juiz criminal do país tem tendências que favoreçam a acusação, nem permite inferir, a partir dessa ideia geral, que a estratégia institucional mais eficiente para minimizar eventuais vieses cognitivos de juízes criminais seja repartir as funções entre o juiz das garantias e o juiz da instrução;

(a6) a complexidade da matéria em análise reclama a reunião de melhores subsídios que indiquem, acima de qualquer dúvida razoável, os reais impactos do juízo das garantias para os diversos interesses tutelados pela Constituição Federal, incluídos o devido processo legal, a duração razoável do processo e a eficiência da justiça criminal;

(a7) medida cautelar concedida, para suspensão da eficácia dos arts. 3º-A a 3º-F do Código de Processo Penal (Inconstitucionalidades formal e material).

Desse modo, é muito importante que o candidato conheça as disposições relativas ao juiz de garantias, contudo, ainda é mais importante que ele tenha conhecimento a respeito da suspensão da eficácia do dispositivo. Assim, devemos estar atentos ao deslinde do julgamento das referidas ADIs.

Sustentamos que, **enquanto o dispositivo estiver suspenso, não se deve determinar a comunicação da instauração de inquérito ao juiz**, providência que, por enquanto, não encontra respaldo legal vigente.

1.1.1 Órgãos policiais

As funções policiais (preventiva e repressiva) são desenvolvidas por diversos órgãos da estrutura do Estado Democrático de Direito. Observe ainda que, neste estudo, nos limitaremos às **atividades de polícia relacionada a ilícitos de natureza criminal**, as quais podem ser desenvolvidas de modo preventivo/fiscalizatório ou repressivo.

Assim, são órgãos policiais responsáveis pelo desempenho da função policial:

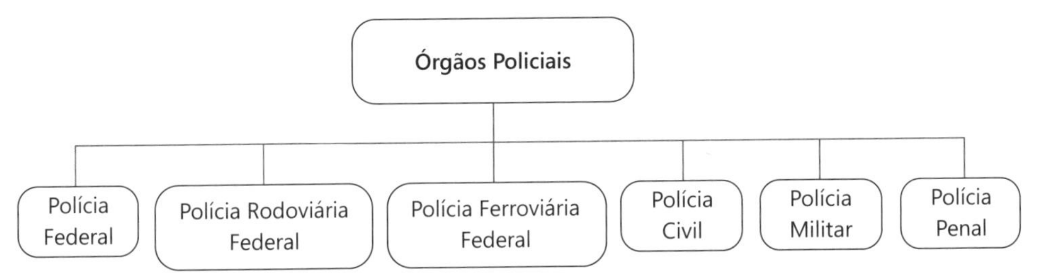

a. Polícia Federal

Encontra previsão legislativa constitucional no art. 144, § 1º, da Constituição Federal, o qual normatizou objetivamente as atribuições da Polícia Federal, dispondo que, como órgão permanente, organizado e mantido pela União e estruturado em carreira, destina-se a:

- apurar infrações penais contra a ordem política e social ou em detrimento de bens, serviços e interesses da União ou de suas entidades autárquicas e empresas públicas, assim como outras infrações cuja prática tenha repercussão interestadual ou internacional e exija repressão uniforme, segundo se dispuser em lei;
- prevenir e reprimir o tráfico ilícito de entorpecentes e drogas afins, o contrabando e o descaminho, sem prejuízo da ação fazendária e de outros órgãos públicos nas respectivas áreas de competência;
- exercer as funções de polícia marítima, aeroportuária e de fronteiras;
- exercer, com exclusividade, as funções de polícia judiciária da União.

A **Lei nº 10.446, de 8 de maio de 2002**, regulamentou o inciso I do art. 144, § 1º, da Magna Carta, que dispõe sobre **infrações penais de repercussão interestadual ou internacional que exigem repressão uniforme**. Nesses casos, a lei determina que poderá o Departamento de

Polícia Federal do Ministério da Justiça, sem prejuízo da responsabilidade dos órgãos de segurança pública arrolados no art. 144 da Constituição Federal, em especial das Polícias Militares e Civis dos Estados, proceder à investigação, dentre outras, das seguintes infrações penais:

- Sequestro, cárcere privado e extorsão mediante sequestro (arts. 148 e 159 do Código Penal), se o agente foi impelido por motivação política ou quando praticado em razão da função pública exercida pela vítima.
- Formação de cartel (incisos I e II do art. 4º da Lei nº 8.137, de 27 de dezembro de 1990).
- Relativas à violação a direitos humanos, que a República Federativa do Brasil se comprometeu a reprimir em decorrência de tratados internacionais de que seja parte.
- Furto, roubo ou receptação de cargas, inclusive bens e valores, transportadas em operação interestadual ou internacional, quando houver indícios da atuação de quadrilha ou bando (associação criminosa) em mais de um Estado da Federação.
- Falsificação, corrupção, adulteração ou alteração de produto destinado a fins terapêuticos ou medicinais e venda, inclusive pela internet, depósito ou distribuição do produto falsificado, corrompido, adulterado ou alterado (art. 273 do Decreto-lei nº 2.848, de 7 de dezembro de 1940 - Código Penal).
- Furto, roubo ou dano contra instituições financeiras, incluindo agências bancárias ou caixas eletrônicos, quando houver indícios da atuação de associação criminosa em mais de um Estado da Federação.
- Quaisquer crimes praticados por meio da rede mundial de computadores que difundam conteúdo misógino, definidos como aqueles que propagam o ódio ou a aversão às mulheres.

É interessante observar que, quando houver **repercussão interestadual ou internacional que exija repercussão uniforme**, a Polícia Federal poderá realizar as investigações relacionadas a outros delitos, desde que tal providência seja autorizada ou determinada pelo Ministro de Estado da Justiça.

Como abordaremos adiante, esse ponto é de **suma importância** na definição do endereçamento da representação policial.

b. Polícia Rodoviária Federal

Diante do desenvolvimento da rede rodoviária do país, tornou-se impossível à polícia a fiscalização do trânsito das estradas, surgindo, com isso, a Polícia Rodoviária Federal, prevista no art. 144, II c/c § 2º, da Constituição Federal.

Vejamos o dispositivo constitucional:

> **CF/1988**
>
> **Art. 144. (...)**
>
> § 2º A polícia rodoviária federal, órgão permanente, organizado e mantido pela União e estruturado em carreira, destina-se, na forma da lei, ao patrulhamento ostensivo das rodovias federais.

c. Polícia Ferroviária Federal

Atualmente, trata-se de órgão que somente possui previsão abstrata na Constituição Federal, apesar de não possuir visível estrutura física. Vejamos o dispositivo constitucional:

> **CF/1988**
>
> **Art. 144.** (...)
>
> § 3º A polícia ferroviária federal, órgão permanente, organizado e mantido pela União e estruturado em carreira, destina-se, na forma da lei, ao patrulhamento ostensivo das ferrovias federais.

d. Polícia Militar

As Polícias Militares – instituídas no âmbito de cada uma das unidades federativas estaduais, além do Distrito Federal – são responsáveis, **em regra**, pelo exercício da **função policial preventiva**. Nessa atuação, realizam **atividades ostensivas**, demonstrando a presença do Estado e na busca de evitar a prática de infração de natureza penal. Ressalta-se que as polícias militares desenvolvem, excepcionalmente, **atividades de polícia judiciária e investigativas** naquilo que diz respeito às infrações penais de **natureza militar**.

Encontra respaldo constitucional no art. 144, §§ 5º e 6º, da Constituição Federal. Vejamos a redação desses dispositivos:

> **CF/1988**
>
> **Art. 144.** (...)
>
> § 5º Às polícias militares cabem a polícia ostensiva e a preservação da ordem pública; aos corpos de bombeiros militares, além das atribuições definidas em lei, incumbe a execução de atividades de defesa civil.
>
> § 6º As polícias militares e os corpos de bombeiros militares, forças auxiliares e reserva do Exército subordinam-se, juntamente com as polícias civis e as polícias penais estaduais e distrital, aos Governadores dos Estados, do Distrito Federal e dos Territórios.

e. Polícia Civil

As Polícias Civis – no âmbito de cada um dos Estados e do Distrito Federal – assumem **função investigativa residual**, ou seja, a atribuição investigativa das demais infrações penais que não se enquadram naquelas atribuídas à Polícia Federal.

A Constituição estabelece que às Polícias Civis, dirigidas por Delegados de Polícia de carreira, incumbem, ressalvada a competência da União, as **funções de polícia judiciária** e a **apuração de infrações penais**, exceto as militares.

Desse modo, podemos sintetizar da seguinte forma as funções constitucionalmente conferidas às polícias civis:

- **Função investigativa** (apuração de infrações penais, exceto aquelas de natureza militar).

As Polícias Civis, no exercício dessa competência, desempenham a atividade investigativa plena, logicamente sob o manto das limitações constitucionais. O **objetivo** é, ante o caso analisado, revelar a **melhor verdade possível**[2] para, na visão do professor Manuel Guedes Valente (2012, p. 376-377):

> (...) a realização do direito nas prossecuções de defesa da sociedade, do colectivo, que tem o direito de viver em segurança e numa ordem social e internacional que lhe garanta a efectivação plena dos seus direitos e liberdades, ou seja, a realização dos fins e interesses da ordem jurídica, em particular do direito penal e das penas, subjulgados a princípios consagrados constitucionalmente que só se alcançam quando se descobre quem é que, como é que, quando é que, onde é que e o porquê é que se praticou aquele delito.

Note-se que, com o contorno de polícia democrática, cabe às Polícias Judiciárias o levantamento de elementos informativos que sirvam tanto à acusação quanto à defesa. O caráter **democrático** que envolve a atuação das instituições policiais exige atuação neutra e imparcial. Assim, o Delegado de Polícia deve colher elementos informativos relacionados ao fato, independentemente de quem se beneficie deles – defesa ou acusação.

Em que pese o **sustentado** anteriormente, parte da doutrina ainda afirma – ao nosso ver, de forma equivocada – que o objetivo é a colheita de elementos informativos necessários a pautar a atuação do órgão acusador, justificar o início da atividade processual acusatória. Como vimos, a atuação investigativa deve ser neutra e não dirigida à acusação ou defesa.

A **investigação** preliminar também assume a função de garantir que não sejam iniciados processos sem justificativa informacional mínima, apta a despertar a pretensão punitiva estatal.

- **Função de Polícia Judiciária**

No exercício dessa atribuição, cumprem-se as diligências probatórias informacionais determinadas pelos órgãos judiciários. Veja, por exemplo, as determinações contidas no art. 13 do Código de Processo Penal.

> **CPP/1941**
>
> **Art. 13.** Incumbirá ainda à autoridade policial:
>
> I – fornecer às autoridades judiciárias as informações necessárias à instrução e julgamento dos processos;
>
> II – realizar as diligências requisitadas pelo Juiz ou pelo Ministério Público;
>
> III – cumprir os mandados de prisão expedidos pelas autoridades judiciárias;
>
> IV – representar acerca da prisão preventiva.

f. Polícia Penal

A Emenda Constitucional nº 104/2019 estabeleceu a Polícia Penal como órgão integrante da segurança pública; vejamos:

---

[2] Ou verdade aproximada, como anteriormente citado (PEREIRA, 2010).

CF/1988

Art. 144. (...)

§ 5º-A. Às polícias penais, vinculadas ao órgão administrador do sistema penal da unidade federativa a que pertencem, cabe a segurança dos estabelecimentos penais.

Assim, a instituição da polícia penal no âmbito da segurança pública atende ao antigo e justo pleito da categoria no sentido de integrar a estrutura constitucional da segurança pública. O referido órgão será responsável pela segurança dos estabelecimentos penais no âmbito de cada um dos Estados e do DF ou mesmo nos presídios federais.

Com efeito, conforme destaca Rogério Greco (2020, p. 8):

> Percebe-se, portanto, o quão difícil é a atividade exercida pela polícia penal, que mantém um contato permanente com os condenados, muitos deles extremamente perigosos, ligados a organizações criminosas. Nada mais justo que garantir a esses profissionais da segurança pública, que colocam em risco constante a suas próprias vidas. Que sejam reconhecidos como parte do corpo policial.

Destarte, os até então agentes penitenciários passam a gozar de todas as prerrogativas e atribuições inerentes ao seu cargo policial.

g. Guardas municipais

As guardas municipais encontram previsão na Constituição Federal, especificamente no art. 144, § 8º:

CF/1988

Art. 144. (...)

§ 8º Os Municípios poderão constituir guardas municipais destinadas *à* proteção de seus bens, serviços e instalações, conforme dispuser a lei.

Conforme se observa, as guardas municipais são destinadas especificamente à proteção dos bens, serviços e instalações dos Municípios. O dispositivo constitucional confere as especificidades do tratamento das guardas municipais à reserva legal.

Nesse sentido, foi editada a Lei nº 13.022/2014, denominada Estatuto Geral das Guardas. Àqueles leitores que eventualmente desejam aprofundar-se no tema, indicamos a leitura da referida legislação.

h. Polícia Científica

Apesar de não disciplinada na Constituição Federal, alguns sustentam a existência da Polícia Científica, que poderia se constituir em órgãos autônomos ou mesmo como estruturas administrativas dentro dos órgãos policiais investigativos.

Segundo os entusiastas dessa estrutura, dá-se o nome de Polícia Científica à que usa **processos técnicos próprios**, empregando métodos de observação e de pesquisas adotados nas ciências e utilizando-se de conhecimentos e descobertas científicas para desvendar crimes, identificar os autores e estabelecer provas de culpabilidade.

Com efeito, algumas organizações dispõem de laboratórios de pesquisas especializados, denominados geralmente laboratórios de polícia técnica, de técnica policial ou ainda de polícia científica. Os órgãos de identificação datiloscópica enquadrar-se-iam na polícia científica. Com esta entrosa-se em parte a medicina legal (GOMES, 2015).

A nomenclatura Polícia Científica, no entanto, é questionável, uma vez que se baseia em critérios científicos afetos tão somente às ciências naturais, relegando a segundo plano a evolução do próprio **conceito de ciência**, que hoje abarca ciências humanas, sociais, jurídicas etc.

O Plenário do Supremo Tribunal Federal (STF) concluiu, no dia 24.06.2020, o julgamento da Ação Direta de Inconstitucionalidade (ADI) nº 2.575, ação que questionou dispositivo da Constituição do Paraná. A referida norma jurídica criou a Polícia Científica como órgão integrante da segurança pública estadual. Nesse julgamento, prevaleceu o entendimento de que o órgão responsável pela perícia técnico-científica, independentemente do nome que receba e de ter estrutura própria integrada por peritos, não pode ser concebido como nova corporação policial, além daquelas previstas no art. 144 da Constituição Federal (Polícias Federal, Rodoviária Federal, Ferroviária Federal, Civil, Militar e Corpo de Bombeiro Militar e das polícias penais federal, estaduais e distrital).

Em conclusão, o julgado afastou qualquer interpretação da expressão "polícia científica", contida na redação originária do art. 50 da Constituição estadual, que confira a ela o caráter de órgão de segurança pública (BRASIL, 2020, *on-line*).

Assim, diante desse posicionamento, perde força qualquer interpretação que confira às instituições periciais a qualidade de órgão policial autônomo.

i. Polícia Judicial

É interessante ressaltar que o CNJ, no dia 8 de setembro de 2020, aprovou a proposta de normatização de regulamentação da criação da polícia judicial do Poder Judiciário. O CNJ entendeu que a medida adotada é estritamente necessária no sentido de prevenir eventuais ataques aos membros do Poder Judiciário.

> O Ato Normativo teve como relator o conselheiro Mário Guerreiro, que disse que a segurança institucional do Poder Judiciário é uma pauta constante do Conselho Nacional de Justiça. Ele citou as Resoluções do CNJ nºs 104/2010, 176/2013 e 239/2016, atualmente consolidadas na Resolução CNJ nº 291/2019. Mencionou ainda o crescente número de ameaças e ataques a magistrados e servidores, assim como "recorrentes" danificações às dependências físicas dos tribunais. (SINTRAJUD, 2020.)

Os referidos agentes de polícia judicial não seriam propriamente integrantes do quadro da segurança pública desenhado constitucionalmente, mas seriam órgãos integrantes do Poder Judiciário e destinados à proteção institucional das instalações e agentes executores da atividade judiciária.

Vejamos trechos das declarações exaradas pelo Ministro Dias Toffoli (SINTRAJUD, 2020):

> Vivemos um momento de ataque ao Poder Judiciário e precisamos ter uma normatividade que nos coloque na mesma situação dos outros poderes. Nós sabemos

> que a segurança pública está no art. 144. Não há previsão de uma Polícia Judiciária explicitamente no art. 144. Há na Constituição a menção expressa *à* Polícia Legislativa. Mas o fato de nós chamarmos aqui os nossos agentes de Polícia Judiciária não implica materialmente em transformá-los em agentes de segurança pública. Eles continuarão evidentemente servidores do Poder Judiciário. (...) *É* um agente de segurança que embora não tenha o poder de polícia de uma ação de segurança, mas o Judiciário tem um agente de segurança que atuam [*sic*] na defesa do Poder Judiciário, na defesa de seus membros, na defesa dos integrantes do sistema de justiça, membros do Ministério Público, membros da advocacia pública e privada, a Defensoria, os servidores, colaboradores, estagiários, todos aqueles que estão num prédio do Poder Judiciário, num prédio do sistema do Judiciário. Atuam ali com poder de polícia interno. Porque tem o poder de polícia interno. O poder de polícia de defender a ordem e a segurança no ambiente de trabalho. E *é* disso que se trata, da garantia do poder de polícia interno.

Atualmente, a Resolução nº 435, de 28 de outubro de 2021, do CNJ, que revogou a Resolução nº 291/2019, dispõe sobre a política e o sistema de segurança do Poder Judiciário.

Desse modo, conforme se observa apesar de críticas a respeito da criação do referido órgão por meio de resolução, os agentes de polícia judicial não serão integrantes da estrutura constitucional relacionada à segurança pública.

1.1.2 Poder de polícia

Em simples lições, o poder de polícia se constitui em **poder estatal** apto **a restringir e regular o exercício de atividades particulares** em benefício de prerrogativas de **ordem** e **interesse público**.

Os direitos individuais não são tão amplos a ponto de permitir que os exerça uma pessoa com flagrante prejuízo para a segurança e o bem-estar de muitos, pois **sobre o interesse pessoal deve prevalecer sempre o coletivo**. Por isso mesmo é que o poder público, para o bem dos cidadãos, considerados em conjunto, **limita o exercício das franquias individuais**, cerceando-lhes, de certo modo, a liberdade. A limitação dessa liberdade é um imperativo da ordem pública, do direito à tranquilidade dos habitantes da nação e, nos últimos tempos, da segurança da força política e social vigorante no país. Com esses propósitos, impõe o Estado restrições também ao direito de propriedade (GOMES, 2015).

Nas definições apresentadas por Carlos Maximiliano (2018, p. 56), na obra *Comentários à Constituição Federal brasileira*, citando Canotilho, o poder de polícia:

> (...) é aquele de que se acham investidas as autoridades administrativas e os legisladores, para limitar, em benefício da moral, da higiene, do bem-estar de todos, da tranquilidade pública e do progresso da sociedade, os direitos individuais assegurados pela Constituição.

O art. 78 do Código Tributário Nacional (Lei nº 5.172/1966) explica o poder de polícia como:

> A atividade da administração pública, que, limitando ou disciplinando direito, interesse ou liberdade, regula a prática de ato ou abstenção de fato, em razão de interesse público concernente à segurança, à higiene, à ordem, aos costumes, à disciplina da produção e do mercado, ao exercício de atividades econômicas dependentes da concessão ou autorização do poder público, *à* tranquilidade pública ou ao respeito *à* propriedade e aos direitos individuais ou coletivos.

A análise anterior trata da expressão poder de polícia em sentido amplo. Contudo, no âmbito deste estudo, nos interessa o uso do termo polícia para nos referirmos às funções de natureza investigativa desempenhada pelas chamadas polícias judiciárias[3] (polícias civis e federal), ou às funções relacionadas ao cumprimento das ordens judiciais.

Faremos, no Capítulo 2, um estudo geral a respeito das investigações preliminares, tratando com maior nível de detalhamento, considerando o principal objetivo do nosso estudo nesta parte: o inquérito policial.

---

[3] Embora entendamos que o termo "polícia judiciária" para se referir às polícias civis e polícia federal seja técnico – pois se trata de uma função das referidas polícias – utilizaremos eventualmente essa nomenclatura, por ser consagrada no art. 4º do CPP.

2 Introdução ao estudo do inquérito policial

2.1 PERSECUÇÃO CRIMINAL E INVESTIGAÇÃO PRELIMINAR

A persecução criminal (ou persecução penal) é a atividade do Estado de **constatar**, **investigar, processar** e, consequentemente, **reprimir** as **infrações penais**.

Essencialmente, é composta de duas etapas:

a. a investigação preliminar;
b. o processo penal (ação penal).

A investigação **preliminar é gênero**, já o **inquérito policial refere-se à espécie**, dentre diversos outros meios de investigação preliminar, como o **Procedimento Investigatório Criminal (PIC), conduzido pelo Ministério Público**. É oportuno lembrar que, embora não seja a regra, há a possibilidade de haver uma ação penal sem o inquérito, nos casos em que o Ministério Público investiga preliminarmente ou, de outra forma, já reúne elementos idôneos para a formação de sua convicção.

Em que pese essa informação, trataremos neste capítulo apenas de inquérito policial, pois esse procedimento será a base para a confecção das peças práticas profissionais – objeto de estudo.

2.2 INQUÉRITO POLICIAL

Muitos são os conceitos de inquérito policial, e alguns merecem nossa atenção. Vejamos a explicação de Guilherme Souza Nucci (2019, p. 143):

> É um procedimento preparatório da ação penal, de caráter administrativo, conduzido pela polícia judiciária e voltado à colheita preliminar de provas para apurar a prática de uma infração penal e sua autoria. Seu objetivo precípuo *é* a formação da convicção do representante do Ministério Público, mas também a colheitas de provas urgentes, que podem desaparecer, após o cometimento do crime. Não podemos olvidar, ainda, que o inquérito serve à composição das indispensáveis provas pré-constituídas que

servem de base à vítima, em determinados casos, para a propositura da ação penal privada.

Renato Brasileiro de Lima (2018, p. 109) o descreve como:

> (...) um conjunto de diligências realizadas pela polícia investigativa objetivando a identificação das fontes de prova e a colheita de elementos de informação quanto a autoria e a materialidade da infração penal.

Norberto Avena (2019, p. 202) classifica o inquérito policial como:

> (...) o conjunto de diligências realizadas pela autoridade policial para obtenção de elementos que apontem a autoria e comprovem a materialidade das infrações penais investigadas, permitindo ao Ministério Público (nos crimes de ação penal pública) e ao ofendido (nos crimes de ação penal privada) o oferecimento da denúncia e da queixa-crime.

Greco (2020, p. 84) afirma ser: "o instrumento através do qual o Estado, inicialmente, busca a apuração das infrações penais e de seus prováveis autores".

Com esses conceitos, somados à nossa visão, podemos definir que o inquérito policial é procedimento administrativo, preliminar, investigatório – presidido pelo Delegado de Polícia – que se propõe a confirmar ou refutar a justa causa (prova da materialidade e indícios de autoria) de determinada infração penal, possuindo como objetivo – de maneira imparcial – revelar a melhor verdade possível, cujos elementos serão encaminhados ao titular da ação penal, possibilitando o prosseguimento da persecução penal ou arquivamento da investigação ante a ausência de indícios mínimos ou, ainda, solicitação de novas diligências.

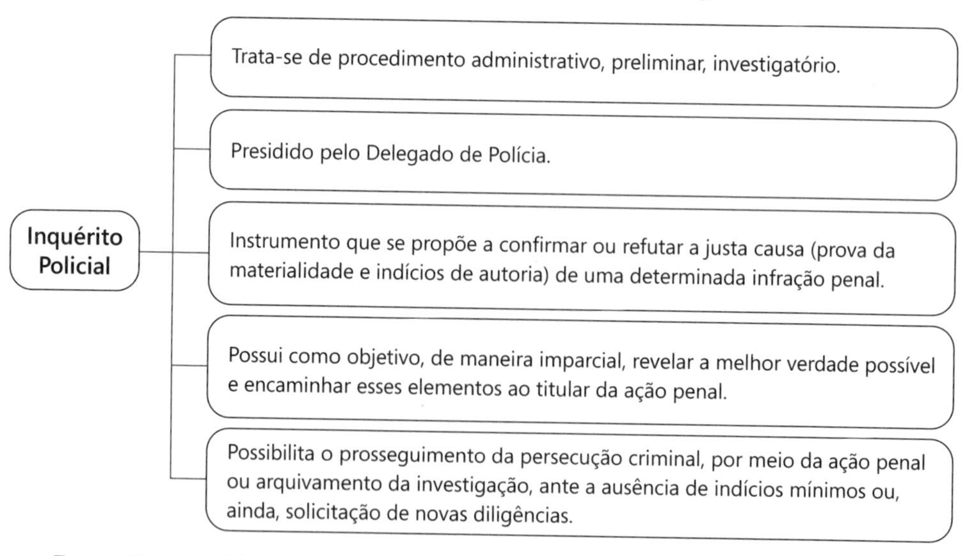

Franco Perazzoni (2017, p. 201) aduz que no sistema do inquérito policial:

> (...) as investigações são conduzidas diretamente pela Polícia, a qual age em virtude de um poder que lhe é próprio. Na Inglaterra, origem desse sistema, ainda hoje, tanto a abertura

como a conclusão e o eventual arquivamento das investigações compete única e exclusivamente à polícia. Na Inglaterra, ao *Chief Officer* (equivalente ao delegado de polícia, no Brasil), além do arquivamento das investigações, compete, ainda, dar início à ação penal, passando a acusação (*Crown Prosecutor*) a agir apenas após iniciada a ação penal.

Vejamos dispositivo legal a respeito do inquérito policial e atribuição do Delegado de Polícia:

> **Lei nº 12.830/2013, art. 2º (...)**
>
> § 1º Ao Delegado de Polícia, na qualidade de autoridade policial, cabe a condução da investigação criminal por meio de inquérito policial ou outro procedimento previsto em lei, que tem como objetivo a apuração das circunstâncias, da materialidade e da autoria das infrações penais.

2.3 NATUREZA JURÍDICA E VALOR PROBATÓRIO DO INQUÉRITO POLICIAL

Inicialmente, a respeito da natureza jurídica, trata-se de instrumento de natureza eminentemente administrativa. E apesar de **não seguir uma sequência fixa de atos**, não perde a característica de procedimento, pois o legislador estabelece uma ordem lógica para instauração, desenvolvimento e conclusão.

Lembre-se:

Procedimento não tem contraditório e ampla defesa (inquérito).	**Processo** tem contraditório e ampla defesa (ação penal).

Como os elementos colhidos no inquérito policial não são produzidos perante o juiz, sob o crivo do contraditório, as informações produzidas nessa fase não podem ser chamadas de provas, mas de elementos informativos, ou elementos de convicção. Vejamos o que diz a lei:

> **CPP/1941**
>
> **Art. 155.** O juiz formará sua convicção pela livre apreciação da prova produzida em contraditório judicial, **não podendo fundamentar sua decisão exclusivamente nos elementos informativos colhidos na investigação**, ressalvadas as provas cautelares, não repetíveis e antecipadas. (Grifos nossos.)

Nesse sentido, é interessante entendermos bem a diferenciação entre provas cautelares, irrepetíveis e antecipadas.

As **provas cautelares** são aquelas em que há um risco de **desaparecimento do objeto** da prova por **decurso do tempo**. Nesses casos, o tempo é um fator decisivo na colheita do elemento informativo, sob pena de perecimento. Caso não sejam produzidas logo, elas perdem sua razão. Dependem de autorização judicial, mas têm seu contraditório postergado/diferido. Ex.: interceptações telefônicas (TÁVORA; ALENCAR, 2009, p. 329-330).

As **provas não repetíveis** são aquelas que, quando produzidas, **não podem ser produzidas novamente**, são as não renováveis e voláteis, ou seja, caso não colhidas naquele momento, inevitavelmente não poderiam ser produzidas *a posteriori*. Elas não dependem de autorização judicial e seu contraditório também é diferido. O exemplo mais citado é o exame de corpo de delito (TÁVORA; ALENCAR, 2009, p. 329-330).

As **provas antecipadas** são produzidas com a observância do contraditório real, considerando ser indispensável a intervenção judicial para a sua produção. São produzidas em momento processual diferente daquele legalmente previsto. Conforme as lições de Renato Brasileiro de Lima (2020, p. 658), cita-se como exemplo o depoimento *ad perpetuam rei memoriam*, previsto no art. 225, *caput*, do CPP. Supondo-se que determinada testemunha presencial do delito esteja hospitalizada, em grave estado de saúde, afigura-se possível a colheita antecipada de seu depoimento, o que será feito com a presença do juiz, e com a participação das partes sob o contraditório.

Ganha relevância o pedido de produção antecipada de provas, o qual pode ser objeto de representação a ser elaborado pelo Delegado de Polícia. Estudaremos as suas peculiaridades em momento oportuno. Exemplo clássico é a testemunha que está hospitalizada em fase terminal.

Embora aparentemente as expressões sejam idênticas, **há diferença entre provas cautelares, não repetíveis e antecipadas**. Possuem como **fator comum** o fato de todas serem **produzidas ainda na fase inquisitorial**, projetando os seus efeitos valorativos probatórios para a futura ação penal.

As **provas cautelares e irrepetíveis** são produzidas de forma inquisitiva e serão submetidas a um **contraditório diferido** ou postergado, exercido ao longo da ação penal, quando as partes poderão impugná-las ou mesmo requerer a produção de contraprova, se possível for. As provas antecipadas, por sua vez, são aquelas produzidas em incidente pré-processual que tramita perante um magistrado, havendo a efetiva participação das futuras partes, motivo pelo qual são respeitados o contraditório e a ampla defesa, o que legitimará a utilização de tais provas na fase processual (TÁVORA; ALENCAR, 2019, p. 329-330).

Apesar de, sozinho, não ser meio apto para a formação da convicção do magistrado para uma decisão condenatória, o inquérito contribui para a decretação de medidas cautelares no decorrer da persecução penal, podendo o magistrado tomar decisões antes do início da ação, baseado no seu conteúdo. Como exemplo, podemos citar a decretação da prisão preventiva.

É importante citar a Súmula nº 444 do STJ, que reforça o princípio da presunção de inocência e confirma o **caráter administrativo e preparatório do inquérito**:

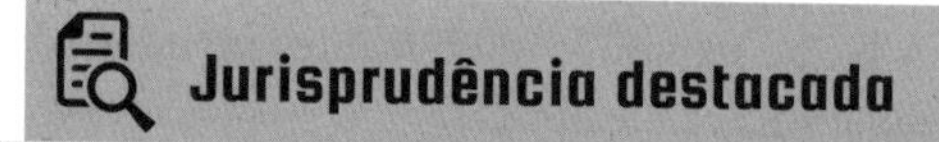

Súmula nº 444 do STJ. É vedada a utilização de inquéritos policiais e ações penais em curso para agravar a pena-base.

Podemos concluir, então, que o **inquérito policial** é dotado **de valor probatório relativo**, condicionado. Seus elementos podem ser usados de maneira complementar, como forma de subsidiar a prova produzida em juízo, visto que esta é produzida com base no contraditório (TÁVORA; ALENCAR, 2019, p. 160). Assim já decidiu o STF:

> Os elementos do inquérito podem influir na formação do livre convencimento do juiz para a decisão da causa quando complementam outros indícios e provas que passam pelo crivo do contraditório em juízo (STF, 2ª Turma, RE-AgR nº 425.734/MG, Rel. Min. Ellen Gracie, *DJ* 28.10.2005).

Vejamos outro precedente nesse sentido:

> A pronúncia *é* um juízo de justa causa, cuja análise não exclui as provas colhidas no inquérito policial, por tratar-se de indícios. Tal entendimento não viola o disposto no art. 155 do CPP/41 pois, como se sabe, o juiz não pode condenar exclusivamente com base em prova do inquérito policial, mas isso não impede que a decisão de pronúncia seja com base nessa prova (HC nº 265.842/MG, 6ª Turma, Rel. Min. Rogerio Schietti Cruz, Rel. p/ o acórdão Min. Nefi Cordeiro, *DJe* 1º.09.2016).

Em virtude de todos os aspectos do inquérito policial destacados neste tópico, Guilherme de Souza Nucci (2018, p. 140) sugere alguns critérios a serem seguidos pelo juiz na valoração da prova produzida durante esta fase, que merecem ser revelados:

> 1. Deve desprezar toda e qualquer prova que puder ser repetida sob o crivo do contraditório (exemplo: depoimentos das testemunhas).
>
> 2. Deve permitir *à* defesa que contrarie, em juízo, os laudos e outras provas produzidas durante o inquérito, inclusive produzindo contraprova.
>
> 3. Deve tratar como mero indício e jamais como prova direta eventual confissão do investigado.
>
> 4. Deve exercer real fiscalização sobre a atividade da polícia judiciária, aliás, *é* para isso que há sempre um juiz acompanhando o desenrolar do inquérito (lembrar: não *é* para participar da produção da prova, mas sim para garantir a legalidade e a defesa dos direitos fundamentais do cidadão).
>
> 5. Deve ler o inquérito antes de receber a denúncia ou queixa para checar se realmente há justa causa para a ação penal.
>
> 6. Pode aceitar toda prova colhida na fase policial, desde que seja incontroversa, ou seja, não impugnada pelas partes.

Apesar do posicionamento exarado pelo professor Nucci, com todo o respeito devido ao ilustre mestre, não concordamos com todos os pontos citados por ele. Não se trata de desprezar os elementos produzidos na fase do inquérito, mas, sim, de **ratificá-los, renová-los sob o crivo do contraditório**, desde que isso seja possível, logicamente.

2.4 FINALIDADE DO INQUÉRITO POLICIAL

Assim como toda investigação executada por uma **polícia judiciária com contornos democráticos**, o objetivo da investigação é, por meio de **métodos lícitos e éticos**, revelar a **melhor verdade possível**, o que, nas palavras do professor Eliomar Pereira, seria a **verdade aproximada**, definida como **um ideal do qual podemos mais ou menos nos aproximar** (PEREIRA, 2020).

Nesse sentido, o inquérito policial é um instrumento usado pelo Estado para colher elementos de informação que sirvam à acusação ou à defesa.

Ao passo que as investigações revelem em seu bojo elementos de **autoria, materialidade** e **circunstâncias**, essas informações serão utilizadas pelo Ministério Público para eventual oferecimento da **peça acusatória**.

Importante ressaltar que, para o oferecimento da denúncia, deve haver **justa causa**, o que proporciona espécie de **função social** ao inquérito policial, impedindo que pessoas inocentes sejam submetidas a um processo criminal degradante, sem nenhum fundamento básico para isso.

Nessa perspectiva, analisa-se o inquérito policial como **importante instrumento de garantia social**, pois ele tem o condão de impedir um processo desarrazoado e despido de fundamentos mínimos.

É extremamente importante para as carreiras de Delegado de Polícia essa **perspectiva social e garantista do inquérito policial**, o qual deixa de ser visto simplesmente como peça informativa e passa a ser analisado como **instrumento idôneo para tutelar e efetivar direitos e garantias fundamentais constitucionalmente previstos**.

2.5 OUTRAS INVESTIGAÇÕES CRIMINAIS

O professor Leonardo Barreto Moreira Alves (2018, p. 98) faz importante ressalva no sentido de que o inquérito policial é apenas mais um instrumento investigativo colocado à disposição do Estado, ou seja, diversas outras ferramentas podem ser utilizadas para a elucidação de crimes.

Vejamos quais são os outros instrumentos investigativos colocados à disposição do Estado:

a. **Inquérito por crime praticado por Juiz ou Promotor de Justiça**, presidido pelo respectivo órgão de cúpula – Tribunal de Justiça ou Procuradoria de Justiça (art. 33, parágrafo único, da Lei Complementar nº 35/1979 – Lei Orgânica da Magistratura Nacional – e art. 41, parágrafo único, da Lei nº 8.625/1993 – Lei Orgânica do Ministério Público dos Estados).
b. **Inquérito parlamentar**, presidido pela Comissão Parlamentar de Inquérito (CPI); vejamos o disposto no art. 58, § 3º, Constituição Federal:

> **CF/1988, art. 58. (...)**
>
> § 3º As comissões parlamentares de inquérito, que terão poderes de investigação próprios das autoridades judiciais, além de outros previstos nos regimentos das respectivas Casas, serão criadas pela Câmara dos Deputados e pelo Senado Federal, em conjunto ou separadamente, mediante requerimento de um terço de seus membros, para a apuração de fato determinado e por prazo certo, sendo suas conclusões, se for o caso, encaminhadas ao Ministério Público, para que promova a responsabilidade civil ou criminal dos infratores.

c. **Inquérito Policial Militar**, presidido pela polícia judiciária militar (art. 8º do Código de Processo Penal Militar).
d. **Investigação feita por agentes da Administração Pública** (sindicâncias e processos administrativos).
e. **Investigação feita pelo Ministério Público** em sede de Inquérito Civil Público (art. 8º, § 1º, da Lei nº 7.347/1985).
f. **Investigação de autoridades com foro por prerrogativa de função** (a instauração e o indiciamento somente podem ser feitos pelo respectivo foro, embora tal foro possa delegar certos atos para as autoridades policiais). Veremos à frente alterações jurisprudenciais relevantes a respeito do tema foro por prerrogativa de função.
g. **Investigação particular (mais rara):** com relação a essa problemática, em 11 de abril de 2017, foi publicada a Lei nº 13.432, que dispõe sobre o exercício da profissão de detetive particular.
h. **Investigação realizada pela comissão de inquérito do Banco Central do Brasil**: já houve manifestação do STF no sentido de que o relatório encaminhado por esta comissão ao Ministério Público constitui justa causa para o oferecimento da ação penal (Informativo nº 578).
i. **Inquérito administrativo para a apuração de infrações** à **ordem econômica**, presidido pela Superintendência Geral do CADE (arts. 66 a 68 da Lei nº 12.529/2011), o qual pode ser precedido de um procedimento preparatório (art. 66, § 2º, da Lei nº 12.529/2011).

3 Atribuição para a presidência do inquérito policial

Para determinar a quem atribuir a presidência do inquérito policial, primeiramente é necessário retomar os conceitos relacionados às funções das polícias administrativa, judiciária e investigativa, exploradas no primeiro capítulo desta obra, ao qual remetemos o leitor para mais aprofundamento.

Funções das Polícias Administrativa, Judiciária e Investigativa	
Polícia Administrativa	Está relacionada ao **caráter preventivo** da fiscalização policial, ligada à segurança, visa impedir a prática de atos lesivos à sociedade.
Polícia Judiciária	Tem **caráter repressivo**, auxilia o Poder Judiciário e, ao desempenhar essa atividade, termina por colher informações relativas à autoria e materialidade do crime.
Polícia Investigativa	Tem suas atribuições ligadas à colheita de elementos informativos quanto à **autoria, materialidade e circunstâncias** do delito.

3.1 ATRIBUIÇÃO EM FACE DA NATUREZA DA INFRAÇÃO PENAL (*RATIONE MATERIAE*)

Passando, pois, pela definição das funções, ingressamos agora na atribuição da **presidência do inquérito policial**. A regra é que a presidência seja atribuída conforme a natureza da infração penal praticada.

Os crimes de natureza militar têm sua presidência atribuída ao **encarregado de polícia judiciária militar**, a qual é responsável pela instauração de **inquérito policial militar**, sua condução, conclusão e remessa ao Ministério Público Militar.

> **Decreto-lei nº 1.002/1969 (CPPM)**
>
> **Art. 8º** Compete à Polícia judiciária militar:
>
> *a)* apurar os crimes militares, bem como os que, por lei especial, estão sujeitos à jurisdição militar, e sua autoria;

b) prestar aos órgãos e juízes da Justiça Militar e aos membros do Ministério Público as informações necessárias à instrução e julgamento dos processos, bem como realizar as diligências que por eles lhe forem requisitadas;

c) cumprir os mandados de prisão expedidos pela Justiça Militar; (...)

Infrações penais de competência da Justiça Federal, em regra, serão conduzidas por **Delegados de Polícia Federal**, conforme os incisos I e IV do § 1º do art. 144 da Constituição Federal, já citado anteriormente.

Crimes de competência da Justiça Eleitoral têm suas investigações presididas **primordialmente** por **Delegados de Polícia Federal.** Caso não haja órgão da Polícia Federal onde o crime ocorreu, a investigação pode ser conduzida **por Delegado de Polícia Civil, subsidiariamente.**

Quando os **crimes** forem **de competência da Justiça Estadual**, as investigações são conduzidas, também **em regra**, por **Delegado de Polícia Civil.**

Infrações penais	Atribuição investigativa
Competência da Justiça Federal	Atribuição investigativa da Polícia Federal.
Competência da Justiça Eleitoral	Em regra, atribuição investigativa da Polícia Federal, excepcionalmente e subsidiariamente, atribuição das Polícias Civis Estaduais.
Competência da Justiça Militar	Atribuição investigativa das instituições militares por meio de inquérito policial militar, presidido por encarregado de Polícia Judiciária Militar.
Competência da Justiça Estadual	Em regra, atribuição das polícias civis estaduais por meio de Delegado de Polícia Civil Estadual. Salvo previsão legal em sentido contrário. Ex.: infrações que exijam repressão uniforme, as quais seriam investigadas pela Polícia Federal.

Atenção

Mesmo o crime sendo de competência da Justiça Estadual, há casos em que a Polícia Federal poderá apurar as práticas criminosas.

A Lei nº 10.446/2002 preceitua:

Art. 1º Na forma do inciso I do § 1º do art. 144 da Constituição, quando houver repercussão interestadual ou internacional que exija repressão uniforme, poderá o Departamento de Polícia Federal do Ministério da Justiça, sem prejuízo da responsabilidade dos órgãos de segurança pública arrolados no art. 144. da Constituição Federal, em especial das Polícias Militares e Civis dos Estados, proceder à investigação, dentre outras, das seguintes infrações penais:

I – sequestro, cárcere privado e extorsão mediante sequestro (arts. 148 e 159 do Código Penal), se o agente foi impelido por motivação política ou quando praticado em razão da função pública exercida pela vítima;

> II – formação de cartel (incisos I, *a*, II, III e VII do art. 4º da Lei nº 8.137, de 27 de dezembro de 1990);
>
> III – relativas à violação a direitos humanos, que a República Federativa do Brasil se comprometeu a reprimir em decorrência de tratados internacionais de que seja parte;
>
> IV – furto, roubo ou receptação de cargas, inclusive bens e valores, transportadas em operação interestadual ou internacional, quando houver indícios da atuação de quadrilha ou bando em mais de um Estado da Federação.

Imprescindível desde já destacar que a investigação policial em andamento só pode ser avocada ou redistribuída por superior hierárquico, por despacho fundamentado.

Vejamos o teor da Lei nº 12.830/2013, art. 2º, § 4º:

> **Art. 2º** (...)
>
> § 4º O inquérito policial ou outro procedimento previsto em lei em curso somente poderá ser avocado ou redistribuído por superior hierárquico, mediante despacho fundamentado, por motivo de interesse público ou nas hipóteses de inobservância dos procedimentos previstos em regulamento da corporação que prejudique a eficácia da investigação.

Conforme as lições do professor Renato Brasileiro de Lima (2018, p. 112):

> Nada impede que essa atribuição territorial para a investigação também seja subdividida a partir da natureza da infração penal. Isso porque, visando ao aperfeiçoamento das investigações, e considerando as vantagens que a divisão do trabalho proporciona, tanto a Polícia Federal quanto a Polícia Civil têm instituído delegacias especializadas no combate a certas espécies de crimes (ex.: drogas, crime organizado, crimes praticados pela internet, crimes contra a vida, patrimoniais etc.).

3.2 ATRIBUIÇÃO EM FACE DO LOCAL DA CONSUMAÇÃO DA INFRAÇÃO PENAL (*RATIONE LOCI*)

As atribuições para investigação também podem ser definidas com base no local em que **ocorreu a infração** (local da consumação ou prática do último ato executório, nos casos de crime praticado na modalidade tentada).

O local onde deve ser instaurado e de tramitação do inquérito é o mesmo onde deve ser instaurada a ação penal, de acordo com as regras de competência do art. 69 e seguintes do Código de Processo Penal. Assim, se um roubo for cometido em Campos do Jordão, o inquérito deve tramitar nesta Comarca. Caso o inquérito seja instaurado por engano em local diverso daquele em que ocorreu a infração penal, deve ser encaminhado para prosseguimento na Comarca correta (CEBRIAN, 2017, p. 70).

É importante observar que o Delegado de Polícia poderia realizar diligências em outras circunscrições; a previsão está contida no art. 22 do Código de Processo Penal:

CPP

Art. 22. No Distrito Federal e nas comarcas em que houver mais de uma circunscrição policial, a autoridade com exercício em uma delas poderá, nos inquéritos a que esteja procedendo, ordenar diligências em circunscrição de outra, independentemente de precatórias ou requisições, e bem assim providenciará, até que compareça a autoridade competente, sobre qualquer fato que ocorra em sua presença, noutra circunscrição.

Se a investigação for presidida por autoridade territorialmente incompetente, não há que se falar em nulidade, trata-se de mera irregularidade. Vejamos posicionamento do STJ nesse sentido:

HABEAS CORPUS. ANULAÇÃO. INQUÉRITO POLICIAL. "INCOMPETÊNCIA *RATIONE LOCI*". INOCORRÊNCIA. AUSÊNCIA DE CONTAMINA ÇÃO DA AÇÃO PENAL. ORDEM DENEGADA.

1. Pedido de anulação do inquérito policial e, consequentemente, a ação penal por "incompetência" da Autoridade Policial, haja vista que os fatos ocorreram em circunscrição diversa do local em que foi instaurado. 2. As atribuições no âmbito da polícia judiciária não se submetem aos mesmos rigores previstos para a divisão de competência, haja vista que a Autoridade Policial pode empreender diligências em circunscrição diversa, independentemente da expedição de precatória e requisição. 3. O entendimento desta Corte é pacífico no sentido de que eventuais nulidades ocorridas no curso do inquérito policial não contaminam a subsequente ação penal. 4. Ordem denegada (HC nº 44.154/SP, 2005/0081109-3).

O conhecimento desses conceitos é imprescindível para o endereçamento da representação policial, sendo este um ponto certo de avaliação em provas de concursos públicos. Falaremos mais sobre o tópico endereçamento quando do estudo das representações, para o qual remetemos o leitor que deseja se aprofundar sobre esse tema.

Tema interessante e relacionado ao estudo diz respeito à possibilidade de alegar a suspeição da Autoridade Policial.

De acordo com o art. 107 do Código de Processo Penal, não se poderá opor exceção de suspeição às autoridades policiais nos autos do inquérito, mas deverão elas se declarar suspeitas quando ocorrer motivo legal. Se a parte entender que o Delegado de Polícia é suspeito, caberá a ela pleitear o afastamento do Delegado considerado suspeito ao seu superior hierárquico – e não perante o juiz.

Acreditamos que, considerando a atual ordem constitucional e papel investigativo imparcial que deve ser desenvolvido pelo Delegado de Polícia, admitir-se-ia, eventualmente, a alegação de suspeição das autoridades policiais. Nesses casos, as representações a esse respeito deveriam ser encaminhadas ao chefe da instituição policial a que se vincula a autoridade suspeita.

4 Características do inquérito policial

No presente capítulo serão abordadas as principais características do inquérito policial. Observe que supracitado instrumento investigativo se destina a elucidar o delito de forma preliminar, evidenciando os elementos constitutivos e os indícios mínimos referentes à autoria.

4.1 DOCUMENTADO

A doutrina costuma apontar que o inquérito policial deve ser escrito; optamos por tratá-lo como documentado, em razão da evolução tecnológica e da possibilidade de apresentar-se em meio digital.

O art. 9º do CPP demonstra que "Todas as peças do inquérito policial serão, num só processado, reduzidas a escrito ou datilografadas e, neste caso, rubricadas pela autoridade".

Dessa forma, resta claro que, **em regra**, o procedimento do inquérito terá a **forma escrita**.

Quanto às demais possibilidades (gravação audiovisual, fotos etc.), o Código de Processo Penal, por ter entrado em vigor no ano de 1942, não faz menção à possibilidade de uso desses recursos tecnológicos, mas, procedendo-se na interpretação progressiva, o art. 405, § 1º, do CPP, que foi incluído em 2008, autoriza o uso de tais recursos. Veja:

> **Art. 405.** Do ocorrido em audiência será lavrado termo em livro próprio, assinado pelo juiz e pelas partes, contendo breve resumo dos fatos relevantes nela ocorridos.
>
> § 1º Sempre que possível, o registro dos depoimentos do investigado, indiciado, ofendido e testemunhas será feito pelos meios ou recursos de gravação magnética, estenotipia, digital ou técnica similar, inclusive audiovisual, destinada a obter maior fidelidade das informações.

Assim, observa-se que, atualmente, é amplamente admissível e até mesmo recomendável que, quando necessário à investigação, a Autoridade Policial se utilize de meios audiovisuais para a elucidação dos fatos apurados.

4.2 SIGILOSO

O inquérito policial tem como **principal característica o sigilo**, diferentemente do processo penal, que, em regra, tem como princípio a publicidade de seus atos. A publicidade no processo penal tem como base os arts. 93, inciso IX, e 5º, incisos XXXIII e LX, da Constituição Federal:

> **Art. 5º** Todos são iguais perante a lei, sem distinção de qualquer natureza, garantindo-se aos brasileiros e aos estrangeiros residentes no País a inviolabilidade do direito à vida, à liberdade, à igualdade, à segurança e à propriedade, nos termos seguintes: (...)
>
> XXXIII – todos têm direito a receber dos órgãos públicos informações de seu interesse particular, ou de interesse coletivo ou geral, que serão prestadas no prazo da lei, sob pena de responsabilidade, ressalvadas aquelas cujo sigilo seja imprescindível à segurança da sociedade e do Estado; (...)
>
> LX – a lei só poderá restringir a publicidade dos atos processuais quando a defesa da intimidade ou o interesse social o exigirem; (...)
>
> **Art. 93.** Lei complementar, de iniciativa do Supremo Tribunal Federal, disporá sobre o Estatuto da Magistratura, observados os seguintes princípios: **(...)**
>
> IX – todos os julgamentos dos órgãos do Poder Judiciário serão públicos, e fundamentadas todas as decisões, sob pena de nulidade, podendo a lei limitar a presença, em determinados atos, às próprias partes e a seus advogados, ou somente a estes, em casos nos quais a preservação do direito à intimidade do interessado no sigilo não prejudique o interesse público à informação; (...)

O Código de Processo Penal, anterior à Constituição, já trazia em seu texto o princípio da publicidade dos atos no art. 792, *caput* e § 1º.

> **Art. 792. As audiências, sessões e os atos processuais serão, em regra, públicos** e se realizarão nas sedes dos juízos e tribunais, com assistência dos escrivães, do secretário, do oficial de justiça que servir de porteiro, em dia e hora certos, ou previamente designados.
>
> § 1º **Se da publicidade da audiência, da sessão ou do ato processual, puder resultar escândalo, inconveniente grave ou perigo de perturbação da ordem**, o juiz, ou o tribunal, câmara, ou turma, poderá, de ofício ou a requerimento da parte ou do Ministério Público, **determinar que o ato seja realizado a portas fechadas**, limitando o número de pessoas que possam estar presentes. (Grifos nossos.)

Como podemos perceber, para o **processo judicial penal**, a Constituição e o Código de Processo Penal têm como **regra a publicidade dos atos processuais**, constituindo-se como exceção a possibilidade de restrição da publicidade em favor da defesa da intimidade, interesse social, segurança da sociedade e do Estado.

No inquérito policial, muitas investigações dependem do **sigilo** para obter êxito, tendo em vista que o **elemento surpresa** pode ser instrumento indispensável para a colheita de elementos de informação. Desse modo, não seria dada a possibilidade ao investigado de mascarar os fatos, como ocorre em diversos processos judiciais. Por isso, o inquérito policial é regido, em regra, pelo sigilo, conforme o art. 20 do Código de Processo Penal:

> **Art. 20.** A autoridade assegurará no inquérito o sigilo necessário à elucidação do fato ou exigido pelo interesse da sociedade.

O sigilo do inquérito **não alcança o Juiz e o Ministério Público**. Da mesma forma, **não alcança o advogado**, por força do art. 7º, XIV, do Estatuto da OAB:

> **Lei nº 8.906/1994**
>
> **Art. 7º** São direitos do advogado: (...)
>
> XIII – examinar, em qualquer órgão dos Poderes Judiciário e Legislativo, ou da Administração Pública em geral, autos de processos findos ou em andamento, mesmo sem procuração, quando não estiverem sujeitos a sigilo ou segredo de justiça, assegurada a obtenção de cópias, com possibilidade de tomar apontamentos;
>
> XIV – examinar, em qualquer instituição responsável por conduzir investigação, mesmo sem procuração, autos de flagrante e de investigações de qualquer natureza, findos ou em andamento, ainda que conclusos à autoridade, podendo copiar peças e tomar apontamentos, em meio físico ou digital; (...)
>
> XXI – assistir a seus clientes investigados durante a apuração de infrações, sob pena de nulidade absoluta do respectivo interrogatório ou depoimento e, subsequentemente, de todos os elementos investigatórios e probatórios dele decorrentes ou derivados, direta ou indiretamente, podendo, inclusive, no curso da respectiva apuração: (...)

O STF também já se manifestou a respeito:

Súmula Vinculante nº 14 do STF

É direito do defensor, no interesse do representado, ter acesso amplo aos elementos de prova que, já documentados em procedimento investigatório realizado por órgão com competência de polícia judiciária, digam respeito ao exercício do direito de defesa.

Nesse sentido, a Lei nº 12.681/2012 deu nova redação ao parágrafo único do art. 20 do Código de Processo Penal, que passou a asseverar o seguinte:

> **Art. 20.** A autoridade assegurará no inquérito o sigilo necessário à elucidação do fato ou exigido pelo interesse da sociedade.
>
> Parágrafo único. Nos atestados de antecedentes que lhe forem solicitados, a autoridade policial não poderá mencionar quaisquer anotações referentes a instauração de inquérito contra os requerentes.

Caso o acesso aos autos do inquérito seja negado ao advogado pelo Delegado de Polícia, entender-se como sendo cabível, poderá pleitear em juízo a adoção de medidas cabíveis.

Lei nº 8.906/1994

Art. 7º (...)

§ 12. A inobservância aos direitos estabelecidos no inciso XIV, o fornecimento incompleto de autos ou o fornecimento de autos em que houve a retirada de peças já incluídas no caderno investigativo implicará responsabilização criminal e funcional por abuso de autoridade do responsável que impedir o acesso do advogado com o intuito de prejudicar o exercício da defesa, sem prejuízo do direito subjetivo do advogado de requerer acesso aos autos ao juiz competente.

É interessante observar as alterações operadas pela **nova Lei de Abuso de Autoridade** estabelecidas pela Lei nº 13.869/2019, a qual incluiu o seguinte tipo incriminador:

Lei nº 8.906/1994

Art. 7º-B. Constitui crime violar direito ou prerrogativa de advogado previstos nos incisos II, III, IV e V do *caput* do art. 7º desta Lei:

Pena – detenção, de 2 (dois) a 4 (quatro) anos, e multa.

Vejamos a redação do art. 7º do Estatuto da Ordem:

Lei nº 8.906/1994

Art. 7º São direitos do advogado: (...)

II – a inviolabilidade de seu escritório ou local de trabalho, bem como de seus instrumentos de trabalho, de sua correspondência escrita, eletrônica, telefônica e telemática, desde que relativas ao exercício da advocacia;

III – comunicar-se com seus clientes, pessoal e reservadamente, mesmo sem procuração, quando estes se acharem presos, detidos ou recolhidos em estabelecimentos civis ou militares, ainda que considerados incomunicáveis;

IV – ter a presença de representante da OAB, quando preso em flagrante, por motivo ligado ao exercício da advocacia, para lavratura do auto respectivo, sob pena de nulidade e, nos demais casos, a comunicação expressa à seccional da OAB;

V – não ser recolhido preso, antes de sentença transitada em julgado, senão em sala de Estado Maior, com instalações e comodidades condignas, ~~assim reconhecidas pela OAB~~, e, na sua falta, em prisão domiciliar; (*Vide* ADIn nº 1.127-8) (...)

Além disso, **outros delitos** foram inseridos na Lei de Abuso de Autoridade referentes à violação às prerrogativas do advogado. Vejamos:

Lei nº 13.869/2019

Art. 15. Constranger a depor, sob ameaça de prisão, pessoa que, em razão de função, ministério, ofício ou profissão, deva guardar segredo ou resguardar sigilo:

Pena – detenção, de 1 (um) a 4 (quatro) anos, e multa.

Parágrafo único. Incorre na mesma pena quem prossegue com o interrogatório:

I – de pessoa que tenha decidido exercer o direito ao silêncio; ou

> II – de pessoa que tenha optado por ser assistida por advogado ou defensor público, sem a presença de seu patrono.
>
> **Art. 20.** Impedir, sem justa causa, a entrevista pessoal e reservada do preso com seu advogado:
>
> Pena – detenção, de 6 (seis) meses a 2 (dois) anos, e multa.
>
> Parágrafo único. Incorre na mesma pena quem impede o preso, o réu solto ou o investigado de entrevistar-se pessoal e reservadamente com seu advogado ou defensor, por prazo razoável, antes de audiência judicial, e de sentar-se ao seu lado e com ele comunicar-se durante a audiência, salvo no curso de interrogatório ou no caso de audiência realizada por videoconferência.
>
> **Art. 32.** Negar ao interessado, seu defensor ou advogado acesso aos autos de investigação preliminar, ao termo circunstanciado, ao inquérito ou a qualquer outro procedimento investigatório de infração penal, civil ou administrativa, assim como impedir a obtenção de cópias, ressalvado o acesso a peças relativas a diligências em curso, ou que indiquem a realização de diligências futuras, cujo sigilo seja imprescindível:
>
> Pena – detenção, de 6 (seis) meses a 2 (dois) anos, e multa.

Assim, observamos que a grande regra é que o inquérito seja sigiloso. De outro modo, **a investigação conduzida pelo Ministério Público deverá ser pública**, nos termos do art. 15 da Resolução CNMP nº 181/2017:

> **Art. 15.** Os atos e peças do procedimento investigatório criminal são públicos, nos termos desta Resolução, salvo disposição legal em contrário ou por razões de interesse público ou conveniência da investigação.

Também é relevante efetuarmos a leitura do art. 9º do referido diploma legal:

> **Resolução CNMP nº 181/2017**
>
> **Art. 9º** O autor do fato investigado poderá apresentar, querendo, as informações que considerar adequadas, facultado o acompanhamento por defensor.
>
> § 1º O defensor poderá examinar, mesmo sem procuração, autos de procedimento de investigação criminal, findos ou em andamento, ainda que conclusos ao presidente, podendo copiar peças e tomar apontamentos, em meio físico ou digital.
>
> § 2º Para os fins do parágrafo anterior, o defensor deverá apresentar procuração, quando decretado o sigilo das investigações, no todo ou em parte.
>
> § 3º O órgão de execução que presidir a investigação velará para que o defensor constituído nos autos assista o investigado durante a apuração de infrações, de forma a evitar a alegação de nulidade do interrogatório e, subsequentemente, de todos os elementos probatórios dele decorrentes ou derivados, nos termos da Lei nº 8.906, de 4 de julho de 1994.
>
> § 4º O presidente do procedimento investigatório criminal poderá delimitar o acesso do defensor aos elementos de prova relacionados a diligências em andamento e ainda não documentados nos autos, quando houver risco de comprometimento da eficiência, da eficácia ou da finalidade das diligências.

Devemos ter atenção especial naquilo que concerne ao sigilo das investigações envolvendo organizações criminosas em razão do disposto no art. 23 da Lei nº 12.850/2013 Vejamos a redação do dispositivo legal:

> **Art. 23.** O sigilo da investigação **poderá ser decretado pela autoridade judicial competente, para garantia da celeridade e da eficácia das diligências investigatórias**, assegurando-se ao defensor, no interesse do representado, amplo acesso aos elementos de prova que digam respeito ao exercício do direito de defesa, devidamente precedido de autorização judicial, ressalvados os referentes às diligências em andamento.
>
> Parágrafo único. Determinado o depoimento do investigado, seu defensor terá assegurada a prévia vista dos autos, ainda que classificados como sigilosos, **no prazo mínimo de 3 (três) dias** que antecedem ao ato, podendo ser ampliado, **a critério da autoridade responsável pela investigação**. (Grifos nossos.)

Ante todo o exposto, diante da importância da manutenção do sigilo das diligências em andamento, é importante constar na representação (sobretudo algumas em que há reforço legal) que se trata de **peça sigilosa**. Isso será visto de forma completa na Parte 3 deste livro.

Também é importante que o leitor observe que, em expedientes investigativos de organização criminosa, há a possibilidade de representação por **sigilo adicional nas investigações**, nos termos do art. 23 (Lei de Organização Criminosa) exposto anteriormente.

4.3 OFICIAL

A investigação deverá ser realizada por **autoridades públicas**. A atividade investigativa policial do inquérito jamais poderá ser delegada a particulares. Assim diz a Constituição Federal:

> **Art. 144.** A segurança pública, dever do Estado, direito e responsabilidade de todos, é exercida para a preservação da ordem pública e da incolumidade das pessoas e do patrimônio, através dos seguintes órgãos: (...)
>
> § 4º Às polícias civis, dirigidas por delegados de polícia de carreira, incumbem, ressalvada a competência da União, as funções de polícia judiciária e a apuração de infrações penais, exceto as militares.

Assim, podemos concluir que à Polícia Federal e às Polícias Civis dos Estados e ao Distrito Federal compete, na pessoa do **Delegado de Polícia**, salvo exceções legais (ex.: inquérito policial militar), **presidir o inquérito policial**.

Lembre-se de que o juiz não poderá, em nenhuma hipótese, presidir o inquérito policial, sob pena de violação às regras que regem o sistema acusatório. Poderá o juiz requisitar ao Delegado de Polícia a instauração do inquérito, nos termos do art. 5º, II, do CPP:

> **Art. 5º** Nos crimes de ação pública o inquérito policial será iniciado: (...)
>
> II – mediante requisição da autoridade judiciária ou do Ministério Público, ou a requerimento do ofendido ou de quem tiver qualidade para representá-lo.

A esse respeito, sobre a requisição da instauração de inquéritos policiais por Autoridades Judiciárias, **acreditamos que a referida ação não é mais possível**, sob o prisma da releitura do sistema acusatório realizado essencialmente pelas novas disposições constantes da Lei nº 13.964/2019 (Pacote Anticrime).

Ressalta-se que, mesmo antes da edição do referido diploma, vários doutrinadores já se posicionavam contra a possibilidade de o juiz requisitar a instauração de inquéritos policiais, sob pena de violação ao sistema acusatório.

Com a edição da Lei nº 13.964/2019, essa corrente ganhou forças considerando a inclusão do seguinte dispositivo legal:

> **CPP**
>
> **Art. 3º-A** O processo penal terá estrutura acusatória, vedadas a iniciativa do juiz na fase de investigação e a substituição da atuação probatória do órgão de acusação. (Incluído pela Lei nº 13.964, de 2019.)

Observa-se que, conforme as novas disposições expressas, é vedada a iniciativa do juiz na fase investigatória e a substituição da atuação probatória do órgão de acusação, razão pela qual entendemos que o dispositivo que autoriza ao magistrado a requisição de instauração de inquéritos policiais está superado.

Desse modo, caso a autoridade judicial, no exercício de sua atividade, se depare com informações a respeito da prática de crimes, deverá proceder da seguinte forma:

- **1ª possibilidade:** abertura de vistas ao Membro do Ministério Público ou mesmo a remessa das peças a esta autoridade.
- **2ª possibilidade:** remessa das peças indiciárias ao Delegado de Polícia para que, conforme sua avaliação jurídica e considerando o seu poder/dever de investigação das infrações penais sujeitas à ação penal pública, instaure ou não o instrumento investigativo.

É importante ressaltar que, no curso de inquérito civil, que é presidido pelo promotor de justiça, poderão ser constatados fatos que configuram ilícito penal. Assim, caso existam indícios suficientes, o Ministério Público iniciará a persecução penal. Trata-se de medida impositiva, considerando o princípio da obrigatoriedade (Ações Penais Públicas), presente no art. 39, § 5º:

> **CPP**
>
> **Art. 39.** O direito de representação poderá ser exercido, pessoalmente ou por procurador com poderes especiais, mediante declaração, escrita ou oral, feita ao juiz, ao órgão do Ministério Público, ou à autoridade policial. (...)
>
> § 5º O órgão do Ministério Público dispensará o inquérito, se com a representação forem oferecidos elementos que o habilitem a promover a ação penal, e, neste caso, oferecerá a denúncia no prazo de quinze dias.

Diferenças entre inquérito civil e inquérito policial

Inquérito Civil	Inquérito Policial
• Desencadeado pelo Ministério Público	• Presidido pelo Delegado de Polícia
• Visa apurar lesões de interesses transindividuais	• Angariar elementos que apontem ou refutem autoria, materialidade e circunstâncias.

Considerando a finalidade de nosso trabalho, buscando dar completude ao estudo do tema, trataremos preliminarmente da Lei nº 13.432/2017: **investigação por detetive particular.**

A atuação do detetive particular **não tem natureza criminal**, como expõe o art. 2º da Lei:

> **Lei nº 13.432/2017**
>
> **Art. 2º** Para os fins desta Lei, considera-se detetive particular o profissional que, habitualmente, por conta própria ou na forma de sociedade civil ou empresarial, planeje e execute **coleta de dados e informações de natureza não criminal**, com conhecimento técnico e utilizando recursos e meios tecnológicos permitidos, visando ao esclarecimento de assuntos de interesse privado do contratante. (Grifos nossos.)

A investigação particular, diferentemente da criminal, tem por objetivo, principalmente, o esclarecimento de assuntos privados, ressaltando que as investigações criminais são exclusividade do Estado, conforme o princípio da oficialidade. O art. 10, inciso IV, ressalta esse pensamento:

> **Lei nº 13.432/2017**
>
> **Art. 10.** É vedado ao detetive particular: (...)
>
> IV – participar diretamente de diligências policiais.

O art. 11, inciso II, evidencia a importância do respeito ao direito de intimidade:

> **Lei nº 13.432/2017**
>
> **Art. 11.** São deveres do detetive particular: (...)
>
> II – respeitar o direito à intimidade, à privacidade, à honra e à imagem das pessoas; (...)

Há, no entanto, a possibilidade de colaboração do detetive na investigação policial; vejamos o art. 5º, parágrafo único:

> **Lei nº 13.432/2017**
>
> **Art. 5º** O detetive particular pode colaborar com investigação policial em curso, desde que expressamente autorizado pelo contratante.
>
> Parágrafo único. O aceite da colaboração ficará a critério do delegado de polícia, que poderá admiti-la ou rejeitá-la a qualquer tempo.

Essa característica do inquérito policial (oficial) – que também, por óbvio, serve às representações policiais – é de importância ímpar em uma das partes das peças: **o preâmbulo**. Com efeito, como será visto adiante, um dos objetivos do preâmbulo é demonstrar ao magistrado a **legitimidade da Autoridade** que representa, demonstrando a oficialidade do ato.

4.4 INQUISITORIAL

O inquérito é um procedimento **inquisitivo** (doutrina majoritária), não sendo possível a observância plena do contraditório e da ampla defesa nessa fase procedimental. Essa característica tem a finalidade de dar **celeridade** à colheita de elementos de informações aptos a futuramente embasar a formação do convencimento do órgão responsável pela acusação, assim como subsidiar a decisão do magistrado naquilo que diz respeito às medidas cautelares requeridas nessa fase procedimental.

O STF tem reafirmado a característica da inquisitoriedade do Inquérito Policial. Vejamos:

Não é necessária a intimação prévia da defesa técnica do investigado para a tomada de depoimentos orais na fase de inquérito policial. Não haverá nulidade dos atos processuais caso essa intimação não ocorra. O inquérito policial é um procedimento informativo, de natureza inquisitorial, destinado precipuamente à formação da *opinio delicti* do órgão acusatório. Logo no inquérito há uma regular mitigação das garantias do contraditório e da ampla defesa. Esse entendimento justifica-se porque os elementos de informação colhidos no inquérito não se prestam, por si sós, a fundamentar uma condenação criminal. A Lei nº 13.245/2016 implicou um reforço das prerrogativas da defesa técnica, sem, contudo, conferir ao advogado o direito subjetivo de intimação prévia e tempestiva do calendário de inquirições a ser definido pela Autoridade Policial (STF, 2ª Turma, Pet nº 7.612/DF, Rel. Min. Edson Fachin, j. 12.03.2019, *Info* 933).

Contudo, em determinadas hipóteses, há a previsão da participação do investigado.

Vejamos, assim, as exceções à inquisitoriedade do inquérito.

- **Procedimento investigativo visando à expulsão do estrangeiro (Lei nº 13.445/2017).**

É importante observar que a Lei nº 13.445/2017 revogou completamente a Lei nº 6.815/1980.

A nova legislação não usa a expressão inquérito para expulsão de estrangeiro, apesar de que ainda permite o exercício do contraditório no bojo desse procedimento administrativo.

> **Lei nº 13.445/2017**
>
> **Art. 58.** No processo de expulsão serão garantidos o contraditório e a ampla defesa.
>
> § 1º A Defensoria Pública da União será notificada da instauração de processo de expulsão, se não houver defensor constituído.

§ 2º Caberá pedido de reconsideração da decisão sobre a expulsão no prazo de 10 (dez) dias, a contar da notificação pessoal do expulsando.

Parte da doutrina passou a questionar a subsistência da natureza inquisitorial do inquérito, considerando que o art. 7º, XXI, do Estatuto da Advocacia (Lei nº 8.906/1994) estabeleceu o direito do advogado em:

XXI – assistir a seus clientes investigados durante a apuração de infrações, sob pena de nulidade absoluta do respectivo interrogatório ou depoimento e, subsequentemente, de todos os elementos investigatórios e probatórios dele decorrentes ou derivados, direta ou indiretamente, podendo, inclusive, no curso da respectiva apuração:

a) apresentar razões e quesito.

Apesar da possibilidade da assistência do advogado, esse fenômeno não retira o caráter inquisitorial do inquérito policial.

Realizando-se interpretação sistêmica da Constituição em cotejo com a nova previsão constante do Estatuto da Ordem, conclui-se que o artigo assegura ao advogado a prerrogativa de assistir seu cliente em qualquer fase da investigação, até mesmo quando o investigado se encontrar preso. É relevante e necessária a presença desse artigo, de forma que, se a Autoridade Policial tentar impedir o acesso ou mesmo a assistência ao investigado, esse fato acarretará nulidade absoluta do interrogatório ou depoimento e, subsequentemente, de todos os elementos investigatórios e probatórios dele decorrentes ou derivados, direta ou indiretamente. Renato Brasileiro de Lima (2020, p. 124) afirma que "a investigação preliminar não perdeu a sua natureza inquisitiva. Ganhou, na verdade, um viés garantista".

Sobre a regra do art. 14 do Código de Processo Penal, não restará prejudicada, pois o Delegado de Polícia ainda poderá indeferir diligências requeridas. É de bom tom que o Delegado de Polícia, ao indeferir ou mesmo deferir medidas, o faça de modo motivado e fundamentado, demonstrando a necessidade ou a dispensabilidade da medida requerida.

CPP

Art. 14. O ofendido, ou seu representante legal, e o indiciado poderão requerer qualquer diligência, que será realizada, **ou não**, a juízo da autoridade. (Grifos nossos.)

- **Investigação presidida pelo Ministério Público, nos termos da Resolução nº 181/2017**

Na investigação realizada pelo Ministério Público, de igual maneira, se faculta ao suposto autor do fato a apresentação de informações que considerar relevantes e o direito de, querendo, ser acompanhado por defensor. Vejamos:

Art. 9º O autor do fato investigado poderá apresentar, querendo, as informações que considerar adequadas, facultado o acompanhamento por defensor.

A respeito da incomunicabilidade do investigado, Leonardo Barreto nos alerta que, embora o art. 21 do CPP traga a possibilidade de se decretar a incomunicabilidade do investigado ao longo do inquérito policial, é certo que essa característica **não foi recepcionada**

pela Constituição Federal, visto que nem no Estado de Defesa, quando inúmeras garantias fundamentais são mitigadas, a incomunicabilidade poderia ocorrer, conforme preceitua o art. 136, § 3º, IV, da Constituição Federal (ALVES, 2018, p. 122).

Com efeito, não há, em regime democrático como o brasileiro, a possibilidade de decretação de incomunicabilidade de presos ou investigados. Ademais, nem o próprio Regime Disciplinar Diferenciado (RDD) permite a incomunicabilidade do investigado, nos termos da Lei nº 13.964/2019, o qual altera as regras referentes ao RDD.

Os vícios eventualmente existentes no inquérito policial não contaminam o processo. Contudo, os elementos colhidos com inobservância das determinações legais devem ser **desentranhados dos autos** e não poderão ser considerados como razão de decidir pelo magistrado. Nesse sentido:

PROCESSO PENAL. AGRAVO REGIMENTAL NO RECURSO ORDINÁRIO EM *HABEAS CORPUS*. TRANCAMENTO DO INQUÉRITO POLICIAL. SUPERVENIÊNCIA DO PROCESSO PENAL. PERDA DO OBJETO. AGRAVO NÃO PROVIDO.

1. Em consulta ao sítio eletrônico do Tribunal Regional Federal da 3ª Região, apurou-se que houve superveniente denúncia, seu recebimento, a condenação em primeira instância e o julgamento do recurso de apelação pelo Tribunal *a quo*. Nesse contexto, exsurge prejudicado, por falta de objeto, o pleito de trancamento do inquérito penal, tendo em vista que eventual nulidade do inquérito não acarretará a nulidade da ação penal superveniente, cuja fase procedimental é bastante avançada, porquanto encerrada a cognição fático-probatória. 2. Agravo regimental desprovido (STJ, 5ª Turma, AgRg no RO em HC nº 2016/0211411-7, j. 10.03.2020).

Os vícios do inquérito policial não geram, pois, nulidades, que existem apenas em fase de processo.

4.5 OFICIOSO

O art. 5º, I, do CPP impõe à Autoridade Policial o dever de **agir de ofício** nos crimes de **ação penal pública incondicionada**, procedendo a apuração do fato delitivo.

> **CPP**
>
> **Art. 5º** Nos crimes de ação pública o inquérito policial será iniciado:
>
> I – de ofício.

As hipóteses de crimes de **ação penal pública condicionada** à **representação** e dos delitos de **ação penal privada** são as **exceções**.

A **oficiosidade** é a **obrigação de a Autoridade Policial instaurar o inquérito** quando toma conhecimento da infração penal considerada como fato típico.

Logicamente, quando diante de crimes que exijam manifestação da vítima, essa instauração não poderá ocorrer de ofício, pois é indispensável a manifestação da vítima no sentido de ver apurado aquele delito. É o que ocorre nos crimes de ação penal pública condicionada à representação ou com relação aos crimes de ação penal privada. Nesses casos, a atuação investigativa do Delegado de Polícia condiciona-se à iniciativa da vítima.

Esse fenômeno **não afasta a oficiosidade do inquérito policial**, pois a partir da manifestação da vítima a Autoridade Policial procederá de ofício na elucidação do delito.

Visualizamos que o conhecimento desses conceitos pode ser cobrado, de forma indireta, em questão de peça prática profissional para o cargo de Delegado de Polícia.

Vamos supor que a questão traga em seu texto que se trata de crime de ação penal pública condicionada à representação policial, como o estelionato[1], e que a vítima efetivamente representou. **Acreditamos que isso pode vir a ser objeto de avaliação presente em espelho de correção, razão pela qual o fato deve ser ressaltado na elaboração da peça prática.**

4.6 DISCRICIONÁRIO

Este tópico tem grande importância à contextualização da divisão de peças internas e peças externas, como será visto adiante, quando tratarmos da estrutura da peça.

A investigação criminal, conduzida pelo Delegado de Polícia, tem caráter discricionário. Isso significa que a Autoridade Policial possui **liberdade** para determinar, sempre nos limites da lei, como deverão ser realizados os atos e as diligências para que o fato criminoso seja esclarecido.

O art. 14, *caput*, do CPP merece destaque neste momento, pois poderá o ofendido, o indiciado ou seus representantes legais **requerer diligências**, mas caberá ao Delegado definir se esses atos são importantes, ou não, para o prosseguimento da investigação, de acordo com seu projeto traçado ao início desta. Vejamos o texto da lei:

> **CPP**
>
> **Art. 14.** O ofendido, ou seu representante legal, e o indiciado poderão requerer qualquer diligência, que será realizada, **ou não**, a juízo da autoridade. (Grifos nossos.)

É importante reforçar que a Autoridade Policial não pode se recusar a realizar diligências que sejam importantes e essenciais para a elucidação dos fatos, mas pode escolher o seu momento de acordo com a estratégia de investigação traçada. Isso decorre do seu **poder/dever de investigação eficiente**. Assim, nos casos em que as manifestações e requerimentos são explicitamente protelatórios, não deverão ser acatados pelo Delegado de Polícia.

Esse tema ganha relevância quando da elaboração das peças prático profissionais, pois todas as diligências determinadas ou mesmo indeferidas pelo Delegado de Polícia devem ser **fundamentadas**, demonstrando-se a necessidade ou a dispensabilidade da medida adotada.

---

[1] Desde que não praticado contra uma das vítimas citadas no art. 171, § 5º, do Código Penal (alteração promovida pela Lei nº 13.964/2019).

Atenção

O exame de corpo de delito não poderá ser indeferido pela Autoridade Policial ou judicial.

> **Art. 184.** Salvo o caso de exame de corpo de delito, o juiz ou a autoridade policial negará a perícia requerida pelas partes, quando não for necessária ao esclarecimento da verdade.

Lembre-se de que é uma preocupação constante do candidato, em suas peças práticas, demonstrar a materialidade do delito.

4.7 INDISPONÍVEL

A indisponibilidade é uma característica inerente à atividade desempenhada pelo Delegado de Polícia. Este **não pode determinar o arquivamento dos autos**, mesmo sem indícios suficientes de autoria e prova da materialidade, nos termos do art. 17 do CPP:

> **Art. 17.** A autoridade policial não poderá mandar arquivar autos de inquérito.

Mesmo que o inquérito tenha sido instaurado de ofício, sempre deverá ser concluído e encaminhado a juízo. Somente a autoridade judiciária poderá ordenar o arquivamento do inquérito.

> **CPP**
>
> **Art. 18. Depois de ordenado o arquivamento do inquérito pela autoridade judiciária**, por falta de base para a denúncia, a autoridade policial poderá proceder a novas pesquisas, se de outras provas tiver notícia. (Grifos nossos.)

A respeito do arquivamento do inquérito policial, considerando as alterações implementadas pelo Pacote Anticrime, abordaremos mais detidamente em ponto subsequente desta obra.

4.8 TEMPORÁRIO

A Constituição Federal traz no art. 5º, LXXVIII, o princípio da duração razoável do processo. Esse princípio pode ser interpretado em sintonia com o art. 10, § 3º, do Código de Processo Penal. Vejamos os artigos:

> **CF/1988**
>
> **Art. 5º** Todos são iguais perante a lei, sem distinção de qualquer natureza, garantindo-se aos brasileiros e aos estrangeiros residentes no País a inviolabilidade do direito à vida, à liberdade, à igualdade, à segurança e à propriedade, nos termos seguintes: (...)
>
> LXXVIII – a todos, no âmbito judicial e administrativo, são assegurados a razoável duração do processo e os meios que garantam a celeridade de sua tramitação.
>
> **CPP**
>
> **Art. 10.** O inquérito deverá terminar no prazo de 10 dias, se o indiciado tiver sido preso em flagrante, ou estiver preso preventivamente, contado o prazo, nesta hipótese, a partir do dia em que se executar a ordem de prisão, ou no prazo de 30 dias, quando estiver solto, mediante fiança ou sem ela. (...)

> § 3º Quando o fato for de difícil elucidação, e o indiciado estiver solto, a autoridade poderá requerer ao juiz a devolução dos autos, para ulteriores diligências, que serão realizadas no prazo marcado pelo juiz.

Podemos concluir que, **teoricamente**, o inquérito tem duração de, no máximo, **30 (trinta) dias**, mas há a possibilidade de **estender esse prazo**,[2] se o investigado estiver **solto**, para a realização de **diligências** indispensáveis, respeitando a razoável duração do processo.[3]

Renato Brasileiro de Lima (2020, p. 196) afirma, acertadamente, que o inquérito policial não pode ter seu prazo prorrogado indefinidamente, sob pena de ilegalidade em sua condução.

Em jurisprudência sobre o assunto, no âmbito do STJ, o Ministro Nefi Cordeiro nos ensina:

Jurisprudência destacada

> 1. A investigação criminal gera danos à pessoa, suportáveis pelo interesse da apuração da justa causa, mas não passíveis de eternização. 2. Tendo sido iniciada investigações em 2012, e encontrando-se o inquérito policial, injustificadamente, sem conclusão desde 2017, porque não realizadas diligências requeridas pela acusação, e tendo o feito ficado paralisado para manifestação acerca da prorrogação do prazo para conclusão das diligências desde 06/04/2018, não revela ilegalidade a decisão do Tribunal local de reco- nhecer o excesso de prazo da investigação em junho/2018, já que constatada clara mora e indevido dano estatal, a justificar a concessão de habeas corpus para determinar seu trancamento. Incidência da Súmula nº 83/STJ (AgRg no AREsp nº 145.3748/PR, 2019/0053269-0).

Vejamos sistematicamente as características do inquérito policial:

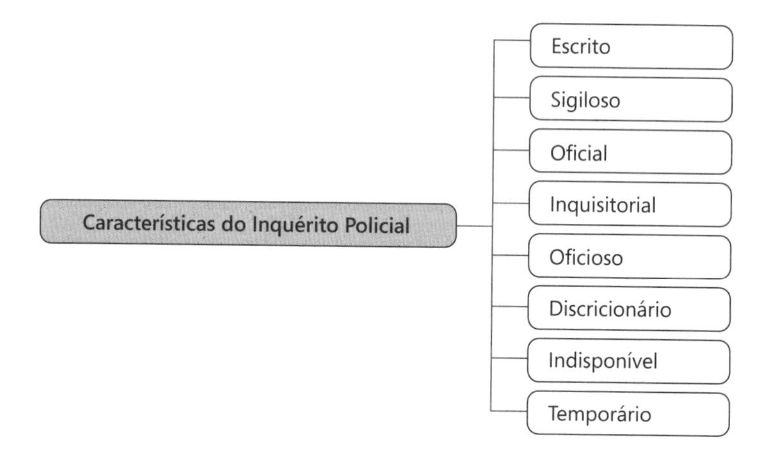

[2] O que geralmente ocorre na prática.

[3] Neste caso, leia-se: "procedimento", uma vez que não se trata de um "processo" propriamente dito, em que há relação processual estabelecida.

5 Formas de instauração do inquérito policial

5.1 ANÁLISE PRELIMINAR DOS INSTRUMENTOS DE INSTAURAÇÃO DO INQUÉRITO POLICIAL

A forma pela qual o inquérito é instaurado **varia**, sobretudo, conforme a **natureza do crime**. O art. 5º do CPP é o norte para entender as formas de instauração do inquérito. Vejamos:

> **Art. 5º** Nos crimes de ação pública o inquérito policial será iniciado:
>
> I – de ofício;
>
> II – mediante requisição da autoridade judiciária ou do Ministério Público, ou a requerimento do ofendido ou de quem tiver qualidade para representá-lo.
>
> § 1º O requerimento a que se refere o no II conterá sempre que possível:
>
> *a)* a narração do fato, com todas as circunstâncias;
>
> *b)* a individualização do indiciado ou seus sinais característicos e as razões de convicção ou de presunção de ser ele o autor da infração, ou os motivos de impossibilidade de o fazer;
>
> *c)* a nomeação das testemunhas, com indicação de sua profissão e residência.
>
> § 2º Do despacho que indeferir o requerimento de abertura de inquérito caberá recurso para o chefe de Polícia.
>
> § 3º Qualquer pessoa do povo que tiver conhecimento da existência de infração penal em que caiba ação pública poderá, verbalmente ou por escrito, comunicá-la à autoridade policial, e esta, verificada a procedência das informações, mandará instaurar inquérito.
>
> § 4º O inquérito, nos crimes em que a ação pública depender de representação, não poderá sem ela ser iniciado.
>
> § 5º Nos crimes de ação privada, a autoridade policial somente poderá proceder a inquérito a requerimento de quem tenha qualidade para intentá-la.

A partir do texto legal, abordaremos as diversas hipóteses de instauração do Inquérito Policial.

5.1.1 Crimes de ação penal pública incondicionada

A **regra** é que os crimes sejam de **ação penal pública incondicionada**. Assim, quando no texto da lei não houver previsão das expressões: "se procede mediante queixa" ou "se procede mediante representação ou requisição do Ministro da Justiça", fica subtendido que o crime será processado mediante ação penal pública incondicionada.

Nesses crimes o inquérito poderá ser instaurado das seguintes maneiras.

a. **De ofício:** é o que leciona o art. 5º, I, do CPP. Nesses casos, a peça que dá início ao inquérito é uma portaria,[1] subscrita pelo Delegado de Polícia e deve conter:

- o objeto da investigação;
- as circunstâncias já conhecidas acerca do fato criminoso (dia, horário, local etc.);
- as diligências iniciais a serem realizadas.

Trata-se de uma das primeiras peças práticas passíveis de edição pelo Delegado de Polícia. Será a peça que instaura, aquela que **dá início à formalização da atividade investigativa**.

É interessante em provas concursais que o candidato demonstre, cite e siga as determinações do art. 5º do CPP. Assim, deve-se fazer referência expressa:

- **Aos fatos** já constatados e que embasam e fundamentam a instauração do expediente investigativo. Neste momento, o candidato deverá relatar, descrever os fatos ocorridos e explicar o motivo pelo qual, em tese, aquela conduta configura-se como crime. Também é importante definir qual crime é configurado.
- **Ao que se busca investigar**. Deve aclarar qual é a finalidade da investigação, qual o objetivo final do expediente investigativo: definir autoria, encontrar os objetos produtos do crime ou mesmo recuperar ou encontrar os valores provenientes da infração.
- Às **diligências iniciais** a serem realizadas, normalmente essas diligências são previstas em despachos. Neste momento, o Delegado determinará a intimação de testemunhas, a expedição de ofícios, as requisições de informações ou a juntada de documentos.

Esse ponto referente à gênese do inquérito policial será tratado com mais detalhes na Parte 2 deste Manual Decifrado.

Esse procedimento deve ocorrer sempre que a autoridade tome ciência do fato delituoso por meio de notícia veiculada na imprensa, registro de ocorrência ou mesmo informações prestadas pela vítima ou testemunha do delito.

Nas hipóteses de prisão em flagrante, o próprio auto de prisão em flagrante (APF) funciona como peça inaugural do inquérito.

---

[1] O tema em questão será estudado na Parte II desta obra.

b. **Mediante requisição da autoridade judiciária ou do Ministério Público:** o inciso II do art. 5º nos mostra a possibilidade da Autoridade Judiciária ou do Ministério Público requisitarem a instauração de inquérito, razão pela qual deve a Autoridade Policial proceder com o início da investigação. Aqui, alguns pontos merecem ser discutidos, vejamos.

- A Autoridade Judiciária como requisitante da investigação policial. Conforme já analisamos anteriormente, não se coaduna com a ideia do sistema acusatório a requisição da instauração de inquérito policial por parte do magistrado.
- A requisição por parte do Membro do Ministério Público, em tese, ainda é possível e ocorre na prática.

Um ponto de discussão surge neste momento: **a dúvida consiste em saber se o Delegado de Polícia seria obrigado a instaurar inquérito policial, diante de requisição do órgão ministerial**.

A esse respeito há dois posicionamentos:

1. **Obrigatoriedade da instauração do inquérito:** após a requisição, o Delegado de Polícia estaria obrigado a instaurar o expediente investigativo, mesmo que o resultado seja o arquivamento, pois o princípio da obrigatoriedade impõe o dever de agir às autoridades diante de uma possível prática criminosa.
2. **Não há obrigatoriedade da instauração do inquérito:** de acordo com esse posicionamento, o Delegado de Polícia, mesmo diante da requisição do Ministério Público, não estaria obrigado a instaurar o inquérito policial. São argumentos favoráveis a essa corrente:

- Não há hierarquia funcional entre o Ministério Público e as instituições de natureza policial, ainda que o MP exerça a atividade de controle externo.
- O Ministério Público é dotado de prerrogativa investigativa, assim, quando entender necessário, o próprio órgão poderia proceder às investigações.
- Diante da inexistência de indícios mínimos, a instauração indevida é conduta tipificada expressamente como abuso de autoridade.

Apesar da aparente divergência, a discussão, a nosso ver, é inócua e dispensável. Os Órgãos Policiais e o Ministério Público são instituições que atuam lado a lado e não antagonicamente.

Assim, diante da existência mínima de indícios, o Delegado de Polícia deve instaurar o inquérito policial, não por causa de ordem, requisição ou qualquer outra manifestação exarada pelo Órgão Ministerial, mas em decorrência do **dever estatal atribuído legalmente às instituições policiais**, do **princípio da obrigatoriedade** e da **indisponibilidade da investigação**.

Trata-se de obrigação imposta por Lei às instituições policiais: há dever de investigação.

Assim, a remessa das informações a serem investigadas com indícios mínimos de infração ao Delegado de Polícia, com ou sem requisição, geram a **obrigação de investigar**.

Com efeito, em uma concepção de polícia democrática, considerando-se a devida investigação criminal, a função investigativa consubstancia-se em um **poder/dever**.

Por outro lado, caso a requisição ou as peças encaminhadas **não demonstrem indícios** mínimos de delito, **não há que se falar em obrigatoriedade** de instauração de inquérito.

Observe que, inclusive, conforme dito, a conduta de instaurar ou requerer a instauração de procedimento investigativo sem fundamentos idôneos pode configurar crime de **abuso de autoridade**, segundo expressa tipificação penal:

> **Lei nº 13.869/2019**
>
> **Art. 27.** Requisitar instauração ou instaurar procedimento investigatório de infração penal ou administrativa, em desfavor de alguém, à falta de qualquer indício da prática de crime, de ilícito funcional ou de infração administrativa:
>
> Pena – detenção, de 6 (seis) meses a 2 (dois) anos, e multa.

c. **A requerimento do ofendido ou de quem tiver qualidade para representá-lo:** essa forma de iniciar o inquérito ocorre quando a vítima ou quem a representa legalmente[2] faça requerimento dirigido à Autoridade Policial contendo, sempre que possível, os seguintes requisitos (art. 5º, § 1º, do CPP):

- a narração do fato, com todas as circunstâncias;
- a individualização do indiciado ou seus sinais característicos e as razões de convicção ou de presunção de ser ele o autor da infração, ou os motivos de impossibilidade de o fazer;
- a nomeação das testemunhas, com indicação de sua profissão e residência.

Diferente da requisição, não há, no requerimento, qualquer celeuma acerca de sua obrigatoriedade ou não. Não é uma ordem legal a ser cumprida, mas tem caráter de solicitação, que será verificada pelo Delegado de Polícia, podendo ser indeferida, caso seja constatada a atipicidade da conduta descrita pelo requerente, ou até mesmo a prescrição evidente do delito.

O art. 5º, § 2º, do CPP traz a hipótese de recurso administrativo caso o Delegado indefira o pedido de abertura do inquérito. O recurso poderá ser dirigido ao Chefe de Polícia (em

---

[2] A representação do ofendido pode se dar nas seguintes hipóteses:
a) representante legal (ascendente, tutor ou curador), no caso de incapacidade;
b) o curador especial, se o ofendido for menor de 18 (dezoito) anos, ou mentalmente enfermo, ou retardado mental, e não tiver representante legal, ou colidirem os interesses do representante com os ofendidos;
c) o cônjuge, ascendente, descendente ou irmão (nesta ordem preferencial), no caso de falecimento ou declaração de ausência do ofendido;
d) ou por procurador.

algumas unidades da federação é o Delegado-geral de Polícia[3] ou Diretor-geral de Polícia[4]). A rejeição do requerimento não dá direito líquido e certo, não sendo possível impetrar mandado de segurança para assegurar o referido direito.

d. **Notícia oferecida por qualquer do povo:** encontra-se prevista no art. 5º, § 3º, do CPP, sendo conhecida, popularmente, como "queixa". É a *delatio criminis* simples, que pode ser feita oralmente ou por escrito. É uma espécie de *notitia criminis*, por isso, caso seja verificada a procedência da informação, o Delegado de Polícia mandará instaurar inquérito para apurar oficialmente o fato delitivo.

A **regra geral** é que essa *notitia criminis* seja **facultativa**, mas há casos em que se torna **obrigatória**, por exemplo o art. 66 do Decreto-lei nº 3.688/1941 (Lei de Contravenções Penais), que constitui a contravenção penal de omissão de crime o ato de:

- Deixar de comunicar à autoridade competente:
  - crime de ação pública de que teve conhecimento no exercício de função pública, desde que a ação penal não dependa de representação;
  - crime de ação pública de que teve conhecimento no exercício da medicina ou de outra profissão sanitária, desde que a ação penal não dependa de representação e a comunicação não exponha o cliente ao procedimento criminal.

Um ponto que merece ser discutido é a **possibilidade ou não de reconhecimento da atipicidade material em decorrência da insignificância por parte da Autoridade Policial.**

Sobre esse tema há séria divergência. Vejamos, inicialmente, as duas correntes:

- **1ª corrente:** não é possível ao Delegado de Polícia analisar a insignificância (tipicidade material do delito), considerando que se **trata de matéria de mérito**, a qual depende da análise do magistrado e instrução probatória a esse respeito.

  Essa corrente entende que, assim como o Delegado de Polícia não poderia arquivar o inquérito, em virtude da indisponibilidade, não poderia deixar de instaurá-lo diante do princípio da obrigatoriedade.

  Essa corrente também alega que a análise realizada pelo Delegado de Polícia a respeito da tipicidade, limita-se à sua vertente formal, pois se trata de juízo sumário e não exauriente a respeito da tipicidade.

  Assim, de acordo com essa corrente, o Delegado de Polícia não poderia, por exemplo, deixar de lavrar auto de prisão em flagrante, diante do reconhecimento da atipicidade material do fato ou mesmo negar-se a instaurar o inquérito em razão da atipicidade material do fato.

---

[3] A exemplo dos Estados de São Paulo, Ceará e Distrito Federal.

[4] A exemplo da Polícia Federal.

- **2ª corrente:** o Delegado de Polícia é autoridade dotada de plena **capacidade técnico-jurídica** para a análise exauriente a respeito da tipicidade, tanto em sua perspectiva formal quanto em sua perspectiva material.

  Assim, diante de elementos claros e indubitáveis, o Delegado de Polícia poderia não instaurar o inquérito policial ou mesmo não lavrar auto de prisão em flagrante, diante do reconhecimento da **atipicidade material do fato**.

Sustentamos que o **Delegado de Polícia pode e deve reconhecer a tipicidade material do fato**, contudo apresentamos **corrente intermediária** com relação às duas outras apresentadas.

Inicialmente, apresentamos análise para duas situações distintas:

1. **Situações flagrâncias:** nestas situações, poderia haver dúvida acerca da discricionariedade de o **Delegado de Polícia poder ou não deixar de lavrar o auto de prisão em flagrante diante do reconhecimento da insignificância**.

   Acreditamos que sim, veja que estamos a tratar de restrição da liberdade de indivíduos, **não se coaduna com a ordem democrática a prisão em flagrante de alguém que cometeu fato atípico, ainda que a atipicidade seja material**. Então, nesses casos, deve a Autoridade, por portaria, instaurar o inquérito policial e, ao final, concluir em relatório sobre a atipicidade material do fato, remetendo o inquérito ao titular da ação penal para que:

- ofereça denúncia;
- promova o arquivamento do feito.

2. **Situações não flagrâncias:** nestes casos, acreditamos que **não seria possível ao Delegado deixar de instaurar o inquérito**, pois é o instrumento investigativo que irá consubstanciar ou não o entendimento a respeito da atipicidade material do fato.

   Pensamos que o reconhecimento da atipicidade material exige **análise investigativa mínima** a ser desenvolvida no inquérito policial ou outro instrumento investigativo apto. Não é dado a nenhuma autoridade a capacidade de decidir sozinha a respeito da tipicidade ou atipicidade de determinado fato.

   O juiz, para decidir a respeito, necessita da proposição da ação penal pelo órgão acusador. O promotor, considerando a antiga redação do art. 28 do Código de Processo Penal e atualmente vigente, necessita de concordância judicial para arquivamento do inquérito, mesmo que por atipicidade material.

   A nova redação do art. 28 do CPP (encontra-se com a eficácia suspensa) exige que a decisão do arquivamento seja submetida à revisão do órgão de controle ministerial.

   Assim, não há motivos para permitir que o Delegado de Polícia em análise solitária e unilateral decida a respeito da atipicidade material do fato.

Apontamos, como solução, que o Delegado de Polícia **deve**, em todas as situações, **instaurar inquérito policial** por meio de portaria, deixando de lavrar o auto de prisão em flagrante, quando a situação for, hipoteticamente, flagrancial. O instrumento investigativo colherá elementos que fundamentem a posição a respeito da atipicidade material do fato: valor do bem, primariedade, ausência contumácia entre tantos outros. Diante dessas informações, **o Delegado de Polícia relatará o inquérito sem indiciamento e concluirá pela atipicidade material do fato**, remetendo o instrumento ao Poder Judiciário.

O leitor deve se recordar que, de acordo com a literalidade do CPP, o Delegado de Polícia deve encaminhar o inquérito policial ao Juiz e este encaminhará ao Ministério Público.

CPP

Art. 10. O inquérito deverá terminar no prazo de 10 dias, se o indiciado tiver sido preso em flagrante, ou estiver preso preventivamente, contado o prazo, nesta hipótese, a partir do dia em que se executar a ordem de prisão, ou no prazo de 30 dias, quando estiver solto, mediante fiança ou sem ela.

§ 1º A autoridade fará minucioso relatório do que tiver sido apurado e enviará autos ao juiz competente.

5.1.2 Auto de prisão em flagrante delito (APF)

Não encontra previsão legal no CPP, mas é a peça que dá início aos inquéritos no caso de prisão em flagrante, prevista no art. 302 do Código de Processo Penal.

CPP

Art. 302. Considera-se em flagrante delito quem:

I – está cometendo a infração penal;

II – acaba de cometê-la;

III – é perseguido, logo após, pela autoridade, pelo ofendido ou por qualquer pessoa, em situação que faça presumir ser autor da infração;

IV – é encontrado, logo depois, com instrumentos, armas, objetos ou papéis que façam presumir ser ele autor da infração.

Após lavrar o auto, se a Autoridade Policial entender que ainda há diligências a serem realizadas, poderá dar continuidade ao inquérito no próprio auto de prisão e, após finalizar, remeter os autos ao Poder Judiciário, que abrirá vistas ao Ministério Público, que dará continuidade aos atos relacionados à persecução penal.

Vejamos o quadro a seguir, que sintetiza as ideias até aqui tratadas.

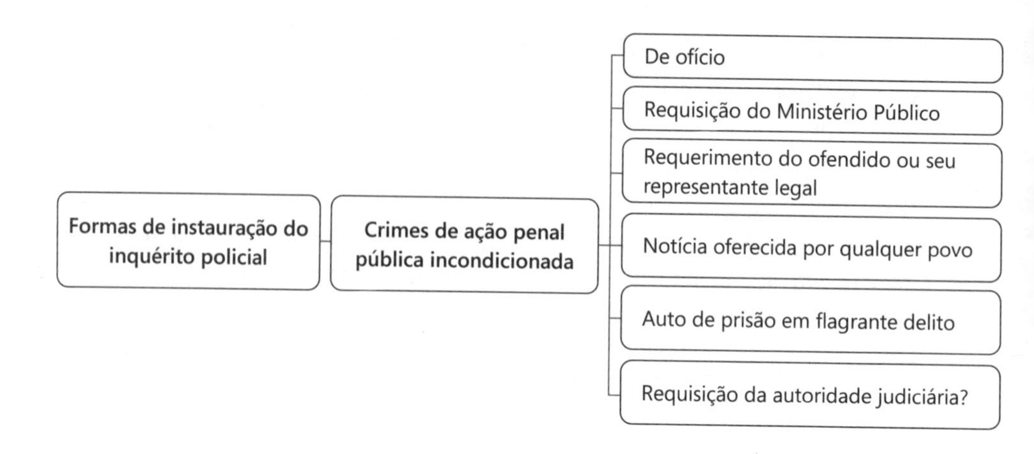

5.1.3 Crimes de ação penal pública condicionada e de ação penal de iniciativa privada

Inicialmente, deve-se pontuar que, nos crimes de ação penal pública condicionada, o inquérito policial poderá ser iniciado de **duas formas**:

1. representação do ofendido;
2. requisição do Ministro da Justiça.

Iniciar-se-á com a análise das ações penais públicas condicionadas à representação.

5.1.3.1 Crimes de ação penal pública condicionada à representação

a. **Representação do ofendido ou de seu representante legal**

O art. 5º, § 4º, do CPP dispõe:

> **Art. 5º** (...)
>
> § 4º O inquérito policial, nos crimes de ação penal pública condicionada *à* representação, não poderá sem ela ser iniciado.

Conhecida como ***delatio criminis* postulatória**, é a manifestação em que a vítima ou seu representante legal autoriza o Estado a tomar as providências necessárias à investigação e apuração judicial nos crimes que exigem essa formalidade.

Não é necessária a adoção de formalidades nessa autorização, a simples manifestação da vítima ou de seu representante, confirmando a continuidade da investigação, basta para cumprimento desse protocolo.

Nas peças práticas profissionais realizadas pelo Delegado de Polícia é muito importante que o candidato **faça referência** à **representação**, quando se deparar com crimes sujeitos a essa formalidade (crimes de ação penal pública condicionados à representação).

O art. 39, § 1º, do CPP explica que a representação pode ser feita tanto à Autoridade Policial quanto ao Juiz ou ao Ministério Público, que a encaminhará para a autoridade competente. Sendo essa representação oral, será reduzida a termo e assinada.

> **Art. 39.** O direito de representação poderá ser exercido, pessoalmente ou por procurador com poderes especiais, mediante declaração, escrita ou oral, feita ao juiz, ao órgão do Ministério Público, ou à autoridade policial.
>
> § 1º A representação feita oralmente ou por escrito, sem assinatura devidamente autenticada do ofendido, de seu representante legal ou procurador, será reduzida a termo, perante o juiz ou autoridade policial, presente o órgão do Ministério Público, quando a este houver sido dirigida.

A representação a ser formulada pelo ofendido ou seu representante legal está sujeita ao **prazo decadencial de 6 (seis) meses**.

> **CPP**
>
> **Art. 38.** Salvo disposição em contrário, o ofendido, ou seu representante legal, decairá no direito de queixa ou de representação, se não o exercer dentro do prazo de seis meses, contado do dia em que vier a saber quem é o autor do crime, ou, no caso do art. 29, do dia em que se esgotar o prazo para o oferecimento da denúncia.

Se o direito de queixa não for exercido no prazo legal de seis meses (contado da ciência da autoria), ocorre a **extinção da punibilidade**.

No mesmo sentido, é interessante, **nas peças práticas profissionais, que o candidato faça referência que a representação foi oferecida dentro do prazo decadencial exposto anteriormente**. Ressalta-se que o termo inicial do prazo é contado da data em que a vítima tomou conhecimento a respeito do autor.

De igual forma, **caso a questão apresente algum crime cujo prazo decadencial tenha se escoado, é importante que o candidato faça referência a tal fato5**.

Se a vítima for menor de 18 anos, o seu representante legal fará a representação no prazo de seis meses; se não o fizer, a partir do momento que a vítima completar 18 anos ela terá prazo igual para representar. Esses prazos são **contados separadamente**.

Esse raciocínio encontra-se na Súmula nº 594 do STF[6]:

Súmula nº 594 do STF

Os direitos de queixa e de representação podem ser exercidos, independentemente, pelo ofendido ou por seu representante legal.

---

5 Deve ser ressaltado na fundamentação da peça.

6 Apesar de essa súmula ter por fundamento legal o art. 34 do CPP, que foi revogado tacitamente com a entrada em vigor do Código Civil de 2002, entendemos que ela ainda é válida.

O professor e Juiz Federal Márcio André Lopes Cavalcante (2019, p. 412) traz, em seu livro de súmulas do STF e do STJ, o seguinte entendimento:

> Se esgotou o prazo de queixa ou representação para o representante da vítima menor de idade, mesmo assim ela poderá propor queixa ou representação, iniciando-se seu prazo a partir do momento que completa 18 anos.

Nesse sentido:

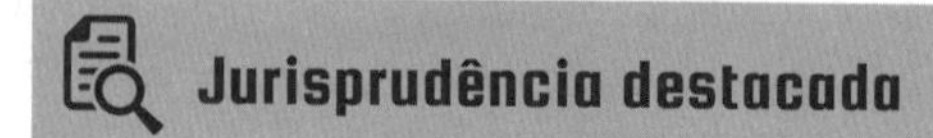

PROCESSO PENAL. RECURSO ORDINÁRIO EM *HABEAS CORPUS*. CRIMES CONTRA A LIBERDADE SEXUAL. TRÊS VÍTIMAS. TRANCAMENTO DA AÇÃO PENAL. EXTINÇÃO DA PUNIBILIDADE PELA DECADÊNCIA DO DIREITO DE REPRESENTAÇÃO. INOCORRÊNCIA. PRAZOS INDEPENDENTES PARA O OFENDIDO E SEU REPRESENTANTE LEGAL. CRIME COMETIDO COM ABUSO DO "PÁTRIO PODER" EM RELAÇÃO A UMA DAS VÍTIMAS. AÇÃO PENAL PÚBLICA INCONDICIONADA. RECURSO ORDINÁRIO DESPROVIDO.

I – Os prazos para o exercício do direito de queixa ou representação correm separadamente para o ofendido e seu representante legal (Súmula nº 594/STF).

II – Escoado o prazo para o representante de uma das vítimas, conserva-se o direito de representação da ofendida, a ser contado a partir da sua maioridade (Precedentes) (STJ, 5ª Turma, RHC nº 39.141/SP, Rel. Min. Felix Fischer, j. 25.11.2014).

AGRAVO REGIMENTAL. RECURSO ESPECIAL. DIREITO PENAL. CRI MES CONTRA OS COSTUMES. ART. 214 DO CP. DUPLA TITULARIDADE. PRAZO DECADENCIAL DE SEIS MESES, PARA A REPRESENTAÇÃO, A PARTIR DA MAIORIDADE DA VÍTIMA. ACÓRDÃO *A QUO* EM CONSONÂNCIA COM A JURISPRUDÊNCIA DESTE TRIBUNAL. SÚMULAS Nºs 7 E 83/STJ E 594/STF.

1. Na ocorrência do delito descrito no art. 214 do Código Penal – antes da revogação pela Lei nº 12.015/2009 –, o prazo decadencial para apresentação de queixa ou de representação é de 6 meses, após a vítima completar a maioridade, em decorrência da dupla titularidade, *lato sensu*, do direito de ação (Súmula nº 594/STF) (STJ, 6ª Turma, AgRg no REsp nº 1.189.268/SP, Rel. Min. Sebastião Reis Júnior, j. 28.02.2012).

b. Requisição do Ministro da Justiça

É uma das formas de início do inquérito policial quando o crime exigir essa formalidade. Atualmente, a requisição do Ministro da Justiça é condição necessária para apuração dos crimes nas seguintes situações:

- cometidos por estrangeiro contra brasileiro fora do Brasil (art. 7º, § 3º, *b*, do Código Penal);
- contra a honra cometidos contra o Presidente da República ou Chefe de Governo estrangeiro (art. 141, I, c/c o art. 145, parágrafo único, ambos do CP).

Nesses dois casos, a requisição do Ministro da Justiça **não é propriamente considerada uma forma de início do inquérito policial**, pois o ofício que requisita a investigação é destinado inicialmente ao membro do Ministério Público. Se estiverem presentes os pressupostos legais (indícios suficientes de autoria e prova da materialidade de fato típico), o órgão de acusação já oferecerá a denúncia, conforme o art. 39, § 5º, do CPP.

> **Art. 39.** O direito de representação poderá ser exercido, pessoalmente ou por procurador com poderes especiais, mediante declaração, escrita ou oral, feita ao juiz, ao órgão do Ministério Público, ou à autoridade policial. (...)
>
> § 5º O órgão do Ministério Público dispensará o inquérito, se com a representação forem oferecidos elementos que o habilitem a promover a ação penal, e, neste caso, oferecerá a denúncia no prazo de quinze dias.

Caso não estejam presentes os pressupostos, o *parquet* encaminhará as peças à Autoridade Policial para investigação por intermédio da instauração de inquérito policial.

Aqui ocorre a requisição de instauração indireta. O Ministro da Justiça envia para o Ministério Público, que remete as peças ao Delegado de Polícia. Havendo indícios, a Autoridade Policial instaurará o instrumento investigativo. Conforme já analisamos em outro momento desta obra, o Delegado de Polícia deverá analisar conforme a sua convicção técnica se existem elementos mínimos aptos a iniciar a atividade investigativa.

Note-se, pois, que nos casos de requisição do Ministro da Justiça, o Inquérito Policial será instaurado por meio de **portaria inaugural**, tema que será aprofundado na segunda parte deste Manual Decifrado.

5.1.3.2 Crimes de ação penal privada

Nos crimes de ação penal privada, o inquérito tem início por meio de **requerimento da vítima ou de seu representante legal**.

> **CPP**
>
> **Art. 5º** (...)
>
> § 5º Nos crimes de ação privada, a autoridade policial somente poderá proceder a inquérito a requerimento de quem tenha qualidade para intentá-la.

A Autoridade Policial só irá instaurar inquérito após requerimento da vítima ou seu representante legal, confirma o art. 30 do CPP:

> **Art. 30.** Ao ofendido ou a quem tenha qualidade para representá-lo caberá intentar a ação privada.

Nos casos em que a vítima está ausente ou veio a falecer, caberá ao seu cônjuge, ascendente, descendente ou irmão iniciar a representação.

CPP

Art. 31. No caso de morte do ofendido ou quando declarado ausente por decisão judicial, o direito de oferecer queixa ou prosseguir na ação passará ao cônjuge, ascendente, descendente ou irmão.

Não há forma específica para o requerimento de início do inquérito, mas deverá atender aos requisitos do art. 5º, § 1º, do CPP:

CPP

Art. 5º (...)

§ 1º O requerimento a que se refere o no II conterá sempre que possível:

a) a narração do fato, com todas as circunstâncias;

b) a individualização do indiciado ou seus sinais característicos e as razões de convicção ou de presunção de ser ele o autor da infração, ou os motivos de impossibilidade de o fazer;

c) a nomeação das testemunhas, com indicação de sua profissão e residência.

Neste caso também o Inquérito Policial será instaurado por meio de **portaria inaugural** e não de forma autônoma mediante o requerimento do ofendido. Nesses casos, cabe ao Delegado de Polícia analisar a compatibilidade e a verossimilhança das alegações e, conforme a sua convicção técnico-jurídica, decidir se instaura ou não o instrumento investigativo.

6 *Notitia criminis*

6.1 ESPÉCIES DE *NOTITIA CRIMINIS*

Norberto Avena conceitua a *notitia criminis* como "a notícia da infração penal levada ao conhecimento da Autoridade Policial" (AVENA, 2018, p. 215). Para Nucci (2018, p. 152), é "a ciência pela Autoridade Policial da ocorrência de um fato criminoso".

Renato Brasileiro de Lima (2020, p. 202) diz que "*notitia criminis* é o conhecimento, espontâneo ou provocado, por parte da Autoridade Policial, acerca de um fato delituoso".

A doutrina costuma classificar a *notitia criminis* em duas grandes espécies:

a. *notitia criminis* de cognição imediata;
b. *notitia criminis* de cognição mediata.

Há divergência acerca de terceira classificação pouco explorada, denominada *notitia criminis* de cognição coercitiva, que será abordada em nosso estudo.

6.1.1 *Notitia criminis* de cognição imediata (direta, espontânea)

Nesses casos, a Autoridade Policial, exercendo suas atividades rotineiras, normais ou costumeiras, toma conhecimento da ocorrência de um crime de **forma direta** (por meio de investigações realizadas, notícia veiculada na imprensa ou serviços de Disque-denúncia).

Nas palavras do Ministro Antonio Saldanha Palheiro:

> É possível que a investigação criminal seja perscrutada pautando-se pelas atividades diuturnas da autoridade policial, *verbi gratia*, o conhecimento da prática de determinada conduta delitiva a partir de veículo midiático, no caso, a imprensa. É o que se convencionou a denominar, em doutrina, de *notitia criminis* de cognição imediata (ou espontânea), terminologia obtida a partir da exegese do art. 5º, inciso I, do CPP, do qual se extrai que nos crimes de ação pública o inquérito policial será iniciado de ofício (RHC nº 98.056/CE, 6ª Turma, Rel. Min. Antonio Saldanha Palheiro, j. 04.06.2019, *DJe* 21.06.2019).

Vejamos outro precedente a respeito do tema:

Informativo nº 652, **STJ**

É possível a deflagração de investigação criminal com base em matéria jornalística (STJ, 6ª Turma, RHC nº 98.056/CE, Rel. Min. Antonio Saldanha Palheiro, j. 04.06.2019, *Info* 652).

6.1.2 *Notitia criminis* de cognição indireta (mediata, provocada, qualificada)

Essa modalidade de notícia se configura quando o Delegado de Polícia toma conhecimento da prática de delito por **meio de provocação de terceiros**. Ex.: vítima ou quem tem a qualidade para representá-la, Ministério Público, Juiz ou mesmo terceiros.

6.1.3 *Notitia criminis* de cognição coercitiva

Há autores que enxergam a *notitia criminis* de cognição coercitiva dentro das duas outras classificações, pois é possível que a própria Autoridade Policial aborde o agente em flagrante delito, hipótese em que se configurará a denominada *notitia criminis* direta. Contudo, também pode ocorrer que terceiros prendam o infrator em flagrante e o apresentem à Autoridade Policial, hipótese em que se configurará a notícia-crime indireta ou provocada, nesses casos, alguns autores chamam essa modalidade de ***notitia criminis* de cognição coercitiva**.

Atenção

Atente-se para o fato de que, nas ações públicas condicionadas e privadas, a lavratura do Auto de Prisão em Flagrante ou mesmo a portaria de instauração do inquérito policial só ocorre se estiver anexado aos autos a representação ou o requerimento do ofendido (art. 5º, §§ 4º e 5º, do CPP).

Nas peças práticas profissionais é sempre importante o candidato fazer referência a esses documentos, caso tratem de crimes que se sujeitem à ação penal pública condicionada à representação ou à ação penal de natureza privada.

6.2 *DELATIO CRIMINIS*

É uma **espécie de *notitia criminis***. Ocorre quando qualquer pessoa do povo comunica à Autoridade Policial a respeito de fato criminoso.

Há duas classificações mais conhecidas de *delatio criminis*: *delatio criminis* simples e *delatio criminis* postulatória (LOPES JR., 2010, p. 273-274).

a. A ***delatio criminis* simples** é **conhecida, popularmente, como "queixa"**, que pode ser feita **oralmente ou por escrito** por **qualquer pessoa do povo** ao Delegado acerca da ocorrência de uma infração penal que caiba ação penal pública incondicionada.
b. A ***delatio criminis* postulatória** é a manifestação que **a vítima ou seu representante legal** autoriza o Estado a tomar as providências necessárias à investigação e apuração judicial nos **crimes que exigem essa formalidade** (crimes de ação penal pública condicionada à representação ou crimes de ação privada).

6.3 *NOTITIA CRIMINIS* INQUALIFICADA

A ***notitia criminis* inqualificada** é a **conhecida, popularmente, como denúncia anônima**, muito importante no combate à criminalidade.

A Constituição Federal veda o anonimato (art. 5º, IV), por isso, quando o Delegado de Polícia tomar conhecimento a respeito de denúncias recebidas anonimamente, procederá às investigações preliminares, a fim de **verificar a veracidade das informações** e, se constatar a verossimilhança das alegações apontadas, somente assim, deverá iniciar o inquérito policial.

Nesse caso, as **investigações preliminares são essenciais**, de forma a garantir que pessoas não sejam indevidamente submetidas ao desgaste de robustas investigações policiais que, apesar de necessárias, trazem inegável incômodo às pessoas. Dessa forma, procedendo as investigações preliminares, o Delegado de Polícia preserva núcleo essencial da **dignidade da pessoa humana**, não sujeitando indevidamente pessoas a expedientes investigativos desarazoados e desnecessários.

O STF já decidiu sobre o assunto. A denúncia anônima é aceita pelo nosso ordenamento jurídico, mas **não pode sozinha servir de base para a instauração de inquérito policial.**

(...) As autoridades públicas não podem iniciar qualquer medida de persecução (penal ou disciplinar), apoiando-se, unicamente, para tal fim, em peças apócrifas ou em escritos anônimos. É por essa razão que o escrito anônimo não autoriza, desde que isoladamente considerado, a imediata instauração de *persecutio criminis*.

– Nada impede que o Poder Público, provocado por delação anônima ("Disque-denúncia", p. ex.), adote medidas informais destinadas a apurar, previamente, em averiguação sumária, "com prudência e discrição", a possível ocorrência de eventual situação de ilicitude penal, desde que o faça com o objetivo de conferir a verossimilhança dos fatos nela denunciados, em ordem a promover, então, em caso positivo, a formal instauração da *persecutio criminis*, mantendo-se, assim, completa desvinculação desse procedimento estatal em relação às peças apócrifas.

– Diligências prévias, promovidas por agentes policiais, reveladoras da preocupação da Polícia Judiciária em observar, com cautela e discrição, notadamente em matéria de produção probatória, as diretrizes jurisprudenciais estabelecidas, em tema de delação anônima, pelo STF e pelo STJ (...) (STF, 2ª Turma, RHC nº 117.988, Rel. p/ o acórdão Min. Celso de Mello, j. 16.12.2014).

As notícias anônimas ("denúncias anônimas") não autorizam, por si sós, a propositura de ação penal ou mesmo, na fase de investigação preliminar, o emprego de métodos invasivos de investigação, como interceptação telefônica ou busca e apreensão. Entretanto, elas podem constituir fonte de informação e de provas que não podem ser simplesmente descartadas pelos órgãos do Poder Judiciário.

Procedimento a ser adotado pela autoridade policial em caso de "denúncia anônima":

1) Realizar investigações preliminares para confirmar a credibilidade da "denúncia";

2) Sendo confirmado que a "denúncia anônima" possui aparência mínima de procedência, instaura-se inquérito policial;

3) Instaurado o inquérito, a autoridade policial deverá buscar outros meios de prova que não a interceptação telefônica (esta é a *ultima ratio*). Se houver indícios concretos contra os investigados, mas a interceptação se revelar imprescindível para provar o crime, poderá ser requerida a quebra do sigilo telefônico ao magistrado (STF, 1ª Turma, HC nº 106.152/MS, Rel. Min. Rosa Weber, j. 29.03.2016, *Info* 819).

Vejamos as esquematizações das providências que deverão ser adotadas pelo Delegado de Polícia e consequentemente pelo candidato nas provas práticas.

Diante de denúncias anônimas, o Delegado de Polícia deverá:

Providências a serem adotadas pelo Delegado de Polícia ante o recebimento de denúncia anônima
1. Realizar investigações preliminares para confirmar a credibilidade da "denúncia".
2. Sendo confirmado que a "denúncia anônima" possui aparência mínima de procedência, instaura-se inquérito policial.
3. Instaurado o inquérito, a Autoridade Policial procederá às diligências investigativas.

Desse modo, é importante nos atentarmos a esses elementos e providências nas peças práticas.

Cabe mencionar, neste ponto, a respeito da impossibilidade de interceptação telefônica determinada apenas com base na denúncia anônima:

(...) 4) A jurisprudência desta Corte tem prestigiado a utilização de notícia anônima como elemento desencadeador de procedimentos preliminares de averiguação, repelindo-a, contudo, como fundamento propulsor à imediata instauração de inquérito policial ou à autorização de medida de interceptação telefônica.

5) Com efeito, uma forma de ponderar e tornar harmônicos valores constitucionais de tamanha envergadura, a saber, a proteção contra o anonimato e a supremacia do interesse e segurança pública, é admitir a denúncia anônima em tema de persecução penal, desde que com reservas, ou seja, tomadas medidas efetivas e prévias pelos órgãos de investigação no sentido de se colherem elementos e informações que confirmem a plausibilidade das acusações.

6) Na versão dos autos, algumas pessoas – não se sabe quantas ou quais – compareceram perante investigadores de uma Delegacia de Polícia e, pedindo para que seus nomes não fossem identificados, passaram a narrar o suposto envolvimento de alguém em crime de lavagem de dinheiro. Sem indicarem, sequer, o nome do delatado, os noticiantes limitaram-se a apontar o número de um celular.

7) A partir daí, sem qualquer outra diligência, autorizou-se a interceptação da linha telefônica.

8) Desse modo, a medida restritiva do direito fundamental à inviolabilidade das comunicações telefônicas encontra-se maculada de nulidade absoluta desde a sua origem, visto que partiu unicamente de notícia anônima.

9) A Lei nº 9.296/1996, em consonância com a Constituição Federal, é precisa ao admitir a interceptação telefônica, por decisão judicial, nas hipóteses em que houver indícios razoáveis de autoria criminosa.

Singela delação não pode gerar, só por si, a quebra do sigilo das comunicações. Adoção da medida mais gravosa sem suficiente juízo de necessidade. (...) (STJ, 6ª Turma, HC nº 204.778/SP, Rel. Min. Og Fernandes, j. 04.10.2012).

Há recente posicionamento do Superior Tribunal de Justiça a respeito das denúncias anônimas ou apócrifas. Vejamos:

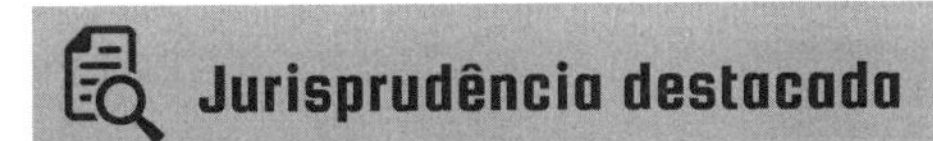

Precedente da 6ª Turma do STJ: "A existência de denúncias anônimas somada à fuga do acusado, por si sós, não configuram fundadas razões a autorizar o ingresso policial no domicílio do acusado sem o seu consentimento ou determinação judicial" (STJ, 6ª Turma, RHC nº 83.501-SP, Rel. Min. Nefi Cordeiro, j. 06.03.2018, *Info* 623).

Precedente da 6ª Turma do STJ: "O ingresso regular da polícia no domicílio, sem autorização judicial, em caso de flagrante delito, para que seja válido, necessita que haja fundadas razões (justa causa) que sinalizem a ocorrência de crime no interior da residência. A mera intuição acerca de eventual traficância praticada pelo agente, embora pudesse autorizar abordagem policial em via pública para averiguação, não configura, por si só, justa causa a autorizar o ingresso em seu domicílio, sem o seu consentimento e sem determinação judicial" (STJ, 6ª Turma, REsp nº 1.574.681/RS, Rel. Min. Rogério Schietti Cruz, j. 20.04.2017, *Info* 606).

Leonardo Barreto Moreira Alves (2018, p. 105-106) traz importante observação sobre o Disque-denúncia e a Lei nº 13.608/2018:

> Ainda quanto *à Delatio Criminis* Anônima, vale a pena registrar a importância do sistema denominado "Disque-denúncia", oficialmente reconhecido pelo Estado (em sentido lato), para fins de investigação criminal. Nesse sentido, a Lei nº 13.608/2018 afirma que os Estados são autorizados a estabelecer serviço de recepção de denúncias por telefone ("Disque-denúncia"), preferencialmente gratuito, que também poderá ser mantido por entidade privada sem fins lucrativos, por meio de convênio (art. 2º).

O informante que se identificar terá assegurado, pelo *órgão* que receber a denúncia, o sigilo dos seus dados (art. 3º).

A União, os Estados, o Distrito Federal e os Municípios, no *âmbito* de suas competências, poderão estabelecer formas de recompensa pelo oferecimento de informações que sejam úteis para a prevenção, a repressão ou a apuração de crimes ou ilícitos administrativos (art. 4º, *caput*).

Entre as recompensas a serem estabelecidas, poderá ser instituído o pagamento de valores em espécie (art. 4º, parágrafo único).

7 Inquérito policial e autoridades dotadas de prerrogativa de foro

As autoridades públicas que são detentoras de prerrogativa de foro em **razão das funções que exercem** não podem ter contra si instaurado inquéritos policiais ou mesmo sofrer indiciamentos indiscriminadamente por Autoridades Policiais. Nesses casos, as investigações devem ser conduzidas pelos respectivos tribunais possuidores da competência para julgamento dessas autoridades.

Leonardo Barreto Moreira Alves (2018, p. 105-106) nos diz que:

> (...) a autoridade policial não poderá indiciar nem instaurar inquérito policial em face de autoridades que possuam prerrogativa de foro. Nesse caso, deverá ser instaurada a investigação pelo foro por prerrogativa de função. Se o delegado perceber que há participação de agente com foro por prerrogativa de função, deverá remeter os autos ao foro competente. De qualquer forma, o foro competente poderá requisitar investigações por parte da autoridade policial, mas fiscalizadas por ele e acompanhadas pelo Chefe do Ministério Público.

O tema encontra-se consolidado na Questão de Ordem no Inquérito nº 2.411/ MT, que prevê a impossibilidade de instauração de inquérito pela Polícia Federal para investigar **parlamentares federais** e o **Presidente da República sem autorização judicial**, assim decidiu o Supremo Tribunal Federal:

Jurisprudência destacada

(...) Se a Constituição estabelece que os agentes políticos respondem, por crime comum, perante o STF (CF, art. 102, I, *b*), não há razão constitucional plausível para que as atividades diretamente relacionadas à supervisão judicial (abertura de procedimento investigatório) sejam retiradas do controle judicial do STF. A iniciativa do procedimento investigatório deve ser confiada ao MPF contando com a supervisão do Ministro-Relator do STF.

5. A **Polícia Federal não está autorizada a abrir de ofício inquérito policial para apurar a conduta de parlamentares federais ou do próprio Presidente da República** (no caso

do STF). No exercício de competência penal originária do STF (CF, art. 102, I, *b* c/c Lei nº 8.038/1990, art. 2º e RI/STF, arts. 230 a 234), a atividade de supervisão judicial deve ser constitucionalmente desempenhada durante toda a tramitação das investigações desde a abertura dos procedimentos investigatórios até o eventual oferecimento, ou não, de denúncia pelo *dominus litis*.

6. Questão de ordem resolvida no sentido de anular o ato formal de indiciamento promovido pela autoridade policial em face do parlamentar investigado (STF, Inq. nº 2.411QO/MT, Pleno, j. 10.10.2007).

É importante observar que a necessidade de autorização judicial para a instauração de inquérito policial somente se aplica às autoridades dotadas de foro por prerrogativa de função perante o STF, a esse respeito, vejamos trechos do voto da Ministra Rosa Weber, que divergiu do entendimento do Ministro Toffoli e delimitou a necessidade de autorização judicial:

Jurisprudência destacada

(...) 3. As normas pertinentes à **prerrogativa de foro – especialmente aquelas que interferem na embrionária etapa das investigações preliminares – por serem exceções ao regime republicano, devem ser interpretadas com comedimento. Nesse sentido, diferentemente das autoridades sujeitas ao regime de prerrogativa de foro nesta Suprema Corte, onde há norma regimental expressa a condicionar a instauração do inquérito** à **determinação/autorização do Ministro Relator (art. 21, XV, do RISTF), não existe disciplina normativa equivalente com relação aos Prefeitos Municipais (art. 29, X, da CF)**, que se sujeitam, quanto à instauração do inquérito, às normas comuns do CPP. Por outro lado, os inquéritos instaurados contra Prefeitos submetem-se à supervisão judicial, sob a consequência de invalidade dos atos investigativos colhidos contra o detentor da prerrogativa. (...) Já quanto aos Prefeitos, a norma do art. 29, X, da CF, garante apenas o "julgamento do Prefeito perante o Tribunal de Justiça", e nada dispõe a respeito de autorização/determinação judicial para o início das investigações. **Submetem-se os Prefeitos Municipais, desse modo, quanto** à **instauração do inquérito,** às **normas ordinárias do CPP, aplicável** à generalidade dos cidadãos, **as quais não exigem autorização jurisdicional para a mera abertura de investigações preliminares.**

(...) 25. Assim, e aqui encerro minha sutil divergência com a fundamentação do eminente Relator, concluo que a abertura de inquérito contra os Prefeitos Municipais não se submete à autorização/determinação judicial, podendo ser feita diretamente pela Polícia.

26. Essa conclusão não implica, por outro lado, que os inquéritos instaurados contra Prefeitos ocorram à margem de distribuição ou registro no Poder Judiciário, muito menos que seja excluída a necessária supervisão judicial dos atos investigativos diretamente dirigidos contra o titular da prerrogativa de foro.

26.1. Em outros termos, é desnecessária autorização judicial para o início das investigações, porém, é imprescindível que o inquérito tramite sob supervisão judicial – registrado e distribuído no Tribunal competente para o julgamento do titular da prerrogativa de foro –, sob a consequência de invalidade dos elementos probatórios colhidos contra o detentor da prerrogativa (STF, AP nº 912/PB, 1ª Turma, j. 07.03.2017).

No final do ano de 2021, houve nova decisão do STF a respeito do tema, aumentando ainda mais a divergência a respeito do assunto. O STF, por meio de sua 2ª Turma, entendeu que é necessário que haja autorização do respetivo tribunal para o início das investigações envolvendo detentor de prerrogativa de função, mesmo que tal prerrogativa seja a um tribunal diverso do STF (como, por exemplo, nos Tribunais de Justiça) (STF, 2ª Turma, RE nº 1.322.854, AgR/GO, Rel. Min. Ricardo Lewandowski, j. 03.08.2021; STF, 2ª Turma, HC nº 201.965/RJ, Rel. Min. Gilmar Mendes, j. 30.11.2021, *Info* 1040).

O nosso leitor deve estar bastante atento a esse tema em suas provas. Caso se depare em uma investigação, como uma interceptação telefônica, com a participação nas conversas de uma autoridade com prerrogativa de foro, a providência a ser tomada deve ser escolhida com bastante cuidado.

a. Caso constate o envolvimento da autoridade com a prática delituosa ou mesmo que haja indícios fortes de sua participação, deverá remeter a investigação ao órgão responsável.

b. Por outro lado, caso essa autoridade com prerrogativa apenas mantenha diálogos com o investigado ou seja citada nas conversas sem nenhuma correlação com a prática criminosa, a investigação deve ser mantida sob a tutela do Delegado de Polícia.

Vejamos posicionamentos dos tribunais superiores a esse respeito: Posicionamentos importantes do STF e do STJ.

Jurisprudência destacada

Durante interceptação telefônica deferida em primeiro grau de jurisdição, **a captação fortuita de diálogos mantidos por autoridade com prerrogativa de foro não impõe, por si só, a remessa imediata dos autos ao Tribunal competente para processar e julgar a referida autoridade, sem que antes se avalie a idoneidade e a suficiência dos dados colhidos para se firmar o convencimento acerca do possível envolvimento do detentor de prerrogativa de foro com a prática de crime**. De fato, uma simples conversa, um encontro casual ou mesmo sinais claros de amizade e contatos frequen- tes de indivíduo sob investigação com uma autoridade pública não pode, por si só, redundar na conclusão de que esta última participaria do esquema criminoso objeto da investigação. Nem mesmo a referência a favores pessoais, a contatos com terceiros, a negociações suspeitas implica, de per si, a inarredável conclusão de que se está diante de práticas criminosas merecedoras de imediata apuração, notadamente quando um dos interlocutores integra um dos Poderes da República e, portanto, pode ter sua honorabilidade e imagem pública manchadas pela simples notícia de que está sob investigação. Nessa linha intelectiva, a remessa imediata de toda e qualquer investigação em que noticiada a possível prática delitiva de detentor de prerrogativa de foro ao órgão jurisdicional competente não só pode implicar prejuízo à investigação de fatos de particular e notório interesse público, como também representar sobrecarga acentuada aos tribunais, a par de, eventualmente, engendrar prematuras suspeitas sobre pessoa cujas honorabilidade e respeitabilidade perante a opinião pública são determinantes para a continuidade e o êxito de sua carreira. Portanto, é possível afirmar que, tão somente em um claro contexto tático do qual se possa com segurança depreender, a partir dos diálogos dos investigados com pessoa detentora de foro especial, que há indícios concretos de envolvimento dessa pessoa com a prática de crime(s), será imperativo o envio dos elementos de informação ao tribunal competente (*Informativo* nº 575).

O STF também possui manifestação no mesmo sentido, vejamos:

Jurisprudência destacada

A simples menção a nome de autoridade com prerrogativa de foro – seja em depoimentos prestados por testemunhas ou investigados, seja na captação de diálogos travados por alvos de censura telefônica judicialmente autorizada –, assim como a existência de informações, até então fluidas e dispersas a seu respeito, são insuficientes para o deslocamento da competência para o juízo hierarquicamente superior. Por conta disso, apontou com acertada a conduta do juízo de primeiro grau em não declinar a competência a este Tribunal, embora tivessem sido captados diálogos que demonstrassem o envolvimento de autoridade com prerrogativa de foro, considerando que não houve a constatação da existência de indícios da participação ativa e concreta do titular da prerrogativa em ilícitos penais (*Informativo* nº 854).

É importante observar que o STF já negou o recebimento da denúncia oferecida pelo MPF em razão de o procedimento investigatório ter sido conduzido sem autorização e no âmbito do tribunal com prerrogativa de função:

Jurisprudência destacada

A Primeira Turma do STF, no julgamento realizado em 12.08.2014, negou seguimento ao Inquérito nº 3305, no qual um Deputado Federal era acusado de fazer parte de quadrilha destinada ao desvio de recursos públicos. A denúncia foi rejeitada em razão de o inquérito ter sido conduzido em primeira instância, mesmo depois da inclusão de parlamentar federal entre os investigados, usurpando a competência do Supremo Tribunal Federal. Conclui-se, pois, que a competência do Tribunal para processar autoridades com prerrogativa de foro inclui a fase de inquérito. Uma vez identificada a participação dessas autoridades, os autos devem ser imediatamente remetidos à Corte.

Em outra oportunidade, o STF, em 13.06.2016, anulou as gravações telefônicas travadas pelo ex-Presidente Lula e a então Presidente Dilma Rousseff. Nessa hipótese, o STF invalidou as interceptações, considerando que, ao ter notícia do possível envolvimento de autoridade com prerrogativa de foro na infração penal (Presidente da República), os autos do inquérito deveriam ser remetidos ao STF e não continuarem tramitando perante a Justiça Federal (STF, Reclamação nº 23.457/PR).

Ainda a respeito desse tema, é extremamente importante para provas práticas voltadas ao cargo de Delegado de Polícia que o candidato se atente para a decisão proferida na Ação Penal nº 937 – questões de ordem, momento em que foram fixadas as seguintes teses:

a. O foro por prerrogativa de função aplica-se apenas aos crimes cometidos durante o exercício do cargo e relacionados às funções desempenhadas;

b. "Após o final da instrução processual, com a publicação do despacho de intimação para apresentação de alegações finais, a competência para processar e julgar ações penais não será mais afetada em razão de o agente público vir a ocupar outro cargo ou deixar o cargo que ocupava, qualquer que seja o motivo", com o entendimento de que esta nova linha interpretativa deve se aplicar imediatamente aos processos em curso, com a ressalva de todos os atos praticados e decisões proferidas pelo STF e pelos demais juízos com base na jurisprudência anterior.

Assim, a limitação ao foro por prerrogativa de função:

a. Somente se aplica às autoridades com prerrogativa que cometeram o **crime no exercício do mandato e relacionado à função exercida**.

b. Tem momento fixado para perpetuação da jurisdição do foro: **publicação do despacho de intimação para a apresentação de alegações finais**.

Salienta-se que o conhecimento deste tópico impactará no endereçamento de eventual representação policial, certamente sendo um dos objetos de avaliação da peça prática para o concurso de Delegado de Polícia.

8 Diligências investigativas

8.1 NO ÂMBITO DO INQUÉRITO POLICIAL

8.1.1 Diligências investigativas ordinárias

Os arts. 6º e 7º do Código de Processo Penal trazem exemplos de diligências investigatórias a serem realizadas pela Autoridade Policial quando toma conhecimento acerca da prática criminosa.

> **Art. 6º** Logo que tiver conhecimento da prática da infração penal, a autoridade policial deverá:
>
> I – dirigir-se ao local, providenciando para que não se alterem o estado e conservação das coisas, até a chegada dos peritos criminais;
>
> II – apreender os objetos que tiverem relação com o fato, após liberados pelos peritos criminais;
>
> III – colher todas as provas que servirem para o esclarecimento do fato e suas circunstâncias;
>
> IV – ouvir o ofendido;
>
> V – ouvir o indiciado, com observância, no que for aplicável, do disposto no Capítulo III do Título VII, deste Livro, devendo o respectivo termo ser assinado por duas testemunhas que lhe tenham ouvido a leitura;
>
> VI – proceder a reconhecimento de pessoas e coisas e a acareações;
>
> VII – determinar, se for caso, que se proceda a exame de corpo de delito e a quaisquer outras perícias;
>
> VIII – ordenar a identificação do indiciado pelo processo datiloscópico, se possível, e fazer juntar aos autos sua folha de antecedentes;
>
> IX – averiguar a vida pregressa do indiciado, sob o ponto de vista individual, familiar e social, sua condição econômica, sua atitude e estado de ânimo antes e depois do crime e durante ele, e quaisquer outros elementos que contribuírem para a apreciação do seu temperamento e caráter;

> X – colher informações sobre a existência de filhos, respectivas idades e se possuem alguma deficiência e o nome e o contato de eventual responsável pelos cuidados dos filhos, indicado pela pessoa presa.
>
> **Art. 7º** Para verificar a possibilidade de haver a infração sido praticada de determinado modo, a autoridade policial poderá proceder à reprodução simulada dos fatos, desde que esta não contrarie a moralidade ou a ordem pública.

O candidato que se submete a uma prova de peça prática para o cargo de Delegado de Polícia tem o **dever de conhecer os referidos dispositivos**, porquanto indica diligências que, de acordo com o caso proposto, deverão ser **objetos de "determinações" em peças internas**, a exemplo da portaria inaugural, despacho ordinatório etc. Sobre esse ponto, trataremos na Parte 2 deste Manual Decifrado.

Algumas dessas diligências são de natureza obrigatória, outras de natureza facultativa, ficando a cargo do Delegado de Polícia a adoção de medidas conforme o caso concreto. Vejamos uma a uma.

8.1.2 Análise das providências ordinárias

8.1.2.1 Preservação do local do crime

A primeira diligência a ser realizada é considerada de natureza obrigatória, por ser **uma das mais importantes**, e assegura uma atuação mais eficiente do perito, devendo-se buscar chegar o mais próximo possível da elucidação do fato criminoso. O art. 169 do CPP dispõe:

> **Art. 169.** Para o efeito de exame do local onde houver sido praticada a infração, a autoridade providenciará imediatamente para que não se altere o estado das coisas até a chegada dos peritos, que poderão instruir seus laudos com fotografias, desenhos ou esquemas elucidativos.
>
> Parágrafo único. Os peritos registrarão, no laudo, as alterações do estado das coisas e discutirão, no relatório, as consequências dessas alterações na dinâmica dos fatos.

Para que a investigação obtenha sucesso, é necessário que as diligências apuratórias sejam iniciadas o mais rápido possível, de forma que os fatos sejam apurados sem maiores influências externas.

Uma exceção ao art. 169 do CPP apresentado anteriormente é a hipótese prevista na Lei nº 5.970/1983, que contém apenas dois artigos, mas dispõe sobre como a Autoridade Policial deve agir em casos de acidente de trânsito.

> **Lei nº 5.970/1983**
>
> **Art. 1º** Em caso de acidente de trânsito, a autoridade ou agente policial que primeiro tomar conhecimento do fato poderá autorizar, independentemente de exame do local, a imediata remoção das pessoas que tenham sofrido lesão, bem como dos veículos nele envolvidos, se estiverem no leito da via pública e prejudicarem o tráfego.

Parágrafo único. Para autorizar a remoção, a autoridade ou agente policial lavrará boletim da ocorrência, nele consignado o fato, as testemunhas que o presenciaram e todas as demais circunstâncias necessárias ao esclarecimento da verdade.

Art. 2º Esta lei entra em vigor na data de sua publicação, revogadas as disposições em contrário.

8.1.2.2 Apreensão dos objetos após a liberação dos peritos criminais

Essa segunda diligência é de **natureza obrigatória, caso haja objetos relacionados** com o crime praticado e contribuam com a elucidação do fato criminoso. Poderão ser apreendidos todos os objetos lícitos e ilícitos relacionados ao fato criminoso.

O art. 11 do CPP diz:

> **Art. 11.** Os instrumentos do crime, bem como os objetos que interessarem à prova, acompanharão os autos do inquérito.

Assim, não poderão ser devolvidos os objetos que são de **interesse da investigação.**

O art. 118 do CPP confirma:

> **Art. 118.** Antes de transitar em julgado a sentença final, as coisas apreendidas não poderão ser restituídas enquanto interessarem ao processo.

No art. 119 do CPP, há referência aos **objetos que não poderão ser restituídos**, mesmo depois de transitar em julgado a sentença final, salvo se pertencerem ao lesado ou a terceiro de boa-fé. São citados os arts. 74 e 100 do Código Penal, redação que hoje encontra-se presente no art. 91, II, *a* e *b*. Veja:

Lei nº 7.209, de 11 de julho de 1984	
Antes	**Depois**
Art. 74. São efeitos da condenação: (...) II – a perda, em favor da União, ressalvado o direito do lesado ou de terceiro de boa-fé: *a)* dos instrumentos do crime, desde que consistam em coisas cujo fabrico, alienação, uso, porte ou detenção constitua fato ilícito; *b)* do produto do crime ou de qualquer bem ou valor que constitua proveito auferido pelo agente com a prática do fato criminoso. (...) **Art. 100.** O juiz, embora não apurada a autoria, deve ordenar o confisco dos instrumentos e produtos do crime, desde que consistam em coisas cujo fabrico, alienação, uso, porte ou detenção constitua fato ilícito.	**Art. 91.** São efeitos da condenação: (...) II – a perda em favor da União, ressalvado o direito do lesado ou de terceiro de boa-fé: *a)* dos instrumentos do crime, desde que consistam em coisas cujo fabrico, alienação, uso, porte ou detenção constitua fato ilícito; *b)* do produto do crime ou de qualquer bem ou valor que constitua proveito auferido pelo agente com a prática do fato criminoso. **Art. 91-A.** Na hipótese de condenação por infrações às quais a lei comine pena máxima superior a 6 (seis) anos de reclusão, poderá ser decretada a perda, como produto ou proveito do crime, dos bens correspondentes à diferença entre o valor do patrimônio do condenado e aquele que seja compatível com o seu rendimento lícito. (Incluído pela Lei nº 13.964, de 2019.)

A **restituição** de objetos será cabível quando **não existir dúvida a respeito do direito do reclamante**. Assim explica o art. 120 do CPP:

> **Art. 120.** A restituição, quando cabível, poderá ser ordenada pela autoridade policial ou juiz, mediante termo nos autos, desde que não exista dúvida quanto ao direito do reclamante.
>
> § 1º Se duvidoso esse direito, o pedido de restituição autuar-se-á em apartado, assinando-se ao requerente o prazo de 5 (cinco) dias para a prova. Em tal caso, só o juiz criminal poderá decidir o incidente.
>
> § 2º O incidente autuar-se-á também em apartado e só a autoridade judicial o resolverá, se as coisas forem apreendidas em poder de terceiro de boa-fé, que será intimado para alegar e provar o seu direito, em prazo igual e sucessivo ao do reclamante, tendo um e outro dois dias para arrazoar.
>
> § 3º Sobre o pedido de restituição será sempre ouvido o Ministério Público.
>
> § 4º Em caso de dúvida sobre quem seja o verdadeiro dono, o juiz remeterá as partes para o juízo cível, ordenando o depósito das coisas em mãos de depositário ou do próprio terceiro que as detinha, se for pessoa idônea.
>
> § 5º Tratando-se de coisas facilmente deterioráveis, serão avaliadas e levadas a leilão público, depositando-se o dinheiro apurado, ou entregues ao terceiro que as detinha, se este for pessoa idônea e assinar termo de responsabilidade.

Lembre-se de que todas as diligências de busca e apreensão[1] só serão válidas quando realizadas em obediência às disposições legais e constitucionais pertinentes.

Sobre a busca pessoal o CPP, no art. 244, explica:

> **Art. 244.** A busca pessoal independerá de mandado, no caso de prisão ou quando houver fundada suspeita de que a pessoa esteja na posse de arma proibida ou de objetos ou papéis que constituam corpo de delito, ou quando a medida for determinada no curso de busca domiciliar.

Tratando-se de busca domiciliar, diz o art. 5º, XI, da CF/1988:

> **Art. 5º** (...)
>
> I – a casa é asilo inviolável do indivíduo, ninguém nela podendo penetrar sem consentimento do morador, salvo em caso de flagrante delito ou desastre, ou para prestar socorro, ou, durante o dia, por determinação judicial; (...)

Outro caso de busca é a realizada no escritório de advogado, disposta no art. 7º, II, do Estatuto da Advocacia:

> **Lei nº 8.906/1994**
>
> **Art. 7º** São direitos do advogado:
>
> (...)

---

[1] A busca e apreensão será abordada de forma mais detida na Parte III deste livro.

II – a inviolabilidade de seu escritório ou local de trabalho, bem como de seus instrumentos de trabalho, de sua correspondência escrita, eletrônica, telefônica e telemática, desde que relativas ao exercício da advocacia; (...)

A exceção dessa inviolabilidade está presente no § 6º do mesmo artigo:

Lei nº 8.906/1994

Art. 7º (...)

§ 6º Presentes indícios de autoria e materialidade da prática de crime por parte de advogado, a autoridade judiciária competente poderá decretar a quebra da inviolabilidade de que trata o inciso II do *caput* deste artigo, em decisão motivada, expedindo mandado de busca e apreensão, específico e pormenorizado, a ser cumprido na presença de representante da OAB, sendo, em qualquer hipótese, vedada a utilização dos documentos, das mídias e dos objetos pertencentes a clientes do advogado averiguado, bem como dos demais instrumentos de trabalho que contenham informações sobre clientes.

Todas essas informações devem ser levadas em conta pelo candidato no momento da elaboração dos despachos, os quais serão tratados na parte 2 deste Manual Decifrado.

8.1.2.3 Colheita de elementos informativos e provas

É uma possibilidade dada à Autoridade Policial, que **amplia o rol** do art. 6º, de forma que o **Delegado de Polícia não se limite quanto aos meios investigativos**, tendo total liberdade, dentro dos limites legais, de reunir elementos adequados à elucidação do fato criminoso, podendo reunir provas favoráveis à defesa ou acusação.

Um exemplo que pode ser citado são os casos de violência doméstica e familiar contra a mulher. Nos arts. 11 e 12 da Lei nº 11.340/2006, a referida legislação traz as providências a serem adotadas pela Autoridade Policial, as quais serão analisadas detidamente em outro ponto deste trabalho.

Nesse sentido, ainda tratando sobre as medidas elucidativas aplicadas no âmbito da Lei Maria da Penha, é importante ressaltar importante inovação legislativa, a qual permite que o Delegado de Polícia conceda **medida protetiva de afastamento do lar** em **hipóteses excepcionais**. Essa medida será detalhada nos próximos capítulos desta obra.

Lei nº 11.340/2006

Art. 12-C. Verificada a existência de risco atual ou iminente à vida ou à integridade física ou psicológica da mulher em situação de violência doméstica e familiar, ou de seus dependentes, o agressor será imediatamente afastado do lar, domicílio ou local de convivência com a ofendida:

I – pela autoridade judicial;

II – pelo delegado de polícia, quando o Município não for sede de comarca; ou

III – pelo policial, quando o Município não for sede de comarca e não houver delegado disponível no momento da denúncia.

> § 1º Nas hipóteses dos incisos II e III do *caput* deste artigo, o juiz será comunicado no prazo máximo de 24 (vinte e quatro) horas e decidirá, em igual prazo, sobre a manutenção ou a revogação da medida aplicada, devendo dar ciência ao Ministério Público concomitantemente.
>
> § 2º Nos casos de risco à integridade física da ofendida ou à efetividade da medida protetiva de urgência, não será concedida liberdade provisória ao preso.

A peça prática referente ao assunto será abordada na Parte 2 deste Manual Decifrado, para a qual remetemos o leitor.

8.1.2.4 Oitiva do ofendido

O depoimento do ofendido é visto sempre com cautela, pois se leva em conta o envolvimento pessoal e emocional com o fato criminoso, mas não deixa de ser imprescindível para a elucidação do crime, uma vez que, nesses casos, **a vítima** é **a pessoa mais próxima** de todos os detalhes e possui as informações mais relevantes acerca dos fatos.

O ofendido não presta o compromisso de dizer a verdade, mas a lei determina que é possível a condução coercitiva, se for intimado e não comparecer.

> **CPP**
>
> **Art. 201.** Sempre que possível, o ofendido será qualificado e perguntado sobre as circunstâncias da infração, quem seja ou presuma ser o seu autor, as provas que possa indicar, tomando-se por termo as suas declarações.
>
> § 1º Se, intimado para esse fim, deixar de comparecer sem motivo justo, o ofendido poderá ser conduzido à presença da autoridade.

O ofendido poderá ser responsabilizado pelo crime de **denunciação caluniosa** se der causa à investigação, imputando crime a quem sabe ser inocente:

> **CP**
>
> **Art. 339.** Dar causa à instauração de inquérito policial, de procedimento investigatório criminal, de processo judicial, de processo administrativo disciplinar, de inquérito civil ou de ação de improbidade administrativa contra alguém, imputando-lhe crime, infração ético-disciplinar ou ato ímprobo de que o sabe inocente: (Redação dada pela Lei nº 14.110, de 2020.)
>
> Pena – reclusão, de dois a oito anos, e multa.
>
> § 1º A pena é aumentada de sexta parte, se o agente se serve de anonimato ou de nome suposto.
>
> § 2º A pena é diminuída de metade, se a imputação é de prática de contravenção.

8.1.2.5 Oitiva do indiciado

O Código de Processo Penal traz à Autoridade o **dever de ouvir o indiciado**, por isso essa diligência é obrigatória sob a perspectiva da Autoridade Policial, devendo ser observadas as normas que tiverem pertinência com a natureza inquisitorial do procedimento investigativo (Título VII, Capítulo III, do CPP).

Logicamente, considerando o posicionamento jurisprudencial atual, o Delegado deve oportunizar **a oitiva do investigado/indiciado**, caso este opte em não prestar suas declarações ou nem mesmo comparecer perante a Autoridade Policial, **não será possível a decretação de sua condução coercitiva**.

Três pontos nos chamam atenção no Título VII, Capítulo III, do CPP.

1. Desnecessidade de curador especial ao investigado maior de 18 e menor de 21 anos.
2. Não é imprescindível a participação do advogado no ato de oitiva do investigado. Logicamente, caso o investigado possua advogado, não seria possível a obstrução desse direito, sob pena de grave violação aos direitos constitucionais e legais atribuídos ao suposto autor do delito.
3. O direito ao silêncio (art. 186 do CPP) é amplamente aplicável à fase investigatória, além de ter previsão constitucional (art. 5º, LXIII, da CF/1988), decorre do princípio *nemo tenetur se detegere*, o qual prevê que ninguém pode ser obrigado à autoincriminação.

Sistematizando as ideias apresentadas, vejamos o seguinte quadro esquemático:

No procedimento de oitiva do investigado, o Delegado de Polícia deverá se atentar aos seguintes fatores:
• Desnecessidade de curador especial.
• É possível e indicável a participação do advogado no ato, porém não imprescindível.
• É aplicável o direito ao silêncio.

A respeito da possibilidade da condução coercitiva do investigado, é necessário nos atentarmos para importante precedente do STF. Vejamos a análise feita a seguir.

O CPP, ao tratar sobre a condução coercitiva, prevê o seguinte:

> **Art. 260.** Se o acusado não atender à intimação para o interrogatório, reconhecimento ou qualquer outro ato que, sem ele, não possa ser realizado, a autoridade poderá mandar conduzi-lo à sua presença.

O STF declarou que a expressão **"para o interrogatório"**, prevista no art. 260 do CPP, **não foi recepcionada pela Constituição Federal**. Assim, caso seja determinada a condução coercitiva de investigados ou de réus para interrogatório, tal conduta **poderá ensejar**:

- a responsabilidade disciplinar, civil e penal do agente ou da autoridade;
- a ilicitude das provas obtidas;
- a responsabilidade civil do Estado.

É importante ressaltar que o STF modulou os efeitos dessa decisão, de modo que afirmou que o entendimento acima não desconstitui (não invalida) os interrogatórios que foram realizados até a data do julgamento, ainda que os interrogados tenham sido coercitivamente conduzidos para o referido ato processual (STF, Plenário, ADPF nº 395/DF e ADPF nº 444/DF, Rel. Min. Gilmar Mendes, j. 13 e 14.06.2018, *Info* 906).

8.1.2.6 Reconhecimento de pessoas ou objetos/instrumentos e acareação

Trata-se de **diligências extremamente importantes na condução da investigação.** Nosso leitor deve se atentar para essas medidas, considerando que poderão ser adotadas como **uma das determinações** a ser inserida nos diversos despachos que analisaremos ou ainda na formulação de **Autos**, conforme veremos na parte 2 deste Manual.

Quanto ao reconhecimento, é importante ressaltar *ab initio* que pode ser realizado com relação a **pessoas** ou **objetos e/ou instrumentos** envolvidos na prática delituosa.

a. **Reconhecimento de pessoas:** o reconhecimento é tratado nos arts. 226 a 228 do CPP. Trata-se de diligência que busca que determinada pessoa, na presença da Autoridade, indique pessoa ou objeto que já tenha visto em algum momento anterior (TÁVORA; ALENCAR, 2017, p. 171).

No art. 226 do CPP encontramos os requisitos que devem ser seguidos para conduzir o reconhecimento:

> **Art. 226.** Quando houver necessidade de fazer-se o reconhecimento de pessoa, proceder-se-á pela seguinte forma:
>
> I – a pessoa que tiver de fazer o reconhecimento será convidada a descrever a pessoa que deva ser reconhecida;
>
> II – a pessoa, cujo reconhecimento se pretender, será colocada, se possível, ao lado de outras que com ela tiverem qualquer semelhança, convidando-se quem tiver de fazer o reconhecimento a apontá-la;
>
> III – se houver razão para recear que a pessoa chamada para o reconhecimento, por efeito de intimidação ou outra influência, não diga a verdade em face da pessoa que deve ser reconhecida, a autoridade providenciará para que esta não veja aquela;
>
> IV – do ato de reconhecimento lavrar-se-á auto pormenorizado, subscrito pela autoridade, pela pessoa chamada para proceder ao reconhecimento e por duas testemunhas presenciais.
>
> Parágrafo único. O disposto no III deste artigo não terá aplicação na fase da instrução criminal ou em plenário de julgamento.

Sempre que o fato sob investigação envolver identificação do suspeito é interessante que o Delegado realize o reconhecimento, formalizando a diligência em ato próprio (**Auto de Reconhecimento**) que será analisado no âmbito do nosso estudo na Parte 2 deste livro.

b. **Reconhecimento de objetos e/ou instrumentos:** veja que além do reconhecimento de pessoas, é possível o reconhecimento de **objetos e/ou instrumentos** utilizados no crime ou mesmo os instrumentos que constituíram o produto da infração penal.

O CPP, no art. 227, dispõe:

> **Art. 227.** No reconhecimento de objeto, proceder-se-á com as cautelas estabelecidas no artigo anterior, no que for aplicável.

c. **Acareação:** no âmbito da investigação, ainda será possível a diligência investigativa denominada acareação. Távora e Alencar (2009, p. 385) lecionam que "acarear ou acaroar é pôr em presença, uma da outra, face a face, pessoas cujas declarações são divergentes". Fernando Capez (2001, p. 225) conceitua a acareação como sendo "ato processual consistente na colocação face a face de duas pessoas que declaram diferentemente sobre um mesmo fato (...) destinando-se a ofertar ao juiz o convencimento sobre a verdade fática, reduzindo-se a termo o ato de acareação".

Os arts. 229 e 230 disciplinam a forma de proceder com a acareação:

> **CPP**
>
> **Art. 229.** A acareação será admitida **entre acusados, entre acusado e testemunha, entre testemunhas, entre acusado ou testemunha e a pessoa ofendida, e entre as pessoas ofendidas**, sempre que divergirem, em suas declarações, sobre fatos ou circunstâncias relevantes.
>
> Parágrafo único. Os acareados serão reperguntados, para que expliquem os pontos de divergências, **reduzindo-se a termo o ato de acareação.**
>
> **Art. 230.** Se ausente alguma testemunha, cujas declarações divirjam das de outra, que esteja presente, a esta se darão a conhecer os pontos da divergência, consignando-se no auto o que explicar ou observar. Se subsistir a discordância, expedir-se-á precatória à autoridade do lugar onde resida a testemunha ausente, transcrevendo-se as declarações desta e as da testemunha presente, nos pontos em que divergirem, bem como o texto do referido auto, a fim de que se complete a diligência, ouvindo-se a testemunha ausente, pela mesma forma estabelecida para a testemunha presente. Esta diligência só se realizará quando não importe demora prejudicial ao processo e o juiz a entenda conveniente. (Grifos nossos.)

Sobre a **acareação de coisas e pessoas**, façamos os seguintes questionamentos.

Observe que é possível a utilização de fotografias para a realização do reconhecimento pessoal. Considerando o princípio da busca da verdade e da liberdade das provas, permite-se, por analogia a utilização de fotografias para o reconhecimento. Nesse sentido:

PROCESSUAL PENAL. *HABEAS CORPUS*. REVISÃO CRIMINAL. FURTO QUALIFICADO. RECONHECIMENTO FOTOGRÁFICO EM SEDE POLICIAL. INOBSERVÂNCIA DAS FORMALIDADES CONTIDAS NO ART. 226 DO CPP. RECONHECIMENTO PESSOAL FEITO EM JUÍZO. IRREGULARIDADE SANADA SOB O CRIVO DO CONTRADITÓRIO E DA AMPLA DEFESA. PRECEDENTES – STJ E DO STF. ALTERAÇÃO DO REGIME INICIAL DE CUMPRIMENTO DA PENA. MATÉRIA NÃO ANALISADA PELO TRIBUNAL DE ORIGEM. SUPRESSÃO DE INSTÂNCIA. ORDEM PARCIALMENTE CONHECIDA E, NESSA EXTENSÃO, DENEGADA.

1. A jurisprudência do Superior Tribunal de Justiça admite a possibilidade de reconhecimento do acusado por meio fotográfico desde que observadas as formalidades contidas no art. 226 do Código de Processo Penal.

2. Eventual irregularidade cometida no inquérito policial restou sanada na fase judicial, porquanto o juiz processante, ao realizar o reconhecimento pessoal do acusado na audiência de inquirição de testemunhas, o fez sob o crivo do contraditório e da ampla defesa.

3. Não tendo a controvérsia relativa à alteração do regime de cumprimento de pena sido objeto de debate e julgamento por parte do Tribunal de origem, o exame da matéria pelo Superior Tribunal de Justiça, em sede de *habeas corpus*, ocasionaria indevida supressão de instância.

4. Ordem parcialmente conhecida e, nessa extensão, denegada (STJ, HC nº 136.147/SP, 2009/0090993-0, *DJe* 03.11.2009).

No ano de 2021, a Quinta Turma do STJ manifestou-se a respeito do reconhecimento fotográfico, ocasião em que invalidou o reconhecimento operacionalizado sem as formalidades exigidas pelo Código de Processo Penal. Vejamos as informações noticiadas no *site* do Superior Tribunal de Justiça:[2]

> A Quinta Turma do Superior Tribunal de Justiça (STJ), alinhando-se ao entendimento firmado pela Sexta Turma no RHC 598.886, decidiu que o reconhecimento fotográfico ou presencial feito pela vítima na fase do inquérito policial, sem a observância dos procedimentos descritos no art. 226 do Código de Processo Penal (CPP), não é evidência segura da autoria do delito.
>
> Para o colegiado, tendo em conta a ressalva contida no inciso II do art. 226 – segundo o qual a colocação de pessoas semelhantes ao lado do suspeito deve ser feita sempre que possível –, eventual impossibilidade de seguir o procedimento precisa ser justificada, sob pena de invalidade do ato.
>
> No entender do relator, ministro Reynaldo Soares da Fonseca, o reconhecimento fotográfico do suspeito é uma prova inicial, que deve ser ratificada pelo reconhecimento presencial e, mesmo havendo confirmação em juízo, não pode servir como prova única da autoria do crime.

---

[2] Disponível em: https://www.stj.jus.br/sites/portalp/Paginas/Comunicacao/Noticias/03052021-Quinta-Turma-invalida-reconheci-mento-que-nao-seguiu-procedimentos-previstos-no-CPP.aspx. Acesso em: 4 jan. 2022.

> "No caso de uma ou ambas as formas de reconhecimento terem sido efetuadas, em sede inquisitorial, sem a observância (parcial ou total) dos preceitos do artigo 226 do CPP e sem justificativa idônea para o descumprimento do rito processual, ainda que confirmado em juízo, o reconhecimento falho se revelará incapaz de permitir a condenação, como regra objetiva e de critério de prova, sem corroboração do restante do conjunto probatório produzido na fase judicial", afirmou o magistrado.

Observe que o investigado não é obrigado a produzir provas ou elementos informativos que possam ser utilizados em seu desfavor no curso da persecução penal, motivo pelo qual não há obrigação de que participe dessa diligência investigativa.

Nesse sentido, Renato Brasileiro de Lima (2020, p. 211) dispõe:

> (...) por força do direito de não produzir prova contra si mesmo (nemo tenetur se detegere), o investigado tem o direito de não colaborar na produção de prova sempre que se lhe exigir um comportamento ativo, um facere, daí porque não é obrigado a participar da acareação.

Depois complementa:

> (...) o direito de não produzir prova contra si mesmo não persiste, portanto, quando o acusado for mero objeto de verificação. Assim, em se tratando de reconhecimento pessoal, ainda que o acusado não queira voluntariamente participar, admite-se sua execução coercitiva. (LIMA, 2020, p. 211.)

Há doutrina em sentido diverso, contudo apresenta-se como minoritária.

8.1.2.7 Determinar que se proceda a exame de corpo de delito e a quaisquer outras perícias, se for o caso

O art. 158 do CPP determina que:

> **Art. 158.** Quando a infração deixar vestígios, será **indispensável** o exame de corpo de delito, direto ou indireto, não podendo supri-lo a confissão do acusado.

O exame pericial é a regra, mas não sendo possível a prova pericial, o art. 167 do CPP diz que:

> **Art. 167.** Não sendo possível o exame de corpo de delito, por haverem desaparecido os vestígios, **a prova testemunhal poderá suprir-lhe a falta**. (Grifos nossos.)

Lembre-se de que é facultado ao Delegado de Polícia **deferir** ou **indeferir diligências** requeridas pelo ofendido ou pelo investigado, mas o art. 184 do CPP faz uma ressalva aos exames periciais:

> **Art. 184. Salvo o caso de exame de corpo de delito**, o juiz ou a autoridade policial negará a perícia requerida pelas partes, quando não for necessária ao esclarecimento da verdade. (Grifos nossos.)

O art. 159 do CPP estabelece as regras para a realização da perícia quanto aos seus responsáveis:

> **Art. 159.** O exame de corpo de delito e outras perícias **serão realizados por perito oficial**, portador de diploma de curso superior.
>
> § 1º **Na falta de perito oficial, o exame será realizado por 2 (duas) pessoas idôneas**, portadoras de diploma de curso superior preferencialmente na área específica, dentre as que tiverem habilitação técnica relacionada com a natureza do exame.
>
> § 2º **Os peritos não oficiais prestarão o compromisso de bem e fielmente desempenhar o encargo.**
>
> § 3º Serão facultadas ao Ministério Público, ao assistente de acusação, ao ofendido, ao querelante e ao acusado a formulação de quesitos e indicação de assistente técnico. (Grifos nossos.)

8.1.2.8 Identificação do indiciado/investigado

A Constituição Federal traz, no seu art. 5º, inciso LVIII, a seguinte redação:

> **CF/1988**
>
> **Art. 5º** Todos são iguais perante a lei, sem distinção de qualquer natureza, garantindo-se aos brasileiros e aos estrangeiros residentes no País a inviolabilidade do direito à vida, à liberdade, à igualdade, à segurança e à propriedade, nos termos seguintes:
>
> (...)
>
> LVIII – **o civilmente identificado não será submetido a identificação criminal**, salvo nas hipóteses previstas em lei; (...) (Grifos nossos.)

O ato normativo que delibera sobre a identificação criminal do civilmente identificado é a **Lei nº 12.307/2009**, que, em seu texto, amplia a identificação criminal para além da mera colheita de impressões digitais.

> **Art. 5º** A identificação criminal incluirá **o processo datiloscópico** e **o fotográfico**, que serão juntados aos autos da comunicação da prisão em flagrante, ou do inquérito policial ou outra forma de investigação.
>
> Parágrafo único. Na hipótese do inciso IV do art. 3º, a identificação criminal poderá incluir **a coleta de material biológico para a obtenção do perfil genético**. (Grifos nossos.)

Renato Brasileiro de Lima (2020, p. 201) afirma que:

> (...) a folha de antecedentes *é* a ficha que contém a vida pregressa do investigado, de onde constam dados como relação de inquéritos policiais já instaurados contra a sua pessoa e sua respectiva destinação.

Sobre a juntada da folha de antecedentes do indiciado, Távora e Alencar (2017, p. 176) afirmam que é diligência relevante para:

> (...) esclarecer a vida pregressa, identificar eventual reincidência e fornecer os elementos informadores de envolvimento do suspeito em outras infrações.

É interessante observar que inquéritos policiais ou ações penais em curso não podem ser utilizados como maus antecedentes. Vejamos precedente nesse sentido.

O STF já decidiu que:

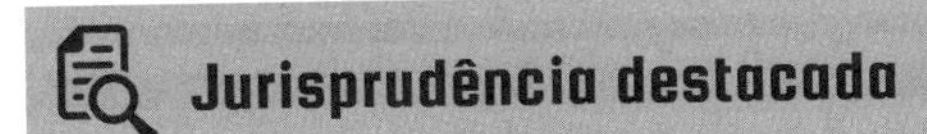

Inquéritos ou processos em andamento, que ainda não tenham transitado em julgado, não devem ser levados em consideração como maus antecedentes na dosimetria da pena (HC nº 94.620, Rel. Min. Ricardo Lewandowski, Tribunal Pleno, j. 24.06.2015, *DJe* 24.11.2015).

Nesse sentido, a Súmula nº 444 do STJ:

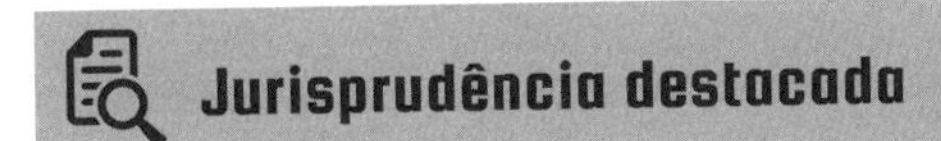

Súmula nº 444 do STJ

É vedada a utilização de inquéritos policiais e ações penais em curso para agravar a pena-base (Súmula nº 444, 3ª Seção, j. 28.04.2010, *DJe* 13.05.2010).

8.1.2.9 Análise da vida pregressa do investigado

Norberto Avena (2018, p. 233) afirma que essa diligência não se confunde com a anterior.

> (...) trata-se da captação de fatos que, não podendo constar da folha de antecedentes policiais (seja por não se constituírem infrações penais, seja por se tratar de fatos que, mesmo criminosos, não chegaram a gerar a instauração de inquérito, *v.g.*, pela omissão da vítima em registrar a respectiva ocorrência policial), permitem detectar o caráter, a idoneidade moral e social do investigado, sua condição econômica, personalidade e outros dados que possam ser úteis na valoração do crime sob investigação e na dosimetria da pena a ser imposta no caso de sentença condenatória.

Távora e Alencar (2009, p. 93) apontam que essas pesquisas:

> (...) vão ajudar a aferir eventual qualificadora, algum privilégio, eventual causa de isenção de pena ou qualquer outra circunstância que venha a interferir na sua fixação.

As informações a respeito da vida pregressa do investigado são importantes para a formação da convicção da Autoridade Policial e, normalmente, são colhidas nos depoimentos prestados e outras diligências ao longo da investigação.

8.1.2.10 Colheita de informações a respeito dos filhos menores

Essa diligência visa resguardar os direitos dos filhos menores que estão inseridos em ambientes familiares com os investigados, objetivando tutelar a "primeira infância", prevista na Lei nº 13.257/2016 (Estatuto da Primeira Infância).

Dessa forma, as autoridades devem tomar as providências necessárias para que os menores dependentes não permaneçam sem o amparo do responsável durante o tempo em que se encontrar recolhido.

É importante que o nosso leitor conheça todas essas diligências, pois funcionam como um roteiro preliminar da investigação que será conduzida pelo Delegado de Polícia.

Diligências previstas no art. 6º do CPP
◆ Dirigir-se ao local, providenciando para que não se alterem o estado e a conservação das coisas até a chegada dos peritos criminais.
◆ Apreender os objetos que tiverem relação com o fato, após liberados pelos peritos criminais.
◆ Colher todas as provas que servirem para o esclarecimento do fato e suas circunstâncias.
◆ Ouvir o ofendido.
◆ Ouvir o indiciado.
◆ Reconhecimento de pessoas e coisas e as acareações.
◆ Determinar que se proceda a exame de corpo de delito e a quaisquer outras perícias, se for o caso.
◆ Ordenar a identificação do indiciado pelo processo datiloscópico, se possível, e fazer juntar aos autos sua folha de antecedentes.
◆ Averiguar a vida pregressa do indiciado, sob o ponto de vista individual, familiar e social, sua condição econômica, sua atitude e estado de ânimo antes e depois do crime e durante ele, e quaisquer outros elementos que contribuírem para a apreciação do seu temperamento e caráter.
◆ Colher informações sobre a existência de filhos, respectivas idades, se possuem alguma deficiência e o nome e o contato de eventual responsável pelos cuidados dos filhos, indicado pela pessoa presa.

8.1.2.11 Reprodução simulada dos fatos (art. 7º do CPP)

A respeito da reprodução simulada dos fatos, Avena (2009, p. 248) explica que:

> Trata-se da reconstituição do crime, feita, se possível, com a colaboração do réu, da vítima e de eventuais testemunhas, cujo objetivo é constatar a plausibilidade das versões trazidas aos autos, identificando-se a forma provável de como o crime foi praticado.

Doutrina e jurisprudência entendem **não ser exigível a presença obrigatória do acusado** na reconstituição, de forma que este não é obrigado a produzir provas contra si.

Renato Brasileiro de Lima (2020, p. 209) explica que:

> (...) a recusa do acusado em se submeter a tais provas não configura o crime de desobediência nem o de desacato, e dela não pode ser extraída nenhuma presunção de culpabilidade.

A respeito da necessidade de intimação do advogado para o acompanhamento da diligência, o professor Brasileiro de Lima (2020, p. 209) afirma que:

> (...) **não se faz necessária a intimação do investigado ou de seu advogado para participar da reconstituição do fato delituoso** feita em sede de investigação policial", mas se "a reprodução simulada dos fatos ocorre na fase judicial, a validade dessa prova estará condicionada à observância do contraditório e da ampla defesa.

Avena (2009, p. 249) compartilha do mesmo pensamento e acrescenta:

> (...) que reconstituição *é* providência que não se confunde com levantamento do local do fato. A primeira, prevista no art. 7º do CPP/1941, importa em reproduzir, mediante simulação, a forma como ocorreu o crime, com participação dos próprios envolvidos ou utilização de terceiros em representação a eles. Já o segundo, contemplado nos arts. 6º, I, 164 e 169 do CPP/1941, consiste no exame do lugar onde foi praticada a infração penal, extraindo-se fotografias, realizando-se desenhos e produzindo-se esquemas elucidativos desse local.

O leitor deve, no entanto, ter atenção para **não confundir a reconstituição com a preservação do local para a perícia**.

Sobre o auto respectivo, trataremos na Parte 2 desta obra.

8.2 ACESSO AOS DADOS CADASTRAIS DAS VÍTIMAS E DE SUSPEITO

Observe que o Delegado de Polícia, no curso da investigação, possui atribuição para **requisitar**, diretamente e em hipóteses legalmente previstas, informações a respeito das vítimas ou suspeitos sob investigação.

Essa atribuição requisitória contribui sobremaneira para o sucesso das diligências empreendidas, considerando a **celeridade** que tal medida proporciona ao auto investigativo.

Diante desse cenário, a Lei nº 13.344/2016 inseriu o art. 13-A no Código de Processo Penal.

> **Art. 13-A.** Nos crimes previstos nos arts. 148, 149 e 149-A, no § 3º do art. 158 e no art. 159 do Decreto-lei nº 2.848, de 7 de dezembro de 1940 (Código Penal), e no art. 239 da Lei nº 8.069, de 13 de julho de 1990 (Estatuto da Criança e do Adolescente), o membro do Ministério Público ou o delegado de polícia poderá requisitar, de quaisquer órgãos do poder público ou de empresas da iniciativa privada, dados e informações cadastrais da vítima ou de suspeitos.
>
> Parágrafo único. A requisição, que será atendida no prazo de 24 (vinte e quatro) horas, conterá:
>
> I – o nome da autoridade requisitante;
>
> II – o número do inquérito policial; e
>
> III – a identificação da unidade de polícia judiciária responsável pela investigação.

A Lei nº 13.344/2016 introduziu no Código de Processo Penal o art. 13-A, estabelecendo que o membro do Ministério Público e o Delegado de Polícia poderão **requisitar** de quaisquer órgãos do Poder Público, ou de empresas da iniciativa privada, **dados e informações cadastrais da vítima ou de suspeitos**, na investigação das seguintes infrações penais:

a. crimes de sequestro e cárcere privado (art. 148 do CP);
b. redução à condição análoga à de escravo (art. 149 do CP);
c. tráfico de pessoas (art. 149-A do CP);
d. extorsão praticada mediante restrição da liberdade da vítima (art. 158, § 3º, do CP);
e. extorsão mediante sequestro (art. 159 do CP);
f. tráfico de crianças e adolescentes para o exterior (art. 239 da Lei nº 8.069/1990).

A requisição será atendida no prazo de 24 horas.

Avena (2009, p. 234) explica que o objetivo é "dispor à Autoridade Policial os instrumentos que lhe facilitem a obtenção, com o máximo de celeridade e eficácia possível, das provas necessárias à elucidação do fato sob investigação".

Essa previsão legal já se encontrava em outros dispositivos, como o art. 17-B da Lei nº 9.613/1998 (lavagem de dinheiro); no art. 15 da Lei nº 12.850/2013 (organizações criminosas); no art. 2º, § 2º, da Lei nº 12.830/2013 (investigação criminal).

Os Tribunais Superiores, inclusive, já haviam se posicionado sobre a legalidade do **poder requisitório do Delegado**. Nesse sentido é lícita ao Delegado, ao Ministério Público e mesmo às Comissões Parlamentares de Inquérito a obtenção de elementos que não violem a intimidade do investigado. Renato Brasileiro de Lima (2018, p. 141) cita os seguintes exemplos:

a. **Qualificação pessoal:** é composta por nome, nacionalidade, naturalidade, data de nascimento, estado civil, profissão, número da carteira de identidade e número do registro cadastral de pessoas físicas da Receita Federal.
b. **Filiação:** consiste na indicação do nome do pai e da mãe.
c. **Endereço:** local de residência e de trabalho.

Logicamente, ainda que requisitados diretamente pelas Autoridades Policiais, as referidas requisições devem ser acompanhadas de **fundamento fático e legal** que consubstanciem essa medida.

Essa observação ganha relevo nas peças práticas profissionais, pois o Delegado, ao requerer a medida, deve fundamentar legal e faticamente a requisição, demonstrando a importância da diligência para a investigação.

8.3 REQUISIÇÃO DE INFORMAÇÕES ACERCA DAS ESTAÇÕES DE RÁDIO BASE (ERBS)

Renato Brasileiro de Lima (2020, p. 211) explica que:

> (...) por meio da estação rádio base (ERB), *é* possível saber a localização aproximada de qualquer aparelho celular ligado – não necessariamente em uso – e, consequentemente, de seu usuário.

O art. 13-B do CPP disciplina que:

> **Art. 13-B.** Se necessário à prevenção e à repressão dos crimes relacionados ao tráfico de pessoas, o membro do Ministério Público ou o delegado de polícia poderão requisitar, mediante autorização judicial, às empresas prestadoras de serviço de telecomunicações e/ou telemática que disponibilizem imediatamente os meios técnicos adequados – como sinais, informações e outros – que permitam a localização da vítima ou dos suspeitos do delito em curso.

Ao mesmo tempo que a lei faculta ao Delegado de Polícia ou ao membro do Ministério Público essa possibilidade de requisição, ela exige autorização judicial para a sua concessão.

Apesar da contraditória literalidade do dispositivo, observa-se que a "quebra de ERB", sujeita-se à **cláusula de reserva jurisdicional temporária**, conforme as lições do professor Henrique Hoffmann Monteiro de Castro (2017, *on-line*), o qual explica que o § 4º do art. 13-B:

> (...) cuida-se de **cláusula de reserva de jurisdição temporária,** verdadeira inovação no mundo jurídico, em que o decurso de lapso temporal (bastante apertado – 12 horas) faz desaparecer a necessidade de autorização judicial. Trata-se de previsão dúplice, exigindo-se no início ordem judicial e passando a dispensá-la pelo decurso de tempo. (Grifos nossos.)

Vejamos o texto do dispositivo legal:

> **CPP**
>
> **Art. 13-B.** (...)
>
> § 4º Não havendo manifestação judicial no prazo de 12 (doze) horas, a autoridade competente requisitará às empresas prestadoras de serviço de telecomunicações e/ou telemática que disponibilizem imediatamente os meios técnicos adequados – como sinais, informações e outros – que permitam a localização da vítima ou dos suspeitos do delito em curso, com imediata comunicação ao juiz.

Assim, considerando o objeto do nosso estudo, **a quebra da Estação Rádio Base, em regra, submete-se ao crivo judicial** e, portanto, deve ser representada ao juiz quando necessária à investigação. Contudo, caso a Autoridade Judicial não se manifeste no período de 12 horas, o próprio Delegado de Polícia realizará a requisição diretamente à operadora.

Portanto, com relação à "quebra de ERB", a medida poderá ocorrer por meio:

a. de ordem judicial, ocasião em que o Delegado de Polícia deverá representar por essa medida;

b. de requisição da Autoridade Policial, caso o magistrado não se manifeste no prazo de 12 horas. Nesses casos, haverá imediata comunicação ao Juiz.

9 Identificação criminal

O objetivo da inclusão deste tópico é contextualizar o leitor a respeito das hipóteses nas quais será necessária a determinação dessa importante providência no âmbito da investigação. Nesse sentido, é imprescindível conhecer as determinações constitucionais e legais a respeito do tema.

A Constituição Federal assegura que nenhuma pena passará da pessoa do condenado, por isso, faz-se necessário e indispensável que o Estado conheça a identidade do investigado.

O professor Renato Brasileiro de Lima (2020, p. 2016) afirma que:

> (...) a identificação criminal *é* o gênero do qual as espécies são a identificação datiloscópica – feita com base nas saliências papilares da pessoa –, a identificação fotográfica e a novel identificação do perfil genético.

E segue explicando (LIMA, 2020, p. 216):

> (...) de modo algum se confundem a identificação criminal e a qualificação do investigado. A identificação criminal diz respeito *à* identificação datiloscópica, fotográfica e genética, e só é possível nos casos previstos em lei (CF, art. 5º, LVIII).

9.1 IDENTIFICAÇÃO CRIMINAL ≠ QUALIFICAÇÃO DO INVESTIGADO

É importante atentar-se para não confundir a qualificação do investigado com a sua identificação criminal. A **qualificação** é providência ordinária, comum a todas as investigações. Já a **identificação criminal** é providência excepcional e somente cabível nas hipóteses legais e constitucionalmente previstas.

Desse modo, a identificação criminal somente será necessária quando não for possível identificar civilmente o investigado ou, ainda, quando a identificação for indispensável para a investigação. Nesse último caso, será necessária ordem judicial.

Nesse sentido, os documentos aptos a atestar a identificação, encontram-se previstos no art. 2º da Lei nº 12.037/2009, o qual assim dispõe:

> **Art. 2º** A identificação civil é atestada por qualquer dos seguintes documentos:
>
> I – carteira de identidade;
>
> II – carteira de trabalho;
>
> III – carteira profissional;
>
> IV – passaporte;
>
> V – carteira de identificação funcional;
>
> VI – outro documento público que permita a identificação do indiciado.
>
> Parágrafo único. Para as finalidades desta Lei, equiparam-se aos documentos de identificação civis os documentos de identificação militares.

O rol deste artigo não é taxativo, visto que carteiras expedidas por órgãos fiscalizadores do exercício profissional, criados por lei federal, também são aceitas para fins de identificação civil. Há também a possibilidade de apresentar carteira nacional de habilitação (CNH), dentre outros documentos, por isso a presença do inciso VI, abrindo o leque de possibilidades.

Considerando a excepcionalidade da medida, a identificação criminal somente poderia ser determinada nas hipóteses legalmente previstas.

O art. 3º lista as hipóteses em que, mesmo apresentando documento, ainda há possibilidade de ocorrer identificação criminal:

> **Art. 3º** Embora apresentado documento de identificação, poderá ocorrer identificação criminal quando:
>
> I – o documento apresentar **rasura** ou tiver **indício de falsificação**;
>
> II – o documento apresentado for **insuficiente** para identificar cabalmente o indiciado;
>
> III – o indiciado portar documentos **de identidade distintos, com informações conflitantes entre si**;
>
> IV – a **identificação criminal for essencial às investigações policiais**, segundo despacho da autoridade judiciária competente, que decidirá de ofício ou mediante representação da autoridade policial, do Ministério Público ou da defesa;
>
> V – constar de registros policiais **o uso de outros nomes ou diferentes qualificações**;
>
> VI – o **estado de conservação** ou **a distância temporal** ou **da localidade da expedição do documento** apresentado impossibilite a completa identificação dos caracteres essenciais. (Grifos nossos.)

Desses artigos, podemos destacar dois pontos:

1. O inciso IV, diferente dos demais, para ser aplicado, depende de prévia autorização judicial, podendo incluir aqui a possibilidade de coleta de material biológico para o perfil genético. Nesse caso, a providência deverá ser requerida ao Poder Judiciário por meio de representação.
2. Os demais incisos apresentam hipóteses em que a identificação poderá ser determinada nos próprios despachos a serem exarados pelo Delegado, considerando que se trata de medidas com previsão legal e não sujeita à cláusula de reserva jurisdicional.

10 Encerramento da investigação

10.1 CONCLUSÃO DO INQUÉRITO POLICIAL

10.1.1 Prazo para conclusão do inquérito policial

Tema bastante importante tanto na prática quanto nas peças discursivas. Nosso leitor deve atentar-se para os prazos da condução da investigação.

A regra a respeito dos prazos se encontra no art. 10 do CPP, veja:

> **Art. 10.** O inquérito deverá terminar no prazo de 10 dias, **se o indiciado tiver sido preso em flagrante**, ou estiver preso preventivamente, contado o prazo, nesta hipótese, a partir do dia em que se executar a ordem de prisão, ou no prazo de 30 dias, **quando estiver solto**, mediante fiança ou sem ela. (Grifos nossos.)

Assim, em regra, o prazo para a conclusão do inquérito policial será de 10 dias se o indiciado estiver preso, 30 dias se estiver solto. Se for preso preventivamente, conta-se 10 dias da data da prisão.

É interessante ressaltar que o referido prazo pode ser prorrogado nos termos do art. 10, § 3º, que assim dispõe:

> **CPP**
>
> **Art. 10.** (...)
>
> § 3º Quando o fato for de difícil elucidação, e o indiciado estiver solto, a autoridade poderá requerer ao juiz a devolução dos autos, para ulteriores diligências, que serão realizadas no prazo marcado pelo juiz.

A esse respeito, é importante observar que o Pacote Anticrime, Lei nº 13.964/2019, incluiu novo dispositivo no Código de Processo Penal, o qual permitiria a **prorrogação do inquérito policial, mesmo com investigado preso**.

> **Art. 3º-B.** O juiz das garantias é responsável pelo controle da legalidade da investigação criminal e pela salvaguarda dos direitos individuais cuja franquia tenha sido

> reservada à autorização prévia do Poder Judiciário, competindo-lhe especialmente: (...)
>
> VIII – prorrogar o prazo de duração do inquérito, estando o investigado preso, em vista das razões apresentadas pela autoridade policial e observado o disposto no § 2º deste artigo; (...)
>
> § 2º Se o investigado estiver preso, o juiz das garantias poderá, mediante representação da autoridade policial e ouvido o Ministério Público, prorrogar, uma única vez, a duração do inquérito por até 15 (quinze) dias, após o que, se ainda assim a investigação não for concluída, a prisão será imediatamente relaxada.

Assim, ao menos de acordo com a literalidade do dispositivo legal, o Juiz poderia prorrogar prazo do inquérito policial, mesmo com o investigado preso, pelo prazo de 15 dias.

Contudo, **esse dispositivo encontra-se com a eficácia suspensa** por força de medida cautelar em Ação Direta de Inconstitucionalidade, devendo-se aguardar o julgamento do mérito da demanda. Para provas concursais, deve-se, ao menos por enquanto, seguir a regra anteriormente prevista, ou seja, a improrrogabilidade do prazo com o investigado preso, dispositivo que encontra exceções no texto legal.

As exceções encontram-se na legislação extravagante, que determinam prazos diferenciados.

	Indiciado preso	**Indiciado solto**
Polícia Civil Estadual	10 dias (improrrogável)	30 dias (prorrogável)
Polícia Federal	15 dias (+15, mediante autorização judicial, art. 66, Lei nº 5.010/1966)	30 dias (art. 10 do CPP); *vide* observações da regra geral
Lei de Drogas	30 dias (+30, conforme deliberação judicial, ouvindo-se o Ministério Público, mediante pedido justificado da autoridade de polícia judiciária, art. 51, Lei nº 11.343/2006)	90 dias (+90, conforme deliberação judicial, ouvindo-se o Ministério Público, mediante pedido justificado da autoridade de polícia judiciária, art. 51, Lei nº 11.343/2006)
Inquéritos militares	20 dias (art. 20 do CPPM)	40 dias (+20, desde que não estejam concluídos exames ou perícias já iniciados, ou haja necessidade de diligências indispensáveis à elucidação do fato, art. 20, *caput* e § 1º, do CPPM)
Crime contra a economia popular	10 dias, sem prorrogação (§ 1º do art. 10 da Lei nº 1.521/1951)	10 dias, sem prorrogação (§ 1º do art. 10º da Lei nº 1.521/1951)
Prisão temporária decretada em IP relativo a crimes hediondos e equiparados	30 + 30 (§ 4º do art. 2º da Lei nº 8.072/1990)	Não se aplica

10.1.2 Relatório da Autoridade Policial

O relatório é o **resultado das investigações**. Nesse momento, a Autoridade Policial demonstra todas as diligências empreendidas, as medidas investigativas, as perícias realizadas e todas as providências relacionadas ao fato no sentido de elucidá-lo. Encontra previsão legal no art. 10 do CPP.

O art. 10, §§ 1º e 2º, do CPP disciplina o relatório:

> **Art. 10.** (...)
>
> § 1º A autoridade fará minucioso relatório do que tiver sido apurado e enviará autos ao juiz competente.
>
> § 2º No relatório poderá a autoridade indicar testemunhas que não tiverem sido inquiridas, mencionando o lugar onde possam ser encontradas.

Com relação ao relatório conclusivo do inquérito policial, trataremos detidamente do tema na Parte 3 deste Manual Decifrado, na qual constará a respectiva peça.

11 Arquivamento do inquérito policial

Como visto anteriormente, não é atribuição da Autoridade Policial proceder ao arquivamento do inquérito policial. Contudo, é extremamente importante que o nosso leitor se atente para o fato de que é atribuição do Delegado de Polícia investigar o fato em sua completude, analisando todas as circunstâncias da hipotética infração penal e, ao fim, concluir a respeito da materialidade e autoria do delito.

Conforme a visão democrática do instrumento investigativo, o Delegado de Polícia atuará como garantidor primário dos direitos do investigado, indiciando-o caso existam elementos ou opinando pelo arquivamento do inquérito, caso não existam elementos mínimos hábeis a desencadear a fase processual.

Incumbe ao Ministério Público a prerrogativa de requerer o arquivamento do feito. Nesse sentido, vejamos as lições apresentadas pelo professor Renato Brasileiro de Lima (2020, p. 235):

> Incumbe exclusivamente ao Ministério Público avaliar se os elementos de informação de que dispõe são (ou não) suficientes para o oferecimento da denúncia, razão pela qual nenhum inquérito pode ser arquivado sem o expresso requerimento ministerial.

A jurisprudência também caminha nesse sentido:

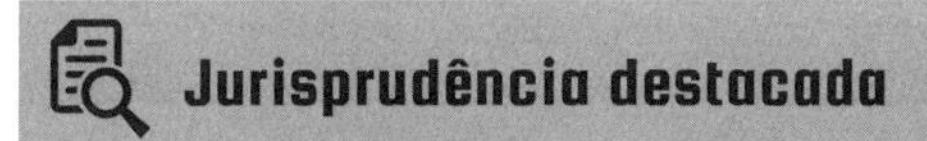

HABEAS CORPUS. PROCEDIMENTO INVESTIGATIVO DA SUPOSTA PARTICIPAÇÃO DE SARGENTO DE POLÍCIA NA PRÁTICA DE ILÍCITOS. ARQUIVAMENTO, PELO JUÍZO, SEM EXPRESSO REQUERIMENTO MINISTERIAL PÚBLICO. REABERTURA DO FEITO. POSSIBILIDADE. INTEMPESTIVIDADE DO APELATÓRIO MANEJADO PELO MINISTÉRIO PÚBLICO. IRRELEVÂNCIA, DADA A EXISTÊNCIA DE RECURSO DE OFÍCIO (ART. 574 DO CPP). CRIAÇÃO DE NOVA COMARCA. INCOMPETÊNCIA DO JUÍZO. INEXISTÊNCIA.

1. O inquérito policial é procedimento de investigação que se destina a apetrechar o Ministério Público (que é o titular da ação penal) de elementos que lhe permitam exercer de modo eficiente o poder de formalizar denúncia. Sendo que ele, MP, pode até mesmo prescindir da prévia abertura de inquérito policial para a propositura da ação penal, se já dispuser de informações suficientes

para esse mister de deflagrar o processo-crime. 2. É por esse motivo que incumbe exclusivamente ao *Parquet* avaliar se os elementos de informação de que dispõe são ou não suficientes para a apresentação da denúncia, entendida esta como ato-condição de uma bem caracterizada ação penal. Pelo que nenhum inquérito é de ser arquivado sem o expresso requerimento ministerial público. 3. A intempestividade do recurso interposto pela acusação não impede o Tribunal de segunda instância de rever o ato sentencial se, contra este, foi manejado recurso de ofício pelo próprio Juízo recurso de ofício (CPP, art. 574). 4. Se a criação de comarca é anterior ao oferecimento e ao recebimento da denúncia, imperiosa a remessa do feito ao Juízo que já era competente para o seu processamento. 5. Ordem denegada (HC nº 88.589/GO, Rel. Min. Carlos Britto, j. 28.11.2006).

Ainda a respeito do arquivamento, Renato Brasileiro de Lima (2020, p. 258) afirma que:

> O arquivamento é um ato complexo, que envolve prévio requerimento formulado pelo *órgão* do Ministério Público, e posterior decisão da autoridade judiciária competente. Portanto, pelo menos de acordo com a sistemática vigente no CPP, não se afigura possível o arquivamento de ofício do inquérito policial pela autoridade judiciária, nem tampouco o arquivamento dos autos pelo Ministério Público, sem a apreciação de seu requerimento pelo magistrado.

Antes de adentrarmos especificamente na decisão de arquivamento do inquérito policial, é importante uma observação. O Pacote Anticrime, Lei nº 13.964/2019, alterou a redação do art. 28 do CPP. Contudo, a vigência do referido dispositivo encontra-se suspensa por força de medida cautelar proferida nos autos da ADI nº 6.298. Assim, trataremos inicialmente das referidas mudanças – as quais não estão em vigor – e, posteriormente, trataremos das regras vigentes atualmente.

11.1 ALTERAÇÕES TRAZIDAS AO ARQUIVAMENTO PELO PACOTE ANTICRIME

Comparação entre antiga e nova redação do art. 28 do CPP	
Antes da reforma	**Após a Lei nº 13.964/2019**
Art. 28. Se o órgão do Ministério Público, ao invés de apresentar a denúncia, requerer o arquivamento do inquérito policial ou de quaisquer peças de informação, o juiz, no caso de considerar improcedentes as razões invocadas, fará remessa do inquérito ou peças de informação ao Procurador-geral, e este oferecerá a denúncia, designará outro órgão do Ministério Público para oferecê-la, ou insistirá no pedido de arquivamento, ao qual só então estará o juiz obrigado a atender.	**Art. 28.** Ordenado o arquivamento do inquérito policial ou de quaisquer elementos informativos da mesma natureza, o órgão do Ministério Público comunicará à vítima, ao investigado e à autoridade policial e encaminhará os autos para a instância de revisão ministerial para fins de homologação, na forma da lei. § 1º Se a vítima, ou seu representante legal, não concordar com o arquivamento do inquérito policial, poderá, no prazo de 30 (trinta) dias do recebimento da comunicação, submeter a matéria à revisão da instância competente do órgão ministerial, conforme dispuser a respectiva lei orgânica. § 2º Nas ações penais relativas a crimes praticados em detrimento da União, Estados e Municípios, a revisão do arquivamento do inquérito policial poderá ser provocada pela chefia do órgão a quem couber a sua representação judicial.

Inicialmente, relembramos aos leitores que o novel dispositivo se encontra com a eficácia suspensa em decorrência da ADI nº 6.298, contudo, apesar da suspensão, optamos por tratar sobre as pertinentes mudanças realizadas pelo referido dispositivo penal. Alerta-se que para provas objetivas devemos ter como válida a antiga redação do art. 28 do CPP.

Vejamos os fundamentos adotados pelo STF para suspender a eficácia do dispositivo em sede liminar na ação direta de inconstitucionalidade:

1. Viola as cláusulas que exigem prévia dotação orçamentária para a realização de despesas (art. 169 da CF/1988), além da autonomia financeira dos Ministérios Públicos (art. 127 da CF/1988), a alteração promovida no rito de arquivamento do inquérito policial, máxime quando desconsidera os impactos sistêmicos e financeiros ao funcionamento dos órgãos do *parquet*;
2. A previsão de o dispositivo ora impugnado entrar em vigor em 23.01.2020, sem que os Ministérios Públicos tivessem tido tempo hábil para se adaptar estruturalmente à nova competência estabelecida, revela a irrazoabilidade da regra, inquinando-a com o vício da inconstitucionalidade. A *vacatio legis* da Lei nº 13.964/2019 transcorreu integralmente durante o período de recesso parlamentar federal e estadual, o que impediu qualquer tipo de mobilização dos Ministérios Públicos para a propositura de eventuais projetos de lei que venham a possibilitar a implementação adequada dessa nova sistemática.

Por essas razões, a medida cautelar foi deferida para a suspensão da eficácia do art. 28, *caput*, do Código de Processo Penal.

Apesar da suspensão, **por questões didáticas**, neste tópico trataremos o dispositivo como se estivesse eficaz, cabendo ao candidato atento a verificação da matéria no STF. Posteriormente, trataremos da decisão de arquivamento, conforme vige atualmente e de acordo com a antiga redação do art. 28 do CPP.

As mudanças na sistemática do arquivamento do inquérito policial foram significativas. A partir de agora, não mais se exige manifestação judicial para que se arquive o inquérito. A atribuição passa a ser exercida completamente no âmbito do Ministério Público. Cabe ao promotor designado a promoção de arquivamento a qual requer, como condição, a confirmação (homologação) dessa decisão **por órgão de revisão do MP**.

O arquivamento, portanto, será feito em **duas etapas**, assegurada a cientificação do investigado, da vítima e da Autoridade Policial. Ademais, institui-se a possibilidade de recurso em face dessa decisão de arquivamento.

Trata-se de **ato jurídico composto**, pois é produto de duas manifestações de vontade, do Ministério Público, presentado pelo Promotor de Justiça e validado pela instância de revisão, ambos dentro da própria estrutura do órgão ministerial.

Com a mudança, volta à baila a discussão sobre a natureza jurídica da decisão de arquivamento.

Considerando as alterações implementadas, parece não mais haver dúvida a respeito da **natureza administrativa** da decisão de arquivamento, pois o decisório **não mais se submete ao crivo judicial**, em respeito ao sistema acusatório.

As mudanças trazidas pela Lei nº 13.964/2019 vão no mesmo sentido do que a doutrina já clamava, em respeito ao princípio acusatório:

> A imparcialidade do juiz, ao contrário, exige dele justamente que se afaste das atividades preparatórias, para que mantenha seu espírito imune aos preconceitos que a formulação antecipada de uma tese produz, alheia ao mecanismo do contraditório, de sorte a avaliar imparcialmente, por ocasião do exame da acusação formulada, com o oferecimento da denúncia ou queixa, se há justa causa para a ação penal, isto é, se a acusação não se apresenta como violação ilegítima da dignidade do acusado. (...) Neste plano, a manutenção do controle, pelo juiz, das diligências realizadas no inquérito ou peças de informação, e do atendimento, pelo promotor de justiça, ao princípio da obrigatoriedade da ação penal pública, naquelas hipóteses em que, ao invés de oferecer denúncia, o membro do Ministério Público requer o arquivamento dos autos da investigação, constitui inequívoca afronta ao princípio acusatório (PRADO, 2001, p. 198-199).

O conhecimento do novo sistema, caso ganhe eficácia, é essencial para algumas providências do Delegado de Polícia, sobretudo no fechamento do relatório final, que trataremos na Parte 3 desta obra.

A seguir, reestruturaremos o procedimento após as alterações.

11.2 DECISÃO DE ARQUIVAMENTO

De acordo com a nova redação do dispositivo, cabe diretamente ao órgão do Ministério Público proceder ao arquivamento do inquérito policial, com comunicação à vítima, ao investigado e à Autoridade Policial.

Após a decisão de arquivamento, o órgão do Ministério Público encaminhará os autos para a instância de revisão ministerial para fins de homologação.

Há previsão de recurso à disposição da vítima, assim, ela poderá, no prazo de 30 dias do recebimento da comunicação, submeter a matéria à revisão na instância de revisão ministerial.

Nos crimes praticados em detrimento da União, Estados, DF e Municípios, a revisão do arquivamento do inquérito policial poderá ser provocada pela chefia do órgão a quem couber a sua representação judicial.

Informações sintetizadas
◆ Decisão de arquivamento no âmbito do próprio Ministério Público e independentemente de manifestação judicial.
◆ Remessa do feito a órgão de revisão para fins de homologação da decisão.
◆ Comunicação à vítima, ao investigado e ao Delegado de Polícia.
◆ Possibilidade de recurso no prazo de 30 dias a contar da revisão.

A primeira observação importante é que a Lei, de forma literal, conferiu apenas à vítima a possibilidade de provocar a instância ministerial de revisão, deixando de fora o investigado e a Autoridade Policial.

Outro ponto é que a Lei não mais trata da hipótese em que o juiz discorda do requerimento de arquivamento, pelo simples fato de que não cabe ao Juiz de Garantias discordar ou não da opinião do membro do Ministério Público. A decisão de arquivamento fica adstrita ao âmbito do Ministério Público, isto é: uma providência meramente administrativa, em observância ao **sistema acusatório** (art. 129, I, da CF/1988 e art. 3º-A do CPP).

Assim, a Lei nº 13.964/2019 **suprimiu o controle judicial** sobre o arquivamento da investigação preliminar e fortaleceu a atuação da vítima. O inquérito será remetido para homologação ao órgão de revisão no próprio MP e a vítima poderá se manifestar caso discorde do arquivamento.

Mais uma vez ressaltamos que as disposições analisadas não estão em vigor, diante da suspensão da eficácia da atual redação do art. 28 do CPP. **A partir desse momento, todas as explanações serão embasadas na antiga e vigente redação do art. 28 do CPP**, nos seguintes termos:

> **Art. 28.** Se o órgão do Ministério Público, ao invés de apresentar a denúncia, requerer o arquivamento do inquérito policial ou de quaisquer peças de informação, o juiz, no caso de considerar improcedentes as razões invocadas, fará remessa do inquérito ou peças de informação ao Procurador-geral, e este oferecerá a denúncia, designará outro órgão do Ministério Público para oferecê-la, ou insistirá no pedido de arquivamento, ao qual só então estará o juiz obrigado a atender.

11.3 ARQUIVAMENTO SEM ALTERAÇÕES DO PACOTE ANTICRIME

Vejamos os fundamentos que podem dar ensejo à decisão de arquivamento. A análise desse tema é relevante nos estudos das peças práticas profissionais, pois diante dessas conclusões, impõe-se ao Delegado opinar sobre arquivamento do feito em relatório policial.

a. **Ausência de pressuposto processual ou de condição para o exercício da ação penal:** vamos entender por meio de um exemplo prático: Maria, maior, capaz, vítima de um crime de ação penal pública condicionada à representação, ofereceu a representação num primeiro momento, mas depois se retratou, antes do oferecimento da denúncia.

   Se houve retratação da representação, o Ministério Público não pode oferecer denúncia, pois está ausente a condição específica da ação penal, devendo requerer o arquivamento dos autos.

b. **Falta de justa causa para o exercício da ação penal:** a justa causa consubstancia-se na **prova da existência do crime e os indícios mínimos de autoria**. Após as investigações, caso a Autoridade Policial chegue a essa conclusão, é seu dever **opinar pelo arquivamento** do feito em relatório policial.

c. **Quando o fato investigado evidentemente não constituir crime (atipicidade):** Renato Brasileiro de Lima (2020, p. 95) nos traz um exemplo prático:

   > Suponha-se que o inquérito policial verse sobre a prática de furto simples deres avaliada em R$ 4,00 (quatro reais). Nesse caso, funcionando o princípio da insignificância como excludente da tipicidade material, incumbe ao órgão do Ministério Público requerer o arquivamento dos autos, em face da atipicidade da conduta delituosa.

Caso o Delegado se depare com **elementos que afastem a tipicidade do delito**, deverá **opinar pelo arquivamento do feito**, mesmo que se trate de falta de tipicidade sob a perspectiva material.

d. **Existência manifesta de causa excludente da ilicitude:** o **arquivamento** com base em causa excludente da ilicitude **deve ser certo**. Na dúvida, é de bom tom que a Autoridade Policial manifeste sentido de iniciar-se a ação penal, objetivando esclarecer a existência ou não da referida causa excludente. Nesses casos, de acordo com a doutrina dominante, não vigora o princípio do *in dubio pro reo*.
e. **Existência manifesta de causa excludente da culpabilidade, salvo a inimputabilidade:** caso seja constatada a ausência de culpabilidade, à exceção da inimputabilidade, o relatório da Autoridade Policial deverá ser no sentido de arquivar o instrumento investigativo. Lembre-se de que a causa deve ser manifesta.
f. **Existência de causa extintiva da punibilidade:** a título de exemplo, caso o Delegado se depare com a prescrição do delito, é impositiva a sua manifestação no sentido de proceder ao arquivamento do feito.

Esquema representativo das causas de arquivamento do inquérito policial

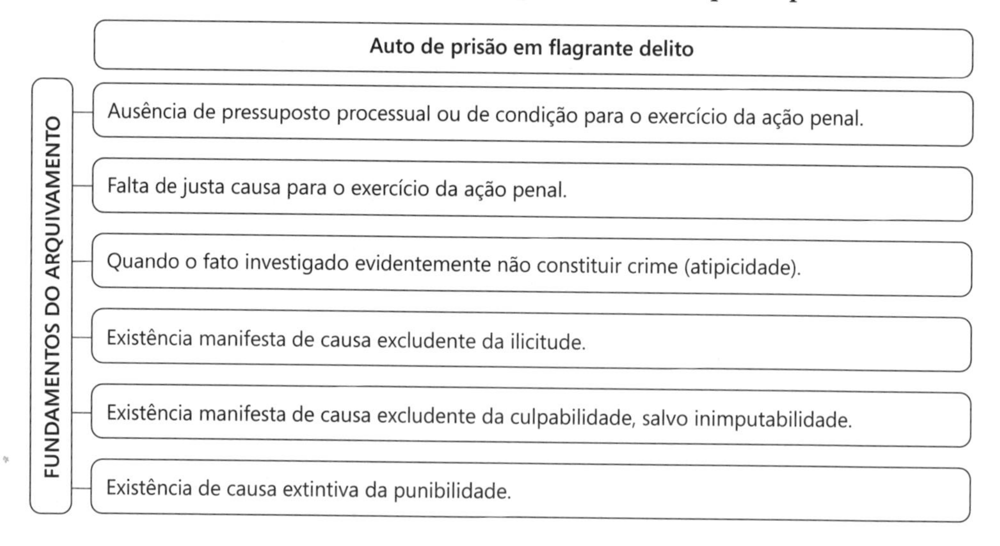

II.4 COISA JULGADA NA DECISÃO DE ARQUIVAMENTO

Antes de analisarmos o efeito do arquivamento, é importante entendermos a diferença entre coisa julgada formal e material. Observe as lições de Renato Brasileiro de Lima (2020, p. 240) sobre o tema:

a. **Coisa julgada formal:** é a imutabilidade da decisão no processo em que foi proferida.
b. **Coisa julgada material:** conceitua-se coisa julgada material a autoridade que torna imutável e indiscutível a decisão de mérito não mais sujeita a recurso.

É **interessante** observamos que **a coisa julgada material pressupõe a coisa julgada formal**, mas **o inverso não acontece**. Nesse sentido, surge o seguinte questionamento: Em quais hipóteses o arquivamento do inquérito policial faz coisa julgada material?

Para responder a esse questionamento, é necessário que se observe, basicamente, se houve ou não **manifestação judicial a respeito do mérito da demanda**. Caso o juiz adote como razão do arquivamento a inexistência do fato, há coisa julgada material, pois manifestou-se sobre o próprio mérito da imputação.

De outra forma, caso entenda que não há elementos suficientes para o início da fase processual da persecução, a referida decisão reveste-se da coisa julgada unicamente formal, nesses casos, se houver elementos novos e suficientes, seria possível a propositura da ação e desenvolvimento válido do processo.

Assim, há **duas hipóteses de coisa julgada formal**:

1. Ausência de pressupostos processuais ou condições para o exercício da ação penal.
2. Ausência de justa causa para o exercício da ação penal.

Com relação ao primeiro caso, ausência de condições da ação ou pressupostos processuais, vejamos o seguinte: "Maria, maior, capaz, vítima de um crime de ação penal pública condicionada à representação, ofereceu a representação num primeiro momento, mas depois se retratou, antes do oferecimento da denúncia. Se Maria resolver se retratar da retratação da representação, dentro do prazo decadencial de seis meses, nada impede que a denúncia seja oferecida pelo órgão ministerial, pois a decisão de arquivamento só faz coisa julgada formal".

Já com relação à ausência de justa causa (indícios mínimos), caso, depois do arquivamento, surjam elementos novos, será possível o oferecimento de denúncia.

Nesse sentido:

Súmula nº 524 do STF

Arquivado o inquérito policial, por despacho do juiz, a requerimento do Promotor de Justiça, não pode a ação penal ser iniciada sem novas provas.

No mesmo sentido, aponta o art. 18 do CPP:

> **Art. 18.** Depois de ordenado o arquivamento do inquérito pela autoridade judiciária, por falta de base para a denúncia, a autoridade policial poderá proceder a novas pesquisas, se de outras provas tiver notícia.

Já com relação à **coisa julgada material**, são **quatro as hipóteses**: atipicidade da conduta delituosa, existência manifesta de causa excludente de ilicitude, existência manifesta de causa excludente da culpabilidade e existência de causa extintiva da punibilidade.

Vejamos separadamente cada uma dessas hipóteses:

1. **Atipicidade da conduta delituosa:** observe que, nesta situação, caso se conclua a respeito da atipicidade do fato, há manifestação a respeito do mérito da demanda, motivo pelo qual pesa sobre essa manifestação o manto da coisa julgada material.

Nesse sentido, o STF tem posição firmada:

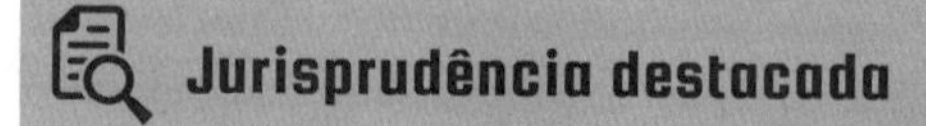

Inquérito policial: decisão que defere o arquivamento: quando faz coisa julgada. A eficácia preclusiva da decisão que defere o arquivamento do inquérito policial, a pedido do Ministério Público, é similar à daquela que rejeita a denúncia e, como a última, se determina em função dos seus motivos determinantes, impedindo "se fundada na atipicidade do fato" "a propositura ulterior da ação penal, ainda quando a denúncia se pretenda alicerçada em novos elementos de prova. Recebido o inquérito" ou, na espécie, o Termo Circunstanciado de Ocorrência tem sempre o Promotor a alternativa de requisitar o prosseguimento das investigações, se entende que delas possa resultar a apuração de elementos que deem configuração típica ao fato (C.Pr. Penal, art. 16; L. nº 9.099/1995, art. 77, § 2º). Mas, ainda que os entenda insuficientes para a denúncia e opte pelo pedido de arquivamento, acolhido pelo Juiz, o desarquivamento será possível nos termos do art. 18 da lei processual. O contrário sucede se o Promotor e o Juiz acordam em que o fato está suficientemente apurado, mas não constitui crime. Aí "a exemplo do que sucede com a rejeição da denúncia, na hipótese do art. 43, I, C.Pr.Penal" a decisão de arquivamento do inquérito é definitiva e inibe que sobre o mesmo episódio se venha a instaurar ação penal, não importa que outros elementos de prova venham a surgir posteriormente ou que erros de fato ou de direito hajam induzido ao juízo de atipicidade (HC nº 80.560/GO, Rel. Min. Sepúlveda Pertence, j. 20.02.2001).

2. **Existência manifesta de causa excludente de ilicitude:** com relação ao arquivamento fundado na existência de causa excludente de ilicitude, há dois posicionamentos sobre o tema, inclusive em sentido contrário exarados pelo STF e STJ.

   O **posicionamento do STJ** é no sentido da **impossibilidade de reabertura das investigações** e consequente desenvolvimento regular do processo. Para o STJ, o arquivamento do inquérito policial com base na existência de causa excludente da ilicitude faz coisa julgada material e impede a rediscussão do caso penal. O mencionado art. 18 do CPP/1941 e a Súmula nº 524 do STF realmente permitem o desarquivamento do inquérito caso surjam provas novas. No entanto essa possibilidade só existe na hipótese em que o arquivamento ocorreu por falta de provas, ou seja, por falta de suporte probatório mínimo (inexistência de indícios de autoria e certeza de materialidade) (STJ, 6ª Turma, REsp nº 791.471/RJ, Rel. Min. Nefi Cordeiro, j. 25.11.2014 – *Info* 554) (ALVES, 2020, p. 177).

   Já **para o STF** é **possível a reabertura das investigações**. O referido tribunal entende que o arquivamento de inquérito policial, **em razão do reconhecimento de excludente de ilicitude não faz coisa julgada material**. Logo surgindo novas provas seria possível reabrir o inquérito policial, com base no art. 18 do CPP/1941 e na Súmula nº 524 do STF (STF, 1ª Turma, HC nº 95.211, Rel. Min. Cármen Lúcia, j. 10.03.2009; STF, 2ª Turma, HC nº 125.101/SP, Rel. orig. Min. Teori Zavascki, red. p/ o acórdão Min. Dias Toffoli, j. 25.08.2015, *Info* 796 (ALVES, 2020, p. 177).

3. **Existência manifesta de causa excludente da culpabilidade:** uma vez que houve **pronunciamento de mérito** sobre a conduta do agente, a decisão estará revestida pela coisa julgada formal e material.
4. **Existência de causa extintiva da punibilidade:** após a declaração da extinção da punibilidade pelo magistrado por meio de requerimento do Ministério Público, **não** é **possível a reabertura das investigações**, nem o oferecimento de denúncia, visto que a decisão faz coisa julgada formal e material.

Exceção: extinção da punibilidade declarada com base em certidão de óbito falsa.

Motivo do arquivamento	É possível desarquivar?
Ausência de pressuposto processual ou de condição da ação penal	Sim
Falta de justa causa para a ação penal (não há indícios de autoria ou prova da materialidade)	Sim
Atipicidade (fato narrado não é crime)	Não
Existência manifesta de causa excludente de ilicitude	Doutrina: Não STJ: Não STF: Sim
Existência manifesta de causa excludente de culpabilidade	Não
Existência manifesta de causa extintiva da punibilidade	Não **Exceção:** certidão de óbito falsa

11.5 PROCEDIMENTO DO ARQUIVAMENTO

Mais uma vez chamamos a atenção do leitor para o fato de que a análise, nesse ponto, levará em consideração a antiga e atualmente vigente redação do art. 28 do CPP, nos seguintes termos:

> **Art. 28.** Se o órgão do Ministério Público, ao invés de apresentar a denúncia, requerer o arquivamento do inquérito policial ou de quaisquer peças de informação, o juiz, no caso de considerar improcedentes as razões invocadas, fará remessa do inquérito ou peças de informação ao Procurador-geral, e este oferecerá a denúncia, designará outro órgão do Ministério Público para oferecê-la, ou insistirá no pedido de arquivamento, ao qual só então estará o juiz obrigado a atender.

O arquivamento, nos delitos de ação penal pública incondicionada, como já analisado, consubstancia-se em ato complexo, praticado pela Autoridade Judicial, a requerimento do membro do Ministério Público. Havendo divergência entre o *parquet* e o juiz, sobre o arquivamento do inquérito policial, o magistrado devolve a matéria ao Procurador-geral, que terá à sua disposição três possibilidades de atuação:

- oferecer a denúncia, ele próprio;
- designar outro membro do MP para oferecer;
- insistir no pedido de arquivamento, hipótese na qual estará o juiz obrigado a atender.

Vejamos como ocorre o procedimento:

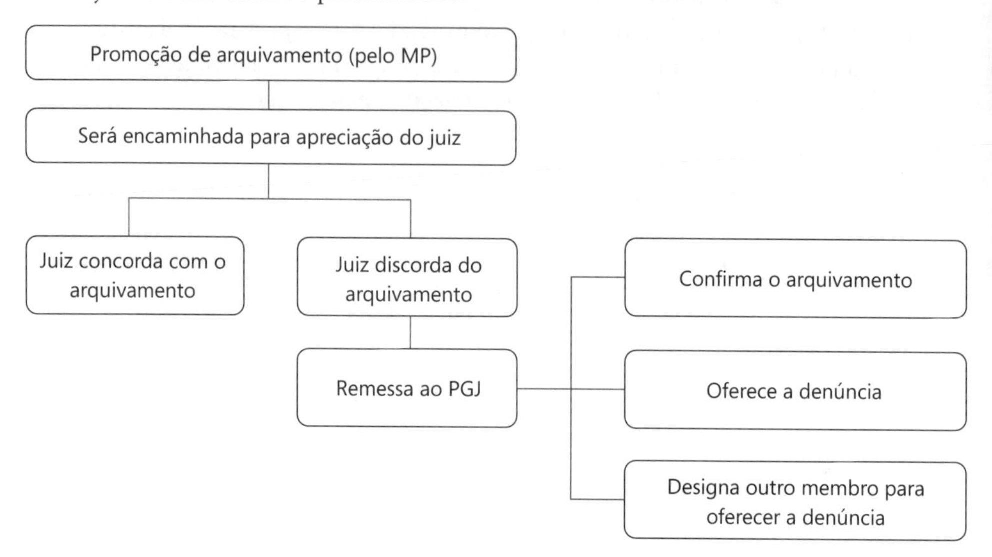

Há diferentes procedimentos de arquivamento a depender da competência material do juiz que analisa, preliminarmente, o procedimento arquivamento no âmbito da Justiça Federal e da Justiça Comum do Distrito Federal.

- No âmbito da Justiça Federal, atuam os Procuradores da República.
- No âmbito da Justiça Comum do Distrito Federal, atuam os Promotores de Justiça do Distrito Federal.

A Lei Complementar nº 75/1993 regula a atuação do Ministério Público Federal e do Ministério Público do Distrito Federal e Territórios. Vejamos os art. 62, IV, e 171, V.

MPF:

> **Art. 62.** Compete às Câmaras de Coordenação e Revisão: (...)
>
> IV – manifestar-se sobre o arquivamento de inquérito policial, inquérito parlamentar ou peças de informação, exceto nos casos de competência originária do Procurador-geral;

MPDFT:

> **Art. 171.** Compete *às* Câmaras de Coordenação e Revisão: (...)
>
> V – manifestar-se sobre o arquivamento de inquérito policial, inquérito parlamentar ou peças de informação, exceto nos casos de competência originária do Procurador-geral.

Renato Brasileiro de Lima (2017, p. 171) explica:

> (...) discordando o juiz federal (ou juiz comum do Distrito Federal) do pedido de arquivamento formulado pelo Procurador da República (ou pelo Promotor do MPDFT), deverá remeter os autos ***à Câmara de Coordenação e Revisão do* Ministério Público Federal (ou do MPDFT)**. (...) a deliberação da Câmara de Coordenação e Revisão tem caráter meramente opinativo, cabendo ao respectivo Procurador-geral a decisão final em tomo do arquivamento (ou não) do inquérito policial. Todavia, nada impede que o Procurador-geral da República delegue a decisão final *à* Câmara de Coordenação e Revisão, nos termos do art. 50, I, da LC nº 75/1993. Aliás, *é* exatamente isso o que ocorre no *âmbito* do Ministério Público Federal.

Já no que concerne à justiça eleitoral, algumas observações são relevantes. Inicialmente, note que **a Justiça Eleitoral não tem juízes e promotores próprios, assim são juízes e promotores estaduais designados que exercem essas funções junto à Justiça Eleitoral,**[1] **a depender do caso concreto.**

Assim, se realizado pedido de arquivamento pelo Promotor de Justiça do Estado ao Juiz Estadual, relacionados a crimes eleitorais, e o juiz discordar, ele fará remessa da comunicação ao **Procurador Regional**. Vejamos o art. 357, § 1º, do Código Eleitoral:

> **Art. 357.** Verificada a infração penal, o Ministério Público oferecerá a denúncia dentro do prazo de 10 (dez) dias.
>
> § 1º Se o órgão do Ministério Público, ao invés de apresentar a denúncia, requerer o arquivamento da comunicação, o juiz, no caso de considerar improcedentes as razões invocadas, fará remessa da comunicação ao Procurador Regional, e este oferecerá a denúncia, designará outro Promotor para oferecê-la, ou insistirá no pedido de arquivamento, ao qual só então estará o juiz obrigado a atender.

É importante ainda analisarmos o procedimento de arquivamento no âmbito da Justiça Militar da União o qual **se submete** às **mesmas regras da Justiça Federal e da Justiça comum do Distrito Federal**.

Renato Brasileiro de Lima (2017, p. 173) explica a exceção ao rito de arquivamento na Justiça Militar da União:

> A peculiaridade do procedimento do arquivamento no âmbito da Justiça Militar da União fica por conta da hipótese em que o Juiz-Auditor concorda com a promoção de arquivamento formulada pelo Promotor da Justiça Militar da União. Como vimos nos tópicos anteriores, o procedimento do arquivamento está relacionado apenas às hipóteses em que o juiz não concorda com a promoção ministerial. Ocorre que, na Justiça Militar da União, há um procedimento distinto para a hipótese em que o Juiz-Auditor concorda com o pedido de arquivamento formulado pelo Ministério Público.

---

[1] No caso do Ministério Público, os Procuradores da República.

> Caso o Juiz-Auditor venha a concordar com a promoção de arquivamento formulada pelo órgão do Ministério Público Militar, é obrigatória a remessa dos autos ao Juiz-Auditor Corregedor da Justiça Militar da União, a quem compete analisar a promoção de arquivamento novamente. Caso o Juiz-Auditor Corregedor concorde com o pedido de arquivamento, os autos do inquérito policial militar estarão definitivamente arquivados.
>
> Todavia, discordando da promoção de arquivamento, existe a possibilidade de interposição de correição parcial pelo Juiz-Auditor corregedor, a ser apreciada pelo Superior Tribunal Militar.
>
> (...)
>
> Do julgamento da correição parcial pelo Superior Tribunal Militar sobressaem duas possibilidades:
>
> a) se o Tribunal negar provimento ao recurso, os autos do IPM estarão arquivados;
>
> b) se o Tribunal der provimento ao recurso, remeterá a decisão final à chefia do Ministério Público Militar, cabendo ao Procurador-geral da Justiça Militar dar a palavra final acerca do oferecimento (ou não) de denúncia, devendo antes colher a manifestação da Câmara de Coordenação e Revisão do Ministério Público Militar, nos exatos termos do art. 397, *caput*, do CPPM (equivalente ao art. 28 do CPP).

Em casos de autoridades com foro por **prerrogativa de função**, a decisão a respeito do arquivamento do feito é outorgada aos **chefes dos ministérios públicos**, sejam federais, sejam estaduais. Nessas hipóteses, especificamente, há peculiaridades no ato de arquivamento do inquérito policial, pois, nesses casos, não há órgão de cúpula incumbido da revisão do julgado, portanto, tecnicamente, trata-se de decisões administrativas que não se submetem ao crivo judicial e, consequentemente, não se encontram abrangidas pelo manto da coisa julgada material.

Renato Brasileiro de Lima (2017, p. 173) nos ensina:

> Em síntese, portanto, pode-se dizer que, nas hipóteses de atribuição originária do Procurador-geral da República e do Procurador-geral de Justiça, quando o arquivamento se fundar na **inexistência de base empírica** para o oferecimento da denúncia, **não há necessidade de apreciação por parte do Poder Judiciário**, já que seu acatamento por parte do Tribunal é compulsório. Porém, nos casos em que o pedido de arquivamento formulado pelo Ministério Público se lastrear na **atipicidade dos fatos**, que reputa apurados, ou **na extinção de sua punibilidade**, fundamentos estes capazes de produzir **coisa julgada material**, torna-se imperioso que o requerimento ministerial seja objeto de **decisão jurisdicional do órgão judiciário competente** (grifos nossos).

11.5.1 Arquivamento implícito

Considerando a necessidade de possibilitar estudo amplo a respeito do inquérito policial, analisaremos algumas formas de arquivamento citadas pela doutrina a exemplo do arquivamento indireto e o arquivamento implícito.

Entende-se por arquivamento implícito o fenômeno de ordem processual decorrente de o titular da ação penal deixar de incluir na denúncia algum fato investigado (**arquivamen-**

to implícito objetivo) ou algum dos indiciados (**arquivamento implícito subjetivo**), sem expressa manifestação ou justificação deste procedimento. Este arquivamento se consuma quando o juiz não se pronuncia na forma do art. 28 do CPP/1941, com relação ao que foi omitido na peça acusatória (JARDIM, 2002, p. 170).

É importante ressaltar que a legislação brasileira não prevê essa espécie de arquivamento, sendo esse conceito totalmente doutrinário.

Vejamos manifestação jurisprudencial nesse sentido:

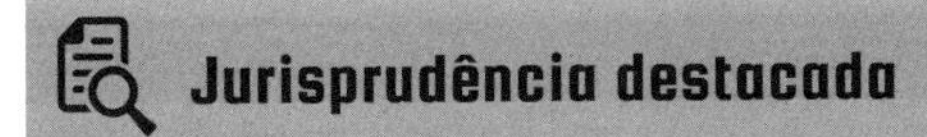

(...) Inexiste dispositivo legal que preveja o arquivamento implícito do inquérito policial, devendo ser o pedido formulado expressamente, a teor do disposto no art. 28 do Código Processual Penal. Inaplicabilidade do princípio da indivisibilidade à ação penal pública (STF, 1ª Turma, RHC nº 95.141/RJ, Rel. Min. Ricardo Lewandowski, j. 06.10.2009, *DJe* 200, 22.10.2009).

O professor Renato Brasileiro de Lima (2020, p. 255) nos ensina que "mesmo que o órgão do Ministério Público não tenha se manifestado expressamente com relação a determinado fato delituoso e/ou participe, nem tampouco tenha o juiz determinado a aplicação do art. 28 do CPP, não há que se falar em arquivamento implícito".

11.5.2 Arquivamento indireto

O denominado arquivamento indireto, apesar da nomenclatura utilizada, **não trata propriamente de arquivamento do feito**. O arquivamento indireto, na verdade, trata da hipótese de **falta de atribuição para a promoção da ação penal** por determinado promotor de justiça. Nesses casos, deverá requerer ao magistrado a remessa dos autos ao promotor com atribuição para tanto.

O professor Leonardo Barreto Moreira Alves (2020, p. 174) nos alerta que essa modalidade de arquivamento ocorre

> (...) no caso de o juízo perante o qual atue o *órgão* do Ministério Público que requereu o arquivamento do inquérito ser incompetente para processar e julgar futura ação penal envolvendo o crime ali tratado. Nessa hipótese, não tendo o órgão do Ministério *Público* atribuições para atuar no feito, deverá requerer a remessa dos autos ao juízo competente, onde atuará o Promotor com atribuições para o caso. Assim, haverá arquivamento apenas em relação ao juízo originário (no juízo derivado, o inquérito continuará tramitando normalmente), arquivamento, pois, indireto.

Havendo discordância entre o Juiz e o Promotor, achando-se o juiz competente para julgar a ação, deve-se usar, por analogia, o art. 28 do CPP. Assim, remete-se os autos ao Procurador-geral de Justiça. Se o Procurador-geral de Justiça concordar com o juiz, oferecerá denúncia ou designará novo membro do Ministério Público para o fazer. Se o Procurador-geral discordar e o juiz não remeter os autos ao juízo competente, providenciará cópia dos autos para enviar ao juízo competente (ALVES, 2020, p.174).

Dessa forma, se o novo juiz também se julgar competente, haverá a suscitação do **conflito de competência** (ALVES, 2018, p. 157).

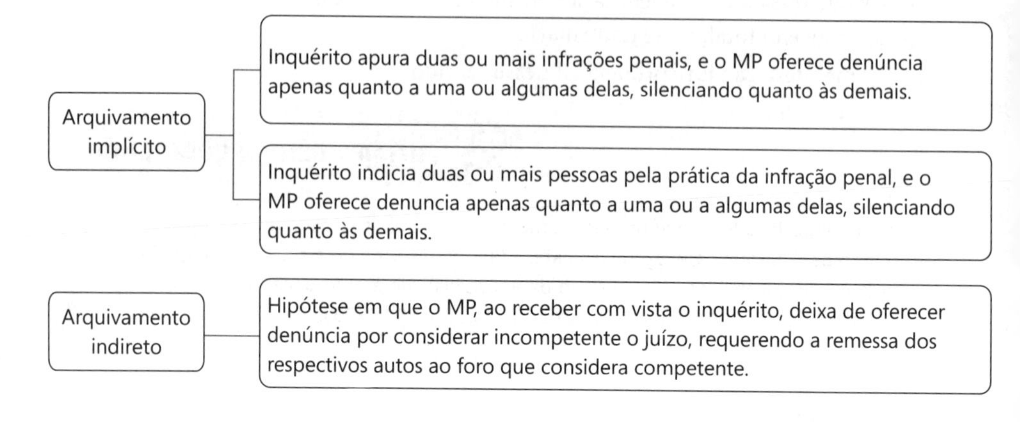

II.5.3 Arquivamento em crimes de ação penal de iniciativa privada

O arquivamento nos crimes de ação penal privada é de pouca relevância para nosso estudo. Nesses casos, a Autoridade Policial atua no interesse do titular da ação penal, a vítima. A investigação desses delitos fica condicionada ao interesse dela, assim, caso esta deseje o arquivamento do feito, essa medida seria impositiva, pois vigora nesses casos, o princípio da oportunidade e da conveniência.

Renato Brasileiro de Lima (2018, p. 179) diz que há:

> (...) a possibilidade de arquivamento em crimes de ação penal de iniciativa privada (exclusiva e personalíssima), quando, a despeito das inúmeras diligências realizadas no curso da investigação policial, não se tenha logrado êxito na obtenção de elementos de informação quanto *à* autoria do fato delituoso, como, por exemplo, na hipótese de crimes contra a honra praticados pela internet. Nesse caso, enquanto não se souber quem *é* o autor do delito, o prazo decadencial não começará a fluir. Em uma tal situação, há de se admitir o pedido de arquivamento do inquérito policial feito pelo ofendido, hipótese em que não haveria renúncia tácita, já que o autor da infração não teria sido identificado.

II.6 RECORRIBILIDADE CONTRA A DECISÃO DE ARQUIVAMENTO

Mais uma vez relembramos o leitor que consideraremos neste tópico a antiga e atualmente vigente redação do art. 28 do Código de Processo Penal. A regra geral é que não cabe recurso contra a decisão judicial que arquiva o inquérito policial.

No entanto há ressalvas:

a. crimes contra a economia popular ou contra a saúde pública: pode haver recurso de ofício (art. 7º da Lei nº 1.521/1951);
b. contravenções do jogo do bicho e de corrida de cavalos fora do hipódromo: recurso em sentido estrito (Lei nº 1.508/1951, art. 6º, parágrafo único);
c. investigação por parte do Procurador-geral de Justiça: pedido de revisão ao Colégio de Procuradores, mediante requerimento do ofendido (art. 12, XI, da Lei nº 8.625/1993).

É importante ressaltar que a nova redação do art. 28, anteriormente analisada, possibilita o recurso em desfavor da decisão ministerial de arquivamento.

11.7 ARQUIVAMENTO DETERMINADO POR JUIZ ABSOLUTAMENTE INCOMPETENTE

Certamente, esse questionamento mais cedo ou mais tarde apareceria no âmbito do estudo do inquérito policial. É interessante que nosso leitor tenha conhecimento a respeito da natureza jurídica da decisão do juiz incompetente que determina o arquivamento do feito.

Para entender o assunto, imagine a seguinte situação hipotética: um juiz estadual determinou o arquivamento de um inquérito policial que investigava crime da competência da justiça militar, ou seja, o juiz estadual não é competente para a análise do feito.

A dúvida consiste em saber se essa decisão estará ou não revestida pelo manto da coisa julgada. A resposta há de ser afirmativa. Se o inquérito fora arquivado, ainda que por um juízo absolutamente incompetente, **fará coisa julgada**. A coisa julgada, nessa hipótese, **poderá ser formal ou material, a depender do fundamento** adotado para o arquivamento.

Nesse sentido:

> (...) A decisão que determina o arquivamento do inquérito policial, quando fundado o pedido do Ministério Público em que o fato nele apurado não constitui crime, mais que preclusão, produz coisa julgada material, que – ainda quando emanada a decisão de juiz absolutamente incompetente –, impede a instauração de processo que tenha por objeto o mesmo episódio (...) (STF, 1ª Turma, HC nº 83.346/SP, Rel. Min. Sepúlveda Pertence, j. 17.05.2005, *DJ* 19.08.2005).

11.8 DESARQUIVAMENTO DO INQUÉRITO POLICIAL

Inicialmente, é relevante relembrarmos que o desarquivamento do inquérito somente é possível nas hipóteses em que a decisão de arquivamento se encontra acoberta unicamente pela **coisa julgada formal**.

Nesses casos, a decisão de arquivamento leva em consideração os elementos existentes quando de sua prolação, sem prejuízo da possibilidade de realizar o desarquivamento do feito, caso se altere o panorama em que se fundou a decisão de arquivamento.

Renato Brasileiro de Lima (2020, p. 167) explica que arquivamento por falta de lastro probatório é uma decisão tomada com base na cláusula ***rebus sic stantibus***, ou seja, caso não se alterem os pressupostos fáticos que serviram de amparo ao arquivamento, esta decisão deve ser perenizada; modificando-se o embasamento fático, é possível o desarquivamento do inquérito policial.

A reabertura da investigação não pode ocorrer em razão da simples mudança de convicção dos órgãos incumbidos da persecução. A decisão de desarquivamento requer **indispensável inovação do cenário fático** em que se fundou. É indispensável o surgimento de notícia de prova nova ou, ao menos, novas linhas investigativas.

Nesse sentido, vejamos:

Jurisprudência destacada

(...) 4. art. 18 do CPP. **Arquivamento de inquérito policial. "Novas pesquisas". Possibilidade de reabertura das investigações, se de outras provas houver notícia. *Contrario sensu*, a reabertura não pode decorrer da simples mudança de opinião ou reavaliação da situação.** É indispensável que haja novas provas ou, **ao menos, novas linhas de investigação em perspectiva**. 5. Impossibilidade de reabrir inquérito para aprofundar linhas de investigação que já estavam disponíveis para exploração anterior. O arquivamento da investigação, ainda que não faça coisa julgada, é ato sério que só pode ser revisto por motivos igualmente sérios e surgidos posteriormente. 6. Reabertura das investigações que decorreu do puro e simples inconformismo com o arquivamento requerido pelo Procurador-geral da República, sem que uma linha de investigação nova tenha surgido após o arquivamento (Rcl nº 20.132, AgRg-segundo/SP, Rel. Min. Teori Zavascki, Rel. p/ o acórdão Min. Gilmar Mendes, j. 23.02.2016).

Nesse sentido, duas questões são importantes:

1. **Autoridade responsável pelo arquivamento do inquérito policial:** para esclarecer esse ponto, é interessante a leitura do art. 18 do CPP:

   Art. 18. Depois de ordenado o arquivamento do inquérito pela autoridade judiciária, por falta de base para a denúncia, a autoridade policial poderá proceder a novas pesquisas, se de outras provas tiver notícia.

   A doutrina se posiciona que tanto o *parquet* quanto a Autoridade Policial, sabendo da existência de novas provas, poderão requerer o desarquivamento, mas só o membro do Ministério Público poderá oferecer a denúncia.

2. **Conceito de provas novas capazes de fundamentar o desarquivamento do feito:** provas novas são aquelas que produzem a alteração do panorama probatório em que se fundou a decisão de arquivamento, esses novos elementos podem assumir duas naturezas distintas (LIMA, 2018, p. 169):

- **Substancialmente novas:** são aquelas **inéditas** ou **desconhecidas** ou, ainda, **inexistentes** à época da decisão de arquivamento. Como exemplo, cita-se o encontro da arma utilizada na prática do crime, até então escondida, contendo a impressão digital do acusado.

- **Formalmente novas:** são aquelas que já **eram conhecidas** e **até mesmo utilizadas** quando da decisão de arquivamento, contudo assumem **nova versão**, por exemplo, uma testemunha que já havia sido inquirida, mas que altera sua versão porque fora ameaçada quando do primeiro depoimento.

Nesse sentido, o STJ:

(...) três são os requisitos necessários à caracterização da prova autorizadora do desarquivamento de inquérito policial (art. 18 do CPP):

a) que seja formalmente nova, isto é, sejam apresentados novos fatos, anteriormente desconhecidos;

b) que seja substancialmente nova, isto é, tenha idoneidade para alterar o juízo anteriormente proferido sobre a desnecessidade da persecução penal;

c) seja apta a produzir alteração no panorama probatório dentro do qual foi concebido e acolhido o pedido de arquivamento. Preenchidos os requisitos – isto é, tida a nova prova por pertinente aos motivos declarados para o arquivamento do inquérito policial, colhidos novos depoimentos, ainda que de testemunha anteriormente ouvida, e diante da retificação do testemunho anteriormente prestado –, é de se concluir pela ocorrência de novas provas, suficientes para o desarquivamento do inquérito policial e o consequente oferecimento da denúncia (STJ, 6ª Turma, RHC nº 18.561/ES, Rel. Min. Hélio Quaglia Barbosa, j. 11.04.2006, *DJ* 1º.08.2005).

11.9 TRANCAMENTO (OU ENCERRAMENTO ANÔMALO) DO INQUÉRITO POLICIAL

O trancamento ou encerramento anômalo é uma medida de caráter excepcional e, para que seja aplicada, é necessário que se verifique a instauração de inquérito de caráter abusivo, de modo a constranger ilegalmente o investigado. Trata-se, na verdade, de ato ilegal e, portanto, passível de anulação e controle por parte da autoridade judicial.

Não se deve confundir o trancamento com o arquivamento.

Arquivamento	Trancamento
"É uma decisão judicial que resulta do consenso entre o órgão do Ministério Público, responsável pela promoção de arquivamento, e o Poder Judiciário, a quem compete a respectiva homologação." (LIMA, 2020, p. 256.)	"Medida de força que acarreta a extinção do procedimento investigatório, a qual é determinada, em regra, no julgamento de *habeas corpus*, funcionando como importante instrumento de reação defensiva à investigação que caracterize constrangimento ilegal." (LIMA, 2020, p. 256.)

Hipóteses de cabimento do trancamento de inquérito (LIMA, 2020, p. 256):

- quando manifesta a existência da atipicidade formal ou material (princípio da insignificância, inclusive);
- presença de causa extintiva da punibilidade;
- instauração de inquérito policial em crimes de ação penal pública condicionada ou de ação penal privada sem prévia manifestação da vítima ou de seu representante legal.

Observe que é admissível o manejo de *habeas corpus*, considerando que, ao menos em tese, seria possível o cerceamento de liberdade. Observe disposição constitucional sobre o tema:

> **CF/1988**
>
> **Art. 5º (...)**
>
> LXVIII – conceder-se-á *habeas corpus* sempre que alguém sofrer ou se achar ameaçado de sofrer violência ou coação em sua liberdade de locomoção, por ilegalidade ou abuso de poder;

Nos casos em que não couber *habeas corpus*, poderá ser utilizado o Mandado de Segurança. Nesse sentido:

Súmula nº 693 do STF

Não cabe *habeas corpus* contra decisão condenatória a pena de multa, ou relativo a processo em curso por infração penal a que a pena pecuniária seja a única cominada.

Habeas Corpus	Mandado de Segurança
Cabível em casos de ameaça de cerceamento da liberdade de locomoção.	Cabível nos demais casos, que não há ameaça de cerceamento da liberdade de locomoção.

A competência para apreciação do *habeas corpus* será determinada com **base na autoridade** coatora responsável pelo constrangimento ilegal e que determinou a abertura das investigações, considerando também as regras de foro por prerrogativa de função.

12 Outros instrumentos investigativos e controle externo da atividade policial

É relevante observamos que a atividade investigativa não é função privativa das instituições de natureza policial. Nesse sentido, é possível que a atribuição investigativa seja desempenhada por outros órgãos.

Vejamos o teor do art. 4º do CPP, o qual assim dispõe:

> **Art. 4º** A polícia judiciária será exercida pelas autoridades policiais no território de suas respectivas circunscrições e terá por fim a apuração das infrações penais e da sua autoria.
>
> Parágrafo único. A competência definida neste artigo **não excluirá a de autoridades administrativas**, a quem por lei seja cometida a mesma função. (Grifos nossos.)

Por não ser exclusiva das polícias judiciárias, a atividade investigatória também poderá ser exercida no âmbito administrativo ou mesmo parlamentar. Vejamos algumas hipóteses em que a investigação é conduzida por órgãos diversos dos policiais.

12.1 INVESTIGAÇÕES CONDUZIDAS POR COMISSÕES PARLAMENTARES DE INQUÉRITO (INQUÉRITOS PARLAMENTARES)

São órgãos com atribuição investigativa administrativa, com notória feição política.

As CPIs não executam, necessariamente, atos preparatórios para as ações judiciais. Elas investigam fatos precisos e determinados de interesse público. O art. 58, § 3º, da CF/1988 regula o tema:

> **Art. 58.** O Congresso Nacional e suas Casas terão comissões permanentes e temporárias, constituídas na forma e com as atribuições previstas no respectivo regimento ou no ato de que resultar sua criação.
>
> (...)
>
> § 3º As comissões parlamentares de inquérito, que terão poderes de investigação próprios das autoridades judiciais, além de outros previstos nos regimentos das respectivas

Casas, serão criadas pela Câmara dos Deputados e pelo Senado Federal, em conjunto ou separadamente, mediante requerimento de um terço de seus membros, para a apuração de fato determinado e por prazo certo, sendo suas conclusões, se for o caso, encaminhadas ao Ministério Público, para que promova a responsabilidade civil ou criminal dos infratores.

12.2 INVESTIGAÇÕES NO ÂMBITO DO CONSELHO DE CONTROLE DE ATIVIDADES FINANCEIRAS (COAF)

Trata-se de órgão de controle responsável pela fiscalização de atividades financeiras ilícitas, encontra-se previsto na Lei nº 13.974/2019, art. 2º, nos seguintes termos:

> **Art. 2º** O COAF dispõe de autonomia técnica e operacional, atua em todo o território nacional e vincula-se administrativamente ao Banco Central do Brasil.

Basicamente, o COAF foi criado para fiscalizar pessoas físicas e jurídicas, de forma que, havendo operações consideradas suspeitas, o referido órgão deve proceder às investigações no sentido de constatar ou não operações de ordem ilícitas.

As pessoas jurídicas que têm atividades ligadas ao sistema financeiro e econômico devem conhecer o perfil de seus clientes, para que, havendo transações suspeitas, comunique a autoridade competente.

12.3 ATUAÇÃO INVESTIGATIVA NO ÂMBITO DE INFRAÇÕES MILITARES

A respeito das investigações de crimes militares, dispõe o art. 9º do Código de Processo Penal Militar:

> **Art. 9º** O inquérito policial militar é a apuração sumária de fato, que, nos termos legais, configure crime militar, e de sua autoria. Tem o caráter de instrução provisória, cuja finalidade precípua é a de ministrar elementos necessários à propositura da ação penal.

O STF entende que não é possível a investigação de fatos tipicamente militares à Polícia Federal ou à Polícia Civil (STF, 2ª Turma, RMS-AgRg nº 26.509/ES, Rel. Min. Joaquim Barbosa, j. 07.08.2007, *DJe* 112, 27.09.2007).

Considerando que não há um cargo especificamente determinado para o desempenho das funções investigativas no âmbito militar, o art. 7º do CPPM/1969 prevê regras a respeito do tema, Vejamos as disposições legais sem aprofundamentos, considerando a finalidade de nosso trabalho:

> **CPPM/1969**
>
> **Art. 7º** A polícia judiciária militar é exercida nos termos do art. 8º, pelas seguintes autoridades, conforme as respectivas jurisdições:
>
> *a)* pelos ministros da Marinha, do Exército e da Aeronáutica, em todo o território nacional e fora dele, em relação às forças e órgãos que constituem seus Ministérios, bem como

a militares que, neste caráter, desempenhem missão oficial, permanente ou transitória, em país estrangeiro;

b) pelo chefe do Estado-Maior das Forças Armadas, em relação a entidades que, por disposição legal, estejam sob sua jurisdição;

c) pelos chefes de Estado-Maior e pelo secretário-geral da Marinha, nos órgãos, forças e unidades que lhes são subordinados;

d) pelos comandantes de Exército e pelo comandante-chefe da Esquadra, nos órgãos, forças e unidades compreendidos no âmbito da respectiva ação de comando;

e) pelos comandantes de Região Militar, Distrito Naval ou Zona Aérea, nos órgãos e unidades dos respectivos territórios;

f) pelo secretário do Ministério do Exército e pelo chefe de Gabinete do Ministério da Aeronáutica, nos órgãos e serviços que lhes são subordinados;

g) pelos diretores e chefes de órgãos, repartições, estabelecimentos ou serviços previstos nas leis de organização básica da Marinha, do Exército e da Aeronáutica;

h) pelos comandantes de forças, unidades ou navios;

As atribuições da Polícia Judiciária Militar estão disciplinadas no art. 8º:

Art. 8º Compete à Polícia judiciária militar:

a) apurar os crimes militares, bem como os que, por lei especial, estão sujeitos à jurisdição militar, e sua autoria;

b) prestar aos órgãos e juízes da Justiça Militar e aos membros do Ministério Público as informações necessárias à instrução e julgamento dos processos, bem como realizar as diligências que por eles lhe forem requisitadas;

c) cumprir os mandados de prisão expedidos pela Justiça Militar;

d) representar a autoridades judiciárias militares acerca da prisão preventiva e da insanidade mental do indiciado;

e) cumprir as determinações da Justiça Militar relativas aos presos sob sua guarda e responsabilidade, bem como as demais prescrições deste Código, nesse sentido;

f) solicitar das autoridades civis as informações e medidas que julgar úteis à elucidação das infrações penais, que esteja a seu cargo;

g) requisitar da polícia civil e das repartições técnicas civis as pesquisas e exames necessários ao complemento e subsídio de inquérito policial militar;

h) atender, com observância dos regulamentos militares, a pedido de apresentação de militar ou funcionário de repartição militar à autoridade civil competente, desde que legal e fundamentado o pedido.

12.4 INVESTIGAÇÃO PELO MINISTÉRIO PÚBLICO

Sempre foi tema de bastante discussão doutrinária a possibilidade de o Ministério Público promover a investigação criminal.

Deve-se ressaltar que a divergência reside no fato de o promotor promover a investigação criminal e não o inquérito policial. Sobre essa última possibilidade, **presidir o inquérito policial,** é pacífica a tese da impossibilidade, considerando ser **atribuição exclusiva da Autoridade Policial.**

O principal argumento para embasar a impossibilidade de a investigação ser desempenhada pelo Ministério Público encontra-se no art. 144, § 1º, IV, da Constituição Federal, o qual afirma que a Polícia Federal se destina a exercer, com **exclusividade**, as funções de polícia judiciária da União.

Outro argumento que se destaca seria a separação das funções de investigar, acusar, defender e julgar, em um Estado Democrático de Direito. Neste sentido o voto do Min. Fachin, relator da ADI nº 4.911.[1]

> De início, destaco que na perspectiva do devido processo penal constitucional, investigar, acusar, defender e julgar são mesmo afazeres de funções distintas. *É* o sistema acusatório próprio do Estado de Direito democrático que a Constituição da República Federativa do Brasil acolhe, especialmente *à* luz do que dispõe o artigo 129, inciso I, bem como o artigo 144. Dentro do sistema constitucional de justiça, a regra é direta: nele, a autoridade policial investiga, o Ministério Público *é* a parte que acusa e o juiz julga, na ambiência em que interagem, como funções essenciais, a advocacia e as defensorias.

Leonardo Barreto Moreira Alves (2017, p. 100) afirma que não há dúvidas de que a atividade de investigação criminal é típica da polícia judiciária, uma vez que é o órgão com atribuição constitucional e aparato estrutural para o desempenho dessa função, contudo isso não permite concluir que tal atividade é exclusivamente destinada a essas instituições. Deve-se dar interpretação sistêmica ao dispositivo, considerando não somente a literalidade do dispositivo, mas todo o complexo de normas em que se insere.

A doutrina também apresenta a falta de regulamentação como argumento desfavorável à possibilidade de investigação pelo Ministério Público. Contudo, nesses casos, tem prevalecido a **teoria dos poderes implícitos**, segundo raciocínio: quem pode mais (promover a própria ação penal), poderia o menos (promover a investigação criminal).

Há de se ressaltar que atualmente a Resolução nº 181/2017 do Conselho Nacional do Ministério Público regulamenta a atividade investigatória do MP.

Outros instrumentos normativos igualmente permitem a investigação criminal por parte do Ministério Público, são eles: a Lei Complementar nº 75/1993 – Lei Orgânica do Ministério Público da União (art. 8º); a Lei nº 8.625/1993 – Lei Orgânica do Ministério Público dos Estados (art. 26); Lei nº 8.069/1990 – Estatuto da Criança e do Adolescente (art. 201, VII); Lei nº 10.741/2003 – Estatuto do Idoso (art. 74, VI); Lei nº 7.492/1986 – Lei dos Crimes contra o Sistema Financeiro Nacional (art. 29); Lei nº 4.737/1967 – Código Eleitoral (art. 356, § 2º).

Embora haja divergências, ainda prevalece o entendimento do que não há incompatibilidade entre as funções de investigar e acusar.

---

[1] STF, Plenário, ADI nº 4.911, Rel. Min. Edson Fachin, publ. 18.09.2020.

Outra celeuma é a inexistência de **controle da investigação do Ministério Público**. Neste ponto, sustenta-se que essa investigação por parte do órgão ministerial sofre amplo controle judicial, assim como as demais formas de investigação.

Por fim, parte da doutrina critica a atribuição investigativa do MP, negando-lhe a atribuição investigativa porquanto **escolheria os crimes que desejaria investigar**. Quanto a este ponto, alega-se que a atividade investigativa deve ser, em regra, desenvolvida por órgãos típicos de investigação, sendo a investigação ministerial excepcional.

12.5 INQUÉRITO CIVIL

Trata-se de procedimento de **natureza administrativa**, dirigido pelo representante do Ministério Público. Possui como objetivo a colheita de elementos prévios e indisponíveis ao exercício responsável da ação civil pública. **Não é obrigatório** e **tem duas finalidades**:

1. obter elementos e dados para instruir ação civil pública;
2. evitar que demandas sejam ajuizadas desnecessariamente.

Apesar de não se direcionar à descoberta de infrações penais, durante as investigações, havendo indícios, **poderá ser usado o inquérito civil como base para denúncia**, caso os elementos colhidos sejam suficientes para ofertar a justa causa necessária ao exercício da ação penal.

12.6 TERMO CIRCUNSTANCIADO DE OCORRÊNCIA (TCO)

Trata-se de **instrumento investigativo de menor complexidade** e conta com previsão no âmbito da Lei nº 9.099/1995. Nos dizeres de Távora e Alencar (2017, p. 1199), o Termo Circunstanciado é:

> (...) investigação simplificada, com o resumo das declarações das pessoas envolvidas e das testemunhas, e eventualmente com a juntada de exame de corpo de delito para os crimes que deixam vestígios. Objetiva-se, como se infere, coligir elementos que atestem autoria e materialidade delitiva, ainda que de forma sintetizada.

O art. 69 da Lei nº 9.099/1995 dispõe a respeito do simplificado instrumento investigativo:

> **Art. 69.** A autoridade policial que tomar conhecimento da ocorrência lavrará termo circunstanciado e o encaminhará imediatamente ao Juizado, com o autor do fato e a vítima, providenciando-se as requisições dos exames periciais necessários.

Assim, não é necessária a instauração de inquérito policial, o próprio termo serve como base para o exercício da ação.

12.7 PROCEDIMENTO DE APURAÇÃO DE ATO INFRACIONAL (PAAI)

A aplicação de medidas socioeducativas a adolescentes sujeita-se a um procedimento específico com definição no Estatuto da Criança e do Adolescente; trata-se do procedimento de apuração de ato infracional, denominado PAAI.

O referido procedimento encontra respaldo nos arts. 171 a 190 do referido estatuto. Trataremos especificamente do tema na Parte 3 deste Manual Decifrado, especificamente quando tratarmos das representações por medidas socioeducativas.

12.8 INVESTIGAÇÃO CONDUZIDA POR DETETIVE PARTICULAR (LEI Nº 13.432/2017)

Trata-se de novidade no ordenamento jurídico pátrio a regulamentação da atividade investigativa desempenhada por detetive particular. A atuação do detetive particular não possui natureza criminal, como expõe o art. 2º da lei:

> **Art. 2º** Para os fins desta Lei, considera-se detetive particular o profissional que, habitualmente, por conta própria ou na forma de sociedade civil ou empresarial, planeje e execute **coleta de dados e informações de natureza não criminal**, com conhecimento técnico e utilizando recursos e meios tecnológicos permitidos, visando ao esclarecimento de assuntos de interesse privado do contratante. (grifos nossos)

As investigações desempenhadas por detetives particulares buscam elucidar assuntos de interesse privado, considerando que a atividade investigativa relacionada a ilícitos de natureza criminal é prerrogativa exclusiva do Estado. O art. 10, IV, ressalta esse pensamento:

> **Lei nº 13.432/2017**
>
> **Art. 10.** É vedado ao detetive particular: (...)
>
> IV – participar diretamente de diligências policiais.

O art. 11, inciso II, evidencia a importância do respeito ao direito de intimidade:

> **Lei nº 13.432/2017**
>
> **Art. 11.** São deveres do detetive particular: (...)
>
> II – respeitar o direito à intimidade, à privacidade, à honra e à imagem das pessoas.

Importante ressaltar que, com relação às investigações conduzidas pelo Delegado de Polícia no âmbito do Inquérito Policial, **o detetive particular poderia colaborar com a investigação policial**.

O art. 5º trata da previsão da colaboração do detetive na investigação policial.

Vejamos o art. 5º, parágrafo único:

> **Lei nº 13.432/2017**
>
> **Art. 5º** O detetive particular pode colaborar com investigação policial em curso, desde que expressamente autorizado pelo contratante.
>
> Parágrafo único. O aceite da colaboração ficará a critério do delegado de polícia, que poderá admiti-la ou rejeitá-la a qualquer tempo.

12.9 CONTROLE EXTERNO DA ATIVIDADE POLICIAL

O art. 129 da Constituição regula o controle externo da atividade policial:

> **Art. 129.** São funções institucionais do Ministério Público: (...)
>
> VII – exercer o controle externo da atividade policial, na forma da lei complementar mencionada no artigo anterior;

Rodrigo Régnier Chemim Guimarães (2009, p. 80) conceitua o controle externo como:

> (...) conjunto de normas que regulam a fiscalização exercida pelo Ministério Público em relação à Polícia, na prevenção, apuração e investigação de fatos tidos como criminosos, na preservação dos direitos e garantias constitucionais dos presos que estejam sob responsabilidade das autoridades policiais e na fiscalização do cumprimento das determinações judiciais.

A Lei Complementar nº 75/1993 dispõe, nos seus arts. 9º e 10, sobre como será o controle exercido pelo Ministério Público da União:

> **Art. 9º** O Ministério Público da União exercerá o controle externo da atividade policial por meio de medidas judiciais e extrajudiciais podendo:
>
> I – ter livre ingresso em estabelecimentos policiais ou prisionais;
>
> II – ter acesso a quaisquer documentos relativos à atividade-fim policial;
>
> III – representar à autoridade competente pela adoção de providências para sanar a omissão indevida, ou para prevenir ou corrigir ilegalidade ou abuso de poder;
>
> IV – requisitar à autoridade competente para instauração de inquérito policial sobre a omissão ou fato ilícito ocorrido no exercício da atividade policial;
>
> V – promover a ação penal por abuso de poder.

A Resolução CNMP nº 20, de 28 de maio de 2007, regulamenta, no âmbito do Ministério Público, o controle externo da atividade policial.

> **Art. 1º** Estão sujeitos ao controle externo do Ministério Público, na forma do art. 129, inciso VII, da Constituição Federal, da legislação em vigor e da presente Resolução, os organismos policiais relacionados no art. 144. da Constituição Federal, bem como as polícias legislativas ou qualquer outro órgão ou instituição, civil ou militar, à qual seja atribuída parcela de poder de polícia, relacionada com a segurança pública e persecução criminal.
>
> **Art. 2º** O controle externo da atividade policial pelo Ministério Público tem como objetivo manter a regularidade e a adequação dos procedimentos empregados na execução da atividade policial, bem como a integração das funções do Ministério Público e das Polícias voltada para a persecução penal e o interesse público, atentando, especialmente, para:
>
> I – o respeito aos direitos fundamentais assegurados na Constituição Federal e nas leis;
>
> II – a preservação da ordem pública, da incolumidade das pessoas e do patrimônio público;

III – a prevenção da criminalidade;

IV – a finalidade, a celeridade, o aperfeiçoamento e a indisponibilidade da persecução penal;

V – a prevenção ou a correção de irregularidades, ilegalidades ou de abuso de poder relacionados à atividade de investigação criminal;

VI – a superação de falhas na produção probatória, inclusive técnicas, para fins de investigação criminal;

VII – a probidade administrativa no exercício da atividade policial.

Art. 3º O controle externo da atividade policial será exercido:

I – **na forma de controle difuso**, por todos os membros do Ministério Público com atribuição criminal, quando do exame dos procedimentos que lhes forem atribuídos;

II – **em sede de controle concentrado**, através de membros com atribuições específicas para o controle externo da atividade policial, conforme disciplinado no âmbito de cada Ministério Público.

Parágrafo único. As atribuições de controle externo concentrado da atividade policial civil ou militar estaduais poderão ser cumuladas entre um órgão ministerial central, de coordenação geral, e diversos órgãos ministeriais locais. (grifos nossos)

Da lei, podemos extrair que existem duas formas de controle. Veja a tabela a seguir, criada com base na doutrina de Renato Brasileiro de Lima (2017, p. 197):

Controle difuso	Controle concentrado
"É aquele **exercido por todos os membros do Ministério Público com atribuição criminal,** quando do exame dos procedimentos que lhes forem atribuídos. Aqui, é possível a adoção das seguintes medidas: a) controle de ocorrências com acesso a registros manuais e informatizados; b) prazos de inquéritos policiais; c) qualidade do inquérito policial; d) bens apreendidos; propositura de medidas cautelares." (Grifos nossos.)	"É aquele exercido por meio de **membros com atribuições específicas para o controle externo da atividade policial**, conforme disciplinado no âmbito de cada Ministério Público. Em sede de controle concentrado, são inúmeras as medidas que podem ser adotadas pelo órgão do Ministério Público: a) ações de improbidade administrativa; b) ações civis públicas na defesa dos interesses difusos; c) procedimentos de investigação criminal; d) requisições; e) recomendações; f) termos de ajustamento de conduta; g) visitas às delegacias de polícia e unidades prisionais; comunicações de prisões em flagrante." (Grifos nossos.)

PARTE II

Peças Práticas Internas

13 Estudo das peças práticas internas

13.1 RELEVÂNCIA DO ESTUDO DAS PEÇAS PRÁTICAS PROFISSIONAIS

Não há dúvida acerca da importância do estudo deste tema para provas concursais para o cargo de Delegado de Polícia; vivemos, de fato, uma verdadeira **era do protagonismo das peças práticas**. Ocorre que o tema não é abordado nas grades curriculares das faculdades, fato que dificulta sobremaneira a preparação do candidato. Adiciona-se a isso o sigilo a que se submetem, em regra, as peças práticas elaboradas pela Autoridade Policial.

Em que pese essa constatação, o estudo da peça prática pode alavancar o candidato, por vezes, centenas de posições, funcionando, pois, como diferencial entre comemorar a aprovação ou amargar a queda de posições e a perda da oportunidade naquele concurso público.

Além disso, é muito importante que o futuro aprovado se atente ao direito envolvido em cada uma das peças práticas que serão tratadas neste trabalho. A experiência, adquirida em salas de aula, nos mostrou que, na grande maioria das vezes, a dificuldade dos candidatos se relaciona muito mais à contextualização do direito material e processual envolvido do que propriamente à estrutura das peças práticas. Por esse motivo, tentaremos, antes do estudo de cada peça, tratar preliminarmente dos temas correlatos, assim como fizemos com relação à investigação preliminar, vista na parte anterior desta obra.

13.2 ATOS INTERNOS E EXTERNOS

Para fins didáticos, traçamos a seguinte distinção com relação às peças práticas profissionais: atos internos e atos externos.

Os **atos internos** são aqueles praticados dentro da própria estrutura policial, na verdade são aqueles que não necessitam de intervenção judicial para a sua prática. São atos privativos do Delegado de Polícia e que não requerem análise judicial para que produzam os efeitos que lhes são correlatos. Podemos citar a título de exemplo: o despacho, o ato/despacho/decisão de indiciamento, a portaria etc.

Os **atos externos**, os quais estatisticamente são muito mais cobrados em certames públicos, são as matérias submetidas à cláusula de reserva jurisdicional, além do relatório final. Nesse contexto, a cláusula de reserva jurisdicional pode ser definida como "a necessidade de submissão ao âmbito do Judiciário a prática de certos atos que impliquem restrição a direitos individuais especialmente protegidos", concluindo que "a se aceitar a existência de tal cláusula, haveria poderes de investigação que apenas as autoridades judiciais estariam legitimadas a exercer" (MENDES; COELHO; BRANCO, 2017, p. 912-913).

Assim, essa expressão será utilizada para se referir àquelas medidas que necessitem de intervenção judicial para serem implementadas, as quais serão tratadas na Parte 3 desta obra.

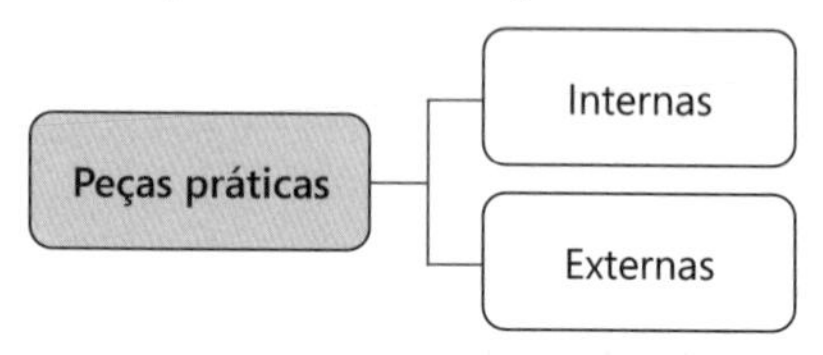

Como citado anteriormente, neste primeiro ponto abordaremos os atos internos – aqueles praticados dentro da própria estrutura policial. Esses atos não se submetem à "Cláusula de Reserva Jurisdicional", e, portanto, não há necessidade de que sejam submetidos à análise judicial para que produzam os efeitos que lhes são próprios.

Imagine uma portaria de instauração de um inquérito policial; nesse caso, não há necessidade de que ela seja submetida ao magistrado para que produza os seus efeitos típicos (tombamento e instauração formal do instrumento investigativo com o respectivo número de ordem).

Logicamente, nada impede que, diante de alguma ilegalidade ou abusividade do ato praticado pela Autoridade Policial, ele seja submetido à análise jurisdicional (princípio constitucional da inafastabilidade de jurisdição), contudo, isso não retira a sua característica de ato interno.

Há de se alertar que, nos atos internos, justamente por não serem dirigidos diretamente a autoridades judiciárias, **não contam com endereçamento**. Esse elemento constante nas Representações e no Relatório Final não será analisado nos atos internos.

A proposta de estudo utilizada nesta obra é simplificar ao máximo a realização da peça, primando pelo rigor técnico e pela completude de cada uma das peças analisadas. Dessa forma, busca-se o **máximo de aproveitamento**, conjugado com a máxima **simplicidade**.

Enganam-se os candidatos que acreditam que o uso de termos rebuscados ou a extensão da peça irão lhe proporcionar, por esses motivos, boas notas. O candidato há de ser objetivo, claro e conciso, o que lhe propiciará mais tempo e espaço para abordar o maior número de pontos que podem ser objeto de avaliação por parte do examinador.

Antes de ingressarmos efetivamente no estudo dos atos internos e externos, é interessante notarmos que em todas as peças práticas a serem realizadas em provas concursais, o nosso caro leitor deverá, em uma das fases de desenvolvimento de sua peça prática, descrever os fatos objetos de investigação.

Por esse motivo, essencialmente por se tratar de tema que estará presente em todas as outras peças, internas ou externas, a seguir analisadas, optamos por tratar em tópico próprio da metodologia que deverá ser adotada para obterem-se ótimas notas nesse quesito de avaliação.

13.3 DESCRIÇÃO DOS FATOS OBJETO DE INVESTIGAÇÃO

O ponto comum entre os atos internos e externos é a **descrição a respeito dos fatos objetos de investigação**, por esse motivo, neste momento, trataremos da maneira como essa ação deve ser desempenhada com o objetivo de reunir o maior número de pontos e demandar o menor tempo para a sua confecção. Apontaremos as diretrizes para essa simples tarefa.

Normalmente, o examinador não confere muitos pontos à descrição fática realizada pelo candidato. Contudo, este tópico fornece toda a lógica à estrutura da peça, motivo pelo qual o seu estudo ganha relevo.

a. Não se deve copiar *ipsis litteris* o enunciado da questão. O candidato deverá demonstrar a capacidade de síntese, pois na maioria dos casos o espaço da folha de resposta não comporta elementos desnecessários na descrição dos fatos.

b. Por outro lado, não se deve criar fatos não citados pelo examinador. É necessário objetividade, com prevalência à transcrição de fatos que serão relevantes para a autoria, materialidade do crime e todas as suas circunstâncias relevantes para a apuração.

c. O candidato deverá ressaltar os fatos que possuem relação com a fundamentação jurídica analisada a seguir.

Assim, o leitor deve se atentar para aqueles fatos que possuem relação com a peça confeccionada, exercitando a sua capacidade de síntese. Devem ser indicados os pontos que serão relevantes para que o magistrado decida a respeito do feito. Aqueles fatos que nada contribuem à investigação ou que em nada se correlacionem com a peça não precisam estar expostos na descrição dos fatos como elemento integrante da peça.

Na descrição dos fatos, o candidato deve ter como parâmetro o conhecido **Heptâmetro de Quintiliano** e buscar responder aos seguintes questionamentos:

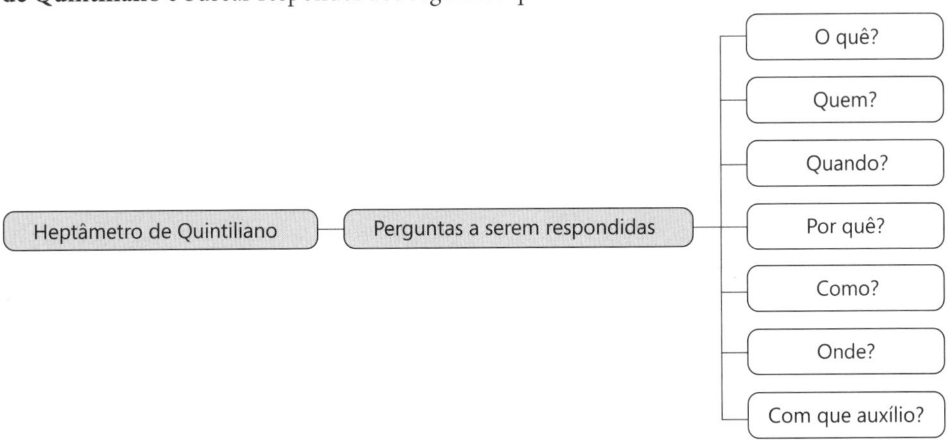

Respondidas essas perguntas, da forma mais objetiva possível, o candidato estará no rumo certo para a aprovação.

Vejamos na prática como funciona uma peça simples.

Decifrando a prova

(2014 – Aroeira – PC/TO – Delegado) Peça técnico-profissional – J. C., primário e de bons antecedentes, responde, em liberdade, a inquérito policial por suposta prática do crime de estelionato, na modalidade de fraude no pagamento por meio de cheque (art. 171, § 2º, VI, Código Penal), contra a vítima I.

O cheque, devolvido por ausência de fundos, encontra-se juntado aos autos do inquérito. Chegou ao conhecimento da Autoridade Policial, todavia, pelos depoimentos da vítima e das testemunhas A. V. e P. A., que J. C. estaria rondando o bairro em que se deram os fatos, em atitude claramente ameaçadora. Na condição de Delegado de Polícia responsável pelo caso, represente à autoridade competente pela decretação da prisão provisória cabível na hipótese apresentada.

A narrativa fática é bem simples; vejamos um exemplo de como poderia ser apresentada acerca da situação em questão. Neste momento não se preocupe em saber qual foi a peça correta apontada pelo examinador, preocupe-se apenas em descrever os fatos de forma clara, objetiva e concisa.

Atente-se para não criar fatos novos, bem como não deixar de incluir elementos essenciais à confecção dos fundamentos da peça prática.

Veja o modelo proposto:

Sinopse dos fatos

Conforme consta dos autos do Inquérito Policial mencionado, esta Autoridade Policial tomou conhecimento da prática do crime de estelionato, praticado mediante fraude, delito tipificado no art. 171, § 2º, VI, Código Penal brasileiro. A prática delituosa foi perpetrada por J. C., o qual é alvo da investigação deste instrumento investigativo.

J. C. encontra-se atualmente em liberdade, contudo esta Autoridade Policial tomou conhecimento, por meio das declarações da vítima, I. A., e das testemunhas, A. V. e P. A., que o investigado estaria rondando o bairro onde a vítima e as testemunhas residem em atitude claramente ameaçadora.

A materialidade delitiva está comprovada por meio do cheque devolvido por ausência de fundos, juntado aos autos do inquérito (fl. do inquérito). Também há indícios suficientes de autoria considerando os depoimentos prestados pela vítima e testemunhas do delito.

Observe que no texto anterior foram apresentadas ao examinador diversas informações relevantes:

a. referência ao instrumento investigativo já instaurado;
b. autoria;
c. materialidade;
d. vítimas;
e. testemunhas;
f. descrição do fato efetivamente praticado responsável por fundamentar a medida pleiteada: **rondando o bairro em atitude ameaçadora.**

Ocorre que, por vezes, o examinador não é tão sucinto quanto aos fatos, como o foi na prova do Estado do Tocantins. Vejamos outro exemplo:

Decifrando a prova

(2016 – Funcab – PC/PA – Delegado) Após atender a um telefonema, Gualberto ouve o interlocutor dizer que sequestrou seu filho e que apenas o libertará se Gualberto depositar a quantia de R$ 10.000,00 em determinada conta-corrente. Desconfiando de um golpe, Gualberto simula que a ligação foi interrompida por insuficiência de sinal, aproveitando para rapidamente telefonar para o filho. Após se certificar de que este estava seguro na casa da namorada e que em momento algum fora sequestrado, Gualberto torna a receber ligações do falso sequestrador, optando por não mais atendê-las. Não obstante, Gualberto compareceu à Delegacia de Polícia da localidade e noticiou o fato, o que gerou um inquérito policial (portaria às fls. 02 do inquérito). Com base nas informações repassadas, a saber, linha telefônica usada pelo falso sequestrador para contato e conta corrente indicada para depósito, o Delegado de Polícia representou por quebras de sigilo telefônico (fls. 15) e bancário (fls. 17). As informações coletadas (juntadas às fls. 25 e 30), assim como as declarações reduzidas a termo (fls. 35, 37, 43, 48, 55 e 60) e demais documentações pertinentes, revelaram que Matias, Nereu e Lindomar, de forma estável e permanente, previamente ajustados, praticavam o golpe com regularidade. Matias era o responsável pelas ligações, ao passo em que Nereu cedia a conta bancária para depósitos. Já Lindomar selecionava as vítimas que serviam de alvos para os coparticipantes.

Assim, os envolvidos foram formalmente indiciados (fls. 70), porém não foram ouvidos, pois, sabedores que eram investigados, passaram a evitar a ação do poder público, escondendo-se (o que pode ser observado nos mandados de intimação cuja entrega restou frustrada, acostados às fls. 72-74). A investigação deixa evidente, contudo, que mesmo escondidos os envolvidos se preparavam para novos golpes (consoante informação policial de fls. 75). Saliente-se que os envolvidos – ora indiciados – souberam da investigação porque Gualberto divulgou o fato em uma rede social, o que gerou intenso clamor público após a repercussão da postagem em um jornal local, com protestos diários pela prisão dos envolvidos (fato documentado às fls. 87). Considerando que, na avaliação do Delegado de Polícia, o feito já pode ser relatado e encaminhado ao juízo competente; e considerando a subsunção normativa a ser dada aos comportamentos verificados (a qual deve ser explicitada pelo candidato), elabore a representação por medida cautelar pertinente ao caso apresentado.

Observe que nessa prova a quantidade de informações foi bem maior, contudo, o candidato não deve se assustar. A primeira leitura tende a espantar um pouco e, dificilmente, se saberá apontar, de pronto, qual será a peça cabível – inclusive aconselhamos que não o faça de maneira automática, sem maior reflexão.

Proceda a leitura dos fatos mais de uma vez, **grifando e destacando** todos os **dados conhecidos do Heptâmetro de Quintiliano**.

Destaque, ainda, os **pontos importantes** a respeito da **conduta criminosa, autoria, materialidade, vítima** e qualquer circunstância que possa servir de fundamento para a sua peça prática.

Por enquanto, preocupe-se com a descrição fática.

Com relação à escolha da peça correta, nós nos preocuparemos em outro momento.

Na leitura, tente tipificar **mentalmente** o delito, pois essa tipificação será importante na fundamentação da peça.

Assim, apresenta-se uma proposta a respeito da descrição fática requerida na presente peça profissional. Vejamos:

Sinopse dos fatos

Trata-se de inquérito policial instaurado mediante portaria (fl. 02). O instrumento investigativo tem por objetivo investigar e elucidar os crimes de tentativa de extorsão majorada pelo concurso de agentes, na forma prevista no art. 158, § 1º, do Código Penal em concurso com o delito de associação criminosa, prevista no art. 288 também do referido diploma.

Constam dos autos as declarações prestadas pela vítima Gualberto, nas quais relata que, após atender a um telefonema, ouviu o interlocutor dizer que havia sequestrado seu filho e que apenas o libertaria se o familiar depositasse a quantia de R$ 10.000,00 em determinada conta-corrente.

Desconfiando de um golpe, o declarante simulou que a ligação foi interrompida por insuficiência de sinal, aproveitando para rapidamente telefonar para o filho. Após se certificar de que este estava seguro na casa da namorada e que em momento algum fora sequestrado, Gualberto tornou a receber ligações do falso sequestrador, porém não as atendeu.

Diante da narrativa fática apresentada pela vítima, a qual se configura, em tese, como crime de extorsão na modalidade tentada, conduta tipificada no art. 158, § 1º, do Código Penal brasileiro, combinado com o art. 14, II, do mesmo diploma, foi instaurado este instrumento investigativo com o fito de elucidar os fatos.

Foram colhidas, em depoimento (fls. ...), informações a respeito da linha telefônica usada pelo falso sequestrador para contato e a conta corrente indicada para depósito. Considerando esses elementos, o Delegado de Polícia representou por quebras de sigilo telefônico (fls. 15) e bancário (fls. 17).

Em continuidade às ações investigativas, foram coletadas informações (juntadas às fls. 25 e 30), declarações, (fls. 35, 37, 43, 48, 55 e 60), além de documentações pertinentes, as quais revelaram que Matias, Nereu e Lindomar, de forma estável e permanente, previamente ajustados, praticavam o golpe com regularidade, o que denota a prática do delito de associação criminosa, tipificado no art. 288 do Código Penal brasileiro. Observa-se que não se trata meramente de concurso de agentes, considerando a estabilidade, permanência e organização das atividades criminosas desenvolvidas.

Foi constatado que Matias era o responsável pelas ligações, ao passo que Nereu cedia a conta bancária para depósitos. Já Lindomar selecionava as vítimas que serviam de alvo para os coparticipantes. Diante desses fatos, ocorreu o indiciamento dos investigados (fls. 70), contudo não foram ouvidos, pois, sabedores que eram investigados, passaram a evitar a ação do poder público, escondendo-se (nos mandados de intimação, cujas entregas restaram frustradas). A investigação deixa evidente, contudo, que, mesmo escondidos, os envolvidos se preparavam para novos golpes (consoante informação policial de fls. 75).

Saliente-se que os envolvidos – ora indiciados – souberam da investigação, pois Gualberto divulgou o fato em uma rede social, o que gerou intenso clamor público após a repercussão da postagem em um jornal local, com protestos diários pela prisão dos envolvidos (fato documentado às fls. 87).

Nessa prova especificamente, o examinador outorgou a pontuação de 0,3 de um total de 6,0 pontos para o candidato que fizesse a **correta**, **clara**, **concisa** e **objetiva descrição dos fatos**.

Nosso leitor poderia se questionar se esse quantitativo de pontos não seria muito pouco para tamanho trabalho. Concordamos que sim, contudo é importante relembrar que, apesar da quantidade de pontos concedidos especificamente a esse tópico da peça prática, a descrição fática é extremamente importante para a coesão entre todos os outros elementos estruturantes. De modo que, quando o candidato faz uma correta descrição, ele ganha os 3 décimos, porém, quando a descrição não é adequada, ele perde muito mais.

Encerrada essa fase, passaremos a partir de agora a analisar as peças classificadas como atos internos, sempre tratando preliminarmente do direito processual envolvido na confecção da peça prática profissional.

14 Portaria inaugural

Considerando que a investigação se inicia formalmente com a instauração do expediente investigativo, trataremos inicialmente do ato inaugural e de gênese do inquérito policial, a **Portaria**.

Em situações de flagrância, é possível que o referido instrumento (inquérito policial) seja instaurado pelo próprio **Auto de Prisão em Flagrante**, do qual trataremos no capítulo seguinte.

Conforme visto na Parte 1, a maneira como o inquérito é instaurado varia, sobretudo, conforme a natureza do crime. O art. 5º do CPP é o fundamento para entender as formas de instauração do inquérito; vejamos:

> **Art. 5º** Nos crimes de ação pública o inquérito policial será iniciado:
>
> I – de ofício.
>
> II – mediante requisição da autoridade judiciária ou do Ministério Público, ou a requerimento do ofendido ou de quem tiver qualidade para representá-lo.
>
> § 1º O requerimento a que se refere o no II conterá sempre que possível:
>
> *a)* a narração do fato, com todas as circunstâncias;
>
> *b)* a individualização do indiciado ou seus sinais característicos e as razões de convicção ou de presunção de ser ele o autor da infração, ou os motivos de impossibilidade de o fazer;
>
> *c)* a nomeação das testemunhas, com indicação de sua profissão e residência.
>
> § 2º Do despacho que indeferir o requerimento de abertura de inquérito caberá recurso para o chefe de Polícia.
>
> § 3º Qualquer pessoa do povo que tiver conhecimento da existência de infração penal em que caiba ação pública poderá, verbalmente ou por escrito, comunicá-la à autoridade policial, e esta, verificada a procedência das informações, mandará instaurar inquérito.
>
> § 4º O inquérito, nos crimes em que a ação pública depender de representação, não poderá sem ela ser iniciado.
>
> § 5º Nos crimes de ação privada, a autoridade policial somente poderá proceder a inquérito a requerimento de quem tenha qualidade para intentá-la.

Assim, podemos fazer a seguinte sistematização a respeito das formas de instauração do instrumento investigativo (inquérito):

Crimes de ação penal pública	**Incondicionada** ◆ de ofício; ◆ mediante requisição do Ministério Público ou da autoridade judiciária;[1] ◆ mediante requerimento da vítima ou de quem tenha a qualidade para representá-la, após a verificação de procedência das informações (notícia-crime postulatória); ◆ por notícia de qualquer do povo, após a verificação; ◆ preliminar de procedência das informações.
	Condicionada ◆ representação do ofendido; ◆ requisição do Ministro da Justiça;
Crimes de ação penal privada	◆ requerimento da vítima ou de quem tenha a qualidade para representá-la.

Nesses casos, a peça que dá início ao inquérito é uma Portaria que, subscrita pelo Delegado de Polícia, deve conter:

a. o objeto da investigação;
b. as circunstâncias já conhecidas acerca do fato criminoso (dia, horário, local etc.);
c. as diligências iniciais a serem realizadas.

Trata-se de uma das primeiras peças práticas passíveis de edição pelo Delegado de Polícia. Será a peça que **instaura o procedimento investigativo**, ou seja, aquela que dá início à formalização da atividade investigatória.

É sempre importante observar que a instauração do inquérito policial somente pode ocorrer após a **verificação preliminar de procedência das informações**.

É interessante em provas concursais que o candidato demonstre, cite e siga as determinações do art. 5º do CPP. Assim, deve-se fazer referência expressa:

a. **aos fatos já constatados e que embasam e fundamentam a instauração do expediente investigativo.** Nesse momento, o candidato deverá relatar, descrever os fatos ocorridos e explicar o motivo pelo qual, em tese, aquela conduta configura-se como crime. Também é importante definir qual crime é configurado;
b. nos casos de requisições ou representações é necessário que a Autoridade Policial faça referência expressa ao documento que remete às informações ou mesmo às informações prestadas pela vítima ou por terceiros;
c. **ao que se busca investigar.** Nesse momento, deve aclarar qual é a finalidade da investigação, qual o objetivo final do expediente investigativo: definir autoria, encon-

1 Sobre esse tema, é importante a leitura do capítulo que trata sobre ação penal.

trar os objetos produtos do crime, recuperar ou encontrar os valores provenientes da infração etc;

d. às diligências iniciais a serem realizadas. Normalmente, essas diligências são previstas em despachos. Nesse momento, o Delegado determinará a intimação de testemunhas, expedição de ofícios ou requisições de informações ou a juntada de documentos. Posteriormente, buscando dar continuidade às investigações, pode o Delegado emitir os "despachos", momento em que indicará as diligências a serem realizadas.

Esse procedimento (instauração do inquérito policial por meio de Portaria) deve ocorrer sempre quando a autoridade toma ciência do fato delituoso por meio de notícia veiculada na imprensa, registro de ocorrência ou mesmo informações prestadas pela vítima ou testemunha do delito. Alerta-se sobre esse ponto, pois também seria possível a instauração do inquérito policial por meio do Auto de Prisão em Flagrante, ocasião em que a notícia a respeito do fato delituoso já chega ao conhecimento da Autoridade Policial acompanhada da prisão do suposto infrator.

Nas hipóteses de prisão em flagrante, o próprio auto de prisão em flagrante (APF) funciona como peça inaugural do inquérito. Falaremos sobre o APF no capítulo seguinte desta obra.

14.1 ESTRUTURA DA PORTARIA

A Portaria é um ato relativamente simples de ser elaborado, considerando que se trata de peça essencialmente descritiva dos **fatos**, os quais devem ser acompanhados de **tipificação preliminar** da situação narrada e determinações de **diligências** a serem realizadas.

Assim, buscando sistematizar, propomos a seguinte estrutura para a confecção da Portaria:

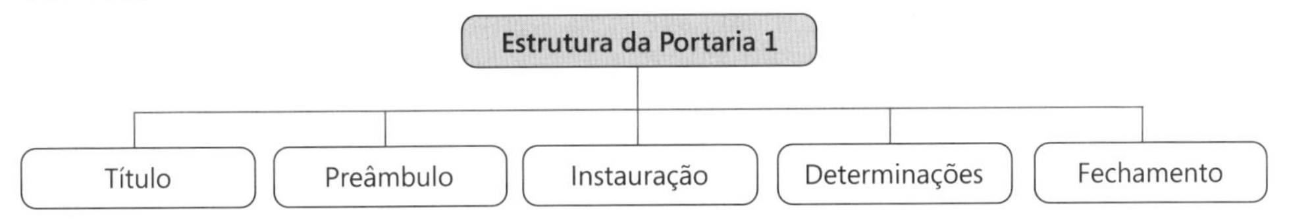

Inicialmente, devemos apontar o seguinte:

a. como se trata de peça interna, não haverá endereçamento;

b. não é necessário nomear cada um dos elementos da estrutura indicada, sugere-se que se faça um texto corrido, conforme será visto a seguir.

O cuidado que o candidato deve ter diz respeito às diligências a serem realizadas, as quais irão variar conforme a situação fática narrada como justificante da instauração da investigação. Essas determinações serão analisadas mais detalhadamente quando estudarmos o despacho ordinatório, capítulo específico deste *Manual Decifrado*.

Vejamos preliminarmente cada um dos elementos de uma peça:

a. **Título:** é o nome da peça. O candidato deve apor: Portaria ou Portaria Inaugural.
b. **Preâmbulo:** o preâmbulo deve demonstrar a legitimidade do Delegado de Polícia para instaurar o inquérito policial e os dispositivos jurídicos pertinentes. Se a questão apresentar informações a respeito da lotação ou chefia do Delegado, esses tópicos devem ser mencionados (se não demonstrados na questão, não se deve inventar dados).

E se os fatos chegaram ao conhecimento da Autoridade Policial por meio de documentos externos (notificação do Conselho Tutelar, Remessa de Peças pelo Juiz ou mesmo Ministério Público) ou mesmo internos, como o Boletim de Ocorrência, a forma de comunicação deve ser citada no teor da Portaria.

É importante ressaltar que, se houver **legislação estadual** a respeito das atribuições institucionais, ela deverá também ser citada.[2]

Vejamos o seguinte exemplo:

O Delegado de Polícia, o qual subscreve este documento, lotado na Delegacia de Roubos e Furtos de Veículos desta Capital, no uso de suas atribuições previstas no art. 144, § 4º, da Constituição Federal, art. 4º e seguintes do Código de Processo Penal e arts. 1º e 2º, §§ 1º e 2º, da Lei nº 12.830/2013 com fulcro no boletim de ocorrência xxxx (se a questão trouxer esse dado), resolve:

c. **Instauração:** nesse momento, o Delegado de Polícia deverá narrar os fatos que chegaram ao seu conhecimento, demostrando essencialmente aqueles elementos que evidenciam a natureza criminosa da conduta. Procederá a um juízo preliminar de tipificação, assim como a referência à representação, requisição ou qualquer outro documento que tenha recebido ou se constitua requisito para instauração da investigação. Exemplo: representação da vítima. Vejamos:

Resolve:

Instaurar Inquérito Policial com o fito de apurar a possível prática do delito previsto no art. 1º, I, II, III e IV, da Lei nº 8.137/1990, tendo em vista que chegou ao conhecimento desta autoridade, por meio de expediente remetido pelo ilustre membro do *Parquet*, informações que, em tese, se constituem como criminosas.

Nessa ocasião, foi remetida ao órgão ministerial representação fiscal emitida pela Receita Federal do Brasil, a qual em procedimento de fiscalização tributária em desfavor da empresa XXXXX, constatou a inserção indevida de elementos inexatos em documento ou livro exigido pela legislação fiscal, bem como omissão de operação comercial, fatos esses, em tese, criminosos conforme tipificação proposta. Após análise preliminar, o órgão ministerial remeteu essas informações a esta autoridade.

---

[2] O candidato deverá verificar se é cobrada em edital.

> Resolve:
>
> Instaurar inquérito policial, em razão de ter chegado ao conhecimento desta autoridade, por meio de relatório de investigação preliminar, elaborado pela equipe de plantão da DHPP (Delegacia de Homicídios e Proteção à Pessoa), o homicídio de XXXXXXXXXX. O presente fato ocorreu às XX:XX, na Rua XXXXXXXXXX.
>
> Em razão de, até o presente momento, não se desvendar a autoria do referido delito e observando-se a necessidade de investigação dos presentes fatos, instaura-se o presente instrumento investigativo.

Outra forma de dividir a Portaria (lembre-se de que não se trata de uma peça engessada) é, logo após o preâmbulo, trazer os fatos relevantes (justa causa) por meio de **considerações fáticas (considerados)**, vejamos:

d. Considerando:

> - A *notitia criminis* que chegou ao conhecimento desta Autoridade Policial informando que no dia XX.XX.XXXX, na residência situada à XXXXXXXXXX, nesta capital, **Fulano** teria agredido fisicamente sua amásia, **Beltrana**.
> - Ainda no dia dos fatos, **Fulano** teria agredido a filha **Fulaninha**, de apenas seis anos de idade com socos e pontapés, conforme guia de atendimento médico apresentada nesta unidade policial.
> - Segundo apurado até o presente momento, **Fulano** ameaçou de morte, com uma faca em riste, sua companheira **Beltrana**, bem como a mãe dela, **Beltranona**.
> - Diante desses fatos, esta Autoridade Policial resolve instaurar inquérito policial com o objetivo de apurar o possível cometimento dos delitos previsto nos arts. 129, § 13, e 147 do CP, segundo o procedimento previsto na Lei nº 11.340/2006 (Lei Maria da Penha).

Nesses casos, a estrutura da peça ficaria da seguinte forma:

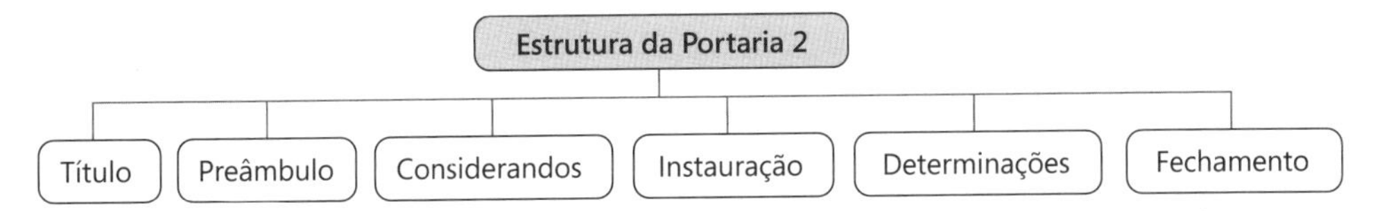

e. **Determinações:** nesse momento, a Autoridade Policial deverá indicar as diligências a serem adotadas pelos investigadores ou escrivães. Neste ponto, há realmente o exercício da atividade investigativa, pois, a partir dos fatos que lhe foram narrados, o Delegado indicará as diligências e medidas investigativas que são aptas a elucidar, ao menos inicialmente, os fatos sob apuração.

Dentre as diversas determinações possíveis, deseja-se alertar para importante providência que poderá ser exigida em concursos públicos, tendo em vista que foi incluída por recente legislação.

A Lei nº 13.964/2019 (Pacote Anticrime) incluiu o art. 14-A no corpo do Código de Processo Penal com as seguintes disposições:[3]

> **Art. 14-A.** Nos casos em que servidores vinculados às instituições dispostas no art. 144 da Constituição Federal figurarem como investigados em inquéritos policiais, inquéritos policiais militares e demais procedimentos extrajudiciais, cujo objeto for a investigação de fatos relacionados ao uso da força letal praticados no exercício profissional, de forma consumada ou tentada, incluindo as situações dispostas no art. 23 do Decreto-lei nº 2.848, de 7 de dezembro de 1940 (Código Penal), o indiciado poderá constituir defensor.
>
> § 1º Para os casos previstos no *caput* deste artigo, o investigado deverá ser citado da instauração do procedimento investigatório, podendo constituir defensor no prazo de até 48 (quarenta e oito) horas a contar do recebimento da citação.
>
> § 2º Esgotado o prazo disposto no § 1º deste artigo com ausência de nomeação de defensor pelo investigado, a autoridade responsável pela investigação deverá intimar a instituição a que estava vinculado o investigado à época da ocorrência dos fatos, para que essa, no prazo de 48 (quarenta e oito) horas, indique defensor para a representação do investigado.

A Lei nº 13.964/2019 incorporou no Código de Processo Penal uma sistemática que já era prevista no âmbito da União, que era a possibilidade de a AGU realizar a defesa judicial de agentes públicos (MP nº 872, transformada na Lei Ordinária nº 13.841/2019).

Com a nova sistemática, a Autoridade Policial, ao identificar que o suspeito é agente de segurança pública ou militar e os fatos relacionados ao uso da força letal praticados no exercício profissional, deverá citar o investigado (leia-se: intimar), para que este constitua defensor em até 48 horas.

Esgotado o prazo e não nomeado o defensor pelo investigado, a Autoridade Policial deverá **intimar a instituição** a que estava vinculado o investigado à época da ocorrência dos fatos, para que essa, também no prazo de 48 horas, indique defensor para a representação do investigado.

Segundo os §§ 3º a 5º, cujos vetos presidenciais foram derrubados pelo Congresso Nacional, a defesa será exercida preferencialmente pela Defensoria Pública e, nos locais em que ela não estiver instaurada, a União ou Unidade da Federação correspondente à competência territorial do procedimento instaurado deve disponibilizar profissional para acompanhar e realizar a defesa administrativa do investigado. Esta designação subsidiária deve ser precedida de manifestação de que não existe defensor público lotado na área territorial onde tramita o procedimento. Não havendo atuação da Defensoria Pública, os custos com o patrocínio dos investigados recairão sobre o orçamento próprio da instituição a que os estes estiverem vinculados na época dos fatos.

---

[3] Informações provenientes dos estudos iniciais do Pacote Anticrime elaborados pelos delegados Flávio Rolim e Marcelo Vieira.

Desse modo, é muito importante nos atentarmos para que, em casos dessa natureza, conste das determinações:

- após a instauração do inquérito policial, a determinação para que se intime o investigado para que constitua advogado no prazo de 48 horas;
- caso não haja a constituição do defensor nesse período, deve-se determinar a **intimação da instituição** a que estava vinculado o investigado à época da ocorrência dos fatos, para que essa, no prazo de 48 horas, indique defensor[4] para a representação do investigado.

Trata-se de interessante avanço no âmbito das investigações policiais, atribuindo-se, cada vez mais, relevância ao papel democrático desempenhado pelas investigações policiais no sentido de possibilitar a participação do investigado na fase inquisitorial.

Veja a seguir o resumo do procedimento:

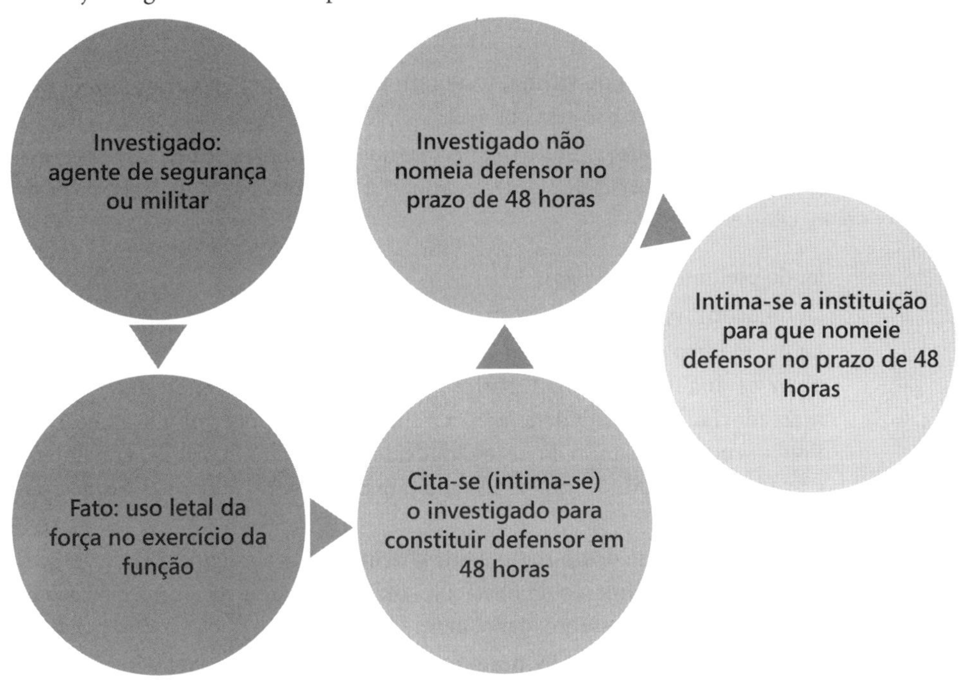

Após essa importante observação, vejamos exemplos de diligências que podem ser determinadas pelo Delegado de Polícia:

---

4 Nos locais em que há Defensoria Pública, deve ser solicitado à instituição a que pertence o investigado que oficie à Defensoria Pública para promover o patrocínio do investigado.

(...) diante dos fatos narrados, determina-se:

- Junte-se todo o expediente remetido pelo Ministério Público: representação fiscal; auto de infração; notas fiscais falsificadas.
- Intime-se XXXXXXXXXX, proprietário do estabelecimento comercial em que ocorreu a fiscalização tributária, com o objetivo de que preste declarações a respeito dos fatos investigados.
- Intime-se XXXXXXX (transportador das mercadorias) para que preste depoimento a respeito dos fatos.
- Intime-se XXXXXXXXXXX, autoridade fazendária encarregada.
- Remetam-se os livros fiscais e notas fiscais ao instituto de perícia e criminalística para exame a respeito da autenticidade dos documentos.
- Demais providências nos termos legais.

Nesse ponto, o candidato deverá ao máximo buscar, por meio da determinação de diligências, elucidar os fatos que lhe são apresentados, lembrando-se sempre de **não criar fatos não descritos pelo exame**. É importante a determinação de algumas diligências; vejamos:

- **determinação de oitiva da vítima, testemunhas e do autor ou autores do delito**, logicamente, desde que isso seja possível;
- **materialidade do delito:** é muito importante que o candidato se preocupe em produzir o(s) exame(s) pericial(ais) necessário(s) à constatação da materialidade do delito, cita-se:
  - laudo preliminar de drogas;
  - laudo definitivo de drogas;
  - laudo merceológico: trata-se de exame pericial realizado com o fito de obter-se análise das características técnicas e comerciais de determinada mercadoria. Essa providência é extremamente importante na atuação da Polícia Federal, quando da necessidade de se constatar a origem estrangeira e proibida de produto importado ilicitamente; refere-se aos delitos de contrabando;
  - exame de corpo de delito sempre que o delito deixar vestígios. Ex.: furto qualificado pelo rompimento do obstáculo, incêndio, exame na vítima em caso de lesões corporais ou estupro, dano, dentre tantos outros.
- **determinação de juntada de documentos:** todos os documentos referentes ao fato, ao autor, à vítima ou mesmo ao terceiro envolvido devem ser juntados aos autos. Nesses casos, usa-se a expressão: **junte-se os documentos** (...).

Veja que o importante nesse ponto é o candidato se atentar aos fatos narrados na questão e **analisar os documentos existentes**, como elementos para a instauração e aqueles que deverão ser produzidos durante a atividade investigatória.

Ainda no âmbito das determinações, é importante analisarmos hipóteses em que o Delegado de Polícia poderia exercer sua prerrogativa requisitória.

Requisição de informações e documentos diretamente pelo Delegado de Polícia

É evidente que o Estado, na sua missão de angariar elementos para o desempenho da persecução penal, necessita de acesso a informações muitas vezes sigilosas. Nesse sentido, é importante que o candidato não confunda o sigilo ordinário com aquelas hipóteses que se submetem à cláusula de reserva jurisdicional. Nem todas as informações sigilosas requerem autorização judicial para que sejam acessadas.

Em determinadas oportunidades, a legislação atribui ao próprio Delegado de Polícia a legitimidade para a prática de atos que flexibilizam a intimidade.

No âmbito da persecução penal, o legislador atribuiu ao Delegado de Polícia a possibilidade de adotar *manu propria* uma série de medidas, a exemplo (CASTRO; CARNEIRO, 2016):

- prisão em flagrante (art. 304 do CPP);
- liberdade provisória com fiança (art. 322 do CPP);
- apreensão de bens (art. 6º, II, do CPP);
- requisição de perícias, objetos e documentos (art. 6º, VII, do CPP e art. 2º, § 2º, da Lei nº 12.830/2013);
- a requisição de dados cadastrais (art. 15 da Lei nº 12.850/2013, art. 17-B da Lei nº 9.613/1998, art. 10, § 3º, da Lei nº 12.965/2014 e art. 13-A do CPP);
- requisição de dados telefônicos de localização (ERBs) após decurso de 12 horas sem decisão judicial (art. 13-B do CPP);
- busca pessoal (art. 240, § 2º, do CPP);
- condução coercitiva de ofendido ou testemunha (art. 201, § 1º, art. 218 do CPP);
- ação controlada no crime organizado (art. 8º, § 1º, da Lei nº 12.850/2013), terrorismo (art. 16 da Lei nº 13.260/2016) e tráfico de pessoas (art. 9º da Lei nº 13.344/2016);
- aceite de colaboração de detetive particular (art. 5º, parágrafo único, da Lei nº 13.432/2017).

Esse tema ganha relevo com relação ao estudo das determinações passíveis de serem adotadas pelo Delegado de Polícia, quando da instauração do inquérito policial. Assim, o Delegado de Polícia pode ter acesso direto, mediante requisição, a dados cadastrais e informações sujeitas a sigilo, desde que, logicamente, não se sujeitem a cláusula de reserva jurisdicional.

Requisição de informações a respeito da Estação de Rádio Base (ERB)

Renato Brasileiro de Lima (2020, p. 211) explica que, por meio da Estação Rádio Base (ERB), é possível saber a localização aproximada de qualquer aparelho celular ligado – não necessariamente em uso – e, consequentemente, de seu usuário.

O art. 13-B do CPP disciplina que:

> **Art. 13-B.** Se necessário à prevenção e à repressão dos crimes relacionados ao tráfico de pessoas, o membro do Ministério Público ou o delegado de polícia poderão requisitar, mediante autorização judicial, às empresas prestadoras de serviço de telecomunicações e/ou telemática que disponibilizem imediatamente os meios técnicos adequados – como sinais, informações e outros – que permitam a localização da vítima ou dos suspeitos do delito em curso.

Ao mesmo tempo que a lei faculta ao Delegado de Polícia ou ao membro do Ministério Público essa possibilidade de requisição, sujeita o referido pedido ao crivo do Poder Judiciário.

Henrique Hoffmann Monteiro de Castro explica que o § 4º do art. 13-B

> (...) cuida-se de **cláusula de reserva de jurisdição temporária**, verdadeira inovação no mundo jurídico, em que o decurso de lapso temporal (bastante apertado – 12 horas) faz desaparecer a necessidade de autorização judicial. Trata-se de previsão dúplice, exigindo-se no início ordem judicial e passando a dispensá-la pelo decurso de tempo. (Grifo nosso.)
>
> **CPP**
>
> **Art. 13-B.** (...)
>
> § 4º Não havendo manifestação judicial no prazo de 12 (doze) horas, a autoridade competente requisitará às empresas prestadoras de serviço de telecomunicações e/ou telemática que disponibilizem imediatamente os meios técnicos adequados – como sinais, informações e outros – que permitam a localização da vítima ou dos suspeitos do delito em curso, com imediata comunicação ao juiz.

Assim, alertamos ao nosso candidato que é possível a requisição direta de acesso às informações da Estação Rádio Base nos termos do art. 13-B do CPP, quando requerida judicialmente, o magistrado não se manifestar no prazo de 12 horas. Nesses casos, o Delegado de Polícia deverá comunicar imediatamente ao magistrado.

f. **Fechamento:** basicamente deve ser aposto que, uma vez cumpridas as diligências determinadas, os autos devem ser conclusos novamente ao Delegado de Polícia, presidente do inquérito, que determinará novas providências, se necessário, seguido do comando cumpra-se, local, data, cargo e lotação (se a questão trouxer).

Exemplo:

> Após cumpridas as diligências determinadas, retornem os autos conclusos para posteriores deliberações.
>
> Cumpra-se.
>
> Local, data.
>
> Delegado de Polícia. Lotação *(se houver)*

Somente a título de esclarecimento, chamamos a atenção do nosso leitor que não é de bom tom que o Delegado de Polícia proceda ao indiciamento do investigado já na Portaria de instauração do inquérito policial, pois se trata da primeira medida investigativa, momento no qual, na grande maioria dos casos, não há elementos aptos ao indiciamento.

Apesar do alerta, é a situação fática descrita que determinará a postura do Delegado de Polícia.

Vejamos um exemplo simples de uma Portaria pronta:

Modelo de Portaria

(Título)

Portaria

O Delegado de Polícia Civil que esta subscreve, Titular da Delegacia *(delegacia trazida pela questão)*, no uso de suas atribuições previstas no art. 144, § 4º, da Constituição Federal, art. 4º e seguintes do Código de Processo Penal e arts. 1º e 2º, §§ 1º e 2º, da Lei nº 12.830/2013 e em razão do conhecimento, por meio de *(origem da notícia crime – apuração preliminar, ocorrência policial, depoimento etc.)* de ocorrência de crime de homicídio consumado contra a vítima (nome da vítima).

(Instauração)

RESOLVE:

Instaurar inquérito policial para se apurar o homicídio ocorrido em *(data)*, na *(endereço)*, por volta das *(hora)*, provocado por emprego de arma de fogo, com **Autoria Desconhecida**, configurando fato delituoso amoldado ao tipo penal normatizado no art. 121, *caput*, do Código Penal.

(Determinações)

Diante dos fatos narrados, na forma do art. 5º do Código de Processo Penal, determina-se a prática das seguintes medidas:

- Autue-se e junte-se todo o expediente formalizado.
- Intimem-se testemunhas arroladas *(caso existam essas informações no enunciado, a título de exemplo: familiares da vítima, notadamente seu irmão)*, para que prestem esclarecimentos sobre o fato.
- Requisite-se laudo de exame cadavérico realizado na vítima.
- Requisite-se, com urgência, ao instituto de criminalista o laudo pericial de local de crime.
- Proceda com os demais atos de polícia judiciária necessários ao deslinde da investigação.

(Fechamento)

Após cumpridas as diligências determinadas, retornem os autos conclusos para posteriores deliberações.

Cumpra-se.

Local, data.

Delegado de Polícia.

Lotação *(se houver)*.

Apesar de uma peça bastante simples, foi recentemente cobrada no concurso público para o cargo de Delegado de Polícia.[5]

---

[5] O referido concurso foi posteriormente anulado.

Decifrando a prova

(2019 – Instituto Acesso – PC/ES – Delegado) Juliana, aos 18 anos, desempregada e sem ter concluído o ensino médio, morando ainda na casa da sua avó, na periferia de Piúma no Espírito Santo, conheceu, através de um aplicativo de encontros, Rafael, com 24 anos, que era empregado com carteira assinada numa rede de lanchonetes.

Juliana e Rafael iniciaram um relacionamento afetivo e, após alguma resistência de Jacira, avó de Juliana, decidiram morar juntos sob o mesmo teto. Como não tinham condições financeiras de alugar uma casa, foram morar na casa de Jacira.

Com apenas dois meses de relacionamento, Juliana descobriu que estava grávida de outro parceiro. Rafael, porém, decidiu não se separar de Juliana, que informou não saber exatamente quem seria o pai da criança, pois antes de começar a morar com o Rafael havia se relacionado sexualmente com vários homens.

Com a notícia da gestação, a convivência do casal foi-se tornando difícil, em especial por causa da barriga de Juliana, que estava crescendo por conta da gravidez, o que gerava comentários da vizinhança. Agressões verbais e empurrões entre o casal passaram a fazer parte da rotina do casal.

Na mesma época, Jacira, que tinha 66 anos de idade, teve sua aposentadoria suspensa, pois o INSS suspeitou que os documentos que instruíram o pedido poderiam ser falsos. Com a suspensão da aposentadoria, a casa passou a contar apenas com o salário de Rafael. Em função disso, ele passou a ser agressivo também com Jacira, dizendo por diversas vezes que ela deveria fazer as suas vontades, já que ele sustentava sozinho a casa. Dizia que Jacira deveria fazer o papel de cozinhar, lavar e passar suas roupas.

Na manhã de 29 de julho de 2019, um sábado, após voltarem de uma festa ocorrida na noite anterior, Juliana e Rafael tiveram uma discussão mais severa, sobre a gravidez de Juliana.

Grávida de 7 meses, saturada com as críticas e grosseria do companheiro, motivadas pelos inúmeros comentários ouvidos na noitada, Juliana trancou-se no banheiro chorando copiosamente e se dizendo arrependida de morar com ele.

Após arrombar com um pontapé a porta, Rafael descontrolou-se e passou a surrar sua companheira. Com socos no rosto, Rafael agrediu Juliana, que caiu ao chão desmaiada.

Em meio à discussão, Jacira apareceu para tentar proteger sua neta. Com muita raiva, Rafael pegou uma arma de fogo, um revólver calibre 38, que havia comprado numa feira em Cachoeiro de Itapemirim há dois anos, com o objetivo de cuidar da sua própria proteção, e desferiu três tiros à queima-roupa contra Jacira, dizendo que ela não tinha o direito de intervir na sua relação com Juliana, pois não sustentava a casa. Dona Jacira faleceu no hospital para o qual foi levada pelos vizinhos que a socorreram.

Dois vizinhos, Antônio e Muriel, que estavam em casa no momento dos fatos, apareceram para prestar socorro, após ouvir a discussão seguida de tiros. Porém, assim que tiveram a notícia do falecimento de uma das vítimas, com medo de Rafael, deixaram o bairro temendo por suas vidas.

Juliana foi internada em estado grave e sofreu aborto decorrente da gravidade das agressões, mas sobreviveu sem sequelas. Rafael fugiu deixando no local do crime a arma de fogo utilizada.

A Polícia Civil foi acionada e na casa encontrou também 1 papelote de cocaína com um terço apenas do conteúdo, guardado numa pasta que continha também alguns documentos de Rafael.

Diante dos fatos narrados, na qualidade de Delegado de Polícia Civil responsável por tomar as providências legais para formalizar o início da investigação, você deverá elaborar o procedimento policial necessário à apuração do fato.

A primeira impressão pode assustar um pouco, mas não se preocupe, lembre-se de que a primeira leitura serve apenas para situar-se. Leia novamente o texto, agora pontuando situações importantes como: autor, vítimas, possíveis delitos, testemunhas, medidas investigativas que poderiam ser adotadas para elucidar o delito, além dos dados conhecidos do Heptâmetro de Quintiliano. Treine seus olhos para localizar esses pontos.

É extremamente importante observar que o examinador não fez referência a qualquer outro expediente investigativo já instaurado. Não faz referência a número de Inquérito Policial ou a qualquer outra forma de investigação preliminar.

Por conta disso, logicamente, a primeira medida a ser adotada é a instauração do expediente investigativo.

Uma dúvida que poderia surgir é se seria cabível a prisão em flagrante. A resposta seria negativa, pois o examinador não faz alusão à captura de Rafael nas situações flagranciais previstas no CPP.

Outra vertente de pensamento que poderia ser adotada pelo candidato seria pensar em alguma representação a respeito de prisão de Rafael – contudo, antes de qualquer representação, é necessária a instauração do inquérito policial, portanto estamos a tratar efetivamente de uma Portaria.

Na nossa visão, não seria de bom tom representar por medidas prisionais quando ainda nenhuma diligência investigativa foi praticada. Veja que, conforme a ordem constitucional, a **segregação da liberdade** é **ato extremo**, o qual somente é admissível quando não há a possibilidade de adoção de outras medidas menos gravosas. Desse modo, pense conosco, se não foi realizada nenhuma medida investigativa, é extremamente difícil demonstrar a imprescindibilidade da segregação cautelar; por esses motivos, não há que se falar em representação por medida prisional.

Veja que a instauração do inquérito é elemento necessário para representação a respeito de medida prisional, considerando que, se há justa causa para a representação a respeito de um decreto prisional, com muito mais razão haveria justa causa para instauração da investigação por meio do inquérito policial.

Agora as coisas já ficaram mais fáceis. Já definimos que a peça cabível efetivamente será uma Portaria de instauração de inquérito policial. Veremos a estrutura da peça:

a. Título.
b. Preâmbulo.
c. Instauração.
d. Determinações.
e. Fechamento.

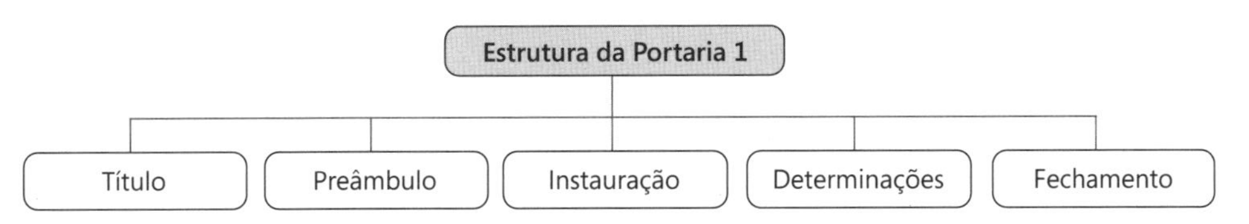

Veja a seguir o padrão de resposta apresentado do referido exame:

Modelo Portaria

(Título)

Portaria

O **Delegado de Polícia Civil** que ora assina esta Portaria, lotado na Delegacia Policial de Piúma/ES, com respaldo no art. 144, § 4º, da CF, no art. 4º c/c art. 5º, inciso I, ambos do CPP, e no art. 128 da Constituição do ES.

(Instauração)

Resolve:

Instaurar inquérito policial para apuração de possível ocorrência dos crimes de lesão corporal grave qualificada pelo aborto – art. 129, § 2º, inciso V, homicídio qualificado em razão do feminicídio – art. 121, § 2º, inciso VI, c/c § 2º-A, incisos I e II e § 7º, inciso II, todos do CP – sendo ambos os delitos praticados em concurso material, consoante art. 69, também do CP. Posse irregular de arma de fogo de uso permitido – art. 12 da Lei nº 10.826/2003 – e delito de posse ou porte de drogas para consumo pessoal – art. 28 da Lei nº 11.343/2006.

Nesse ponto, conforme já destacamos, o Delegado de Polícia deve fazer referência aos **dispositivos legais** que fundamentam a instauração, assim como proceder a **um juízo preliminar de tipificação**. Nesse caso, os delitos praticados foram os seguintes:

- **a.** Lesão corporal gravíssima qualificada pelo aborto, nos termos do art. 129, § 2º, V.
- **b.** Homicídio qualificado pelo feminicídio[6] nos termos do art. 121, § 2º, VI c/c § 2º-A, I e II, e § 7º, II, do CP.
- **c.** Posse irregular de arma de fogo, nos termos do art. 12 do Estatuto do Desarmamento.
- **d.** Posse ou porte de drogas para consumo pessoal, nos termos do art. 28 da Lei nº 11.343/2006.

Encerrada essa fase, ainda no âmbito da instauração, é necessário que se faça um **apanhado dos fatos** que fundamentam a instauração e a tipificação preliminar realizada. Vejamos como constou do espelho da prova.

Consta que na manhã de 29 de junho de 2019, após uma discussão, Rafael agrediu fisicamente Juliana, no interior da casa onde moravam juntos. Juliana, então, como resultado da conduta de Rafael, sofreu lesões no corpo e interrupção da gestação. Da notícia-crime, apresenta ainda que, no mesmo contexto fático, Rafael disparou tiros de uma arma de fogo contra a dona da casa onde Rafael e Juliana residiam, de nome Jacira, que veio a falecer no hospital.

---

6 Apesar de o espelho de resposta não ter citado, acreditamos que seria possível ao candidato indicar a incidência da Lei nº 11.340/2006 (Lei Maria da Penha), nos termos dos seus arts. 5º e 7º. O candidato também deveria indicar o concurso de crimes na forma do art. 69 do Código Penal, concurso material de crimes.

> Inclui ainda que Rafael mantinha em sua casa, há alguns anos, uma arma de fogo em desacordo com determinação legal ou regulamentar, não havendo notícias de que havia adquirido para o fim específico de utilizar no crime que ora se narra. Além disso, no local foi encontrado um papelote de entorpecente aberto, com vestígios de já ter sido consumido mais de um terço e aparência de ser do tipo cocaína, guardado em uma pasta que continha alguns documentos de Rafael.

Observe que a narrativa é simples, não há adição de novos fatos, mas a mera descrição do ocorrido conforme constou do exame.

Nas **determinações e no fechamento**, o Delegado de Polícia efetivamente deve demonstrar o seu conhecimento, pois irá determinar quais as **diligências** devem ser adotadas. O candidato deve ter cuidado nesse ponto por dois motivos:

1. Não deixar de fora determinações que deveriam ter sido adotadas.
2. Não determinar diligências incabíveis como aquelas que se sujeitam à cláusula de reserva jurisdicional.

Vejamos as diligências cabíveis, conforme o espelho da prova.

Diante dos fatos narrados, na forma do art. 5º do Código de Processo Penal, determina-se a prática das seguintes medidas:

a. Requisite-se perícia no local onde ocorreu o fato criminoso.
b. Remova o corpo de Jacira do hospital para o IML.
c. Proceda a identificação e oitiva das testemunhas Antônio e Muriel.
d. Proceda a identificação e oitiva do suposto autor do fato.
e. Apreenda-se arma de fogo empregada pelo autor do fato e a encaminhe a exame pericial.[7]
f. Expeça-se ofício ao hospital a fim de se obter ciência sobre as circunstâncias médicas das lesões sofridas pela vítima sobrevivente.
g. Ouça-se a vítima sobrevivente em termos de declarações.
h. Encaminhe-se a vítima Juliana para exame de corpo de delito.
i. Cientifique a vítima a respeito das medidas protetivas de urgência previstas em lei.
j. Junte-se o laudo de exame cadavérico da vítima fatal e, se possível, sua certidão de óbito.
k. Apreenda-se e encaminhe para exame pericial o material entorpecente encontrado no local do crime.

Observe que o padrão de resposta apresentado pela banca Instituto Acesso indica, no padrão de resposta, como última diligência, a remessa de ofício ao juízo competente, encaminhando o pedido de prisão temporária.

---

[7] Nesse ponto, seria interessante indicar que se trata de exame de eficiência do artefato e confronto balístico entre o armamento e eventual projétil localizado quando da perícia do corpo da vítima de homicídio. Lembre-se de que sempre é importante que o candidato indique efetivamente o tipo de perícia a ser realizada. Isso mostra que ele efetivamente tem conhecimento a respeito da investigação.

Com todo respeito à Instituição, não acreditamos ser essa a melhor medida a ser desempenhada pelos motivos que passamos a expor:

a. **Motivo 1:** apesar de toda a descrição fática, a qual se mostra rica em detalhes a respeito do cometimento do crime, sua autoria, vítimas, testemunhas, os fatos não demonstram a imprescindibilidade da segregação cautelar do investigado. Assim, o examinador não apresenta elementos hábeis a fundamentar pedido de prisão temporária ou mesmo preventiva. Observe que a mera existência de elementos de autoria ou mesmo a gravidade do delito não fundamentam, por si só, medida prisional.
b. **Motivo 2:** apesar de não haver vedação legal, não se mostra indicável, salvo raríssimas exceções, a representação de medida prisional logo no ato de instauração do inquérito, pois se exige que a segregação cautelar seja a medida extrema e necessária para a investigação. Observe que seria bastante difícil indicar essa imprescindibilidade se ainda não foi realizado nenhum ato investigatório.
c. **Motivo 3:** ainda relacionado ao motivo anterior, parece-nos que o examinador não desejava que o candidato efetivamente representasse pela prisão temporária, mas, na verdade, fez referência a remessa, por meio de ofício, da cópia de um pedido que já fora realizado antes mesmo da instauração do inquérito policial, o que se mostra ainda mais incongruente, principalmente se considerarmos a narrativa fática.
d. **Motivo 4:** caso considerássemos que o pedido de prisão temporária fosse cabível, a melhor técnica não indica que essa representação, antes de efetivada a prisão, seja documentada nos autos do inquérito por meio da remessa de ofício, pois, como já visto, o advogado tem acesso ao referido instrumento investigativo e, portanto, conheceria da representação antes mesmo que ele fosse analisado, o que dificultaria seu resultado.

Outra crítica que formulamos com relação ao espelho de correção é: em diversas determinações em que consta a palavra *vítima* não há indicação de qual delas se trata. Contudo, essa determinação foi pontuada no referido espelho, apesar de todas as críticas feitas.

Observe que não há grandes complicações na confecção da referida peça, contudo, é necessário treino e cuidado no momento da confecção.

Caso prático

João, 25 anos, e Pedro, 24 anos, moravam na mesma rua na cidade Bananeiras/PB. Pedro, começou a sentir raiva de João desde o dia em que este *tomou* sua namorada.

Toda vez que Pedro via João passar com sua ex-namorada, Marta, seu ódio só aumentava. Logo começou a alimentar o sentimento de vingança, e dizia para os seus amigos que isso não iria ficar assim.

Logo Pedro começou a imaginar como iria matar João. Para isso, passou a ver como era a rotina de João.

Pedro, já a par dos passos de João, decidiu matá-lo. Para isso, adquiriu uma arma de fogo de uso permitido no dia 20 de março de 2020, mantendo-a guardada exclusivamente no interior de sua residência até o dia da prática delituosa programada, único dia em que saiu de casa com o artefato com o único propósito de ceifar a vida de João.

No dia 1º de abril de 2020, Pedro decidiu executar o seu plano. Esperou João sair do seu trabalho, na Rua Alta, nº 12, centro, e por volta das 18h aproximou-se da vítima, como se fosse roubá-la, e disparou duas vezes contra João, que veio a falecer no local. Em seguida, fugiu.

Populares acionaram a Polícia Civil, cujos agentes se deslocaram ao local. Policiais civis conversaram com as testemunhas Márcio e Maicon, que relataram as características do criminoso, as quais correspondiam com as de Pedro, explicando-lhes que o autor do crime se aproximou da vítima, a qual, mesmo tendo levantado as mãos e não ter esboçado nenhuma reação, foi atingida com dois disparos de arma de fogo. Ressaltaram as testemunhas que a vítima não teve nenhuma chance de defesa. As testemunhas acionaram socorro, contudo a vítima não resistiu aos ferimentos e morreu no local.

Marta, ao saber da notícia do falecimento de seu namorado, dirigiu-se até a delegacia e relatou que suspeitava quem seria o autor do crime, Pedro, seu ex-namorado, pois ele já havia espalhado na vizinhança que o fato de João ter ficado com sua namorada não ia passar em branco.

Diante dos fatos narrados, na qualidade de Delegado de Polícia Civil responsável por tomar as providências legais para formalizar o início da investigação, você deverá elaborar a peça prática policial necessária à apuração do fato.

Veja a seguir uma possível resposta para a questão:

Modelo de proposta de resposta

Portaria

O Delegado de Polícia Civil que esta subscreve, lotado na Delegacia de Polícia de Bananeiras/PB, no uso de suas atribuições previstas no art. 144, § 4º, da Constituição Federal, art. 4º e seguintes do Código de Processo Penal e arts. 1º e 2º, §§ 1º e 2º, da Lei nº 12.830/2013, em razão de ter tomado conhecimento, por meio de notícia crime, de que, no dia 1º de abril de 2020, por volta das 18h, na Rua Alta, nº 12, centro, ocorreu o crime de homicídio consumado de João, 25 anos, provocado por emprego de arma de fogo, supostamente praticado por Pedro, 24 anos.

RESOLVE: instaurar inquérito policial.

Consta que na tarde do dia 1º de abril de 2020, por volta das 18h, o agressor aproximou-se da vítima e, impossibilitando qualquer meio de defesa, disparou duas vezes contra João, que veio a falecer no local. O investigado empreendeu fuga após a prática do delito.

Após ser acionada por testemunhas, investigadores foram até o local, momento em que arrolaram como testemunhas do fato Márcio e Maicon ***(qualificação completa)***.

Marta, namorada de João, ao saber da notícia do falecimento de seu namorado, dirigiu-se até a delegacia e relatou que suspeitava quem seria o autor do crime, momento em que indicou Pedro, seu ex-namorado. Relatando inclusive que Pedro já havia espalhado na vizinhança que o fato de João estar namorando com a declarante não iria *passar em branco*.

O fato sob análise amolda-se aos tipos penais normatizados no art. 121, § 2º, II e IV, do Código Penal e art. 12 da Lei nº 10.826/2003 (posse ilegal de arma de fogo), em concurso material (art. 69 do CP), em razão do fato de não haver informações de a arma ter sido adquirida com o fim específico da prática do crime de homicídio.

Diante dos fatos narrados, na forma do art. 6º do Código de Processo Penal, determina-se a prática das seguintes medidas:

1. Autue-se e junte-se todo o expediente formalizado.
2. Requisite-se a realização de exame cadavérico, após junte-se o Laudo Cadavérico.
3. Requisite-se a realização de exame de local de crime, após junte-se o respectivo laudo.
4. Confeccionem os investigadores relatório circunstanciado de investigação sobre as diligências praticadas.
5. Intime-se as testemunhas arroladas, Márcio e Maicon *(qualificação completa)* para oitiva formal a respeito dos fatos.
6. Intime-se a noticiante Marta *(qualificação completa)* para que se manifeste sobre os fatos.
7. Expeça-se ordem de missão aos policiais para que localizem a arma de fogo utilizada na prática do crime, após a diligência apresentem as informações em relatório policial de investigação.
8. Expeça-se ordem de missão para que se localizem eventuais câmeras de circuito interno que possam ter flagrado a prática do delito.
9. Expeça-se ordem de missão para que se localizem outras testemunhas que estavam no local e possam ter presenciado os fatos.
10. Intime-se o suspeito Pedro *(qualificação completa)* para oitiva formal.
11. Proceda com os demais atos de polícia necessários ao deslinde da investigação.

Após cumpridas as diligências a determinadas, retornem os autos conclusos para posteriores deliberações.

Cumpra-se. Bananeiras, data.

Delegado de Polícia.

Delegacia de Bananeiras.

15 Materialização das diligências investigativas e dos autos respectivos

Inicialmente, lembramos que a investigação é composta por um complexo de atos, destinados a elucidar o fato objeto de análise. Ao longo desse caminho, diversas diligências e ações são praticadas. Ocorre que muitas dessas atividades investigativas são **fenômenos fáticos** e necessitam-se, de alguma forma, ser materializados documentalmente no bojo do inquérito policial.

Imagine, por exemplo, que a vítima de determinado delito reconheça o autor do fato: trata-se de fenômeno fático, o qual necessita ingressar no caderno investigativo de alguma forma, sendo o instrumento próprio para essa finalidade o **auto de reconhecimento de pessoa**.

Também seria possível que outra vítima reconhecesse o capacete utilizado pelo autor do delito de um roubo do qual foi vítima. Mais uma vez, teremos um auto, nesse caso, o **auto de reconhecimento de objeto**.

É muito importante que o leitor, futuro Delegado de Polícia, não confunda **autos investigativos** com os **relatórios investigativos** elaborados pelos policiais designados para a investigação. Esses relatórios também integram o caderno da investigação, mas além disso indicam a fase preliminar para a elaboração dos autos. Assim, somente para elucidar, o relatório investigativo seria o caminho e o auto, o resultado.

Pense em um investigador que localiza o capacete utilizado na prática do crime e, posteriormente, informa esse fato ao Delegado de Polícia por meio de relatório investigativo. O Delegado de Polícia mostra, então, o capacete para a vítima, que reconhece com certeza que foi aquele o instrumento utilizado pelo autor no momento da prática do delito. Assim, o relatório trabalha na descrição e indicação do fato a ser materializado, já os autos, efetivamente, materializam documentalmente a diligência no âmbito da investigação.

Logicamente, não são todos os relatórios investigativos que gerarão um auto correlacionado. Por vezes, o objetivo do relatório é simplesmente informar fatos ao Delegado de Polícia, hipóteses em que não será possível e nem mesmo necessária a materialização por meio de um auto. Imagine, por exemplo, que se objetive descobrir onde determinado investigado reside, nesse caso não haverá nenhuma espécie de auto correlacionado. Assim, os autos somente existirão quando houver a necessidade específica de documentar e instrumentalizar o resultado de atos da investigação.

Relatório investigativo	Autos
Elaborado na fase investigativa e produzido por investigadores.	Resultado das diligências investigativas e produzido por Delegado de Polícia.
Trata-se de meio para a produção de elementos informativos.	Trata-se de elemento informativo.
Caráter informal e informativo.	Caráter formal e materializador da diligência investigativa.

Assim, os autos se destinam a instrumentalizar diligências, fenômenos fáticos e acontecimentos que necessitam ser demonstrados documentalmente no âmbito de uma investigação.

Nesse tópico, analisaremos e estudaremos os diversos autos elaborados ao longo da investigação policial. Pode-se conceituar o auto como instrumento documental destinado a materializar documentalmente diligências investigativas e fenômenos fáticos ao longo da investigação policial.

Poderíamos apontar como fenômenos fáticos investigativos a serem documentados por meio dos autos os seguintes:

Fenômeno fático/investigativo	Auto relacionado
Captura em flagrante do autor de um crime.	Auto de prisão em flagrante.
Reconhecimento de pessoas ou coisas.	Auto de reconhecimento de pessoa e Auto de reconhecimento de coisas.
Apreensão de objetos e instrumentos relacionados à investigação.	Auto de apreensão.
Acareação realizada no âmbito da investigação.	Auto de acareação.
Reprodução simulada dos fatos.	Auto de reprodução simulada dos fatos.
Destruição de drogas apreendidas no âmbito de investigação relacionada às drogas.	Auto de destruição de drogas.
Utilização de algemas.	Auto de utilização de algemas.

Antes de, efetivamente, adentrarmos na análise de cada um desses fenômenos e de seus respectivos autos materializadores, é importante observarmos a interessante distinção entre os possíveis autos a serem elaborados.

Os autos podem ser classificados em duas espécies distintas:

a. autos descritivos;
b. auto complexo;

Os **autos descritivos** caracterizam-se por descrever a diligência investigativa praticada; com isso, materializa-se documentalmente aquele fenômeno no âmbito do inquérito policial. Perceba que o auto de reconhecimento descreve que determinada vítima ou testemunha reconhece o suposto autor ou objeto utilizado na prática do crime. No mesmo sentido, o auto de destruição de drogas descreve que, em determinado dia, horário, local e na presença de determinadas pessoas, as drogas objeto de apreensão na investigação foram destruídas.

Nesse conceito se incluem todos os autos, salvo o Auto de Prisão em Flagrante, que se trata de espécie de Auto Complexo.

O motivo dessa classificação é simples: o Auto de Prisão em Flagrante (APF) descreve a diligência relacionada à captura, contudo não se trata de peça meramente descritiva como as demais, por esse motivo ele é classificado como **auto complexo**. O APF, apesar de descrever a diligência que ocasionou a prisão, deve ser composto dos depoimentos dos responsáveis pela prisão e do capturado, pelos demais autos: apreensão, reconhecimento etc., despacho ordinatório, além de outras peças necessárias a subsidiar a formação da Autoridade Policial a respeito da homologação da captura em flagrante anteriormente praticada.

Justamente por essas características especiais, o **APF torna-se auto atípico** com relação aos demais que possuem estrutura meramente descritiva. Diante dessas observações, abordaremos os assuntos relacionados da seguinte forma:

a. **Autos descritivos:** trataremos das peças internas mais relevantes:

- Auto de reconhecimento de pessoa/coisa.
- Auto de apreensão.
- Auto de acareação.
- Auto de reconstituição simulada dos fatos.
- Auto de exumação.
- Auto de uso de algemas.
- Auto de destruição de drogas.

b. **Auto complexo:** trataremos da prisão em flagrante e todas as suas peculiaridades.

15.1 AUTOS DESCRITIVOS

Antes de efetivamente adentramos nos autos descritivos, é necessário ressaltar que todos eles deverão seguir basicamente a mesma estrutura. Assim, com a finalidade de facilitar o trabalho a ser desempenhado por nosso leitor no momento da confecção das peças práticas profissionais, apresentamos um **modelo genérico** a ser seguido, em sua estrutura básica, na confecção de todos os autos.

Outro ponto que deve ser ressaltado é que, geralmente, os autos são elaborados pelo escrivão de polícia, por determinação da Autoridade Policial. Contudo, nos estudos das peças práticas elaboradas pelo Delegado, deve-se partir do pressuposto de que foi o próprio Delegado que redigiu o auto, pois, se imaginássemos o contrário, não faria sentido incluir o assunto nesta obra.

Logicamente, em cada um dos autos, deve-se observar as especificidades da situação investigativa, objeto de materialização por meio do auto.

Assim, cada um dos autos deverá contar, minimamente, com a seguinte estrutura:

a. Título do auto a ser realizado.
b. Data e local da prática do ato.
c. Referência às pessoas envolvidas.
d. Descrição da diligência investigativa. Esse é ponto que irá diferenciar cada um dos autos a serem realizados. Basicamente, nesse ato o candidato deverá descrever a diligência realizada, conforme as determinações legais.
e. Fechamento.

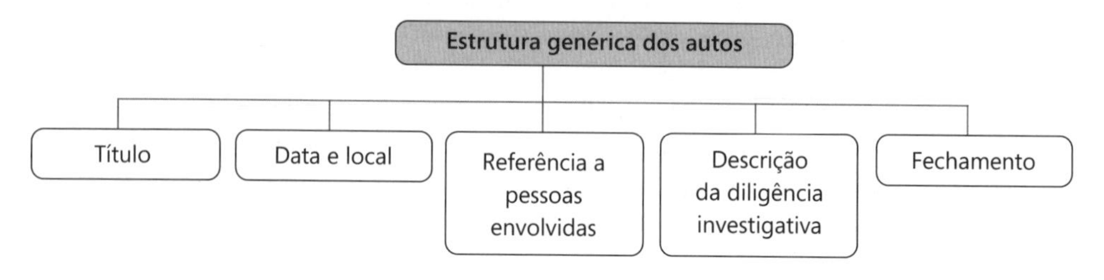

Após a análise de um modelo genérico, podemos analisar as peculiaridades de cada um dos autos descritivos.

15.1.1 Auto de reconhecimento de pessoa/coisa

Inicialmente, é importante ressaltarmos que o reconhecimento de pessoa ou de coisa pode ser realizado tanto na fase investigativa quanto na fase instrutória judicial. Trataremos, considerando a finalidade de nosso trabalho, do ato de reconhecimento realizado no âmbito das investigações preliminares, essencialmente aquela feita na estrutura do inquérito policial.

O reconhecimento de pessoa ou coisa é meio de prova, na qual alguém identifica ou reconhece algo ou alguém que já tinha visto ou já conhecia anteriormente à prática da diligência. Observa-se que o Código de Processo Penal apresenta, no art. 226, o procedimento a ser adotado para a prática do ato em estudo.

O reconhecimento de coisa ou de pessoa **não se confunde com o retrato falado**. Neste, a pessoa que viu o autor do delito descreve suas características físicas ao perito[1] que tenta, por meio das informações, retratar em imagem o autor do crime. Trata-se de meio de investigação, e não propriamente de meio de obtenção de prova.

O reconhecimento de pessoa ou coisa é extremamente importante para elucidação dos fatos sob investigação e, por vezes, até mesmo necessário para a formação da convicção do Delegado de Polícia a respeito da homologação ou não da prisão em flagrante. Assim, é necessário que o nosso leitor se atente para o fato de que, muitas vezes, deverá determinar a

[1] Ou papiloscopista policial, a depender da divisão de cargos e atribuições dentro da estrutura de cada polícia.

realização da diligência em **despacho** no curso do inquérito policial. Tratamos do tema referente aos despachos ordinatórios e instrutórios em tópico próprio deste *Manual Decifrado*.

Caso essa diligência seja determinada pelo Delegado de Polícia em despacho, é interessante que o faça em ato motivado, explicando e esclarecendo o motivo pelo qual a citada diligência guarda pertinência com o fato investigado.

Nesse sentido, é importante que a determinação do reconhecimento de pessoa ou coisa seja realizada, posteriormente, à oitiva da vítima ou da testemunha. Assim, no bojo do inquérito, inicialmente, em termo de declaração, a vítima/testemunha deve declarar se tem condições de reconhecer o autor, devendo o Delegado questioná-la a esse respeito. Posteriormente, caso a resposta seja positiva, determinará a realização da diligência.

Perceba que não seria possível a determinação, em despacho, do reconhecimento de pessoa se a vítima diz em suas declarações que o autor estava com o corpo totalmente encoberto ou que o infrator determinou que a vítima se mantivesse olhando para o chão durante a empreitada criminosa.

Assim, a realização ou não da diligência deve guardar pertinência com o contexto fático investigado, sob pena de restar em ato ineficaz para a sua elucidação.

15.1.1.1 Reconhecimento fotográfico ou fonográfico

O reconhecimento fotográfico ou fonográfico, apesar de não encontrar em previsão legal, é tratado como prova/elemento informativo inominado e, portanto, observando-se os princípios da busca da melhor verdade possível e da liberdade da produção probatória, é admitido pela jurisprudência dos tribunais superiores.

De acordo com o Superior Tribunal de Justiça, é possível a sua utilização, desde que complementado por outros elementos de provas (STJ, 5ª T., HC nº 427.051/SC, Rel. Min. Felix Fischer, j. 05.04.2018, *DJe* 10.04.2018); em sentido diverso, não se admite decreto condenatório fundado unicamente na prática dessa diligência.

Ressalta-se que, nas hipóteses em que a vítima não viu o autor do delito, poder-se-ia questioná-la a respeito da possibilidade de reconhecer a voz do infrator por meio do reconhecimento fonográfico. Trata-se de medida excepcional, contudo cabível a depender do tipo de delito apurado. Desse modo, nos despachos realizados, o candidato deve considerar a possibilidade de determiná-lo, sempre em ato motivado e correlacionado com a investigação em questão.

Por fim, o reconhecimento fonográfico **não se confunde com o exame pericial de verificação do locutor (exame de autenticidade de voz)**. Este é realizado por perito para verificar se a voz em determinada gravação pertence a determinado investigado.

Após essa introdução, vejamos o procedimento para o reconhecimento de coisa ou de pessoa.

15.1.1.2 Procedimento

O art. 226 do CPP estabelece o procedimento a ser adotado no reconhecimento de pessoas ou coisas. Diante da dificuldade estrutural ou mesmo da necessidade de dar celeridade à diligência, em algumas vezes não se seguia integralmente as previsões legais a respeito da diligência.

A respeito das formalidades legalmente previstas, prevalecia o entendimento jurisprudencial no sentido de que eventuais irregularidades relativas ao reconhecimento pessoal do acusado não ensejavam a sua nulidade, uma vez que as determinações contidas no art. 226 do CPP seriam meras recomendações legais, e não imposições vinculantes à diligência.[2]

Ocorre que, mais recentemente, no julgamento do HC nº 598.886/SC (j. 27.10.2020, *Info* 684), da relatoria do Min. Rogério Schietti, a 6ª Turma do STJ reviu esse posicionamento, estabelecendo que as formalidades previstas no art. 226 do CPP constituem-se garantias mínimas para quem se encontra na condição de suspeito da prática de um crime e que o descumprimento dessas formalidades torna inválido o reconhecimento da pessoa suspeita, não podendo servir como base para eventual condenação, mesmo quando o reconhecimento for confirmado em juízo.

Logicamente que, em provas concursais, o candidato deve se ater integralmente às disposições legais a respeito do assunto.

Vejamos as determinações contidas no art. 226 do CPP:

> **Capítulo VII**
>
> **Do Reconhecimento de Pessoas e Coisas**
>
> **Art. 226.** Quando houver necessidade de fazer-se o reconhecimento de pessoa, proceder-se-á pela seguinte forma:
>
> I – a pessoa que tiver de fazer o reconhecimento será convidada a descrever a pessoa que deva ser reconhecida;
>
> II – a pessoa, cujo reconhecimento se pretender, será colocada, se possível, ao lado de outras que com ela tiverem qualquer semelhança, convidando-se quem tiver de fazer o reconhecimento a apontá-la;
>
> III – se houver razão para recear que a pessoa chamada para o reconhecimento, por efeito de intimidação ou outra influência, não diga a verdade em face da pessoa que deve ser reconhecida, a autoridade providenciará para que esta não veja aquela;
>
> IV – do ato de reconhecimento lavrar-se-á auto pormenorizado, subscrito pela autoridade, pela pessoa chamada para proceder ao reconhecimento e por duas testemunhas presenciais.
>
> Parágrafo único. O disposto no nº III deste artigo não terá aplicação na fase da instrução criminal ou em plenário de julgamento.
>
> **Art. 227.** No reconhecimento de objeto, proceder-se-á com as cautelas estabelecidas no artigo anterior, no que for aplicável.

---

2 Nesse contexto: STJ, 6ª T., AgRg no AgRg no AREsp nº 728.455/SC, Rel. Min. Sebastião Reis Júnior, j. 28.06.2016, *Dje* 03.08.2016.

Art. 228. Se várias forem as pessoas chamadas a efetuar o reconhecimento de pessoa ou de objeto, cada uma fará a prova em separado, evitando-se qualquer comunicação entre elas.

Vejamos sistematicamente cada uma das fases do procedimento para o reconhecimento de coisa ou de pessoa:

Medida	Observação
Descrição da pessoa ou coisa a ser reconhecida	É muito importante que o Delegado de Polícia ouça em termo próprio a vítima ou testemunha que realizará o reconhecimento, justamente com o fito de saber se a pessoa designada é capaz, ao menos em tese, de proceder ao reconhecimento. Após isso, o reconhecedor deverá descrever a coisa/ pessoa que irá reconhecer.
Ato de reconhecimento	Nessa fase, a pessoa/coisa a ser reconhecida será colocada, **caso possível**, lado a lado com outras com as quais guardem semelhança. O objetivo aqui é dar fidedignidade ao ato de reconhecimento. Caso não haja possibilidade do cumprimento desta formalidade, há a necessidade de justificativa, sob pena de nulidade do ato. Após isso, o reconhecedor será questionado se reconhece ou não a coisa ou pessoa indicada.
Lavratura do auto	É extremamente importante observar que o reconhecimento pode ser positivo ou negativo. Em ambas as hipóteses deve a autoridade lavrar o auto respectivo descrevendo a diligência, o local, o horário, a pessoa ou a coisa submetida a identificação, procedimento adotado, qualificação da pessoa convidada a reconhecer e duas testemunhas arroladas. Em respeito à visão democrática que se deve atribuir ao inquérito policial, caso o reconhecimento seja negativo e atue como circunstância defensiva ao investigado, do mesmo modo deve integrar o caderno investigativo.

Atenção

Se houver risco de intimidação à pessoa convidada a reconhecer e, por essa razão, não diga a verdade a respeito do reconhecimento, a Autoridade Policial providenciará que o suposto autor não veja a vítima/testemunha no ato de reconhecimento. É interessante que essa providência conste expressamente no despacho, caso essas circunstâncias estejam presentes.

Caso existam diversas vítimas ou testemunhas do delito, a Autoridade Policial providenciará que a diligência seja realizada de forma separada com relação a cada uma delas, cuidando para que não se comuniquem entre si antes ou durante a diligência.

Assim, em provas, caso o candidato se depare com hipótese em que mais de uma pessoa procederá ao reconhecimento, deve declarar no despacho ou mesmo no auto respectivo que foram adotadas as cautelas referentes à **incomunicabilidade dos reconhecedores**.

15.1.1.3 Estrutura do auto de reconhecimento de pessoa/coisa

Inicialmente, observaremos um modelo genérico a ser seguido em todos os autos descritivos, e posteriormente adentraremos em modelo específico de auto de reconhecimento de pessoa ou coisa.

Vejamos estruturalmente os elementos que deverão integrar esse auto.

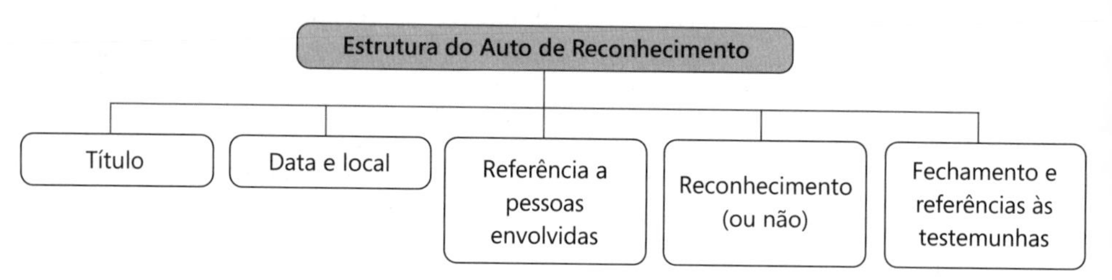

A partir desse esquema, analisaremos cada um dos elementos integrantes.

Elementos do auto de reconhecimento	Observações
Referência ao nome da peça produzida	Auto de reconhecimento de pessoa/coisa.
Data e local da realização do ato	Neste tópico, é extremamente importante que o candidato se atenha às previsões contidas no enunciado da questão, não adicionando ou suprimindo fatos. Também é interessante fazer referência à unidade investigativa em que se procede o ato. Caso essa informação conste da questão, logicamente.
Referência às pessoas envolvidas na diligência	O candidato deverá fazer referência à presença do Delegado de Polícia, na companhia do escrivão de polícia. Além disso, deve-se qualificar tanto a pessoa que irá proceder ao reconhecimento quanto a coisa/pessoa a ser reconhecida. Nesse tópico, caso conste da questão, também é interessante fazer referência à descrição anteriormente realizada pelo reconhecedor, o que normalmente consta de suas declarações para a investigação (desde que a questão traga esse dado). Legalmente, o ato deverá ser acompanhado por duas testemunhas, as quais deverão ser indicadas e assinarão o respectivo termo.
Referência ao reconhecimento (ou não) da pessoa/coisa	Neste tópico, deverá ser descrito o resultado da diligência, se foi realizado ou não reconhecimento. Em ambas as hipóteses, deve-se elaborar o auto respectivo.

Elementos do auto de reconhecimento	Observações
Fechamento e referência à existência das testemunhas	Exemplo de fecho: Nada mais havendo, esta Autoridade subscritora determina que seja encerrado o presente auto, que, lido e achado conforme, assina com o reconhecedor, as testemunhas (nome da primeira testemunha), residente na (endereço) e (nome da segunda testemunha), residente na (endereço), que presenciaram o ato de reconhecimento, além do senhor escrivão de polícia.

Tais elementos não precisam ser divididos em tópicos.

Após a análise de todos os elementos estruturantes, podemos analisar um modelo de auto de reconhecimento de pessoa/objeto.

Vejamos a seguir um modelo. Faremos referência a cada uma das partes integrantes somente por questões didáticas. Especificamente neste caso, criaremos alguns fatos, buscando facilitar a estrutura do auto de reconhecimento de pessoa/objeto.

Modelo de auto de reconhecimento de pessoa/objeto

(Título)

Auto de reconhecimento

(Data e local da realização do ato)

Aos..., dias do mês de... de 20..., nesta cidade (vila ou distrito) de..., Estado de..., no âmbito da Unidade Policial (...) (data e local da prática do ato),

(...)

(Referência às pessoas envolvidas na diligência e eventuais testemunhas)

Local em que estava presente *(qualificação completa)* Delegado de Polícia, comigo o escrivão *(qualificação completa)*, presente também a *(vítima/testemunha) (qualificação completa)*, já ouvida nestes autos *(fazer referência ao nº do inquérito policial, caso esteja presente no enunciado)*, o qual foi instado a apontar, caso possível, entre as... *(número)* outras pessoas também presentes, entre as quais se encontrava aquela a que se referiu no seu depoimento *(ou nas suas declarações)* de fls. (...). *(É importante fazer pequena referência à descrição realizada pela vítima/testemunha em seu depoimento)*.

(...)

(Referência ao reconhecimento ou ao não reconhecimento da pessoa/coisa)

A seguir, *(vítima/testemunha – qualificação completa) indicou (reconhecido – qualificação completa)*, como aquela pessoa que no dia..., *(resumir em poucas linhas o fato anteriormente exposto)*.

(...)

(Fechamento e referência à existência das testemunhas)

Nada mais havendo, esta Autoridade subscritora determina que seja encerrado o presente auto que, lido e achado conforme, assina com o reconhecedor, as testemunhas *(nome da primeira testemunha)*, residente na *(endereço)* e *(nome da segunda testemunha)*, residente na *(endereço)*, que presenciaram o ato de reconhecimento, além do senhor escrivão de polícia.

Delegado de Polícia.

Reconhecedor.

Testemunha 1.

Testemunha 2.

Escrivão.

Lembre-se de que **você não deve inventar dados** que possam identificar sua prova, como o nome do Delegado de Polícia ou do Escrivão. Além disso, **jamais assine sua prova**.

Após a análise da estrutura, vejamos exemplo prático que envolve o reconhecimento de pessoas ou coisas.

Caso prático

Leandro, 32 anos, residente na av. Sul, nº 171, bairro Claro, cidade de Morros/ MA, com o intuito de subtrair quantia do mercadinho situado na rua Erico Prates, passou alguns dias observando o movimento do comércio. Quando já estava ciente de toda a rotina, dos horários que chegavam as mercadorias, dos horários de maior e menor movimento no estabelecimento e o período em que, no caixa, ficava apenas uma funcionária, decidiu praticar subtração patrimonial dos valores do estabelecimento.

Diante dessas informações, no dia 6 de maio de 2022, por volta das 16h, Leandro entrou no estabelecimento portando uma arma de fogo e, utilizando uma máscara fina, na cor branca, que cobria apenas a boca e o nariz, anunciou o assalto, levando toda a quantia dos dois caixas, e fugiu.

A polícia foi acionada e, ao chegar ao local, conversou com a testemunha/vítima, Laura, que estava no caixa no momento. Esta, em seguida, foi levada para a delegacia, 50º Distrito Policial, para prestar declarações.

Em seu termo, Laura, 25 anos, residente na rua Covas, nº 357, Planalto, cidade de Morros/ MA, relatou que:

> Estava no seu expediente de trabalho e, por volta das 16h, um rapaz de estatura mediana, magro, cabelos castanhos, vestindo uma blusa branca e *short jeans*, com máscara fina na cor branca no rosto, chegou ao mercadinho e anunciou o assalto. Quando ele estava tirando o dinheiro do caixa, viu uma tatuagem pequena no punho dele, correspondente ao símbolo do infinito. Relatou que o infrator estava portando uma arma de fogo e que pegou o dinheiro que estava no seu caixa e depois saiu em fuga. No momento do assalto, só estava presente a declarante e Verônica, outra funcionária. Que possui capacidade para reconhecer o infrator caso o veja novamente.

Verônica, 30 anos, residente na rua Furnas, nº 100, Planalto, cidade de Morros/MA, relatou que:

> Que por volta das 16h, um rapaz chegou ao estabelecimento e, com a arma em punho, anunciou o assalto. Ele subtraiu todo o dinheiro do caixa de Laura, enquanto ela estava arrumando mercadoria nas prateleiras próximo ao caixa. Que o rapaz tinha estatura mediana, magro, cabelos castanhos e vestia uma blusa branca e *short jeans*. Utilizava uma máscara fina na cor branca no rosto, cobrindo apenas a boca e o nariz. No momento do ocorrido, só estavam no local a declarante e Laura. Que não *é* capaz de reconhecer o infrator, caso o veja novamente, pois ficou mais afastada o tempo todo.

Diante dos fatos, foi instaurado inquérito policial de nº 200/2022 para as devidas investigações.

O suspeito, apesar de não ter sido capturado em situação flagrancial, foi identificado e intimado a comparecer na unidade policial investigadora. Nessa ocasião, em 25 de maio de 2022, foi submetido ao reconhecimento, hipótese em que a vítima Laura o reconheceu. Na qualidade de Delegado de Polícia, elabore o auto/termo destinado a materializar o reconhecimento realizado por Laura.

Veja a seguir uma possível resposta para a questão:

Modelo de proposta de resposta
Auto de reconhecimento de pessoa

Aos 25 de maio de 2022, na Cidade de Morros, Estado do Maranhão, no âmbito da Unidade Policial – 50ª DP, local em que estava presente este subscritor, Delegado de Polícia, bem como o senhor escrivão desta unidade, presente também a vítima, Laura, 25 anos, residente na rua Covas, nº 357, Planalto, desta cidade, já ouvida em termo de declarações no bojo desse instrumento investigativo foi instada a apontar, caso possível, entre as *(número)* outras pessoas também presentes, entre as quais se encontrava aquela a que se referiu no seu depoimento (ou nas suas declarações) de fls. (...). Responsável pelo assalto do qual foi vítima.

Em seu termo de declarações, Laura afirmou, em suma, que: por volta das 16h, um rapaz de estatura mediana, magro, cabelos castanhos, vestindo uma blusa branca e *short jeans*, com máscara fina na cor branca no rosto, chegou no mercadinho e anunciou o assalto. Disse que viu uma tatuagem pequena no punho dele, correspondente ao símbolo do infinito e que possui capacidade para reconhecer o infrator caso o veja novamente.

A seguir, Laura indicou Leandro, 32 anos, residente na av. Sul, nº 171, bairro Claro, cidade de Morros/MA, como aquela pessoa que no dia 6 de maio de 2022, por volta das 16h, entrou no seu local de trabalho e, na posse de arma de fogo, levou toda a quantia do caixa no qual estava trabalhando, bem como do caixa ao lado.

Nada mais havendo, esta Autoridade subscritora determina que seja encerrado o presente auto, que, lido e achado conforme, assina com o reconhecedor, as testemunhas *(nome da primeira testemunha)*, residente na *(endereço)* e *(nome da segunda testemunha)*, residente na *(endereço)*, que presenciaram o ato de reconhecimento, além do senhor escrivão de polícia.

Delegado de Polícia – 50ª DP.

Laura (reconhecedora).

Testemunha 1.

Testemunha 2.

Escrivão de Polícia.

15.1.2 Auto de apreensão

O auto de apreensão pode materializar o meio de produção de prova denominado busca e apreensão. É interessante ressaltar que trataremos novamente a respeito desse tema na Parte 3, momento em que analisaremos a representação por busca e apreensão domiciliar. Caso haja a necessidade de maiores aprofundamentos sobre esse tema, remetemos o leitor ao tópico referente às representações.

A **busca** é medida desenvolvida no âmbito da investigação que objetiva localizar ou constatar a existência de coisa ou pessoa envolvidas ou correlacionadas a infrações penais e, portanto, importantes para a sua elucidação.

A **apreensão**, por sua vez, configura-se como o apossamento por parte da Autoridade Policial e objetiva materializar a diligência de busca exitosa (GOMES, 2015, p. 420).

É possível a realização da busca e apreensão em todas as fases da atividade persecutória:

- **a.** preparatória do procedimento investigativo (art. 6º, II, do CPP);
- **b.** investigativa no curso do inquérito policial;
- **c.** na fase de instrução criminal.

Considerando a finalidade de nosso trabalho, vamos nos atentar à execução da referida medida no âmbito pré-investigativo e efetivamente na fase de investigação.

As buscas podem ser pessoais ou realizadas em locais habitados ou não. As buscas realizadas em domicílios sujeitam-se a regramentos mais restritivos, considerando a inviolabilidade de domicílio. Fato é que, como resultado dessas medidas, a materialização dessas diligências é realizada por meio do auto de apreensão de objetos.

Há de se ressaltar que seriam possíveis medidas de busca e apreensão de pessoas, as quais serão analisadas dentro do âmbito da representação por busca e apreensão, tema tratado no bloco seguinte desta obra. Também trataremos na terceira parte desta obra da medida de busca e apreensão de adolescentes com previsão no Estatuto da Criança e do Adolescente (ECA).

Ainda é interessante ressaltar que a medida de apreensão de objeto há de ser determinada pela Autoridade Policial, assim o candidato deve estar atento ao enunciado da questão, caso haja referência a objetos localizados em cumprimento de mandado de busca e apreensão.[3] Nesses casos, em despacho, a Autoridade Policial deverá determinar sua apreensão e formalização do respectivo auto.

A medida de busca e apreensão é meio usual na investigação, considerando a sua importância no escopo investigativo. Há amplíssimo rol de infrações em que a medida de busca e apreensão e a lavratura do respectivo laudo são relevantes. Vejamos alguns exemplos (GOMES, 2015, p. 422):

a. os delitos relacionados às falsificações (ordinariamente de moedas, selos, títulos, produtos alimentícios e medicinais);
b. os delitos previstos na Lei nº 11.343/2006, referentes ao tráfico ilícito de entorpecentes;
c. os crimes previstos na Lei nº 10.826/2003;
d. os crimes contra o sistema financeiro (Lei nº 7.492/1986);
e. os crimes contra a ordem tributária, econômica e relações de consumo (Lei nº 8.137/1990);
f. os crimes vinculados à lavagem de dinheiro (Lei nº 9.613/1998).

Mais uma vez, observa-se que o objeto de estudo neste tópico é o auto de apreensão de objetos e coisas, e não propriamente a medida de busca e apreensão, a qual será analisada em tópico posterior deste trabalho.

15.1.2.1 Estrutura do auto de apreensão

Inicialmente, trataremos de estrutura padrão para o auto de apreensão de objetos e, posteriormente, trataremos efetivamente de um modelo padrão para o respectivo auto.

Vejamos estruturalmente os elementos que deverão integrar esse auto.

---

[3] Sujeita à cláusula de reserva jurisdicional quando executada em local sujeito a sigilo.

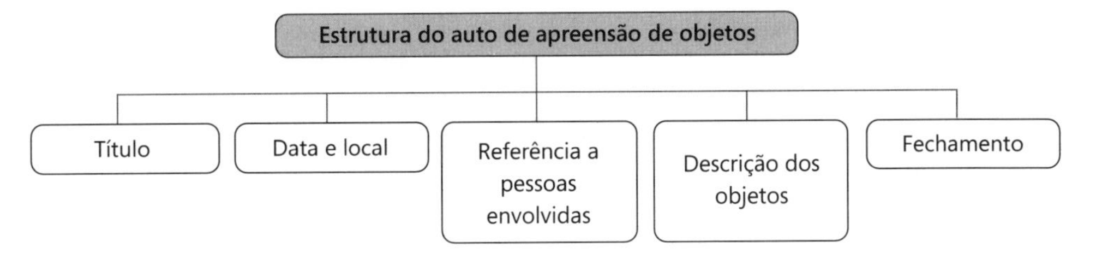

A partir desse esquema, analisaremos cada um dos elementos integrantes.

Elementos do auto de apreensão	Observações
Referência ao nome da peça produzida	Auto de apreensão de objeto.
Data e local da realização do ato	Neste tópico, é extremamente importante que o candidato se atenha às previsões contidas no enunciado da questão, não adicionando ou suprimindo fatos. Também é interessante fazer referência à unidade investigativa em que se procede o ato, logicamente, caso essa informação conste da questão.
Referência às pessoas envolvidas na diligência e determinação da apreensão dos objetos	O candidato deverá fazer referência à presença do Delegado de Polícia, o qual determinará a apreensão dos objetos, na companhia do escrivão de polícia. Caso a apreensão resulte de cumprimento de mandado de busca e apreensão, é interessante que o candidato faça referência à medida cautelar anteriormente executada (busca e apreensão). Caso a apresentação se dê por terceiro, policial ou não, é interessante qualificar essa pessoa na condição de apresentante. O ato deverá ser acompanhado por duas testemunhas, as quais deverão ser indicadas e assinarão o respectivo termo.
Referência e descrição dos objetos apreendidos	Neste tópico, deverá ser descrito o resultado da diligência, especificando todos os objetos apreendidos. Caso a apreensão resulte de diligência de busca e apreensão, é de bom tom que se faça superficial referência ao cumprimento da medida.
Fechamento	Exemplo de fecho: Nada mais havendo a tratar, esta Autoridade Policial determina o encerramento do presente auto, o qual após lido e achado conforme, será assinado por todos os presentes.

Tais elementos não precisam ser divididos em tópicos.

Após a análise de todos os elementos estruturantes, podemos analisar um modelo de auto de apreensão de objetos.

Vejamos a seguir um modelo. Faremos referência a cada uma das partes integrantes somente por questões didáticas. Especificamente neste caso, criaremos alguns fatos, buscando facilitar a estrutura do auto de reconhecimento de apreensão de objeto.

Modelo de auto de apreensão de objeto

(Título)

Auto de apreensão

(Data e local da realização do ato)

Aos..., dias do mês de...de 20..., nesta cidade *(vila ou distrito)* de..., Estado de..., no âmbito da Unidade Policial (...), *(data e local da prática do ato),*

(...)

(Referência às pessoas envolvidas na diligência (eventuais testemunhas) e determinação da apreensão dos objetos)

Local em que estava presente *(qualificação completa),* Delegado de Polícia, comigo o escrivão *(qualificação completa),* presentes também as testemunhas abaixo assinadas *(referência às pessoas que estavam presentes durante a prática do ato),* e o apresentante, determinou a Autoridade Policial a lavratura deste **auto de apreensão**, dos objetos abaixo relacionados:

(Caso os referidos objetos sejam apresentados por terceiros, policiais ou não, o termo deve fazer referência ao apresentante e descrever superficialmente a conjuntura em que o referido objeto foi apreendido).

(...)

(Referência e descrição dos objetos apreendidos)

a) *[...discriminar o objeto...]*

b) *[...discriminar o objeto...]* (...)

(Fechamento)

Nada mais havendo a tratar, esta Autoridade Policial determina o encerramento do presente auto, o qual após lido e achado conforme, será assinado por todos os presentes.

Delegado de Polícia. Apresentante.

Eventuais testemunhas.

Escrivão de Polícia.

Logicamente que a estrutura do auto de apreensão não é estática. A depender do cumprimento da diligência e do objeto apreendido, ele poderá mudar, contudo sempre mantendo-se a estrutura e os elementos apresentados.

Lembre-se de que **você não deve inventar dados** que possam identificar sua prova como o nome do Delegado de Polícia ou do escrivão. Além disso, **jamais assine sua prova**.

Caso prático

JP, conhecido como Vesgo, e AC, conhecido como Magrelo, são traficantes e dominam a venda de drogas na cidade Alegre, interior do Estado de Cintilante.

JP reside na rua Larga, nº 101, no bairro Amarelo, e AC reside na rua Estreita, nº 121, no bairro Azul. Os dois vivem uma disputa na venda de drogas nos bairros limítrofes da cidade. As pessoas que residem nos bairros vivem sob tensão de que algo ruim aconteça em razão desta disputa pelo domínio do tráfico. Vale ressaltar que ambos eram conhecidos por serem violentos com quem os devia, assim como com qualquer pessoa que os atrapalhasse.

No dia 15 de janeiro de 2022, por volta das 3h, após uma festa tradicional local, os dois se encontraram na volta para casa e começaram a discutir sobre o território da venda de drogas. Em meio à discussão, AC sacou sua pistola .380 automática e proferiu 3 tiros contra JP. Em seguida, saiu em fuga e se desfez da arma.

Lúcia, no alto de sua casa, pela janela, na rua Larga, nº 200, no bairro Amarelo, viu toda a cena acontecer rapidamente, mas no primeiro momento, em razão do medo, ficou apenas observando. Minutos após, ligou para a polícia relatando o ocorrido.

JP conseguiu andar alguns passos, pois estava próximo a sua casa, mas, ao chegar à porta, desmaiou. Sua esposa, Raimunda, acreditando ter ouvido um barulho na porta, foi ver e, ao abri-la, deparou-se com JP caído no chão. Desesperada, ligou para o SAMU solicitando ajuda.

Ao chegar no local, o médico do Samu constatou que JP já estava sem vida e nada mais poderia ser feito. Na cintura do falecido havia uma arma de fogo do tipo revólver, calibre .357 Magnum.

Os agentes de polícia civil, por determinação da Autoridade Policial, dirigiram-se ao local e conversaram com a mulher de JP, que relatou da desavença dele com AC, e que ele poderia ser o autor do crime, pois os dois estavam disputando o domínio das vendas de drogas. Na ocasião, informou onde AC poderia ser localizado.

Feito o isolamento do local, os peritos examinaram a cena do crime e, em seguida, o corpo foi encaminhado para o IML.

Os agentes saíram em busca de AC e, ao chegar ao endereço informado, encontraram o portão aberto com sinais de que alguém teria estado no local e saído às pressas, deixando para trás vários objetos.

A esposa de AC permitiu a entrada dos policiais e, no quintal da casa, no interior de uma mochila, os policiais Mário Jr. e Carla Santana encontraram 500 g de maconha, 750 g de cocaína e 1 kg de *crack* embalados em papelotes, além de uma balança de precisão e R$ 1.500,00 em dinheiro.

Foi instaurado o inquérito policial de nº x, por meio da Portaria nº xx, para as devidas apurações.

Diante dos fatos narrados, na qualidade de Delegado de Polícia Civil responsável por tomar as providências legais, elabore:

O auto cabível para materializar a diligência quanto a apreensão dos objetos encontrados na casa de AC, tendo como apresentante o agente Mário Jr. e como testemunha a agente Carla Santos.

Veja a seguir uma possível resposta para a questão:

Modelo de auto de apreensão

Auto de apreensão

Aos 15 de janeiro de 2022, nesta Delegacia de Polícia do município de Alegre, Estado de Cintilante, onde presente se achava o Delegado de Polícia subscritor, presentes também a testemunha abaixo assinada e o senhor Escrivão de Polícia, e o apresentante Mário Jr. determinou a Autoridade Policial a lavratura deste **auto de apreensão** dos objetos abaixo relacionados e especificados:

1. um revólver, calibre .357 Magnum;
2. 500 g de material pardo-esverdeado, possivelmente sendo a droga conhecida como maconha;
3. 750 g de substância de cor branca, possivelmente sendo da droga conhecida como cocaína;
4. 1 kg de material amarelado, possivelmente sendo a droga popularmente conhecida como *crack*, dividido em pequenas porções;
5. Uma balança de precisão;
6. R$ 1.500,00 (mil e quinhentos reais), em espécie.

Por volta das 3h, por determinação da Autoridade Policial, agentes de polícia civil se dirigiram à Rua Larga, nº 101, no bairro Amarelo, e, ao chegarem ao local, deparam-se com o corpo da vítima JP, o qual portava uma arma de fogo do tipo revólver, calibre .357 Magnum (tópico 1).

Em seguida, os policiais dirigiram-se, após os relatos da esposa da vítima, ao endereço do suposto autor do crime, na Rua Estreita, nº 121, no bairro Azul, sendo lá localizadas, após permissão de ingresso, no quintal da casa, no interior de uma mochila, as substâncias descritas nos tópicos 2, 3 e 4, bem como uma balança de precisão (tópico 5) e R$ 1.500,00, em espécie (tópico 6).

Nada mais havendo a tratar, esta Autoridade Policial determina o encerramento do presente auto, o qual, após lido e achado conforme, será assinado por todos os presentes.

Alegre, 15 de fevereiro de 2022. Delegado de Polícia.

Apresentante: Mário Jr.

Testemunha: Carla Santos. Escrivão.

15.1.3 Auto de acareação

No âmbito da investigação policial, a grande fonte de informação são as declarações e os depoimentos prestados por autores, vítimas e testemunhas, ou seja, visões subjetivas a respeito do fato criminoso. Essa perspectiva pessoal, intrinsecamente ligada a modelos mentais e percepções subjetivas do fato, pode gerar sérias divergências quando os depoimentos e as declarações são prestados.

Nesse sentido, é comum declarações divergentes ou até mesmo antagônicas no bojo das investigações. Com o objetivo de aclarar essas manifestações é possível que testemunhas, investigados e vítimas sejam confrontados em suas declarações no sentido de que a Autoridade Policial responsável possa formar a sua convicção a respeito dos fatos.

Estar-se-á a tratar do meio de obtenção de elemento informativo denominada acareação. De acordo com Mirabete, acarear (ou acoroar) é pôr em presença uma da outra, face a face, pessoas cujas declarações são divergentes. A acareação é, portanto, o ato processual consistente na confrontação das declarações de dois ou mais acusados, testemunhas ou ofendidos, já ouvidos, e destinado a obter o convencimento do juiz sobre a verdade de algum fato em que as declarações dessas pessoas forem divergentes (MIRABETE, 2006, p. 311).

O professor José Frederico Marques defende que a acareação é ato probatório pelo qual se confrontam pessoas que prestaram depoimentos divergentes. Trata-se de depoimento conjunto (MARQUES, 1961, p. 343).

Vejamos a redação do art. 229 do Código de Processo Penal, que trata do tema:

> **Art. 229.** A acareação será admitida entre acusados, entre acusado e testemunha, entre testemunhas, entre acusado ou testemunha e a pessoa ofendida, e entre as pessoas ofendidas, sempre que divergirem, em suas declarações, sobre fatos ou circunstâncias relevantes.
>
> Parágrafo único. Os acareados serão reperguntados, para que expliquem os pontos de divergências, reduzindo-se a termo o ato de acareação.

Desse modo, pode-se concluir que a acareação pode ser feita:

a. entre os acusados;
b. entre acusado e testemunha;
c. entre testemunhas;
d. entre acusado e ofendido;
e. entre as pessoas ofendidas;
f. entre testemunhas e ofendido.

É importante ressaltar que o referido ato não pode ser praticado deliberadamente pelo Delegado. Inicialmente, considerando a vertente democrática do inquérito policial, é necessário que o referido ato seja **expressamente fundamentado**, considerando as peculiaridades e os elementos fáticos do fato sob apuração.

Ainda devem estar presentes dois pressupostos:

a. as pessoas a serem acareadas já devem ter prestado suas declarações perante aquela Autoridade Policial e sobre os mesmos fatos e circunstâncias objetos da investigação;
b. existência de contradição ou versões discrepantes entre ponto relevante das declarações prestadas.

15.1.3.1 Procedimento da acareação direta

Inicialmente, é extremamente importante para o êxito da acareação que as pessoas a serem acareadas não mantenham contato entre si. Nesse sentido, é interessante que o Delegado de Polícia no despacho que determina a acareação esclareça que as pessoas a serem submetidas a essa diligência não mantenham contato antes da diligência. É interessante que o Delegado providencie que cada uma das testemunhas, vítimas ou acusados permaneçam em local separado de modo que não mantenham contato uma com a outra.

O art. 229, parágrafo único, do Código de Processo Penal trata a respeito do procedimento a ser adotado, quando da realização da acareação:

> **Art. 229.** (...)
>
> Parágrafo único. Os acareados serão reperguntados, para que expliquem os pontos de divergências, reduzindo-se a termo o ato de acareação.

Assim, observa-se que o Delegado de Polícia deverá reperguntar os pontos considerados divergentes nos depoimentos prestados, reduzindo-se a termo as novas declarações prestadas. Neste ato, a pessoa ouvida poderá manter as suas declarações ou alterá-las, ocasião em que o Delegado de Polícia deverá reproduzir em um termo a diligência realizada, documento em que ficarão consignadas as perguntas feitas a cada um dos acareados e suas respostas. Estar-se-á diante do auto de acareação, o qual deverá ser subscrito pelo escrivão de polícia e assinado por todos os participantes.

O valor probatório da acareação é bastante relativo, pois dependerá da retratação ou não de um dos acareados, fato que dificilmente acontece. Assim, o Delegado de Polícia deverá considerar a consistência das informações, o estado de ânimo de cada um dos acareados e o cotejo das declarações com os demais elementos informacionais constantes do expediente investigativo. Após essa análise, em decisão fundamentada, deverá **valorar no relatório o ato de acareação anteriormente praticado** no sentido de formar sua convicção a respeito da autoria e demais circunstâncias do delito.

Assim, podemos sistematizar da seguinte forma a diligência de acareação:

Procedimento de acareação direta na fase investigativa	
Despacho da Autoridade Policial determinando a acareação	Neste ato, a Autoridade Policial deverá justificar a medida, considerando concretamente as divergências apresentadas em depoimentos e declarações prestadas por investigados, testemunhas e vítimas. Também é interessante que o Delegado indique especificamente o ponto de divergência a ser esclarecido. É importante que o despacho ressalte a necessidade de que as pessoas a serem acareadas não mantenham contato anterior ao ato de acareação, impedindo, desse modo, que possam combinar suas manifestações de modo a compatibilizar as declarações inicialmente divergentes.
Reperguntas sobre os pontos divergentes	Neste ato, o Delegado de Polícia passa a questionar sobre os pontos divergentes das declarações prestadas com o objetivo que uma das partes se retrate. Essas perguntas e respostas deverão constar do subsequente auto de acareação.

Procedimento de acareação direta na fase investigativa	
Lavratura do auto de acareação	Neste ato, deve constar: a. referência ao despacho da Autoridade Policial, o qual determina a diligência; b. qualificação dos envolvidos no ato; c. referência ao ponto fático a ser esclarecido, fazendo referência a declarações anteriormente prestadas perante aquela autoridade; d. reperguntas realizadas; e. respostas prestadas; f. encerramento do auto de acareação.

15.1.3.2 Acareação indireta

Parte da doutrina diferencia a denominada acareação direta da indireta. A direta seria justamente aquela hipótese em que as pessoas que prestaram declarações divergentes são colocadas frente a frente e confrontadas nos pontos incompatíveis com o objetivo de que as declarações se compatibilizem, conforme efetivamente os fatos ocorreram.

Ocorre que, em determinadas hipóteses, as pessoas a serem acareadas não residem mais na mesma localidade, hipótese na qual se mostra **inviável colocá-las frente a frente**. Nesses casos, opera-se a acareação indireta, a qual encontra previsão no art. 230 do Código de Processo Penal.

> **Art. 230.** Se ausente alguma testemunha, cujas declarações divirjam das de outra, que esteja presente, a esta se darão a conhecer os pontos da divergência, consignando-se no auto o que explicar ou observar. Se subsistir a discordância, expedir-se-á precatória à autoridade do lugar onde resida a testemunha ausente, transcrevendo-se as declarações desta e as da testemunha presente, nos pontos em que divergirem, bem como o texto do referido auto, a fim de que se complete a diligência, ouvindo-se a testemunha ausente, pela mesma forma estabelecida para a testemunha presente. Esta diligência só se realizará quando não importe demora prejudicial ao processo e o juiz a entenda conveniente.

Apesar de o citado art. 230 fazer referência apenas às testemunhas, é importante ressaltarmos que a doutrina majoritária admite a prática da referida diligência também com relação a investigados ou entre vítimas do delito.

15.1.3.3 Procedimento da acareação indireta

É importante consignar que, na **acareação indireta**, o procedimento ocorre de forma um pouco diferenciada, pois lembre-se de que as pessoas a serem acareadas não estarão frente a frente.

Desse modo, nessas hipóteses, deve-se observar o seguinte procedimento:

Procedimento de acareação indireta na fase investigativa	
Despacho da Autoridade Policial determinando a acareação	Neste ato, a Autoridade Policial deverá justificar a medida, considerando concretamente as divergências apresentadas em depoimentos e declarações prestadas por investigados, testemunhas e vítimas.
Reperguntas sobre os pontos divergentes, inicialmente a testemunha presente	Neste ato, o Delegado de Polícia passa a questionar inicialmente a testemunha que estiver presente sobre os pontos divergentes das declarações prestadas com o objetivo de que essa testemunha esclareça os pontos divergentes. Essas perguntas e respostas deverão constar do subsequente auto de acareação, assim como os esclarecimentos prestados. Caso as declarações prestadas sejam suficientes para esclarecer os pontos divergentes, encerra-se o auto, conforme observações realizadas anteriormente sobre o auto de acareação direta.
Perguntas sobre os pontos divergentes à testemunha ausente	Caso as declarações prestadas pela testemunha presente não sejam suficientes para esclarecer os pontos divergentes, a Autoridade Policial deverá, via ofício ou qualquer outra forma hábil de comunicação, acionar o Delegado do local onde a testemunha ausente resida para que ela possa esclarecer os pontos divergentes. Nessa comunicação, deverá transcrever as declarações já prestadas pela testemunha presente, nos pontos em que divergirem, bem como o texto do referido auto, a fim de que o Delegado do local onde reside a testemunha ausente complete a diligência, ouvindo-a, pela mesma forma estabelecida para a testemunha presente. Após essa diligência, deve-se lavrar novo auto de acareação, esse denominado auto de acareação indireto.
Lavratura do auto de acareação	Neste ato, deve constar: a. referência ao despacho da Autoridade Policial, o qual determina a diligência; b. qualificação dos envolvidos no ato; c. referência ao ponto fático a ser esclarecido, fazendo referência a declarações anteriormente prestadas perante aquela autoridade; d. reperguntas realizadas; e. respostas prestadas; f. encerramento do auto de acareação.

15.1.3.4 Estrutura do auto de acareação

Realizados esses esclarecimentos iniciais, passamos a analisar especificamente a estrutura do auto de acareação.

Assim como os demais autos já analisados, trata-se de instrumento que materializa a diligência investigativa anteriormente praticada. Vejamos estruturalmente os elementos que deverão integrar esse auto.

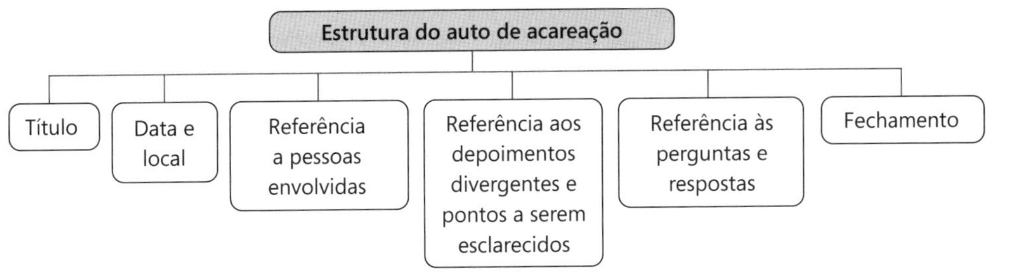

A partir desse esquema, analisaremos cada um dos elementos integrantes.

Elementos do auto de acareação	Observações
Referência ao nome da peça produzida	Auto de acareação.
Data e local da realização do ato	Neste tópico é extremamente importante que o candidato se atenha às previsões contidas no enunciado da questão, não adicionando ou suprimindo fatos. Também é interessante fazer referência à unidade investigativa em que se procede o ato, caso essa informação conste da questão, logicamente.
Referência às pessoas envolvidas na diligência	O candidato deverá fazer referência à presença do Delegado de Polícia, na companhia do escrivão de polícia, aos acareados e a eventuais testemunhas do ato praticado.
Referência aos depoimentos divergentes já prestados e aos pontos fáticos a serem esclarecidos	Neste tópico, descrever-se-á: a. referência aos depoimentos ou declarações anteriormente colhidos; b. indicação das declarações divergentes; c. apontamento dos fatos a serem esclarecidos com a prática da diligência.
Referência às reperguntas e respostas prestadas	Neste ato, o Delegado de Polícia deverá descrever as perguntas realizadas e as respostas prestadas pelas testemunhas, investigados ou vítimas. Recorde-se que as perguntas devem abranger justamente os pontos divergentes anteriormente descritos.
Fechamento	Exemplo de fecho: Nada mais havendo a tratar, esta Autoridade Policial determina o encerramento do presente auto, o qual, após lido e achado conforme, será assinado por todos os presentes.

Tais elementos não precisam ser divididos em tópicos.

Após a análise de todos os elementos estruturantes, podemos analisar um modelo de auto de acareação.

Vejamos a seguir um modelo. Faremos referência a cada uma das partes integrantes somente por questões didáticas. Especificamente neste caso criaremos alguns fatos, buscando facilitar a estrutura do auto de reconhecimento de acareação.

Modelo de termo/auto de acareação

(Título)

Auto de acareação

(Data e local da realização do ato)

Aos... dias do mês... de 20..., nesta cidade *(vila ou distrito)* de..., Estado de..., na *(especificação da unidade, caso essa informação esteja presente na questão)*. Delegacia de Polícia,

(...)

(Referência às pessoas envolvidas na diligência e eventuais testemunhas)

Local em que estava presente *(qualificação completa)*, Delegado de Polícia, comigo o escrivão *(qualificação completa)*, presentes a testemunha *(ou o investigado ou o ofendido – qualificação completa)* e a testemunha *(ou o investigado ou o ofendido – qualificação completa)*.

(...)

(Referência aos depoimentos divergentes já prestados e aos pontos fáticos a serem esclarecidos)

As referidas testemunhas *(investigados ou ofendidos)* já prestaram suas declarações, respectivamente, *às fls. (indicar a folha trazida na questão)* deste inquérito. Contudo, considerando a divergência das declarações especificamente no que concerne a *(especificar o ponto objeto de divergência considerando as declarações anteriormente prestadas)*. O Delegado de Polícia determinou, no despacho constante das fls. *(indicar a folha trazida na questão)* que se proceda a esta acareação.

(...)

(Referência às reperguntas e respostas prestadas)

Presentes as testemunhas *(investigados ou ofendidos)* a Autoridade Policial leu as partes dos depoimentos anteriormente prestados por elas e questionou sobre os seguintes fatos:

a) Questionamento 1 *(Indicar o ponto de divergência e refazer a pergunta)*, momento em que lhe foi esclarecido (...) *(Apontar as respostas obtidas por ambas as testemunhas/ investigados/ ofendidos)*.

b) Questionamento 2 (...)

c) (...)

(Fechamento)

Nada mais havendo a tratar, esta Autoridade Policial determina o encerramento do presente auto, o qual após lido e achado conforme, será assinado por todos os presentes.

Delegado de Polícia.

Acareado 1.

Acareado 2.

Escrivão de Polícia.

Lembre-se de que **você não deve inventar dados** que possam identificar sua prova, por exemplo, o nome do Delegado de Polícia ou do escrivão. Além disso, **jamais assine sua prova**.

Caso prático

No dia 5 de dezembro de 2021, Alice e Bruno estavam na tradicional festa da cachaça no interior do Estado, na cidade de Ilhota/BA.

Marcelo, Carlos e Júnior também estavam na festa, em uma mesa próxima da de Alice e Bruno.

Por volta das 3h, já um pouco alcoolizado, Júnior começou a ser desrespeitoso com Alice, namorada de Bruno, que já tinha pedido algumas vezes para Júnior parar.

Após outra atitude inconveniente, já sem paciência, Bruno empurrou Júnior e o advertiu. Em seguida, Júnior começou a agredir Bruno com socos e chutes. Em meio à confusão, Marcelo e Carlos puxaram Júnior e o levaram embora. Alice, desesperada, ao ver seu namorado machucado, levou-o para o hospital.

Ao sair do hospital, Alice e Bruno dirigiram-se à delegacia a fim de realizar ocorrência policial, com o intuito de que Júnior responda pelas lesões corporais que causou.

Na ocasião, Bruno relatou em seu depoimento:

> **Que** Júnior estava na festa com seus amigos, Marcelo e Carlos. **Que** Júnior passou boa parte da festa importunando sua namorada. **Que**, por volta das 3h, passou a incomodar com mais frequência, e que já irritado o empurrou somente para afastá-lo de perto da sua namorada, pedindo que parasse. **Que**, em seguida, Júnior começou a lhe desferir socos e chutes. **Que**, depois, só lembra dos amigos dele o puxando, e sua namorada o levando para o hospital.
>
> Alice, por sua vez, declarou:
>
> **Que** Júnior passou a noite sendo importuno, chamando-a de linda, que deveria estar com ele etc. **Que** ele parecia estar bêbado. **Que**, por volta das 3h, passou a ser mais insistente, e que seu namorado o empurrou somente para afastá-lo de perto dela, e pediu a ele para que deixasse de ser inconveniente. **Que**, em seguida, Júnior começou a desferir socos e chutes em seu namorado. **Que**, ao ver o que estava acontecendo, os amigos de Júnior o pegaram e o levaram embora. **Que**, ao ver seu namorado ferido, ficou desesperada e o levou para o hospital.

Diante da situação descrita, foi instaurado inquérito policial de nº 556/2021 para as devidas investigações, considerando que Bruno sofreu lesões de natureza grave.

Carlos e Marcelo, em seus depoimentos, relataram que:

> Estavam conversando com umas amigas, e que não viram como, de fato, tudo aconteceu. Disseram que, quando olharam para o lado, viram que seu amigo Júnior estava brigando com Bruno. Que puxaram Júnior para ir embora.

Júnior, ao ser intimado para prestar esclarecimentos na delegacia, relatou:

> **Que** estava na festa com seus amigos, Carlos e Marcelo. **Que** tinha bebido um pouco e Bruno o tinha empurrado e lhe dado um soco, foi quando ele começou a revidar às

agressões de Bruno. **Que** após, só lembra que seus amigos o levaram embora da festa. **Que** não recorda o motivo da briga.

Diante dos fatos sob investigação, na condição de Autoridade Policial titular da 2ª Delegacia de Polícia, elabore o auto respectivo, considerando que a Autoridade, em 12 de janeiro de 2022, procedeu à acareação entre Bruno e Júnior, em razão da divergência entre as declarações prestadas, e este último se retratou, afirmando que foi ele quem agrediu Bruno inicialmente, e não apenas revidou sua agressão.

Veja a seguir uma possível resposta para a questão:

Modelo de auto de acareação

Auto de acareação

Aos doze dias do mês de janeiro de 2022, nesta cidade de Ilhota, Estado da Bahia, na 2ª Delegacia de Polícia, onde se encontrava o Delegado de Polícia subscritor, o Escrivão de Polícia abaixo assinado e também presentes as testemunhas do ocorrido Carlos, Marcelo e Alice, o ofendido, Bruno, e o investigado, Júnior, todos devidamente qualificados, lavrou-se o presente auto.

As referidas testemunhas, o investigado e o ofendido já prestaram suas declarações, respectivamente às fls. deste inquérito. Contudo, considerando a divergência das declarações especificamente no que concerne a quem foi responsável pelo início das agressões ocorridas em 05.12.2022, durante a festa da cachaça nesta cidade, esta Autoridade Policial determinou, no despacho constante das fls., que se procedesse à presente acareação.

A Autoridade Policial leu às partes os depoimentos anteriormente prestados por elas e solicitou aos envolvidos que esclarecessem a divergência de como efetivamente a briga começara.

As testemunhas e o ofendido mantiveram suas declarações anteriormente prestadas.

Após ser acareado, o investigado Junior retratou-se e confirmou que ele foi o responsável pelo início das agressões.

Nada mais havendo a tratar, esta Autoridade Policial determina o encerramento do presente auto, o qual após lido e achado conforme, será assinado por todos os presentes.

Delegado de Polícia.

Acareado Carlos.

Acareado Marcelo.

Acareado Alice.

Acareado Bruno.

Acareado Júnior.

Escrivão.

15.1.4 Auto de reconstituição simulada dos fatos

O art. 7º do Código de Processo Penal determina que, com o objetivo de verificar se a infração foi praticada de determinado modo, a Autoridade Policial poderá proceder à reprodução simulada dos fatos, desde que não contrarie a moralidade ou a ordem pública.

O candidato poderia se questionar a respeito da obrigatoriedade ou não da participação do investigado na reconstituição simulada dos fatos.

Impositivamente, deve-se responder negativamente à questão. Em decorrência da força normativa do princípio do *nemu tenetur se detegere*, doutrina e jurisprudência entendem que não se pode exigir um comportamento ativo do acusado, caso essa conduta possa resultar na autoincriminação.

Diante dessa premissa, podemos chegar a algumas conclusões (LIMA, 2017, p. 74):

a. sempre que a diligência investigativa exigir qualquer comportamento ativo (acareação, reconstituição do crime, exame grafotécnico, bafômetro etc.), será indispensável o consentimento do investigado para a prática do ato;
b. não se admitem medidas coercitivas no sentido de obrigar o investigado a participar do ato;
c. a recusa do investigado em participar desse ato não configura crime de desobediência ou qualquer outro delito;
d. ante a recusa, não se extrai qualquer presunção de culpabilidade;
e. considerando que o investigado não é obrigado a participar do ato, também não se admite a sua condução coercitiva ao local do ato.

Outro ponto que deve ser observado é a necessidade da intimação do investigado ou de seu advogado para participarem da reprodução simulada dos fatos. A doutrina majoritária posiciona-se no sentido de não ser necessária a intimação, considerando a natureza inquisitorial do inquérito policial. Apesar desse posicionamento, considerando o papel democrático e garantista atribuído ao inquérito policial, pensamos ser de bom tom a intimação do investigado e seu defensor, para que, caso queiram, participem da diligência, atribuindo a ela maior fidedignidade ao que for produzido.

A reconstituição do delito pode auxiliar a Autoridade Policial na elucidação dos fatos investigados. Pode-se, por meio dessa diligência, entender a caminhada do autor ao local do crime, possíveis rotas de acesso ou de fuga, ocultação dos instrumentos utilizados na prática do crime e, nos crimes contra a propriedade, o local da ocultação dos bens subtraídos etc.

Essa medida investigativa ganha relevo, apesar de não se limitar a elas, nas hipóteses em que:

a. testemunhas ou a própria vítima presenciaram toda a empreitada delituosa;
b. nas hipóteses de confissão de delitos não testemunhados.

Assim, nessas hipóteses, a reconstituição do fato criminoso irá corroborar os depoimentos prestados, no sentido de confirmar ou não os fatos testemunhados ou confessados.

Observe que uma pessoa que não haja presenciado os fatos, nos casos de testemunhas, ou que não os haja praticado não possui condições de repeti-lo com a riqueza de detalhes que uma reconstituição requer.

Na prática policial, é comum que investigados busquem confessar delitos praticados por terceiros. Na reconstituição, esse fato é facilmente constatado, pois a reconstituição por quem não presenciou ou por quem não cometeu o delito, quando confrontada com os demais elementos colhidos ao longo da investigação, mostra-se como ato fraudulento e facilmente perceptível pela Autoridade Policial.

É importante ressaltar que o próprio Código de Processo Penal determina que não se procederá à reprodução simulada dos fatos, quando esta contraria a ordem pública ou os bons costumes. Assim, em crimes de natureza sexual, não se deve, sob pena de violação de lei expressa, determinar a medida.

Após essa análise preliminar, vejamos a estrutura do auto de reconstituição simulada dos fatos.

15.1.4.1 Estrutura do auto de reconstituição simulada dos fatos

É importante observarmos que a determinação da prática desta diligência deverá estar consubstanciada em despacho da Autoridade Policial, o qual deverá ser fundamentado, demonstrando as razões fáticas que indicam a adoção da medida, assim como referência às informações que se deseja obter com a prática do ato simulado. Já no teor do auto de reconstituição, a Autoridade deverá fazer referência ao despacho que determinou a prática da diligência.

Antes de efetivamente mostrarmos o auto de reconstituição simulada dos fatos, é interessante analisarmos a sua estrutura e os elementos componentes.

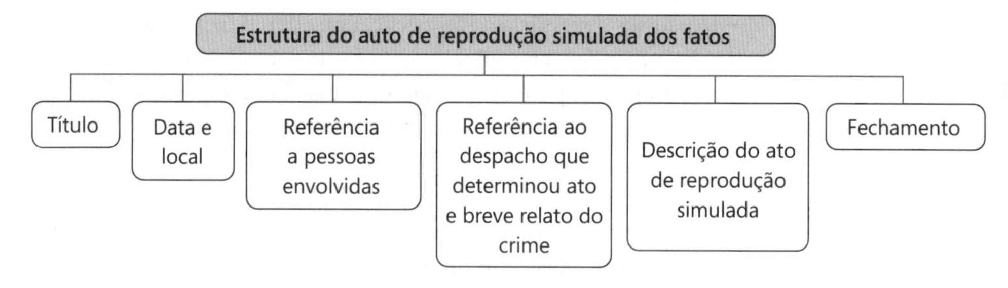

A partir desse esquema, analisaremos cada um dos elementos integrantes.

Elementos do auto de reconstituição simulada dos fatos	Observações
Referência ao nome da peça produzida	Auto de reconstituição simulada dos fatos.
Data e local da realização do ato	Neste tópico é extremamente importante que o candidato se atenha às previsões contidas no enunciado da questão, não adicionando ou suprimindo fatos. Também é interessante fazer referência à unidade investigativa em que se procede o ato, caso essa informação conste da questão, logicamente. Deve-se também descrever o local em que será praticado o ato.

Elementos do auto de reconstituição simulada dos fatos	Observações
Referência às pessoas envolvidas na diligência	O candidato deverá fazer referência à presença do Delegado de Polícia, na companhia do escrivão de polícia. Deve-se também, neste momento, especificar a pessoa que irá reconstituir o fato (autor, vítima, testemunha), qualificando-a completamente no bojo dos autos. No mesmo sentido, é necessário que se faça referência aos demais agentes públicos presentes na diligência: perito criminal, fotógrafo do instituto de perícia, policiais responsáveis por fazer as vezes das vítimas ou de autores de forma simulada.
Referência ao despacho que determinou a prática do ato, assim como breve relato a respeito da prática do crime praticado	Neste tópico, descrever-se-á: a. referência ao despacho que determina a reprodução simulada dos fatos; b. indicação preliminar do fato que se busca esclarecer por meio da reprodução simulada dos fatos.
Descrição do ato de reconstituição	Neste ponto, reside efetivamente o grande foco de trabalho do Delegado de Polícia, momento em que irá descrever todo o ato de reconstituição. O Delegado de Polícia atua como diretor da reconstituição, podendo, durante a sua prática, esclarecer pontos controversos, pedir explicações sobre determinado ato ou mesmo se manter inerte, observando a incompatibilidade da reconstituição com os demais elementos colhidos em outros momentos da investigação. Em todas essas hipóteses, o resultado da diligência será posteriormente valorado em relatório policial.
Fechamento e referência à existência de eventuais testemunhas	Exemplo de fecho: Nada mais havendo a tratar, esta Autoridade Policial determina o encerramento do presente auto, o qual, após lido e achado conforme, será assinado por todos os presentes.

Tais elementos não precisam ser divididos em tópicos.

Após a análise de todos os elementos estruturantes, podemos analisar um modelo de auto de reconstituição simulada dos fatos.

Vejamos a seguir um modelo. Faremos referência a cada uma das partes integrantes somente por questões didáticas. Especificamente neste caso, criaremos alguns fatos, buscando facilitar a estrutura do auto de reconstituição simulada dos fatos.

Modelo de auto de reconstituição simulada dos fatos

(referência ao nome da peça produzida)

Auto de reconstituição simulada dos fatos

(Data e local da prática da diligência/Qualificação das pessoas envolvidas no ato) Aos... dias do mês... de 20..., nesta cidade *(vila ou distrito)* de..., Estado de..., na *(especificação do local em que se desenvolveu a reconstituição dos fatos)*, local em que se estavam presentes o Delegado de Polícia subscritor, o escrivão ao final nomeado, o perito criminal e o fotógrafo integrante do Instituto de Criminalística também abaixo subscritos, além das **testemunhas 1** *(qualificação completa, com indicação de endereço, se houver)* **e 2** *(qualificação completa, com indicação de endereço, se houver)*, foi apresentado e escoltado o investigado *(nome e qualificação completa, se houver)*, qual livremente optou por descrever e reconstituir o crime objeto de investigação.

(...)

(Referência ao despacho que determinou a prática da diligência e breve relato do crime investigado)

O Delegado de Polícia determinou, no despacho às fls. (...) que se proceda a reconstituição simulada do crime que vitimou... *(nome e qualificação completa, se houver)*, com o objetivo de se verificar a verossimilhança das confissões prestadas pelo investigado às fls. (...) Nessa ocasião, o autor relatou com riqueza de detalhes a forma pela qual cometeu o crime apurado nesse expediente investigativo, contudo ainda restam especificidades a serem esclarecidas, motivo pelo qual se procede a esse ato de reconstituição.

(...)

(Descrição do ato de reconstituição)

Inicialmente, esta Autoridade determinou que o investigado indicasse o local em que foram praticados os atos executórios do referido homicídio, ocasião em que o investigado *(qualificação)* apontou a casa situada no endereço *(indicação do endereço)*. A referida residência apresenta-se com uma única entrada na parte anterior da casa. Esse acesso ocorre por meio de um pequeno portão de ferro na cor preta.

Continuamente, o investigado iniciou, de forma livre, a reprodução dos fatos, tal qual, de acordo com a sua convicção, ocorreram no dia... *(especificar a data do crime)*.

Os fatos reproduzidos pelo investigado, conforme a sua convicção, ocorreram da seguinte maneira em ordem cronológica:

Primeiro: o reconstituinte narrou uma briga que teve com sua esposa *(nome e qualificação completa, se houver)*, no dia anterior à prática do crime. Nessa ocasião, relatou que sua esposa não permitiu que ele se apoderasse de pequeno valor de propriedade dela. Assim, mostrou a forma pela qual ela, no anseio de impedir o apoderamento, o agrediu com uma barra de ferro. Mostrou que as investidas da esposa o atingiram na região da cabeça e braços, fato que lhe causou lesões.

Segundo: o reconstituinte relatou que as agressões o deixaram irado e, em razão do choro da filha do casal, mostrou que pegou a criança pelo braço e passou a agredi-la com socos na região do tórax. Demonstrou que as pancadas atingiram a vítima essencialmente na região das costas.

Terceiro: o reconstituinte mostrou que a criança ficou desmaiada, contudo, relatou que pensou que ela estava dormindo, inclusive tendo dito à sua esposa que a criança dormira após levar algumas palmadas, motivo pelo qual ela não se preocupou. Esclarece que sua companheira não viu ou participou das agressões.

Quarto: relatou que a criança não acordou naquele dia, contudo ainda acreditava que ela simplesmente dormia.

Quinto: demonstrou que, no dia seguinte, acordou, por volta das 7h da manhã e foi trabalhar. Nesse ato, mostrou exatamente o trajeto que realizou para ir e para voltar do trabalho *(descrever o trajeto)*.

Sexto: relatou que retornou à sua casa, somente às 12h. Mostrou que foi até o quarto e percebeu que sua esposa ainda dormia. Posteriormente, foi até o quarto da vítima e percebeu que ela ainda não havia acordado. Demonstrou que se aproximou e percebeu que a criança não mais respirava.

Sétimo: demonstrou que pegou a criança no colo e saiu desesperadamente para o hospital, contudo relatou que, ao chegar àquela unidade, a criança já não apresentava sinais vitais. (...) ***(Referência à presença das testemunhas e fechamento do auto.)***

Diante da reprodução dos fatos narrados, determinou a Autoridade que fosse lavrado este ato, encerrando a reconstituição na presença das testemunhas ***(qualificação completa)***, ordenou ainda que fossem incluídas as fotografias em anexo, as quais se destinam a demonstrar a sequência lógica dos fatos reproduzidos.

Nada mais havendo a tratar, esta Autoridade Policial determina o encerramento do presente auto, o qual, após lido e achado conforme, será assinado por todos os presentes.

Delegado de Polícia.

Perito criminal.

Fotógrafo criminal.

Investigado ***(qualificação completa)***.

Testemunha 1.

Testemunha 2.

Escrivão.

Lembre-se de que **você não deve inventar dados** que possam identificar sua prova como, por exemplo, o nome do Delegado de Polícia ou do escrivão. Além disso, **jamais assine sua prova**.

Caso prático

Márcia, 16 anos, reside na Rua Poeta, nº 58, na cidade Esburacada, Estado de Jardim, com seus pais, Renato e Cleide.

Márcia conheceu Ricardo P., um jovem de 18 anos que morava no mesmo bairro, na rua Quintana, nº 10, e logo passaram a namorar.

Apesar da pouca idade, Ricardo já era bastante conhecido "no mundo do crime". Por isso, os pais de Márcia eram contra o namoro de sua filha com o rapaz e tentavam de tudo para convencê-la de acabar com esse relacionamento.

Cansado das intervenções dos pais de sua namorada, Ricardo convenceu Márcia de que o melhor seria matar seus pais, para que pudessem morar juntos e viver o amor que sentiam.

No dia 25 de janeiro de 2022, por volta das 23h30, Ricardo chega à residência dos pais de Márcia e entra pelo portão da frente, o qual estava destrancado, conforme o combinado com sua namorada. A moça teria saído de casa para que o fato se assemelhasse a um assalto e que ela não estivesse presente. Sua parte seria apenas colocar sonífero na bebida dos pais, para que dormissem.

Ricardo, ao entrar na residência, encontrou as luzes acesas e, ao chegar ao quarto do casal, percebeu que eles estavam dormindo na cama. Ele atirou primeiro no pai de Márcia, Renato, pois estava com medo de que pudesse acordar e reagir. Desferiu 3 disparos, e, ainda no segundo tiro, a mãe de Márcia acordou. Ele proferiu o terceiro disparo em Renato e seguiu com quatro disparos em Cleide, fato que lhe ocasionou instantaneamente a morte.

Logo após, Ricardo pegou alguns objetos de valor como joias, carteiras e celulares para que ficasse caracterizada a suspeita de latrocínio. Na posse dos objetos foi embora, por volta das 23h55.

Ao chegar em casa, telefonou para Márcia, avisando que já tinha matado seus pais, e que ela já poderia ir para casa e chamar a polícia. Em seguida foi dormir para, seguindo a trama, acordar bem cedo e ir para a casa de Márcia "ajudá-la".

Foi instaurado o inquérito policial respectivo e, no curso da investigação, toda empreitada delituosa foi evidenciada pelos investigadores. Ricardo confessou o crime aos investigadores nos termos descritos, contudo, considerando que ainda restavam alguns detalhes que necessitavam ser esclarecidos, o Delegado determinou, em despacho próprio, a reprodução simulada dos fatos. Ricardo aceitou participar.

Considerando que, em 26 de fevereiro de 2022, às 16h, os fatos foram reproduzidos exatamente como descrito, na condição de Delegado de Polícia, elabore o Auto próprio para materializar a diligência de reprodução simulada dos fatos. Na peça respectiva utilize os dados a seguir:

Delegado da cidade Esburacada: Augusto Matos.

Escrivão: Marcos Santos.

Perito criminal: Auricélio Silva.

Fotógrafo: Marcelo Mendes.

Testemunha: João Felipe, residente na Rua Poeta, nº 60.

Testemunha: Carol Albuquerque, residente na Rua Poeta, nº 100.

Veja a seguir uma possível resposta para a questão:

Modelo de auto de reconstituição simulada dos fatos

Reconstituição simulada dos fatos

Aos 26 dias do mês de fevereiro de 2021, às 16 horas, na cidade Esburacada, Jardim, especificamente no endereço localizado na Rua Poeta, nº 58, presentes o Delegado de Polícia Augusto Matos, o senhor escrivão Marcos Mendes, presentes também o perito criminal, Auricélio Silva e o fotógrafo integrante do Instituto de Criminalística, além das testemunhas, Carol Albuquerque, residente na Rua Poeta, nº 100, e João Felipe, residente na Rua Poeta, nº 60, compareceu o investigado Ricardo P., 18 anos, residente na Rua Quintana, nº 10, cidade Esburacada, o qual livremente optou por descrever e reconstituir o crime objeto de investigação.

Este Delegado de Polícia signatário determinou que se procedesse a reconstituição simulada do crime que vitimou Renato e Cleide, ambos residentes na Rua Poeta, nº 58, na cidade Esburacada, Estado de Jardim, com o objetivo de se verificar a verossimilhança das confissões prestadas pelo investigado, genro das vítimas, às fls. Na ocasião do depoimento, o autor relatou com riqueza de detalhes a forma pela qual ceifou a vida dos pais de sua namorada, Márcia, contudo ainda restavam especificidades a serem esclarecidas, motivo pelo qual se procede a esse ato de reconstituição.

Inicialmente, esta Autoridade Policial solicitou ao investigado que indicasse o local onde foram praticados os atos executórios do referido duplo homicídio, havendo Ricardo P. apontado a casa situada no endereço na Rua Poeta, nº 58, nesta cidade.

Continuamente, o investigado iniciou, de forma livre, a reprodução dos fatos, tal qual, de acordo com a sua convicção, ocorreram no dia 25 de janeiro de 2022, por volta das 23h30.

Os fatos reproduzidos pelo investigado, conforme a sua convicção, ocorreram na seguinte maneira em ordem cronológica:

Primeiro: o reconstituinte narrou que, por volta das 23h30, chegou à residência das vítimas, entrando pelo portão da frente, que estava destrancado, como o combinado com sua namorada, Márcia, que minutos antes teria saído de casa. Márcia teria saído para que fosse simulado um assalto. Esta teria ficado encarregada de colocar sonífero na bebida de seus pais.

Segundo: o reconstituinte relatou que, ao entrar na residência, que estava com as luzes acesas, dirigiu-se ao quarto em que o casal estava. Que ambos estavam deitados na cama.

Terceiro: narrou que, com a arma de fogo que trazia consigo, atirou primeiro no pai de Márcia, com medo de que pudesse acordar e reagir. Recorda de ter proferido 3 (três) disparos. O reconstituinte afirma que, no segundo tiro, a mãe de Márcia teria acordado. Neste momento, proferiu o terceiro disparo no pai de Márcia e seguiu com os tiros em Cleide – 4 (quatro) seguidos – vindo esta a óbito.

Quarto: o reconstituinte relatou que a motivação foi o fato de que os pais da sua namorada não aceitaram o relacionamento.

Quinto: em seguida, relatou que subtraiu alguns objetos de valor, joias, carteiras e celulares para que restasse a suspeita de assalto seguido de morte. Na posse dos objetos, foi embora.

Sexto: relatou que retornou para casa, por volta das 23h55min, e que, ao chegar, ligou para a namorada avisando que já tinha praticado o crime e que ela já poderia ir para casa e chamar a polícia.

Sétimo: por último, relatou que foi dormir e que bem cedo acordou para, dado prosseguimento ao plano, dirigir-se à casa de Márcia, para fingir ajuda.

Diante da reprodução dos fatos narrados, esta Autoridade determinou que fosse lavrado este auto, encerrando a reconstituição na presença das testemunhas Carol Albuquerque, residente na Rua Poeta, nº 100, e João Felipe, residente na Rua Poeta, nº 60, ordenando, ainda, que fossem incluídas as fotografias retiradas no ato, as quais se destinam a demonstrar a sequência lógica dos fatos reproduzidos.

Nada mais havendo, determinou esta Autoridade o encerramento do auto, que, lido e achado conforme, assina com o perito, fotógrafo, testemunhas e o escrivão, Marcos Santos, que o digitou.

Augusto Matos Delegado de Polícia.

Auricélio Silva Perito criminal.

Marcelo Mendes Fotógrafo Criminal.

Ricardo P. Investigado.

Carol Albuquerque Testemunha 01.

João Felipe Testemunha 02.

15.1.5 Auto de exumação

Antes de tratarmos especificamente do auto de exumação, é interessante entendermos as circunstâncias em que essa diligência (exumação) ocorre e quando será efetivamente necessária.

Inicialmente, o corpo de delito constitui-se como o conjunto de vestígios, evidentes ou latentes, deixados pela infração penal. Sinteticamente, são as marcas, os rastros deixados pela prática de um delito. Imagine, por exemplo, um crime de homicídio – são componentes do corpo de delito: o corpo da vítima, as marcas de sangue, o instrumento utilizado para a prática do delito e os eventuais sinais de arrombamento deixados pelo autor.

O **exame de corpo de delito** se constitui exatamente na análise pericial desses elementos, consubstanciando-se em meio de prova, instrumento por meio dos quais as fontes de provas são introduzidas no processo.

Em crimes que envolvem violência contra a pessoa, um dos componentes do corpo de delito é o próprio corpo humano, hipótese nas quais o objeto de exame será a própria pessoa viva ou morta.

Assim, cogitemos que, em inquérito policial em que se investiga a prática de crime de homicídio, determinado autor haja confessado a prática do crime em circunstâncias que efetivamente façam a Autoridade Policial, após confronto com os demais elementos de informação, acreditar nas declarações prestadas. Ocorre que, posteriormente, surgem novas testemunhas que apontam que o homicídio fora praticado por pessoa diversa, as quais alegam, inclusive, que a causa da morte não teria sido traumatismo craniano como fora confessado pelo suposto autor, mas que, na verdade, a vítima fora afogada e, posteriormente, com o objetivo de dificultar a investigação, o confitente alterou o local do crime, corpo da vítima e demais elementos com o fito de assumir o delito e livrar da atuação do Estado o verdadeiro autor.

Diante dessas informações, o Delegado de Polícia tem o dever de averiguar a veracidade das declarações supervenientemente prestadas.

Observe a dificuldade de realizar um novo exame, considerando que a vítima já fora enterrada.

É justamente nesse momento que surge a diligência investigativa denominada **exumação**. A exumação é justamente o ato de desenterramento, quando essa diligência se mostra necessária à prática de novo exame de corpo de delito ou mesmo um exame complementar.

Neste tópico, estudaremos a materialização da diligência investigativa denominada exumação, assim como analisaremos o auto de exumação.

15.1.5.1 Autópsia e exumação para exame cadavérico

Conforme determinações contidas no Código de Processo Penal, em seu art. 162, a autópsia será feita pelo menos 6 horas depois do óbito, salvo se os peritos, pela evidência dos sinais de morte, julgarem que possa ser feita antes desse prazo, o que declararão no auto respectivo. Apesar do uso da expressão autópsia, o mais correto seria a utilização da expressão necropsia, a qual envolve o exame interno ou externo do corpo humano, lavrando-se, em seguida, pelos peritos, laudo necroscópico ou cadavérico.

Como vimos anteriormente, ocorrem situações em que, para a prática do exame cadavérico é necessária a exumação do cadáver. Nesse caso, a Autoridade Policial ou Judiciária providenciará para que, em dia e hora, previamente marcados, realize-se a diligência, da qual se lavrará auto circunstanciado (auto de exumação). Nesses casos, o administrador do cemitério público ou particular indicará o lugar da sepultura. Caso encontre-se o cadáver em lugar não destinado a inumações, a Autoridade procederá às pesquisas necessárias, o que tudo constará em Auto.

Vejamos as disposições do Código de Processo Penal:

> **Art. 163.** Em caso de exumação para exame cadavérico, a autoridade providenciará para que, em dia e hora previamente marcados, se realize a diligência, da qual se lavrará auto circunstanciado.
>
> Parágrafo único. O administrador de cemitério público ou particular indicará o lugar da sepultura, sob pena de desobediência. No caso de recusa ou de falta de quem indique a sepultura, ou de encontrar-se o cadáver em lugar não destinado a inumações, a autoridade procederá às pesquisas necessárias, o que tudo constará do auto.

Essa diligência, conforme as demais hipóteses já analisadas neste capítulo, deve ser determinada em despacho fundamentado do Delegado de Polícia, quando na fase investigativa.

A exumação poderá ser determinada para diversas finalidades:

a. exame de necropsia;
b. exame de inspeção cadavérica;
c. identificação da vítima, inclusive por meio de exame datiloscópico ou DNA.

Desse modo, é importante que nosso leitor observe que o auto de exumação normalmente virá acompanhado de outras diligências, como a submissão do cadáver a exame de necropsia, inspeção cadavérica ou mesmo a identificação datiloscópica do periciando. Por esse motivo, optaremos por um modelo genérico, o qual deverá ser complementado pela descrição da diligência complementar.

Após essa análise preliminar, vejamos os elementos estruturantes e integrantes do auto de exumação.

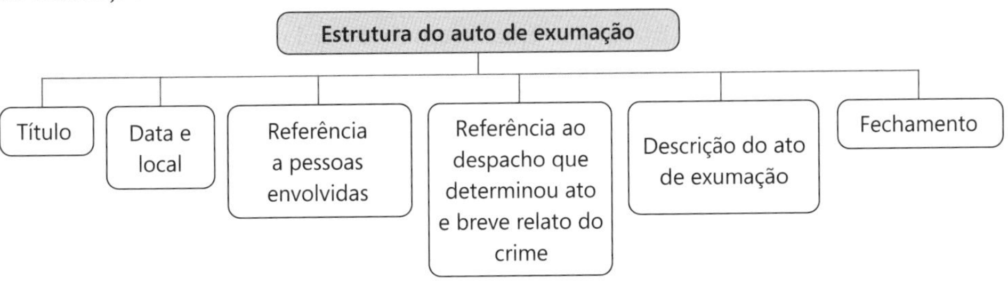

A partir desse esquema, analisaremos cada um dos elementos integrantes.

Elementos do auto de exumação	Observações
Referência ao nome da peça produzida	Auto de exumação de cadáver.
Data e local da realização do ato	Neste tópico é extremamente importante que o candidato se atenha às previsões contidas no enunciado da questão, não adicionando ou suprimindo fatos. Também é interessante fazer referência à unidade investigativa em que se procede o ato, caso essa informação conste da questão, logicamente. Deve-se também descrever o local em que será praticado o ato.
Referência às pessoas envolvidas na diligência	O candidato deverá fazer referência à presença do Delegado de Polícia, na companhia do escrivão de polícia. Deve-se também, neste momento, qualificar as testemunhas que acompanharão o ato, fazendo referência ao local de residência de cada uma delas. No mesmo sentido, é necessário que se faça referência às demais autoridades presentes à diligência: perito criminal, fotógrafo do Instituto de Criminalística e o administrador do cemitério, caso a exumação ocorra nesse local.
Referência ao despacho que determinou a prática do ato de exumação, assim como breve relato a respeito da prática do crime investigado	Neste tópico, descrever-se-á: a. referência ao despacho que determina a exumação; b. determinação à autoridade responsável pelo cemitério ou ao agente que tenha conhecimento do local em que se encontra enterrada a pessoa objeto da exumação para que indique o referido local; c. indicação preliminar do fato que se busca esclarecer por meio da exumação. Ex.: identificação, exame de corpo de delito, exame de DNA etc.
Descrição do ato de exumação	Neste momento, o Delegado deverá descrever todo o ato de exumação, descrevendo o estado de conservação do corpo e realização da diligência que motivou o ato de exumação.
Fechamento e referência a eventuais testemunhas que tenham presenciado o ato	Exemplo de fecho: Nada mais havendo a tratar, esta Autoridade Policial determina o encerramento do presente auto, o qual, após lido e achado conforme, será assinado por todos os presentes.

Tais elementos não precisam ser divididos em tópicos.

Após análise de todos os elementos estruturantes, vejamos um modelo de auto de exumação. Nele, faremos referência a cada uma das partes estruturantes a título didático para que o futuro aprovado tenha ampla visão de todos os tópicos integrantes do referido auto.

Após análise detalhada dos elementos estruturantes, passemos à análise do modelo a ser seguido nos exames concursais.

Modelo de auto de exumação e reconhecimento

(Título)

Auto de exumação e reconhecimento

(Data e local da prática da diligência)

(...)

Aos... dias do mês de... de 20..., às... horas, na cidade de ..., Estado de ..., especificamente no cemitério *(ou onde estiver sepultado o corpo),*

(Qualificação das pessoas envolvidas no ato)

(...)

Local em que estavam presentes o Delegado de Polícia que a este subscreve, acompanhado do senhor escrivão de polícia, dos peritos *(qualificação dos peritos e designação de sua área de atuação)*, das testemunhas *(qualificação completa das testemunhas)*, residente na *(endereço das testemunhas)*, e administrador do Cemitério *(indicação completa do nome do cemitério e qualificação do administrador desta unidade)*, a Autoridade, conforme despacho de fls., intimou o responsável do referido cemitério *(ou outra qualquer pessoa que saiba o local onde a pessoa encontra-se enterrada)*, para que lhe indicasse a sepultura de *(qualificação completa da pessoa que será desenterrada, caso possua essa informação), (caso seja possível, deve-se indicar o tempo que o corpo está enterrado)*, determinação que foi prontamente atendida.

(Referência ao despacho que determinou a prática do ato de exumação, assim como breve relato a respeito da prática do crime investigado)

(...)

Objetiva-se, conforme determinação contida no despacho de fls., confirmar a identidade da vítima do crime de homicídio, objeto de investigação neste expediente, tendo em vista informações prestadas *(fls. trazida pela questão, se houver)* no sentido de que a pessoa que foi enterrada não se trata da vítima descrita no bojo dos autos.

(Descrição do ato de exumação)

(...)

Após indicação e confirmação do local em que estaria enterrado, *(referência à qualificação da pessoa que está enterrada)*, a Autoridade Policial determinou que se procedesse à exumação do cadáver, diligência que foi prontamente cumprida com o auxílio dos funcionários do cemitério e com todas as cautelas necessária à prática do ato. Após a exumação, encontrou-se um cadáver em estado avançado de decomposição. Na diligência, foi possível perceber que ainda existiam vestígios das saliências papilares do periciado, as quais foram colhidas pelos peritos criminais do Instituto de Identificação para posterior confronto e análise a ser realizada na sede do instituto de perícia.

Atenção:

Neste momento, o Delegado deve descrever a diligência realizada conforme a finalidade da exumação, observe algumas situações possíveis:

a) Reconhecimento pelas próprias testemunhas que estavam no local.

b) Exame de corpo de delito a ser realizado no próprio local pelos peritos ou remessa do corpo da vítima ao instituto de perícia para exame no próprio instituto de perícia.

c) Reconhecimento ou identificação pericial, a qual pode ser realizada no local ou no centro de perícia, hipótese em que se deve remover o corpo ou parte dele à sede da unidade pericial.

d) Colheita de material para confronto de DNA.

e) Análise de arcádia dentária.

São inúmeros os objetivos da investigação com a prática dessa diligência, as quais devem ser minuciosamente descritas neste momento. Note que, caso seja necessário algum exame pericial, o que normalmente ocorre, essa diligência será materializada posteriormente pelos peritos criminais por meio de laudo criminal.

(Fechamento e referência a eventuais testemunhas que acompanharam o ato)

(...)

Em seguida, foi o corpo novamente inumado na mesma sepultura na presença das testemunhas designadas. Nada mais havendo a tratar, esta Autoridade Policial determina o encerramento do presente auto, o qual após lido e achado conforme, será assinado por todos os presentes.

Delegado de Polícia.

Perito criminal 1.

Perito criminal 2.

Testemunha 1.

Testemunha 2.

Administrador do cemitério.

Escrivão de Polícia.

Lembre-se de que **você não deve inventar dados** que possam identificar sua prova, como o nome do Delegado de Polícia, do escrivão ou do administrador do cemitério. Além disso, **jamais assine sua prova**.

Caso prático

Chegou ao conhecimento da Polícia Civil, por meio de denúncias, que no dia 05 de janeiro de 2022, por volta das 2h15, ocorria uma briga de gangues na Rua Final do Túnel, S/N, na cidade Velha/PA, onde vários tiros foram ouvidos.

Ao dirigir-se ao local, a equipe policial encontrou dois cadáveres com características físicas bem semelhantes, e os demais participantes teriam fugido do local.

Feitas as devidas diligências, os corpos foram encaminhados para o IML. Foi confeccionada a Portaria de nº xxx e instaurado o Inquérito Policial de nº xx para as investigações.

Uma das vítimas foi identificada como Antônio Pereira Alves, 19 anos, o qual, após exame cadavérico, foi reconhecido por seu pai, Francisco, motivo pelo qual foi o corpo liberado aos familiares para sepultamento – realizado no cemitério São João Del Rei, localizado na Rua Sem Saída, nº 15, bairro Centro.

A outra vítima, Eduardo Pereira Alencar, 18 anos, também foi submetido a exame cadavérico, reconhecido pelos familiares e liberado para sepultamento.

Ocorre que, cerca de 30 dias após o sepultamento, Maria, mãe de Eduardo Pereira Alencar, tomou conhecimento que seu filho e Antônio Pereira Alves estavam vivos e vivendo em uma cidade distante.

Dias após, Maria dirigiu-se à delegacia relatando os fatos e afirmando que poderia ter ocorrido algum engano quanto à identificação dos corpos dos rapazes, pois os corpos estavam muito desfigurados e talvez o pai do Antônio Pereira Alves e os outros familiares, muito emocionados, poderiam ter se confundido. Assim, concluiu que os corpos que foram enterrados não seriam os de Antônio Pereira Alves e Eduardo Pereira Alencar.

A Autoridade Policial, por meio do despacho nº xx, determinou a exumação do corpo enterrado como Antônio Pereira Alves e Eduardo Pereira Alencar, a ser realizado no cemitério São João Del Rei, localizado na Rua Sem Saída, nº 15, bairro Centro, devendo o administrador, Francisco José, informar onde se encontra enterrado o corpo. Determinou-se também a extração de material genético (DNA) para a confirmação da identidade das pessoas sepultadas.

No dia 5 de fevereiro de 2022, por volta das 10h, estava presente a Autoridade Policial Augusto Filho, o escrivão José Neto, administrador do cemitério, Francisco José, o perito criminal Maurício Costa, fotógrafo do instituto de perícia Carlos Alves e as testemunhas Mário Soares e Joaquim Silva, que também foi encarregado de abrir a sepultura. Após a abertura, o perito criminal fez o recolhimento da amostra de DNA, tendo todo ato sido registrado por fotografias.

Considerando a necessidade de materializar a diligência de exumação, realize o auto próprio para materializar esta diligência.

Veja a seguir uma possível resposta para a questão:

Modelo de auto de exumação e reconhecimento

Auto de exumação e reconhecimento

Ao dia 7 de janeiro de 2022, por volta das 10h, na cidade Velha, Estado do Pará, no cemitério São João Del Rei, localizado na Rua Sem Saída, nº 15, bairro Centro, local em que estavam presentes Augusto Filho, Delegado de Polícia, acompanhado do escrivão de polícia José Neto, do perito Maurício Costa, do fotógrafo do instituto de perícia Carlos Alves, das testemunhas Joaquim Silva, Mário Soares, e Francisco José, administrador do Cemitério, a Autoridade Policial, conforme despacho de fls., intimou o responsável do referido cemitério para que lhe indicasse a sepultura de Antônio Pereira Alves, 19 anos, e Eduardo Pereira Alencar, 18 anos, enterrados há aproximadamente 30 dias, determinação que foi prontamente atendida.

Conforme o despacho nº xx, foi determinado a ato de exumação do corpo por possível equívoco quanto à identificação dos corpos. Objetiva-se, conforme determinação contida no despacho de fls., confirmar a identidade das vítimas do crime de homicídio objeto de investigação neste expediente, tendo em vista informações prestadas (fls.) no sentido de que as pessoas de Antônio Pereira Alves e Eduardo Pereira Alencar não estariam mortas e não foram enterradas.

Após indicação e confirmação do local onde estariam enterrados Antônio Pereira Alves e Eduardo Pereira Alencar, a Autoridade Policial determinou que se procedesse à exumação dos cadáveres, diligência que foi prontamente cumprida com o auxílio dos funcionários do cemitério, com todas as cautelas necessárias à prática do ato.

Após a exumação, verificou-se dois cadáveres em estado avançado de decomposição. Na diligência, foi possível perceber que ainda existiam vestígios das saliências papilares do periciado, as quais foram colhidas pelos peritos criminais do Instituto de Identificação para posterior confronto e análise a ser realizada na sede do instituto de perícia. Também foi realizada a colheita de material para confronto de DNA.

Em seguida, foram os corpos novamente inumados nas mesmas sepulturas, na presença das testemunhas designadas. Nada mais havendo a tratar, esta Autoridade Policial determina o encerramento do presente auto, o qual após lido e achado conforme, será assinado por todos os presentes.

Delegado de Polícia: Augusto Filho.

Perito criminal: Maurício Costa.

Fotógrafo do Instituto de Perícias: Carlos Alves.

Testemunha 1: Mário Soares.

Testemunha 2: Joaquim Silva.

Administrador do Cemitério: Francisco José.

Escrivão de Polícia: José Neto.

15.1.6 Auto de uso de algemas

Observa-se, inicialmente, que o Código de Processo Penal, durante muitos anos, silenciou a respeito do uso de algemas, fato que contribuiu em grande escala para excessos e abusos no uso desses instrumentos.

A Lei de Execução Penal, em seu art. 199, reza que o uso de algemas será disciplinado por decreto federal. Nesse sentido, em 2016 foi editado o Decreto nº 8.858/2016, que regulamenta o dispositivo citado, nos seguintes termos:

> **Art. 1º** O emprego de algemas observará o disposto neste Decreto e terá como diretrizes:
>
> I – o inciso III do *caput* do art. 1º e o inciso III do *caput* do art. 5º da Constituição, que dispõem sobre a proteção e a promoção da dignidade da pessoa humana e sobre a proibição de submissão ao tratamento desumano e degradante;
>
> II – a Resolução nº 2010/16, de 22 de julho de 2010, das Nações Unidas sobre o tratamento de mulheres presas e medidas não privativas de liberdade para mulheres infratoras (Regras de Bangkok); e
>
> III – o Pacto de San José da Costa Rica, que determina o tratamento humanitário dos presos e, em especial, das mulheres em condição de vulnerabilidade.
>
> **Art. 2º** É permitido o emprego de algemas apenas em casos de resistência e de fundado receio de fuga ou de perigo à integridade física própria ou alheia, causado pelo preso ou por terceiros, justificada a sua excepcionalidade por escrito.
>
> **Art. 3º** É vedado emprego de algemas em mulheres presas em qualquer unidade do sistema penitenciário nacional durante o trabalho de parto, no trajeto da parturiente entre a unidade prisional e a unidade hospitalar e após o parto, durante o período em que se encontrar hospitalizada.
>
> **Art. 4º** Este Decreto entra em vigor na data de sua publicação.

Atualmente, o Código de Processo Penal possui dispositivo que trata sobre o uso de algemas, apesar de não existir regulamentação completa a respeito de quando e como deve ocorrer o uso de algemas, após as alterações implementadas pela Lei nº 11.689/2008, algumas disposições foram inseridas naquilo que concerne ao tribunal do júri:

CPP

Art. 474. (...)

§ 3º Não se permitirá o uso de algemas no acusado durante o período em que permanecer no plenário do júri, salvo se absolutamente necessário *à* ordem dos trabalhos, *à segurança das testemunhas ou à garantia da integridade física dos presentes.*

No mesmo sentido, vejamos o art. 478, I, do CPP:

Art. 478. Durante os debates as partes não poderão, sob pena de nulidade, fazer referências:

I – à decisão de pronúncia, às decisões posteriores que julgaram admissível a acusação ou à determinação do uso de algemas como argumento de autoridade que beneficiem ou prejudiquem o acusado; (...)

Desse modo, podemos concluir que, apesar da ausência de regulamentação completa no âmbito do Código de Processo Penal, a própria Constituição Federal já apresentava dispositivos que orientam as autoridades naquilo que diz respeito ao uso de algemas, vejamos:

CF/1988

Art. 5º (...)

XLIX – é assegurado aos presos o respeito à integridade física e moral; (...)

Ainda, valendo-se de interpretação analógica, instrumento hermenêutico expressamente previsto no âmbito do Código de Processo Penal, o Código de Processo Penal Militar já apresentava dispositivo a respeito do uso de algemas no sentido de que o emprego de algemas deve ser evitado, desde que não haja perigo de fuga ou de agressão da parte do preso.

O STF, ainda no ano de 2008, já havia se manifestado a respeito da excepcionalidade do uso de algemas, as quais poderiam ser licitamente utilizadas nas hipóteses de:

a. **resistência** por parte do preso;
b. fundado receio de **fuga**;
c. **perigo** à **integridade física** do próprio preso ou de terceiros;

No sentido de cristalizar esse entendimento, mesmo que a princípio ausentes os pressupostos para a edição de verbete vinculativo, o STF editou a Súmula Vinculante nº 11, que apresenta a seguinte disposição:

Jurisprudência destacada

Súmula Vinculante nº 11 do STF: Só é lícito o uso de algemas em casos de resistência e de fundado receio de fuga ou de perigo à integridade física própria ou alheia, por parte do preso ou de terceiros, justificada a excepcionalidade por escrito, sob pena de responsabilidade disciplinar, civil e penal do agente ou da autoridade e de nulidade da prisão ou do ato processual a que se refere, sem prejuízo da responsabilidade civil do Estado.

Assim, depreende-se que, nas hipóteses em que é autorizado o uso de algemas, deve-se expressamente a **Autoridade Policial explicitar as circunstâncias que demonstrem a necessidade específica do uso das algemas**. Justamente nesse ponto entra em cena o auto de uso de algemas.

Trata-se de instrumento democrático apto a demonstrar a **necessidade e utilidade do uso de algemas, em consonância com a tutela e respeito à integridade física e psicológica do preso**.

No que diz respeito às mulheres grávidas, durante o parto ou mesmo na fase do puerpério imediato, as regras a respeito do uso de algemas são ainda mais restritivas. Esse fenômeno ocorre em razão da edição da Lei nº 13.434/2017, que incluiu o parágrafo único do art. 292 do Código Processo Penal. Vejamos a redação:

> **CPP**
>
> **Art. 292.** (...)
>
> Parágrafo único. É vedado o uso de algemas em mulheres grávidas durante os atos médico-hospitalares preparatórios para a realização do parto e durante o trabalho de parto, bem como em mulheres durante o período de puerpério imediato.

Atualmente, com base no Pacto sobre as Regras Mínimas da ONU para tratamento da mulher presa, conhecido como Regras de *Bangkok*, o uso de algemas é vedado em mulheres:

- **a.** grávidas durante os atos médico-hospitalares preparatórios para a realização do parto;
- **b.** durante o trabalho de parto;
- **c.** durante o período de puerpério imediato.

15.1.6.1 Estrutura do auto de uso de algemas

Vejamos os elementos estruturantes do auto de uso de algemas. Trata-se de peça bastante simples que basicamente descreverá a situação que ensejou a utilização das algemas, demonstrando-se, assim, a sua imprescindibilidade.

Por razões didáticas, tentamos manter a estrutura bastante parecida com os demais atos, justamente no sentido de facilitar o aprendizado de nosso leitor, porém veja que a estrutura é simples.

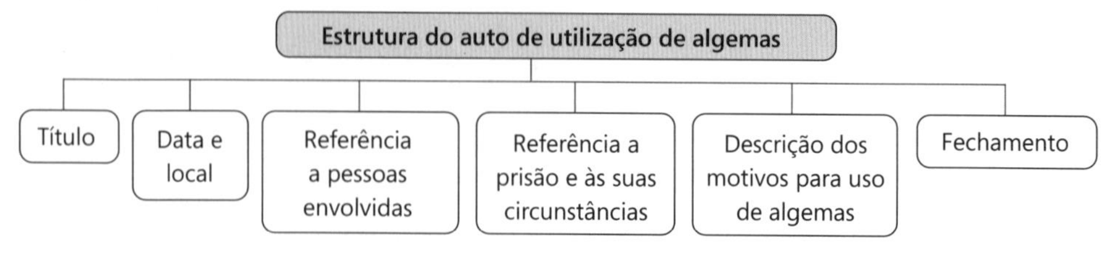

A partir desse esquema, analisaremos cada um dos elementos integrantes.

Elementos do auto de uso de algemas	Observações
Referência ao nome da peça produzida, **referência ao número do procedimento**	Auto de uso de algemas. Ainda como tópico introdutório, caso conste da questão o número do procedimento, é interessante a inserção desses dados.
Data e local da realização do ato	Neste tópico é extremamente importante que o candidato se atenha às previsões contidas no enunciado da questão, não adicionando ou suprimindo fatos. Também é interessante fazer referência à unidade investigativa em que se procede o ato, caso essa informação conste da questão, logicamente. Deve-se também descrever o local em que será praticado o ato.
Referência às pessoas envolvidas na diligência	Neste tópico, a Autoridade deverá fazer referência às pessoas envolvidas na diligência. Deverá indicar, basicamente, os agentes que efetuaram a prisão e a pessoa submetida à medida prisional.
Referência à **decisão que determinou a medida prisional ou, quando tratar-se de prisão em flagrante, descrever minimamente as circunstâncias da prisão**	Neste tópico, descrever-se-á: a. referência ao mandado de prisão, quando se estiver diante de prisão temporária, preventiva ou condenatória; b. descrição, superficial, da situação flagrancial que ensejou a prisão, caso se trate de prisão em flagrante.
Descrição dos motivos que ensejaram o uso das algemas	Nesse ponto, em cotejo com a Súmula Vinculante nº 11, o Delegado de Polícia deverá indicar o fato que ensejou o uso das algemas. A utilização deverá estar fundamentada nas seguintes circunstâncias: a. resistência do conduzido; b. fundado receio de fuga; c. perigo à integridade física dos profissionais envolvidos ou do próprio conduzido. É interessante que o Delegado relate especificamente (com dados extraídos da questão) em que consistiram os atos de resistência, as razões para o receio da fuga ou situação concreta de perigo para os profissionais ou para o próprio investigado.
Fechamento	Exemplo de fecho: Nada mais havendo, encerra-se o presente auto, que, depois de lido e achado conforme, é assinado por esta Autoridade Policial, bem como pela equipe de policiais que participaram da diligência.

Tais elementos não precisam ser divididos em tópicos.

Após a análise de todos os elementos estruturantes, podemos analisar um modelo de auto de uso de algemas.

Vejamos um modelo para deixar ainda mais clara a prática dessa diligência. Neste modelo, faremos referência a cada uma das partes integrantes somente por questões didáticas. Especificamente neste caso, criaremos alguns fatos, buscando facilitar a estrutura do auto de uso de algemas.

Modelo de auto de uso de algemas

(Título)

Auto de uso de algemas

Referência: IP ou APF nº... *(se a questão trouxer esse dado)* Operação *(nome da operação, se houver)*

(Data e local da realização do ato)

Considerando o teor da Súmula Vinculante nº 11 do Supremo Tribunal Federal, informo que, em *(data e hora e local da prisão),*

(Referência aos agentes envolvidos no ato, à decisão que justificou a medida, aos motivos que ensejaram o uso das algemas)

em cumprimento ao Mandado de Prisão *(colocar a espécie da prisão – temporária, preventiva, condenatória)* expedido pelo Excelentíssimo Juiz de Direito da ___ Vara da Comarca de XXX *(se for prisão em flagrante, você deve relatar, com dados da questão, como se deu o flagrante)*, os agentes policiais *(qualificação)* ressaltaram que foi necessária a utilização de algemas no conduzido **Fulano** *(qualificação)*, em razão de *(apontar com dados concretos trazidos pela questão o que justificou o uso de algemas – o candidato deve deixar claro qual a hipótese que justifica o uso: 1) resistência, 2) fundado receio de fuga ou 3) perigo à integridade física própria ou alheia).*

(Fechamento)

Nada mais havendo, encerra-se o presente auto, que, depois de lido e achado conforme, é assinado por esta Autoridade Policial, bem como pela equipe de policiais que participaram da diligência.

Local, data.

Delegado de Polícia.

Policiais.

Lotação *(se houver).*

Da mesma forma que os demais autos, **você não deve inventar dados** que possam identificar sua prova, como o nome do Delegado de Polícia, do escrivão ou do administrador do cemitério. Além disso, **jamais assine sua prova**.

Caso prático

Na tarde do dia 1º.08.2021, por volta das 20h, Marcos Sousa, 35 anos, residente na Rua das Flores, nº 950, bairro Alto Santo, na posse de uma arma de fogo, entrou na Farmácia

Preço Baixo, localizada na Avenida Principal, nº 1.000, bairro Girassol, e anunciou um assalto, subtraindo toda a quantia que estava no caixa, cerca de R$ 630,00 (seiscentos e trinta reais). Quando Marcos estava na porta, prestes a fugir, a viatura da polícia, em sua ronda, viu a movimentação na farmácia, achando-a suspeita. Os policiais imediatamente pararam e abordaram Marcos, momento em que constataram a prática delituosa ocorrida. Marcos, em situação de flagrante, foi conduzido para a delegacia mais próxima. Na ocasião da prisão, Marcos mostrou-se extremamente violento e resistente à prisão, debatendo-se e tentando se livrar da ação policial, motivo pelo qual foi necessário o uso de algemas para contê-lo e conduzi-lo em segurança.

Foi lavrado o Auto de Prisão em Flagrante nº 8.945/2021.

Na condição de Delegado de Polícia, elabore o auto correspondente apto a materializar o uso legítimo de algemas pelos policiais.

Veja a seguir uma sugestão de resposta para o presente caso:

Modelo de auto de uso de algemas

Auto de uso de algemas referência: Auto de Prisão em Flagrante nº 8.945/2021

Considerando o teor da Súmula Vinculante nº 11 do Supremo Tribunal Federal, informo que, em 1º de agosto de 2020, por volta das 20h, na Avenida Principal, nº 1.000, bairro Girassol, foi realizada **prisão em flagrante delito** de Marcos Sousa, 35 anos, residente na Rua das Flores, nº 950, bairro Alto Santo, o qual, após ser flagrado, logo após subtrair valores da farmácia Preço Baixo, opôs resistência, debatendo-se e procurando livrar-se da atuação dos agentes de segurança, motivo pelo qual foi devidamente algemado.

Nada mais havendo, encerra-se o presente auto, que depois de lido e achado conforme, é assinado por esta Autoridade Policial, bem como pela equipe de policiais que participaram da diligência.

Local, data.

Delegado de Polícia.

Policiais.

15.1.7 Auto de destruição de drogas (Lei nº 11.343/2006)

A Lei nº 11.343/2006 atualmente regulamenta as políticas públicas sobre drogas e institui o Sistema Nacional de Políticas Públicas com relação a essas substâncias (Sisnad). Prevê, ainda, medidas de atenção e tratamento ao usuário, medidas para a repressão à produção não autorizada de drogas e ao tráfico e define crimes relacionados à droga.

A referida legislação, editada em 2006, **revogou expressamente** as antigas leis que tratavam sobre drogas (Lei nº 6.368/1976 e Lei nº 10.409/2002).

A edição da referida legislação gerou as seguintes inovações no ordenamento:

a. criação do Sistema Nacional de Políticas Públicas sobre Drogas (Sisnad);

b. substituição da expressão substâncias entorpecentes por drogas;
c. tratamento mais rigoroso ao traficante[4] e mais benéfico ao usuário.

Os crimes relacionados a drogas são, de acordo com a doutrina, infrações penais denominadas **não transeuntes** (delito de fato permanente ou *delicta facti permanentis*), assim compreendidas como aquelas que deixam vestígios materiais.

Nesse tipo de delito (crimes que deixam vestígios materiais), o Código de Processo Penal determina a realização do exame de corpo de delito, direto ou indireto, não podendo suprir a confissão do acusado. Vejamos o dispositivo legal:

> **Art. 158.** Quando a infração deixar vestígios, será indispensável o exame de corpo de delito, direto ou indireto, não podendo supri-lo a confissão do acusado.

A par dessas informações, antes de adentrarmos especificamente no procedimento de destruição da droga, é indispensável que a Autoridade Policial se ocupe em materializar a existência da droga, fenômeno que ocorrerá com sua apreensão e posterior despacho determinando a elaboração do laudo pericial, seja provisório ou, posteriormente, o laudo definitivo.

Desejamos alertar ao nosso leitor que, mesmo quando a destruição da droga for ato de competência do próprio Delegado de Polícia, deve-se ter em mente a necessidade de determinar a produção de laudo pericial, além da preservação de parte da droga para eventual necessidade de exame complementar.

Após essas informações preliminares, trataremos do procedimento de destruição da droga e da confecção do laudo complementar em dois tópicos distintos:

a. destruição de plantações ilícitas de drogas;
b. destruição de drogas apreendidas, hipótese em que analisaremos duas situações distintas;

- apreensão com prisão em flagrante;
- apreensão sem prisão em flagrante.

15.1.7.1 Destruição imediata de plantações ilícitas de drogas

Inicialmente, trataremos da hipótese relacionada à destruição de plantações de drogas ilícitas.

De acordo com a redação inicial e original do art. 32 da Lei nº 11.343/2006, podíamos observar que esse dispositivo tratava basicamente a respeito de três temas:

a. destruição imediata de plantações ilícitas;
b. destruição de drogas apreendidas;
c. expropriação das glebas cultivadas com plantações ilícitas.

---

[4] Exceto nos casos de tráfico privilegiado.

Essa complexidade de assuntos tratados no mesmo dispositivo gerava certa confusão no momento da identificação do procedimento correto, por esse motivo, o art. 6º da Lei nº 12.961/2014 revogou expressamente os §§ 1º e 2º do art. 32. Desse modo, após essa alteração, a matéria a respeito da destruição da droga ficou esquematizada da seguinte forma:

Hipótese	Previsão legal
Destruição de plantações ilícitas de drogas.	Art. 32, *caput*, da Lei nº 11.343/2006.
Destruição de drogas apreendidas sem prisão em flagrante.	Art. 50-A da Lei nº 11.343/2006.
Destruição de drogas apreendidas com prisão em flagrante.	Art. 50, §§ 2º e 3º, da Lei nº 11.343/2006.

Neste tópico, trataremos a respeito da destruição das plantações ilícitas de drogas. Com certeza, a dúvida aqui é a respeito da exigência ou não de autorização judicial para que ocorra a destruição de plantações ilícitas de drogas.

Para responder a esse questionamento, é importante notarmos dois momentos definidos:

a. **Primeiro momento:** o art. 32 da Lei nº 11.343/2006 determina que a destruição imediata das plantações ilícitas deve ser executada pelo Delegado de Polícia, na forma do art. 50-A. É justamente esse o ponto de divergência, pois a redação do art. 50-A foi alterada pela Lei nº 13.840/2019. A redação original do dispositivo continha as seguintes determinações:

   Art. 50-A. A destruição de drogas apreendidas sem a ocorrência de prisão em flagrante será feita por incineração, no prazo máximo de 30 (trinta) dias contado da data da apreensão, guardando-se amostra necessária à realização do laudo definitivo, aplicando-se, no que couber, o procedimento dos §§ 3º a 5º do art. 50. (Dispositivo revogado.)

   Ocorre que justamente o art. 50, § 3º, da Lei nº 11.343/2006 continha a disposição de que a destruição da droga apreendida deveria ser determinada pela autoridade judiciária competente. Assim, na vigência dessa redação, ao sujeitar a destruição das plantações ao procedimento previsto no art. 50, § 3º, da Lei nº 11.343/2006, não restavam dúvidas quanto à necessidade de prévia autorização judicial.

b. **Segundo momento:** no ano de 2019, entrou em vigor a Lei nº 13.840/2019, a qual implementou significativa mudança na redação do art. 50-A. Vejamos o quadro comparativo.

Antes de Lei nº 13.840/2019	Depois da Lei nº 13.840/2019
Art. 50-A. A destruição de drogas apreendidas sem a ocorrência de prisão em flagrante será feita por incineração, no prazo máximo de 30 (trinta) dias contado da data da apreensão, guardando-se amostra necessária à realização do laudo definitivo, aplicando-se, no que couber, o procedimento dos §§ 3º a 5º do art. 50. (Revogado.)	**Art. 50-A.** A destruição das drogas apreendidas sem a ocorrência de prisão em flagrante será feita por incineração, no prazo máximo de 30 (trinta) dias contados da data da apreensão, guardando-se amostra necessária à realização do laudo definitivo.

Desse modo, observe que a nova redação do art. 50-A, da Lei nº 11.343/2006 não faz mais referência à adoção do procedimento previsto no art. 50, § 3º (dispositivo que exigia autorização judicial). Desse modo, não há outra saída a não ser concluirmos que, atualmente, após as alterações implementadas pela Lei nº 13.840/2019, não mais se exige autorização judicial para a destruição do plantio ilegal de drogas.

Essa posição legislativa se mostra razoável e proporcional, considerando que essas plantações, costumeiramente, encontram-se em local de difícil preservação, inóspitos, de limitado acesso e de oneroso deslocamento.

A necessidade de autorização judicial poderia inviabilizar por completo a destruição das plantações ilícitas, fenômeno que contribuiria com o tráfico ilícito de entorpecentes.

No procedimento de destruição das plantações, o Delegado deverá:

a. recolher quantidade suficiente para posterior exame pericial, conforme já alertado no início deste capítulo;
b. lavrar auto de levantamento das condições encontradas, com a delimitação do local, asseguradas as medidas necessárias para a preservação da prova;
c. em caso de ser utilizada a queimada para destruir a plantação, observar, além das cautelas necessárias à proteção ao meio ambiente, o disposto no Decreto nº 2.661, de 8 de julho de 1998, no que couber, dispensada a autorização prévia do órgão próprio do Sistema Nacional do Meio Ambiente (Sisnama).

15.1.7.2 Destruição de drogas apreendidas

Trataremos neste tópico a respeito da destruição das drogas apreendidas. É interessante observarmos que, após a apreensão da droga, o Delegado de Polícia deve, em despacho, determinar a realização de dois exames distintos:

a. exame preliminar de natureza e quantidade da droga. Nesse momento será produzido o laudo preliminar. Trata-se de exame idôneo a fundamentar a prisão em flagrante. Constitui-se também como condição de procedibilidade para o oferecimento da peça acusatória;
b. exame definitivo. Será produzido o laudo definitivo, apto a fundamentar eventual sentença condenatória.

O Delegado de Polícia deve determinar, em despacho, a guarda de pequena amostra para eventual necessidade de contraprova.

Após a constatação pericial a respeito da droga, a manutenção dessa substância torna-se desnecessária, motivo pelo qual há de ser determinada a destruição dos entorpecentes, cuja finalidade é o resguardo da incolumidade, da ordem e da segurança.

No procedimento de destruição de drogas apreendidas, há de se diferenciar as hipóteses em que ocorre prisão em flagrante daquelas em que não há prisão. Vejamos o quadro a seguir.

Apreensão da droga COM prisão em flagrante	Apreensão da droga SEM prisão em flagrante
Nessa hipótese, o juiz terá prazo de 10 dias para certificar a regularidade formal do laudo de constatação e, após, determinará a destruição das drogas apreendidas. **A destruição será executada pelo Delegado de Polícia no prazo de 15 dias, na presença do Ministério Público e da autoridade sanitária (art. 50, §§ 3º e 4º, da Lei nº 11.343/2006).**	Nesses casos, a destruição das drogas apreendidas sem prisão em flagrante deverá ser determinada pelo Delegado de Polícia no prazo máximo de 30 dias.
Necessita de autorização judicial.	Não requer autorização judicial.

Vejamos a redação dos dispositivos correlatos.

Apreensão de droga com prisão em flagrante

> **Art. 50.** Ocorrendo prisão em flagrante, a autoridade de polícia judiciária fará, imediatamente, comunicação ao juiz competente, remetendo-lhe cópia do auto lavrado, do qual será dada vista ao órgão do Ministério Público, em 24 (vinte e quatro) horas.
>
> § 1º Para efeito da lavratura do auto de prisão em flagrante e estabelecimento da materialidade do delito, é suficiente o laudo de constatação da natureza e quantidade da droga, firmado por perito oficial ou, na falta deste, por pessoa idônea.
>
> § 2º O perito que subscrever o laudo a que se refere o § 1º deste artigo não ficará impedido de participar da elaboração do laudo definitivo.
>
> § 3º Recebida cópia do auto de prisão em flagrante, o juiz, no prazo de 10 (dez) dias, certificará a regularidade formal do laudo de constatação e determinará a destruição das drogas apreendidas, guardando-se amostra necessária à realização do laudo definitivo.
>
> § 4º A destruição das drogas será executada pelo delegado de polícia competente no prazo de 15 (quinze) dias na presença do Ministério Público e da autoridade sanitária.
>
> § 5º O local será vistoriado antes e depois de efetivada a destruição das drogas referida no § 3º, sendo lavrado auto circunstanciado pelo delegado de polícia, certificando-se neste a destruição total delas.

Apreensão de droga sem prisão em flagrante

> **Art. 50-A.** A destruição das drogas apreendidas sem a ocorrência de prisão em flagrante será feita por incineração, no prazo máximo de 30 (trinta) dias contados da data da apreensão, guardando-se amostra necessária à realização do laudo definitivo.

Após a análise dos dispositivos legais envolvidos, vejamos os elementos estruturantes do auto de destruição de drogas.

15.1.7.3 Estrutura do auto de destruição de drogas

Vejamos os elementos estruturantes do auto de destruição de drogas. É importante observar que, mesmo que essa providência seja determinada judicialmente, há de ser elaborado o respectivo auto.

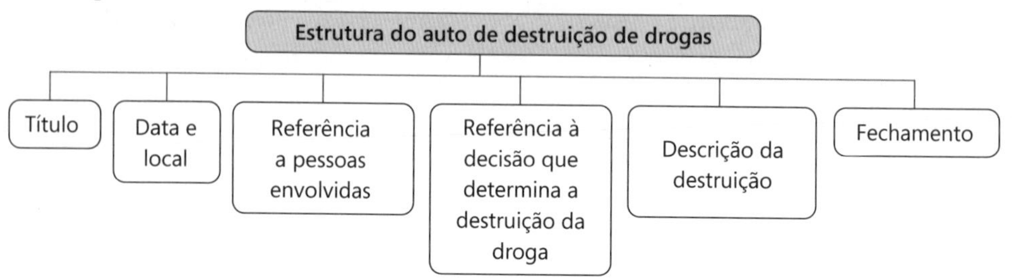

A partir desse esquema, analisaremos cada um dos elementos integrantes.

Elementos do auto de destruição de drogas	Observações
Referência ao nome da peça produzida	Auto de destruição de drogas.
Data e local da realização do ato	Neste tópico é extremamente importante que o candidato se atenha às previsões contidas no enunciado da questão, não adicionando ou suprimindo fatos. Também é interessante fazer referência à unidade investigativa em que se procede o ato, logicamente, caso essa informação conste da questão. Deve-se também descrever o local em que será praticado o ato.
Referência às pessoas envolvidas na diligência	Neste tópico, a Autoridade deverá fazer referência às pessoas envolvidas na diligência. Deverá indicar, basicamente, caso seja necessário e conste do enunciado da questão, a presença do membro do Ministério Público e da autoridade sanitária.
Referência à decisão que determinou a destruição da droga	Neste tópico, descrever-se-á: a. referência à ordem judicial, quando oriunda de apreensão com prisão em flagrante; b. referência ao despacho do Delegado de Polícia quando se tratar de destruição de drogas apreendidas sem prisão em flagrante.
Descrição da destruição	Nesse momento, o Delegado deverá descrever o ato de destruição, indicando o local, antes e depois da diligência, o método utilizado, a adoção das cautelas necessárias, inclusive aquelas de ordem Ambiental, e a vistoria do local após a destruição.

Elementos do auto de destruição de drogas	Observações
Fechamento	Exemplo de fecho: Nada mais havendo, encerra-se o presente auto, que, depois de lido e achado conforme, é assinado por esta Autoridade Policial, bem como pela equipe de policiais que participaram da diligência.

Tais elementos não precisam ser divididos em tópicos.

Após a análise de todos os elementos estruturantes, podemos analisar um modelo de auto de destruição de drogas.

Vejamos um modelo para deixar ainda mais clara a prática dessa diligência. Neste modelo, faremos referência a cada uma das partes integrantes somente por questões didáticas. Especificamente neste caso criaremos alguns fatos, buscando facilitar a estrutura do auto de destruição de drogas.

Modelo de auto de destruição de droga

(Título)

Auto de destruição de droga

(Data e local da realização do ato)

(...)

Aos... dias do mês... de 20..., nesta cidade *(vila ou distrito)* de..., Estado de..., especificamente *(descrever o local onde a destruição da droga ocorrerá, caso trate-se de destruição de plantação informar o local do plantio ilegal).*

(Referência às pessoas envolvidas na diligência)

(...)

Onde se se faz presente o Delegado de Polícia subscritor, juntamente com o Sr. Escrivão de Polícia, presentes as testemunhas *(qualificação completa)*, o membro do Ministério Público e a autoridade sanitária *(qualificação completa).*

(Referência à decisão que determinou a destruição da droga)

(...)

Procedeu-se a destruição, por incineração de *(quantidade)* de droga *(especificar a droga)*, conforme a decisão *(fazer referência à decisão judicial ou ao despacho do Delegado de Polícia).*

(Descrição da destruição)

(...)

O local foi previamente vistoriado e, após a incineração, verificou-se que toda a substância foi efetivamente destruída por meio da utilização de forno industrial, conforme afirmam e atestam as pessoas presentes e signatárias do presente auto.

Foram observadas todas as cautelas sanitárias determinadas pela autoridade presente.

(Fechamento)

(...)

Encerrada a diligência, mandou a Autoridade encerrar este termo, que lido e achado conforme, assina com as testemunhas, membro do Ministério Público, autoridade sanitária e o senhor escrivão de polícia.

Delegado de Polícia.
Membro do Ministério Público.
Autoridade Sanitária.
Testemunha 1.
Testemunha 2.
Escrivão de Polícia.

Da mesma forma que os demais autos, **você não deve inventar dados** que possam identificar sua prova, como o nome do Delegado de Polícia, do escrivão ou membro do Ministério Público. Além disso, **jamais assine sua prova**.

Caso prático

JP, conhecido como Vesgo, e AC, conhecido como Magrelo, são traficantes e dominam a venda de drogas na cidade Alegre, interior do Estado de Cintilante.

JP reside na Rua Larga, nº 101, no bairro Amarelo, e AC reside na Rua Estreita, nº 121, no bairro Azul. Os dois vivem uma disputa na venda de drogas nos bairros limítrofes da cidade. As pessoas que residem nos bairros vivem sob tensão de que algo ruim aconteça devido a esta disputa pelo domínio do tráfico. Vale ressaltar que ambos eram conhecidos por serem violentos com quem os devia, assim como com qualquer pessoa que os atrapalhasse.

No dia 15 de janeiro de 2022, por volta das 3h, após uma festa tradicional local, os dois se encontraram na volta para casa e começaram a discutir sobre o território da venda de drogas. Em meio à discursão, AC sacou sua pistola .380 automática, e proferiu 3 tiros contra JP. Em seguida, saiu em fuga e se desfez da arma.

Lúcia, no alto de sua casa, pela janela, na Rua Larga, nº 200, no bairro Amarelo, viu toda a cena acontecer rapidamente, mas no primeiro momento, em razão do medo, ficou apenas observando. Minutos após, ligou para a polícia relatando o ocorrido.

JP conseguiu andar alguns passos, pois estava próximo a sua casa, mas, ao chegar à porta, desmaiou. Sua esposa, Raimunda, acreditando ter ouvido um barulho na porta, foi ver e, ao abri-la, deparou-se com JP caído no chão. Desesperada, ligou para o SAMU solicitando ajuda.

Ao chegar ao local, o médico do SAMU constatou que JP já estava sem vida e nada mais poderia ser feito. Na cintura do falecido havia uma arma de fogo do tipo revólver, calibre uma .357 Magnum.

Os agentes de polícia civil, por determinação da Autoridade Policial, dirigiram-se ao local e conversaram com a mulher de JP, que relatou da desavença dele com AC, e que este poderia ser o autor do crime, pois os dois estavam disputando o domínio das vendas de drogas. Na ocasião, informou onde AC poderia ser localizado.

Feito o isolamento do local, os peritos examinaram a cena do crime, em seguida o corpo foi encaminhado para o IML.

Os agentes saíram em busca de AC e, ao chegar no endereço informado, encontraram o portão aberto com sinais de que alguém teria estado no local e saído às pressas, deixando para trás vários objetos.

A esposa de AC permitiu a entrada dos policiais e, no quintal da casa, no interior de uma mochila, foram encontrados, 500 g de maconha, 750 g de cocaína e 1 kg de *crack*, embalados em papelotes, além de uma balança de precisão e R$ 1.500,00 em dinheiro.

Foi instaurado o inquérito policial de nº xx, por meio da Portaria nº xx, para as devidas apurações.

Diante dos fatos narrados, na qualidade de Delegado de Polícia Civil responsável por tomar as providências legais, elabore:

O auto cabível para materializar a diligência de destruição das drogas apreendias pela Autoridade Policial, Aroldo Filho, o qual, em face de não ter ocorrido a prisão em flagrante, determinou em despacho, a destruição das drogas. Vale ressaltar que na ocasião (25.02.2022, às 9h) estava presente o escrivão, Pedro Neto, as testemunhas João Vicentino, casado, agricultor, residente no sítio Aranha, Márcio Neto, solteiro, apicultor, residente no sítio Aranha, o Promotor de Justiça Júlio Silva e a autoridade sanitária, Cláudio dos Santos.

Veja a seguir uma possível resposta para a questão:

Modelo de auto de destruição de droga

Aos 25 de fevereiro de 2022, nesta cidade de Alegre, Estado de Cintilante, especificamente no Engenho Doca, no sítio Aranha, onde se encontrava Aroldo Filho, Delegado de Polícia, o escrivão Pedro Neto, presentes a testemunha João Vicentino, casado, agricultor, residente no sítio Aranha, a testemunha Márcio Neto, solteiro, apicultor, residente no sítio Aranha, o membro do Ministério Público, Júlio Silva, e a autoridade sanitária, Cláudio dos Santos, procedeu-se a destruição, por incineração, de 500 g da droga conhecida como maconha, 750 g da droga conhecida como cocaína e 1 kg da droga conhecida como *crack*, guardando-se apenas amostra necessária à realização do laudo definitivo, conforme já determinado no despacho de *(fls.)*.

O local foi previamente vistoriado e, após a incineração, verificou-se que toda a substância foi efetivamente destruída por meio de incineração em forno industrial, conforme afirmam e atestam as pessoas presentes e signatárias do presente auto.

Foram observadas todas as cautelas sanitárias determinadas pela autoridade presente.

Encerrada a diligência, mandou a Autoridade encerrar este termo, que, lido e achado conforme, assina com as testemunhas, membro do Ministério Público, autoridade sanitária e o senhor escrivão de polícia.

Delegado de Polícia: Aroldo Filho.

Promotor de Justiça: Júlio Silva.

Testemunha: João Vicentino.

Testemunha: Márcio Neto.

Autoridade Sanitária: Cláudio dos Santos.

Escrivão: Pedro Neto.

Após a análise dos autos descritivos, passaremos a abordar o auto complexo, especificamente o auto de prisão em flagrante.

15.2 AUTO COMPLEXO

15.2.1 Prisão em flagrante

Em princípio, a palavra **flagrante** indica que o autor do delito foi visto praticando ato executório da infração penal e, por isso, acabou capturado por quem o flagrou e foi conduzido até a Autoridade Policial. Ocorre que o legislador, querendo dar maior alcance ao conceito de flagrância, estabeleceu, no art. 302 do Código de Processo Penal, quatro hipóteses em que referido tipo de prisão é possível, e, em algumas delas, o criminoso até já deixou o local do crime (REIS, 2016, p. 320).

Em linguagem jurídica, flagrante seria uma característica do delito, é a infração que está queimando, ou seja, que está sendo cometida ou acabou de sê-la, autorizando-se a prisão do agente mesmo sem autorização judicial em virtude da certeza visual do crime. Funciona, pois, como **mecanismo de autodefesa da própria sociedade** (LIMA, 2018, p. 868).

Desse modo, a prisão em flagrante nada mais é do que hipótese de cerceamento da liberdade do indivíduo que comete infração penal em uma das hipóteses previstas no art. 302 do CPP.

Assim, podemos observar que, em nosso ordenamento, a prisão em flagrante desempenha papel importante na persecução penal.

Usando os ensinamentos do professor Renato Brasileiro de Lima (2018, p. 914), podemos dizer que a prisão em flagrante se destina a:

a. evitar a fuga do infrator;
b. auxiliar na colheita de elementos informativos;
c. impedir a consumação do delito, no caso em que a infração está sendo praticada (art. 302, I, do CPP) ou de seu exaurimento, nas demais situações (art. 302, II, III e IV, do CPP);
d. preservar a integridade física do preso, diante da comoção que alguns crimes provocam na população, evitando-se, assim, possível linchamento.

Assim, é importante observar que a prisão em flagrante teria a finalidade de contribuir com o restante da persecução penal, evitando a fuga do suspeito e auxiliando na colheita dos elementos informativos.

Alguns doutrinadores tratam a respeito das fases do flagrante delito. Normalmente, fala-se da prisão em flagrante como se fosse um único ato isolado, contudo, observa-se que há um caminho até se consumar, efetivamente, a referida prisão. Desse modo, são fases da prisão em flagrante:

a. captura;
b. condução coercitiva.
c. audiência com a Autoridade Policial, momento em que formará a sua convicção a respeito da tipificação do delito e do enquadramento daquelas circunstâncias nas hipóteses de prisão em flagrante;
d. lavratura do auto de prisão em flagrante.

A doutrina, ordinariamente, aponta como a última fase da lavratura do APF o recolhimento ao cárcere. Apesar de ser o que normalmente acontece, acreditamos que não se trata propriamente de fase do flagrante, mas, na verdade, de possível efeito de sua ocorrência.

Nas hipóteses em que a Autoridade Policial lavra o APF e arbitra fiança é inegável que houve toda a formação do ato respectivo à prisão em flagrante, contudo, nesses casos, não haverá recolhimento ao cárcere, nem mesmo provisoriamente.

Por esses motivos, neste trabalho utilizaremos como fases decorrentes da prisão em flagrante: captura, condução coercitiva e lavratura do auto de prisão. O recolhimento ao cárcere é decorrência lógica da lavratura naquelas hipóteses de crimes inafiançáveis ou nos casos em que, embora afiançáveis, não houve o arbitramento ou o recolhimento da fiança.

É importante ressaltar que nem todos os delitos admitem prisão em flagrante – vejamos alguns dispositivos legais que impedem que seja lavrado o auto de prisão em flagrante:

a. Nos crimes de menor potencial ofensivo, ao autor do fato que, após a lavratura do termo, for imediatamente encaminhado ao juizado ou assumir o compromisso de a ele comparecer, não se imporá prisão em flagrante, nem se exigirá fiança (Lei nº 9.099/1995, art. 69, parágrafo único).

   Tratando-se da conduta de porte de drogas para consumo pessoal, ou posse de planta tóxica para extração de droga com o escopo de consumo pessoal, não se imporá prisão em flagrante, devendo o autor do fato ser imediatamente encaminhado ao juízo competente, ou, na falta deste, assumir o compromisso de a ele comparecer, lavrando-se termo circunstanciado e providenciando-se as requisições de exames e perícias necessárias (art. 48, § 2º, da Lei nº 11.343/2006).

b. Segundo o art. 301, *caput*, da Lei nº 9.503/1997, ao condutor de veículo, nos casos de acidentes de trânsito de que resulte vítima, não se imporá a prisão em flagrante, nem se exigirá fiança, se prestar pronto e integral socorro àquela.

Em todos esses diplomas, perceba que o que se veda, na verdade, é a última fase: **lavratura do auto de prisão em flagrante**. Todas as outras hipóteses, como captura e condução coercitiva até a unidade policial, são medidas devidas e aceitas.

Outro ponto importante a respeito das fases da prisão em flagrante diz respeito à definição da autoridade coatora para fins de interposição de *habeas corpus*.

Enquanto a prisão em flagrante for um ato administrativo, a autoridade coatora é o Delegado de Polícia, razão pela qual eventual *habeas corpus* deve ser impetrado perante um juiz de 1º grau. No entanto, a partir do momento em que o juiz é comunicado da prisão em flagrante, quedando-se inerte, seja com relação ao relaxamento da prisão ilegal à concessão da liberdade provisória, transforma-se em autoridade coatora, devendo o *habeas corpus* ser dirigido ao respectivo Tribunal.[5]

15.2.2 Audiência de custódia

Após julgamento histórico perante a corte suprema brasileira, o STF reconheceu o denominado **Estado de Coisas Inconstitucional**, momento em que determinou que todos os

---

[5] STJ, 6ª T., HC nº 60.243/GO, Rel. Min. Felix Fischer, *DJ* 12.03.2007, p. 276.

Tribunais do país implementassem a audiência de custódia, a qual deverá ser realizada no prazo de 24 horas.

Após a edição do Pacote Anticrime, Lei nº 13.964/2019, a audiência de custódia ganhou envergadura legal, nos seguintes termos:

> **Art. 310.** Após receber o auto de prisão em flagrante, no prazo máximo de até 24 (vinte e quatro) horas após a realização da prisão, o juiz deverá promover audiência de custódia com a presença do acusado, seu advogado constituído ou membro da Defensoria Pública e o membro do Ministério Público, e, nessa audiência, o juiz deverá, fundamentadamente:

Assim, considerando a finalidade de nosso trabalho, é interessante que o Delegado de Polícia determine em despacho ordinatório a apresentação do preso para audiência de custódia, nos termos do art. 310 do CPP.

15.2.3 Natureza jurídica da prisão em flagrante

Questionamento interessante diz respeito à natureza jurídica da prisão em flagrante. Atualmente, não é mais cômodo tratar a prisão em flagrante como medida cautelar, isso ocorre em razão da edição da Lei nº 12.403/2011, que alterou as disposições do art. 310 do CPP, que foi posteriormente alterado pela Lei nº 13.964/2019:

> **Art. 310.** Após receber o auto de prisão em flagrante, no prazo máximo de até 24 (vinte e quatro) horas após a realização da prisão, o juiz deverá promover audiência de custódia com a presença do acusado, seu advogado constituído ou membro da Defensoria Pública e o membro do Ministério Público, e, nessa audiência, o juiz deverá, fundamentadamente:
>
> I – relaxar a prisão ilegal; ou
>
> II – converter a prisão em flagrante em preventiva, quando presentes os requisitos constantes do art. 312 deste Código, e se revelarem inadequadas ou insuficientes as medidas cautelares diversas da prisão; ou
>
> III – conceder liberdade provisória, com ou sem fiança
>
> § 1º Se o juiz verificar, pelo auto de prisão em flagrante, que o agente praticou o fato em qualquer das condições constantes dos incisos I, II ou III do *caput* do art. 23 do Decreto-lei nº 2.848, de 7 de dezembro de 1940 (Código Penal), poderá, fundamentadamente, conceder ao acusado liberdade provisória, mediante termo de comparecimento obrigatório a todos os atos processuais, sob pena de revogação.
>
> § 2º Se o juiz verificar que o agente é reincidente ou que integra organização criminosa armada ou milícia, ou que porta arma de fogo de uso restrito, deverá denegar a liberdade provisória, com ou sem medidas cautelares.
>
> § 3º A autoridade que deu causa, sem motivação idônea, à não realização da audiência de custódia no prazo estabelecido no *caput* deste artigo responderá administrativa, civil e penalmente pela omissão.

> § 4º Transcorridas 24 (vinte e quatro) horas após o decurso do prazo estabelecido no *caput* deste artigo, a não realização de audiência de custódia sem motivação idônea ensejará também a ilegalidade da prisão, a ser relaxada pela autoridade competente, sem prejuízo da possibilidade de imediata decretação de prisão preventiva.

Assim, em razão da inovação legislativa, não há mais a possibilidade de o investigado ser mantido preso em flagrante durante toda a fase investigativa, impondo-se ao magistrado, ao analisar os autos de prisão em flagrante, a adoção de uma das três medidas a seguir expostas:

a. relaxamento da prisão em flagrante;
b. conversão da prisão em flagrante em prisão preventiva, logicamente quando presentes os requisitos autorizadores da decretação da prisão preventiva e se mostrar inadequada a adoção de medidas cautelares diversas da prisão;
c. liberdade provisória cumulada ou não com outras medidas cautelares diversas da prisão.

Desse modo, diz que a prisão em flagrante assume a postura de medida precautelar, justamente em razão de perdurar por pouquíssimo tempo, impondo-se ao juiz a adoção de uma das 3 medidas anteriormente vistas.

Gomes e Marques (2011, p. 89) se posicionam nesse sentido, vejamos:

> (...) sem embargo de opiniões em sentido contrário, pensamos que a prisão em flagrante tem caráter precautelar. Não se trata de uma medida cautelar de natureza pessoal, mas sim precautelar, porquanto não se dirige a garantir o resultado final do processo, mas apenas objetiva colocar o capturado *à* disposição do juiz para que adote uma verdadeira medida cautelar: a conversão em prisão preventiva (ou temporária), ou a concessão de liberdade provisória, com ou sem fiança, cumulada ou não com as medidas cautelares diversas da prisão.[6]

Existem doutrinadores que entendem que a prisão em flagrante não se trata propriamente de prisão, mas na verdade de ato de caráter administrativo. Nesse sentido Walter Nunes da Silva Júnior (2008) sustenta que o que ocorre com a prisão em flagrante é, tão somente, a detenção do agente, a fim de que o juiz, posteriormente, decida se a pessoa deve ser levada ou não à prisão. Com isso, quer dizer que não há, propriamente, uma prisão em flagrante como espécie de medida acautelatória processual penal. O flagrante delito se constitui e justifica apenas a detenção, cabendo ao juiz, após a análise por meio da leitura do auto de prisão em flagrante, definir se a prisão preventiva deve ou não ser decretada.

Por fim, há ainda terceiro entendimento que trata a prisão em flagrante efetivamente como prisão cautelar. Nesse sentido Tourinho Filho, que inclui a prisão em flagrante entre as prisões cautelares de natureza processual.

---

[6] No sentido de que a prisão em flagrante não é uma medida cautelar, mas sim precautelar.

É extremamente importante ressaltar que, após a edição da Lei nº 13.964/2019, a qual revogou os trechos do Código de Processo Penal que previam a possibilidade de decretação da prisão preventiva *ex officio*, não é mais possível a conversão da prisão em flagrante em preventiva de ofício pela autoridade judicial.

Nesse sentido, STF e STJ passaram a entender que não é possível que o juiz, após a prisão em flagrante, converta sem provocação a medida em prisão preventiva.

Assim, pode-se concluir que após o advento da Lei nº 13.964/2019, não é mais possível a conversão da prisão em flagrante em preventiva sem provocação por parte ou da Autoridade Policial, do querelante, do assistente, ou do Ministério Público, mesmo nas situações em que não ocorre audiência de custódia (STJ, 3ª S., RHC nº 131.263, Rel. Min. Sebastião Reis Júnior, j. 24.02.2021, *Info* 686) (STF, 2ª T., HC nº 188.888/MG, Rel. Min. Celso de Mello, j. 06.10.2020, *Info* 994.)

Há ainda interessante posicionamento da 5ª Turma do STJ no seguinte sentido:

Posterior requerimento da Autoridade Policial pela segregação cautelar ou manifestação do Ministério Público favorável à prisão preventiva suprem o vício da inobservância da formalidade de prévio requerimento (STJ, 5ª T., AgRg, RHC nº 136.708/MS, Rel. Min. Felix Fisher, j. 11.03.2021, *Info* 691).

15.2.4 Sujeito ativo da prisão em flagrante

Nesse ponto, analisaremos quem será o sujeito ativo responsável pela efetivação da prisão em flagrante. Dividiremos então o flagrante em obrigatório e facultativo.

Flagrante facultativo	Flagrante obrigatório
Qualquer do povo.	Autoridade Policial e seus agentes.
Observa-se que qualquer pessoa, independentemente de sua condição pessoal, poderá prender quem esteja em flagrante delito. **Não se trata de obrigação, mas, na verdade, de mera faculdade.**	A Autoridade Policial e seus agentes têm, portanto, o dever de efetuar a prisão em flagrante, não tendo discricionariedade sobre a conveniência ou não de efetivá-la. A prisão em flagrante, para as autoridades policiais e seus agentes, configura estrito cumprimento do dever legal.

15.2.5 Modalidades de prisão em flagrante

Observa-se que o rol previsto no art. 302 do CPP é taxativo, ou seja, limita as hipóteses em que seria possível o cerceamento à liberdade de locomoção em decorrência de prisão em flagrante. Vejamos o referido dispositivo.

> **Art. 302.** Considera-se em flagrante delito quem:
>
> I – está cometendo a infração penal;
>
> II – acaba de cometê-la;
>
> III – é perseguido, logo após, pela autoridade, pelo ofendido ou por qualquer pessoa, em situação que faça presumir ser autor da infração;
>
> IV – é encontrado, logo depois, com instrumentos, armas, objetos ou papéis que façam presumir ser ele autor da infração.

Desse modo, com relação a esse rol não se admite interpretação extensiva.

Vejamos o quadro a seguir esquematizando as principais classificações a respeito da prisão em flagrante, estudo fundamentado nos ensinamentos do professor Renato Brasileiro de Lima (2018, p. 920-926):

Modalidade/ nomenclatura	Conceito
Flagrante próprio, perfeito, real ou verdadeiro	Entende-se em flagrante próprio, perfeito, real ou verdadeiro, o agente que é surpreendido cometendo uma infração penal ou quando acaba de cometê-la (art. 302, I e II, do CPP). A expressão "acaba de cometer" deve ser interpretada de forma restritiva, no sentido de absoluta imediatidade (sem qualquer intervalo de tempo). Em outras palavras, o agente é encontrado imediatamente após cometer a infração penal sem que tenha conseguido se afastar da vítima e do lugar do delito.
Flagrante impróprio, imperfeito, irreal ou quase flagrante	O flagrante impróprio, também chamado de imperfeito, irreal ou quase flagrante, ocorre quando o agente é perseguido logo após cometer a infração penal, em situação que faça presumir ser ele o autor do ilícito (art. 302, III, do CPP). Exige o flagrante impróprio a conjugação de 3 fatores: a. Perseguição (requisito de atividade). b. Após o cometimento da infração penal (requisito temporal). c. Situação que faça presumir a autoria (requisito circunstancial).[7]

---

[7] O importante, no quase flagrante, é que a perseguição tenha início logo após o cometimento do fato delituoso, podendo perdurar por várias horas, desde que seja ininterrupta e contínua, sem qualquer solução de continuidade. Carece de fundamento legal, portanto, a regra popular segundo a qual a prisão em flagrante só pode ser levada a efeito em até 24 horas após o cometimento do crime. Isso porque, nos casos de flagrante impróprio, desde que a perseguição seja ininterrupta e tenha tido início logo após a prática do delito, é cabível a prisão em flagrante mesmo após o decurso desse lapso temporal. Ex.: acusado que estava sendo medicado em emergência de hospital, em razão de tiros que o atingiram quando perseguido pela Polícia, logo após o fato, ocasião em que foi preso.

Modalidade/ nomenclatura	Conceito
Flagrante presumido, ficto ou assimilado	No flagrante presumido, ficto ou assimilado, o agente é preso logo depois de cometer a infração, com instrumentos, armas, objetos ou papéis que façam presumir ser ele o autor da infração (art. 302, IV, do CPP). Nesse caso, a lei não exige que haja perseguição, bastando que a pessoa seja encontrada logo depois da prática do ilícito com coisas que traduzam um veemente indício da autoria ou participação no crime. Ex.: agentes encontrados algumas horas depois do crime em circunstâncias suspeitas, aptas a autorizar a presunção de serem os autores do delito. Segundo parte da doutrina, a expressão "logo depois" constante do inciso IV não indica prazo certo, devendo ser compreendida com maior elasticidade que "logo após" (inciso III). Deve ser interpretada com temperamento, todavia a fim de não se desvirtuar a própria prisão em flagrante. Com a devida vênia, pensamos que a expressão "logo depois" (art. 302, IV, do CPP) não é diferentemente de "logo após" (art. 302, VI, do CPP), significando ambas uma relação de imediatidade entre o início da perseguição, no flagrante impróprio, e o encontro do acusado, no flagrante presumido. Na verdade, a única diferença é que, no art. 302, III, há perseguição, enquanto no art. 302, IV, o que ocorre é o encontro do agente com objetos que façam presumir ser ele o autor da infração.
Flagrante preparado, provocado, crime de ensaio, delito de experiência ou delito putativo por obra do agente provocador	Ocorre quando alguém (particular ou Autoridade Policial), de forma insidiosa, instiga o agente à prática do delito com o objetivo de prendê-lo em flagrante, ao mesmo tempo em que adota todas as providências para que o delito não se consume. Como adverte a doutrina, nessa hipótese de flagrante o suposto autor do delito não passa de um protagonista inconsciente de uma comédia, cooperando para a ardilosa averiguação da autoria de crimes anteriores, ou da simulação da exterioridade de um crime. Trata-se de hipótese de crime impossível (Súmula nº 145 do STF).
Flagrante esperado	Nessa espécie de flagrante não há qualquer atividade de induzimento, instigação ou provocação. Valendo-se de investigação anterior, sem a utilização de um agente provocador, a Autoridade Policial ou terceiro limita-se a aguardar o momento do cometimento do delito para efetuar a prisão em flagrante, respondendo o agente pelo crime praticado na modalidade consumada, ou, a depender do caso, tentada. Tratando-se de flagrante legal, não há falar em relaxamento da prisão nos casos de flagrante esperado, funcionando a liberdade provisória com ou sem fiança como medida de contracautela.

Modalidade/ nomenclatura	Conceito
Flagrante prorrogado, protelado, retardado ou diferido: ação controlada e entrega vigiada	A ação controlada consiste no retardamento da intervenção policial, que deve ocorrer no momento mais oportuno do ponto de vista da investigação criminal ou da colheita de provas. Também conhecida como flagrante prorrogado, retardado ou diferido, vem prevista na Lei de Drogas, na Lei de Lavagem de Capitais e na Lei das Organizações Criminosas.
Flagrante forjado, fabricado, maquinado ou urdido	Nessa espécie de flagrante totalmente artificial, policiais ou particulares criam provas de um crime inexistente, a fim de legitimar (falsamente) uma prisão em flagrante.

A respeito das hipóteses de flagrante provocado, dois pontos merecem destaque em decorrência das atualizações referentes ao Pacote Anticrime. A primeira relacionada ao Estatuto do Desarmamento, a segunda diz respeito à Lei de Drogas. Vejamos:

> **Comércio ilegal de arma de fogo**
>
> **Lei nº 10.826/2003**
>
> **Art. 17.** Adquirir, alugar, receber, transportar, conduzir, ocultar, ter em depósito, desmontar, montar, remontar, adulterar, vender, expor à venda, ou de qualquer forma utilizar, em proveito próprio ou alheio, no exercício de atividade comercial ou industrial, arma de fogo, acessório ou munição, sem autorização ou em desacordo com determinação legal ou regulamentar:
>
> **Pena** – reclusão, de 6 (seis) a 12 (doze) anos, e multa.
>
> § 1º Equipara-se à atividade comercial ou industrial, para efeito deste artigo, qualquer forma de prestação de serviços, fabricação ou comércio irregular ou clandestino, inclusive o exercido em residência.
>
> § 2º **Incorre na mesma pena quem vende ou entrega arma de fogo, acessório ou munição, sem autorização ou em desacordo com a determinação legal ou regulamentar, a agente policial disfarçado, quando presentes elementos probatórios razoáveis de conduta criminal preexistente.** (Grifos nossos.)
>
> **Tráfico internacional de arma de fogo**
>
> **Art. 18.** Importar, exportar, favorecer a entrada ou saída do território nacional, a qualquer título, de arma de fogo, acessório ou munição, sem autorização da autoridade competente:
>
> **Pena** – reclusão, de 8 (oito) a 16 (dezesseis) anos, e multa.
>
> Parágrafo único. **Incorre na mesma pena quem vende ou entrega arma de fogo, acessório ou munição, em operação de importação, sem autorização da autoridade competente, a agente policial disfarçado, quando presentes elementos probatórios razoáveis de conduta criminal preexistente.** (Grifos nossos.)

Nas duas hipóteses em negrito, o legislador equipara às condutas de comércio ilegal de arma de fogo, acessório ou munição e de tráfico ilegal de arma de fogo aquele que entrega os objetos ao agente policial disfarçado, **quando presentes elementos probatórios razoáveis de conduta criminal preexistente**. Assim, apesar de existir induzimento pelo agente policial disfarçado, a prisão será possível quando presentes indícios razoáveis que a infração penal já se consumara anteriormente.

Há previsão semelhante na Lei de Drogas. Vejamos.

> **Lei nº 11.343/2006**
>
> **Art. 33.** Importar, exportar, remeter, preparar, produzir, fabricar, adquirir, vender, expor à venda, oferecer, ter em depósito, transportar, trazer consigo, guardar, prescrever, ministrar, entregar a consumo ou fornecer drogas, ainda que gratuitamente, sem autorização ou em desacordo com determinação legal ou regulamentar:
>
> (...)
>
> IV – vende ou entrega drogas ou matéria-prima, insumo ou produto químico destinado à preparação de drogas, sem autorização ou em desacordo com a determinação legal ou regulamentar, a agente policial disfarçado, quando presentes elementos probatórios razoáveis de conduta criminal preexistente.

Desse modo, observa-se que, com relação a essas duas modalidades, não se trata tecnicamente de admitir-se a prisão em flagrante ante a provocação do agente. Na verdade, o que se admite é a prisão em flagrante com relação ao crime preexistente, tanto é verdade que o legislador exige elementos razoáveis de infração penal antecedente. Inclusive a própria doutrina já admitia a prisão em flagrante com relação a infrações penais anteriores já consumadas, ainda que posteriormente houvesse provocação por parte do agente policial.

Imagine, a título de exemplo, se o agente provoca determinado infrator a vender-lhe substância entorpecente. No que concerne à venda, não será possível a prisão em flagrante, mas, no que diz respeito à conduta de manter a droga estocada em depósito (conduta anterior e não provocada), seria possível a prisão em flagrante.

Esse cenário não se altera com a entrada em vigor dos dispositivos citados anteriormente, ocorre que, atualmente, essa possibilidade conta com previsão expressa no ordenamento jurídico.

15.2.6 Prisão em flagrante em diversas hipóteses

Analisaremos a seguir a possibilidade de prisão em flagrante nas diversas hipóteses de crimes.

15.2.6.1 Prisão em flagrante nos crimes permanentes

Lembrem-se de que os crimes permanentes são aqueles em que sua fase consumativa se prolonga no tempo.

É aquele cuja consumação, pela natureza do bem jurídico ofendido, pode protrair-se no tempo, detendo o agente o poder de fazer cessar o estado antijurídico por ele realizado, ou seja, é o delito cuja consumação se prolonga no tempo (TOLEDO, 1994, p. 146-147).

Conforme Lima (2018, p. 926), veja alguns exemplos de crimes permanentes:

- **a.** sequestro e cárcere privado (art. 148 do CP);
- **b.** redução à condição análoga de escravo (art. 149 do CP);
- **c.** extorsão mediante sequestro (art. 159, *caput* e parágrafos, do CP);

d. receptação, nas modalidades de transportar, ocultar, ter em depósito (art. 180 do CP);
e. ocultação de cadáver (art. 211, *caput*, do CP);
f. quadrilha ou bando (antiga redação do art. 288 do CP);
g. associação para o tráfico de drogas (art. 35 da Lei nº 11.343/2006). Com relação a esse delito, permite-se a prisão em flagrante delito durante cada momento em que subsistir vínculo associativo entre os consortes);
h. ocultação de bens, direitos e valores (art. 1º da Lei nº 9.613/1998);
i. evasão de divisas nas modalidades de manutenção de depósitos não informados no exterior (art. 22, parágrafo único, da Lei nº 7.492/1986);
j. tráfico de drogas (art. 33, *caput*, da Lei nº 11.343/2006), em algumas modalidades como guardar, trazer consigo, transportar, ter em depósito.

Com relação a esses delitos, a principal característica é que eles admitem a prisão em flagrante durante toda a sua permanência.

15.2.6.2 Prisão em flagrante em crimes habituais

O crime habitual é justamente aquele em que a habitualidade se constitui como elemento do tipo, de forma que condutas isoladas não possuem aptidão para configurar o referido crime.

O crime habitual não se confunde com a habitualidade delitiva. Enquanto a habitualidade no crime habitual é uma característica do delito, o qual somente se consuma quando da reiteração do agente. A habitualidade delitiva é uma característica do agente que comete diversos delitos (LIMA, 2018, p. 927).

Vejamos alguns exemplos de crimes habituais:

a. rufianismo (art. 230 do CP);
b. exercício ilegal da medicina, arte dentária ou farmacêutica (art. 282 do CP). É admissível a prisão em flagrante em crimes habituais?

Sobre esse tema existem dois posicionamentos, vejamos:

É possível a prisão em flagrante	Não será possível a prisão em flagrante
O professor **Renato Brasileiro de Lima** admite a prisão em flagrante em crimes habituais, desde que se comprove no momento do flagra a reiteração do agente.[8]	O professor **Fernando Costa Tourinho Filho** não se admite a prisão em flagrante sob o fundamento de que tal delito somente se aperfeiçoa com a reiteração da conduta, o que não seria passível de verificação em um ato isolado, que é a prisão em flagrante.[9]

[8] No sentido de que o caráter habitual do crime de casa de prostituição não impede a efetuação de prisão em flagrante: STF, RHC nº 46.115/SP, Rel. Min. Amaral Santos, *DJ* 26.09.1969. Ainda no sentido da possibilidade de prisão em flagrante em crimes habituais: STF, Pleno, HC nº 36.723/SP, Rel. Min. Nelson Hungria, *DJ* 08.09.1960, p. 975.

[9] Na mesma linha: CAPEZ (2001, p. 225). No mesmo sentido é a posição de RANGEL (2008); TOURINHO FILHO (2012) e MARQUES (1997, v. II, p. 89).

15.2.6.3 Flagrante em crime de ação penal privada e em crimes de ação penal pública condicionada à representação

Inicialmente, não há qualquer vedação à realização da prisão em flagrante em crimes dessa natureza. Ocorre que, nesses casos, a própria persecução penal fica condicionada à manifestação da vítima ou mesmo do ministro da justiça (ação penal pública condicionada à representação ou requisição).

Desse modo, caso a Autoridade Policial se depare com condutas criminosas cujo processamento se submete à representação ou requisição, é necessário que, em despacho, o Delegado determine a juntada do termo de representação ou requisição. Desse modo, demonstra a legitimidade de sua atuação no que concerne à adoção de medidas investigativas relacionadas a esse tipo de delito.

Vejamos o dispositivo legal:

> **CPP**
>
> **Art. 5º** Nos crimes de ação pública o inquérito policial será iniciado:
>
> I – de ofício;
>
> II – **mediante requisição da autoridade judiciária ou do Ministério Público, ou a requerimento do ofendido ou de quem tiver qualidade para representá-lo.**
>
> § 1º O requerimento a que se refere o nº II conterá sempre que possível:
>
> *a)* a narração do fato, com todas as circunstâncias;
>
> *b)* a individualização do indiciado ou seus sinais característicos e as razões de convicção ou de presunção de ser ele o autor da infração, ou os motivos de impossibilidade de o fazer;
>
> *c)* a nomeação das testemunhas, com indicação de sua profissão e residência.
>
> § 2º Do despacho que indeferir o requerimento de abertura de inquérito caberá recurso para o chefe de Polícia.
>
> § 3º Qualquer pessoa do povo que tiver conhecimento da existência de infração penal em que caiba ação pública poderá, verbalmente ou por escrito, comunicá-la à autoridade policial, e esta, verificada a procedência das informações, mandará instaurar inquérito.
>
> § 4º **O inquérito, nos crimes em que a ação pública depender de representação, não poderá sem ela ser iniciado.**
>
> § 5º **Nos crimes de ação privada, a autoridade policial somente poderá proceder a inquérito a requerimento de quem tenha qualidade para intentá-la.** (Grifos nossos.)

Portanto, com relação a tais delitos, **afigura-se possível a captura e a condução coercitiva daquele que for encontrado em situação de flagrância**, fazendo-se cessar a agressão com o escopo de manter a paz e a tranquilidade social. No entanto, **a lavratura do auto de prisão em flagrante estará condicionada à manifestação do ofendido ou de seu representante legal**. Se a vítima não puder imediatamente ir à delegacia para se manifestar, por ter sido conduzida ao hospital ou por qualquer motivo relevante, poderá fazê-lo no prazo de entrega da nota de culpa (24 horas). Não há necessidade de qualquer formalismo nessa manifestação de vontade, bastando estar evidenciada a intenção da vítima de que o autor do delito seja responsabilizado criminalmente. Assim, caso a vítima tenha comunicado o fato à Autoridade Policial e presenciado a lavratura do auto de prisão em flagrante, tem-se como demonstrado inequivocamente o seu interesse em que se promova a responsabilidade penal do agente (LIMA, 2018, p. 940).

15.2.6.4 Prisão em flagrante em crimes formais

Inicialmente, necessário se faz entender o que é, efetivamente, um **crime formal**. Trata-se de crime em que **há previsão de resultado naturalístico**, contudo, esse resultado é dispensável para sua consumação. Esses delitos são chamados de crimes **de consumação antecipada** ou **resultado cortado**.

É justamente em crimes dessa natureza que se verifica a possibilidade do exaurimento do delito.

O **exaurimento** nada mais é do que a **produção do resultado naturalístico nos crimes formais**. Desse modo, o crime se consuma no momento da conduta, o resultado é mero exaurimento do delito, sendo um pós-fato impunível (*post factum* impunível). Assim, a possibilidade ou não da prisão em flagrante deve ser analisada com relação ao momento da consumação, e não do exaurimento do delito.

Vejamos o exemplo do crime de concussão: a conduta que autoriza a prisão em flagrante é a exigência de vantagem indevida pelo funcionário público, e não o seu recebimento uma semana depois. Desse modo, se o agente for preso quando estava recebendo a vantagem indevida, ter-se-á uma prisão ilegal, caso esta seja efetuada com relação ao crime de concussão, autorizando-se o relaxamento. Isso não significa dizer, no entanto, que o agente não será responsabilizado pelo delito. Não se pode confundir a existência do crime, que efetivamente ocorreu, com a prisão em flagrante, que somente seria possível no momento da exigência da vantagem indevida. E nem se diga, com relação ao exemplo, que teria ocorrido flagrante preparado, e, por consequência, crime impossível. Com efeito, não houve qualquer induzimento ou instigação à prática do delito, que se consumou com a mera exigência do funcionário público (LIMA, 2018, p. 945).

15.2.6.5 Flagrante nos crimes continuados

O crime continuado encontra previsão legal no art. 71 do CP:

> **Crime continuado**
>
> **Art. 71.** Quando o agente, mediante mais de uma ação ou omissão, pratica dois ou mais crimes da mesma espécie e, pelas condições de tempo, lugar, maneira de execução e outras semelhantes, devem os subsequentes ser havidos como continuação do primeiro, aplica-se-lhe a pena de um só dos crimes, se idênticas, ou a mais grave, se diversas, aumentada, em qualquer caso, de um sexto a dois terços.
>
> Parágrafo único. Nos crimes dolosos, contra vítimas diferentes, cometidos com violência ou grave ameaça à pessoa, poderá o juiz, considerando a culpabilidade, os antecedentes, a conduta social e a personalidade do agente, bem como os motivos e as circunstâncias, aumentar a pena de um só dos crimes, se idênticas, ou a mais grave, se diversas, até o triplo, observadas as regras do parágrafo único do art. 70 e do art. 75 deste Código.

O que ocorre nos crimes continuados é a prática **de vários delitos cometidos nas mesmas condições de tempo, lugar, forma de execução** de maneira que os delitos subsequentes sejam tidos como continuidade dos primeiros.

Dessa forma, com relação a cada um dos crimes parcelares (crimes que compõem a continuidade delitiva) seria possível a prisão em flagrante. É justamente o que se chama de **flagrante fracionado.**

15.2.6.6 Prisão em flagrante e autoridades com prerrogativa de foro

É interessante observar que algumas autoridades possuem imunidades com relação à prisão em flagrante, essencialmente naquelas hipóteses em que a infração penal é **afian**çável. Pode-se citar, a título de exemplo, os juízes, promotores, deputados, dentre outros.

Nesses casos, é importante observar que não se deve proceder à lavratura do auto de prisão em flagrante e a subsequente remessa do investigado ao cárcere, como normalmente deve acontecer, devendo a Autoridade observar as peculiaridades de cada caso.

Inicialmente, é interessante relembrarmos as fases pelas quais passam a prisão em flagrante: captura, condução coercitiva, audiência com a Autoridade Policial, lavratura do APF. Lembre-se de que o eventual recolhimento ao cárcere é uma decorrência lógica possível, mas não necessária, da prisão em flagrante.

Assim, logicamente, seja qual for a autoridade, é permitido aos agentes policiais ou mesmo ao cidadão intervir para fazer cessar a atividade criminosa. Contudo, com relação às demais fases, deve-se analisar o tipo de imunidade existente.

Imagine que o nosso leitor flagre o Presidente da República na prática de delito. Nesses casos, poderá intervir para fazer cessar a atividade delituosa, porém não se deve nem mesmo conduzi-lo à presença da Autoridade Policial, considerando que só poderá, de acordo com o art. 86, § 3º, da CF, ser preso por sentença condenatória. Vejamos a disposição:

> **CF/1988**
>
> **Art. 86.** (...)
>
> § 3º Enquanto não sobrevier sentença condenatória, nas infrações comuns, o Presidente da República não estará sujeito a prisão.
>
> § 4º O Presidente da República, na vigência de seu mandato, não pode ser responsabilizado por atos estranhos ao exercício de suas funções.

Assim, nessas hipóteses, deve o agente policial (ou mesmo o particular) intervir para fazer cessar a atividade delituosa, assim como colher demais elementos que consubstanciem a prática delituosa, abstendo-se de proceder a condução coercitiva do Presidente, devendo, posteriormente, a Autoridade Policial lavrar boletim de ocorrência e formalizar os elementos que consubstanciem a prática delituosa.

Solução diversa é dada, a título de exemplo, para Juízes, considerando que, nessa hipótese, autoriza-se a prisão em flagrante caso se trate de crime inafiançável.

Apesar de ausência de consenso, autoriza-se a condução à unidade policial, caso não seja possível a apresentação imediata do investigado ao Tribunal respectivo. Nesses casos, a Autoridade Policial deverá analisar a situação e adotar uma das providências indicadas a seguir:

a. **hipótese flagrancial de crime inafiançável:** deve lavrar o respectivo auto de prisão em flagrante, cientificando o presidente do Tribunal, vice-presidente ou mesmo o Corregedor para acompanhar o ato e remetê-lo, imediatamente após a lavratura, ao Tribunal respectivo para análise;
b. **hipótese flagrancial de crime afiançável:** deve ouvir as partes, formalizar as diligências e liberar o investigado.

Outro ponto que deve ser observado é que as formalidades dependerão da prerrogativa da autoridade envolvida, a título de exemplo, o agente diplomático é inviolável, motivo pelo qual não poderá ser alvo de nenhum tipo de detenção ou prisão.

Apresentamos a título de elucidação e cautela dois modelos que podem ser adotados diante de casos que envolvam autoridade com imunidade formal com relação à prisão em flagrante.

15.2.6.7 Morte decorrente de intervenção policial

Inicialmente, importante pontuar que em determinadas situações, ante a resistência ou mesmo agressões aos agentes policiais, não resta alternativa a não ser o uso moderado, razoável e progressivo da força. Esse fenômeno, por vezes, ocasiona a morte do agressor.

Nesses casos – **uso legítimo da força que ocasiona a morte do agressor** – não se deve tecnicamente lavrar o auto de **prisão em flagrante**, uma vez que os agentes envolvidos se apresentam espontaneamente à unidade policial. Ademais, essas hipóteses não amoldam às disposições legais contidas no art. 302 do CPP (hipóteses autorizativas da prisão em flagrante).

Desse modo, nesses casos, lavra-se o denominado auto de morte decorrente de intervenção policial, nos termos da Resolução nº 8/2012 da Secretaria de Direitos Humanos da Presidência da República e da Resolução Conjunta nº 2/2015 do Conselho Superior de Polícia e do Conselho Nacional dos Chefes de Polícia Civil.

Nesse auto, deve a Autoridade responsável pela lavratura evidenciar, principalmente, que se trata de **intervenção legítima**, a qual se origina de legítima defesa ou outra causa possível de extinção da ilicitude. Deve colher todos os depoimentos, ouvir testemunhas e produzir todas as provas periciais passíveis.

15.2.6.8 Auto de apreensão em flagrante

Em determinadas hipóteses, a restrição da liberdade momentânea (apreensão) como medida flagrancial recai sobre adolescentes,[10] ocasião na qual se deve aplicar as determinações contidas no Estatuto da Criança e do Adolescente. Vejamos dispositivo legal:

---

[10] Observe que a privação da liberdade somente seria cabível em desfavor de adolescentes, nos termos do art. 106 (ECA). Nenhum adolescente será privado de sua liberdade senão em flagrante de ato infracional ou por ordem escrita e fundamentada da autoridade judiciária competente.

Lei nº 8.069/1990

Art. 173. Em caso de flagrante de ato infracional cometido mediante violência ou grave ameaça a pessoa, a autoridade policial, sem prejuízo do disposto nos arts. 106, parágrafo único, e 107, deverá:

I – lavrar auto de apreensão, ouvidos as testemunhas e o adolescente;

II – apreender o produto e os instrumentos da infração;

III – requisitar os exames ou perícias necessários à comprovação da materialidade e autoria da infração.

Parágrafo único. Nas demais hipóteses de flagrante, a lavratura do auto poderá ser substituída por boletim de ocorrência circunstanciada.

Observa-se que o auto de apreensão em flagrante de ato infracional tem estrutura bastante parecida com o APF comum. O leitor deve atentar-se para o fato de que o AAFAI (Auto de Apreensão em Flagrante de Ato Infracional) somente deve ser lavrado naquelas hipóteses de atos infracionais cometidos com **violência ou grave ameaça à pessoa**. Nessas hipóteses, deverá a Autoridade Policial:

a. lavrar auto de apreensão, ouvidas as testemunhas e o adolescente;
b. apreender o produto e os instrumentos da infração;
c. requisitar os exames ou as perícias necessárias à comprovação da materialidade e autoria da infração.

Nos demais casos, **atos infracionais cometidos sem violência ou grave ameaça** à pessoa, deve-se lavrar boletim de ocorrência circunstanciada, com estrutura bastante simples, assemelhando-se à lavratura do Termo Circunstanciado de Ocorrência, ocasião em que o Delegado deverá colher os depoimentos (em algumas unidades da federação na própria ocorrência policial), formar seu juízo de valor, remeter as partes imediatamente ao juizado da Infância e da Juventude ou colher o compromisso de comparecimento.

Segundo o ECA, após a lavratura do BOC, deve-se liberar o infrator, mediante termo de entrega, ao seu responsável legal.

Duas situações importantes devem ser observadas:

a. possibilidade de AAFAI às hipóteses de crimes mesmo sem violência ou grave ameaça, quando demonstrada, nos termos do art. 174, *in fine*, a necessidade pela **gravidade do ato infracional e sua repercussão social**, de o adolescente permanecer sob internação para garantia de sua segurança pessoal ou manutenção da ordem pública;
b. possibilidade de BOC em atos infracionais de menor potencial cometidas com violência. Ora, se com relação a imputáveis, possibilita-se a liberação imediata, após a lavratura de termo circunstanciado e a assinatura de termo de compromisso (medidas adotadas no âmbito das infrações de menor potencial ofensivo), essa possibilidade, desde que indicável e devidamente justificada, não pode ser negada aos adolescentes infratores.

Quanto ao último caso, imagine o seguinte exemplo: caso um adolescente cometa lesões corporais leves, apesar de se tratar de infração penal cometida com violência ou grave ameaça, seria possível a lavratura de BOC com a liberação do menor aos responsáveis legais, caso essa medida seja socialmente adequada. Veja que, caso estivéssemos tratando de imputável, essa seria a medida adotada, considerando as disposições da Lei nº 9.099/1995. Assim, não há como negar a aplicabilidade desse entendimento no que concerne aos adolescentes.

15.2.7 Prisão em flagrante e apresentação espontânea

A dúvida a respeito da possibilidade ou não de prisão em flagrante nos casos de apresentação espontânea, fundamenta-se justamente no disposto no **revogado** art. 317 do CPP. O dispositivo continha a seguinte redação:

> **Art. 317.** A apresentação espontânea do acusado à autoridade não impedirá a decretação da prisão preventiva nos casos em que a lei a autoriza. (Artigo revogado.)

Observe que, se interpretado a contrário senso o dispositivo, ele não admitiria a prisão em flagrante, apesar de ser possível a prisão cautelar, desde que presentes os requisitos necessários para o cerceamento de liberdade.

Assim, apesar da revogação do referido dispositivo legal, **majoritariamente**, ainda se entende que a **apresentação espontânea** é **causa que afasta a possibilidade de prisão em flagrante**, justamente em razão de apresentação espontânea não se adequar a nenhuma das possibilidades de flagrante previstas no art. 302 do CPP.

15.2.8 Lavratura do auto de prisão em flagrante delito

Efetuada a prisão em flagrante, a Autoridade Policial deve se preocupar em documentar tal medida excepcional e restritiva de liberdade.

Dessa forma, há uma série de formalidades que devem ser adotas pelo Delegado de Polícia no sentido de justificar a restrição da liberdade, demonstrar o respeito aos direitos constitucionalmente garantidos e cumprir formalidades imprescindíveis para a configuração do crime.

Ademais, o auto de prisão em flagrante delito funciona como verdadeiro instrumento de *notitia criminis* apto a dar início à persecução penal e funcionar como peça inaugural do inquérito policial.

É importante ressaltar que, em alguns delitos, são imprescindíveis o cumprimento de determinadas condições. Vejamos um exemplo:

- Lei de Drogas (a lavratura do auto de prisão em flagrante está condicionada à presença de laudo de constatação da natureza e quantidade da droga, firmado por perito oficial ou, na falta deste, por pessoa idônea (art. 50, § 1º, da Lei nº 11.343/2006).

15.2.9 Autoridade responsável pela lavratura do auto de prisão em flagrante

Em regra, a atribuição para a lavratura do auto de prisão em flagrante é da Autoridade Policial (Delegado de Polícia).

É possível, caso haja previsão legal, que outras autoridades procedam à lavratura do Auto de Prisão em flagrante. Neste mesmo sentido, de acordo com a Súmula nº 397 do Supremo Tribunal Federal, o poder de polícia da Câmara dos Deputados e do Senado Federal, em caso de crime cometido nas suas dependências, compreende, consoante o regimento, a prisão em flagrante do acusado e a realização do inquérito.

Em razão dos próprios mandamentos constitucionais, impõe-se à autoridade responsável pela lavratura do auto de prisão em flagrante o cumprimento de algumas formalidades legais:

a. comunicar a prisão e o local onde se encontra o preso imediatamente ao juiz competente e à família do preso ou à pessoa por ele indicada (art. 5º, LXII);
b. informar ao preso seus direitos, entre os quais o de permanecer calado, sendo-lhe assegurada a assistência da família e de advogado (art. 5º, LXIII);
c. identificar ao preso os responsáveis por sua prisão ou por seu interrogatório policial (art. 5º, LXIV).

As formalidades relacionadas à lavratura do APF devem ser rigorosamente cumpridas no momento de sua concretização. Veja que estamos a tratar de hipótese excepcionalíssima de restrição de liberdade, a qual exige o cumprimento estrito dos requisitos solenes exigidos, sob pena de relaxamento do Auto de Prisão em Flagrante.

Observe que a nova Lei de Abuso de Autoridade (Lei nº 13.869/2019) estabelece algumas hipóteses em que o descumprimento desses mandamentos relativos à prisão em flagrante configurar-se-á no crime de abuso de autoridade.

> **Art. 12.** Deixar injustificadamente de comunicar prisão em flagrante à autoridade judiciária no prazo legal:
>
> Pena – detenção, de 6 (seis) meses a 2 (dois) anos, e multa. Parágrafo único. Incorre na mesma pena quem:
>
> I – deixa de comunicar, imediatamente, a execução de prisão temporária ou preventiva à autoridade judiciária que a decretou;
>
> II – deixa de comunicar, imediatamente, a prisão de qualquer pessoa e o local onde se encontra à sua família ou à pessoa por ela indicada;
>
> III – deixa de entregar ao preso, no prazo de 24 (vinte e quatro) horas, a nota de culpa, assinada pela autoridade, com o motivo da prisão e os nomes do condutor e das testemunhas;
>
> IV – prolonga a execução de pena privativa de liberdade, de prisão temporária, de prisão preventiva, de medida de segurança ou de internação, deixando, sem motivo justo e excepcionalíssimo, de executar o alvará de soltura imediatamente após recebido ou de promover a soltura do preso quando esgotado o prazo judicial ou legal.

15.2.10 Oitiva do condutor e testemunha

Inicialmente, a Autoridade Policial deve proceder a oitiva do condutor, o qual é justamente o responsável por conduzir o preso. Renato Brasileiro de Lima (2018, p. 932) nos alerta que não é necessário que esse tenha presenciado a prática do delito, nem tampouco a prisão, pois o preso pode ter sido entregue a ele. Após sua oitiva, deve o presidente do auto de prisão em flagrante proceder à oitiva de duas testemunhas que tenham presenciado o fato.

Observe que a ausência de testemunhas que tenham presenciado o fato delituoso não impede a lavratura do auto de prisão em flagrante. Nessa hipótese, além do condutor, duas testemunhas que tenham presenciado a apresentação do preso à autoridade deverão assinar o auto (CPP, art. 304).

> **Art. 304.** Apresentado o preso à autoridade competente, ouvirá esta o condutor e colherá, desde logo, sua assinatura, entregando a este cópia do termo e recibo de entrega do preso. Em seguida, procederá à oitiva das testemunhas que o acompanharem e ao interrogatório do acusado sobre a imputação que lhe é feita, colhendo, após cada oitiva suas respectivas assinaturas, lavrando, a autoridade, afinal, o auto.
>
> § 1º Resultando das respostas fundada a suspeita contra o conduzido, a autoridade mandará recolhê-lo à prisão, exceto no caso de livrar-se solto ou de prestar fiança, e prosseguirá nos atos do inquérito ou processo, se para isso for competente; se não o for, enviará os autos à autoridade que o seja.
>
> § 2º **A falta de testemunhas da infração não impedirá o auto de prisão em flagrante; mas, nesse caso, com o condutor, deverão assiná-lo pelo menos duas pessoas que hajam testemunhado a apresentação do preso à autoridade.**
>
> § 3º Quando o acusado se recusar a assinar, não souber ou não puder fazê-lo, o auto de prisão em flagrante será assinado por duas testemunhas, que tenham ouvido sua leitura na presença deste.
>
> § 4º Da lavratura do auto de prisão em flagrante deverá constar a informação sobre a existência de filhos, respectivas idades e se possuem alguma deficiência e o nome e o contato de eventual responsável pelos cuidados dos filhos, indicado pela pessoa presa. (Grifos nossos.)

Posteriormente à oitiva das testemunhas, passa-se à oitiva do autuado. Não é tecnicamente correto chamar o infrator de réu nessa fase processual, considerando que ainda não há processo.

Contudo, deve-se assegurar a participação de advogado caso o autuado o indique, assim como há o dever de resguardar o direito do investigado em manter-se em silêncio em decorrência do princípio do *nemo tenetur se detegere* (ninguém é obrigado a produzir provas contra si mesmo).

O impedimento de que o preso seja acompanhado por advogado pode constituir crime previsto no próprio Estatuto da OAB. Vejamos:

> **Lei nº 8.906/1994**
>
> **Art. 7º-B.** Constitui crime violar direito ou prerrogativa de advogado previstos nos incisos II, III, IV e V do *caput* do art. 7º desta Lei:

> **Pena** – detenção, de 2 (dois) a 4 (quatro) anos, e multa.

Ainda seria possível a configuração de crime de abuso de autoridade, nos seguintes termos:

> **Lei nº 13.869/2019**
>
> **Art. 15.** Constranger a depor, sob ameaça de prisão, pessoa que, em razão de função, ministério, ofício ou profissão, deva guardar segredo ou resguardar sigilo:
>
> **Pena** – detenção, de 1 (um) a 4 (quatro) anos, e multa.
>
> Parágrafo único. Incorre na mesma pena quem prossegue com o interrogatório:
>
> **I – de pessoa que tenha decidido exercer o direito ao silêncio; ou**
>
> **II – de pessoa que tenha optado por ser assistida por advogado ou defensor público, sem a presença de seu patrono.** (Grifos nossos.)

15.2.11 Prazo para a lavratura do auto de prisão em flagrante

Considerando o teor do art. 306 do CPP, o qual estabelece o prazo de até 24 horas para que seja entregue a nota de culpa, entende-se que esse é o prazo máximo para a lavratura do auto.

> **Art. 306.** A prisão de qualquer pessoa e o local onde se encontre serão comunicados imediatamente ao juiz competente, ao Ministério Público e à família do preso ou à pessoa por ele indicada.
>
> § 1º Em até 24 (vinte e quatro) horas após a realização da prisão, será encaminhado ao juiz competente o auto de prisão em flagrante e, caso o autuado não informe o nome de seu advogado, cópia integral para a Defensoria Pública.
>
> § 2º No mesmo prazo, será entregue ao preso, mediante recibo, a nota de culpa, assinada pela autoridade, com o motivo da prisão, o nome do condutor e os das testemunhas.

15.2.12 Relaxamento da prisão em flagrante pela Autoridade Policial (flagrante negativo)

Discute-se na doutrina a respeito da possibilidade de o Delegado de Polícia relaxar a prisão em flagrante. Apesar de posicionamento em sentido contrário, majoritariamente, não se trata de relaxamento de prisão, mas na verdade de não lavratura do auto de prisão em flagrante.

Como já analisamos anteriormente, a lavratura do auto de prisão passa por diversas fases. Assim, somente após todas as fases o ato administrativo de restrição de liberdade estaria completo. Dessa forma, caso policiais militares conduzam determinada pessoa à presença da Autoridade Policial, mas o Delegado resolva não ratificar a prisão, não se trata propriamente de relaxamento de prisão, mas sim de não lavratura do auto de prisão em flagrante.

Assim, caso a Autoridade não homologue a prisão em flagrante anteriormente realizada, não se trata de relaxamento de prisão, mas na verdade se configura hipótese de não realização da prisão em flagrante.

Confirmam esse raciocínio as lições exaradas por Renato Brasileiro de Lima (2018, p. 868):

> (...) *a própria Constituição Federal,* ao se referir ao relaxamento da prisão ilegal, deixa claro que somente a autoridade judiciária tem competência para fazê-lo (CF, art. 5º, LXV). Enxergamos, pois, no art. 304, § 1º, do CPP/1941, não uma hipótese de relaxamento da prisão em flagrante, mas sim situação em que a autoridade competente deixa de ratificar a voz de prisão em flagrante dada pelo condutor por entender que não há fundada suspeita contra o conduzido.

Posteriormente, a todas essas fases procedimentais, ocorrerá o recolhimento ao cárcere, caso o investigado não reste solto por outro motivo, como arbitramento de fiança.

Lavrado o auto de prisão em flagrante, deve a autoridade remeter os autos à autoridade judicial competente, a qual deverá adotar uma das três medidas a seguir:

1. relaxamento da prisão em flagrante;
2. conversão da prisão em flagrante em prisão preventiva, logicamente quando presente os requisitos autorizadores da decretação da prisão preventiva e se mostrarem inadequadas a adoção de medidas cautelares diversas da prisão;
3. liberdade provisória cumulada ou não com outras medidas cautelares diversas da prisão.

Após essa análise preliminar a respeito da prisão em flagrante, vejamos a estrutura e um modelo de auto de prisão em flagrante.

15.2.13 Estrutura do auto de prisão em flagrante

A estrutura do auto de prisão em flagrante se assemelha bastante aos demais autos até agora analisados. Ocorre que neste auto haverá especificamente uma ordem de oitiva dos envolvidos e uma série de formalidades que deverão ser adotadas pela autoridade responsável pela lavratura do documento.

Nesse sentido, buscando facilitar o trabalho de nosso leitor, estruturaremos uma série de formalidades que devem ser seguidas e observadas pelo candidato. Logicamente a referência a uma ou outra providência dependerá do caso prático que é exposto na prova, contudo é interessante conhecer todas as possibilidades.

Assim, podemos sistematizar da seguinte forma os elementos integrantes do auto de prisão em flagrante:

a. nome da peça: auto de prisão em flagrante;
b. análise a respeito de infração de menor potencial ofensivo; caso a resposta seja positiva, determina-se a lavratura de TCO, caso contrário são seguidos os demais passos;
c. análise: a respeito de alguma imunidade formal a respeito da prisão;
d. data e local da realização do ato e referência ao local em que os fatos descritos no auto ocorreram;

e. referência e qualificação das pessoas envolvidas e suas declarações sobre os fatos. Nesse momento, ouve-se condutor (expedição de nota de entrega de preso), testemunhas, vítima e posteriormente o investigado, nessa ordem;
f. determinação a respeito de produção de provas periciais ou de apreensão de objetos;
g. decisão a respeito da lavratura do auto de prisão em flagrante, demonstrando o enquadramento dos fatos, as hipóteses legais previstas no art. 302 do CPP. Deve-se proceder também à tipificação do delito e manifestar-se sobre a concessão ou não de fiança;
h. em despacho ordinatório:

- determinar a comunicação imediata ao magistrado, ao Ministério Público e à família do investigado ou pessoa por ele indicada;
- determinar a remessa dos autos, em até 24 horas, ao juiz e encaminhamento do preso para audiência de custódia e, caso não haja advogado constituído, a Defensoria Pública;
- determinar, em até 24 horas, expedição de nota de culpa, assinada pela autoridade, com o motivo da prisão, o nome do condutor e das testemunhas;
- demais providências do despacho ordinatório. Nesse momento, remetemos o leitor ao capítulo próprio destinado ao estudo do despacho ordinatório, em que descreveremos as possíveis providências adicionais a serem determinadas no referido despacho.

Vejamos estruturalmente os elementos que deverão integrar esse ato complexo que é a lavratura do auto de prisão em flagrante.

A partir desse esquema, analisaremos cada um dos elementos integrantes.

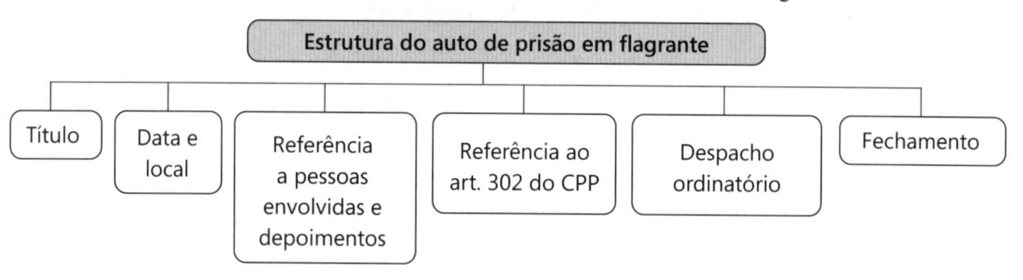

Elementos do auto de prisão em flagrante	Observações
Referência ao nome da peça produzida	Auto de prisão em flagrante.
Data e local da realização do ato	Neste tópico é extremamente importante que o candidato se atenha às previsões contidas no enunciado da questão, não adicionando ou suprimindo fatos. Também é interessante fazer referência à unidade investigativa em que se procede o ato, logicamente, caso essa informação conste da questão.

Elementos do auto de prisão em flagrante	Observações
Referência às pessoas envolvidas e aos depoimentos prestados	Neste tópico a autoridade deverá fazer referência às pessoas envolvidas na diligência. É importante observar que o legislador, no corpo do art. 304, indicou a ordem de oitiva a ser observada: 1. Oitiva do condutor e colheita, desde logo, de sua assinatura, expedindo no mesmo ato, **termo de recibo e entrega de preso**. 2. Oitiva das testemunhas, colhendo as assinaturas respectivas. **Atenção!** A falta de testemunha da infração não impede a prisão em flagrante; mas, nesse caso, com o condutor, deverão assiná-lo pelo menos duas pessoas que testemunharam a apresentação do preso à autoridade. 3. Oitiva da vítima. 4. Interrogatório do acusado sobre a imputação que lhe é feita, colhendo sua assinatura. É importante consignar que o conduzido foi advertido a respeito de seu direito ao silêncio, assim como do seu direito de se fazer acompanhar por advogado, caso o tenha. **Atenção!** Quando o acusado se recusar a assinar, não souber ou não puder fazê-lo, o auto de prisão em flagrante será assinado por duas testemunhas, que tenham ouvido a sua leitura na presença deste. Referência à existência de filhos, suas respectivas idades e se possuem alguma deficiência e o nome e o contato de eventual responsável pelos cuidados dos filhos, indicado pela pessoa presa.
Tipificação do delito e referência ao art. 302 do CPP	Neste tópico a Autoridade Policial deverá proceder à adequação da situação fática relatada pelos envolvidos com as hipóteses que autorizam a prisão em flagrante. Deve também tipificar do delito. Também deve manifestar-se a respeito do arbitramento de fiança, caso seja possível, nos termos do art. 322 e seguinte do CPP.
Despacho ordinatório	A respeito do despacho ordinatório, remetemos o leitor para o capítulo seguinte deste Manual Decifrado, em que analisaremos cada um dos despachos a serem determinados após a lavratura do auto de prisão em flagrante.
Fechamento	Encerrada a diligência, mandou a autoridade encerrar este termo, que lido e achado conforme, assina com o condutor, as testemunhas, o autuado e esta Autoridade Policial.

15.2.14 Despacho ordinatório – notas preliminares

Inicialmente, ressaltamos que **o despacho ordinatório** será analisado em capítulo próprio desta obra. Visando, contudo, dar completude ao estudo do auto de prisão em flagrante, analisaremos preliminarmente as providências que poderão constar do despacho ordinatório.

Inicialmente, observa-se que se trata de providência a ser adotada **ao final da lavratura do APF**, momento em que o Delegado de Polícia determina a prática de formalidades, comunicações, expedição de ofícios ou mesmo a realização de diligências investigativas pendentes.

O despacho ordinatório será estruturado com determinações referentes às:

a. formalidades do flagrante;
b. formalidades referentes às garantias constitucionais do preso;
c. requisições e solicitações aos institutos de polícia técnica;
d. determinações finais.

Trataremos separadamente de cada uma das determinações que devem ser realizadas.[11]

15.2.14.1 Formalidades do flagrante

Ao final da lavratura do APF, o Delegado de Polícia deverá determinar providências com relação às formalidades do flagrante:

a. autuar o auto de prisão em flagrante;
b. fornecer ao condutor o recibo da entrega de preso, nos termos do art. 304 do CPP;
c. entregar ao autuado Nota de Culpa como incurso no crime tipificado (descrição típica do delito), conforme disposto no art. 306, § 2º, do Código de Processo Penal e art. 5º, LXIV, da Constituição Federal;
d. comunicar ao Juiz de Direito, Promotor de Justiça e Defensor Público ou advogado constituído, mediante ofício contendo cópia deste procedimento, a prisão em flagrante do autuado, nos termos do art. 306, *caput*, do Código de Processo Penal e art. 5º, LXII, da CF.

15.2.14.2 Formalidades referentes às garantias constitucionais do preso

Em seguida, deve-se expedir nota de ciência das garantias constitucionais. Autuar a Nota de Ciência das Garantias Constitucionais do preso, informando-o:

a. de seu direito ao respeito à integridade física e moral (art. 5º XLIX, da CF);
b. de ter sua prisão e local onde se encontre comunicados imediatamente ao juiz e à família – ou pessoa por ele indicada (art. 5º, LXII, da CF);

---

[11] Para aprofundamento, remetemos o leitor ao Capítulo 16.

c. de permanecer calado (art. 5º, LXIII, da CF);
d. de ter assegurada a assistência de familiar e de advogado (art. 5º, LXIII, da CF);
e. de conhecer a identificação dos responsáveis por sua prisão e seu interrogatório (art. 5º, LXIV, da CF).

15.2.14.3 Requisições e solicitações aos institutos de polícia técnica

Passa-se às requisições e solicitações aos institutos de polícia técnica, em algumas unidades da federação chamados de institutos de perícia:

a. oficie-se (ou expedir memorando) ao Instituto de Medicina Legal requisitando exame de corpo de delito no preso, conforme art. 6º, VII, do CPP;
b. oficie-se (ou expedir memorando) ao Instituto de Medicina Legal requisitando exame cadavérico na vítima, conforme disposto no art. 6º, VII, do CPP e art. 2º, § 2º, da Lei nº 12.830/2013;
c. oficie-se (ou expedir memorando) ao Instituto de Identificação solicitando folha de antecedentes criminais do autuado, conforme art. 6º, VIII, do CPP;
d. oficie-se (ou expedir memorando) ao Instituto de Criminalística requisitando exame do local de morte violenta, conforme art. 6º, VII, do CPP e art. 2º, § 2º, da Lei nº 12.830/2013;
e. elabore-se o Prontuário de Identificação Criminal e Boletim de Vida Pregressa do autuado.

15.2.14.4 Determinações finais

Logo após, devem constar as determinações finais:

a. encaminhe-se, via ofício, o autuado ao estabelecimento prisional situado na cidade xxxx, onde ficará recolhido à disposição da Justiça;
b. junte-se o Boletim de Ocorrência e as demais peças pertinentes;
c. caso haja apreensões – autue-se auto de apresentação e apreensão;
d. após, retornem os autos conclusos.

Por fim, deverá o Delegado de Polícia encerrar o despacho ordinatório e, consequentemente, o auto de prisão em flagrante nos seguintes termos:

Cumpra-se

Local, data.

Delegado de Polícia contendo a lotação (se a questão trouxer).

15.2.15 Modelo de auto de prisão em flagrante

Considerando que o auto de prisão em flagrante é uma peça complexa composta de diversas outras peças, inicialmente, tentaremos apresentar um modelo e um caso prático que poderia ser utilizado em eventual prova discursiva para o cargo de Delegado de Polícia.

Posteriormente, apresentaremos modelos simples que poderão ser seguidos caso seja necessária a lavratura de todas as demais peças integrantes de forma autônoma do auto de prisão em flagrante.

Vejamos inicialmente, o modelo sintético que poderia ser utilizado como modelo de prova.

Modelo de auto de prisão em flagrante

(Título)

Auto de prisão em flagrante

(Data e local da realização do ato)

Aos... dias do mês de... de 20..., às... horas, nesta cidade *(vila ou distrito)* de..., Estado de..., na Delegacia de Polícia *(indicar a unidade apuradora, caso haja referência na questão).*

(Referência às pessoas envolvidas e aos depoimentos prestados).

Local em que se encontrava presente o Delegado de Polícia subscritor, além do senhor escrivão de polícia, compareceu o condutor *(qualificação completa do condutor e local de lotação ou residência)*, o qual exercia sua atividade na *(local em que ocorreram os fatos).*

O Delegado de Polícia deferiu ao condutor o compromisso de dizer a verdade sobre os fatos em apuração, momento em que este declarou, sob o mesmo compromisso de dizer a verdade, que apresentava preso em flagrante o conduzido *(qualificação completa do conduzido)*, em razão de *(descrever as declarações apresentadas pelo condutor)*; que juntamente com o conduzido apresentava também *(quantificar as testemunhas)* testemunhas dos fatos apurados. Encerrada a oitiva foi entregue ao condutor recibo de entrega de preso.

Em seguida, prestou suas declarações à testemunha *(qualificação completa e endereço da testemunha)*, a qual relatou que *(descrever as declarações prestadas pela testemunha).*

Ato contínuo, foi ouvida a testemunha *(qualificação completa e residência)*, ocasião em que declarou que *(declarações prestadas pela testemunha).*

Em seguida, em depoimento, adotadas as formalidades legais, assim como advertido de seu direito de manter-se em silêncio e de seu direito de ser acompanhado por advogado, o investigado prestou as seguintes declarações: *(declarações do conduzido) (fazer referência aos quesitos realizados pelo advogado, caso esteja presente por ocasião da lavratura dos autos).*

Procedeu-se a apreensão e restituição dos objetos correlacionados *(se for o caso)*, assim como foram determinados os exames periciais *(citar os exames).*

(Tipificação e referência ao art. 302 do Código de Processo Penal)

Após análise técnico jurídica a respeito dos fatos, o Delegado de Polícia entendeu que se trata de hipótese flagrancial, em razão de o autuado ter sido flagrado cometendo o delito tipificado no art. *(tipificação legal da conduta)*, nos termos do art. 302 do Código de Processo Penal *(indicar um dos incisos legais).*

(Despacho ordinatório)

Em decorrência da lavratura do presente auto de prisão em flagrante, a Autoridade Policial responsável, determina:

a) Autuar o auto de prisão em flagrante.

b) Fornecer ao condutor o recibo da entrega de preso, nos termos do art. 304 do CPP.

c) Entregar ao autuado Nota de Culpa como incurso no crime tipificado *(descrição típica do delito)*, conforme disposto no art. 306, § 2º, do Código de Processo Penal e art. 5º, LXIV, da Constituição Federal.

d) Comunicar ao Juiz de Direito, Promotor de Justiça e Defensor Público ou advogado constituído, mediante ofício contendo cópia deste procedimento, a prisão em flagrante do autuado, nos termos do art. 306, *caput*, do Código de Processo Penal e art. 5º, LXII, da CF.

e) Autuar a Nota de Ciência das Garantias Constitucionais do preso, informando-o:

- de seu direito ao respeito à integridade física e moral (art. 5º XLIX, da CF);
- de ter sua prisão e local onde se encontre comunicados imediatamente ao juiz e à família – ou pessoa por ele indicada (art. 5º, LXII, da CF);
- de permanecer calado (art. 5º, LXIII, da CF);
- de ter assegurada a assistência de familiar e de advogado (art. 5º, LXIII, da CF);
- de conhecer a identificação dos responsáveis por sua prisão e seu interrogatório (art. 5º, LXIV, da CF).

f) Oficie-se (ou expedir memorando) ao Instituto de Medicina Legal requisitando exame de corpo de delito no preso, conforme o art. 6º, VII, do CPP.

g) Oficie-se (ou expedir memorando) ao Instituto de Medicina Legal requisitando exame cadavérico na vítima, conforme disposto no art. 6º, VII, do Código de Processo Penal e art. 2º, § 2º, da Lei nº 12.830/2013.

h) Oficie-se (ou expedir memorando) ao Instituto de Identificação solicitando folha de antecedentes criminais do autuado, conforme art. 6º, VIII, do CPP.

i) Oficie-se (ou expedir memorando) ao Instituto de Criminalística requisitando exame do local de morte violenta, conforme o art. 6º, VII, do Código de Processo Penal e art. 2º, § 2º, da Lei nº 12.830/2013;

j) Elabore-se o Prontuário de Identificação Criminal e Boletim de Vida Pregressa do autuado.

k) Encaminhe-se, via ofício, o autuado ao estabelecimento prisional situado na cidade *(citar o nome da cidade)*, onde ficará recolhido à disposição da Justiça;

i) Junte-se o Boletim de Ocorrência e demais peças pertinentes. Caso haja apreensões – autue-se auto de apresentação e apreensão. Após, voltem-me os autos conclusos.

(Fechamento)

Encerrada a diligência, mandou a Autoridade encerrar este termo, que, lido e achado conforme, assina com o condutor, as testemunhas, o autuado e esta Autoridade Policial.

Delegado de Polícia.

Condutor.

Testemunha 1.

Testemunha 2.

Conduzido.

Escrivão de Polícia

Lembre-se de que **você não deve inventar dados** que possam identificar sua prova, como o nome do Delegado de Polícia ou do escrivão. Além disso, **jamais assine sua prova**!

Caso prático

No dia 06.11.2022, por volta das 17h30, policiais militares prenderam na cidade de Barro/CE um homem suspeito de agredir a avó com um cabo de celular, após a idosa ter se recusado a cozinhar para ele.

De acordo com o PM Cb Silva, que comandava a guarnição, o conduzido Francisco Márcio Feitosa de Lima, 33 anos, desferiu golpes nas costas da idosa, que tem saúde debilitada, com um fio de celular, após ficar enfurecido com a recusa da avó em preparar um prato de cuscuz para ele. A vítima ficou com várias marcas da lesão.

Os policiais compareceram à residência, na Rua das Flores, nº 10, no bairro Jardim Raimundo Inácio, após receberem denúncias de vizinhos. Por telefone (190), dona Joana, viúva, 60 anos, vizinha da vítima do delito, Ana (casa 11), relatou que estava escutando gritos do neto da idosa e depois ouviu gemidos dela pedindo para parar, o que a fez achar que Ana estaria sendo agredida fisicamente.

No local, encontraram a idosa bastante nervosa. Aos policiais, ao ser questionada, a idosa relatou toda a ação do neto: ele teria pedido para que ela cozinhasse para ele, mas como ela estava se sentindo indisposta, negou o pedido. O neto ficou irritado e passou a agredi-la utilizando-se do cabo de um aparelho celular.

Francisco Márcio, localizado no interior da residência, foi conduzido para a Delegacia de Polícia de Barros pelo CB Silva, acompanhado do SD Neto – ambos lotados no Batalhão da PM da cidade de Barro. A idosa passou por exames periciais. Joana também compareceu à Delegacia para ser inquerida como testemunha.

O conduzido confessou o crime e confirmou a motivação.

Você, na condição de Autoridade Policial, deve elaborar a peça prática cabível para o caso em comento.

Veja a seguir uma possível resposta para a questão:

Modelo de auto de prisão em flagrante

Auto de prisão em flagrante

Ao dia 6 de novembro de 2022, por volta de 17h30, nesta cidade de Barro no Estado do Ceará, na Delegacia de Polícia da cidade, presente o Delegado de Polícia *in fine* assinado, bem como escrivão de polícia subscrito, compareceu o condutor policial militar CB Silva, acompanhado do SD Neto, ambos lotados no batalhão da cidade de Barro conduzindo Francisco Márcio Feitosa de Lima, 33 anos, residente na Rua das Flores nº 10, bairro Jardim, Barro/CE.

O Delegado de Polícia deferiu ao condutor o compromisso de dizer a verdade sobre os fatos em apuração, momento em que Cb. Silva declarou, sob o mesmo compromisso, que apresentava preso em flagrante o conduzido em razão de este ter agredido fisicamente sua própria avó, idosa, com o cabo de um aparelho celular.

Encerrada a oitiva foi entregue ao condutor recibo de entrega de preso.

A testemunha Sd Neto, sob o mesmo compromisso, em suma, confirmou o alegado pelo condutor, aduzindo que os golpes deixaram marcas visíveis nas costas da idosa.

Apresentou-se, ainda, como testemunha a senhora Joana (viúva, 60 anos, residente no endereço Rua das Flores nº 11, bairro Jardim, Barro/CE), vizinha de Ana, a qual relatou que ouviu gritos do autuado e, posteriormente, gemidos da vítima, pedindo para parar, o que lhe fez presumir uma situação de agressão.

Logo após, em depoimento, adotadas as formalidades legais, em especial advertência do direito de manter-se em silêncio e ser acompanhado por advogado, o conduzido confessou o crime, afirmando que a motivação ocorreu em razão de a vítima ter se negado a cozinhar para ele.

Procedeu-se a apreensão e restituição dos objetos correlacionados, assim como foram determinados os exames periciais devidos.

Após análise técnico jurídica a respeito dos fatos, o Delegado de Polícia entendeu que se trata de hipótese flagrancial, ocasião em que o agente foi flagrado cometendo o delito tipificado no art. 129, § 13, do CP c/c art. 7º, I, da Lei nº 11.340/2006, nos termos do art. 302, II, Código de Processo Penal (flagrante próprio).

Em decorrência da lavratura do presente auto de prisão em flagrante, a Autoridade Policial responsável, determina:

a) Autue o auto de prisão em flagrante.

b) Forneça ao condutor o recibo da entrega de preso, nos termos do art. 304 do CPP.

c) Entregue ao autuado Nota de Culpa como incurso no crime tipificado no art. 129, § 13, do CP c/c art. 7º, I, da Lei nº 11.340/2006, conforme disposto no art. 306, § 2º, do Código de Processo Penal e art. 5º, LXIV, da Constituição Federal.

Comunique ao Juiz de Direito, Promotor de Justiça e Defensor Público ou Advogado constituído, mediante ofício contendo cópia deste procedimento, a prisão em flagrante do autuado, nos termos do art. 306, *caput*, do Código de Processo Penal e art. 5º, LXII, da CF.

d) Autue a Nota de Ciência das Garantias Constitucionais do preso, informando-o:

- de seu direito ao respeito à integridade física e moral (art. 5º XLIX, da CF);
- de ter sua prisão e local onde se encontre comunicados imediatamente ao juiz e à família – ou pessoa por ele indicada (art. 5º, LXII, CF);
- de permanecer calado (art. 5º, LXIII, da CF);
- de ter assegurada a assistência de familiar e de advogado (art. 5º, LXIII, da CF);
- de conhecer a identificação dos responsáveis por sua prisão e seu interrogatório (art. 5º, LXIV, da CF).

e) Oficie-se (ou expedir memorando) ao Instituto de Medicina Legal requisitando exame de corpo de delito no preso, conforme o art. 6º, VII, do CPP.

f) Oficie-se (ou expedir memorando) ao Instituto de Medicina Legal requisitando exame de corpo de delito da vítima do delito.

g) Oficie-se (ou expedir memorando) ao Instituto de Identificação solicitando folha de antecedentes criminais do autuado, conforme art. 6º, VIII, do CPP.

h) Elabore-se o Prontuário de Identificação Criminal e Boletim de Vida Pregressa do autuado.

i) Encaminhe-se, via ofício, o autuado ao estabelecimento prisional situado na cidade xxxx, onde ficará recolhido à disposição da Justiça.

j) Junte-se o Boletim de Ocorrência e demais peças pertinentes. Caso haja apreensões – autue-se auto de apresentação e apreensão. Após, retornem os autos conclusos.

Encerrada a diligência, mandou a Autoridade encerrar este termo, que, lido e achado conforme, assina com o condutor, as testemunhas, o autuado e esta Autoridade Policial.

Delegado de Polícia.

Condutor.

Testemunha 1.

Testemunha 2.

Autuado.

Escrivão de polícia.

15.2.16 Modelos de peças autônomas integrantes do auto de prisão em flagrante

Na prática, o ato de prisão em flagrante é composto por diversos atos e documentos. Logicamente que em provas concursais não será possível confeccionar todas as peças integrantes, bastando, nesses casos, a formalização do ato conforme demonstrado.

Contudo, visando demonstrar quais são as peças que efetivamente compõem o APF, deixamos a título de modelo, cada uma das peças que podem constar do auto de prisão em flagrante.

Modelo de auto de prisão em flagrante

Auto de prisão em flagrante

Aos... dias do mês... de 20..., nesta cidade de... *(nome da cidade ou localidade)*, Estado de... *(nome do Estado)*, na (...) *(especifique a unidade, caso esteja na questão)*. Delegacia de Polícia, onde se achava o Delegado de Polícia infra-assinado, juntamente com o escrivão de polícia ao abaixo subscrito, compareceu o condutor *(qualificação do condutor, matrícula, RG)*, lotado *(local de lotação)*, informado do compromisso de dizer a verdade, sob pena de cometer crime de falso testemunho, previsto no art. 342 do CP, e de suas garantias constitucionais, aos questionamentos da Autoridade Policial RESPONDEU: que neste dia estava exercendo suas funções como Policial Militar, juntamente com o seu colega *(qualificação do colega)*, também policial, quando atenderam a uma ocorrência de roubo por uma pessoa desconhecida; Que ao chegarem ao local do ocorrido, *(endereço do local)*, foram informados pela vítima que um indivíduo, fazendo uso de uma arma de fogo e mediante grave ameaça, subtraiu sua carteira e, em seguida, fugiu a pé; Que após a vítima ter descrito as características físicas do suspeito e ter feito uma busca pelas redondezas, obteve sucesso em encontrá-lo; Que durante a abordagem ao suspeito, ao realizar a revista pessoal, encontrou a carteira da vítima e uma arma de fogo *(características da arma de fogo)* em seu poder; Que diante dos fatos foi dada voz de prisão ao conduzido, sendo este apresentado nesta Unidade Policial.

Encerrada a diligência, mandou a Autoridade encerrar este termo, que, lido e achado conforme, assina com o condutor, as testemunhas, o autuado e esta Autoridade Policial.

Delegado de Polícia.

Condutor.

Testemunha 1.

Testemunha 2.

Autuado.

Escrivão de Polícia.

Modelo de auto de apreensão de objetos

Auto de apreensão

Aos... dias do mês... de 20..., nesta cidade de... *(nome da cidade ou localidade)*, Estado de *(nome do Estado)*, na (...) *(especificação da unidade, caso essa informação esteja presente na questão)* Delegacia de Polícia, onde se achava o Delegado de Polícia abaixo subscrito, juntamente com o escrivão de polícia ao final assinado, conforme o objeto do presente procedimento mediante flagrante delito, na presença da testemunha *(qualificação completa da testemunha 1)* e a testemunha *(qualificação completa da testemunha 2)*, a Autoridade Policial signatária DETERMINOU A APREENSÃO dos seguintes objetos, envolvidos na apuração do fato criminoso:

a) *[...discriminar o objeto...]*

b) *[...discriminar o objeto...]*

Nada mais havendo a tratar, esta Autoridade Policial determina o encerramento do presente auto, o qual após lido e achado conforme, será assinado por todos os presentes.

Delegado de Polícia.

Testemunha 1.

Testemunha 2.

Escrivão de Polícia.

Modelo de termo de depoimento

Oitiva de testemunha

Aos... dias do mês... de 20..., nesta cidade de... *(nome da cidade ou localidade)*, Estado de *(nome do Estado)* na *(especificação da unidade, caso essa informação esteja presente na questão)* Delegacia de Polícia, onde se achava o Delegado de Polícia infra-assinado, juntamente com o escrivão de polícia abaixo subscrito, passou a ouvir a **testemunha do fato** *(qualificação completa e endereço da testemunha)*, informado sobre o compromisso de dizer a verdade sob pena de cometer crime de falso testemunho, de acordo com o art. 342 do CP, ressalvadas as garantias constitucionais aplicáveis, às perguntas da Autoridade Policial, RESPONDEU que: *(descrever as declarações prestadas pela testemunha)*.

Nada mais havendo a tratar, esta Autoridade Policial determina o encerramento do presente auto, o qual, após lido e achado conforme, será assinado por todos os presentes.

Delegado de Polícia.

Depoente.

Escrivão de Polícia.

Modelo de termo de declaração

Oitiva de vítima

Aos... dias do mês... de 20..., nesta cidade de... *(nome da cidade ou localidade)*, Estado de *(nome do Estado)* na *(especificação da unidade, caso essa informação esteja presente na questão)* Delegacia de Polícia, onde se achava o Delegado de Polícia abaixo subscrito, juntamente com o escrivão de polícia ao final assinado, passou a ouvir a **vítima do fato** *(qualificação completa e endereço)*, informando sobre o compromisso de dizer a verdade sob pena de cometer crime de falso testemunho, de acordo com o art. 342 do CP, ressalvadas as garantias constitucionais aplicáveis, às perguntas da Autoridade Policial, RESPONDEU que: *(descrever as declarações prestadas pela vítima)*.

Nada mais havendo a tratar, esta Autoridade Policial determina o encerramento do presente auto, o qual, após lido e achado conforme, será assinado por todos os presentes.

Delegado de Polícia.

Declarante.

Escrivão de Polícia.

Modelo de termo de restituição de objeto à vítima

Termo de restituição de objeto

Aos... dias do mês... de 20..., nesta cidade de... *(nome da cidade ou localidade)*, Estado de *(nome do Estado)* na *(especificação da unidade, caso essa informação esteja presente na questão)* Delegacia de Polícia, onde se achava o Delegado de Polícia abaixo subscrito, juntamente com o escrivão de polícia ao final assinado, nos termos do art. 120 do CPP, conforme situação flagrancial objeto deste procedimento, na presença das testemunhas *(nome das testemunhas)*, ambas já qualificadas nos autos, a Autoridade Policial, mediante comprovação inequívoca de propriedade, **determinou a restituição** à vítima *(nome da vítima)*, já qualificada nos autos, do seguinte objeto:

[...discriminar o objeto...]

Nada mais havendo a tratar, esta Autoridade Policial determina o encerramento do presente auto, o qual após lido e achado conforme, será assinado por todos os presentes.

Delegado de Polícia.

Declarante.

Testemunha 1.

Testemunha 2.

Escrivão de Polícia.

Modelo de termo de qualificação e interrogatório

Termo de qualificação e interrogatório

Aos... dias do mês... de 20..., nesta cidade de... *(nome da cidade ou localidade)*, Estado de *(nome do Estado)* na *(especificação da unidade, caso essa informação esteja presente na questão)* Delegacia de Polícia, onde se achava o Delegado de Polícia abaixo subscrito, juntamente com o escrivão de polícia ao final assinado, conforme situação flagrancial objeto do presente procedimento, na presença das testemunhas *(nome completo das testemunhas)*, ambas já qualificadas nos autos, a Autoridade Policial signatária passou a **qualificar e interrogar** o conduzido, dando ciência de seus direitos constitucionais, principalmente o de permanecer em silêncio, ser assistido por um advogado, informar um familiar ou outra pessoa de sua prisão, ter o direito à sua integridade física e psicológica resguardadas, saber o nome da Autoridade Policial responsável por sua prisão. Adotadas as formalidades legais, o investigado prestou as seguintes declarações: *(nome, alcunha, filiação, data de nascimento, idade, nacionalidade, naturalidade, estado civil, profissão, local de trabalho, endereço, telefone, familiar a ser comunicada sua prisão, fazer referência aos quesitos realizados pelo advogado, caso esteja presente por ocasião da lavratura dos autos, se possui antecedentes criminais, grau de instrução, se possui filhos, a idade desses e se possuem algum tipo de deficiência). (Nesse ponto, é importante esclarecer a configuração de conduta criminosa e todas as circunstâncias em que o delito foi praticado, apresentando-se como referências às perguntas a serem realizadas o Heptâmetro de Quintiliano).*

Nada mais havendo a tratar, esta Autoridade Policial determina o encerramento do presente auto, o qual, após lido e achado conforme, será assinado por todos os presentes.

Delegado de Polícia.

Interrogado.

Advogado *(se houver)*.

Escrivão de Polícia.

Modelo da Nota de Culpa

(Nota de Culpa)

Aos... dias do mês... de 20..., nesta cidade de... *(nome da cidade ou localidade)*, Estado de *(nome do Estado)*, na *(especificação da unidade, caso essa informação esteja presente na questão)* Delegacia de Polícia, onde se achava o Delegado de Polícia abaixo subscrito, juntamente com o escrivão de polícia ao final assinado, FAZ SABER ao indiciado, já qualificado nos autos, que foi preso e autuado em flagrante delito roubo circunstanciado pelo emprego de arma de fogo, previsto no artigo *(colocar a tipificação)*, fato este que ocorreu no dia ..., por volta das... h ...min, em via pública, conforme consta nos autos do APF nº... – *(Unidade Policial)*, em que apresentarem como condutor o *(nome do condutor)* e como testemunhas *(nome das testemunhas)*, já qualificadas nos autos.

Delegado de Polícia.

Escrivão de Polícia.

Recebi o original desta Nota de Culpa, às..., do dia... do mês de... do ano de 20...

Autuado

Modelo de ofício de requisição de exame pericial em arma de fogo

Ofício nº ... – *(Unidade Policial)*

Cidade/UF, dia, mês e ano

Ao Senhor

(Nome do diretor do setor de criminalística)

Endereço:

Ref.: Procedimento nº *(número do BO/IP)*

Assunto: Requisição de exame pericial em arma de fogo.

Senhor Diretor,

Encaminho a Vossa Senhoria o seguinte objeto: 1 (um) revolver *(características do revólver, marca, numeração)* municiado com *(quantidade)* munições do mesmo calibre em perfeito estado, encontrado em poder do indiciado *(nome do indiciado)*. Com objetivo de requisitar ao setor competente a realização de exame pericial de potencialidade lesiva, respondendo, principalmente, aos questionamentos abaixo:

a) Qual é a natureza da arma em análise?

b) Qual é a espécie de sua munição?

c) Qual é o calibre da arma?

d) A arma examinada, no seu atual estado, está apta a efetuar disparos, podendo ter sido utilizada eficazmente no cometimento do crime?

e) Há vestígios de que a arma tenha sido usada recentemente?

f) A arma foi adulterada? Caso positivo, que tipo de adulteração?

g) Outras informações consideradas úteis ao caso em análise.

Atenciosamente,

Delegado de Polícia.

Modelo de comunicação de prisão a familiar ou pessoa indicada
(Termo de Comunicação de Prisão)

Aos... dias do mês... de 20..., nesta cidade de... *(nome da cidade)*, Estado de *(nome do Estado)*, na *(especificação da unidade, caso essa informação esteja presente na questão)* Delegacia de Polícia, onde se achava o Delegado de Polícia abaixo subscrito, juntamente com o escrivão de polícia ao final assinado, **faz saber** a *(nome do familiar ou pessoa indicada)*, que o indiciado *(nome do indiciado)* foi preso e autuado em flagrante delito por *(nome do crime)*, de acordo com o artigo *(tipificação do crime)*, fato que ocorreu no dia..., por volta das... h...min., no endereço *(endereço do local)*, conforme consta nos autos do APF nº... – *(Unidade Policial)*, em que dispuseram como condutor o *(nome do condutor)* e como testemunhas *(nome das testemunhas)*, já qualificadas nos autos.

Delegado de Polícia.

Escrivão de Polícia.

Modelo de ofício de comunicação de prisão em flagrante à Defensoria Pública

Ofício nº... – *(Unidade Policial)*

Cidade/UF, dia, mês e ano.

Ref.: Procedimento nº *(número do/IP)*

A Sua Senhoria o Senhor

(Nome do destinatário do ofício)

Endereço:

Assunto: Comunicação de prisão em flagrante

Senhor Defensor,

Em cumprimento a Vossa Excelência, conforme estabelecido no art. 306, § 1º, do CPP, comunica-se nesta data que foi preso e autuado em flagrante delito *(nome do autuado)*, por *(nome do crime)*, tipificado no artigo *(tipificação)*, fato ocorrido no dia..., e por volta das...h ...min., no endereço *(endereço do local)*, conforme consta nos autos do APF nº ... – *(Unidade Policial)*, em que depuseram como condutor o *(nome do condutor)* e como testemunhas *(nome das testemunhas)*, já qualificadas nos autos.

Ressalta-se que, conforme documentos acostados aos autos, a referida prisão foi comunicada também ao Juiz, membro do Ministério Público e à família do preso.

Segue anexa a cópia do APF nº.../ *(Unidade Policial)*.

Por tratar-se de crime inafiançável na esfera policial, o autuado será encaminhado para participar de Audiência de custódia, nos termos da Resolução nº 213/2015 – CNJ.

Atenciosamente, Delegado de Polícia.

Modelo de ofício de comunicação de prisão em flagrante ao Ministério Público

Ofício nº... – *(Unidade Policial)*

Cidade/UF, dia, mês e ano.

Ref.: Procedimento nº *(número do/IP)*

A Sua Excelência o Senhor

Promotor de Justiça de plantão da comarca de *(cidade/UF)*

Endereço:

Comunicação de Prisão em Flagrante Senhor Promotor,

Em cumprimento a Vossa Excelência, conforme estabelecido no art. 306, § 1º, do CPP, comunica-se nesta data que foi preso e autuado em flagrante delito *(nome do autuado)*, por *(nome do crime)*, tipificado no artigo *(tipificação)*, fato ocorrido no dia..., e por volta das ....h ...min., no endereço *(endereço do local)*, conforme consta nos autos do APF nº ... – *(Unidade*

Policial), em que depuseram como condutor o *(nome do condutor)* e como testemunhas *(nome das testemunhas)*, já qualificadas nos autos.

Ressalta-se que, conforme documentos acostados aos autos, a referida prisão foi comunicada também ao Juiz, à Defensoria pública e à família do preso.

Segue anexa a cópia do APF nº.../*(Unidade Policial)*.

Por se tratar de crime inafiançável na esfera policial, o autuado será encaminhado para participar de Audiência de Custódia, nos termos da Resolução nº 213/2015 – CNJ.

Atenciosamente,

Delegado de Polícia.

Modelo de ofício de comunicação de prisão em flagrante ao magistrado plantonista com representação por conversão de prisão em flagrante em prisão preventiva

Ofício nº... – *(Unidade Policial)*

Cidade/UF, dia, mês e ano.

Ref.: Procedimento nº *(número do/IP)*

A Sua Excelência o Senhor Juiz de plantão da comarca de *(Cidade/UF)*

Endereço:

Comunicação de prisão em flagrante

Senhor Juiz,

Em cumprimento a Vossa Excelência, conforme estabelecido no art. 306, § 1º, do CPP, comunica-se nesta data que foi preso e autuado em flagrante delito *(nome do autuado)*, por *(nome do crime)*, tipificado no artigo *(tipificação)*, fato ocorrido no dia..., e por volta das ...h ...min., no endereço *(endereço do local)*, conforme consta nos autos do APF nº... – *(Unidade Policial)*, em que depuseram como condutor o *(nome do condutor)* e como testemunhas *(nome das testemunhas)*, já qualificadas nos autos.

Ressalta-se que, conforme documentos acostados aos autos, a referida prisão foi comunicada também ao membro do Ministério Público, à Defensoria pública e à família do preso.

Segue cópia do APF nº... – *(Unidade Policial)*, juntamente com o preso, para que seja realizada Audiência de Custódia perante V. Exa., nos termos da Resolução nº 213/2015 do CNJ.

Estando presentes os requisitos dispostos no art. 312 do CPP, conforme se observa das circunstâncias fáticas acostada aos autos *(escrever que dados concretos sustentam a preventiva)*, de acordo com o art. 310, II, c/c art. 311 e seguintes do CPP, represento pela conversão da prisão em flagrante em preventiva.

Por fim, solicita-se que seja comunicado a este signatário o teor da decisão proferida por Vossa Excelência.

Atenciosamente,

Delegado de Polícia.

Modelo de despacho de liberação de autoridade com imunidade
Crime afiançável
(Despacho)

No dia... do mês de... do corrente ano, por volta das...h...min., foi apresentado por Policiais Militares nesta Unidade Policial *(nome do conduzido)*, identificado como Juiz de Direito de primeira instância, lotado na Comarca de *(Cidade/UF)*, como incurso nas penas do art. *(colocar o artigo de lei – ex.: art. 306,* caput, *do Código de Trânsito Brasileiro – embriaguez ao volante)*.

Ocorre que o crime supostamente praticado pela autoridade supramencionada é afiançável, de acordo com o art. 5º, XLII, XLIII, XLIV, da CF/1988 e do art. 323 do CPP; e de acordo com o art. 33, II e III e parágrafo único, da Lei Complementar nº 35/1979, os Magistrados só podem ser presos em flagrante de crime inafiançável ou por ordem escrita do Tribunal ao qual está vinculado ou órgão especial para julgamento, o que não é o caso, razão pela qual o conduzido deve ser imediatamente liberado, adotando-se também as seguintes medidas:

Oitiva do condutor, assim como as testemunhas do fato, caso existam.

Requisitar exames periciais relevantes ao caso.

Colher todos os elementos que comprovem a autoria e materialidade do crime, que dispensem investigação, uma vez que existe prerrogativa de foro do Magistrado conduzido.

Após, que seja encaminhada uma cópia de todo o material obtido ao Exmo. Presidente do Tribunal a que está vinculado o Magistrado, ora apresentado, nos termos do art. 33, parágrafo único, da LC nº 35/1979.

CUMPRA-SE.

Local, data.

Delegado de Polícia.

Modelo de despacho determinativo de prisão em flagrante de autoridade com imunidade

Crimes inafiançáveis

(Juiz)

No dia... do mês de... do corrente ano, por volta das...h...min., foi apresentado por policiais militares nesta Unidade Policial *(nome do conduzido)*, tendo sido identificado como Juiz de Direito de primeira instância, lotado na *(nome da comarca/UF)*, como incurso nas penas do art. *(colocar o artigo de lei – ex.: art. 121, § 2º, VI, do CP – feminicídio)*.

Considerando que o crime supostamente praticado pela autoridade supramencionada é inafiançável, nos termos do art. 5º, XLIII, da Constituição Federal c/c art. 323 do CPP e ainda art. 1º, I, da Lei nº 8.072/1990.

Sabendo que o art. 33, II e III e parágrafo único, da Lei Complementar nº 35/1979, que afirma que Juízes só podem ser presos em flagrante delito de crime inafiançável ou por ordem escrita o Tribunal ao qual é vinculado ou órgão especial para julgamento e em caso de prisão por crime inafiançável, devem-se apresentar aqueles ao Tribunal competente.

Determino a lavratura do auto de prisão em flagrante e, após, que seja comunicado o ocorrido, bem como a apresentação do conduzido ao Excelentíssimo Senhor Desembargador *(nome do Desembargador)*, Presidente do Tribunal de Justiça do *(Estado ao qual está localizado o tribunal)*, a que aquele está vinculado, nos termos do inciso II do art. 33 da LC nº 35/1979, com cópia do procedimento,

Com a finalidade de preservar elementos probatórios sobre os fatos, requisitem-se exames periciais oportunos ao caso, e também, que sejam recebidos todos os elementos importantes para a comprovação da autoria e materialidade do fato, encaminhando-os ao Tribunal supracitado, comunicando-se, em seguida, o fato ocorrido ao Chefe de Polícia, em razão da particularidade do caso.

CUMPRA-SE.

Local, data.

Delegado de Polícia.

Modelo de despacho

Auto de morte decorrente de oposição à intervenção policial

No dia... do mês de... do corrente ano, por volta das...h...min., compareceu para se apresentar perante este Delegado de Polícia, nesta Unidade Policial, a guarnição de policiais militares, comandada pelo *(nome do comandante da guarnição)*, composta ainda pelos policiais militares *(nome dos policiais militares)*, todos lotados no Batalhão de Polícia Militar do Estado da(o) *(Estado, cidade)*, informando a morte de *(nome do falecido)*, que faleceu após ter entrado em confronto com a guarnição anteriormente citada, após ter reagido à voz de prisão durante a prática de um roubo.

Os fatos ora descritos foram presenciados pela vítima *(nome da vítima)*, já devidamente qualificada nos autos, a qual confirmou o que foi narrado pelos policiais militares.

Todos que participaram do ocorrido foram ouvidos, sendo as oitivas acostadas aos autos.

A fim de resguardar a materialidade e autoria, foram requisitados e realizados todos os exames periciais, tais como: exame de local de morte violenta, necroscópico, residuográfico, apreensão das armas usadas pelos policiais e comparação microbalística, dentre outros necessários ao presente caso.

Ocorre que, em breve análise dos fatos, observa-se que os policiais militares agiram em legítima defesa própria, nos termos do art. 23, II, c/c art. 25, ambos do CP, motivo pelo qual, em decorrência da excludente de ilicitude, não se deve impor prisão em flagrante.

Além disso, os policiais militares se apresentaram de forma espontânea a esta Autoridade Policial, não existindo indícios, até o presente momento, que justifiquem uma eventual decretação de segregação cautelar.

Por fim, ressalta-se que em análise técnica e jurídica do fato, de acordo com § 6º do art. 2º da Lei nº 12.830/2013, esta Autoridade entende que se trata de uma excludente de ilicitude que impede a configuração do crime, não existindo razões para se falar em indiciamento, o que ocorreria caso fossem autuados em flagrante delito.

Por todo o exposto, encaminhem-se os documentos produzidos à Delegacia com atribuição para dar continuidade às investigações.

Comunique-se o fato à Corregedoria da Polícia Militar, a fim de providências julgadas necessárias no âmbito administrativo.

Cumpra-se.

Local, data.

Delegado de Polícia.

16 Despachos

Inicialmente, podemos aqui conceituar **o despacho policial como ato administrativo, exarado pelo Delegado de Polícia, destinado a determinar providências administrativas ou investigatórias no âmbito da fase investigativa**.

Trata-se de medida diariamente utilizada na prática do Delegado de Polícia. Apesar disso, acreditamos que não se trata de um dos temas preferidos em provas concursais. À exceção do despacho de indiciamento e do despacho ordinatório, os quais são cercados de peculiaridades, os demais despachos possuem estrutura bastante simples, motivo pelo qual não acreditamos que possa ser uma opção do examinador em concursos públicos para o cargo de Delegado de Polícia.

Contudo, como o nosso objetivo é preparar o nosso leitor da maneira mais completa possível, não só para a prova, mas para a vida funcional de um Delegado de Polícia, dedicaremos um capítulo de nosso trabalho para tratar dos diversos despachos passíveis de serem editados pela Autoridade Policial no desempenho de sua função.

Estruturaremos o nosso estudo da seguinte forma:

- despachos ordinatórios;
- despacho de indiciamento;
- outros despachos.

Ao tratar do despacho ordinatório, é importante que nosso leitor se atente que estamos a lidar com uma fase específica do auto de prisão em flagrante, conforme já analisado.

Desse modo, analisaremos cada uma das determinações que devem constar do despacho ordinatório, elemento integrante do auto de prisão em flagrante.

Já no que concerne ao despacho de indiciamento, considerando a sua relevância, será analisado em tópico próprio em capítulo seguinte desse Manual Decifrado.

Por fim, trataremos de outros despachos, ponto em que analisaremos uma infinidade de possíveis despachos que podem ser exarados pelo Delegado de Polícia no curso da investigação.

Antes de efetivamente tratarmos de cada uma das espécies elencadas, vejamos a estrutura genérica de um despacho, modelo que poderá ser utilizado em todos os despachos, logicamente, observando-se a peculiaridade de cada um deles.

16.1 ESTRUTURA GENÉRICA DOS DESPACHOS

Nesse momento, indicaremos um **modelo genérico** que poderá ser utilizado para todos os despachos. Contudo o candidato há de observar as peculiaridades e os fundamentos legais de cada um dos despachos, análise que faremos dentro do estudo de cada um dos modelos tratados nesta obra.

Basicamente, o despacho deve contar com os seguintes elementos:

a. título;
b. sucinta descrição dos fatos que deram ensejo à edição da medida;
c. sucinta análise jurídica, caso seja necessário. Considerando a simplicidade da maioria dos despachos – nesse ponto, caso haja previsão legal específica para a determinação, basta a citação do dispositivo legal;[1]

> **Atenção**
>
> Caso estivéssemos a tratar do despacho de indiciamento, neste momento teríamos efetivamente o indiciamento. Contudo, nos demais despachos seguimos a ordem ordinária.

d. determinações;
e. fechamento.

Vejamos a seguir a esquematização das informações descritas:

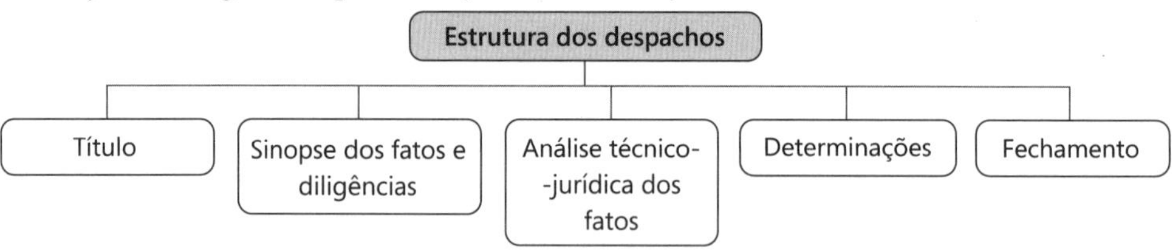

Conforme salientado, os despachos possuem estrutura bastante simples, à exceção do despacho de indiciamento e o despacho ordinatório, os quais possuem peculiaridades específicas. Em outras palavras, os demais despachos basicamente trazem determinações no sentido de dar continuidade à investigação ou mesmo proporcionar a tramitação interna do expediente investigativo ou documentos no âmbito da unidade policial.

---

[1] Na prática, não é comum realizar essa análise, mas para provas de concursos públicos, o candidato deve fazê-la.

Desse modo, inicialmente trataremos do despacho ordinatório e posteriormente dos demais despachos. Com relação ao despacho de indiciamento, considerando suas especificidades, reservaremos o capítulo seguinte para tratarmos de forma completa desse ato.

16.2 DESPACHO ORDINATÓRIO

Antes de efetivamente tratarmos do despacho ordinatório e seus elementos integrantes, é extremamente importante que o nosso leitor se atente para o fato de que o referido despacho é parte integrante do auto de prisão em flagrante conforme já analisamos, a restrição cautelar da liberdade, ocasionada pela prisão em flagrante, exige que o ato seja cercado de formalidades.

Relembrando, o auto de prisão em flagrante é composto da seguinte estrutura:

a. título;
b. data e local da prática do ato;
c. referências às pessoas envolvidas e depoimentos prestados;
d. referência ao enquadramento em uma das hipóteses previstas no art. 302 do CPP;
e. despacho ordinatório;
f. fechamento.

Sistematicamente, podemos analisar da seguinte forma:

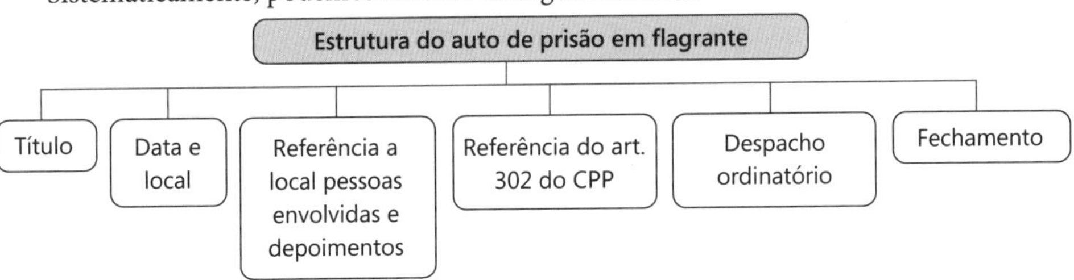

Todos esses elementos foram detalhadamente analisados, momento em que ressaltamos todas as peculiaridades da prisão em flagrante e do auto respectivo. Portanto, neste tópico trataremos apenas do **despacho ordinatório**, elemento integrante do auto de prisão em flagrante.

O despacho ordinatório deve trazer em seu bojo uma série de formalidades que devem ser cumpridas no sentido de legitimar a restrição da liberdade.

Trataremos separadamente de cada uma das determinações que devem ser realizadas:

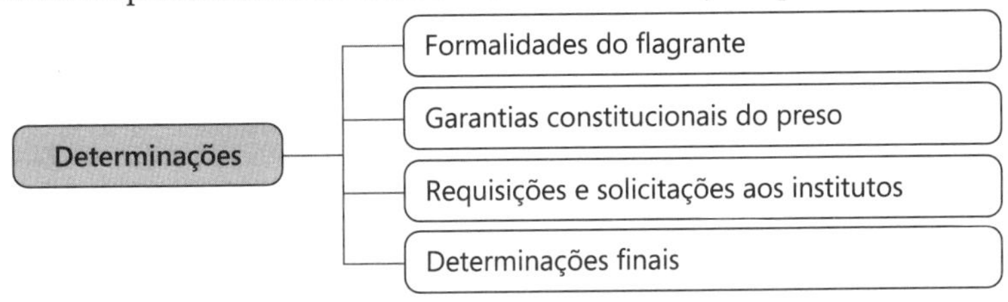

16.2.1 Formalidades do flagrante

No que diz respeito à formalidade do flagrante, o Delegado de Polícia deverá ordenar a autuação do ato de prisão em flagrante, determinando ao escrivão que reúna todas as peças em um só procedimento, em ordem lógica.

Desse modo, basta determinar: **autue-se o auto de prisão em flagrante.**

Assim, o candidato demonstrará que tem conhecimento no sentido de que todas as peças produzidas devem ser reunidas em um só processado de modo que formem um conjunto lógico de atos reunidos.

Ainda no que concerne às formalidades da restrição flagrancial da liberdade do investigado, o Código de Processo Penal apresenta uma série de medidas a serem adotadas pelo Delegado de Polícia. Trata-se de diversas medidas espalhadas pelo texto legal (e constitucional), motivo pelo qual trataremos separadamente de cada uma delas.

a. **Fornecimento de recibo de entrega de preso ao condutor**, nos termos do art. 304 do CPP.

Inicialmente, vejamos a redação do referido dispositivo:

> **Art. 304.** Apresentado o preso à autoridade competente, ouvirá esta o condutor e colherá, desde logo, sua assinatura, entregando **a este cópia do termo e recibo de entrega do preso**. Em seguida, procederá à oitiva das testemunhas que o acompanharem e ao interrogatório do acusado sobre a imputação que lhe é feita, colhendo, após cada oitiva suas respectivas assinaturas, lavrando, a autoridade, afinal, o auto. (Grifos nossos.)

Assim, logo após a oitiva do condutor, deverá a Autoridade Policial expedir e fornecer ao condutor cópia do termo em que foram colhidas as suas declarações e recibo de entrega de preso. O referido documento formaliza a atividade do condutor no sentido de ter efetivamente apresentado o investigado naquela unidade policial.

No Capítulo 15 apresentamos um modelo para o recibo de entrega de preso. No despacho ordinatório, considerando que dele constam apenas as determinações da Autoridade Policial, basta a determinação: **forneça ao condutor o recibo da entrega de preso, nos termos do art. 304 do CPP**.

b. **Entrega ao autuado de nota de culpa** como incurso no crime em que foi autuado, conforme disposto no art. 306, § 2º, do CPP e art. 5º, LXIV, da CF.

Neste momento, o Delegado de Polícia providenciará a entrega da nota de culpa ao preso em flagrante. Nesse documento deverão constar as seguintes informações:

- assinatura da Autoridade responsável pela lavratura do auto de prisão em flagrante;
- motivo da Prisão. Neste momento há de se fazer a tipificação do delito;
- nome do condutor;
- nome das testemunhas.

Vejamos a disposição no Código de Processo Penal:

> **Art. 306.** (...)
>
> § 2º No mesmo prazo, será entregue ao preso, mediante recibo, a nota de culpa, assinada pela autoridade, com o motivo da prisão, o nome do condutor e os das testemunhas.

No despacho ordinatório, basta que a Autoridade determine: **expeça-se nota de culpa nos termos do art. 306, § 2º, do CPP.**

Também apresentamos um modelo de nota de culpa no Capítulo 15, no qual tratamos das peças integrantes do auto de prisão em flagrante.

c. **Comunicação ao Juiz de Direito, Promotor de Justiça e Defensor Público ou advogado constituído**, mediante ofício contendo cópia deste procedimento, da prisão em flagrante do autuado, nos termos do art. 306, *caput*, do CPP e art. 5º, LXII, da CF.

Nesse ato, há de se expedir as comunicações a respeito da prisão flagrancial do autuado. Vejamos o dispositivo legal em comento:

> **Art. 306.** A prisão de qualquer pessoa e o local onde se encontre serão comunicados imediatamente ao juiz competente, ao Ministério Público e à família do preso ou à pessoa por ele indicada.

O Código de Processo Penal determina que a Autoridade Policial responsável pela lavratura do APF (auto de prisão em flagrante) determine a **comunicação imediata** do:

- Juiz competente;
- Ministério Público;
- familiar ou pessoa indicada pelo preso.

Caso não haja a constituição de advogado por parte do autuado, deve-se também determinar a remessa de cópias do APF à **Defensoria Pública**. Vejamos:

> **CPP**
>
> **Art. 306.** (...)
>
> § 1º Em até 24 (vinte e quatro) horas após a realização da prisão, será encaminhado ao juiz competente o auto de prisão em flagrante e, caso o autuado não informe o nome de seu advogado, cópia integral para a Defensoria Pública.

As comunicações devem ser efetivadas por meio da expedição de ofício. A título elucidativo, apresentamos um modelo para os ofícios de comunicação ao final do Capítulo 15, referente às peças integrantes do APF.

16.2.2 Garantias constitucionais do preso

Neste ponto, há de se observar uma série de determinações constitucionais referentes à segregação cautelar do preso.

Trata-se de um complexo de direitos que devem ser comunicados ao investigado por ocasião de sua prisão.

Caso esse tema seja cobrado em prova, seria extremamente valoroso ao candidato fazer referência a todos os itens citados a seguir, mostrando, dessa forma, conhecimento a respeito das determinações constitucionais que devem ser observadas por ocasião da restrição da liberdade.

16.2.2.1 Expedição da nota de ciência das garantias constitucionais do preso

O objetivo da referida determinação é garantir que o preso em flagrante tenha ciência de todas as suas garantias constitucionais.

O preso em flagrante deve ser informado a respeito dos seguintes direitos:

a. de respeito à integridade física e moral (art. 5º, XLIX, da CF);
b. de ter sua prisão e local onde se encontre comunicados imediatamente ao juiz e à família – ou pessoa por ele indicada (art. 5º, LXII, da CF);
c. de permanecer calado (art. 5º, LXIII, da CF);
d. de ter assegurada a assistência de familiar e de advogado (art. 5º, LXIII, da CF);
e. de conhecer a identificação dos responsáveis por sua prisão e seu interrogatório (art. 5º, LXIV, da CF).

Nesse momento, o Delegado determina: **expeça-se nota de ciência das garantias constitucionais referentes à prisão.**

Em provas concursais, caso o nosso nobre leitor se recorde e haja espaço na folha de resposta, acreditamos que seria de bom tom que o candidato listasse, se não todas, algumas das determinações constitucionais elencadas.

Também, a título exemplificativo, apresentamos um modelo, ao final do Capítulo 15, caso seja necessário produzir o referido documento.

Analisaremos agora possíveis requisições periciais que podem ser necessárias para materializar legitimamente a prisão em flagrante, assim como algumas determinações finais.

16.2.3 Requisições e solicitações aos institutos de polícia técnica

Nesse momento final da lavratura do APF, o Delegado de Polícia deverá determinar providências no sentido de atestar a materialidade do delito, assegurar a identificação do investigado, solicitar perícias no local de crime, dentre diversas outras medidas possíveis.

Indicaremos neste tópico as **medidas mais comuns**, contudo as requisições periciais ou mesmo solicitações variarão conforme a situação objeto de investigação.

Vejamos algumas medidas ordinárias que servirão muito bem caso o examinador cobre do candidato a elaboração de um despacho ordinatório.

Deve-se terminar, dentre outras medidas, que:

1. Oficie-se (ou expeça-se memorando) ao Instituto de Medicina Legal requisitando exame de corpo de delito no preso, conforme o art. 6º, VII, do CPP.

2. Oficie-se (ou expeça-se memorando) ao Instituto de Medicina Legal requisitando exame cadavérico na vítima, conforme disposto no art. 6º, VII, do CPP e art. 2º, § 2º, da Lei nº 12.830/2013.
3. Oficie-se (ou expeça-se memorando) ao Instituto de Identificação solicitando folha de antecedentes criminais do autuado, conforme art. 6º, VIII, do CPP.
4. Oficie-se (ou expeça-se memorando) ao Instituto de Criminalística requisitando exame do local de morte violenta, conforme o art. 6º, VII, do CPP e art. 2º, § 2º, da Lei nº 12.830/2013.
5. Elabore-se o Prontuário de Identificação Criminal e Boletim de Vida Pregressa do autuado.

Observe que são determinações genéricas no sentido de instruir o APF, garantindo-se as formalidades inerentes ao ato e colhendo elementos informacionais indispensáveis para a posterior fase instrutória do feito.

16.2.4 Determinações finais

Como último elemento integrante do despacho ordinatório, constam determinações finais como aquelas no sentido de encaminhar o preso à unidade prisional, juntada de documentos, apreensões e, após todos os atos, retorno dos autos à Autoridade Policial.

Vejamos algumas determinações que podem ser editadas:

1. Encaminhe-se, via ofício, o autuado ao estabelecimento prisional situado na cidade xxxx, onde ficará recolhido à disposição da Justiça.
2. Junte-se o boletim de ocorrência e demais peças pertinentes.
3. Autue-se auto de apresentação e apreensão (caso haja apreensões).
4. Após, retornem os autos conclusos.

Como já tratado, a situação fática sob investigação é que determinará quais são as providências passíveis de serem adotadas em cada caso.

Por fim, deverá o Delegado de Polícia encerrar o despacho ordinatório e, consequentemente, o Auto de prisão em flagrante nos seguintes termos:

Cumpra-se.

Local, data.

Delegado de Polícia contendo a lotação (se a questão trouxer).

Veja a seguir um modelo de despacho ordinatório.

Lembrando que o despacho ordinatório é mais um dos elementos integrantes do Auto de prisão em flagrante, vejamos um sucinto modelo.

Modelo de despacho ordinatório

Despacho ordinatório

Em decorrência da lavratura do presente auto de prisão em flagrante, a Autoridade Policial responsável determina:

1. Autuar o auto de prisão em flagrante.
2. Fornecer ao condutor o recibo da entrega de preso, nos termos do art. 304 do CPP.
3. Entregar ao autuado Nota de Culpa como incurso no crime tipificado *(descrição típica do delito)*, conforme disposto no art. 306, § 2º, do CPP e art. 5º, LXIV, da CF.
4. Comunicar ao Juiz de Direito, Promotor de Justiça e Defensor Público ou advogado constituído, mediante ofício contendo cópia deste procedimento, a prisão em flagrante do autuado, nos termos do art. 306, *caput*, do CPP e art. 5º, LXII, da CF.
5. Autuar a Nota de Ciência das Garantias Constitucionais do preso, informando-o:

- de seu direito ao respeito à integridade física e moral (art. 5º, XLIX, da CF);
- de ter sua prisão e local onde se encontre comunicados imediatamente ao juiz e à família – ou pessoa por ele indicada (art. 5º, LXII, da CF);
- de permanecer calado (art. 5º, LXIII, da CF);
- de ter assegurada a assistência de familiar e de advogado (art. 5º, LXIII, da CF).
- de conhecer a identificação dos responsáveis por sua prisão e seu interrogatório (art. 5º, LXIV, da CF).

6. Oficie-se (ou expedir memorando) ao Instituto de Medicina Legal requisitando exame de corpo de delito no preso, conforme art. 6º, VII, do CPP.
7. Oficie-se (ou expedir memorando) ao Instituto de Medicina Legal requisitando exame cadavérico na vítima, conforme disposto no art. 6º, VII, do CPP e art. 2º, § 2º, da Lei nº 12.830/2013.
8. Oficie-se (ou expedir memorando) ao Instituto de Identificação solicitando folha de antecedentes criminais do autuado, conforme art. 6º, VIII, do CPP.
9. Oficie-se (ou expedir memorando) ao Instituto de Criminalística requisitando exame do local de morte violenta, conforme art. 6º, VII, do CPP e art. 2º, § 2º, da Lei nº 12.830/2013.
10. Elabore-se o Prontuário de Identificação Criminal e Boletim de Vida Pregressa do autuado.
11. Encaminhe-se, via ofício, o autuado ao estabelecimento prisional situado na cidade xxxx, onde ficará recolhido à disposição da Justiça.
12. Junte-se o boletim de ocorrência e as demais peças pertinentes. Caso haja apreensões – autue-se auto de apresentação e apreensão. Após, voltem-me os autos conclusos.

Cumpra-se

Local, data.

Delegado de Polícia *(contendo a lotação, se a questão trouxer)*.

Trataremos a seguir de outros despachos passíveis de serem editados pela Autoridade Policial. Com relação ao despacho de indiciamento, como já salientado, trataremos especificamente no Capítulo 17.

O tema foi cobrado no ano de 2021 na prova da Polícia Civil do Rio Grande do Norte. Vejamos a questão e um padrão de resposta.

Decifrando a prova

(2021 – FGV – PC/RN – Delegado – Adaptada) No dia 19.01.2021, Julia e Bruno chegavam à residência do casal, quando foram abordados por Luiz e Paulo que, mediante grave ameaça exercida com arma de fogo, exigiram a entrega da bolsa de Julia, que estava em seus ombros, e do celular de Bruno, que estava no bolso de sua calça. Depois da subtração, Luiz e Paulo empreenderam fuga no interior de um automóvel. Contudo, cerca de dez minutos após, a dupla de autores decidiu retornar à casa do casal e, ainda na garagem, abordaram Julia e exigiram que ela ingressasse no carro em que estavam.

Durante cerca de quatro horas, Julia foi mantida sob o poder de Luiz e Paulo, que a levaram até um banco e exigiram que fornecesse sua senha para saque de R$ 800,00 da sua conta. Em seguida, Júlia foi liberada e compareceu, imediatamente, à delegacia, onde encontrou Bruno, que já registrava os fatos. Informados sobre o ocorrido, os policiais realizaram diligência e encontraram, cerca de duas horas depois, Luiz e Paulo no carro utilizado na empreitada delitiva.

No interior do carro, a dupla efetuou disparos de arma na direção do pneu da viatura policial para que, assim, conseguisse fugir. Houve revide por parte dos policiais, sendo efetuada a abordagem de Luiz. Paulo, contudo, conseguiu deixar o banco do carona do veículo e fugir, não sendo encontrado. Foram arrecadados os bens de Julia e Bruno, além da quantia sacada. A arma utilizada não foi localizada.

Encaminhado para a delegacia, Luiz foi reconhecido em termo formal como autor dos fatos pelas duas vítimas. Os lesados foram ouvidos e confirmaram o ocorrido. Luiz, assegurando o direito ao silêncio, optou por só se manifestar em juízo. Constatou-se que o veículo conduzido por Luiz era produto de crime de roubo ocorrido no dia 15.01.2021 e registrado sob o nº 01234/21. A vítima do crime de roubo do dia 15.01.2021 compareceu rapidamente à delegacia, também reconhecendo Luiz como autor do delito.

Foi acostada à sua Folha de Antecedentes Criminais, onde constavam três condenações com trânsito em julgado por crimes de roubo anteriores.

Considerando a situação narrada, apresente, na qualidade de autoridade policial responsável pelo flagrante, a peça jurídica cabível para conclusão do procedimento, expondo as teses de direito material e processual necessárias para solucionar a situação exposta. As formalidades legais exigidas deverão ser observadas no momento de elaboração da peça.

Valor: 40 pontos.

Máximo de 90 linhas.

Nessa questão específica, o candidato deveria, além de apresentar uma **decisão/despacho de conclusão de auto de prisão em flagrante, cumular a medida com o indiciamento e representar pela conversão da prisão em flagrante em prisão preventiva**. Vejamos nossa resolução, levando em consideração o padrão de resposta apresentado pela banca:

Modelo de Despacho de conclusão de auto de prisão em flagrante cumulada por representação por conversão de prisão em flagrante em prisão preventiva

Dos fatos investigados

Trata-se de inquérito policial instaurado mediante auto de prisão em flagrante destinado a apurar os delitos roubos majorados pelo emprego de arma de fogo e concurso de agentes, por duas vezes, em concurso formal, pelo crime de extorsão qualificada pela restrição da liberdade da vítima e pelo delito de resistência qualificada, os dois últimos em concurso material com os roubos (arts. 157, § 2º, II, c/c § 2º-A, I, por duas vezes, n/f do art. 70, CP; 158, § 3º, e 329, § 1º, do CP, em concurso material).

No dia 19.01.2021, Julia e Bruno, foram abordados pelos investigados, Luiz e Paulo, que, mediante grave ameaça exercida com arma de fogo, exigiram a entrega da bolsa de Julia, que estava em seus ombros, e do celular de Bruno, que estava no bolso de sua calça. Essa conduta se amolda com perfeição aos ditames do art. 157, § 2º, II, c/c § 2º-A, I, do Código Penal brasileiro (roubos majorados pelo emprego de arma de fogo e concurso de agentes, por duas vezes, em concurso formal).

Logo após a conduta anterior, restou apurado que os investigados, Luiz e Paulo, decidiram retornar à casa do casal e, ainda na garagem, abordaram Julia e exigiram que ela ingressasse no carro em que estavam. Nessa ocasião, em decorrência da restrição da liberdade da vítima, foi exigido dela que fornecesse sua senha para saque de R$ 800,00 (oitocentos reais) da sua conta, o que, de fato, ocorreu. Logo após essa conduta, a vítima foi liberada e compareceu a esta unidade policial, na qual Bruno já se encontrava registrando o boletim de ocorrência. Essa conduta encontra previsão no art. 158, § 3º, do Código Penal brasileiro (extorsão qualificada pela restrição de liberdade da vítima).

Após o registro da ocorrência, os policiais conseguiram encontrar os investigados no carro utilizado na empreitada delitiva. Os investigados resistiram à prisão, ocasião em que desferiram disparos no pneu da viatura, fato que ocasionou o revide por parte dos policiais.

Foi realizada a abordagem dos suspeitos, situação em que foi possível a captura de Luiz. Paulo, contudo, conseguiu deixar o banco do carona do veículo e fugir, não sendo encontrado. Foram encontrados e apreendidos os bens de Julia e Bruno, além da quantia sacada, por outro lado, a arma utilizada não foi localizada.

Luiz foi conduzido até a unidade policial, ocasião em que foi formalmente reconhecido pelas vítimas, as quais foram ouvidas. Lavrou-se ao auto de prisão em flagrante. Luiz optou por utilizar-se do direito constitucional de permanecer em silêncio.

Após diligências investigativas, constatou-se que que o veículo conduzido por Luiz era produto de crime de roubo ocorrido no dia 15.01.2021 e registrado sob o nº 01234/21. A vítima do referido delito compareceu à unidade policial no mesmo dia e reconheceu Luiz como autor do citado crime.

Luiz é reincidente, ocasião em que ostenta três condenações com trânsito em julgado por crimes de roubo anteriores.

Da licitude da prisão em flagrante e das providências

Trata-se de flagrante válido e regular, situação que se amolda à previsão do art. 302, IV, do CPP, tendo em vista que Luiz foi preso, logo após a prática delitiva, ainda na posse do produto do crime e de alguns instrumentos.

Do indiciamento

Considerando que as condutas anteriores se amoldam perfeitamente à diversos dispositivos do Código de Penal, passa-se ao indiciamento do investigado pelos seguintes delitos.

Após análise dos fatos, indicio Luiz pelos crimes de roubos majorados pelo emprego de arma de fogo e concurso de agentes, por duas vezes, em concurso formal, pelo crime de extorsão qualificada pela restrição da liberdade da vítima e pelo delito de resistência qualificada, os dois últimos em concurso material com os roubos (art. 157, § 2º, II, c/c § 2º-A, I, por duas vezes, n/f do art. 70 do CP; 158, § 3º, e 329, § 1º, do CP, em concurso material).

Trata-se de crimes autônomos de roubo, em concurso formal, considerando que dois patrimônios distintos das vítimas foram atingidos, presente, em tese, o elemento subjetivo dos autores.

As majorantes também são evidentes, já que dois seriam os agentes que agiram em comunhão de ações e desígnios, ainda que Paulo não tenha sido preso em flagrante. No mesmo sentido, faz-se presente a majorante resultante do emprego de arma de fogo, pois, considerando a troca de tiros entre os autores e os policiais, é incontroversa a utilização da arma de fogo, ainda que ela não tenha sido apreendida.

Imputa-se a Luiz o delito de extorsão qualificada pela restrição de liberdade da vítima, considerando que a restrição ocorreu por tempo significativo e que essa condição era indispensável para obtenção da vantagem, já que Julia precisava ir ao caixa do banco para fornecer sua senha e realizar o saque de valores.[2]

O investigado ainda incorreu nas penas aplicáveis ao delito de resistência qualificada, considerando que houve emprego de, ao menos, grave ameaça à pessoa, em busca de evitar o flagrante, não havendo que se falar, diante da narrativa de que os disparos foram efetuados na direção dos pneus da viatura, em tentativa de homicídio qualificada. Trata-se de crime qualificado, já que Paulo conseguiu empreender fuga, nos termos do art. 329, § 1º, do Código Penal.

Não há falar-se, ao menos em tese, na prática do delito de receptação, já que o investigado foi reconhecido como autor do crime patrimonial, delito que deverá ser investigado em inquérito próprio.

Os crimes de roubo, extorsão qualificada e resistência foram cometidos em concurso material, devendo ocorrer o cúmulo material das penas, não havendo que se falar em continuidade delitiva nem mesmo entre roubo e extorsão, considerando que não são da mesma espécie.

Das providências

Considerando as disposições até o presente momento exaradas, determina-se as seguintes providências:[3]

a. missão de nota de culpa.
b. Indiciamento formal dos investigados.
c. Comunicação ao Poder Judiciário, Ministério Público e Defensoria Pública, caso não tenha advogado, juntada de cópia do procedimento ao RO 01234/21.
d. Encaminhamento ao IML para realização de exame de corpo de delito.
e. Encaminhamento para audiência de custódia.
f. Continuação das investigações para identificação do coautor.

Da conversão da prisão em flagrante em prisão preventiva

Analisando-se as disposições concernentes à prisão preventiva contidas no Código de Processo Penal, faz-se necessária a conversão da prisão em flagrante em preventiva, pois preenchidos os requisitos e pressupostos dos arts. 312 e 313 do CPP, considerando risco para ordem pública a partir da gravidade em concreto da hipótese e o risco de reiteração delitiva, diante da existência de diversas condenações pretéritas por delitos da mesma natureza.

Por outro lado, a medida é proporcional, pois as cautelares alternativas à prisão não são suficientes para impedir a reiteração por parte do investigado.

Por essas disposições, representa-se pela conversão da prisão em flagrante em prisão preventiva.

Local e data.

Delegado de Polícia Civil.

---

2 Poderia o candidato debater a aplicabilidade da causa de aumento do art. 158, § 1º, do CP sobre a pena prevista para o art. 158, § 3º, do CP.

3 Apontaremos as providências presentes no espelho de correção, sem prejuízo de todas as outras anteriormente indicadas no bojo deste capítulo.

16.3 OUTROS DESPACHOS

Neste tópico, trataremos de outros despachos que podem ser exarados pelo Delegado de Polícia. Como já ressaltamos nas observações anteriores, os despachos se destinam a materializar as determinações do Delegado de Polícia, seja referente ao acatamento ou não de pedidos das partes envolvidas na investigação ou mesmo de seus advogados, seja referente à própria continuidade da investigação ou mesmo referente à tramitação interna de documentos na unidade.

Nesse sentido, apresentaremos alguns despachos comuns na prática policial e que, logicamente, podem ser objeto de questionamento em provas práticas concursais.[4] Também apresentaremos um breve modelo que poderá ser seguido quando da elaboração de cada um desses despachos.

Trataremos dos seguintes despachos:

a. despacho requerendo a prorrogação de prazo com investigado solto (Justiça Estadual);
b. despacho requerendo a prorrogação de prazo com investigado solto (Justiça Federal);
c. despacho determinando a identificação criminal;
d. despacho determinando a reprodução simulada dos fatos;
e. despacho concessivo de vista ao inquérito policial;
f. despacho negativo de vista ao inquérito policial;
g. despacho negativo de vistas em investigações criminais envolvendo organizações criminosas, caso haja a decretação judicial de sigilo das investigações;
h. despacho determinativo de diligência a agente policial disfarçado.

16.3.1 Despacho requerendo a prorrogação do prazo com investigado solto (Justiças Estadual e Federal)

Conforme já analisamos nos primeiros capítulos, as investigações policiais devem ser concluídas dentro de prazos razoáveis, conforme determinações legais. Ocorre que, por vezes, em razão da complexidade das investigações, esses prazos necessitam ser prorrogados.

Essa prorrogação deve ser requerida pelo Delegado de Polícia e determinada pela autoridade judicial, nos seguintes termos do Código de Processo Penal:

> **Art. 10.** O inquérito deverá terminar no prazo de 10 dias, se o indiciado tiver sido preso em flagrante, ou estiver preso preventivamente, contado o prazo, nesta hipótese, a partir do dia em que se executar a ordem de prisão, ou no prazo de 30 dias, quando estiver solto, mediante fiança ou sem ela.

[4] Embora consideremos pouco provável.

(...)

§ 3º Quando o fato for de difícil elucidação, e o indiciado estiver solto, a autoridade poderá requerer ao juiz a devolução dos autos, para ulteriores diligências, que serão realizadas no prazo marcado pelo juiz.

Conforme analisamos, o prazo para a conclusão poderá variar a depender do tipo de delito investigado. Vejamos dois modelos de despacho que poderiam ser utilizados para requerer a prorrogação do prazo das investigações, o primeiro a ser adotado em investigações que tramitam perante a justiça estadual e o segundo perante a justiça federal.

Modelo de despacho requerendo a prorrogação de prazo com investigado solto (Justiça Estadual)

Inquérito Policial nº...

Despacho

Considerando o fim do prazo legal para a conclusão do feito, de acordo com o art. 10 do CPP, e que ainda estão pendentes a realização das seguintes diligências: *(informar as diligências que ainda serão realizadas)*, encaminhe o apurado ao juízo competente, requerendo a concessão de novo prazo de no mínimo *(quantidade de dias. Ex.: 30 dias)* para a realização de diligências ulteriores, de acordo com o § 3º do art. 10 do CPP.

Local, data.

Delegado de Polícia Civil.

É interessante notar que, no âmbito da Justiça Federal, existe a Resolução nº 63/2009 do Conselho da Justiça Federal, a qual determina que, após o registro do inquérito na Justiça Federal (informação da instauração perante o juiz de garantias – dispositivo com eficácia suspensa), o inquérito deverá tramitar diretamente entre as instituições policiais e o MPF (Ministério Público Federal).

Modelo de despacho requerendo a prorrogação de prazo com investigado solto (Justiça Federal)

Inquérito Policial nº...

Despacho

Considerando o fim do prazo legal para a conclusão do feito, de acordo com o art. 10 do CPP, e que ainda faltam a realização das seguintes diligências: *(informar as diligências que ainda serão realizadas)*, encaminhe o apurado ao MPF, requerendo a concessão de novo prazo de no mínimo *(quantidade de dias. Ex.: 30 dias)* para a realização de diligências ulteriores, de acordo com o art. 3º, da Resolução nº 63/09 – CJF.

Local, data

Delegado de Polícia Federal.

É extremamente importante analisarmos que o Pacote Anticrime, Lei nº 13.964/2019, estabeleceu no Código de Processo Penal a possibilidade, até então inexistente, de prorrogação do prazo mesmo que o investigado esteja preso:

> **Art. 3º-B.** O juiz das garantias é responsável pelo controle da legalidade da investigação criminal e pela salvaguarda dos direitos individuais cuja franquia tenha sido reservada à autorização prévia do Poder Judiciário, competindo-lhe especialmente:
>
> (...)
>
> § 2º Se o investigado estiver preso, o juiz das garantias poderá, mediante representação da autoridade policial e ouvido o Ministério Público, prorrogar, uma única vez, a duração do inquérito por até 15 (quinze) dias, após o que, se ainda assim a investigação não for concluída, a prisão será imediatamente relaxada.

Conforme também já ressaltamos, a eficácia do dispositivo encontra-se suspensa, contudo, é interessante conhecer essa determinação contida expressamente no Código de Processo Penal.

16.3.2 Despacho determinando a identificação criminal

Nos primeiros capítulos, analisamos a investigação preliminar como um todo, momento em que pontuamos a possiblidade de o Delegado de Polícia determinar a identificação criminal do investigado, nos termos da Lei nº 12.037/2009.

Essa determinação deve ser exarada por meio de despacho nos seguintes termos:

Modelo de despacho determinando a identificação criminal

Inquérito Policial nº...

Despacho

Anexe aos autos a cópia da carteira de identidade apresentada pela indiciada. Apreenda a referida carteira de identidade original e envie-a, por meio de memorando, ao setor competente, solicitando a realização de perícia, contendo as seguintes determinações:

a) Descreva a carteira de identificação periciada.

b) Além disso, responda aos seguintes quesitos:

- Existem indícios de falsificação no documento?
- Caso a resposta ao quesito anterior seja positiva, informar o método utilizado para a prática do ato de falsificação.

Considerando que existem evidentes sinais de falsificação no documento *(descrever o documento apresentado)*, do qual consta a identificação *(nome informado)*, remeta ofício *(ou memorando)* ao setor competente solicitando a identificação *(descrever o nome da pessoa sujeita à identificação)*, com posterior análise das digitais coletadas em confronto com o banco de dados disponíveis no setor, com a finalidade de descobrir a sua verdadeira identidade.

Após, concluso.

Local, data.

Delegado de Polícia.

16.3.3 Despacho determinando a reprodução simulada dos fatos

O art. 7º do CPP determina que, com o objetivo de verificar se a infração foi praticada de determinado modo, a Autoridade Policial poderá proceder à reprodução simulada dos fatos, desde que não contrarie a moralidade ou a ordem pública.

Essa determinação estará contida em um despacho exarado pela Autoridade Policial nos seguintes termos:

Modelo de despacho determinando a reprodução simulada dos fatos

Inquérito Policial nº...

Despacho

O Inquérito policial de nº... foi instaurado com a finalidade de investigar o delito *(informar o crime investigado)*, tipificado no art. *(informar tipificação).*

Com o objetivo de EVIDENCIAR como verdadeiramente o crime em questão teria ocorrido, determino **a realização da reprodução simulada dos fatos**, de acordo com art. 7º do CPP. Para isso determino que seja enviado ofício *(ou memorando)* ao setor competente, solicitando o comparecimento de peritos criminais às *(hora da perícia)*, do dia *(data)*, no endereço *(endereço de onde vai ocorrer a simulação dos fatos)*, objetivando a documentação do ato e a confecção do respectivo laudo pericial.

Ademais, tendo a indiciada manifestado previamente seu interesse em presenciar o ato, envie ofício à direção do sistema prisional para que esta seja apresentada no dia, horário e local indicados, com reforço na escolta.

Intime o sr. (nome da testemunha), testemunha ouvida a fl. *(número da folha)*, para que compareça neste mesmo dia, hora e local informados anteriormente;

Cumpra-se.

Local, data.

Delegado de Polícia Civil.

16.3.4 Despacho concessivo/negativo de vistas ao inquérito policial envolvendo organização criminosa

No inquérito policial, muitas investigações dependem do sigilo para obter êxito, tendo em vista que o elemento surpresa pode ser instrumento indispensável para a colheita de elementos de informação. Desse modo, não seria dada a possibilidade ao investigado de mascarar os fatos, como ocorre em diversos processos judiciais. Por isso, o inquérito policial é regido, em regra, pelo sigilo, conforme o art. 20 do Código de Processo Penal:

> **Art. 20.** A autoridade assegurará no inquérito o sigilo necessário à elucidação do fato ou exigido pelo interesse da sociedade.

O sigilo do inquérito não alcança o juiz e o Ministério Público. Da mesma forma, não alcança o advogado, por força do art. 7º, XIV, do Estatuto da OAB:

> **Art. 7º** São direitos do advogado:
>
> (...)
>
> XIII – examinar, em qualquer órgão dos Poderes Judiciário e Legislativo, ou da Administração Pública em geral, autos **de processos findos ou em andamento**, mesmo sem procuração, quando não estiverem sujeitos a sigilo ou segredo de justiça, assegurada a obtenção de cópias, com possibilidade de tomar apontamentos;

> XIV – examinar, em qualquer instituição responsável por conduzir investigação, **mesmo sem procuração**, autos de flagrante e de investigações de qualquer natureza, findos ou em andamento, ainda que conclusos à autoridade, podendo copiar peças e tomar apontamentos, em meio físico ou digital;
>
> (...)
>
> XXI – assistir a seus clientes investigados durante a apuração de infrações, sob pena de nulidade absoluta do respectivo interrogatório ou depoimento e, subsequentemente, de todos os elementos investigatórios e probatórios dele decorrentes ou derivados, direta ou indiretamente, podendo, inclusive, no curso da respectiva apuração: (Grifos nossos.)

A respeito da acessibilidade do inquérito policial pelo advogado:

Súmula Vinculante nº 14 do STF: É direito do defensor, no interesse do representado, ter acesso amplo aos elementos de prova que, já documentados em procedimento investigatório realizado por órgão com competência de polícia judiciária, digam respeito ao exercício do direito de defesa.

Assim, a regra, apesar do sigilo do inquérito policial, é a possibilidade de acesso por parte do advogado do investigado, salvo no que diz respeito às diligências que se encontram em andamento, hipóteses nas quais o acesso por parte defensor poderia prejudicar o sucesso da investigação.

Desse modo, o Delegado de Polícia deverá analisar, considerando a existência ou não de diligência em curso, a possibilidade de deferir ou não, por meio de despacho, o acesso ao inquérito por parte do advogado do investigado.

Considerando que a regra é a acessibilidade por parte do advogado, os despachos que indeferem o acesso por parte do defensor devem ser devidamente motivados.

Também é possível que o **sigilo haja sido decretado pela autoridade judicial**, como exemplo citam-se as hipóteses de investigações que envolvem organizações criminosas. Vejamos o referido dispositivo autorizativo previsto na Lei nº 12.850/2013:

> **Art. 23.** O sigilo da investigação poderá ser decretado pela autoridade judicial competente, para garantia da celeridade e da eficácia das diligências investigatórias, assegurando-se ao defensor, no interesse do representado, amplo acesso aos elementos de prova que digam respeito ao exercício do direito de defesa, devidamente precedido de autorização judicial, ressalvados os referentes às diligências em andamento.
>
> Parágrafo único. Determinado o depoimento do investigado, seu defensor terá assegurada a prévia vista dos autos, ainda que classificados como sigilosos, no prazo mínimo de 3 (três) dias que antecedem ao ato, podendo ser ampliado, a critério da autoridade responsável pela investigação.

Desse modo, apresentaremos a seguir três exemplos de despachos:

a. despacho concessivo de vistas em investigações comuns;
b. despacho negativo de vistas em investigações comuns;
c. despacho negativo de vistas em investigações envolvendo organizações criminosas.

Modelo de despacho concessivo de vistas em investigações comuns

Inquérito Policial nº...

Despacho

Trata-se de requerimento, feito pelo advogado da indiciada, *(nome da indiciada)*, requerendo vistas aos autos do inquérito policial de nº *(número do Inquérito Policial)*.

Dito isso, defiro o pedido realizado.

Sobre o tema, o Supremo Tribunal Federal editou a Súmula Vinculante nº 14, na qual deixa evidente que o acesso aos autos do inquérito policial ao advogado da parte investigada se limita às provas já documentadas no procedimento inquisitivo *(que guarda relação com as diligências já realizadas)*. Se existe no feito diligências em andamento *(ou medida cautelar que se respaldou em atos passados já devidamente documentados nos autos do inquérito)*, não será possível a concessão de vistas do procedimento inquisitivo até que estas terminem. Vejamos:

SV14: "É direito do defensor, no interesse do representado, ter acesso amplo aos elementos de prova que, já documentados em procedimento investigatório realizado por órgão com competência de polícia judiciária, digam respeito ao exercício do direito de defesa".

Assim, considerando que inexistem diligências a serem realizadas nos autos do inquérito policial, **defiro o pedido** de vista do instrumento apuratório. Intime o advogado do requerente.

Local, data.

Delegado de Polícia.

Modelo de despacho negativo de vistas em investigações comuns

Inquérito Policial nº...

Despacho

Trata-se de requerimento feito pelo advogado da indiciada, *(nome da indiciada)*, requerendo vistas aos autos do inquérito policial de nº *(número do Inquérito Policial)*.

Ocorre que em razão de existirem diligências em curso não acolho, o pedido formulado, uma vez que prejudicaria as investigações em andamento.

Sobre o tema, o Supremo Tribunal Federal editou a Súmula Vinculante de nº 14, na qual deixa evidente que o acesso aos autos do inquérito policial ao advogado da parte investigada se limita às provas já documentadas no procedimento inquisitivo *(que guardam relações a diligências já realizadas)*. Se existe no feito diligências em andamento *(ou medida cautelar que se respaldou em atos passados já devidamente documentados nos autos do inquérito)*, não será possível a concessão de vistas do procedimento inquisitivo até que essas terminem. Vejamos:

SV 14: "É direito do defensor, no interesse do representado, ter acesso amplo aos elementos de prova que, já documentados em procedimento investigatório realizado por órgão com competência de polícia judiciária, digam respeito ao exercício do direito de defesa".

Assim, considerando que existem diligências a serem realizadas desde a portaria inaugural e que o acesso do advogado da parte indiciada ao inquérito policial afetaria demasiadamente a elucidação do delito investigado, **indefiro** o pedido de vista total do apuratório. Nesses termos, **concedo** vistas ao instrumento apuratório naquilo que diz respeito aos termos que não digam respeito às referidas diligências em curso.

Intime o advogado requerente.

Local, data.

Delegado de Polícia Civil.

Modelo de despacho negativo de vistas em investigações envolvendo organizações criminosas

Inquérito Policial nº...

Despacho

Trata-se de requerimento, feito pelo advogado da indiciada, *(nome da indiciada)*, requerendo vistas aos autos do inquérito policial de nº *(número do Inquérito Policial)*.

Inicialmente, denego o pedido formulado uma vez que o inquérito policial investiga crimes cometidos por organizações criminosas e está sob sigilo, decretado por decisão judicial. Desta forma, só é lícito o acesso caso seja concedida por meio de nova decisão judicial, ou se determinado o depoimento do investigado, de acordo com o art. 23 da Lei nº 12.850/2013. Vejamos:

> **Art. 23.** O sigilo da investigação poderá ser decretado pela autoridade judicial competente, para garantia da celeridade e da eficácia das diligências investigatórias, assegurando-se ao defensor, no interesse do representado, amplo acesso aos elementos de prova que digam respeito ao exercício do direito de defesa, devidamente precedido de autorização judicial, ressalvados os referentes às diligências em andamento.
> Parágrafo único. Determinado o depoimento do investigado, seu defensor terá assegurada a prévia vista dos autos, ainda que classificados como sigilosos, no prazo mínimo de 3 (três) dias que antecedem ao ato, podendo ser ampliado, a critério da autoridade responsável pela investigação.

Por todo o exposto, **indefiro** o pedido de vista da parte indiciada. Intime o causídico requerente.

Local, data.

Delegado de Polícia Federal.

16.3.5 Despacho determinativo de diligências

Trata-se de medida comum no âmbito da atuação do Delegado de Polícia, hipótese na qual a Autoridade Policial, a depender do objeto da investigação e dos elementos já coligidos no expediente investigativo, determina a realização de diligências pendentes, a expedição de ordens de missão a serem cumpridas pelos investigadores ou mesmo a tramitação interna de documentos na instituição policial.

Vejamos um rol exemplificativo de medidas que podem ser determinadas pelo Delegado de Polícia no âmbito da investigação.

No âmbito da persecução penal, o legislador atribuiu ao Delegado de Polícia a possibilidade de adotar *manu propria* uma série de medidas, a exemplo (CASTRO, 2016):

a. prisão em flagrante (art. 304 do CPP);
b. liberdade provisória com fiança (art. 322 do CPP);
c. apreensão de bens (art. 6º, II, do CPP);
d. requisição de perícias, objetos e documentos (art. 6º, VII, do CPP e art. 2º, § 2º, da Lei nº 12.830/2013);
e. requisição de dados cadastrais (art. 15 da Lei nº 12.850/2013, art. 17-B da Lei nº 9.613/1998, art. 10, § 3º, da Lei nº 12.965/2014 e art. 13-A do CPP);
f. requisição de dados telefônicos de localização (ERBs) após decurso de 12 horas sem decisão judicial (art. 13-B do CPP);
g. busca pessoal (art. 240, § 2º, do CPP);
h. condução coercitiva de ofendido ou testemunha (arts. 201, § 1º, e 218, ambos do CPP);
i. ação controlada no crime organizado (art. 8º, § 1º, da Lei nº 12.850/2013), terrorismo (art. 16 da Lei nº 13.260/2016) e tráfico de pessoas (art. 9º da Lei nº 13.344/2016);
j. aceite de colaboração de detetive particular (art. 5º, parágrafo único, da Lei nº 13.432/2017).

É extremamente importante analisarmos duas novidades operadas pelo Pacote Anticrime: trata-se da possibilidade legal da atuação do agente policial disfarçado em investigações envolvendo drogas (Lei nº 11.343/2006) e armas, acessórios ou munições (Lei nº 10.826/2003). Vejamos os dispositivos legais.

Na Lei de Drogas, a conduta de vender drogas a agente policial disfarçada foi equiparada a tráfico de drogas, desde que haja elementos comprobatórios razoáveis de conduta criminal preexistente. Observe o dispositivo legal:

> **Art. 33.** Importar, exportar, remeter, preparar, produzir, fabricar, adquirir, vender, expor à venda, oferecer, ter em depósito, transportar, trazer consigo, guardar, prescrever, ministrar, entregar a consumo ou fornecer drogas, ainda que gratuitamente, sem autorização ou em desacordo com determinação legal ou regulamentar:
>
> Pena – reclusão de 5 (cinco) a 15 (quinze) anos e pagamento de 500 (quinhentos) a 1.500 (mil e quinhentos) dias-multa.
>
> § 1º Nas mesmas penas incorre quem:
>
> (...)
>
> IV – vende ou entrega drogas ou matéria-prima, insumo ou produto químico destinado à preparação de drogas, sem autorização ou em desacordo com a determinação legal ou regulamentar, a agente policial disfarçado, quando presentes elementos probatórios razoáveis de conduta criminal preexistente.

Já no Estatuto do Desarmamento, a atuação do agente policial disfarçado é admitida tanto no comércio ilegal de armas, acessórios e munições quanto no tráfico internacional de armas de fogo, acessórios ou munições:

Comércio ilegal de arma de fogo

Lei nº 10.826/2003

Art. 17. Adquirir, alugar, receber, transportar, conduzir, ocultar, ter em depósito, desmontar, montar, remontar, adulterar, vender, expor à venda, ou de qualquer forma utilizar, em proveito próprio ou alheio, no exercício de atividade comercial ou industrial, arma de fogo, acessório ou munição, sem autorização ou em desacordo com determinação legal ou regulamentar:

Pena – reclusão, de 6 (seis) a 12 (doze) anos, e multa.

(...)

§ 2º Incorre na mesma pena quem vende ou entrega arma de fogo, acessório ou munição, sem autorização ou em desacordo com a determinação legal ou regulamentar, a agente policial disfarçado, quando presentes elementos probatórios razoáveis de conduta criminal preexistente.

Tráfico internacional de arma de fogo Lei nº 10.826/2003

Art. 18. Importar, exportar, favorecer a entrada ou saída do território nacional, a qualquer título, de arma de fogo, acessório ou munição, sem autorização da autoridade competente:

Pena – reclusão, de 8 (oito) a 16 (dezesseis) anos, e multa.

Parágrafo único. Incorre na mesma pena quem vende ou entrega arma de fogo, acessório ou munição, em operação de importação, sem autorização da autoridade competente, a agente policial disfarçado, quando presentes elementos probatórios razoáveis de conduta criminal preexistente.

A prática investigativa do agente policial disfarçado, nas hipóteses legalmente autorizadas, deve ser prevista em despacho determinativo de diligências editado pelo Delegado de Polícia.

Observe o modelo a seguir, o referido padrão poderá ser utilizado para qualquer despacho determinativo de diligência investigativa, bastando alterar o dispositivo legal fundamentador e a diligência a ser realizada.

Modelo de despacho determinativo de diligências

Inquérito Policial nº...

Despacho

Trata-se de Inquérito Policial instaurado para investigar crime de *(informar o crime investigado. Ex.: tráfico de drogas, art. 33,* caput, *da Lei nº 11.343/2006)*, supostamente cometido por *(nome do investigado)*.

Até o presente momento foram obtidos os seguintes elementos que comprovam o cometimento do crime: *(relatar os elementos probatórios suficientes para demonstrar a prática do crime de forma preexistente. Ex.: denúncia anônima informando que a casa onde o investigado mora é utilizada como ponto de tráfico de drogas por este)*.

Com base nisso, a Lei de Drogas, em seu art. 33, § 1º, outorga a realização de diligência efetuada por policial disfarçado que, por determinação da Autoridade Policial responsável pela investigação, simula compra de droga ilícita com o investigado *(indicar o artigo no qual a diligência se fundamenta em consonância com o crime praticado pelo investigado)*. Vejamos:

> **Lei nº 11.343/2006**
> **Art. 33.** (...)
> IV – vende ou entrega drogas ou matéria-prima, insumo ou produto químico destinado à preparação de drogas, sem autorização ou em desacordo com a determinação legal ou regulamentar, a agente policial disfarçado, quando presentes elementos probatórios razoáveis de conduta criminal preexistente.

Por todo o exposto, **determino** que o policial *(apelido utilizado pelo agente que estará disfarçado. Ex.: Rambo)* proceda com a simulação da compra do produto ilícito supramencionado, com a finalidade de comprovar ou não a ocorrência do crime investigado no bojo do inquérito policial.

A diligência deverá ser registrada por meio de relatório de investigação policial.

Desse modo, em caso de êxito da operação, que se proceda a detenção e condução do investigado à presença desta Autoridade, para a lavratura de auto de prisão em flagrante, naquilo que concerne à infração penal anteriormente praticada e consumada.

Local, data.

Delegado de Polícia.

Após análise do despacho ordinatório, elemento integrante do auto de prisão em flagrante e dos outros despachos, é indispensável a análise do despacho de indiciamento. Considerando a importância do tema para a investigação, reservamos um capítulo específico para tratar a respeito do assunto.

17 Decisão/ato/despacho de indiciamento

Inicialmente, Renato Brasileiro de Lima (2018, p. 223) conceitua o indiciamento como o ato de atribuir a autoria (ou participação) de uma infração penal a uma pessoa. É indicar aquele agente como autor ou partícipe de um delito.

O professor Norberto Avena (2018, p. 245) assevera que o indiciamento pressupõe elementos que **apontem ao investigado a autoria ou participação em infração penal devidamente materializada**. Ausentes esses elementos, deve o Delegado de Polícia abster-se de indiciar o suspeito.

Talvez um dos conceitos mais robustos acerca do tema seja da lavra de Sannini Neto (2012), que, em artigo publicado antes da Lei nº 12.830/2013, conceituava indiciamento como:

> (...) um ato formal, de atribuição exclusiva da Autoridade de Polícia Judiciária, que ao longo da investigação forma seu livre convencimento no sentido de que há indícios mínimos de que um suspeito tenha praticado determinado crime. A partir desse ato, o indiciado passa a ser o foco principal das investigações. Trata-se, na verdade, de uma formalidade que fundamenta as conclusões do Delegado de Polícia acerca da autoria criminosa e, por isso, deve ser precedido de um despacho. Ademais, o indiciamento constitui uma garantia para a ampla defesa do investigado, que a partir de então passa a ter ciência do seu status dentro da persecução penal. Fazendo uma analogia com o auto de prisão em flagrante, podemos afirmar que o indiciamento funciona como uma nota de culpa.

Apesar de diariamente utilizado na prática policial e com razoável previsão doutrinária, até bem pouco tempo atrás, o indiciamento não contava com previsão legal. Esse fato sempre alvo de diversas críticas por parte da doutrina.

Neste sentido, Lopes Júnior e Gloeckner (2013, p. 431) afirmam: "Entre os maiores problemas do inquérito policial está a ausência de indiciamento formal, com momento e forma estabelecidos em lei".

Acertadamente, os referidos autores criticavam a inexistência prática de ato formal, considerando-se a lacuna legislativa sobre o tema:

> (...) o indiciamento deve ser um ato formal, mas, na prática não é. Assim, quando reclamamos de falta de um indiciamento formal, estamos fazendo alusão ao plano da efetividade, frisando o prejudicial distanciamento entre normatividade e a efetividade. (LOPES JR.; GLOECKNER, 2013, p. 431.)

A referida lacuna foi suprida com a edição da Lei nº 12.830/2013, a qual, no art. 2º, § 6º, apresenta expressamente previsão a respeito do indiciamento:

> **Lei nº 12.830/2013**
>
> **Art. 2º** (...)
>
> § 6º O indiciamento, privativo do Delegado de Polícia, **dar-se-á por ato fundamentado**, mediante análise técnico-jurídica do fato, **que deverá indicar a autoria, materialidade e suas circunstâncias**. (Grifos nossos.)

17.1 CONCEPÇÃO DE INDICIAMENTO ANTE A TEORIA DA TRÍPLICE *OPINIO DELICT*

Conforme já tratado em momento anterior desta obra, a **atividade persecutória do Estado**, basicamente, divide-se em dois momentos: **fase investigativa** e **fase processual**. Cada uma delas marcadas por princípios, diretrizes e finalidades próprias.

A fase investigativa, normalmente desempenhada no âmbito policial, fica a cargo das polícias civis e federal. Nesse período, vigora **sistema inquisitivo**, no qual as premissas do contraditório e ampla defesa encontram-se mitigadas.

Busca-se, nesse primeiro momento, angariar elementos a respeito da materialidade, autoria, circunstâncias do delito e qualquer elemento que possa colaborar com elucidação do fato.

Nesse sentido, conforme estudo realizado por este autor, assim que a investigação policial alcança o aparente êxito, garantindo a melhor convicção a respeito da materialidade, circunstâncias do fato e revelando indícios em desfavor de algum suspeito, indicando-o, por dedução lógica, como o provável autor da infração penal, o Delegado de Polícia deve manifestar nos autos sua ***opinio delicti* policial positiva**. Em contrapartida, caso entenda a Autoridade Policial que as diligências efetuadas não são suficientes para conferir probabilidade de autoria, deve o Delegado de Polícia não proceder ao indiciamento do suspeito, sendo essa inação a materialização da ***opinio delicti* policial negativa** (FERREIRA, 2013).

Preliminarmente, portanto, pode-se conceituar a decisão de indiciamento como um **provimento estatal que materializa a *opinio delicti* policial positiva**, ou seja, aponta determinado suspeito como provável autor da infração penal (FERREIRA, 2013).

Essa formalização da *opinio delicti* policial positiva, materializada no ato de indiciamento, consubstancia-se como **primeiro ato Estatal indicativo de autoria**. Logicamente, não se trata de decisão exauriente, mas, na verdade, de juízo sumário e fundado em elementos colhidos até aquele momento da investigação.

Posteriormente, o órgão ministerial, nas ações penais públicas, procederá a novo juízo a respeito dos fatos apurados, ocasião em que emitirá nova *opinio delicti* a respeito dos elementos colhidos. Essa nova manifestação é totalmente desvinculada da primeira exarada pelo Delegado de Polícia e não tem o condão de vincular a próxima *opinio delicti* a ser exarada pela autoridade judicial.

É justamente aí, segundo este autor, que se forma a **teoria da tríplice *opinio delict***. Cada órgão responsável pela persecução forma o seu convencimento com base nos fatos que lhes são apresentados, considerando o momento processual/procedimental e garantias existentes naquele momento. Não há vinculação entre o juízo anterior e o realizado pela autoridade subsequente. O Delegado de Polícia manifesta-se, em juízo positivo, no ato de indiciamento. O Promotor de Justiça, no ato da denúncia. Já o Juiz, por meio de sentença condenatória.

Claramente, é possível que o juízo negativo seja a conclusão de cada uma dessas autoridades. O Delegado de Polícia, por meio do não indiciamento e representação pelo arquivamento do inquérito policial. O Promotor de Justiça, no mesmo sentido, quando também requererá o arquivamento do feito. Já o Magistrado manifesta-se negativamente por meio de decisão de arquivamento do feito, rejeição da denúncia ou mesmo exarando sentença absolutória.

Outro ponto que deve ser levado em consideração na teoria da **tríplice *opinio delicti*** é a **escalada de direitos e garantias implementadas em cada um desses juízos**. Conforme se evolui em cada uma dessas fases, mais direitos são assegurados ao investigado/ processado.

Nesse sentido, este autor, em estudo anterior, afirma que, ao identificar a ocorrência da citada probabilidade da prática delitiva, o Delegado de Polícia deve, de acordo com sua **convicção técnico-jurídica**, indiciar o investigado, o qual passará à **nova condição jurídica**: a de **indiciado** – fato que gerará, além dos efeitos inconvenientes apontados no decorrer deste trabalho, o reforço de maiores garantias de direito, a exemplo de receber comunicação expressa acerca de seus direitos constitucionais, dentre eles, o de permanecer em silêncio, não produzir provas contra si mesmo (*nemo tenetur se detegere*) e ser assistido por advogado (art. 5º, LXIII, da CF) (FERREIRA, 2013). Neste sentido, o indiciamento pode ser entendido como um aviso de garantia do cidadão (MANZANO, 2010).

Após essa fase, caso o juízo do órgão ministerial também seja positivo, haverá o oferecimento da denúncia, momento em que se atribuirá **nova condição jurídica** ao investigado, o qual, após o recebimento da denúncia, passará a ser tratado como **processado**.

Nessa fase, diversas outras garantias lhes são atribuídas, dentre as quais se pode citar o contraditório, ampla defesa, presunção de inocência dentre tantos outros. O que se busca evidenciar é a **escalada de direitos** que é realizada em cada uma das fases de formação da **tríplice *opinio delicti***.

Visto esses apontamentos conceituais iniciais, definimos o moderno indiciamento penal como: o ato administrativo vinculado, fundamentado e privativo do Delegado de Polícia que – exprimindo sua *opinio delicti* policial positiva mediante análise técnico-jurídica – aponta determinado suspeito como provável autor de uma infração penal, submetendo-o a efeitos jurídicos relevantes e conferindo-lhe incremento de garantias (FERREIRA, 2013).

Melhor explicando a visão analítica do conceito:

a. **Ato administrativo vinculado:** trata-se de ato vinculado em razão de o indiciamento encontrar-se condicionado à existência de elementos robustos que indiquem a autoria delito. Não se trata de liberdade ilimitada atribuída ao Delegado de Polícia, mas de atividade vinculada à existência de fortes indícios a respeito da autoria do crime. Logicamente, assiste ao Delegado de Polícia a liberdade técnico-jurídica de valorar os fatos que serão expostos à sua análise.

Leonardo Barreto (2018, p. 143-144) afirma que:

> (...) todo indiciamento gera um natural constrangimento *à* pessoa, afinal de contas constará contra ela, na sua folha de antecedentes, tal ato, ainda que o inquérito seja arquivado. Por conta disso, o indiciamento não é ato discricionário do Delegado, que somente pode procedê-lo se presentes indícios suficientes de autoria e prova da materialidade delitiva.

b. **Fundamentado:** é indispensável a motivação no ato de indiciamento, justamente com o fito de possibilitar o controle por parte do indiciado, seja apresentando suas razões ao próprio Delegado de Polícia, seja impugnando o ato via judicial. Este ponto é crucial à atuação técnico-jurídica do Delegado de Polícia, sendo a parte mais delicada na confecção desta peça. O Delegado deverá descrever todo o fato, todas as diligências realizadas e explicar, fundamentadamente, o motivo de atribuir a autoria àquele investigado.
c. **Privativo do Delegado de Polícia:** trata-se de ato que se funda em análise técnico-jurídica do Delegado, o qual não se vincula a nenhuma manifestação ou requisição de autoridade diversa.
d. **Submissão a efeitos jurídicos próprios e gerando o incremento de garantias.**

Esses temas já foram tradados anteriormente.

Sem dúvidas há diversos outros pontos referentes ao instituto do indiciamento para serem trabalhados, mas, por não ser o escopo principal deste trabalho, remetemos o leitor ao trabalho completo do autor Marcelo Zago (2013).

17.1.1 Momento

Tradicionalmente, há dois momentos em que o indiciamento pode ser realizado: **no auto de prisão em flagrante** ou **no relatório final do inquérito**. Apresentaremos posicionamento um pouco diverso a respeito dessa posição doutrinária.

Conforme estudo anterior realizado por este autor (a que nos referimos no tópico anterior), entendemos que o momento adequado para o indiciamento não deve ficar rígido a um ou outro ato ou fase do inquérito policial, devendo ser **avaliado casuisticamente** pela Autoridade Policial presidente do feito, desde que **realizado até o encerramento da investigação na esfera policial, por meio do relatório final.**[1] Uma vez reunidos os elementos aptos para

---

[1] *Vide* STJ, MS nº 14.504/DF, Rel. Min. Jorge Mussi, 3ª Seção, j. 14.08.2013, *Dje* 20.08.2013; HC nº 218.124/SP, Rel. Min. Marilza Maynard (Desembargadora convocada do TJ/SE), 5ª T., j. 07.05.2013, *DJe* 10.05.2013.

a formação de sua convicção, deve o Delegado de Polícia proceder ao indiciamento do suspeito mediante despacho fundamentado. Trata-se, pois, de ato vinculado.

Nas palavras de Pitombo (1983, p. 313):

> Indiciar alguém, como parece claro, não deve surgir qual o ato arbitrário, ou de tarifa, da autoridade, mas, sempre legítimo. Não se funda, também, no uso do poder discricionário, visto que inexiste, tecnicamente, a possibilidade legal de escolher entre indiciar ou não.

A jurisprudência do Superior Tribunal de Justiça possui posicionamento no sentido de que o indiciamento formal dos acusados após o recebimento da denúncia os submete a ilegal e desnecessário constrangimento, visto não mais se justificar tal procedimento próprio da fase inquisitorial quando a ação penal já se encontra em curso. Precedentes citados: HC nº 174.576/SP, *DJe* 18.10.2010, e HC nº 92.117/SP, *DJe* 18.12.2009 (HC nº 182.455/SP, Rel. Min. Haroldo Rodrigues [desembargador convocado do TJ-CE], j. em 05.05.2011).

17.1.2 Espécies

Pode ocorrer de duas maneiras:

a. **direta:** quando o indiciado está presente;
b. **indireta:** quando o indiciado está ausente (foragido).

Nas hipóteses em que o indiciado está em local incerto e não sabido ou quando deixa de comparecer, mesmo sendo intimado, é realizado o indiciamento indireto.

17.1.3 Pressupostos

Com relação aos pressupostos para a realização do indiciamento, o professor Renato Brasileiro de Lima (2020, p. 224) mostra que:

> (...) o indiciamento só pode ocorrer a partir do momento em que reunidos elementos suficientes que apontem para a autoria da infração penal, quando, então, o delegado de polícia deve cientificar o investigado, atribuindo-lhe, fundamentalmente, a condição jurídica de "indiciado", respeitadas todas as garantias constitucionais e legais.

Lembrando que o art. 6º, § 2º, da Lei nº 12.830/2013 traz:

> O indiciamento, privativo do delegado de polícia, **dar-se-á por ato fundamentado**, mediante análise técnico-jurídica do fato, **que deverá indicar a autoria, materialidade e suas circunstâncias**. (Grifos nossos.)

Nesse sentindo, o STJ:[2]

---

[2] No mesmo sentido a decisão do Min. Fachin na ADI nº 4.911, Publicação: 18.09.2020, RHC nº 55.908/SP, 6ª T., RO em HC nº 2015/0015038-3, Rel. Min. Sebastião Reis Júnior, *DJe* 26.02.2016.

> Recurso em *habeas corpus*. Uso de documento falso. Pretensão de afastamento do indiciamento formal. Negativa de autoria. Necessidade de reexame de provas. Inviabilidade na via eleita. Carente de dilação probatória. Alegação de falta de fundamentação no indiciamento formal. Mácula que não tem o condão de justificar o afastamento do indiciamento realizado pela autoridade policial. Necessidade, porém, de observância do disposto na Lei nº 12.830/2013. Fundamentação no despacho que determina o indiciamento. Concessão de ordem de *habeas corpus* de ofício.
>
> 1. A via eleita é inadequada para a análise da afirmação de que não há indícios incriminadores contra o recorrente, pois seria necessário o revolvimento das provas já coletadas pela autoridade policial.
>
> 2. O inquérito policial é procedimento administrativo inquisitorial destinado à formação da *opinio delicti* pelo titular da ação penal, não sendo a ele aplicáveis os princípios do contraditório e da ampla defesa.
>
> 3. **O art. 2º, § 6º, da Lei nº 12.830/2013 dispõe que "o indiciamento, privativo do delegado de polícia, dar-se-á por ato fundamentado, mediante análise técnico-jurídica do fato, que deverá indicar a autoria, materialidade e suas circunstâncias".**
>
> 4. Evidenciada a total ausência de fundamentação no ato de indiciamento formal do paciente e de outro coinvestigado, cabe a concessão de ordem de *habeas corpus* de ofício para anular o ato.
>
> 5. Recurso improvido. Concessão de ordem de *habeas corpus* de ofício, para anular o despacho da autoridade policial que determinou o indiciamento formal dos investigados no Inquérito Policial nº 0039063-91.2014, sem prejuízo de que outro indiciamento seja realizado, desde que devidamente fundamentado. (Grifos nossos.)

17.1.4 Atribuição

Trata-se **ato privativo do Delegado de Polícia**, tendo em vista que é a Autoridade Policial que deve formar sua convicção com base em elementos de informação colhidos na investigação que preside.

O STF explica que não pode o juiz determinar à Autoridade Policial o indiciamento formal:

> *Habeas corpus*. Processual penal. Crime contra ordem tributária. Requisição de indiciamento pelo magistrado após o recebimento de denúncia. Medida incompatível com o sistema acusatório imposto pela constituição de 1988. Inteligência da Lei nº 12.830/2013. Constrangimento ilegal caracterizado. Superação do óbice constante na Súmula nº 691. Ordem concedida.
>
> 1. **Sendo o ato de indiciamento de atribuição exclusiva da autoridade policial, não existe fundamento jurídico que autorize o magistrado, após receber a denúncia, requisitar ao Delegado de Polícia o indiciamento de determinada pessoa.** A rigor, requisição dessa natureza é incompatível com o sistema acusatório, que impõe a separação

orgânica das funções concernentes à persecução penal, de modo a impedir que o juiz adote qualquer postura inerente à **função** investigatória. Doutrina. Lei nº 12.830/2013. (STF, HC nº 115.015/SP – grifos nossos.)

17.1.5 Sujeito passivo

A regra é que **qualquer pessoa pode ser indiciada** (LIMA, 2020, p. 224), porém há exceções.

a. **Membros do Ministério Público:** o art. 41, II e parágrafo único, da Lei nº 8.625/1993, versa sobre o assunto:

> **Art. 41.** Constituem prerrogativas dos membros do Ministério Público, no exercício de sua função, além de outras previstas na Lei Orgânica:
>
> (...)
>
> II – **não ser indiciado em inquérito policial**, observado o disposto no parágrafo único deste artigo;
>
> Parágrafo único. **Quando no curso de investigação, houver indício da prática de infração penal por parte de membro do Ministério Público, a autoridade policial, civil ou militar remeterá, imediatamente, sob pena de responsabilidade, os respectivos autos ao Procurador-geral de Justiça, a quem competirá dar prosseguimento à apuração**. (Grifos nossos.)

A Lei Complementar nº 75/1993, no seu art. 18, II, *f*, traz a mesma regra para os membros do Ministério Público da União.

b. **Magistrados**: a LC nº 35/1979, no seu art. 33, parágrafo único, trata do assunto:

> **Art. 33.** São prerrogativas do magistrado:
>
> Parágrafo único. Quando, no curso de investigação, houver indício da prática de crime por parte do magistrado, a autoridade policial, civil ou militar, remeterá os respectivos autos ao Tribunal ou órgão especial competente para o julgamento, a fim de que prossiga na investigação.

c. **Pessoas com foro de prerrogativa de função (senadores, deputados federais)**: não há dispositivo legal que vede o indiciamento. Assim, no âmbito do STF prevalece o entendimento de que é possível a abertura das investigações e o indiciamento formal, porém há situações que necessitam de supervisão.[3] Veja o quadro (CAVALCANTE, 2018):

---

[3] STF, Inq nº 4.703 QO/DF, Rel. Min. Luiz Fux, j. 12.06.2018.

Situação	Atribuição para investigar
Se o crime foi praticado antes da diplomação.	Polícia (Civil ou Federal) ou MP. Não há necessidade de autorização do STF. Medidas cautelares são deferidas pelo juízo de 1ª instância (Ex.: quebra de sigilo).
Se o crime foi praticado depois da diplomação (durante o exercício do cargo), mas o delito não tem relação com as funções desempenhadas. Ex.: homicídio culposo no trânsito.	
Se o crime foi praticado depois da diplomação (durante o exercício do cargo) e o delito está relacionado com as funções desempenhadas. Ex.: corrupção passiva.	Polícia Federal e Procuradoria-Geral da República, com supervisão judicial do STF. Há necessidade de autorização do STF para o início das investigações.

17.1.6 Afastamento do servidor público de suas funções como efeito automático do indiciamento em crimes de lavagem de capitais

A Lei nº 12.683/2012 acresceu à Lei de Lavagem de Capitais o art. 17-D, que dispõe:

> **Art. 17-D.** Em caso de indiciamento de servidor público, este será afastado, sem prejuízo de remuneração e demais direitos previstos em lei, até que o juiz competente autorize, em decisão fundamentada, o seu retorno.

De acordo com referida disposição legal, o ato de indiciamento geraria como efeito automático o afastamento do servidor público sob investigação. Parte da doutrina entende ser inconstitucional esse dispositivo, visto que violaria o princípio da presunção de inocência e atribui a uma autoridade não judiciária a determinação de medida cautelar, sem aferir a necessidade, adequação e proporcionalidade, violando, dessa forma, o princípio da jurisdicionalidade.

No final do ano de 2020, o Plenário do Supremo Tribunal Federal declarou a inconstitucionalidade do referido dispositivo. A decisão foi tomada por maioria de votos no julgamento da Ação Direta de Inconstitucionalidade (ADI) 4.911, na sessão virtual encerrada em 20.11.2020.

Prevaleceu, no julgamento, o voto do ministro Alexandre de Moraes, de acordo com o ministro o afastamento automático do servidor investigado, por consequência automática do ato administrativo da Autoridade Policial, viola os princípios da proporcionalidade, da presunção de inocência e da igualdade entre os acusados. "O indiciamento não gera e não pode gerar efeitos materiais em relação ao indiciado, já que se trata de mero ato de imputação de autoria de natureza preliminar, provisória e não vinculante ao titular da ação penal, que é o Ministério Público", afirmou. A seu ver, o afastamento é uma grave medida restritiva de direitos, que somente se justifica caso fique demonstrado, perante autoridade judicial ou administrativa, o risco da continuidade do servidor no desempenho de suas funções.

Desse modo, esse deve ser o novo posicionamento ostentado em provas por nossos leitores.

Independentemente das disposições anteriores, há de se ressaltar que é possível que o servidor investigado ou indiciado seja afastado de suas funções, como medida necessária para aplicação da lei penal, para investigação ou instrução criminal, e até mesmo para evitar a prática de novas infrações, com fundamento no art. 282, I, c/c art. 319, VI, todos do CPP.

> **Art. 282.** As medidas cautelares previstas neste Título deverão ser aplicadas observando-se a:
>
> I – necessidade para aplicação da lei penal, para a investigação ou a instrução criminal e, nos casos expressamente previstos, para evitar a prática de infrações penais;
>
> (...)
>
> **Art. 319.** São medidas cautelares diversas da prisão:
>
> (...)
>
> VI – suspensão do exercício de função pública ou de atividade de natureza econômica ou financeira quando houver justo receio de sua utilização para a prática de infrações penais;

17.2 DESINDICIAMENTO

Considerando que o indiciamento produz efeitos maléficos e prejudiciais ao investigado quando realizado sem as formalidades legais, não há dúvida de que, como ato administrativo que é, é possível a sua reanálise pela própria autoridade que o editou, assim como sua análise pelo Poder Judiciário.

Desse modo, entendemos ser possível e até indicável o ato de desindiciamento, quando a Autoridade Policial, no transcurso da investigação, se defronta com elementos aptos a infirmar o anterior ato de indiciamento.

Como já abordamos anteriormente, o indiciamento é ato formal de atribuição de autoria na fase investigativa, constituindo-se em *opinio delicti policial positiva*, a qual é pautada em elementos informativos colhidos até aquela fase instrutória.

Assim, podemos concluir que se trata de juízo sumário fundando em elementos informativos coligidos até aquele momento procedimental.

Pode ocorrer que surjam novos elementos que ocasionem mudança na percepção da Autoridade Policial. Desse modo, não se trata, modernamente, o ato de desindiciamento como ato de assunção de erro por parte da Autoridade Policial; mas, na verdade, como confirmação do compromisso do Delegado com apuração dos fatos. Caso naquele momento a Autoridade se depare com fatos novos que evidenciem a necessidade de revisão do ato de indiciamento, nada mais nobre e democrático que a própria Autoridade Policial proceda a esse juízo.

17.3 ESTRUTURA DE DECISÃO/ATO/DESPACHO DE INDICIAMENTO

Inicialmente, apresenta-se a estrutura da peça de indiciamento.

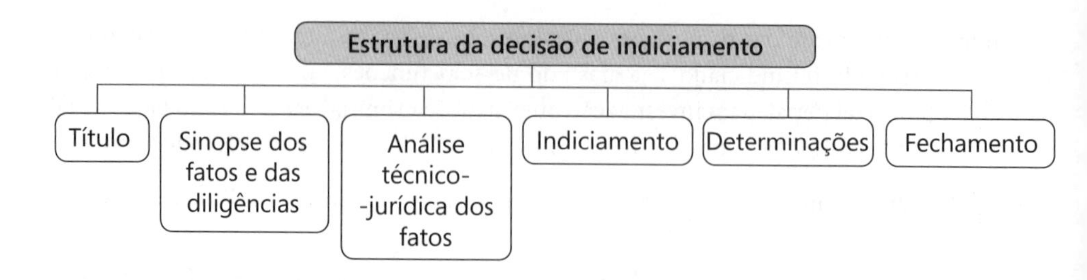

a. **Título:** é importante relembrar ao nosso leitor que ainda estamos tratando das peças internas, motivo pelo qual não há que se falar em endereçamento com relação a este ato procedimental.

   Com relação ao título, basta que o candidato aponha o termo: **Decisão de indiciamento**, podendo ser ainda utilizado Ato de Indiciamento ou Despacho de Indiciamento.

   Esse ato pode ocorrer ao término das investigações, motivo pelo qual pode estar contido em um relatório final.

   Falaremos novamente sobre o despacho de indiciamento no estudo do relatório final.

b. **Sinopse dos fatos e das diligências realizadas:** como já vimos nas peças anteriores, o candidato deverá descrever os fatos que lhe são apresentados, sempre com objetividade e sem incluir novos fatos, sob pena de identificação da prova e consequente eliminação do certame.

   Normalmente, os pontos atribuídos a esse tópico da peça prática não são muito altos, contudo, a **descrição dos fatos** e as **diligências empreendidas** constituem-se como elemento indispensável para a coerência da peça prática.

Vejamos a narrativa fática apresentada no concurso para Delegado de Polícia Civil do Distrito Federal no ano de 2010, adaptada para o nosso estudo.

Constam como investigados deste instrumento apuratório nº (...), instaurado em xx.xx.xxxx João *(qualificação completa)*, José *(qualificação completa)*, Sebastião *(qualificação completa)*, Francisco *(qualificação completa)* e Raimundo *(qualificação completa)*. Os referidos agentes uniram-se para praticar diversos crimes em comunhão de desígnios e em vínculo associativo permanente.

Com o objetivo de obter maior eficiência em sua empreitada, o grupo adquiriu diversos armamentos. No dia 18 de novembro de 2009, por volta das 10h40, *(indicar o local dos fatos)* de Brasília/DF, cometeram um assalto na Agência do Banco São Judas Tadeu, instituição privada. A dinâmica deu-se da seguinte maneira:

João adentrou na agência bancária, juntamente com José e Francisco, e anunciou o assalto com um disparo de arma de fogo, do tipo escopeta. José portava uma submetralhadora, calibre 9 mm, marca Imbel, com numeração raspada, e impossibilitou a ação dos vigias. Ato contínuo à empreitada criminosa, Francisco correu até a gerência e, de posse de uma arma de fogo, do tipo Fuzil de Ação Leve, calibre 762 mm, com numeração raspada, determinou que todos que estavam presentes se deitassem no chão e assim permanecessem. Sebastião postou-se na entrada do estabelecimento, mantendo vigilância para a ação dos comparsas, portando arma de fogo, do tipo pistola, calibre 9 mm, marca Beretta, com numeração raspada. Raimundo permaneceu no interior de automóvel parado em frente à agência bancária.

Após a colheita de todos os valores constantes nas caixas registradoras e do montante disponível na tesouraria, totalizando R$ 3.500.000,00 (três milhões e quinhentos mil reais), o grupo iniciou sua fuga, com a saída do banco. Antes de finalizarem a retirada da agência bancária, identificaram o policial civil Jorge e, contra este, Francisco efetuou dois disparos, ocasionando a sua morte. Em seguida, fugiram no automóvel, tomando destino ignorado.

Os funcionários do banco, André *(qualificação completa)*, Patrícia *(qualificação completa)*, Mauro *(qualificação completa)* e Paulo *(qualificação completa)* foram ouvidos como testemunhas dos fatos e narraram a dinâmica apresentada, depoimentos acostados nas fls. (...).

Atenção

Neste momento, o Delegado de Polícia poderia apontar trechos dos depoimentos apresentados que confirmem a sua convicção a respeito da autoria e materialidade do delito. Logicamente, como o nosso objetivo é a prova prática do concurso, essa informação somente existirá caso o examinador apresente o depoimento das testemunhas.

Em continuidade às diligências investigativas, um dos infratores, Raimundo, foi encontrado de posse de arma utilizada no crime, na Agrovila São Sebastião/DF, no dia 15 de dezembro de 2009. Naquela oportunidade, ele indicou como residência dos autores do fato a cidade-satélite de Samambaia/DF, onde foram encontrados João, José, Sebastião e Francisco, de posse das demais armas. Nenhum valor monetário resultante do ato criminoso foi localizado.

Nessa ocasião, foi lavrado o auto de prisão em flagrante nº xxxxx.

Todos os investigados foram ouvidos sobre os fatos apurados nesse instrumento investigativo e negaram participação no assalto ao banco, apesar de João, José, Sebastião e Francisco terem sido reconhecidos pelas testemunhas Patrícia e André e confessassem que se associaram para cometer crimes, mas sem uso de violência e que deixavam as armas com Raimundo, que seria o armeiro e motorista do grupo.

As armas foram periciadas, e foi atestada sua eficiência e recenticidade de disparos, conforme laudo acostado as fls. (...).

A polícia obteve as imagens do circuito interno de televisão do banco e procedeu à sua degravação, com a respectiva perícia, laudo acostado às fls. (...). As informações prestadas pelo órgão oficial de perícia atestam em laudo de reconhecimento facial que os autores do assalto se trata, de fato, dos investigados. Fls. (...).

Ressaltamos que a narrativa fática realizada na referida prova foi adaptada para o objeto do nosso estudo.

Assim, observe que o candidato deverá inicialmente:

a. Narrar todos os **fatos** objeto da apuração.
b. Apresentar as **diligências investigativas** realizadas. Para que haja a *opinio delicti* positiva por parte da Autoridade Policial, consubstanciado no ato de indiciamento, é necessário que existam elementos que evidenciem a materialidade e autoria do delito. Esses elementos devem ser aptos a fundamentar a posterior decisão de indiciamento do Delegado.

Esse é o motivo pelo qual o ato/despacho de indiciamento, normalmente, ocorre ao término das investigações no relatório final, pois é necessário que a investigação já tenha adquirido grau de robustez apto a embasar a decisão da Autoridade Policial.

Contudo, não se trata de uma regra ou mandamento instransponível. O indiciamento pode ocorrer em qualquer momento da investigação, desde que a Autoridade tenha elementos aptos a formar a sua convicção.

É indicável, no entanto, que o Delegado de Polícia oportunize ao investigado se manifestar a respeito do ato de indiciamento seja por meio de novo depoimento ou mesmo por meio de manifestações escritas, caso assim deseje fazer o investigado ou seu defensor, se possuir.

c. **Análise técnico-jurídica dos fatos:** esse é **ponto mais peculiar** dessa peça prática, pois neste momento, a Autoridade Policial deverá a partir da narrativa fática apresentada demonstrar a sua **convicção a respeito da autoria e materialidade do delito**.

Retornemos ao exemplo anterior:

Após todas as diligências investigativas, constatou-se a materialidade do delito por meio da narrativa fática da subtração patrimonial apresentada pelas testemunhas e vítima do delito patrimonial e demonstrativo financeiro do prejuízo apresentado pela instituição bancária vítima, ocasião em que foi subtraída a quantia de R$ 3.500.000,00 (três milhões e quinhentos mil reais) da Agência do Banco São Judas Tadeu.

Atenção

Nesse ponto, caso haja ponto relevante no depoimento das testemunhas ou vítimas (nesse caso, representante da pessoa jurídica), seria interessante que a Autoridade apresentasse a transcrição dessas passagens.

Da mesma forma, deve-se fazer referência aos documentos constantes do inquérito policial que demonstrem a materialidade delitiva.

Quando da subtração patrimonial, foi morto o agente de segurança pública, Jorge *(qualificação completa)*, em razão de ter sido identificado pelo grupo criminoso como Policial Civil, laudo cadavérico nº xxx, fls. (...).

A autoria é evidente, pois as testemunhas, Patrícia e André, reconheceram em auto próprio, fls. (xx) **João, José, Sebastião e Francisco** como autores do delito e com **Raimundo** foi encontrada a arma do crime.

Há elementos que consubstanciam a associação estável e permanente destinada à prática de crimes, conforme depoimento prestado às fls. (...)

Há de ressaltar que os investigados foram encontrados na posse de diversos armamentos descritos no auto de apreensão nº xxxx, fls. (...), ocasião em que foi formalizado o auto de prisão em flagrante nº (xx), instrumentos utilizados na prática do delito.

Há ainda laudo pericial de reconhecimento facial, ocasião em que os peritos apontam para João, José, Sebastião e Francisco.

Atenção

Observe que, neste caso, bem após os fatos investigados (crime patrimonial), os suspeitos foram encontrados com arma de fogo. Desse modo, a prisão em flagrante não será formalizada nesses autos investigativos, mas, sim, em um novo inquérito instaurado por meio de auto de prisão em flagrante.

Logicamente, ao fim das investigações é possível que o Delegado de Polícia requeira que os autos tramitem conjuntamente em razão da conexão existente entre os delitos.

O objetivo, neste momento, é demonstrar a análise técnico-jurídica que deve ser feita pela Autoridade Policial. Observe que estamos caminhando bem próximo de um relatório final, pelos motivos já apresentados, o indiciamento tem de se fundar em elementos investigativos robustos.

Pode ocorrer, no entanto, que haja elementos robustos para indiciamento de um dos suspeitos, mas ainda careça a investigação de maiores elementos quanto a outros. Neste caso, deve ocorrer o indiciamento do primeiro e continuidade das investigações quanto aos demais, não devendo o inquérito policial ser finalizado por meio do relatório final.

Nessa fase, **deve-se fazer referência a laudos periciais, concursos de crimes, consumação ou tentativa do delito investigado, depoimentos de testemunhas, vítimas e investigados**, apresentando a correlação entre os fatos, a investigação e o juízo de indiciamento que será apresentado a seguir.

d. **Indiciamento:** chegamos ao **cume da nossa peça prática**, o ato de indiciamento. Veja que, após toda a fundamentação apresentada, o indiciamento fica bastante simples, pois neste momento o Delegado de Polícia vai, tecnicamente, atribuir a condição de provável autor aos investigados.

Nesse ponto, será feita a **tipificação das condutas** e apresentado o **fundamento legal para o indiciamento**. Ressalta-se que, na prática, quando da instauração do inquérito seja por portaria ou mesmo por meio de auto de prisão em flagrante, o Delegado já realizou um juízo preliminar de tipificação. Esse entendimento pode ser ratificado na tipificação de indiciamento ou mesmo alterado sem que este último fenômeno desabone a conduta da Autoridade.

Como já dissemos anteriormente, a tipificação preliminar realizada quando da instauração do inquérito, seja por Portaria ou APF (auto de prisão em flagrante), é um juízo preliminar, que se funda nos elementos presentes naquele momento da investigação. Conforme a apuração evolui, novos elementos são coligidos, fato que pode ocasionar ou não a mudança da tipificação anteriormente realizada.

Vejamos um modelo:

> Diante do exposto, considerando os elementos materiais coligidos e as provas indiciárias existentes e formalizadas neste procedimento apuratório, com fundamento no art. 2º, § 6º, Lei nº 12.830/2013, **indicio** João, José, Sebastião, Francisco e Raimundo pelos delitos previstos nos arts. 288 e 157, § 3º, II, ambos do Código Penal brasileiro, na forma do art. 69 (concurso material de crimes) do mesmo diploma.

Poder-se-ia questionar se haveria ou não indiciamento com relação ao delito de porte de arma de fogo com previsão no Estatuto do Desarmamento.

Em nossa concepção, a resposta haveria de ser positiva, contudo, há de se observar que a apreensão do armamento ocorreu em outro procedimento policial, assim, naquele procedimento haverá o indiciamento pela conduta autônoma de portar arma de fogo ou tê-la em sua posse.

Observe que o armamento foi apreendido com os agentes quase um mês após os fatos apurados, motivo pelo qual se consubstancia em conduta autônoma apta a configurar crime independente.

e. **Determinações:** nesta fase, o Delegado de Polícia deverá apresentar suas determinações, as quais podem se consubstanciar em atos meramente formais ou mesmo na determinação de diligências pendentes, caso ainda existam.

Vejamos um modelo:

> Ante o exposto, determino ao senhor escrivão de polícia as seguintes providências:
>
> a. Realizar a qualificação e intimar para interrogatório o indiciado conforme disposto no art. 187 do Código de Processo Penal, respeitando seus direitos e garantias constitucionais, dentre os quais, ser assistido por defensor e permanecer em silêncio ou mesmo não prestar suas declarações.
> b. Oficiar (ou expedir memorando) ao Instituto de Identificação requisitando a folha de antecedentes criminais do indiciado, conforme disposto no art. 6º, VIII, do Código de Processo Penal.
> c. Elaborar o boletim de vida pregressa do indiciado e encaminhar ao Instituto de Identificação a fim de que seja o indiciamento registrado no sistema da Polícia Civil do Estado (xxxx).
> d. Reencapar o presente procedimento, fazendo constar o nome do indiciado e a tipificação do crime.
> e. Proceder demais anotações de praxe, anexando aos autos às demais peças produzidas.

As determinações são inúmeras e variarão de acordo com o objeto da investigação. Cita-se a título de exemplo: a expedição de ofício a alguma instituição, órgão público ou conselho, como notificar os órgãos responsáveis pela concessão de registro e porte de arma nos casos de investigação envolvendo autor de violência doméstica ou mesmo a notificação da instituição nos casos de servidor público indiciado por lavagem de dinheiro (art. 17-D da Lei nº 12.683/2012).

Por fim, o fechamento, em formato bastante simples.

f. **Fechamento:** neste ponto, ante a simplicidade do tema, nos limitaremos a apresentar o modelo a ser seguido:

Cumpra-se
Local, data.
Delegado de Polícia – contendo a lotação *(se a questão trouxer).*

Apresentaremos um exemplo genérico e mais simples de indiciamento para que o nosso leitor possa visualizar estruturalmente os elementos do ato/despacho de indiciamento.

Modelo de decisão/ato/despacho de indiciamento (decisão de indiciamento)

Lembre-se: pode ser cumulado com relatório.

(Narrativa fática e descrição das diligências realizadas)

Descrição dos fatos em apuração, referências às diligências que já foram praticadas sempre fazendo alusão aos documentos resultantes: laudo, depoimentos, comprovantes, gravações, degravações, extratos financeiros etc.

(Análise técnico-jurídica dos fatos)

A partir dos fatos, o candidato deverá demonstrar a materialidade do delito, assim como indicar fatos que evidenciem os indícios referentes à autoria do crime.

(Indiciamento)

Deverá fazer alusão ao art. 2º, § 6º, Lei nº 12.830/2013, assim como proceder à tipificação do delito. *(Lembre-se de que os dispositivos referentes ao concurso de agentes, tentativa, concurso formal, material ou continuidade delitiva, normalmente estão presentes nas questões.)*

Esse modelo é muito importante, pois se aproxima bastante de um relatório (e não deixa de ser um), o qual será estudado em momento oportuno desta obra.

Caso prático

MC e DJ são amigos desde a infância e sempre costumam estar juntos, inclusive residindo na mesma casa. Ambos trabalhavam em uma lanchonete, mas foram demitidos em razão da crise financeira gerada pela pandemia de Covid-19.

Sem emprego e com a situação cada vez mais complicada financeiramente, decidiram praticar assaltos. Para isso, conseguiram uma moto e duas armas calibre .38 com o objetivo exclusivo de cometerem crimes de natureza patrimonial.

MC e DJ decidiram executar seus planos justamente nos dias de pagamento do auxílio emergencial concedido pelo governo federal, ocasião em que ambos ficavam olhando o movimento nas imensas filas para, enfim, subtrair a quantia das vítimas.

No dia 15.04.2020, Maria sacou o dinheiro e saiu em direção à parada de ônibus, nesse tempo, MC estava pilotando a moto, com a arma na cintura, enquanto DJ, na garupa, anunciava o assalto com a arma em punho. Assim, ambos fizeram com José na mesma tarde. No dia 16.04.2020, a dupla assaltou João e Joana pela manhã.

Maria, mesmo bastante assustada, dirigiu-se à delegacia naquele mesmo dia, por volta das 11h, para realizar ocorrência. Disse que, quando estava chegando à parada de ônibus, após sacar o valor do auxílio emergencial, dois rapazes magros, um de blusa azul e o outro de blusa preta, em uma moto verde a abordaram e anunciaram o assalto. Com ameaça exercida mediante uma arma de fogo, subtraíram a quantia de R$ 600,00 (seiscentos reais).

Na mesma tarde, José também se dirigiu à delegacia a fim de registrar ocorrência, ocasião em que relatou o assalto sofrido, por volta das 15h30min, no qual dois rapazes, um de blusa azul e o outro de blusa preta, em uma moto verde o abordaram e anunciaram o assalto. O piloto da moto portava uma arma de fogo na cintura, enquanto o que estava na garupa apontou-lhe outra arma, subtraindo-lhe a quantia de R$ 600,00 (seiscentos reais), valor do auxílio emergencial recebido.

No dia 16.04.2020, João, por volta do meio-dia, chegou à delegacia, relatando o mesmo fato, contudo estava com hematomas no rosto dos socos que tinha sofrido de um dos assaltantes.

No período da tarde, a vítima foi Joana, que tinha recebido R$ 1.200,00 (mil e duzentos reais), quantia levada por MC e DJ. Essa relatou o ocorrido na delegacia, momento em que foram tomadas suas declarações.

O Delegado de Polícia, diante da constância e semelhança da ação delitiva praticada, editou a Portaria nº xx e instaurou inquérito policial nº xx para as devidas investigações.

No dia 20.04.2020, MC e DJ, bem cedo, estavam nas proximidades da agência, analisando o movimento de pessoas para posteriormente retornarem e praticarem a conduta criminosa. Contudo a polícia acabou abordando os dois suspeitos. Ao serem questionados pelos investigadores, MC e DJ acabaram confessando serem eles os autores dos assaltos ocorridos nos últimos dias nas proximidades da agência bancária.

Como Delegado de Polícia, elabore a peça policial/investigativa cabível, em face do inquérito policial já instaurado, atendo-se para a quantidade de elementos informativos já colhidos até o presente momento da investigação e a necessidade de dar continuidade às investigações, considerando que ainda existem diligências investigativas pendentes.

Nesse caso, considere que já fora tombado inquérito policial em portaria própria, assim como já foram ouvidas todas as testemunhas e vítimas do delito. Todas as declarações já constam do inquérito policial.

Considere ainda que ambos os suspeitos já foram ouvidos em depoimento formal, ocasião em que confessaram a prática dos delitos. Os investigados não oferecem perigo para as investigações, em razão de mostrarem-se colaborativos e estarem aparentemente arrependidos dos fatos praticados, inclusive devolvendo todo valor subtraído, que foi devidamente restituído às vítimas por meio de auto próprio.

Considere ainda que o Delegado de Polícia procedeu ao reconhecimento (positivo) dos autores, sendo este ato também materializado por meio de auto próprio.

Considere que ainda restam algumas diligências investigativas a serem realizadas, como a localização das armas de fogo utilizadas no assalto, identificação e localização dos veículos utilizados.

Para esse ato, use a seguinte qualificação: MC, brasileiro, casado, desempregado, 28 anos, e DJ, brasileiro, convivente, 30 anos, ambos residentes na Rua Norte, nº 10, Fortaleza/CE.

Veja a seguir uma possível resposta para a questão:

Modelo de Decisão (ou ato ou despacho) de indiciamento
Decisão de indiciamento

Constam como investigados deste instrumento apuratório *(identificar o instrumento apuratório)*, instaurado em 18.04.2020: MC, brasileiro, casado, desempregado, 28 anos, e DJ, brasileiro, união estável, 30 anos, ambos residentes na Rua Norte, nº 10, Fortaleza/CE.

Os citados investigados reuniram-se para praticar diversos crimes em comunhão de desígnios e em concurso de agentes, utilizando-se de uma motocicleta e duas armas de fogo calibre .38.

Segundo o caderno informativo, nas empreitadas delituosas, DJ descia rapidamente da moto anunciava o assalto, ameaçando atirar nas vítimas caso não entregassem o dinheiro – em algumas chegava a agredi-las com socos – enquanto MC aguardava na moto, com arma de fogo na cintura.

Foram vítimas da empreitada delituosa: Maria, José, João e Joana. Todos já ouvidos em termo de declarações no âmbito deste caderno investigativo.

Diante destas informações, da constância e semelhança da ação delitiva praticada, foi baixada a Portaria de nº x e instaurado o inquérito policial de nº (xx) para as devidas investigações.

Os infratores foram identificados como MC, brasileiro, casado, desempregado, 28 anos, e DJ, brasileiro, união estável, 30 anos, ambos residentes na Rua Norte, nº 10, Fortaleza/CE, os quais foram ouvidos e confessaram a prática dos delitos investigados.

Os investigados mostraram-se colaborativos com a investigação, momento em que, inclusive, restituíram os valores subtraídos, os quais foram apreendidos em auto próprio.

Em auto de reconhecimento, todas as vítimas reconheceram os autores como aqueles que lhe subtraíram os valores citados em suas declarações.

Após todas as diligências investigativas, em análise técnico jurídica, constatou-se a materialidade do delito por meio da narrativa fática da subtração patrimonial apresentada pelas testemunhas e pelas vítimas do delito patrimonial, fls. (...) bem como a confissão dos investigados, fls. (...) e pelos autos de reconhecimento, ocasião em que todas as vítimas reconhecem os autores.

Há elementos que consubstanciam a prática reiterada de crimes, conforme depoimentos prestados às fls. (...)

Diante do exposto, considerando os elementos materiais coligidos e as provas indiciárias existentes e formalizadas neste procedimento apuratório, com fundamento no art. 2º, § 6º, da Lei nº 12.830/2013, **indicio** MC e DJ pelos delitos previstos no art. 157, § 2º, II, e § 2º-A, I, c/c art. 71, *caput*, do Código Penal brasileiro.

Considerando toda a narrativa fática, determina-se as seguintes diligências:

a. Expedir ordem de missão no sentido de localizar as armas de fogo utilizadas para a prática dos delitos sob investigação (diligência que ainda estava pendente, localização da arma de fogo).
b. Expedir ordem de missão no sentido de localizar a motocicleta utilizada para a prática dos delitos sob investigação (diligência que ainda estava pendente, localização dos veículos utilizados na prática do crime).

c. Oficiar (ou expedir memorando) ao Instituto de Identificação requisitando a folha de antecedentes criminais do indiciado, conforme disposto no art. 6º, VIII, do Código de Processo Penal.
d. Elaborar o boletim de vida pregressa do indiciado e encaminhar ao Instituto de Identificação, a fim de que seja o indiciamento registrado no sistema da Polícia Civil do estado do Ceará.
e. Reencapar o presente procedimento, fazendo constar o nome do indiciado e a tipificação do crime.
f. Proceder demais anotações de praxe, anexando aos autos as demais peças produzidas.
g. Após, retorne o inquérito a esta Autoridade Policial.

Cumpra-se.

Fortaleza, data.

Delegado de Polícia.

18

Medida protetiva de afastamento do lar decretada pela Autoridade Policial no âmbito da Lei Maria da Penha – Lei nº 11.340/2006

18.1 TRATAMENTO CONVENCIONAL DA VIOLÊNCIA DOMÉSTICA E FAMILIAR

18.1.1 Convenções no âmbito das Nações Unidas

Apesar de não ser tema diretamente correlacionado com a confecção das peças práticas processuais, julgamos ser interessante observar o tratamento convencional e constitucional a respeito da violência doméstica e familiar. Alertamos o nosso leitor que o objetivo deste trabalho não é exaurir o tema a respeito da violência doméstica e familiar (VDF), mas, na verdade busca-se fazer apontamentos gerais a respeito de temas correlatos com o nosso objetivo: a confecção das peças práticas que podem aparecer em sua prova.

No âmbito das Organização das Nações Unidas (ONU), apresenta-se o seguinte histórico de convenções:

a. **Conferência Mundial sobre a Mulher**: na cidade do México, em 1975, surge a Convenção sobre a Eliminação de Todas as Formas de Discriminação contra as Mulheres ou simplesmente chamada de Convenção da Mulher, adotada pela Assembleia Geral da ONU em 18 de dezembro de 1979, entrando em vigor em 3 de setembro de 1981. A referida convenção prevê a possibilidade de adoção de políticas afirmativas, constituindo-se em tratamento diferenciado a certos grupos sociais vulneráveis com o objetivo de corrigir as desigualdades perpetuadas.
b. **Conferência Mundial sobre a Mulher**: na cidade de Copenhague (Dinamarca), em 1980.
c. **Conferência Mundial sobre a Mulher**: na cidade de Nairóbi (Quênia), em 1985.
d. **Conferência de Direitos Humanos das Nações Unidas**: na cidade de Viena (Áustria), em 1993, definiu formalmente a violência doméstica como espécie de violação dos direitos humanos.

18.1.2 No âmbito da Organização dos Estados Americanos

Em 1994, no âmbito da Organização dos Estados Americanos (OEA), adotou-se a Convenção Interamericana para Prevenir, Punir e Erradicar a Violência Doméstica, conhecida como Convenção de Belém do Pará.

Observa-se que se cria, por meio de todos os mandamentos convencionais, microssistema protetivo relacionado às mulheres, consubstanciando fenômeno que a doutrina conceitua como **processo de especificação do sujeito de direito**, assim, ao lado de todos os mandamentos protetivos gerais, adicionam-se **proteções específicas** relacionadas às mulheres no concerne à violência de gênero.

18.1.3 Previsão constitucional e a Lei nº 11.340/2006

A Constituição Federal de 1988 apresenta previsão a respeito da tutela do Estado diante da violência doméstica familiar. Vejamos:

> **CF/1988**
>
> **Art. 226.** (...)
>
> § 8º O Estado assegurará a assistência à família na pessoa de cada um dos que a integram, criando mecanismos para coibir a violência no âmbito de suas relações.

O ordenamento jurídico brasileiro, mesmo diante da previsão constitucional e dos tratados firmados pelo Brasil, somente em 2006, editou a Lei nº 11.340/2006, exclusivamente para atender condenação imposta ao Brasil no âmbito da OEA no caso que ficou mundialmente conhecido como Maria da Penha.

A Lei nº 11.340/2006 tem por objetivo proteger, de forma diferenciada, o gênero feminino da violência cometida no âmbito doméstico e familiar. A referida legislação ficou popularmente conhecida como Lei Maria da Penha, em homenagem à farmacêutica cearense Maria da Penha Maia Fernandes, vítima de violências físicas e morais praticadas por seu marido por mais de 20 anos, além de ter sofrido duas tentativas de homicídios,[1] uma das quais a deixou paraplégica.

Após se cansar da demora perante a justiça brasileira, Maria da Penha apresentou denúncia à Comissão Interamericana de Direitos Humanos da Organização dos Direitos Humanos (OEA), responsabilizando o Brasil pela negligência e omissão nas questões relacionadas a violência doméstica e solicitando a adoção políticas públicas que inibissem a prática das agressões contra as mulheres nesse âmbito, o que resultou na condenação do seu agressor e na edição da Lei nº 11.340/2006.

---

[1] Na época não havia previsão para o crime de feminicídio, que apenas foi inserido na ordem jurídica por meio da Lei nº 13.104, de 9 de março de 2015.

18.2 ATENDIMENTO PELA AUTORIDADE POLICIAL

É extremamente importante estudarmos todo o regramento referente ao atendimento das mulheres vítimas de violência doméstica nas unidades policiais. O art. 12 da Lei nº 11.340/2006 estabelece um rol de medidas que devem ser adotadas pela Autoridade Policial ao tomar conhecimento de atos de violência doméstica e familiar contra a mulher.

Logicamente, diante da complexidade de tais relações, trata-se de **rol exemplificativo**, algumas com caráter obrigatório e outras se submetem à discricionariedade da Autoridade Policial.

Inicialmente, vejamos o rol de medidas expressamente previstas e, após, teceremos breves observações sobre elas:

> **Art. 12.** Em todos os casos de violência doméstica e familiar contra a mulher, feito o registro da ocorrência, deverá a autoridade policial adotar, de imediato, os seguintes procedimentos, sem prejuízo daqueles previstos no Código de Processo Penal:
>
> I – ouvir a ofendida, lavrar o boletim de ocorrência e tomar a representação a termo, se apresentada;
>
> II – colher todas as provas que servirem para o esclarecimento do fato e de suas circunstâncias;
>
> III – remeter, no prazo de 48 (quarenta e oito) horas, expediente apartado ao juiz com o pedido da ofendida, para a concessão de medidas protetivas de urgência;
>
> IV – determinar que se proceda ao exame de corpo de delito da ofendida e requisitar outros exames periciais necessários;
>
> V – ouvir o agressor e as testemunhas;
>
> VI – ordenar a identificação do agressor e fazer juntar aos autos sua folha de antecedentes criminais, indicando a existência de mandado de prisão ou registro de outras ocorrências policiais contra ele;
>
> VI-A – verificar se o agressor possui registro de porte ou posse de arma de fogo e, na hipótese de existência, juntar aos autos essa informação, bem como notificar a ocorrência à instituição responsável pela concessão do registro ou da emissão do porte, nos termos da Lei nº 10.826, de 22 de dezembro de 2003 (Estatuto do Desarmamento);
>
> VII – remeter, no prazo legal, os autos do inquérito policial ao juiz e ao Ministério Público.
>
> § 1º O pedido da ofendida será tomado a termo pela autoridade policial e deverá conter:
>
> I – qualificação da ofendida e do agressor;
>
> II – nome e idade dos dependentes;
>
> III – descrição sucinta do fato e das medidas protetivas solicitadas pela ofendida.
>
> IV – informação sobre a condição de a ofendida ser pessoa com deficiência e se da violência sofrida resultou deficiência ou agravamento de deficiência preexistente.

§ 2º A autoridade policial deverá anexar ao documento referido no § 1º o boletim de ocorrência e cópia de todos os documentos disponíveis em posse da ofendida.

§ 3º Serão admitidos como meios de prova os laudos ou prontuários médicos fornecidos por hospitais e postos de saúde.

18.2.1 Oitiva da ofendida

O atendimento cuidadoso à mulher deve ser o principal objetivo da Autoridade Policial. A própria legislação, atualmente de forma expressa, **veda a revitimização**[2] da mulher quando do seu atendimento perante as unidades policiais.

Outro ponto relevante diz respeito à prevalência que deve ser dada às declarações prestadas pela mulher. Os crimes relacionados à violência doméstica e familiar normalmente acontecem no oculto e, na grande maioria dos casos, não contam com a presença de testemunhas. Nesse sentido, as declarações prestadas pela ofendida, corroboradas com outros elementos colhidos quando possível, ganham relevo diante do contexto de vulnerabilidade a que as mulheres se submetem.

Adota-se, no procedimento de oitiva das mulheres vítimas ou mesmo de testemunhas de violência doméstica e familiar, a doutrina do **depoimento sem dano,**[3] hoje, inclusive, com disposições expressas na legislação:

Lei nº 11.340/2006

Art. 10-A. É direito da mulher em situação de violência doméstica e familiar o atendimento policial e pericial especializado, ininterrupto e prestado por servidores – preferencialmente do sexo feminino – previamente capacitados.

§ 1º A inquirição de mulher em situação de violência doméstica e familiar ou de testemunha de violência doméstica, quando se tratar de crime contra a mulher, obedecerá às seguintes diretrizes:

I – salvaguarda da integridade física, psíquica e emocional da depoente, considerada a sua condição peculiar de pessoa em situação de violência doméstica e familiar;

II – garantia de que, em nenhuma hipótese, a mulher em situação de violência doméstica e familiar, familiares e testemunhas terão contato direto com investigados ou suspeitos e pessoas a eles relacionadas;

III – não revitimização da depoente, evitando sucessivas inquirições sobre o mesmo fato nos âmbitos criminal, cível e administrativo, bem como questionamentos sobre a vida privada.

---

[2] Denominado, em criminologia, vitimização secundária.

[3] Apesar de modernamente estar em discussão a referida expressão, decidimos mantê-la para fins didáticos.

> § 2º Na inquirição de mulher em situação de violência doméstica e familiar ou de testemunha de delitos de que trata esta Lei, adotar-se-á, preferencialmente, o seguinte procedimento:
>
> I – a inquirição será feita em recinto especialmente projetado para esse fim, o qual conterá os equipamentos próprios e adequados à idade da mulher em situação de violência doméstica e familiar ou testemunha e ao tipo e à gravidade da violência sofrida;
>
> II – quando for o caso, a inquirição será intermediada por profissional especializado em violência doméstica e familiar designado pela autoridade judiciária ou policial;
>
> III – o depoimento será registrado em meio eletrônico ou magnético, devendo a degravação e a mídia integrar o inquérito.

O art. 12, I, da Lei nº 11.340/2006 ainda apresenta previsão no sentido de que a Autoridade Policial deverá, quando do comparecimento da vítima à unidade policial, lavrar o boletim de ocorrência e tomar a representação a termo, se apresentada, logicamente, nos crimes que a exigem.

Especificamente no atendimento à mulher em situação de violência doméstica e familiar, após o registro da ocorrência, a Autoridade Policial deverá adotar as seguintes medidas, sem prejuízo daqueles previstos no Código de Processo Penal:

- **a.** garantir proteção policial, quando necessário, comunicando de imediato ao Ministério Público e ao Poder Judiciário;
- **b.** encaminhar a ofendida ao hospital ou posto de saúde e ao Instituto Médico Legal;
- **c.** Fornecer transporte para a ofendida e seus dependentes para abrigo ou local seguro, quando houver risco de vida;
- **d.** se necessário, acompanhar a ofendida para assegurar a retirada de seus pertences do local da ocorrência ou do domicílio familiar;
- **e.** informar à ofendida os direitos a ela conferidos nesta Lei e os serviços disponíveis;
- **f.** informar à ofendida os direitos a ela conferidos nesta Lei e os serviços disponíveis, inclusive os de assistência judiciária para o eventual ajuizamento perante o juízo competente da ação de separação judicial, de divórcio, de anulação de casamento ou de dissolução de união estável.

Com relação ao objeto do nosso estudo, peças práticas profissionais, esse tema ganha relevância nas determinações exaradas pelo Delegado de Polícia na portaria inaugural e nos despachos que faz no curso do procedimento investigativo.

Assim, é relevante que, em casos de violência doméstica, a Autoridade Policial determine o fornecimento de transporte, o acompanhamento da ofendida para a retirada de seus pertences ou mesmo a informação a respeito de seus direitos, essencialmente, o direito à assistência judiciária, pois trata-se de dispositivo incluído na legislação no ano de 2019.

18.2.2 Colheita de outras provas

Neste ponto, evidencia-se a discricionariedade da Autoridade Policial na condução do procedimento investigativo, sempre respeitando os mandamentos constitucionais e as cláusulas de reserva de jurisdição correlatas.

18.2.3 Remessa do pedido de medidas protetivas

De acordo com previsão legal, o Delegado de Polícia deverá remeter, no prazo de 48 horas, em expediente apartado, pedido da ofendida com o requerimento das medidas protetivas.

O pedido deverá ser tomado a termo pela Autoridade Policial e deverá conter:

a. qualificação da ofendida e do agressor;
b. nome e idade dos dependentes;
c. descrição sucinta do fato e das medidas protetivas solicitadas pela ofendida;
d. informação sobre a condição de a ofendida ser pessoa com deficiência e se da violência sofrida resultou deficiência ou agravamento de deficiência preexistente.

18.2.4 Determinação da realização de exames periciais

O Delegado de Polícia deverá atestar a **materialidade do delito**, determinando o exame pericial necessário. Nesse sentido, ordenará realização de exame de corpo de delito na vítima, caso a infração deixe vestígios, assim como ordenará a produção de outros exames periciais cabíveis e necessários.

É importante observar que as mulheres vítimas de violência doméstica e familiar, de acordo com Lei nº 13.721/2018, gozam de **prioridade na realização de exames periciais**. Vejamos a alteração manejada na redação do art. 158, I, do Código de Processo Penal:

> **Art. 158.** Quando a infração deixar vestígios, será indispensável o exame de corpo de delito, direto ou indireto, não podendo supri-lo a confissão do acusado.
>
> Parágrafo único. Dar-se-á prioridade à realização do exame de corpo de delito quando se tratar de crime que envolva:
>
> I – violência doméstica e familiar contra mulher.
>
> II – violência contra criança, adolescente, idoso ou pessoa com deficiência.

Ante o referido dispositivo legal, se diante do caso proposto em prova houver a necessidade de uma determinação neste sentido, esse *status* de prioridade deve ser ressaltado. Ex.: encaminhar a vítima (qualificação completa) ao Instituto Médico Legal, a fim de que seja realizado, com prioridade, exame de corpo de delito.

18.2.5 Oitiva do agressor e das testemunhas

Neste ato, dever-se-á observar, no que for aplicável, o disposto no Capítulo 8, item 8.1.2.5, devendo o respectivo termo ser assinado por duas testemunhas que lhe tenham ouvido a leitura.

18.2.6 Identificação do indiciado

A legislação determina a identificação do agressor, assim como a juntada aos autos de sua folha de antecedentes criminais, indicando a existência de **mandado de prisão** ou registro de outras **ocorrências policiais** contra ele.

A nosso ver, não se trata de nova hipótese de identificação criminal obrigatória, mas, na verdade, da necessidade de observar as determinações da Lei nº 12.037/2009, a qual prevê taxativamente as hipóteses em que é necessária a identificação criminal. Assim, conforme os ensinamentos de Renato Brasileiro, entendemos que essa determinação abrange a identificação civil do autor do fato delituoso por meio de um dos documentos enumerados no art. 2º da Lei nº 12.037/2009 (LIMA, 2020, p. 176).

É extremamente importante que o Delegado de Polícia verifique se há, contra o agressor, registro de medida protetiva anterior, tanto para analisar a configuração do delito previsto no art. 24-A da Lei nº 11.340/2006 (descumprimento de medida protetiva) como para analisar a necessidade de representar ao magistrado pela prisão preventiva do agressor.

Nesse sentido, vejamos a redação do art. 38-A:

> **Art. 38-A.** O juiz competente providenciará o registro da medida protetiva de urgência.
>
> Parágrafo único. As medidas protetivas de urgência serão registradas em banco de dados mantido e regulamentado pelo Conselho Nacional de Justiça, garantido o acesso do Ministério Público, da Defensoria Pública e dos órgãos de segurança pública e de assistência social, com vistas à fiscalização e à efetividade das medidas protetivas.

18.2.7 Verificação de eventual registro de porte ou posse de arma de fogo por parte do agressor

A Lei nº 13.880/2019 veio consolidar como mandamento a conduta que já era comum na prática da atividade do Delegado de Polícia, qual seja, verificação de eventual registro de porte ou posse de arma de fogo por parte do agressor.

Assim, é atribuição da Autoridade Policial informar ao juízo sobre a existência de porte ou posse de arma de fogo por parte do agressor, assim como oficiar à instituição responsável pela concessão do registro ou da emissão do porte os atos de violência doméstica registrados.

É interessante observar que o juiz poderia determinar a apreensão do armamento de ofício, embasado em seu **poder geral de cautela** e observando o melhor interesse na proteção da mulher.

No mesmo sentido, o Delegado de Polícia poderia requerer a apreensão do armamento ao magistrado, também embasado em dever de proteção, previsto no art. 11, I, da Lei nº 11.340/2006 e no seu **poder geral de representação**, assunto do qual trataremos nos próximos tópicos.

A respeito da possibilidade de o próprio Delegado de Polícia determinar a apreensão do armamento, deve-se tecer algumas observações importantes.

Inicialmente, vamos diferenciar duas situações:

1. **1ª hipótese:** caso o armamento tenha sido utilizado na prática de algum delito, não haverá óbice, considerando que, nesse caso, trata-se de instrumento utilizado para a prática do crime, desde que respeitada a inviolabilidade domiciliar;[4]
2. **2ª hipótese:** a arma não foi utilizada na prática do crime e não guarda qualquer relação com os fatos apurados ou relatados pela mulher.

Essa segunda situação é bastante peculiar, a qual também pode ser vista em dois cenários distintos:

a. **sem risco iminente e considerável** à **mulher**: nesses casos, acreditamos que a melhor medida seria a representação ao magistrado para, somente após ordem judicial, operar-se a apreensão do armamento;
b. **com risco iminente e considerável à mulher**: infelizmente, o dia a dia da atividade policial nos mostra que o fator tempo, no contexto de violência doméstica e familiar, é critério definidor entre a vida ou morte da vítima. Assim, entendemos que, ante a existência de **risco iminente**, ainda que o armamento não tenha sido usado diretamente nos fatos em apuração, o Delegado de Polícia, por ato próprio, poderia determinar a apreensão do armamento comunicando imediatamente o órgão ministerial e o magistrado a respeito da adoção da medida, desde que respeitada a inviolabilidade do domicílio.

Referido posicionamento funda-se nas determinações do art. 11, I, da Lei nº 11.340/2006, que determina que a Autoridade Policial deverá **garantir proteção policial**, quando necessário, comunicando de imediato ao Ministério Público e ao Poder Judiciário.

Após essa versão introdutória sobre o tema, passaremos a abordar diretamente das medidas protetivas de urgência.

18.3 MEDIDAS PROTETIVAS DE URGÊNCIA

As medidas protetivas de urgência são medidas cautelares destinadas a prevenir e coibir a violência doméstica e familiar contra a mulher. Essas medidas protetivas podem ser deferidas com relação à pessoa do agressor, mas também com relação à própria ofendida. Trata-se de rol de medidas previstas nos arts. 22, 23 e 24 da Lei nº 11.340/2006.

---

[4] Que, como é sabido, admite exceções previstas no art. 5º, XI, da Constituição Federal.

É interessante ressaltar que se trata de rol meramente exemplificativo, a própria redação do art. 22, § 1º, esclarece esse tema:

> **Lei nº 11.340/2006**
>
> **Art. 22.** (...)
>
> § 1º As medidas referidas neste artigo **não impedem a aplicação de outras previstas na legislação em vigor**, sempre que a segurança da ofendida ou as circunstâncias o exigirem, devendo a providência ser comunicada ao Ministério Público. (Grifos nossos.)

Desse modo, observa-se que se trata de **rol exemplificativo**. Há, portanto, um verdadeiro **princípio da atipicidade das medidas protetivas de urgência**. Destarte, caso o magistrado note que nenhuma das medidas previstas nos arts. 22, 23 e 24 da referida legislação seja suficiente para acautelar a proteção à vida e à integridade da mulher, qualquer outra medida cautelar poderia ser aplicada com fundamento no **poder geral de cautela**, previsto no art. 297 do CPC:

> **Art. 297.** O juiz poderá determinar as medidas que considerar adequadas para efetivação da tutela provisória.
>
> Parágrafo único. A efetivação da tutela provisória observará as normas referentes ao cumprimento provisório da sentença, no que couber.

18.3.1 Natureza jurídica

Sem ingressar na divergência sobre o assunto, prevalece o entendimento que as medidas protetivas possuem natureza jurídica de **medidas cautelares**. São medidas instrumentais que visam a funcionalizar o resultado do processo.

Observe que o tempo despendido no curso do processo relativo à violência doméstica e familiar é fator decisivo entre a vida ou a morte da vítima. Dessa forma, as medidas protetivas de urgência visam assegurar o resultado útil do processo, objetivando contornar os efeitos deletérios do tempo sobre o processo.

18.3.2 Pressupostos

Como já definido no tópico anterior, as medidas protetivas de urgência são medidas cautelares e, portanto, devem ser submetidas aos pressupostos gerais das cautelares:

a. ***Fumus comissi delicti:*** trata-se da demonstração um arcabouço mínimo de elementos que possam comprovar, ainda que em juízo sumário, a ocorrência do delito. Trata-se da necessidade de demonstrar que o fato apurado, ao menos em tese, configura-se como criminoso, apontando, preliminarmente, a **materialidade do delito** e **indícios a respeito de sua autoria**. Veja que, apesar de não estarmos a tratar diretamente de medida prisional, estamos diante de medida cerceadora de liberdade, fundamento que corrobora a necessidade da comprovação desse elemento.

Nesse momento da peça prática processual a ser elaborada pelo Delegado de Polícia, ele deverá demonstrar a **verossimilhança das alegações** realizadas pela vítima ou pelas testemunhas – ressalta-se em um juízo sumário ou probabilístico. Não se exige certeza no que concerne a autoria do delito, mas **indícios**, elementos, instrumentos que indiquem, preliminarmente, a autoria do investigado.

O delito precisa ser **previamente tipificado** neste ponto.

Nas questões relativas a concurso público, todas essas informações obrigatoriamente devem ser apresentadas ao candidato, incumbindo a ele a missão de transcrevê-las, indicando a formação de *fumus comissi delict.*

b. ***Periculum in mora*:** trata-se de indicar o perigo da demora, na verdade, demonstrar a necessidade de urgência da medida. Não se trata especificamente da demora entre o provimento cautelar e decisão final do processo, mas do risco que a liberdade irrestrita do agressor resulta na integridade física, sexual, patrimonial ou moral da vítima.

Nesse momento da peça prática o Delegado de Polícia deverá demonstrar o risco que a liberdade plena do agressor gera para a vítima, logicamente esse perigo deverá ser evidenciado por meios concretos e fundamentados, considerando que não se trata de efeito automático do registro de todo e qualquer caso de violência doméstica e familiar.

c. **Proporcionalidade:** é peça fundamental para a análise da medida, assim, o magistrado, em regra, e excepcionalmente, o Delegado de Polícia deverão analisar conforme a gravidade da conduta e o risco que ela representa para a integridade física e moral da ofendida e, em juízo de proporcionalidade entre o benefício e a restrição dela ocasionada, se a medida é efetivamente necessária.

A demonstração desses três requisitos é de extrema importância para todas as medidas que requeiram ou mesmo que concedam medidas cautelares.

18.3.3 Rol de medidas protetivas

É interessante ao candidato conhecer as medidas protetivas expressas nos arts. 22, 23 e 24 da Lei Maria da Penha.

Medidas protetivas		
Com relação ao agressor		**Com relação à ofendida**
Art. 22. (...) I – suspensão da posse ou restrição do porte de armas, com comunicação ao órgão competente, nos termos da Lei nº 10.826, de 22 de dezembro de 2003; II – afastamento do lar, domicílio ou local de convivência com a ofendida; III – proibição de determinadas condutas, dentre as quais: a) aproximação da ofendida, de seus familiares e das testemunhas, fixando o limite mínimo de distância entre estes e o agressor; b) contato com a ofendida, seus familiares e testemunhas por qualquer meio de comunicação; c) frequentação de determinados lugares a fim de preservar a integridade física e psicológica da ofendida; IV – restrição ou suspensão de visitas aos dependentes menores, ouvida a equipe de atendimento multidisciplinar ou serviço similar; V – prestação de alimentos provisionais ou provisórios; VI – comparecimento do agressor a programas de recuperação e reeducação; e VII – acompanhamento psicossocial do agressor, por meio de atendimento individual e/ou em grupo de apoio.	**Art. 23.** (...) I – encaminhar a ofendida e seus dependentes a programa oficial ou comunitário de proteção ou de atendimento; II – determinar a recondução da ofendida e a de seus dependentes ao respectivo domicílio, após afastamento do agressor; III – determinar o afastamento da ofendida do lar, sem prejuízo dos direitos relativos a bens, guarda dos filhos e alimentos; IV – determinar a separação de corpos. V – determinar a matrícula dos dependentes da ofendida em instituição de educação básica mais próxima do seu domicílio, ou a transferência deles para essa instituição, independentemente da existência de vaga.	**Art. 24.** (...) I – restituição de bens indevidamente subtraídos pelo agressor à ofendida; II – proibição temporária para a celebração de atos e contratos de compra, venda e locação de propriedade em comum, salvo expressa autorização judicial; III – suspensão das procurações conferidas pela ofendida ao agressor; IV – prestação de caução provisória, mediante depósito judicial, por perdas e danos materiais decorrentes da prática de violência doméstica e familiar contra a ofendida.

18.3.4 Procedimento para a decretação das medidas protetivas de urgência

As medidas protetivas de urgência, como medidas cautelares que são, em regra, submetem-se à **cláusula de reserva jurisdicional**. Assim, considerando o objeto do nosso estudo, é relevante a possibilidade de o próprio Delegado de Polícia decretar as medidas protetivas, contudo, antes de estudarmos a hipótese excepcional de decretação pela Autoridade Policial, devemos entender a regra: **decretação pela autoridade judicial**.

Vejamos, inicialmente, as disposições legais concernentes ao assunto:

> **Lei nº 11.340/2006**
>
> **Art. 19.** As medidas protetivas de urgência poderão ser concedidas pelo juiz, a requerimento do Ministério Público ou a pedido da ofendida.
>
> § 1º As medidas protetivas de urgência poderão ser concedidas de imediato, independentemente de audiência das partes e de manifestação do Ministério Público, devendo este ser prontamente comunicado.
>
> § 2º As medidas protetivas de urgência serão aplicadas isolada ou cumulativamente, e poderão ser substituídas a qualquer tempo por outras de maior eficácia, sempre que os direitos reconhecidos nesta Lei forem ameaçados ou violados.
>
> § 3º Poderá o juiz, a requerimento do Ministério Público ou a pedido da ofendida, conceder novas medidas protetivas de urgência ou rever aquelas já concedidas, se entender necessário à proteção da ofendida, de seus familiares e de seu patrimônio, ouvido o Ministério Público.

Assim, inicialmente analisaremos a legitimidade para requerer as medidas protetivas. Conforme disposições do art. 19 da Lei nº 11.340/2006, as medidas protetivas de urgência poderiam ser deferidas pelo juiz por meio de:

a. **Requerimento do Ministério Público:** no que diz respeito à prerrogativa do Ministério Público não há muito o que se acrescentar, considerando ser o titular da própria ação penal e responsável pela fiscalização da ordem jurídica.

É possível, inclusive, considerando a indisponibilidade da vida, integridade física e sua dignidade que o Ministério Público requeira e o Juiz conceda medidas protetivas ainda que contra a vontade da ofendida, considerando a total indisponibilidade desses interesses.

b. **Pedido da ofendida:** interessante a possibilidade de a mulher pedir medidas protetivas ao magistrado, inclusive sem a presença do advogado. Desse modo, a própria Lei outorga excepcionalmente, ante o cenário urgente e situação de vulnerabilidade da mulher, capacidade postulatória à mulher perante o juízo responsável pela concessão das medidas. Denomina-se essa possibilidade **capacidade postulatória emergencial**, pois somente seria possível ante o risco resultado do contexto que se inserem as mulheres no âmbito da violência doméstica e familiar.

Outro tema relevante e passível de análise é a possibilidade ou não de o juiz decretar medidas protetivas de urgência de ofício.

Sobre o tema, apresentamos dois pensamentos relativamente divergentes:

a. **1ª corrente:** o juiz, concernente ao seu **poder geral de cautela**, consubstanciado no art. 297 do CPC, poderia decretar, de ofício, as medidas protetivas de urgência. Trata-se de posicionamento garantista aos direitos da mulher em situação de violência doméstica e familiar.

   Essa corrente apresenta-se bastante fragilizada, essencialmente, após a edição da Lei nº 13.964/2019 (Pacote Anticrime), considerando a nova redação atribuída ao art. 282, § 2º, do Código de Processo Penal e própria ideia referente ao referido bloco de alterações incluídas pela referida legislação. Observe o dispositivo legal:

   > **Art. 282.** As medidas cautelares previstas neste Título deverão ser aplicadas observando-se a:
   >
   > (...)
   >
   > § 2º As medidas cautelares serão decretadas pelo juiz a requerimento das partes ou, quando no curso da investigação criminal, por representação da autoridade policial ou mediante requerimento do Ministério Público.

Considerando a natureza jurídica cautelar das medidas protetivas e a nova redação do art. 282, § 2º, do CPP, estaria fulminada a possibilidade de decretação de medida cautelar penal de ofício pelo magistrado.

Na verdade, a Lei nº 13.964/2019 introduziu no ordenamento processual penal brasileiro uma série de alterações que fincam **raízes no sistema acusatório**, atribuindo ao titular da ação penal a atribuição para atuação probatória. Observe:

> **Art. 3º-A.** O processo penal terá estrutura acusatória, vedadas a iniciativa do juiz na fase de investigação e a substituição da atuação probatória do órgão de acusação.

Assim, a primeira corrente perdeu bastante força. Apesar dessas determinações e das alterações operadas em virtude do Pacote Anticrime, ainda nos filiamos a corrente que permite ao juiz decretar de ofício medidas protetivas no âmbito da Lei Maria da Penha, pois interpretação diversa reverberaria em proteção deficiente aos vulneráveis objeto de tutela.

b. **2ª corrente:** o juiz não poderá deferir medidas protetivas de urgência de ofício. Considerando todas as observações anteriormente analisadas, entendemos que, principalmente, após as alterações legislativas operadas pela Lei nº 13.964/2019, não seria possível ao juiz decretar medidas protetivas de ofício (medidas cautelares penais). Essa corrente se funda no poder geral de cautela do magistrado e encontra respaldo na necessidade absoluta de colocar a mulher a salvo de agressões e sofrimentos.

Ainda a respeito desse tema, ganha relevo a necessidade de analisar se o Delegado de Polícia teria ou não legitimidade para representar a respeito da concessão de medidas protetivas de urgência.

Inicialmente, apresentaremos o posicionamento ordinário da doutrina, considerando a literalidade dos dispositivos legais envolvidos. Inclusive esse é o posicionamento indicável para provas objetivas de primeira fase.

Vejamos os dispositivos legais correlatos:

> **Art. 12.** Em todos os casos de violência doméstica e familiar contra a mulher, feito o registro da ocorrência, deverá a autoridade policial adotar, de imediato, os seguintes procedimentos, sem prejuízo daqueles previstos no Código de Processo Penal:
>
> (...)
>
> III – remeter, no prazo de 48 (quarenta e oito) horas, expediente apartado ao juiz com o pedido da ofendida, para a concessão de medidas protetivas de urgência;

Observe também a literalidade do art. 19, § 1º, da Lei nº 11.340/2006:

> **Art. 19.** As medidas protetivas de urgência poderão ser concedidas pelo juiz, a requerimento do Ministério Público ou a pedido da ofendida.
>
> (...)
>
> § 3º Poderá o juiz, **a requerimento do Ministério Público ou a pedido da ofendida**, conceder novas medidas protetivas de urgência ou rever aquelas já concedidas, se entender necessário à proteção da ofendida, de seus familiares e de seu patrimônio, ouvido o Ministério Público. (Grifos nossos.)

De acordo com a literalidade dos dispositivos legais, observa-se que a legislação outorga a legitimidade para o requerimento da concessão das medidas protetivas ao **Ministério Público** e a **própria ofendida**.

Ao tratar a respeito do Delegado de Polícia, a referida Lei atribuiu à Autoridade Policial, nos termos do art. 12, III, da Lei nº 11.340/2006, o dever de remeter, no prazo de 48 horas, expediente apartado ao juiz com o pedido da ofendida, para a concessão de medidas protetivas de urgência.

Assim, ao menos de acordo com a literalidade dos dispositivos, o Delegado de Polícia não teria legitimidade para representar, em seu próprio interesse, acerca de medidas protetivas em favor da mulher vítima de violência doméstica.

Esse posicionamento deve ser utilizado em provas objetivas, uma vez que reflete a literalidade do texto legal. Contudo, apresentamos **nova perspectiva** ao tema.

O Delegado de Polícia é a primeira autoridade pública, dotada de poder decisório, a tomar conhecimento a respeito das situações de violência doméstica e familiar. Diante dos argumentos descritos a seguir, sustentamos que **o Delegado de Polícia possui capacidade postulatória para representar acerca de medidas protetivas de urgências em favor da ofendida**.

a. 1º argumento favorável

> **Art. 4º** Na interpretação desta Lei, serão considerados os fins sociais a que ela se destina e, especialmente, as condições peculiares das mulheres em situação de violência doméstica e familiar.

A própria legislação determina que a interpretação dos dispositivos legais levará em consideração: **os fins sociais a que ela se destina** e, especialmente, **as condições peculiares das mulheres em situação de violência doméstica**.

Não há dúvida a respeito dos fins sociais da legislação: prevenção, atenção e principalmente a proteção da mulher em situação de violência doméstica e familiar. É indubitável que limitar o interesse do Delegado de Polícia em proteger a ofendida constitui-se em interpretação contrária à proteção da mulher. Observe que a própria legislação determina que se deve considerar as **condições peculiares das mulheres em situação de violência doméstica e familiar**.

Assim, o Delegado de Polícia, dotado de **capacidade técnico-jurídica** e, no objetivo primordial de proteger a mulher, seria dotado de legitimidade para representar acerca de medidas protetivas em favor da mulher, ainda que não requerida por ela.

Imagine a seguinte situação comum na prática policial, nas quais mulheres, vítimas de violência doméstica e familiar, buscam proteger os seus agressores a todo custo. Isso ocorre justamente em razão da condição peculiar da mulher vítima de violência doméstica, a qual possui sua capacidade decisória afetada, diante da sistemática violência física e psicológica a que é submetida.

Se o objetivo da norma é a proteção da mulher, **não há como negar a legitimidade ao Delegado para representar** acerca de medida que corroborem para o fim da legislação.

O fato de Ministério Público ser dotado de legitimidade para requer as referidas medidas não exclui a do Delegado, considerando que, na grande maioria dos casos, a análise por parte do Ministério Público pode demorar alguns dias, tempo esse que pode ser crucial para a definição da vida ou da morte da mulher.

Assim, sustentamos que, em hipóteses excepcionais, nas quais a mulher aceita e/ou é conivente com os atos de violência contra si e ante o risco que o fator tempo possa ocasionar, o Delegado de Polícia, na condição de substituto processual, teria legitimidade para requerer medidas protetivas em seu próprio nome a favor da ofendida.

b. 2º argumento favorável

> **Art. 11.** No atendimento à mulher em situação de violência doméstica e familiar, a autoridade policial deverá, entre outras providências:
>
> I – garantir proteção policial, quando necessário, comunicando de imediato ao Ministério Público e ao Poder Judiciário; (...)

Observa-se, nesse dispositivo, um **dever geral de proteção atribuído ao Delegado de Polícia**. A própria legislação, de forma expressa, atribui à Autoridade Policial o dever de garantir proteção policial à mulher. Essa proteção vai desde oferecer segurança direta à mulher, protegendo-a de atos reais de violência, até o dever de representar por medidas protetivas necessárias à sua salvaguarda.

Interpretação contrária ofenderia a própria ideia de proteção integral à mulher. Nesse sentido, fala-se em **poder geral de representação do Delegado de Polícia**, considerando o dever de proteção atribuído à Autoridade Policial. Tal prerrogativa coloca-se ao lado do poder geral de cautela conferido às Autoridades Judiciais, enquanto o Juiz é dotado de Poder Geral de Cautela, o Delegado de Polícia possui Poder Geral de Representação ao Juiz para que este (juiz) outorgue as medidas cautelares (Medidas Protetivas), necessárias à proteção da mulher.

c. **3º argumento favorável:** teoria dos Poderes Implícitos e previsão do art. 12-C da Lei Maria da Penha.

> **Art. 12-C.** Verificada a existência de risco atual ou iminente à vida ou à integridade física ou psicológica da mulher em situação de violência doméstica e familiar, ou de seus dependentes, o agressor será imediatamente afastado do lar, domicílio ou local de convivência com a ofendida: (...)

Analisaremos a possibilidade, recente no ordenamento jurídico, de o Delegado outorgar a medida protetiva de afastamento do lar. Assim, observe que o legislador possibilitou ao Delegado de Polícia, diretamente, decretar a referida protetiva, quando adimplidos os requisitos legais.

Ora, se o próprio ordenamento jurídico confere ao Delegado a possibilidade de decretar diretamente a referida medida protetiva, não há como negar a possibilidade de representar ao Juiz acerca dessas medidas. Invoca-se, nesse momento, a premissa da **Teoria dos Poderes Implícitos**.

Diante dos argumentos narrados, acreditamos que o Delegado de Polícia é dotado de **poder geral de representação** diante do Magistrado, no que concerne às medidas protetivas. Logicamente, é importante ressaltar que se trata de posicionamento vanguardista que deve ser utilizado em eventuais provas orais ou discursivas, quando haja espaço para tal debate. Em provas objetivas ou mesmo quando o examinador requer o posicionamento tradicional da doutrina, nosso leitor deverá manifestar o posicionamento legal anteriormente explicado.

Por fim, questiona-se: quais as consequências jurídicas para o indivíduo que descumpra medidas protetivas de urgência? A resposta pode ser extraída de alguns dispositivos legais, observe:

- é possível a execução da multa imposta;
- é possível a decretação de sua prisão preventiva (art. 313, III, do CPP);
- o agente responderá pelo crime do art. 24-A da Lei nº 11.340/2006:

> **Art. 24-A.** Descumprir decisão judicial que defere medidas protetivas de urgência previstas nesta Lei:
>
> **Pena** – detenção de 3 (três) meses a 2 (dois) anos.

É importante observar que prevalece o entendimento de que o descumprimento de medidas protetivas estabelecidas pela Autoridade Policial não configura o crime previsto no art. 24-A da Lei 11.340/2006, considerando que o dispositivo legal se refere ao descumprimento de ordem judicial, não abrangendo o descumprimento de determinação emanada pelo Delegado de Polícia.

18.3.5 Medida protetiva decretada pela Autoridade Policial

Após todas as discussões correlatas, ingressamos efetivamente no estudo da novidade legislativa incrementada pela Lei nº 13.827/2019. O referido diploma legal incluiu, na Lei nº 11.340/2006, especificamente no art. 12-C (modificado pela Lei nº 14.188/2021), a possibilidade legal de o Delegado de Polícia decretar medida protetiva de afastamento do lar do agressor, ante a existência de risco atual ou iminente à vida ou à integridade física ou psicológica da mulher ou de seus dependentes. Vejamos o dispositivo legal:

> **Lei nº 11.340/2006**
>
> **Art. 12-C.** Verificada a existência de risco atual ou iminente à vida ou à integridade física ou psicológica da mulher em situação de violência doméstica e familiar, ou de seus dependentes, o agressor será imediatamente afastado do lar, domicílio ou local de convivência com a ofendida:
>
> I – pela autoridade judicial;
>
> II – pelo delegado de polícia, quando o Município não for sede de comarca; ou
>
> III – pelo policial, quando o Município não for sede de comarca e não houver delegado disponível no momento da denúncia.
>
> § 1º Nas hipóteses dos incisos II e III do *caput* deste artigo, o juiz será comunicado no prazo máximo de 24 (vinte e quatro) horas e decidirá, em igual prazo, sobre a manutenção ou a revogação da medida aplicada, devendo dar ciência ao Ministério Público concomitantemente.
>
> § 2º Nos casos de risco à integridade física da ofendida ou à efetividade da medida protetiva de urgência, não será concedida liberdade provisória ao preso.

Assim, devemos alertar nosso futuro aprovado a respeito de alguns temas:

- Não se trata de qualquer medida protetiva, mas especificamente da **medida de afastamento do agressor do lar**, assim, não há previsão legal para a concessão de outras medidas protetivas por força própria do Delegado de Polícia.
- O dispositivo legal estabelece ordem de preferência na concessão da medida: inicialmente, aplica-se a regra de concessão pela própria autoridade judicial, posteriormente, a possibilidade da concessão pelo Delegado de Polícia e, por fim, da aplicação da medida por qualquer policial, cumprido os requisitos legais a seguir analisados.

Deve-se ressaltar que nas últimas duas hipóteses anteriores (concessão pelo Delegado ou por qualquer policial), o deferimento da medida deve ser comunicado ao Juiz e ao membro do Ministério Público, no prazo de 24 horas, hipótese na qual a autoridade judicial decidirá em igual período a respeito da manutenção ou não da medida.

Assim, quando da concessão da medida pela Autoridade Policial, o candidato deverá, ao final da peça, em suas determinações, ordenar que seja a referida medida comunicada ao Juiz competente e ao membro do Ministério Público responsável.

- Necessidade de pedido da ofendida ou de seus dependentes. Assim como não é dado ao Juiz a possibilidade de decretação de medida protetiva de ofício, não é possível a decretação de medida protetiva de ofício pela Autoridade Policial.[5]

---

[5] É importante recordar-se da divergência anteriormente adotada.

- Necessidade de demonstração de **requisitos gerais** para concessão da medida: existência **de risco atual ou iminente** à **vida ou** à **integridade física ou psicológica da mulher em situação de violência doméstica e familiar, ou de seus dependentes.**

Esse fator ganha relevo no estudo da peça prática de concessão da medida protetiva, pois o Delegado de Polícia, além dos requisitos específicos, deverá demonstrar especificamente o ***periculum in mora***, fundado no risco atual ou iminente que a plena liberdade do agressor representa à vida ou à integridade física ou psicológica da mulher em situação de vulnerabilidade ou de seus dependentes.

- Necessidade de demonstração de **requisito específico: o município não é sede de comarca.**

Na concessão da referida medida pelo Delegado de Polícia, deve a Autoridade demonstrar que o município em que atua não é sede de comarca, ou seja, em outras palavras, que não há juiz naquela circunscrição para analisar a medida com a brevidade que o caso concreto exige.

Entendemos ser possível a **interpretação ampliativa** desse dispositivo, possibilitando a concessão da medida de afastamento do lar pela própria Autoridade Policial quando as circunstâncias demonstrarem o **risco concreto e a irreversibilidade do** ônus **da demora na análise.** Como exemplo, há municípios que são sedes de comarca, mas não contam com plantão judicial ou mesmo localidades que contam com plantão judicial, mas que não funcionam 24 horas.

Assim, entendemos que, nas hipóteses em que não for possível a análise imediata pelo magistrado e houver concreta situação de risco irreversível à mulher ou a seus dependentes, o Delegado de Polícia poderia deferir a referida medida, comunicando em até 24 horas à autoridade judicial e ao Órgão Ministerial.

Ressaltamos, mais uma vez, que se trata de posicionamento doutrinário novo. Desse modo, em provas objetivas, em que não haja espaço para esse debate, deve o candidato sustentar posicionamento consubstanciado tradicionalmente pela legislação.

Observe a síntese do estudo analisado (BARROS; ÁVILA; MILIORINI, 2021) no quadro esquemático a seguir:

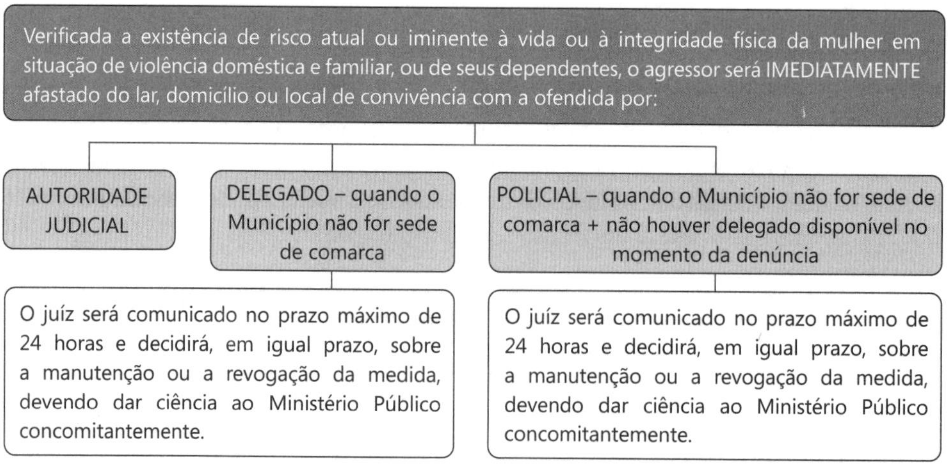

Verificada a existência de risco atual ou iminente à vida ou à integridade física da mulher em situação de violência doméstica e familiar, ou de seus dependentes, o agressor será IMEDIATAMENTE afastado do lar, domicílio ou local de convivência com a ofendida por:

AUTORIDADE JUDICIAL

DELEGADO – quando o Município não for sede de comarca

O juíz será comunicado no prazo máximo de 24 horas e decidirá, em igual prazo, sobre a manutenção ou a revogação da medida, devendo dar ciência ao Ministério Público concomitantemente.

POLICIAL – quando o Município não for sede de comarca + não houver delegado disponível no momento da denúncia

O juíz será comunicado no prazo máximo de 24 horas e decidirá, em igual prazo, sobre a manutenção ou a revogação da medida, devendo dar ciência ao Ministério Público concomitantemente.

Feitas todas as observações relevantes, vejamos a estrutura e o modelo da peça prática que concede a medida protetiva de afastamento do lar.

18.4 AFASTAMENTO DO LAR DECRETADO PELA AUTORIDADE POLICIAL (LEI Nº 11.340/2006)

Considerando todas as observações até agora analisadas, passaremos a tratar especificamente da estrutura da peça que concede medida protetiva de afastamento do lar, realizada pela Autoridade Policial.

Ante a natureza da referida medida, essa peça prática possui estrutura bastante peculiar, assemelhando-se bastante a uma decisão judicial. Observe a estrutura:

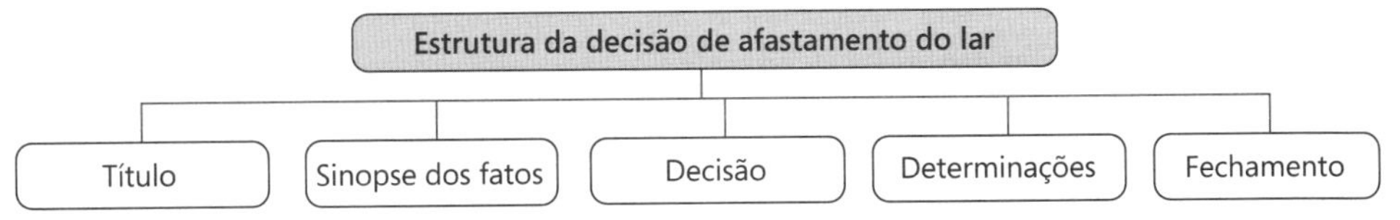

a. **Título:** inicia-se a referida peça com o título: "Decisão de medida protetiva de urgência de afastamento do agressor do lar" ou simplesmente "Decisão de medida protetiva de urgência de afastamento do lar".

Considerando que se trata de possibilidade bastante nova em nosso ordenamento jurídico, não existem casos práticos cobrados em prova, contudo ante a novidade legislativa, consideramos que a cobrança dessa peça em provas para o cargo de Delegado de Polícia Civil configura-se como tendência, especialmente, se levarmos em conta as políticas estatais ativas de combate à violência doméstica e familiar.

b. **Sinopse dos fatos:** já tratamos, nas peças anteriores, a respeito da descrição fática em peças práticas realizadas pelo Delegado de Polícia. Vejamos as disposições gerais a respeito desse tópico:

- Normalmente, o examinador não confere muitos pontos à descrição fática realizada pelo candidato. Contudo, esse tópico fornece toda a lógica à estrutura da peça, motivo pelo qual o seu estudo ganha relevo.
- Não se deve copiar *ipsis litteris* o enunciado da questão. O candidato deverá demonstrar a capacidade de síntese, pois na maioria dos casos o espaço da folha de resposta não comporta elementos desnecessários na descrição dos fatos.
- Por outro, lado não se deve criar fatos não citados pelo examinador.
- É necessária objetividade, com prevalência à transcrição de fatos que serão relevantes para a autoria, materialidade do crime e todas as suas circunstâncias relevantes para a apuração.

Nesse ponto, o candidato deverá descrever a situação que enseja a violência doméstica e familiar, especialmente a condição de urgência da medida (requisito geral), assim como a ausência de comarca no município em que ocorreu a violência doméstica e familiar (requisito específico).

É importante fazer referência ao pedido da ofendida que, normalmente, estará consubstanciado em termo de colheita de depoimento da vítima e de eventuais testemunhas que houverem presenciado o fato.

Caso haja alguma prova pericial já produzida, a exemplo de exame de lesões corporais, há de se fazer referência a esse documento.

c. **Decisão de concessão de medida protetiva:** trata-se da **etapa que legitima a Autoridade Policial**, da parte que traz os fundamentos e também a parte dispositiva da decisão, momento em que se demonstrará legitimidade da **Autoridade Policial** para o deferimento da medida, especialmente, fazendo alusão ao pedido da ofendida ou seus dependentes.

Nesse ponto o candidato deve também **tipificar o delito**, especialmente, demonstrando a situação de violência doméstica com expressa referência aos arts. 5º e 7º da Lei nº 11.340/2006:

> **Art. 5º** Para os efeitos desta Lei, configura violência doméstica e familiar contra a mulher qualquer ação ou omissão baseada no gênero que lhe cause morte, lesão, sofrimento físico, sexual ou psicológico e dano moral ou patrimonial:
>
> I – no âmbito da unidade doméstica, compreendida como o espaço de convívio permanente de pessoas, com ou sem vínculo familiar, inclusive as esporadicamente agregadas;
>
> II – no âmbito da família, compreendida como a comunidade formada por indivíduos que são ou se consideram aparentados, unidos por laços naturais, por afinidade ou por vontade expressa;
>
> III – em qualquer relação íntima de afeto, na qual o agressor conviva ou tenha convivido com a ofendida, independentemente de coabitação.
>
> Parágrafo único. As relações pessoais enunciadas neste artigo independem de orientação sexual.
>
> (...)
>
> **Art. 7º** São formas de violência doméstica e familiar contra a mulher, entre outras:
>
> I – a violência física, entendida como qualquer conduta que ofenda sua integridade ou saúde corporal;
>
> II – a violência psicológica, entendida como qualquer conduta que lhe cause dano emocional e diminuição da autoestima ou que lhe prejudique e perturbe o pleno desenvolvimento ou que vise degradar ou controlar suas ações, comportamentos, crenças e decisões, mediante ameaça, constrangimento, humilhação, manipulação, isolamento, vigilância constante, perseguição contumaz, insulto, chantagem, violação de sua intimidade, ridicularização, exploração e limitação do direito de ir e vir ou qualquer outro meio que lhe cause prejuízo à saúde psicológica e à autodeterminação;

III – a violência sexual, entendida como qualquer conduta que a constranja a presenciar, a manter ou a participar de relação sexual não desejada, mediante intimidação, ameaça, coação ou uso da força; que a induza a comercializar ou a utilizar, de qualquer modo, a sua sexualidade, que a impeça de usar qualquer método contraceptivo ou que a force ao matrimônio, à gravidez, ao aborto ou à prostituição, mediante coação, chantagem, suborno ou manipulação; ou que limite ou anule o exercício de seus direitos sexuais e reprodutivos;

IV – a violência patrimonial, entendida como qualquer conduta que configure retenção, subtração, destruição parcial ou total de seus objetos, instrumentos de trabalho, documentos pessoais, bens, valores e direitos ou recursos econômicos, incluindo os destinados a satisfazer suas necessidades;

V – a violência moral, entendida como qualquer conduta que configure calúnia, difamação ou injúria.

Ainda deve ser demonstrado que o município no qual ocorreu a violência **não é sede de comarca**, trata-se de presunção legal de perigo da demora na análise do pedido (referência ao art. 12-C da Lei nº 11.340/2006).

Na execução da peça que concede medida protetiva de afastamento do lar, é extremamente importante que o candidato demonstre os requisitos gerais das medidas cautelares:

a. **Requisitos gerais** (fundamentos):

- *fumus comissi delict*;
- *periculum in mora*;
- proporcionalidade, demonstrando a imprescindibilidade da medida, ante ao cenário de risco atual ou iminente à vida ou integridade física ou psicológica da mulher ou seus dependentes (referência ao art. 12-C da Lei nº 11.340/2006).

b. **Deferimento da medida protetiva: é** a parte dispositiva da decisão.
c. **Determinações:** nesse momento o Delegado deverá determinar que sejam adotadas as medidas cartorárias e investigativas, tanto aquelas existentes por determinação legal quanto aquelas decorrentes da necessidade de prosseguimento das investigações.

Vejamos algumas determinações correlatas:

- comunicação do agressor do deferimento da medida e que, se infringida, haverá caracterização do crime previsto no art. 24-A da Lei 11.340/2006;
- fixação de prazo da medida;
- determinação aos policiais da unidade que cumpram a determinação de afastamento;
- encaminhamento da decisão, acompanhada de toda a documentação que a instruiu ao Juízo, no prazo máximo de 24 horas, independentemente do sucesso ou não do cumprimento da diligência;

- instauração de inquérito policial para a apuração dos fatos;
- cumpra-se.

d. **Fechamento:** trata-se do encerramento da referida peça prática, fazendo referência ao local, data e ao cargo de Delegado de Polícia.

Vejamos o seguinte caso prático e posteriormente a peça respectiva. É interessante observar que se trata de novidade inerente às atribuições do Delegado de Polícia, desse modo, pedimos atenção especial a esse tópico.

Caso prático

Na unidade policial em que você, Delegado de Polícia, é lotado, na condição de plantonista, compareceu a sra. Maria de Sousa Santos, a qual lhe relatou que era vítima de atos de violência doméstica há muitos anos, contudo sempre teve muito medo de noticiar esses fatos às autoridades públicas. Todas as agressões eram praticadas por seu esposo, João Lima.

Diante da gravidade das imputações narradas, você determinou a instauração de inquérito policial para apurar os fatos. Foi tombado, por portaria, o inquérito policial nº 123. Como primeira providência, procedeu-se à colheita das declarações da vítima que constam do instrumento investigatório. As declarações foram prestadas da seguinte forma:

"O relacionamento começou quando eu tinha 18 anos e frequentava uma igreja evangélica. O namoro durou um ano e decidimos nos casar. Foi aí que o pesadelo começou: ele começou a controlar minhas roupas. Eu gostava muito de saia, minissaia, *shorts* e outras roupas justas e, quando ele interferia nisso, eu já comecei a perceber que era o primeiro sinal de que aquilo não ia dar certo.

Minha mãe dizia que como eu era evangélica, tinha que estar do lado do marido. Ela não aceitava que eu me separasse, porque também aprendeu assim. Ela era daquelas pessoas antigas, daquele tempo em que você tinha que levar o casamento até o fim.

Com o nascimento do nosso primeiro filho, as coisas só pioraram e os episódios de agressão física e psicológica começaram a acontecer com frequência. Eu não podia chegar perto da minha família, da minha mãe e irmãos. Eu comecei a ver que aquilo não era vida para mim. Eu saía de casa, mas acabava voltando. Engravidei do segundo filho e sempre passava pelas agressões, palavras ruins. Eu tinha que aceitar as traições e viver aquela vidinha monótona.

Eu não podia trabalhar fora e até para buscar os filhos na escola o tempo era cronometrado. Com o tempo, fui ficando com medo de sair de casa, porque achava que meu marido iria me seguir. Fiquei durante 16 anos nessa cadeia. Se eu fosse sair de casa, tinha que sair com os filhos e o horário era monitorado. Eu ficava apavorada pensando que eu tinha que ir embora logo porque se ele me visse fora de casa não ia gostar. Não podia conversar com ninguém, ter amizade. Eu comecei a pensar 'poxa, não estou fazendo nada de errado, se eu conversar com alguém, não há mal nenhum nisso'.

Ele se tornou uma pessoa que achava ser dono de mim. Ele sempre dizia: 'você tem que apanhar e ficar calada, porque você não tem ninguém'. Eu sempre ouvia 'você não consegue, você é ridícula, ninguém vai te querer'. Tinha um momento que eu não tinha força para mais nada.

Há dois anos fui alvo de severa agressão física, fato que me ocasionou diversas e aparentes lesões".

A vítima afirmou que deseja requerer medidas protetivas para que o agressor se afaste do lar, assim como não se aproxime ou mantenha qualquer contato com ela ou com seus familiares.

Por fim, a vítima relatou que seu esposo voltará de uma viagem hoje, a qualquer momento, e falou para a vítima que, quando retornasse, terminaria o trabalho que começara e finalmente acabaria com o sofrimento da vítima e encerrou dizendo que ela mereceria mesmo era morrer.

Diante de todas essas informações, você instruiu o procedimento com exames em que constaram as lesões sofridas, além disso encaminhou imediatamente as medidas protetivas requeridas pela vítima com todos os documentos instrutórios necessários.

Considerando a situação narrada e perigo iminente que o agressor retorne ao lar e concretize as ameaças anteriormente feitas, na condição de Delegado de Polícia, elabore a peça prática mais pertinente diante da situação fática de risco imediato da vítima, considerando os seguintes fatores:

a) Apesar da remessa imediata das medidas protetivas requeridas, o magistrado possui o prazo de 48 horas para análise das medidas requeridas pela ofendida.

b) O Município em que reside a ofendida não é sede de comarca, fato que possibilita atraso maior na concessão da medida.

c) Todas as medidas instrutórias ao inquérito policial já foram confeccionadas.

Agora, poderemos usar todas as informações dispensadas ao longo deste Capítulo. Observe que, notoriamente, estar-se-á diante de um caso de **Decretação direta de medida protetiva (afastamento do lar) pela própria autoridade policial**.

Vejamos algumas observações importantes:

a) O inquérito policial já foi tombado, motivo pelo qual o candidato não deve proceder ao tombamento do feito.

b) As medidas instrutórias também já foram realizadas, motivo pelo qual não se trata de despacho ordinatório, inclusive já fora realizado o exame médico legal para a constatação das lesões sofridas.

c) Não se trata de hipótese de prisão em flagrante pois não houve captura, além do que já há lapso temporal considerável entre a prática do delito e a comunicação dos fatos.

d) Não se trata de mera remessa de medidas protetivas, considerando que o Delegado de Polícia já encaminhou as medidas protetivas requeridas pela vítima.

e) Não se trata de relatório conclusivo das investigações, pois ainda restam diligências a serem realizadas, como a oitiva do agressor e de eventuais testemunhas que tenham presenciado o fato.

f) A depender da tipificação dada pela Autoridade Policial, seria possível, em tese, a representação por alguma medida cautelar ou até mesmo medida prisional, contudo considerando que essas medidas se submetem à cláusula de reserva jurisdicional, o grande problema nesse caso é o fator tempo, o qual **não** estaria sanado com a representação por alguma medida cautelar ou prisional cautelar.

Diante de todas essas informações iniciais, não resta alternativa a não ser a decretação da medida protetiva pela própria Autoridade Policial (**legitimidade da Autoridade Policial**), nos seguintes termos:

> **Art. 12-C.** Verificada a existência de risco atual ou iminente à vida ou à integridade física ou psicológica da mulher em situação de violência doméstica e familiar, ou de

> seus dependentes, o agressor será imediatamente afastado do lar, domicílio ou local de convivência com a ofendida:
>
> I – pela autoridade judicial;
>
> II – pelo delegado de polícia, quando o Município não for sede de comarca; ou
>
> III – pelo policial, quando o Município não for sede de comarca e não houver delegado disponível no momento da denúncia.
>
> § 1º Nas hipóteses dos incisos II e III do *caput* deste artigo, o juiz será comunicado no prazo máximo de 24 (vinte e quatro) horas e decidirá, em igual prazo, sobre a manutenção ou a revogação da medida aplicada, devendo dar ciência ao Ministério Público concomitantemente.
>
> § 2º Nos casos de risco à integridade física da ofendida ou à efetividade da medida protetiva de urgência, não será concedida liberdade provisória ao preso.

Na sua peça você deve demonstrar que o município no qual ocorreu a violência não é sede de comarca, trata-se de presunção legal de perigo da demora na análise do pedido (referência ao art. 12-C da Lei nº 11.340/2006).

Na execução da peça que concede medida protetiva de afastamento do lar, é extremamente importante que o candidato demonstre os **fundamentos da medida**, nos quais devem conter os requisitos gerais das cautelares: *fumus comissi delicti; periculum in mora* e proporcionalidade, demonstrando a imprescindibilidade da medida, ante ao cenário de risco atual ou iminente à vida ou integridade física ou psicológica da mulher ou seus dependentes (referência ao art. 12-C da Lei nº 11.340/2006).

Após, vem a **parte dispositiva** e, por fim, as **determinações** e o **fechamento**.

Diante dessas observações iniciais, expusemos um modelo a ser seguido pelo candidato:

Modelo de decisão de medida protetiva de afastamento do agressor do lar
Medida protetiva de afastamento do agressor do lar

(Sinopse dos fatos)

No dia *(xx.xx.xxxx)*, compareceu a esta unidade policial, a Sr.ª Maria de Sousa Santos, a qual relatou que convive maritalmente com João Lima. A vítima esclarece que, há muitos anos, sofre agressões psicológicas, morais e físicas por parte de seu companheiro.

Relata que as agressões, com o passar do tempo, intensificaram-se de modo que o agressor passou a controlar todos os passos da vida da ofendida.

Contou inclusive que, há dois dias, sofreu severa agressão física, acrescida de ameaças de morte. Nessa ocasião, João Lima disse que terminaria o trabalho que começara e finalmente acabaria com o sofrimento da vítima e encerrou dizendo que ela mereceria mesmo era morrer *(depoimento fls. XX)*.

Aterrorizada, Maria de Sousa Santos compareceu a esta unidade policial e requereu medidas protetivas de urgência, as quais foram remetidas ao juízo competente por esta Autoridade Policial.

Contudo a vítima ainda falou que o esposo voltaria de viagem a qualquer momento e que teme por sua vida, considerando todo o histórico de agressões pelas quais passou.

Observa-se o risco atual ao qual é exposta a vítima, além de verossimilhança das informações por ela prestadas, considerando a existência de laudo de lesões corporais que comprovam as citadas agressões.

(Da decisão de concessão das medidas protetivas de urgências)

Da legitimidade da autoridade policial

É cediço que, como medida cautelar que o é, em regra, as medidas protetivas de urgências devem ser deferidas pela autoridade judicial, submetendo-se à cláusula de reserva jurisdicional nos termos do art. 282, § 2º, do CPP.

Contudo, ainda que excepcionalmente, o art. 12-C da Lei nº 11.340/2006 autoriza que o Delegado de Polícia conceda diretamente medida protetiva de urgência de afastamento do lar ante o risco atual ou iminente à vida ou integridade física ou psicológica da mulher em situação de violência doméstica, caso o Município de sua residência não seja sede de comarca judicial. É o que se percebe no presente caso.

Do *fumus comissi delicti*

Consta dos autos investigativos, a materialidade do crime ilustrada pelo laudo de lesões corporais *(fls. ...)*, o qual constata as agressões narradas pela vítima, fato que encontra perfeita adequação típica no art. 129, § 2º, do CP c/c arts. 5º, I, e 7º, I e II, ambos previstos na Lei nº 11.340/2006.

Constatou-se também atos de ameaça reais e concretas contra a vítima, hipótese em que se configura o crime previsto no art. 147 do CP (ameaça) c/c arts. 5º, I, e 7º, I e II, ambos previstos na Lei nº 11.340/2006.

Ademais, há claros indícios suficientes de autoria que justificam a medida.

Do *periculum in mora*

Importante ressaltar que a medida é urgente nesse momento, porquanto, caso não determinada de imediato, pode levar a uma escalada dos atos de violência que eventualmente podem culminar em violência física ou até mesmo em risco para a vida da vítima, conforme afirmado pelo próprio suspeito.

Da proporcionalidade da medida

Mister faz-se salientar que a medida ora imposta é proporcional ao caso apresentado a esta Autoridade Policial, pois privilegia a vida e integridade física da vítima em detrimento de eventual direito do autor.

Do deferimento da medida protetiva

Considerando todos os fatos narrados e a perfeita adequação fática com a previsão do art. 12-C da Lei nº 11.340/2006, defiro medida protetiva urgência de **afastamento do lar, domicílio ou local de residência** em desfavor de João Lima, o qual deverá afastar-se da residência em que se encontra a ofendida, Maria de Sousa Santos, localizada em *(localização completa)*, até ulterior manifestação da autoridade judicial.

(Determinações)

Esta Autoridade Policial determina:

a. A comunicação imediata do agressor (João Lima) a respeito do deferimento da medida e que, se infringida, haverá caracterização do crime previsto no art. 24-A da Lei nº 11.340/2006; após, junte-se aos autos comprovante a intimação cumprida.
b. A medida deverá perdurar pelo período de 30 dias ou até posterior manifestação da autoridade judicial a respeito de sua manutenção, revogação ou deferimento de novas medidas.
c. Aos policiais da unidade que cumpram a determinação de afastamento e adotem medidas para preservar a integridade física e psicológica da ofendida.

d. O encaminhamento da decisão, acompanhada de toda a documentação que a instruiu ao Juízo, **no prazo máximo de 24 horas**, independentemente do sucesso ou não do cumprimento da diligência, nos termos do art. 12-C, § 1º, da Lei nº 11.340/2006.
e. A continuidade da investigação, procedendo-se a oitiva do agressor e de possíveis testemunhas que presenciaram aos fatos.

(Fechamento)

Local e data.

Delegado de Polícia.

19 Medida protetiva de afastamento do lar decretada pela Autoridade Policial no âmbito da Lei Henry Borel – Lei nº 14.344/2022

19.1 INTRODUÇÃO

No dia 24 de maio de 2022, foi publicada a Lei nº 14.344/2022, chamada de Lei Henry Borel em referência e homenagem à criança vítima de homicídio praticado no âmbito doméstico e familiar.

O caso chocou o Brasil e ganhou grande destaque midiático quando se noticiou que o menino Henry Borel, conforme relatos da mídia, havia sido morto pelo padrasto.

O objetivo deste capítulo é realizar breves apontamentos em relação à novel legislação, essencialmente naqueles pontos diretamente correlacionados ao cargo de Delegado de Polícia.

A Lei nº 14.344/2022 busca colmatar visível lacuna no ordenamento jurídico brasileiro. A Lei Maria da Penha (Lei nº 11.340/2006) apresenta-se como um marco legislativo na proteção das mulheres vítimas de violência doméstica familiar, contudo a doutrina sempre se mostrou incomodada com a brecha deixada pela referida norma, qual seja, a ausência de proteção aos demais vulneráveis no âmbito doméstico e familiar como crianças e adolescentes do sexo masculino expostos a qualquer forma de violência familiar.

A "Lei Henry Borel" surge justamente para preencher esse vácuo protetivo. Trata-se do fenômeno, conforme apontado por Sanini (2022), conhecido como **especificação do sujeito de direito.** Ainda de acordo com o referido autor, o objetivo é dar, por meio de lei, tratamento especial para pessoas em condição de maior vulnerabilidade, promovendo, assim, o princípio constitucional da igualdade.

Inicialmente, é extremamente importante ressaltar a similaridade que a referida legislação guarda com a Lei Maria da Penha e não podia ser diferente, considerando a convergência de objetivos das referidas normas. Desse modo, diversos pontos que foram tratados no âmbito do estudo da referida legislação (Lei Maria da Penha) devem ser aqui considerados.

19.2 OBJETIVOS E FUNDAMENTOS

Logo em seu art. 1º, a legislação apresenta os seus objetivos e alicerces constitucionais, legais e convencionais. Vejamos o texto legal:

> **Art. 1º** Esta Lei cria mecanismos para a prevenção e o enfrentamento da violência doméstica e familiar contra a criança e o adolescente, nos termos do § 8º do art. 226 e do § 4º do art. 227 da Constituição Federal e das disposições específicas previstas em tratados, convenções e acordos internacionais ratificados pela República Federativa do Brasil, e altera o Decreto-Lei nº 2.848, de 7 de dezembro de 1940 (Código Penal), e as Leis nº 7.210, de 11 de julho de 1984 (Lei de Execução Penal), 8.069, de 13 de julho de 1990 (Estatuto da Criança e do Adolescente), 8.072, de 25 de julho de 1990 (Lei de Crimes Hediondos), e 13.431, de 4 de abril de 2017, que estabelece o sistema de garantia de direitos da criança e do adolescente vítima ou testemunha de violência.

O objetivo primordial da norma é **criar mecanismos para a prevenção e o enfrentamento da violência doméstica e familiar contra a criança e o adolescente.**

Nesse ponto, é interessante delimitar-se o campo de incidência da referida norma. Não se trata de instrumento que busca combater qualquer tipo de violência contra menores de idade, mas especificamente aquela cometida no **âmbito doméstico e familiar.**

Nesse ponto, surge um questionamento: o que é a violência doméstica e familiar contra a criança e o adolescente?

A resposta encontra-se expressa já no art. 2º do citado diploma legal, vejamos:

> **Art. 2º** Configura violência doméstica e familiar contra a criança e o adolescente qualquer **ação ou omissão que lhe cause morte, lesão, sofrimento físico, sexual, psicológico ou dano patrimonial**:
>
> I – **no âmbito do domicílio ou da residência da criança e do adolescente**, compreendida como o espaço de convívio permanente de pessoas, com ou sem vínculo familiar, inclusive as esporadicamente agregadas;
>
> II – **no âmbito da família**, compreendida como a comunidade formada por indivíduos que compõem a família natural, ampliada ou substituta, por laços naturais, por afinidade ou por vontade expressa;
>
> III – **em qualquer relação doméstica e familiar na qual o agressor conviva ou tenha convivido com a vítima**, independentemente de coabitação.
>
> **Parágrafo único.** Para a caracterização da violência prevista no caput deste artigo, deverão ser observadas as definições estabelecidas na Lei nº 13.431, de 4 de abril de 2017. (Grifos nossos).

Importante

Deve-se observar que a legislação sob análise faz referência à Lei nº 13.431/2017. Essa legislação estabelece o sistema de garantia de direitos da criança e do adolescente vítima ou testemunha de violência e altera a Lei nº 8.069, de 13 de julho de 1990 (Estatuto da Criança e do Adolescente). Esta Lei normatiza e organiza o sistema de garantia de direitos da criança e do adolescente vítima ou testemunha de violência, cria mecanismos para prevenir e coibir a violência, nos termos do art. 227 da Constituição Federal, da Convenção sobre os Direitos da Criança e seus protocolos adicionais, da Resolução nº 20/2005 do Conselho Econômico e Social das Nações Unidas e de outros diplomas internacionais, e estabelece medidas de assistência e proteção à criança e ao adolescente em situação de violência.

Importante observar que a Lei nº 13.431/2017 conceitua diversas formas de violência nos seguintes termos:

- **Violência física:** a ação infligida à criança ou ao adolescente que ofenda sua integridade ou saúde corporal ou que lhe cause sofrimento físico.
- **Violência psicológica:**
  - Qualquer conduta de discriminação, depreciação ou desrespeito em relação à criança ou ao adolescente mediante ameaça, constrangimento, humilhação, manipulação, isolamento, agressão verbal e xingamento, ridicularização, indiferença, exploração ou intimidação sistemática (*bullying*) que possa comprometer seu desenvolvimento psíquico ou emocional.
  - Ato de alienação parental: assim entendido como a interferência na formação psicológica da criança ou do adolescente, promovida ou induzida por um dos genitores, pelos avós ou por quem os tenha sob sua autoridade, guarda ou vigilância, que leve ao repúdio de genitor ou que cause prejuízo ao estabelecimento ou à manutenção de vínculo com este.
  - Qualquer conduta que exponha a criança ou o adolescente, direta ou indiretamente, a crime violento contra membro de sua família ou de sua rede de apoio, independentemente do ambiente em que cometido, particularmente quando isto a torna testemunha.
- **Violência sexual:** qualquer conduta que constranja a criança ou o adolescente a praticar ou presenciar conjunção carnal ou qualquer outro ato libidinoso, inclusive exposição do corpo em foto ou vídeo por meio eletrônico ou não, que compreenda:
  - abuso sexual, entendido como toda ação que se utiliza da criança ou do adolescente para fins sexuais, seja conjunção carnal ou outro ato libidinoso, realizado de modo presencial ou por meio eletrônico, para estimulação sexual do agente ou de terceiro;
  - exploração sexual comercial, entendida como o uso da criança ou do adolescente em atividade sexual em troca de remuneração ou qualquer outra forma de compensação, de forma independente ou sob patrocínio, apoio ou incentivo de terceiro, seja de modo presencial ou por meio eletrônico;
  - tráfico de pessoas, entendido como o recrutamento, o transporte, a transferência, o alojamento ou o acolhimento da criança ou do adolescente, dentro do território nacional ou para o estrangeiro, com o fim de exploração sexual, mediante ameaça, uso de força ou outra forma de coação, rapto, fraude, engano, abuso de autoridade, aproveitamento de situação de vulnerabilidade ou entrega ou aceitação de pagamento, entre os casos previstos na legislação.

- **Violência institucional:** ação ou omissão praticada por instituição pública ou conveniada, inclusive quando gerar revitimização.
- **Violência patrimonial:** qualquer conduta que configure retenção, subtração, destruição parcial ou total de seus documentos pessoais, bens, valores e direitos ou recursos econômicos, incluídos os destinados a satisfazer suas necessidades, desde que a medida não se enquadre como educacional.

Assim, podemos concluir que a referida legislação possui aplicabilidade naquelas situações em que o sujeito passivo (criança ou adolescente) seja vítima de **ação ou omissão que lhe cause morte, lesão, sofrimento físico, sexual, psicológico ou dano patrimonial** (conforme conceitos da Lei nº 13.431/2017) e quando essas ações forem praticadas no âmbito do domicílio ou da residência da criança e do adolescente, no âmbito da família e em qualquer relação doméstica e familiar na qual o agressor conviva ou tenha convivido com a vítima, **independentemente de coabitação.**

A respeito dos fundamentos, a legislação cita expressamente dispositivos constitucionais que dão alicerce aos dispositivos legais, observe:

> **Art. 226.** A família, base da sociedade, tem especial proteção do Estado.
>
> (...)
>
> **§ 8º** O Estado assegurará a assistência à família na pessoa de cada um dos que a integram, criando mecanismos para coibir a violência no âmbito de suas relações.

O texto legal ainda faz referência ao art. 227, § 4º, da Constituição Federal:

> **Art. 227.** É dever da família, da sociedade e do Estado assegurar à criança, ao adolescente e ao jovem, com absoluta prioridade, o direito à vida, à saúde, à alimentação, à educação, ao lazer, à profissionalização, à cultura, à dignidade, ao respeito, à liberdade e à convivência familiar e comunitária, além de colocá-los a salvo de toda forma de negligência, discriminação, exploração, violência, crueldade e opressão.
>
> (...)
>
> **§ 4º** A lei punirá severamente o abuso, a violência e a exploração sexual da criança e do adolescente.

A citada legislação também contempla os diversos compromissos assumidos pelo Brasil no âmbito internacional por meio de tratados, convenções e acordos internacionais ratificados pelo ordenamento brasileiro.

19.3 DO ATENDIMENTO PELA AUTORIDADE POLICIAL

Esse é o tópico mais relevante considerando a finalidade de nosso trabalho. O Delegado de Polícia será o responsável por realizar o primeiro filtro jurídico, inclusive, identificando a situação como violência doméstica e familiar.

Essa atuação é primordial para a preservação da integridade da criança ou do adolescente sujeitos a esse tipo de violência.

As lesões decorrentes desse tipo de violência doméstica e familiar são bastante características. Queimaduras e marcas no rosto, costas e partes íntimas demonstram, normalmente, situações que, sob o pretexto odioso de disciplinar esses vulneráveis, imprime-lhes sofrimentos extremos e, normalmente, ocultos dos agentes do Estado.

O atendimento a ser prestado pela Autoridade Policial está disciplinado no Capítulo III da Lei nº 14.344/2022. Analisar-se-ão os tópicos mais relevantes e diretamente correlacionados às peças práticas processuais a serem elaboradas pelo Delegado de Polícia, tanto na vida prática quanto nos certames para o exercício do referido cargo.

19.4 DEVER DE PROTEÇÃO ESPECÍFICO DO DELEGADO DE POLÍCIA

Note que qualquer autoridade que tenha conhecimento da prática de atos de violência envolvendo crianças ou adolescentes tem o dever correlato de comunicação. Ocorre que, em relação ao Delegado de Polícia, esse dever é ainda mais evidente e acentuado.

Nesse sentido, vejamos as disposições contidas no art. 11 da referida legislação:

> **Art. 11.** Na hipótese de ocorrência de ação ou omissão que implique a ameaça ou a prática de violência doméstica e familiar contra a criança e o adolescente, a autoridade policial que tomar conhecimento da ocorrência adotará, de imediato, as providências legais cabíveis.
>
> **Parágrafo único**. Aplica-se o disposto no *caput* deste artigo ao descumprimento de medida protetiva de urgência deferida.

A lei determina que o Delegado de Polícia (Autoridade Policial) adote todas as medidas correlatas para prevenir, impedir, minimizar os danos e responsabilizar o infrator quando se deparar com situações de violência doméstica e familiar contra crianças e adolescentes.

É importante que essas medidas sejam adotadas de **imediato**, pois o fator temporal é extremamente relevante quando se considera que, na grande maioria dos casos, os algozes são pessoas que, em tese, deveriam resguardar a integridade dos vulneráveis.

Desse modo, o *periculum in mora* ou mesmo *o periculum libertatis* são elementos presentes nas medidas cautelares decretadas ou objeto de representação por parte do Delegado de Polícia quando a situação envolver violência doméstica e familiar contra crianças e adolescentes.

O parágrafo único do artigo ressalta que se aplica o disposto no *caput* ao descumprimento de medida protetiva de urgência deferida. Assim, se já há medida protetiva de urgência deferida, o risco a que está sujeito o vulnerável é ainda maior, ensejando atenção especial por parte do Delegado.

19.5 NECESSIDADE DE DEPOIMENTO ESPECIAL E ESCUTA ESPECIALIZADA

O art. 12 da Lei nº 14.344/2022 trata a respeito da necessidade de cuidados especiais quando da tomada de depoimentos/oitivas de crianças ou adolescentes que sejam ouvidas na condição de vítimas ou testemunhas.

> **Art. 12.** O depoimento da criança e do adolescente vítima ou testemunha de violência doméstica e familiar será colhido nos termos da Lei nº 13.431, de 4 de abril de 2017, observadas as disposições da Lei nº 8.069, de 13 de julho de 1990 (Estatuto da Criança e do Adolescente).

Em provas de concursos públicos, o futuro Delegado de Polícia deve se atentar para que, sempre que expedir despachos para oitiva de crianças e adolescentes, o faça nos termos do artigo mencionado, atentando-se para a necessidade da oitiva por meio de depoimento especial.

A Lei nº 13.431/2017 determina que a criança e o adolescente serão ouvidos sobre a situação de violência por meio de escuta especializada e depoimento especial.

No âmbito das unidades policiais, a oitiva será realizada por meio de depoimento especial, ao passo que a escuta especializada é o procedimento de entrevista sobre situação de violência com criança ou adolescente perante órgão da rede de proteção, limitado o relato estritamente ao necessário para o cumprimento de sua finalidade.

Já o depoimento especial é o procedimento de oitiva de criança ou adolescente vítima ou testemunha de violência perante **Autoridade Policial ou Judiciária.**

Nesse sentido, caso haja a necessidade de proferir um despacho determinando a oitiva do menor de idade sob situação de violência doméstica e familiar, deve-se fazer referência à necessidade da observância das regras do depoimento especial.

Ainda é importante ressaltar que o depoimento especial será necessariamente o de incidente de produção antecipada de provas (rito cautelar de antecipação de provas) quando a criança ou o adolescente tiver menos de 7 (sete) anos ou em casos de violência sexual.

É importante ainda ressaltar que não será admitida a tomada de novo depoimento especial, salvo quando justificada a sua imprescindibilidade pela autoridade competente e houver a concordância da vítima ou da testemunha, ou de seu representante legal.

19.6 PROVIDÊNCIAS A SEREM ADOTADAS PELO DELEGADO DE POLÍCIA NO ATENDIMENTO ESPECIAL

Conforme já observado, há a necessidade de se conferir atendimento especialíssimo às crianças e aos adolescentes vítimas de violência doméstica e familiar. Nesse sentido, o art. 13, em rol exemplificativo, indica algumas medidas a serem adotadas pelo Delegado de Polícia quando do atendimento dessas situações especiais. Observe a literalidade do art. 13 da referida legislação:

> **Art. 13.** No atendimento à criança e ao adolescente em situação de violência doméstica e familiar, a autoridade policial deverá, entre outras providências:
>
> I – encaminhar a vítima ao Sistema Único de Saúde e ao Instituto Médico-Legal imediatamente;
>
> II – encaminhar a vítima, os familiares e as testemunhas, caso sejam crianças ou adolescentes, ao Conselho Tutelar para os encaminhamentos necessários, inclusive para a adoção das medidas protetivas adequadas;

> III – garantir proteção policial, quando necessário, comunicados de imediato o Ministério Público e o Poder Judiciário;
>
> IV – fornecer transporte para a vítima e, quando necessário, para seu responsável ou acompanhante, para serviço de acolhimento existente ou local seguro, quando houver risco à vida.

No que concerne às peças prático-profissionais exigidas nas provas para o cargo de Delegado de Polícia, esses comandos ganham relevo nos despachos a serem efetivados pelo candidato.

Assim, quando a situação sob análise envolver violência doméstica e familiar, seja na portaria de instauração do inquérito ou despachos ordinatórios, é importante que o candidato se atenha a essas disposições.

19.7 MEDIDAS PROTETIVAS DE URGÊNCIA

Conforme salientado, as medidas protetivas de urgência foram previstas originalmente na Lei nº 11.340/2006, Lei Maria da Penha; a "Lei Henry Borel" conferiu tratamento bastante similar ao tema.

As medidas protetivas de urgência são medidas cautelares destinadas a prevenir e coibir a violência doméstica e familiar contra crianças e adolescentes. Essas medidas protetivas podem ser deferidas com relação à pessoa do agressor, mas também com relação à vítima.

Trata-se de rol exemplificativo, motivo pelo qual é possível a decretação de outras medidas ainda que não previstas expressamente. Há, portanto, um verdadeiro **princípio da atipicidade das medidas protetivas de urgência**. Destarte, caso o magistrado note que nenhuma das medidas previstas na referida legislação seja suficiente para acautelar a proteção à vida e à integridade do vulnerável, qualquer outra medida cautelar poderia ser aplicada com fundamento no **poder geral de cautela**, previsto no art. 297 do CPC:

> **Art. 297.** O juiz poderá determinar as medidas que considerar adequadas para efetivação da tutela provisória.
>
> **Parágrafo único.** A efetivação da tutela provisória observará as normas referentes ao cumprimento provisório da sentença, no que couber.

19.7.1 Natureza jurídica

Sem ingressar na divergência sobre o assunto, prevalece o entendimento de que as medidas protetivas possuem natureza jurídica de **medidas cautelares**. São medidas instrumentais que visam funcionalizar o resultado do processo.

Observe que o tempo despendido no curso do processo relativo à violência doméstica e familiar é fator decisivo entre a vida ou a morte da vítima. Dessa forma, as medidas protetivas de urgência visam assegurar o resultado útil do processo, objetivando contornar os efeitos deletérios do tempo sobre o processo.

19.7.2 Pressupostos

Como já definido no tópico anterior, as medidas protetivas de urgência são medidas cautelares e, portanto, devem ser submetidas aos pressupostos gerais das cautelares:

a. ***Fumus comissi delicti***: trata-se da demonstração de um arcabouço mínimo de elementos que possam comprovar, ainda que em juízo sumário, a ocorrência da situação de violência. Trata-se da necessidade de demonstrar que o fato apurado, ao menos em tese, configura-se como criminoso, apontando, preliminarmente, a **materialidade do delito** e **indícios a respeito de sua autoria**. Veja que, apesar de não estarmos a tratar diretamente de medida prisional, estamos diante de medida cerceadora de liberdade, fundamento que corrobora a necessidade da comprovação desse elemento.

Nesse momento da peça prática processual a ser elaborada pelo Delegado de Polícia, ele deverá demonstrar a **verossimilhança das alegações** realizadas pela vítima ou pelas testemunhas - ressalta-se em um juízo sumário ou probabilístico. Não se exige certeza no que concerne à autoria do delito, mas **indícios**, elementos, instrumentos que indiquem, preliminarmente, a autoria do investigado.

O delito precisa ser **previamente tipificado** neste ponto.

Nas questões relativas a concurso público, todas essas informações obrigatoriamente devem ser apresentadas ao candidato, incumbindo a ele a missão de transcrevê-las, indicando a formação de *fumus comissi delict*.

b. ***Periculum in mora***: trata-se de indicar o perigo da demora, na verdade, demonstrar a necessidade de urgência da medida. Não se trata especificamente da demora entre o provimento cautelar e a decisão final do processo, mas do risco que a liberdade irrestrita do agressor resulta na integridade física, sexual, patrimonial ou moral da vítima.

Nesse momento da peça prática, o Delegado de Polícia deverá demonstrar o risco que a liberdade plena do agressor gera para a vítima, logicamente esse perigo deverá ser evidenciado por meios concretos e fundamentados, considerando que não se trata de efeito automático do registro de todo e qualquer caso de violência doméstica e familiar.

c. **Proporcionalidade:** é peça fundamental para a análise da medida, assim o magistrado, em regra, e, excepcionalmente, o Delegado de Polícia deverão analisar conforme a gravidade da conduta e o risco que ela representa para a integridade física e moral da vítima, e em juízo de proporcionalidade entre o benefício e a restrição dela ocasionada se a medida é efetivamente necessária.

A demonstração desses três requisitos é de extrema importância para todas as medidas que requeiram ou mesmo que concedam medidas cautelares.

As medidas protetivas propriamente ditas serão analisadas logo em seguida.

19.7.3 Hipóteses de medidas protetivas

As hipóteses de medidas protetivas estão previstas nos arts. 20 e 21 da referida legislação, a qual as divide em dois grandes grupos:

- medidas protetivas de urgência que obrigam o agressor;
- medidas protetivas de urgência à vítima.

Antes de se adentrar especificamente na análise das medidas protetivas, é importante ressaltar que o rol de medidas protetivas previstas na legislação é meramente exemplificativo. Trata-se daquilo que Renato Brasileiro de Lima (2016, p. 931) denominou **princípio da atipicidade das medidas protetivas.**

A legislação estabelece que as medidas referidas nestes artigos não impedem a aplicação de outras previstas na legislação em vigor, sempre que a segurança da vítima ou as circunstâncias o exigirem.

A legislação determina que, constatada a prática de violência doméstica e familiar contra a criança e o adolescente nos termos da Lei, o juiz poderá determinar ao agressor, de imediato, em conjunto ou separadamente, a aplicação das seguintes medidas protetivas de urgência, **entre outras**:

- suspensão da posse ou a restrição do porte de armas, com comunicação ao órgão competente, nos termos da Lei nº 10.826, de 22 de dezembro de 2003;
- Encontrando-se o agressor nas condições referidas no art. 6º da Lei nº 10.826, de 22 de dezembro de 2003 (porte de arma funcional), o juiz comunicará ao respectivo órgão, corporação ou instituição as medidas protetivas de urgência concedidas e determinará a restrição do porte de armas, e o superior imediato do agressor ficará responsável pelo cumprimento da determinação judicial, sob pena de incorrer nos crimes de prevaricação ou de desobediência, conforme o caso;
- afastamento do lar, do domicílio ou do local de convivência com a vítima;
- proibição de aproximação da vítima, de seus familiares, das testemunhas e de noticiantes ou denunciantes, com a fixação do limite mínimo de distância entre estes e o agressor;
- vedação de contato com a vítima, com seus familiares, com testemunhas e com noticiantes ou denunciantes, por qualquer meio de comunicação;
- proibição de frequentação de determinados lugares a fim de preservar a integridade física e psicológica da criança ou do adolescente, respeitadas as disposições da Lei nº 8.069, de 13 de julho de 1990 (Estatuto da Criança e do Adolescente);
- restrição ou suspensão de visitas à criança ou ao adolescente;
- prestação de alimentos provisionais ou provisórios;
- comparecimento a programas de recuperação e reeducação;
- acompanhamento psicossocial, por meio de atendimento individual e/ou em grupo de apoio.

No âmbito do art. 21, são descritas as medidas protetivas de urgência direcionadas diretamente à vítima. São as seguintes as medidas passíveis de decretação:

- proibição do contato, por qualquer meio, entre a criança ou o adolescente vítima ou testemunha de violência e o agressor;
- afastamento do agressor da residência ou do local de convivência ou de coabitação;
- prisão preventiva do agressor, quando houver suficientes indícios de ameaça à criança ou ao adolescente vítima ou testemunha de violência;

Importante

Essa hipótese mostra-se sobremaneira relevante, considerando que pode fundamentar a representação por prisão preventiva, logicamente os demais requisitos necessários para a decretação dessa medida cautelar devem ser demonstrados.

- inclusão da vítima e de sua família natural, ampliada ou substituta nos atendimentos a que têm direito nos órgãos de assistência social;
- inclusão da criança ou do adolescente, de familiar ou de noticiante ou denunciante em programa de proteção a vítimas ou a testemunhas;
- no caso da impossibilidade de afastamento do lar do agressor ou de prisão, a remessa do caso para o juízo competente, a fim de avaliar a necessidade de acolhimento familiar, institucional ou colação em família substituta;
- realização da matrícula da criança ou do adolescente em instituição de educação mais próxima de seu domicílio ou do local de trabalho de seu responsável legal, ou sua transferência para instituição congênere, independentemente da existência de vaga.

É extremamente importante observar que a Autoridade Policial poderá requisitar e o Conselho Tutelar requerer ao Ministério Público a propositura de ação cautelar de antecipação de produção de prova nas causas que envolvam violência contra a criança e o adolescente, observadas as disposições da Lei nº 13.431, de 4 de abril de 2017.

Entendemos que o termo "requisitar" não deve ser compreendido no sentido de impor uma obrigação ao órgão ministerial, mas, na verdade, no sentido de levar ao conhecimento do Ministério Público a necessidade da propositura do incidente de produção antecipada de provas.

Por outro lado, em nossa visão, o próprio Delegado de Polícia detém legitimidade para representar pela produção antecipada de provas, fenômeno que retira a relevância da discussão a respeito do significado do termo "requisitar" contido no dispositivo legal.

Deve-se ainda ressaltar que o juiz pode aplicar as medidas protetivas de urgência isolada ou cumulativamente, inclusive podendo aplicá-las em conjunto com as medidas cautelares previstas no CPP.

Nesse sentido, o § 2º do art. 21 da lei em análise estabelece que o juiz poderá determinar a adoção de outras medidas cautelares previstas na legislação em vigor, sempre que as circunstâncias o exigirem, com vistas à manutenção da integridade ou da segurança da criança ou do adolescente, de seus familiares e de noticiante ou denunciante.

19.7.4 Momento para a decretação

As medidas protetivas podem ser requeridas e deferidas, tanto na fase preliminar investigativa quanto na fase processual. Conforme se pode observar, não existe limitação temporal para a decretação das medidas protetivas de urgência.

Do mesmo modo, as medidas protetivas anteriormente decretadas e revogadas podem ser renovadas se houver necessidade de se preservar a integridade física ou mental dos vulneráveis objeto de proteção.

19.7.5 Legitimidade para pleitear a medida

As medidas protetivas de urgência, conforme já salientado, ostentam natureza jurídica de medida cautelar, motivo pelo qual, em regra, devem ser decretadas pela autoridade judicial.

O art. 16 da Lei nº 14.344/2022 – Lei Henry Borel – trata da legitimidade tanto para a concessão quanto para o requerimento das medidas. Observe a literalidade do dispositivo:

> **Art. 16.** As medidas protetivas de urgência poderão ser concedidas pelo juiz, a requerimento do Ministério Público, da autoridade policial, do Conselho Tutelar ou a pedido da pessoa que atue em favor da criança e do adolescente.
>
> **§ 1º** As medidas protetivas de urgência poderão ser concedidas de imediato, independentemente de audiência das partes e de manifestação do Ministério Público, o qual deverá ser prontamente comunicado.
>
> **§ 2º** As medidas protetivas de urgência serão aplicadas isolada ou cumulativamente e poderão ser substituídas a qualquer tempo por outras de maior eficácia, sempre que os direitos reconhecidos nesta Lei forem ameaçados ou violados.
>
> **§ 3º** Poderá o juiz, a requerimento do Ministério Público ou do Conselho Tutelar, ou a pedido da vítima ou de quem esteja atuando em seu favor, conceder novas medidas protetivas de urgência ou rever aquelas já concedidas, se entender necessário à proteção da vítima, de seus familiares e de seu patrimônio, ouvido o Ministério Público.

A partir da leitura do *caput* do art. 16, observa-se que a legislação estabeleceu os seguintes legitimados para requerer a medida:

- Ministério Público;
- Autoridade Policial;
- Conselho Tutelar;
- pessoa que atue em favor da criança e do adolescente.

Nesse ponto, merece aplausos a novel legislação, pois, diferentemente da Lei Maria da Penha, expressamente prevê a possibilidade de o Delegado de Polícia representar por medidas protetivas destinadas a tutelar a integridade dos menores.

Conforme já abordamos no tópico referente à Lei Maria da Penha, entendemos que a lacuna existente na referida legislação não obsta a legitimidade do Delegado de Polícia representar por medidas protetivas em favor de mulheres vítimas de violência doméstica, pois a ele é outorgado dever específico de proteção, conforme se pode extrair da leitura do art. 11, inciso I, da Lei Maria da Penha (Lei nº 11.340/2006):

> **Art. 11.** No atendimento à mulher em situação de violência doméstica e familiar, a autoridade policial deverá, entre outras providências:
>
> I – garantir proteção policial, quando necessário, comunicando de imediato ao Ministério Público e ao Poder Judiciário; (...)

A respeito do citado dispositivo da Lei Maria da Penha, algumas observações se fazem relevantes:

- **Possibilidade de decretação de ofício pela Autoridade Judicial**

Conforme já nos posicionamentos em edições anteriores desta obra no que concerne às medidas protetivas no âmbito da Lei Maria da Penha, considerando o poder geral de cautela outorgado ao magistrado e o dever especial de proteção aos vulneráveis, entendemos que o magistrado poderia de ofício decretar as medidas de proteção, apesar de inexistir previsão literal a esse respeito.

A legislação deve ser interpretada conforme a finalidade a que se destina. Negar essa possibilidade representaria mitigação ao leque protetivo do diploma legal.

- **Urgência na concessão das medidas**

Conforme salientado, um dos requisitos diretamente correlacionados com a concessão de medidas protetivas é o risco do fator tempo (*periculum in mora*).

Nesse sentido, as medidas protetivas de urgência poderão ser concedidas de imediato, independentemente de audiência das partes e de manifestação do Ministério Público, o qual deverá ser prontamente comunicado.

- **Fungibilidade e rol exemplificativo das medidas protetivas de urgência**

As medidas protetivas de urgência serão aplicadas isolada ou cumulativamente e poderão ser substituídas a qualquer tempo por outras de maior eficácia, sempre que os direitos reconhecidos nesta Lei forem ameaçados ou violados.

A lei ainda determina que poderá o juiz, a requerimento do Ministério Público ou do Conselho Tutelar, ou a pedido da vítima ou de quem esteja atuando em seu favor, conceder novas medidas protetivas de urgência ou rever aquelas já concedidas, se entender necessário à proteção da vítima, de seus familiares e de seu patrimônio, ouvido o Ministério Público.

19.8 MEDIDA PROTETIVA DECRETADA PELA AUTORIDADE POLICIAL

Após todas as discussões correlatas, ingressamos efetivamente no estudo da possibilidade, conforme presente na Lei Maria da Penha, de o Delegado de Polícia decretar diretamente medida protetiva de afastamento do lar.

O referido diploma legal, especificamente no art. 14, prevê a possibilidade legal de o Delegado de Polícia decretar medida protetiva de afastamento do lar do agressor, ante a ocorrência de ação ou omissão que implique a ameaça ou a prática de violência doméstica e familiar, com a existência de risco atual ou iminente à vida ou à integridade física da criança e do adolescente, ou de seus familiares. Vejamos o dispositivo legal:

> **Art. 14.** Verificada a ocorrência de ação ou omissão que implique a ameaça ou a prática de violência doméstica e familiar, com a existência de risco atual ou iminente à vida ou à integridade física da criança e do adolescente, ou de seus familiares, o agressor será imediatamente afastado do lar, do domicílio ou do local de convivência com a vítima:
>
> I – pela autoridade judicial;
>
> II – pelo delegado de polícia, quando o Município não for sede de comarca;
>
> III – pelo policial, quando o Município não for sede de comarca e não houver delegado disponível no momento da denúncia.
>
> **§ 1º** O Conselho Tutelar poderá representar às autoridades referidas nos incisos I, II e III do *caput* deste artigo para requerer o afastamento do agressor do lar, do domicílio ou do local de convivência com a vítima.
>
> **§ 2º** Nas hipóteses previstas nos incisos II e III do *caput* deste artigo, o juiz será comunicado no prazo máximo de 24 (vinte e quatro) horas e decidirá, em igual prazo, sobre a manutenção ou a revogação da medida aplicada, bem como dará ciência ao Ministério Público concomitantemente.
>
> **§ 3º** Nos casos de risco à integridade física da vítima ou à efetividade da medida protetiva de urgência, não será concedida liberdade provisória ao preso.

Assim, devemos alertar nosso futuro aprovado a respeito de alguns temas:

- Não se trata de qualquer medida protetiva, mas especificamente da medida de afastamento do agressor do lar, do domicílio ou do local de convivência com a vítima, assim não há previsão legal para a concessão de outras medidas protetivas por força própria do Delegado de Polícia.
- O dispositivo legal estabelece ordem de preferência na concessão da medida: inicialmente, aplica-se a regra de concessão pela própria autoridade judicial, posteriormente, a possibilidade da concessão pelo Delegado de Polícia e, por fim, da aplicação da medida por qualquer policial, cumpridos os requisitos legais a seguir analisados.

Deve-se ressaltar que nas últimas duas hipóteses anteriormente citadas (concessão pelo Delegado ou por qualquer policial), o deferimento da medida deve ser comunicado ao Juiz e ao membro do Ministério Público, no prazo de 24 horas, hipótese na qual a autoridade judicial decidirá em igual período a respeito da manutenção ou não da medida.

Nos casos de risco à integridade física da vítima ou à efetividade da medida protetiva de urgência, não será concedida liberdade provisória ao preso.

Assim, quando da concessão da medida pela Autoridade Policial, o candidato deverá, ao final da peça, em suas determinações, ordenar que seja a referida medida comunicada ao Juiz competente e ao membro do Ministério Público responsável.

- Necessidade de pedido da ofendida ou de seus dependentes. Nesse tópico, é extremamente relevante ressaltar que a legislação atribuiu ao Conselho Tutelar a possibilidade de representar pela concessão dessa medida. Nesses termos, o Conselho Tutelar poderá representar às autoridades referidas no dispositivo legal para requerer o afastamento do agressor do lar, do domicílio ou do local de convivência com a vítima;
- Necessidade de demonstração de requisitos gerais para concessão da medida: existência de ação ou omissão que implique a ameaça ou a prática de violência doméstica e familiar, com a existência de risco atual ou iminente à vida ou à integridade física da criança e do adolescente, ou de seus familiares, o agressor será imediatamente afastado do lar, do domicílio ou do local de convivência com a vítima.

Esse fator ganha relevo no estudo da peça prática de concessão da medida protetiva, pois o Delegado de Polícia, além dos requisitos gerais, deverá demonstrar especificamente o *periculum in mora*, fundado no risco atual ou iminente que a plena liberdade do agressor representa à vida ou à integridade física ou psicológica dos vulneráveis objeto de proteção.

- Necessidade de demonstração de requisito específico: o município não ser sede de comarca.

Na concessão da referida medida pelo Delegado de Polícia, deve a Autoridade demonstrar que o município em que atua não é sede de comarca, ou seja, em outras palavras, que não há juiz naquela circunscrição para analisar a medida com a brevidade que o caso concreto exige.

Entendemos ser possível a interpretação ampliativa desse dispositivo, possibilitando a concessão da medida de afastamento do lar pela própria Autoridade Policial quando as circunstâncias demonstrarem o risco concreto e a irreversibilidade do ônus da demora na análise. Como exemplo, há municípios que são sedes de comarca, mas não contam com plantão judicial ou mesmo localidades que contam com plantão judicial, mas que não funcionam 24 horas.

Assim, entendemos que, nas hipóteses em que não for possível a análise imediata pelo magistrado e houver concreta situação de risco irreversível aos vulneráveis, o Delegado de Polícia poderia deferir a referida medida, comunicando em até 24 horas à autoridade judicial e ao Órgão Ministerial.

Ressaltamos, mais uma vez, que se trata de posicionamento doutrinário novo. Desse modo, em provas objetivas, em que não haja espaço para esse debate, deve o candidato sustentar posicionamento consubstanciado tradicionalmente pela legislação.

Observe síntese do estudo analisado (BARROS; ÁVILA; MILIORINI, 2020, p. 553) no quadro esquemático a seguir:

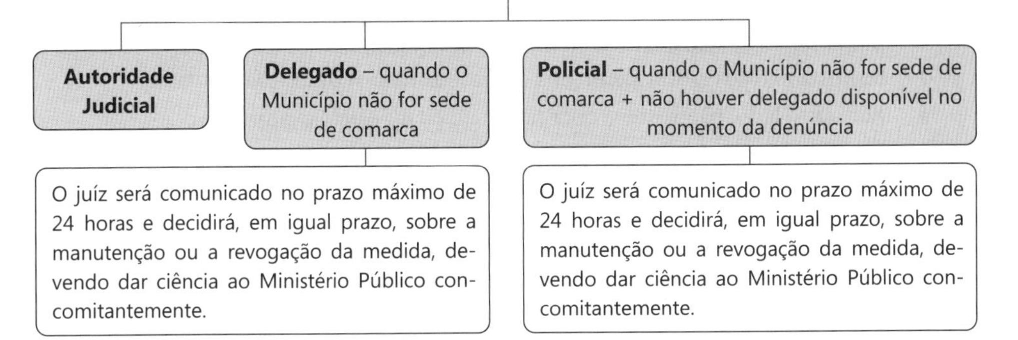

Feitas todas as observações relevantes, vejamos a estrutura e o modelo da peça prática que concede a medida protetiva de afastamento do lar.

19.8.1 Afastamento do lar decretado pela Autoridade Policial

Considerando todas as observações até agora analisadas, passaremos a tratar especificamente da estrutura da peça que concede medida protetiva de afastamento do lar, realizada pela Autoridade Policial.

Ante a natureza da referida medida, essa peça prática possui estrutura bastante peculiar, assemelhando-se bastante a uma decisão judicial. Observe a estrutura:

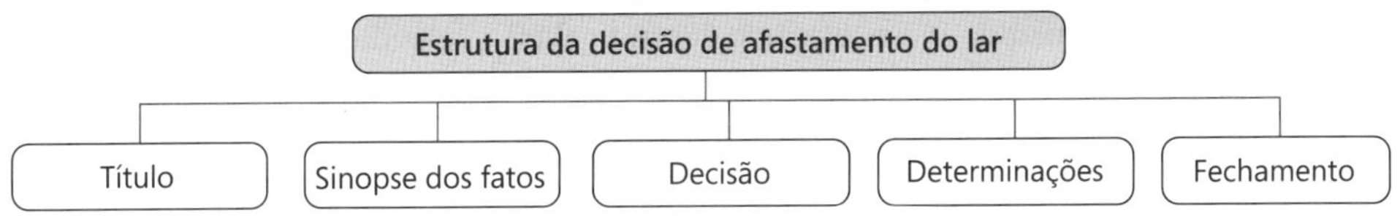

a. **Título:** inicia-se a referida peça com o título: “Decisão de medida protetiva de urgência de afastamento do agressor do lar” ou simplesmente “Decisão de medida protetiva de urgência de afastamento do lar”.

Considerando que se trata de possibilidade bastante nova em nosso ordenamento jurídico, não existem casos práticos cobrados em prova, contudo, ante a novidade legislativa, consideramos que a cobrança dessa peça em provas para o cargo de Delegado de Polícia Civil configura-se como tendência, especialmente, se levarmos em conta as políticas estatais ativas de combate à violência doméstica e familiar e o recente caso envolvendo a criança Henry Borel.

b. **Sinopse dos fatos:** já tratamos, nas peças anteriores, a respeito da descrição fática em peças práticas realizadas pelo Delegado de Polícia. Vejamos as disposições gerais a respeito desse tópico:

- Normalmente, o examinador não confere muitos pontos à descrição fática realizada pelo candidato. Contudo, esse tópico fornece toda a lógica à estrutura da peça, motivo pelo qual o seu estudo ganha relevo.
- Não se deve copiar *ipsis litteris* o enunciado da questão. O candidato deverá demonstrar a capacidade de síntese, pois na maioria dos casos o espaço da folha de resposta não comporta elementos desnecessários na descrição dos fatos.
- Por outro lado, não se deve criar fatos não citados pelo examinador.
- É necessário objetividade, com prevalência à transcrição de fatos que serão relevantes para a autoria, materialidade do crime e todas as suas circunstâncias relevantes para a apuração.

Nesse ponto, o candidato deverá descrever a situação que enseja a violência doméstica e familiar, especialmente a condição de urgência da medida (requisito geral), assim como a ausência de comarca no município em que ocorreu a violência doméstica e familiar (requisito específico).

É importante fazer referência ao pedido do vulnerável ou a situação concreta de violência ou ameaça que expõe a criança ou o adolescente que, normalmente, estará consubstanciado em termo de colheita de depoimento da vítima e de eventuais testemunhas que houverem presenciado o fato.

Caso haja alguma prova pericial já produzida, a exemplo de exame de lesões corporais, há de se fazer referência a esse documento.

c. **Decisão de concessão de medida protetiva:** trata-se da **etapa que legitima a Autoridade Policial**, traz os fundamentos e também a parte dispositiva da decisão, momento em que se demonstrará legitimidade da **Autoridade Policial** para o deferimento da medida, especialmente, fazendo alusão ao pedido do menor ou de seu representante legal.

Nesse ponto o candidato deve também **tipificar o delito**, demonstrando a situação de violência doméstica nos termos do art. 2º:

> **Art. 2º** Configura violência doméstica e familiar contra a criança e o adolescente qualquer **ação ou omissão que lhe cause morte, lesão, sofrimento físico, sexual, psicológico ou dano patrimonial**:
>
> I – **no âmbito do domicílio ou da residência da criança e do adolescente**, compreendida como o espaço de convívio permanente de pessoas, com ou sem vínculo familiar, inclusive as esporadicamente agregadas;
>
> II – **no âmbito da família**, compreendida como a comunidade formada por indivíduos que compõem a família natural, ampliada ou substituta, por laços naturais, por afinidade ou por vontade expressa;

> III – **em qualquer relação doméstica e familiar na qual o agressor conviva ou tenha convivido com a vítima**, independentemente de coabitação.
>
> Parágrafo único. Para a caracterização da violência prevista no *caput* deste artigo, deverão ser observadas as definições estabelecidas na Lei nº 13.431, de 4 de abril de 2017. (grifos nossos).

Ainda deve ser demonstrado que o município no qual ocorreu a violência **não é sede de comarca**, trata-se de presunção legal de perigo da demora na análise do pedido.

Na execução da peça que concede medida protetiva de afastamento do lar, é extremamente importante que o candidato demonstre os requisitos gerais das medidas cautelares:

Requisitos gerais (fundamentos):

- *fumus comissi delict*;
- *periculum in mora*;
- proporcionalidade, demonstrando a imprescindibilidade da medida, ante o cenário de risco atual ou iminente à vida ou integridade física ou psicológica do vulnerável.

Por fim, ressalta-se que o candidato deve fazer referência ao deferimento da medida, trata-se da parte dispositiva da decisão.

d. **Determinações:** nesse momento o Delegado deverá determinar que sejam adotadas as medidas cartorárias e investigativas, tanto aquelas existentes por determinação legal quanto aquelas decorrentes da necessidade de prosseguimento das investigações.

Vejamos algumas determinações correlatas:

- comunicação ao agressor do deferimento da medida e que, se infringida, haverá caracterização do crime previsto no art. 25 da Lei nº 14.344/2022, após ratificada pela autoridade judicial;
- fixação de prazo da medida;
- determinação aos policiais da unidade que cumpram a determinação de afastamento;
- encaminhamento da decisão, acompanhada de toda a documentação que a instruiu ao Juízo, no prazo máximo de 24 horas, independentemente do sucesso ou não do cumprimento da diligência;
- instauração de inquérito policial para a apuração dos fatos, se houver atribuição para tanto;
- cumpra-se.

e. **Fechamento:** trata-se do encerramento da referida peça prática, fazendo referência ao local, à data e ao cargo de Delegado de Polícia. Após análise de todas as peças denominadas anteriormente internas, passaremos agora a analisar aquilo que convencionamos chamar de peças externas, ou seja, aquelas que devem se submeter ao crivo jurisdicional para que produzam os efeitos que lhes são próprios.

PARTE III

Peças Práticas Externas

20 Estudo das peças práticas externas

Conforme salientado na Parte 2 deste livro, não há dúvida acerca da importância do estudo desse tema para as provas concursais para o cargo de Delegado de Polícia, tanto Civil quanto Federal.

No entanto, o tema raramente é tratado nos cursos de Direito das faculdades e universidades, o que dificulta a preparação do candidato. Adiciona-se a isso o sigilo a que são submetidas, em regra, as peças práticas elaboradas pela Autoridade Policial, impossibilitando, segundo a interpretação de alguns gestores, a realização de estágios em unidades policiais.

Em que pese o salientado, o estudo verticalizado da peça prática pode alavancar o candidato, por vezes, centenas de posições, funcionando, assim, como diferencial entre comemorar a aprovação ou amargar a queda de posições e perda da oportunidade naquele concurso público.

Além disso, é muito importante que o candidato conheça o direito processual envolvido em cada uma das peças práticas que serão tratadas neste trabalho. A experiência adquirida em salas de aula nos mostra que, na maioria das vezes, a dificuldade dos candidatos se relaciona muito mais ao direito processual (ou até mesmo material) envolvido do que propriamente à confecção das peças práticas. Por esse motivo, tentaremos, antes do estudo de cada peça, tratar dos temas correlatos, assim como fizemos nas partes anteriores deste *Manual Decifrado*.

20.1 RELEVÂNCIA DO ESTUDO DAS PEÇAS PRÁTICAS PROFISSIONAIS

Conforme já abordado na parte anterior, para fins didáticos, traçamos a seguinte distinção com relação às peças práticas profissionais, dividindo-as em: **atos internos** e **atos externos**.

Os **atos internos** são aqueles praticados dentro da própria estrutura policial. Na verdade, são aqueles em que não há necessidade de intervenção judicial para a sua prática. São atos privativos do Delegado de Polícia e que não requerem análise judicial para que produza os efeitos que lhes são inerentes. Podemos citar a título de exemplo: o despacho, o ato/despacho de indiciamento, a portaria etc., já vistos na Parte 2 desta obra.

Já os **atos externos**, os quais estatisticamente são muito mais cobrados em certames públicos, são matérias submetidas à cláusula de reserva jurisdicional. Nesse contexto, a cláusula de reserva jurisdicional pode ser definida como aquela que "consiste em confinar ao âmbito do Judiciário a prática de certos atos que impliquem restrição a direitos individuais especialmente protegidos", concluindo que "a se aceitar a existência de tal cláusula, haveria poderes de investigação que apenas as autoridades judiciais estariam legitimadas a exercer" (MENDES; COELHO; BRANCO, 2017, p. 912-913).

Assim, didaticamente, poderíamos estruturar a divisão entre peças práticas da seguinte maneira:

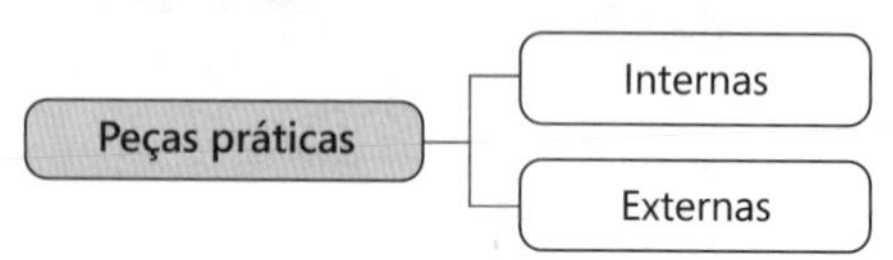

Neste ponto, é importante ressaltar que nem toda peça prática será uma representação policial, mas o estudo das representações certamente é o mais relevante em provas, pois, além de ser o mais cobrado, há diversos certames que excluem expressamente a possibilidade de elaboração de peça interna, a exemplo do concurso para o cargo de Delegado de Polícia Civil do Estado do Paraná 2020, no qual consta com relação à fase discursiva a "Elaboração de Peça Prática consistente em Representação por medida cautelar usualmente utilizada por Delegado de Polícia".

A fim de abordar o tema de uma melhor forma, são necessários alguns apontamentos iniciais referentes à investigação de infrações penais, sem os quais o leitor pode não compreender o contexto exato de uma representação policial. Vamos abordar todo o tema de maneira bem didática, mas sem pretensão de exaurir ou verticalizar demasiadamente o estudo do tema propedêutico.

Como é do conhecimento do leitor e já vista na primeira parte deste trabalho, quando ocorre a comunicação de um fato aparentemente criminoso à Autoridade Policial,[1] há a necessidade de se verificar a procedência das informações (VPI), nos termos do art. 5º, § 3º, do CPP. Vamos ao texto:

> **Art. 5º** (...)
>
> **§ 3º** Qualquer pessoa do povo que tiver conhecimento da existência de infração penal em que caiba ação pública poderá, verbalmente ou por escrito, comunicá-la à autoridade policial, e esta, verificada a procedência das informações, mandará instaurar inquérito.

Conforme a leitura do dispositivo, uma vez verificada a procedência das informações que chegaram ao conhecimento da Autoridade Policial, esta determinará a instauração de inquérito policial (ou outro procedimento de investigação, como procedimento de apuração de ato infracional, por exemplo).

---

1 Estamos excluindo propositalmente da análise a cognição coercitiva realizada por meio da prisão em flagrante.

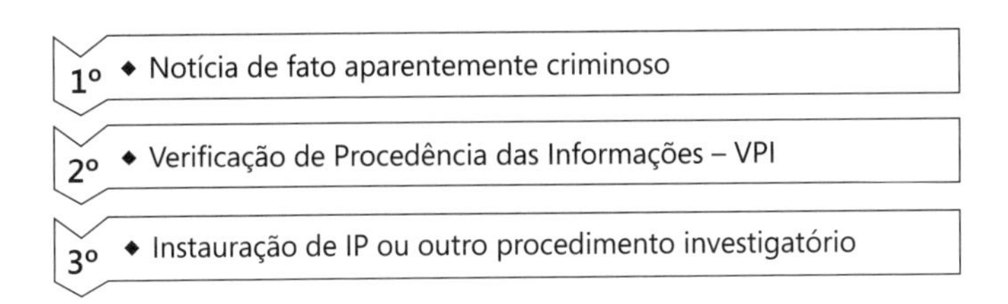

Em se tratando de crime a ser apurado por meio de inquérito policial, o Delegado de Polícia o inaugurará por intermédio de uma portaria – tal qual visto na Parte 2 desta obra. Como abordado, nesta peça, o Delegado de Polícia, após discorrer sobre o fato a ser apurado, determinará uma série de diligências que devem ser levadas a efeito para o alcance dos **objetivos da investigação** que, basicamente, é **apontar** (de forma positiva ou negativa) a **autoria**, **materialidade** e **circunstâncias** do fato definido como delito.

Objetivos da Investigação

Apontar

Materialidade | Autoria | Circunstâncias

Para o alcance desses objetivos, o Delegado de Polícia deve realizar um **projeto de investigação**, traçando **hipóteses** que serão posteriormente confirmadas ou refutadas. A investigação criminal muito se assemelha a uma pesquisa científica neste aspecto. Com efeito, segundo Eliomar Pereira (2010, p. 60-61):

> (...) investigações criminais, tal como elas se praticam no cotidiano da atividade dos investigadores, podemos, sem dúvida, admitir a categoria autônoma investigação criminal científica, em que os conceitos típicos do discurso científico podem ser transpostos, com proveito, para a investigação criminal, naquilo que há de comum entre elas.

No mesmo sentido, Franco Perazzoni (2020, p. 29):

> A investigação criminal possui, portanto, uma estreita semelhança com a investigação científica, que também se caracteriza como sendo uma atividade voltada à formulação e averiguação de hipóteses.
>
> Nessa esteira, tomando por exemplo o inquérito policial, cabe à autoridade policial, a partir do registro da notícia-crime, instaurar o respectivo procedimento, formular hipóteses e traçar uma linha investigativa, ainda que preliminar, com vistas *à* sua averiguação.
>
> Em seguida, dentre os meios investigativos disponíveis, são selecionados aqueles mais adequados ao caso concreto (testemunhas, exames periciais, vigilâncias, monitoramentos telefônicos, quebras de sigilo bancário e fiscal, buscas e apreensões etc.) e as evidências coligidas são avaliadas à luz das hipóteses previamente levantadas.
>
> O processo é cíclico e dinâmico: não raro, evidências anteriormente descartadas ou até então desconhecidas são trazidas *à* baila e outras, até então robustas e consideradas

incontestáveis, se revelam falíveis e, portanto, incapazes de sustentar as hipóteses anteriormente estabelecidas, exigindo-se, portanto, sejam cogitadas novas.

Uma forma de aferir se os objetivos estão sendo paulatinamente cumpridos é verificar se estão sendo respondidas algumas importantes perguntas, denominadas **Heptâmetro de Quintiliano**. São estas perguntas: O quê? Quem? Quando? Por quê? Como? Onde? Com que auxílio?

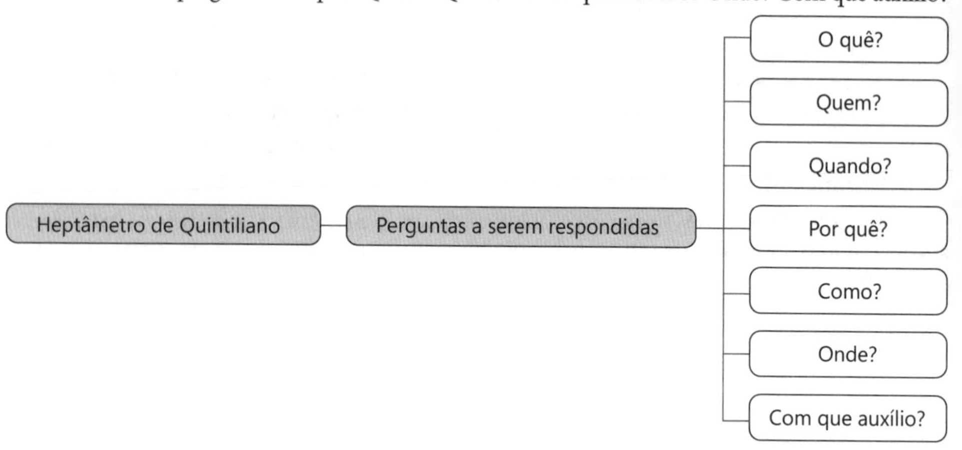

As respostas às perguntas em questão serão de grande valia para nosso estudo posterior, em especial para montar de maneira simples a sinopse dos fatos – que, como se verá, é um dos elementos essenciais de uma representação – e verificar em que estágio a investigação se encontra, propiciando ao candidato parâmetro para a escolha adequada da peça.

É evidente que cada investigação terá suas peculiaridades a depender de circunstâncias diversas, como a natureza do crime, se este deixa vestígios ou não, o local em que ocorreu, se neste local havia circuito interno de TV, se há algum vestígio no local – a exemplo de pegadas –, quem presenciou os fatos, se a vítima está viva ou morta, se esta foi examinada, se houve eventual atendimento hospitalar, se houve conversas telefônicas prévias, se objetos foram utilizados para a prática do crime, se esses objetos foram apreendidos etc.

A depender das especificidades do caso concreto, existe uma infinidade de providências que podem e devem ser tomadas pelo Delegado de Polícia, materializadas na portaria inaugural e despachos posteriores, a exemplo de inquirição de testemunhas, solicitação de documentos por meio de ofício, determinação de realização de perícias, apreensão de imagens de circuito interno de TV de algum estabelecimento comercial, determinação de expedição de uma ordem de missão aos agentes a fim de que realizem uma vigilância ou uma campana etc.

Em algumas situações, por conta de determinações contidas nas normas constitucionais ou mesmo legais, condicionam-se determinadas medidas investigativas à autorização judicial, são as chamadas **técnicas de investigação judicialmente condicionadas**.

Nesse contexto, inserem-se alguns dos temas estudados nesse momento de nossa obra, ou seja, as medidas investigativas submetidas à **cláusula de reserva jurisdicional**. A título de exemplo, podemos citar as representações por prisão temporária ou preventiva, por busca e apreensão domiciliar, por quebra de sigilo telefônico, por interceptação telefônica, quebra de sigilo fiscal, quebra de estação de rádio base (ERB), dentre outras.

Assim, poderíamos, para fins didáticos, estruturar as medidas investigativas em dois grandes grupos:

1. **Diligências investigativas comuns:** são aquelas que não requerem intervenção judicial para que possam ser operacionalizadas. Pode-se citar como exemplo:

- apreensões que não exijam ingresso em domicílio;
- oitiva de testemunha;
- requisição de perícia;
- campanas;
- vigilância.

2. **Diligências investigativas judicialmente condicionadas:** são aquelas sujeitas à cláusula de reserva jurisdicional. Vejamos alguns exemplos:

- busca e apreensão domiciliar;
- prisão temporária;
- interceptação telefônica;
- quebra do sigilo de dados telefônicos;
- quebra de sigilo fiscal;
- quebra de Estação de Rádio Base.

Diligências Investigativas	Comuns	Apreensões que não exijam ingresso em domicílio
		Oitiva de testemunhas
		Requisição de perícias
		Vigilância
		Campanas
		Outras
	Judicialmente condicionadas	Busca e apreensão domiciliar
		Prisão temporária
		Interceptação telefônica
		Quebra de sigilo de dados telefônicos
		Quebra de sigilo fiscal
		Quebra de Estação de Rádio Base (ERB)
		Outras

Além dessas diligências investigativas judicialmente condicionadas, que geram as cautelares investigativas, há outras espécies de medidas cautelares.[2] Vejamos:

- **Medidas cautelares investigativas:** essas medidas são classificadas como cautelares para preservação da prova ou cautelares para investigação, considerando que objetivam colher elementos informacionais (conforme já visto).

[2] Não se preocupe com esta classificação, pois ela é assim realizada meramente para efeitos didáticos.

- **Medidas cautelares destinadas à preservação de direitos:** são úteis a finalidades distintas da investigação em si, funcionando a cautelar como verdadeiro instrumento pré-processual de **preservação de direitos.**[3] Exemplo disso são as representações por prisão preventiva, medidas cautelares diversas da prisão previstas no art. 282, § 2º, do CPP, representação por internação provisória, representação por internação de adolescente infrator etc. Observe que essas medidas buscam resguardar direitos dos envolvidos na investigação, normalmente referindo-se à vítima, às testemunhas ou à sociedade em geral. É importante ressaltar que a prisão preventiva pode assumir a roupagem tanto de cautelar destinada à preservação da prova ou destinada a tutelar direitos, como na hipótese em que o infrator passa a ameaçar a vítima no curso da investigação.
- **Medidas cautelares reais:** trata-se de terceira espécie de medidas, as quais recaem sobre o patrimônio, essencialmente, quando foi adquirido com recursos provenientes de infrações penais. Para nosso estudo, as medidas mais relevantes são as cautelares de sequestro de bens móveis (quando não cabível a busca e apreensão) o e sequestro de bens imóveis.
- **Medidas cautelares especiais:**[4] são as medidas cautelares previstas nas legislações especiais penais. A título de exemplo, podemos citar aquelas realizadas com fundamento na Lei de Organização Criminosa, Lei de Drogas, Estatuto da Criança e do Adolescente, Lei de Lavagem de Capitais e Lei Maria da Penha.

Vejamos a seguir as **principais medidas** que podem ser representadas pelo Delegado de Polícia, com os respectivos fundamentos legais. É importante que o candidato **decore todos os fundamentos legais** para posteriormente adicionar ao preâmbulo, que, como se verá, é um dos elementos obrigatórios em uma representação policial.

Esquema com as cautelares investigativas (para preservação de provas) e seus respectivos fundamentos legais

- Busca e apreensão domiciliar (fundamento: art. 240, § 1º, do CPP e art. 5º, XI, da CF).
- Interceptação de comunicações telefônicas (fundamento: art. 3º, I, da Lei nº 9.296/1996).
- Interceptação do fluxo de comunicações em sistemas de informática e telemática (fundamento: art. 3º da Lei nº 9.296/1996 – a depender do caso, Lei nº 12.965/2014);
- Prisão temporária (fundamento: art. 2º, *caput*, da Lei nº 7.960/1989);
- Identificação criminal (fundamento: art. 3º, IV, da Lei nº 12.037/2009);
- Sigilos financeiro, bancário e fiscal (fundamento: art. 1º, § 4º, da LC nº 105/2001 e art. 198, § 1º, I, do CTN);
- Prisão preventiva (fundamento: arts. 311 e s. do CPP);
- Captação ambiental (fundamento: art. 8º-A da Lei nº 9.296/1996).

---

3 O direito pode ser, inclusive, o *jus puniendi*.

4 Estas não deixam de se enquadrar como cautelares investigativas, para preservação de direitos ou reais, mas optamos por classificá-las de maneira autônoma, pois geralmente estão inseridas em um microssistema.

Hipóteses e fundamentos das cautelares destinadas à preservação de direitos

- Prisão preventiva (fundamento: arts. 311 e s. do CPP).
- Medidas cautelares da Lei nº 12.403/2011 (fundamento: art. 282, § 2º, do CPP).
- Pedido de exame médico-legal de insanidade mental com pedido de internação provisória (arts. 149, § 1º, e 150, § 2º, do CPP).
- Suspensão da permissão ou da habilitação para dirigir veículo automotor, ou a proibição de sua obtenção do Código de Trânsito (fundamento legal: art. 294 da Lei nº 9.503/1997).
- Busca e apreensão de adolescente infrator (art. 106 do ECA, além dos fundamentos para prisão preventiva).

As **cautelares reais** são aquelas que buscam atingir o patrimônio do investigado, seja para garantir o ressarcimento do prejuízo resultante do crime, seja para impedir que o autor goze do proveito da infração penal.

- Sequestro de bens móveis: quando não cabível a busca e apreensão (fundamento: art. 132 do CPP);
- Sequestro de bens imóveis (fundamento: art. 127 do CPP).

Atenção

O arresto/hipoteca legal não podem ser deferidos por representação do Delegado de Polícia, pois ocorrem no curso do processo, motivo pelo qual falta legitimidade à Autoridade Policial.

Utilizaremos a nomenclatura **medidas cautelares especiais** para nos referirmos àquelas medidas que contam com previsão nas legislações especiais (que não raras vezes formam microssistemas). Vejamos os principais exemplos:

- Medidas da Lei de Organizações Criminosas (fundamento: Lei nº 12.850/2013) – podem possuir fundamentação também em outras leis.
  - **Colaboração premiada** (art. 4º, § 2º);
  - **Infiltração de agentes** (arts. 10 e 10-A);
  - **Captação ambiental** (art. 3º, II).
- Medidas da Lei nº 11.340/2006 (arts. 18 e s.).
- Infiltração de Agentes de Polícia para a investigação de crimes contra a dignidade sexual de criança e de adolescente (art. 190-A, I, do ECA).
- Infiltração de Agente de Polícia na investigação de crimes da Lei nº 11.343/2006 (art. 53, I) e na Lei nº 9.613/1998 (art. 1º, § 6º).

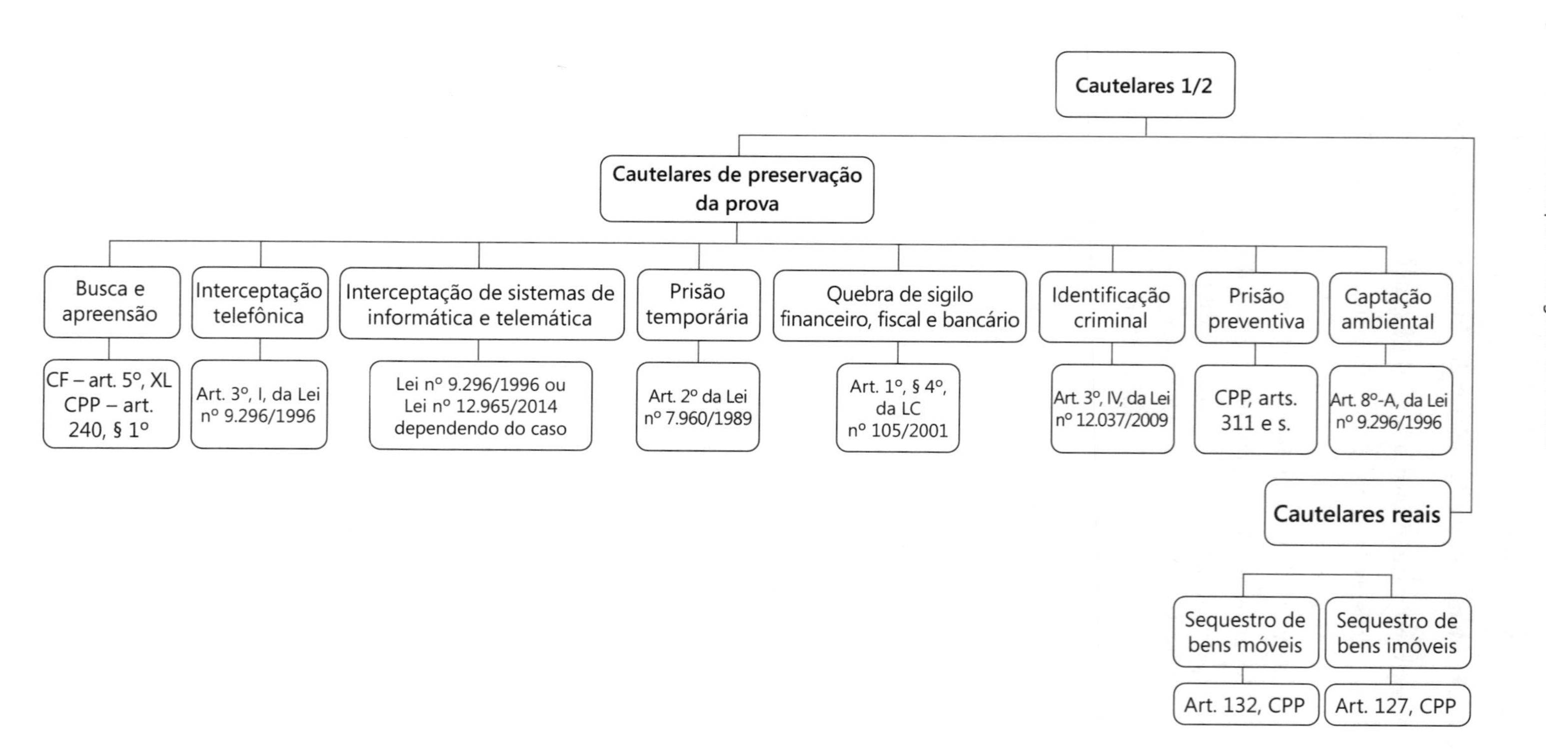
Cautelares 1/2
Cautelares de preservação da prova
Busca e apreensão
CF – art. 5º, XL CPP – art. 240, § 1º
Interceptação telefônica
Art. 3º, I, da Lei nº 9.296/1996
Interceptação de sistemas de informática e telemática
Lei nº 9.296/1996 ou Lei nº 12.965/2014 dependendo do caso
Prisão temporária
Art. 2º da Lei nº 7.960/1989
Quebra de sigilo financeiro, fiscal e bancário
Art. 1º, § 4º, da LC nº 105/2001
Identificação criminal
Art. 3º, IV, da Lei nº 12.037/2009
Prisão preventiva
CPP, arts. 311 e s.
Captação ambiental
Art. 8º-A, da Lei nº 9.296/1996
Cautelares reais
Sequestro de bens móveis
Art. 132, CPP
Sequestro de bens imóveis
Art. 127, CPP

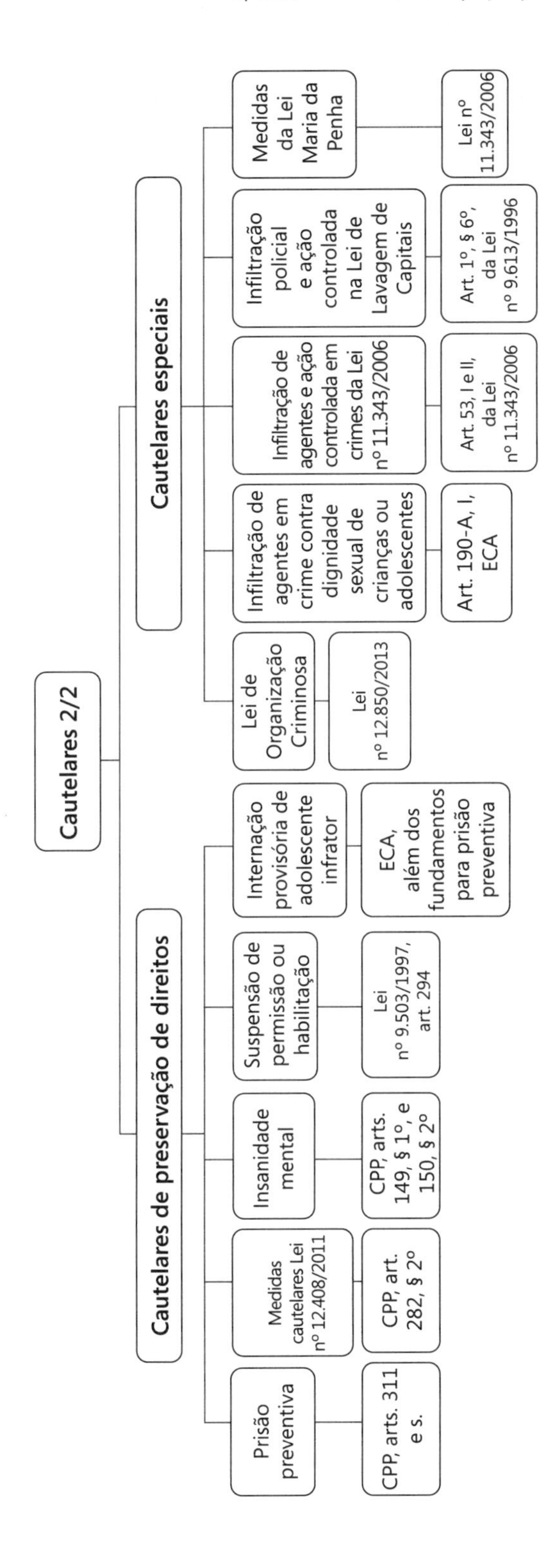
Cautelares 2/2
Cautelares de preservação de direitos
Prisão preventiva
CPP, arts. 311 e s.
Medidas cautelares Lei nº 12.408/2011
CPP, art. 282, § 2º
Insanidade mental
CPP, arts. 149, § 1º, e 150, § 2º
Suspensão de permissão ou habilitação
Lei nº 9.503/1997, art. 294
Internação provisória de adolescente infrator
ECA, além dos fundamentos para prisão preventiva
Cautelares especiais
Lei de Organização Criminosa
Lei nº 12.850/2013
Infiltração de agentes em crime contra dignidade sexual de crianças ou adolescentes
Art. 190-A, I, ECA
Infiltração de agentes e ação controlada em crimes da Lei nº 11.343/2006
Art. 53, I e II, da Lei nº 11.343/2006
Infiltração policial e ação controlada na Lei de Lavagem de Capitais
Art. 1º, § 6º, da Lei nº 9.613/1996
Medidas da Lei Maria da Penha
Lei nº 11.343/2006

20.2 ATOS EXTERNOS: REPRESENTAÇÕES POLICIAIS

Como analisamos, os atos externos são aqueles que, para a produção plena de seus efeitos, necessitam de intervenção judicial. O Delegado de Polícia deve representar e não "requerer" o deferimento dessas medidas às autoridades judiciais. A utilização do termo "representar" decorre da imparcialidade que a Autoridade Policial possui na condução da investigação. Busca-se, imparcialmente, esclarecer os fatos com claro **objetivo de se colher a melhor verdade possível acerca desses.**

Diferentemente do Promotor de Justiça, o Delegado não é parte processual e, portanto, não tem o interesse para requerer medidas perante o juízo, mas sim de representar a respeito delas, expondo claramente as razões de fato e de direito e especificando, detalhadamente, a medida pela qual representa: investigativa ou de preservação de prova, de preservação de direitos, cautelares ou especiais, conforme analisamos anteriormente.

Desse modo, podemos traçar a seguinte diferenciação entre os termos "representar" e "requerer":

Representar	Requerer
Por meio da representação, demonstra-se a necessidade da medida ao magistrado.	**Por meio do requerimento, pede-se legalmente algo ao magistrado.**
Do indeferimento da representação, não é cabível recurso, apesar de ser possível formular ao juiz pedido de reconsideração, caso alterado o cenário em que o magistrado, inicialmente, indeferiu a medida.	Do indeferimento do requerimento, é possível recorrer da decisão.

Em um simplório conceito, **representação é o meio jurídico destinado a apresentar ao magistrado, fundamentadamente, a necessidade de cumprimento de determinada medida cautelar de natureza investigativa, preservativa de direitos, reais ou especiais.**

20.3 ESTRUTURA GENÉRICA DAS REPRESENTAÇÕES POLICIAIS

É evidente que a estrutura genérica abordada neste tópico não exclui a necessidade de observar as peculiaridades de cada uma das representações, as quais trataremos em cada capítulo de maneira detida, entretanto **todas seguirão este modelo como base**, razão pela qual alguns pontos apresentados neste capítulo serão repetidos nos capítulos vindouros de **maneira proposital.**

Com efeito, o objetivo da sistematização e criação de um modelo genérico de representação é justamente esse: apontar **elementos comuns** às **demais representações**, de forma que o leitor **repetirá seu estudo a cada peça**, fixando de maneira sólida a **estrutura padrão de uma representação e adicionando, conforme a medida, novos conhecimentos**. Objetiva-se, ademais, que o leitor possa estudar representações isoladas e pontuais sem a necessidade de sempre retornar a este capítulo para obter explicações basilares.

Dito isto, será abordada a estrutura genérica de uma representação policial, que perpassa por cinco **elementos básicos (obrigatórios)**:

1. **endereçamento;**
2. **preâmbulo;**
3. **síntese dos fatos;**
4. **fundamentos; e**
5. **pedido(s) e fechamento.**

Além desses, a depender do caso concreto, entre o "elemento obrigatório 1" - endereçamento e o "elemento obrigatório 2" - preâmbulo, devem ser adicionados **elementos eventuais:** 1) **medida sigilosa e urgente** e 2) **referência trazida pela questão (número do inquérito policial, por exemplo).**

Em caso de dúvida, e até mesmo **por precaução**, se a medida é ou não, por força de lei, **sigilosa e urgente, o candidato deve adicionar essa informação**, pois, caso não seja pontuado esse aspecto, o candidato não perderá pontos por colocar esse elemento, afinal é da própria essência da representação ser sigilosa (com raras exceções) e ser urgente, em razão do *periculum in mora*, como veremos adiante.

Com relação à **referência**, trata-se do número do inquérito policial e/ou ocorrência e/ou o número de distribuição do inquérito policial no Poder Judiciário.

O importante é que o candidato coloque exatamente como a questão trouxer, ou seja, se no texto estiver escrito "Inquérito Policial nº 9.748/2021 - 38ª DP", o candidato deve colocar entre o endereçamento e preâmbulo:

Referência: Inquérito Policial nº 9.748/2021 – 38ª DP

Sem abreviar.

Se o texto trouxer "I.P. nº 9.748/2021", o candidato deve colocar entre o endereçamento e preâmbulo:

Referência: I.P. nº 9.748/2021

Abreviando.

Ou seja, exatamente como a questão trouxer. Isso vale para os casos de existir referência ao número de ocorrência ou a qualquer outro número.

Muito cuidado para não errar o número trazido pela questão, pois isso pode gerar uma identificação de prova. Exemplifico: vamos imaginar que a questão traga a referência como Inquérito Policial nº 449988/2021 e você erre na hora de escrever e coloque:

Referência: I.P. nº 448888/2021

Isso pode gerar problema, portanto é importante que o candidato tenha bastante atenção.

Caso a questão não traga a informação de referência, **o candidato jamais deve criar dados**! O que se pode fazer é colocar entre o endereçamento e preâmbulo o seguinte:

Referência: Inquérito Policial

Observe que a informação deverá ser apresentada sem nenhum número nesses casos, uma vez que a própria questão não indicou nenhum número.

Vejamos de maneira gráfica:

Elementos eventuais

Medida sigilosa e urgente?

Referência

Estrutura da peça

Endereçamento

Preâmbulo

Da síntese dos fatos

Dos fundamentos

Do(s) pedido(s) e fechamento

Elementos obrigatórios

Já abordados os elementos eventuais de uma representação, abordaremos agora detidamente seus cinco elementos obrigatórios.

20.3.1 Endereçamento

Considerando que se trata de peça processual que pleiteia a concessão de medida à autoridade judicial, há de ser endereçada ao juiz competente para a análise da demanda.

Caso ainda não haja juiz prevento, o endereçamento deve ser feito simplesmente ao juiz da vara criminal (crimes comuns), ao juiz do tribunal do júri (crimes dolosos contra a vida), ao juiz da vara de violência doméstica (crimes envolvendo violência doméstica familiar) ou a outros, a depender do tipo de crime cometido e da organização judiciária do local onde se presta a prova. Assim, é interessante que o candidato conheça, ao menos superficialmente, a estrutura organizacional do Poder Judiciário do local em que presta o concurso, desde que cobrada no edital.

Caso já exista juízo prevento e a questão faça referência a esse fato, pode-se endereçar a representação diretamente a esse juízo.

A título de exemplo, no Distrito Federal temos as Varas do Tribunal do Júri e as Varas Criminais da Circunscrição Especial Judiciária de Brasília e das Circunscrições Judiciárias das Regiões Administrativas (Taguatinga, Ceilândia e Planaltina, por exemplo). Já nos Estados, geralmente se endereça a peça prática profissional da seguinte forma:

Excelentíssimo Senhor Juiz de Direito da ___ Vara Criminal da Comarca de xxxxxx.

No que concerne ao pronome de tratamento do juiz, indica-se que não se faça o uso de diversos tratamentos, por exemplo: "**Excelentíssimo Senhor Doutor Juiz de Direito**". Indica-se que use somente a expressão: "**Excelentíssimo Senhor Juiz**".[5]

Nos concursos para Delegado de Polícia Federal é necessário saber que existem Varas Federais que formam as Seções Judiciárias ou Subseções Judiciárias.

Vejamos o seguinte exemplo: caso o crime tenha ocorrido em Fortaleza, o candidato deve endereçar a representação ao Juiz Federal da __ Vara Federal da Seção Judiciária do Ceará.

De igual forma, com relação ao pronome de tratamento, basta utilizar "**Excelentíssimo Senhor Juiz Federal**".

Lembrando que, caso se esteja diante de crime apurado pela Polícia Federal, nos termos do art. 1º da Lei nº 10.446/2002 (quando houver repercussão interestadual ou internacional que exija repressão uniforme em crimes específicos), não há, geralmente, deslocamento de competência para a Justiça Federal. Nestes casos, portanto, o Delegado de Polícia Federal eventualmente representará ao Juiz de Direito Estadual.

É importante ressaltar que o Pacote Anticrime (Lei nº 13.964/2019) instituiu uma das mais significativas mudanças implementadas pelo referido projeto: **o juiz de garantias**.

Apesar da relevante mudança, a instituição dos juízes de garantia não ocorreu em razão da suspensão da eficácia do dispositivo por força de medida cautelar em ação direta de inconstitucionalidade. Portanto, até a manifestação sobre o mérito do tema pelo STF, não há aplicabilidade legal das previsões referentes ao juiz de garantias. Apesar disso, faremos breves explanações a respeito do tema.

Utilizaremos como referência explanações realizadas pelo professor Flávio Rolim e Marcelo Vieira, ambos Delegados de Polícia, quando da edição do referido pacote de alterações.

Indicamos a leitura desse dispositivo apenas para fins de aprofundamento, considerando que a eficácia dos dispositivos, até o fechamento desta obra, encontra-se suspenso.

20.3.2 Juiz das garantias

Por muito tempo a doutrina teceu duras críticas quanto ao sistema acusatório brasileiro, previsto no art. 129, I, da CF, que entregou ao Ministério Público a titularidade da ação penal, apresentando, ao menos em tese, separação da atividade de julgar, acusar e defender, própria dos sistemas acusatórios democráticos.

---

[5] Há de se ressaltar que o art. 319, I, do CPC/2015, aplicado analogamente ao processo penal, prevê que a petição (*mutatis mutandis*, a representação) deve ser endereçada ao juízo. Embora possamos concordar com essa afirmação, nenhum dos espelhos de correção das provas anteriores cobrou desta maneira, razão pela qual, até o presente momento, aconselhamos o candidato a endereçar sua peça ao Excelentíssimo Senhor Juiz de Direito.

O que parece ter passado despercebido (ou não) foi justamente um ponto central na distinção entre o sistema inquisitório (juiz inquisidor) e o sistema acusatório (juiz expectador), **a gestão da prova**.

Antes da reforma objeto da nossa análise, apesar da doutrina majoritária e da jurisprudência afirmarem que o sistema adotado no Brasil era o sistema acusatório, com base no art. 129, I, da CF/1988, o Código de Processo Penal delegava ao juiz amplos poderes probatórios, até mesmo antes de iniciada a ação penal, o que, na prática, representava um resquício do sistema inquisitório.

Não ingressaremos detidamente no estudo do juiz de garantias, ainda mais em razão de os dispositivos que tratam sobre suas atribuições encontrarem-se suspensos por força de medida cautelar proferida em ação direta de inconstitucionalidade.

Resumidamente, todos os atos relativos à investigação (fase pré-processual) sujeitam-se às atribuições do juiz de garantia, motivo pelo qual, caso estivessem em vigor, as representações elaboradas pelo Delegado deveriam ser endereçadas ao juiz de garantias.

Atenção

É importante ressaltar que, caso os dispositivos referentes ao juiz de garantias estivessem vigentes, o endereçamento das representações, elaboradas pelo Delegado de Polícia, deveriam ser endereçadas ao juiz de garantias, considerando que ele é o responsável pelo deferimento de medidas investigativas na fase inquisitorial.

A título de elucidação, vejamos o texto legal que define a competência do juiz de garantias:

> **Art. 3º-B.** O juiz das garantias é responsável pelo controle da legalidade da investigação criminal e pela salvaguarda dos direitos individuais cuja franquia tenha sido reservada à autorização prévia do Poder Judiciário, competindo-lhe especialmente:
>
> I – receber a comunicação imediata da prisão, nos termos do inciso LXII do caput do art. 5º da Constituição Federal;
>
> II – receber o auto da prisão em flagrante para o controle da legalidade da prisão, observado o disposto no art. 310 deste Código;
>
> III – zelar pela observância dos direitos do preso, podendo determinar que este seja conduzido à sua presença, a qualquer tempo;
>
> IV – ser informado sobre a instauração de qualquer investigação criminal;
>
> V – decidir sobre o requerimento de prisão provisória ou outra medida cautelar, observado o disposto no § 1º deste artigo;
>
> VI – prorrogar a prisão provisória ou outra medida cautelar, bem como substituí-las ou revogá-las, assegurado, no primeiro caso, o exercício do contraditório em audiência pública e oral, na forma do disposto neste Código ou em legislação especial pertinente;
>
> VII – decidir sobre o requerimento de produção antecipada de provas consideradas urgentes e não repetíveis, assegurados o contraditório e a ampla defesa em audiência pública e oral;

VIII – prorrogar o prazo de duração do inquérito, estando o investigado preso, em vista das razões apresentadas pela autoridade policial e observado o disposto no § 2º deste artigo;

IX – determinar o trancamento do inquérito policial quando não houver fundamento razoável para sua instauração ou prosseguimento;

X – requisitar documentos, laudos e informações ao delegado de polícia sobre o andamento da investigação;

XI – decidir sobre os requerimentos de:

a) interceptação telefônica, do fluxo de comunicações em sistemas de informática e telemática ou de outras formas de comunicação;

b) afastamento dos sigilos fiscal, bancário, de dados e telefônico;

c) busca e apreensão domiciliar;

d) acesso a informações sigilosas;

e) outros meios de obtenção da prova que restrinjam direitos fundamentais do investigado;

XII – julgar o *habeas corpus* impetrado antes do oferecimento da denúncia;

XIII – determinar a instauração de incidente de insanidade mental;

XIV – decidir sobre o recebimento da denúncia ou queixa, nos termos do art. 399 deste Código;

XV – assegurar prontamente, quando se fizer necessário, o direito outorgado ao investigado e ao seu defensor de acesso a todos os elementos informativos e provas produzidos no âmbito da investigação criminal, salvo no que concerne, estritamente, às diligências em andamento;

XVI – deferir pedido de admissão de assistente técnico para acompanhar a produção da perícia;

XVII – decidir sobre a homologação de acordo de não persecução penal ou os de colaboração premiada, quando formalizados durante a investigação;

XVIII – outras matérias inerentes às atribuições definidas no *caput* deste artigo.

§ 1º O preso em flagrante ou por força de mandado de prisão provisória será encaminhado à presença do juiz de garantias no prazo de 24 (vinte e quatro) horas, momento em que se realizará audiência com a presença do Ministério Público e da Defensoria Pública ou de advogado constituído, vedado o emprego de videoconferência.

§ 2º Se o investigado estiver preso, o juiz das garantias poderá, mediante representação da autoridade policial e ouvido o Ministério Público, prorrogar, uma única vez, a duração do inquérito por até 15 (quinze) dias, após o que, se ainda assim a investigação não for concluída, a prisão será imediatamente relaxada.

Outro ponto digno de nota é a atual redação conferida ao art. 319 do CPC, vejamos:

Art. 319. A petição inicial indicará:

I – o juízo a que é dirigida; (...)

Assim, conforme as disposições do novo Código de Processo Civil, a petição inicial deveria ser encaminhada ao juízo a fim de garantir maior impessoalidade, contudo, considerando os padrões de respostas apresentados em provas anteriores, mesmo posteriores à edição do novo Código de Processo Civil, preferimos manter o endereçamento ao juiz, conforme apontado anteriormente.

20.3.3 Preâmbulo

Preâmbulo nada mais é do que a parte introdutória que apresenta assunto principal da representação.

Assim, o preâmbulo é a parte introdutória da representação policial responsável por demonstrar a legitimidade daquele que representa o fundamento legal para a decretação da medida e o nome da peça.

No preâmbulo, portanto, há três objetivos que o candidato deve cumprir:

1. Apresentar-se como Autoridade Policial legitimada para a prática do ato. Neste momento, é essencial que o candidato indique, além do fundamento constitucional, a Lei nº 12.830/2013, que outorga a prerrogativa investigativa à Autoridade Policial. Caso haja alguma legislação local cobrada que legitime o Delegado de Polícia, deve também ser apontada.
2. Trazer a fundamentação legal do instituto pelo qual se representa.
3. Dizer o nome da representação realizada. Vejamos o exemplo indicado a seguir:

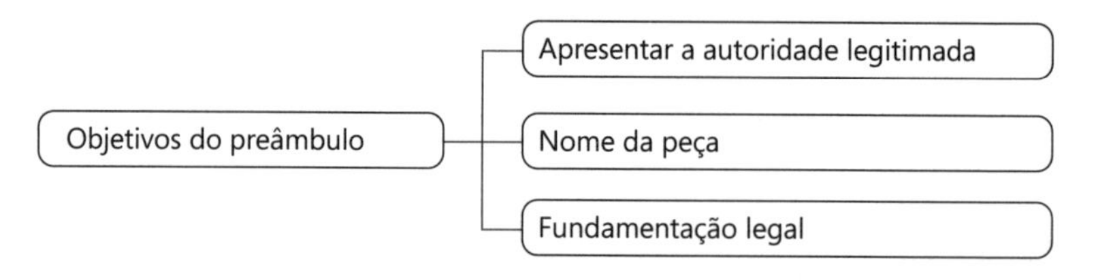

Com relação ao preâmbulo, apresentaremos um padrão que deverá ser seguido pelo candidato quando da elaboração da representação. Deve-se ter bastante cuidado para não apresentar dados pessoais do concursando ou mesmo informações não contidas no enunciado da questão; essas condutas poderão gerar desclassificação por identificação da prova.

Vamos a um padrão que poderá ser utilizado em todas as representações.

O Delegado de Polícia, o qual assina ao final, no uso de suas atribuições constitucionais e legais, sobretudo o art. 144, § 4º, da Constituição Federal e o art. 2º, § 1º, da Lei nº 12.830/2013 (se houver legislação local, a exemplo de dispositivo da Constituição Estadual, colocar aqui), com fulcro no art. 2º, *caput*, da Lei nº 7.960/1989, vem à presença de Vossa Excelência oferecer representação por **prisão temporária pelo prazo de 5 (cinco) dias** de (indicação do nome do investigado e dados de qualificação trazidos pela questão), pelos fundamentos de fato e de direito a seguir expostos.

Outra forma:

O Delegado de Polícia Federal, ao final assinado, no uso de suas atribuições constitucionais e legais, sobretudo o art. 144, § 1º, I, da Constituição Federal e o art. 2º, § 1º, da Lei nº 12.830/2013, com fundamento no art. 3º, I, da Lei nº 9.296/1996, que regulamentou o inciso XII, parte final, do art. 5º da Constituição Federal, vem perante Vossa Excelência representar pela **interceptação de comunicações telefônicas e quebra de sigilo de dados cadastrais e de extratos** dos terminais vinculados a (indicação do nome do investigado e dados de qualificação trazidos pela questão).

Repare que, por questões didáticas, ressaltamos em negrito o nome da peça. No entanto, o candidato em sua prova não deve tentar realizar qualquer destaque. O máximo que se permite é colocar o nome da peça com letras maiúsculas.

Muito cuidado com o seguinte ponto: **a representação deve ser realizada em nome do Delegado de Polícia,** e não da instituição Polícia Civil ou Polícia Federal. Observe que, diferentemente do que ocorre com relação ao Ministério Público, o Delegado de Polícia não se constitui como órgão, mas insere-se no conceito de agente integrante dos órgãos policiais, Polícias Civis ou Polícia Federal. Por esse motivo, a representação deve ser realizada em nome do cargo de Delegado de Polícia.

Ademais, caso a representação fosse realizada em nome da instituição policial, não faria sentido a indicação dos dispositivos previstos na Lei nº 12.830/2013, que é o estatuto do Delegado de Polícia.

20.3.4 Síntese dos fatos

A **síntese dos fatos,**[6] conforme já analisamos anteriormente, trata-se do ponto comum entre as peças internas e externas. Em ambas as hipóteses, o candidato deverá reservar determinado tópico para a descrição dos fatos que fundamentam a medida.

Algumas informações são bastante importantes a esse respeito. Vejamos:

a. Normalmente, o examinador não confere muitos pontos à descrição fática realizada pelo candidato. Contudo esse tópico fornece toda a lógica à estrutura da peça, motivo pelo qual sua confecção ganha relevo.

b. Não se deve copiar *ipsis litteris* o enunciado da questão. O candidato deverá demonstrar a capacidade de síntese, pois na maioria dos casos o espaço da folha de resposta não comporta elementos desnecessários na descrição dos fatos.

c. Não se deve criar fatos não citados pelo examinador.

d. É necessário objetividade, com prevalência à transcrição de fatos que serão relevantes para a autoria, materialidade do crime e todas as suas circunstâncias relevantes para a apuração.

e. O candidato deverá ressaltar os fatos que possuem relação com a fundamentação jurídica analisada a seguir.

---

6 Pode também ser chamado de "sinopse dos fatos", "do resumo fático", "dos fatos" ou qualquer outro nome semelhante.

Assim, o nosso leitor deve se atentar para aqueles fatos que possuam relação com a medida pleiteada, exercitando a sua capacidade de síntese. Devem ser indicados os pontos que serão relevantes para que o magistrado decida a respeito do feito. Aqueles fatos que nada contribuem à investigação ou que em nada se correlacionem com a medida pleiteada não precisam estar expostos na síntese dos fatos como elemento integrante da representação.

Na descrição dos fatos, o candidato deve ter como parâmetro o conhecido **Heptâmetro de Quintiliano** e buscar responder aos seguintes questionamentos:

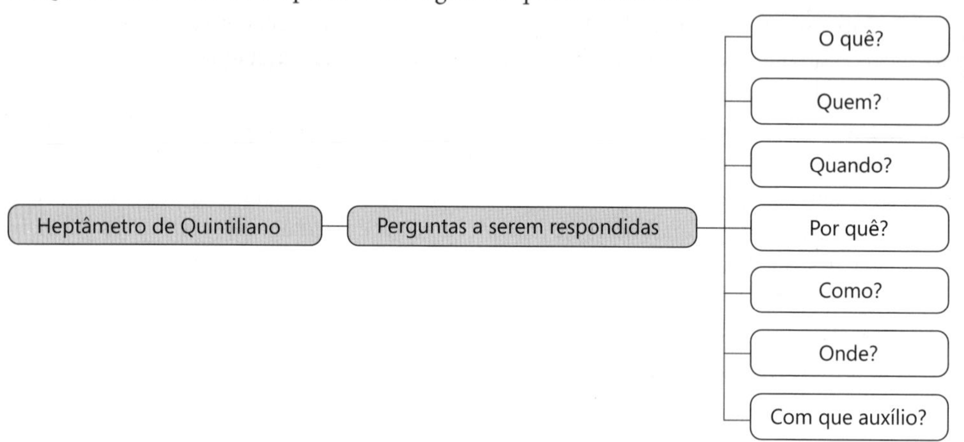

Respondidas essas perguntas, da forma mais objetiva possível, o candidato estará no rumo certo para a confecção de uma ótima peça. Vejamos na prática como funciona.

A questão a seguir foi cobrada na prova para o cargo de Delegado de Polícia Civil do Estado do Tocantins, em 2014. Trata-se de peça simples.

Decifrando a prova

(2014 – Aroeira – PC/TO – Delegado) Peça técnico-profissional – J. C., primário e de bons antecedentes, responde, em liberdade, a inquérito policial por suposta prática do crime de estelionato, na modalidade de fraude no pagamento por meio de cheque (art. 171, § 2º, VI, Código Penal), contra a vítima I.

O cheque, devolvido por ausência de fundos, encontra-se juntado aos autos do inquérito. Chegou ao conhecimento da Autoridade Policial, todavia pelos depoimentos da vítima e das testemunhas A. V. e P. A., que J. C. estaria rondando o bairro em que se deram os fatos, em atitude claramente ameaçadora. Na condição de Delegado de Polícia responsável pelo caso, represente à autoridade competente pela decretação da prisão provisória cabível na hipótese apresentada.

A narrativa fática é bem simples. Vejamos um exemplo de como poderia ser apresentada acerca da situação em questão. Neste momento, não se preocupe em saber qual foi a peça correta apontada pelo examinador, preocupe-se apenas em **descrever os fatos de forma clara, objetiva e concisa.**

Atente-se para **não criar fatos novos**, bem como para não deixar de incluir elementos essenciais à confecção dos fundamentos da peça prática.

Sinopse dos fatos

Conforme consta dos autos do Inquérito Policial acima mencionado, esta Autoridade Policial tomou conhecimento da prática de crime de estelionato, praticado mediante fraude, delito tipificado no art. 171, § 2º, VI, do Código Penal Brasileiro. A prática delituosa foi perpetrada por J. C., o qual é alvo da investigação deste instrumento investigativo.

J. C. encontra-se atualmente em liberdade, contudo a Autoridade Policial tomou conhecimento, por meio das declarações da vítima, I. A., e das testemunhas, A. V. e P. A., que o investigado estaria rondando o bairro em que a vítima e as testemunhas residem em atitude claramente ameaçadora.

A materialidade delitiva está comprovada por meio do cheque devolvido por ausência de fundos, juntado aos autos do inquérito (fl. do inquérito). Também há indícios suficientes de autoria considerando os depoimentos prestados pela vítima e testemunhas do delito.

Veja que, nesse pequeno texto, diversas informações relevantes foram apresentadas ao examinador:

- **a.** referência ao instrumento investigativo já instaurado;
- **b.** referência à tipificação do delito e indicação do dispositivo legal;[7]
- **c.** autoria;
- **d.** materialidade;
- **e.** vítimas;
- **f.** testemunhas;
- **g.** descrição do fato efetivamente praticado: "rondando o bairro em atitude ameaçadora".

Ocorre que, por vezes, o examinador não é tão sucinto quanto aos fatos, como o foi na prova do Estado do Tocantins.

Decifrando a prova

(2016 – Funcab – PC/PA – Delegado) Após atender a um telefonema, Gualberto ouve o interlocutor dizer que sequestrou seu filho e que apenas o libertará se Gualberto depositar a quantia de R$ 10.000,00 em determinada conta-corrente. Desconfiando de um golpe, Gualberto simula que a ligação foi interrompida por insuficiência de sinal, aproveitando para rapidamente telefonar para o filho. Após se certificar de que este estava seguro na casa da namorada e que em momento algum fora sequestrado, Gualberto torna a receber ligações do falso

[7] Nesse ponto, basta referência ao dispositivo. O desenvolvimento da ideia a respeito da tipificação deve ser feito na fundamentação, especificamente quando da análise do *fumus comissi delicti*.

> sequestrador, optando por não mais atendê-las. Não obstante, Gualberto compareceu à Delegacia de Polícia da localidade e noticiou o fato, o que gerou um inquérito policial (portaria às fls. 02 do inquérito). Com base nas informações repassadas, a saber, linha telefônica usada pelo falso sequestrador para contato e conta-corrente indicada para depósito, o Delegado de Polícia representou por quebras de sigilo telefônico (fl. 15) e bancário (fl. 17). As informações coletadas (juntadas às fls. 25 e 30), assim como as declarações reduzidas a termo (fls. 35, 37, 43, 48, 55 e 60 e demais documentações pertinentes, revelaram que Matias, Nereu e Lindomar, de forma estável e permanente, previamente ajustados, praticavam o golpe com regularidade. Matias era o responsável pelas ligações, ao passo que Nereu cedia a conta bancária para depósitos. Já Lindomar selecionava as vítimas que serviam de alvos para os coparticipantes.
>
> Assim, os envolvidos foram formalmente indiciados (fl. 70), porém não foram ouvidos, pois, sabedores que eram investigados, passaram a evitar a ação do poder público, escondendo-se (o que pode ser observado nos mandados de intimação cuja entrega restou frustrada, acostados às fls. 72-74). A investigação deixa evidente, contudo, que mesmo escondidos os envolvidos se preparavam para novos golpes (consoante informação policial de fl. 75). Saliente-se que os envolvidos – ora indiciados – souberam da investigação porque Gualberto divulgou o fato em uma rede social, o que gerou intenso clamor público após a repercussão da postagem em um jornal local, com protestos diários pela prisão dos envolvidos (fato documentado à fl. 87). Considerando que, na avaliação do Delegado de Polícia, o feito já pode ser relatado e encaminhado ao juízo competente; e considerando a subsunção normativa a ser dada aos comportamentos verificados (a qual deve ser explicitada pelo candidato), elabore a representação por medida cautelar pertinente ao caso apresentado.

Observe que nessa prova a quantidade de informações foi bem maior, contudo, **o candidato não deve se assustar**. A primeira leitura tende a espantar um pouco e dificilmente se saberá apontar, de pronto, qual será a peça cabível – inclusive aconselhamos que não o faça de maneira automática, sem maior reflexão.

Proceda à leitura dos fatos mais de uma vez, **grifando e destacando** todos os **dados conhecidos do Heptâmetro de Quintiliano.**

Destaque ainda os **pontos importantes** a respeito da **conduta criminosa**, **autoria**, **materialidade**, **vítima** e qualquer circunstância que possa servir de fundamento para a sua peça prática.

Por enquanto, preocupe-se com a descrição fática.

Com relação à escolha da peça correta, nós nos preocuparemos em outro momento.

Na leitura, tente tipificar **mentalmente** o delito, pois essa tipificação será importante na fundamentação da peça. Na descrição fática, até pode ser feita referência à tipificação, contudo é indicável que o desenvolvimento a respeito da tipificação dos fatos seja realizado na fundamentação da peça, especificamente quando das tratativas a respeito do *fumus comissi delicti.*

Assim, apresenta-se uma proposta a respeito da descrição fática requerida na presente peça profissional.

Sinopse dos fatos

Trata-se de inquérito policial instaurado mediante portaria (fl. 02). O instrumento investigativo tem por objetivo investigar e elucidar os crimes de tentativa de extorsão majorada pelo concurso de agentes, na forma prevista no art. 158, § 1º, do Código Penal em concurso com o delito de associação criminosa, prevista no art. 288 também do referido diploma.

Consta dos autos as declarações prestadas pela vítima Gualberto, nas quais relata que, após atender a um telefonema, ouviu o interlocutor dizer que havia sequestrado seu filho e que apenas o libertaria se o familiar depositasse a quantia de R$ 10.000,00 em determinada conta corrente.

Desconfiando de um golpe, o declarante simulou que a ligação foi interrompida por insuficiência de sinal, aproveitando para rapidamente telefonar para o filho. Após se certificar de que este estava seguro na casa da namorada e que em momento algum fora sequestrado, Gualberto tornou a receber ligações do falso sequestrador, porém não as atendeu.

Diante da narrativa fática apresentada pela vítima, a qual se configura em tese como crime de extorsão na modalidade tentada, conduta tipificada no art. 158, § 1º, do Código Penal brasileiro, combinado com o art. 14, II, do mesmo diploma, foi instaurado este instrumento investigativo com o fito de elucidar os fatos.

Foram colhidas, em depoimento (fls. XX), informações a respeito da linha telefônica usada pelo falso sequestrador para contato e a conta corrente indicada para depósito. Considerando esses elementos, o Delegado de Polícia representou por quebras de sigilo telefônico (fls.15) e bancário (fls. 17).

Em continuidade às ações investigativas, foram coletadas informações (juntadas às fls. 25 e 30), declarações (fls. 35, 37, 43, 48, 55 e 60), além de documentações pertinentes, as quais revelaram que Matias, Nereu e Lindomar, de forma estável e permanente, previamente ajustados, praticavam o golpe com regularidade, o que denota a prática do delito de associação criminosa, tipificado no art. 288 do Código Penal brasileiro. Observa-se que não se trata meramente de concurso de agentes, considerando a estabilidade, permanência e organização das atividades criminosas desenvolvidas.

Foi constatado que Matias era o responsável pelas ligações, ao passo em que Nereu cedia a conta bancária para depósitos. Já Lindomar selecionava as vítimas que serviam de alvos para os coparticipantes. Diante desses fatos, ocorreu o indiciamento dos investigados (fls. 70), contudo não foram ouvidos, pois, sabedores que eram investigados, passaram a evitar a ação do poder público, escondendo-se (nos mandados de intimação, cujas entregas restaram frustradas). A investigação deixa evidente, contudo, que mesmo escondidos os envolvidos se preparavam para novos golpes (consoante informação policial de fls. 75).

Saliente-se que os envolvidos – ora indiciados – souberam da investigação pois Gualberto divulgou o fato em uma rede social, o que gerou intenso clamor público após a repercussão da postagem em um jornal local, com protestos diários pela prisão dos envolvidos (fato documentado às fls. 87).

Nessa prova, especificamente, o examinador outorgou 0,3 pontos de um total de 6.0 pontos para o candidato que fizesse a **correta, clara, concisa e objetiva descrição dos fatos**.

O leitor poderia se indagar: não é muito pouco? Concordamos que sim, contudo é importante relembrar que, apesar da quantidade de pontos concedidos especificamente a esse tópico da peça prática, a descrição fática é extremamente importante para a coesão entre todos os outros elementos estruturantes. De modo que, quando o candidato faz uma correta descrição, ele ganha os 0,3 décimos, porém, quando a descrição não é adequada, ele perde muito mais.

20.3.5 Dos fundamentos

Nesse ponto da representação, o candidato deverá demonstrar os fundamentos jurídicos para a concessão da medida. Esse ponto, sem dúvida, é um dos que possuem maior relevância para a representação policial realizada pelo Delegado de Polícia.

Pode-se iniciar, caso deseje, realizando um **breve** apanhado teórico acerca da medida que se está pleiteando. Pode-se usar um texto padrão já elaborado anteriormente e mentalmente pelo candidato para que não perca tempo durante a prova.

Apresenta-se uma forma genérica que poderá ser seguida pelo candidato para discorrer sobre o instituto representado – e também sobre o assunto trabalhado – no momento inicial da confecção da fundamentação jurídica:[8]

a. fundamentação legal e constitucional (se houver), já dita no preâmbulo;
b. doutrina;
c. relacionar princípio(s);
d. jurisprudência atualizada sobre a situação, sobretudo em caso de estar a situação em voga nos tribunais e/ou houver entendimento sumulado;
e. expressão jurídica, sobretudo que se refira à origem do instituto.

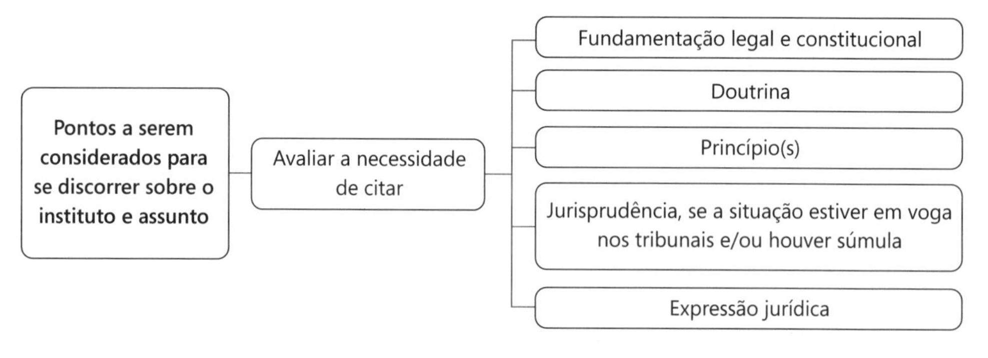

Trata-se de uma sugestão, logicamente a inserção de um ou outro elemento dependerá diretamente do caso sob análise e do número de linhas que a prova dispuser para resposta.

Na fundamentação, o candidato deverá indicar tanto os requisitos e pressupostos genéricos quanto aqueles específicos para a concessão de cada uma das medidas pleiteadas.

Os pressupostos genéricos são comuns a todas as medidas cautelares investigativas, motivo pelo qual a Autoridade Policial deve demonstrar ***fumus comissi delicti*** e ***periculum in***

[8] Aconselha-se, nas provas com maior número de linhas, discorrer sobre institutos mais novos na ordem jurídica, a exemplo da infiltração virtual.

mora – ou, quando estivermos a tratar de medidas prisionais cautelares, *periculum libertatis* –, além da **proporcionalidade** da medida.

Já no que concerne aos requisitos e pressupostos específicos, esses serão tratados detalhadamente em cada um dos capítulos seguintes, a depender da medida.

Desse modo, em todos os pedidos cautelares realizados pelo Delegado de Polícia, o candidato deverá demonstrar os pressupostos genéricos da concessão de cautelares. Inicialmente, o Delegado deve demonstrar ao magistrado que há efetivamente a prática de um crime a ser apurado, conjugado à existência de indícios de autoria (***fumus comissi delicti***).

Observe que, nesse ponto, haverá a conjugação entre a descrição fática acima realizada e a indicação da prova da materialidade do crime e indícios de autoria. Por isso, na descrição fática o Delegado de Polícia deverá ressaltar aquilo que servirá como base aos fundamentos jurídicos. O candidato deverá descrever concretamente (por meio de dados da questão), em que se funda a prova da **materialidade do crime**, fazendo referência a eventuais exames periciais e outros elementos atestadores da materialidade do crime.

Esse é o **momento adequado para a tipificação crime.**[9] Ora, provar a existência do crime é provar que o fato existiu e que esse fato é definido como crime, sendo essa a razão da tipificação, que geralmente é cobrada no espelho de correção da prova, a exemplo dos concursos para Delegado de Polícia Federal de 2013, 2018 e 2021, dentre muitos outros.

Nesse momento, é importante que o candidato faça referência ao artigo de Lei, caso se recorde, assim como eventuais súmulas correlacionadas ao assunto.

No caso em questão, dever-se-ia realizar a seguinte análise: em nosso exemplo, trata-se do delito de extorsão, majorado pelo concurso de agentes (art. 158, § 1º, do CP) em concurso com o delito previsto no art. 288, do mesmo diploma. Atualmente, é pacificado que a conduta de exigir valores mediante falso sequestro se amolda a conduta prevista no art. 158 do CP. Nesse sentido, vejamos o posicionamento do Superior Tribunal de Justiça:

Jurisprudência destacada

Extorsão mediante falso sequestro. Prisão em flagrante convertida em preventiva. Garantia da ordem pública. *Modus operandi* revelador da periculosidade social do recorrente e da gravidade concreta da conduta. Constrangimento ilegal não caracterizado. Recurso improvido.

1. Sabe-se que o ordenamento jurídico vigente traz a liberdade do indivíduo como regra. Desse modo, antes da confirmação da condenação pelo Tribunal de Justiça, a prisão revela-se cabível tão somente quando estiver concretamente comprovada a existência do *periculum libertatis*, sendo impossível o recolhimento de alguém ao cárcere caso se mostrem inexistentes os pressupostos autorizadores da medida extrema, previstos na legislação processual penal.

---

[9] Caso a questão trate de crime cuja ação penal é condicionada à representação, o candidato deve fazer referência à representação oferecida pela vítima e que esta foi realizada no prazo legal. O mesmo raciocínio se aplica, *mutatis mutandis*, a crimes cuja ação penal é privada.

> 2. Na espécie, a medida extrema foi imposta em razão da periculosidade social do recorrente e da gravidade concreta do delito – extraídas do *modus operandi* utilizado –, já que salientou o Magistrado de piso ter o recorrente se aproveitado "**da vulnerabilidade de pessoas idosas para extorqui-las, sob ameaça de causar mal a filha, imprimindo completo desespero às vítimas, que temiam pela vida da filha**". Portanto, a custódia preventiva está justificada na necessidade de garantia da ordem pública.
>
> 3. Recurso improvido (RHC nº 100.395/MG, rel. Min. Antonio Saldanha Palheiro, 6ª T., *DJe* 30.08.2018).

A doutrina majoritária também se posiciona, apesar da divergência, no sentido de admitir a possibilidade de concurso de crimes entre extorsão majorada pelo concurso de agentes e o delito de associação criminosa, previsto no art. 288 do Código Penal brasileiro.

Do mesmo modo, o candidato já deveria indicar se o delito foi praticado na modalidade tentada ou consumada. Apesar da divergência a respeito do tema, o examinador considerou que o delito foi praticado na modalidade tentada.

Já no que concerne **aos indícios de autoria**, o Delegado deverá apontar, concretamente, em que se funda a suspeita a respeito da autoria do delito em investigação. A título de exemplo, se houver reconhecimento do autor do delito por parte da vítima, deve-se ressaltar a existência de auto de reconhecimento. Se houver exame de DNA que aponte para determinado autor, o Delegado deverá destacar esse fato, demonstrando, dessa forma, concretamente a existência de indícios a respeito da autoria.

Podemos estruturar o ***fumus comissi delicti*** da seguinte forma:

- **a.** Primeiro indique a materialidade do delito. Lembrando que esses elementos devem estar provados. Ressalte na peça a existência de eventuais laudos periciais.
- **b.** O(s) crime(s) deve(m) ser tipificado(s).
- **c.** Posteriormente, indique os indícios suficientes de autoria: quais fatos indicam que aquele suspeito pode ter cometido o delito. De forma mais técnica, qual a justa causa para o indivíduo estar sendo investigado e como as investigações apontam para a autoria dele.

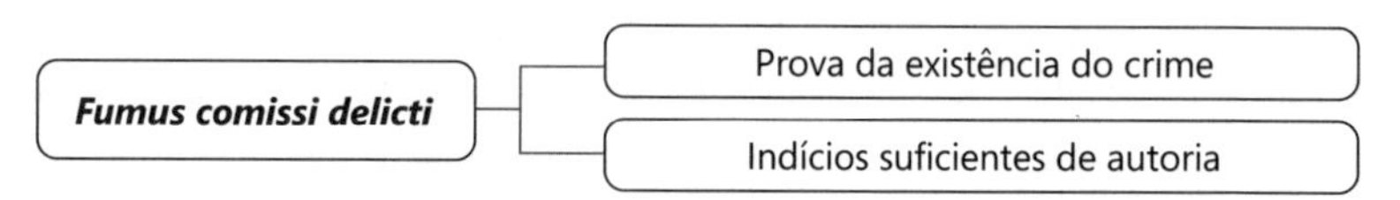

Atenção

Não se deve criar fatos não narrados pelo examinador.

Lembre-se de que todas as medidas cautelares são excepcionais e devem se mostrar **proporcionais** ao caso concreto, motivo pelo qual deve-se apresentar fundamento robusto sob pena de indeferimento da medida ou, em provas de concursos, a obtenção de pontuação insatisfatória. Outras medidas menos gravosas devem ser afastadas.

Ao que se refere ao ***periculum in mora***, o candidato deve ressaltar o "risco do tempo" ao elemento que se busca colher ou direito que se visa a preservar. Em outras palavras, deve demonstrar que a concessão daquela medida é urgente sob pena do perecimento do elemento informacional que se busca angariar com a investigação ou até mesmo um direito que pode perecer.

Vejamos alguns exemplos:

> Em um pedido de busca e apreensão, o Delegado de Polícia deve demonstrar a urgência e necessidade concreta para a concessão daquela medida, sob pena de ver exterminado o elemento que se busca colher.
>
> Em um pedido prisional, deve-se demonstrar concretamente o risco que a liberdade do agente ocasiona à investigação, a integridade da vítima ou mesmo à garantia da aplicação da lei penal.
>
> Em um pedido de interceptação telefônica, deve demonstrar a imprescindibilidade da medida e o risco de que se aqueles elementos não forem colhidos agora, não será possível a sua colheita posteriormente.

Em palavras simples, deve-se demonstrar o risco da impossibilidade da colheita do elemento informacional relevante para a investigação, traduzindo-se em medida urgente, por isso pleiteada cautelarmente.[10] **Deve-se deixar claro que ausência da colheita do elemento que se busca gerará, provavelmente, dano grave e irreparável para a investigação ou, a depender da situação, de bens ou direitos.**

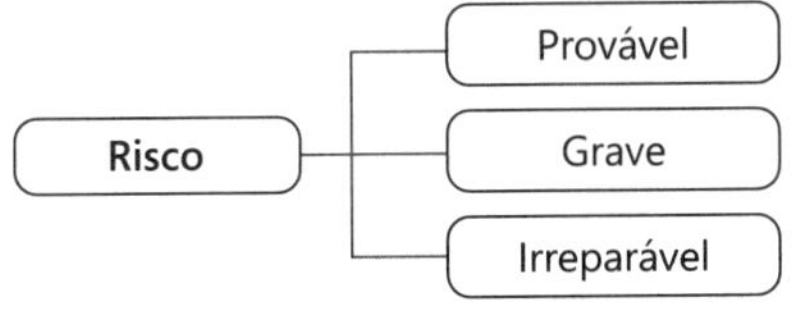

Especificamente com relação às medidas **cautelares prisionais**, o *periculum in mora se* traduz no risco que a liberdade do agente ocasiona às investigações (prisão temporária), ao processo (prisão preventiva) ou direitos (preventiva). Trata-se do ***periculum libertatis***. Estudaremos nos capítulos seguintes os fundamentos de uma e de outra medida.

Observe que nas medidas cautelares prisionais, a fundamentação se encontra vinculada às hipóteses legalmente previstas, motivo pelo qual o candidato deverá articular a respeito do cabimento de uma ou de outra medida, levando em consideração as determinações legais a respeito de cada uma das hipóteses de medida cautelar.

A título de exemplo, nas hipóteses de prisão preventiva, o candidato deverá demonstrar um dos seguintes elementos, conforme dispositivo legal analisado:

---

[10] Nas cautelares investigativas.

> **Art. 312.** A prisão preventiva poderá ser decretada como **garantia da ordem pública, da ordem econômica, por conveniência da instrução criminal** ou **para assegurar a aplicação da lei penal**, quando houver prova da existência do crime e indício suficiente de autoria e de perigo gerado pelo estado de liberdade do imputado. (Redação dada pela Lei nº 13.964, de 2019.) (grifos nossos).

Vejamos a estruturação do dispositivo:

Fumus comissi delicti	*Periculum libertatis*
◆ Prova da materialidade do crime. ◆ Indícios suficientes de autoria.	◆ Perigo gerado pelo estado de liberdade do imputado. Nos casos de prisão preventiva, o perigo de liberdade pode fundamentar-se na: ◇ garantia da ordem pública; ◇ garantia da ordem econômica; ◇ conveniência da instrução criminal; ◇ necessidade de assegurar a aplicação da lei penal.

Como já ressaltamos, os fundamentos específicos para a concessão de cada uma das cautelares investigativas serão analisados dentro do respectivo capítulo, mas em todos eles será observada a necessidade de demonstração do ***fumus comissi delicti*** e do ***periculum in mora*** (ou ***periculum libertatis***) e **proporcionalidade**.

20.3.6 Do(s) pedido(s) e fechamento

a. Pedido

A título de reforço, repetimos: a representação não se trata propriamente de um requerimento ou pedido, contudo, considerando que a prática cartorária-policial consagrou o uso da expressão, decidimos mantê-la neste trabalho, apesar das críticas anteriormente citadas.

Indicamos também a utilização de um modelo padrão de pedido, o qual variará conforme o pedido da medida cautelar e o fundamento específico da medida, conforme analisado anteriormente no quadro-resumo. Ressaltamos a importância de o candidato conhecer os fundamentos legais de todas as medidas, isso facilitará muito o trabalho do nosso leitor no momento da confecção da peça prática profissional.

Caso legalmente se exija a manifestação do membro do Ministério Público, o candidato **deverá** fazer referência a essa necessidade. **Por cautela**, no entanto, sugerimos que **sempre coloque**, pois esse elemento já foi cobrado no espelho de correção mesmo sem a previsão legal da exigência, a exemplo do concurso para o Cargo de Delegado de Polícia Civil da PC/MS, de 2017.

Podemos citar o seguinte modelo:

"Por todo o exposto, com fulcro no art. 2º, *caput*, da Lei nº 7.960/1989, representa esta Autoridade Policial pela **prisão temporária pelo prazo de 5 (cinco dias)** de (indicação do nome do investigado e dados de qualificação trazidos pela questão), após a oitiva do membro do Ministério Público".

Note-se que é facultativo o uso da expressão: **nesses termos, pede deferimento**. Conforme já ressaltamos, não se trata a representação efetivamente de um pedido, motivo pelo qual não indicamos o uso da expressão, contudo é muito comum na prática e, efetivamente, apresenta a ideia de encerramento da representação.

b. Fechamento

Por fim, o **fechamento** efetiva-se da seguinte maneira, fazendo referência:

- ao local e à data;
- à expressão "Delegado de Polícia";[11]
- à lotação (se a questão trouxer).

Trata-se de fase simples, contudo devemos apresentar algumas ressalvas:

- **Com relação à data e ao local, deve-se efetivamente escrever a expressão "local e data".** Caso a questão apresente o local em que os fatos ocorreram poder-se-ia utilizar como referência o local apresentado na questão. Não se deve utilizar o local da prova ou a data da prova, salvo, logicamente, se forem as mesmas apresentadas na questão.
- **Com relação ao uso do termo "Delegado de Polícia"**, deve-se fazer referência ao uso da expressão no masculino, salvo se a questão especificar que quem conduz a investigação é uma mulher. Não se trata de preferência de gênero, mas de cautela para não identificar sua prova.
- **Com relação à lotação, deve-se utilizar a expressão "lotação".** Caso a questão apresente a lotação, o candidato poderá especificá-la.

20.4 ESCOLHENDO A PEÇA ADEQUADA DAS REPRESENTAÇÕES POLICIAIS

Sem dúvida, uma das maiores preocupações dos candidatos em concursos públicos para o cargo de Delegado de Polícia, na fase relativa à peça prática profissional, é acertar a peça idealizada pelo examinador.

Apesar de, na grande maioria das vezes, a escolha da peça errada não gerar a eliminação automática do candidato, impossibilita a obtenção de nota satisfatória.

Vejamos um exemplo: imaginemos que a peça adequada seria a representação por prisão preventiva, mas o candidato elaborou uma representação por prisão temporária. Embora neste caso o endereçamento seja o mesmo, o candidato errará dois dentre os três objetivos do preâmbulo (nome da peça e fundamentação legal desta). Passando para a sinopse dos fatos, nada mudará, mas errará a fundamentação jurídica e o pedido a ser formulado.

---

11 Excepcionalmente, caso a questão traga o nome do Delegado de Polícia, esse nome deve constar.

Assim, uma ferramenta muito útil para identificar a peça prática a ser elaborada é **conhecer a fase investigativa em que se situa**. A título de exemplo, se a prova narra situação fática criminosa, indica possíveis autores, vítimas e diversas outras informações relacionadas ao delito, mas não faz nenhuma referência à existência de investigação em curso, o candidato, antes de qualquer medida, deverá se preocupar em instaurar o procedimento investigativo, motivo pelo qual, muito provavelmente, a peça devida será uma portaria.

Por outro lado, se a investigação já começou, já houve a colheita de elementos robustos a respeito da autoria e da materialidade do delito, contudo a liberdade do investigado obsta a continuidade das investigações, muito provavelmente a representação de uma prisão temporária.

Notadamente, se o enunciado narra uma investigação que se iniciou, desenvolveu-se completamente e está pendendo apenas de encerramento, será a confecção de relatório final.

Algumas informações, como a **tipificação do crime**, podem ser utilizadas não diretamente para identificar a peça correta, mas para **eliminar a peça errada**. A título de exemplo, se estivermos diante de uma investigação de furto simples, não será admissível prisão temporária, ante ausência do delito no rol taxativo previsto na norma que rege a matéria.

Ainda exemplificando, caso esteja diante de investigação de delito punido com pena de detenção, não seria possível a interceptação telefônica, considerando que a medida somente é cabível nos delitos apenados com reclusão.

A fim de sanar eventual dúvida do candidato no momento da escolha da peça prática, indicamos o seguinte método, que consiste em:

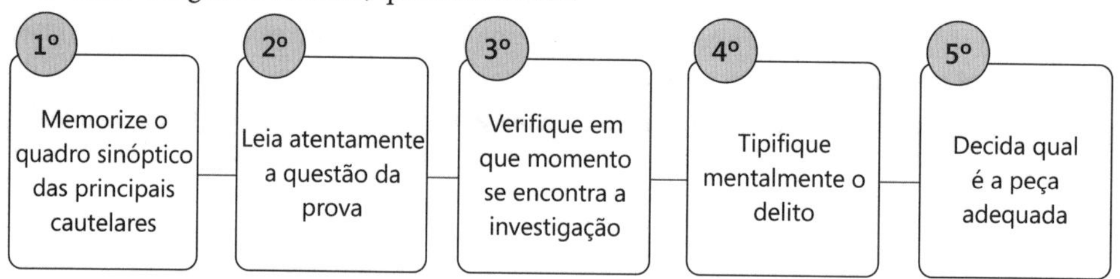

Teceremos algumas observações a respeito de cada uma das fases indicadas:

- **a.** memorizar o quadro sinóptico das principais cautelares (trazido no início do presente capítulo);
- **b.** ler atentamente a questão da prova;
- **c.** verificar em que momento se encontra a investigação;
- **d.** tipificar mentalmente o delito;
- **e.** decidir qual a peça adequada.

Vejamos agora o modelo genérico de representação que deverá ser seguido em todas as outras representações que estudaremos.

20.5 MODELO GENÉRICO DE REPRESENTAÇÃO POLICIAL

Uma vez decidida a peça a ser realizada, o ideal é que o candidato se recorde de cada uma das peculiaridades das representações que trataremos nos capítulos seguintes, mas pode ocorrer que, em razão do número expressivo de peças, o leitor não se lembre. Neste caso, recomendamos a utilização do seguinte modelo genérico, o qual deve necessariamente abarcar os elementos essenciais das representações policiais, conforme visto anteriormente.

Existem muitos modelos que podem ser seguidos, mas considerando a pesquisa de avaliação de espelho das provas anteriores, adotamos um modelo extremamente simples, que pode ser adaptado para qualquer representação.

Com a prática, o leitor acabará memorizando sua estrutura e vai se sentir à vontade até para fazer pequenas adaptações para torná-la mais personalizada, se quiser.

Não existe um padrão. Em provas, é interessante obedecer a alguns elementos de uma peça processual comum, semelhante àquelas utilizadas por advogados.

Modelo genérico

EXCELENTÍSSIMO(A) SENHOR(A) JUIZ(A) DE DIREITO DA ____ VARA (...) DA COMARCA DE (...)

Não use abreviações no endereçamento. Lembre-se de que não é necessário o uso de inúmeros pronomes de tratamento.

Medida sigilosa e urgente.

Caso haja urgência legal na concessão da medida, deve-se fazer referência a essa informação. Também se aplica ao sigilo da peça. Caso o candidato se recorde, deve colocar o embasamento legal. Sugerimos que sempre coloque que a medida é sigilosa e urgente.

Referência: Inquérito Policial nº

- *Caso haja referência ao número do inquérito, deve-se fazer referência à referida numeração. Caso não haja, o candidato poderá usar o termo: Inquérito Policial nº.*
- *Não há necessidade de pular linhas, sobretudo se o número de linhas de sua prova for reduzido.*
- *Deixar parágrafo de aproximadamente dois dedos de distância da margem.*

O Delegado de Polícia ao final assinado, no uso de suas atribuições constitucionais e legais, sobretudo o art. 144, § 4º,[12] da Constituição Federal e art. 2º, § 1º, da Lei nº 12.830/2013, com fulcro *(coloque aqui os fundamentos legais, memorizados conforme o QUADRO RESUMO DAS CAUTELARES)*, vem à presença de Vossa Excelência oferecer representação por *(coloque aqui o tipo de representação)* com relação a *(indicação do nome do investigado e dados de qualificação trazidos pela questão)*, pelos fundamentos de fato e de direito que pormenorizadamente se seguem:

DA SINOPSE DOS FATOS

Nesse ponto, deve-se apresentar o resumo dos fatos elencados na questão, lembre-se de que não devem ser apresentados fatos que não estiverem no enunciado da questão.

---

12 Lembrando que, caso seja prova para Delegado de Polícia Federal, a legitimidade será alterada.

1ª informação: unicamente com base na questão apresentada, utilizando-se do poder de síntese, deve ser ressaltado tudo que houver sobre as seguintes perguntas: O quê? Quem? Quando? Onde? Por quê? Como? Com quem?

2ª informação: só devem ser ressaltados fatos relevantes que terão correlação com a parte da fundamentação.

DOS FUNDAMENTOS

Nesse momento, pode-se apresentar um breve apanhado sobre o instituto pleiteado, além do fumus comissi delicti, *do* periculum in mora *e* proporcionalidade, *que vão variar conforme a medida.*

1ª informação: indique a **materialidade do delito**. Lembrando que aqui esses dados devem estar consubstanciados em elementos concretos. Ressalte na peça a existência de eventuais laudos periciais.

2ª informação: **tipifique o delito**.

3ª informação: indique os indícios suficientes de autoria. Deve-se apontar quais fatos demonstram que aquele suspeito pode ter cometido o delito. Em análise técnica, deve-se apresentar qual a justa causa para o indivíduo ser investigado e quais as informações colhidas na investigação apontam para a autoria dele.

4ª informação: demonstre ao juiz que **a medida é adequada e proporcional** e, se não for implementada de forma célere, gerará risco provável grave e irreparável.

DO(S) PEDIDO(S)

Aqui será apenas a finalização da peça, indicando ao magistrado a razão da representação.

Por todo o exposto e com fulcro nos dispositivos legais acima referidos, representa esta Autoridade Policial pela expedição do competente mandado de *(colocar o nome)*, após ouvido o membro do Ministério Público.

Local, data.

Delegado de Polícia.

Lotação *(se houver)*.

Embora seja óbvio, o óbvio por vezes precisa ser dito: jamais identifique sua prova, *seja assinando-a, colocando seu nome (ou as iniciais dele) ou de qualquer outra maneira.*

Após a análise da estrutura genérica, passaremos a analisar detalhadamente cada uma das representações, ressaltando as suas peculiaridades e fundamentos próprios, sempre levando em consideração a adoção do modelo genérico analisado neste capítulo.

21 Busca e apreensão domiciliar

21.1 CONCEITO E NATUREZA JURÍDICA

Inicialmente, é extremamente importante observar-se que, apesar de a busca e apreensão estar inserida no Código de Processo Penal como meio de prova, sua verdadeira **natureza jurídica** é **de meio de obtenção de prova**. Trata-se de cautelar probatória, pois busca a colheita de elementos com a finalidade de assegurar a utilização do instrumento probatório no processo ou mesmo evitar o seu perecimento.

Apesar de parecer ser medida investigativa única, é possível que haja busca sem **apreensão ou mesmo a apreensão sem busca**. A busca é a diligência que se destina a procurar e a encontrar o objeto relevante para investigação, ao passo que a apreensão é a medida de constrição que coloca sob custódia o instrumento ou pessoa objeto da medida. Conforme já analisamos no âmbito deste *Manual Decifrado*, a apreensão dos objetos resultantes de buscas será materializada nos autos de apreensão.

21.2 INICIATIVA

Vejamos, inicialmente, a redação do art. 242 do Código de Processo Penal:

> **Art. 242.** A busca poderá ser determinada de ofício ou a requerimento de qualquer das partes.

Conforme se observa da redação do dispositivo legal, a ordem de busca e apreensão será exarada de ofício pela autoridade judicial ou a requerimento de qualquer das partes. Considerando a finalidade de nosso estudo, analisaremos a hipótese de busca e apreensão realizada como medida investigativa a ser realizada no âmbito do inquérito policial.

Ao menos na fase investigativa, acreditamos não ser possível a expedição de mandado de busca e apreensão de ofício pela autoridade judicial, motivo pelo qual há de existir representação da Autoridade Policial responsável ou requerimento do membro do Ministério Público.

Apesar de a doutrina e jurisprudência sempre apontarem, no ordenamento jurídico brasileiro pós-constitucional, a adoção do sistema acusatório, o Pacote Anticrime expressamente fez referência ao sistema acusatório, assim como vedou a iniciativa do juiz na fase investigatória e a substituição da atuação probatória do órgão de acusação.

> **CPP**
>
> **Art. 3º-A.** O processo penal terá estrutura acusatória, vedadas a iniciativa do juiz na fase de investigação e a substituição da atuação probatória do órgão de acusação.

Desse modo, atualmente, não seria possível a decretação de medida de busca e apreensão de ofício pela autoridade judicial.

A expedição da ordem de busca e apreensão submete-se a estrita cláusula de reserva jurisdicional nos termos do art. 5º, XI, da Constituição Federal:

> XI – a casa é asilo inviolável do indivíduo, ninguém nela podendo penetrar sem consentimento do morador, salvo em caso de flagrante delito ou desastre, ou para prestar socorro, ou, durante o dia, por determinação judicial.

Desse modo, Pitombo afirma que não podem determinar a busca e apreensão a Autoridade Policial (civil ou militar); o presidente de comissão parlamentar de inquérito ou o Ministério Público, podem, entretanto, pedir a restrição ao direito fundamental ao Poder Judiciário (2005, p. 186-187).

É interessante observar que, caso não haja violação domiciliar, a própria Autoridade Policial poderá determinar a apreensão do objeto, a exemplo da hipótese de busca pessoal ou nos termos do art. 6º, II, do CPP:

> **Art. 6º** Logo que tiver conhecimento da prática da infração penal, a autoridade policial deverá:
>
> (...)
>
> II – apreender os objetos que tiverem relação com o fato, após liberados pelos peritos criminais;

É salutar ressaltarmos que o conceito de domicílio se encontra expressamente previsto no art. 150, §§ 4º e 5º, do Código Penal. Vejamos a redação do dispositivo legal:

> **Art. 150.** (...)
>
> **§ 4º** A expressão "casa" compreende:
>
> I – qualquer compartimento habitado;
>
> II – aposento ocupado de habitação coletiva;
>
> III – compartimento não aberto ao público, onde alguém exerce profissão ou atividade.
>
> **§ 5º** Não se compreendem na expressão "casa":
>
> I – hospedaria, estalagem ou qualquer outra habitação coletiva, enquanto aberta, salvo a restrição do nº II do parágrafo anterior;
>
> II – taverna, casa de jogo e outras do mesmo gênero.

Busca domiciliar e proteção ao domicílio	
A casa é asilo inviolável do indivíduo (art. 5º, XI, da CF/1988)	
Considera-se como casa: • Qualquer compartimento habitado. • Aposento ocupado de ocupação coletiva. • Compartimento não aberto ao público, onde alguém exerce profissão ou atividade.	Não se considera como casa: • Hospedaria (desocupada). • Estalagem (desocupada). • Qualquer habitação coletiva (desocupada). • Tavernas, casas de jogos e congêneres (locais de acesso aberto).
Durante a noite, o ingresso na casa é permitido: • Na hipótese de flagrante. • Em caso de desastre. • Para prestar socorro.	Durante o dia, o ingresso na casa é permitido: • Em todas as hipóteses que autorizam o ingresso à noite. • Para cumprimento de mandado judicial (TÁVORA; ALENCAR, 2017, p. 745).

É interessante observar que com relação às hospedarias, estalagens, não se exige autorização judicial quando desabitadas, caso os referidos compartimentos sejam utilizados como habitação é imprescindível para o acesso a existência de mandado de busca judicial.

Com relação às tavernas, casas de jogos ou congêneres a autorização, é desnecessária no que concerne ao acesso aos locais de ingresso coletivo.

Outro ponto importante, no que diz respeito ao cumprimento de mandado de busca e apreensão em residências, é o conceito de dia. Como se observa no quadro acima, o mandado de busca e apreensão somente pode ser executado durante o dia.

O período que se enquadra no conceito de "dia" sempre foi objeto de discussão na doutrina. Com a edição da Lei nº 13.869/2019, o legislador previu um conceito objetivo para o conceito de "dia".

> **Art. 22.** Invadir ou adentrar, clandestina ou astuciosamente, ou à revelia da vontade do ocupante, imóvel alheio ou suas dependências, ou nele permanecer nas mesmas condições, sem determinação judicial ou fora das condições estabelecidas em lei:
>
> Pena – detenção, de 1 (um) a 4 (quatro) anos, e multa.
>
> **§ 1º Incorre na mesma pena, na forma prevista no *caput* deste artigo, quem**:
>
> I – coage alguém, mediante violência ou grave ameaça, a franquear-lhe o acesso a imóvel ou suas dependências;
>
> II – (Vetado);
>
> **III – cumpre mandado de busca e apreensão domiciliar após as 21 h (vinte e uma horas) ou antes das 5 h (cinco horas).**
>
> § 2º Não haverá crime se o ingresso for para prestar socorro, ou quando houver fundados indícios que indiquem a necessidade do ingresso em razão de situação de flagrante delito ou de desastre. (grifos nossos).

A referida legislação trata das condutas que se tipificam como abuso de autoridade. O art. 22, § 1º, III, da referida legislação prevê como abuso de autoridade a conduta de cumprir **mandado de busca e apreensão domiciliar após às 21 horas ou antes das 5 horas.**

Desse modo, interpretando-se *a contrario sensu*, admite-se o cumprimento do mandado de busca e apreensão no horário compreendido entre 5 h e 21 h.[1]

21.3 REPRESENTAÇÃO POR BUSCA E APREENSÃO

21.3.1 Requisitos genéricos

As representações de busca a apreensão realizadas pelo Delegado de Polícia devem evidenciar os requisitos gerais das cautelares: *fumus comissi delicti*, *periculum in mora* e proporcionalidade da medida.

Conforme analisamos no capítulo referente à estrutura geral das peças, todas as cautelares requerem a comprovação de sua estrita necessidade, urgência e razoabilidade. Por esse motivo, nas representações elaboradas pelo Delegado de Polícia, deve-se, por meio de dados fáticos, evidenciar a existência de todos esses elementos.

a. *Fumus comissi delicti*

Esse elemento deve ser demonstrado por meio de dados concretamente descritos na questão, momento em que nosso leitor deverá evidenciar:

- **Prova da existência do crime:** nesse momento, deve-se fazer referência à materialidade do crime. Nesse ato, comprova-se a existência de crime a ser investigado;
- **Indícios suficientes de autoria ou participação:** nesse ato, evidenciam-se elementos idôneos a justificar a busca e apreensão contra alguém, apontando os motivos concretos que justificam a suspeita sobre o agente que irá sofrer a medida.

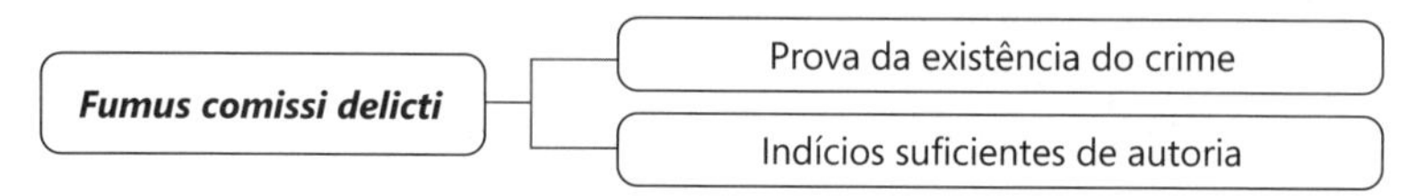

b. *Periculum in mora*

O risco da demora é requisito inerente a todas as medidas cautelares. Deve-se demonstrar nesse ponto o risco que o fator tempo apresenta à colheita do elemento. Observe que, por natureza, a busca de objetos relacionados ao crime constitui-se em medida urgente, considerando que, na grande maioria das vezes, há severo objetivo do agente

---

1 Outra interpretação realizada pela doutrina é a de que o critério a ser adotado é o astronômico, ou seja, da aurora ao crepúsculo.

autor do delito em desaparecer com os elementos que o vinculem de qualquer forma à infração penal.

c. Proporcionalidade da medida

Também se trata de requisito genérico de todas as cautelares. Apresenta-se a necessidade e a utilidade da colheita do elemento para a persecução penal. Deve-se demonstrar que a vantagem resultante do cumprimento da medida e para o sucesso da investigação é superior ao incômodo gerado pela flexibilização da inviolabilidade do domicílio. A própria lei já indicou hipóteses legais em que é cabível a medida de busca a apreensão.

Analisaremos as hipóteses de cabimento de busca a apreensão no próximo tópico.

21.3.2 Requisitos específicos

Os requisitos específicos do mandado de busca a apreensão e, por extensão, da própria representação por busca a apreensão, estão previstos nos arts. 240, § 1º, e 243 do Código de Processo Penal. A análise do art. 240, § 1º, será realizada no tópico seguinte, motivo pelo qual nos atentaremos para as hipóteses previstas no art. 243. Vejamos o texto legal:

> **Art. 243.** O mandado de busca deverá:
>
> I – indicar, o mais precisamente possível, a casa em que será realizada a diligência e o nome do respectivo proprietário ou morador; ou, no caso de busca pessoal, o nome da pessoa que terá de sofrê-la ou os sinais que a identifiquem;
>
> II – mencionar o motivo e os fins da diligência;
>
> III – ser subscrito pelo escrivão e assinado pela autoridade que o fizer expedir.
>
> **§ 1º** Se houver ordem de prisão, constará do próprio texto do mandado de busca.

Nas representações elaboradas pelo Delegado de Polícia, é indispensável que se apontem:

a. A casa em que será realizada a diligência. Observe que, em provas concursais, deve-se indicar o local em que a medida de busca e apreensão será cumprida, caso essa informação conste da questão, logicamente.

b. O nome do respectivo proprietário e morador. Na grande maioria dos casos, as buscas serão efetuadas na casa do próprio investigado, contudo, caso a medida deva se efetivar perante terceiro, é necessária a indicação do investigado por meio de indícios razoáveis de autoria e participação, além do morador do local em que será cumprida a medida de busca.

c. Os fins e objetos da diligência. Deve-se indicar expressamente o que se busca com a medida; deve-se descrever especificamente o objeto que se busca apreender. Assim, não se admite a expedição de mandado geral ou genérico sem o mínimo de especificação daquilo que se busca encontrar por meio da efetivação da medida.

No que concerne a esse tópico, algumas observações serão importantes em sua prova prática:

- **Observação 1:** duração da diligência. Caso as buscas se iniciem durante o dia, poderão estender-se durante a noite, caso seja estritamente necessário, devendo essa medida ser expressamente justificada.
- **Observação 2:** mandado a ser cumprido em repartições públicas. Antes de efetivar-se o cumprimento de mandado de busca a apreensão deve a autoridade judicial ou mesmo o Delegado de Polícia, nas hipóteses legalmente autorizadas, requerer a apresentação do objeto que se busca obter.
- **Observação 3:** mandado a ser cumprido em escritórios de advocacia. A referida matéria encontra certa peculiaridade em virtude da redação do art. 7º, II, do Estatuto da OAB, Lei nº 8.906/1994. Vejamos o dispositivo:

> **Art. 7º** São direitos do advogado: (...)
>
> II – a inviolabilidade de seu escritório ou local de trabalho, bem como de seus instrumentos de trabalho, de sua correspondência escrita, eletrônica, telefônica e telemática, desde que relativas ao exercício da advocacia; (...)
>
> **§ 6º** Presentes indícios de autoria e materialidade da prática de crime por parte de advogado, a autoridade judiciária competente poderá decretar a quebra da inviolabilidade de que trata o inciso II do *caput* deste artigo, em decisão motivada, expedindo mandado de busca e apreensão, específico e pormenorizado, a ser cumprido na presença de representante da OAB, sendo, em qualquer hipótese, vedada a utilização dos documentos, das mídias e dos objetos pertencentes a clientes do advogado averiguado, bem como dos demais instrumentos de trabalho que contenham informações sobre clientes.
>
> **§ 7º** A ressalva constante do § 6º deste artigo não se estende a clientes do advogado averiguado que estejam sendo formalmente investigados como seus partícipes ou coautores pela prática do mesmo crime que deu causa à quebra da inviolabilidade.

Desse modo, observa-se a existência de inviolabilidade especial no que concerne aos escritórios de advocacia, considerando a sua vertente essencial ao direito de defesa. Contudo, não se trata de inviolabilidade absoluta, a qual poderá ser flexibilizada caso haja indícios de autoria em delito pelo próprio advogado.

Assim, em provas concursais, caso o local objeto de busca sejam escritórios de advocacia, é necessário que o candidato demonstre elementos concretos de materialidade e indícios de autoria que apontem para o causídico.

Além disso, é necessário que se faça referência à necessidade da presença de representante da OAB. Vejamos a redação do § 2º do art. 243 do CPP:

> **Art. 243.** (...)
>
> **§ 2º** Não será permitida a apreensão de documento em poder do defensor do acusado, salvo quando constituir elemento do corpo de delito.

- **Observação 4:** mandado de busca e apreensão de aparelhos celulares e acesso às conversas gravadas. Nesses casos, o STJ definiu a seguinte tese:

Jurisprudência destacada

Se o telefone celular foi apreendido em busca e apreensão determinada por decisão judicial, não há óbice para que a autoridade policial acesse o conteúdo armazenado no aparelho, inclusive as conversas do WhatsApp.

Para a análise e a utilização desses dados armazenados no celular não é necessária nova autorização judicial.

A ordem de busca e apreensão determinada já é suficiente para permitir o acesso aos dados dos aparelhos celulares apreendidos (STJ, 5ª T., RHC nº 77.232/SC, Rel. Min. Felix Fischer, j. 03.10.2017).

Apesar do precedente, é indicável que, caso a apreensão do aparelho tenha como objetivo acesso às conversas, o Delegado inclua em sua representação a necessidade de acesso às conversas armazenadas no referido aparelho.

No que diz respeito à necessidade de mandado de busca e apreensão para acesso à boleia de caminhões, o tema sempre foi objeto de bastante discussão na doutrina e jurisprudência. O STJ possui alguns julgados nesse sentido:

> (...) por se equiparar a uma busca pessoal, aquela realizada no interior de veículo de propriedade de investigado, fundada no receio de que a pessoa esteja na posse de material que possa constituir corpo de delito independe de prévia autorização judicial, **salvo nos casos em que o veículo é utilizado para moradia, como é o caso de cabines de caminhão, barcos, *trailers*** etc. (STJ, 6ª T., HC nº 216.437/DF, Rel. Min. Sebastião Reis Júnior, j. 20.09.2012 – grifos nossos).

Assim, considerando a finalidade de nosso trabalho, caso a questão faça referência a boleia de caminhões ou *motorhome* e necessidade de buscar-se objetos provenientes de crimes nesses locais, acreditamos ser mais seguro que haja representação de mandado de busca e apreensão para realizar as buscas nos espaços indicados.

21.4 OBJETOS PASSÍVEIS DE BUSCA E APREENSÃO

Os objetos que podem ser alvo de busca e apreensão estão descritos em rol **não taxativo**, previsto no art. 240 do CPP. Vejamos a redação do dispositivo legal:

> **Da busca e da apreensão**
>
> **Art. 240.** A busca será domiciliar ou pessoal.
>
> **§ 1º** Proceder-se-á à busca domiciliar, quando fundadas razões a autorizarem, para:
>
> a) prender criminosos;
>
> b) apreender coisas achadas ou obtidas por meios criminosos;
>
> c) apreender instrumentos de falsificação ou de contrafação e objetos falsificados ou contrafeitos;

d) apreender armas e munições, instrumentos utilizados na prática de crime ou destinados a fim delituoso;

e) descobrir objetos necessários à prova de infração ou à defesa do réu;

f) apreender cartas, abertas ou não, destinadas ao acusado ou em seu poder, quando haja suspeita de que o conhecimento do seu conteúdo possa ser útil à elucidação do fato;

g) apreender pessoas vítimas de crimes;

h) colher qualquer elemento de convicção.

Vejamos, então, cada uma das hipóteses em que seria possível a expedição de mandado de busca e apreensão.

21.4.1 Prender criminosos

Atualmente, caso a busca também tenha o intento de prender criminosos, considerando a atual estrutura das cautelares pessoais (medidas prisionais), o Delegado de Polícia deve realizar representação específica a esse respeito, fundamentando o seu pedido nos requisitos de prisão temporária ou preventiva.

No mesmo sentido, deve a autoridade judicial expedir separadamente o mandado de prisão.

O pedido de busca e apreensão fundado na necessidade de "prender criminosos" encontra lugar naquelas hipóteses em que se tem uma ordem prisional a ser executada em local determinado, porém habitado por um número indeterminado de pessoas.

Imagine que a Autoridade Policial represente por mandado de prisão temporária de determinado agente, contudo, no momento da execução da ordem, percebe-se que o alvo se encontra alojado em uma clínica destinada ao tratamento de usuários de drogas. Instada a indicar o alojamento do procurado, a administração do estabelecimento informa não possuir registro com essa informação.

Observe que, nessa situação, o local de cumprimento é determinado, porém a habitação do procurado é indeterminada. Nessas hipóteses, é interessante que o Delegado represente tanto pela medida prisional como pela medida de busca e apreensão fundada na necessidade de prender criminosos, considerando que será necessário realizar buscas no interior daquela unidade.

Veja que a ordem prisional por si só não autorizaria aos agentes ingressarem em locais em que distintas pessoas exercem sua intimidade.

Não se trata de mandado genérico, o qual não encontra respaldo no ordenamento jurídico brasileiro.

Observe que a existência de mandado de prisão (preventiva ou temporária) autoriza o ingresso nos locais protegidos e nas condições constitucionalmente previstas. Assim, independentemente da existência de mandado de busca e apreensão as autoridades executoras de mandados prisionais podem ingressar no domicílio, porém, na execução dessa ordem, não poderão executar buscas.

Caso haja necessidade de, além de executar a prisão, buscar objetos, deve-se representar por medida prisional e medida de busca e apreensão também fundada na necessidade de prender criminosos.

Assim, a representação por busca e apreensão fundar-se-á na necessidade de prender criminosos quando:

a. houver necessidade de realizar buscas em local determinado, porém o local de habitação do procurado é indeterminado;
b. houver necessidade de, além de executar a prisão, realizar buscas no sentido de apreender e encontrar objetos. Ex.: cumulação de representação por busca e apreensão e por prisão temporária.

21.4.2 Apreender objetos achados ou obtidos por meio criminoso

Conforme lições apresentadas pelos professores Távora e Alencar (2017, p. 743), coisas achadas são aquelas eventualmente encontradas e que são importantes para o desvendamento do fato. Tem, assim, vínculo probatório. Já as coisas obtidas por meios criminosos devem ser arrecadadas para evitar o locupletamento ilícito, viabilizando também a indenização das possíveis vítimas.

21.4.3 Apreender objetos relacionados à falsificação

Neste ponto, as buscas se destinam a localizar a apreender tanto os objetos e instrumentos destinados a realizar a falsificação ou contrafação como aqueles produtos da falsificação ou contrafação.

21.4.4 Apreender armas, munições e objetos destinados à prática de crimes

Trata-se de regra genérica que permite a utilização da medida para a apreensão de armas, sejam próprias ou impróprias, munições ou objetos ilícitos que sejam utilizados na prática de crimes.

Em provas práticas para o cargo de Delegado de Polícia, deve-se observar que os objetos aqui previstos e passíveis de busca e apreensão são aqueles que se relacionam diretamente com o crime, como o veículo utilizado na prática de vários delitos.

É interessante que, caso haja a preensão de armas, o Delegado deve remeter os objetos para exame pericial a fim de constatar sua eficiência (art. 175 do CPP).

21.4.5 Descobrir objetos necessários à prova da infração ou à defesa do réu ou colher elemento de convicção

Trata-se de previsão com caráter residual. Os dispositivos em análise autorizam a apreensão de quaisquer elementos que interessem em maior ou menor grau ao esclarecimento do fato investigado.

21.4.6 Apreender cartas

O dispositivo legal prevê a hipótese de ser possível a decretação judicial de busca e apreensão de cartas, abertas ou não, destinadas ao acusado ou em seu poder, quando haja suspeita de que o conhecimento de seu conteúdo possa ser útil à elucidação dos fatos.

Apesar da redação do dispositivo, a doutrina aponta que as cartas fechadas, considerando que se trata de comunicação, não podem ser objeto de busca e apreensão, mas de medida específica de interceptação de comunicações.

Já no que concerne às cartas abertas, são efetivamente documentos e, portanto, passíveis de medida de busca e apreensão.

É evidente que, em razão da evolução dos meios de comunicação, a apreensão de cartas torna-se cada vez mais incomum.

21.4.7 Apreender pessoas vítimas de crimes

A referida hipótese tem por objetivo localizar pessoas vítimas de delitos e devolver-lhes a liberdade, por exemplo pessoas que foram vítimas de sequestro ou extorsão mediante sequestro.

É interessante observar que, naquelas hipóteses em que a Autoridade Policial tem plena convicção de que a vítima se encontra em cativeiro em determinado local, é dispensável autorização judicial para o ingresso, considerando a existência do estado flagrancial.

21.5 EXECUÇÃO DA MEDIDA

O cumprimento do mandado de busca e apreensão deve seguir os mandamentos expressos no Código de Processo Penal, o qual determina as seguintes regras:

a. A ordem de busca e apreensão deve ser executada por oficial de justiça ou agentes policiais. Não é possível que o mandado seja cumprido pela própria autoridade judicial, uma vez que essa previsão não se coaduna com a ordem constitucional vigente (LIMA, 2020, p. 280).

b. Leitura do mandado e intimação a permitir o acesso.

c. Caso não haja o atendimento, será possível o arrombamento do obstáculo.

d. Lavratura do auto de apreensão dos objetos e termo circunstanciado devidamente assinado pelos executores e testemunhas.

Vejamos a redação do art. 245 do CPP sobre o tema:

> **Art. 245.** As buscas domiciliares serão executadas de dia, salvo se o morador consentir que se realizem à noite, e, antes de penetrarem na casa, os executores mostrarão e lerão o mandado ao morador, ou a quem o represente, intimando-o, em seguida, a abrir a porta.
>
> **§ 1º** Se a própria autoridade der a busca, declarará previamente sua qualidade e o objeto da diligência.
>
> **§ 2º** Em caso de desobediência, será arrombada a porta e forçada a entrada.

> **§ 3º** Recalcitrando o morador, será permitido o emprego de força contra coisas existentes no interior da casa, para o descobrimento do que se procura.
>
> **§ 4º** Observar-se-á o disposto nos §§ 2º e 3º, quando ausentes os moradores, devendo, neste caso, ser intimado a assistir à diligência qualquer vizinho, se houver e estiver presente.
>
> **§ 5º** Se é determinada a pessoa ou coisa que se vai procurar, o morador será intimado a mostrá-la.
>
> **§ 6º** Descoberta a pessoa ou coisa que se procura, será imediatamente apreendida e posta sob custódia da autoridade ou de seus agentes.
>
> **§ 7º** Finda a diligência, os executores lavrarão auto circunstanciado, assinando-o com duas testemunhas presenciais, sem prejuízo do disposto no § 4º.

Vejamos a esquematização a respeito do cumprimento da medida de busca e apreensão:

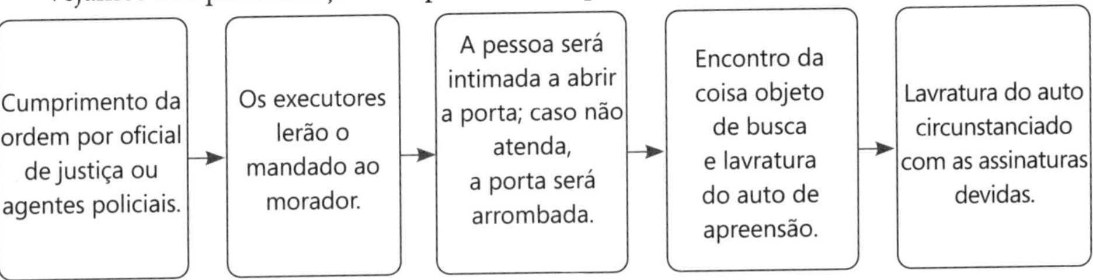

Os bens objeto de apreensão ou mesmo de sequestro podem ser utilizados pelos órgãos destinados ao exercício da segurança pública. Trata-se de medida sujeita à cláusula de reserva jurisdicional, motivo pelo qual é possível que seja objeto de representação a ser realizada pelo Delegado de Polícia.

É importante ressaltarmos que, eventualmente, a medida de busca a apreensão poderá ser cumulada com a representação referente ao uso do bem por entidades relacionadas ao exercício da segurança pública no exercício de suas atividades.

Atualmente, em razão das alterações realizadas pelo Pacote Anticrime, Lei nº 13.964/2019, há previsão genérica no Código de Processo Penal. Vejamos a redação do dispositivo:

> **Art. 133-A.** O juiz poderá autorizar, constatado o interesse público, a utilização de bem sequestrado, apreendido ou sujeito a qualquer medida assecuratória pelos órgãos de segurança pública previstos no art. 144 da Constituição Federal, do sistema prisional, do sistema socioeducativo, da Força Nacional de Segurança Pública e do Instituto Geral de Perícia, para o desempenho de suas atividades. (...)
>
> **§ 2º** Fora das hipóteses anteriores, demonstrado o interesse público, o juiz poderá autorizar o uso do bem pelos demais órgãos públicos.
>
> **§ 3º** Se o bem a que se refere o *caput* deste artigo for veículo, embarcação ou aeronave, o juiz ordenará à autoridade de trânsito ou ao órgão de registro e controle a expedição de certificado provisório de registro e licenciamento em favor do órgão público beneficiário, o qual estará isento do pagamento de multas, encargos e tributos anteriores à disponibilização do bem para a sua utilização, que deverão ser cobrados de seu responsável.

Caso a investigação envolva delitos previstos na Lei de Drogas (Lei nº 11.343/2006), a representação a respeito do uso do bem deverá ser fundamentada no art. 62 da referida legislação.

> **Art. 62.** Comprovado o interesse público na utilização de quaisquer dos bens de que trata o art. 61, os órgãos de polícia judiciária, militar e rodoviária poderão deles fazer uso, sob sua responsabilidade e com o objetivo de sua conservação, mediante autorização judicial, ouvido o Ministério Público e garantida a prévia avaliação dos respectivos bens.

Atenção

Apesar de não ser tecnicamente correta a cumulação de busca e apreensão e o pedido de utilização do bem apreendido, considerando que primeiro se apreende o bem e, uma vez apreendido, pleiteia-se a sua utilização, acreditamos que a cumulação das medidas poderia ser realizada em provas práticas, caso seja objeto de questionamento pelo examinador em provas para o cargo de Delegado de Polícia.

Passaremos, a partir de agora, a analisar a estrutura e as nuances referentes à representação por medida de busca a apreensão domiciliar.

21.6 ESTRUTURA DA PEÇA

Utilizando como base o Capítulo 20, a estrutura da peça segue o padrão, pois conterá os cinco elementos obrigatórios já vistos:

1. **endereçamento**;
2. **preâmbulo**;
3. **síntese dos fatos**;
4. **fundamentos**; e
5. **pedido(s) e fechamento**.

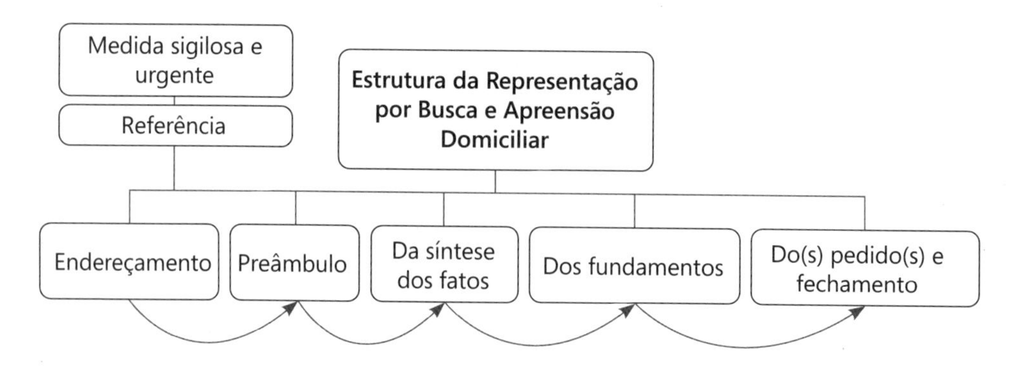

Além dos citados elementos, a peça deve trazer **entre o endereçamento e o preâmbulo**, a **referência** eventualmente trazida pela questão. Conforme visto anteriormente, o mais comum é que a referência seja o número do inquérito policial, mas pode ocorrer de a questão trazer como referência o número da ocorrência policial ou até mesmo o número de distribuição do inquérito policial no Poder Judiciário.

O importante é que o candidato coloque exatamente como a questão trouxer, ou seja, se no texto estiver escrito "Inquérito Policial nº 9.748/2021 – 38ª DP", o candidato deve colocar entre o endereçamento e preâmbulo:

Referência: Inquérito Policial nº 9.748/2021 – 38ª DP

Sem abreviar.

Se o texto trouxer "I.P. nº 9.748/2021", o candidato deve colocar entre o endereçamento e preâmbulo:

Referência: I.P. nº 9.748/2021

Abreviando.

Ou seja, exatamente como a questão trouxer. Isso vale para os casos de existir referência ao número de ocorrência ou a qualquer outro número.

Muito cuidado para não errar o número trazido pela questão, pois isso pode gerar uma identificação de prova. Exemplifico: vamos imaginar que a questão traga a referência como Inquérito Policial nº 449988/2021 e você erre na hora de escrever e coloque:

Referência: I.P. nº 448888/2021

Isso pode gerar problema, portanto é importante que o candidato tenha bastante atenção.

Caso a questão não traga a informação de referência, **o candidato jamais deve criar dados**! O que se pode fazer é colocar entre o endereçamento e preâmbulo o seguinte:

Referência: Inquérito Policial

Observe que a informação deverá ser apresentada sem nenhum número nesses casos, uma vez que a própria questão não indicou nenhum número.

Outro dado que deve constar nessa peça, também entre o **endereçamento** e o **preâmbulo,** é que a medida é **sigilosa e urgente**. Conforme salientado no Capítulo 20 deste livro, na dúvida, deve ser colocada essa informação em razão da própria essência das medidas cautelares, que são sigilosas na imensa maioria dos casos e urgente em razão do *periculum in mora* ou *periculum libertatis*.

21.6.1 Endereçamento

Considerando que a representação deve ser analisada por um magistrado, ela deve ser endereçada ao juiz competente, sendo parte obrigatória.

Conforme salientado no Capítulo 20, caso ainda não haja juiz prevento, o endereçamento deve ser realizado ao juiz criminal (crimes comuns), ao juiz do tribunal do júri (crimes dolosos contra a vida), juiz da vara de violência doméstica (crimes envolvendo violência doméstica familiar) ou a outros, a depender do tipo de crime cometido e da organização judiciária do local de onde se presta a prova. Assim, é interessante que o candidato conheça, ao menos superficialmente, a estrutura organizacional do Poder Judiciário do local em que presta o concurso, desde que seja cobrado em edital.

Caso já exista juízo prevento e a questão faça referência a tal juízo, deve-se endereçar a representação a ele.

A título de exemplo, no Distrito Federal temos Varas do Tribunal do Júri, a Circunscrição Especial Judiciária de Brasília e as Circunscrições Judiciárias das Regiões Administrativas. Já nos Estados, geralmente se endereça a peça prática profissional da seguinte forma:

Excelentíssimo Senhor Juiz de Direito da ___ Vara Criminal da Comarca de xxxxxx.

No que concerne ao pronome de tratamento do juiz, indica-se que não se faça o uso de diversos tratamentos, como: "**Excelentíssimo Senhor Doutor Juiz de Direito**". Indica-se que use somente a expressão: "**Excelentíssimo Senhor Juiz de Direito**".

Nos concursos para Delegado de Polícia Federal é necessário saber que existem Varas Federais que formam as Seções Judiciárias ou Subseções Judiciárias.

Vejamos o seguinte exemplo: caso o crime tenha ocorrido em Cuiabá, a representação deve ser endereçada ao Excelentíssimo Senhor Juiz Federal da __ Vara Federal da Seção Judiciária do Mato Grosso.

De igual forma, com relação ao pronome de tratamento, basta utilizar: "**Excelentíssimo Senhor Juiz Federal**".

Lembrando que, caso se esteja diante de crime apurado pela Polícia Federal, nos termos do art. 1º da Lei nº 10.446/2002 (quando houver repercussão interestadual ou internacional que exija repressão uniforme em crimes específicos) não há, geralmente, deslocamento de competência para a Justiça Federal. Nesses casos, portanto, o Delegado de Polícia Federal eventualmente representará ao Juiz de Direito Estadual.

É importante ressaltar que o Pacote Anticrime, Lei nº 13.964/2019, trouxe mudança significativa na estrutura do Poder Judiciário: o juiz de garantias. Até o fechamento desta obra, em razão de decisão do Supremo Tribunal Federal, a instituição dos juízes de garantias está suspensa. Ocorre que o tema pode impactar diretamente no endereçamento da peça, conforme abordagem mais detalhada no Capítulo 20 desta obra, para a qual remetemos o leitor.

21.6.2 Preâmbulo

Conforme já salientado, o preâmbulo deve perseguir a consecução de três objetivos básicos:

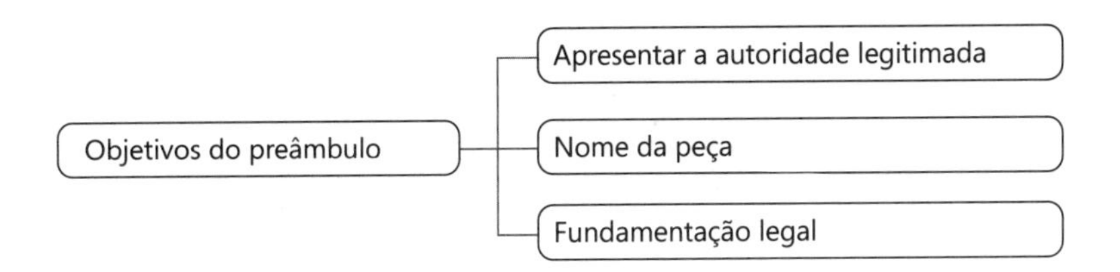

O primeiro objetivo, conforme se percebe, será estático em todas as representações, devendo apenas o candidato adicionar legitimação adicional eventualmente trazida por legislação local. Vejamos um exemplo:

> O Delegado de Polícia Civil ao final assinado, no uso de suas atribuições constitucionais e legais, sobretudo o art. 144, § 4º, da Constituição Federal e art. 2º, § 1º, da Lei nº 12.830/2013 *(se houver legislação local, a exemplo de dispositivo da Constituição Estadual, colocar aqui).*

No caso de se estar diante de uma prova para Delegado de Polícia Federal, evidentemente, haverá alteração da legitimidade constitucional, não cabendo a inserção de legislação local. Vejamos:

> O Delegado de Polícia Federal ao final assinado, no uso de suas atribuições constitucionais e legais, sobretudo o art. 144, § 1º, I, da Constituição Federal e art. 2º, § 1º, da Lei nº 12.830/2013.

Aí vem o cumprimento dos **demais objetivos do preâmbulo**, que não necessariamente precisam respeitar a ordem acima, ou seja, pode ser o nome da peça e, logo após, a fundamentação legal ou vice-versa. É uma questão de estilística.

> Com fundamento no art. 240, § 1º, alíneas *(colocar as alíneas que guardam relação com o caso)*, do Código de Processo Penal, e, em respeito ao art. 5º, XI, da Constituição Federal, vem à presença de Vossa Excelência representar pela expedição de mandado de **busca e apreensão** a ser cumprido na residência de *(nome da pessoa)*, situada no endereço *(endereço do imóvel)*, pelas razões de fato e de direito que pormenorizadamente se seguem:

Ou

> Vem à presença de Vossa Excelência oferecer representação pela expedição de mandado de **busca e apreensão** a ser cumprido na residência de *(nome da pessoa)*, situada no endereço *(endereço do imóvel)*, com fulcro no art. 240, § 1º, alíneas (colocar as alíneas que guardam relação com o caso), do Código de Processo Penal, e, em respeito ao art. 5º, XI, da Constituição Federal, pelas razões de fato e de direito que pormenorizadamente se seguem:

Obviamente, a fundamentação constante nas alíneas do art. 240, § 1º, do Código de Processo Penal dependerá da situação apresentada em prova, entretanto há duas alíneas que **podem ser colocadas em todas as representações**, por se tratar de **fórmulas genéricas**. São as alíneas *e* e *h*. Vejamos:

> **Art. 240.** A busca será domiciliar ou pessoal.
>
> **§ 1º** Proceder-se-á à busca domiciliar, quando fundadas razões a autorizarem, para:
>
> (...)
>
> e) descobrir objetos necessários à prova de infração ou à defesa do réu;
>
> (...)
>
> h) colher qualquer elemento de convicção.

Considerando que o objetivo do leitor é a realização de prova prática em concursos públicos para o cargo de Delegado de Polícia, importante que, além das fórmulas genéricas acima citadas, **haja atenção maior para as alíneas *a*, *b* e *d***, por serem as que geralmente são cobradas nas situações trazidas pelas questões. Vejamos:

> **Art. 240.** A busca será domiciliar ou pessoal.
>
> **§ 1º** Proceder-se-á à busca domiciliar, quando fundadas razões a autorizarem, para:
>
> a) prender criminosos;
>
> b) apreender coisas achadas ou obtidas por meios criminosos;
>
> (...)
>
> d) apreender armas e munições, instrumentos utilizados na prática de crime ou destinados a fim delituoso;

Imaginemos, pois, que o objetivo seja apreender **uma arma de fogo**. Ficaria assim:

Para o cargo de Delegado de Polícia Civil

O Delegado de Polícia ao final assinado, no uso de suas atribuições constitucionais e legais, sobretudo o art. 144, § 4º, da Constituição Federal e art. 2º, § 1º, da Lei nº 12.830/2013 *(se houver legislação local, a exemplo de dispositivo da Constituição Estadual, colocar aqui)*, com fulcro no art. 240, § 1º, alíneas *d*, *e* e *h*, do Código de Processo Penal, e, em respeito ao art. 5º, XI, da Constituição Federal, vem à presença de Vossa Excelência representar pela expedição de mandado de **busca e apreensão** a ser cumprido na residência de *(nome da pessoa)*, situada no endereço *(endereço do imóvel)*, pelas razões de fato e de direito que pormenorizadamente se seguem:

Para o cargo de Delegado de Polícia Federal

"O Delegado de Polícia Federal ao final assinado, no uso de suas atribuições constitucionais e legais, sobretudo o art. 144, § 1º, I, da Constituição Federal e art. 2º, § 1º, da Lei nº 12.830/2013, com fundamento no art. 240, § 1º, alíneas *d*, *e* e *h*, do Código de Processo Penal, e, em respeito ao art. 5º, XI, da Constituição Federal, vem à presença de Vossa Excelência representar pela expedição de mandado de **busca e apreensão** a ser cumprido na residência de *(nome da pessoa)*, situada no endereço *(endereço do imóvel)*, pelas razões de fato e de direito que pormenorizadamente se seguem:

Repare que, por questões didáticas, ressaltamos em negrito o nome da peça; no entanto, o candidato em sua prova não deve tentar realizar qualquer destaque. O máximo que se permite é colocar o nome da peça com letras maiúsculas.

Perceba que **a representação deve ser realizada em nome do Delegado de Polícia,** e não da instituição Polícia Civil ou Polícia Federal. Observe que, diferentemente do que ocorre com relação ao Ministério Público, o Delegado de Polícia não se constitui como órgão, mas na verdade se insere no conceito de agente integrante do órgão policial, Polícias Civis ou Polícia Federal. Por esse motivo, a representação deve ser realizada em nome do cargo de Delegado de Polícia.

Ademais, caso a representação fosse realizada em nome da instituição policial, não faria sentido a indicação dos dispositivos previstos na Lei nº 12.830/2013, que é o Estatuto do Delegado de Polícia.

21.6.3 Síntese dos fatos

Conforme já analisamos anteriormente, trata-se do ponto comum entre as peças internas e externas. Em ambas as hipóteses o candidato deverá reservar determinado tópico para a descrição dos fatos que fundamentam a medida.

Algumas informações são bastante importantes a esse respeito.

a. Normalmente, o examinador não confere muitos pontos à descrição fática realizada pelo candidato. Contudo esse tópico fornece toda a lógica à estrutura da peça, motivo pelo qual sua confecção ganha relevo.
b. Não se deve copiar *ipsis litteris* o enunciado da questão. O candidato deverá demonstrar a capacidade de síntese, pois na maioria dos casos o espaço da folha de resposta não comporta elementos desnecessários na descrição dos fatos.
c. É necessário objetividade, com prevalência à transcrição de fatos que serão relevantes para a autoria, materialidade do crime e todas as suas circunstâncias relevantes para a apuração.
d. O candidato deverá ressaltar os fatos que possuem relação com a fundamentação jurídica analisada a seguir.

Assim, o nosso leitor deve se atentar para aqueles fatos que possuam relação com a medida pleiteada, exercitando a sua capacidade de síntese. Devem ser indicados os pontos que serão relevantes para que o magistrado decida a respeito do feito. Aqueles fatos que nada contribuem ao objetivo proposto ou que em nada se correlacionem com a medida pleiteada não precisam estar expostos na síntese dos fatos como elemento integrante da representação.

Na síntese dos fatos,[2] o candidato deve ter como parâmetro o **conhecido Heptâmetro de Quintiliano** e buscar responder aos seguintes questionamentos:

---

2 Pode também ser chamado de "sinopse dos fatos", "do resumo fático", "dos fatos" ou qualquer outro nome semelhante.

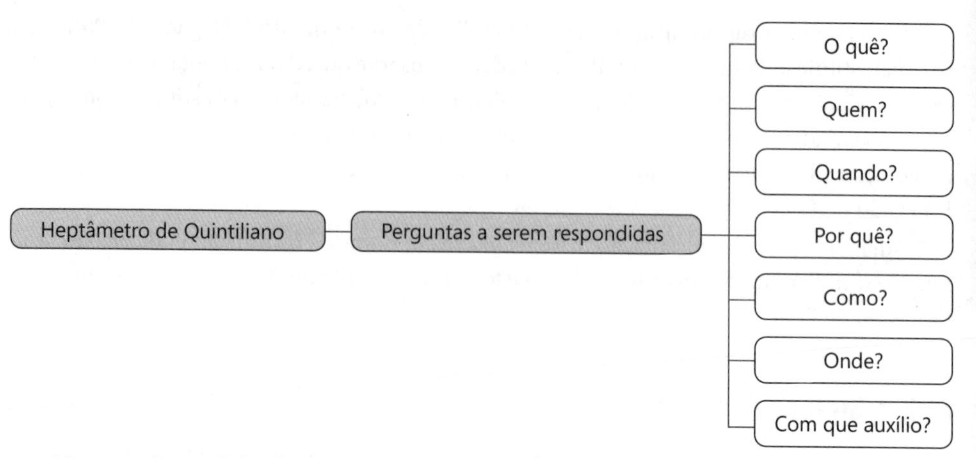

No caso da medida de busca e apreensão domiciliar, a partir de dados trazidos pela questão, devem ser apontadas as circunstâncias que servirão para sustentar os pontos da fundamentação jurídica.[3]

21.6.4 Dos fundamentos

Neste ponto, o candidato deverá demonstrar os fundamentos jurídicos trazidos no tópico em que tratamos do arcabouço teórico para a concessão da medida de busca e apreensão.

Pode-se iniciar tratando sobre o instituto que se pleiteia, sendo facultativa a utilização do roteiro proposto no Capítulo 20 deste *Manual Decifrado.*

Também devem ser apontados o ***fumus comissi delicti***, o ***periculum in mora*** e a **proporcionalidade** da medida.

Observe que deve haver a conjugação entre a descrição fática realizada no tópico anterior (síntese dos fatos) e o ***fumus comissi delicti***.

Por isso, na descrição fática, o candidato deverá ressaltar aquilo que servirá como base aos fundamentos jurídicos e descrever concretamente (por meio de dados da questão), em que se funda a prova da materialidade do crime, fazendo referência a eventuais exames periciais e outros elementos atestadores da materialidade do crime.

Este é o **momento de tipificar o(s) delito(s)**, pois a prova da existência do crime perpassa pela prova de que o fato existiu (materialidade) e também que o fato é definido como crime.

Já no que concerne aos indícios suficientes de autoria, o Delegado deverá apontar, concretamente (por intermédio de dados da questão), em que se funda a suspeita a respeito da autoria do delito em investigação.

Podemos estruturar o ***fumus comissi delicti*** da seguinte forma:

a. Primeiro indique a materialidade do delito. Lembrando que esses elementos devem estar provados. Ressalte na peça a existência de eventuais laudos periciais.

---

[3] Confira o exemplo trazido no Capítulo 20 desta obra.

b. O(s) crime(s) deve(m) ser tipificado(s).
c. Posteriormente, indique os indícios suficientes de autoria: quais fatos indicam que aquele suspeito pode ter cometido o delito. De forma mais técnica, qual a justa causa para o indivíduo estar sendo investigado e como as investigações apontam para a autoria dele.

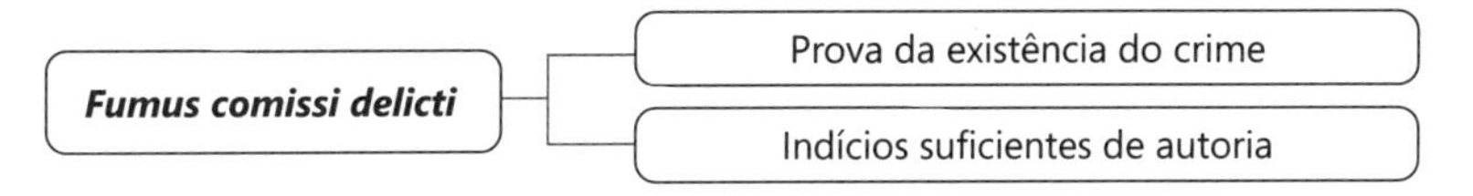

Atenção

Não se deve criar fatos não narrados pelo examinador.

A fim de exemplificar, imaginemos que a questão de prova aponte que houve um homicídio, cujo laudo de exame cadavérico da vítima informou que a *causa mortis* foi "choque hipovolêmico advindo de ferimento ocasionado por ação de instrumento perfurocontuso". Que o laudo diga ainda que foi retirado do corpo da vítima um projetil de arma de fogo. A questão informa que a investigação apontou suspeitas para determinada pessoa, que provavelmente mantém a arma de fogo utilizada para o crime em sua residência.

Nesse caso, além da materialidade do delito apontado pelo laudo cadavérico e os indícios de autoria colhidos pelo andamento da investigação, a medida é adequada e proporcional, porquanto pode ser frutífera para a apreensão da arma de fogo utilizada para a prática do crime, a qual propiciará a realização de exame de confronto balístico com o projetil extraído do corpo da vítima.

O ***periculum in mora*** pode ser apontado no seguinte sentido: caso não materializada a diligência celeremente, provavelmente haverá grave e irreparável risco à constituição desta importante prova, porquanto o investigado pode se desfazer do objeto (no caso proposto, a arma de fogo).

Deve-se ressaltar que, caso não haja a busca com celeridade, haverá **risco provável, grave e irreparável à investigação**.

Ficaria assim:

> Excelência, quanto ao *periculum in mora* pode-se salientar que a referida diligência é urgente neste momento, uma vez que, se não apreendida a arma em poder do suspeito, esta pode desaparecer como elemento de prova, bem como pode haver a sua utilização como meio para o cometimento de outros graves crimes.

Deve ser ressaltado que a busca e apreensão domiciliar, com consequente violação da intimidade, é a medida **adequada e proporcional** ao caso concreto, devendo ser relativizado o direito do suspeito ante à produção da prova.

Se, diante do caso trazido pela questão, houver **zona cinzenta** entre o cabimento de mais de uma medida, a exemplo do sequestro de bens, o candidato deve enfrentar o tema a fim de descartar a outra possibilidade diante do caso proposto.

Caso esteja-se diante da representação por apreensão de um **bem específico** e a medida seja combinada com a representação por uso do referido bem, nos termos do art. 133-A, *caput*, do Código de Processo Penal,[4] deve-se demonstrar **a existência de interesse público** para o uso do bem, baseando-se, se possível, em dados trazidos pela questão.[5]

21.6.5 Do(s) pedido(s)[6] e fechamento

a. Pedido

Esta parte não é complicada, embora haja algumas peculiaridades na representação por busca e apreensão domiciliar com relação ao modelo genérico anteriormente proposto.

Deve-se colocar nesta parte, por cautela, que o **membro do Ministério Público será ouvido**.

Inicia-se, basicamente, de uma conclusão do que foi sustentado na fundamentação. Ou utilizar a fórmula genérica:

> Pode-se repetir a fundamentação legal aposta no preâmbulo:
>
> Por todo o exposto, com fundamento no art. 240, § 1º *(colocar as alíneas que guardam relação com o caso)*, do Código de Processo Penal, representa esta Autoridade Policial pela expedição de mandado de **busca e apreensão** a ser cumprido na residência de *(nome da pessoa)*, situada no endereço *(endereço do imóvel)*, após a oitiva do ilustre membro do Ministério Público.
>
> Por todo o exposto e com amparo nos dispositivos legais citados, representa esta Autoridade Policial pela expedição de mandado de **busca e apreensão** a ser cumprido na residência de *(nome da pessoa)*, situada no endereço *(endereço do imóvel)*, após a oitiva do ilustre membro do Ministério Público.

Por fim, embora não seja de toda técnica, caso o candidato perceba que a intenção do examinador é que a busca a apreensão de bem específico seja cumulada com o disposto no art. 133-A, *caput*, do Código de Processo Penal, deve-se reforçar no pedido. Adicionar-se-ia o seguinte:

> Pugna-se, por fim, que, caso deferida e efetivada a apreensão de *(colocar a descrição específica do bem)*, que seja autorizado desde já o uso do bem, em razão do evidente interesse público, nos termos do art. 133-A, *caput*, do Código de Processo Penal.

---

[4] Embora não seja técnico se representar desta forma, pode ocorrer de o candidato perceber que essa é a intenção do examinador.

[5] Caso a utilização seja relacionada a bens apreendidos com fundamento no art. 60, *caput*, da Lei nº 11.343/2006, a fundamentação deve ser o art. 62, *caput*, da mesma Lei.

[6] Conforme já analisamos, a representação não se trata propriamente de um requerimento ou pedido, contudo, considerando que a prática cartorária-policial consagrou o uso da expressão, decidimos mantê-la neste trabalho, apesar das críticas anteriormente citadas.

Caso se trate de veículo, embarcação ou aeronave, deve-se requerer ainda a expedição de certificado provisório de registro e licenciamento, nos termos do art. 133-A, § 3º, do CPP. Vejamos:

> **Art. 133-A.** (...)
>
> **§ 3º** Se o bem a que se refere o *caput* deste artigo for veículo, embarcação ou aeronave, o juiz ordenará à autoridade de trânsito ou ao órgão de registro e controle a expedição de certificado provisório de registro e licenciamento em favor do órgão público beneficiário, o qual estará isento do pagamento de multas, encargos e tributos anteriores à disponibilização do bem para a sua utilização, que deverão ser cobrados de seu responsável.

Ficaria assim:[7]

Do pedido:

Por todo o exposto, fundamento no art. 240, § 1º *(colocar as alíneas que guardam relação com o caso)*, do Código de Processo Penal, representa esta Autoridade Policial pela expedição de mandado de **busca e apreensão** a ser cumprido na residência de *(nome da pessoa)*, situada no endereço *(endereço do imóvel)*, após a oitiva do ilustre membro do Ministério Público.

Requer-se, ainda, que, caso deferida e efetivada a apreensão de *(colocar a descrição específica do bem)*, que seja autorizado desde já o uso do bem, em razão do evidente interesse público, nos termos do art. 133-A, *caput*, do Código de Processo Penal, com consequente expedição de ofício ao *(órgão em que o bem é matriculado)* para que expeça certificado provisório em nome da *(nome da polícia – Civil do Estado XX ou Federal)*.

Ou, ainda:

Por todo o exposto e com amparo nos dispositivos legais citados, representa esta Autoridade Policial pela expedição de mandado de **busca e apreensão** a ser cumprido na residência de *(nome da pessoa)*, situada no endereço *(endereço do imóvel)*, após a oitiva do ilustre membro do Ministério Público.

Requer-se, ainda, que, caso deferida e efetivada a apreensão de *(colocar a descrição específica do bem)*, que seja autorizado desde já o uso do bem, em razão do evidente interesse público, nos termos do art. 133-A, *caput*, do Código de Processo Penal, com consequente expedição de ofício ao *(órgão em que o bem é matriculado)* para que expeça certificado provisório em nome da *(nome da polícia – Civil do Estado XX ou Federal)*.

Embora, como citado, haja precedente – STJ pela desnecessidade, por prudência, caso se trate de **aparelho celular a ser apreendido**, o candidato deve adicionar nesta parte que se pugna ainda pela **autorização de extração de dados do aparelho**. Ficaria assim:

Por todo o exposto e com amparo nos dispositivos legais citados, representa esta Autoridade Policial pela expedição de mandado de **busca e apreensão** a ser cumprido na residência de

---

7 Lembrando que, caso se trate de medida prevista na Lei de Drogas, a fundamentação deste pedido será o art. 62, *caput*, da referida lei.

(nome da pessoa), situada no endereço *(endereço do imóvel)*, após a oitiva do ilustre membro do Ministério Público.

Pugna-se, ainda, que seja autorizada a extração de dados de eventuais aparelhos celulares apreendidos na diligência.

É facultativo o uso da expressão "**nesses termos, pede deferimento**". Conforme já ressaltamos, não se trata a representação efetivamente de um pedido, motivo pelo qual não indicamos o uso da expressão, contudo é muito comum na prática e, efetivamente, apresenta a ideia de encerramento da representação.

b. Fechamento

Por fim, o **fechamento** é realizado da seguinte maneira, fazendo referência:

- ao local e à data;
- à expressão "Delegado de Polícia";[8]
- à lotação (se a questão trouxer).

Trata-se de fase simples, contudo devemos apresentar algumas ressalvas:

- **Com relação à data e ao local, deve-se efetivamente escrever a expressão "local e data".** Caso a questão apresente o local em que os fatos ocorreram, poder-se-ia utilizar como referência o local apresentado na questão. Não se deve utilizar o local da prova ou a data da prova, salvo, logicamente, se forem as mesmas apresentadas na questão.
- **Com relação ao uso do termo "Delegado de Polícia"**, deve-se fazer referência ao uso da expressão no masculino, salvo se a questão especificar que quem conduz a investigação é uma mulher. Não se trata de preferência de gênero, mas de cautela para não identificar sua prova.
- **Com relação à lotação, deve-se utilizar a expressão "lotação".** Caso a questão apresente a lotação, o candidato poderá especificá-la.

Modelo

EXCELENTÍSSIMO(A) SENHOR(A) JUIZ(A) DE DIREITO DA ___ VARA (...) DA COMARCA DE (...)

Não use abreviações no endereçamento. Lembre-se de que não é necessário o uso de inúmeros pronomes de tratamento.

Medida sigilosa e urgente.

Como dito anteriormente, pode-se colocar que a medida é sigilosa e urgente em razão da própria essência das cautelares.

Referência: Inquérito Policial nº

---

[8] Excepcionalmente, caso a questão traga o nome do Delegado de Polícia, esse nome deve constar.

Caso haja referência ao número do inquérito, deve-se fazer referência à referida numeração. Caso não haja, o candidato poderá usar o termo: Inquérito Policial nº.

Não há necessidade de pular linhas, sobretudo se o número de linhas de sua prova for reduzido.

Deixar parágrafo de aproximadamente dois dedos de distância da margem.

O Delegado de Polícia ao final assinado, no uso de suas atribuições constitucionais e legais, sobretudo o art. 144, § 4º,[9] da Constituição Federal e art. 2º, § 1º, da Lei nº 12.830/2013 *(se houver legislação local, a exemplo de dispositivo da Constituição Estadual, colocar aqui)*, com fundamento no art. 240, § 1º, alíneas *(colocar as alíneas que guardam relação com o caso)*, do Código de Processo Penal, e, em respeito ao art. 5º, XI, da Constituição Federal, vem à presença de Vossa Excelência representar pela expedição de mandado de **busca e apreensão** a ser cumprido na residência de *(nome da pessoa)*, situada no endereço *(endereço do imóvel)*, pelas razões de fato e de direito que pormenorizadamente se seguem:

DA SINOPSE DOS FATOS

Nesse ponto, deve-se apresentar o resumo dos fatos elencados na questão, lembre-se de que não devem ser apresentados fatos que não estiverem no enunciado da questão.

1ª informação: unicamente com base na questão apresentada, utilizando-se do poder de síntese, deve ser ressaltado tudo que houver sobre as seguintes perguntas: O quê? Quem? Quando? Onde? Por quê? Como? Com quem?

2ª informação: só devem ser ressaltados fatos relevantes que terão correlação com a parte da fundamentação.

DOS FUNDAMENTOS

Nesse momento, pode-se apresentar um breve apanhado sobre o instituto pleiteado, além do ***fumus comissi delicti***, do ***periculum in mora*** e **proporcionalidade**, que vão variar conforme a medida.

1ª informação: indique a **materialidade do delito**. Lembrando que aqui esses dados devem estar consubstanciados em elementos concretos. Ressalte na peça a existência de eventuais laudos periciais.

2ª informação: tipifique o delito.

3ª informação: indique **os indícios suficientes de autoria**. Deve-se apontar quais fatos demonstram que aquele suspeito pode ter cometido o delito. Em análise técnica, deve-se apresentar qual é a justa causa para o indivíduo estar sendo investigado e quais as informações colhidas na investigação apontam para a autoria dele.

4ª informação: demonstre ao juiz que **a medida** é **adequada e proporcional** e, se não for implementada de forma célere (*periculum in mora*), gerará risco provável grave e irreparável.

---

[9] Lembrando que, caso seja prova para Delegado de Polícia Federal, a legitimidade será alterada.

DO(S) PEDIDO(S)

Será a finalização da peça, indicando ao magistrado a razão da representação.

Deve-se colocar, por cautela, que o membro do Ministério Público será ouvido.

Por todo o exposto, fundamento no art. 240, § 1º *(colocar as alíneas que guardam relação com o caso)*, do Código de Processo Penal, representa esta Autoridade Policial pela expedição de mandado de **busca e apreensão** a ser cumprido na residência de *(nome da pessoa)*, situada no endereço *(endereço do imóvel)*, após a oitiva do ilustre membro do Ministério Público.

Local, data.

Delegado de Polícia.

Lotação *(se houver)*.

Embora seja óbvio, o óbvio por vezes precisa ser dito: jamais identifique sua prova, *seja assinando-a, colocando seu nome (ou as iniciais dele) ou de qualquer outra maneira.*

Caso prático

Carlos Júnior, 35 anos, empresário, residente em área nobre da cidade, especificamente na Rua das Amoras, nº 1.100, bairro Jardins, na cidade de Claridade, é alvo de investigação policial em razão de atividade ilícita.

Instaurado Inquérito Policial nº 015/2022, Carlos passou a ser alvo de investigações por suspeita de prática em crime de lavagem de capitais. Constam das investigações que Carlos se valia de sua empresa (Onix Ltda.) para movimentar valores provenientes de diversos crimes (extrato de movimentação bancária, fls.).

Em sua atividade ilícita, Carlos recebia vultosas quantias em dinheiro e, posteriormente, pulverizava esses valores em pequenas aplicações em sua empresa, as quais eram declaradas como vendas. Essas atividades eram realizadas justamente com o objetivo de dar aparência de legalidade aos valores provenientes de infrações penais.

Todo o recolhimento tributário era minuciosamente realizado, justamente no sentido de não deixar evidências que chamariam a atenção das autoridades públicas.

No âmbito do Inquérito Policial 015/2022, foi realizada escuta telefônica, judicialmente autorizada. Constam dos diálogos colhidos que Carlos, atualmente, possui, em sua residência, R$ 200.000,00 (duzentos mil reais), valores esses que são provenientes de infrações penais e que serão integrados aos cofres da empresa, fato que ocorrerá com urgência nos próximos dias.

Considerando a formalização dos atos de investigação preliminar, sendo imperiosa às investigações a imediata apreensão dos valores que estão na residência do investigado, formule na qualidade de Delegado de Polícia, a peça adequada de forma fundamentada perante o Juízo competente.

Em sua análise, considere absorvido pelo crime de lavagem eventuais crimes de falsificação material ou ideológica praticado por Carlos.

Vejamos uma possível resposta para a questão.

Modelo de proposta de resposta

EXCELENTÍSSIMO SENHOR JUIZ DE DIREITO DA __ VARA CRIMINAL DA COMARCA DE CLARIDADE.

Referência: Inquérito Policial nº 015/2022. Medida sigilosa e urgente.

O Delegado de Polícia ao final assinado, no uso de suas atribuições constitucionais e legais, sobretudo o art. 144, § 4º, da Constituição Federal e art. 2º, § 1º, da Lei nº 12.830/2013, com fulcro com fundamento no art. 240, § 1º, alíneas *b*, *e* e *h*, do Código de Processo Penal, e, em respeito ao art. 5º, XI, da Constituição Federal, vem à presença de Vossa Excelência representar pela expedição de mandado de **busca e apreensão** a ser cumprido na residência de Carlos Júnior *(qualificação)*, situada na Rua das Amoras, nº 1.100, bairro Jardins, na cidade de Claridade, pelas razões de fato e de direito que pormenorizadamente se seguem:

DOS FATOS

Trata-se de inquérito policial instaurado sob o nº 015/2022, com o objetivo de apurar a possível prática do delito de lavagem de capitais, tipificado no art. 1º, da Lei nº 9.613/1998.

Consta das investigações que Carlos Júnior, 35 anos, empresário, residente em área nobre da cidade, especificamente na Rua das Amoras, nº 1.100, bairro Jardins, na cidade de Claridade, utilizava-se de sua empresa, Onix Ltda., para movimentar valores provenientes de diversos crimes.

Foi constatado que, em sua atividade ilícita, Carlos recebia vultosas quantias em dinheiro e, posteriormente, pulverizava esses valores em pequenas aplicações em sua empresa, as quais eram declaradas como vendas. Essas atividades eram realizadas justamente com o objetivo de dar aparência de legalidade aos valores provenientes de infrações penais.

Todos os recolhimentos tributários foram regularmente efetuados, justamente com o objetivo de não chamar a atenção dos investigadores.

Fora realizada interceptação telefônica judicialmente autorizada. Nas conversas travadas, ouviu-se que Carlos, atualmente, possui, em sua residência, R$ 200.000,00 (duzentos mil reais), valores esses provenientes da prática de crimes e que serão integrados aos cofres da empresa, fato que ocorrerá com urgência nos próximos dias.

DOS FUNDAMENTOS

A Constituição Federal, em seu art. 5º, inciso XI, assegura ser inviolável o domicílio do cidadão, só podendo alguém nele penetrar com o consentimento do proprietário ou em situações de flagrante delito, desastre ou para prestar socorro, ou mediante ordem judicial, durante o dia.

No âmbito infraconstitucional, o Código de Processo Penal, no seu art. 240. e s., disciplina ser possível a realização de busca e apreensão domiciliar, com o escopo de prender pessoas, aprender objetos ou instrumentos que detenham correlação com o ilícito penal, bem como para colher qualquer elemento de convicção, desde que haja fundadas razões que justifiquem, mediante prévia autorização judicial.

Diante dos elementos colhidos e acostadas no Inquérito Policial de nº 015/2022, resta comprovada a materialidade do crime previsto na Lei nº 9.613/1998, art. 1º, essencialmente por meio do extrato de movimentação bancária (fls. ...) e das declarações colhidas por meio da interceptação judicialmente autorizada. Constam, ainda, fortes indícios da participação de Carlos

Júnior, pois os áudios captados mostram que Carlos possui R$ 200.000,00 (duzentos mil reais em dinheiro armazenados em sua casa). Presente, pois, o *fumus comissi delicti.*

Excelência, o *periculum in mora* resta demostrado pela urgência da medida, pois os valores logo serão integrados aos cofres da empresa, fato que dificultará bastante a sua localização e apreensão.

A medida é proporcional, pois não há outro meio menos lesivo apto a alcançar a finalidade almejada (apreensão do objeto), motivo pelo qual se mostra imprescindível. Além disso, a busca ora pleiteada se amolda com perfeição à hipótese legal prevista no art. 240, § 1º, "b" e "e".

DO PEDIDO

Por todo o exposto e com amparo nos dispositivos legais citados, representa esta Autoridade Policial pela expedição de mandado de **busca e apreensão** a ser cumprido na residência de Carlos Júnior, situada no endereço na Rua das Amoras, nº 1.100, bairro Jardins, na cidade de Claridade, com a finalidade de buscar e apreender R$ 200.000,00 (duzentos mil reais), provenientes da prática de delitos, após a oitiva do ilustre membro do Ministério Público.

Claridade, data. Delegado de Polícia.

Decifrando a prova

(2017 – Ibade – PC/AC – Delegado)

PEÇA PRÁTICA – MARIA DA SILVA, casada há 20 anos com JOÃO DA SILVA, por proibição de seu marido, nunca trabalhou fora de casa ou cursou uma faculdade. Desejando realizar seu sonho e se livrar a opressão sofrida durante o relacionamento, resolveu terminar seu casamento e iniciar uma nova fase em sua vida. No dia 04 de maio de 2017, quinta-feira, MARIA resolveu comunicar a JOÃO que desejava o divórcio, o que efetivamente foi feito na residência do casal, situada na RUA CEARÁ, nº 100, Bairro Boa Esperança, Rio Branco/AC. JOÃO, então, agrediu MARIA com um soco no rosto. Esta, mesmo lesionada, reafirmou seu intento em se divorciar de JOÃO que, irresignado, sacou um objeto semelhante a uma arma de fogo de sua cintura, dizendo que "não era homem pra ser abandonado", que casamento seria para a "vida toda", e que o relacionamento só terminaria "com a morte". O fato foi presenciado pela filha do casal, CLARA, de 13 anos de idade. No dia seguinte, 05 de maio de 2017, sexta-feira, MARIA compareceu à Delegacia Especializada de Atendimento à Mulher – DEAM, narrando o fato, que foi reduzido a termo no depoimento de fls. 06/07. Esclareceu que embora JOÃO sempre a tivesse oprimido moralmente, esta teria sido a primeira vez que efetivamente sofrera uma agressão. Aduziu, ainda, que desconhecia o fato de JOÃO portar arma de fogo e não teria como afirmar com exatidão se o objeto empunhado por JOÃO era realmente uma arma ou simulacro. Asseverou que JOÃO possui trabalho fixo, podendo ser encontrado em sua residência. A filha do casal, CLARA, ouvida em fls. 12/13, ratificou os fatos narrados por sua mãe, acrescentando que já teria flagrado seu pai, em diversas ocasiões, escondendo um objeto enrolado em uma roupa, na parte superior do armário do quarto. MARIA foi encaminhada para Exame de Corpo de Delito Direto, fl. 08, bem como as medidas protetivas requeridas em fls. 09/11 foram encaminhadas à Vara de Proteção à Mulher e Execuções Penais, Juízo especializado em Violência Doméstica e Familiar contra a mulher na comarca, nos termos da Lei nº 11.340/2006, não havendo, ainda, notícia de manifestação do juízo. Após o fato, MARIA e a filha, por não terem certeza se o objeto que JOÃO portava realmente era uma arma de fogo (tipo revólver) ou um mero simulacro, optaram por não retornar para casa, sendo ambas acolhidas temporariamente na CASA ROSA DA MULHER, instituição que abriga mulheres vítimas de violência familiar. Em investigação preliminar imediata, restou demonstrado que JOÃO não possui outras anotações em sua Folha de Antecedentes Criminais, conforme certidão juntada em fls. 12, nem o registro de arma de fogo em seu nome, certidão em fls. 13.

O Inquérito Policial foi instaurado sob o número 1030/2017, com portaria em fls. 02/03 e registro de ocorrência em fls. 04/05. Considerando que a formalização dos atos de investigação preliminar terminou apenas às 20 horas do mesmo dia da notícia-crime (05 de maio de 2017 – sexta-feira), sendo imperioso às investigações a imediata apreensão do instrumento utilizado por JOÃO para ameaçar de morte a vítima, deve-se, na qualidade de Delegado de Polícia natural do fato, formular peça adequada de forma fundamentada perante o Juízo competente.

Modelo de proposta de resposta

EXCELENTÍSSIMO SENHOR JUIZ DE DIREITO DA __ VARA DE PROTEÇÃO À MULHER E EXECUÇÕES PENAIS DA COMARCA DE RIO BRANCO/AC

Referência: Inquérito Policial 1030/2017. Medida sigilosa e urgente.

O Delegado de Polícia ao final assinado, no uso de suas atribuições constitucionais e legais, sobretudo o art. 144, § 4º, da Constituição Federal e art. 2º, § 1º, da Lei nº 12.830/2013, com fundamento no art. 240, § 1º, alíneas *d*, *e* e *h*, do Código de Processo Penal, e, em respeito ao art. 5º, XI, da Constituição Federal, vem à presença de Vossa Excelência representar pela expedição de mandado de **busca e apreensão** a ser cumprido na residência de João da Silva, situada na Rua Ceará, nº 100, Bairro Boa Esperança, Rio Branco/AC, pelas razões de fato e de direito que pormenorizadamente se seguem:

DOS FATOS

No dia 04 de maio de 2017, Maria da Silva, cansada da opressão vivida em seu casamento de 20 anos com João da Silva, resolveu comunicar a ele que desejava divorciar-se. Diante da notícia, João a agrediu com um soco no rosto.

Mesmo diante da agressão sofrida, Maria confirmou o seu intento em terminar a relação. João, por não aceitar o término do relacionamento, sacou um objeto, semelhante a uma arma de fogo, e a ameaçou.

No dia 05 de maio de 2017, sexta-feira, Maria, compareceu à Delegacia Especializada de Atendimento à Mulher (DEAM), e, em seu depoimento de fls. 06/07, relatou os fatos ocorridos. Afirmou que, quando João sacou um objeto, sem saber afirmar com exatidão se seria uma arma ou simulacro, ele disse que "não era homem pra ser abandonado" e que para ele casamento é para vida toda e só terminaria "com a morte". Ressaltou que, apesar da opressão moral, teria sido a primeira vez que tinha sido agredida fisicamente, e tudo teria ocorrido na presença de sua filha Clara, de 13 anos.

Clara, ao ser ouvida, declarações de fls. 12/13, confirmou a versão de sua mãe, e acrescentou que teria visto, algumas vezes, seu pai escondendo um objeto enrolado em uma roupa na parte superior do armário do quarto.

Maria realizou exame de corpo de delito, fl.08, e solicitou as medidas protetivas de urgência, fls. 09/11, as quais foram encaminhadas à Vara de Proteção à Mulher e Execuções Penais.

Ambas, por medo e por não terem certeza se o objeto que João portava realmente era uma arma de fogo ou um mero simulacro, optaram por não retornar à casa, sendo acolhidas temporariamente na Casa Rosa da Mulher.

Vale ressaltar que, em pesquisa realizada, João não possui outras anotações de antecedente criminais, conforme certidão de fl.12, bem como nenhum registo em seu nome de porte de arma de fogo, conforme certidão de fl.13.

Foi instaurado o Inquérito Policial de nº 1.030/2017, com portaria de fls. 02/03, para apurar os fatos, inicialmente registrados na ocorrência de fls. 04/05.

DOS FUNDAMENTOS

A Constituição Federal, em seu art. 5º, inciso XI, assegura ser inviolável o domicílio do cidadão, só podendo alguém nele penetrar com o consentimento do proprietário ou em situações de flagrante delito, desastre ou para prestar socorro, ou mediante ordem judicial, durante o dia.

No âmbito infraconstitucional, o Código de Processo Penal, no seu art. 240. e s., disciplina ser possível a realização de busca e apreensão domiciliar, com o escopo de prender pessoas, aprender objetos ou instrumentos que detenham correlação com o ilícito penal, bem como para colher qualquer elemento de convicção, desde que haja fundadas razões que justifiquem, mediante prévia autorização judicial.

Naquilo que concerne aos fatos apurados, insta salientar que foi instaurado Inquérito Policial nº 1.030/2017 (portaria de fls. 02/03) para apurar a prática de delitos de lesão corporal e de ameaça, este último com emprego de arma de fogo, praticados no contexto de violência doméstica e familiar contra a mulher.

Resta constatada a materialidade delitiva da violência física sofrida por Maria no exame de corpo de delito, acostado no inquérito, fls. 08, assim como por meio de suas declarações relativas às ameaças sofridas.

Diante dos depoimentos da vítima, Maria, e de sua filha, Clara, o fato ora apurado se amolda aos tipos penais de ameaça, art. 147, bem como àquele previsto no art. 129, § 13, ambos do CP. Assim como encontra enquadramento na Lei nº 11.340, art. 5º, inciso II c/c art. 7º, incisos I e II, por ter sido praticado em âmbito familiar contra a mulher. Presente, pois, o *fumus comissi delicti*.

Excelência, quanto ao *periculum in mora*, pode-se salientar que a referida diligência é urgente nesse momento, uma vez que, se não apreendida a arma em poder do suspeito, esta pode desaparecer como elemento de prova, bem como pode haver a sua utilização como meio para o cometimento de outros graves crimes contra as vítimas.

Diante dos fatos, faz-se necessária a concessão judicial do pertinente mandado de busca e apreensão domiciliar, respeitando-se a norma constitucional prevista no art. 5º, XI, da CF.

Há de ressaltar que a medida é proporcional, inicialmente, por se amoldar com perfeição ao disposto no art. 240, § 1º, *c* e *d*, do CPP/1941, o qual dispõe que a busca domiciliar se dará, desde que fundadas razões a autorizem, para apreender armas e munições, instrumentos utilizados na prática de crime ou destinados a fim delituoso.

Ademais, não existem outros meios aptos e igualmente eficazes para se apreender o artefato e proteger a vida e integridade das vítimas, sendo a medida proporcional.

DO PEDIDO

Por todo o exposto e com amparo nos dispositivos legais citados, representa esta Autoridade Policial pela expedição de mandado de **busca e apreensão** a ser cumprido na residência de João da Silva, situada no endereço na Rua Ceará, nº 100, bairro Boa Esperança, Rio Branco/AC, com a finalidade de buscar e apreender arma de fogo e munição, após a oitiva do ilustre membro do Ministério Público.

Rio Branco, data.

Delegado de Polícia da DEAM.

22 Prisão temporária

Inicialmente, é muito importante entender que **a prisão temporária se destina** à fase investigativa da persecução penal, especialmente naquelas situações em que as infrações penais são de maior gravidade, conforme previsão no rol expresso na legislação que rege a matéria, Lei nº 7.960/1989.

Deve-se ainda ressaltar que a referida legislação sofreu alterações promovidas pela nova Lei de Abuso de Autoridade, especificamente a Lei nº 13.869/2019.

Essa modalidade prisional veio ao ordenamento jurídico em substituição à denominada prisão para averiguação, a qual hoje se mostra absolutamente incompatível com o ordenamento jurídico pátrio.

A prisão temporária cuida-se de espécie de prisão cautelar, decretada pela autoridade judiciária competente durante a fase investigativa, com prazo preestabelecido de duração, quando a privação da liberdade de locomoção do indivíduo for indispensável para a obtenção de elementos de informação quanto à autoria e materialidade das infrações penais mencionadas no art. 1º, inciso III, da Lei nº 7.960/1989, assim como com relação aos crimes hediondos e equiparados (art. 2º, § 4º, da Lei nº 8.072/1990).

Como espécie de medida cautelar, visa assegurar a eficácia das investigações – "tutela-meio" – para, em momento posterior, fornecer elementos informativos capazes de justificar o oferecimento de uma denúncia, fornecendo justa causa para a instauração de um processo penal, e, enfim, garantir eventual sentença condenatória – "tutela-fim" (FREITAS, 2009, p. 102).

Trata-se de tutela-meio justamente em razão de buscar preservar os elementos informacionais para a futura ação penal.

Em representações realizadas pelo Delegado de Polícia, essencialmente em provas concursais, é indispensável que o candidato se atenha aos requisitos específicos para a concessão da referida medida cautelar.

22.1 HIPÓTESES DE CABIMENTO DA PRISÃO TEMPORÁRIA

Analisaremos, neste momento, as hipóteses em que será possível a decretação da prisão temporária. Esses requisitos estão presentes logo no art. 1º da referida legislação:

> **Art. 1.º** (...)
>
> I – quando imprescindível para as investigações do inquérito policial;
>
> II – quando o indicado não tiver residência fixa ou não fornecer elementos necessários ao esclarecimento de sua identidade;
>
> III – quando **houver fundadas razões**, de acordo com qualquer prova admitida na legislação penal, de autoria ou participação do indiciado nos seguintes crimes:
>
> a) homicídio doloso (art. 121, *caput*, e seu § 2º);
>
> b) sequestro ou cárcere privado (art. 148, *caput*, e seus §§ 1º e 2º);
>
> c) roubo (art. 157, *caput*, e seus §§ 1º, 2º e 3º);
>
> d) extorsão (art. 158, *caput*, e seus §§ 1º e 2º);
>
> e) extorsão mediante sequestro (art. 159, *caput*, e seus §§ 1º, 2º e 3º);
>
> f) estupro (art. 213, *caput*, e sua combinação com o art. 223, *caput*, e parágrafo único);
>
> g) atentado violento ao pudor (art. 214, *caput*, e sua combinação com o art. 223, *caput*, e parágrafo único);
>
> h) rapto violento (art. 219., e sua combinação com o art. 223, *caput*, e parágrafo único);
>
> i) epidemia com resultado de morte (art. 267, § 1º);
>
> j) envenenamento de água potável ou substância alimentícia ou medicinal qualificado pela morte (art. 270, *caput*, combinado com art. 285.);
>
> l) quadrilha ou bando (art. 288.), todos do Código Penal;
>
> m) genocídio (arts. 1º, 2º e 3º da Lei nº 2.889, de 1º de outubro de 1956), em qualquer de suas formas típicas;
>
> n) tráfico de drogas (art. 12 da Lei nº 6.368, de 21 de outubro de 1976);
>
> o) crimes contra o sistema financeiro (Lei nº 7.492, de 16 de junho de 1986).
>
> p) crimes previstos na Lei de Terrorismo. (grifos nossos)

A interpretação que deve ser dada ao dispositivo é o seguinte: para o cabimento da segregação cautelar é necessário, inicialmente, que o delito esteja previsto no rol taxativo de crimes previstos no inciso III do dispositivo em análise.

Constatada a previsão, deve-se demonstrar uma das outras duas hipóteses de cabimento:

a. imprescindibilidade da segregação cautelar para as investigações;
b. ausência de residência certa ou identidade controversa.

O professor Renato Brasileiro de Lima (2018, p. 1.002) ressalta que com o objetivo de consertar a falta de técnica do legislador, somente é possível decretar a prisão temporária quando houver fundadas razões de autoria ou participação do indiciado nos crimes listados no inciso III do art. 1º, associada à imprescindibilidade da segregação cautelar para a investigação policial ou à situação de ausência de residência certa ou identidade incontroversa. Em virtude de ser a prisão temporária de espécie de prisão cautelar, conjugam-se, assim, seus pressupostos:

a. ***fumus comissi delicti***, previsto no inciso III;
b. ***periculum libertatis***, previsto no inciso I ou no inciso II.

Na representação por prisão temporária o candidato deve realizar a **tipificação da conduta** sob investigação como um dos delitos em que é cabível a segregação cautelar, posteriormente deverá indicar por meio de elementos concretos que o indivíduo não possui residência fixa ou possui identidade controversa ou, ainda, que a medida prisional é indispensável para a segregação cautelar.

Nesse ponto, reside a peculiaridade da representação por temporária. Trata-se de medida cautelar, exigindo-se que o Delegado, em sua representação, demonstre a imprescindibilidade da medida por meio de informações idôneas que justifiquem, **concretamente**, a prisão do agente na fase investigativa.

22.2 ANÁLISE DOS REQUISITOS PARA PRISÃO TEMPORÁRIA

22.2.1 Imprescindível para as investigações do inquérito policial (*periculum libertatis*)

Conforme analisamos na estrutura geral das peças, as representações elaboradas pelo Delegado de Polícia devem demonstrar os requisitos específicos para a concessão de medidas cautelares: ***fumus comissi delict*** e ***periculum libertatis***.

Considerando que as medidas privativas de liberdade, essencialmente durante a fase investigativa, são medidas excepcionais, essa prisão somente poderia ser decretada quando for indispensável para as investigações. O candidato deve demonstrar a imprescindibilidade da medida, demonstrando o risco que o estado de liberdade do agente ocasiona para as investigações.

Com efeito, corroborando o exposto, o colegiado do STF, ao julgar as ADIs nºs 4.109 e 3.360, decidiu ser constitucional a prisão temporária servível aos interesses da investigação criminal.[1]

É importante ressaltar que, apesar de a legislação fazer referência ao inquérito, a doutrina majoritária admite a interpretação extensiva a esse dispositivo de modo a abranger qualquer instrumento investigativo preliminar.

---

1 Em razão da importância da decisão para nosso estudo, abordaremos seu teor em tópico específico.

22.2.2 Ausência de residência fixa e não fornecimento de elementos necessários ao esclarecimento da identidade do indiciado (*periculum liberatis*)

Tratava-se de outra possibilidade específica que demonstra o risco da liberdade do agente. Vamos aos pontos importantes relacionados à ausência de residência fixa:

- Somente a ausência total de endereço autoriza a decretação da segregação cautelar, de modo que o investigado não possa ser encontrado de outra forma.
- A condição de absoluta miserabilidade a ponto de o investigado ser morador de rua também não tem sido considerado fundamento para a decretação da segregação cautelar. Caso o candidato se depare com uma hipótese como essa em provas, deve indicar como fundamento a ausência de residência fixa e não a situação de pobreza ou miserabilidade do investigado. Sob pena de vermos a medida prisional ser decretada somente contra pobres e miseráveis.

Já no que diz respeito à ausência de elementos necessários ao esclarecimento da identidade do indiciado, a doutrina já se posicionava no sentido de que somente seria possível a segregação se não existir outro meio menos lesivo e idôneo para a identificação do investigado. Dessa forma, se a identificação criminal for suficiente para o esclarecimento da identidade, não será cabível a decretação de prisão temporária.

Assim, em provas, o candidato deveria deixar claro que não é possível a identificação do investigado por outros meios menos lesivos que a prisão temporária, mostrando dessa forma que medida é proporcional às peculiaridades do caso.

Ainda no sentido de demonstrar a urgência na concessão da medida o art. 5º da referida legislação dispõe o seguinte:

> **Art. 5º** Em todas as comarcas e seções judiciárias haverá um plantão permanente de vinte e quatro horas do Poder Judiciário e do Ministério Público para apreciação dos pedidos de prisão temporária.

No entanto, o colegiado do STF, ao julgar as ADIs nºs 4.109 e 3.360, decidiu que o referido inciso é **dispensável** e, se **interpretado isoladamente, é inconstitucional**. Destarte, caso a proposta de peça traga informações acerca de ausência de residência fixa e/ou não fornecimento de elementos necessários ao esclarecimento da identidade do indiciado, é importante que o candidato traga esse argumento apenas como reforço, mas não mais como motivo exclusivo para a decretação de prisão temporária.

22.2.3 Fundadas razões de autoria ou participação nos crimes previstos no rol da lei de prisão temporária ou crimes hediondos ou equiparados (*fumus comissi delict*)

Neste ponto, constata-se, conforme modelo geral, o denominado *fumus comissi delict*, ocasião em que o candidato deverá atestar a materialidade de um rol taxativo de crimes e indicar indícios suficientes de autoria ou participação.

Não há necessidade de indiciamento formal do investigado, basta a existência de elementos mínimos que demonstrem a autoria ou participação nos referidos delitos previstos em rol taxativo, conjugada (ou não) à ausência de residência fixa e/ou risco concreto às investigações.

Antes de iniciar especificamente esse ponto, devemos entender a expressão **fundadas razões**.

O juiz, quando da decretação da prisão temporária, deve fundamentar sua análise em elementos probatórios existentes, considerando a fase inicial e investigativa da persecução penal. Essa análise deve ser compatível com o momento em que se requer a prisão temporária, qual seja, logo na fase das investigações. Assim, não são exigidos elementos exaurientes, bastando a existência de elementos concretos que comprovem a necessidade da medida. Nesse sentido, a 5ª Turma do STJ já concluiu que:

> (...) a determinação da prisão temporária deve ser fundada em fatos concretos que indiquem a sua real necessidade, atendendo-se os termos descritos na lei. Evidenciada a presença de indícios de autoria dos pacientes no delito de atentado violento ao pudor, praticado, em tese, contra três crianças, para o qual *é* permitida a decretação da custódia provisória, bem como o fato de o paciente se encontrar em lugar incerto e não sabido, necessária se toma a decretação da prisão temporária, tendo em vista a dif iculdade de investigação e conclusão do inquérito quando ausente o indiciado.[2]

Trata-se de análise preliminar e não exauriente, motivo pelo qual o requisito é satisfeito com a existência de indícios concretos de autoria, não se exigindo certeza ou prova plena a respeito do autor, a qual somente será alcançada quando da prolação de eventual sentença condenatória.

É extremamente importante que o leitor conheça o rol de crimes em que seria cabível a prisão temporária. Não há outro caminho: é decorar mesmo! Vamos ao rol:

- homicídio doloso (art. 121, *caput* e § 2º);
- sequestro ou cárcere privado (art. 148, *caput* e §§ 1º e 2º);
- roubo (art. 157, *caput* e §§ 1º, 2º e 3º);
- extorsão (art. 158, *caput* e §§ 1º e 2º);
- extorsão mediante sequestro (art. 159, *caput* e §§ 1º, 2º e 3º);
- estupro (art. 213, *caput*, e sua combinação com o art. 223, *caput* e parágrafo único);
- atentado violento ao pudor (art. 214, *caput*, e sua combinação com o art. 223, *caput* e parágrafo único);
- rapto violento (art. 219 e sua combinação com o art. 223, *caput* e parágrafo único);
- epidemia com resultado de morte (art. 267, § 1º);
- envenenamento de água potável ou substância alimentícia ou medicinal qualificado pela morte (art. 270, *caput*, combinado com art. 285);

---

2 STJ, 5ª Turma, RHC nº 18.004/SP, Rel. Min. Gilson Dipp, *DJ* 14.11.2005, p. 347.

- quadrilha ou bando (art. 288 do CP);
- genocídio (arts. 1º, 2º e 3º da Lei nº 2.889/1956), em qualquer de suas formas típicas;
- tráfico de drogas (art. 12 da Lei nº 6.368/1976);
- crimes contra o sistema financeiro (Lei nº 7.492, de 16 de junho de 1986);
- crimes previstos na Lei de Terrorismo.

Deve-se adicionar a esse rol os crimes hediondos e assemelhados a hediondos (consumados e tentados), conforme previsão do art. 2º, § 4º, da Lei nº 8.072/1990. O novo rol fica assim:

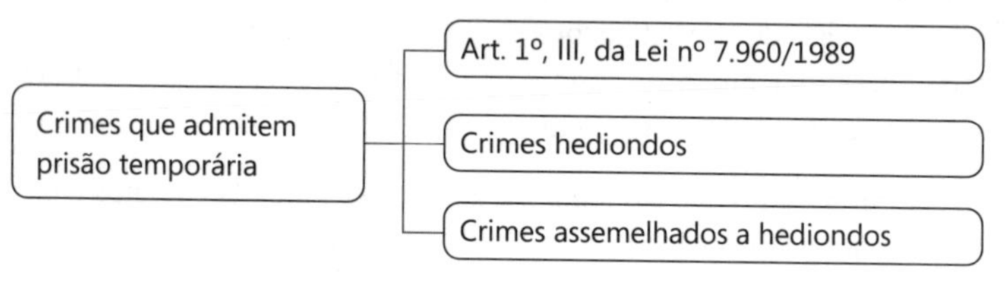

Embora seja importante que o candidato conheça a totalidade dos crimes acima, a fim de auxiliar, apontamos nos tópicos a seguir os mais cobrados em provas de peça prática:

Principais crimes cobrados na peça prática de representação por prisão temporária:

- homicídio doloso;
- roubo;
- extorsão;
- extorsão mediante sequestro;
- estupro;
- estupro de vulnerável;
- antigo crime de quadrilha ou bando – atual associação criminosa – art. 288 do CP;
- tráfico de drogas (assemelhado).

Importante o candidato se recordar de que os examinadores têm preferência por cobrar alterações legislativas recentes. Desta forma, é importante a atenção do candidato para os seguintes crimes:

Delitos recentemente inseridos no rol de crimes hediondos ou assemelhados:

- roubo circunstanciado pela restrição de liberdade ou emprego de arma de fogo ou arma de fogo de uso proibido ou restrito;
- roubo qualificado pelo resultado lesão corporal grave ou morte;
- extorsão qualificada pela restrição de liberdade da vítima, ocorrência de lesão corporal ou morte;
- furto qualificado pelo emprego de explosivo ou de artefato análogo que cause perigo comum;
- lesão corporal dolosa de natureza gravíssima (art. 129, § 2º) e lesão corporal seguida de morte (art. 129, § 3º), quando praticadas contra autoridade ou agente descrito nos arts. 142 e 144 da CF, integrantes do sistema prisional e da Força Nacional de Segu-

rança Pública, no exercício da função ou em decorrência dela, ou contra seu cônjuge, companheiro ou parente consanguíneo até terceiro grau, em razão dessa condição;
- favorecimento da prostituição ou de outra forma de exploração sexual de criança ou adolescente ou de vulnerável (art. 218-B, *caput*, e §§ 1º e 2º);
- crime de genocídio previsto nos arts. 1º, 2º e 3º da Lei nº 2.889/1956;
- posse ou porte ilegal de arma de fogo de uso proibido, previsto no art. 16 da Lei nº 10.826/2003;
- comércio ilegal de arma de fogo, previsto no art. 17 da Lei nº 10.826/2003;
- tráfico internacional de arma de fogo, previsto no art. 18 da Lei nº 10.826/2003;
- crime de organização criminosa, quando direcionada à prática de crime hediondo ou equiparado.

Lembre-se de que as contravenções penais estão excluídas do referido rol, bem como os crimes culposos.

22.2.4 Proporcionalidade da medida

Outro ponto importante a ser ressaltado é a necessidade de se assegurar **o princípio da proporcionalidade**, de modo que a prisão temporária somente será aplicável se não for possível a decretação de outra medida cautelar menos lesiva, como a decretação de busca e apreensão ou outra medida cautelar diversa da prisão.

Observando que a finalidade da prisão temporária é assegurar a investigação, é forçoso concluir que, uma vez recebida a denúncia, não mais subsiste o decreto de prisão temporária, devendo o denunciado ser colocado em liberdade, salvo se sua prisão preventiva for decretada.

É indispensável que o Delegado de Polícia demonstre que a prisão temporária é medida proporcional ao caso sob análise, a qual deve ser analisada em três vertentes:

- **Adequação:** o meio investigativo utilizado é apto para garantir o resultado útil do processo;
- **Necessidade:** impossibilidade de utilização de meio menos gravoso e invasivo e igualmente eficaz (inaplicabilidade das medidas cautelares alternativas à prisão);
- **Proporcionalidade em sentido estrito:** a vantagem obtida pela segregação cautelar deve ser superior à restrição gerada pela aplicação da medida. Aqui evidencia-se que a medida investigativa deve guardar proporcionalidade com o crime investigado.

Corroborando o exposto, o colegiado do STF, ao julgar as ADIs nºs 4.109 e 3.360, decidiu que se aplica à prisão temporária o disposto no art. 282, II, do CPP. Vejamos:

> **Art. 282.** As medidas cautelares previstas neste Título deverão ser aplicadas observando-se a:
>
> (...)

> II – adequação da medida à gravidade do crime, circunstâncias do fato e condições pessoais do indiciado ou acusado.

Destarte, o candidato deve demonstrar em sua peça que há adequação da prisão com a **gravidade concreta do delito praticado, circunstâncias de fato e condições pessoais do investigado.**

Decidiu ainda o STF, no mesmo julgamento, que se aplica à prisão temporária o art. 312, § 2º, do CPP. Vejamos:

> **Art. 312.** A prisão preventiva poderá ser decretada como garantia da ordem pública, da ordem econômica, por conveniência da instrução criminal ou para assegurar a aplicação da lei penal, quando houver prova da existência do crime e indício suficiente de autoria e de perigo gerado pelo estado de liberdade do imputado.
>
> (...)
>
> **§ 2º** A decisão que decretar a prisão preventiva deve ser motivada e fundamentada em receio de perigo e existência concreta de fatos novos ou contemporâneos que justifiquem a aplicação da medida adotada.

Sendo assim, o candidato deve ressaltar em sua peça que a representação por prisão temporária se fundamenta em **receio de perigo e existência concreta de fotos novos ou contemporâneos que justifiquem a segregação cautelar**.

Note-se que não há a necessidade de que o crime cometido seja novo ou contemporâneo à representação, mas sim os fatos em que se justifica a necessidade de privação de liberdade do investigado.

22.3 PROCEDIMENTO

O art. 2º trata de toda a parte procedimental referente à decretação da prisão temporária. Vamos à análise do referido dispositivo.

> **Art. 2º** A prisão temporária será decretada pelo Juiz, em face da representação da autoridade policial ou de requerimento do Ministério Público, e terá o prazo de 5 (cinco) dias, prorrogável por igual período em caso de extrema e comprovada necessidade.

Assim, da leitura desse dispositivo, algumas conclusões podem ser retiradas:

- **a.** A prisão temporária somente pode ser decretada na fase investigativa, desse modo, não é possível a decretação de ofício pelo magistrado. É necessária a representação da Autoridade Policial ou requerimento do Ministério Público.
- **b.** O prazo da referida prisão é, em regra, de 5 dias, podendo ser prorrogada nos casos de extrema e comprovada necessidade. Ressalta-se que a prorrogação dessa medida não é automática e somente, nas hipóteses em que há representação nesse sentido.
- **c.** É importante ainda ressaltar que, conforme o art. 2º, § 4º, Lei nº 8.072/1990, em casos de crimes hediondos ou equiparados, o prazo da prisão será de 30 dias prorrogáveis por igual período, também condicionada a existência de extrema e comprovada necessidade e de representação nesse sentido.

d. A representação da Autoridade Policial ou mesmo o requerimento do Ministério Público devem ser devidamente fundamentadas sob pena de não acatamento do pleito pela autoridade judicial.

e. Diferentemente do que ocorre com relação à prisão preventiva, no que diz respeito à prisão temporária, não será cabível a representação pelo querelante ou mesmo pelo assistente de acusação.

f. Caso a autoridade judicial indefira o pedido judicial ou indefira o pedido de prisão temporária formulado pelo Ministério Público, o recurso cabível será o RESE (recurso em sentido estrito) nos termos do art. 581, V, do CPP.

> **Art. 581.** Caberá recurso, no sentido estrito, da decisão, despacho ou sentença:
>
> I - que não receber a denúncia ou a queixa;
>
> II - que concluir pela incompetência do juízo;
>
> III - que julgar procedentes as exceções, salvo a de suspeição;
>
> IV - que pronunciar o réu;
>
> V - que conceder, negar, arbitrar, cassar ou julgar inidônea a fiança, indeferir requerimento de prisão preventiva ou revogá-la, conceder liberdade provisória ou relaxar a prisão em flagrante;

Note que é possível a aplicação do referido dispositivo aos casos de prisão temporária. Observe que, quando da edição do Código de Processo Penal, não havia previsão da prisão temporária.

22.3.1 Oitiva prévia do Ministério Público

Seguindo, então, na análise dos dispositivos, o art. 2º, § 1º, conta com a seguinte redação:

> **Lei nº 7.960/1989**
>
> **Art. 2º** (...)
>
> **§ 1º** Na hipótese de representação da autoridade policial, o Juiz, antes de decidir, ouvirá o Ministério Público.

A legislação impõe a prévia oitiva do Ministério Público, observe que essa formalidade é exigida em virtude da necessidade de o Ministério Público assumir a posição de titular da ação penal, assim, o membro do MP deve vislumbrar, ao menos em tese, a possibilidade de ser oferecida denúncia naquele caso.

Seguindo a análise dos dispositivos o art. 2º, § 2º, da referida legislação conta com a seguinte redação:

> **Lei nº 7.960/1989**
>
> **Art. 2º** (...)
>
> **§ 2º** O despacho que decretar a prisão temporária deverá ser fundamentado e prolatado dentro do prazo de 24 (vinte e quatro) horas, contadas a partir do recebimento da representação ou do requerimento.

Note que a decisão que defere ou mesmo aquela que indefere a prisão temporária há de ser fundamentada. Nos casos de representações realizadas pelo Delegado de Polícia, os fundamentos devem ser apresentados concretamente pela Autoridade Policial.

Essa fundamentação não pode se limitar a repetir as hipóteses legais para a concessão da medida, ao contrário, devem ser especificamente analisadas e justificadas pela Autoridade Policial nos termos do art. 315, § 2º, do CPP. Vejamos:

> **Art. 315.** A decisão que decretar, substituir ou denegar a prisão preventiva será sempre motivada e fundamentada.
>
> (...)
>
> **§ 2º** Não se considera fundamentada qualquer decisão judicial, seja ela interlocutória, sentença ou acórdão, que:
>
> I – limitar-se à indicação, à reprodução ou à paráfrase de ato normativo, sem explicar sua relação com a causa ou a questão decidida;
>
> II – empregar conceitos jurídicos indeterminados, sem explicar o motivo concreto de sua incidência no caso;
>
> III – invocar motivos que se prestariam a justificar qualquer outra decisão;
>
> IV – não enfrentar todos os argumentos deduzidos no processo capazes de, em tese, infirmar a conclusão adotada pelo julgador
>
> V – limitar-se a invocar precedente ou enunciado de súmula, sem identificar seus fundamentos determinantes nem demonstrar que o caso sob julgamento se ajusta àqueles fundamentos
>
> VI – deixar de seguir enunciado de súmula, jurisprudência ou precedente invocado pela parte, sem demonstrar a existência de distinção no caso em julgamento ou a superação do entendimento

Como já se manifestou o STJ (LIMA, 2018, p. 1011-1012):

> (...) é válido o decreto de prisão temporária que se encontra devidamente fundamentado, ainda que de forma sucinta, demonstrando a necessidade da custódia para as investigações do inquérito policial e em consonância com os indícios de participação do paciente em fato típico e antijurídico previsto na Lei nº 7.960/89.

Atenção

Se a decisão for prolatada no plantão judicial, essa autoridade não restará preventa e, consequentemente, competente para a futura ação penal. Contudo, caso essa decisão seja proferida por outra autoridade judicial diversa daquela atuante no plantão judicial, estará preventa para o futuro processo.

Digno de nota ainda o prazo para a decisão judicial, corroborando com o pedido de urgência da representação.

22.4 PRAZO

Conforme já observamos, os prazos da segregação cautelar decorrente da prisão temporária variam de acordo com o tipo de crime submetido à investigação.

Crimes comuns	Crimes hediondos ou equiparados
Em crimes comuns, o prazo será de 5 dias prorrogáveis por mais 5 dias em casos de extrema e comprovada necessidade.	O prazo será de 30 dias prorrogáveis por mais 30 dias em caso de extrema e comprovada necessidade.

Algumas observações devem ser feitas sobre esse tema:

a. A prorrogação não é automática, somente podendo ser deferida pela autoridade judicial em casos de extrema e comprovada necessidade e exige representação nesse sentido, assim não será possível a prorrogação de ofício.

b. O prazo somente começa a correr a partir da efetivação da medida prisional.

c. A contagem do prazo é realizada pelas regras penais, na forma do art. 10 do Código Penal.

> **Art. 10.** O dia do começo inclui-se no cômputo do prazo. Contam-se os dias, os meses e os anos pelo calendário comum.

Atualmente, essa regra encontra-se expressa na lei de regência da prisão temporária:

> **Lei nº 7.960/1989**
>
> **Art. 2º** (...)
>
> **§ 8º** Inclui-se o dia do cumprimento do mandado de prisão no cômputo do prazo de prisão temporária.

d. Os prazos fixados nas legislações são prazos máximos, assim não haveria impedimento para que o magistrado decretasse a medida prisional por um prazo menor do que aquele expressamente previsto. Também não há óbice para que a própria Autoridade Policial representasse ao magistrado por prisão em tempo inferior ao máximo ou para a revogação da prisão temporária, quando a diligência investigativa fosse satisfeita.

No entanto, aconselhamos ao candidato que, em provas concursais, sempre utilize os prazos de 5 (cinco) ou 30 (trinta) dias, a depender do caso, conforme exposto.

e. Decorrido o prazo estabelecido para a segregação temporária, deve a autoridade responsável pela segregação colocar imediatamente o preso em liberdade, constituindo, inclusive, abuso de autoridade a sua não liberação imediata quando transcorrido o referido prazo. Atualmente, a Lei nº 7.960/1989 exige que o mandado de prisão temporária preveja a quantidade exata de dias que perdurará a segregação cautelar, assim como o dia em que o preso será libertado:

> **Lei nº 7.960/1989**
>
> **Art. 2º**
>
> (...)
>
> **§ 4º-A.** O mandado de prisão conterá necessariamente o período de duração da prisão temporária estabelecido no *caput* deste artigo, bem como o dia em que o preso deverá ser libertado.
>
> (...)
>
> § 7º Decorrido o prazo contido no mandado de prisão, a autoridade responsável pela custódia deverá, independentemente de nova ordem da autoridade judicial, pôr imediatamente o preso em liberdade, salvo se já tiver sido comunicada da prorrogação da prisão temporária ou da decretação da prisão preventiva.

22.5 DIREITOS E GARANTIAS DO PRESO TEMPORÁRIO

A Lei reserva determinado tópico para tratar de direitos e garantias do preso temporário:

> **Art. 3º** Os presos temporários deverão permanecer, obrigatoriamente, separados dos demais detentos.

Trata de medida de cautela e respeito à presunção de inocência do investigado. Os presos temporários deverão se manter separados dos demais detentos.

A exigência da realização de exame de corpo de delito também é medida prevista na Lei nº 7.960/1989 (art. 2º, § 3º).

Trata-se de medida de salutar importância, pois serve para a tutela do preso e da própria autoridade responsável pela prisão. O referido exame deve ser feito tanto no momento inicial da prisão quanto do seu término, de modo a se afastar eventual arguição de maus-tratos, tortura ou sevícias físicas sofridas durante o período de encarceramento.

22.6 PRISÃO TEMPORÁRIA × PRISÃO PREVENTIVA

Em razão de ser uma das principais dificuldades o candidato decidir entre representar por prisão preventiva ou temporária, abordaremos neste capítulo as principais diferenças entre as prisões temporárias e preventivas para fins de representação policial.

a. A temporária se volta a proteger a investigação; a preventiva, a futura ação penal.

b. O principal objeto da prisão temporária é preservar o sucesso da investigação, destina-se, essencialmente, a tutelar a fase investigativa. A prisão preventiva, ainda que decretada na fase investigativa, destina-se a tutelar a futura ação penal.

c. A temporária é cabível dentro de um rol fechado de crimes. Então, identifique se o caso apresentado se encaixa na hipótese legal e temporária.
d. Conforme analisamos, a temporária tem cabimento em detrimento de um rol específico de crimes, diferentemente do que ocorre com a prisão preventiva que não encontra limites em um rol específico de crimes.
e. Nunca represente pela temporária no relatório final.

Esse é um erro comum e pode ser fatal em provas. Observe que, como já ressaltamos anteriormente, a prisão temporária destina-se a tutelar/assegurar o sucesso das investigações. Caso as investigações tenham se encerrado a ponto de o candidato elaborar um relatório final a respeito do tema, não há como cumular o referido relatório com a representação por prisão temporária, pois a fase investigativa já se encerrou e não como tutelar algo que não "existe" mais.

Prisão preventiva	Prisão temporária
A prisão preventiva pode ser decretada tanto durante a fase de investigação policial quanto durante o processo (art. 311 do CPP).	A prisão temporária só pode ser decretada durante a fase pré-processual (art. 1º, I, II e III, da Lei nº 7.960/1989).
Atualmente, não há a possibilidade de a prisão preventiva ser decretada de ofício, seja na fase processual, seja na fase investigativa (art. 311 do CPP). Antes da edição da Lei nº 13.964/2019, era possível a decretação da prisão preventiva na fase processual.	A prisão temporária não pode ser decretada de ofício (art. 2º da Lei nº 7.960/1989).
Não há um rol taxativo de delitos com relação aos quais seja cabível a decretação da prisão preventiva, bastando, para tanto, o preenchimento dos pressupostos constantes do art. 313 do CPP.	A prisão temporária só é cabível com relação a um rol taxativo de delitos, listados no art. 1º, inciso III, da Lei nº 7.960/1989, e no art. 2º, § 4º, da Lei nº 8.072/1990 (crimes hediondos e equiparados).
De seu turno, a prisão preventiva não tem prazo predeterminado.	A prisão temporária possui prazo predeterminado: 1º) 5 (cinco) dias, prorrogáveis por igual período em caso de extrema e comprovada necessidade (art. 2º da Lei nº 7.960/1989). 2º) 30 (trinta) dias, prorrogáveis por igual período em caso de extrema e comprovada necessidade, em se tratando de crimes hediondos, prática da tortura, tráfico ilícito de entorpecentes e terrorismo (art. 2º, § 4º, da Lei nº 8.072/1990). Findo o prazo o preso será colocado imediatamente em liberdade, independentemente da expedição de alvará de soltura pelo juiz, salvo se tiver sido decretada sua prisão preventiva.

Prisão preventiva	Prisão temporária
A prisão preventiva possui foco na ação penal.	A prisão temporária possui foco na investigação.
A prisão preventiva pode ser cumulada com relatório final.	A prisão temporária não pode ser cumulada com relatório final, pois a investigação ainda está em andamento e a temporária serve à investigação.

Caso, após a análise de todos os elementos diferenciadores, ainda seja possível, em tese, a adoção das duas medidas (temporária e preventiva), o candidato deve optar por representar por prisão temporária. Observe que o legislador criou uma modalidade prisional específica para a fase investigativa preliminar, motivo pelo qual, caso seja possível e haja a possibilidade de se aceitar ambas as medidas o candidato, na fase investigativa, deve optar por representar por prisão temporária.

Atenção

Lembre-se de que é sempre importante que o candidato tente ler as entrelinhas da questão e imaginar o que o examinador deseja.

22.7 ESTRUTURA DA PEÇA

Conforme salientado anteriormente, a estrutura da peça segue o padrão, porquanto conterá como elementos obrigatórios:

1. **endereçamento**;
2. **preâmbulo**;
3. **síntese dos fatos**;
4. **fundamentos**; e
5. **pedido(s) e fechamento**.

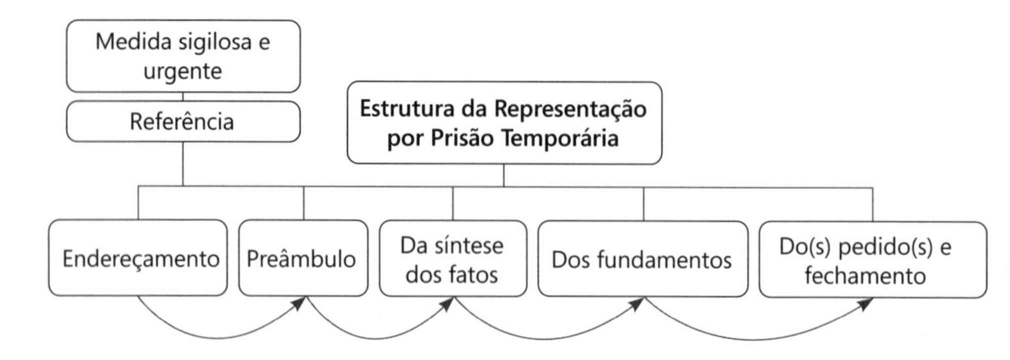

Além dos elementos obrigatórios citados, a peça deve trazer **entre o endereçamento e o preâmbulo**, a **referência** eventualmente trazida pela questão. O mais comum é que a referência seja o número do inquérito policial, mas pode ocorrer de a questão trazer como referência o número da ocorrência policial ou, até mesmo, o número de distribuição do inquérito policial no Poder Judiciário.

O importante é que o candidato coloque exatamente como a questão trouxer, ou seja, se no texto estiver escrito "Inquérito Policial nº 9.748/2021 – 38ª DP", o candidato deve colocar entre o endereçamento e preâmbulo:

Referência: Inquérito Policial nº 9748/2021 – 38ª DP

Sem abreviar.

Se o texto trouxer "I.P. nº 9.748/2021", o candidato deve colocar entre o endereçamento e preâmbulo:

Referência: I.P. nº 9748/2021

Abreviando.

Ou seja, exatamente como a questão trouxer. Isso vale para os casos em que existe referência ao número de ocorrência ou a qualquer outro número.

Muito cuidado para não errar o número trazido pela questão, pois isso pode gerar uma identificação de prova. Exemplifico: vamos imaginar que a questão traga a referência como Inquérito Policial nº 449988/2021 e você erre na hora de escrever e coloque:

Referência: I.P. nº 448888/2021

Isso pode gerar problema, portanto é importante que o candidato tenha bastante atenção.

Caso a questão não traga a informação de referência, **o candidato jamais deve criar dados**! O que se pode fazer é colocar entre o endereçamento e preâmbulo o seguinte:

Referência: Inquérito Policial

Observe que a informação deverá ser apresentada sem nenhum número nesses casos, uma vez que a própria questão não indicou nenhum número.

Outro dado que deve constar nesta peça, também entre o **endereçamento** e o **preâmbulo,** é que a medida é **sigilosa e urgente**. Conforme salientado no Capítulo 20 desta parte do nosso *Manual Decifrado*, na dúvida, deve ser colocada esta informação em razão da própria essência das medidas cautelares, que são sigilosas na imensa maioria dos casos e urgentes em razão do *periculum in mora* ou *periculum libertatis*.

Nessa peça específica, no entanto (representação por prisão temporária), é interessante que o candidato coloque, caso se recorde, do artigo de lei que fundamenta a urgência da medida. Vejamos:

> **Art. 2º** A prisão temporária será decretada pelo Juiz, em face da representação da autoridade policial ou de requerimento do Ministério Público, e terá o prazo de 5 (cinco) dias, prorrogável por igual período em caso de extrema e comprovada necessidade.

> (...)
>
> § 2º O despacho que decretar a prisão temporária deverá ser fundamentado e prolatado dentro do prazo de 24 (vinte e quatro) horas, contadas a partir do recebimento da representação ou do requerimento.

Ficaria assim:

> Medida sigilosa e urgente (art. 2º, § 2º, da Lei nº 7.690/1989).

Passado esse ponto, abordaremos, um a um, os elementos obrigatórios.

22.7.1 Endereçamento

Considerando que a representação deve ser analisada por um magistrado, ela deve ser endereçada ao juiz competente, sendo parte obrigatória.

Caso ainda não haja juiz prevento, o endereçamento deve ser realizado ao juiz criminal (crimes comuns) ao juiz do tribunal do júri (crimes dolosos contra a vida), juiz da vara de violência doméstica (crimes envolvendo violência doméstica familiar) ou a outros, a depender do tipo de crime cometido e da organização judiciária do local de onde se presta a prova. Assim, é interessante que o candidato conheça, ao menos superficialmente, a estrutura organizacional do Poder Judiciário do local em que presta o concurso, desde que seja cobrado em edital.

Caso já exista juízo prevento e a questão faça referência a tal juízo, deve-se endereçar a representação a ele.

A título de exemplo, no Distrito Federal temos Varas do Tribunal do Júri, a Circunscrição Especial Judiciária de Brasília e as Circunscrições Judiciárias das Regiões Administrativas. Já nos Estados, geralmente se endereça a peça prática profissional da seguinte forma:

> Excelentíssimo Senhor Juiz de Direito da ___ Vara Criminal da Comarca de xxxxxx.

No que concerne ao pronome de tratamento do juiz, indica-se que não se faça o uso de diversos tratamentos, como: "**Excelentíssimo Senhor Doutor Juiz de Direito**". Indica-se que use somente a expressão: "**Excelentíssimo Senhor Juiz de Direito**".

Nos concursos para Delegado de Polícia Federal é necessário saber que existem Varas Federais que formam as Seções Judiciárias ou Subseções Judiciárias.

Vejamos o seguinte exemplo: caso o crime tenha ocorrido em João Pessoa, a representação deve ser endereçada ao Excelentíssimo Senhor Juiz Federal da __ Vara Federal da Seção Judiciária da Paraíba.

De igual forma, com relação ao pronome de tratamento, basta utilizar "**Excelentíssimo Senhor Juiz Federal**".

Lembrando que, caso se esteja diante de crime apurado pela Polícia Federal, nos termos do art. 1º da Lei nº 10.446/2002 (quando houver repercussão interestadual ou internacional que exija repressão uniforme em crimes específicos) não há, geralmente, deslocamento de competência para a Justiça Federal. Nestes casos, portanto, o Delegado de Polícia Federal eventualmente representará ao Juiz de Direito Estadual.

É importante ressaltar que o Pacote Anticrime, Lei nº 13.964/2019, trouxe mudança significativa na estrutura do Poder Judiciário: o juiz de garantias. Até o fechamento desta obra, em razão de decisão do Supremo Tribunal Federal, a instituição dos juízes de garantias está suspensa. Ocorre que o tema pode impactar diretamente no endereçamento da peça, conforme mais bem trabalhado no Capítulo 20 deste livro, ao qual remetemos o leitor.

22.7.2 Preâmbulo

Conforme já salientado, o preâmbulo deve perseguir a consecução de três objetivos básicos:

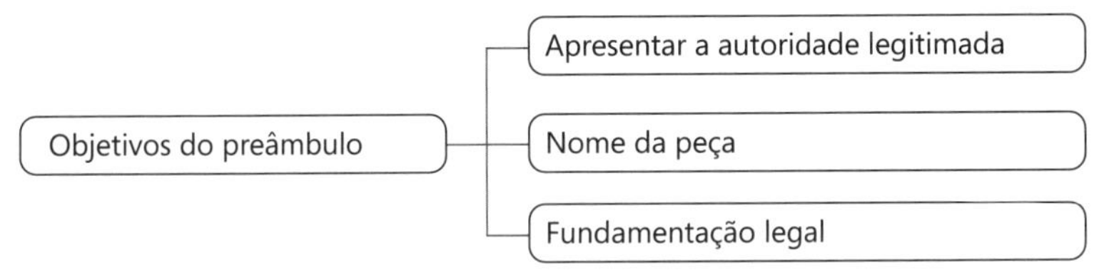

O primeiro objetivo, conforme se percebe, será estático em todas as representações, devendo apenas o candidato adicionar legitimação adicional eventualmente trazida por legislação local. Vejamos um exemplo:

> O Delegado de Polícia Civil ao final assinado, no uso de suas atribuições constitucionais e legais, sobretudo o art. 144, § 4º, da Constituição Federal e art. 2º, § 1º, da Lei nº 12.830/2013 ***(se houver legislação local, a exemplo de dispositivo da Constituição Estadual, colocar aqui).***

No caso de se estar diante de uma prova para Delegado de Polícia Federal, evidentemente, haverá alteração da legitimidade constitucional, não cabendo a inserção de legislação local. Vejamos:

> O Delegado de Polícia Federal ao final assinado, no uso de suas atribuições constitucionais e legais, sobretudo o art. 144, § 1º, I, da Constituição Federal e art. 2º, § 1º, da Lei nº 12.830/2013.

Aí vem o cumprimento dos demais objetivos do preâmbulo, que não necessariamente precisam respeitar a ordem acima, ou seja, pode ser o nome da peça e, logo após, a fundamentação legal ou vice-versa. É uma questão de estilística.

> Com fulcro no art. 2º, *caput*, da Lei nº 7.960/1989, vem à presença de Vossa Excelência oferecer representação pela **prisão temporária pelo prazo de 5 (cinco) dias** de *(indicação do nome do investigado e dados de qualificação trazidos pela questão)*, pelos fundamentos de fato e de direito a seguir expostos.

Ou

Vem à presença de Vossa Excelência oferecer representação pela **prisão temporária pelo prazo de 5 (cinco) dias** de *(indicação do nome do investigado e dados de qualificação trazidos pela questão)*, com fulcro no art. 2º, *caput*, da Lei nº 7.960/1989 e pelos fundamentos de fato e de direito a seguir expostos.

De forma integral, teremos o seguinte:

Para o cargo de Delegado de Polícia Civil

O Delegado de Polícia ao final assinado, no uso de suas atribuições constitucionais e legais, sobretudo o art. 144, § 4º, da Constituição Federal e art. 2º, § 1º, da Lei nº 12.830/2013 *(se houver legislação local, a exemplo de dispositivo da Constituição Estadual, colocar aqui)*, com fulcro no art. 2º, *caput*, da Lei nº 7.960/1989, vem à presença de Vossa Excelência oferecer representação pela **prisão temporária pelo prazo de 5 (cinco dias)** de *(indicação do nome do investigado e dados de qualificação trazidos pela questão)*, pelos fundamentos de fato e de direito a seguir expostos.

Para o cargo de Delegado de Polícia Federal

O Delegado de Polícia Federal ao final assinado, no uso de suas atribuições constitucionais e legais, sobretudo o art. 144, § 1º, I, da Constituição Federal e art. 2º, § 1º, da Lei nº 12.830/2013, com fundamento no art. 2º, *caput*, da Lei nº 7.960/1989, vem à presença de Vossa Excelência oferecer representação pela **prisão temporária pelo prazo de 05 (cinco) dias** de *(indicação do nome do investigado e dados de qualificação trazidos pela questão)*, pelos fundamentos de fato e de direito a seguir expostos.

Perceba que **a representação deve ser realizada em nome do Delegado de Polícia**, e não da instituição Polícia Civil ou Polícia Federal. Observe que, diferentemente do que ocorre com relação ao Ministério Público, o Delegado de Polícia não se constitui como órgão, mas, na verdade, insere-se no conceito de agente integrante do órgão policial, Polícias Civis ou Polícia Federal. Por esse motivo, a representação deve ser realizada em nome do cargo de Delegado de Polícia.

Ademais, caso a representação fosse realizada em nome da instituição policial, não faria sentido a indicação dos dispositivos previstos na Lei nº 12.830/2013, que é o Estatuto do Delegado de Polícia.

Há uma **peculiaridade** no preâmbulo da representação por prisão temporária: **o prazo da prisão**, a depender do caso, 5 (cinco) ou 30 (trinta) dias, deve ser adicionado.[3] Caso se trate de crime hediondo, em que o prazo da prisão será de 30 (trinta) dias, a disposição da Lei nº 8.072/1990 que fundamenta o prazo da medida também deve ser adicionado. Este ponto foi e geralmente é objeto de avaliação, a exemplo do concurso para Delegado de Polícia da PCBA de 2013.

---

3 Outra forma é colocar no fechamento. Indicamos que coloque em ambos, pois o examinador pode ter alguma preferência.

Obviamente, caso a prisão temporária seja cumulada com outra medida, devem ser citados os dois nomes de representação e, além disso, os dois fundamentos jurídicos. Exemplo:

> O Delegado de Polícia ao final assinado, no uso de suas atribuições constitucionais e legais, sobretudo o art. 144, § 4º, da Constituição Federal e no art. 2º, § 1º, da Lei nº 12.830/2013 *(se houver legislação local, a exemplo de dispositivo da Constituição Estadual, colocar aqui)*, com fulcro na Lei nº 7.960/1989 e no art. 240, § 1º, alíneas *a, d, e* e *h* do CPP vem à presença de Vossa Excelência oferecer representação pela **prisão temporária pelo prazo de 05 (cinco) dias** *(indicação do nome do investigado e dados de qualificação trazidos pela questão)*, bem como **busca e aprensão** em sua residência, situada no endereço *(endereço trazido pela questão)*, pelos fundamentos de fato e de direito a seguir expostos.

Repare que, por questões didáticas, nós ressaltamos em negrito o nome da peça, no entanto o candidato em sua prova não deve tentar realizar qualquer destaque. O máximo que se permite é colocar o nome da peça com letras maiúsculas.

Caso a representação por prisão envolva situações sob a égide da **Lei Maria da Penha**, esta deve ser citada na fundamentação da medida.

22.7.3 Síntese dos fatos

Conforme analisamos anteriormente, trata-se do ponto comum entre as peças internas e externas. Em ambas as hipóteses, o candidato deverá reservar determinado tópico para a descrição dos fatos que fundamentam a medida.

Algumas informações são bastante importantes a esse respeito, vejamos:

a. Normalmente, o examinador não confere muitos pontos à descrição fática realizada pelo candidato. Contudo esse tópico fornece toda lógica à estrutura da peça, motivo pelo qual sua confecção ganha relevo.

b. Não se deve copiar *ipsis litteris* o enunciado da questão. O candidato deverá demonstrar a capacidade de síntese, pois na maioria dos casos o espaço da folha de resposta não comporta elementos desnecessários na descrição dos fatos.

c. É necessário objetividade, com prevalência à transcrição de fatos que serão relevantes para a autoria, materialidade do crime e todas as suas circunstâncias relevantes para a apuração.

d. O candidato deverá ressaltar os fatos que possuem relação com a fundamentação jurídica analisada a seguir.

Assim, o nosso leitor deve se atentar para aqueles fatos que possuem relação com a medida pleiteada, exercitando a sua capacidade de síntese. Devem ser indicados os pontos que serão relevantes para que o magistrado decida a respeito do feito. Aqueles fatos que nada contribuem ao objetivo proposto ou que em nada se correlacionem com a medida pleiteada não precisam estar expostos na síntese dos fatos como elemento integrante da representação.

Na síntese dos fatos,[4] o candidato deve ter como parâmetro o **conhecido Heptâmetro de Quintiliano** e buscar responder aos seguintes questionamentos:

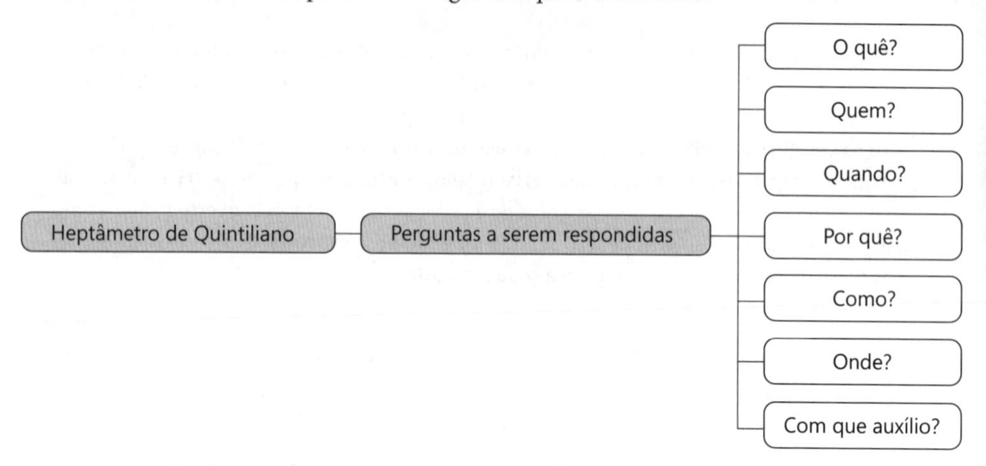

No caso da prisão temporária, a partir de dados trazidos pela questão, devem ser apontados fatos que servirão para sustentar os pontos da fundamentação jurídica.[5]

22.7.4 Dos fundamentos

Nesse ponto, o candidato deverá demonstrar os fundamentos jurídicos trazidos no tópico em que tratamos do arcabouço teórico para a concessão da prisão temporária.

Pode-se iniciar tratando sobre o instituto que se pleiteia, sendo facultativa a utilização do roteiro proposto no Capítulo 20 deste *Manual Decifrado*.

Deve ser ressaltado que, ao caso concreto cabe a prisão temporária (**cabimento**), pois, por exemplo, é imprescindível às investigações (art. 1º, I, da Lei nº 7.960/1989) e há fundadas suspeitas de que o suspeito cometeu crime previsto no rol dos crimes do art. 1º, III, da Lei nº 7.960/1989.

Caso se trate de **crime hediondo** – que modificará o prazo da medida –, isso deve ser ressaltado, sendo importante citar o art. 2º, § 4º, da Lei nº 8.072/1990.[6]

Basicamente devem ser apontados o *fumus comissi delicti*, o *periculum libertatis* e a **proporcionalidade** da medida.

Observe que deve haver a conjugação entre a descrição fática realizada no tópico anterior (síntese dos fatos) e o *fumus comissi delicti* – consubstanciado pela indicação da **prova da existência do crime** e **indícios suficientes de autoria** – e, posteriormente, o *periculum libertatis*.

---

4 Pode também ser chamado de "sinopse dos fatos", "do resumo fático", "dos fatos" ou qualquer outro nome semelhante.

5 Confira o exemplo trazido no Capítulo 20 desta obra.

6 Isso pode, ainda, constar já do preâmbulo da medida.

Por isso, na descrição fática, o candidato deverá ressaltar aquilo que servirá como base aos fundamentos jurídicos e descrever concretamente (por meio de dados da questão), em que se funda a prova da materialidade do crime, fazendo referência a eventuais exames periciais e outros elementos atestadores da materialidade do crime.

Também deve ser demonstrado concretamente qual o receio de perigo do estado de liberdade do investigado e que os fatos justificadores da prisão temporária são novos ou contemporâneos.

Este é o **momento de tipificar o(s) delito(s)**, pois a prova da existência do crime perpassa pela prova de que o fato existiu (materialidade) e também que o fato é definido como crime. Ademais, a tipificação servirá a demonstrar que o crime está no **rol** daqueles que **admitem prisão temporária**.

Já no que concerne aos indícios suficientes de autoria, o Delegado deverá apontar, concretamente (por meio de dados da questão), em que se funda a suspeita a respeito da autoria do delito em investigação.

Podemos estruturar o *fumus comissi delicti* da seguinte forma:

a. Primeiro indique a materialidade do delito. Lembrando que esses elementos devem estar provados. Ressalte na peça a existência de eventuais laudos periciais.
b. O(s) crime(s) deve(m) ser tipificado(s).
c. Posteriormente, indique os indícios suficientes de autoria: quais fatos indicam que aquele suspeito pode ter cometido o delito. De forma mais técnica, qual a justa causa para o indivíduo estar sendo investigado e como as investigações apontam para a autoria dele.

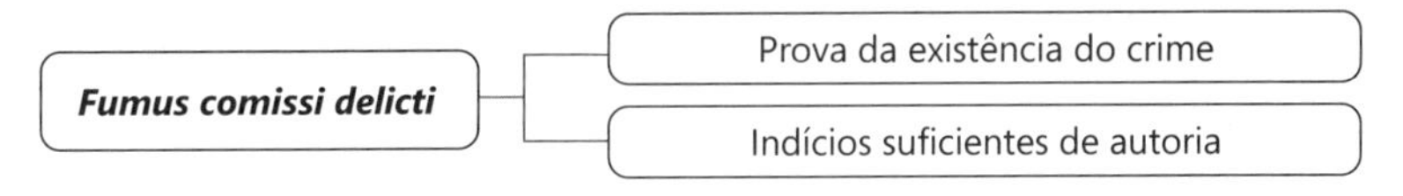

Atenção

Não se deve criar fatos não narrados pelo examinador.

A fim de exemplificar, imaginemos que a questão de prova aponte que houve um homicídio, cujo laudo cadavérico informou que a *causa mortis* foi "choque hipovolêmico advindo de ferimento ocasionado por instrumento perfurocontundente" e também que há imagens do circuito interno de TV que demonstram que o suspeito, inimigo da vítima, estava no local dos fatos com um objeto em punho com aparência de uma arma de fogo. Neste caso, a prova da materialidade do crime é demonstrada pelo citado laudo, já os indícios de autoria, a presença do suspeito no local com um objeto em punho com aparência de uma arma de fogo, demonstrada por imagem do circuito interno de TV.

Lembre-se de que no que concerne à prisão temporária, o *periculum libertatis* traduz-se no risco que a liberdade do agente ocasiona às investigações e esta situação que deve ser apontada concretamente, ou seja, com dados da questão que demonstrem que, solto, o suspeito poderá atrapalhar as investigações. Exemplo:

> Excelência, faz-se mister salientar que a prisão do indiciado é imprescindível para as investigações policiais (art. 1º, I, da Lei nº 7.960/1989), porquanto, solto, certamente atrapalhará o cumprimento das diligências posteriores, como oitiva de testemunhas (que podem se sentir ameaçadas em depor); apreensão da arma de fogo usada no crime para fins de posterior confronto; colheita de material genético do representado para fins de confronto com o material extraído das unhas da vítima e exame de corpo de delito no próprio investigado para confronto com as lesões geradas pelas unhas da vítima.

Deve-se ressaltar que, caso não haja a prisão temporária do suspeito, haverá **risco provável, grave e irreparável** *à investigação policial.*

Lembre-se de que a prisão deve se mostrar proporcional ao caso concreto, motivo pelo qual deve-se apresentar fundamento robusto sob pena de indeferimento da medida ou, em provas de concursos, a obtenção de pontuação deficiente.

Sendo assim, se houver **zona cinzenta** entre o cabimento de mais de uma medida, sobretudo se a outra for menos gravosa, o candidato deve enfrentar o tema a fim de descartar a outra possibilidade diante do caso proposto.

22.7.5 Do(s) pedido(s)[7] e fechamento

a. Pedido

Esta parte é bastante simples de ser elaborada e não há maiores peculiaridades na representação por prisão temporária com relação ao modelo genérico anteriormente proposto.

Trata-se, basicamente, de uma conclusão do que foi sustentado na fundamentação.

Por questão de cautela, é interessante repetir[8] o prazo da prisão temporária – 5 (cinco) ou 30 (trinta) dias, a depender do caso. Vejamos:

Pode-se repetir a fundamentação legal aposta no preâmbulo.

Ou utilizar a fórmula genérica:

> Por todo o exposto, com fulcro no art. 2º, *caput*, da Lei nº 7.960/1989, representa esta Autoridade Policial pela **prisão temporária pelo prazo de 5 (cinco dias)** de *(indicação do nome do investigado e dados de qualificação trazidos pela questão).*
>
> Por todo o exposto e com amparo nos dispositivos legais citados, representa esta Autoridade Policial pela **prisão temporária pelo prazo de 5 (cinco dias)** de *(indicação do nome do investigado e dados de qualificação trazidos pela questão).*

---

7 Conforme já analisamos, a representação não se trata propriamente de um requerimento ou pedido, contudo, considerando que a prática cartorária-policial consagrou o uso da expressão, decidimos mantê-la neste trabalho, apesar das críticas anteriormente citadas.

8 Uma vez que já foi colocado no preâmbulo.

No caso da prisão temporária, é **imprescindível** colocar nesta parte que o membro do **Ministério Público será ouvido**, em razão do disposto no art. 2º, § 1º, da Lei nº 7.960/1989.

Ficaria da seguinte forma:

> **Do pedido**
>
> Por todo o exposto, com arrimo no art. 2º, *caput*, da Lei nº 7.960/1989, representa esta Autoridade Policial pela **prisão temporária pelo prazo de 5 (cinco dias)** de *(indicação do nome do investigado e dados de qualificação trazidos pela questão)*, após a manifestação do ilustre representante do Ministério Público.

Ou, ainda:

> Por todo o exposto, com arrimo nos dispositivos legais acima citados, representa esta Autoridade Policial pela **prisão temporária pelo prazo de 5 (cinco dias)** de *(indicação do nome do investigado e dados de qualificação trazidos pela questão)*, após a manifestação do ilustre representante do Ministério Público.

Note-se que é facultativo o uso da expressão **nesses termos, pede deferimento**. Conforme já ressaltamos, não se trata a representação efetivamente de um pedido, motivo pelo qual não indicamos o uso da expressão, contudo é muito comum na prática e, efetivamente, apresenta a ideia de encerramento da representação.

b. Fechamento

Por fim, o **fechamento** é realizado da seguinte maneira, fazendo referência:

- ao local e à data;
- à expressão "Delegado de Polícia";
- à lotação (se a questão trouxer).

Trata-se de fase simples, contudo devemos apresentar algumas ressalvas:

- **Com relação à data e ao local, deve-se efetivamente escrever a expressão "local e data".** Caso a questão apresente o local em que os fatos ocorreram poder-se-ia utilizar como referência o local apresentado na questão. Não se deve utilizar o local da prova ou a data da prova, salvo, logicamente, se forem as mesmas apresentadas na questão.
- **Com relação ao uso do termo "Delegado de Polícia"**, deve-se fazer referência ao uso da expressão no masculino, salvo se a questão especificar que quem conduz a investigação é uma mulher. Não se trata de preferência de gênero, mas de cautela para não identificar sua prova.
- **Com relação à lotação, deve-se utilizar a expressão "lotação".** Caso a questão apresente a lotação, o candidato poderá especificá-la.

Modelo

EXCELENTÍSSIMO(A) SENHOR(A) JUIZ(A) DE DIREITO DA VARA (...) DA COMARCA DE (...)

Não use abreviações no endereçamento. Lembre-se de que não é necessário o uso de inúmeros pronomes de tratamento.

Medida sigilosa e urgente (art. 2º, § 2º, da Lei nº 7.690/1989).

Como dito, pode-se colocar que a medida é sigilosa e urgente em razão da própria essência das cautelares.

No caso em análise, por ter a urgência expressa fundamentação legal, é importante ressaltar, apondo, caso o candidato se recorde, o artigo correspondente.

Referência: Inquérito Policial nº

Caso haja referência ao número do inquérito, deve-se fazer referência à referida numeração. Caso não haja, o candidato poderá usar o termo: Inquérito Policial nº.

Não há necessidade de pular linhas, sobretudo se o número de linhas de sua prova for reduzido.

Deixar parágrafo de aproximadamente dois dedos de distância da margem.

O Delegado de Polícia ao final assinado, no uso de suas atribuições constitucionais e legais, sobretudo o art. 144, § 4º,[9] da Constituição Federal e art. 2º, § 1º, da Lei nº 12.830/2013 *(se houver legislação local, a exemplo de dispositivo da Constituição Estadual, colocar aqui)*, com fulcro no art. 2º, *caput*, da Lei nº 7.960/1989, vem à presença de Vossa Excelência oferecer representação pela **prisão temporária pelo prazo de 5 (cinco) dias** de *(indicação do nome do investigado e dados de qualificação trazidos pela questão)*, pelos fundamentos de fato e de direito a seguir expostos.

O prazo da medida pode vir já no preâmbulo.

DA SINOPSE DOS FATOS

Nesse ponto, deve-se apresentar o resumo dos fatos elencados na questão, lembre-se de que não devem ser apresentados fatos que não estiverem no enunciado da questão.

1ª informação: unicamente com base na questão apresentada, utilizando-se do poder de síntese, deve ser ressaltado tudo que houver sobre as seguintes perguntas: O quê? Quem? Quando? Onde? Por quê? Como? Com quem?

2ª informação: só devem ser ressaltados fatos relevantes que terão correlação com a parte da fundamentação.

DOS FUNDAMENTOS

Neste momento, pode-se apresentar um breve apanhado sobre o instituto pleiteado, além do fumus comissi delicti, *do* periculum in mora *e* proporcionalidade, *que vão variar conforme a medida.*

1ª informação: indique a **materialidade do delito**. Lembrando que aqui esses dados devem estar consubstanciados em elementos concretos. Ressalte na peça a existência de eventuais laudos periciais.

---

[9] Lembrando que, caso seja prova para Delegado de Polícia Federal, a legitimidade será alterada.

2ª informação: tipifique o delito.

3ª informação: indique **os indícios suficientes de autoria**. Deve-se apontar quais fatos demonstram que aquele suspeito pode ter cometido o delito. Em análise técnica, deve-se apresentar qual a justa causa para o indivíduo estar sendo investigado e quais as informações colhidas na investigação apontam para a autoria dele.

4ª informação: demonstre ao juiz que **a medida** é **adequada e proporcional** e, se não for implementada de forma célere (***periculum libertatis***), gerará risco provável grave e irreparável.

5ª informação: deixe claro que, ao caso proposto, **cabe a prisão temporária**, **afastando**, se for o caso, **outra medida ou a possibilidade de prisão preventiva**.

6ª informação: indique concretamente (com base nos dados da questão) qual o perigo concreto do estado de liberdade do investigado e aponte que este perigo baseia-se em fatos novos ou contemporâneos.

7ª informação: caso se trate de crime hediondo – que, portanto, alterará o prazo da medida –, isso deve constar, com o respectivo fundamento legal.[10]

DO(S) PEDIDO(S)

Será a finalização da peça, indicando ao magistrado a razão da representação. Deve-se colocar que o membro do Ministério Público será ouvido.

Deve-se colocar o prazo da medida.

Por todo o exposto, com arrimo no art. 2º, *caput*, da Lei nº 7.960/1989, representa esta Autoridade Policial pela **prisão temporária pelo prazo de 5 (cinco dias)** de *(indicação do nome do investigado e dados de qualificação trazidos pela questão)*, após a manifestação do ilustre representante do Ministério Público.

Local, data.

Delegado de Polícia.

Lotação *(se houver)*.

Embora seja óbvio, o óbvio por vezes precisa ser dito: jamais identifique sua prova, *seja assinando-a, colocando seu nome (ou as iniciais dele) ou de qualquer outra maneira.*

Caso prático

Júnior S. morador da cidade Alegre, sempre teve desavenças com seus vizinhos, pois era uma pessoa muito explosiva. Por ser um vilarejo, todos conheciam-se entre si e várias pessoas evitavam manter contato com Júnior em razão de sua fama.

Certo dia, motivado por sentimento de raiva e vingança, Júnior decidiu que envenenaria todos os moradores da cidade. Com esse objetivo, foi até a sede de distribuição de água da cidade, durante a madrugada, para que ninguém o visse, e colocou uma certa quantidade de veneno na água. Ao amanhecer, evadiu-se, buscando furtar-se a atuação dos policiais daquele local.

Por ser a única fonte de água, era certo que todos ou, ao menos, grande parte das pessoas iria consumi-la naquele dia.

---

10 Isso pode, ainda, constar já do preâmbulo da medida.

Após esses fatos, diversas pessoas começaram a passar mal e buscar ajuda no hospital da cidade. Ao achar muito anormal a demanda de pacientes com os mesmos sintomas de envenenamento no hospital, o médico, Dr. João, decidiu relatar os fatos à Autoridade Policial local, registrando a ocorrência.

Infelizmente, Maria Joana, uma idosa de 75 anos, que já estava com a saúde debilitada, ao consumir a água, não resistiu e veio a óbito. Após exame pericial, foi constatado que a causa da morte, efetivamente, fora envenenamento.

Clara, neta de Joana, diante das notícias sobre a suspeita de que havia algo errado com a água da cidade, foi à delegacia prestar declarações. Na ocasião, ela relatou que estava voltando da casa de sua amiga, e que, ao caminhar pela rua do reservatório, teria visto Júnior, andando apressadamente e com alguns objetos na mão que pareciam embalagens de produtos químicos. Nessa ocasião, Júnior não a teria visto. Narrou ainda que acredita que Júnior foi quem envenenou a água, pois sumiu da cidade, na sequência.

Formalizadas a portaria inaugural, foram colhidas as declarações do médico, Dr. João, e de Clara, neta de Maria Joana que veio à óbito em razão do envenenamento. As investigações continuaram e foi realizado o indiciamento de Júnior no inquérito policial em questão. Considerando a necessidade de capturar o investigado para a continuidade das investigações, como Delegado de Polícia responsável pelas atividades de Polícia Judiciária, redija a peça processual adequada fundamente e motive.

Modelo de proposta de resposta

EXCELENTÍSSIMO SENHOR JUIZ DE DIREITO DA __ VARA CRIMINAL DA COMARCA DE ALEGRE

Referência: Inquérito Policial

Medida sigilosa e urgente (art. 2º, *caput*, da Lei nº 7.960/1989)

O Delegado de Polícia ao final assinado, no uso de suas atribuições constitucionais e legais, sobretudo o art. 144, § 4º, da Constituição Federal e art. 2º, § 1º, da Lei nº 12.830/2013, com fulcro no art. 2º, *caput*, da Lei nº 7.960/1989, vem à presença de Vossa Excelência oferecer representação pela prisão temporária pelo prazo de 05 (cinco dias) de Júnior S., pelos fundamentos de fato e de direito a seguir expostos.

DOS FATOS

Júnior S., morador da cidade Alegre, é conhecido por ser uma pessoa explosiva e por não manter bom relacionamento com os vizinhos. Motivado por sentimentos de raiva e vingança, ele decidiu que envenenaria os moradores da cidade. Para isso, foi até a sede de distribuição de água da cidade, durante a madrugada, e colocou uma certa quantidade de veneno na água. Depois de praticar o ato, evadiu-se.

Diante da demanda repentina de pacientes com os mesmos sintomas de envenenamento no hospital, o médico, Dr. João, decidiu relatar os fatos para a Autoridade Policial, momento em que os fatos foram registrados em ocorrência policial.

Maria Joana, uma idosa de 75 anos, que já estava com a saúde debilitada, ao consumir a água não resistiu e acabou falecendo. Fora realizado exame pericial, ocasião em que se constatou efetivamente que a causa do óbito fora envenenamento.

Clara, neta da idosa, dirigiu-se à delegacia e prestou declarações, ocasião em que relatou ter visto o investigado caminhando na rua do reservatório naquela madrugada, apressado e portando alguns objetos na mão que pareciam embalagens de produtos químicos.

DOS FUNDAMENTOS

Primeiramente, insta salientar que a Lei nº 7.960/1989, que regulamenta a prisão temporária no curso da investigação criminal, cuida-se de espécie de prisão cautelar decretada pela autoridade judiciária competente, quando a privação da liberdade de locomoção do indivíduo for indispensável para a obtenção de elementos de informação quanto à autoria e materialidade das infrações penais mencionadas no art. 1º, inciso III, da mencionada lei.

Para o cabimento da referida segregação cautelar, é necessário haver fundadas razões de autoria ou participação do indiciado nos crimes listados no inciso III do art. 1º da Lei acima citada, associada à imprescindibilidade da segregação cautelar para a investigação policial ou à situação de ausência de residência certa ou identidade controversa.

A conduta criminosa encontra-se materializada em laudo pericial que constatou que a morte da vítima, Maria Joana, fora causada por envenenamento, situação que se amolda, com perfeição, ao tipo penal descrito no art. 270, *caput*, c/c o art. 285, ambos do Código Penal.

No mesmo sentido, há indícios de autoria sobre o indiciado, pois a neta da vítima, Clara, o viu nas proximidades do reservatório de água, em atitude suspeita e com embalagens correspondentes a produtos químicos.

Dessa análise, resta caracterizado o *fumus comissi delicti* composto pela prova da materialidade do crime e indícios a respeito da autoria.

Há risco na manutenção da liberdade do investigado (*periculum libertatis*), haja vista que o indiciado está foragido, furtando-se às investigações, de forma que seu depoimento e versão mostram-se imprescindíveis para a continuidade das investigações e esclarecimento pleno dos fatos.

Ressalte-se que sua fuga, fato justificador da referida prisão, é contemporâneo a esta investigação.

Deste modo, faz-se mister salientar que a prisão temporária do indiciado é imprescindível, pois não existe medida menos gravosa capaz de tutelar o sucesso das investigações, motivo pelo qual se trata de medida proporcional à gravidade do delito que conta previsão expressa no rol definido no art. 1º, III, *j*, da Lei nº 7.960/1989.

DO PEDIDO

Por todo o exposto, com arrimo no art. 2º, *caput*, da Lei nº 7.960/1989, representa esta Autoridade Policial pela prisão temporária pelo prazo de 05 (cinco dias) de Júnior S., após a manifestação do ilustre representante do Ministério Público.

Alegre, data.

Delegado de Polícia.

Decifrando a prova

(2014 – Vunesp – PC/CE – Delegado – Adaptada)[11] No dia 10 de julho de 2020, às 21 horas, a viatura de patrimônio 22.356, da Polícia Militar, foi acionada para atender um início de tumulto na Avenida Beira-Mar, altura do nº 3.800. Os soldados, Francis e Deodato, ao chegarem ao local encontraram alguns populares, que imediatamente se dispersaram, restando Anita Medeiros e Renato de Oliveira, contido pelo policial Francis, ao tentar se evadir, em razão dos gritos de "foi ele, foi ele que matou meu pai", pronunciados por Anita. As partes foram conduzidas ao plantão do 8º Distrito Policial, ocasião em que Anita relatou que no dia 5 de janeiro de 2020 estava com seu pai, Alfredo Medeiros, no carro da família dirigido por ele e, por volta das 22 horas, ao pararem no sinal vermelho, na Avenida Bernardo Manuel, esquina com a Rua Cristo Redentor, foram abordados por Renato, que anunciou o assalto e mandou que ambos saíssem do carro. Assustado, Alfredo fez um movimento imediato para tirar o cinto de segurança, quando Renato disparou a arma de fogo que apontava todo o tempo para Alfredo. O tiro acertou a cabeça do pai de Anita, que morreu na hora. Renato, antes de fugir, ainda pegou o celular que estava no bolso da camisa de Alfredo. Nesta data, ao sair de uma feirinha de artesanato, Anita avistou Renato em meio a um grupo de pessoas que parecia usar drogas, reconheceu-o e começou a gritar para que alguém o detivesse, quando então algumas pessoas o seguraram até a polícia chegar. O boletim de ocorrência havia sido registrado nessa unidade policial, mas o apuratório penal não havia sido deflagrado ainda. Renato de Oliveira, ao ser interrogado, negou ter cometido qualquer crime, bem como qualquer envolvimento com drogas. Não soube ou não quis informar seu endereço residencial, afirmando que dorme nos locais onde faz "bicos" como pintor, pois não tem emprego fixo. Maria de Oliveira, ao ser avisada sobre a detenção de seu filho, Renato, compareceu à Delegacia de Polícia e garantiu a inocência dele, complementou que ele não mora mais com ela, é viciado em drogas, porém não é ladrão. A pesquisa relativa aos antecedentes criminais apontou que Renato já cumpriu pena pelo crime de tráfico de entorpecentes e foi posto em liberdade em dezembro de 2019. Formalizadas a portaria inaugural, as declarações da filha da vítima, de Maria de Oliveira, o auto de reconhecimento, o interrogatório e o indiciamento de Renato, no inquérito policial, como Delegado de Polícia responsável pelas atividades de Polícia Judiciária, redija a peça processual adequada à continuidade das investigações do crime que vitimou Alfredo Medeiros, fundamente e motive.

Modelo de proposta de resposta

EXCELENTÍSSIMO SENHOR JUIZ DE DIREITO DA __ VARA CRIMINAL DA COMARCA DE FORTALEZA/CE.

Referência: Inquérito Policial.

Medida sigilosa e urgente (art. 2º, *caput*, da Lei nº 7.960/1989).

O Delegado de Polícia ao final assinado, no uso de suas atribuições constitucionais e legais, sobretudo o art. 144, § 4º, da Constituição Federal e art. 2º, § 1º, da Lei nº 12.830/2013,

---

[11] Questão anterior ao julgamento das ADIs nºs 4.109 e 3.360, em que o STF decidiu ser inconstitucional o inciso I do art. 1º da Lei nº 7.960/1989, quando interpretado isoladamente.

com fulcro no art. 2º, *caput*, da Lei nº 7.960/1989 e no art. 1º, II, *c*, da Lei nº 8.072/1990, vem à presença de Vossa Excelência oferecer representação pela prisão temporária pelo prazo de 30 (trinta dias) de Renato de Oliveira, pelos fundamentos de fato e de direito a seguir expostos.

DOS FATOS

No dia 10 de julho de 2020, Anita Medeiros, encontrava-se em uma feira de artesanatos na avenida Beira Mar. Na ocasião, deparou-se com Renato de Oliveira, logo em seguida, gritou, alertando a todos que se tratava do suposto assassino de seu pai.

Renato de Oliveira fora contido pelo policial Francis, ao tentar se evadir do local. Ato contínuo fora conduzido, juntamente com Anita Medeiros, ao 8º Distrito Policial.

Na ocasião, Anita relatou que, no dia 5 de janeiro de 2020, estava com seu pai, Alfredo Medeiros, no carro da família, quando foram abordados por Renato. Nessa ocasião, o investigado anunciou o assalto e ordenou que ambos descessem do veículo. Em ato contínuo, relatou que seu pai, Alfredo, ao fazer o movimento para retirar o cinto de segurança, foi alvejado por Renato e morreu no local.

Antes de sair em fuga, Renato subtraiu o celular que estava no bolso da vítima.

Renato, ao ser interrogado, negou ter cometido qualquer crime, bem como ter qualquer envolvimento com drogas. Ao ser questionado sobre seu endereço, o suspeito não soube ou não quis informar seu endereço residencial. Afirmou ainda que dorme nos locais onde faz "bicos" como pintor, pois não tem emprego fixo.

Maria de Oliveira, mãe do investigado, ao ser avisada sobre a detenção de seu filho, Renato, compareceu à Delegacia de Polícia e afirmou que ele não morava mais com ela, assim como narrou que o investigado fazia uso de drogas e dormia nos locais onde fazia bicos. Por fim, asseverou que seu filho não era "ladrão".

Em pesquisa aos antecedentes criminais, constatou-se que Renato cumpriu pena pelo crime de tráfico de drogas, obtendo a sua liberdade em dezembro de 2019.

Formalizadas a portaria inaugural, foram colhidas e devidamente formalizadas as declarações da filha da vítima, e de Maria de Oliveira, mãe do investigado, o qual também prestou suas declarações em interrogatório formal. Em continuidade, fora realizado auto de reconhecimento positivo, motivo pelo qual houve o indiciamento de Renato Oliveira.

DO FUNDAMENTO

Primeiramente, insta salientar que a Lei nº 7.960/1989, que regulamenta a prisão temporária no curso da investigação criminal, cuida-se de espécie de prisão cautelar decretada pela autoridade judiciária competente, quando a privação da liberdade de locomoção do indivíduo for indispensável para a obtenção de elementos de informação quanto à autoria e materialidade das infrações penais mencionadas no art. 1º, inciso III, da mencionada lei.

Para o cabimento da referida segregação cautelar, é necessário haver fundadas razões de autoria ou participação do indiciado nos crimes listados no inciso III do art. 1º da Lei acima citada, associada à imprescindibilidade da segregação cautelar para a investigação policial ou à situação de ausência de residência certa ou identidade controversa.

A materialidade do delito comprova-se pela morte da vítima e pela subtração patrimonial efetivada. A situação investigada se amolda à conduta prevista no art. 157, § 3º, inciso II, do

CP (latrocínio), delito esse previsto no rol taxativo de crimes que admitem a prisão temporária, além de ser crime hediondo, o que justifica o prazo da medida nos termos do art. 2º, § 4º, da Lei nº 8.072/1190.

Há ainda fundadas suspeitas sobre o indiciado, pois a filha da vítima o reconheceu como o autor do disparo responsável pela morte de seu pai (auto de reconhecimento). Deste modo, resta caracterizado o *fumus comissi delicti* com relação ao investigado.

No mais, incide o *periculum libertatis* haja vista que o indiciado não possui residência fixa, nem trabalho regular, circunstâncias que contribuem para que o investigado se furte às investigações. Ademais, o investigado já teve sua liberdade privada em razão do cometimento do crime de tráfico de drogas, tendo sido posto em liberdade em dezembro de 2019.

Deste modo, faz-se mister salientar que a prisão temporária do indiciado é imprescindível, pois não existe medida menos gravosa capaz de tutelar o sucesso das investigações.

Assim, pode-se analisar que se trata de medida proporcional à gravidade do delito que conta previsão expressa no rol definido no art. 1º, III, *c*, Lei nº 7.960/1989.

DO PEDIDO

Por todo o exposto, com arrimo no art. 2º, *caput*, da Lei nº 7.960/1989 e no art. 1º, II, da Lei nº 8.072/1990, representa esta Autoridade Policial pela prisão temporária pelo prazo de 30 (trinta dias) de Renato Oliveira, após a manifestação do ilustre representante do Ministério Público.

Fortaleza, data.

Delegado de Polícia.

Decifrando a prova

(2013 – PC/SP – Delegado – Adaptada)[12] No dia 11.06.2021 a vítima "A", com 60 anos de idade, encontrava-se no interior da loja de automóveis "Maria's Car", de sua propriedade, ocasião em que quatro indivíduos, em concurso, ingressaram no estabelecimento, todos portando arma de fogo e encapuzados, arrebataram a vítima e subtraíram alguns objetos eletrônicos e certa quantia em dinheiro.

De acordo com testemunhas, quando do arrebatamento, em frente ao estabelecimento comercial estavam estacionados dois veículos – um Ford Fusion de placas AAA-111 e um GM Vectra de placas BBB-2222 – que foram utilizados na fuga dos criminosos e para a condução da vítima. Em pesquisa verificou-se que ambos os veículos não possuíam queixa de crime.

Após duas horas do arrebatamento, um dos sequestradores entrou em contato com a família da vítima, momento em que o identificador de chamadas revelou linha telefônica celular do prefixo 81, número 9999-9999, anunciando que estavam em poder da vítima.

---

[12] Questão anterior ao julgamento das ADIs nºs 4.109 e 3.360, em que o STF decidiu ser inconstitucional o inciso I do art. 1º da Lei nº 7.960/1989, quando interpretado isoladamente.

Passados três dias, no decorrer das investigações, foi preso "B", que acabou confessando o crime, dizendo que iriam exigir R$ 3.000.000,00 (três milhões de reais) como condição para a libertação da vítima, apontando voluntariamente o local onde esta se encontrava cativa. A vítima foi resgatada incólume pela Polícia e o resgate não foi pago.

"B" alegou, quando de seu interrogatório no auto de prisão em flagrante, ter agido juntamente com outros três indivíduos, "C", com 20 anos, "D", com 33 anos e "E", com 16 anos de idade, dos quais apenas os endereços não foram identificados. Informou ainda que, com os mesmos comparsas, havia praticado outros crimes de sequestros e roubos, narrando tratar-se de uma estrutura ordenada, onde as tarefas são divididas entre seus integrantes.

Elabore a peça de polícia judiciária pertinente visando a segregação cautelar dos demais investigados, com a correta tipificação do(s) crime(s), considerando que sua unidade policial não possui atribuição para apurar atos infracionais.

Modelo de proposta de resposta

EXCELENTÍSSIMO SENHOR JUIZ DE DIREITO DA __ VARA CRIMINAL DA COMARCA DE __.

Referência: Inquérito Policial nº.

Medida sigilosa e urgente (art. 2º, *caput*, da Lei nº 7.960/1989).

Delegado de Polícia Civil ao final assinado, no uso de suas atribuições constitucionais e legais, sobretudo o art. 144, § 4º, da Constituição Federal e art. 2º, § 1º, da Lei nº 12.830/2013, vem à presença de Vossa Excelência representar pela prisão temporária pelo prazo de 30 (trinta) dias de "C" e "D", com fulcro no art. 2º, *caput*, da Lei nº 7.960/1989 c/c art. 2º, § 4º, da Lei nº 8.072/1990.

DOS FATOS

Segundo consta, em 11.06.2021, a vítima "A" (60 anos de idade), encontrava-se no interior de seu estabelecimento automotivo, "Maria's Car", quando lá adentraram quatro indivíduos encapuzados, todos portando armas de fogo e arrebataram a vítima, subtraindo, ato contínuo, alguns objetos eletrônicos e certa quantia em dinheiro.

De acordo com testemunhas, na ocasião do arrebatamento, defronte ao estabelecimento, estavam estacionados dois veículos – um Ford/Fusion de placas AAA-1111 e um GM Vectra de placas BBB-2222, que foram utilizados na fuga dos criminosos e condução da vítima. Segundo se apurou, os referidos veículos não possuíam "queixa de crime".

Duas horas após o fato, um dos indivíduos entrou em contato com familiares da vítima anunciando que esta estava poder dos perpetradores. A referida ligação telefônica adveio do terminal 81 9999-9999.

Três dias após, durante as investigações, "B" foi preso e resolveu confessar a prática criminosa, informando que o grupo iria exigir R$ 3.000.000,00 (três milhões de reais) como valor de resgate. Na ocasião, "B" informou o local do cativeiro, possibilitando a libertação da vítima sem o pagamento do valor pretendido.

Em seu interrogatório durante o APF, "B" afirmou que agiu juntamente com três indivíduos, "C", "D" e "E", com respectivamente 20, 33 e 16 anos de idade. Os três foram qualificados, restando apenas a confirmação de seus endereços. "B" afirmou, por fim, que, com os mesmos sujeitos, praticou outros crimes de sequestros e roubos, sendo estrutura criminosa organizada, com divisão de tarefas.

DOS FUNDAMENTOS

Conforme ilustrado, excelência, segundo o apuratório – sobretudo confissão de um dos autores – há fundadas suspeitas de que os representados "C", "D", juntamente com "B" e o adolescente "E" compõem organização criminosa nos termos do art. 1º, § 1º, da Lei nº 12.850/2013, tipificado como crime no art. 2º, *caput*, da mesma lei, porquanto, em associação de quatro ou mais pessoas, utilizando-se de divisão de tarefas, auferem vantagens com a prática de crimes cujas penas máximas são superiores a quatro anos – no presente caso: roubo circunstanciado (art. 157, § 2º-A, I, do CP) e extorsão mediante sequestro (art. 159, § 1º, do CP – uma vez que o sequestro durou mais de 24 h e que a vítima é maior de 60 anos).

Ademais, levando em consideração que um dos infratores é adolescente, imputa-se aos autores "B", "C" e "D" o crime de corrupção de menores, previsto no art. 244-B do ECA. Presente, pois, o *fumus comissi delicti*.

No caso em tela, a prisão temporária é imprescindível para as investigações, sobretudo no que se refere à correta qualificação dos indivíduos, seus interrogatórios e para que sejam submetidos a reconhecimento pessoal por parte da vítima, que, em cativeiro, pode ter visualizado o rosto dos infratores.

Somado a isso, os representados encontram-se em local incerto, sendo também este motivo ensejador de prisão temporária nos termos do art. 1º, II, da Lei nº 7.960/89.

Nesse sentido, evidente, pois, o *periculum libertatis*, não havendo medida menos gravosa capaz de tutelar o sucesso das investigações.

Concluindo, cabe apontar que se trata de medida proporcional à gravidade do delito que conta previsão expressa no rol definido no art.1º, III, *c* e *e*, da Lei nº 7.960/1989, sendo ambos considerados hediondos, segundo o art. 1º, II e IV, da Lei nº 8.072/1990, o que justifica o prazo da medida, segundo o art. 2º, § 4º, da mesma lei.

DO PEDIDO

Por todo o exposto, com fulcro no art. 2º, *caput*, da Lei nº 7.960/1989 e no art. 1º, II e V, da Lei nº 8.072/1990 c/c art. 2º, § 4º, da mesma lei, representa esta Autoridade Policial pela prisão temporária pelo período de 30 (trinta) dias de "C" *(qualificação)* e "D" *(qualificação)*, após a manifestação do ilustre representante do Ministério Público.

Local, data.

Delegado de Polícia Civil

23 Prisão preventiva

Inicialmente, antes de adentramos efetivamente no tema, é necessário conceituarmos a denominada prisão preventiva. Para isso, usaremos as lições de Renato Brasileiro de Lima (2018, p. 868):

> Cuida-se de espécie de prisão cautelar decretada pela autoridade judiciária competente, mediante representação da autoridade policial ou requerimento do Ministério Público, do querelante ou do assistente, em qualquer fase das investigações ou do processo criminal sempre que estiverem preenchidos os requisitos legais (CPP, art. 313) e ocorrerem os motivos autorizadores listados no art. 312 do CPP, e desde que se revelem inadequadas ou insuficientes as medidas cautelares diversas da prisão (CPP, art. 319).

Assim, observa-se que se trata de uma medida cautelar com pressupostos e requisitos específicos para a sua decretação. Esses elementos necessários à decretação da referida segregação cautelar serão estudados nos próximos pontos desse capítulo.

Conforme alertamos no capítulo referente à estrutura genérica das representações, um dos pontos mais importantes nas provas é identificar corretamente a peça a ser elaborada. As cautelares prisionais podem ser de duas espécies: prisão preventiva ou prisão temporária.

Observe que a prisão preventiva não pode ser confundida com a prisão temporária. Com o objetivo de tornar o assunto mais claro, elaboraremos um quadro no qual as diferenças entre as duas hipóteses de segregação possam ser vistas e analisadas de forma mais clara:

Prisão preventiva	Prisão temporária
A prisão preventiva pode ser decretada tanto durante a fase de investigação policial quanto durante o processo (art. 311 do CPP).	A prisão temporária só pode ser decretada durante a fase pré-processual (art. 1º, I, II e III, da Lei nº 7.960/1989).

Prisão preventiva	Prisão temporária
Atualmente não há a possibilidade de a prisão preventiva ser decretada de ofício, seja na fase processual, seja na fase investigativa (art. 311 do CPP). Antes da edição da Lei nº 13.698/2019 era possível a decretação da prisão preventiva na fase processual.	A prisão temporária não pode ser decretada de ofício (art. 2º da Lei nº 7.960/1989).
Não há um rol taxativo de delitos com relação aos quais seja cabível a decretação da prisão preventiva, bastando, para tanto, o preenchimento dos pressupostos constantes do art. 313 do CPP.	A prisão temporária só é cabível com relação a um rol taxativo de delitos, listados no art. 1º, inciso III, da Lei nº 7.960/1989 e no art. 2º, § 4º, da Lei nº 8.072/1990 (crimes hediondos e equiparados).
De seu turno, a prisão preventiva não tem prazo predeterminado.	A prisão temporária possui prazo predeterminado: 1º) 5 (cinco) dias, prorrogáveis por igual período em caso de extrema e comprovada necessidade (art. 2º da Lei nº 7.960/1989); 2º 30 (trinta) dias, prorrogáveis por igual período em caso de extrema e comprovada necessidade, em se tratando de crimes hediondos, prática da tortura, tráfico ilícito de entorpecentes e terrorismo (art. 2º, § 4º, da Lei nº 8.072/1990), findo o prazo o preso será colocado imediatamente em liberdade, independentemente da expedição de alvará de soltura pelo juiz, salvo se tiver sido decretada sua prisão preventiva.
A prisão preventiva possui foco na ação penal.	A prisão temporária possui foco na investigação.
A prisão preventiva pode ser cumulada com relatório final.	A prisão temporária não pode ser cumulada com relatório final, pois a investigação ainda está em andamento e a temporária serve à investigação.

Como se observa da análise do quadro, a prisão preventiva poderia ser decretada:

a. na fase inquisitorial;
b. na fase processual.

Assim, durante toda a persecução penal, seria possível a decretação de prisão preventiva, logicamente, desde que cumpridas as formalidades exigidas para esse tipo de segregação.

Considerando a finalidade de nosso trabalho, em algumas hipóteses concretas de provas, o candidato pode se deparar com hipóteses em que, em tese, seria possível a representação por ambas as medidas. Nesses casos, analisando-se o histórico dos certames anteriores, na fase investigativa, caso seja possível as duas medidas, **deve-se dar prevalência à representação por prisão temporária**.

Com efeito, o legislador criou modalidade de prisão específica para a fase investigativa, trata-se da prisão temporária, razão pela qual esta deve ser preferida. Somado a esse argumento, há uma questão de ordem prática: a prisão temporária (caso cabível também a preventiva), é mais fácil de ser autorizada judicialmente, considerando que possui elementos mais objetivos e prazo predefinido em Lei.

O leitor deveria estar se perguntando: **quando seria possível, na fase investigatória, a prisão preventiva e não seria cabível a prisão temporária?**

A pergunta é interessante. Para a decretação de prisão temporária, exigem-se requisitos próprios, além de que o crime apurado esteja inserido no rol de crimes da Lei de Prisão Temporária, estudada no capítulo anterior.

Assim, imagine que seja necessária, de alguma forma, a aplicação de medida de cautela durante a fase investigatória em determinado delito que não esteja previsto no rol da Lei de Prisão Temporária. Neste caso, seria possível a decretação de prisão preventiva no curso do inquérito, desde que comprovados os requisitos.

Apesar de não ser o foco do nosso trabalho, é importante salientar que a prisão preventiva, conforme a leitura dos dispositivos abaixo, também poderia ser decretada na fase processual:

> **Art. 311.** Em qualquer fase da investigação policial ou do processo penal, caberá a prisão preventiva decretada pelo juiz, a requerimento do Ministério Público, do querelante ou do assistente, ou por representação da autoridade policial.

Vejamos outros dispositivos que foram alterados pela Lei nº 13.964/2019 (Pacote Anticrime).

Antes da Lei nº 13.964/2019	Depois da Lei nº 13.964/2019
Art. 311. Em qualquer fase da investigação policial ou do processo penal, caberá a prisão preventiva decretada pelo juiz, **de ofício**, se no curso da ação penal, ou a requerimento do Ministério Público, do querelante ou do assistente, ou por representação da Autoridade Policial. (grifos nossos)	**Art. 311.** Em qualquer fase da investigação policial ou do processo penal, caberá a prisão preventiva decretada pelo juiz, a requerimento do Ministério Público, do querelante ou do assistente, ou por representação da Autoridade Policial.

Como se percebe, o art. 311 reforça a regra de que o magistrado não pode decretar a prisão preventiva de ofício.

Vejamos o teor do art. 316 do CPP:

> **Art. 316.** O juiz poderá, de ofício ou a pedido das partes, revogar a prisão preventiva se, no correr da investigação ou do processo, verificar a falta de motivo para que ela subsista, bem como novamente decretá-la, se sobrevierem razões que a justifiquem.
>
> **Parágrafo único**. Decretada a prisão preventiva, deverá o órgão emissor da decisão revisar a necessidade de sua manutenção a cada 90 (noventa) dias, mediante decisão fundamentada, de ofício, sob pena de tornar a prisão ilegal.

Observe que o Código apresenta a seguinte sistemática: a prisão preventiva poderá ser decretada durante toda a persecução penal, lembre-se de que, atualmente, não é mais possível a decretação da prisão preventiva de ofício, seja durante a fase investigatória, seja durante a fase processual:

Durante a fase de investigação
• Requerimento do Ministério Público. • Representação da Autoridade Policial.
Durante a fase processual
• Requerimento do Ministério Público. • Requerimento do querelante ou requerimento do assistente de acusação.

Observe que a decretação da prisão preventiva se encontra abrangida por aquilo que chamamos de reserva de jurisdição, assim somente poderá ser decretada por autoridade judicial.

Apesar da reserva de jurisdição, atualmente, seja durante a fase investigativa, seja durante a fase processual, não será possível ao juiz decretar de ofício a prisão preventiva.

23.1 PRESSUPOSTOS PARA A DECRETAÇÃO DA PRISÃO PREVENTIVA

Lembre-se de que já tratamos desses pressupostos gerais quando da análise do modelo genérico de representação.

Assim como qualquer outra medida cautelar, exige-se primeiramente:

23.1.1 *Fumus comissi delicti*

Consubstancia-se na prova da existência do crime e indícios suficientes de autoria ou participação do delito.

É necessário que o crime em comento esteja efetivamente comprovado. Desse modo, no que diz respeito à materialidade do crime, esta deve estar presente e comprovada. Já no que diz respeito à autoria, o referido dispositivo legal se contenta com indícios de seu cometimento.

Logicamente, não se trata de indícios supérfluos, sem nenhum fundamento, mas, na verdade, de indícios concretos, seguros e aptos a possibilitar a segregação do investigado/indiciado/processado.

23.1.2 *Periculum libertatis*

Assim, além de demonstrar a existência de prova a respeito do cometimento do crime e indícios com relação à autoria, a autoridade requerente/representante deve demonstrar o risco na manutenção da liberdade do agente.

O próprio Código de Processo Penal ilustra as hipóteses em que seria possível a demonstração do perigo da liberdade. Observe que o referido dispositivo penal foi alterado pela Lei nº 13.964/2019, Pacote Anticrime. Desse modo, veja a seguir o quadro comparativo entre a antiga e a nova redação atualmente prevista:

Antes da Lei nº 13.964/2019	Depois da Lei nº 13.964/2019
Art. 312. A prisão preventiva poderá ser decretada como garantia da ordem pública, da ordem econômica, por conveniência da instrução criminal, ou para assegurar a aplicação da lei penal, quando houver prova da existência do crime e indício suficiente de autoria. **Parágrafo único.** A prisão preventiva também poderá ser decretada em caso de descumprimento de qualquer das obrigações impostas por força de outras medidas cautelares (art. 282, § 4º).	**Art. 312.** A prisão preventiva poderá ser decretada como garantia da ordem pública, da ordem econômica, por conveniência da instrução criminal ou para assegurar a aplicação da lei penal, quando houver prova da existência do crime e indício suficiente de autoria e de perigo gerado pelo estado de liberdade do imputado. **§ 1º** A prisão preventiva também poderá ser decretada em caso de descumprimento de qualquer das obrigações impostas por força de outras medidas cautelares (art. 282, § 4º). **§ 2º** A decisão que decretar a prisão preventiva deve ser motivada e fundamentada em receio de perigo e existência concreta de fatos novos ou contemporâneos que justifiquem a aplicação da medida adotada.

Dentre os requisitos exigidos pelo art. 312 para a decretação da prisão preventiva, foi inserida a necessidade de demonstração de perigo gerado pelo estado de liberdade do imputado. Essa já era a posição do STJ:

Jurisprudência destacada

(...) pacífico é o entendimento de que a urgência intrínseca às cautelares, notadamente à prisão processual, exige a contemporaneidade dos fatos justificadores dos riscos que se pretende com a prisão evitar. A falta de contemporaneidade do delito imputado ao paciente e a não ocorrência de fatos novos a justificarem a necessidade de segregação tornam a prisão preventiva ilegal, por não atenderem ao requisito essencial da cautelaridade (HC nº 493.463/PR, Rel. Min. Nefi Cordeiro, 6ª T., j. 11.06.2019, *DJe* 25.06.2019).

23.1.3 Proporcionalidade

Há de se observar que medida prisional (cautelar ou punitiva) possui natureza excepcional em nosso ordenamento jurídico, motivo pelo qual se deve demonstrar que a medida é proporcional ao caso sob análise.

A proporcionalidade da medida deve ser evidenciada essencialmente pela demonstração da inexistência de outro meio igualmente eficaz para tutelar o processo. Nesse caso, o candidato deverá demonstrar que as demais medidas cautelares mostram-se insuficientes para gerar resultado útil ao processo.

É indispensável que o Delegado de Polícia demonstre que a prisão preventiva é medida proporcional ao caso sob análise, a qual deve ser analisada em três vertentes:

1. **Adequação:** a restrição da liberdade é apta a garantir o resultado útil do processo.
2. **Necessidade:** impossibilidade de utilização de meio menos gravoso e invasivo e igualmente eficaz (inaplicabilidade das medidas cautelares alternativas à prisão).
3. **Proporcionalidade em sentido estrito:** a vantagem obtida da segregação cautelar deve ser superior à restrição gerada pela aplicação da medida.

Sintetizando, a prisão preventiva somente terá cabimento se não for possível a utilização de outra cautelar prevista no art. 319 do CPP, vejamos a redação do dispositivo:

> **Art. 319.** São medidas cautelares diversas da prisão:
>
> I - comparecimento periódico em juízo, no prazo e nas condições fixadas pelo juiz, para informar e justificar atividades;
>
> II - proibição de acesso ou frequência a determinados lugares quando, por circunstâncias relacionadas ao fato, deva o indiciado ou acusado permanecer distante desses locais para evitar o risco de novas infrações;
>
> III - proibição de manter contato com pessoa determinada quando, por circunstâncias relacionadas ao fato, deva o indiciado ou acusado dela permanecer distante;
>
> IV - proibição de ausentar-se da Comarca quando a permanência seja conveniente ou necessária para a investigação ou instrução;
>
> V - recolhimento domiciliar no período noturno e nos dias de folga quando o investigado ou acusado tenha residência e trabalho fixos;
>
> VI - suspensão do exercício de função pública ou de atividade de natureza econômica ou financeira quando houver justo receio de sua utilização para a prática de infrações penais;
>
> VII - internação provisória do acusado nas hipóteses de crimes praticados com violência ou grave ameaça, quando os peritos concluírem ser inimputável ou semi-imputável (art. 26 do Código Penal) e houver risco de reiteração;
>
> VIII - fiança, nas infrações que a admitem, para assegurar o comparecimento a atos do processo, evitar a obstrução do seu andamento ou em caso de resistência injustificada à ordem judicial;
>
> IX - monitoração eletrônica.
>
> (...)
>
> **§ 4º** A fiança será aplicada de acordo com as disposições do Capítulo VI deste Título, podendo ser cumulada com outras medidas cautelares.

Exige-se, ainda, que a decisão esteja expressamente motivada e fundamentada na existência concreta de fatos novos ou contemporâneos que justifiquem a medida.

Desse modo, passamos a analisar cada um dos pressupostos específicos que autorizam essa segregação cautelar.

23.2 REQUISITOS PARA DECRETAÇÃO DA PRISÃO PREVENTIVA

23.2.1 Garantia da ordem pública

A garantia da ordem pública trata justamente da hipótese em que a segregação cautelar se fundamenta em garantir o benefício da coletividade.

Basileu Garcia (1945, p. 169) aborda o tema da seguinte maneira:

> Para a garantia da ordem pública, visará o magistrado, ao decretar a prisão preventiva, evitar que o delinquente volte a cometer delitos, ou porque é acentuadamente propenso a práticas delituosas, ou porque, em liberdade, encontraria os mesmos estímulos relacionados com a infração cometida. Trata-se, por vezes, de criminosos habituais, indivíduos cuja vida social é uma sucessão interminável de ofensas à lei penal: contumazes assaltantes da propriedade, por exemplo. Quando outros motivos não ocorressem, o intuito de impedir novas violações determinaria a providência.

Eugênio Pacelli (2017, p. 264), por sua vez, salienta:

> (...) a prisão para a garantia da ordem pública não se destina a proteger o processo penal, enquanto instrumento de aplicação da lei penal. Dirige-se, ao contrário, à proteção da própria comunidade, coletivamente considerada, no pressuposto de que ela seria duramente atingida pelo não aprisionamento de autores de crimes que causassem intranquilidade social.

Destacando o caráter cautelar do fundamento em estudo, Antônio Scarence Fernandes (2012, p. 302) ensina:

> (...) se com a sentença e a pena privativa de liberdade pretende-se, além de outros objetivos, proteger a sociedade, impedindo o acusado de continuar cometendo delitos, esse objetivo seria acautelado por meio de prisão preventiva.

Assim, observe que o Delegado de Polícia deverá indicar elementos concretos que indiquem que a liberdade do agente ocasionará risco provável, concreto e grave para ordem pública. Dessa forma, o candidato não deve fundamentar sua representação nos seguintes motivos:

a. O chamado clamor público provocado pelo fato atribuído ao réu, mormente quando confundido, como é frequente, com a sua repercussão nos veículos de comunicação de massa.

Nesse sentido, o STJ possui tese firmada:

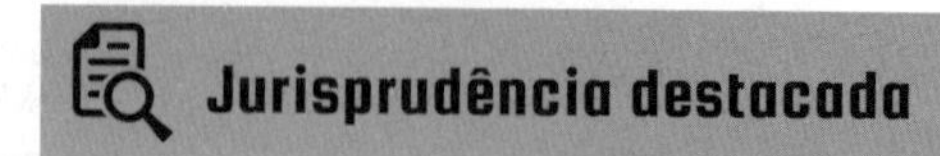

Tese nº 9 – STJ

A alusão genérica sobre a gravidade do delito, o clamor público ou comoção social não constituem fundamentação idônea a autorizar a prisão preventiva.

b. A falta de interesse do investigado/processado em colaborar com as investigações.

c. A afirmação genérica de que o investigado/processado é capaz de interferir na produção probatória ou no ânimo das testemunhas. Esses fatos devem ser concretamente deduzidos e demonstrados para que possa embasar a segregação cautelar.

d. Subtrair-se o acusado, escondendo-se ao cumprimento de decreto anterior ilegal de prisão processual.

Outro ponto bastante interessante diz respeito ao fato de a prisão cautelar não se destinar a nenhuma das formas de prevenção penal, seja geral (intimidação e integração do ordenamento jurídico), seja especial (ressocialização e evitar a reincidência).

Os tribunais também possuem entendimento no sentido de que não se justifica a segregação cautelar a necessidade de preservar a integridade física do próprio investigado, pois, nessa hipótese, há total desvirtuamento do instituto em questão. Não se poderá causar um mal a alguém a pretexto de lhe fazer o bem.

Ainda com relação à representação por prisão preventiva fundamentada na garantia da ordem pública, é interessante observamos as teses firmadas pelo STJ, vejamos:

Tese nº 14 – STJ

Inquéritos policiais e processos em andamento, embora não tenham o condão de exasperar a pena-base no momento da dosimetria da pena, são elementos aptos a demonstrar eventual reiteração delitiva, fundamento suficiente para a decretação da prisão preventiva.

Tese nº 12 – STJ

A prisão cautelar pode ser decretada para a garantia da ordem pública potencialmente ofendida, especialmente nos casos de: reiteração delitiva, participação em organizações criminosas, gravidade em concreto da conduta, periculosidade social do agente, ou pelas circunstâncias em que praticado o delito (*modus operandi*).

A prisão preventiva também pode ter por fundamento a necessidade de preservar-se a ordem econômica.

23.2.2 Garantia da ordem econômica

O conceito de garantia da ordem econômica assemelha-se ao de garantia da ordem pública, porém relacionado a crimes contra a ordem econômica, ou seja, possibilita a prisão do agente caso haja risco de reiteração delituosa com relação a infrações penais que perturbem o livre exercício de qualquer atividade econômica, com abuso do poder econômico, objetivando a dominação dos mercados, a eliminação da concorrência e o aumento arbitrário dos lucros (art. 173, § 4º, da CF) (LIMA, 2018, p. 968).

São exemplos de delitos que atentam contra a ordem econômica:

a. Lei nº 1.521/1951 (crimes contra a economia popular);
b. Lei nº 7.134/1983 (crimes de aplicação ilegal de créditos, financiamentos e incentivos fiscais);
c. Lei nº 7.492/1986 (crimes contra o sistema financeiro nacional);
d. Lei nº 8.078/1990 (crimes previstos no Código de Defesa do Consumidor);
e. Lei nº 8.137/1990 (crimes contra a ordem tributária, econômica e contra as relações de consumo);
f. Lei nº 8.176/1991 (crimes contra a ordem econômica);
g. Lei nº 9.279/1996 (crimes em matéria de propriedade industrial);
h. Lei nº 9.613/1998 (crimes de lavagem de capitais).

Por fim, tratando-se de crimes contra o sistema financeiro nacional, o art. 30 da Lei nº 7.492/1986 autoriza a prisão preventiva em razão da magnitude da lesão causada. Vejamos o dispositivo legal:

> **Art. 30.** Sem prejuízo do disposto no art. 312 do Código de Processo Penal, aprovado pelo Decreto-lei nº 3.689, de 3 de outubro de 1941, a prisão preventiva do acusado da prática de crime previsto nesta lei poderá ser decretada em razão da magnitude da lesão causada.

Há severas críticas doutrinárias a respeito da admissibilidade de decreto prisional fundado na magnitude da lesão causada, pois não se demonstra nenhum risco à atividade processual, mas, na verdade, antecipação ilegal da pretensão punitiva estatal.

Por esse motivo, há forte corrente doutrinária que aponta a não recepção do referido dispositivo pela atual ordem constitucional.

23.2.3 Garantia de aplicação da lei penal

Essa hipótese trata basicamente do risco de fuga do investigado/processado. É importante ressaltar que essa medida prisional possui natureza cautelar, assim de nada adiantaria passar por toda a persecução penal, se, ao final, não fosse possível executá-la diante da fuga do agente.

Por outro lado, não se trata de uma possibilidade de fuga genérica, na verdade, exigem-se fundamentos idôneos, concretos e aptos a demonstrar que o investigado/ processo tem o intuito de fugir e furtar-se à aplicação da lei penal.

É importante ainda ressaltar que não se trata de dever do réu/investigado provar que não possui o objetivo de fugir, mas sim o Delegado de Polícia, por meio de elementos concretos, que detém o ônus de demonstrar a existência desse fundamento.

Assim, a ausência momentânea, seja para evitar a prisão em flagrante, seja para evitar uma prisão decretada arbitrariamente, não caracteriza a hipóteses apta a demonstrar a necessidade se tutelar a garantia de aplicação da lei penal. Além disso, não pode justificar uma ordem de prisão a fuga posterior à sua decretação, cuja validade se contesta em juízo: do contrário, seria impor ao acusado, para questioná-la, o ônus de submeter-se à prisão processual que entende ser ilegal ou abusiva.[1]

23.2.4 Conveniência da instrução criminal

Tutela-se, com tal prisão, a livre produção probatória, impedindo que o agente interfira na sistemática da investigação. Assim, havendo a existência de intimidação ou aliciamento de testemunhas ou peritos, de supressão ou alteração de provas ou documentos, ou de qualquer tentativa de prejudicar a apuração dos fatos e o andamento da persecução criminal, será legítima a adoção da prisão preventiva com base na conveniência da instrução criminal.[2]

A possibilidade de decretação de segregação cautelar fala em conveniência, contudo, logicamente, não se trata de possibilidade discricionária de decretar ou não a prisão. Trata-se, na verdade, de medida excepcional que deve seguir estritamente a regra da proporcionalidade. Dessa forma, se houver medida menos gravosa que atenda à necessidade da instrução, deve ser essa a medida aplicada e não a medida prisional mais gravosa.

O professor Renato Brasileiro de Lima (2018, p. 869) encerra o assunto da seguinte forma:

---

1 STJ, 5ª T., HC 80.269/SP, Rel. Min. Laurita Vaz, *DJ* 05.11.2007, p. 317.

2 Na dicção do STJ, "o fato de o paciente haver ameaçado o corréu delator, intimidando-o com o nítido propósito de alterar as suas declarações perante a autoridade judicial, constitui motivação idônea à decretação da prisão preventiva para a conveniência da instrução criminal" (STJ, 5ª T., HC nº 75.492/RS, Rei. Min. Arnaldo Esteves Uma, *DJ* 10.12.2007, p. 404). E também STF, 1ª T., HC nº 92.839/SP, Rel. Min. Menezes Direito, *DJe* 070 18.04.2008; STJ, 5ª T., REsp nº 909.021/RN, Rel. Min. Fellx Fischer, *DJ* 17.03.2008 p. 1; STJ, 5ª T., HC nº 84.241/PE, Rel. Min. Jane Silva, Desembargadora Convocada do TJ/MG, *DJ* 12.11.2007, p. 263; STJ, 5ª T., RHC nº 20.500/RI, Rel. Min. Arnaldo Esteves Uma, *DJ* 10.12.2007, p. 398.

A prisão preventiva decretada com base na conveniência da instrução criminal subsiste enquanto persistir a instrução processual. Em outras palavras, uma vez encerrada a instrução processual (ou até mesmo ouvida a testemunha que estava sendo ameaçada), deve o juiz revogar a prisão preventiva decretada com base nessa hipótese, de acordo com o art. 316, caput, ele art. 282, § 5º, ambos do Código de Processo Penal. Relembre-se que, em se tratando de processo criminal da competência do *Júri*, a prisão preventiva decretada com base na conveniência da instrução criminal pode perdurar até o julgamento em plenário, já que as testemunhas ameaçadas pelo acusado poderão vir a ser chamadas para depor em plenário.

23.2.5 Perigo gerado pelo estado de liberdade

Observa-se que com edição do Pacote Anticrime é necessário, além da demonstração de indício de autoria e prova da materialidade, a situação de perigo gerado pelo estado de liberdade do imputado.

Esse requisito já era implícito na legislação anterior, ocorre que, agora, é expressa a necessidade de que o juiz, ao decretar a segregação cautelar, justifique concretamente a situação de perigo resultante da liberdade do investigado/processado.

Assim, atualmente, nas representações por prisão preventiva, o Delegado de Polícia deverá tratar concretamente sobre o risco resultante do estado de liberdade do investigado.

Ainda a respeito da necessidade de fundamentação concreta, vejamos o novo § 2º do art. 312 do CPP:

> **CPP/1941**
>
> **Art. 312.** (...)
>
> **§ 2º** A decisão que decretar a prisão preventiva deve ser motivada e fundamentada em receio de perigo e existência concreta de fatos novos ou contemporâneos que justifiquem a aplicação da medida adotada. (Incluído pela Lei nº 13.964, de 2019)

O referido dispositivo refere-se à decisão judicial que decreta a prisão preventiva.

Desse modo, passam a ser requisitos da decisão que decreta a prisão preventiva:

a. motivação e fundamento no **receio de perigo** (garantias da ordem pública, econômica, conveniência da instrução e garantia da aplicação, além da demonstração do perigo gerado pelo estado de liberdade);

b. existência concreta de **fatos novos e contemporâneos** que justifiquem a medida adotada.

Ainda sobre a necessidade de fundamentação da medida, é extremamente importante analisarmos o novo teor do art. 315 do CPP. Analisaremos a antiga e a nova redação do referido dispositivo, o qual trata efetiva e concretamente sobre a necessidade de fundamentação das decisões judiciais.

Antes da Lei nº 13.964/2019	Depois da Lei nº 13.964/2019
Art. 315. A decisão que decretar, substituir ou denegar a prisão preventiva será sempre motivada.	**Art. 315.** A decisão que decretar, substituir ou denegar a prisão preventiva será sempre motivada e fundamentada. **§ 1º** Na motivação da decretação da prisão preventiva ou de qualquer outra cautelar, o juiz deverá indicar concretamente a existência de fatos novos ou contemporâneos que justifiquem a aplicação da medida adotada. **§ 2º** Não se considera fundamentada qualquer decisão judicial, seja ela interlocutória, sentença ou acórdão, que: I – limitar-se à indicação, à reprodução ou à paráfrase de ato normativo, sem explicar sua relação com a causa ou a questão decidida; II – empregar conceitos jurídicos indeterminados, sem explicar o motivo concreto de sua incidência no caso; III – invocar motivos que se prestariam a justificar qualquer outra decisão; IV – não enfrentar todos os argumentos deduzidos no processo capazes de, em tese, infirmar a conclusão adotada pelo julgador; V – limitar-se a invocar precedente ou enunciado de súmula, sem identificar seus fundamentos determinantes nem demonstrar que o caso sob julgamento se ajusta àqueles fundamentos; VI – deixar de seguir enunciado de súmula, jurisprudência ou precedente invocado pela parte, sem demonstrar a existência de distinção no caso em julgamento ou a superação do entendimento.

Foi inserido o § 2º ao art. 315, que traz redação idêntica àquela prevista no art. 489, § 1º, do CPC, apresentando parâmetros do que se considera uma decisão judicial fundamentada. Nesse contexto, foi inserido o inciso V do art. 564 do CPP, dispondo que será nula a decisão carente de fundamentação.

> **Art. 564.** A nulidade ocorrerá nos seguintes casos:
>
> (...)
>
> V – Em decorrência de decisão carente de fundamentação.

Assim, a falta de fundamentação, nos novos termos do art. 315, § 2º, do CPP, trata-se de nova hipótese de nulidade.

23.3 PRISÃO COM BASE NO DESCUMPRIMENTO DE OUTRAS MEDIDAS CAUTELARES

Note que o descumprimento injustificado de qualquer das cautelares diversas da prisão, caso a medida prisional seja necessária, será possível a decretação da prisão preventiva.

Logicamente, não basta o simples descumprimento das medidas cautelares diversas da prisão para que a prisão preventiva seja automaticamente decretada. Desse modo, ainda que diante do descumprimento de medias cautelares diversas, a decretação da prisão preventiva somente seria possível quando se adequar a uma das hipóteses legitimadoras do art. 312, *caput*, do CPP além do que se mostrarem insuficientes as outras medidas cautelares alternativas à prisão.

Pergunta-se: Diante do descumprimento de outra medida cautelar alternativamente imposta, seria necessário além dos requisitos previstos no art. 312 do CPP, o enquadramento em alguma das hipóteses previstas no art. 313 do CPP?

A resposta é não! O entendimento doutrinário prevalente é que essa modalidade prisional, denominada de subsidiária ou substitutiva de medidas cautelares, pode ser decretada independentemente da presença de qualquer das hipóteses do art. 313 do CPP.

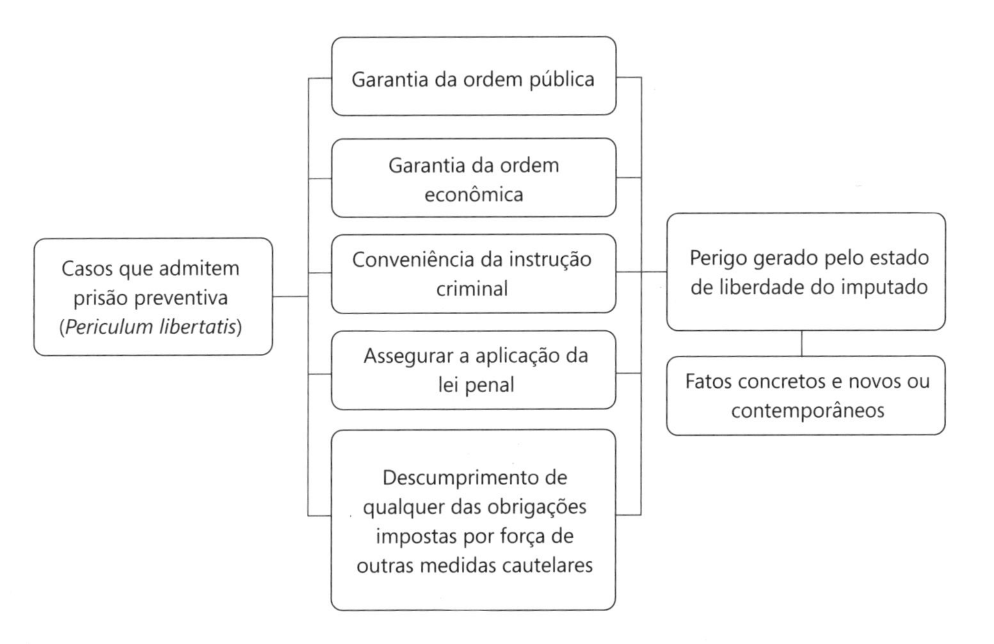

23.4 HIPÓTESES DE CABIMENTO DA PRISÃO PREVENTIVA

23.4.1 Crimes dolosos punidos com pena máxima superior a quatro anos

A primeira hipótese de decretação da prisão preventiva refere-se aos crimes dolosos cuja pena máxima é superior a 4 anos. Observe que se leva em consideração a pena máxima cominada aos crimes de natureza dolosa.

O referido dispositivo do código busca justamente guardar pertinência com a fixação de regime aberto e a possibilidade de substituição da pena privativa de liberdade por restritivas de direitos.

Nesse sentido, leciona Renato Brasileiro de Lima (2018, p. 975):

> (...) o dispositivo guarda pertinência com o quantum de pena fixado como limite para a substituição da pena privativa de liberdade por restritiva de direitos e para o início do cumprimento da pena em regime aberto. Com efeito, segundo o art. 44, inciso I, do Código Penal, pelo menos em regra, *será* cabível a substituição da pena privativa de liberdade por restritiva de direitos quando for aplicada pena privativa de liberdade não superior a 4 (quatro) anos e o crime não for cometido com violência ou grave ameaça à pessoa. Por sua vez, de acordo com o art. 33, § 2º, alínea "c", do CP, o condenado não reincidente, cuja pena seja igual ou inferior a 4 (quatro) anos, poderá, desde o início, cumpri-la em regime aberto.

Busca-se albergar e tutelar o **princípio da proporcionalidade** de modo que não seja aplicada, no curso do processo, medida mais gravosa do que aquela aplicável quando da sanção condenatória. Se, ao final do processo, após sentença condenatória, não há aplicabilidade de pena privativa de liberdade em regime fechado, não deverá ocorrer tal restrição no curso do processo. É justamente esse o sentido da norma.

23.4.2 Investigado ou acusado condenado por outro crime doloso em sentença transitada em julgado, ressalvado o disposto no art. 64, inciso I, do Código Penal

A segunda hipótese de cabimento de prisão preventiva é justamente a de o agente ser reincidente em crime doloso, salvo se entre a data do cumprimento ou extinção da pena e a infração posterior tiver decorrido período superior a cinco anos.

Nesses casos, deve ser computado o período de prova da suspensão ou do livramento condicional, se não ocorrer revogação, de acordo com o art. 64, inciso I, da nova Parte Geral do Código Penal, ou, ainda, se na condenação anterior o réu tiver sido beneficiado pelo instituto do perdão judicial, hipótese em que a sentença não pode ser considerada para fins de reincidência (CP, art. 120).

Atenção

Nesse caso, não se exige o cumprimento do requisito anterior (pena superior a 4 anos).

23.4.3 Quando o crime envolver violência doméstica e familiar contra mulher, criança, adolescente, idoso, enfermo ou pessoa com deficiência, para garantir a execução das medidas protetivas de urgência

A medida prisional cautelar, nesses casos, é aplicável aos crimes envolvendo violência doméstica e familiar contra:

a. mulher;
b. criança;
c. adolescente;
d. idoso;
e. enfermo;
f. pessoa com deficiência.

A medida, nessas hipóteses, é obtida com o objetivo de garantir a execução das medidas protetivas de urgência.

É muito importante ressaltar:

a. somente se admitem as modalidades dolosas de violação;
b. não interessa o prazo de pena imputada ao delito com relação ao qual foi descumprida a medida protetiva.

Há de se observar que há hipóteses em que o próprio descumprimento da medida protetiva já se configura como delito autônomo, como ocorre nas hipóteses de medidas estabelecidas no bojo da Lei Maria da Penha, ocasião em que o descumprimento configura o delito previsto no art. 24-A da referida legislação. Em provas práticas, o candidato muitas vezes deverá optar por uma peça, apesar de, em tese, ser possível a adoção de mais de uma medida.

Assim, se o examinador apresenta uma situação em que o agente foi flagrado descumprindo medida protetiva, o candidato deverá lavrar o auto de prisão em flagrante, sem prejuízo da possibilidade cumulativa de representar por prisão preventiva.

Em 24 de maio de 2022, foi editada a Lei nº 14.344, conhecida como Lei Henry Borel. A referida legislação, basicamente, cria mecanismos para a prevenção e o enfrentamento da violência doméstica e familiar contra a criança e o adolescente.

Esta lei apresenta previsões específicas a respeito da prisão preventiva, as quais merecem destaque neste momento de nosso estudo.

Inicialmente, o art. 17 contém a seguinte previsão:

> **Art. 17.** Em qualquer fase do inquérito policial ou da instrução criminal, caberá a prisão preventiva do agressor, decretada pelo juiz, a requerimento do Ministério Público ou mediante representação da autoridade policial.
>
> **Parágrafo único.** O juiz poderá revogar a prisão preventiva se, no curso do processo, verificar a falta de motivo para que subsista, bem como decretá-la novamente, se sobrevierem razões que a justifiquem.

Trata-se de previsão já contida originariamente no Código de Processo Penal, as quais já foram analisadas no tópico anterior.

Ocorre que, em se tratando de representação por prisão preventiva fundada em violênica doméstica e familiar contra criança e adolescente, objeto da Lei Henry Borel, o candidato além de fundar o seu pedido nos dispositivos do Código de Processo Penal, deve fazer referência ao art. 17 anteriormente citado.

A referida legislação ainda previu a hipótese de decretação de prisão preventiva como uma das hipóteses de medida protetiva de urgência em favor da vítima, veja a disposição legal:

> **Art. 21.** Poderá o juiz, quando necessário, sem prejuízo de outras medidas, determinar:
>
> (...)
>
> III – a prisão preventiva do agressor, quando houver suficientes indícios de ameaça à criança ou ao adolescente vítima ou testemunha de violência; (...)

A referida previsão não dispensa o atendimento e observância dos demais requisitos e pressupostos para a decretação da referida medida, previstos no Código de Processo Penal.

Mais uma vez, ressalta-se que, se o caso hipotético de prova, envolver violência doméstica e familiar, o candidato deverá citar o dispositivo legal analisado em sua representação.

Somente a título de observação, acreditamos que o melhor teria sido alocar a hipótese de prisão preventiva dentre aquelas medidas que obrigam o agressor, as quais estão previstas no art. 20 da legislação citada.

Por fim, ainda ganha relevo nos temas relacionados à representação por prisão preventiva, o disposto no § 3º do art. 14 da Lei 14.344/2022, observe:

> **Art. 14.** Verificada a ocorrência de ação ou omissão que implique a ameaça ou a prática de violência doméstica e familiar, com a existência de risco atual ou iminente à vida ou à integridade física da criança e do adolescente, ou de seus familiares, o agressor será imediatamente afastado do lar, do domicílio ou do local de convivência com a vítima:
>
> (...)
>
> **§ 3º Nos casos de risco à integridade física da vítima ou à efetividade da medida protetiva de urgência, não será concedida liberdade provisória ao preso.**

O dispositivo descreve que, quando houver risco à integridade física da vítima ou risco à efetividade de medida protetiva, não será concedida liberdade provisória. Esse tema ganha relevo essencialmente naquelas hipóteses em que o agente foi preso em flagrante. Nesses casos, se o Delegado de Polícia observar, durante a lavratura do auto de prisão em flagrante, que a eventual concessão de liberdade provisória, quando da análise da legalidade da prisão, possa colocar em risco a integridade da vítima, deverá representar pela prisão preventiva, fundamentando também a sua representação nesse dispositivo legal.

23.4.4 Dúvida sobre a identidade civil da pessoa ou não fornecimento de elementos suficientes para seu esclarecimento

Nessa hipótese, a prisão preventiva se fundamenta em identificar a pessoa que está sob investigação ou sob processamento. É de se ressaltar que a segregação cautelar deve durar pelo tempo estritamente necessário em proceder à identificação do investigado/processado.

Diferentemente dos incisos do art. 313 do CPP, seu parágrafo único nada diz quanto à natureza da infração penal. Desse modo, quando a prisão preventiva for necessária para esclarecer dúvida sobre a identidade civil da pessoa ou quando esta não fornecer elementos suficientes para esclarecê-la, a prisão preventiva poderá ser decretada com relação a crimes dolosos e culposos, pouco importando o *quantum* de pena a eles cominado.

Outro ponto importante diz respeito à possibilidade de se identificar criminalmente o investigado/processado, quando isso for possível, não deverá ser decretada a prisão nessas hipóteses.

23.5 PRISÃO PREVENTIVA E EXCLUDENTES DE ILICITUDE E CULPABILIDADE

Vejamos o dispositivo do Código que trata sobre esse assunto:

> **Art. 314.** A prisão preventiva em nenhum caso será decretada se o juiz verificar pelas provas constantes dos autos ter o agente praticado o fato nas condições previstas nos incisos I, II e III do *caput* do art. 23 do Decreto-lei nº 2.848, de 7 de dezembro de 1940 - Código Penal.

Verifica-se que não haverá a possibilidade de decretação de prisão preventiva quando o magistrado notar que poderia ser proferida sentença absolutória com base em excludente de ilicitude. Veja se a decisão será absolutória ou hipoteticamente absolutória, não faz o menor sentido decretar a prisão preventiva no curso do processo.

23.6 PRAZO DA PRISÃO PREVENTIVA

Observa-se pela leitura do CPP que não há prazo definido para a prisão preventiva, dessa forma, é necessário observar alguns pontos relevantes a esse respeito.

Assim, diferentemente daquilo que ocorre com relação às prisões temporárias, as quais são dotadas de prazo legalmente previsto, nas hipóteses de prisão preventiva, o Delegado de Polícia não deverá fazer referência ao prazo da segregação, devendo ela ser mantida enquanto presentes os motivos que fundamentaram a medida.

Justamente, buscando evitar a segregação cautelar por tempo desarrazoado, o legislador incluiu o parágrafo único ao art. 316 do CPP. Vejamos, a comparação entre a antiga e nova redação do referido dispositivo:

Antes da Lei nº 13.964/2019	Depois da Lei nº 13.964/2019
Art. 316. O juiz poderá revogar a prisão preventiva se, no correr do processo, verificar a falta de motivo para que subsista, bem como de novo decretá-la, se sobrevierem razões que a justifiquem.	**Art. 316.** O juiz poderá, de ofício ou a pedido das partes, revogar a prisão preventiva se, no correr da investigação ou do processo, verificar a falta de motivo para que ela subsista, bem como novamente decretá-la, se sobrevierem razões que a justifiquem. Parágrafo único. Decretada a prisão preventiva, deverá o *órgão* emissor da decisão revisar a necessidade de sua manutenção a cada 90 (noventa) dias, mediante decisão fundamentada, de ofício, sob pena de tornar a prisão ilegal.

Por enquanto, nos interessa a redação fornecida pelo art. 316, parágrafo único. Decretada a prisão preventiva, justamente buscando evitar que a referida segregação cautelar se estenda por tempo desnecessário, o órgão emissor da decisão (órgão jurisdicional que determinou a medida) deverá revisar a necessidade de sua manutenção a cada 90 dias, mediante decisão fundamentada, de ofício, sob pena de tornar a prisão ilegal.

Desse modo, a cada 90 dias, o magistrado deverá decretar nova decisão judicial em um dos dois sentidos a seguir expostos:

a. mantendo a segregação cautelar, fundamentando concretamente a medida;
b. revogando a medida anteriormente decretada nos termos previstos no *caput* do art. 316 do CPP. Vejamos o referido dispositivo:

> **Art. 316.** O juiz poderá, de ofício ou a pedido das partes, revogar a prisão preventiva se, no correr da investigação ou do processo, verificar a falta de motivo para que ela subsista, bem como novamente decretá-la, se sobrevierem razões que a justifiquem.

Desse modo, caso o candidato queira demonstrar conhecimento a respeito da alteração, poderá fazer referência em sua representação por preventiva, a referência que, caso a medida seja concedida, deverá ser revista a cada 90 dias.

A prisão será considerada ilegal, sendo possível, inclusive, a impetração de *habeas corpus* para garantir o direito à liberdade.

Nesse contexto, no final do ano de 2020, o STF (SL 1.395 MC Ref/SP, Rel. Min. Luiz Fux, j. 14 e 15.10.2020) enfrentou a questão, ocasião em que, basicamente, apresentou o seguinte posicionamento:

Jurisprudência destacada

Ao final do julgamento, novamente por maioria de votos, os ministros fixaram o entendimento de que a inobservância da reavaliação no prazo de 90 dias, previsto no art. 316 do Código de Processo Penal (CPP), com a redação dada pela Lei nº 13.964/2019 (conhecida como Pacote Anticrime), não implica a revogação automática da prisão preventiva: o juízo competente deve ser instado a reavaliar a legalidade e a atualidade de seus fundamentos. Ficou vencido o Ministro Marco Aurélio.

Desse modo, conforme a decisão judicial exarada no âmbito da corte suprema, quando constado excesso de prazo, o juiz competente deve ser instado a se manifestar sobre a necessidade de manutenção ou não da medida prisional.

23.7 FUNDAMENTAÇÃO DA DECISÃO QUE DECRETA A PRISÃO PREVENTIVA

Inicialmente, é muito importante a leitura do dispositivo constitucional a respeito do tema:

CF/1988

Art. 93. (...)

IX – todos os julgamentos dos órgãos do Poder Judiciário serão públicos, e fundamentadas todas as decisões, sob pena de nulidade, podendo a lei limitar a presença, em determinados atos, *às* próprias partes e a seus advogados, ou somente a estes, em casos nos quais a preservação do direito à intimidade do interessado no sigilo não prejudique o interesse público à informação;

Veja que o referido dispositivo constitucional determina que todas as decisões judiciais sejam fundamentadas, sob pena de nulidade da decisão. Logicamente, considerando que a decretação da prisão preventiva se submete à reserva jurisdicional, referidas decisões devem ser fundamentadas sob pena de nulidade.

Nesse sentido, **o Delegado de Polícia deve fornecer fundamentos concretos e idôneos a justificar a concessão da medida**.

Renato Brasileiro de Lima nos diz que funciona, assim, a motivação dos atos jurisdicionais, verdadeira garantia processual de segundo grau, como importante forma de controle das partes sobre a atividade intelectual do juiz, a fim de que verifiquem se este levou em consideração todos os argumentos e as provas produzidas pelas partes, e se teria aplicado de maneira correta o direito objetivo ao caso concreto.

Observação importante há de ser feita: o que se exige é fundamentação, não há necessidade de que a motivação seja exauriente, bastando que haja motivação idônea, ainda que sucinta.

Mais uma vez, invocamos o novo art. 315 do CPP, o qual passa a tratar expressamente a respeito dos requisitos da motivação da decisão judicial:

Art. 315. A decisão que decretar, substituir ou denegar a prisão preventiva será sempre motivada e fundamentada.

§ 1º Na motivação da decretação da prisão preventiva ou de qualquer outra cautelar, o juiz deverá indicar concretamente a existência de fatos novos ou contemporâneos que justifiquem a aplicação da medida adotada.

§ 2º Não se considera fundamentada qualquer decisão judicial, seja ela interlocutória, sentença ou acórdão, que:

I – limitar-se à indicação, à reprodução ou à paráfrase de ato normativo, sem explicar sua relação com a causa ou a questão decidida;

II – empregar conceitos jurídicos indeterminados, sem explicar o motivo concreto de sua incidência no caso;

III – invocar motivos que se prestariam a justificar qualquer outra decisão;

IV – não enfrentar todos os argumentos deduzidos no processo capazes de, em tese, infirmar a conclusão adotada pelo julgador;

V – limitar-se a invocar precedente ou enunciado de súmula, sem identificar seus fundamentos determinantes nem demonstrar que o caso sob julgamento se ajusta àqueles fundamentos;

VI – deixar de seguir enunciado de súmula, jurisprudência ou precedente invocado pela parte, sem demonstrar a existência de distinção no caso em julgamento ou a superação do entendimento.

Após essa análise preliminar a respeito do cabimento da prisão preventiva, passemos a analisar especificamente a estrutura da representação por prisão preventiva.

23.8 ESTRUTURA DA PEÇA

Conforme já dito anteriormente, a estrutura da peça segue o padrão já abordado de maneira genérica no Capítulo 20, porquanto conterá como elementos obrigatórios:

1. **endereçamento**;
2. **preâmbulo**;
3. **síntese dos fatos**;
4. **fundamentos**; e
5. **pedido(s) e fechamento**.

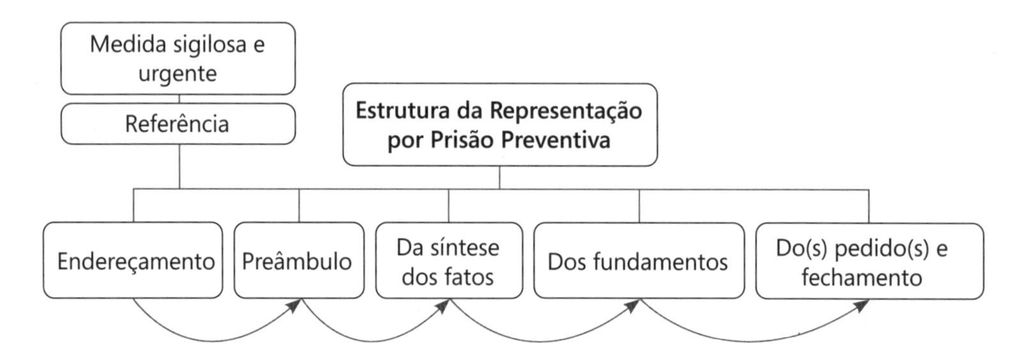

Além dos elementos obrigatórios acima ilustrados, a representação deve trazer, **entre o endereçamento e o preâmbulo**, a **referência** eventualmente trazida pela questão. O mais comum é que a referência seja o número do inquérito policial, mas pode ocorrer de a questão trazer como referência o número da ocorrência policial ou, até mesmo, o número de distribuição do inquérito policial no Poder Judiciário.

O importante é que o candidato coloque exatamente como a questão trouxer, ou seja, se no texto estiver escrito "Inquérito Policial nº 9.748/2021 – 38ª DP", o candidato deve colocar entre o endereçamento e preâmbulo:

Referência: Inquérito Policial nº 9.748/2021 – 38ª DP

Sem abreviar.

Se o texto trouxer "I.P. nº 9.748/2021", o candidato deve colocar entre o endereçamento e preâmbulo:

Referência: I.P. nº 9.748/2021

Abreviando.

Ou seja, exatamente como a questão trouxer. Isso vale para os casos de existir referência ao número de ocorrência ou a qualquer outro número.

Muito cuidado para não errar o número trazido pela questão, pois isso pode gerar uma identificação de prova. Exemplifico: vamos imaginar que a questão traga a referência como Inquérito Policial nº 449988/2021 e você erre na hora de escrever e coloque:

Referência: I.P. nº 448888/2021

Isso pode gerar problema, portanto é importante que o candidato tenha bastante atenção.

Caso a questão não traga a informação de referência, **o candidato jamais deve criar dados**! O que se pode fazer é colocar entre o endereçamento e preâmbulo o seguinte:

Referência: Inquérito Policial

Observe que a informação deverá ser apresentada sem nenhum número nesses casos, uma vez que a própria questão não indicou nenhum número.

Outro dado que deve constar nesta peça, também entre o **endereçamento** e o **preâmbulo** é que a medida é **sigilosa e urgente**. Conforme salientado no Capítulo 20 do nosso Manual Decifrado, na dúvida, deve ser colocada esta informação em razão da própria essência das medidas cautelares, que são sigilosas na imensa maioria dos casos e urgente em razão do *periculum in mora* ou *periculum libertatis*.

Passado esse ponto, abordaremos, um a um, os elementos obrigatórios.

23.8.1 Endereçamento

Trata-se de parte obrigatória e geralmente pontuada no espelho de correção da peça prática. Exemplo disso foi o concurso para o cargo de Delegado de Polícia do DF de 2009, dentre vários outros.

Conforme salientado no Capítulo 20, caso ainda não haja juiz prevento, o endereçamento deve ser realizado ao juiz criminal (crimes comuns), ao juiz do tribunal do júri (crimes dolosos contra a vida), juiz da vara de violência doméstica (crimes envolvendo violência doméstica familiar) ou a outros, a depender do tipo de crime cometido e da organização judiciária do local de onde se presta a prova. Assim, é interessante que o candidato, conheça, ao menos superficialmente, a estrutura organizacional do Poder Judiciário do local em que presta o concurso, desde que seja cobrado em edital.

Caso já exista juízo prevento e a questão faça referência a tal juízo, deve-se endereçar a representação a ele.

A título de exemplo, no Distrito Federal temos Varas do Tribunal do Júri, a Circunscrição Especial Judiciária de Brasília e as Circunscrições Judiciárias das Regiões Administrativas. Já nos Estados, geralmente se endereça a peça prática profissional da seguinte forma:

Excelentíssimo Senhor Juiz de Direito da ___ Vara Criminal da Comarca de xxxxxx.

No que concerne ao pronome de tratamento do juiz, indica-se que não se faça o uso de diversos tratamentos, como: "**Excelentíssimo Senhor Doutor Juiz de Direito**". Indica-se que use somente a expressão: "**Excelentíssimo Senhor Juiz de Direito**".

Nos concursos para Delegado de Polícia Federal é necessário saber que existem Varas Federais que formam as Seções Judiciárias ou Subseções Judiciárias.

Vejamos o seguinte exemplo: caso o crime tenha ocorrido em Natal, a representação deve ser endereçada ao Excelentíssimo Senhor Juiz Federal da __ Vara Federal da Seção Judiciária do Rio Grande no Norte.

De igual forma, com relação ao pronome de tratamento, basta utilizar "**Excelentíssimo Senhor Juiz Federal**".

Lembrando que, caso se esteja diante de crime apurado pela Polícia Federal, nos termos do art. 1º da Lei nº 10.446/2002 (quando houver repercussão interestadual ou internacional que exija repressão uniforme em crimes específicos) não há, geralmente, deslocamento de competência para a Justiça Federal. Nestes casos, portanto, o Delegado de Polícia Federal eventualmente representará ao Juiz de Direito Estadual.

É importante ressaltar que o Pacote Anticrime, Lei nº 13.964/2019, trouxe mudança significativa na estrutura do Poder Judiciário: o juiz de garantias. Até o fechamento desta obra, em razão de decisão do Supremo Tribunal Federal, a instituição dos juízes de garantias está suspensa. Ocorre que o tema pode impactar diretamente no endereçamento da peça, conforme mais bem trabalhado no Capítulo 20 desta obra, a qual remetemos o leitor.

23.8.2 Preâmbulo

Conforme já salientado, o preâmbulo deve perseguir a consecução de três objetivos básicos:

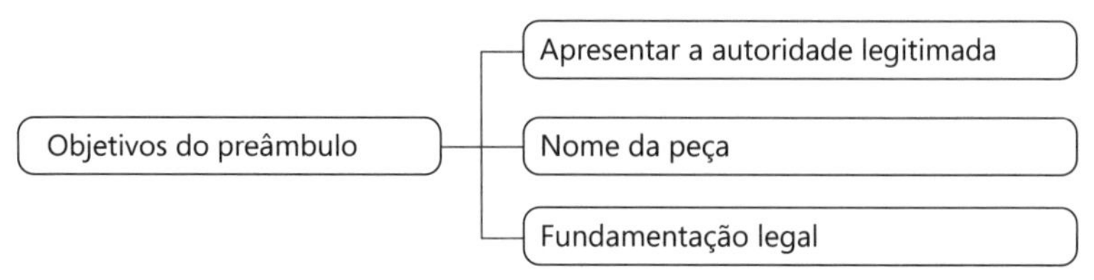

O primeiro objetivo, conforme se percebe, será estático em todas as representações, devendo apenas o candidato adicionar legitimação adicional eventualmente trazida por legislação local. Vejamos um exemplo:

> O Delegado de Polícia Civil ao final assinado, no uso de suas atribuições constitucionais e legais, sobretudo o art. 144, § 4º, da Constituição Federal e art. 2º, § 1º, da Lei nº 12.830/2013 *(se houver legislação local, a exemplo de dispositivo da Constituição Estadual, colocar aqui).*

No caso de se estar diante de uma prova para Delegado de Polícia Federal, evidentemente, haverá alteração da legitimidade constitucional, não cabendo a inserção de legislação local. Vejamos:

O Delegado de Polícia Federal ao final assinado, no uso de suas atribuições constitucionais e legais, sobretudo o art. 144, § 1º, I, da Constituição Federal e art. 2º, § 1º, da Lei nº 12.830/2013.

Aí vem o cumprimento dos demais objetivos do preâmbulo, que não necessariamente precisam respeitar a ordem acima, ou seja, pode ser o nome da peça e logo após a fundamentação legal ou vice-versa. É uma questão de estilística. Vejamos:

Com fulcro no art. 311 e seguintes do Código de Processo Penal, vem à presença de Vossa Excelência representar pela **prisão preventiva** de *(indicação do nome do investigado e dados de qualificação trazidos pela questão)*, pelos fundamentos de fato e de direito a seguir expostos.

Ou

Vem à presença de Vossa Excelência representar pela **prisão preventiva** de *(indicação do nome do investigado e dados de qualificação trazidos pela questão)*, com fulcro no art. 311 e seguintes do Código de Processo Penal e pelos fundamentos de fato e de direito a seguir expostos.

De forma integral, teremos o seguinte:

Para o cargo de Delegado de Polícia Civil

O Delegado de Polícia ao final assinado, no uso de suas atribuições constitucionais e legais, sobretudo o art. 144, § 4º, da Constituição Federal e art. 2º, § 1º, da Lei nº 12.830/2013 *(se houver legislação local, a exemplo de dispositivo da Constituição Estadual, colocar aqui)*, com fulcro no art. 311 e seguintes do Código de Processo Penal, vem à presença de Vossa Excelência representar pela **prisão preventiva** de *(indicação do nome do investigado e dados de qualificação trazidos pela questão)*, pelos fundamentos de fato e de direito a seguir expostos.

Para o cargo de Delegado de Polícia Federal

O Delegado de Polícia Federal ao final assinado, no uso de suas atribuições constitucionais e legais, sobretudo o art. 144, § 1º, I, da Constituição Federal e art. 2º, § 1º, da Lei nº 12.830/2013, com fulcro no art. 311 e seguintes do Código de Processo Penal, vem à presença de Vossa Excelência representar pela **prisão preventiva** de *(indicação do nome do investigado e dados de qualificação trazidos pela questão)*, pelos fundamentos de fato e de direito a seguir expostos.

Repare que, por questões didáticas, ressaltamos em negrito o nome da peça; no entanto, o candidato em sua prova não deve tentar realizar qualquer destaque. O máximo que se permite é colocar o nome da peça com letras maiúsculas.

Perceba que **a representação deve ser realizada em nome do Delegado de Polícia,** e não da instituição Polícia Civil ou Polícia Federal. Observe que, diferentemente do que ocorre com relação ao Ministério Público, o Delegado de Polícia não se constitui como órgão, mas, na verdade, insere-se no conceito de agente integrante do órgão policial, Polícias Civis ou Polícia Federal. Por esse motivo, a representação deve ser realizada em nome do cargo de Delegado de Polícia.

Ademais, caso a representação fosse realizada em nome da instituição policial, não faria sentido a indicação dos dispositivos previstos na Lei nº 12.830/2013, que é o estatuto do Delegado de Polícia.

A representação por prisão preventiva não deve trazer qualquer prazo.

Obviamente, caso a prisão preventiva seja cumulada com a apresentação de relatório final – como no concurso para o Cargo de Delegado de Polícia Civil do Distrito Federal de 2009 –, deve-se citar ambos os fundamentos.

Exemplo:

> O Delegado de Polícia ao final assinado, no uso de suas atribuições constitucionais e legais, sobretudo o art. 144, § 4º, da Constituição Federal e art. 2º, § 1º, da Lei nº 12.830/2013, vem à presença de Vossa Excelência, com fulcro no art. 10, § 1º, do Código de Processo Penal apresentar **relatório final** e, com base no art. 311 e seguintes do mesmo diploma, **representar pela prisão preventiva** de *(indicação do nome do investigado e dados de qualificação trazidos pela questão)*, pelos fundamentos de fato e de direito a seguir expostos:

Caso a representação por prisão envolva situações sob a égide da **Lei Maria da Penha**, esta deve ser citada na fundamentação da medida.

23.8.3 Síntese dos fatos

Conforme já analisamos anteriormente, trata-se do ponto comum entre as peças internas e externas. Em ambas as hipóteses, o candidato deverá reservar determinado tópico para a descrição dos fatos que fundamentam a medida.

Algumas informações são bastante importantes a esse respeito, vejamos:

a. Normalmente, o examinador não confere muitos pontos à descrição fática realizada pelo candidato. Contudo, esse tópico fornece toda a lógica à estrutura da peça, motivo pelo qual sua confecção ganha relevo.

b. Não se deve copiar *ipsis litteris* o enunciado da questão. O candidato deverá demonstrar a capacidade de síntese, pois na maioria dos casos o espaço da folha de resposta não comporta elementos desnecessários na descrição dos fatos.

c. Não se deve criar fatos não citados pelo examinador.

d. É necessário objetividade, com prevalência à transcrição de fatos que serão relevantes para a autoria, materialidade do crime e todas as suas circunstâncias relevantes para a apuração.

e. O candidato deverá ressaltar os fatos que possuem relação com a fundamentação jurídica analisada a seguir.

Assim, o nosso leitor deve se atentar para aqueles fatos que possuam relação com a medida pleiteada, exercitando a sua capacidade de síntese. Devem ser indicados os pontos que serão relevantes para que o magistrado decida a respeito do feito. Aqueles fatos que nada contribuem ao objetivo proposto ou que em nada se correlacionem com a medida pleiteada não precisam estar expostos na síntese dos fatos como elemento integrante da representação.

Na síntese dos fatos, o candidato deve ter como parâmetro o **conhecido Heptâmetro de Quintiliano** e buscar responder aos seguintes questionamentos:

No caso da prisão preventiva, a partir de dados trazidos pela questão, devem ser apontados fatos que servirão para sustentar os pontos da fundamentação jurídica.

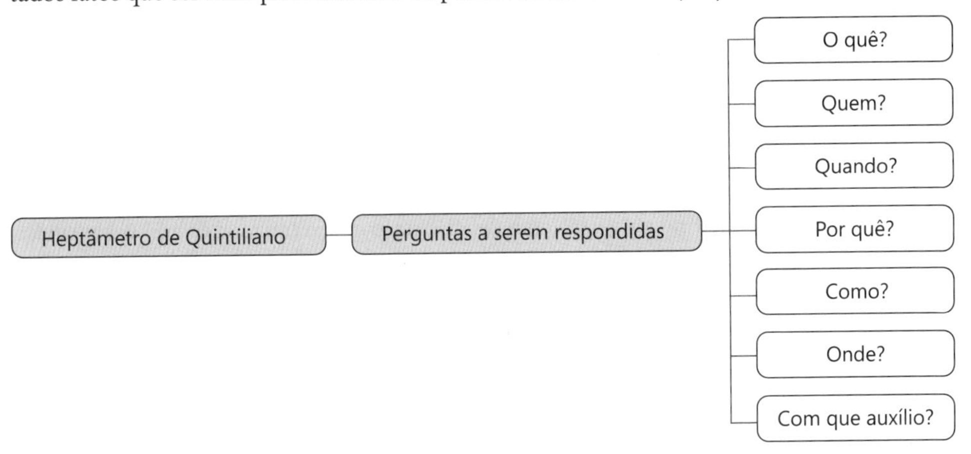

23.8.4 Dos fundamentos

Neste ponto, o candidato deverá demonstrar os fundamentos jurídicos trazidos no tópico em que tratamos do arcabouço teórico para a concessão da prisão preventiva.

Pode-se iniciar tratando sobre o instituto que se pleiteia, sendo facultativa a utilização do roteiro proposto no capítulo um da terceira parte deste *Manual Decifrado*.

Nesta parte deve ficar bem ressaltado o ***fumus comissi delicti***, o ***periculum libertatis*** e a **proporcionalidade** do pedido. O candidato, basicamente, precisa, **de forma técnica**, dizer ao juiz (examinador) o seguinte: "Excelência, este indivíduo solto vai gerar grave e irreparável prejuízo ao futuro processo e/ou à vítima, razão pela qual a prisão dele é necessária e deve ser realizada logo sendo ainda inviável outra medida".

Observe que deve haver a conjugação entre a descrição fática realizada no tópico anterior (síntese dos fatos) e o ***fumus comissi delicti*** – consubstanciado pela indicação da **prova da existência do crime** e **indícios suficientes de autoria** – e, posteriormente, o ***periculum libertatis***.

Por isso, na descrição fática, o candidato deverá ressaltar aquilo que servirá como base aos fundamentos jurídicos e descrever concretamente (por meio de dados da questão), em que se funda a prova da materialidade do crime, fazendo referência a eventuais exames periciais e outros elementos atestadores da materialidade do crime.

Este é o **momento de tipificar o(s) delito(s)**, pois a prova da existência do crime perpassa pela prova de que o fato existiu (materialidade) e também que o fato é definido como crime. Ademais, a tipificação servirá para demonstrar que a situação está dentro de uma das hipóteses de cabimento da medida.

Deve ser ressaltada em qual das hipóteses do art. 313 do CPP se enquadra a representação. Vejamos:

> **Art. 313.** Nos termos do art. 312 deste Código, será admitida a decretação da prisão preventiva:
>
> I – nos crimes dolosos punidos com pena privativa de liberdade máxima superior a 4 (quatro) anos;
>
> II – se tiver sido condenado por outro crime doloso, em sentença transitada em julgado, ressalvado o disposto no inciso I do *caput* do art. 64 do Decreto-Lei nº 2.848, de 7 de dezembro de 1940 – Código Penal;
>
> III – se o crime envolver violência doméstica e familiar contra a mulher, criança, adolescente, idoso, enfermo ou pessoa com deficiência, para garantir a execução das medidas protetivas de urgência;
>
> IV – (revogado).
>
> **§ 1º** Também será admitida a prisão preventiva quando houver dúvida sobre a identidade civil da pessoa ou quando esta não fornecer elementos suficientes para esclarecê-la, devendo o preso ser colocado imediatamente em liberdade após a identificação, salvo se outra hipótese recomendar a manutenção da medida.

Já no que concerne aos indícios suficientes de autoria, o Delegado deverá apontar, concretamente (por meio de dados da questão), em que se funda a suspeita a respeito da autoria do delito em investigação.

Podemos estruturar o ***fumus comissi delicti*** da seguinte forma:

a. Primeiro indique a materialidade do delito. Lembrando que esses elementos devem estar provados. Ressalte na peça a existência de eventuais laudos periciais.
b. O(s) crime(s) deve(m) ser tipificado(s).
c. Posteriormente, indique os indícios suficientes de autoria: quais fatos indicam que aquele suspeito pode ter cometido o delito. De forma mais técnica, qual a justa causa para o indivíduo estar sendo investigado e como as investigações apontam para a autoria dele.

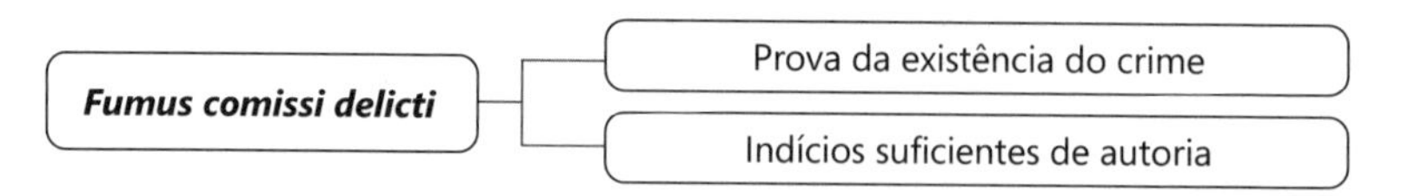

Atenção

Não se deve criar fatos não narrados pelo examinador.

A fim de exemplificar, imaginemos que a questão de prova aponte que houve um latrocínio, cujo laudo cadavérico da vítima informou que a *causa mortis* foi "choque hipovolêmico advindo de ferimento ocasionado por instrumento perfurocortante" e também que há testemunhas que indicam que determinada pessoa entrou em um estabelecimento comercial próximo ao local dos fatos com as roupas sujas de sangue e tentou usar o cartão de crédito da vítima. Neste caso, a prova da materialidade do crime é demonstrada pelo citado laudo, já os indícios de autoria, os relatos testemunhais que indicaram que o suspeito, sujo de sangue, tentou usar o cartão de crédito da vítima em estabelecimento próximo ao local dos fatos.

Lembre-se de que no que concerne à prisão preventiva, o ***periculum libertatis*** é indicado pelo perigo do estado de liberdade do imputado à garantia da ordem pública, garantia da ordem econômica, conveniência da instrução criminal, à garantia da aplicação da lei penal, ou ainda em razão de descumprimento de qualquer das obrigações impostas por força de outras medidas cautelares. O candidato deve demonstrar em qual dessas situações enquadra-se sua representação.

Deve-se ressaltar que, caso não haja a prisão preventiva do sujeito, haverá **risco provável, grave e irreparável à investigação ou aos direitos**.

Deve ser apontado ainda pelo candidato que os fatos utilizados como base para a fundamentação da representação policial são **concretos** (apontados por meio de dados da questão) **novos ou contemporâneos**.

Exemplo:

> Excelência, a segregação preventiva do representado é imprescindível para a **garantia da ordem pública**, haja vista que solto, como ele mesmo afirmou a pessoas da região, irá ceifar a vida de uma das testemunhas do crime que cometera.
>
> Ademais, é bem provável que a testemunha *(nome da testemunha trazido pela questão)* mude sua versão em juízo em virtude das ameaças sofridas, sendo necessária a segregação cautelar à **conveniência da instrução criminal**, presente, pois o *periculum libertatis*.
>
> Há de se ressaltar que, em razão do exposto, há evidente perigo do estado de liberdade do imputado, sendo os fatos praticados por ele novos e contemporâneos (art. 315, § 1º, do CPP).
>
> O *fumus comissi delicti* também é evidente, uma vez que há prova da existência do fato, inclusive com imagens do circuito interno de TV, além de indícios suficientes de autoria, por meio de depoimentos e reconhecimento dos autores.
>
> Faz-se mister salientar que o crime apurado, roubo majorado, é doloso e punido com pena privativa de liberdade máxima superior a 4 (quatro) anos, sendo, pois, admitida a prisão preventiva nos termos do art. 313 do CPP.

Lembre-se de que a prisão deve se mostrar proporcional ao caso concreto, motivo pelo qual, deve-se apresentar fundamento robusto sob pena de indeferimento da medida ou, em provas de concursos, a obtenção de pontuação deficiente.

Sendo assim, se houver **zona cinzenta** entre o cabimento de mais de uma medida, sobretudo se a outra for menos gravosa, o candidato deve enfrentar o tema a fim de descartar a outra possibilidade diante do caso proposto.

23.8.5 Do(s) pedido(s) e fechamento

a. Pedido

Esta parte é bastante simples de ser elaborada e não há maiores peculiaridades na representação por prisão preventiva com relação ao modelo genérico anteriormente proposto.

Trata-se, basicamente, de uma conclusão do que foi sustentado na fundamentação. Deve-se colocar nesta parte, por cautela, que o **membro do Ministério Público será ouvido.** Vejamos:

Pode-se repetir a fundamentação legal aposta no preâmbulo:

> Por todo o exposto, com fulcro no art. 311 e seguintes do Código de Processo Penal, representa esta Autoridade Policial pela **prisão preventiva** de *(indicação do nome do investigado e dados de qualificação trazidos pela questão)*, após manifestação do ilustre membro do Ministério Público.

Ou utilizar a fórmula genérica:

Note-se que é facultativo o uso da expressão **nesses termos, pede deferimento.**

> Por todo o exposto e com amparo nos dispositivos legais citados, representa esta Autoridade Policial pela **prisão preventiva** de *(indicação do nome do investigado e dados de qualificação trazidos pela questão)*, após manifestação do ilustre membro do Ministério Público.

Conforme já ressaltamos, não se trata a representação efetivamente de um pedido, motivo pelo qual não indicamos o uso da expressão, contudo é muito comum na prática e, efetivamente, apresenta a ideia de encerramento da representação.

b. Fechamento

Por fim, o **fechamento** é realizado da seguinte maneira, fazendo referência:

- ao local e à data;
- à expressão "Delegado de Polícia";
- à lotação (se a questão trouxer).

Trata-se de fase simples, contudo devemos apresentar algumas ressalvas:

- **Com relação à data e ao local, deve-se efetivamente escrever a expressão "local e data".** Caso a questão apresente o local em que os fatos ocorreram poder-se-ia utilizar como referência o local apresentado na questão. Não se deve utilizar o local da prova ou a data da prova, salvo, logicamente, se forem as mesmas apresentadas na questão.
- **Com relação ao uso do termo "Delegado de Polícia"**, deve-se fazer referência ao uso da expressão no masculino, salvo se a questão especificar que quem conduz a

investigação é uma mulher. Não se trata de preferência de gênero, mas de cautela para não identificar sua prova.

- **Com relação à lotação, deve-se utilizar a expressão "lotação".** Caso a questão apresente a lotação, o candidato poderá especificá-la.

Modelo

EXCELENTÍSSIMO(A) SENHOR(A) JUIZ(A) DE DIREITO DA VARA (...) DA COMARCA DE (...)

Não use abreviações no endereçamento. Lembre-se de que não é necessário o uso de inúmeros pronomes de tratamento.

Medida sigilosa e urgente.

Como dito, pode-se colocar que a medida é sigilosa e urgente em razão da própria essência das cautelares.

Referência: Inquérito Policial nº

Caso haja referência ao número do inquérito, deve-se fazer referência à referida numeração. Caso não haja, o candidato poderá usar o termo: Inquérito Policial nº.

Não há necessidade de pular linhas, sobretudo se o número de linhas de sua prova for reduzido.

Deixar parágrafo de aproximadamente dois dedos de distância da margem.

O Delegado de Polícia ao final assinado, no uso de suas atribuições constitucionais e legais, sobretudo o art. 144, § 4º, da Constituição Federal e art. 2º, § 1º, da Lei nº 12.830/2013 *(se houver legislação local, a exemplo de dispositivo da Constituição Estadual, colocar aqui)*, com fulcro no art. 311 e seguintes do Código de Processo Penal, vem à presença de Vossa Excelência representar pela **prisão preventiva** de *(indicação do nome do investigado e dados de qualificação trazidos pela questão)*, pelos fundamentos de fato e de direito a seguir expostos.

DA SINOPSE DOS FATOS

Neste ponto, deve-se apresentar o resumo dos fatos elencados na questão, lembre-se de que não devem ser apresentados fatos que não estiverem no enunciado da questão.

1ª informação: unicamente com base na questão apresentada, utilizando-se do poder de síntese, deve ser ressaltado tudo que houver sobre as seguintes perguntas: O quê? Quem? Quando? Onde? Por quê? Como? Com quem?

2ª informação: só devem ser ressaltados fatos relevantes que terão correlação com a parte da fundamentação.

DOS FUNDAMENTOS

Neste momento, pode-se apresentar um breve apanhado sobre o instituto pleiteado, além do fumus comissi delicti, *do* periculum in mora *e* proporcionalidade, *que vão variar conforme a medida.*

1ª informação: indique a **materialidade do delito**. Lembrando que aqui esses dados devem estar consubstanciados em elementos concretos. Ressalte na peça a existência de eventuais laudos periciais.

2ª informação: tipifique o delito.

3ª informação: indique **os indícios suficientes de autoria**. Deve-se apontar quais fatos demonstram que aquele suspeito pode ter cometido o delito. Em análise técnica, deve-se apresentar qual a justa causa para o indivíduo estar sendo investigado e quais as informações colhidas na investigação apontam para a autoria dele.

4ª informação: demonstre ao juiz que **a medida** é **adequada e proporcional** e, se não for implementada de forma célere (***periculum libertatis***), gerará risco provável grave e irreparável.

5ª informação: deixe claro em qual hipótese de cabimento do art. 313 do CPP se enquadra a representação, afastando, **se for o caso**, outra medida ou a possibilidade de prisão temporária.

6ª informação: deixe claro qual a situação que indica o **perigo do estado de liberdade do imputado** (à garantia da ordem pública, garantia da ordem econômica, conveniência da instrução criminal, à garantia da aplicação da lei penal ou ainda em razão de descumprimento de qualquer das obrigações impostas por força de outras medidas cautelares).

7ª informação: aponte que os **fatos** alegados para justificar a medida são **concretos, novos ou contemporâneos**.

DO(S) PEDIDO(S)

Será apenas a finalização da peça, indicando ao magistrado a razão da representação.

Deve-se colocar, por cautela, que o membro do Ministério Público será ouvido.

Por todo o exposto, com fulcro no art. 311 e seguintes do Código de Processo Penal, representa esta Autoridade Policial pela **prisão preventiva** de *(indicação do nome do investigado e dados de qualificação trazidos pela questão)*, após manifestação do ilustre membro do Ministério Público.

Local, data.

Delegado de Polícia.

Lotação *(se houver)*

Embora seja óbvio, o óbvio por vezes precisa ser dito: jamais identifique sua prova, *seja assinando-a, colocando seu nome (ou as iniciais dele) ou de qualquer outra maneira.*

Caso prático

Pedro José, 22 anos, sem residência fixa, era bastante conhecido no bairro Alto, cidade de Pinhas, por ser usuário de drogas. Ocorre que, para arcar com seu vício, Pedro adquiriu uma arma de fogo para praticar assaltos.

Desta forma, Pedro entrava nas lojas do bairro Alto e com a arma em punho anunciava o roubo, ocasião em que subtraia objetos pessoais e celulares de funcionários. Contudo, em uma dessas práticas, especificamente em uma loja de cosméticos, Pedro acabou disparando contra uma funcionária, matando-a.

Joana, dona da loja de cosméticos, por meio das câmeras de segurança, identificou o infrator e confirmou que era Pedro o autor do crime que ceifou a vida de sua funcionária, Maria. Em seguida, dirigiu-se à delegacia, registrou boletim de ocorrência e prestou declarações sobre o fato e o suposto autor. As imagens foram apreendidas e efetivamente constatou-se que o autor dos disparos fora Pedro.

Diante dos fatos, a Autoridade Policial instaurou Inquérito Policial nº 357/2022.

Laudo do IML constatou que a causa da morte de Maria teria ocorrido em razão do disparo da arma de fogo.

Pedro José, ao saber que estava sendo investigado, e que Joana o teria denunciado, retornou ao estabelecimento comercial dela e a ameaçou. Afirmou que se ela falasse mais alguma coisa para polícia, iria matá-la.

Como Delegado que preside o inquérito, represente ao órgão competente sobre a necessidade da prisão do indiciado.

Modelo de proposta de resposta

EXCELENTÍSSIMO SENHOR JUIZ DE DIREITO DA __ VARA CRIMINAL DA COMARCA DE PINHAS

Medida sigilosa e urgente.

Referência: Inquérito Policial nº 357/2022.

O Delegado de Polícia ao final assinado, no uso de suas atribuições constitucionais e legais, sobretudo o art. 144, § 4º, da Constituição Federal e art. art. 2º, § 1º, da Lei nº 12.830/2013, com fulcro no art. 311 e seguintes do Código de Processo Penal, vem à presença de Vossa Excelência representar pela **prisão preventiva** de PEDRO JOSÉ, 22 anos de idade e sem residência fixa, pelos fundamentos de fato e de direito a seguir expostos:

DOS FATOS

Pedro José, por ser usuário de drogas, era bastante conhecido no bairro Alto, na cidade de Pinhas. Sem ter como arcar com o vício das drogas, Pedro começou a praticar assaltos nos estabelecimentos comerciais do bairro levando objetos pessoais e celulares dos funcionários.

Na posse de uma arma de fogo, Pedro, ao praticar a conduta criminosa em uma loja de cosméticos, acabou efetuando disparo e atingindo a funcionária da loja, Maria, que veio a óbito.

Joana, proprietária da loja de cosméticos, por meio das câmeras de segurança, identificou o autor do crime que ceifou a vida de sua funcionária.

Diante da situação, Joana se dirigiu à delegacia, registrou boletim de ocorrência, prestou declarações sobre o fato e afirmou que Pedro seria o autor do crime. As imagens foram apreendidas pela Autoridade Policial que constatou que, efetivamente, o autor fora Pedro.

Diante dos fatos, a Autoridade Policial instaurou Inquérito Policial nº 357/2022.

No mais, o laudo do IML constatou como causa da morte de Maria o disparo da arma de fogo efetuado por Pedro.

Ao saber que estava sendo investigado, e que Joana o teria denunciado, Pedro retornou ao estabelecimento comercial dela, e a ameaçou. Afirmou que se ela falasse mais alguma coisa para a polícia iria matá-la.

DOS FUNDAMENTOS

Como se sabe, Excelência, a segregação cautelar do investigado deve ser exceção na atual ordem constitucional, entretanto deve haver um critério de ponderação entre o direito à liberdade e direito a preservação de provas e de direitos.

Há prova da materialidade do delito de latrocínio, definido no art. 157, § 3º, II, Código Penal brasileiro. Encontra-se acostado aos autos Laudo elaborado pelo Instituto Médico Legal que atestam que a morte da vítima efetivamente fora ocasionada por disparo de arma de fogo.

Existem robustos indícios de autoria por parte do representado, comprovada por meio das imagens fornecidas e das declarações prestadas por Joana, proprietária do estabelecimento comercial, local onde ocorreu o crime patrimonial.

Portanto, presente o *fumus comissi delict*.

Percebe-se que existem fundadas suspeitas de que o investigado possa cumprir a ameaça proferida. Sendo assim, a segregação preventiva do representado é imprescindível para a **garantia da ordem pública**, haja vista que solto, ele poderá ceifar a vida da testemunha do crime que cometera.

Ademais, é bem provável que a testemunha, em virtude da ameaça sofrida, mude sua versão em juízo, sendo necessária a segregação cautelar para preservar a **conveniência da instrução criminal**. Presente, pois, o *periculum libertatis*. Ademais, o investigado não possui residência fixa.

Há de se ressaltar que, em razão do exposto, há evidente perigo do estado de liberdade do imputado, sendo os fatos praticados por ele novos e contemporâneos a essa representação (art. 315, § 1º, do CPP).

A medida é proporcional, pois faz-se mister salientar que o crime apurado, latrocínio (art. 157, § 3º, II, do CP), é doloso e punido com pena privativa de liberdade máxima superior a 4 (quatro) anos, sendo, pois, admitida a prisão preventiva nos termos do art. 313 do CPP.

Por fim, importante pontuar que nenhuma das cautelares diversas da prisão previstas no art. 319 do CPP serão suficientes para cessar a prática do ato lesivo pretendido pelo investigado, diante da gravidade da situação.

DO PEDIDO

Por todo o exposto, com fulcro no art. 311 e seguintes do Código de Processo Penal, representa esta Autoridade Policial pela **prisão preventiva** de Pedro José, 22 anos de idade e sem residência fixa, após manifestação do ilustre membro do Ministério Público.

Pinhas, data.

Delegado de Polícia.

Decifrando a prova

(2006 – UFAP – PC/AP – Delegado – Adaptada) José Argemiro, com 20 anos de idade, sem profissão definida e sem residência fixa, no dia 20.05.2022, por volta das 20h, na rua Maranhão, na altura do número 309, bairro Pacoval, na cidade de Pontas, ameaçou José Jacinto, mediante emprego de arma de fogo, a entregar-lhe a quantia que portava. A vítima, sem opção, entregou os R$ 256,00 que possuía, e o agente afastou-se calmamente. A vítima procurou a delegacia mais próxima e, na manhã do dia seguinte, José Argemiro foi preso por agente de polícia. Levado à delegacia, lavrou-se o auto de prisão em flagrante. Contudo, o advogado do indiciado obteve ordem de *habeas corpus*, sob a alegação de que não houve flagrante delito. Durante a instrução do inquérito, constatou-se que o indiciado estava ameaçando as testemunhas do fato.

Como Delegado que preside o inquérito, represente ao órgão competente sobre a necessidade da prisão do indiciado. A representação deve conter, necessariamente, dentre outros elementos, os seguintes:

a) o endereçamento ao órgão competente para conhecer do pedido;

b) a tipificação adequada da conduta do indiciado, inclusive se o crime foi tentado ou consumado;

c) a hipótese específica, prevista em lei, em que se funda o pedido de prisão.

Modelo de proposta de resposta

EXCELENTÍSSIMO SENHOR JUIZ DE DIREITO DA __ VARA CRIMINAL DA COMARCA DE PONTAS

Referência: Inquérito Policial Medida sigilosa e urgente.

O Delegado de Polícia ao final assinado, no uso de suas atribuições constitucionais e legais, sobretudo o art. 144, § 4º, da Constituição Federal e art. art. 2º, § 1º, da Lei nº 12.830/2013, com fulcro no art. 311 e seguintes do Código de Processo Penal, vem à presença de Vossa Excelência representar pela **prisão preventiva** de José Argemiro, 20 anos de idade, sem profissão definida e sem residência fixa, pelos fundamentos de fato e de direito a seguir expostos:

DOS FATOS

No dia 20.05.2022, por volta das 20 h, na rua Maranhão, na altura do número 309, bairro Pacoval, nesta cidade, o investigado, José Argemiro, mediante grave ameaça perpetrada por meio de arma de fogo, subtraiu a quantia de R$ 256,00 (duzentos e cinquenta e seis reais) pertencente a José Jacinto. Logo em seguida, José Jacinto procurou esta unidade policial, registrando boletim de ocorrência.

Na manhã do dia seguinte, José Argemiro foi preso por agente de polícia, que o apresentou na delegacia, momento em que se lavrou o auto de prisão em flagrante.

Ocorre que o advogado do indiciado obteve ordem de *habeas corpus*, sob a alegação de que não houve flagrante delito e José Argemiro foi posto em liberdade. Durante a instrução do inquérito, chegou ao conhecimento desta Autoridade Policial que o investigado José Argemiro tem ameaçado reiteradamente testemunhas presenciais do fato.

DOS FUNDAMENTOS

Como se sabe, Excelência, a segregação cautelar do investigado deve ser exceção na atual ordem constitucional, entretanto deve haver um critério de ponderação entre o direito à liberdade e o direito à preservação de provas e de direitos.

No caso em comento, há prova da materialidade do delito definido no art. 157, § 2º-A, I, Código Penal – roubo majorado, e fortíssimos indícios a respeito da autoria do investigado, o que culminou na sua prisão em flagrante, e posterior libertação por meio *habeas corpus*.

Portanto, presente o *fumus comissi delict*.

Percebe-se que existem fundadas suspeitas de que o investigado possa concretizar a ameaça proferida. Sendo assim, a segregação preventiva do representado é imprescindível para a **garantia da ordem pública**. No mais, é bem provável que as testemunhas, em virtude das ameaças sofridas, mudem sua versão em juízo, sendo necessária a segregação cautelar à **conveniência da instrução criminal** presente, pois, o *periculum libertatis*.

Há de se ressaltar que, em razão do exposto, há evidente perigo do estado de liberdade do imputado, sendo os fatos praticados por ele novos e contemporâneos a essa representação (art. 315, § 1º, do CPP).

A medida mostra-se proporcional, pois faz-se mister salientar que o crime apurado, roubo majorado (art. 157, § 2º-A, I, do CP), é doloso e punido com pena privativa de liberdade máxima superior a 4 (quatro) anos, sendo, pois, admitida a prisão preventiva nos termos do art. 313 do CPP.

Por fim, importante pontuar que nenhuma das cautelares diversas da prisão previstas no art. 319 do CPP serão suficientes para cessar a prática do ato lesivo pretendido pelo investigado, diante da gravidade da situação.

DO PEDIDO

Por todo o exposto, com fulcro no art. 311 e seguintes do Código de Processo Penal, representa esta Autoridade Policial pela **prisão preventiva** de José Argemiro, 20 anos de idade, sem profissão definida e sem residência fixa, após manifestação do ilustre membro do Ministério Público.

Pontas, data.

Delegado de Polícia.

Decifrando a prova

(2021 – Instituto AOCP – PC/PA – Delegado – Adaptada) A Delegacia de Polícia Civil, em Belém/PA, recebeu requisição do Ministério Público Estadual, noticiando que o funcionário público municipal José Gavião estaria solicitando, em razão do exercício de suas funções públicas, vantagem indevida de particulares. O ofício ministerial indicou que os empresários Júlio Beija-Flor e Geraldo Papagaio teriam pago, cada um, em outubro de 2020, o montante de R$ 3.000,00 (três mil reais) a referido servidor público para que ele deixasse de praticar atos de ofício.

Objetivando a apuração dos fatos, foi instaurado o Inquérito Policial nº 113/2021.

Após a análise de banco de dados, verificou-se que José Gavião exerce o cargo de agente fiscal municipal, estando lotado na Secretaria de Tributos, com endereço residencial à Rua do Imposto, nº 317, Bairro do Tributo, Belém/PA. Em sequência, constatou-se, após oitiva dos supracitados empresários, as indevidas solicitações por parte de José Gavião, bem como o pagamento, por parte daqueles, no valor de R$ 3.000,00 (três mil reais) cada um, sempre em espécie, para que o fiscal municipal deixasse de lançar ou cobrar tributos municipais ou, até mesmo, para cobrá-los somente parcialmente.

De posse desses elementos de informação, o Delegado presidente do feito representou medida cautelar de interceptação telefônica do terminal móvel de José Gavião. O pleito foi deferido pelo juízo da 4º Vara Criminal da Comarca de Belém e restou evidenciado, durante o período de interceptação, que o investigado, ao constatar a existência de irregularidades tributárias em determinada empresa, solicita o valor de R$ 3.000,00 (três mil reais) para fazer "vista grossa" de tais irregularidades.

Outrossim, apurou-se, por intermédio da interceptação telefônica, que: (i) José Gavião mantém, em cofre na sua casa, lista contendo o nome de todos os empresários para quem ele já "deu uma força"; (ii) neste mesmo cofre há expressivo numerário em espécie proveniente da prática investigada e; (iii) com os valores percebidos da prática ilícita presenteou sua mãe com um veículo da marca Toyota, placas JOG 0000 (sendo ela residente à Rua da Decepção, nº 171, Bairro da Tristeza, Belém/PA).

Posteriormente, a autoridade policial responsável pelo feito optou por descontinuar a medida de interceptação telefônica, tendo em vista que o investigado decidiu nada mais falar ao telefone.

Por fim, levantamentos de campo apuraram que o investigado, recentemente, colocou sua casa à venda, bem como tem dito aos colegas de trabalho que "ganhou na loteria" e que irá se mudar para o exterior onde os conhecidos "nunca mais o acharão".

Diante dos fatos narrados, considerando que já houve requerimento de Busca e Apreensão e Sequestro de Bens pelo membro do Ministério Público, na condição de Delegado de Polícia do Estado do Pará presidente do feito, elabore representação por segregação cautelar do investigado. Tipifique o(s) crime(s) praticado(s).

Modelo de proposta de resposta

EXCELENTÍSSIMO SENHOR JUIZ DE DIREITO DA 4ª VARA CRIMINAL DA COMARCA DE BELÉM/PA

Referência: Inquérito Policial nº 113/2021 Medida sigilosa e urgente.

O Delegado de Polícia[3] *in fine* assinado, no uso de suas atribuições constitucionais e legais, sobretudo o art. 144, § 4º, da Constituição Federal, art. 194 da Constituição Estadual do Pará, art. 1º da Lei Orgânica da PCPA e art. 2º, § 1º, da Lei nº 12.830/2013, com fulcro nos arts. 311 e ss. do Código de Processo Penal, vem à presença de Vossa Excelência oferecer representação pela **prisão preventiva** de José Galvão, pelos fundamentos de fato e de direito a seguir expostos;

DOS FATOS

Trata-se do inquérito policial em epígrafe que avisa apurar, de forma integral, autoria, materialidade e circunstâncias de suposto crime de corrupção passiva tributária, previsto no art. 3º, II, da

3 Em que pese a banca examinadora tenha colocado em seu espelho oficial "a Polícia Civil do Pará, representada pelo Delegado de Polícia Civil", acreditamos não ser a opção mais técnica, conforme já salientado nesta obra em diversas oportunidades. De qualquer modo, o candidato que representou em nome do Delegado de Polícia não perdeu pontuação.

Lei nº 8.137/1990, praticado, em tese, pelo servidor José Galvão, ora representado, uma vez que, segundo consta, em razão do exercício do cargo público, solicitou vantagem indevida a particulares a fim de deixar de lançar e/ou cobrar tributos municipais (ou cobrá-los parcialmente).

As investigações apontaram que o representado solicita a empresários o valor de R$ 3.000,00 (três mil reais) para fazer "vista grossa" de irregularidades tributárias verificadas nas empresas.

Foi devidamente autorizada interceptação telefônica por esse juízo, na qual foi possível apurar que o representado mantém, em cofre de sua residência, lista com o nome de todos os empresários que lhe pagaram propina, bem como vultosa quantia em dinheiro advinda da prática criminosa.

Apurou-se ainda que José Galvão presenteou sua genitora com um veículo da marca Toyota, placas JOG 0000, com o dinheiro das propinas e que ele recentemente colocou sua residência à venda, dizendo a colegas que ganhou na loteria e que irá mudar-se para o exterior, onde "nunca mais o acharão".

O membro do Ministério Público requereu a esse juízo busca e apreensão da residência do investigado, bem como o sequestro do veículo citado. Ocorre que necessária faz-se, ainda, sua segregação cautelar pelos fundamentos abaixo citados.

DOS FUNDAMENTOS

Como se sabe, Excelência, a segregação cautelar de investigados deve ser exceção na atual ordem constitucional, devendo ser decretada apenas em situações específicas descritas no Código de Processo Penal. É o caso em tela. Vejamos.

Há *fumus comissi delicti* (prova da existência do crime e indícios suficientes de autoria), evidenciado através dos elementos coligidos até o momento, como a oitiva dos empresários, ligações captadas durante a interceptação telefônica e levantamentos de campo.

Percebe-se que existem fundadas suspeitas de que o investigado possa evadir-se do distrito da culpa, porquanto, conforme salientado, colocou sua casa à venda e disse aos colegas que "ganhou na loteria" e que irá se mudar para o exterior, onde nunca será encontrado. Sendo assim, há perigo gerado pelo estado de liberdade do imputado, sendo sua segregação imprescindível para **assegurar a aplicação da lei penal**. Presente, pois, o *periculum libertatis*.

A medida é proporcional, pois faz-se mister salientar que o crime apurado, corrupção passiva tributária (art. 3º, II, da Lei nº 8.137/1990), é doloso e punido com pena privativa de liberdade máxima superior a 4 (quatro) anos, sendo, pois, admitida a prisão preventiva nos termos do art. 313 do CPP.

Há de se ressaltar que os fatos são contemporâneos a essa representação, cumprindo-se a exigência do art. 315, § 1º, do CPP, introduzido pela Lei nº 13.964/2019.

Por fim, importante pontuar que nenhuma das cautelares diversas da prisão previstas no art. 319 do CPP serão suficientes para cessar a prática do ato lesivo pretendido pelo investigado, diante da gravidade da situação.

DO PEDIDO

Por todo o exposto, com fulcro no art. 311 e seguintes do Código de Processo Penal, representa esta Autoridade Policial pela **prisão preventiva** de José Galvão, após manifestação do ilustre membro do Ministério Público.

Local, data.
Delegado.

Ainda no ano de 2021, a prova da Polícia Civil do Paraná apontou como correta a representação por prisão preventiva no seguinte caso hipotético, vejamos:

Decifrando a prova

(2021 – UFPR – PC/PR – Delegado) S.R.S., brasileiro, solteiro, auxiliar de serviços gerais, residente e domiciliado na Rua das Araucárias, nº 20, Bairro das Amoreiras, na cidade de Floresta, estado do Paraná, primário e de bons antecedentes, encontra-se respondendo, atualmente, em liberdade, ao Inquérito Policial nº 21/2021, por suposta prática do crime de roubo (art. 157, *caput*, Código Penal) contra a vítima C.P.R. No dia 13.03.2021, aproximadamente às 13h15min, nas proximidades do restaurante "Bom de Garfo", S.R.S., verificando que a mochila da vítima C.P.R. estava entreaberta, aproxima-se dando-lhe voz de assalto "entrega o celular ou eu te furo". A vítima C.P.R. rapidamente entrega o celular (marca Samsung, modelo Galaxy A9, avaliado em R$ 2.000,00 (dois mil reais), conforme Auto de Avaliação Indireta da fl. 21 do Inquérito Policial).

No decorrer do Inquérito Policial, chegou ao conhecimento da Autoridade Policial, após ouvir os depoimentos da vítima C.P.R. e de duas testemunhas A.S. e B.C., que S.R.S estaria rondando, em atitude claramente ameaçadora, o restaurante "Bom de Garfo", local onde se deram os fatos e local de trabalho da vítima C.P.R.

Na condição de delegado(a) de polícia responsável pelo caso, represente à autoridade competente a decretação da prisão provisória cabível na hipótese apresentada. Seu texto deve ter de 55 a 70 linhas.

(Seu texto NÃO deve conter qualquer marca de identificação, portanto, para dados/nomes fictícios, utilize XYZ).

Apesar da grande discussão a respeito da questão, a banca apresentou como peça correta a representação por prisão preventiva, vejamos o modelo a seguir tendo como referência o padrão de resposta apresentado pela banca.

Modelo de proposta de resposta

EXCELENTÍSSIMO JUIZ DE DIREITO DA VARA CRIMINAL DA COMARCA DE FLORESTA – PARANÁ.

Referência: Inquérito 21/2021. Medida Sigilosa e Urgente.

O Delegado de Polícia[4] *in fine* assinado, no uso de suas atribuições constitucionais e legais, sobretudo o art. 144, § 4º, da CF/1988 e art. 2º, § 1º, da Lei nº 12.830/2013 com fulcro no art. 13,

[4] Em que pese a banca examinadora tenha colocado em seu espelho oficial "A Polícia Civil do Estado do Paraná, por meio do Delegado de Polícia que esta subscreve, lotado na Delegacia de Polícia de Floresta – Paraná", acreditamos não ser a opção mais técnica, conforme já salientado nesta obra em diversas oportunidades. De qualquer modo, o candidato que representou em nome do Delegado de Polícia não perdeu pontuação.

IV; art. 282, § 2º; art. 311, todos do CPP, vem à presença de Vossa Excelência oferecer representação pela **prisão preventiva** de S.R.S., brasileiro, solteiro, auxiliar de serviços gerais, residente e domiciliado na Rua das Araucárias, nº 20, Bairro das Amoreiras, na cidade de Floresta, Estado do Paraná, pelos fundamentos de fato e de direito a seguir expostos.

DOS FATOS

Trata-se de inquérito policial instaurado para apurar o delito de roubo tipificado no art. 157, *caput*, Código Penal Brasileiro, praticado por S.R.S., brasileiro, solteiro, auxiliar de serviços gerais, residente e domiciliado na Rua das Araucárias, nº 20, Bairro das Amoreiras, na cidade de Floresta, Estado do Paraná em desfavor de C.P.R.

Nessa ocasião, o investigado, no dia 13.03.2021, aproximadamente às 13h15min, nas proximidades do restaurante "Bom de Garfo", subtraiu o aparelho celular (marca Samsung, modelo Galaxy A9, avaliado em R$ 2.000,00 (dois mil reais), conforme Auto de Avaliação Indireta da fl. 21 do Inquérito Policial).

Por ocasião da prática do delito, o investigado, verificando que a mochila da vítima estava aberta, aproximou-se e disse: "entrega o celular ou eu te furo".

Após a oitiva da vítima e das testemunhas A.S. e B.C, a autoridade policial tomou conhecimento de que o investigado, S.R.S, estaria rondando, em atitude claramente ameaçadora, o restaurante "Bom de Garfo", local onde se deram os fatos e local de trabalho da vítima.

DOS FUNDAMENTOS

Como se sabe, Excelência, a segregação cautelar de investigados deve ser exceção na atual ordem constitucional, devendo ser decretada apenas em situações específicas descritas no Código de Processo Penal. É o caso em tela.

O referido inquérito policial busca apurar a prática do delito de roubo, o qual encontra materialidade no Auto de Avaliação Indireta acostado à fl. 21 do inquérito policial. A vítima e as testemunhas A.S. e B.C foram ouvidas a respeito dos fatos, ocasião em que apontam para a autoria de S.R.S. Desse modo, presentes prova da existência do crime e indícios de autoria, faz-se evidente o *fumus comissi delict*.

Apesar de não apresentar risco para investigação, considerando que as testemunhas e vítimas já prestaram suas declarações[5], é extremamente necessária a preservação da instrução criminal, pois a vítima e testemunhas poderiam ser compelidas a alterarem suas declarações prestadas na fase investigativa.

Justamente, nesse ponto, reside o *periculum in mora*, pois a não segregação cautelar do investigado, nesse momento, expõe a vítima e testemunhas a risco desarrazoado e desneces-

[5] Essa previsão seria idônea a afastar a divergência entre prisão preventiva e prisão temporária, considerando que, ao menos em tese, não existiram mais atos investigativos a serem realizados. Dessa forma, a prisão não se destinaria a assegurar a investigação, mas a tutelar a instrução processual. O que se observa nas provas anteriores é o seguinte padrão: quando há ameaças em detrimento da vítima ou testemunhas ainda não ouvidas, a peça indicada *é* temporária, quando as ameaças ocorrem após a oitiva, a peça indicada é preventiva, fundada na conveniência da instrução criminal.

sário. Dessa forma, a prisão preventiva do investigado funda-se na necessidade de garantir-se a instrução criminal, pois o investigado apresenta risco real e contemporâneo à integridade da vítima e testemunhas, as quais podem ser compelidas a mudar suas declarações quando da oitiva em juízo.

No mesmo sentido, a medida é proporcional ao caso em análise, pois o delito de roubo é apenado com pena superior a 4 anos, a segregação busca a tutelar a conveniência da instrução criminal e a atitude do investigado representa risco real e contemporâneo à integridade física e vida dos envolvidos. (art. 315, § 1º, CPP). **Assim, vislumbra-se o risco do estado de liberdade do imputado.**

Por fim, importante pontuar que nenhuma das cautelares diversas da prisão previstas no art. 319 do CPP serão suficientes para cessar a prática do ato lesivo pretendido pelo investigado, diante da gravidade da situação.

DO PEDIDO

Por todo o exposto, com fulcro no art. 311 e seguintes do Código de Processo Penal, representa esta Autoridade Policial pela **prisão preventiva** de S.R.S., após manifestação do ilustre membro do Ministério Público. No mesmo sentido, representa pelo afastamento da oitiva prévia do investigado, considerando a urgência e o risco da ineficácia da medida.[6]

Local, data.

Delegado de Polícia.

---

[6] Essa não é uma cobrança comum nas demais provas para o cargo de Delegado de Polícia, contudo, sugerimos que, por cautela, o candidato faça referência à necessidade de afastamento da oitiva prévia do investigado, considerando a urgência e o risco da ineficácia da medida.

24 Internação provisória

O Direito da Criança e do Adolescente é formado por um complexo de normas nacionais e internacionais. O Estatuto da Criança e do Adolescente (ECA), no âmbito do ordenamento jurídico brasileiro, é a legislação base referente ao tratamento a crianças e adolescentes.

O referido diploma introduziu no ordenamento jurídico pátrio a doutrina da proteção integral nos termos do art. 1º do ECA:

> **Art. 1º** Esta Lei dispõe sobre a proteção integral à criança e ao adolescente.

A referida doutrina superou o antigo paradigma da doutrina da situação irregular adotada pelo Código de Menores (Lei nº 6.697/1979). A doutrina da proteção integral efetivamente reconheceu a criança e o adolescente como sujeito de direitos, os quais assumem posição central com relação a todo o sistema.

Apesar de todo o tratamento especial dado às crianças e aos adolescentes, a realidade nos mostra que é comum que esses agentes se mostrem envolvidos em práticas delituosas.

Contudo, tecnicamente, considerando a adoção do **sistema tripartite para a conceituação do crime**, crianças e adolescentes não cometem propriamente crimes. Observe que o conceito analítico de crime é formado pela reunião de três elementos: fato típico, ilicitude e culpabilidade. O último elemento, culpabilidade, é constituído pela imputabilidade, potencial consciência da ilicitude e exigibilidade de conduta diversa.

Observe que aos menores de 18 anos falta imputabilidade, motivo pelo qual falta-lhes culpabilidade. Assim, é forçoso concluir, diante dessa análise, que crianças e adolescentes não podem cometer crimes.

Vejamos a definição apresentada pelo ECA para diferenciar crianças e adolescentes:

> **Art. 2º** Considera-se criança, para os efeitos desta Lei, a pessoa até doze anos de idade incompletos, e adolescente aquela entre doze e dezoito anos de idade.

Nesse sentido, vejamos dispositivo constitucional:

> **Art. 228.** São penalmente inimputáveis os menores de dezoito anos, sujeitos às normas da legislação especial.

O Código Penal brasileiro possui mandamento legal na mesma senda, observe:

> **Art. 27.** Os menores de 18 (dezoito) anos são penalmente inimputáveis, ficando sujeitos às normas estabelecidas na legislação especial.

Por fim, arremata o ECA:

> **Art. 104.** São penalmente inimputáveis os menores de dezoito anos, sujeitos às medidas previstas nesta Lei.

É pacífico que menores de 18 anos não podem cometer crimes, contudo é notório que podem cometer fatos análogos a crimes. O ECA refere-se a atos infracionais análogos às condutas criminosas. Vejamos o dispositivo:

> **Art. 103.** Considera-se ato infracional a conduta descrita como crime ou contravenção penal.

Portanto, em provas práticas que apresentem casos em que se investiguem menores de idade, o candidato nunca deve referir-se a prática de crimes, mas sim a atos infracionais, nos termos do art. 103 do ECA.

Praticados atos infracionais, o ECA prevê a aplicabilidade de medidas próprias, denominadas medidas de proteção ou medidas socioeducativas. Vejamos análise preliminar a esse respeito.

24.1 MEDIDAS DE PROTEÇÃO E MEDIDAS SOCIOEDUCATIVAS

As medidas de proteção são aplicáveis às crianças e aos adolescentes sempre que seus direitos forem ameaçados ou violados. Nesse sentido, é importante ressaltar que medidas de proteção podem ser aplicadas tanto a crianças, quanto a adolescentes. As medidas estão expressas no art. 101 do ECA:

> **Art. 101.** Verificada qualquer das hipóteses previstas no art. 98, a autoridade com petente poderá determinar, dentre outras, as seguintes medidas:
>
> I – encaminhamento aos pais ou responsável, mediante termo de responsabilidade;
>
> II – orientação, apoio e acompanhamento temporários;
>
> III – matrícula e frequência obrigatórias em estabelecimento oficial de ensino fundamental;
>
> IV – inclusão em serviços e programas oficiais ou comunitários de proteção, apoio e promoção da família, da criança e do adolescente;
>
> V – requisição de tratamento médico, psicológico ou psiquiátrico, em regime hospitalar ou ambulatorial;
>
> VI – inclusão em programa oficial ou comunitário de auxílio, orientação e tratamento a alcoólatras e toxicômanos;
>
> VII – acolhimento institucional;
>
> VIII – inclusão em programa de acolhimento familiar;
>
> IX – colocação em família substituta.

É importante ressaltar que a doutrina se posiciona no sentido de conferir natureza meramente exemplificativa ao rol do art. 101 do ECA, diferentemente das previsões contidas no art. 112, em que o legislador aponta as medidas socioeducativas:

> **Art. 112.** Verificada a prática de ato infracional, a autoridade competente poderá aplicar ao adolescente as seguintes medidas:
>
> I - advertência;
>
> II - obrigação de reparar o dano;
>
> III - prestação de serviços à comunidade;
>
> IV - liberdade assistida;
>
> V - inserção em regime de semi-liberdade;
>
> VI - internação em estabelecimento educacional;
>
> VII - qualquer uma das previstas no art. 101, I a VI.

Nesse ponto, faz-se necessária uma ressalva bastante importante: **as medidas socioeducativas somente podem ser aplicadas a adolescentes**. Desse modo, como estamos a tratar da aplicação de **internação provisória**, essa medida somente pode ser aplicada a adolescentes, sendo inaplicáveis às crianças.

A medida aplicada ao adolescente levará em conta a sua capacidade de cumpri-la, as circunstâncias e a gravidade da infração. Além do que em hipótese alguma e sob pretexto algum será admitida a prestação de trabalho forçado.

A partir desse momento, passaremos a tratar efetivamente da medida de internação para, posteriormente, detalharmos a hipótese de internação provisória.

24.2 MEDIDA SOCIOEDUCATIVA DE INTERNAÇÃO

A internação é a medida socioeducativa mais gravosa no âmbito do ECA, contudo em hipótese alguma poderá ser equiparada a qualquer medida prisional anteriormente estudada. Assim, em provas, o candidato nunca deve se referir a essa medida como aquelas de caráter prisional, pois não se trata de prisão.

No mesmo sentido, a captura do adolescente deve ser chamada de **apreensão**. Desse modo **enquanto imputáveis são presos e sujeitos à prisão, adolescentes são apreendidos e sujeitos à medida de internação**.

A internação é regida pelo princípio da brevidade, excepcionalidade e respeito à condição peculiar de pessoa em desenvolvimento, nos termos do art. 121 do referido diploma.

24.2.1 Modalidades de internação

O ECA apresenta modalidades de internação, as quais se sujeitarão a prazos distintos, vejamos:

a. **Internação sanção:** trata-se de modalidade de internação determinada em sentença judicial, a qual reconhece efetivamente o adolescente como autor em ato infracional. Não possui prazo determinado, devendo submeter-se ao **prazo máximo de 3 anos** e deve ser revista pelo magistrado a cada 6 meses.

> **Art. 121.** A internação constitui medida privativa da liberdade, sujeita aos princípios de brevidade, excepcionalidade e respeito à condição peculiar de pessoa em desenvolvimento.
>
> (...)
>
> **§ 2º** A medida não comporta prazo determinado, devendo sua manutenção ser reavaliada, mediante decisão fundamentada, no máximo a cada seis meses.
>
> **§ 3º** Em nenhuma hipótese o período máximo de internação excederá a três anos.
>
> **§ 4º** Atingido o limite estabelecido no parágrafo anterior, o adolescente deverá ser liberado, colocado em regime de semi-liberdade ou de liberdade assistida.

b. **Internação provisória:** conta com previsão no art. 108 do ECA, possui prazo de 45 dias e tem cabimento nas hipóteses em que existem indícios suficientes de autoria em fato definido como crime, materialidade e necessidade imperiosa da medida.

> **Art. 108.** A internação, antes da sentença, pode ser determinada pelo prazo máximo de quarenta e cinco dias.

c. **Internação decorrente do descumprimento de medida anteriormente imposta e descumprida de forma injustificada e reiterada:** conta com previsão no § 1º do art. 121 do ECA:

> **Art. 122.** A medida de internação só poderá ser aplicada quando:
>
> (...)
>
> III – por descumprimento reiterado e injustificável da medida anteriormente imposta.
>
> **§ 1º** O prazo de internação na hipótese do inciso III deste artigo não poderá ser superior a 3 (três) meses, devendo ser decretada judicialmente após o devido processo legal.

Passaremos no próximo tópico a tratar efetivamente da representação por internação provisória.

24.3 REPRESENTAÇÃO POR INTERNAÇÃO PROVISÓRIA

Conforme observamos anteriormente, é possível observar três modalidades de internação:

1. internação decorrente de sentença;
2. internação cautelar (provisória);
3. internação decorrente do descumprimento de medida anteriormente imposta.

Trataremos especificamente da **internação cautelar**, também denominada **internação provisória**.

Pode ocorrer que, em investigações operacionalizadas em Procedimento Apuratório de Ato Infracional (PAAI), o Delegado de Polícia observe a necessidade de internar cautelarmente o adolescente sob investigação, essencialmente naquelas hipóteses em que seu estado de liberdade plena apresente risco à investigação, à coletividade ou mesmo à vítima do delito.

Imagine, por exemplo, aquelas hipóteses em que o adolescente investigado passa a ameaçar as testemunhas de determinado ato infracional ou mesmo aquele adolescente que, apesar de investigado, continua deliberadamente a cometer atos infracionais. Nesses casos, o estado de liberdade do adolescente gera riscos concretos à coletividade, motivo pelo qual se autoriza, mediante ordem judicial, a sua "segregação cautelar" (**internação provisória**).

Nesses casos, o Delegado de Polícia deverá representar à autoridade judicial a respeito da internação provisória do adolescente infrator, fundamentando seu pleito conforme análise realizada a seguir.

Ainda é interessante observarmos que as representações destinadas à internação provisória de adolescentes devem ser operacionalizadas no âmbito das Polícias Civis, considerando a competência especializada da Vara da Infância e da Juventude.

Se um adolescente comete ato infracional análogo a crime federal, ele deve ser remetido à Delegacia da Criança e Adolescente da Polícia Civil. Isso também está no art. 109 do Boletim de Serviço nº 2010/PF.

Assim, essa não possui aplicabilidade em investigações operacionalizadas no âmbito da Polícia Federal.

24.3.1 Hipóteses de cabimento

O art. 122 do ECA é enfático a respeito das possibilidades em que seria cabível a medida de internação, trata-se de medida excepcional, motivo pelo qual somente poderia ser decretada nas hipóteses taxativamente previstas:

> **Art. 122.** A medida de internação só poderá ser aplicada quando:
>
> I – tratar-se de ato infracional cometido mediante grave ameaça ou violência a pessoa;
>
> II – por reiteração no cometimento de outras infrações graves;
>
> III – por descumprimento reiterado e injustificável da medida anteriormente imposta.
>
> **§ 1º** O prazo de internação na hipótese do inciso III deste artigo não poderá ser superior a 3 (três) meses, devendo ser decretada judicialmente após o devido processo legal.

Desse modo, em casos práticos exigidos em provas concursais, o candidato deverá evidenciar uma dessas hipóteses para que sua representação tenha cabimento, indicando no mesmo sentido o fundamento legal da medida.

24.3.2 Cautelaridade da medida

Mesmo diante das peculiaridades do ECA, a internação provisória não perde as características das demais cautelares. Assim, o candidato deverá evidenciar todos os elementos inerentes às medidas cautelares:

a. ***Fumus comissi delict:*** deve-se adequar todos os termos ao conceito de ato infracional. Consubstancia-se na **prova da existência de fato definido como crime (ato infracional)** e **indícios suficientes de autoria**. Logicamente, não se trata de indícios supérfluos, sem nenhum fundamento, mas, na verdade, de indícios concretos, seguros e aptos a possibilitar a segregação cautelar do menor.

   Neste tópico deve-se apontar uma das hipóteses de cabimento do art. 122 do ECA, anteriormente analisado.

b. ***Periculum in mora:*** o *periculum in mora* é evidenciado pelo **risco gerado pelo estado de liberdade do infrator**. Neste momento, o candidato deverá demonstrar, por analogia, que se aplica o disposto no art. 312 do CPP:

   > **Art. 312.** A prisão preventiva poderá ser decretada como garantia da ordem pública, da ordem econômica, por conveniência da instrução criminal ou para assegurar a aplicação da lei penal, quando houver prova da existência do crime e indício suficiente de autoria e de perigo gerado pelo estado de liberdade do imputado.
   >
   > **§ 1º** A prisão preventiva também poderá ser decretada em caso de descumprimento de qualquer das obrigações impostas por força de outras medidas cautelares (art. 282, § 4º).
   >
   > **§ 2º** A decisão que decretar a prisão preventiva deve ser motivada e fundamentada em receio de perigo e existência concreta de fatos novos ou contemporâneos que justifiquem a aplicação da medida adotada.

O risco da liberdade pode ser fundamentado na **garantia da ordem pública, garantia da ordem econômica, conveniência da investigação operada em procedimento de ato infracional** ou para **assegurar aplicação da Lei, adaptando-se os conceitos à realidade do ECA.**

Ainda é necessário demonstrar-se que **situação real de perigo** e **fatos novos e contemporâneos** que justifiquem a adoção da medida.

c. **Razoabilidade da medida:** a razoabilidade será demonstrada por meio da **imprescindibilidade da medida**, o candidato deve evidenciar que não há outro meio hábil para a finalidade a que se destina. Em outras palavras, mostra-se a impossibilidade de adotar-se outro meio menos gravoso.

Por fim, o candidato deverá fazer referência aos seguintes elementos:

a. endereçamento à Vara da Infância e da Juventude (somente se houver VIJ naquela comarca);
b. sigilo da medida;

c. excepcionalidade da medida;
d. prazo de 45 dias, referente à internação cautelar, a qual poderá ser convertida em outra modalidade de internação pelo magistrado.

Encerrada essa análise inicial, vejamos a estrutura da peça.

24.4 ESTRUTURA DA PEÇA

Conforme já dito anteriormente, a estrutura da peça segue o padrão já abordado de maneira genérica no Capítulo 20, porquanto conterá como elementos obrigatórios:

1. **endereçamento**;
2. **preâmbulo**;
3. **síntese dos fatos**;
4. **fundamentos**; e
5. **pedido(s) e fechamento**.

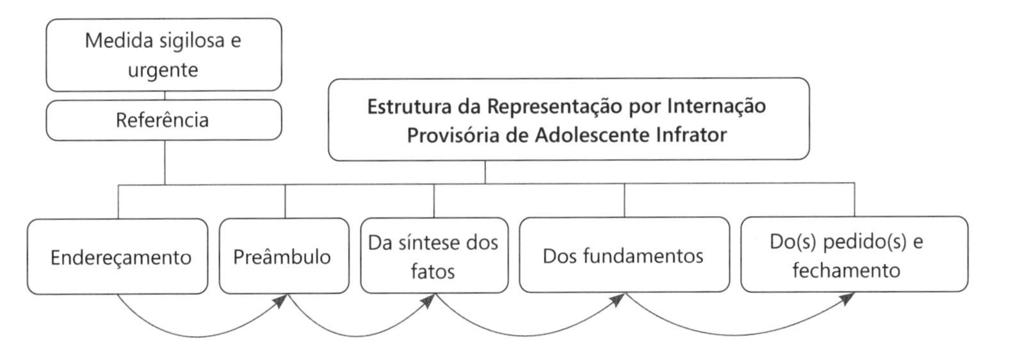

Além dos elementos obrigatórios acima ilustrados, a representação deve trazer **entre o endereçamento e o preâmbulo**, a **referência** eventualmente trazida pela questão. O mais comum é que a referência seja o número do Inquérito Policial, mas pode ocorrer de a questão trazer como referência o número da ocorrência policial ou, até mesmo, o número de distribuição do Inquérito Policial no Poder Judiciário.

O importante é que o candidato coloque exatamente como a questão trouxer. No caso específico desta peça, é provável que a questão traga o número do Procedimento Apuratório de Ato Infracional (PAAI). Assim, ficaria, caso a questão trouxesse Procedimento Apuratório de Ato Infracional nº 21/2021 (DCA), o candidato deve colocar entre o endereçamento e preâmbulo:

Referência: Procedimento Apuratório de Ato Infracional nº 21/2021 – DCA

Sem abreviar.

Se o texto trouxer "PAAI nº 21/2021 – DCA", o candidato deve colocar entre o endereçamento e preâmbulo:

Referência: PAAI. nº 21/2021 – DCA

Abreviando.

Muito cuidado para não errar o número trazido pela questão, pois isso pode gerar uma identificação de prova. Exemplifico: vamos imaginar que a questão traga a referência como PAAI nº 449988/2021-DCA e você erre na hora de escrever e coloque:

Referência: IPAAI nº 448888/2021-DCA

Isso pode gerar problema, portanto, é importante que o candidato tenha bastante atenção.

Caso a questão não traga a informação de referência, **o candidato jamais deve criar dados**! O que se pode fazer é colocar entre o endereçamento e preâmbulo o seguinte:

Referência: Procedimento Apuratório de Ato Infracional

Observe que a informação deverá ser apresentada sem nenhum número nesses casos, uma vez que a própria questão não indicou nenhum número.

Outro dado que deve constar nesta peça, também entre o **endereçamento** e o **preâmbulo,** é que a medida é **sigilosa e urgente**. Conforme já salientado, na dúvida, deve ser colocada esta informação em razão da própria essência das medidas cautelares, que são sigilosas na imensa maioria dos casos e urgente em razão do *periculum in mora* ou *periculum libertatis*.

Passado esse ponto, abordaremos, um a um, os elementos obrigatórios.

24.4.1 Endereçamento

Considerando que a representação deve ser analisada por um magistrado, ela deve ser endereçada ao juiz competente, sendo parte obrigatória.

No que concerne ao pronome de tratamento do juiz, indica-se que não se faça o uso de diversos tratamentos, como: "**Excelentíssimo Senhor Doutor Juiz de Direito**". Indica-se que use somente a expressão: "**Excelentíssimo Senhor Juiz de Direito**".

Fica assim:

Excelentíssimo Senhor Juiz de Direito da ____ Vara da Comarca de xxxxxx.

No caso em questão, por se tratar de adolescente, caso haja Vara da Infância e Juventude (VIJ) na localidade, o endereçamento deve ser formulado ao:

Excelentíssimo Senhor Juiz de Direito da ____ Vara da Infância e Juventude da Comarca de xxxxxx.

Caso já exista juízo prevento e a questão faça referência a tal juízo, deve-se endereçar a representação a ele.

24.4.2 Preâmbulo

Conforme já salientado, o preâmbulo deve perseguir a consecução de três objetivos básicos:

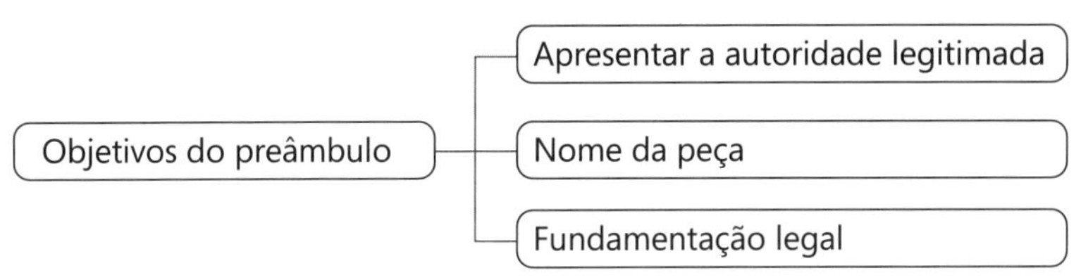

O primeiro objetivo, conforme se percebe, será estático em todas as representações, devendo apenas o candidato adicionar legitimação adicional eventualmente trazida por legislação local. Vejamos um exemplo:

> O Delegado de Polícia Civil ao final assinado, no uso de suas atribuições constitucionais e legais, sobretudo o art. 144, § 4º, da Constituição Federal e art. 2º, § 1º, da Lei nº 12.830/2013 *(se houver legislação local, a exemplo de dispositivo da Constituição Estadual, colocar aqui).*

Aí vem o cumprimento dos demais objetivos do preâmbulo, que não necessariamente precisam respeitar a ordem acima, ou seja, pode ser o nome da peça e, logo após, a fundamentação legal ou vice-versa. É uma questão de estilística.

> Com fulcro no art. 106 do Estatuto da Criança e Adolescente c/c art. 311 e seguintes do Código de Processo Penal, vem à presença de Vossa Excelência representar pela **internação provisória** do adolescente *(indicação do nome do adolescente e dados de qualif icação trazidos pela questão)*, pelos fundamentos de fato e de direito a seguir expostos.

Ou

> Vem à presença de Vossa Excelência representar pela **internação provisória** do adolescente *(indicação do nome do adolescente e dados de qualificação trazidos pela questão)*, com fulcro no art. 106 do Estatuto da Criança e Adolescente c/c art. 311 e seguintes do Código de Processo Penal, pelos fundamentos de fato e de direito a seguir expostos:

De forma integral, teremos o seguinte:

> O Delegado de Polícia ao final assinado, no uso de suas atribuições constitucionais e legais, sobretudo o art. 144, § 4º, da Constituição Federal e art. 2º, § 1º, da Lei nº 12.830/2013 *(se houver legislação local, a exemplo de dispositivo da Constituição Estadual, colocar aqui)*, com fulcro no art. 106 do Estatuto da Criança e Adolescente c/c art. 311 e seguintes do Código de Processo Penal, vem à presença de Vossa Excelência representar pela **internação provisória** do adolescente *(indicação do nome do adolescente e dados de qualificação trazidos pela questão)*, pelos fundamentos de fato e de direito a seguir expostos.

Repare que, por questões didáticas, nós ressaltamos em negrito o nome da peça, no entanto o candidato em sua prova não deve tentar realizar qualquer destaque. O máximo que se permite é colocar o nome da peça com letras maiúsculas.

Perceba que **a representação deve ser realizada em nome do Delegado de Polícia,** e não da instituição Polícia Civil ou Polícia Federal. Observe que, diferentemente do que ocorre com relação ao Ministério Público, o Delegado de Polícia não se constitui como órgão, mas, na verdade, insere-se no conceito de agente integrante do órgão policial, Polícias Civis ou Polícia Federal. Por esse motivo, a representação deve ser realizada em nome do cargo de Delegado de Polícia.

Ademais, caso a representação fosse realizada em nome da instituição policial, não faria sentido a indicação dos dispositivos previstos na Lei nº 12.830/2013, que é o estatuto do Delegado de Polícia.

24.4.3 Síntese dos fatos

Conforme já analisamos anteriormente, trata-se do ponto comum entre as peças internas e externas. Em ambas as hipóteses, o candidato deverá reservar determinado tópico para a descrição dos fatos que fundamentam a medida.

Algumas informações são bastante importantes a esse respeito:

a. Normalmente, o examinador não confere muitos pontos à descrição fática realizada pelo candidato. Contudo, esse tópico fornece toda a lógica à estrutura da peça, motivo pelo qual sua confecção ganha relevo.
b. Não se deve copiar *ipsis litteris* o enunciado da questão. O candidato deverá demonstrar a capacidade de síntese, pois na maioria dos casos o espaço da folha de resposta não comporta elementos desnecessários na descrição dos fatos.
c. Não se deve criar fatos não citados pelo examinador.
d. É necessário objetividade, com prevalência à transcrição de fatos que serão relevantes para a autoria, materialidade do crime e todas as suas circunstâncias relevantes para a apuração.
e. O candidato deverá ressaltar os fatos que possuem relação com a fundamentação jurídica analisada a seguir.

Assim, o nosso leitor deve se atentar para aqueles fatos que possuem relação com a medida pleiteada, exercitando a sua capacidade de síntese. Devem ser indicados os pontos que serão relevantes para que o magistrado decida a respeito do feito. Aqueles fatos que nada contribuem ao objetivo proposto ou que em nada se correlacionam com a medida pleiteada não precisam estar expostos na síntese dos fatos como elemento integrante da representação.

Na síntese dos fatos, o candidato deve ter como parâmetro o **conhecido Heptâmetro de Quintiliano** e buscar responder aos seguintes questionamentos:

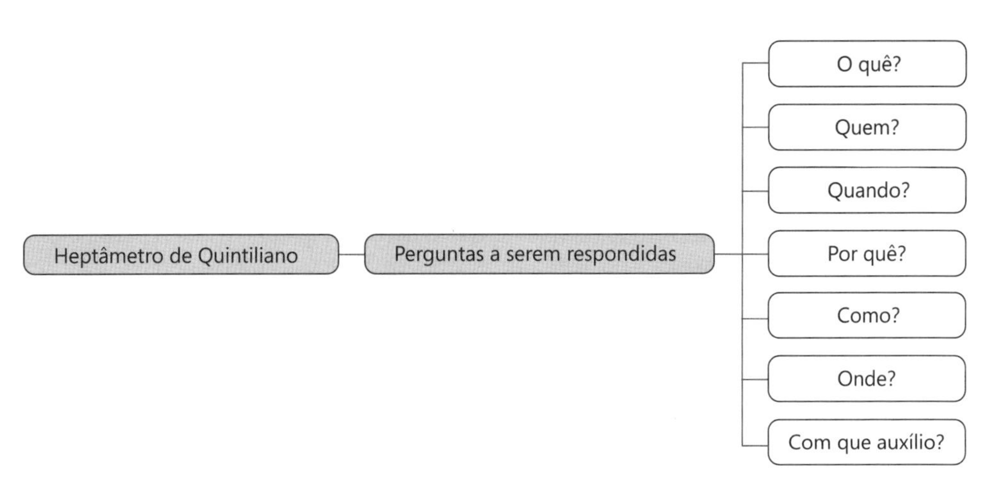

No caso da representação por internação provisória de adolescente infrator, a partir de dados trazidos pela questão, devem ser apontados fatos que servirão para sustentar os pontos da fundamentação jurídica.

24.4.4 Dos fundamentos

Neste ponto, o candidato deverá demonstrar os fundamentos jurídicos trazidos no tópico em que tratamos do arcabouço teórico para a concessão da internação provisória de adolescente infrator.

Pode-se iniciar tratando sobre o instituto que se pleiteia, sendo facultativa a utilização do roteiro proposto no Capítulo 20 deste *Manual Decifrado* – pode-se abordar ainda conceitos teóricos sobre a inimputabilidade e medidas de proteção e socioeducativas, descritas na parte anterior deste capítulo.

Nesta parte deve ficar bem ressaltado o ***fumus comissi delicti***, o ***periculum in mora*** e a **proporcionalidade** do pedido.

Observe que deve haver a conjugação entre a descrição fática realizada no tópico anterior (síntese dos fatos) e o ***fumus comissi delicti*** – consubstanciado pela indicação da **prova da existência do fato definido como crime** e **indícios suficientes de autoria deste fato** – e, posteriormente, o ***periculum in mora***.

Por isso, na descrição fática, o candidato deverá ressaltar aquilo que servirá como base aos fundamentos jurídicos e descrever concretamente (por meio de dados da questão), em que se funda a prova da materialidade do crime, fazendo referência a eventuais exames periciais e outros elementos atestadores da materialidade do crime.

Este é o **momento de tipificar o(s) fato(s) análogo(s) ao(s) crime(s)**, pois a prova da existência do fato definido como perpassa pela prova de que o fato existiu (materialidade) e também que este fato é definido como delito. Ademais, a tipificação servirá para demonstrar que a situação está dentro de uma das hipóteses de cabimento da medida.

Já no que concerne aos indícios suficientes de autoria, o Delegado deverá apontar, concretamente (por meio de dados da questão), em que se funda a suspeita a respeito da autoria do fato em investigação.

Lembre-se de que no que concerne à internação provisória de adolescente infrator, o ***periculum in mora*** é indicado pelo **perigo do estado de liberdade do imputado à garantia da ordem pública, garantia da ordem econômica, conveniência da investigação operada em procedimento de ato infracional ou para assegurar aplicação da lei, adaptando-se os conceitos à realidade do ECA.**

O candidato deve demonstrar em qual dessas situações enquadra-se sua representação.

Deve-se ressaltar que, caso não haja a internação provisória do adolescente, haverá **risco provável, grave e irreparável** à investigação **ou direitos.**

Deve ser apontado ainda pelo candidato que os fatos utilizados como base para a fundamentação da representação policial são **concretos** (apontados por intermédio de dados da questão) **novos ou contemporâneos.**

Exemplo:

> Excelência, a internação provisória do adolescente infrator representado é imprescindível para a **garantia da ordem pública**, haja vista que não submetido à medida irá continuar, como ele mesmo afirmou, a praticar atos infracionais de igual natureza aos ora apurados.
>
> O ***fumus comissi delicti*** (de fato definido como crime) também é evidente, uma vez que há prova da existência do fato, inclusive com imagens do circuito interno de TV, além de indícios suficientes de autoria, mediante depoimentos e reconhecimento dos autores.

Lembre-se de que a internação deve se mostrar proporcional ao caso concreto, motivo pelo qual se deve apresentar fundamento robusto sob pena de indeferimento da medida ou, em provas de concursos, a obtenção de pontuação deficiente.

24.4.5 Do(s) pedido(s) e fechamento

a. Pedido

Esta parte é bastante simples de ser elaborada e não há maiores peculiaridades na representação por internação provisória de adolescente infrator com relação ao modelo genérico anteriormente proposto.

Trata-se, basicamente, de uma conclusão do que foi sustentado na fundamentação.

Deve-se colocar nesta parte, por cautela, que o **membro do Ministério Público será ouvido**. Importante colocar ainda o **prazo máximo** da medida (art. 108 do ECA). Vejamos:

Pode-se repetir a fundamentação legal aposta no preâmbulo:

> Por todo o exposto, com fulcro no art. 106 do Estatuto da Criança e do Adolescente e no art. 311 e seguintes do Código de Processo Penal, representa esta Autoridade Policial pela **internação provisória** do adolescente (indicação do nome do adolescente e dados de qualificação trazidos pela questão), pelo prazo máximo de 45 (quarenta e cinco) dias, após manifestação do ilustre membro do Ministério Público.

Ou utilizar a fórmula genérica:

> Por todo o exposto e com amparo nos dispositivos legais citados, representa esta Autoridade Policial pela **internação provisória** do adolescente *(indicação do nome do adolescente e dados de qualificação trazidos pela questão)*, pelo prazo máximo de 45 (quarenta e cinco) dias, após manifestação do ilustre membro do Ministério Público.

Note-se que é facultativo o uso da expressão **nesses termos, pede deferimento**. Conforme já ressaltamos, não se trata a representação efetivamente de um pedido, motivo pelo qual não indicamos o uso da expressão, contudo é muito comum na prática e, efetivamente, apresenta a ideia de encerramento da representação.

b. Fechamento

Por fim, o **fechamento** é realizado da seguinte maneira, fazendo referência:

- ao local e à data;
- à expressão "Delegado de Polícia";
- à lotação (se a questão trouxer).

Trata-se de fase simples, contudo devemos apresentar algumas ressalvas:

- **Com relação à data e ao local, deve-se efetivamente escrever a expressão "local e data".** Caso a questão apresente o local em que os fatos ocorreram, poder-se-ia utilizar como referência o local apresentado na questão. Não se deve utilizar o local da prova ou a data da prova, salvo, logicamente, se forem as mesmas apresentadas na questão.
- **Com relação ao uso do termo "Delegado de Polícia"**, deve-se fazer referência ao uso da expressão no masculino, salvo se a questão especificar que quem conduz a investigação é uma mulher. Não se trata de preferência de gênero, mas de cautela para não identificar sua prova.
- **Com relação à lotação, deve-se utilizar a expressão "lotação".** Caso a questão apresente a lotação, o candidato poderá especificá-la.

Modelo

EXCELENTÍSSIMO(A) SENHOR(A) JUIZ(A) DE DIREITO DA __ VARA (...) DA COMARCA DE (...)

Não use abreviações no endereçamento. Lembre-se de que não é necessário o uso de inúmeros pronomes de tratamento.

Na medida em análise, é importante saber se não há no local Vara da Infância e Juventude (VIJ), para onde deve ser endereçado.

Medida sigilosa e urgente.

Como dito, pode-se colocar que a medida é sigilosa e urgente em razão da própria essência das cautelares.

Referência: Procedimento Apuratório de Ato Infracional nº

Caso haja referência ao número do P.A.A.I., deve-se fazer referência à referida numeração. Caso não haja, o candidato poderá usar o termo: Procedimento Apuratório de Ato Infracional nº.

Não há necessidade de pular linhas, sobretudo se o número de linhas de sua prova for reduzido.

Deixar parágrafo de aproximadamente dois dedos de distância da margem.

O Delegado de Polícia ao final assinado, no uso de suas atribuições constitucionais e legais, sobretudo o art. 144, § 4º, da Constituição Federal e art. 2º, § 1º, da Lei nº 12.830/2013 *(se houver legislação local, a exemplo de dispositivo da Constituição Estadual, colocar aqui)*, com fulcro no art. 106 do Estatuto da Criança e Adolescente c/c art. 311 e seguintes do Código de Processo Penal, vem à presença de Vossa Excelência representar pela **internação provisória** do adolescente *(indicação do nome do adolescente e dados de qualificação trazidos pela questão)*, pelos fundamentos de fato e de direito a seguir expostos.

DA SINOPSE DOS FATOS

Neste ponto, deve-se apresentar o resumo dos fatos elencados na questão, lembre-se de que não devem ser apresentados fatos que não estiverem no enunciado da questão.

1ª informação: unicamente com base na questão apresentada, utilizando-se do poder de síntese, deve ser ressaltado tudo que houver sobre as seguintes perguntas: O quê? Quem? Quando? Onde? Por quê? Como? Com quem?

2ª informação: só devem ser ressaltados fatos relevantes que terão correlação com a parte da fundamentação.

DOS FUNDAMENTOS

Neste momento, pode-se apresentar um breve apanhado sobre o instituto pleiteado, além do fumus comissi delicti, *do* periculum in mora *e proporcionalidade, que vão variar conforme a medida.*

1ª informação: indique a **materialidade do fato definido como crime**. Lembrando que aqui esses dados devem estar consubstanciados em elementos concretos. Ressalte na peça a existência de eventuais laudos periciais.

2ª informação: tipifique o fato análogo ao crime.

3ª informação: indique **os indícios suficientes de autoria**. Deve-se apontar quais fatos demonstram que aquele suspeito pode ter cometido o delito. Em análise técnica, deve-se apresentar qual a justa causa para o indivíduo estar sendo investigado e quais as informações colhidas na investigação apontam para a autoria dele.

4ª informação: demonstre ao juiz que **a medida** é **adequada e proporcional** e, se não for implementada de forma célere (***periculum in mora***), gerará risco provável grave e irreparável.

5ª informação: deixe claro qual a situação que indica o **perigo do estado de liberdade do imputado** *(garantia da ordem pública, garantia da ordem econômica, conveniência da investigação operada em procedimento de ato infracional ou para assegurar aplicação da Lei, adaptando-se os conceitos à realidade do ECA).*

6ª informação: aponte que os **fatos** alegados para justificar a medida são **concretos, novos ou contemporâneos**.

DO(S) PEDIDO(S)

Será a finalização da peça, indicando ao magistrado a razão da representação.

Deve-se colocar, por cautela, que o membro do Ministério Público será ouvido.

Deve-se colocar o prazo máximo da medida.

Por todo o exposto, com fulcro no art. 106 do Estatuto da Criança e do Adolescente e no art. 311 e seguintes do Código de Processo Penal, representa esta Autoridade Policial pela **internação provisória** do adolescente *(indicação do nome do adolescente e dados de qualificação trazidos pela questão)*, pelo prazo máximo de 45 (quarenta e cinco) dias, após manifestação do ilustre membro do Ministério Público.

Local, data.

Delegado de Polícia.

Lotação *(se houver)*.

Embora seja óbvio, o óbvio por vezes precisa ser dito: jamais identifique sua prova, *seja assinando-a, colocando seu nome (ou as iniciais dele) ou de qualquer outra maneira.*

Considerando que a referida representação ainda não foi objeto de questionamento em provas práticas para o cargo de Delegado de Polícia, apresentaremos somente um caso proposto.

Caso prático

João Augusto Silva, 17 anos, filho de Maria Helena e Carlos Alberto da Silva, residente na QR 305, casa 12 – Samambaia Norte/DF, é integrante da facção criminosa denominada CT.

A referida organização criminosa é comandada por Paulo Pronto, o qual é alvo das investigações desenvolvidas no âmbito do Inquérito Policial nº 1119/2021. O referido instrumento investigativo apurou se tratar de estrutura organizada e liderada por Paulo Pronto, o qual recruta menores de idade para a prática de crimes diversos.

No âmbito da referida investigação, Paulo Pronto foi preso preventivamente e prestou depoimento sobre toda a estrutura organizada do grupo criminoso. Em determinada passagem de sua oitiva, narrou que João Augusto Silva é seu braço direito nas operações ilícitas, inclusive é responsável pelas execuções (homicídios) efetivadas pelo grupo criminoso.

Em suas declarações, apontou que foi o adolescente João Augusto Silva que executou Márcio Pirata e Pato Rouco, dois integrantes do grupo criminoso rival. As mortes também são alvo de apuração pelo Inquérito Policial nº 1119/2021 e também no P.A.A.I. nº 879/2021, motivo pelo qual se encontra acostado aos autos o laudo pericial realizado no local do crime, o qual concluiu que a arma utilizada foi uma pistola calibre 9 × 19 mm. O referido armamento foi posteriormente localizado em cumprimento de mandado de busca e apreensão no âmbito desta investigação, na casa de Paulo Pronto. Também integram os autos os laudos cadavéricos que atestam as mortes de Márcio Pirata e Pato Rouco.

Em perícia no armamento, foram encontradas impressões digitais de João Augusto da Silva. O referido adolescente encontra-se em liberdade.

Na última semana, em novo depoimento, Paulo Pronto, colaborativo com as investigações, narrou que João Augusto Silva estava pronto para cometer mais cinco execuções de integrantes do grupo rival.

Em face de todo o exposto, na qualidade de Delegado de Polícia da Delegacia da Criança e do Adolescente II, represente pela medida judicial cabível, considerando a necessidade de impedir a prática de infrações no âmbito desta investigação.

Considere que os fatos se passaram no Distrito Federal, especificamente na Região Administrativa de Samambaia, local em que existe Vara da Infância e Juventude, especializada em procedimentos envolvendo menores de idade.

Modelo de proposta de resposta

EXCELENTÍSSIMO (A) SENHOR (A) JUIZ (A) DE DIREITO DA VARA DA INFÂNCIA E JUVENTUDE DA CIRCUNSCRIÇÃO JUDICIÁRIA DE SAMAMBAIA/DF

Medida Sigilosa e Urgente. Referência: P.A.A.I. nº 879/2021.

O Delegado de Polícia ao final assinado, no uso de suas atribuições constitucionais e legais, sobretudo o art. 144, § 4º, da Constituição Federal e art. 2º, § 1º, da Lei nº 12.830/2013, com fulcro no art. 106 do Estatuto da Criança e Adolescente c/c art. 311 e seguintes do Código de Processo Penal, vem à presença de Vossa Excelência representar pela **internação provisória** do adolescente João Augusto Silva, 17 anos de idade, filho de Maria Helena e Carlos Alberto da Silva, residente na QR 305, casa 12 – Samambaia Norte-DF, pelos fundamentos de fato e de direito a seguir expostos.

DA SINOPSE DOS FATOS

Trata-se de procedimento apuratório de ato infracional instaurado com o fito de apurar a prática de ato infracional análogo ao delito de organização criminosa e delitos conexos cometidos por meio de sua estrutura, dentre eles homicídios.

Inicialmente, importante apontar que a organização criminosa denominada CT é liderada por Paulo Pronto. Foi constatado que Paulo recruta menores de idade para a prática de crimes patrimoniais diversos.

O líder da organização criminosa foi alvo de prisão preventiva e encontra-se, atualmente, encarcerado. Em suas declarações, informou que João Augusto Silva, adolescente, é seu braço direito nas operações ilícitas. Além do que ressaltou que o João é responsável pelas execuções das mortes efetivadas pelo grupo criminoso.

Ainda no depoimento de Paulo Pronto, este informou que fora o adolescente, João Augusto Silva, que executou Márcio Pirata e Pato Rouco, dois integrantes do grupo criminoso rival. As referidas mortes são alvo das investigações operacionalizadas no âmbito deste P.A.A.I.

O local dos fatos foi submetido à exame de local de crime, ocasião em que se constatou que a arma utilizada na prática do crime fora uma pistola calibre 9 x 19 mm (laudo pericial fls.).

Posteriormente, em cumprimento de mandado de busca e apreensão na casa de Paulo Pronto, foi apreendida uma pistola calibre 9 x 19 mm, na qual foram encontradas impressões papilares pertencentes ao adolescente João Augusto Silva.

Na última semana, esta Autoridade Policial tomou conhecimento de que João Augusto Silva estava prestes a cometer mais cinco execuções de integrantes do grupo rival.

DOS FUNDAMENTOS

A internação cautelar de adolescentes é medida excepcional em nosso ordenamento jurídico, a qual encontra cabimento essencialmente nas hipóteses de risco concreto a integridade física e psicológica dos adolescentes ou mesmo em situações em que seu estado de liberdade coloque em risco anseios coletivos, como a paz pública, a instrução procedimental ou mesmo a ordem econômica.

No caso em questão, verificam-se elementos concretos de materialidade de ato infracional análogo à organização criminosa, constituindo-se em estrutura organizada, hierarquizada e fundamentalmente estruturada pela divisão de tarefas, conforme se verifica dos depoimentos prestados por Paulo Pronto, líder da referida organização.

Também se constata a prática, no mínimo, de dois fatos amoldados como delito de homicídio praticados pela organização criminosa, conduta que teve como executor o adolescente, João Augusto Silva, infração demonstrada por meio dos laudos cadavéricos que atestam a morte de Márcio Pirata e Pato Rouco.

Desse modo, no que concerne ao adolescente, verifica-se a materialidade dos atos infracionais análogos ao crime previsto no art. 2º da Lei nº 12.850/2013 e ao crime previsto no art. 121, *caput*, do Código Penal brasileiro.

Há elementos concretos que apontam para o adolescente investigado, uma vez que fora localizada uma arma com o mesmo calibre daquela utilizada nos homicídios na casa de Paulo Pronto. Nesse armamento, foram reveladas impressões papilares de João Augusto Silva, fato que infere ser ele o executor dos atos análogos a homicídios. Trata-se de dedução compatível com os depoimentos prestados por Paulo, pois ele mesmo indicou que o adolescente era responsável pelas execuções efetivadas pelo grupo.

Assim, presente o *fumus comissi delicti*, entendido neste contexto como prova da existência do fato definido como crime e indícios suficientes de autoria.

O *periculum in mora* verifica-se pelo risco ocasionado pela liberdade do adolescente, pois há elementos de que ele está prestes a cometer novos atos infracionais (garantia da ordem pública). A situação de perigo é concreta e contemporânea a essa representação.

Por fim, a medida também se mostra proporcional, pois os atos infracionais foram cometidos com violência contra a pessoa, adequando-se ao art. 122 do ECA, além do que não há outro meio idôneo e igualmente eficaz para impedir a prática de outros atos infracionais por parte do adolescente.

DO PEDIDO

Por todo o exposto, com fulcro no art. 106 do Estatuto da Criança e do Adolescente e art. 311 e seguintes do Código de Processo Penal, representa esta Autoridade Policial pela **internação provisória** do adolescente, João Augusto Silva, 17 anos, filho de Maria Helena e Carlos Alberto da Silva, residente na QR 305, casa 12 – Samambaia Norte/DF, pelo prazo máximo de 45 (quarenta e cinco) dias, após manifestação do ilustre membro do Ministério Público.

Local, data.

Delegado de Polícia.

Delegacia da Criança e do Adolescente II.

Decifrando a prova

(2014 – AROEIRA – PC/TO – Delegado – Adaptada) J. C., 17 anos, responde a procedimento de apuração de ato infracional (PAAI) por suposta prática do crime de homicídio tentado contra a vítima I. A.

Foram juntados ao corpo do procedimento o laudo de local – no qual constava diversas impressões papiloscópicas de J.C. – laudo do exame de corpo de delito realizados na vítima, bem como seu depoimento, o qual, em suma, aponta J.C. como autor do fato definido como crime.

Chegou ao conhecimento da Autoridade Policial, todavia, pelos depoimentos da vítima e das testemunhas A. V. e P. A., que J. C. estaria rondando o bairro em que se deram os fatos, em atitude claramente ameaçadora.

Na condição de Delegado de Polícia titular da Delegacia da Criança e do Adolescente, represente à autoridade competente pela internação provisória do infrator. Considere que existe na comarca Vara da Infância e Juventude.

Modelo de proposta de resposta

EXCELENTISSIMO SENHOR JUIZ DE DIREITO DA __ VARA DA INFÂNCIA E JUVENTUDE DA COMARCA DE __

Referência: Procedimento de Apuração de Ato Infracional nº Medida sigilosa e urgente.

O Delegado de Polícia ao final assinado, no uso de suas atribuições constitucionais e legais, sobretudo o art. 144, § 4º, da Constituição Federal e o art. 2º, § 1º, da Lei nº 12.830/2013, com fulcro no art. 106 do Estatuto da Criança e Adolescente c/c art. 311 e seguintes do Código de Processo Penal, vem à presença de Vossa Excelência representar pela **internação provisória** do adolescente J.C., 17 anos, pelos fatos e fundamentos que pormenorizadamente se seguem.

DOS FATOS

Segundo consta nos autos do PAAI em epígrafe, o adolescente J.C., 17 anos, supostamente praticou ato infracional análogo a homicídio tentado tipificado no art. 121, *caput* c/c art. 14, II, todos do Código Penal, contra a vítima I.A.

Foram juntados aos autos do apuratório o laudo de local – no qual constava diversas impressões papiloscópicas de J.C. – laudo do exame de corpo de delito realizados na vítima, bem como seu depoimento, o qual, em suma, aponta J.C. como autor do fato definido como crime.

Esta Autoridade Policial tomou conhecimento, através dos depoimentos da vítima e das testemunhas A.V. e P.A., de que o adolescente em conflito com a lei estaria "rondando o bairro que a vítima e as testemunhas residem em atitude claramente ameaçadora".

DOS FUNDAMENTOS

A internação cautelar de adolescentes é medida excepcional em nosso ordenamento jurídico, a qual encontra cabimento essencialmente nas hipóteses de risco concreto a integridade física e psicológica dos adolescentes ou mesmo em situações em que seu estado de liberdade coloque em risco anseios coletivos, como a paz pública, a instrução procedimental ou mesmo à ordem econômica.

No caso em questão, verificam-se elementos concretos de materialidade (exame de corpo de delito realizado na vítima) e indícios suficientes de autoria de ato infracional análogo a homicídio tentado, tipificado no art. 121, *caput*, c/c art. 14, II, todos do Código Penal (laudo de exame de local que contém diversas impressões papiloscópicas do adolescente J.C, bem como o depoimento da vítima I.A., que aponta J.C. como autor do ato), havendo, pois, *fumus comissi delict* – entendido, neste caso, como aparência da existência de fato definido como crime.

O *periculum in mora* verifica-se pelo risco ocasionado pelo estado de total liberdade do adolescente, pois há informações de que ele está rondando a residência da vítima e das testemunhas com ar ameaçador, situação que pode gerar confronto e consequentes prejuízos à vítima/testemunhas e/ou ao próprio adolescente infrator.

Ademais, em razão do temor, a vítima e as testemunhas podem alterar suas versões em juízo, servindo a internação provisória à conveniência da instrução do procedimento.

Há de se afirmar que a situação de perigo é concreta e contemporânea a essa representação.

Por fim, a medida também se mostra proporcional, pois o ato infracional foi cometido com violência contra a pessoa, adequando-se ao art. 122 do ECA, não havendo outro meio idôneo e igualmente eficaz para impedir a prática de outros atos infracionais por parte do adolescente.

DO PEDIDO

Por todo o exposto, com fulcro no art. 106 do Estatuto da Criança e do Adolescente e art. 311 e seguintes do Código de Processo Penal, representa esta Autoridade Policial pela **internação provisória** do adolescente J.C., 17 anos, pelo prazo máximo de 45 (quarenta e cinco) dias, após manifestação do ilustre membro do Ministério Público.

Local, data.

Delegado de Polícia.

Delegacia da Criança e do Adolescente.

25 Medidas cautelares de caráter pessoal diversas da prisão

Inicialmente, é muito importante observar que as medidas cautelares atualmente previstas no Código de Processo Penal foram ampliadas pela Lei nº 12.403/2011. Essa legislação acabou com a dicotomia das cautelares anteriormente previstas, ou seja, anteriormente adotava-se ou a cautelar prisional ou a liberdade provisória, inexistindo, até então, medidas diversas e intermediárias.

A referida legislação inseriu um rol de medidas cautelares diversas da prisão. O professor Renato Brasileiro de Lima (2018, p. 1029) se posiciona neste sentido:

> Assim é que, na busca de alternativas para o cárcere cautelar, ou seja, a previsão legal de outras medidas coercitivas que a substituam com menor dano para a pessoa humana, porém com similar garantia da eficácia do processo, o art. 319 do CPP passou a elencar 09 (nove) medidas cautelares diversas da prisão, tendo o art. 320 do CPP passado a autorizar expressamente a possibilidade de retenção do passaporte.

O referido autor continua:

> (...) em outras palavras, verificando o magistrado que tanto a prisão preventiva quanto uma das medidas cautelares previstas no Projeto do novo CPP são idôneas a atingir o fim proposto, deverá optar pela medida menos gravosa, preservando, assim, a liberdade de locomoção do agente. Caso a liberdade plena do agente não esteja colocando em risco a eficácia das investigações, o processo criminal, a efetividade do direito penal, ou a própria segurança social, não será possível a imposição de quaisquer das medidas cautelares substitutivas e/ou alternativas *à* prisão cautelar.

Considerando a finalidade de nosso trabalho, nas representações elaboradas pelo Delegado de Polícia, o candidato deve sempre optar pela medida menos lesiva e com menor restrição da liberdade, desde que, logicamente, seja hábil a alcançar a finalidade acautelatória a que se destina. Trata-se, basicamente, de enquadramento no **binômio necessidade-adequação**, sob a perspectiva da **proporcionalidade**. A medida deve mostrar-se apta a alcançar a finalidade almejada, restringindo, na menor medida possível, a liberdade do investigado.

O próprio CPP trata a respeito da necessidade e adequação da medida:

> **Art. 282.** As medidas cautelares previstas neste Título deverão ser aplicadas observando-se a:
>
> I - necessidade para aplicação da lei penal, para a investigação ou a instrução criminal e, nos casos expressamente previstos, para evitar a prática de infrações penais;
>
> II - adequação da medida à gravidade do crime, circunstâncias do fato e condições pessoais do indiciado ou acusado.
>
> **§ 1º** As medidas cautelares poderão ser aplicadas isolada ou cumulativamente.

Diante dessas explicações, passemos então a analisar o rol de medidas cautelares diversas da prisão:

> **Art. 319.** São medidas cautelares diversas da prisão:
>
> I - comparecimento periódico em juízo, no prazo e nas condições fixadas pelo juiz, para informar e justificar atividades;
>
> II - proibição de acesso ou frequência a determinados lugares quando, por circunstâncias relacionadas ao fato, deva o indiciado ou acusado permanecer distante desses locais para evitar o risco de novas infrações;
>
> III - proibição de manter contato com pessoa determinada quando, por circunstâncias relacionadas ao fato, deva o indiciado ou acusado dela permanecer distante;
>
> IV - proibição de ausentar-se da Comarca quando a permanência seja conveniente ou necessária para a investigação ou instrução;
>
> V - recolhimento domiciliar no período noturno e nos dias de folga quando o investigado ou acusado tenha residência e trabalho fixos;
>
> VI - suspensão do exercício de função pública ou de atividade de natureza econômica ou financeira quando houver justo receio de sua utilização para a prática de infrações penais;
>
> VII - internação provisória do acusado nas hipóteses de crimes praticados com violência ou grave ameaça, quando os peritos concluírem ser inimputável ou semi-imputável (art. 26 do Código Penal) e houver risco de reiteração;
>
> VIII - fiança, nas infrações que a admitem, para assegurar o comparecimento a atos do processo, evitar a obstrução do seu andamento ou em caso de resistência injustificada à ordem judicial;
>
> IX - monitoração eletrônica.
>
> (...)
>
> **§ 4º** A fiança será aplicada de acordo com as disposições do Capítulo VI deste Título, podendo ser cumulada com outras medidas cautelares.
>
> **Art. 320.** A proibição de ausentar-se do País será comunicada pelo juiz às autoridades encarregadas de fiscalizar as saídas do território nacional, intimando-se o indiciado ou acusado para entregar o passaporte, no prazo de 24 (vinte e quatro) horas.

25.1 CLÁUSULA DE RESERVA JURISDICIONAL

É interessante observar que as referidas medidas cautelares se sujeitam à denominada **cláusula de reserva jurisdicional**, motivo pelo qual devem ser objeto de **representação** a ser elaborada pelo Delegado de Polícia, quando necessárias na fase da investigação.

São medidas que dependem de provocação, motivo pelo qual não poderiam ser decretadas de ofício pela autoridade judicial, notadamente, após as alterações implementadas pelo Pacote Anticrime. Vejamos a redação do art. 282 do CPP:

> **Art. 282.** (...)
>
> **§ 2º** As medidas cautelares serão decretadas pelo juiz a requerimento das partes ou, quando no curso da investigação criminal, por representação da autoridade policial ou mediante requerimento do Ministério Público.

Assim, as referidas medidas cautelares, exceto a fiança que possui regramento próprio, dependem de representação do Delegado de Polícia ou requerimento do membro do Ministério Público.

Dessa forma, podemos citar as seguintes características:

a. **Reserva de jurisdição:** trata-se de decorrência lógica do princípio da jurisdicionalidade, desse modo, em regra, as medidas cautelares sujeitam-se ao que se denomina de cláusula de reserva jurisdicional.
b. **Proporcionalidade:** a medida excepcional deve ser proporcional ao contexto investigativo em que se insere, assim, em representações elaboradas pelo Delegado de Polícia, é indispensável que se demonstre a imprescindibilidade da medida.
c. **Adequação:** o meio investigativo utilizado é apto a preservar o elemento investigativo. A adequação ganha relevo na análise das representações por medidas cautelares diversas da prisão, pois o candidato deverá demonstrar que aquela medida pleiteada guarda estreita relação com o caso concreto objeto de análise.
d. A título de exemplo, caso o investigado participe constantemente de brigas em estádios de futebol, a medida de recolhimento de passaporte não teria menor relevância nesses casos.
e. **Necessidade:** impossibilidade de utilização de meio menos gravoso e invasivo e igualmente eficaz.
f. **Proporcionalidade em sentido estrito:** a vantagem obtida com o meio acautelatório deve ser superior à restrição gerada pela aplicação da medida.

25.1.1 Necessidade de manifestação da parte contrária antes de prolatar a decisão a respeito das medidas cautelares

O Código de Processo Penal possui dispositivo que estabelece que, em regra, antes de decidir a respeito do deferimento ou não da medida cautelar o magistrado deve ouvir a parte contrária. Logicamente que, diante de situações excepcionais, referido procedimento poderá ser afastado, essencialmente quando a oitiva prévia puder prejudicar o sucesso da medida.

Vejamos a redação do dispositivo:

> **CPP**
>
> **Art. 282.** (...)

§ 3º Ressalvados os casos de urgência ou de perigo de ineficácia da medida, o juiz, ao receber o pedido de medida cautelar, determinará a intimação da parte contrária, para se manifestar no prazo de 5 (cinco) dias, acompanhada de cópia do requerimento e das peças necessárias, permanecendo os autos em juízo, e os casos de urgência ou de perigo deverão ser justificados e fundamentados em decisão que contenha elementos do caso concreto que justifiquem essa medida excepcional.

Desse modo, em representações elaboradas pelo Delegado de Polícia, caso a situação em que se funda a cautelar for urgente ou houver risco de que a oitiva prévia ocasiona a ineficácia da medida, é interessante que o candidato, em sua representação, pugne pelo afastamento da oitiva prévia, fundamentando o pleito conforme descrição fática contida na questão.

25.2 REQUISITOS DA MEDIDA CAUTELAR

A representação por medidas cautelares diversas da prisão deve conter os requisitos genéricos das cautelares. É importante que o candidato evidencie todos esses elementos em sua representação.

25.2.1 Requisitos genéricos das cautelares

- ***Fumus comissi delicti***: existência de elementos concretos que indiquem a prática da infração penal (prova da existência do crime). Comprovada a existência do delito, deve-se indicar elementos concretos que apontem para o investigado, conforme a narrativa fática apresentada pela questão. Vejamos o esquema:

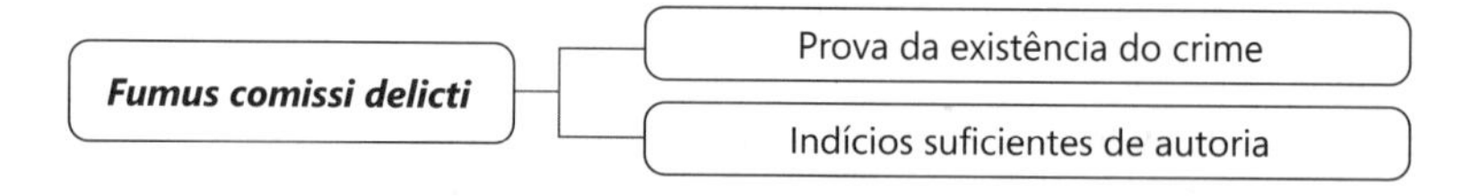

- ***Periculum in mora***: com relação a esse elemento, deve-se demonstrar o risco que a não adoção imediata da medida pode ocasionar à investigação e consequentemente à própria persecução penal ou mesmo para a preservação de direitos. Deve-se demonstrar a urgência da medida com dados concretos apresentados na questão.
- **Proporcionalidade da medida:** a proporcionalidade pode ser analisada sob a perspectiva de ser a medida indispensável para a continuidade das investigações, assim como pela inexistência de outro meio idôneo e hábil para acautelar a investigação, o processo ou mesmo para a preservação de direitos no âmbito da persecução.

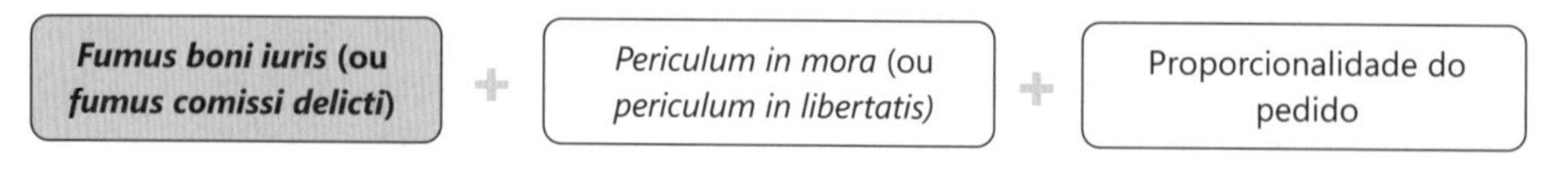

Após a análise introdutória, vejamos o rol de medidas cautelares expressas nos arts. 319 e 320 do CPP.

25.3 MEDIDAS CAUTELARES EM ESPÉCIE

Antes de efetivamente tratarmos de cada uma das medidas cautelares diversas da prisão, é interessante observar que as cautelares podem ser propostas isoladas ou cumulativamente conforme a situação específica que se busca proteger.

25.3.1 Comparecimento pessoal e periódico para justificar suas atividades

Essa medida consiste em determinar que o processado compareça periodicamente perante o juízo para justificar suas atividades, como: informar onde está residindo, onde pode ser encontrado, qual a sua atividade laboral naquele momento.

É importante ressaltar que o CPP não estabelece prazo para decretação da referida medida, desse modo, cada magistrado, diante da análise do caso concreto, deverá fixar o prazo em que o processado deverá comparecer perante o juízo.

Diante do descumprimento das referidas medidas, a autoridade judicial poderá substitui-la por outra de maior gravidade ou mesmo determinar, como última medida, a prisão preventiva, desde que haja representação do Delegado de Polícia ou requerimento do membro do Ministério Público.

Muito cuidado para não confundir essa medida cautelar com aquela prevista no art. 310, § 1º, do CPP:

> **Art. 310.** (...)
>
> **§ 1º** Se o juiz verificar, pelo auto de prisão em flagrante, que o agente praticou o fato em qualquer das condições constantes dos incisos I, II ou III do *caput* do art. 23 do Decreto-lei nº 2.848, de 7 de dezembro de 1940 (Código Penal), poderá, fundamentadamente, conceder ao acusado liberdade provisória, mediante termo de comparecimento obrigatório a todos os atos processuais, sob pena de revogação.

A referida hipótese descrita no art. 310, § 1º, do CPP trata-se de hipótese de concessão de liberdade provisória ante o cometimento do delito sob o manto de excludente de ilicitude. Veja que nada impede que a medida seja aplicada em conjunto com outra medida cautelar prevista no rol do art. 319.

Acreditamos que, especificamente no que concerne à essa medida, não há aplicabilidade na fase da investigação, motivo pelo qual não se mostra lógico que o Delegado represente a respeito da necessidade de comparecimento periódico perante o juízo, pois, se nem mesmo existe processo, não haveria funcionalidade no uso desta medida na fase investigativa.

25.3.2 Proibição de acesso ou frequência a determinados lugares quando, por circunstâncias relacionadas ao fato, deva o indiciado ou acusado permanecer distante desses locais para evitar o risco de novas infrações

Essa medida busca justamente impedir que determinadas pessoas tenham acesso a determinados lugares que gerem risco de reiteração de delitos.

Veja que se trata de medida cautelar e, portanto, devem estar presentes todos os requisitos necessários (***fumus comissi delicti***, ***periculum in mora*** e proporcionalidade). Pode-se citar, a título de exemplo, a proibição de frequentar estádios de futebol diante da reiteração de brigas e agressões relacionadas a torcidas organizadas.

25.3.3 Proibição de manter contato com pessoa determinada quando, por circunstâncias relacionadas ao fato, deva o indiciado ou acusado dela permanecer distante

Nessas situações, o magistrado poderia impedir que o processado mantivesse contato com determinadas pessoas justamente com o objetivo de garantir a idoneidade do processo ou mesmo a proteção de determinadas pessoas. Observe que o magistrado pode, por exemplo:

a. Restringir o contato do autor com a vítima do delito, em situações de ameaças ou crimes contra a honra. Nesses casos, as penas cominadas a esses delitos não excedem 4 anos, motivo pelo qual não poderá ser decretada a prisão preventiva, contudo nada impede que seja concedida a referida medida.

b. Restringir o contato com as testemunhas do delito, objetivando não influenciar no depoimento que elas prestarão.

25.3.4 Proibição de ausentar-se da comarca quando a permanência seja conveniente ou necessária para a investigação ou instrução

Essa medida determina a manutenção do investigado na comarca quando a permanência for necessária para a investigação ou instrução.

É importante ressaltar que essa medida cautelar pode ser concedida em conjunto com a medida prevista no art. 320 do CPP:

> **Art. 320.** A proibição de ausentar-se do País será comunicada pelo juiz às autoridades encarregadas de fiscalizar as saídas do território nacional, intimando-se o indiciado ou acusado para entregar o passaporte, no prazo de 24 (vinte e quatro) horas.

Ambas as medidas somente podem ser decretadas ante fundamentação idônea e diante da necessidade do caso concreto.

25.3.5 Recolhimento domiciliar no período noturno e nos dias de folga quando o investigado ou acusado tenha residência e trabalho fixos

Trata-se de medida menos gravosa que a prisão domiciliar, porquanto admite-se que o acusado possa exercer sua atividade laborativa durante o dia. Esta medida baseia-se na autodisciplina e no senso de responsabilidade do acusado, que, de modo a não perder seu emprego e poder manter sua rotina de vida praticamente inalterada, sujeita-se à obrigação de não se ausentar de sua casa no período noturno e nos dias de folga.

25.3.6 Suspensão do exercício de função pública ou de atividade de natureza econômica ou financeira quando houver justo receio de sua utilização para a prática de infrações penais

Essa medida deve ser decretada quando houver ilícitos criminais relacionados às atividades profissionais correlatas ao do réu. Podem-se citar, a título de exemplo, os crimes funcionais ou crimes contra a ordem econômica e financeira em que haja a violação de deveres funcionais ou profissionais.

O tema foi objeto de análise pelo Plenário do Supremo Tribunal. Por reputar que os elementos fáticos e jurídicos teriam demonstrado que a presença de parlamentar na função de Presidente da Câmara dos Deputados representaria risco para as investigações penais em curso no Supremo Tribunal Federal, o Plenário daquela Corte confirmou a suspensão do exercício do mandato do então Deputado Federal E. C. Na visão do STF, a denúncia descrevera diversos fatos supostamente criminosos praticados com desvio de finalidade, sob a atuação direta do referido parlamentar que estaria a utilizar o cargo de deputado federal e a função de Presidente da Câmara dos Deputados para fins ilícitos e, em especial, para obtenção de vantagens indevidas. *In casu*, a decretação da medida cautelar do art. 319, inciso VI, do CPP, serviria a dois interesses públicos indivisíveis:

a. a preservação da utilidade do processo;
b. preservação da finalidade pública do cargo.

Renato Brasileiro de Lima (2019, p. 1039) afirma que, quando estivermos diante de afastamento de função pública, não deverão ser descontados os valores correspondentes aos dias de afastamento.

25.3.7 Internação provisória do acusado nas hipóteses de crimes praticados com violência ou grave ameaça, quando os peritos concluírem ser inimputável ou semi-imputável (art. 26 do Código Penal) e houver risco de reiteração

Para a decretação da referida medida, exige-se o cumprimento de alguns requisitos, vejamos:

a. crimes praticados com violência ou grave ameaça;
b. a agente deve ser inimputável ou semi-imputável;
c. deve existir o risco de reiteração.

Todos esses elementos devem estar devidamente fundamentados e se mostrar compatíveis com a medida de internação.

Conforme lições do professor Renato Brasileiro de Lima (2018, p. 1041):

> (...) a internação provisória somente será aplicável ao inimputável ou semi-imputável nas hipóteses de fatos típicos e ilícitos cometidos com violência ou grave ameaça, quando houver risco de reiteração, o que demonstra que essa medida deve ser aplicada com a finalidade de proteção da sociedade contra a possível prática de crimes graves. O dispositivo não estabelece distinção entre quem já era inimputável ou semi-imputável *à época* do crime (CP, art. 26, *caput*, e parágrafo *único)* e aquele cuja doença mental sobreveio *à* infração. Logo, a medida pode ser aplicada em ambas as hipóteses, jamais como medida de segurança provisória, mas sim como instrumento de natureza cautelar destinado *à* tutela da garantia da ordem pública, para evitar a prática de novas infrações penais com violência ou grave ameaça.

Não se deve confundir essa medida cautelar com a previsão específica contida no art. 108 da Lei de Execuções Penais:

> **Art. 108.** O condenado a quem sobrevier doença mental será internado em Hospital de Custódia e Tratamento Psiquiátrico.

A previsão contida no art. 108. se aplica ao condenado a quem sobrevém doença mental, ou seja, estar-se-á a tratar daquele que era imputável quando do cometimento do delito, contudo sobrevém doença que lhe torna inimputável. Situação distinta daquela objeto de análise neste tópico, uma vez que a internação provisória é aplicável ao agente inimputável ou semi-imputável a época do cometimento do fato.

25.3.8 Fiança

A liberdade provisória sem fiança e com fiança sempre foi tratada pelo ordenamento jurídico pátrio como espécie de medida de contracautela, funcionando como substitutivo da prisão em flagrante. Ou seja, nosso sistema nunca admitiu que alguém fosse submetido ao regime de liberdade provisória, com ou sem fiança, sem que estivesse previamente preso em flagrante. No entanto, a partir da vigência da Lei nº 12.403/2011, a fiança também passou a funcionar como medida cautelar autônoma, que pode ser imposta, isolada ou cumulativamente, nas infrações que a admitem, para assegurar o comparecimento a atos do processo, evitar a obstrução do seu andamento ou em caso de resistência injustificada à ordem judicial (art. 319, VIII, do CPP) (LIMA, 2018, p. 1043).

A fiança possui regramento próprio, uma vez que poderia ser decretada pelo próprio Delegado de Polícia, vejamos as disposições referentes à fiança:

Art. 322. A autoridade policial somente poderá conceder fiança nos casos de infração cuja pena privativa de liberdade máxima não seja superior a 4 (quatro) anos.

Parágrafo único. Nos demais casos, a fiança será requerida ao juiz, que decidirá em 48 (quarenta e oito) horas.

Nesses casos, fiança arbitrada pelo Delegado, a medida há de ser implementada mediante determinação exarada no bojo do despacho ordinatório do Auto de Prisão em Flagrante.

25.3.9 Monitoração eletrônica

A monitoração eletrônica passa a ser tratada não só como medida pós-condenação, mas passa a ser utilizada como medida cautelar substitutiva de medida prisional.

Vejamos inicialmente as disposições da LEP, a qual trata do denominado monitoramento *back door*. Também chamado de monitoramento sanção, assume esse nome justamente em razão de ser aplicada ao preso condenado como medida idônea para antecipar a liberdade e livrá-lo do cárcere quando do cumprimento de pena.

Art. 117. Somente se admitirá o recolhimento do beneficiário de regime aberto em residência particular quando se tratar de:

I - condenado maior de 70 (setenta) anos;

II - condenado acometido de doença grave;

III - condenada com filho menor ou deficiente físico ou mental;

IV - condenada gestante.

Art. 146-B. O juiz poderá definir a fiscalização por meio da monitoração eletrônica quando:

I - (Vetado);

II - autorizar a saída temporária no regime semiaberto;

III - (Vetado);

IV - determinar a prisão domiciliar;

V - (Vetado);

Parágrafo único. (Vetado).

O professor Renato Brasileiro de Lima (2018, p. 1044) trata sobre o monitoramento eletrônico como medida cautelar, chamado de *front door*:

> Com a entrada em vigor da Lei nº 12.403/2011, a utilização do monitoramento eletrônico deixa de ser uma exclusividade da execução penal e passa a ser possível também como medida cautelar autônoma e substitutiva da prisão (CPP, art. 319, IX). Adota-se, a partir de agora, o do monitoramento eletrônico chamado front-door, isto é, tal tecnologia passa a ser utilizada de modo a se evitar o ingresso do agente na prisão. Trata-se, portanto, de uma medida alternativa *à* prisão, que visa evitar o contato do agente com o cárcere.

25.4 MEDIDAS CAUTELARES DE NATUREZA PESSOAL DIVERSAS DA PRISÃO PREVISTAS NA LEGISLAÇÃO ESPECIAL

Neste tópico, sem aprofundamentos, considerando a finalidade do presente trabalho, passamos a citar as medidas cautelares de natureza pessoal diversas da prisão previstas em legislações especiais, ou seja, disposições que se encontram em outras legislações diversas do Código de Processo Penal.

a. **Afastamento do prefeito do cargo nos crimes de responsabilidade**. Com relação aos crimes comuns listados no art. 1º, e 2º, II, do Decreto-lei nº 201/1967, a referida legislação prevê a obrigatoriedade de o órgão fracionário do Tribunal de Justiça, ao receber a denúncia, manifestar-se motivadamente sobre a prisão preventiva do acusado, nos casos dos crimes previstos nos incisos I e II do art. 1º, e sobre o seu afastamento do exercício do cargo durante a instrução criminal, nas hipóteses dos demais incisos do mesmo artigo.
b. **Suspensão de permissão ou habilitação para dirigir veículo automotor ou proibição de sua obtenção**. O art. 294 do Código de Trânsito brasileiro (Lei nº 9.503/1997) reza o seguinte:

> (...) em qualquer fase da investigação ou da ação penal, havendo necessidade para a garantia da ordem pública, poderá o juiz, como medida cautelar, de ofício, ou a requerimento do Ministério Público ou ainda mediante representação da autoridade policial, decretar, em decisão motivada, a suspensão da permissão ou da habilitação para dirigir veículo automotor, ou a proibição de sua obtenção.

c. **Medidas protetivas previstas no âmbito da Lei Maria da Penha**. Já detalhadas em na Parte 2 desta obra.
d. **Medida de afastamento cautelar de servidor público na Lei de Drogas, prevista no art. 56, § 1º**. Vejamos a Lei nº 11.343/2006:

> **Art. 56.** (...)
>
> **§ 1º** Tratando-se de condutas tipificadas como infração do disposto nos arts. 33, *caput*, e § 1º, e 34 a 37 desta Lei, o juiz, ao receber a denúncia, poderá decretar o afastamento cautelar do denunciado de suas atividades, se for funcionário público, comunicando ao órgão respectivo.

e. **Afastamento cautelar de agente público nos termos da Lei nº 8.429/1992**. A lei que trata sobre improbidade administrativa também prevê a possibilidade de afastamento cautelar do agente público do exercício do cargo, emprego ou função, quando a medida se fizer necessária à instrução processual ou para evitar a iminente prática de novos ilícitos pelo prazo de 90 (noventa) dias, prorrogáveis, de forma motivada, uma única vez, por igual período (art. 20, §§ 1º e 2º).

25.5 PODER GERAL DE CAUTELA DO MAGISTRADO

O poder geral de cautela diz respeito à prerrogativa do Estado-Juiz de **determinar medidas não previstas expressamente na legislação para garantir a eficácia e o resultado** útil da investigação, **da instrução e do próprio processo ou mesmo a preservação de direitos dos envolvidos na relação processual**.

Trata-se de poder instituído em favor do magistrado e destinado à concessão de **cautelares atípicas**, ou seja, sem previsão expressa na legislação. Tem cabimento justamente naquelas hipóteses em que as cautelares típicas não forem suficientes para a assegurar a efetividade do processo ou a preservação dos direitos envolvidos.

O poder geral de cautela deve ser exercido de forma complementar, justamente para outorgar proteção a situações que, acaso inexistente tal prerrogativa, mostrar-se-iam desguarnecidas. Nessa linha, segundo Nicolas Gonzáles-Cuellar Serrano, afigura-se possível a adoção do poder geral de cautela, desde que sejam observadas três condições:

1. idoneidade e menor lesividade da medida alternativa;
2. cobertura legal suficiente da limitação dos direitos que a medida restrinja;
3. exigência da infraestrutura necessária para sua aplicação.

25.6 PODER GERAL DE REPRESENTAÇÃO DO DELEGADO DE POLÍCIA

Ao lado do poder geral de cautela, outorgado ao magistrado no sentido de lhe conferir o poder de adotar medidas cautelares atípicas (sem previsão na legislação), destinadas a garantir o sucesso da persecução penal, encontra-se o **poder geral de representação do Delegado de Polícia**.

Assim, mesmo diante da ausência de previsão legal expressa, o Delegado de Polícia poderia representar o juiz a respeito de medidas que se mostrem indispensáveis para a preservação do sucesso da investigação ou mesmo a proteção das vítimas do delito.

A título de exemplo, sustentamos que o Delegado de Polícia poderia representar a respeito de medidas protetivas de urgência no âmbito da Lei Maria da Penha mesmo diante da ausência de previsão legal, considerando que a legislação outorga à vítima e ao Ministério Público a legitimidade em representar por medidas protetivas de urgências outorgadas no âmbito da Lei Maria da Penha.

Trata-se de **poder implícito** outorgado ao Delegado de levar ao conhecimento do magistrado situações que necessitem de proteção por meio de decisão judicial.

Encerrada essa análise preliminar, passemos a analisar a estrutura da representação por medidas cautelares diversas da prisão.

25.7 ESTRUTURA DA PEÇA

Conforme já dito anteriormente, a estrutura da peça segue o padrão já abordado de maneira genérica no Capítulo 20, porquanto conterá como elementos obrigatórios:

1. **endereçamento**;
2. **preâmbulo**;
3. **síntese dos fatos**;
4. **fundamentos**; e
5. **pedido(s) e fechamento**.

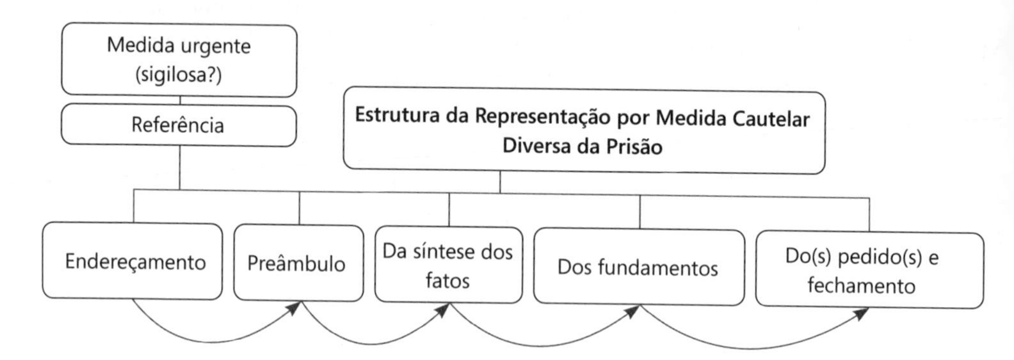

Além dos elementos obrigatórios acima ilustrados, a representação deve trazer **entre o endereçamento e o preâmbulo**, a **referência** eventualmente trazida pela questão. O mais comum é que a referência seja o número do inquérito policial, mas pode ocorrer de a questão trazer como referência o número da ocorrência policial ou, até mesmo, o número de distribuição do inquérito policial no Poder Judiciário.

O importante é que o candidato coloque exatamente como a questão trouxer, ou seja, se no texto estiver escrito "Inquérito Policial nº 9748/2021 – 38ª DP", o candidato deve colocar entre o endereçamento e preâmbulo:

Referência: Inquérito Policial nº 9748/2021 – 38ª DP

Sem abreviar.

Se o texto trouxer "I.P. nº 9.748/2021", o candidato deve colocar entre o endereçamento e preâmbulo:

Referência: I.P. nº 9748/2021

Abreviando.

Ou seja, exatamente como a questão trouxer. Isso vale para os casos de existir referência ao número de ocorrência ou a qualquer outro número.

Muito cuidado para não errar o número trazido pela questão, pois isso pode gerar uma identificação de prova. Exemplifico: vamos imaginar que a questão traga a referência como Inquérito Policial nº 449988/2021 e você erre na hora de escrever e coloque:

Referência: I.P. nº 448888/2021

Isso pode gerar problema, portanto é importante que o candidato tenha bastante atenção.

Caso a questão não traga a informação de referência, **o candidato jamais deve criar dados**! O que se pode fazer é colocar entre o endereçamento e preâmbulo o seguinte:

Observe que a informação deverá ser apresentada sem nenhum número nesses casos, uma vez que a própria questão não indicou nenhum número.

Outro dado que deve constar nesta peça, também entre o **endereçamento** e o **preâmbulo**, é que a medida é **urgente**. Conforme salientado no Capítulo 19 desta parte do nosso *Manual Decifrado*, na dúvida, deve ser colocada esta informação em razão da própria essência das medidas cautelares, que são urgentes em razão do *periculum in mora* ou *periculum libertatis*. Com relação ao fato de ser a **medida sigilosa, nesta medida, depende**: a regra, ao menos teoricamente, é que a parte contrária seja ouvida acerca da medida. Sendo assim, se houver elementos que indiquem a necessidade de medida *inaudita altera pars*, isso deve ser demonstrado na fundamentação e requerido no pedido, constando a expressão "**medida sigilosa**" também entre os elementos endereçamento e preâmbulo.

Passado esse ponto, abordaremos, um a um, os elementos obrigatórios.

25.7.1 Endereçamento

Considerando que a representação deve ser analisada por um magistrado, ela deve ser endereçada ao juiz competente, sendo parte obrigatória.

Conforme salientado no Capítulo 20, caso ainda não haja juiz prevento, o endereçamento deve ser realizado ao juiz criminal (crimes comuns) ao juiz do tribunal do júri (crimes dolosos contra a vida), juiz da vara de violência doméstica (crimes envolvendo violência doméstica familiar) ou a outros, a depender do tipo de crime cometido e da organização judiciária do local de onde se presta a prova. Assim, é interessante que o candidato, conheça, ao menos superficialmente, a estrutura organizacional do Poder Judiciário do local em que presta o concurso, desde que seja cobrado em edital.

Caso já exista juízo prevento e a questão faça referência a tal juízo, deve-se endereçar a representação a ele.

A título de exemplo, no Distrito Federal temos Varas do Tribunal do Júri, a Circunscrição Especial Judiciária de Brasília e as Circunscrições Judiciárias das Regiões Administrativas. Já nos Estados, geralmente se endereça a peça prática profissional da seguinte forma:

Excelentíssimo Senhor Juiz de Direito da ___ Vara Criminal da Comarca de xxxxxx.

No que concerne ao pronome de tratamento do juiz, indica-se que não se faça o uso de diversos tratamentos, como: "**Excelentíssimo Senhor Doutor Juiz de Direito**". Indica-se que use somente a expressão: "**Excelentíssimo Senhor Juiz de Direito**".

Nos concursos para Delegado de Polícia Federal é necessário saber que existem Varas Federais que formam as Seções Judiciárias ou Subseções Judiciárias.

Vejamos o seguinte exemplo: caso o crime tenha ocorrido em Natal, a representação deve ser endereçada ao Excelentíssimo Senhor Juiz Federal da __ Vara Federal da Seção Judiciária do Rio Grande no Norte.

De igual forma, com relação ao pronome de tratamento, basta utilizar "**Excelentíssimo Senhor Juiz Federal**".

Lembrando que, caso se esteja diante de crime apurado pela Polícia Federal, nos termos do art. 1º da Lei nº 10.446/2002 (quando houver repercussão interestadual ou internacional que exija repressão uniforme em crimes específicos) não há, geralmente, deslocamento de competência para a Justiça Federal. Nestes casos, portanto, o Delegado de Polícia Federal eventualmente representará ao Juiz de Direito Estadual.

É importante ressaltar que o Pacote Anticrime, Lei nº 13.964/2019, trouxe mudança significativa na estrutura do Poder Judiciário: o juiz de garantias. Até o fechamento desta obra, em razão de decisão do Supremo Tribunal Federal, a instituição dos juízes de garantias está suspensa. Ocorre que o tema pode impactar diretamente no endereçamento da peça, conforme mais bem trabalhado no Capítulo 20 desta obra, a qual remetemos o leitor.

25.7.2 Preâmbulo

Conforme já salientado, o preâmbulo deve perseguir a consecução de três objetivos básicos:

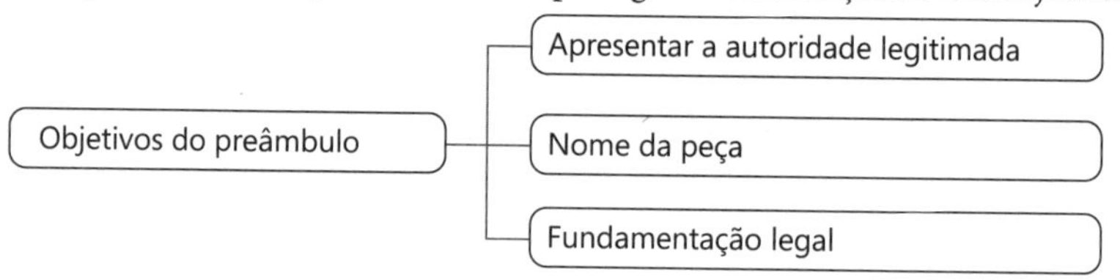

O primeiro objetivo, conforme se percebe, será estático em todas as representações, devendo apenas o candidato adicionar legitimação adicional eventualmente trazida por legislação local. Vejamos um exemplo:

> O Delegado de Polícia Civil ao final assinado, no uso de suas atribuições constitucionais e legais, sobretudo o art. 144, § 4º, da Constituição Federal e art. 2º, § 1º, da Lei nº 12.830/2013 *(se houver legislação local, a exemplo de dispositivo da Constituição Estadual, colocar aqui).*

No caso de se estar diante de uma prova para Delegado de Polícia Federal, evidentemente, haverá alteração da legitimidade constitucional, não cabendo a inserção de legislação local. Vejamos:

> O Delegado de Polícia Federal ao final assinado, no uso de suas atribuições constitucionais e legais, sobretudo o art. 144, § 1º, I, da Constituição Federal e art. 2º, § 1º, da Lei nº 12.830/2013.

Aí vem o cumprimento dos demais objetivos do preâmbulo, que não necessariamente precisam respeitar a ordem acima, ou seja, pode ser o nome da peça e, logo após a fundamentação legal ou vice-versa. É uma questão de estilística.

Nesta medida, o preâmbulo deve trazer quais as medidas cautelares diversas da prisão são requeridas, com os respectivos fundamentos legais.[1] Vejamos:

O Delegado de Polícia Civil ao final assinado, no uso de suas atribuições, sobretudo o art. 144, § 4º, da Constituição Federal e do 2º, § 1º, da Lei nº 12.830/2013, com fundamento no art. 282, § 2º, do Código de Processo Penal, vem à presença de Vossa Excelência representar pelas seguintes **medidas cautelares diversas da prisão** a serem aplicadas ao investigado *(nome do investigado e seus dados de qualificação trazidos pela questão)*: 1) *(medida cautelar 01)*, 2) *(medida cautelar 02)* e 3) *(medida cautelar 03)* – previstas respectivamente nos incisos *(colocar os incisos do art. 319 do CPP[2])*, do art. 319 do Código de Processo Penal, pelos fundamentos de fato e de direito a seguir expostos.

Ou

Vem à presença de Vossa Excelência representar pelas seguintes **medidas cautelares diversas da prisão** a serem aplicadas ao investigado *(nome do investigado e seus dados de qualificação trazidos pela questão)*: 1) *(medida cautelar 01)*, 2) *(medida cautelar 02)* e 3) *(medida cautelar 03)* – previstas respectivamente nos incisos (colocar os incisos do art. 319 do CPP[3]), do art. 319 do Código de Processo Penal, com fundamento no art. 282, § 2º, do Código de Processo Penal pelos fundamentos de fato e de direito a seguir expostos.

De forma integral, teremos o seguinte:

Para o cargo de Delegado de Polícia Civil

O Delegado de Polícia ao final assinado, no uso de suas atribuições constitucionais e legais, sobretudo o art. 144, § 4º, da Constituição Federal e art. 2º, § 1º, da Lei nº 12.830/2013 *(se houver legislação local, a exemplo de dispositivo da Constituição Estadual, colocar aqui)*, com fundamento no art. 282, § 2º do Código de Processo Penal, vem *à presença de* Vossa Excelência representar pelas seguintes **medidas cautelares diversas da prisão** a serem aplicadas ao investigado *(nome do investigado e seus dados de qualificação trazidos pela questão)*: 1) *(medida cautelar 01)*, 2) *(medida cautelar 02)* e 3) *(medida cautelar 03)* – previstas respectivamente nos incisos *(colocar os incisos do art. 319 do CPP[4])*, do art. 319 do Código de Processo Penal, pelos fundamentos de fato e de direito a seguir expostos.

Para o cargo de Delegado de Polícia Federal

O Delegado de Polícia Federal ao final assinado, no uso de suas atribuições constitucionais e legais, sobretudo o art. 144, § 1º, I, da Constituição Federal e art. 2º, § 1º, da Lei

---

1 Caso o candidato não se recorde do inciso, deve colocar ao menos o art. 319 do CPP (a não ser que se trate de retenção de passaporte, caso em que será o art. 320 do CPP).

2 Exceto obviamente a medida prevista no art. 320 do CPP.

3 Idem

4 Ibidem.

nº 12.830/2013, com fundamento no art. 282, § 2º, do Código de Processo Penal, vem à presença de Vossa Excelência representar pelas seguintes **medidas cautelares diversas da prisão** a serem aplicadas ao investigado *(nome do investigado e seus dados de qualificação trazidos pela questão)*: 1) *(medida cautelar 01)*, 2) *(medida cautelar 02)* e 3) *(medida cautelar 03)* – previstas respectivamente nos incisos *(colocar os incisos do art. 319 do CPP[59])*, do art. 319 do Código de Processo Penal, pelos fundamentos de fato e de direito a seguir expostos.

Repare que, por questões didáticas, nós ressaltamos em negrito o nome da peça, no entanto o candidato em sua prova não deve tentar realizar qualquer destaque. O máximo que se permite é colocar o nome da peça com letras maiúsculas.

Perceba que **a representação deve ser realizada em nome do Delegado de Polícia,** e não da instituição Polícia Civil ou Polícia Federal. Observe que, diferentemente do que ocorre com relação ao Ministério Público, o Delegado de Polícia não se constitui como órgão, mas, na verdade, insere-se no conceito de agente integrante do órgão policial, Polícias Civis ou Polícia Federal. Por esse motivo, a representação deve ser realizada em nome do cargo de Delegado de Polícia.

Ademais, caso a representação fosse realizada em nome da instituição policial, não faria sentido a indicação dos dispositivos previstos na Lei nº 12.830/2013, que é o estatuto do Delegado de Polícia.

25.7.3 Síntese dos fatos

Conforme já analisamos anteriormente, trata-se do ponto comum entre as peças internas e externas. Em ambas as hipóteses, o candidato deverá reservar determinado tópico para a descrição dos fatos que fundamentam a medida.

Algumas informações são bastante importantes a esse respeito:

a. Normalmente, o examinador não confere muitos pontos à descrição fática realizada pelo candidato. Contudo, esse tópico fornece toda a lógica à estrutura da peça, motivo pelo qual sua confecção ganha relevo.

b. Não se deve copiar *ipsis litteris* o enunciado da questão. O candidato deverá demonstrar a capacidade de síntese, pois na maioria dos casos o espaço da folha de resposta não comporta elementos desnecessários na descrição dos fatos.

c. Não se deve criar fatos não citados pelo examinador.

d. É necessário objetividade, com prevalência à transcrição de fatos que serão relevantes para a autoria, materialidade do crime e todas as suas circunstâncias relevantes para a apuração.

e. O candidato deverá ressaltar os fatos que possuem relação com a fundamentação jurídica analisada a seguir.

---

[5] Ibidem.

Assim, o nosso leitor deve se atentar para aqueles fatos que possuam relação com a medida pleiteada, exercitando a sua capacidade de síntese. Devem ser indicados os pontos que serão relevantes para que o magistrado decida a respeito do feito. Aqueles fatos que nada contribuem ao objetivo proposto ou que em nada se correlacionem com a medida pleiteada não precisam estar expostos na síntese dos fatos como elemento integrante da representação.

Na síntese dos fatos,[6] o candidato deve ter como parâmetro o **conhecido Heptâmetro de Quintiliano** e buscar responder aos seguintes questionamentos:

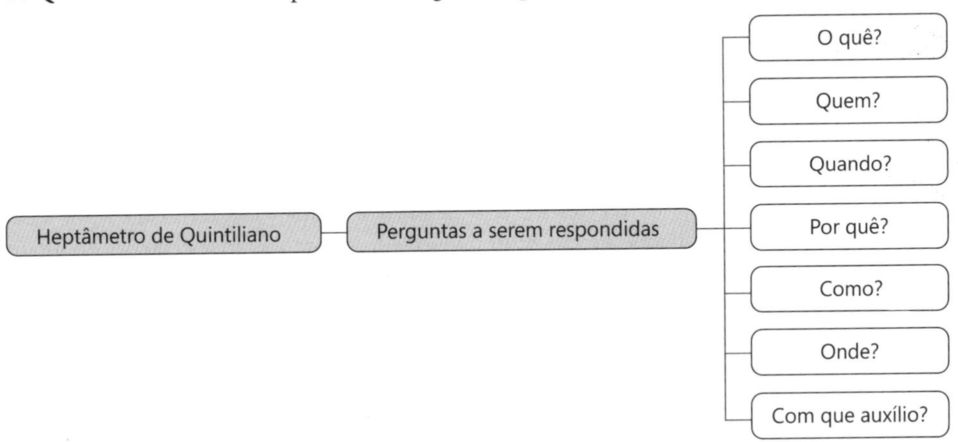

No caso da medida cautelar diversa da prisão, a partir de dados trazidos pela questão, devem ser apontados fatos que servirão para sustentar os pontos da fundamentação jurídica.[7]

25.7.4 Dos fundamentos

Neste ponto, o candidato deverá demonstrar os fundamentos jurídicos trazidos no tópico em que tratamos do arcabouço teórico para a concessão da medida cautelar diversa da prisão.

Pode-se iniciar tratando sobre o instituto que se pleiteia, sendo facultativa a utilização do roteiro proposto no Capítulo 20 da terceira parte deste *Manual Decifrado*.

Também devem ser apontados o ***fumus comissi delicti***, o ***periculum in mora*** e a **proporcionalidade** da medida.

Observe que deve haver a conjugação entre a descrição fática realizada no tópico anterior (síntese dos fatos) e o ***fumus comissi delicti*** – consubstanciado pela indicação da **prova da existência do crime** e **indícios suficientes de autoria** – e, posteriormente, o ***periculum in mora***.

Por isso, na descrição fática, o candidato deverá ressaltar aquilo que servirá como base aos fundamentos jurídicos e descrever concretamente (por meio de dados da questão), em

---

6 Pode também ser chamado de "sinopse dos fatos", "do resumo fático", "dos fatos" ou qualquer outro nome semelhante.

7 Confira o exemplo trazido no Capítulo 20 desta obra.

que se funda a prova da materialidade do crime, fazendo referência a eventuais exames periciais e outros elementos atestadores da materialidade do crime.

Este é o **momento de tipificar o(s) delito(s)**, pois a prova da existência do crime perpassa pela prova de que o fato existiu (materialidade) e também que o fato é definido como crime.

Já no que concerne aos indícios suficientes de autoria, o Delegado deverá apontar, concretamente (por meio de dados da questão), em que se funda a suspeita a respeito da autoria do delito em investigação.

Podemos estruturar o ***fumus comissi delicti*** da seguinte forma:

a. Primeiro indique a materialidade do delito. Lembrando que esses elementos devem estar provados. Ressalte na peça a existência de eventuais laudos periciais.
b. O(s) crime(s) deve(m) ser tipificado(s).
c. Posteriormente, indique os indícios suficientes de autoria: quais fatos indicam que aquele suspeito pode ter cometido o delito. De forma mais técnica, qual a justa causa para o indivíduo estar sendo investigado e como as investigações apontam para a autoria dele.

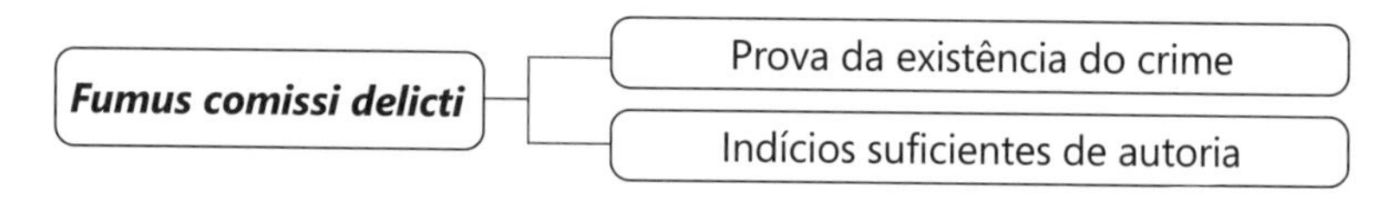

Atenção

Não se deve criar fatos não narrados pelo examinador.

Com relação ao ***periculum in mora*** deve ser apontado que, caso a medida não seja deferida de maneira célere, a mora pode causar dado futuro de difícil reparação à investigação e/ou a direito.

Ainda com relação à urgência da medida (concretamente demonstrada – com dados da questão), esta pode, além de outros elementos, ser fundamento para se requerer que a medida seja deferida ***inaudita altera pars***, nos termos do art. 282, § 3º, do Código do Processo Penal. O mesmo se aplica a medidas que podem não ser eficazes caso haja intimação da parte contrária.

Embora na prática não seja comum, em provas concursais o óbvio precisa ser afirmado. Dessa forma, deve-se **descartar as espécies de prisão** por ausência de fundamento legal, se for o caso. Ex.: o crime não está no rol dos crimes que admitem prisão temporária ou, ainda, não estar dentro das hipóteses que autorizam a prisão preventiva.

Deve-se, ademais, a depender da situação, ser ressaltado que, ao caso concreto, cabe, de forma eficaz, a medida cautelar diversa da prisão representada, sendo, portanto, desproporcional prisão cautelar, por ser esta medida mais gravosa. Em outras palavras, deve-se afirmar que a medida cautelar diversa da prisão é **proporcional**.

Ainda com relação à proporcionalidade, é importante destacar o **liame da medida** representada com o resultado que se busca alcançar. Ex.: proibição de frequentar jogos de futebol ao representado envolvido em brigas de torcida (a *contrário sensu*, a essa situação não há liame com a medida de retenção de passaporte).

25.7.5 Do(s) pedido(s)[8] e fechamento

a. Pedido

Esta parte é bastante simples de ser elaborada e não há maiores peculiaridades na representação por medida cautelar diversa da prisão com relação ao modelo genérico anteriormente proposto.

Trata-se, basicamente, de uma conclusão do que foi sustentado na fundamentação.

Deve constar que a parte contrária deve ser ouvida, no prazo de 5 (cinco) dias, no caso de não ser a medida urgente. Em caso de **exceção prevista no art. 282, § 3º, do CPP**, isso deve ser novamente salientado.

Constar novamente quais as **medidas requeridas**. Deve-se colocar nesta parte, por cautela, que o **membro do Ministério Público será ouvido**. Vejamos:

Pode-se repetir a fundamentação legal aposta no preâmbulo:

> Por todo o exposto, com fulcro no art. 282, § 2º, do Código de Processo Penal, representa esta Autoridade Policial pelas seguintes **medidas cautelares diversas da prisão** a serem aplicadas ao investigado *(nome do investigado e seus dados de qualificação trazidos pela questão):* 1) *(medida cautelar 01)*, 2) *(medida cautelar 02)* e 3) *(medida cautelar 03)* – previstas respectivamente nos incisos *(colocar os incisos do art. 319 do CPP[9])*, do art. 319 do Código de Processo Penal, após manifestação do ilustre membro do Ministério Público.

Ou utilizar a fórmula genérica:

> Por todo o exposto e com amparo nos dispositivos legais citados, representa esta Autoridade Policial pelas seguintes **medidas cautelares diversas da prisão** a serem aplicadas ao investigado *(nome do investigado e seus dados de qualificação trazidos pela questão):* 1) *(medida cautelar 01)*, 2) *(medida cautelar 02)* e 3) *(medida cautelar 03)* – previstas respectivamente nos incisos *(colocar os incisos do art. 319 do CPP[10])*, do art. 319 do Código de Processo Penal, após manifestação do ilustre membro do Ministério Público.

---

8 Conforme já analisamos, a representação não se trata propriamente de um requerimento ou pedido, contudo, considerando que a prática cartorária-policial consagrou o uso da expressão, decidimos mantê-la neste trabalho, apesar das críticas anteriormente citadas.

9 Exceto obviamente a medida prevista no art. 320 do CPP.

10 Exceto obviamente a medida prevista no art. 320 do CPP.

Note-e que é facultativo o uso da expressão: ***nesses termos, pede deferimento***. Conforme já ressaltamos, não se trata a representação efetivamente de um pedido, motivo pelo qual não indicamos o uso da expressão, contudo é muito comum na prática e, efetivamente, apresenta a ideia de encerramento da representação.

b. Fechamento

Por fim, o **fechamento** é realizado da seguinte maneira, fazendo referência:

- ao local e à data;
- à expressão "Delegado de Polícia";
- à lotação (se a questão trouxer).

Trata-se de fase simples, contudo devemos apresentar algumas ressalvas:

- **Com relação à data e ao local, deve-se efetivamente escrever a expressão "local e data".** Caso a questão apresente o local em que os fatos ocorreram poder-se-ia utilizar como referência o local apresentado na questão. Não se deve utilizar o local da prova ou a data da prova, salvo, logicamente, se forem as mesmas apresentadas na questão.
- **Com relação ao uso do termo "Delegado de Polícia"**, deve-se fazer referência ao uso da expressão no masculino, salvo se a questão especificar que quem conduz a investigação é uma mulher. Não se trata de preferência de gênero, mas de cautela para não identificar sua prova.
- **Com relação à lotação, deve-se utilizar a expressão "lotação".** Caso a questão apresente a lotação, o candidato poderá especificá-la.

Modelo

EXCELENTÍSSIMO(A) SENHOR(A) JUIZ(A) DE DIREITO DA ___ VARA (...) DA COMARCA DE (...)

Não use abreviações no endereçamento. Lembre-se de que não é necessário o uso de inúmeros pronomes de tratamento.

Medida sigilosa e urgente.

Como dito, pode-se colocar que a medida é sigilosa e urgente em razão da própria essência das cautelares.

Referência: Inquérito Policial nº

Caso haja referência ao número do inquérito, deve-se fazer referência à referida numeração. Caso não haja, o candidato poderá usar o termo: Inquérito Policial nº.

Não há necessidade de pular linhas, sobretudo se o número de linhas de sua prova for reduzido.

Deixar parágrafo de aproximadamente dois dedos de distância da margem.

O Delegado de Polícia ao final assinado, no uso de suas atribuições constitucionais e legais, sobretudo o art. 144, § 4º,[11] da Constituição Federal e art. 2º, § 1º, da Lei nº 12.830/2013 *(se houver legislação local, a exemplo de dispositivo da Constituição Es-*

[11] Lembrando que, caso seja prova para Delegado de Polícia Federal, a legitimidade será alterada.

tadual, colocar aqui), com fundamento no art. 282, § 2º, do Código de Processo Penal, vem à presença de Vossa Excelência representar pelas seguintes **medidas cautelares diversas da prisão** a serem aplicadas ao investigado *(nome do investigado e seus dados de qualificação trazidos pela questão)*: 1) *(medida cautelar 01)*, 2) *(medida cautelar 02)* e 3) *(medida cautelar 03)* – previstas respectivamente nos incisos *(colocar os incisos do art. 319 do CPP[12])*, do art. 319 do Código de Processo Penal, pelos fundamentos de fato e de direito a seguir expostos.

DA SINOPSE DOS FATOS

Nesse ponto, deve-se apresentar o resumo dos fatos elencados na questão, lembre-se de que não devem ser apresentados fatos que não estiverem no enunciado da questão.

1ª informação: unicamente com base na questão apresentada, utilizando-se do poder de síntese, deve ser ressaltado tudo que houver sobre as seguintes perguntas: O quê? Quem? Quando? Onde? Por quê? Como? Com quem?

2ª informação: só devem ser ressaltados fatos relevantes que terão correlação com a parte da fundamentação.

DOS FUNDAMENTOS

Nesse momento, pode-se apresentar um breve apanhado sobre o instituto pleiteado, além do fumus comissi delicti, *do* periculum in mora *e* proporcionalidade, *que vão variar conforme a medida.*

1ª informação: indique a **materialidade do delito**. Lembrando que aqui esses dados devem estar consubstanciados em elementos concretos. Ressalte na peça a existência de eventuais laudos periciais.

2ª informação: tipifique o delito.

3ª informação: indique **os indícios suficientes de autoria**. Deve-se apontar quais fatos demonstram que aquele suspeito pode ter cometido o delito. Em análise técnica, deve-se apresentar qual a justa causa para o indivíduo estar sendo investigado e quais as informações colhidas na investigação apontam para a autoria dele.

4ª informação: demonstre ao juiz que **a medida** é **adequada e proporcional** e, se não for implementada de forma célere (***periculum in mora***), gerará risco provável grave e irreparável.

5ª informação: com relação à proporcionalidade, importante ressaltar que a medida, também eficaz ao caso concreto, será menos gravosa, razão pela qual deve ser preferida às cautelares prisionais.

6ª informação: ainda com relação à proporcionalidade, deve-se demonstrar o **liame da medida** representada com o resultado que se busca alcançar. Deve ser apontado que as medidas cautelares podem ser cumulativas, se for o caso.

7ª informação: se for o caso, deve-se apontar a razão da necessidade de a medida ser deferida ***inaudita altera pars***.

---

[12] Exceto, obviamente, a medida prevista no art. 320 do CPP.

DO(S) PEDIDO(S)

Aqui será apenas a finalização da peça, indicando ao magistrado a razão da representação. Deve-se colocar, por cautela, que o membro do Ministério Público será ouvido.

Por todo o exposto, com fulcro no art. 282, § 2º, do Código de Processo Penal, representa esta Autoridade Policial pelas seguintes MEDIDAS CAUTELARES DIVERSAS DA PRISÃO a serem aplicadas ao investigado *(nome do investigado e seus dados de qualificação trazidos pela questão)*: 1) *(medida cautelar 01)*, 2) *(medida cautelar 02)* e 3) *(medida cautelar 03)* – previstas respectivamente nos incisos *(colocar os incisos do art. 319 do CPP)*[13], do art. 319 do Código de Processo Penal, após manifestação do ilustre membro do Ministério Público.

Local, data.

Delegado de Polícia.

Lotação *(se houver)*.

Embora seja óbvio, o óbvio por vezes precisa ser dito: jamais identifique sua prova, *seja assinando-a, colocando seu nome (ou as iniciais dele) ou de qualquer outra maneira.*

Caso prático

Brutos Falabela vem sendo investigado pela 26ª Delegacia de Polícia – por meio do Inquérito Policial nº 1100/2022 – em razão de denúncias formuladas por frequentadores de bares da região de Samambaia/DF, no sentido de que o investigado, em dias de jogos do time Araras Futebol Clube, envolve-se em brigas na região.

Por intermédio de pesquisas nos sistemas internos da Polícia Civil do Distrito Federal, verificou-se o seguinte:

1. Brutos não possui antecedentes criminais, mas figura como suspeito em diversas ocorrências de vias de fato, injúria real e lesões corporais, as quais ensejaram a instauração do citado inquérito.

2. Brutos é filiado à Torcida Organizada Araras Futebol de Sangue (TOAFS) desde maio de 2018.

Restou apurado que, em dias de jogos do citado time de futebol, Brutos vai a bares na região de Samambaia que estão transmitindo os jogos, a fim de provocar os torcedores dos times rivais.

Foram inqueridas diversas testemunhas, dentre elas, às fls. 32/34, o presidente da TOAFS, Júlio Pascoal, o qual afirmou, em suma, que o nome da torcida organizada foi idealizado por pessoas que tinham o futebol "no sangue". Ocorre que alguns filiados passaram a instigar atos de violência, afirmando, de maneira equivocada, que o nome "Futebol de Sangue" tinha esse viés. Perguntado sobre o investigado Brutos, Júlio afirmou que ele está respondendo processo administrativo disciplinar de expulsão da torcida em razão de seu mal comportamento violento.

Foi ouvida ainda, às fls. 40/41, a dona do bar "Show de Bola", sra. Ingrid Valença. Ela afirmou que conhece Brutos e que este já causou diversas confusões em seu estabelecimento, sempre durante a exibição dos jogos do Araras Futebol Clube.

---

[13] Exceto obviamente a medida prevista no art. 320 do CPP.

Segundo a testemunha, Brutos fica muito nervoso ao assistir aos jogos e passa a provocar com tapas, em tom de chacota, os demais frequentadores que torcem por times adversários. Se algum desses frequentadores fica inconformado, Brutos parte para a agressão física, restando certa vez um rapaz com o braço luxado.

As investigações apontaram que Brutos possui residência e trabalho fixos, sendo pessoa calma e ordeira, exceto nos momentos da exibição dos citados jogos.

Ante o exposto, sabendo que o próximo jogo do Araras Futebol Clube está agendado no Distrito Federal para a próxima semana, represente pela medida adequada à situação.

Modelo de proposta de resposta

EXCELENTÍSSIMO SENHOR JUIZ DE DIREITO DA __ VARA CRIMINAL DA CIRCUNSCRIÇÃO JUDICIÁRIA DE SAMAMBAIA/DF.

Referência: Inquérito Policial nº 1100/2022. Medida Sigilosa e Urgente.

O Delegado de Polícia Civil ao final assinado, no uso de suas atribuições, sobretudo o art. 144, § 4º, da Constituição Federal e do 2º, § 1º, da Lei nº 12.830/2013, com fundamento no art. 282, § 2º do Código de Processo Penal, vem à presença de Vossa Excelência representar pelas seguintes **medidas cautelares diversas da prisão** a ser aplicada ao investigado Brutos Falabela: 1) proibição de acesso ou frequência a determinados lugares, 2) recolhimento domiciliar no período noturno e 3) monitoração eletrônica – previstas nos incisos II, V e IX, do art. 319 do Código de Processo Penal, respectivamente, pelos fundamentos de fato e de direito a seguir expostos.

DOS FATOS

Trata-se de Inquérito Policial instaurado nesta Delegacia de Polícia a fim de apurar denúncias de que o representado, Brutos Falabela, filiado à Torcida Organizada Araras Futebol de Sangue (TOAFS), estaria, em dias de transmissões dos jogos do time, envolvendo-se em brigas em bares da região de Samambaia/DF.

Foi ouvida a testemunha Júlio Pascoal (fls. 32/34), presidente da referida torcida organizada, o qual, em suma, afirmou que o representado está respondendo a processo administrativo disciplinar por seu mal comportamento violento.

Ouviu-se, ainda, às fls. 40/41, a dona do bar "Show de Bola", sra. Ingrid Valença. Na ocasião, esta afirmou que o representado, nos dias de transmissão dos jogos do Araras Futebol Clube, fica muito nervoso e passa a provocar com tapas, em tom de chacota, os demais frequentadores que torcem por times adversários, causando nessas lesões em caso de inconformismo.

As investigações apontaram que o representado é pessoa calma e ordeira, exceto nos momentos da exibição dos citados jogos. Ele possui residência e trabalho fixos.

DA FUNDAMENTAÇÃO

Como se sabe, Excelência, a segregação cautelar de investigados deve ser exceção na atual ordem constitucional, devendo prevalecer, ante a proporcionalidade de eventual medida assecuratória, ponderação entre as ações praticadas, suas circunstâncias, personalidade do agente e o direito à liberdade.

Ademais, eventual representação por prisão, no caso concreto, não encontra guarida no rol taxativo da Lei nº 7.960/1989 – que trata da prisão temporária – tampouco no art. 313 do Código de Processo Penal, que trata da prisão preventiva.

Em que pese o exposto, verifica-se por meio do acima narrado que há prova de que o representado vem causando danos à honra e integridade física de vítimas, sem qualquer justificante que o ampare, havendo, pois, ***fumus comissi delicti***.

Conforme as apurações, o representado, em dias de jogos do time Araras Futebol Clube frequenta bares na região de Samambaia/DF, provocando com tapas humilhantes determinadas pessoas que torcem por times rivais, causando lesões nessas pessoas quando do inconformismo, o que configura, em tese, os delitos de injúria real (art. 140, § 2º, do CP) e lesões corporais (art. 129, *caput*, do CP).

A fim de coibir essas práticas, cuja reiteração se faz provável, respeitando a proporcionalidade acima citada, faz-se imperiosas as decretações das cautelares diversas da prisão representadas – proibição de acesso e frequência a determinados lugares, recolhimento domiciliar e monitoração eletrônicas – não sendo impeditivo seu deferimento conjunto, nos termos do art. 282, § 1º, do CPP.

Ante este contexto, cumpre informar que, em razão de o próximo jogo do Araras Futebol Clube ser na próxima semana, o deferimento célere da presente representação se faz imperiosa. Presente, pois, o *periculum in mora*.

Ressalta-se ainda que, em razão da urgência da medida, o caso em tela encontra-se abarcado pela exceção que trata o art. 282, § 3º, do CPP, devendo, pois, ser a expedição da ordem *inaudita altera pars*.

DOS PEDIDOS

Ante o exposto, com fulcro nos dispositivos acima citados, representa este signatário, após a oitiva do membro do Ministério Público, pela decretação das seguintes medidas cautelares ao representado, *inaudita altera pars*: 1) proibição de frequentar aos jogos do Araras Futebol Clube – em especial o que será realizado na semana vindoura no Distrito Federal – bem como frequentar a bares que estejam transmitindo os referidos jogos; 2) recolhimento domiciliar na mesma ocasião e 3) monitoração eletrônica, previstas no art. 319. do CPP, por serem medidas adequadas ao caso.

Samambaia/DF,

data.

Delegado de Polícia.

26ª Delegacia de Polícia.

Interceptações de comunicações

A interceptação telefônica pode ser entendida como o ato de captar a comunicação de terceiros com a finalidade de conhecer o conteúdo das conversas realizadas. Observe que a interceptação possui como elemento característico a **intervenção de terceiro sem o conhecimento de nenhum dos interlocutores**.

Trata-se de **meio de obtenção de prova extraordinário** que pode ser utilizado, mediante **autorização judicial**, tanto na fase investigativa quanto na fase processual.

A legislação que trata sobre interceptação descreve situações pontuais, nas quais o Estado, quando necessário ao exercício do futuro *jus puniendi*, legalmente e de maneira transitória, relativiza direitos constitucionais do acusado, tais como sigilo das correspondências, das comunicações telefônicas, para fins de investigação e aplicação da lei penal.

26.1 SIGILO CONSTITUCIONAL DAS COMUNICAÇÕES

A CF, em seu art. 5º, XII, afirma que é inviolável o sigilo das correspondências, das comunicações telegráficas e de dados e comunicações telefônicas. Prevê, ainda, literalmente, que **apenas o sigilo das comunicações telefônicas** poderá ser flexibilizado quando houver **autorização judicial**, nas hipóteses legalmente previstas.

Vejamos a redação do dispositivo constitucional:

> **CF/1988**
>
> **Art. 5º** (...)
>
> XII – é inviolável o sigilo da correspondência e das comunicações telegráficas, de dados e das comunicações telefônicas, salvo, no último caso, por ordem judicial, nas hipóteses e na forma que a lei estabelecer para fins de investigação criminal ou instrução processual penal; (...)

Já no que concerne às captações ambientais, a doutrina majoritária aponta como fundamento constitucional o texto descrito no art. 5º, X, Constituição Federal. Vejamos o referido texto:

CF/1988

Art. 5º (...)

X – são invioláveis a intimidade, a vida privada, a honra e a imagem das pessoas, assegurado o direito a indenização pelo dano material ou moral decorrente de sua violação; (...)

Apesar da redação do dispositivo, doutrina e jurisprudência outorgam interpretação extensiva ao texto constitucional admitindo-se a interceptação, nas hipóteses legalmente previstas, em todas as hipóteses de comunicações.

26.2 CONCEITO DE INTERCEPTAÇÃO TELEFÔNICA E AMBIENTAL

Atualmente, as comunicações telefônicas, por *e-mail*, ou mesmo aquelas que se valham de ferramentas tecnológicas distintas, como o WhatsApp, são instrumentos diuturnamente utilizados por infratores para a prática de delitos. Desse modo, o uso da interceptação das comunicações, por vezes, é indispensável para a investigação e consequente repressão a esses delitos.

Nesse sentido, a Autoridade Policial deve estar atenta à possibilidade de uso desse meio investigativo excepcional. Em provas concursais, é relativamente comum que o examinador espere que o candidato use esse instrumento investigativo, logicamente, desde que adimplidos os requisitos constitucionais e legais para o uso da referida medida.

Atualmente, há regulamentação tanto com relação a interceptações das comunicações telefônicas quanto com relação às comunicações ambientais, ambas com previsão na Lei nº 9.296/1996. O Pacote Anticrime, Lei nº 13.964/2019, regulamentou a possibilidade de interceptação das comunicações ambientais, prevista anteriormente apenas de maneira tímida na Lei nº 12.850/2013. Trataremos especificamente dos requisitos em momento posterior, ainda no âmbito deste capítulo.

Antes de efetivamente tratamos da natureza jurídica das interceptações, é necessário diferenciar a interceptação, escuta e gravação telefônica ou ambiental. Podemos sistematizar essa análise da seguinte maneira:

a. Comunicação telefônica:

- interceptação telefônica/interceptação em sentido estrito;
- escuta telefônica;
- gravação telefônica.

b. Comunicação ambiental:

- interceptação ambiental.
- escuta ambiental;
- gravação ambiental.

Observe que a diferenciação, basicamente, é o meio pelo qual se realizam as comunicações (telefone ou ambiente). Vejamos a diferença conceitual entre interceptação, escuta e gravação:

a. **Interceptação:** a captação da comunicação é realizada por um terceiro, sem o conhecimento de qualquer dos interlocutores.
b. **Escuta:** a captação é realizada por um terceiro, com o conhecimento de um dos interlocutores.
c. **Gravação:** nesses casos, ocorre uma "autogravação". A gravação das conversas travadas é realizada por um dos interlocutores. Normalmente, é feita por um dos interlocutores sem o conhecimento do outro, por esse motivo, é chamada por alguns doutrinadores de gravação clandestina.

Desse modo, podemos definir que as interceptações, escutas ou mesmo as gravações (telefônicas ou ambientais) são meio de obtenção de provas que incidem sobre as fontes de provas (comunicações).

Com relação às interceptações e escutas, considerando a necessidade de autorização judicial, trata-se de medida cautelar processual que realiza modalidade de apreensão imprópria, uma vez que apreendem elementos sonoros (ópticos ou eletromagnéticos) resultantes das comunicações.

As transcrições das comunicações, por sua vez, funcionam como meio de prova, pois são elas que serão juntadas aos autos para que possam ser valoradas pelo juiz.

26.2.1 Interceptação, escuta e gravação telefônica

No que concerne às comunicações telefônicas, a doutrina majoritária entende que o regime previsto na Lei nº 9.296/1996 aplica-se tanto à interceptação telefônica quanto à escuta telefônica, uma vez que ambas tratam de comunicações alheias.

Já no que concerne às gravações telefônicas, hipóteses em que as gravações são efetuadas por um dos interlocutores sem o conhecimento do outro, estas não estariam abrangidas pelo regime jurídico estabelecido na Lei nº 9.296/1996. Essas gravações consideram-se válidas se houver justa causa para que ocorra a gravação, como ocorre nas hipóteses em que o interlocutor efetua a gravação no momento que sofre empreitada criminosa de terceiro, a exemplo da exigência de preço como resgate de familiar ou mesmo ameaças realizadas por meio telefônico no âmbito de violência doméstica. O STF possui posicionamento nesse sentido.

26.2.2 Interceptação, escuta e gravação ambiental

De acordo com o professor Renato Brasileiro de Lima (2020, p. 546):

> (...) o avanço da tecnologia em várias *áreas* do conhecimento humano vem reconfigurando, nos últimos anos, a maneira pela qual uma infração penal pode ser elucidada. Quer nas vias públicas, onde há câmeras de vigilância espalhadas por todos os cantos, quer em locais fechados e regidos por relações privadas, em que gravações são feitas pe-

> los próprios interlocutores, que sempre têm *às mãos um* aparelho celular, não há como negar que as relações sociais – e, logicamente, muitas infrações penais – estão sujeitas a um crescente e constante monitoramento. Isso tem proporcionado, numa escala nunca vista antes, a captação de sons e imagens que são muito *úteis à* persecução penal, não apenas pelo baixo custo necessário para a sua produção, mas também pela credibilidade e veracidade capaz de auxiliar na formação do convencimento do julgador.

Até a edição da Lei nº 13.964/2019, tratava-se de um meio de obtenção de prova nominado, uma vez que contava com previsão expressa na Lei de Organização Criminosa, porém atípico, pois a referida legislação não tratava do procedimento para a execução da referida medida, motivo pelo qual utilizava-se, por analógica, o procedimento previsto na Lei de Interceptação Telefônica.

Com as referidas alterações implementadas pelo Pacote Anticrime, foi incluído o art. 8º-A, o qual autoriza e detalha o procedimento para a captação de sinais eletromagnéticos, ópticos ou acústicos, vejamos a redação do referido dispositivo legal:

> **Art. 8º-A.** Para investigação ou instrução criminal, poderá ser autorizada pelo juiz, a requerimento da autoridade policial ou do Ministério Público, a captação ambiental de sinais eletromagnéticos, ópticos ou acústicos, quando:
>
> I – a prova não puder ser feita por outros meios disponíveis e igualmente eficazes; e
>
> II – houver elementos probatórios razoáveis de autoria e participação em infrações criminais cujas penas máximas sejam superiores a 4 (quatro) anos ou em infrações penais conexas.
>
> **§ 1º** O requerimento deverá descrever circunstanciadamente o local e a forma de instalação do dispositivo de captação ambiental.
>
> **§ 2º** A instalação do dispositivo de captação ambiental poderá ser realizada, quando necessária, por meio de operação policial disfarçada ou no período noturno, exceto na casa, nos termos do inciso XI do *caput* do art. 5º da Constituição Federal.
>
> **§ 3º** A captação ambiental não poderá exceder o prazo de 15 (quinze) dias, renovável por decisão judicial por iguais períodos, se comprovada a indispensabilidade do meio de prova e quando presente atividade criminal permanente, habitual ou continuada.
>
> **§ 4º** A captação ambiental feita por um dos interlocutores sem o prévio conhecimento da autoridade policial ou do Ministério Público poderá ser utilizada, em matéria de defesa, quando demonstrada a integridade da gravação.
>
> **§ 5º** Aplicam-se subsidiariamente à captação ambiental as regras previstas na legislação específica para a interceptação telefônica e telemática.

Desse modo, atualmente, a captação ambiental conta com previsão expressa na Lei de Interceptação Telefônica. Trataremos dos requisitos e procedimento para a execução da referida medida em momento posterior de nossa análise.

Nos mesmos moldes da análise feita com relação às interceptações telefônicas, as disposições do art. 8º-A abrangem tanto as interceptações ambientais (intervenção de terceiro sem conhecimento dos interlocutores) quanto as escutas ambientais (intervenção de terceiro com o conhecimento de um dos interlocutores), uma vez que, nessas duas hipóteses, observa-se processo de captação de comunicação alheia. A gravação ambiental também é autorizada nos termos do § 4º anteriormente citado.

Ainda há de se observar que a exigência de autorização judicial há de ser observada naquelas hipóteses em que há presunção de sigilo das comunicações. Caso a captação de sinais ópticos, eletromagnéticos ou acústicos seja feita em locais públicos, sem presunção de sigilo, não se exigirá autorização judicial. Imagine, por exemplo, a gravação por sistemas de câmera de um crime ocorrido em via pública, ainda que não haja autorização judicial, as gravações seriam válidas, considerando a ausência de presunção de sigilo da ação.

O regime estabelecido no art. 8º-A regulamenta ainda a captação feita diretamente por um dos interlocutores, hipóteses em que não há a intervenção de terceiro. Nesses casos, a licitude das informações colhidas, usada para fins de defesa, se condiciona à demonstração da integridade da gravação.

Antes da alteração legislativa promovida pela Lei nº 13.964/2019, o STF reconheceu a licitude da gravação ambiental realizada por meio de câmeras instaladas na garagem pelo proprietário da casa com a finalidade de identificar o autor dos danos a seu automóvel, independentemente de autorização judicial. Segundo Vinícius Marçal e Cleber Masson (2018, p. 211-212), ao se posicionarem mesmo antes da Lei nº 13.964/2019, afirmavam que a gravação clandestina (ambiental ou telefônica), feita sem a ciência do outro interlocutor, é lícita, pelo menos em regra, ainda que despida de autorização judicial, se realizada:

a. como meio de defesa;
b. em razão de investida criminosa;
c. se não há reserva de conversação (obrigação de guardar segredo);
d. quando não restar caracterizada violação de sigilo.

26.3 INTERCEPTAÇÃO TELEFÔNICA

Analisaremos, os elementos legais relacionados à interceptação telefônica. Vejamos os aspectos mais relevantes da Lei nº 9.296/1996.

26.3.1 Diligência investigativa judicialmente condicionada

A interceptação telefônica constitui-se em verdadeira restrição ao direito fundamental à intimidade e ao sigilo das comunicações telefônicas assegurados pela Constituição Federal. Nessa esteira, por se tratar de um valor tão supremo, de acordo com o texto da lei, necessária se faz intervenção judicial, o que significa dizer, **Autorização Judicial**. Vejamos o dispositivo legal:

> **Art. 1º** A interceptação de comunicações telefônicas, de qualquer natureza, para prova em investigação criminal e em instrução processual penal, observará o disposto nesta Lei e dependerá de **ordem do juiz competente da ação principal**, sob segredo de justiça.

> **Parágrafo único.** O disposto nesta Lei aplica-se à interceptação do fluxo de comunicações em sistemas de informática e telemática. (grifos nossos)

A ausência de **autorização judicial** para captação da conversa macula a validade dos elementos colhidos, motivo pelo qual devem ser imediatamente desentranhados do processo. Assim leciona o Código de Processo Penal:

> **Art. 157.** São inadmissíveis, devendo ser desentranhadas do processo, as provas ilícitas, assim entendidas as obtidas em violação a normas constitucionais ou legais.

26.3.2 Requisitos para autorização da interceptação telefônica

A respeito dos requisitos para a interceptação telefônica, o art. 2º possui a seguinte redação:

> **Art. 2º** Não será admitida a interceptação de comunicações telefônicas quando ocorrer qualquer das seguintes hipóteses:
>
> I – não houver indícios razoáveis da autoria ou participação em infração penal;
>
> II – a prova puder ser feita por outros meios disponíveis;
>
> III – o fato investigado constituir infração penal punida, no máximo, com pena de detenção.
>
> **Parágrafo único.** Em qualquer hipótese deve ser descrita com clareza a situação objeto da investigação, inclusive com a indicação e qualificação dos investigados, salvo impossibilidade manifesta, devidamente justificada.

Pela análise literal do dispositivo, percebe-se que o legislador optou por elencar um rol específico de hipóteses em que não seria possível a interceptação telefônica, motivo pelo qual se deve realizar análise invertida para chegarmos efetivamente aos requisitos para a concessão da medida.

Somente será admitida a interceptação telefônica:

a. Se houver **indícios razoáveis de autoria ou participação na infração penal (*fumus comissi delicti*)**. Exige-se indícios suficientes de autoria ou participação. A medida de interceptação telefônica depende de indícios preexistentes de autoria ou participação do agente no delito a ser investigado. Assim, o Delegado de Polícia, em sua representação, deverá elencar exaustivamente quais são os elementos que apontam para o agente investigado.

b. O crime investigado for punido com pena de **reclusão (proporcionalidade)**. Nesse ponto, ganha relevo a tipificação dada ao crime, há de se observar que o delito sob investigação é punido com reclusão, caso não o seja, não será possível a representação por interceptação telefônica.

Inexistência de outro meio igualmente eficaz para a produção da prova (proporcionalidade). Trata-se do caráter subsidiário – conforme já foi destacado, a medida de interceptação telefônica flexibiliza o direito fundamental à intimidade e ao sigilo das comunicações telegráficas de dados e das comunicações telefônicas, em virtude disso, a decretação da medida somente deve ocorrer de **forma subsidiária e excepcional**, ou seja, somente nos casos de outras medidas não se mostrarem suficientemente eficazes. Assim, não é indicável que a interceptação telefônica seja proposta logo no início das investigações, como no ato de instauração, pois é bastante difícil demonstrar a imprescindibilidade da medida, logo na fase inicial da investigação.

c. É indispensável que a representação ou o requerimento demonstrem a **necessidade e proporcionalidade da medida**, nos termos do art. 4º da Lei nº 9.296/1996:

> **Art. 4º** O pedido de interceptação de comunicação telefônica conterá a demonstração de que a sua realização é necessária à apuração de infração penal, com indicação dos meios a serem empregados.
>
> **§ 1º** Excepcionalmente, o juiz poderá admitir que o pedido seja formulado verbalmente, desde que estejam presentes os pressupostos que autorizem a interceptação, caso em que a concessão será condicionada à sua redução a termo.
>
> **§ 2º** O juiz, no prazo máximo de vinte e quatro horas, decidirá sobre o pedido.

Da leitura do dispositivo, observa-se: é indispensável que o Delegado de Polícia demonstre que a interceptação telefônica é medida proporcional, a qual deve ser analisada em quatro vertentes:

1. **Adequação:** o meio investigativo utilizado é apto a produzir o elemento investigativo que se busca.
2. **Necessidade:** impossibilidade de utilização de meio menos gravoso e invasivo e igualmente eficaz.
3. **Proporcionalidade em sentido estrito:** a vantagem obtida com o meio investigativo excepcional deve ser superior à restrição gerada pela aplicação da medida. Aqui evidencia-se que a medida investigativa deve guardar proporcionalidade com o crime que se investiga. Nesse contexto, não se admite interceptação telefônica de delitos sancionados com pena de detenção. Ainda é preciso atentar para:
4. **Risco do fator tempo (*periculum in mora*):** trata-se de requisito inerente à própria interceptação, pois a ausência da adoção do meio investigativo naquele momento geraria o perecimento das informações que se busca obter.

Com representações por interceptação telefônica, essencialmente em provas concursais, é indispensável que o Delegado demonstre cada um desses elementos por meio de dados fáticos apresentados na questão, elencando as diligências porventura já realizadas.

Desse modo, assim como já demonstramos na estrutura geral das peças, é extremamente relevante que o candidato correlacione os dados fáticos apresentados pelo examinador com os requisitos e pressupostos para a concessão da medida.

26.3.3 Legitimidade

Possuem legitimidade para representar ou requer a medida o Delegado de Polícia e o membro do Ministério Público respectivamente. Vejamos as disposições legais:

> **Art. 3º** A interceptação das comunicações telefônicas poderá ser determinada pelo juiz, de **ofício** ou a **requerimento**:
>
> I – da **autoridade policial**, na investigação criminal;
>
> II – do **representante do Ministério Público**, na investigação criminal e na instrução processual penal. (grifos nossos)

Apesar de expressa disposição, acreditamos que não é possível ao magistrado decretar a interceptação telefônica de ofício seja durante as investigações, seja durante o processo penal, considerando as exigências do sistema acusatório, corroborado em diversas passagens pelo Pacote Anticrime – Lei nº 13.964/2019.

É possível que o pedido de interceptação possa ser feito oralmente. O juiz no prazo máximo de 24 horas decidirá a respeito do pedido.

26.3.4 Necessidade de fundamentação e prazo da interceptação telefônica

Como sabido, por tratar-se de decisão judicial, esta deve ser devidamente fundamentada.

> **Lei nº 9.296/1996**
>
> **Art. 5º** A decisão será fundamentada, sob pena de nulidade, indicando também a forma de execução da diligência, que não poderá exceder o prazo de quinze dias, renovável por igual tempo uma vez comprovada a indispensabilidade do meio de prova.

A exigência da fundamentação tem por base o disposto no art. 93, IX, da Constituição Federal, segundo o qual "todos os julgamentos dos órgãos do Poder Judiciário serão públicos, e fundamentadas todas as decisões, sob pena de nulidade (...)".

O prazo estabelecido pelo presente artigo é de no **máximo 15 dias**, renovável por **igual período** (15 dias) uma vez comprovada a indispensabilidade do meio de prova.

O legislador estabeleceu o **prazo máximo de 15 dias**. Quanto a este período, imperioso se faz destacarmos que o termo inicial de contagem do prazo é o **dia em que a interceptação foi efetivada**, e **não do dia da autorização judicial**, devendo, pois, os 15 dias serem contabilizados a partir do dia efetivo da interceptação.

Assim, é interessante que, nas representações elaboradas pelo Delegado de Polícia, o candidato faça referência com relação ao prazo em que a medida vigorará, sem prejuízo de eventuais prorrogações.

Vejamos o que diz a jurisprudência dos tribunais superiores:

Em relação *às* interceptações telefônicas, o prazo de 15 dias, previsto na Lei nº 9.296/1996, é contado a partir do dia em que se iniciou a escuta telefônica e não da data da decisão judicial (STJ, 6ª Turma, HC 113.477/DF, Rel. Min. Maria Thereza).

Atenção

A prorrogação do prazo de 15 dias, por igual período (15 dias), uma vez comprovada a indispensabilidade do meio de prova, poderá se dar sucessivas vezes, pelo tempo necessário, principalmente quando o caso for complexo e a prova indispensável.

É imprescindível, na representação por prorrogação de interceptação telefônica, que a Autoridade Policial demonstre por meio de dados concretos (trazidos pela questão) que persistem os motivos que fundamentaram a medida ou que surgiram novas situações que a justificam. Diante disso, é importante que se elenquem as diligências realizadas no período anterior de interceptação (através de dados trazidos pela questão).

Por fim, a legislação determina que a interceptação será conduzida pelo Delegado de Polícia, o qual **poderá requisitar serviços e técnicos especializados** às **concessionárias de serviço público**.

Nesse contexto, é interessante observar que as interceptações são realizadas propriamente pelas operadoras de telefonia que disponibilizarão os sinais de áudio às instituições policiais investigativas. Nesse sentido, o Delegado de Polícia poderá requisitar serviços às concessionárias de telefonia com o objetivo de efetivar a medida de interceptação telefônica.

A interceptação telefônica ocorrerá em autos apartados, evidenciando o sigilo da medida.

Vejamos os dispositivos correlacionados:

> **Lei nº 9.296/1996**
>
> **Art. 7º** Para os procedimentos de interceptação de que trata esta Lei, a **autoridade policial poderá** requisitar serviços e técnicos especializados às concessionárias de serviço público.
>
> **Art. 8º** A interceptação de comunicação telefônica, de qualquer natureza, ocorrerá em **autos apartados**, apensados aos autos do inquérito policial ou do processo criminal, preservando-se **o sigilo das diligências, gravações e transcrições respectivas.**
>
> **Parágrafo único.** A apensação somente poderá ser realizada imediatamente antes do relatório da autoridade, quando se tratar de inquérito policial (Código de Processo Penal, art. 10, § 1º) ou na conclusão do processo ao juiz para o despacho decorrente do disposto nos arts. 407, 502 ou 538 do Código de Processo Penal. (grifos nossos)

26.4 CAPTAÇÃO AMBIENTAL

Conforme analisamos no início deste capítulo, a captação ambiental, apesar de contar com previsão expressa, embora tímida, na Lei de Combate ao Crime Organizado, não possuía dispositivo que tratasse do procedimento a ser adotado no curso dessa medida investigativa.

Objetivando suprir essa lacuna, o Pacote Anticrime inseriu o art. 8º-A na Lei nº 9.296/1996. Vejamos as disposições:

> **Art. 8º-A.** Para investigação ou instrução criminal, poderá ser **autorizada pelo juiz**, a requerimento da autoridade policial ou do Ministério Público, a **captação ambiental de sinais eletromagnéticos, ópticos ou acústicos**, quando.
>
> I – a prova **não** puder ser feita por outros meios disponíveis e igualmente eficazes; e
>
> II – houver elementos probatórios razoáveis de autoria e participação em infrações criminais cujas penas máximas sejam **superiores a 4 (quatro) anos** ou em infrações penais conexas.
>
> **§ 1º** O requerimento **deverá descrever** circunstanciadamente o **local** e a **forma** de instalação do dispositivo de captação ambiental.
>
> **§ 2º** A instalação do dispositivo de captação ambiental poderá ser realizada, quando necessária, por meio de operação policial disfarçada ou no período noturno, exceto na casa, nos termos do inciso XI do caput do art. 5º da Constituição Federal.
>
> **§ 3º** A captação ambiental não poderá exceder **o prazo de 15 (quinze) dias, renovável por decisão judicial** por **iguais períodos**, se comprovada a indispensabilidade do meio de prova e quando presente atividade criminal permanente, habitual ou continuada.
>
> **§ 4º** A captação ambiental feita por um dos interlocutores sem o prévio conhecimento da autoridade policial ou do Ministério Público poderá ser utilizada, em matéria de defesa, quando demonstrada a integridade da gravação.
>
> **§ 5º** Aplicam-se subsidiariamente *à* captação ambiental as regras previstas na legislação específica para a interceptação telefônica e telemática. (grifos nossos)

Como se percebe, trata-se de importante ferramenta de investigação criminal que complementa o procedimento de interceptação telefônica, afinal, é cediço que muitos criminosos não se comunicam pelo telefone justamente para evitar a captação desse conteúdo. Assim, por meio desse recurso, o Estado-Investigação pode captar **diálogos travados em local específico** (sinais acústicos), conciliando com a **captação de imagens dos investigados** (sinais óticos), podendo, ainda, **registrar sinais emitidos por meio de aparelhos de comunicação** (sinais eletromagnéticos), que, vale dizer, não se enquadram no conceito de comunicação telefônica, informática ou telemática.

Em provas práticas, o candidato deve estar bastante atendo a essa nova modalidade investigativa, considerando que se trata de novidade legislativa, há grandes chances dessa medida ser exigida em certames públicos.

26.4.1 Diligência investigativa judicialmente condicionada

No mesmo sentido das interceptações telefônicas, o dispositivo exige autorização judicial para a operacionalização da medida investigativa, a qual será concedida mediante requerimento do Delegado de Polícia ou do membro do Ministério Público.

Apesar do uso da expressão "requerimento", já ressaltamos que, tecnicamente, o Delegado não requer; mas, na verdade, representa a respeito da concessão da medida.

Conforme já analisado, as disposições descritas no dispositivo legal aplicam-se às interceptações ambientais em sentido estrito e as escutas ambientais, desde que haja presunção de sigilo com relação às conversas ou ações sujeitas às referidas medidas.

Atendendo aos anseios da doutrina e jurisprudência consolidada, não há previsão legal de que o juiz possa conceder a medida de ofício.

Desse modo, da leitura do dispositivo legal, pode-se extrair quatro conclusões básicas:

a. subsunção à cláusula de reserva jurisdicional;
b. necessidade de decisão judicial motivada;
c. a finalidade da captação ambiental há de ser a investigação criminal ou instrução processual penal. Assim, somente o juiz criminal possui competência para decretar a referida medida. Interessante observar que juízes cíveis não poderiam decretar essa medida, sem prejuízo da utilização das informações captadas a título de "prova emprestada";
d. impossibilidade de decretação da medida *ex officio* pelo juiz.

26.4.2 Requisitos para a decretação da captação ambiental

Por tratar-se de medida restritiva do direito fundamental à intimidade, exige-se o adimplemento de requisitos específicos para a concessão da medida.

a. Existência de elementos razoáveis de autoria e participação (*fumus comissi delicti*). Nesse ponto, há de se indicar, por meio de elementos concretos existentes na questão, elementos robustos que apontem para a autoria do investigado a ser interceptado.
b. Risco do fator tempo (*periculum in mora*). Trata-se de requisito inerente à própria interceptação, pois a ausência da adoção do meio investigativo naquele momento geraria o perecimento das informações que se busca obter.
c. Infrações criminais cujas penas máximas sejam superiores a 4 anos ou em infrações penais conexas (proporcionalidade).
d. A prova não puder ser feita por outros meios disponíveis e igualmente eficazes (proporcionalidade).

Trata-se da exigência que as instituições investigativas adotem os meios menos lesivos aos direitos individuais na atividade persecutória.

Fala-se então em subsidiariedade da medida, a qual somente poderá ser adotada se não houver outros meios disponíveis e igualmente eficazes para a investigação do delito.

Nas representações elaboradas em peças práticas, é indispensável que o candidato demonstre, por meio de elementos concretos apresentados na questão, a indispensabilidade da medida e a inexistência de outros meios eficazes para a condução da investigação.

Delegado de Polícia deverá demonstrar que captação ambiental é medida proporcional, a qual deve ser analisada em três vertentes:

1. **Adequação:** o meio investigativo utilizado é apto a produzir o elemento investigativo que se busca.
2. **Necessidade:** impossibilidade de utilização de meio menos gravoso e invasivo e igualmente eficaz.
3. **Proporcionalidade em sentido estrito:** a vantagem obtida com o meio investigativo excepcional deve ser superior à restrição gerada pela aplicação da medida. Aqui evidencia-se que a medida investigativa deve guardar proporcionalidade com o crime que se investiga, nesse contexto, não se admite captação ambiental de delitos cujas penas máximas sejam inferiores a 4 anos.

Observa-se que para que haja a lícita captação ambiental exige-se a presença de elementos razoáveis de autoria e participais em infrações penais com penas máximas superiores a 4 anos ou em infrações penais conexas.

Em representações elaboradas pelo Delegado de Polícia, há de se demonstrar, analisando-se a descrição fática, a exigência de elementos razoáveis que apontem para a autoria ou participação do investigado. Veda-se com o denominado *fishing expedition*, ou seja, a decretação da medida sem o mínimo de elementos que apontem para a autoria ou participação no delito.

Diferentemente do que ocorre com relação à interceptação telefônica, não se faz referência ao tipo de pena aplicada (detenção ou reclusão), exigindo-se somente que a pena máxima aplicada seja superior a quatro anos, incluindo as infrações penais conexas.

26.4.3 Legitimidade

Conforme analisamos anteriormente, exige-se autorização judicial, a qual não poderá ser concedida de ofício, exigindo-se:

a. requerimento do membro do Ministério Público;
b. representação do Delegado de Polícia.

A respeito dos elementos e estruturação da peça prática profissional elaborada pelo Delegado de Polícia, trataremos posteriormente em tópico específico deste capítulo.

26.4.4 Local e forma de instalação dos meios eletrônicos de obtenção de prova

Conforme as disposições do art. 8º-A, § 1º, Lei nº 9.296/1996, o requerimento do Ministério Público ou a representação do Delegado de Polícia deverá descrever circunstanciadamente a **o local e a forma da instalação do dispositivo de captação ambiental**:

> **Art. 8º-A.** Para investigação ou instrução criminal, poderá ser **autorizada pelo juiz**, a requerimento da autoridade policial ou do Ministério Público, a **captação ambiental de sinais eletromagnéticos,** ópticos ou acústicos, quando: **(...)**
>
> **§ 1º** O requerimento **deverá descrever** circunstanciadamente o **local** e a **forma** de instalação do dispositivo de captação ambiental.

> **§ 2º** A instalação do dispositivo de captação ambiental poderá ser realizada, quando necessária, por meio de operação policial disfarçada ou no período noturno, exceto na casa, nos termos do inciso XI do *caput* do art. 5º da Constituição Federal. (grifos nossos)

Desse modo, caso haja referência na questão, é indispensável que o candidato descreva em tópicos próprios o local e a forma da instalação dos dispositivos de captação ambiental.

De maneira ilustrativa, se a medida tem por objetivo a captação de comunicações entre presentes realizadas na residência do investigado, o pedido deverá especificar se os aparelhos serão instalados por toda casa ou apenas no escritório do alvo, por exemplo, ou se a diligência for executada em uma empresa, o pedido deve indicar o local exato em que serão instalados os instrumentos de captação (ex.: sala de reunião e gabinete do investigado).

Além disso, o requerimento também deve apontar os meios que serão empregados na instalação dos equipamentos, podendo o juiz, inclusive, autorizar o ingresso de policiais no local alvo da medida em horários em que nenhuma pessoa esteja presente, justamente para viabilizar a operação. Por fim, o pedido também deve indicar quais as formas de captação que serão implementadas: acústica, ótica e eletromagnéticas.

Lembrando que não há obice para a instalação do dispositivo de captação ambiental no período noturno, por meio de operação policial velada, desde que respeitada a intimidade da casa, nos termos do inciso XI, do *caput*, do art. 5º da Constituição Federal.

Vejamos interessante precedente do STF nesse sentido:

Escuta ambiental e exploração de local. Captação de sinais óticos e acústicos. Escritório de advocacia. Ingresso da autoridade policial, no período noturno, para instalação de equipamento. Medidas autorizadas por decisão judicial. Invasão de domicílio. Não caracterização. (...) Inteligência do art. 5º, X e XI, da CF; art. 150, § 4º, III, do CP; e art. 7º, II, da Lei nº 8.906/1994. (...) Não opera a inviolabilidade do escritório de advocacia, quando o próprio advogado seja suspeito da prática de crime, sobretudo concebido e consumado no âmbito desse local de trabalho, sob pretexto de exercício da profissão (Inq 2.424, Rel. Min. Cezar Peluso, j. 26.11.2008, Plenário, *DJe* 26.03.2010).

26.4.5 Prazo

A lei estabelece, em seu art. 8º-A, § 3º, que a captação ambiental não poderá exceder o prazo de 15 dias, renovável por decisão judicial por iguais períodos, se comprovada a indispensabilidade do meio de prova e quando presente atividade criminal permanente, habitual ou continuada.

Nota-se que o dispositivo estabelece duas condições cumulativas e não alternativas. Com efeito, é preciso que se demonstre a imprescindibilidade da medida – com a manutenção dos requisitos que a justificaram – e, além disso, deve se tratar de infração penal permanente, habitual ou continuada.

Desse modo, caso se trate de representação que requeira a prorrogação da medida, é indispensável que se demonstre a prática de infração penal permanente, habitual ou continuada.

26.4.6 Aplicação subsidiária das regras relativas a interceptações telefônicas

Aplicam-se as regras estabelecidas para o procedimento de interceptação telefônica subsidiariamente às captações ambientais, essencialmente naquilo que o dispositivo legal for omisso, conforme estatui o § 5º, do novo art. 8º-A, acrescentado à Lei nº 9.296/1996 pela Lei nº 13.964/2019.

26.5 REQUISIÇÃO DE INFORMAÇÕES ACERCA DAS ESTAÇÕES DE RÁDIO BASE (ERBS)

Utilizando-se das referências da Estação Rádio Base (ERB), é possível saber a localização de aparelhos celulares na posse de investigados por infrações penais.

O art. 13-B do CPP disciplina que:

> **Art. 13-B.** Se necessário à prevenção e à repressão dos crimes relacionados ao tráfico de pessoas, o membro do Ministério Público ou o delegado de polícia poderão requisitar, mediante autorização judicial, às empresas prestadoras de serviço de telecomunicações e/ou telemática que disponibilizem imediatamente os meios técnicos adequados – como sinais, informações e outros – que permitam a localização da vítima ou dos suspeitos do delito em curso.

Ao mesmo tempo que a lei faculta ao Delegado de Polícia ou ao membro do Ministério Público essa possibilidade de requisição, ela a restringe ao sujeitá-la ao crivo judicial.

Castro e Costa (2016, *on-line*) explicam que o § 4º do art. 13-B

> (...) cuida-se de **cláusula de reserva de jurisdição temporária**, verdadeira inovação no mundo jurídico, em que o decurso de lapso temporal (bastante apertado – 12 horas) faz desaparecer a necessidade de autorização judicial. Trata-se de previsão dúplice, exigindo-se no início ordem judicial e passando a dispensá-la pelo decurso de tempo (grifos nossos).

Vejamos o dispositivo:

> **CPP**
>
> **Art. 13-B.** (...)
>
> **§ 4º** Não havendo manifestação judicial no prazo de 12 (doze) horas, a autoridade competente requisitará às empresas prestadoras de serviço de telecomunicações e/ou telemática que disponibilizem imediatamente os meios técnicos adequados – como sinais, informações e outros – que permitam a localização da vítima ou dos suspeitos do delito em curso, com imediata comunicação ao juiz.

Sem ingressar na discussão doutrinária a respeito da necessidade ou desnecessidade de autorização judicial para a concessão da medida, acreditamos ser indicável que, caso a questão faça referência à necessidade de acesso aos dados da Estação Rádio Base, a medida deve ser objeto de representação a não ser que a questão traga expressamente que não houve manifestação do juiz no período de 12 horas, ocasião em que a peça será o ofício às operadoras determinando a apresentação dos dados da ERB.

Nesses casos, é interessante que o candidato aponte todos os elementos genéricos necessários ao deferimento das demais cautelares probatórias.

Passaremos agora à análise da estrutura da representação por cada uma dessas medidas.

26.6 ESTRUTURA DA PEÇA

Utilizando como base o Capítulo 20, a estrutura da peça segue o padrão, pois conterá os cinco elementos obrigatórios já vistos:

1. **endereçamento**;
2. **preâmbulo**;
3. **síntese dos fatos**;
4. **fundamentos**; e
5. **pedido(s) e fechamento**.

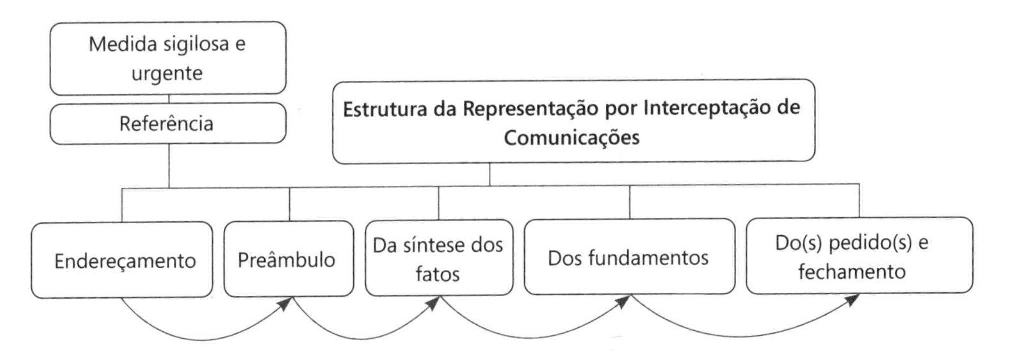

Além dos citados elementos, a peça deve trazer **entre o endereçamento e o preâmbulo**, a **referência** eventualmente trazida pela questão. Conforme já visto, o mais comum é que a referência seja o número do inquérito policial, mas pode ocorrer de a questão trazer como referência o número da ocorrência policial ou, até mesmo, o número de distribuição do inquérito policial no Poder Judiciário.

O importante é que o candidato coloque exatamente como a questão trouxer, ou seja, se no texto estiver escrito "Inquérito Policial nº 9.748/2021 – 38ª DP", o candidato deve colocar entre o endereçamento e preâmbulo:

Referência: Inquérito Policial nº 9748/2021 – 38ª DP

Sem abreviar.

Se o texto trouxer "I.P. nº 9.748/2021", o candidato deve colocar entre o endereçamento e preâmbulo:

Referência: I.P. nº 9748/2021

Abreviando.

Ou seja, exatamente como a questão trouxer. Isso vale para os casos de existir referência ao número de ocorrência ou a qualquer outro número.

Muito cuidado para não errar o número trazido pela questão, pois isso pode gerar uma identificação de prova. Exemplifico: vamos imaginar que a questão traga a referência como Inquérito Policial nº 449988/2021 e você erre na hora de escrever e coloque:

Referência: I.P. nº 448888/2021

Isso pode gerar problema, portanto é importante que o candidato tenha bastante atenção.

Caso a questão não traga a informação de referência, **o candidato jamais deve criar dados**! O que se pode fazer é colocar entre o endereçamento e preâmbulo o seguinte:

Referência: Inquérito Policial

Observe que a informação deverá ser apresentada sem nenhum número nesses casos, uma vez que a própria questão não indicou nenhum número.

Outro dado que deve constar nesta peça, também entre o **endereçamento** e o **preâmbulo** é que a medida é **sigilosa e urgente**. Conforme salientado no Capítulo 19 desta parte do nosso *Manual Decifrado*, na dúvida, deve ser colocada esta informação em razão da própria essência das medidas cautelares, que são sigilosas na imensa maioria dos casos e urgente em razão do *periculum in mora* ou *periculum libertatis*.

Na interceptação de comunicações,[1] no entanto, é **essencial** colocar essas informações, devendo o candidato indicar, caso se recorde os artigos que fundamentam o sigilo e urgência da medida. Vejamos:

Sigilo:

> **Lei nº 9.296/1996**
>
> **Art. 1º** A interceptação de comunicações telefônicas, de qualquer natureza, para prova em investigação criminal e em instrução processual penal, observará o disposto nesta Lei e dependerá de ordem do juiz competente da ação principal, **sob segredo de justiça**.
>
> (...)

[1] Lembrando que, no caso da captação ambiental, se aplicam subsidiariamente as disposições da interceptação telefônica e telemática, por força do art. 8º-A, § 5º, da Lei nº 9.296/1996.

> **Art. 8º** A interceptação de comunicação telefônica, de qualquer natureza, ocorrerá em autos apartados, apensados aos autos do inquérito policial ou do processo criminal, **preservando-se o sigilo das diligências, gravações e transcrições respectivas.**
>
> **Reforçado pela Resolução nº 59/2008-CNJ**
>
> **Art. 3º** Na parte exterior do envelope a que se refere o artigo anterior será colada folha de rosto contendo somente as seguintes informações:
>
> **I – "medida cautelar sigilosa";** (grifos nossos)

Urgência:

> **Art. 4º** O pedido de interceptação de comunicação telefônica conterá a demonstração de que a sua realização é necessária à apuração de infração penal, com indicação dos meios a serem empregados.
>
> (...)
>
> **§ 2º** O juiz, no prazo máximo de vinte e quatro horas, decidirá sobre o pedido.

Ficaria assim:

> Medida Sigilosa e Urgente (arts. 1º, 8º e 4º, § 2º, da Lei nº 9.296/1996).

Passado esse ponto, abordaremos, um a um, os elementos obrigatórios.

26.6.1 Endereçamento

Considerando que a representação deve ser analisada por um magistrado, ela deve ser endereçada ao juiz competente, sendo parte obrigatória.

Conforme salientado no Capítulo 20, caso ainda não haja juiz prevento, o endereçamento deve ser realizado ao juiz criminal (crimes comuns) ao juiz do tribunal do júri (crimes dolosos contra a vida), juiz da vara de violência doméstica (crimes envolvendo violência doméstica familiar) ou a outros, a depender do tipo de crime cometido e da organização judiciária do local de onde se presta a prova. Assim, é interessante que o candidato, conheça, ao menos superficialmente, a estrutura organizacional do Poder Judiciário do local em que presta o concurso, desde que seja cobrado em edital.

Caso já exista juízo prevento e a questão faça referência a tal juízo, deve-se endereçar a representação a ele.

A título de exemplo, no Distrito Federal temos Varas do Tribunal do Júri, a Circunscrição Especial Judiciária de Brasília e as Circunscrições Judiciárias das Regiões Administrativas. Já nos Estados, geralmente se endereça à peça prática profissional da seguinte forma:

> Excelentíssimo Senhor Juiz de Direito da ___ Vara Criminal da Comarca de xxxxxx.

No que concerne ao pronome de tratamento do juiz, indica-se que não se faça o uso de diversos tratamentos, como: "**Excelentíssimo Senhor Doutor Juiz de Direito**". Indica-se que use somente a expressão: "**Excelentíssimo Senhor Juiz de Direito**".

Nos concursos para Delegado de Polícia Federal é necessário saber que existem Varas Federais que formam as Seções Judiciárias ou Subseções Judiciárias.

Vejamos o seguinte exemplo: caso o crime tenha ocorrido em Belém, a representação deve ser endereçada ao Excelentíssimo Senhor Juiz Federal da __ Vara Federal da Seção Judiciária do Pará.

De igual forma, com relação ao pronome de tratamento, basta utilizar: "**Excelentíssimo Senhor Juiz Federal**".

Lembrando que, caso se esteja diante de crime apurado pela Polícia Federal, nos termos do art. 1º da Lei nº 10.446/2002 (quando houver repercussão interestadual ou internacional que exija repressão uniforme em crimes específicos) não há, geralmente, deslocamento de competência para a Justiça Federal. Nestes casos, portanto, o Delegado de Polícia Federal eventualmente representará ao Juiz de Direito Estadual.

É importante ressaltar que o Pacote Anticrime, Lei nº 13.964/2019, trouxe mudança significativa na estrutura do Poder Judiciário: o juiz de garantias. Até o fechamento desta obra, em razão de decisão do Supremo Tribunal Federal, a instituição dos juízes de garantias está suspensa. Ocorre que o tema pode impactar diretamente no endereçamento da peça, conforme mais bem trabalhado no Capítulo 20 desta obra, a qual remetemos o leitor.

26.6.2 Preâmbulo

Conforme já salientado, o preâmbulo deve perseguir a consecução de três objetivos básicos:

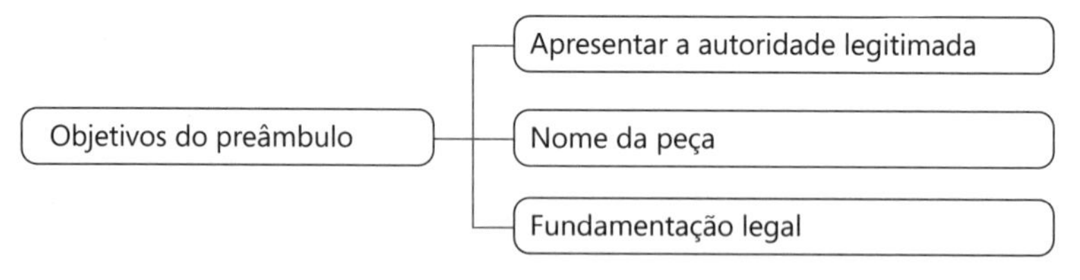

O primeiro objetivo, conforme se percebe, será estático em todas as representações, devendo apenas o candidato adicionar legitimação adicional eventualmente trazida por legislação local. Vejamos um exemplo:

> O Delegado de Polícia Civil ao final assinado, no uso de suas atribuições constitucionais e legais, sobretudo o art. 144, § 4º, da Constituição Federal e art. 2º, § 1º, da Lei nº 12.830/2013 *(se houver legislação local, a exemplo de dispositivo da Constituição Estadual, colocar aqui).*

No caso de se estar diante de uma prova para Delegado de Polícia Federal, evidentemente, haverá alteração da legitimidade constitucional, não cabendo a inserção de legislação local. Vejamos:

> O Delegado de Polícia Federal ao final assinado, no uso de suas atribuições constitucionais e legais, sobretudo o art. 144, § 1º, I, da Constituição Federal e art. 2º, § 1º, da Lei nº 12.830/2013.

Aí vem o cumprimento dos **demais objetivos do preâmbulo**, que não necessariamente precisam respeitar a ordem acima, ou seja, pode ser o nome da peça e, logo após a fundamentação legal ou vice-versa. É uma questão de estilística. Vejamos:

Para interceptação telefônica:

Com fundamento no art. 3º, I, da Lei nº 9.296/1996,[2] e, em respeito ao art. 5º, XII, da Constituição Federal, vem à presença de Vossa Excelência representar pela expedição de mandado de interceptação das comunicações telefônicas do terminal *(colocar o número do terminal trazido pela questão)*, vinculado a *(adicionar a quem o terminal está vinculado e sua qualificação, se houver)*, pelos fundamentos de fato e de direito que pormenorizadamente se seguem:

Ou

Vem à presença de Vossa Excelência representar pela expedição de mandado de **interceptação das comunicações telefônicas** do terminal *(colocar o número do terminal trazido pela questão)*, vinculado a *(adicionar a quem o terminal está vinculado e sua qualificação, se houver)*, com fulcro no art. 3º, I, da Lei nº 9.296/1996,[3] e, em respeito ao art. 5º, XII, da Constituição Federal, pelas razões de fato e de direito que pormenorizadamente se seguem:

Para captação ambiental:

Com fulcro no art. 8º-A, da Lei nº 9.296/1996,[4] e, em respeito ao art. 5º, X, da Constituição Federal, vem à presença de Vossa Excelência representar pela expedição de mandado de autorização de **captação ambiental de sinais eletromagnéticos, ópticos ou acústicos** a ser implementada no *(local em que será implementado)*, vinculado a *(nome da pessoa a quem o local está vinculado)*, pelos fundamentos de fato e de direito a seguir expostos:

Ou

Vem à presença de Vossa Excelência representar pela expedição de mandado de autorização de **captação ambiental de sinais eletromagnéticos, ópticos ou acústicos** a ser implementada no *(local em que será implementado)*, vinculado a *(nome da pessoa a quem o local está vinculado)*, com fulcro no art. 8º-A da Lei nº 9.296/1996,[5] e, em respeito ao art. 5º, X, da Constituição Federal, pelas razões de fato e de direito que pormenorizadamente se seguem:

De forma integral, teremos o seguinte:

---

[2] Caso se trate de uma organização criminosa, também deve ser citado o art. 3º, V, da Lei nº 12.850/2013.

[3] Idem.

[4] Caso se trate de uma organização criminosa, também deve ser citado o art. 3º, II, da Lei nº 12.850/2013.

[5] Idem.

Interceptação telefônica

Para o cargo de Delegado de Polícia Civil

O Delegado de Polícia ao final assinado, no uso de suas atribuições constitucionais e legais, sobretudo o art. 144, § 4º, da Constituição Federal e art. 2º, § 1º, da Lei nº 12.830/2013 *(se houver legislação local, a exemplo de dispositivo da Constituição Estadual, colocar aqui)*, com fulcro no art. 3º, I, da Lei nº 9.296/1996,[6] e, em respeito ao art. 5º, XII, da Constituição Federal, vem à presença de Vossa Excelência representar pela expedição de mandado de **interceptação das comunicações telefônicas** do terminal *(colocar o número do terminal trazido pela questão)*, vinculado a *(adicionar a quem o terminal está vinculado e sua qualificação, se houver)*, pelos fundamentos de fato e de direito que pormenorizadamente se seguem

Para o cargo de Delegado de Polícia Federal

O Delegado de Polícia Federal ao final assinado, no uso de suas atribuições constitucionais e legais, sobretudo o art. 144, § 1º, I, da Constituição Federal e art. 2º, § 1º, da Lei nº 12.830/2013, com fulcro no art. 3º, I, da Lei nº 9.296/1996,[7] e, em respeito ao art. 5º, XII, da Constituição Federal, vem à presença de Vossa Excelência representar pela expedição de mandado de **interceptação das comunicações telefônicas** do terminal *(colocar o número do terminal trazido pela questão)*, vinculado a *(adicionar a quem o terminal está vinculado e sua qualificação, se houver)*, pelos fundamentos de fato e de direito que pormenorizadamente se seguem:

Captação ambiental

Para o cargo de Delegado de Polícia Civil:

O Delegado de Polícia ao final assinado, no uso de suas atribuições constitucionais e legais, sobretudo o art. 144, § 4º, da Constituição Federal e art. 2º, § 1º, da Lei nº 12.830/2013 *(se houver legislação local, a exemplo de dispositivo da Constituição Estadual, colocar aqui)*, com fulcro no art. 8º-A, da Lei nº 9.296/96,[8] e, em respeito ao art. 5º, X, da Constituição Federal, vem à presença de Vossa Excelência representar pela expedição de mandado de autorização de **captação ambiental de sinais eletromagnéticos,** ópticos **ou acústicos** a ser implementada no *(local em que será implementado)*, vinculado a *(nome da pessoa a quem o local está vinculado)*, pelos fundamentos de fato e de direito a seguir expostos:

Para o cargo de Delegado de Polícia Federal

O Delegado de Polícia Federal ao final assinado, no uso de suas atribuições constitucionais e legais, sobretudo o art. 144, § 1º, I, da Constituição Federal e art. 2º, § 1º, da Lei nº

---

6 Caso se trate de uma organização criminosa, também deve ser citado o art. 3º, V, da Lei nº 12.850/2013.

7 Idem.

8 Caso se trate de uma organização criminosa, também deve ser citado o art. 3º, II, da Lei nº 12.850/2013.

12.830/2013, com fulcro no art. 8º-A, da Lei nº 9.296/1996,[9] e, em respeito ao art. 5º, X, da Constituição Federal, vem à presença de Vossa Excelência representar pela expedição de mandado de autorização de **captação ambiental de sinais eletromagnéticos**, ópticos **ou acústicos** a ser implementada no *(local em que será implementado)*, vinculado a *(nome da pessoa a quem o local está vinculado)*, pelos fundamentos de fato e de direito a seguir expostos:

Repare que, por questões didáticas, ressaltamos em negrito o nome da peça, no entanto, o candidato em sua prova não deve tentar realizar qualquer destaque. O máximo que se permite é colocar o nome da peça com letras maiúsculas.

Pode-se adicionar já no preâmbulo o **prazo da medida**, mas, por razões didáticas e estéticas, faremos menção ao prazo no pedido.

Perceba que **a representação deve ser realizada em nome do Delegado de Polícia** e não da instituição Polícia Civil ou Polícia Federal. Observe que, diferentemente do que ocorre com relação ao Ministério Público, o Delegado de Polícia não se constitui como órgão, mas, na verdade, insere-se no conceito de agente integrante do órgão policial, Polícias Civis ou Polícia Federal. Por esse motivo, a representação deve ser realizada em nome do cargo de Delegado de Polícia.

Ademais, caso a representação fosse realizada em nome da instituição policial, não faria sentido a indicação dos dispositivos previstos na Lei nº 12.830/2013, que é o estatuto do Delegado de Polícia.

26.6.3 Síntese dos fatos

Conforme já analisamos anteriormente, trata-se do ponto comum entre as peças internas e externas. Em ambas as hipóteses, o candidato deverá reservar determinado tópico para a descrição dos fatos que fundamentam a medida.

Algumas informações são bastante importantes a esse respeito, vejamos:

a. Normalmente, o examinador não confere muitos pontos à descrição fática realizada pelo candidato. Contudo esse tópico fornece toda a lógica à estrutura da peça, motivo pelo qual sua confecção ganha relevo.

b. Não se deve copiar *ipsis litteris* o enunciado da questão. O candidato deverá demonstrar a capacidade de síntese, pois na maioria dos casos o espaço da folha de resposta não comporta elementos desnecessários na descrição dos fatos.

c. É necessário objetividade, com prevalência à transcrição de fatos que serão relevantes para a autoria, materialidade do crime e todas as suas circunstâncias relevantes para a apuração.

d. O candidato deverá ressaltar os fatos que possuem relação com a fundamentação jurídica analisada a seguir.

---

[9] Caso se trate de uma organização criminosa, também deve ser citado o art. 3º, II, da Lei nº 12.850/2013.

Assim, o nosso leitor deve se atentar para aqueles fatos que possuam relação com a medida pleiteada, exercitando a sua capacidade de síntese. Devem ser indicados os pontos que serão relevantes para que o magistrado decida a respeito do feito. Aqueles fatos que nada contribuem ao objetivo proposto ou que em nada se correlacionem com a medida pleiteada não precisam estar expostos na síntese dos fatos como elemento integrante da representação.

Na síntese dos fatos,[10] o candidato deve ter como parâmetro o **conhecido Heptâmetro de Quintiliano** e buscar responder aos seguintes questionamentos:

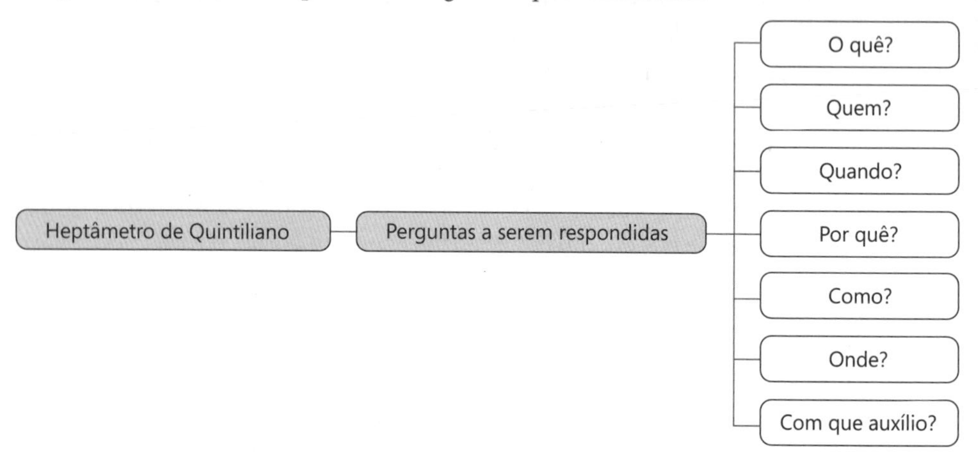

No caso da medida de interceptação de comunicações, a partir de dados trazidos pela questão, devem ser apontadas as circunstâncias que servirão para sustentar os pontos da fundamentação jurídica.[11]

26.6.4 Dos fundamentos

Neste ponto, o candidato deverá demonstrar os fundamentos jurídicos trazidos no tópico em que tratamos do arcabouço teórico para a concessão de interceptação de comunicações.

Pode-se iniciar tratando sobre o instituto que se pleiteia, sendo facultativa a utilização do roteiro proposto no Capítulo 19 da terceira parte deste *Manual Decifrado*.

Também devem ser apontados o ***fumus comissi delicti***, o ***periculum in mora*** e a **proporcionalidade** da medida.

Observe que deve haver a conjugação entre a descrição fática realizada no tópico anterior (síntese dos fatos) e o ***fumus comissi delicti***.

Na **interceptação telefônica**, o ***fumus*** *é a demonstração do* requisito legal "**indícios razoáveis da autoria ou participação em infração penal**" punida com **reclusão**, previsto, *a*

[10] Pode também ser chamado de "sinopse dos fatos", "do resumo fático", "dos fatos" ou qualquer outro nome semelhante.

[11] Confira o exemplo trazido no Capítulo 20 desta obra.

contrario sensu, no art. 2º, III, da Lei nº 9.296/1996. De maneira semelhante, na **captação ambiental** *é a demonstração de* "**elementos probatórios razoáveis de autoria ou participação em infrações penais cujas penas máximas sejam superiores a 4 (quatro) anos ou em infrações penais conexas**", previsto no art. 8-A, II, da Lei nº 9.296/1996.

Por isso, na descrição fática, o candidato deverá ressaltar aquilo que servirá como base aos fundamentos jurídicos e descrever concretamente (por meio de dados da questão), em que se funda a prova da materialidade do crime, fazendo referência a eventuais exames periciais e outros elementos atestadores da materialidade do crime.

Este é o **momento de tipificar o(s) delito(s)**, pois a prova da existência do crime perpassa pela prova de que o fato existiu (materialidade) e também que o fato é definido como crime.

Ademais, na **interceptação telefônica** deve ficar claro que o crime é **punido com reclusão** e na **captação ambiental**, que se trata de crimes cujas **penas máximas sejam superiores a 4 (quatro anos) ou em infrações penais conexas**. A maneira de fazer isso é **tipificar o(s) delito(s)**.

Já no que concerne aos indícios suficientes de autoria, o Delegado deverá apontar, concretamente (por meio de dados da questão), em que se funda a suspeita a respeito da autoria do delito em investigação.

Podemos estruturar o ***fumus comissi delicti*** da seguinte forma:

a. Primeiro indique a materialidade do delito. Lembrando que esses elementos devem estar provados. Ressalte na peça a existência de eventuais laudos periciais.

b. O(s) crime(s) deve(m) ser tipificado(s).

c. Posteriormente, indique os indícios suficientes de autoria: quais fatos indicam que aquele suspeito pode ter cometido o delito. De forma mais técnica, qual a justa causa para o indivíduo estar sendo investigado e como as investigações apontam para a autoria dele.

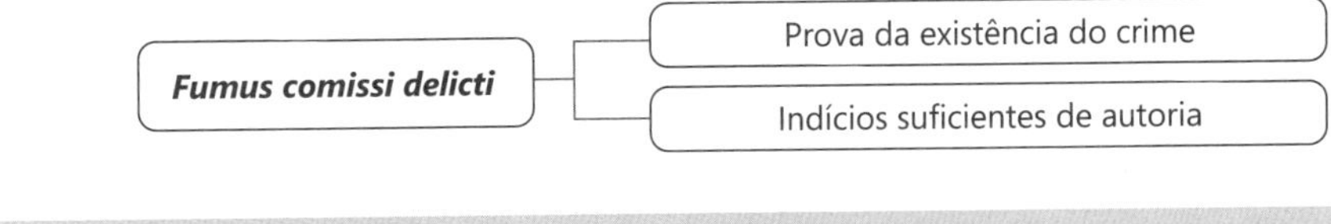

Atenção

Não se deve criar fatos não narrados pelo examinador.

O ***periculum in mora*** pode ser apontado no seguinte sentido: caso não materializada a diligência celeremente, provavelmente haverá grave e irreparável risco à constituição desta importante prova, porquanto pode não haver outra oportunidade para captar importantes comunicações. Ademais, caso os indivíduos suspeitem que estão sendo investigados, provavelmente se comunicarão com mais cautela e reserva.

Deve-se ressaltar que, caso não haja a interceptação de comunicações célere, haverá **risco provável, grave e irreparável à investigação**.

Ficaria assim:

Interceptação telefônica

Excelência, quanto ao *periculum in mora*, pode-se salientar que a referida diligência é urgente neste momento, uma vez que, se não implementada com celeridade, pode haver prejuízo para a formação da prova advinda da comunicação dos investigados.

Captação ambiental

No que tange ao *periculum in mora*, é urgente neste momento, Excelência, porquanto, não implementada a medida de captação ambiental na sala utilizada pelo investigado, não será possível por outros meios a colheita desta importante prova.

Deve ser ressaltado que a interceptação das comunicações (telefônica ou ambiental), por ser medida subsidiária, é proporcional e adequada ao caso proposto.

A **proporcionalidade, na interceptação**, é observada inicialmente por meio da demonstração, com dados concretos (trazidos pela questão), de que **não há outro meio eficaz para a produção da prova**. Posteriormente, aponta-se que o **crime** é **punido com reclusão**, tratando-se de estipulação legal de medida proporcional.

Vejamos um exemplo (interceptação telefônica):

Excelência, há indícios que os suspeitos fazem parte de associação criminosa armada (art. 288, parágrafo único, do Código Penal) que pratica crimes de roubos majorado de veículos (art. 157, § 2º-A, I, do Código Penal), cujas penas são de reclusão, não se enquadrando, portanto, nas restrições impostas pelos incisos I e III do art. 2º da Lei nº 9.296/1996, que trata do tema.

Ademais, conforme demonstrado pela dinâmica do crime e diligências anteriores realizadas, como *(listar as diligências)*, não há outra forma eficaz menos gravosa para o prosseguimento das investigações senão a implementação da medida pleiteada, sendo, pois, proporcional e adequada, nos termos do art. 2º, II, da Lei nº 9.296/1996.

De igual forma, a **proporcionalidade** na **captação ambiental** é, além da demonstração com dados concretos (trazidos pela questão) de que **não há outro meio eficaz para a produção da prova**, que o **crime é punido com penas máximas superiores a 4 (quatro) anos ou em infrações penais conexas**, sendo esta uma estipulação legal de proporcionalidade.

Vejamos um exemplo (captação ambiental):

Excelência, há indícios que os suspeitos fazem parte de associação criminosa armada (art. 288, parágrafo único, do Código Penal) que pratica crimes de roubos majorado de veículos (art. 157, § 2º-A, I, do Código Penal), cujas penas máximas são superiores a 4 (quatro) anos, sendo o caso do art. 8º-A, II, da Lei nº 9.296/1996.

Ademais, conforme demonstrado pela peculiaridade do caso *(adicionar dados concretos que comprovem essa peculiaridade)*, não há outra forma eficaz menos gravosa para o prosseguimento das investigações senão a implementação da medida pleiteada, sendo, pois, proporcional e adequada, nos termos do art. 8º-A, I, da Lei nº 9.296/1996.

Sobretudo no caso dessas medidas, por serem subsidiárias por força de lei, se diante do caso trazido pela questão, houver **zona cinzenta** entre o cabimento de mais de uma medida, o candidato deve enfrentar o tema a fim de descartar a outra possibilidade diante do caso proposto.

26.6.5 Do(s) pedido(s)[12] e fechamento

a. Pedido

Esta parte traz muitas especificidades com relação ao modelo genérico proposto por nós, em razão de determinados pedidos técnicos necessários à implementação da medida.

Na prática, há uma série de pedidos técnicos e especificações a serem solicitados ao magistrado que determine às operadores, a exemplo da forma em tabela .xls contendo DD.MM.AAAA para data; 10 (dez) dígitos (código de área + número) para prefixos e 15 (quinze) dígitos para IMEI no caso da interceptação telefônica.

O candidato não deve se preocupar com essas medidas extremante técnicas em sua avaliação, pois, além de não serem pontuados e exigirem muito espaço da prova, provavelmente o candidato não se lembrará.

Dessa forma, apresentaremos o pedido dessas medidas baseado nos espelhos de provas anteriores e, especialmente, o que pode vir a ser cobrado futuramente.

Dito isto, por questões didáticas vamos dividir o pedido relacionado à interceptação telefônica e ao pedido da captação ambiental.

- Interceptação telefônica: inicia-se, basicamente, de uma conclusão do que foi sustentado na fundamentação.

Deve ser trazido no pedido **o prazo da medida!**[13]

Importante adicionar ainda que você, Delegado de Polícia, será o **responsável pelo conhecimento da medida**, nos termos do art. 10, X, da Resolução nº 59/2008 do CNJ. Vejamos:

> **Art. 10.** Atendidos os requisitos legalmente previstos para deferimento da medida, o Magistrado fará constar expressamente em sua decisão:
>
> (...)
>
> X – os nomes de autoridades policiais e de membros do Ministério Público responsáveis pela investigação, que terão acesso às informações;

Deve-se colocar nesta parte que o **membro do Ministério Público será ouvido** ou comunicado da medida.

---

[12] Conforme já analisamos, a representação não se trata propriamente de um requerimento ou pedido, contudo, considerando que a prática cartorária-policial consagrou o uso da expressão, decidimos mantê-la neste trabalho, apesar das críticas anteriormente citadas.

[13] O prazo pode ser trazido também, mas não exclusivamente, no preâmbulo.

Caso a prova traga um número reduzidos de linhas, a exemplo da Prova para o Cargo de Delegado de Polícia da PCES/2019 (60 linhas) pode-se realizar um pedido mais sucinto. Vejamos:

Pedido mais simples

Pode-se repetir a fundamentação legal aposta no preâmbulo:

Por todo o exposto, com fulcro no art. 3º, I, da Lei nº 9.296/1996,[14] representa esta Autoridade Policial, após a oitiva do ilustre membro do Ministério Público, pela expedição de mandado de **interceptação das comunicações telefônicas** do terminal *(colocar o número do terminal trazido pela questão)*, vinculado a *(adicionar a quem o terminal está vinculado e sua qualificação, se houver)*, **pelo período de 15 (quinze) dias** a contar da sua implementação, devendo as operadoras disponibilizar condições técnicas para o monitoramento.

Nos termos do art. 10, X, da Resolução de nº 59/2008 do CNJ, informo que este signatário será o responsável pelo conhecimento da medida.

Ou utilizar a fórmula genérica:

Por todo o exposto e com amparo nos dispositivos legais citados, representa esta Autoridade Policial, após a oitiva do ilustre membro do Ministério Público, pela expedição de mandado de **interceptação das comunicações telefônicas** do terminal *(colocar o número do terminal trazido pela questão)*, vinculado a *(adicionar a quem o terminal está vinculado e sua qualificação, se houver)*, **pelo período de 15 (quinze) dias** a contar da sua implementação, devendo as operadoras disponibilizar condições técnicas para o monitoramento.

Nos termos do art. 10, X, da Resolução de nº 59/2008 do CNJ, informo que este signatário será o responsável pelo conhecimento da medida.

Caso a prova comporte, em razão do número de linhas, o candidato pode trazer o pedido de forma mais técnica, caso se recorde e, portanto, de forma menos arriscada a não pontuar na avaliação. Vejamos:

Pedido mais elaborado

Isto posto, visando ao prosseguimento das investigações, com fulcro nos dispositivos legais acima citados, represento, após a oitiva do ilustre membro do Ministério Público, pela expedição de mandado judicial por meio de ofício único, direcionado às prestadoras de serviços de telefonia, determinando a **interceptação de comunicações telefônicas** do terminal (colocar o número do terminal trazido pela questão), de seus respectivos IMEIs e outros que o sucedam, inclusive por desvio e redirecionamento de chamada (serviço SIGA-ME), vinculado a *(adicionar a quem o terminal está vinculado e sua qualificação, se houver)*, **durante o período de 15 (quinze) dias**, contados de sua implementação, devendo as operadoras disponibilizar condições técnicas para o monitoramento.

---

[14] Caso se trate de uma organização criminosa, também deve ser citado o art. 3º, V, da Lei nº 12.850/2013.

> Nos termos do art. 10, X, da Resolução de nº 59/2008 do CNJ, informo que este signatário será o responsável pelo conhecimento da medida.

Deve-se colocar nesta parte que o **membro do Ministério Público será ouvido** ou comunicado da medida, em razão do disposto no art. 6º da Lei nº 9.296/1996.

> **Art. 6º** Deferido o pedido, a autoridade policial conduzirá os procedimentos de interceptação, **dando ciência ao Ministério Público,** que poderá acompanhar a sua realização. (grifos nossos)

- **Captação ambiental:** inicia-se, basicamente, de uma conclusão do que foi sustentado na fundamentação.

Deve ser trazido no pedido **o prazo da medida!**[15]

Pode-se repetir a fundamentação legal aposta no preâmbulo:

> Por todo o exposto, com fulcro no art. 8º-A da Lei nº 9.296/96,[16] representa esta Autoridade Policial, após a oitiva do ilustre membro do Ministério Público, pela expedição de mandado de autorização de **captação ambiental de sinais eletromagnéticos,** ópticos ou acústicos a ser implementada por equipe de investigação desta unidade no *(local exato em que será implementado)*, vinculado a *(nome da pessoa a quem o local está vinculado)*, **pelo período de 15 (quinze) dias** a contar da sua implementação.

Ou utilizar a fórmula genérica:

> Por todo o exposto e com amparo nos dispositivos legais citados, representa esta Autoridade Policial, após a oitiva do ilustre membro do Ministério Público, pela expedição de mandado de autorização de **captação ambiental de sinais eletromagnéticos**, *ópticos ou acústicos* a ser implementada por equipe de investigação desta unidade no *(local exato em que será implementado)*, vinculado a *(nome da pessoa a quem o local está vinculado)*, **pelo período de 15 (quinze) dias** a contar da sua implementação.

É facultativo o uso da expressão **nesses termos, pede deferimento**. Conforme já ressaltamos, não se trata a representação efetivamente de um pedido, motivo pelo qual não indicamos o uso da expressão, contudo é muito comum na prática e, efetivamente, apresenta a ideia de encerramento da representação.

b. Fechamento

Por fim, o **fechamento** é realizado da seguinte maneira, fazendo referência:

- ao local e à data;

---

[15] O prazo pode ser trazido também, mas não exclusivamente, no preâmbulo.

[16] Caso se trate de uma organização criminosa, também deve ser citado o art. 3º, II, da Lei nº 12.850/2013.

- à expressão "Delegado de Polícia";[17]
- à lotação (se a questão trouxer).

Se no caso de interceptação de comunicações houver qualquer dado referente ao e-mail **do Delegado**, esse dado também deve constar.

Trata-se de fase simples, contudo devemos apresentar algumas ressalvas:

- **Com relação à data e ao local, deve-se efetivamente escrever a expressão "local e data"**. Caso a questão apresente o local em que os fatos ocorreram poder-se-ia utilizar como referência o local apresentado na questão. Não se deve utilizar o local da prova ou a data da prova, salvo, logicamente, se forem as mesmas apresentadas na questão.
- **Com relação ao uso do termo "Delegado de Polícia"**, deve-se fazer referência ao uso da expressão no masculino, salvo se a questão especificar que quem conduz a investigação é uma mulher. Não se trata de preferência de gênero, mas de cautela para não identificar sua prova.
- **Com relação à lotação, deve-se utilizar a expressão "lotação".** Caso a questão apresente a lotação, o candidato poderá especificá-la.

Modelo de interceptação telefônica

EXCELENTÍSSIMO(A) SENHOR(A) JUIZ(A) DE DIREITO DA ___ VARA (...) DA COMARCA DE (...)

Não use abreviações no endereçamento. Lembre-se de que não é necessário o uso de inúmeros pronomes de tratamento.

Medida Sigilosa e Urgente (arts. 1º, 8º e 4º, § 2º, da Lei nº 9.296/1996).

Como dito, pode-se colocar que a medida é sigilosa e urgente em razão da própria essência das cautelares.

No caso em análise, por terem o sigilo e a urgência expressa fundamentação legal, é importante ressaltar, apondo, caso o candidato se recorde, o artigo correspondente.

Referência: Inquérito Policial nº

Caso haja referência ao número do inquérito, deve-se fazer referência à referida numeração. Caso não haja, o candidato poderá usar o termo: Inquérito Policial nº.

Não há necessidade de pular linhas, sobretudo se o número de linhas de sua prova for reduzido.

Deixar parágrafo de aproximadamente dois dedos de distância da margem.

O Delegado de Polícia ao final assinado, no uso de suas atribuições constitucionais e legais, sobretudo o art. 144, § 4º,[18] da Constituição Federal e art. 2º, § 1º, da Lei nº 12.830/2013 *(se houver legislação local, a exemplo de dispositivo da Constituição Estadual, colocar aqui)*, com fundamento no art. 3º, I, da Lei nº 9.296/1996,[19] e, em respeito ao art. 5º, XII, da Constituição

---

[17] Excepcionalmente, caso a questão traga o nome do Delegado de Polícia, esse nome deve constar.

[18] Lembrando que, caso seja prova para Delegado de Polícia Federal, a legitimidade será alterada.

[19] Caso se trate de uma organização criminosa, também deve ser citado o art. 3º, V, da Lei nº 12.850/2013.

Federal, vem à presença de Vossa Excelência representar pela expedição de mandado de **interceptação das comunicações telefônicas** do terminal *(colocar o número do terminal trazido pela questão)*, vinculado a *(adicionar a quem o terminal está vinculado e sua qualificação, se houver)*, pelos fundamentos de fato e de direito que pormenorizadamente se seguem:

DA SINOPSE DOS FATOS

Neste ponto, deve-se apresentar o resumo dos fatos elencados na questão, lembre-se de que não devem ser apresentados fatos que não estiverem no enunciado da questão.

1ª informação: unicamente com base na questão apresentada, utilizando-se do poder de síntese, deve ser ressaltado tudo que houver sobre as seguintes perguntas: O quê? Quem? Quando? Onde? Por quê? Como? Com quem?

2ª informação: só devem ser ressaltados fatos relevantes que terão correlação com a parte da fundamentação.

DOS FUNDAMENTOS

Neste momento, pode-se apresentar um breve apanhado sobre o instituto pleiteado, além do fumus comissi delicti, *do* periculum in mora e proporcionalidade, *que vão variar conforme a medida.*

1ª informação: indique a **materialidade do delito**. Lembrando que aqui esses dados devem estar consubstanciados em elementos concretos. Ressalte na peça a existência de eventuais laudos periciais.

2ª informação: tipifique o delito.

3ª informação: indique **os indícios razoáveis de autoria ou participação em infração penal punida com reclusão**. Deve-se apontar quais fatos demonstram que aquele suspeito pode ter cometido o delito. Em análise técnica, deve-se apresentar qual a justa causa para o indivíduo estar sendo investigado e quais as informações colhidas na investigação apontam para a autoria dele.

4ª informação: demonstre ao juiz que **a medida** é **adequada e proporcional** e, se não for implementada de forma célere (***periculum in mora***), gerará risco provável grave e irreparável.

5ª informação: com relação à proporcionalidade, importante ressaltar que **não há outro meio eficaz para a produção da prova** e que o **crime** é **punido com reclusão**.

DO(S) PEDIDO(S)

Será a finalização da peça, indicando ao magistrado a razão da representação. Deve-se colocar que o membro do Ministério Público será ouvido ou comunicado da medida.

Deve-se colocar o prazo da medida.

Afirmar que o Delegado de Polícia será o responsável pelo conhecimento da medida.

Isto posto, visando o prosseguimento das investigações, com fulcro nos dispositivos legais acima citados, represento, após a oitiva do ilustre membro do Ministério Público, pela expedição de mandado judicial por meio de ofício único, direcionado às prestadoras de serviços de telefonia, determinando a **interceptação de comunicações telefônicas** do terminal *(colocar* *o número do terminal trazido pela questão)*, de seus respectivos IMEIs e outros que o sucedam, inclusive por desvio e redirecionamento de chamada (serviço SIGA-ME), vinculado a *(adicionar a quem o terminal está vinculado e sua qualificação, se houver)*, durante o período de 15 (quinze) dias, contados de sua implementação, devendo as operadoras disponibilizar condições técnicas para o monitoramento.

Nos termos do art. 10, X, da Resolução de nº 59/2008 do CNJ, informo que este signatário será o responsável pelo conhecimento da medida.

Local, data.

Delegado de Polícia.

Lotação *(se houver)*.

E-mail do Delegado *(se houver)*.

Embora seja óbvio, o óbvio por vezes precisa ser dito: jamais identifique sua prova, *seja assinando-a, colocando seu nome (ou as iniciais dele) ou de qualquer outra maneira.*

Modelo de captação ambiental

EXCELENTÍSSIMO(A) SENHOR(A) JUIZ(A) DE DIREITO DA ___ VARA (...) DA COMARCA DE (...)

Não use abreviações no endereçamento. Lembre-se de que não é necessário o uso de inúmeros pronomes de tratamento.

Medida Sigilosa e Urgente (arts. 1º, 8º e 4º, § 2º, da Lei nº 9.296/1996).

Como dito, pode-se colocar que a medida é sigilosa e urgente em razão da própria essência das cautelares.

No caso em análise, por terem o sigilo e a urgência expressa fundamentação legal, é importante ressaltar, apondo, caso o candidato se recorde, o artigo correspondente.

Referência: Inquérito Policial nº

Caso haja referência ao número do inquérito, deve-se fazer referência à sua numeração. Caso não haja, o candidato poderá usar o termo: Inquérito Policial nº.

Não há necessidade de pular linhas, sobretudo se o número de linhas de sua prova for reduzido.

Deixar parágrafo de aproximadamente dois dedos de distância da margem.

O Delegado de Polícia ao final assinado, no uso de suas atribuições constitucionais e legais, sobretudo o art. 144, § 4º,[20] da Constituição Federal e art. 2º, § 1º, da Lei nº 12.830/2013 *(se houver legislação local, a exemplo de dispositivo da Constituição Estadual, colocar aqui)*, com fulcro no art. 8º-A da Lei nº 9.296/1996,[21] e, em respeito ao art. 5º, XII, da Constituição Federal, vem à presença de Vossa Excelência representar pela expedição de mandado de autorização de **captação ambiental de sinais eletromagnéticos,** *ópticos* **ou acústicos** a ser implementada no *(local em que será implementado)*, vinculado a *(nome da pessoa a quem o local está vinculado)*, pelos fundamentos de fato e de direito a seguir expostos:

---

[20] Lembrando que, caso seja prova para Delegado de Polícia Federal, a legitimidade será alterada.

[21] Caso se trate de uma organização criminosa, também deve ser citado o art. 3º, II, da Lei nº 12.850/2013.

DA SINOPSE DOS FATOS

Neste ponto, deve-se apresentar o resumo dos fatos elencados na questão, lembre-se de que não devem ser apresentados fatos que não estiverem no enunciado da questão.

1ª informação: unicamente com base na questão apresentada, utilizando-se do poder de síntese, deve ser ressaltado tudo que houver sobre as seguintes perguntas: O quê? Quem? Quando? Onde? Por quê? Como? Com quem?

2ª informação: só devem ser ressaltados fatos relevantes que terão correlação com a parte da fundamentação.

DOS FUNDAMENTOS

Neste momento, pode-se apresentar um breve apanhado sobre o instituto pleiteado, além do fumus comissi delicti, *do* periculum in mora *e* proporcionalidade, *que vão variar conforme a medida.*

1ª informação: indique a **materialidade do delito**. Lembrando que aqui esses dados devem estar consubstanciados em elementos concretos. Ressalte na peça a existência de eventuais laudos periciais.

2ª informação: tipifique o delito.

3ª informação: indique **os elementos probatórios razoáveis de autoria ou participação em infrações penais cujas penas máximas sejam superiores a 4 (quatro) anos ou infrações penais conexas**. Deve-se apontar quais fatos demonstram que aquele suspeito pode ter cometido o delito. Em análise técnica, deve-se apresentar qual a justa causa para o indivíduo estar sendo investigado e quais as informações colhidas na investigação apontam para a autoria dele.

4ª informação: demonstre ao juiz que **a medida** é **adequada e proporcional** e, se não for implementada de forma célere (***periculum in mora***), gerará risco provável grave e irreparável.

5ª informação: com relação à proporcionalidade, importante ressaltar que **não há outro meio eficaz para a produção da prova** e que o **crime é punido com penas máximas superiores a 4 (quatro) anos ou infrações penais conexas**.

DO(S) PEDIDO(S)

Será a finalização da peça, indicando ao magistrado a razão da representação. Deve-se colocar que o membro do Ministério Público será ouvido.

Deve-se colocar o prazo da medida.

Por todo o exposto, com fulcro no art. 8º-A da Lei nº 9.296/1996,[22] representa esta Autoridade Policial, após a oitiva do ilustre membro do Ministério Público, pela expedição de mandado de autorização de **captação ambiental de sinais eletromagnéticos,** ópticos ou acústicos a ser implementada por equipe de investigação desta unidade no *(local exato em que será implementado)*, vinculado a *(nome da pessoa a quem o local está vinculado)*, pelo período de 15 (quinze) dias a contar da sua implementação.

---

[22] Caso se trate de uma organização criminosa, também deve ser citado o art. 3º, II, da Lei nº 12.850/2013.

Local, data.
Delegado de Polícia.
Lotação *(se houver).*
E-mail do Delegado *(se houver).*

Embora seja óbvio, o óbvio por vezes precisa ser dito: jamais identifique sua prova, *seja assinando-a, colocando seu nome (ou as iniciais dele) ou de qualquer outra maneira.*

Caso prático

Os comerciantes da rua Torta, na cidade de Luz, estavam receosos em continuarem com suas atividades comerciais, pois os furtos no período em que as lojas estavam fechadas, ou seja, durante a noite, eram frequentes.

Diante das diversas denúncias e registro de Boletins de ocorrência, em 05.08.2021, foi instaurado o Inquérito Policial nº 006 para apurar os referidos delitos.

Segundo consta nestes registros, três indivíduos utilizando um Fiat Uno cor preta, placa OII 1212/MA, no período noturno, arrombavam as lojas e subtraíam os objetos, saindo em fuga logo em seguida.

A Autoridade Policial determinou algumas diligências na portaria inicial, dentre elas a apreensão de imagens do circuito interno de TV do local de um dos furtos ocorrido na rua Torta.

Segundo consta em relatório investigativo acostado ao Inquérito Policial:

- foram apreendidas imagens de circuitos internos de TV em três pontos comerciais, conforme determinado pela Autoridade Policial;
- o veículo Fiat Uno cor preta, placa OII 1212/LUZ, utilizado nas ações criminosas, foi objeto de furto praticado em data e local anterior, fato registrado no B.O. nº 151.

Nas investigações relativas ao furto do veículo Fiat/Uno, havia a suspeita de participação de João Cunha, conhecido como "Canela Seca", contudo esse fato não foi confirmado no âmbito daquela investigação. Em razão do *modus operandi* utilizado, há elementos razoáveis que apontam que João Cunha faça parte desta associação criminosa autora dos furtos e atualmente investigada. Analisando-se as investigações relacionadas ao furto do veículo, percebe-se que João Cunha possui a seguinte identificação e informações cadastrais:

João Cunha, 27 anos, brasileiro, solteiro, sem emprego fixo, filho de Joana Cunha e Mário Júnior Cunha, portador do CPF nº 116.111.121-00, celular: (99) 98822-1166.

As referidas informações foram confirmadas pela equipe de investigação. Foi determinado aos investigadores que realizassem campanas na região em que reside João Cunha, mas se trata de local bastante inóspito a policiais (que logo são identificados) e, ademais, nenhum veículo furtado fora visto na garagem ou terreno da casa de João Cunha. Os investigadores ainda informaram, por meio de relatório policial, que todas as tratativas do grupo criminoso são realizadas por meio de ligações telefônicas, justamente no sentido de evitar que os furtadores sejam vistos juntos.

Analisando as imagens do circuito interno de TV, nota-se que um dos ocupantes do veículo tem características físicas bastante semelhantes às de João Cunha, mas não foi possível a realização de exame prosopográfico.

Na qualidade de Autoridade Policial da Delegacia em que se apuram os delitos, represente pela medida adequada, uma vez que recebeu a investigação neste estado e necessita identificar os outros investigados, observando-se que os delitos provavelmente continuarão a ser praticados.

Modelo de proposta de resposta

EXCELENTÍSSIMO SENHOR JUIZ DE DIREITO DA __ VARA CRIMINAL DA COMARCA DE LUZ

Referência: Inquérito Policial nº 006.

Medida Sigilosa Urgente (arts. 1º, 4º, § 2º, e 8º da Lei nº 9.296/1996).

O Delegado de Polícia *in fine* assinado, no uso de suas atribuições constitucionais e legais, sobretudo o art. 144, § 4º, da CF/1988 e art. 2º, § 1º, da Lei nº 12.830/2013 com fundamento no art. 3º, I, da Lei nº 9.296/1996, e, em respeito ao art. 5º, XII, da Constituição Federal, vem à presença de Vossa Excelência representar pela expedição de mandado de **interceptação das comunicações telefônicas** do terminal 99 98822-1166, vinculado a João Cunha, brasileiro, solteiro, sem emprego fixo, portador do CPF nº 116.111.121-00, pelos fundamentos de fato e de direito que pormenorizadamente se seguem:

DOS FATOS

Trata-se de investigação sobre furtos ocorridos em estabelecimentos comerciais na rua Torta, neste município.

Após várias denúncias e registro de boletins de ocorrência, em 05.08.2021, foi instaurado o Inquérito policial em epígrafe.

Segundo consta no inquérito policial, três indivíduos utilizando um Fiat Uno cor preta, placa OII 1212/MA, arrombavam as lojas e subtraíam os objetos, no período noturno, saindo em fuga logo após prática delituosa.

A Autoridade Policial determinou a apreensão de imagens do circuito interno de TV. Segundo consta no relatório investigativo acostado ao inquérito policial, foram apreendidas imagens de circuitos internos de TV em três pontos comerciais na rua Torta.

Foi constatado que o veículo Fiat Uno cor preta, placa OII 1212/MA fora furtado, conforme o registro do B.O. nº 151. A investigação a respeito desse delito, apesar de inconclusiva, apontava como suspeito João Cunha, vulgo "Canela Seca". Apesar de não se evidenciar a autoria do furto do veículo, esta Autoridade Policial suspeita que João Cunha, em razão do *modus operandi* utilizado, faça parte da associação criminosa responsável pelos furtos aos estabelecimentos comerciais. Analisando-se as investigações relacionadas ao furto do veículo, percebe-se que João Cunha possui a seguinte identificação e informações cadastrais, confirmadas pela equipe de investigação.

João Cunha, 27 anos, brasileiro, solteiro, sem emprego fixo, filho de Joana Cunha e Mário Júnior Cunha, portador do CPF nº 116.111.121-00, celular: (99) 98822-1166.

Foi determinado aos investigadores que realizassem campanas na região em que reside João Cunha, mas trata-se de local bastante inóspito a policiais. Ademais, nenhum veículo furtado fora visto na garagem ou terreno da casa de João Cunha.

Os investigadores ainda informaram, por meio de relatório policial, que todas as tratativas do grupo criminoso são realizadas por meio de ligações telefônicas, justamente no sentido de evitar que os furtadores sejam vistos juntos.

Ao serem analisadas as imagens do circuito interno de TV, percebe-se que um dos ocupantes do veículo tem características físicas bastante semelhantes às de João Cunha, mas não foi possível a realização de exame prosopográfico.

DOS FUNDAMENTOS

A Constituição Federal prevê o direito à intimidade em diversos incisos de seu art. 5º. Dentre essas previsões, está o inciso XII, que trata da inviolabilidade dos dados e comunicações telefônicas.

Sabe-se, no entanto, que não existe regra ou princípio absoluto, devendo ser afastada a aplicação de algumas regras em detrimento de outras e, no caso dos princípios, à luz da doutrina neoconstitucionalista, deve haver ponderação judicial, adequando sua a aplicação ao caso concreto. O abuso do direito não é permitido no nosso ordenamento jurídico, não devendo prevalecer a alegação de intimidade frente às afrontas a lei, a paz social e a interesse público. É o que ocorre no caso em tela.

Aliás, a Carta Magna prevê exceções a seu próprio dispositivo, rezando que, por ordem judicial, na forma da lei, pode ocorrer interceptação ou quebra do sigilo de dados e comunicações telefônicas para fins de investigação criminal ou instrução processual penal.

Uma vez cumpridos os requisitos constitucionais, resta tratar das questões legais instituídas pela Lei nº 9.296/1996.

A materialidade do delito comprova-se por meio dos relatos relativos às subtrações patrimoniais realizadas nos estabelecimentos comerciais, além do que elementos que indiciam a permanência da associação dos agentes responsáveis pela prática dos delitos.

Excelência, há indícios que os suspeitos fazem parte de associação criminosa (art. 288, do CP) que pratica crimes de furtos qualificados (art. 155, § 4º, incisos I e IV, do CP), cujas penas são de reclusão, não se enquadrando, portanto, nas restrições impostas pelos incisos I e III do art. 2º da Lei nº 9.296/1996, que trata do tema.

Há indícios fortíssimos da participação de João Cunha, pois o veículo utilizado nas ações criminosas foi furtado, fato registrado no B.O. nº 151. A investigação a respeito desse delito, apesar de inconclusiva, apontava como suspeito João Cunha.

Ademais, ao serem analisadas as imagens do circuito interno de TV, perceber-se que um dos ocupantes do veículo tem características físicas bastante semelhantes à de João Cunha.

Portanto, presentes os elementos referentes ao *fumus comissi delict.*

A medida é urgente, motivo pelo qual se evidencia o *periculum in mora*, pois, caso não colhida as informações, apode não haver novamente momento adequado para tanto, gerando graves prejuízos à investigação.

A medida mostra-se proporcional, pois não há outro meio para se identificar os demais autores envolvidos na empreitada delituosa, principalmente em razão de os investigados evitarem manter contato pessoal, motivo pelo qual se valem do meio telefônico para conversarem entre si. As campanas policiais também restaram infrutíferas, pois o local em que reside João Cunha é inóspito e não permite o desenvolvimento da diligência.

A propósito, como se pode perceber, há diversos objetivos nesta investigação que necessitam ser atingidos, sobretudo no que se refere à autoria. Com efeito, ainda resta identificar e qualificar dois integrantes desta estrutura criminosa, bem como confirmar de forma cabal a participação de João Cunha, não sendo as diligências regulares, conforme salientado, suficientes para tal finalidade. Por esse motivo, há necessidade da técnica de investigação judicialmente condicionada ora representada.

DO PEDIDO

Isto posto, visando o prosseguimento das investigações, com fulcro nos dispositivos legais acima citados, representa esta Autoridade Policial, após a oitiva do ilustre membro do Ministério Público, pela expedição de mandado judicial por meio de ofício único, direcionado às prestadoras de serviços de telefonia, determinando a **interceptação de comunicações telefônicas**, do terminal 99 98822-1166, de seus respectivos IMEIs e outros que o sucedam, inclusive por desvio e redirecionamento de chamada (serviço SIGA-ME), durante o período de 15 (quinze) dias, contados de sua implementação, devendo as operadoras disponibilizar condições técnicas para o monitoramento.

Nos termos do art. 10, X, da Resolução de nº 59/2008 do CNJ, informo que este signatário será o responsável pelo monitoramento e conhecimento da medida.

Luz, data.

Delegado de Polícia.

Decifrando a prova

(2014 – Acafe – PC/SC – Delegado – Adaptada) Denúncia anônima que chegou à Delegacia de Polícia dá conta de que Mário Mendes e Ciro Fontes, estariam inserindo elementos inexatos em operação de natureza fiscal relativas ao ICMS, visando fraudar a fiscalização tributária, das empresas de laticínios Indústria Companhia do Leite e Leite Bom Indústria Alimentícia Ltda.

Apesar dos indícios apontarem o envolvimento dos investigados em crime de sonegação fiscal, a investigação chegou a um impasse, pois não foi possível elucidar, com os levantamentos de campo e de informações, qual a participação de cada um dos investigados, acrescido do fato de que o Ciro Fontes faz constantes viagens internacionais,

Dados do Inquérito: Nº 0124/2020; Primeira Delegacia de Polícia da Comarca de Lages, rua das Palmeiras, 357, Lages – Fone: (49) 3131-3030. Delegado responsável: Dr. Edmundo Bastos Cunha – matrícula 123.456-7 – bastos@pc.sc.gov.br – Agente de Polícia designado: Aníbal Bruno de Faria 333.444 5 – faria@pc.sc.gov.br

Do que foi até agora apurado tem-se: a) Indústria de Laticínios Companhia do Leite, com sede na rua das Acácias, 123, Lages – sócio Mário Mendes e Ciro Fontes; b) Leite Bom Indústria Alimentícia Ltda., com sede na rua das Laranjeiras, 456, Lages – sócios Ciro Fontes e Mario Mendes; c) Mario Mendes, brasileiro, casado, empresário, residente à rua Pessegueiro, 687, Lages – celular (Claro S/A) – (49) 91127070, CPF: 400 401 402-88; d) Cito Fontes – brasileiro, casado, empresário, residente à rua das Videiras, 581, Lages – celular (49) 9112 8080, CPF: 500 501 502-99; e) registro da caminhonete Mitsubishi L200, placas XXX-0123, utilizada por Ciro Fontes, em nome de Samira Mendes Lima, CPF: 800 801 802-83; f) registro em nome da Samira Mendes Lima, do veículo Honda Civic, ano 2019/2020, placas XXX-0456, que até 21/01/2020 estava registrado em nome da empresa Leite Bom Indústria Alimentícia Ltda.; g) registro de veículos particulares, utilizados por Mario Mendes e seus familiares, em nome de terceiros: Citroen C4 Palas, placa XXX 1111, registrado em nome de Murilo Garcia – CPF: 100 101 102-76; BMW, placa XXX 2222, registrado em nome de Cássio Meira, CPF: 200 201 201-67; Mitsubishi Pajero Full, placa XXX 3333, registrado em nome de Felipe Lima, CPF: 300 301 302-57; h) inexistência de patrimônio nas empresas Indústria de Laticínios Companhia do Leite e Leite Bom Indústria Alimentícia Ltda.; i) Incompatibilidade entre volume de produção, o constante nos registros de estoque da empresa e o constante nos registros fiscais de saída de produtos decorrentes das vendas.

Outros dados: b) Tim Celular S/A – gerência de relacionamento e apoio a órgãos públicos, Av. Alexandre de Gusmão, 29, São Paulo; c) Claro S/A – Departamento Jurídico, rua Flórida, 1970, São Paulo; d) Oi/Brasil Telecom – Gerência de Ações Restritas, Av. Presidente Vargas, 914, São Paulo; e) Vivo – Núcleo de Assuntos Especiais, Av. João Gualberto, 717, São Paulo; f) Nextel/Telecomunicações – rua Bela Cintra, 1196, São Paulo; g) GVT – rua Lourenço Pinto, 299, São Paulo.

Analise o anteriormente relatado e, como Delegado de Polícia, sem criar novos dados, elabore pedido de interceptação telefônica.

Modelo de proposta de resposta

EXCELENTÍSSIMO SENHOR JUIZ DE DIREITO DA ___ VARA CRIMINAL DA COMARCA DE LAGES – SC

Referência: Inquérito Policial nº 0124/2020.

Medida Sigilosa Urgente (arts. 1º, 8º e 4º, § 2º, da Lei nº 9.296/1996).

O Delegado de Polícia *in fine* assinado, no uso de suas atribuições constitucionais e legais, sobretudo o art. 144, § 4º, da CF/1988 e art. 2º, § 1º, da Lei nº 12.830/2013 com fundamento no art. 3º, I, da Lei nº 9.296/1996, e, em respeito ao art. 5º, XII, da Constituição Federal, vem à presença de Vossa Excelência representar pela expedição de mandado de **interceptação das comunicações telefônicas e quebra de sigilo telefônico** dos terminais 49 91127070 – vinculado a Mário Mendes, brasileiro, casado, empresário, residente na rua Pessegueiro, 687, Lages – e 49 91128080 – vinculado a Ciro Fontes, brasileiro, casado, empresário, residente na rua das Videiras, 681, Lages – pelos fundamentos de fato e de direito que pormenorizadamente se seguem:

DOS FATOS

A Delegacia de Lages recebeu "denúncia anônima" informando que Mário Mendes e Ciro Fontes estariam inserindo elementos inexatos em operações de natureza fiscal, relativos ao ICMS, com vistas a fraudar a fiscalização tributária. Para tanto, utilizam-se das empresas de Laticínios Indústria Companhia do Leite e Leite Bom Indústria Alimentícia Ltda.

Realizadas as apurações iniciais, instaurou-se o respectivo inquérito policial, no qual foi possível verificar que a caminhonete Mitsubishi L200, placa XXX-0123, utilizada por Ciro Fontes, está registrada em nome de Samira Mendes Lima, CPF: 800.801.802-83. Também está registrado em nome de Samira Mendes Lima o veículo Honda Civic, ano 2019/2020, placa XXX-0456, anteriormente registrado em nome da empresa Leite Bom Indústria Alimentícia Ltda.

Os veículos particulares utilizados por Mário Mendes e seus familiares também estão registrados em nome de terceiros, conforme dados do inquérito em epígrafe.

Inexiste patrimônio em nome das duas referidas empresas em que são sócios Mário Mendes e Ciro Fontes.

Há incompatibilidade entre o volume de produção constante nos registros de estoque da empresa e o que consta nos registros fiscais de saída de produtos decorrente das vendas.

Foi averiguado que Ciro Fontes faz constantes viagens ao exterior. Apesar dos inúmeros indícios apurados, não foi possível elucidar, com meios investigatórios até então disponíveis, a participação de cada um dos investigados nos delitos apurados.

DOS FUNDAMENTOS

Preliminarmente, cumpre destacar que a Autoridade Policial, antes da formal instauração do inquérito policial, determinou a realização das investigações preliminares a partir da mencionada *notitia ciminis* inqualificada, cumprindo-se, dessa forma, entendimento jurisprudencial.

A jurisprudência dominante aduz que a notícia anônima sobre eventual prática delituosa, por si só, não é idônea para fundamentar a instauração de inquérito policial ou deflagração da ação penal. Contudo ela serve de elemento para embasar procedimentos investigatórios preliminares em busca de indícios que corroborem com as informações de fonte anônima. No mesmo sentido, é o entendimento doutrinário, segundo o qual a denúncia anônima pode servir de fundamento para instaurar a investigação ou servir de base a representação por cautelares desde que ocorram investigações preliminares que confirmem os elementos da denúncia.

A Constituição Federal prevê o direito à intimidade em diversos incisos de seu art. 5º. Dentre essas previsões, está o inciso XII, que trata da inviolabilidade dos dados e comunicações telefônicas.

Sabe-se, no entanto, que não existe regra ou princípio absoluto, devendo ser afastada a aplicação de algumas regras em detrimento de outras e, no caso dos princípios, à luz da doutrina neoconstitucionalista, deve haver ponderação judicial, adequando sua a aplicação ao caso concreto. O abuso do direito não é permitido no nosso ordenamento jurídico, não devendo prevalecer a alegação de intimidade frente às afrontas a lei, a paz social e a interesse público. É o que ocorre no caso em tela.

Aliás, a Carta Magna prevê exceções a sua própria determinação de sigilo e intimidade, ocasião em que dispõe que por ordem judicial, na forma da lei, pode ocorrer interceptação ou quebra do sigilo de dados e comunicações telefônicas para fins de investigação criminal ou instrução processual penal.

Uma vez cumpridos os requisitos constitucionais, resta tratar das questões legais instituídas pela Lei nº 9.296/1996.

A materialidade do delito comprova-se por meio dos relatos referentes a incompatibilidade entre volume de produção, o constante nos registros de estoque da empresa e o constante nos registros fiscais de saída de produtos decorrentes das vendas, evidenciando-se operação ilegítima por parte dos gestores da empresa. Essa conduta se amolda ao tipo penal previsto no art. 1º, inciso II, da Lei nº 8.137/1990. Há de se ressaltar que a não constituição efetiva dos créditos tributários, não impede a investigação do delito, não se enquadrando na Súmula Vinculante nº 24, conforme recente entendimento dos tribunais superiores

Há ainda indícios do cometimento do delito de lavagens de capitais e associação criminosa nos termos do art. 1º, da Lei nº 9.613/1998 e art. 288, *caput*, do Código Penal. Há elementos que apontam a autoria dos dois investigados, considerando que ambos, em condutas individualizadas, buscam esvaziar tanto o patrimônio da pessoa jurídica da qual são responsáveis, quanto ao seu próprio patrimônio por meio da transferência a terceiros dos bens que lhe são correlatos.

Forma-se, desse modo, o *fumus comissi delict*.

As penas impostas ao delito são de reclusão, não se enquadrando, portanto, nas restrições impostas pelos incisos I e III do art. 2º da Lei nº 9.296/1996, que trata do tema.

A medida mostra-se proporcional, pois não há outro meio para se identificar os demais autores envolvidos na empreitada delituosa.

Ademais, como se pode perceber, há diversos objetivos nesta investigação que necessitam ser atingidos, sobretudo no que se refere à autoria. Com efeito, ainda resta identificar e qualificar eventuais pessoas envolvidas na prática do delito, não sendo as diligências regulares, conforme salientado, suficientes para tal finalidade. Por esse motivo, há necessidade da técnica de investigação judicialmente condicionada ora representada.

A quebra de sigilo telefônico, de igual forma justifica-se, uma vez que auxiliará a provar os vínculos entre os investigados, sendo medida proporcional.

DO PEDIDO

Isto posto, visando ao prosseguimento das investigações, com fulcro nos dispositivos legais acima citados, representa esta Autoridade Policial, após a oitiva do ilustre membro do Ministério Público, pela expedição de mandado judicial por meio de ofício único, direcionado às prestadoras de serviços de telefonia, determinando a **interceptação de comunicações telefônicas e quebra de sigilo telefônico** (por período de 15 dias), dos terminais 49 91127070, vinculado a Mário Mendes, brasileiro, casado, empresário, residente na rua Pessegueiro, 687, Lages; e 49 91128080, vinculado a Ciro Fontes, brasileiro, casado, empresário, residente na rua das Videiras, 681, Lages, de seus respectivos IMEIs e outros que o sucedam, inclusive por desvio e redirecionamento de chamada (serviço SIGA-ME), durante o período de 15 (quinze) dias, contados de sua implementação, devendo as operadoras disponibilizar condições técnicas para o monitoramento.

Requer, ainda, o acesso dos dados telefônicos disponíveis junto às operadoras:

1) Tim Celular S/A, Gerência de Relacionamento e Apoio a órgãos Públicos, situada na Av. Alexandre de Gusmão, 29, São Paulo; 2) Oi/Brasil Telecom Gerência de Ações Restritas, situada na Av. Presidente Vargas, 914, São Paulo; 3) Vivo, Núcleo de Assuntos Especiais, situada na Av. João Gualberto, 717, São Paulo; 4) Nextel/ Telecomunicações, situada na rua Bela Cintra, 1196, São Paulo e 5) GVT, situada na rua Lourenço Pinto, 299, São Paulo.

Nos termos do art. 10, X, da Resolução de nº 59/2008 do CNJ, informo que este signatário será o responsável pelo monitoramento e conhecimento da medida.

Lages, data.

Edmundo Bastos Cunha.

Delegado de Polícia – matrícula 123.456-7

Primeira Delegacia de Polícia da Comarca de Lages, rua das Palmeiras, 357, Lages/SC – Fone: (49) 3131-3030.

E-mail: bastos@pc.sc.gov.br

Caso prático

Em 03.01.2021, um famoso jornal televisivo exibiu uma matéria com a denúncia de que servidores estaduais da Secretaria de Mobilidade de Tocantins estariam recebendo propina de empresários e lojistas para que promovessem a alteração do fluxo de vias urbanas.

Segundo a reportagem, após o recebimento da vantagem ilícita, havia alteração do fluxo de veículos para as vias em que os empresários e lojistas estavam estabelecidos, gerando com isso valorização imobiliária e maior movimento de clientes.

A reportagem exibiu um vídeo em que a empresária Rosângela Prado denunciou o esquema e afirmou que a alteração do fluxo de veículos, além de ter tornado o trânsito mais lento, lhe causou prejuízo financeiro, pois sua loja que estava constantemente cheia, passou a ficar sem movimento. Rosângela afirmou que não levou o fato ao conhecimento das autoridades por medo de represália, mas agora decidiu tornar público ao maior número de pessoas o que vem sofrendo.

Para apurar os fatos foi instaurado o Inquérito Policial nº 2.731/2022.

A Autoridade Policial presidente do caderno investigativo ouviu Rosângela em termos de declarações, ocasião em que ela acrescentou que pouco sabia acerca dos servidores envolvidos, mas que tinha conhecimento que Ítalo Oliveira, dono da loja Oliveira Eletros, havia pago a propina requerida.

Ítalo foi intimado para comparecer à unidade policial, onde foi ouvido. Em suas declarações confirmou ter pagado propina aos servidores corruptos – apresentando, na ocasião, recibo de depósito na conta de um "laranja" – e afirmou conhecer o esquema. Segundo Ítalo, o chefe da organização criminosa é o servidor público Matheus Porto, que coordenaria todas as atividades que envolvem pelo menos mais seis servidores de áreas distintas da Secretaria de Mobilidade de Tocantins, pois cada qual tem seu papel, sendo alguns responsáveis por falsear o estudo técnico, outros responsáveis por pesquisar áreas que renderiam maior lucro, outro pela segurança e Matheus pelas negociações e o recebimento do valor da propina.

O Delegado de Polícia representou pela interceptação telefônica e quebra de sigilo de dados de Matheus, representação esta devidamente deferida pelo juízo da 4ª Vara Criminal de Palmas/TO. Analisando as informações, percebeu-se que Matheus, de fato, comunica-se com diversos empresários, mas apenas para marcar local para conversa presencial na sala nº 12 do edifício comercial Fênix, situado na rua Almirante Bulamarck, nº 312, Palmas/TO, de propriedade de Matheus.

Em 12.02.2022, durante uma conversa telefônica, Matheus marcou um encontro com o empresário Fabrício Camelo para "conversarem um assunto que será bom para ambos". A reunião acontecerá na referida sala às 10 h do dia 18.02.2022.

Ante o exposto, você, na qualidade de Delegado de Polícia Titular da Delegacia Anticorrupção da Polícia Civil de Tocantins deve elaborar a representação adequada.

Modelo de proposta de resposta

EXCELENTÍSSIMO SENHOR JUIZ DE DIREITO DA 4ª VARA CRIMINAL DA COMARCA DE PALMAS

Referência: Inquérito policial nº 2731/2022.

Medida sigilosa e Urgente (arts. 1º, 8º e 4º, § 2º, da Lei nº 9.296/1996)

O Delegado de Polícia ao final assinado, no uso de suas atribuições constitucionais e legais, sobretudo o art. 144, § 4º, da Constituição Federal e art. 2º, § 1º, da Lei nº 12.830/2013, com fulcro no art. 8º-A da Lei nº 9.296/1996 e art. 3º, II da Lei nº 12.850/2013, e em respeito ao art. 5º, X, da Constituição Federal, vem à presença de Vossa Excelência representar pela expedição de mandado de autorização de **captação ambiental de sinais eletromagnéticos, ópticos ou acústicos** a ser implementada na Sala nº 12, do edifício comercial Fênix, situado na rua Almirante Bulamarck, nº 312, Palmas/TO, endereço vinculado a Matheus Porto, pelos fundamentos de fato e de direito a seguir expostos:

DOS FATOS

Trata-se de investigação instaurada nesta unidade a fim de apurar os fatos relatados a um famoso jornal televisivo por Rosângela Prado. Segundo consta, servidores estaduais da

Secretaria de Mobilidade de Tocantins estariam recebendo propina de empresários e lojistas para que promovam a alteração do fluxo de vias urbanas, gerando, com isso, mais lucro aos corruptores.

Instaurado o inquérito policial em epígrafe, ouviu-se Rosângela em termos de declarações, ocasião em que esta afirmou pouco saber acerca dos servidores envolvidos no esquema criminoso, mas apontou Ítalo Oliveira, dono da loja Oliveira Eletros, como um dos corruptores.

Intimado, Ítalo foi ouvido em termos de declarações, ocasião em que, em suma, confessou ter pagado propina aos servidores – apresentando, no ato, recibo de depósito na conta de um "laranja" – além de afirmar conhecer o esquema. Segundo ele, trata-se de uma organização criminosa chefiada pelo servidor público Matheus Porto, que coordena ao menos mais seis servidores da Secretaria de Mobilidade de Tocantins. Segundo o declarante, os integrantes do grupo desempenham funções distintas, dentre elas, falsear o estudo técnico, pesquisar áreas de maior lucro, realizar a segurança e receber o valor da peita.

Representou-se pela interceptação telefônica e quebra de sigilo de dados de Matheus, representação esta, devidamente deferida por esse juízo.

Ao analisar as informações, percebeu-se que Matheus comunica-se, via telefone, com diversos empresários, mas apenas para marcar local para conversa presencial na sala nº 12 do edifício comercial Fênix, situado na rua Almirante Bulamarck, nº 312, Palmas/TO.

Em uma dessas conversas, realizadas em 12.02.2022, Matheus marcou um encontro com o empresário Fabrício Camelo para "conversarem a respeito de um assunto que será bom para ambos" na sala acima citada às 10h do dia 18/02/22.

DOS FUNDAMENTOS

A Constituição Federal prevê o direito à intimidade em diversos incisos de seu art. 5º. Dentre essas previsões, está o inciso X, que trata da inviolabilidade da intimidade, vida privada, honra e imagem da pessoa.

Sabe-se, no entanto, que não existe regra ou princípio absoluto, devendo ser afastada a aplicação de algumas regras em detrimento de outras e, no caso dos princípios, à luz da doutrina neoconstitucionalista, deve haver ponderação judicial, adequando sua aplicação ao caso concreto. O abuso do direito não é permitido em nosso ordenamento jurídico, não devendo prevalecer a alegação da intimidade frente às afrontas a lei, à paz social e ao interesse público. É o que ocorre no caso em tela.

A fim de coibir este tipo de criminalidade especializada e organizada, entendeu por bem o legislador dotar os órgãos responsáveis pela investigação de técnicas também especiais, dentre elas, a captação ambiental, já prevista anteriormente no art. 3º, II, da Lei nº 12.850/2013 e atualmente com previsão no art. 8º-A, I, da Lei nº 9.296/1996, em razão das alterações promovidas pelo Pacote Anticrime (Lei nº 13.964/2019).

Excelência, são evidentes os indícios de autoria e materialidade da conduta obtidos por meio do relato das pessoas ouvidas, do recibo de depósito apresentado por um dos corruptores e da interceptação de comunicações telefônicas autorizada por esse juízo. Destarte, há indícios de que Matheus Porto, juntamente com pelo menos seis servidores ainda não identificados compõem organização criminosa, nos termos do art. 1º, § 1º, da Lei nº 12.850/2013, enquadrando-se, pois, no crime previsto no art. 2º, *caput*, da Lei nº 12.850/2013.

Com efeito, trata-se de grupo, formado por pelo menos sete pessoas, que, em critério de divisão de tarefas, visa auferir vantagens ilícitas, por meio do cometimento de crimes cujas penas são superiores a quatro anos, no caso, o crime de corrupção passiva, capitulado no art. 317, *caput*, do Código Penal, adimplindo-se o requisito temporal de pena do art. 8-A, II, da Lei nº 9.296/1996.

Portanto, presentes os elementos referentes ao *fumus comissi delict*.

No que tange ao *periculum in mora*, é urgente a medida neste momento, Excelência, porquanto, não implementada a captação ambiental na sala a ser utilizada para a reunião, gerará prejuízos às investigações. Pode não haver outro momento propício para a colheita probatória.

Ademais, conforme demonstrado, não há outra forma eficaz menos gravosa para o prosseguimento das investigações senão a implementação da medida pleiteada, sendo, pois, proporcional e adequada, pelo período de 15 (quinze) dias, nos termos do art. 8-A, I, da Lei nº 9.296/1996.

DO PEDIDO

Por todo o exposto, com fulcro no art. 8º-A da Lei nº 9.296/1996 e art. 3º, II, da Lei nº 12.850/2013, representa esta Autoridade Policial, após a oitiva do ilustre membro do Ministério Público, pela expedição de mandado de autorização de **captação ambiental de sinais eletromagnéticos,** ópticos **ou acústicos** a ser implementada na Sala nº 12, do edifício comercial Fênix, situado na rua Almirante Bulamarck, nº 312, Palmas/TO, endereço vinculado a Matheus Porto, pelo período de 15 (quinze) dias, a contar da sua implementação.

Palmas, data.

Delegado de Polícia.

Delegacia Anticorrupção.

Decifrando a prova

(2017 – Fempems – PC/MS – Delegado – Adaptada) Após autorização pelo juízo da 1ª Vara Criminal de determinada capital brasileira para realização de interceptação de comunicações telefônicas, visando à investigação do crime de lavagem de dinheiro, colheu-se a informação da prática do crime de tráfico ilícito de drogas por membros da facção conhecida como "CZN" (Comando Zona Norte), integrada pelos condenados Wesley Ferreira, Daniel Inocêncio, Lindomar Praxedes e Ribamar das Neves, que cumprem penas, pela prática de crime de roubo (art. 157 do Código Penal), há pelo menos 15 meses na mesma cela em Penitenciária Estadual de Segurança Máxima. Baseado nessas informações, foi instaurado novo Inquérito Policial para apurar eventual prática de tráfico de drogas e/ou de outros ilícitos. Dos esforços investigativos, inclusive advindos de nova interceptação de comunicações telefônicas autorizada pelo juízo da 2ª Vara Criminal dessa mesma capital, foi possível compreender que todo o gerenciamento e a divisão de tarefas são definidos verbalmente entre os suspeitos, no interior do estabelecimento prisional, bem como se constatou que os referidos reclusos vêm cooptando outros membros, inclusive não aprisionados, visando a integrar a facção e ampliar seu poder de atuação. Não obstante, não foi possível estabelecer indícios suficientes de autoria e prova cabal da materialidade delitiva, razão pela qual não se concluiu Inquérito Policial. Vale ressaltar que a Autoridade Policial representou pela infiltração de agentes, que fora concedida pelo juízo competente, contudo, a diligência restou infrutífera, pois os investigados não permitem que outro detento integre a cela em que estão alocados, pois desconfiam que pode tratar-se de agente infiltrado. Em face do caso narrado, na qualidade de Delegado de Polícia responsável pela investigação, elabore, fundamentadamente, a medida pertinente ao caso, visando à constituição de justa causa para o oferecimento de eventual ação penal.

Modelo de proposta de resposta

EXCELENTÍSSIMO SENHOR JUIZ DE DIREITO DA 2ª VARA CRIMINAL DA COMARCA DE DETERMINADA CAPITAL BRASILEIRA

Referência: Inquérito policial

Medida sigilosa e Urgente (arts. 1º, 8º e 4º, § 2º, da Lei nº 9.296/1996)

O Delegado de Polícia ao final assinado, no uso de suas atribuições constitucionais e legais, sobretudo o art. 144, § 4º, da Constituição Federal e art. 2º, § 1º, da Lei nº 12.830/2013, com fulcro no art. 8º-A da Lei nº 9.296/1996 e art. 3º, II, da Lei nº 12.850/2013, e em respeito ao art. 5º, X, da Constituição Federal, vem à presença de Vossa Excelência representar pela expedição de mandado de autorização de **captação ambiental de sinais eletromagnéticos,** ópticos ou acústicos a ser implementada na Penitenciária Estadual de Segurança Máxima, na cela onde os investigados Wesley Ferreira, Daniel Inocêncio, Lindomar Praxedes e Ribamar das Neves cumprem pena, pelos fundamentos de fato e de direito a seguir expostos:

DOS FATOS

Trata-se de investigação em curso que visa apurar autoria, materialidade e circunstâncias de crime previsto no art. 2º, *caput*, da Lei nº 12.850/2013 e do art. 33 da Lei nº 11.343/2006.

Após a realização de interceptação de comunicações telefônicas, concedida pela 1ª Vara Criminal de determinada cidade brasileira, visando à investigação do crime de lavagem de dinheiro, colheu-se a informação da prática do crime de tráfico ilícito de drogas por membros da facção conhecida como "CZN" – Comando Zona Norte.

Trata-se de organização integrada pelos condenados Wesley Ferreira, Daniel Inocêncio, Lindomar Praxedes e Ribamar das Neves, que cumprem penas, pela prática de crime de roubo (art. 157 do Código Penal), há pelo menos 15 meses na mesma cela em Penitenciária Estadual de Segurança Máxima.

Em razão das informações, foi instaurado o presente inquérito policial para apurar eventual prática de tráfico de drogas e/ou de outros ilícitos. No âmbito dessa investigação já fora realizada nova interceptação de comunicações telefônicas autorizada pelo juízo da 2ª Vara Criminal dessa mesma cidade brasileira. No curso dessa diligência, foi possível compreender que todo o gerenciamento e a divisão de tarefas são definidos entre os suspeitos no interior do estabelecimento prisional, verbalmente.

Vale ressaltar que a Autoridade Policial representou pela infiltração de agentes, que fora deferida pelo juízo, porém a medida restou infrutífera.

No mais, não foi possível estabelecer indícios suficientes de autoria e prova cabal da materialidade delitiva, razão pela qual não se concluiu Inquérito Policial.

DOS FUNDAMENTOS

A Constituição Federal prevê o direito à intimidade em diversos incisos de seu art. 5º. Dentre essas previsões, está o inciso X, que trata da inviolabilidade da intimidade, vida privada, honra e imagem da pessoa.

Sabe-se, no entanto, que não existe regra ou princípio absoluto, devendo ser afastada a aplicação de algumas regras em detrimento de outras e, no caso dos princípios, à luz da doutrina neoconstitucionalista, deve haver ponderação judicial, adequando sua a aplicação ao caso concreto. O abuso do direito não é permitido em nosso ordenamento jurídico, não devendo prevalecer a alegação da intimidade frente às afrontas a lei, a paz social e a interesse público. É o que ocorre no caso em tela.

A fim de coibir este tipo de criminalidade especializada e organizada, entendeu por bem o legislador dotar os órgãos responsáveis pela investigação de técnicas também especiais, dentre elas, a captação ambiental, já prevista anteriormente no art. 3º, II, da Lei nº 12.850/2013 e atualmente com previsão no art. 8º-A, I, da Lei nº 9.296/1996, em razão das alterações promovidas pelo Pacote Anticrime (Lei nº 13.964/2019).

Excelência, são evidentes os fortes índicos de autoria e materialidade da conduta obtidos por meio da interceptação de comunicações telefônicas autorizada pelo juízo da 2ª Vara Criminal que mostram o gerenciamento e a divisão de tarefas entre os suspeitos, feitas de forma verbal, caracterizando a ORCRIM, nos termos do art. 1º, § 1º, da Lei nº 12.850/2013 – enquadrando-se, pois, no crime previsto no art. 2º, *caput*, da Lei nº 12.850/2013.

A referida ORCRIM pratica crimes de tráfico de drogas, previsto no art. 33 da Lei nº 11.343/2006, cuja pena máxima é superior a 4 (quatro) anos, adimplindo-se o requisito temporal de pena do art. 8º-A, II, da Lei nº 9.296/1996.

Portanto, presentes os elementos referentes ao *fumus comissi delict*.

No que tange ao *periculum in mora*, é urgente a medida neste momento, Excelência, porquanto, não implementada a captação ambiental na cela utilizada pelos investigados, haverá prejuízos às investigações, além da ampliação da ORCRIM por meio do recrutamento de novos membros.

Ademais não há outra forma eficaz menos gravosa para o prosseguimento das investigações senão a implementação da medida pleiteada, sendo, pois, proporcional e adequada, pelo período de 15 (quinze) dias, nos termos do art. 8º-A, I, da Lei nº 9.296/1996.

DO PEDIDO

Por todo o exposto, com fulcro no art. 8º-A da Lei nº 9.296/1996 e art. 3º, II, da Lei nº 12.850/2013, representa esta Autoridade Policial, após a oitiva do ilustre membro do Ministério Público, pela expedição de mandado de autorização de **captação ambiental de sinais eletromagnéticos,** ópticos **ou acústicos** a ser implementada na Penitenciária Estadual de Segurança Máxima, na cela onde os investigados cumprem pena, pelo período de 15 (quinze) dias, a contar da sua implementação.

Determinada Capital brasileira, data.

Delegado de Polícia.

27 Infiltração de agentes

As investigações policiais necessitam evoluir no sentido de acompanhar o aprimoramento das ações praticadas por criminosos. O combate à criminalidade e os meios investigativos, antes focados em um criminoso solitário, depararam-se com estruturas organizadas e hierarquizadas de poder, motivo pelo qual também necessitam de meio excepcionais e especializados destinados a combater esse novo tipo de criminalidade.

Desse modo, os meios ordinários de investigação, em algumas situações, mostram-se insuficientes e ineficazes, motivo pelo qual se faz necessário o uso de meios especiais de combate à criminalidade, essencialmente quando se trata de organizações criminosas. Nesse contexto, a Lei que disciplina as organizações criminosas trouxe rol de **meios extraordinários** de investigação. Vejamos o dispositivo legal:

> **Art. 3º** Em qualquer fase da persecução penal, serão permitidos, sem prejuízo de outros já previstos em lei, os seguintes meios de obtenção da prova:
>
> I – colaboração premiada;
>
> II – captação ambiental de sinais eletromagnéticos, ópticos ou acústicos;
>
> III – ação controlada;
>
> IV – acesso a registros de ligações telefônicas e telemáticas, a dados cadastrais constantes de bancos de dados públicos ou privados e a informações eleitorais ou comerciais;
>
> V – interceptação de comunicações telefônicas e telemáticas, nos termos da legislação específica;
>
> VI – afastamento dos sigilos financeiro, bancário e fiscal, nos termos da legislação específica;
>
> VII – infiltração, por policiais, em atividade de investigação, na forma do art. 11;
>
> VIII – cooperação entre instituições e órgãos federais, distritais, estaduais e municipais na busca de provas e informações de interesse da investigação ou da instrução criminal.

O Delegado de Polícia, ao se utilizar dessas medidas investigativas, deve observar o caráter excepcional a que se submetem e necessidade de respeito absoluto aos direitos e garantias fundamentais dos investigados.

O professor Antônio Scarance Fernandes[1] nos mostra que:

> (...) é essencial para a sobrevivência da organização criminosa que ela impeça a descoberta dos crimes que pratica e dos membros que a compõe, principalmente de seus líderes. Por isso ela atua de modo a evitar o encontro de fontes de prova de seus crimes: faz com que desapareçam os instrumentos utilizados para cometê-los e com que prevaleça a lei do silêncio entre os seus componentes; intimida testemunhas; rastreia por meio de tecnologias avançadas os locais onde se reúne para evitar interceptações ambientais, usa telefone e celulares de modo a dificultar a interceptação, preferindo conversar por meio de dialetos ou línguas menos conhecidas. Por isso, os Estados viram-se na contingência de criar formas especiais para descobrir as fontes de prova, de conservá-las e de permitir a produção diferenciada da prova para proteger vítimas, testemunhas e colaboradores.

De acordo com as lições do professor Renato Brasileiro de Lima (2020, p. 789), pode-se conceituar os meios extraordinários de obtenção de prova como:

> (...) ferramentas sigilosas postas à disposição da Polícia, dos órgãos de inteligência e do Ministério Público para a apuração e persecução de crimes graves, que exijam o emprego de estratégias investigativas distintas das tradicionais, que se baseiam normalmente em prova documental ou testemunhal.

Assim, na utilização dos meios excepcionais de investigação – também chamadas de Técnicas Especiais de Investigação (TEI) – deve-se observar essencialmente três requisitos genéricos:

1. **Reserva de Lei:** o instrumento investigativo deve constar com expressa previsão legal.
2. **Reserva de jurisdição:** trata-se de decorrência lógica do princípio da jurisdicionalidade, desse modo, em regra, os meios investigativos excepcionais sujeitam-se ao que se denomina cláusula de reserva jurisdicional. Pode-se citar a título de exemplo a própria infiltração de agentes. Mesmos naqueles casos em que não se exige autorização judicial, há controle judicial, ainda que realizado posteriormente, como se percebe na ação controlada prevista na Lei nº 12.850/2013.
3. **Proporcionalidade:** a medida excepcional deve ser proporcional ao contexto investigativo em que se insere, assim, em representações elaboradas pelo Delegado de Polícia, é indispensável que se demonstre a imprescindibilidade da medida, revestindo-se de medida excepcional. Nesse sentido, deve-se demonstrar três subelementos:

- **adequação:** o meio investigativo utilizado é apto a produzir o elemento investigativo que se busca;

---

[1] O equilíbrio entre a eficiência e o garantismo e o crime organizado. In: TOLEDO; LANFREDI (SOUZA, 2009, p. 241).

- **necessidade:** impossibilidade de utilização de meio menos gravoso e invasivo e igualmente eficaz;
- **proporcionalidade em sentido estrito:** a vantagem obtida com o meio investigativo excepcional deve ser superior à restrição gerada pela aplicação da medida.

Desse modo, em todas as representações elaboradas pelo Delegado de Polícia, o candidato deve ater-se ao fundamento legal da medida, a necessidade de autorização judicial (quando legalmente exigido) e proporcionalidade da medida.

Trata-se, na verdade, da demonstração dos requisitos genéricos das cautelares conforme já analisamos nas outras medidas anteriores.

Analisaremos neste tópico a **representação por infiltração de agentes**, medida que encontra fundamento nas seguintes legislações:

a. infiltração de agentes (art. 10 da Lei nº 12.850/2013);
b. infiltração virtual de agentes (art. 10-A da Lei nº 12.850/2013);
c. infiltração de agentes na Lei de Drogas (art. 53 da Lei nº 11.343/2006);
d. infiltração de agentes na Lei de Lavagem de Capitais (art. 1º, § 6º, da Lei nº 9.613/1996);
e. infiltração virtual de agentes (art. 190-A do Estatuto da Criança e do Adolescente).

Nosso estudo será fundado, inicialmente, nos requisitos e fundamentos gerais para todas as representações relacionadas à infiltração de agentes. Posteriormente analisaremos as peculiaridades de cada uma das modalidades de infiltração acima descritas.

Inicialmente, podemos sistematizar as informações da seguinte forma:

Hipóteses legais de infiltração	Requisitos genéricos para a infiltração de agentes
• Infiltração de agentes (art. 10 da Lei nº 12.850/2013). • Infiltração virtual de agentes (art. 10-A da Lei nº 12.850/2013). • Infiltração de agentes na Lei de Drogas (art. 53 da Lei nº 11.343/2006). • Infiltração de agentes na Lei de Lavagem de Capitais (art. 1º, § 6º, da Lei nº 9.613/1996). • Infiltração virtual de agentes (art. 190-A do Estatuto da Criança e do Adolescente).	• Requerimento do Ministério Público ou Representação do Delegado de Polícia. • Prévia autorização judicial. • Demonstração dos requisitos genéricos das cautelares. ◇ *Fumus comissi delicti.* ◇ *Periculum in mora.* ◇ Proporcionalidade. • Indispensabilidade da infiltração. • Anuência do agente infiltrado. • Sigilosidade da medida. • Oitiva do Ministério Público ou do Delegado de Polícia, a depender do caso.

27.1 CONCEITO DE INFILTRAÇÃO DE AGENTES

A medida investigativa de infiltração de agentes trata-se de meio investigativo excepcional, na qual o agente policial (civil ou federal) atua de forma disfarçada, ocultando sua verdadeira identidade e inserindo-se no seio da estrutura criminosa, mediante prévia e motivada decisão judicial, com o objetivo de identificar as fontes de provas de infrações penais de natureza grave.[2]

27.2 REQUISITOS GENÉRICOS PARA A INFILTRAÇÃO DE AGENTES

Conforme ressaltamos anteriormente, trataremos, neste ponto, dos requisitos genéricos para todas as infiltrações acima descritas, posteriormente analisaremos as peculiaridades de cada uma de suas modalidades.

A infiltração de agentes trata-se de meio extraordinário de localização de fonte de prova, sujeita à cláusula de reserva jurisdicional, constituindo-se, portanto, em cautelar de natureza probatória especial,[3] que exige a reunião dos seguintes elementos:

27.2.1 Requerimento do Ministério Público ou representação do delegado de polícia

A medida de infiltração de agentes há de ser requerida pelo Ministério Público ou Representada pelo Delegado de Polícia. Tratando especificamente do objeto de nosso estudo, nas representações elaboradas pela Autoridade de Polícia, é indispensável a demonstração dos seguintes elementos:

Demonstração dos requisitos genéricos das cautelares:

a. ***Fumus comissi delicti:*** existência de elementos concretos que indiquem a prática da infração penal. Como trata-se de meio excepcional, somente será cabível se o crime investigado permitir, legalmente, a adoção da medida. Assim, deve-se demonstrar a existência de elementos que comprovem a prática de alguma infração que permita a utilização da medida. Já no que concerne aos indícios de autoria, caso seja possível a indicação de nomes ou apelidos, esses dados devem constar da representação. Contudo, nesses casos, observe que o principal objetivo da infiltração é descobrir a identidade dos infratores, motivo pelo qual a indicação de indícios de autoria pode ser feita de forma genérica caso esses dados não estejam contidos expressamente na questão. Vejamos o esquema a seguir:

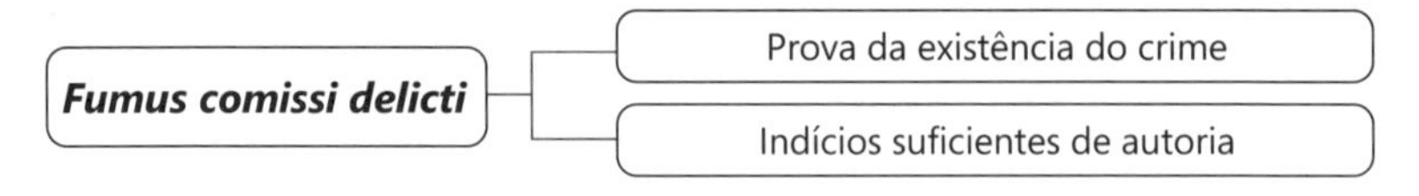

b. ***Periculum in mora***: com relação a esse elemento, deve-se demonstrar o risco que a não adoção imediata da medida pode ocasionar à investigação e consequentemente

---

[2] Nesse contexto, Neistein (2006).

[3] Classificada por nós como cautelar especial, uma vez sujeito ao regramento de legislação especial.

à própria persecução penal. Deve-se demonstrar a urgência da medida com dados concretos apresentados na questão.

c. **Proporcionalidade da medida:** a medida investigativa excepcional deve ser proporcional à gravidade do delito que se apura, motivo pelo qual deve-se demonstrar que a investigação recai sobre uma das infrações que admitem a infiltração de agentes. A proporcionalidade também pode ser analisada sob a perspectiva de ser a medida indispensável para a continuidade das investigações.

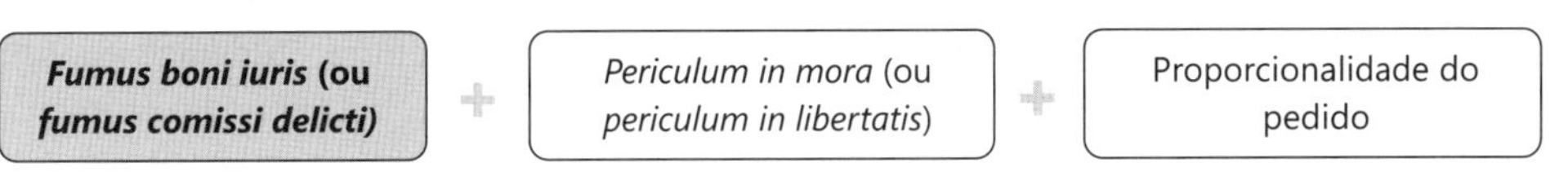

É interessante observar que o Delegado esclareça com o máximo de detalhes possíveis, conforme dados objetivos descritos na questão, o alcance da medida a ser executada. Desse modo, caso essas informações estejam expressas na questão, deve-se descrever em que consistirá a atividade do agente infiltrado. Se não houver os referidos dados, deve-se apontar de maneira genérica.

Nesse sentido, vejamos os dispositivos que tratam especificamente da infiltração virtual de agentes:

> **Lei nº 12.850/2013**
>
> **Art. 10-A.** Será admitida a ação de agentes de polícia infiltrados virtuais, obedecidos os requisitos do *caput* do art. 10, na internet, com o fim de investigar os crimes previstos nesta Lei e a eles conexos, praticados por organizações criminosas, desde que demonstrada sua necessidade e indicados o alcance das tarefas dos policiais, os nomes ou apelidos das pessoas investigadas e, quando possível, os dados de conexão ou cadastrais que permitam a identificação dessas pessoas.

O art. 11, tratando da infiltração de agentes comum, também possui dispositivo nesse sentido:

> **Art. 11.** O requerimento do Ministério Público ou a representação do delegado de polícia para a infiltração de agentes conterão a demonstração da necessidade da medida, o alcance das tarefas dos agentes e, quando possível, os nomes ou apelidos das pessoas investigadas e o local da infiltração.

Por fim, no Estatuto da Criança e do Adolescente (ECA), naquilo que concerne à infiltração virtual de agentes prevista no referido estatuto, também há disposição nesse sentido:

> **Art. 190-A.** A infiltração de agentes de polícia na internet com o fim de investigar os crimes previstos nos arts. 240, 241, 241-A, 241-B, 241-C e 241-D desta Lei e nos arts. 154-A, 217-A, 218, 218-A e 218-B do Decreto-lei nº 2.848, de 7 de dezembro de 1940 (Código Penal), obedecerá às seguintes regras:
>
> I – será precedida de autorização judicial devidamente circunstanciada e fundamentada, que estabelecerá os limites da infiltração para obtenção de prova, ouvido o Ministério Público;

> II – dar-se-á mediante requerimento do Ministério Público ou representação de delegado de polícia e conterá a demonstração de sua necessidade, o alcance das tarefas dos policiais, os nomes ou apelidos das pessoas investigadas e, quando possível, os dados de conexão ou cadastrais que permitam a identificação dessas pessoas;

27.2.2 Prévia autorização judicial

Conforme expressa disposição legal, não é possível que a infiltração de agentes seja decretada de ofício pela autoridade judicial. Os motivos são óbvios, inicialmente, há intensa limitação ao poder investigativo do magistrado em consideração ao sistema acusatório.

Adicionalmente, há de se observar que são os órgãos incumbidos da persecução penal (Polícias Judiciárias e Ministério Público) que possuem conhecimento técnico para decidir quando a referida medida excepcional terá cabimento na fase investigativa ou processual. Desse modo, não é dado ao magistrado a prerrogativa de decretar de ofício a infiltração de agentes.

É importante que o magistrado defina os limites da atividade do agente infiltrado, conforme a descrição do alcance das tarefas aposta na representação do Delegado de Polícia ou requerimento do Ministério Público.

27.2.3 Indispensabilidade da infiltração

Trata-se, conforme já analisamos, de medida investigativa excepcional. Assim, deve-se ter em mente que representa meio subsidiário e complementar de investigação, motivo pelo qual é interessante evidenciar que os demais meios investigativos ordinários são infrutíferos ou ineficazes para o sucesso da investigação.

Como vimos, trata-se de elemento integrante da proporcionalidade da medida.

A indispensabilidade também pode ser analisada sob a perspectiva da urgência a que a medida se submete. Desse modo, nas representações realizadas em provas concursais, é indispensável a demonstração da urgência da medida, podendo constar, inclusive, o prazo legal para a prolação da decisão judicial concessiva ou negativa da medida de infiltração.

Nesse sentido, vejamos a redação do art. 12, § 1º, da Lei nº 12.850/2013:

> **§ 1º** As informações quanto à necessidade da operação de infiltração serão dirigidas diretamente ao juiz competente, que decidirá no prazo de 24 (vinte e quatro) horas, após manifestação do Ministério Público na hipótese de representação do delegado de polícia, devendo-se adotar as medidas necessárias para o *êxito* das investigações e a segurança do agente infiltrado.

27.2.4 Anuência do agente infiltrado

Esse requisito decorre da leitura do art. 14, I, da Lei nº 12.850/2013. Vejamos a disposição:

> **Art. 14.** São direitos do agente:
>
> I – recusar ou fazer cessar a atuação infiltrada; (...)

Considerando que o agente policial infiltrado pode recusar a iniciar ou fazer cessar a medida, entende-se que é indispensável seu consentimento. Desse modo, nas representações elaboradas pelo Delegado de Polícia, é imprescindível que haja menção, de forma expressa, a esse consentimento.

27.2.5 Medida sigilosa

Logicamente, a infiltração de agentes é medida extremamente sigilosa, motivo pelo qual todo o procedimento de representação, processamento, decisão judicial e execução da medida devem ser distribuídos e realizados de forma sigilosa.

Em provas concursais, é interessante que o candidato faça referência à sigilosidade da representação que executa. Vejamos a redação dos arts. 10 e 12 da Lei nº 12.850/2013, Lei de Organização Criminosa, que, como veremos, é tratada como um estatuto geral da infiltração de agentes.

> **Art. 10.** A infiltração de agentes de polícia em tarefas de investigação, representada pelo delegado de polícia ou requerida pelo Ministério Público, após manifestação técnica do delegado de polícia quando solicitada no curso de inquérito policial, será precedida de circunstanciada, motivada e sigilosa autorização judicial, que estabelecerá seus limites.
>
> (...)
>
> **Art. 12.** O pedido de infiltração será sigilosamente distribuído, de forma a não conter informações que possam indicar a operação a ser efetivada ou identificar o agente que será infiltrado.

O Estatuto da Criança e do Adolescente possui dispositivo semelhante no que concerne ao sigilo da medida:

> **Art. 190-B.** As informações da operação de infiltração serão encaminhadas diretamente ao juiz responsável pela autorização da medida, que zelará por seu sigilo.

27.2.6 Medida urgente

Nas representações por infiltração de agentes também deve-se demonstrar que se trata de medida urgente, nos termos do art. 12, § 1º, da Lei nº 12.850/2013. Vejamos a redação do dispositivo:

> **Art. 12.** (...)
>
> **§ 1º** As informações quanto à necessidade da operação de infiltração serão dirigidas diretamente ao juiz competente, que decidirá no prazo de 24 (vinte e quatro) horas, após manifestação do Ministério Público na hipótese de representação do delegado de polícia, devendo-se adotar as medidas necessárias para o êxito das investigações e a segurança do agente infiltrado.

27.2.7 Alcance das tarefas dos agentes

O candidato deverá descrever em que consistirá a atividade do agente infiltrado, logicamente, atentando-se para as disposições previstas no enunciado da questão.

A descrição das tarefas que serão executadas pelo agente é de extrema importância, considerando que a prévia autorização judicial ao seu respeito irá fundamentar posterior afastamento da responsabilidade do agente.

27.2.8 Oitiva do Ministério Público ou do Delegado de Polícia

As leis que tratam sobre a infiltração de agentes estabelecem, anteriormente à decisão judicial, nas hipóteses em que a representação é realizada pelo Delegado de Polícia na fase investigativa, a necessidade de oitiva prévia do Ministério Público.

Desse modo, nas representações elaboradas em provas concursais, é imprescindível que o candidato faça referência à necessidade de oitiva prévia do órgão ministerial.

Assim, sistematicamente, são requisitos genéricos, que devem ser evidenciados nas representações, os seguintes:

> **Infiltração de agentes comum**
>
> **Art. 10.** (...)
>
> **§ 1º** Na hipótese de representação do delegado de polícia, o juiz competente, antes de decidir, ouvirá o Ministério Público.
>
> **Infiltração virtual de agentes**
>
> **Art. 10-A.** (...)
>
> **§ 2º** Na hipótese de representação do delegado de polícia, o juiz competente, antes de decidir, ouvirá o Ministério Público.
>
> **Infiltração virtual de agentes no ECA**
>
> **Art. 190-A.** A infiltração de agentes de polícia na internet com o fim de investigar os crimes previstos nos arts. 240, 241, 241-A, 241-B, 241-C e 241-D desta Lei e nos arts. 154-A, 217-A, 218, 218-A e 218-B do Decreto-lei nº 2.848, de 7 de dezembro de 1940 (Código Penal), obedecerá às seguintes regras:
>
> I – será precedida de autorização judicial devidamente circunstanciada e fundamentada, que estabelecerá os limites da infiltração para obtenção de prova, ouvido o Ministério Público; (...)

É interessante observar, apesar de pouca pertinência no que concerne ao estudo das peças práticas elaboradas pelo Delegado de Polícia, que, nas hipóteses em que o requerimento de infiltração é elaborado pelo membro do Ministério Público, no curso da investigação, a legislação determina a prévia oitiva do Delegado de Polícia, o qual **deverá exarar sua opinião técnica**:

> **Art. 10.** A infiltração de agentes de polícia em tarefas de investigação, representada pelo delegado de polícia ou requerida pelo Ministério Público, após manifestação técnica do delegado de polícia quando solicitada no curso de inquérito policial, será precedida de circunstanciada, motivada e sigilosa autorização judicial, que estabelecerá seus limites.

Após a análise dos elementos comuns a todas as modalidades de infiltração de agentes, passaremos a tratar especificamente de cada uma das modalidades de infiltração.

27.3 INFILTRAÇÃO DE AGENTES NA LEI DE ORGANIZAÇÃO CRIMINOSA

Ab initio, antes de efetivamente tratarmos das nuances de cada uma das modalidades de infiltração de agentes, é importante rememorar que os elementos genéricos descritos anteriormente são comuns a todas as modalidades de infiltração e, portanto, devem ser evidenciados em todas as hipóteses de infiltração.

27.3.1 Conceito de organização criminosa

A Lei de Organização Criminosa é o ordenamento mais rico em detalhes a respeito da infiltração de agentes, motivo pelo qual é tratado como o **regime geral da infiltração**, assim, aplicam-se as disposições da Lei de Organização Criminosa às outras modalidades de infiltração naquilo que não lhes for contrário (princípio da especialidade).

Atualmente, a Lei de Organização Criminosa prevê duas modalidades de infiltração de agentes:

a. Infiltração de agentes comum (art. 10 da Lei nº 12.850/2013).
b. Infiltração virtual de agentes (art. 10-A da Lei nº 12.850/2013).

Considerando que ambas as medidas contam com previsão na Lei nº 12.850/2013, inicialmente, o candidato deve apontar que se trata de investigação que envolva organização criminosa, evidenciando os elementos que consubstanciam o conceito de Orcrim.

Atualmente, a Lei nº 12.850/2013 exige os seguintes elementos para a formação do conceito de organização criminosa:

a. **Número mínimo:** existência de número mínimo de quatro integrantes.
b. **Vínculo associativo:** associação dotada de estabilidade e permanência.
c. **Finalidade:** obtenção de vantagem de qualquer natureza mediante a prática de infrações penais cujas penas máximas sejam superiores a 4 anos ou de caráter transnacional.

> A Lei de Organização Criminosa aplica-se, ainda, às infrações penais previstas em tratado ou convenção internacional quando, iniciada a execução no País, o resultado tenha ou devesse ter ocorrido no estrangeiro, ou reciprocamente e às organizações criminosas terroristas.

Desse modo, em provas concursais, é interessante que, antes de tratar especificamente da medida de infiltração de agentes, o candidato preocupe-se em configurar e demonstrar os elementos constituintes de uma organização criminosa, atribuindo ainda aos fatos à tipificação prevista no art. 2º da Lei nº 12.850/2013:

> **Art. 2º** Promover, constituir, financiar ou integrar, pessoalmente ou por interposta pessoa, organização criminosa:
>
> **Pena** – reclusão, de 3 (três) a 8 (oito) anos, e multa, sem prejuízo das penas correspondentes às demais infrações penais praticadas.

No momento da elaboração da peça é importante que o candidato proceda à tipificação dos delitos investigados, justamente para confirmar que se trata delitos que possuem penas superiores a 4 anos ou de caráter transnacional.

É extremamente importante observarmos que a medida de infiltração de agentes também conta com previsão expressa na Lei de Drogas (Lei nº 11.343/2006) e Lei de Lavagem de Capitais (Lei nº 9.613/1998), contudo, nessas legislações não há menção ao procedimento ou formalidades para a adoção da medida.

Por esse motivo, todas as informações tratadas neste tópico devem ser utilizadas como regras gerais em investigações envolvendo delitos relacionados a drogas ou a lavagem de capitais, logicamente, desde que adimplidos todos os requisitos exigidos.

27.3.2 Infiltração de agentes (Lei de Organização Criminosa)

A representação por infiltração de agentes consubstanciada na Lei de Organização Criminosa comum funda-se no art. 10 da referida consubstanciada, vejamos:

> **Art. 10.** A infiltração de agentes de polícia em tarefas de investigação, representada pelo delegado de polícia ou requerida pelo Ministério Público, após manifestação técnica do delegado de polícia quando solicitada no curso de inquérito policial, será precedida de circunstanciada, motivada e sigilosa autorização judicial, que estabelecerá seus limites.

Conforme já ressaltamos, todos os requisitos genéricos abaixo apontados devem ser abordados pelo candidato nas representações elaboradas pelo Delegado de Polícia:

- *Fumus comissi delicti.*

> Nesse ponto, é extremamente importante que o candidato aponte elementos referentes a crimes cometidos no contexto de organizações criminosas.

- *Periculum in mora.*
- Proporcionalidade.
- Indispensabilidade da infiltração.
- Anuência do agente infiltrado.
- Sigilosidade da medida.
- Oitiva do Ministério Público.

Todas as observações relevantes referentes a esses tópicos já foram abordadas na parte inicial deste capítulo.

Já no que concerne aos **elementos específicos** da infiltração de agentes, representada no curso de investigações, referentes ao crime organizado, deve-se observar a literalidade do art. 11 da referida legislação:

> **Art. 11.** O requerimento do Ministério Público ou a representação do delegado de polícia para a infiltração de agentes conterão a demonstração da necessidade da medida, o alcance das tarefas dos agentes e, quando possível, os nomes ou apelidos das pessoas investigadas e o local da infiltração.
>
> **Parágrafo único.** Os órgãos de registro e cadastro público poderão incluir nos bancos de dados próprios, mediante procedimento sigiloso e requisição da autoridade judicial, as informações necessárias à efetividade da identidade fictícia criada, nos casos de infiltração de agentes na internet.

Assim, podemos sintetizar da seguinte forma os requisitos específicos da representação por infiltração relativa a organizações criminosas:

a. **Quando possível, os nomes ou apelidos das pessoas investigadas:** observe que o legislador faz referência ao termo "quando possível", justamente em razão da dificuldade de detalhar esses fatores no momento da representação.
b. **Quando possível, o local da infiltração:** caso a questão apresente esse dado, deve ser inserido na representação o local em que a infiltração de agentes irá ocorrer.
c. Quando necessário, **requisição aos órgãos de registro e cadastro público para a inclusão nos bancos de dados** próprios, mediante procedimento sigiloso, **das informações necessárias à efetividade da identidade fictícia criada, nos casos de infiltração de agentes na internet**.

Eventualmente, as informações relativas à identidade simulada do agente infiltrado podem ser incluídas em registros ou cadastros de banco de dados, justamente no sentido de garantir o sucesso do agente infiltrado em não ser descoberto pela organização criminosa.

Esse elemento foi cobrado como fator de pontuação na prova de Delegado de Polícia Federal no ano de 2021.

d. **Prazo da infiltração:** logicamente, a infiltração do agente há de ocorrer por tempo determinado. Assim, nas representações devem constar o prazo durante o qual a medida se efetivará. A lei prevê que cada período de infiltração deverá perdurar pelo prazo de máximo de 6 meses, havendo a possibilidade de prorrogações, desde que seja comprovada a necessidade de continuidade da medida, nesse sentido, vejamos a redação do art. 10, § 3º, da Lei nº 12.850/2013:

> **Art. 10.** (...)
>
> **§ 3º** A infiltração será autorizada pelo prazo de até 6 (seis) meses, sem prejuízo de eventuais renovações, desde que comprovada sua necessidade.

Eventuais prorrogações devem ser realizadas também mediante representação da Autoridade Policial. É importante observar que não há período máximo, legalmente estabelecido, durante o qual a medida deve perdurar.

Nesse sentido, o professor Renato Brasileiro de Lima (2020, p. 845) apresenta interessante diferenciação entre o que se denomina de *light cover* e *deep cover*. Vejamos a diferença:

Light cover	*Deep cover*
São aquelas modalidades em que a infiltração é mais branda e dura tempo menor. Não exigem prorrogação e são realizadas por até 6 meses. No mesmo sentido, não exigem a alteração do nome do agente infiltrado e nem a perda de contato com os seus familiares.	São aquelas modalidades de infiltração que requerem maior tempo de infiltração, motivo pelo qual a medida investigativa deve passar por várias prorrogações. Requer a mudança de identidade, assim como a perda significativa do contato do agente infiltrado com seus familiares.

Já no que concerne às infiltrações virtuais, há prazo máximo legalmente estabelecido durante o qual a medida poderá perdurar. Em ambas as hipóteses, a infiltração estará limitada, computadas as prorrogações, ao período máximo de 720 dias.

27.3.3 Referência ao afastamento da responsabilidade criminal por eventuais condutas criminosas que o agente infiltrado possa cometer

O agente infiltrado no seio de organizações criminosas pode ser compelido a cometer infrações penais. Nesses casos, o executor da medida, desde que agindo em estrita proporcionalidade, não será responsabilizado pela medida. Desse modo, nas representações, é de bom tom que o candidato, nos pedidos, faça referência ao afastamento de eventual responsabilidade criminal do agente infiltrado.

> **Art. 13.** O agente que não guardar, em sua atuação, a devida proporcionalidade com a finalidade da investigação, responderá pelos excessos praticados.
>
> **Parágrafo único**. Não é punível, no âmbito da infiltração, a prática de crime pelo agente infiltrado no curso da investigação, quando inexigível conduta diversa.

Sem ingressar na polêmica doutrinária a respeito do assunto, prevalece que se trata de causa de exclusão da culpabilidade em decorrência da inexigibilidade de conduta diversa por parte do agente, o qual age com a estrita finalidade de preservar sua identidade. Logicamente que o afastamento da responsabilidade penal pode ocorrer por outros motivos, como, por exemplo, por causas excludentes de ilicitude.

Desse modo, podemos sistematizar as informações da seguinte forma:

Elementos da representação por infiltração de agentes (art. 10 da Lei de Organização Criminosa)	
Elementos gerais	**Elementos específicos**
• *Fumus comissi delicti.* • *Periculum in mora.* • Proporcionalidade. • Indispensabilidade da infiltração. • Anuência do agente infiltrado. • Sigilosidade da medida. • Urgência da medida. • Alcance das tarefas dos agentes. • Oitiva do Ministério Público.	• Quando possível, os nomes ou apelidos das pessoas investigadas. • Quando possível, o local da infiltração. • Quando necessário, requisição aos órgãos de registro e cadastro público para a inclusão nos bancos de dados próprios, mediante procedimento sigiloso, das informações necessárias à efetividade da identidade fictícia criada. • Prazo da infiltração. • Referência ao afastamento da responsabilidade criminal por eventuais condutas criminosas que o agente infiltrado possa cometer.

27.4 INFILTRAÇÃO DE AGENTES (LEI DE DROGAS – LEI Nº 11.343/2006)

Conforme já tratamos no âmbito deste estudo, a Lei nº 11.343/2006, estatuto destinado a prever as condutas criminosas relacionadas a drogas, também possui e admite uma série de medidas extraordinárias de investigação, dentre as quais a infiltração de agentes. Vejamos o dispositivo:

> **Art. 53.** Em qualquer fase da persecução criminal relativa aos crimes previstos nesta Lei, são permitidos, além dos previstos em lei, mediante autorização judicial e ouvido o Ministério Público, os seguintes procedimentos investigatórios:
>
> I – a infiltração por agentes de polícia, em tarefas de investigação, constituída pelos órgãos especializados pertinentes; (...)

Observa-se que não há regulamentação a respeito do procedimento, prazo ou qualquer outro detalhamento a respeito da forma de execução da medida, motivo pelo qual, em representações por infiltração de agentes, envolvendo crimes relacionados ao tráfico de drogas, há de se aplicar todas as previsões genéricas e específicas estudadas no tópico anterior.

A título de esclarecimento, vejamos os elementos genéricos e específicos da infiltração de agentes nos crimes envolvendo as condutas tipificadas na Lei nº 11.343/2006.

Elementos da representação por infiltração de agentes (art. 53 da Lei nº 11.343/2006 – Lei de Drogas)	
Elementos gerais	**Elementos específicos**
◆ *Fumus comissi delicti.* Devem-se evidenciar elementos de crimes previstos na Lei de Drogas (Lei nº 11.343/2006). ◆ *Periculum in mora.* ◆ Proporcionalidade. ◆ Indispensabilidade da infiltração: anuência do agente infiltrado. ◆ Sigilosidade da medida. ◆ Urgência da medida. ◆ Alcance das tarefas dos agentes. ◆ Oitiva do Ministério Público.	◆ Quando possível, os nomes ou apelidos das pessoas investigadas. ◆ Quando possível, o local da infiltração. ◆ Quando necessário, requisição aos órgãos de registro e cadastro público para a inclusão nos bancos de dados próprios, mediante procedimento sigiloso, das informações necessárias à efetividade da identidade fictícia criada. ◆ Prazo da infiltração. ◆ Referência ao afastamento da responsabilidade criminal por eventuais condutas criminosas que o agente infiltrado possa cometer.

27.5 INFILTRAÇÃO DE AGENTES (LEI DE LAVAGEM DE CAPITAIS – LEI Nº 9.613/1998)

A possibilidade de infiltração de agentes no crime de lavagem de capitais é novidade incluída pelo Pacote Anticrime no ano de 2019.[4] Desse modo, a partir da edição da Lei nº 13.964/2019, há previsão expressa da possibilidade de adoção da infiltração de agentes policiais investigações relacionadas à lavagem de capitais.

Vejamos a disposição legislativa prevista no art. 1º, § 6º, da Lei nº 9.613/1998.

> **Art. 1º** (...)
>
> **§ 6º** Para a apuração do crime de que trata este artigo, admite-se a utilização da ação controlada e da infiltração de agentes.

No mesmo sentido do que analisamos na Lei de Drogas (Lei nº 11.343/2006), não houve por parte do legislador qualquer especificação a respeito do procedimento, prazo ou qualquer detalhamento sobre da forma de sua execução, motivo pelo qual devemos aplicar todas as previsões previstas na Lei de Organização Criminosa.

A título de esquematização, vejamos os elementos da representação por infiltração de agentes nas hipóteses de investigações envolvendo lavagem de capitais:

---

4 Ao menos de maneira expressa.

Elementos da representação por infiltração de agentes (art. 1º, § 6º, da Lei nº 9.613/1998)	
Elementos gerais	**Elementos específicos**
• *Fumus comissi delicti.* Devem-se evidenciar elementos de crimes previstos na Lei de Lavagem de Capitais (Lei nº 9.613/1998). • *Periculum in mora.* • Proporcionalidade. • Indispensabilidade da infiltração: anuência do agente infiltrado. • Sigilosidade da medida. • Urgência da medida. • Alcance das tarefas dos agentes. • Oitiva do Ministério Público.	• Quando possível, os nomes ou apelidos das pessoas investigadas. • Quando possível, o local da infiltração. • Quando necessário, requisição aos órgãos de registro e cadastro público para a inclusão nos bancos de dados próprios, mediante procedimento sigiloso, das informações necessárias à efetividade da identidade fictícia criada. • Prazo da infiltração. • Referência ao afastamento da responsabilidade criminal por eventuais condutas criminosas que o agente infiltrado possa cometer.

27.6 INFILTRAÇÃO VIRTUAL DE AGENTES

27.6.1 Infiltração virtual de agentes na Lei de Organização Criminosa

Também se trata de novidade implementada pelo Pacote Anticrime, embora já contasse com previsão específica no Estatuto da Criança e do Adolescente para aplicação restrita a determinados delitos, como se verá adiante.

Com a nova previsão legal, a medida ganha amplitude, podendo ser aplicada a todas as investigações penais relacionadas a delitos cometidos por organizações criminosas e a infrações penais conexas. Vejamos o fundamento legal da medida:

> **Art. 10-A.** Será admitida a ação de agentes de polícia infiltrados virtuais, obedecidos os requisitos do *caput* do art. 10, na internet, com o fim de investigar os crimes previstos nesta Lei e a eles conexos, praticados por organizações criminosas, desde que demonstrada sua necessidade e indicados o alcance das tarefas dos policiais, os nomes ou apelidos das pessoas investigadas e, quando possível, os dados de conexão ou cadastrais que permitam a identificação dessas pessoas.

É crescente o número de infrações penais que são cometidas por meio da rede mundial de computadores. Nesse contexto, surge a necessidade da adoção de meio investigativo idôneo a elucidar esses crimes. Justamente nessa toada, surge a infiltração virtual de agentes.

Nesses casos, agentes policiais, valendo-se de identidades falsas, inserem-se em grupos virtuais destinados a prática de infrações penais, justamente com o fito de localizar as fontes de provas e colher elementos relevantes para a persecução penal.

Assim, como nas demais modalidades de infiltração, todos os requisitos genéricos devem ser estritamente observados:

- **a.** *Fumus comissi delicti.*
- **b.** *Periculum in mora.*
- **c.** Proporcionalidade.
- **d.** Indispensabilidade da infiltração: anuência do agente infiltrado deve constar como um tópico autônomo.
- **e.** Sigilosidade da medida.
- **f.** Urgência da medida.
- **g.** Oitiva do Ministério Público.

Com relação ao *fumus comissi delicti* e ao *periculum in mora*, é extremamente relevante que o candidato aponte elementos de que o delito é cometido por meio virtual, justamente no sentido de justificar a medida.

A **proporcionalidade**, requisito integrante de todas as cautelares investigativas, há de ser demonstrada por meio da compatibilidade da espécie extraordinária de investigação com os fatos narrados. A proporcionalidade pode ser evidenciada pela **indispensabilidade da medida**, demonstrando-se a ausência de outros meios igualmente eficazes para prosseguir com a investigação.

> **Lei nº 12.850/2013**
>
> **Art. 10-A.** (...)
>
> **§ 3º** Será admitida a infiltração se houver indícios de infração penal de que trata o art. 1º desta Lei e se as provas não puderem ser produzidas por outros meios disponíveis.

É exigida a **anuência do agente infiltrado**, assim como nas demais hipóteses de infiltração, motivo pelo qual, nas representações, há de existir previsão expressa a esse respeito. No mesmo sentido, como requisito indispensável para o sucesso da medida, deve ser preservado o **sigilo**. Vejamos o dispositivo:

> **Lei nº 12.850/2013**
>
> **Art. 10-B.** As informações da operação de infiltração serão encaminhadas diretamente ao juiz responsável pela autorização da medida, que zelará por seu sigilo.
>
> **Parágrafo único.** Antes da conclusão da operação, o acesso aos autos será reservado ao juiz, ao Ministério Público e ao delegado de polícia responsável pela operação, com o objetivo de garantir o sigilo das investigações.

Talvez, a maior novidade com relação à infiltração genérica prevista no art. 10-A, da Lei nº 12.850/2013 seja a limitação máxima de **prazo na infiltração virtual**, na qual, apesar de ser deferida pelo prazo máximo de 6 meses e ser passível de prorrogação, a ampliação da medida limita-se ao prazo máximo de 720 dias.

Lei nº 12.850/2013

Art. 10-A. (...)

§ 4º A infiltração será autorizada pelo prazo de até 6 (seis) meses, sem prejuízo de eventuais renovações, mediante ordem judicial fundamentada e desde que o total não exceda a 720 (setecentos e vinte) dias e seja comprovada sua necessidade.

Assim como as demais medidas, exige-se **oitiva prévia do Ministério Público**, motivo pelo qual há de ser feita referência a essa necessidade nas representações por infiltração de agentes. Os elementos específicos da representação por infiltração virtual comum prevista na Lei nº 12.850/2013 apresentam-se da seguinte forma:

a. Alcance das tarefas dos policiais.
b. Nomes ou apelidos das pessoas investigadas.
c. Quando possível:

- dados de conexão (como informações referentes a hora, data, início, término, duração, endereço de Protocolo de Internet (IP) utilizado e terminal de origem da conexão);
- dados cadastrais (informações referentes a nome e endereço de assinante ou de usuário registrado ou autenticado para a conexão a quem endereço de IP, identificação de usuário ou código de acesso tenha sido atribuído no momento da conexão), que permitam identificar essas pessoas.

d. Quando necessário, requisição aos órgãos de registro e cadastro público para a inclusão nos bancos de dados próprios, mediante procedimento sigiloso, das informações necessárias à efetividade da identidade fictícia criada.
e. Referência ao afastamento da responsabilidade criminal por eventuais condutas criminosas que o agente infiltrado possa cometer.

Podemos sistematizar as informações da seguinte maneira:

Elementos da representação por infiltração virtual de agentes da Lei nº 12.850/2013 (art. 10-A da Lei de Organização Criminosa)	
Elementos gerais	**Elementos específicos**
• *Fumus comissi delicti.* • *Periculum in mora.* • Proporcionalidade. • Indispensabilidade da infiltração: anuência do agente infiltrado. • Sigilosidade da medida. • Urgência da medida. • Alcance das tarefas dos agentes. • Oitiva do Ministério Público.	• Nomes ou apelidos das pessoas investigadas. • Quando possível, os dados de conexão e dados cadastrais. • Quando necessário, requisição aos órgãos de registro e cadastro público para a inclusão nos bancos de dados próprios, mediante procedimento sigiloso, das informações necessárias à efetividade da identidade fictícia criada. • Referência ao afastamento da responsabilidade criminal por eventuais condutas criminosas que o agente infiltrado possa cometer.

27.6.2 Representação por infiltração virtual de agentes – Estatuto da Criança e do Adolescente (ECA)

O Estatuto da Criança e do Adolescente prevê a possibilidade de infiltração de agentes policiais na internet para investigação de crimes relacionados à (CASTRO, 2017, *on-line*):

a. "pedofilia".
b. dignidade sexual de vulneráveis.
c. invasão de dispositivo informático.

Vejamos as disposições legais:

> **Art. 190-A.** A infiltração de agentes de polícia na internet com o fim de investigar os crimes previstos nos arts. 240, 241, 241-A, 241-B, 241-C e 241-D desta Lei e nos arts. 154-A, 217-A, 218, 218-A e 218-B do Decreto-lei nº 2.848, de 7 de dezembro de 1940 (Código Penal), obedecerá às seguintes regras:

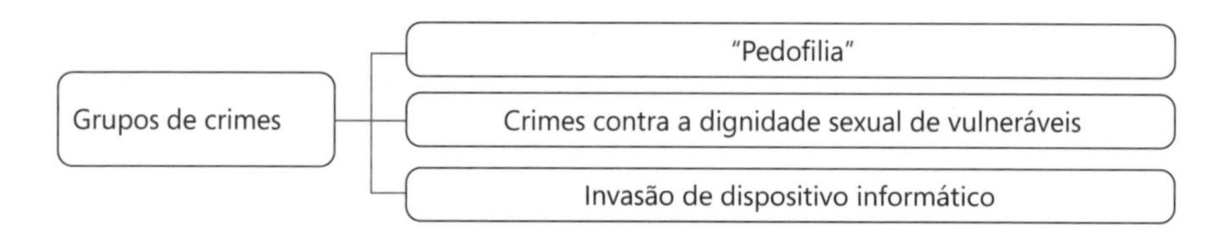

Assim, como nas demais modalidades de infiltração, todos os requisitos genéricos devem ser estritamente observados:

a. *Fumus comissi delicti.*
b. *Periculum in mora.*
c. Proporcionalidade.
d. Indispensabilidade da infiltração.
e. Anuência do agente infiltrado.
f. Sigilosidade da medida.
g. Urgência da medida.
h. Oitiva do Ministério Público.

Com relação ao *fumus comissi delicti* e ao *periculum in mora*, é extremamente relevante que o candidato aponte elementos de que o delito é cometido por meio virtual e encontre-se no rol expresso previsto no art. 190-A.

A **proporcionalidade**, requisito integrante de todas as cautelares investigativas, há de ser demonstrada por meio da compatibilidade da espécie extraordinária de investigação com os fatos narrados. A proporcionalidade pode ser evidenciada pela **indispensabilidade da medida**, demonstrando-se a ausência de outros meios igualmente eficazes para prosseguir com a investigação.

ECA/1990

Art. 190-A. (...)

II – dar-se-á mediante requerimento do Ministério Público ou representação de delegado de polícia e conterá a demonstração de sua necessidade, o alcance das tarefas dos policiais, os nomes ou apelidos das pessoas investigadas e, quando possível, os dados de conexão ou cadastrais que permitam a identificação dessas pessoas; (...)

É exigida a **anuência do agente infiltrado**, assim como nas demais hipóteses de infiltração, motivo pelo qual, nas representações, há de existir previsão expressa a esse respeito. No mesmo sentido, como requisito indispensável para o sucesso da medida, deve ser preservado o **sigilo**. Vejamos o dispositivo:

ECA/1990

Art. 190-B. As informações da operação de infiltração serão encaminhadas diretamente ao juiz responsável pela autorização da medida, que zelará por seu sigilo.

Parágrafo único. Antes da conclusão da operação, o acesso aos autos será reservado ao juiz, ao Ministério Público e ao delegado de polícia responsável pela operação, com o objetivo de garantir o sigilo das investigações.

Deve-se ter bastante cuidado com relação ao **prazo de infiltração** previsto no Estatuto da Criança e do Adolescente, considerando que se trata de prazo distinto dos demais. A infiltração será deferida por períodos de até 90 dias (prorrogáveis), limitado ao período máximo de 720 dias.

ECA/1990

Art. 190-A. (...)

III – não poderá exceder o prazo de 90 (noventa) dias, sem prejuízo de eventuais renovações, desde que o total não exceda a 720 (setecentos e vinte) dias e seja demonstrada sua efetiva necessidade, a critério da autoridade judicial.

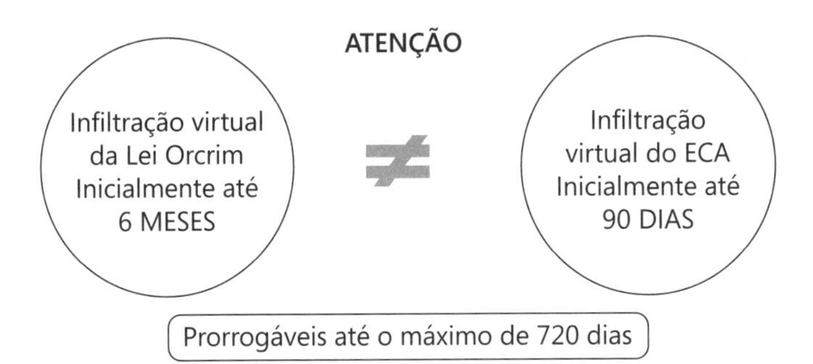

Assim como as demais medidas, exige-se **oitiva prévia do Ministério Público**, motivo pelo qual há de ser feita referência a essa necessidade nas representações por infiltração de agentes. Os elementos específicos da representação por infiltração virtual comum previstos no ECA apresentam-se da seguinte forma:

a. Alcance das tarefas dos policiais.
b. Nomes ou apelidos das pessoas investigadas.
c. Quando possível:

- dados de conexão (como informações referentes a hora, data, início, término, duração, endereço de Protocolo de Internet (IP) utilizado e terminal de origem da conexão);
- dados cadastrais (informações referentes a nome e endereço de assinante ou de usuário registrado ou autenticado para a conexão a quem endereço de IP, identificação de usuário ou código de acesso tenha sido atribuído no momento da conexão), que permitam identificar essas pessoas.

d. Quando necessário, requisição aos órgãos de registro e cadastro público para a inclusão nos bancos de dados próprios, mediante procedimento sigiloso, das informações necessárias à efetividade da identidade fictícia criada.

ECA/1990

Art. 190-D. Os órgãos de registro e cadastro público poderão incluir nos bancos de dados próprios, mediante procedimento sigiloso e requisição da autoridade judicial, as informações necessárias à efetividade da identidade fictícia criada.

Parágrafo único. O procedimento sigiloso de que trata esta Seção será numerado e tombado em livro específico.

e. Referência ao afastamento da responsabilidade criminal por eventuais condutas criminosas que o agente infiltrado possa cometer.

Art. 190-C. Não comete crime o policial que oculta a sua identidade para, por meio da internet, colher indícios de autoria e materialidade dos crimes previstos nos arts. 240, 241, 241-A, 241-B, 241-C e 241-D desta Lei e nos arts. 154-A, 217-A, 218, 218-A e 218-B do Decreto-lei nº 2.848, de 7 de dezembro de 1940 (Código Penal).

Parágrafo único. O agente policial infiltrado que deixar de observar a estrita finalidade da investigação responderá pelos excessos praticados.

Podemos sistematizar as informações da seguinte maneira:

<table>
<tr><th colspan="2">Elementos da representação por infiltração virtual de agentes do ECA
(art. 190-A do ECA)</th></tr>
<tr><th>Elementos gerais</th><th>Elementos específicos</th></tr>
<tr><td>• Fumus comissi delicti.
• Periculum in mora.
• Proporcionalidade.
• Indispensabilidade da infiltração.
• Anuência do agente infiltrado.
• Sigilosidade da medida.
• Urgência da medida.
• Alcance das tarefas dos agentes.
• Oitiva do Ministério Público.</td><td>• Nomes ou apelidos das pessoas investigadas.
• Quando possível, os dados de conexão e dados cadastrais.
• Quando necessário, requisição aos órgãos de registro e cadastro público para a inclusão nos bancos de dados próprios, mediante procedimento sigiloso, das informações necessárias à efetividade da identidade fictícia criada.
• Referência ao afastamento da responsabilidade criminal por eventuais condutas criminosas que o agente infiltrado possa cometer.</td></tr>
</table>

Trataremos a partir de agora da estrutura das representações por infiltração de agentes.

27.7 ESTRUTURA DA PEÇA

Utilizando como base o Capítulo 20, a estrutura da peça segue o padrão, pois conterá os cinco elementos obrigatórios já vistos:

1. **endereçamento;**
2. **preâmbulo;**
3. **síntese dos fatos;**
4. **fundamentos;** e
5. **pedido(s) e fechamento.**

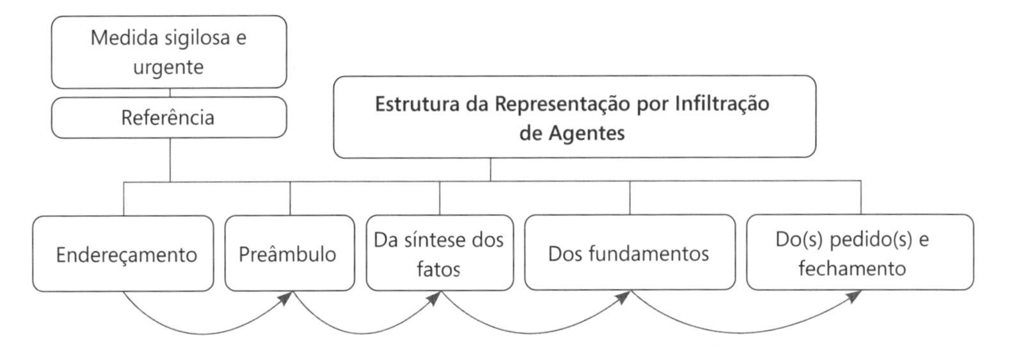

Além dos citados elementos, a peça deve trazer **entre o endereçamento e o preâmbulo**, a **referência** eventualmente trazida pela questão. Conforme já visto, o mais comum é que a referência seja o número do Inquérito Policial, mas pode ocorrer de a questão trazer como referência o número da ocorrência policial ou, até mesmo, o número de distribuição do Inquérito Policial no Poder Judiciário.

O importante é que o candidato coloque exatamente como a questão trouxer, ou seja, se no texto estiver escrito "Inquérito Policial nº 9.748/2022 – 38ª DP", o candidato deve colocar entre o endereçamento e preâmbulo:

Referência: Inquérito Policial nº 9.748/2022 – 38ª DP

Sem abreviar.

Se o texto trouxer "I.P. nº 9.748/2022", o candidato deve colocar entre o endereçamento e preâmbulo:

Abreviando.

Referência: I.P. nº 9.748/2022

Ou seja, exatamente como a questão trouxer. Isso vale para os casos de existir referência ao número de ocorrência ou a qualquer outro número.

Muito cuidado para não errar o número trazido pela questão, pois isso pode gerar uma identificação de prova. Exemplifico: vamos imaginar que a questão traga a referência como Inquérito Policial nº 449988/2021 e você erre na hora de escrever e coloque:

Referência: I.P. nº 448888/2021

Isso pode gerar problema, portanto é importante que o candidato tenha bastante atenção.

Caso a questão não traga a informação de referência, **o candidato jamais deve criar dados**! O que se pode fazer é colocar entre o endereçamento e preâmbulo o seguinte:

Referência: Inquérito Policial

Observe que a informação deverá ser apresentada sem nenhum número nesses casos, uma vez que a própria questão não indicou nenhum número.

Outro dado que deve constar nesta peça, também entre o **endereçamento** e o **preâmbulo,** é que a medida é **sigilosa e urgente**. Conforme salientado no Capítulo 19 do nosso *Manual Decifrado*, na dúvida, deve ser colocada esta informação em razão da própria essência das medidas cautelares, que são sigilosas na imensa maioria dos casos e urgentes em razão do *periculum in mora* ou *periculum libertatis*.

Na infiltração de agentes, no entanto, é **essencial** que se coloquem essas informações, devendo o candidato indicar, caso se recorde dos artigos que fundamentam o sigilo e urgência da medida por possuírem expressa disposição legal, conforme visto. Vejamos:

Ficaria assim, no caso de **infiltração física**:

Medida Sigilosa e Urgente (art. 12 da Lei nº 12.850/2013).

Ficaria assim, no caso de **infiltração virtual da Lei nº 12.850/2013**:

Medida Sigilosa e Urgente (arts. 10-B e 12 da Lei nº 12.850/2013).

Ficaria assim, no caso de **infiltração virtual do ECA**:

Medida Sigilosa e Urgente (art. 190-B do ECA).

27.7.1 Endereçamento

Considerando que a representação deve ser analisada por um magistrado, ela deve ser endereçada ao juiz competente, sendo parte obrigatória.

Conforme salientado no Capítulo 19, caso ainda não haja juiz prevento, o endereçamento deve ser realizado ao juiz criminal (crimes comuns) ao juiz do tribunal do júri (crimes dolosos contra a vida), juiz da vara de violência doméstica (crimes envolvendo violência doméstica familiar) ou a outros, a depender do tipo de crime cometido e da organização judiciária do local de onde se presta a prova. Assim, é interessante que o candidato conheça, ao menos superficialmente, a estrutura organizacional do Poder Judiciário do local em que presta o concurso, desde que seja cobrado em edital.

Caso já exista juízo prevento e a questão faça referência a tal juízo, deve-se endereçar a representação a ele.

A título de exemplo, no Distrito Federal temos Varas do Tribunal do Júri, na Circunscrição Especial Judiciária de Brasília e nas Circunscrições Judiciárias das Regiões Administrativas. Já nos Estados, geralmente se endereça a peça prática profissional da seguinte forma:

Excelentíssimo Senhor Juiz de Direito da ___ Vara Criminal da Comarca de xxxxxx.

No que concerne ao pronome de tratamento do juiz, indica-se que não se faça o uso de diversos tratamentos, como: "**Excelentíssimo Senhor Doutor Juiz de Direito**". Indica-se que use somente a expressão: "**Excelentíssimo Senhor Juiz de Direito**".

Nos concursos para Delegado de Polícia Federal é necessário saber que existem Varas Federais que formam as Seções Judiciárias ou Subseções Judiciárias.

Vejamos o seguinte exemplo: caso o crime tenha ocorrido em Belém, a representação deve ser endereçada ao Excelentíssimo Senhor Juiz Federal da ___ Vara Federal da Seção Judiciária do Pará.

De igual forma, com relação ao pronome de tratamento, basta utilizar "**Excelentíssimo Senhor Juiz Federal**".

Lembrando que, caso se esteja diante de crime apurado pela Polícia Federal, nos termos do art. 1º da Lei nº 10.446/2002 (quando houver repercussão interestadual ou internacional que exija repressão uniforme em crimes específicos) não há, via de regra, deslocamento de competência para a Justiça Federal. Nestes casos, portanto, o Delegado de Polícia Federal eventualmente representará ao Juiz de Direito Estadual.

É importante ressaltar que o Pacote Anticrime, Lei nº 13.964/2019, trouxe mudança significativa na estrutura do Poder Judiciário: o juiz de garantias. Até o fechamento desta obra, em razão de decisão do Supremo Tribunal Federal, a instituição dos juízes de garantias está suspensa. Ocorre que o tema pode impactar diretamente no endereçamento da peça, conforme mais bem trabalhado no Capítulo 19 desta obra, para a qual remetemos o leitor.

27.7.2 Preâmbulo

Conforme já salientado, o preâmbulo deve perseguir a consecução de três objetivos básicos:

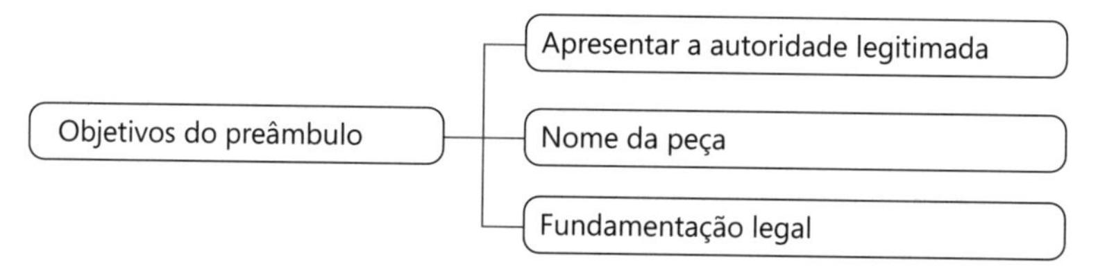

O primeiro objetivo, conforme se percebe, será estático em todas as representações, devendo apenas o candidato adicionar legitimação adicional eventualmente trazida por legislação local. Vejamos um exemplo:

> O Delegado de Polícia Civil ao final assinado, no uso de suas atribuições constitucionais e legais, sobretudo o art. 144, § 4º, da Constituição Federal e art. 2º, § 1º, da Lei nº 12.830/2013 *(se houver legislação local, a exemplo de dispositivo da Constituição Estadual, colocar aqui).*

No caso de se estar diante de uma prova para Delegado de Polícia Federal, evidentemente, haverá alteração da legitimidade constitucional, não cabendo a inserção de legislação local. Vejamos:

> O Delegado de Polícia Federal ao final assinado, no uso de suas atribuições constitucionais e legais, sobretudo o art. 144, § 1º, I, da Constituição Federal e art. 2º, § 1º, da Lei nº 12.830/2013.

Aí vem o cumprimento dos **demais objetivos do preâmbulo**, que não necessariamente precisam respeitar a ordem acima, ou seja, pode ser o nome da peça e, logo após, a fundamentação legal ou vice-versa. É uma questão de estilística.

Para infiltração física:

(...) com fundamento no art. 10, da Lei nº 12.850/2013,[5] vem à presença de Vossa Excelência representar pela **autorização de infiltração de agente** a ser implementada no *(colocar o local em que será implementada)*, vinculado a *(adicionar a quem o local está vinculado)*, pelos fundamentos de fato e de direito que pormenorizadamente se seguem:

Ou

(...) vem à presença de Vossa Excelência representar pela **autorização de infiltração de agente** a ser implementada no *(colocar o local em que será implementada)*, vinculado a *(adicionar a quem o local está vinculado)*, com base no art. 10 da Lei nº 12.850/2013,[6] pelas razões de fato e de direito que pormenorizadamente se seguem:

Para infiltração virtual:

(...) com fundamento no art. 10-A da Lei nº 12.850/2013,[7] vem à presença de Vossa Excelência representar pela **autorização de infiltração virtual de agente** a ser implementada no *(em que ambiente virtual será implementado)*, pelos fundamentos de fato e de direito que pormenorizadamente se seguem:

Ou

(...) vem à presença de Vossa Excelência representar pela **autorização de infiltração virtual de agente** a ser implementada no *(em que ambiente virtual será implementado)*, com fulcro no art. 10-A da Lei nº 12.850/2013,[8] pelas razões de fato e de direito que pormenorizadamente se seguem:

De forma integral, teremos o seguinte:

Para infiltração física:

Para o cargo de Delegado de Polícia Civil

O Delegado de Polícia ao final assinado, no uso de suas atribuições constitucionais e legais, sobretudo o art. 144, § 4º, da Constituição Federal e o art. 2º, § 1º, da Lei nº 12.830/2013 *(se*

---

5 Lembrando que, caso se trate de uma situação envolvendo a Lei nº 11.343/2006, o fundamento será o art. 53 da referida lei; e, caso se trate de situação envolvendo a Lei nº 9.613/1998, o fundamento será o art. 1º, § 6º, da citada lei.

6 Lembrando que, caso se trate de uma situação envolvendo a Lei nº 11.343/2006, o fundamento será o art. 53 da referida lei; e, caso se trate de situação envolvendo a Lei nº 9.613/1998, o fundamento será o art. 1º, § 6º, da citada lei.

7 Lembrando que, caso se trate de infiltração virtual de crimes relacionados no art. 190-A do ECA, esse será o fundamento.

8 Lembrando que, caso se trate de infiltração virtual de crimes relacionados no art. 190-A do ECA, esse será o fundamento.

houver legislação local, a exemplo de dispositivo da Constituição Estadual, colocar aqui), com fundamento no art. 10 da Lei nº 12.850/2013,[9] vem à presença de Vossa Excelência representar pela **autorização de infiltração de agente** a ser implementada no *(colocar o local em que será implementada)*, vinculado a *(adicionar a quem o local está vinculado)*, pelos fundamentos de fato e de direito que pormenorizadamente se seguem:

Para o cargo de Delegado de Polícia Federal

O Delegado de Polícia Federal ao final assinado, no uso de suas atribuições constitucionais e legais, sobretudo o art. 144, § 1º, I, da Constituição Federal e art. 2º, § 1º, da Lei nº 12.830/2013, com fundamento no art. 10 da Lei nº 12.850/2013,[10] vem à presença de Vossa Excelência representar pela **autorização de infiltração de agente** a ser implementada no *(colocar o local em que será implementada)*, vinculado a *(adicionar a quem o local está vinculado)*, pelos fundamentos de fato e de direito que pormenorizadamente se seguem:

Para infiltração virtual:

Para o cargo de Delegado de Polícia Civil

O Delegado de Polícia ao final assinado, no uso de suas atribuições constitucionais e legais, sobretudo o art. 144, § 4º, da Constituição Federal e art. 2º, § 1º, da Lei nº 12.830/2013 *(se houver legislação local, a exemplo de dispositivo da Constituição Estadual, colocar aqui)* com fundamento no art. 10-A da Lei nº 12.850/2013,[11] vem à presença de Vossa Excelência representar pela **autorização de infiltra**ção **virtual de agente** a ser implementada no *(em que ambiente virtual será implementado)*, pelos fundamentos de fato e de direito que pormenorizadamente se seguem:

Para o cargo de Delegado de Polícia Federal

O Delegado de Polícia Federal ao final assinado, no uso de suas atribuições constitucionais e legais, sobretudo o art. 144, § 1º, I, da Constituição Federal e art. 2º, § 1º, da Lei nº 12.830/2013, com fundamento no art. 10-A da Lei nº 12.850/2013,[12] vem à presença de Vossa Excelência representar pela **autorização de infiltração virtual de agente** a ser implementada no *(em que ambiente virtual será implementado)*, pelos fundamentos de fato e de direito que pormenorizadamente se seguem:

---

9 Lembrando que, caso se trate de uma situação envolvendo a Lei nº 11.343/2006, o fundamento será o art. 53 da referida lei; e, caso se trate de situação envolvendo a Lei nº 9.613/1998, o fundamento será o art. 1ª, § 6º, da citada lei.

10 Lembrando que, caso se trate de uma situação envolvendo a Lei nº 11.343/2006, o fundamento será o art. 53 da referida lei; e, caso se trate de situação envolvendo a Lei nº 9.613/1998, o fundamento será o art. 1ª, § 6º, da citada lei.

11 Lembrando que, caso se trate de infiltração virtual de crimes relacionados no art. 190-A do ECA, esse será o fundamento.

12 Lembrando que, caso se trate de infiltração virtual de crimes relacionados no art. 190-A do ECA, esse será o fundamento.

Repare que, por questões didáticas, ressaltamos em negrito o nome da peça, no entanto, o candidato em sua prova não deve tentar realizar qualquer destaque. O máximo que se permite é colocar o nome da peça com letras maiúsculas.

Pode-se adicionar já no preâmbulo o **prazo da medida**, mas, por razões didáticas e estéticas, faremos menção ao prazo no pedido. Mesmo assim, não consideramos essa prática indicável.

Perceba que **a representação deve ser realizada em nome do Delegado de Polícia** e não da instituição Polícia Civil ou Polícia Federal. Observe que, diferentemente do que ocorre com relação ao Ministério Público, o Delegado de Polícia não se constitui como órgão, mas, na verdade, insere-se no conceito de agente integrante do órgão policial, Polícias Civis ou Polícia Federal. Por esse motivo, a representação deve ser realizada em nome do cargo de Delegado de Polícia.

Ademais, caso a representação fosse realizada em nome da instituição policial, não faria sentido a indicação dos dispositivos previstos na Lei nº 12.830/2013, que é o estatuto do Delegado de Polícia.

27.7.3 Síntese dos fatos

Conforme já analisamos anteriormente, trata-se do ponto comum entre as peças internas e externas. Em ambas as hipóteses, o candidato deverá reservar determinado tópico para a descrição dos fatos que fundamentam a medida.

Algumas informações são bastante importantes a esse respeito; vejamos:

a. Normalmente, o examinador não confere muitos pontos à descrição fática realizada pelo candidato. Contudo esse tópico fornece toda a lógica à estrutura da peça, motivo pelo qual sua confecção ganha relevo.

b. Não se deve copiar *ipsis litteris* o enunciado da questão. O candidato deverá demonstrar a capacidade de síntese, pois na maioria dos casos o espaço da folha de resposta não comporta elementos desnecessários na descrição dos fatos.

c. É necessário objetividade, com prevalência à transcrição de fatos que serão relevantes para a autoria, materialidade do crime e todas as suas circunstâncias relevantes para a apuração.

d. O candidato deverá ressaltar os fatos que possuem relação com a fundamentação jurídica analisada a seguir.

Assim, o nosso leitor deve se atentar para aqueles fatos que possuam relação com a medida pleiteada, exercitando a sua capacidade de síntese. Devem ser indicados os pontos que serão relevantes para que o magistrado decida a respeito do feito. Aqueles fatos que nada contribuem ao objetivo proposto ou que em nada se correlacionem com a medida pleiteada não precisam estar expostos na síntese dos fatos como elemento integrante da representação.

Na síntese dos fatos,[13] o candidato deve ter como parâmetro o **conhecido Heptâmetro de Quintiliano** e buscar responder aos seguintes questionamentos:

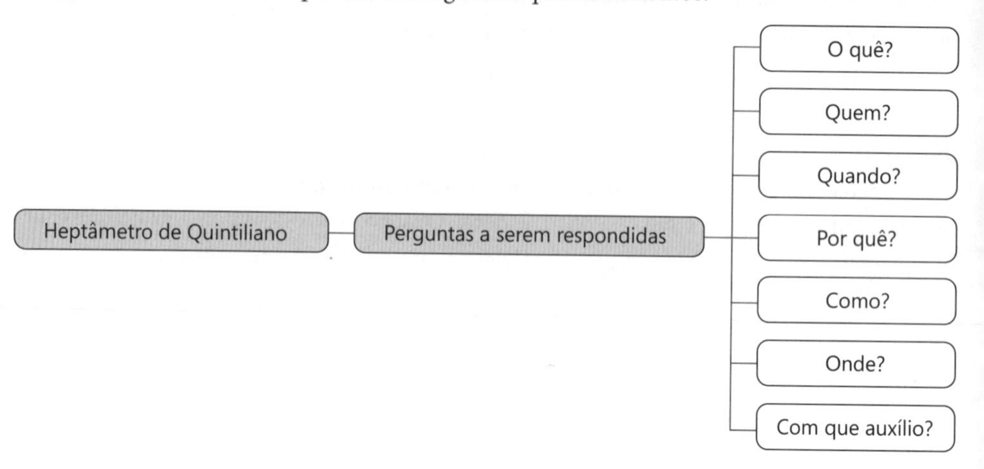

No caso da medida de infiltração de agentes, a partir de dados trazidos pela questão, devem ser apontadas as circunstâncias que servirão para sustentar os pontos da fundamentação jurídica.[14]

27.7.4 Dos fundamentos

Neste ponto, o candidato deverá demonstrar os fundamentos jurídicos trazidos no tópico em que tratamos do arcabouço teórico para a concessão da medida de infiltração de agentes.

Pode-se iniciar tratando sobre o instituto que se pleiteia, sendo facultativa a utilização do roteiro proposto no Capítulo 20 deste *Manual Decifrado*.

Também devem ser apontados o ***fumus comissi delicti***, o ***periculum in mora*** e a **proporcionalidade** da medida.

Observe que deve haver a conjugação entre a descrição fática realizada no tópico anterior (síntese dos fatos) e o ***fumus comissi delicti***.

Na **infiltração de agentes**, o *fumus é a demonstração da* **prova da existência do crime** e dos **indícios suficientes de autoria**. O primeiro elemento precisa ser demonstrado concretamente (por meio de dados trazidos pela questão) de que o fato existiu e que ele é definido como crime passível de infiltração (daí a **necessidade da tipificação correta o delito**). Com relação aos indícios de autoria, deve-se apontar, caso possível, os **nomes e/ou apelidos dos investigados**. Perceba que, quanto a esse ponto, há uma certa relativização, podendo ser indicado de maneira um pouco mais genérica, se comparada às demais medidas.

---

[13] Pode também ser chamado de "sinopse dos fatos", "do resumo fático", "dos fatos" ou qualquer outro nome semelhante.

[14] Confira o exemplo trazido no Capítulo 20 desta obra.

Deve-se lembrar que, no caso de infiltração virtual, devem ser apontados dados de conexão e eventuais dados cadastrais, isto, para fins de se tentar identificação mais precisa.

Podemos estruturar o *fumus comissi delicti* da seguinte forma:

a. Primeiro indique a materialidade do delito. Lembrando que esses elementos devem estar provados. Ressalte na peça a existência de eventuais laudos periciais.

b. O(s) crime(s) deve(m) ser tipificado(s).

c. Posteriormente, indique os indícios suficientes de autoria: quais fatos indicam que aquele suspeito pode ter cometido o delito. De forma mais técnica, qual a justa causa para o indivíduo (mesmo que não plenamente identificado) estar sendo investigado e como as investigações apontam para a autoria dele.

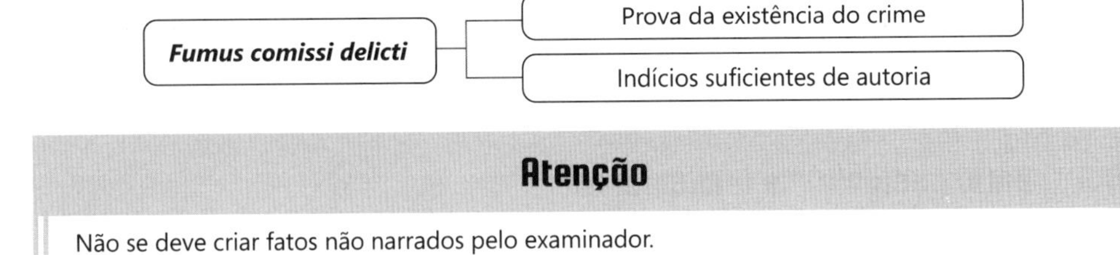

Atenção

Não se deve criar fatos não narrados pelo examinador.

O *periculum in mora* pode ser apontado no seguinte sentido: caso não implementada a infiltração, provavelmente haverá grave e irreparável risco à constituição desta importante prova, impossibilitando, ainda, o conhecimento efetivo da estrutura criminosa.

Deve-se ressaltar que, caso não haja a interceptação de comunicações célere, haverá risco provável, grave e irreparável à investigação.

Ficaria assim:

> Excelência, quanto ao *periculum in mora*, pode-se salientar que a referida diligência é urgente neste momento, uma vez que, se não implementada com celeridade, pode haver prejuízo para a formação da prova. Ademais, será impossível conhecer a real estrutura da organização criminosa.

Deve ser ressaltado que a infiltração de agente, por ser média subsidiária, é proporcional e adequada ao caso proposto.

A proporcionalidade, na infiltração, consiste na demonstração de que não há outro meio eficaz para a produção da prova (indispensabilidade da infiltração).

Deve-se demostrar que a investigação recai sobre delito que admite a técnica especial de investigação.

Vejamos um exemplo:

> Excelência, analisando o caso concreto, pode-se apontar que a medida é proporcional, pois, embora arriscada, se valerá não só à colheita probatória, mas *(ressaltar com dados da questão a o que mais a medida servirá)*, não sendo possível o alcance eficaz deste objetivo com técnicas ordinárias de investigação. Ademais, o crime investigado trata-se de *(tipificar o delito)*, o qual admite, legalmente, a implementação da infiltração de agentes.

Sobretudo no caso dessas medidas, por serem subsidiárias por força de lei, se diante do caso trazido pela questão houver **zona cinzenta** entre o cabimento de mais de uma medida, o candidato deve enfrentar o tema a fim de descartar a outra possibilidade diante do caso proposto.

Além desses elementos, que servem a qualquer das infiltrações, devem ser demonstrados os elementos específicos, que, obviamente, dependerão da medida e do fundamento legal (se infiltração física ou virtual, se da Lei nº 12.850/2013, da Lei nº 11.343/2006, da Lei nº 9.613/1998 ou do ECA).

Com relação ao ponto específico **alcance da tarefa do agente infiltrado**, podemos destacar o seguinte exemplo:

> No caso específico, quanto ao alcance da tarefa do agente infiltrado, será, basicamente, após adquirir confiança de membros do grupo, obter informações acerca da localização da vítima, identificação dos principais componentes da Orcrim, seus endereços e pretensões.

27.7.5 Do(s) pedido(s)[15] e fechamento

a. Pedido

Esta parte não é complicada, embora haja algumas peculiaridades na representação por infiltração de agente com relação ao modelo genérico anteriormente proposto.

Por questões didáticas, vamos tratar inicialmente acerca do pedido referente à infiltração física e, posteriormente, referente à infiltração virtual.

- **Infiltração física**: no pedido é momento de se colocar que o **agente a ser infiltrado concordou com a medida**, caso o candidato não tenha colocado esse ponto no fundamento.

Deve-se colocar o **prazo** da medida.

Inicia-se, basicamente, de uma conclusão do que foi sustentado na fundamentação. Vejamos:

Pode-se repetir a fundamentação legal aposta no preâmbulo:

> Por todo o exposto, com fundamento no art. 10 da Lei nº 12.850/2013[16], represento a Vossa Excelência pela **autorização de infiltração de agente**, em *(local em que se dará a infiltração)* a ser implementada pelo período de até 6 (seis) meses, por agente policial desta equipe, o qual, ciente de seus direitos estipulados pela Lei nº 12.850/2013, concordou com a medida.

---

15 Conforme já analisamos, a representação não se trata propriamente de um requerimento ou pedido, contudo, considerando que a prática cartorária-policial consagrou o uso da expressão, decidimos mantê-la neste trabalho, apesar das críticas anteriormente citadas.

16 Lembrando que, caso se trate de uma situação envolvendo a Lei nº 11.343/2006, o fundamento será o art. 53 da referida lei; e, caso se trate de situação envolvendo a Lei nº 9.613/1998, o fundamento será o art. 1ª, § 6º, da citada lei.

Ou utilizar a fórmula genérica:

Por todo o exposto e com amparo nos dispositivos legais citados, representa esta Autoridade Policial pela **autorização de infiltração de agente**, em *(local em que se dará a infiltração)*, a ser implementada pelo período de até 6 (seis) meses, por agente policial desta equipe, o qual, ciente de seus direitos estipulados pela Lei nº 12.850/2013, concordou com a medida.

Deve-se ainda fazer **menção à disposição do art. 11, parágrafo único, da Lei nº 12.850/2013.**

Pugna-se, ainda, pela expedição de ofício a órgãos de registro e cadastro público para fins de inclusão das informações necessárias à efetividade da identidade fictícia criada em banco de dados próprios, nos termos do art. 11, parágrafo único, da Lei nº 12.850/2013.

O candidato deve ainda "requerer" ao magistrado que eventuais delitos cometidos pelo agente infiltrado sejam abarcados por excludente de culpabilidade[17] e que a ele sejam deferidos os direitos do art. 14 da Lei nº 12.850/2013.

Deve-se colocar, por fim, que o **membro do Ministério Público será ouvido.**

Ficaria assim:[18]

Requer-se, por fim, que condutas eventualmente delituosas praticadas pelo agente infiltrado sejam acobertadas pelo estrito cumprimento do dever legal e/ou inexigibilidade de conduta diversa, sendo concedido ainda ao agente da lei os direitos previstos no art. 14 da Lei nº 12.850/2013.

Termos em que, após a oitiva do Membro do Ministério Público, pede deferimento.

Do pedido:

Por todo o exposto, com fundamento no art. 10 da Lei nº 12.850/2013,[19] represento a Vossa Excelência pela **autorização de infiltração de agente**, em *(local em que se dará a infiltração)* a ser implementada pelo período de até 6 (seis) meses, por agente policial desta equipe, o qual, ciente de seus direitos estipulados pela Lei nº 12.850/2013, concordou com a medida.

Pugna-se, ainda, pela expedição de ofício a órgãos de registro e cadastro público para fins de inclusão das informações necessárias à efetividade da identidade fictícia criada em banco de dados próprios, nos termos do art. 11, parágrafo único, da Lei nº 12.850/2013.

---

17 Alternativamente, pode-se indicar outra circunstância apta a afastar a responsabilidade do agente.

18 Lembrando que, caso se trate de medida prevista na Lei de Drogas, a fundamentação deste pedido será o art. 53, I, da referida lei.

19 Lembrando que, caso se trate de uma situação envolvendo a Lei nº 11.343/2006, o fundamento será o art. 53 da referida lei; e, caso se trate de situação envolvendo a Lei nº 9.613/1998, o fundamento será o art. 1ª, § 6º, da citada lei.

Requer-se, por fim, que condutas eventualmente delituosas praticadas pelo agente infiltrado sejam acobertadas pelo estrito cumprimento do dever legal e/ou inexigibilidade de conduta diversa, sendo concedido ainda ao agente da lei os direitos previstos no art. 14 da Lei nº 12.850/2013.

Termos em que, após a oitiva do Membro do Ministério Público, pede deferimento.

Ou, ainda:

Por todo o exposto e com amparo nos dispositivos legais citados, representa esta Autoridade Policial pela **autorização de infiltração de agente**, em *(local em que se dará a infiltração)*, a ser implementada pelo período de até 6 (seis) meses, por agente policial desta equipe, o qual, ciente de seus direitos estipulados pela Lei nº 12.850/2013, concordou com a medida.

Pugna-se, ainda, pela expedição de ofício a órgãos de registro e cadastro público para fins de inclusão das informações necessárias à efetividade da identidade fictícia criada em banco de dados próprios, nos termos do art. 11, parágrafo único, da Lei nº 12.850/2013.

Requer-se, por fim, que condutas eventualmente delituosas praticadas pelo agente infiltrado sejam acobertadas pelo estrito cumprimento do dever legal e/ou inexigibilidade de conduta diversa, sendo concedido ainda ao agente da lei os direitos previstos no art. 14 da Lei nº 12.850/2013.

Termos em que, após a oitiva do Membro do Ministério Público, pede deferimento.

É facultativo o uso da expressão **nesses termos, pede deferimento**. Conforme já ressaltamos, não se trata a representação efetivamente de um pedido, motivo pelo qual não indicamos o uso da expressão, contudo é muito comum na prática e, efetivamente, apresenta a ideia de encerramento da representação.

- **Infiltração virtual:** no pedido é momento de se colocar que o **agente infiltrado concordou com a medida**, caso o candidato não tenha colocado esse ponto no fundamento.

Deve-se colocar o **prazo** da medida.

Inicia-se, basicamente, de uma conclusão do que foi sustentado na fundamentação. Vejamos:

Pode-se repetir a fundamentação legal aposta no preâmbulo:

Por todo o exposto, com fundamento no art. 10-A da Lei nº 12.850/2013,[20] represento a Vossa Excelência pela **autorização de infiltração virtual de agente**, em *(local virtual em que se dará a infiltração, dados de conexão etc.)* a ser implementada pelo período de até 6 (seis) meses[21], por agente desta equipe, o qual, ciente de seus direitos, concordou com a medida.

[20] Lembrando que, caso se trate de uma situação envolvendo crimes previstos no art. 190-A do ECA, este deve ser o fundamento utilizado.

[21] Lembrando que, caso se trate de uma situação envolvendo crimes previstos no art. 190-A do ECA, o prazo da medida será de 90 dias.

Ou utilizar a fórmula genérica:

Por todo o exposto e com amparo nos dispositivos legais citados, representa esta Autoridade Policial pela **autorização de infiltração virtual de agente**, em *(local virtual em que se dará a inf iltração, dados de conexão etc.)*, a ser implementada pelo período de até 6 (seis) meses,[22] por agente desta equipe, o qual, ciente de seus direitos, concordou com a medida.

Deve-se ainda fazer menção à disposição do art. 11, parágrafo único, da Lei nº 12.850/2013.

Pugna-se, ainda, pela expedição de ofício a órgãos de registro e cadastro público para fins de inclusão das informações necessárias à efetividade da identidade fictícia criada em banco de dados próprios, nos termos do art. 11, parágrafo único, da Lei nº 12.850/2013.

O candidato deve ainda "requerer" ao magistrado que eventuais delitos cometidos pelo agente infiltrado sejam abarcados por excludente de culpabilidade ou de ilicitude e que a ele sejam deferidos os direitos do art. 14 da Lei nº 12.850/2013.

Deve-se apontar, por fim, que o **membro do Ministério Público será ouvido**. Vejamos:

Requer-se, por fim, que condutas eventualmente delituosas praticadas pelo agente infiltrado sejam acobertadas pelo estrito cumprimento do dever legal e/ou inexigibilidade de conduta diversa, sendo concedido ainda ao agente da lei os direitos previstos no art. 14 da Lei nº 12.850/2013.

Termos em que, após a oitiva do Membro do Ministério Público, pede deferimento.

Ficaria assim:[23]

Do pedido:

Por todo o exposto, com fundamento no art. 10-A da Lei nº 12.850/2013,[24] represento a Vossa Excelência pela **autorização de infiltração virtual de agente**, em *(local virtual em que se dará a infiltração, dados de conexão etc.)* a ser implementada pelo período de até 6 (seis) meses,[25] por agente desta equipe, o qual, ciente de seus direitos, concordou com a medida.

Pugna-se, ainda, pela expedição de ofício a órgãos de registro e cadastro público para fins de inclusão das informações necessárias à efetividade da identidade fictícia criada em banco de dados próprios, nos termos do art. 11, parágrafo único, da Lei nº 12.850/2013.

---

[22] Lembrando que, caso se trate de uma situação envolvendo crimes previstos no art. 190-A do ECA, o prazo da medida será de 90 dias.

[23] Lembrando que, caso se trate de medida prevista na Lei de Drogas, a fundamentação deste pedido será o art. 53, I, da referida Lei.

[24] Lembrando que, caso se trate de uma situação envolvendo crimes previstos no art. 190-A do ECA, este deve ser o fundamento utilizado.

[25] Lembrando que, caso se trate de uma situação envolvendo crimes previstos no art. 190-A do ECA, o prazo da medida será de 90 dias.

Requer-se, por fim, que condutas eventualmente delituosas praticadas pelo agente infiltrado sejam acobertadas pelo estrito cumprimento do dever legal e/ou inexigibilidade de conduta diversa, sendo concedido ainda ao agente da lei os direitos previstos no art. 14 da Lei nº 12.850/2013.

Termos em que, após a oitiva do Membro do Ministério Público, pede deferimento.

Ou, ainda:

Por todo o exposto e com amparo nos dispositivos legais citados, representa esta Autoridade Policial pela **autorização de infiltração virtual de agente**, em *(local virtual em que se dará a infiltração, dados de conexão etc.)*, a ser implementada pelo período de até 6 (seis) meses,[26] por agente desta equipe, o qual, ciente de seus direitos, concordou com a medida.

Pugna-se, ainda, pela expedição de ofício a órgãos de registro e cadastro público para fins de inclusão das informações necessárias à efetividade da identidade fictícia criada em banco de dados próprios, nos termos do art. 11, parágrafo único, da Lei nº 12.850/2013.

Requer-se, por fim, que condutas eventualmente delituosas praticadas pelo agente infiltrado sejam acobertadas pelo estrito cumprimento do dever legal e/ou inexigibilidade de conduta diversa, sendo concedido ainda ao agente da lei os direitos previstos no art. 14 da Lei nº 12.850/2013.

Termos em que, após a oitiva do Membro do Ministério Público, pede deferimento.

É facultativo o uso da expressão **nesses termos, pede deferimento**. Conforme já ressaltamos, não se trata a representação efetivamente de um pedido, motivo pelo qual não indicamos o uso da expressão, contudo é muito comum na prática e, efetivamente, apresenta a ideia de encerramento da representação.

b. Fechamento

Por fim, o **fechamento** é realizado da seguinte maneira, fazendo referência:

- ao local e à data;
- à expressão "Delegado de Polícia";
- à lotação (se a questão trouxer).

Se no caso de infiltração virtual houver qualquer dado referente ao e-mail **do Delegado**, esse dado também deve constar.

Trata-se de fase simples, contudo devemos apresentar algumas ressalvas:

- **Com relação à data e ao local, deve-se efetivamente escrever a expressão "local e data".** Caso a questão apresente o local em que os fatos ocorreram poder-se-ia utilizar como referência o local apresentado na questão. Não se deve utilizar o local da prova ou a data da prova, salvo, logicamente, se forem as mesmas apresentadas na questão.

---

[26] Lembrando que, caso se trate de uma situação envolvendo crimes previstos no art. 190-A do ECA, o prazo da medida será de 90 dias.

- **Com relação ao uso do termo "Delegado de Polícia"**, deve-se fazer referência ao uso da expressão no masculino, salvo se a questão especificar que quem conduz a investigação é uma mulher. Não se trata de preferência de gênero, mas de cautela para não identificar sua prova.
- **Com relação à lotação, deve-se utilizar a expressão "lotação".** Caso a questão apresente a lotação, o candidato poderá especificá-la.

Modelo de infiltração de agente

EXCELENTÍSSIMO(A) SENHOR(A) JUIZ(A) DE DIREITO DA ___ VARA (...) DA COMARCA DE (...)

Não use abreviações no endereçamento. Lembre-se de que não é necessário o uso de inúmeros pronomes de tratamento.

Medida Sigilosa e Urgente (art. 12 da Lei nº 12.850/2013).

Como dito, pode-se colocar que a medida é sigilosa e urgente em razão da própria essência das cautelares.

No caso em análise, por ter o sigilo expressa fundamentação legal, é importante ressaltar, apondo, caso o candidato se recorde, o artigo correspondente.

Referência: Inquérito Policial nº

Caso haja referência ao número do inquérito, deve-se incluir a numeração.

Caso não haja, o candidato poderá usar o termo: Inquérito Policial nº.

Não há necessidade de pular linhas, sobretudo se o número de linhas de sua prova for reduzido.

Deixar parágrafo de aproximadamente dois dedos de distância da margem.

O Delegado de Polícia ao final assinado, no uso de suas atribuições constitucionais e legais, sobretudo o art. 144, § 4º,[27] da Constituição Federal e art. 2º, § 1º, da Lei nº 12.830/2013 *(se houver legislação local, a exemplo de dispositivo da Constituição Estadual, colocar aqui)*, com fundamento no art. 10 da Lei nº 12.850/2013,[28] vem à presença de Vossa Excelência representar pela **autorização de infiltração de agente** a ser implementada no *(colocar o local em que será implementada)*, vinculado a *(adicionar a quem o local está vinculado)*, pelos fundamentos de fato e de direito que pormenorizadamente se seguem:

DA SINOPSE DOS FATOS

Nesse ponto, deve-se apresentar o resumo dos fatos elencados na questão, lembre-se de que não devem ser apresentados fatos que não estiverem no enunciado da questão.

1ª informação: unicamente com base na questão apresentada, utilizando-se do poder de síntese, deve ser ressaltado tudo que houver sobre as seguintes perguntas: O quê? Quem? Quando? Onde? Por quê? Como? Com quem?

---

27 Lembrando que, caso seja prova para Delegado de Polícia Federal, a legitimidade será alterada.

28 Lembrando que, caso se trate de uma situação envolvendo a Lei nº 11.343/2006, o fundamento será o art. 53 da referida lei; e, caso se trate de situação envolvendo a Lei nº 9.613/1998, o fundamento será o art. 1ª, § 6º, da citada lei.

2ª informação: só devem ser ressaltados fatos relevantes que terão correlação com a parte da fundamentação.

DOS FUNDAMENTOS

Neste momento, pode-se apresentar um breve apanhado sobre o instituto apontando, além do fumus comissi delicti, *do* periculum in mora *e* proporcionalidade, *que vão variar conforme a medida.*

1ª informação: indique a **materialidade do delito**. Lembrando que aqui esses dados devem estar consubstanciados em elementos concretos. Ressalte na peça a existência de eventuais laudos periciais.

2ª informação: tipifique o delito.

3ª informação: indique **os indícios suficientes de autoria**. Deve-se apontar quais fatos demonstram que aquele suspeito pode ter cometido o delito. Em análise técnica, deve-se apresentar qual a justa causa para o indivíduo estar sendo investigado e quais as informações colhidas na investigação apontam para a autoria dele. Devem ser apontados nomes e/ou apelidos dos investigados.

4ª informação: demonstre ao juiz que **a medida** é **adequada e proporcional** e, se não for implementada de forma célere (*periculum in mora*), gerará risco provável grave e irreparável.

5ª informação: com relação à proporcionalidade, importante ressaltar que **não há outro meio eficaz para a produção da prova** e que a investigação recai sobre **uma das infrações que admitem a técnica especial**.

6ª informação: devem ser demonstrados os demais requisitos específicos, dentre eles, o **alcance da tarefa do agente infiltrado**.

DO(S) PEDIDO(S)

Será a finalização da peça, indicando ao magistrado a razão da representação. Deve-se mencionar que o agente a ser infiltrado concordou com a medida. Deve-se colocar que o membro do Ministério Público será ouvido.

Deve-se colocar o prazo da medida.

Deve-se mencionar o comando previsto no art. 11, parágrafo único, da Lei nº 12.850/2013.

Deve-se "requerer" ao magistrado que eventuais delitos cometidos pelo agente infiltrado sejam abarcados por excludente de culpabilidade ou de ilicitude e que a ele sejam deferidos os direitos do art. 14 da Lei nº 12.850/2013.

Por todo o exposto, com fundamento no art. 10 da Lei nº 12.850/2013,[29] represento a Vossa Excelência pela **autorização de infiltração de agente**, em *(local em que se dará a infiltração)* a ser implementada pelo período de até 6 (seis) meses, por agente policial desta equipe, o qual, ciente de seus direitos estipulados pela Lei nº 12.850/2013, concordou com a medida.

---

[29] Lembrando que, caso se trate de uma situação envolvendo a Lei nº 11.343/2006, o fundamento será o art. 53 da referida lei; e, caso se trate de situação envolvendo a Lei nº 9.613/1998, o fundamento será o art. 1ª, § 6º, da citada lei.

Pugna-se, ainda, pela expedição de ofício a órgãos de registro e cadastro público para fins de inclusão das informações necessárias à efetividade da identidade fictícia criada em banco de dados próprios, nos termos do art. 11, parágrafo único, da Lei nº 12.850/2013.

Requer-se, por fim, que condutas eventualmente delituosas praticadas pelo agente infiltrado sejam acobertadas pelo estrito cumprimento do dever legal e/ou inexigibilidade de conduta diversa, sendo concedido ainda ao agente da lei os direitos previstos no art. 14 da Lei nº 12.850/2013.

Termos em que, após a oitiva do Membro do Ministério Público, pede deferimento.

Local, data.

Delegado de Polícia.

Lotação *(se houver).*

Embora seja óbvio, o óbvio por vezes precisa ser dito: jamais identifique sua prova, *seja assinando-a, colocando seu nome (ou as iniciais dele) ou de qualquer outra maneira.*

Modelo de infiltração virtual

EXCELENTÍSSIMO(A) SENHOR(A) JUIZ(A) DE DIREITO DA ___ VARA (...) DA COMARCA DE (...)

Não use abreviações no endereçamento. Lembre-se de que não é necessário o uso de inúmeros pronomes de tratamento.

Medida Sigilosa e Urgente (arts. 10-B e 12 da Lei nº 12.850/2013).[30]

Como dito, pode-se colocar que a medida é sigilosa e urgente em razão da própria essência das cautelares.

No caso em análise, por ter o sigilo expressa fundamentação legal, é importante ressaltar, apondo, caso o candidato se recorde, o artigo correspondente.

Referência: Inquérito Policial nº

Caso haja referência ao número do inquérito, deve-se fazer referência à referida numeração. Caso não haja, o candidato poderá usar o termo: Inquérito Policial nº.

Não há necessidade de pular linhas, sobretudo se o número de linhas de sua prova for reduzido.

Deixar parágrafo de aproximadamente dois dedos de distância da margem.

O Delegado de Polícia ao final assinado, no uso de suas atribuições constitucionais e legais, sobretudo o art. 144, § 4º,[31] da Constituição Federal e art. 2º, § 1º, da Lei nº 12.830/2013 *(se houver legislação local, a exemplo de dispositivo da Constituição Estadual, colocar aqui),* com fundamento no art. 10-A da Lei nº 12.850/2013[32], vem à presença de Vossa Excelência representar pela **autorização de infiltração virtual de agente** a ser implementada no *(em que ambiente virtual será implementado),* pelos fundamentos de fato e de direito que pormenorizadamente se seguem:

---

[30] Lembrando que, caso se trate de infiltração virtual de crimes relacionados no art. 190-A do ECA, a fundamentação legal do sigilo da medida será o art. 190-B do ECA.

[31] Lembrando que, caso seja prova para Delegado de Polícia Federal, a legitimidade será alterada.

[32] Lembrando que, caso se trate de infiltração virtual de crimes relacionados no art. 190-A do ECA, esse será o fundamento.

DA SINOPSE DOS FATOS

Neste ponto, deve-se apresentar o resumo dos fatos elencados na questão. Lembre-se de que não devem ser apresentados fatos que não estiverem no enunciado da questão.

1ª informação: unicamente com base na questão apresentada, utilizando-se do poder de síntese, deve ser ressaltado tudo que houver sobre as seguintes perguntas: O quê? Quem? Quando? Onde? Por quê? Como? Com quem?

2ª informação: só devem ser ressaltados fatos relevantes que terão correlação com a parte da fundamentação.

DOS FUNDAMENTOS

Neste momento, pode-se apresentar um breve apanhado sobre o instituto pleiteado, além do fumus comissi delicti, *do* periculum in mora *e* proporcionalidade, *que vão variar conforme a medida.*

1ª informação: indique a **materialidade do delito**. Lembrando que aqui esses dados devem estar consubstanciados em elementos concretos. Ressalte na peça a existência de eventuais laudos periciais.

2ª informação: tipifique o delito.

3ª informação: indique **os indícios suficientes de autoria**. Deve-se apontar quais fatos demonstram que aquele suspeito pode ter cometido o delito. Em análise técnica, deve-se apresentar qual a justa causa para o indivíduo estar sendo investigado e quais as informações colhidas na investigação apontam para a autoria dele. Devem ser apontados nomes e/ou apelidos dos investigados, bem como dados de conexão e eventuais dados cadastrais.

4ª informação: demonstre ao juiz que **a medida** é **adequada e proporcional** e, se não for implementada de forma célere (*periculum in mora*), gerará risco provável grave e irreparável.

5ª informação: com relação à proporcionalidade, importante ressaltar que **não há outro meio eficaz para a produção da prova** e que a investigação recai sobre **uma das infrações que admitem a técnica especial**.

6ª informação: devem ser demonstrados os demais requisitos específicos, dentre eles, o **alcance da tarefa do agente infiltrado**.

DO(S) PEDIDO(S)

Será a finalização da peça, indicando ao magistrado a razão da representação. Deve-se mencionar que o agente a ser infiltrado concordou com a medida. Deve-se colocar que o membro do Ministério Público será ouvido.

Deve-se colocar o prazo da medida.

Deve-se mencionar o comando previsto no art. 11, parágrafo único, da Lei nº 12.850/2013.

Deve-se "requerer" ao magistrado que eventuais delitos cometidos pelo agente infiltrado sejam abarcados por excludente de culpabilidade ou de ilicitude e que a ele sejam deferidos os direitos do art. 14 da Lei nº 12.850/2013.

Por todo o exposto, com fundamento no art. 10-A da Lei nº 12.850/2013,[33] represento a Vossa Excelência pela **autorização de infiltração virtual de agente**, em *(local virtual em que se dará a infiltração, dados de conexão etc.)* a ser implementada pelo período de até 6 (seis) meses,[34] por agente desta equipe, o qual, ciente de seus direitos, concordou com a medida.

Pugna-se, ainda, pela expedição de ofício a órgãos de registro e cadastro público para fins de inclusão das informações necessárias à efetividade da identidade fictícia criada em banco de dados próprios, nos termos do art. 11, parágrafo único, da Lei nº 12.850/2013.

Requer-se, por fim, que condutas eventualmente delituosas praticadas pelo agente infiltrado sejam acobertadas pelo estrito cumprimento do dever legal e/ou inexigibilidade de conduta diversa, sendo concedido ainda ao agente da lei os direitos previstos no art. 14 da Lei nº 12.850/2013.

Termos em que, após a oitiva do Membro do Ministério Público, pede deferimento.

Local, data.

Delegado de Polícia.

Lotação *(se houver).*

E-mail do Delegado *(se houver).*

Embora seja óbvio, o óbvio por vezes precisa ser dito: jamais identifique sua prova, *seja assinando-a, colocando seu nome (ou as iniciais dele) ou de qualquer outra maneira.*

Caso prático

Marcos Antônio, empresário, mora na cidade de Águas Belas, no estado de Alamedas. Bem-sucedido e bastante conhecido, Marcos foi alvo de uma ação criminosa. Ele teve sua liberdade tolhida por quatro indivíduos, todos encapuzados, nas proximidades de sua residência, conforme imagens de circuito interno e segurança existente nas casas da rua, contudo não foi possível identificar o veículo utilizado.

A Delegacia Antissequestro (DAS) da Polícia Civil do Estado de Alamedas foi imediatamente acionada e iniciou as buscas e investigações.

Os investigadores da DAS conseguiram apurar que o sequestro foi praticado por integrantes de uma organização criminosa especializada na prática dessa natureza de delito, conhecida por "NPV – Não Pode Vacilar".

Cerca de 48 horas após o sequestro, um dos componentes da organização criminosa, que se apresentou como "JJ", fez contato telefônico com os familiares da vítima, exigindo a quantia de R$ 500.000,00 (quinhentos mil reais).

O Delegado de Polícia Civil que presidia as investigações representou pela interceptação das comunicações telefônicas do terminal que originou as chamadas, cujos dados cadastrais eram falsos. Não houve sucesso.

A representação foi devidamente acolhida pelo Juiz de Direito da 1ª Vara Criminal de Águas Belas/Alamedas.

---

33 Lembrando que, caso se trate de uma situação envolvendo crimes previstos no art. 190-A do ECA, este deve ser o fundamento utilizado.

34 Lembrando que, caso se trate de uma situação envolvendo crimes previstos no art. 190-A do ECA, o prazo da medida será de 90 dias.

Após alguns dias, os familiares da vítima receberam um vídeo em que Marcos pede para pagarem o resgate o mais rápido possível.

Analisando este vídeo, em determinado momento, foi possível perceber, por meio de uma placa visível pela janela, que os criminosos estavam em um cativeiro situado em uma zona rural na cidade, que ficava a aproximadamente 30 km.

A Autoridade Policial representou por Mandado de Busca a Apreensão a ser cumprido no referido local, o qual foi deferido pelo juízo prevento. Ocorre que, quando do cumprimento, os infratores já haviam retirado a vítima do local.

Os agentes verificaram que grande parte dos membros daquela comunidade sabiam da prática delituosa do grupo e até os auxiliava, motivo pelo qual constatou que se os policiais conseguissem integrar-se naquela comunidade, poderiam encontrar o atual cativeiro da vítima.

Por meio de levantamentos realizados, verificou-se uma "janela de oportunidade" para que agente de polícia fosse infiltrado no seio da organização criminosa. Em sua unidade, o agente Samuel Alves afirmou conseguir dissimular o perfil desejado pela organização criminosa e se dispôs a auxiliar como a equipe de investigação entendesse necessário.

Diante da situação apresentada, represente pela medida adequada.

Modelo de proposta de resposta

EXCELENTÍSSIMO SENHOR JUIZ DE DIREITO DA 1ª VARA CRIMINAL DA COMARCA DE ÁGUAS BELAS DO ESTADO ALAMEDAS

Referência: Inquérito policial nº

Medida sigilosa e Urgente (art. 12, *caput* e § 1º, da Lei nº 12.850/2013)

O Delegado de Polícia ao final assinado, no uso de suas atribuições constitucionais e legais, sobretudo o art. 144, § 4º, da Constituição Federal e art. 2º, § 1º, da Lei nº 12.830/2013, com fundamento no art. 10 da Lei nº 12.850/2013, vem à presença de Vossa Excelência representar pela **autorização de infiltração de agente** a ser implementada na cidade de Águas Belas/Alamedas, pelo período de até 6 (seis) meses, pelos fundamentos de fato e de direito a seguir expostos:

DOS FATOS

Trata-se de investigação em curso que visa apurar autoria, materialidade e circunstâncias de crime de extorsão mediante sequestro, tipificado no art. 159, § 1º, do Código Penal, por uma Organização Criminosa (art. 2º da Lei nº 12.850/2013), bem como almeja a localização e libertação da vítima, que ainda se encontra em local incerto.

Marcos Antônio, empresário, bem-sucedido e conhecido, morador da cidade de Águas Belas no Estado de Alamedas, teve sua liberdade tolhida por quatro indivíduos, todos encapuzados, nas proximidades de sua residência. Apesar de as câmaras terem capturado o momento da ação, não foi possível identificar o veículo utilizado no fato.

A Delegacia Antissequestro da Polícia Civil do Estado de Alamedas foi imediatamente acionada e iniciou as buscas e investigações, as quais conseguiram apurar que o sequestro foi praticado por integrantes de uma organização criminosa especializada na prática dessa natureza de delito, conhecida por "NPV – Não Pode Vacilar".

Cerca de 48 horas após o sequestro, os familiares da vítima receberam ligação telefônica de um dos componentes da organização criminosa, que se apresentou como "JJ", o qual exigiu a quantia de R$ 500.000,00 (quinhentos mil reais) para libertar o sequestrado.

O Delegado de Polícia Civil que presidia as investigações representou pela interceptação das comunicações telefônicas do terminal que originou as chamadas, medida que foi deferida por esse juízo, contudo, foi verificado que os dados cadastrais eram falsos e não houve sucesso na interceptação.

Após alguns dias, os familiares da vítima receberam um vídeo em que Marcos pediu para pagarem o resgate o mais rápido possível. Vídeo este que, após análise, foi possível verificar por meio de uma placa visível pela janela, que os criminosos estavam em um cativeiro situado em uma zona rural da cidade, que ficava a aproximadamente 30 km.

Foi cumprido mandado de busca e apreensão no local, contudo não foi possível a localização da vítima. Constatou-se que os integrantes da comunidade colaboram com as infrações do grupo, motivo pelo qual, caso algum agente conseguisse se integrar à comunidade, haveria grande possibilidade de descobrir onde o cativeiro estava localizado.

Por intermédio de levantamentos realizados, verificou-se uma "janela de oportunidade" para que agente de polícia fosse infiltrado no seio da organização criminosa, o que foi aceito pelo agente S.A.

DOS FUNDAMENTOS

A Constituição Federal prevê o direito à intimidade em diversos incisos de seu art. 5º. Dentre essas previsões, está o inciso X, que trata da inviolabilidade da intimidade, vida privada, honra e imagem da pessoa.

Sabe-se, no entanto, que não existe regra ou princípio absoluto, devendo ser afastada a aplicação de algumas regras em detrimento de outras e, no caso dos princípios, à luz da doutrina neoconstitucionalista, deve haver ponderação judicial, adequando sua a aplicação ao caso concreto. O abuso do direito não é permitido no nosso ordenamento jurídico, não devendo prevalecer a alegação de intimidade frente às afrontas a lei, a paz social e a interesse público. É o que ocorre no caso em tela.

A fim de coibir este tipo de criminalidade especializada e organizada, entendeu por bem o legislador dotar os órgãos responsáveis pela investigação de técnicas também especiais, dentre elas, a infiltração de agentes, prevista na Lei nº 12.850/2013 e também no art. 20 da Convenção de Palermo e ampliada pelo Pacote Anticrime (Lei nº 13.964/2019).

Tem-se, Excelência, por evidente, fortes índicos de autoria e materialidade da conduta, diante do arcabouço probatório formado pela análise de câmeras de circuito interno – que mostram o momento em que a vítima teve tolhida sua liberdade – além do contato mantido com os familiares e o vídeo enviado com a vítima pedindo o pagamento do resgate. Esta conduta amolda-se nos tipos penais dos arts. 159, § 1º, do CP – extorsão mediante sequestro e art. 2º da Lei nº 12.850/2013, cujas penas máximas são superiores a 4 (quatro) anos.

Portanto, presentes os elementos referentes ao *fumus comissi delict*.

No que tange ao *periculum in mora*, a medida de infiltração é urgente e propícia neste momento, Excelência, porquanto, caso não implementada gerará prejuízos às investigações, e pode não haver outra oportunidade viável. Ademais, sabe-se que quando se trata de situações como esta, a integridade física e a vida da vítima correm risco.

No caso específico, quanto ao alcance da tarefa do agente infiltrado, será basicamente, após adquirir confiança de membros do grupo, obter informações acerca da localização da vítima, identificação dos principais componentes da Orcrim, endereços e pretensões, realizando, eventualmente, de forma dissimulada, buscas domiciliares.

Ademais, analisando o caso concreto, a medida é proporcional, pois embora arriscada se valerá não só à colheita probatória, mas sim ao descobrimento do paradeiro da vítima, possibilitando sua libertação e eventual prisão em flagrante dos perpetradores, não sendo possível o alcance eficaz deste objetivo com técnicas ordinárias de investigação.

DO PEDIDO

Isto posto, visando ao prosseguimento das investigações e, sobretudo, o descobrimento do paradeiro da vítima, com fulcro nos dispositivos legais acima citados, represento a Vossa Excelência pela **autorização de infiltração de agente**, nas cidades de Águas Belas, pelo período de até 6 (seis) meses, por policial desta equipe, o qual ciente de seus direitos estipulados pela Lei nº 12.850/2013.

Pugna-se, ainda, pela expedição de ofício a órgãos de registro e cadastro público para fins de inclusão das informações necessárias à efetividade da identidade fictícia criada em banco de dados próprios, nos termos do art. 11, parágrafo único, da Lei nº 12.850/2013.

Requer-se, por fim, que condutas eventualmente delituosas praticadas pelo agente infiltrado sejam acobertadas pelo estrito cumprimento do dever legal e/ou inexigibilidade de conduta diversa, sendo concedido ainda ao agente da lei os direitos previstos no art. 14 da Lei nº 12.850/2013.

Termos em que, após a oitiva do Membro do Ministério Público, pede deferimento.

Águas Belas, data.

Delegado de Polícia.

Delegacia Antissequestro.

Decifrando a prova

(2017 – Fempems – PC/MS – Delegado – Adaptada) Após autorização pelo juízo da 1ª Vara Criminal de determinada capital brasileira para realização de interceptação de comunicações telefônicas, visando à investigação do crime de lavagem de dinheiro, colheu-se a informação da prática do crime de tráfico ilícito de drogas por membros da facção conhecida como "CZN" (Comando Zona Norte), integrada pelos condenados Wesley Ferreira, Daniel Inocêncio, Lindomar Praxedes e Ribamar das Neves, que cumprem penas, pela prática de crime de roubo (art. 157 do Código Penal), há pelo menos 15 meses na mesma cela em Penitenciária Estadual de Segurança Máxima. Baseado nessas informações, foi instaurado novo Inquérito Policial para apurar eventual prática de tráfico de drogas e/ou de outros ilícitos. Dos esforços investigativos, inclusive advindos de nova interceptação de comunicações telefônicas autorizada pelo juízo da 2ª Vara Criminal dessa mesma capital, foi possível compreender que todo o gerenciamento e a divisão de tarefas são definidos verbalmente entre os suspeitos, no interior do estabelecimento prisional, bem como se constatou que os referidos reclusos vêm cooptando outros membros, inclusive não aprisionados, visando a integrar a facção e ampliar seu poder de atuação. Não obstante, não foi possível estabelecer indícios suficientes de autoria e prova cabal da materialidade delitiva, razão pela qual não se concluiu o Inquérito Policial. Vale ressaltar que a Autoridade Policial representou pela captação ambiental na cela, que fora concedida pelo juízo competente, contudo, a diligência restou infrutífera. Em face do caso narrado, na qualidade de Delegado de Polícia responsável pela investigação, elabore, fundamentadamente, a medida pertinente ao caso, visando à constituição de justa causa para o oferecimento de eventual ação penal.

Modelo de proposta de resposta

EXCELENTÍSSIMO SENHOR JUIZ DE DIREITO DA 2ª VARA CRIMINAL DE DETERMINADA CAPITAL BRASILEIRA

Referência: Inquérito policial.

Medida sigilosa e Urgente.

O Delegado de Polícia ao final assinado, no uso de suas atribuições constitucionais e legais, sobretudo o art. 144, § 4º, da Constituição Federal e art. 2º, § 1º, da Lei nº 12.830/2013, com fundamento no art. 10 da Lei nº 12.850/2013 e do art. 53, inciso I, da Lei nº 11.343/2006, vem à presença de Vossa Excelência representar pela **autorização de infiltração de agente** a ser implementada na Penitenciária Estadual de Segurança Máxima, pelo período de até 6 (seis) meses, pelos fundamentos de fato e de direito a seguir expostos:

DOS FATOS

Trata-se de investigação em curso que visa apurar autoria, materialidade e circunstâncias de crime previsto no art. 2º, *caput*, da Lei nº 12.850/2013 e do art. 33, *caput*, da Lei nº 11.343/2006.

Após a realização de interceptação de comunicações telefônicas, concedida pela 1ª Vara Criminal de determinada cidade brasileira, visando à investigação do crime de lavagem de dinheiro, colheu-se a informação da prática do crime de tráfico ilícito de drogas por membros da facção conhecida como "CZN" – Comando Zona Norte.

Trata-se de organização integrada pelos condenados Wesley Ferreira, Daniel Inocêncio, Lindomar Praxedes e Ribamar das Neves, que cumprem penas, pela prática de crime de roubo (art. 157 do Código Penal), há pelo menos 15 meses na mesma cela em Penitenciária Estadual de Segurança Máxima.

Em razão das informações, foi instaurado o presente inquérito policial para apurar eventual prática de tráfico de drogas e/ou de outros ilícitos. No âmbito dessa investigação já fora realizada nova interceptação de comunicações telefônicas autorizada pelo juízo da 2ª Vara Criminal dessa mesma cidade brasileira. No curso dessa diligência, foi possível compreender que todo o gerenciamento e a divisão de tarefas são definidos entre os suspeitos no interior do estabelecimento prisional, verbalmente.

Vale ressaltar que a Autoridade Policial representou pela captação ambiental, que fora deferida pelo juízo competente, porém restou infrutífera.

No mais, não foi possível estabelecer indícios suficientes de autoria e prova cabal da materialidade delitiva, razão pela qual não se concluiu inquérito policial.

DOS FUNDAMENTOS

A Constituição Federal prevê o direito à intimidade em diversos incisos de seu art. 5º. Dentre essas previsões, está o inciso X, que trata da inviolabilidade da intimidade, vida privada, honra e imagem da pessoa.

Sabe-se, no entanto, que não existe regra ou princípio absoluto, devendo ser afastada a aplicação de algumas regras em detrimento de outras e, no caso dos princípios, à luz da doutrina neoconstitucionalista, deve haver ponderação judicial, adequando sua a aplicação ao caso concreto. O abuso do direito não é permitido no nosso ordenamento jurídico, não devendo prevalecer a alegação de intimidade frente às afrontas a lei, a paz social e a interesse público. É o que ocorre no caso em tela.

A fim de coibir este tipo de criminalidade especializada e organizada, entendeu por bem o legislador dotar os órgãos responsáveis pela investigação de técnicas também especiais, dentre elas a infiltração de agentes, já prevista anteriormente no art. 53 da Lei nº 11.343/2006 e também no art. 20 da Convenção de Palermo e ampliada pelo Pacote Anticrime (Lei nº 13.964/2019).

Excelência, são evidentes os fortes índicos de autoria e materialidade da conduta obtidos por meio da interceptação de comunicações telefônicas autorizada pelo juízo da 2ª Vara Criminal que mostram o gerenciamento e a divisão de tarefas entre os suspeitos, feitas de forma verbal, caracterizando a Organização Criminosa (Orcrim), nos termos do art. 1º, § 1º, da Lei nº 12.850/2013, a qual pratica crimes de tráfico de drogas, art. 33 da Lei nº 11.343/2006, cujas penas máximas são superiores a 4 (quatro) anos.

Portanto, presentes os elementos referentes ao *fumus comissi delict*.

No que tange ao *periculum in mora*, a medida de infiltração é urgente e propícia neste momento, Excelência, porquanto, caso não implementada gerará prejuízos às investigações, além da ampliação da Orcrim, pois é sabido que referidos reclusos vêm cooptando outros membros, inclusive não aprisionados. No mais, não será possível por outros meios a colheita desta importante prova, o que já foi tentada por meio de captação ambiental na cela, porém, infrutífera.

No caso específico, quanto ao alcance da tarefa do agente infiltrado, será basicamente, após adquirir confiança de membros do grupo, obter informações acerca da conduta criminosa, bem como o alcance da Orcrim.

Ademais, analisando o caso concreto, a medida é proporcional, a ser implementada pelo período de até 6 (seis) meses, pois, embora arriscada, valerá à colheita probatória robusta e desmantelamento da Orcrim.

DO PEDIDO

Por todo o exposto, com fulcro nos dispositivos legais acima citados, represento a Vossa Excelência pela **autorização de infiltração de agente** na Penitenciária Estadual de Segurança Máxima, a ser implementada pelo período de até 6 (seis) meses, por policial desta equipe, o qual, ciente de seus direitos estipulados pela Lei nº 12.850/2013, concordou com a medida.

Pugna-se, ainda, pela expedição de ofício a órgãos de registro e cadastro público para fins de inclusão das informações necessárias à efetividade da identidade fictícia criada em banco de dados próprios, nos termos do art. 11, parágrafo único, da Lei nº 12.850/2013.

Requer-se, por fim, que condutas eventualmente delituosas praticadas pelo agente infiltrado sejam acobertadas pelo estrito cumprimento do dever legal e/ou inexigibilidade de conduta diversa, sendo concedidos ainda ao agente da lei os direitos previstos no art. 14, da Lei nº 12.850/2013.

Termos em que, após a oitiva do Membro do Ministério Público, pede deferimento.

Local, data.

Delegado de Polícia.

Caso prático

Em 12.02.2022, foi instaurado o Inquérito Policial nº 541/2021 a fim de apurar atuação de possível organização criminosa que pratica crimes de latrocínio contra pessoas que supostamente foram autoras de delitos contra o patrimônio na cidade de Manaus/AM.

Segundo a apuração, o referido grupo é liderado por um indivíduo do sexo masculino conhecido como "Fera Justiceira", além de, pelo menos, mais cinco pessoas.

A investigação apontou que "Fera Justiceira" assistia a todos os jornais televisivos da cidade de Manaus e identificava roubos de grande valores realizados. Após, solicitava a "Nerd Justiceiro" que pesquisasse os endereços desses suspeitos em fontes encontradas na internet a fim de que todos os componentes do grupo atuassem, em critério de divisão de tarefas, subtraíssem os bens e valores das vítimas (inclusive os encontrados em suas residências) e, logo após, ceifavam suas vidas.

Restou apurado que, até 20.02.2022, foram praticados 4 latrocínios a seguir descritos:

Vítima 1: Afrânio Alcântara Jr, 29 anos, sem ocupação, residente na Rua Prisma, nº 12, bairro Arvoredo, Manaus/AM. Antecedentes criminais: furto, roubo e roubo circunstanciado. Suspeito de ter roubado cerca de R$ 200.000,00 (duzentos mil reais).

Vítima 2: Lucas Soares Bento, 21 anos, sem ocupação, residente na Rua das Acácias, nº 89, bairro Lima, Manaus/AM. Antecedentes criminais: roubo (2x) e roubo circunstanciado. Suspeito de ter roubado cerca de R$ 150.000,00 (cento e cinquenta mil reais).

Vítima 3: Ricardo Henrique Campos, 36 anos, sem ocupação, residente na Rua das Almas, nº 123, bairro: Vila Reis, Manaus/AM. Antecedentes criminais: roubo (2x) e latrocínio. Suspeito de ter roubado cerca de R$ 800.000,00 (oitocentos mil reais).

Vítima 4: Vilmar Pedro Jacinto, 31 anos, sem ocupação, residente na Rua Jurema Póvoas, nº 47, bairro: Boa Esperança, Manaus/AM. Antecedentes criminais: roubo circunstanciado (2x) e latrocínio. Suspeito de ter roubado cerca de R$ 180.000,00 (cento e oitenta mil reais).

O laudo do exame de local de todos os crimes apontou que os crimes foram praticados com o uso de arma de fogo calibre .38 SPL e que acima dos corpos havia um bilhete com os dizeres: "E agora quando a vítima é você?". Os exames cadavéricos foram devidamente realizados, apontando como causa da morte choque hipovolêmico.

Tentou-se, sem sucesso, técnicas ordinárias de investigação, porém a investigação localizou um grupo virtual denominado Justiceiros de Manaus, cuja descrição na página diz o seguinte: "se você acredita que os ladrões precisam sofrer na pele o que fazem, junte-se a nós e faça justiça! Afinal, ladrão que rouba ladrão tem 100 anos de perdão!".

Para ingresso no grupo, no entanto, o candidato precisa enviar alguns documentos que comprovem sua identidade, bem como ser leal ao grupo Justiceiros de Manaus.

Ante o exposto, considerando a necessidade de identificar as pessoas componentes do grupo criminoso, seus dados de conexão, endereços e demais informações, você, Delegado de Polícia, deve representar pela medida adequada.

Modelo de proposta de resposta

EXCELENTÍSSIMO SENHOR JUIZ DE DIREITO DA ___ VARA CRIMINAL DA COMARCA DE MANAUS/AM

Referência: Inquérito policial nº 541/2022

Medida Sigilosa e Urgente (arts. 10-B e 12 da Lei nº 12.850/2013)

O Delegado de Polícia ao final assinado, no uso de suas atribuições constitucionais e legais, sobretudo o art. 144, § 4º, da Constituição Federal e art. 2º, § 1º, da Lei nº 12.830/2013, com fundamento no art. 10-A da Lei nº 12.850/2013[35], vem à presença de Vossa Excelência representar pela **autorização de infiltração virtual de agente** a ser implementada no grupo virtual denominado Justiceiros de Manaus, pelos fundamentos de fato e de direito que pormenorizadamente se seguem:

DOS FATOS

Trata-se de investigação policial instaurada a fim de apurar atuação da organização criminosa denominada Justiceiros de Manaus, a qual, segundo apontam as investigações, cometem crimes de latrocínio contra suspeitos da prática de crimes contra o patrimônio de alta monta.

Segundo consta, o grupo é liderado por um indivíduo do sexo masculino conhecido como "Fera Justiceira", além de, pelo menos, mais cinco pessoas.

As investigações apontaram que o referido líder assistia a todos os jornais televisivos da cidade de Manaus e identificava roubos de grandes valores realizados. Ato contínuo, com o auxílio de outro membro do grupo apelidado "Nerd Justiceiro" obtinha os endereços dos suspeitos dos crimes divulgados a fim de que todos os componentes do grupo atuassem, em critério de divisão de tarefas, subtraindo os bens e valores dos suspeitos (inclusive os encontrados em suas residências), matando-os em seguida.

Seguindo este *modus operandis* foram praticados quatro latrocínios, cujos laudos de exame de local apontaram que todos os crimes foram praticados com o uso de arma de fogo calibre .38 SPL e que, acima dos corpos, havia um bilhete com os dizeres: "E agora, quando a vítima é você?".

Essa equipe de investigação tentou identificar os autores dos crimes, mas sem sucesso. Ocorre que foi localizado um grupo virtual denominado Justiceiros de Manaus, cuja descrição na página diz o seguinte: "se você acredita que os ladrões precisam sofrer na pele o que fazem, junte-se a nós e faça justiça! Afinal, ladrão que rouba ladrão tem 100 anos de perdão!".

Verificou-se ainda que para ingresso no grupo há a necessidade de envio de documentos e comprovação de identidade do candidato, bem como ser leal ao grupo Justiceiros de Manaus.

DOS FUNDAMENTOS

A Constituição Federal prevê o direito à intimidade em diversos incisos de seu art. 5º. Dentre essas previsões, está o inciso X, que trata da inviolabilidade da intimidade, vida privada, honra e imagem da pessoa.

---

[35] Lembrando que, caso se trate de infiltração virtual de crimes relacionados no art. 190-A do ECA, esse será o fundamento.

Sabe-se, no entanto, que não existe regra ou princípio absoluto, devendo ser afastada a aplicação de algumas regras em detrimento de outras e, no caso dos princípios, à luz da doutrina neoconstitucionalista, deve haver ponderação judicial, adequando sua aplicação ao caso concreto. O abuso do direito não é permitido no nosso ordenamento jurídico, não devendo prevalecer a alegação de intimidade frente às afrontas a lei, a paz social e a interesse público. É o que ocorre no caso em tela.

A fim de coibir este tipo de criminalidade especializada e organizada, entendeu por bem o legislador dotar os órgãos responsáveis pela investigação de técnicas também especiais, dentre elas, a infiltração de agentes, prevista na Lei nº 12.850/2013 e também no art. 20 da Convenção de Palermo e ampliada pelo Pacote Anticrime (Lei nº 13.964/2019).

De igual forma, considerando as inovações tecnológicas, a legislação passou a prever o instituto da infiltração virtual, ora representada, inicialmente no art. 190-A do ECA para determinados tipos de crimes, sendo tal técnica investigativa ampliada a outros casos pela Lei nº 13.964/2019, que alterou a Lei nº 12.850/2013.

Tem-se, Excelência, conforme apurado, fortes índicos de autoria e materialidade dos crimes de organização criminosa, previsto no art. 2º, *caput*, da Lei nº 12.850/2013, uma vez que se está diante de estrutura estável formada por quatro pessoas ou mais que, em critério de divisão de tarefas, com o objetivo de obter vantagens, pratica crimes cujas penas são superiores a quatro anos, no caso, delitos de latrocínio, tipificados no art. 157, § 3º, II, do Código Penal.

Com efeito, a materialidade foi comprovada pelos laudos dos exames de local e exames cadavéricos realizados nas vítimas e os indícios de autoria podem ser verificados pelos elementos coligidos aos autos, em especial, os bilhetes deixados sobre os corpos das vítimas e a descrição do grupo Justiceiros de Manaus, conforme descrito acima.

Portanto, presentes os elementos referentes ao *fumus comissi delict*.

No que tange ao *periculum in mora*, a medida de infiltração virtual é urgente e propícia neste momento, Excelência, porquanto, caso não implementada gerará prejuízos às investigações, e pode não haver outra oportunidade viável. Ademais, sabe-se que quando se trata de situações como a analisada, a vida e patrimônio de futuras vítimas correm risco.

No caso específico, quanto ao alcance da tarefa do agente virtualmente infiltrado, será basicamente, após adquirir confiança de membros do grupo, obter informações sobre suas identificações, seus dados de conexão, endereços e demais informações como vínculos entre os investigados.

Ademais, analisando o caso concreto, a medida é proporcional, pois se valerá não só à colheita probatória, mas sim a evitar o cometimento futuro de novos crimes graves, não sendo possível o alcance eficaz deste objetivo com técnicas ordinárias de investigação.

DO PEDIDO

Isso posto, visando ao prosseguimento das investigações e, sobretudo, a identificação dos demais integrantes do grupo criminoso, com fulcro nos dispositivos legais acima citados, represento a Vossa Excelência pela **autorização de infiltração virtual de agente**, no grupo virtual denominado Justiceiros de Manaus, pelo período de até 6 (seis) meses, por policial desta equipe, o qual ciente de seus direitos estipulados pela Lei nº 12.850/2013.

Pugna-se, ainda, pela expedição de ofício a órgãos de registro e cadastro público para fins de inclusão das informações necessárias à efetividade da identidade fictícia criada em banco de dados próprios, nos termos do art. 11, parágrafo único, da Lei nº 12.850/2013.

Requer-se, por fim, que condutas eventualmente delituosas praticadas pelo agente infiltrado sejam acobertadas pelo estrito cumprimento do dever legal e/ou inexigibilidade de conduta diversa, sendo concedido ainda ao agente da lei os direitos previstos no art. 14 da Lei nº 12.850/2013.

Termos em que, após a oitiva do Membro do Ministério Público, pede deferimento.

Manaus, data.

Delegado de Polícia.

A infiltração virtual de agentes foi tema na prova de Delegado de Polícia Federal no ano de 2021. Vejamos como o assunto foi objeto de cobrança.

Decifrando a prova

(2021 – Cespe/Cebraspe – Polícia Federal – Delegado) A partir de uma ligação anônima, o Núcleo de Repressão a Crimes Cibernéticos da Polícia Federal localizou e apreendeu, na cidade de Goiânia – GO, um laptop contendo vasto material de pornografia infantil pertencente a Juarez, falecido vítima de Covid-19.

Com os dados disponíveis e utilizando um *software* já instalado no *laptop*, que permite navegar anonimamente, ao apagar rastros e impedir que os *sites* identifiquem e rastreiem o usuário, foi possível localizar na *darknet* um grupo com ações de abrangência nacional, integrado por número indeterminado de pessoas não identificadas que abusam sexualmente de crianças e adolescentes por registrarem as imagens e, posteriormente, em salas virtuais dedicadas à pedofilia, trocarem, venderem ou disponibilizarem gratuitamente os arquivos ilícitos.

Juarez tinha um perfil assíduo nas salas, onde interagia sob o pseudônimo Butterfly. Mensagens localizadas no *laptop* indicam proximidade de Butterfly com vários integrantes do grupo, em especial Sugardaddy e Pacman. Em que pese os esforços da equipe de informática da Polícia Federal, até o momento não foi possível a identificação dos membros do grupo, que são extremamente cuidadosos em suas interações nas salas virtuais. Considerando os fatos relatados na situação hipotética apresentada, na qualidade de delegado(a) da Polícia Federal que está presidindo o inquérito, formule a representação pela medida mais adequada para a continuidade da investigação, indicando os requisitos necessários ao êxito do pedido. Não acrescente fatos novos.

Vejamos um modelo de representação que leva em conta o gabarito oficial apresentado pela banca.

Modelo de proposta de resposta

EXCELENTÍSSIMO SENHOR JUIZ FEDERAL DA ___ VARA FEDERAL DE GOIÂNIA.

A banca também aceitou como correta a referência à Seção Judiciária (do Estado) de Goiás.

Obs. O Tema 393 da repercussão geral do STF disciplina que "Compete à Justiça Federal processar e julgar os crimes consistentes em disponibilizar ou adquirir material pornográfi-

co, acessível transnacionalmente, envolvendo criança ou adolescente, quando praticados por meio da rede mundial de computadores" (arts. 241, 241-A e 241-B da Lei nº 8.069/1990).

Não obstante, como a situação hipotética indica que houve fluxo de dados por meio da darknet, pode gerar uma interpretação duvidosa sobre o livre acesso, pois, em que pese ser navegável por qualquer pessoa, ainda que de uma maneira não tão habitual como a internet e por se tratar de uma rede mundial, ela também pode ser considerada de difícil acesso por utilizar software *especial para sua navegação e privativa por, muitas vezes, compartilhar arquivos criptografados e no anonimato. Neste particular, considerando os dados trazidos no enunciado, também será aceita a resposta do candidato que indicou a Justiça Estadual como competente, nos termos da interpretação do STJ sobre o referido Tema (STJ, 3ª Seção, CC 150.564/MG, Rel. Min. Reynaldo Soares da Fonseca, j. 26.04.2017, Informativo 603).*

Referência: Inquérito Policial nº

Medida sigilosa e urgente (art. 190-B do ECA).

O Delegado de Polícia Federal ao final assinado, no uso de suas atribuições constitucionais e legais, sobretudo o art. 144, § 1º, I, da Constituição Federal e art. 2º, § 1º, da Lei nº 12.830/2013, com fundamento no art. 190-A do Estatuto da Criança e do Adolescente (Lei nº 8.069/1990), vem à presença de Vossa Excelência representar pela **autorização de infiltração virtual de agente** a ser implementada na *darknet*, pelos fundamentos de fato e de direito que pormenorizadamente se seguem:

SÍNTESE DOS FATOS

Fora instaurado auto investigatório a fim de apurar os delitos tipificados nos arts. 240, 241, 241-A, 241-B, 241-C e 241-D do ECA e 217-A, 218, 218-A e 218-B do Código Penal.[36]

Não há elementos na situação hipotética para definir a existência de uma organização criminosa nem situações que pudessem aplicar a Lei nº 12.850/2013, o que torna inaplicável, portanto, o art. 10-A da referida Lei. Portanto, não será apenado o candidato que fundamentou a infiltração no ECA cumulativamente com a Orcrim.

As investigações iniciais foram desenvolvidas pelo Núcleo de Repressão a Crimes Cibernéticos da Polícia Federal. As diligências iniciaram-se a partir de uma denúncia apócrifa, que culminou na apreensão de um *laptop* contendo robusto material de "pornografia infantil". Apurou-se que o referido computador pertencia a Juarez, falecido em razão da Covid-19.

Através de *software* instalado no *laptop*, que permite navegar de forma anônima, foi possível localizar na *darkweb* um grupo criminoso, integrado por número indeterminado de pessoas não identificadas, com abrangência nacional que abusam sexualmente de crianças e adolescentes por registrarem imagens e, em salas virtuais dedicadas à "pedofilia", as trocam, vendem ou as disponibilizam.

---

[36] O padrão de resposta apontou como tipificação, além dos arts. 240, 241, 241-A e 241-B, os arts 241-C e 241-D, com o qual não concordamos, em virtude de em momento algum a questão referir-se a simulação da participação de criança e adolescente em cena de sexo, bem como citar em qualquer parte fatos que denotem que indiquem que crianças ou adolescentes foram aliciados, assediados, instigados ou constrangidos, por meios de comunicação, a praticar atos libidinosos. De igual forma não concordamos com a tipificação dos arts. 217-A, 218, 218-A e 218-B trazida na questão, pois não há elementos para tanto.

Juarez, que se utilizava do *nickname Butterfly*, possuía perfil assíduo nas referidas salas, interagindo com demais integrantes do grupo, dentre eles, os denominados *Sugardaddy* e *Pacman*.

DOS FUNDAMENTOS

Inicialmente, ressalta-se que a CF/1988 garante o direito à intimidade, vida privada, honra e imagem da pessoa em seu art. 5º, X. Por outro lado, importa salientar, que não existe regra ou princípio absoluto, devendo ser afastada a aplicação de algumas regras em detrimento de outras e, no caso dos princípios, importante aplicar-se a flexibilização e adaptação de um detrimento de outros conforme a situação concreta analisada.

Com a finalidade de combater esse tipo de criminalidade e atentos às inovações tecnológicas, entendeu por bem o legislador dotar os órgãos responsáveis pela apuração de técnicas especiais de investigação, dentre elas, a infiltração de agentes na internet, ora representada.

Com efeito, está presente o *fumus comissi delicti*, uma vez que há prova da existência dos crimes tipificados nos artigos citados anteriormente, bem como indícios de autoria tanto em relação ao falecido Juarez (codinome *Butterfly*), quanto em relação aos sujeitos ainda não identificados, dentre eles os apelidados *Sugardaddy* e *Pacman*.

No que se refere ao *periculum in mora*, a medida de infiltração virtual é urgente e propícia neste momento, pois, caso não implementada celeremente, gerará prejuízos às investigações e pode não haver outra oportunidade viável. O risco da demora também mostra-se em razão da continuidade da prática delitiva pelo grupo criminoso, o qual inegavelmente continua a praticar crimes dessa natureza.

No caso específico, em relação ao alcance da tarefa do agente virtualmente infiltrado, será, após adquirir confiança de membros do grupo, obter informações sobre suas identificações, dados cadastrais e de conexão, endereços e demais informações como vínculos entre os investigados.

A banca apontou as seguintes tarefas a serem indicadas pelo candidato:

A tarefa do policial infiltrado consistirá em assumir o perfil de Butterfly *nas salas virtuais, interagindo com os demais integrantes, em especial* Sugardaddy e Pacman, *buscando informações e criando oportunidades para que a equipe técnica obtenha: a identificação, os dados de conexão (especificamente data, hora, início, término, duração, endereço de protocolo de internet (IP) utilizado e terminal de origem da conexão) e os dados cadastrais (nome e endereço do assinante ou do usuário registrado ou autenticado para a conexão ou a quem o endereço de IP, a identificação de usuário ou o código de acesso tenha sido atribuído no momento da conexão).*

Por fim, analisando o caso concreto, a medida representada é proporcional, uma vez que servirá não só à colheita probatória, mas para desvendar completamente a atividade do grupo criminoso, que aufere lucro praticando crimes de natureza sexual contra crianças e adolescentes, não havendo outra medida menos gravosa igualmente eficaz aos objetivos pretendidos.

DO PEDIDO

Isso posto, visando ao prosseguimento das investigações e, sobretudo, a identificação dos demais integrantes do grupo criminoso, com fulcro nos dispositivos legais acima citados, represento a Vossa Excelência pela **autorização de infiltração virtual de agente**, na *darkweb*, pelo período de 90 dias, por policial desta equipe, o qual está ciente de seus direitos, dentre os quais, que suas condutas serão acobertadas pelo estrito cumprimento do dever legal e/ou inexigibilidade de conduta diversa, respondendo, no entanto, por eventuais excessos.

Pugna-se, ainda, pela expedição de ofício a órgãos de registro e cadastro público para fins de inclusão das informações necessárias à efetividade da identidade fictícia criada em banco de dados próprios.

A identidade do agente da polícia federal permanecerá em sigilo e este não comete crime ao ocultar sua identidade para colher indícios de autoria e materialidade dos crimes investigados, respondendo pelos excessos se deixar de observar a estrita finalidade da investigação na forma do art. 190-C.

Por fim, solicita-se que seja mantido o sigilo do procedimento, do qual terá conhecimento apenas o Delegado, magistrado e membro do MP.[37]

Termos em que, após a oitiva do Membro do Ministério Público, pede deferimento.

Goiânia, data.

Delegado de Polícia Federal.

---

[37] O espelho de correção exigiu do candidato que expressamente trouxesse este "pedido". Entendo, no entanto, que a citação de ser a medida sigilosa (aposto entre o endereçamento e o preâmbulo) cumpre esse objetivo, pois não se trata de "pedido", mas sim imposição legal.

Representação por ação controlada

As investigações policiais necessitam evoluir no sentido de acompanhar o aprimoramento das ações praticadas por criminosos. O combate à criminalidade e os meios investigativos, antes focados em um criminoso solitário, deparou-se com estruturas organizadas e hierarquizadas de poder, motivo pelo qual também necessitam de meio excepcionais e especializados destinados a combater esse novo tipo de criminalidade.

Desse modo, os meios ordinários de investigação, em algumas situações, mostram-se insuficientes e ineficazes, motivo pelo qual se faz necessário o uso de meios especiais de combate à criminalidade, essencialmente quando se trata de organizações criminosas. Nesse contexto, a Lei que disciplina as organizações criminosas trouxe rol de **meios extraordinários** de investigação. Vejamos o dispositivo legal:

> **Art. 3º** Em qualquer fase da persecução penal, serão permitidos, sem prejuízo de outros já previstos em lei, os seguintes meios de obtenção da prova:
>
> I - colaboração premiada;
>
> II - captação ambiental de sinais eletromagnéticos, ópticos ou acústicos;
>
> **III - ação controlada;**
>
> IV - acesso a registros de ligações telefônicas e telemáticas, a dados cadastrais constantes de bancos de dados públicos ou privados e a informações eleitorais ou comerciais;
>
> V- interceptação de comunicações telefônicas e telemáticas, nos termos da legislação específica;
>
> VI - afastamento dos sigilos financeiro, bancário e fiscal, nos termos da legislação específica;
>
> VII - infiltração, por policiais, em atividade de investigação, na forma do art. 11;
>
> VIII- cooperação entre instituições e órgãos federais, distritais, estaduais e municipais na busca de provas e informações de interesse da investigação ou da instrução criminal. (grifos nossos)

O Delegado de Polícia, ao se utilizar dessas medidas investigativas, deve observar o caráter excepcional a que se submetem e a necessidade de respeito absoluto aos direitos e garantias fundamentais dos investigados.

O professor Antônio Scarance Fernandes nos mostra que:

> (...) é essencial para a sobrevivência da organização criminosa que ela impeça a descoberta dos crimes que pratica e dos membros que a compõe, principalmente de seus líderes. Por isso ela atua de modo a evitar o encontro de fontes de prova de seus crimes: faz com que desapareçam os instrumentos utilizados para cometê-los e com que prevaleça a lei do silêncio entre os seus componentes; intimida testemunhas; rastreia por meio de tecnologias avançadas os locais onde se reúne para evitar interceptações ambientais, usa telefone e celulares de modo a dificultar a interceptação, preferindo conversar por meio de dialetos ou línguas menos conhecidas. Por isso, os Estados viram-se na contingência de criar formas especiais para descobrir as fontes de prova, de conservá-las e de permitir a produção diferenciada da prova para proteger vítimas, testemunhas e colaboradores.

De acordo com as lições do professor Renato Brasileiro, pode-se conceituar os meios extraordinários de obtenção de prova como:

> (...) ferramentas sigilosas postas à disposição da Polícia, dos órgãos de inteligência e do Ministério Público para a apuração e persecução de crimes graves, que exijam o emprego de estratégias investigativas distintas das tradicionais, que se baseiam normalmente em prova documental ou testemunhal.

Assim, na utilização dos meios excepcionais de investigação – também chamadas de Técnicas Especiais de Investigação (TEI) – deve-se observar essencialmente três requisitos genéricos:

1. **Reserva de lei:** o instrumento investigativo deve constar com expressa previsão legal.
2. **Reserva de jurisdição:** trata-se de decorrência lógica do princípio da jurisdicionalidade, desse modo, em regra, os meios investigativos excepcionais sujeitam-se ao que se denomina cláusula de reserva jurisdicional. Pode-se citar a título de exemplo a própria infiltração de agentes. Mesmos naqueles casos em que não se exige autorização judicial, há controle judicial, ainda que realizado posteriormente, como se percebe na ação controlada prevista na Lei nº 12.850/2013.
3. **Proporcionalidade:** a medida excepcional deve ser proporcional ao contexto investigativo em que se insere, assim, em representações elaboradas pelo Delegado de Polícia, é imprescindível que se demonstre a imprescindibilidade da medida, revestindo-se de medida excepcional. Nesse sentido, deve-se demonstrar três subelementos:

- **adequação:** o meio investigativo utilizado é apto a produzir o elemento investigativo que se busca;
- **necessidade:** impossibilidade de utilização de meio menos gravoso e invasivo e igualmente eficaz;

- **proporcionalidade em sentido estrito:** a vantagem obtida com o meio investigativo excepcional deve ser superior à restrição gerada pela aplicação da medida.

Apesar de não estar restrita a estes delitos, a ação controlada ganha relevo nos crimes permanentes (armazenamento de drogas, tráfico de armas ou ocultação de ativos ilícitos), pois, nesses delitos, o retardo da intervenção não geraria efeitos maléficos, considerando que seria possível a prisão em flagrante durante todo o transcurso da permanência.

Ainda é interessante observar que a ação controlada pode ser vista como exceção ao art. 301 do CPP:

> **Art. 301.** Qualquer do povo poderá e as autoridades policiais e seus agentes deverão prender quem quer que seja encontrado em flagrante delito.

Desse modo, nas hipóteses legais em que se admite a ação controlada, seja mediante comunicação, seja mediante autorização judicial, trata-se de medida investigativa que flexibiliza a exigência da prisão em flagrante.

28.1 CONCEITO

É interessante observar que, do ponto de vista do sucesso da investigação, por vezes, é necessário e mais produtivo, postergar a intervenção em desfavor de autores de crimes, aguardando-se o momento mais oportuno para a abordagem dos envolvidos na prática delituosa.

Neste contexto, surge a técnica especial de investigação denominada **ação controlada**.

Trata-se de técnica especial de investigação que tem por objetivo colher maiores elementos probatórios, por meio do retardo da intervenção policial no crime em curso cometido por organizações criminosas (Lei nº 12.850/2013), nos crimes relacionados ao tráfico de drogas (Lei nº 11.343/2006) e nos crimes de lavagem de capitais (Lei nº 9.613/1998), agindo as autoridades no momento oportuno, após observação e acompanhamento.

Vejamos o exemplo citado pelo professor Renato Brasileiro de Lima (2020, p. 835):

> No tráfico internacional de drogas praticado por meio de transporte aéreo, o autor poderia ser preso na própria área de embarque por "trazer consigo" o entorpecente.
>
> No entanto, a prisão em flagrante de um mero transportador de droga (vulgarmente chamado de mula) efetuada neste momento impediria a descoberta de suas conexões internacionais, inibindo não apenas a identificação dos demais integrantes da organização criminosa, mas também a exata compreensão do *âmbito* de atuação do grupo.

Nesses casos, o retardo da intervenção contribui sobremaneira para a completa elucidação do delito.

Surgem vozes no sentido de que a ação controlada poderia constituir violação ao direito de não autoincriminação, esse posicionamento não há de prosperar.

Não há que se falar em violação ao direito de não autoincriminação. Conforme assevera Maria Elisabeth Queijo (2003, p. 368), se, à primeira vista, a inexistência de advertência quanto ao *nemo tenetur se detergere* conduz à conclusão de que há violação ao citado direito fundamental, pois os acusados acabariam por produzir provas em seu desfavor, na verdade, o interesse público na persecução penal dos delitos praticados por organização criminosa, tráfico de drogas ou lavagem de capitais, justifica a restrição ao referido princípio, representada pela ação controlada, em consonância com o princípio da proporcionalidade.

28.2 TÉCNICA ESPECIAL DE INVESTIGAÇÃO

Conforme observamos anteriormente, a ação controlada conta com previsão legal, como técnica extraordinária de investigação, em três legislações distintas:

a. Lei nº 12.850/2013, art. 8º (crimes relacionados a organizações criminosas);
b. Lei nº 11.343/2006, art. 53 (crimes relacionados a drogas). Denominada, doutrinariamente de entrega vigiada;
c. Lei nº 9.613/1998, art. 1º, § 6º (crimes relacionados à lavagem de capitais).

Antes de tratarmos especificamente de cada uma das modalidades de ação controlada, é extremamente importante observar que o legislador, somente no concerne aos crimes previstos na Lei de Drogas (Lei nº 11.343/2006), exigiu autorização judicial para a prática da diligência.

Nos demais casos (crimes praticados por organizações criminosas ou lavagem de capitais), o legislador apenas exigiu prévia comunicação à autoridade judicial.

Por esse motivo, considerando que a finalidade de nosso trabalho é o estudo das representações, somente com relação à ação controlada relacionada à Lei de Drogas, haverá, propriamente, representação a ser elaborada pelo Delegado de Polícia.

Nos demais casos, bastará a comunicação prévia ao juiz responsável, no sentido de garantir a probidade e segurança da medida.

Passaremos à análise da técnica especial de investigação de ação controlada em cada uma das legislações citadas.

28.3 AÇÃO CONTROLADA NA LEI DE ORGANIZAÇÃO CRIMINOSA (ART. 8º DA LEI Nº 12.850/2013)

A referida medida investigativa está prevista no art. 8º da Lei nº 12.850/2013:

> **Art. 8º** Consiste a ação controlada em retardar a intervenção policial ou administrativa relativa à ação praticada por organização criminosa ou a ela vinculada, desde que mantida sob observação e acompanhamento para que a medida legal se concretize no momento mais eficaz à formação de provas e obtenção de informações.
>
> **§ 1º** O retardamento da intervenção policial ou administrativa será previamente comunicado ao juiz competente que, se for o caso, estabelecerá os seus limites e comunicará ao Ministério Público.

Conforme já ressaltado, basta a comunicação prévia por meio de ofício endereçando ao juiz, prescindindo de prévia autorização.

Ao se tratar dessa modalidade de ação controlada, é indispensável, anteriormente, configurar a existência da organização criminosa conforme os preceitos legais exigidos pela legislação.

Atualmente, a Lei nº 12.850/2013 exige os seguintes elementos para a formação do conceito de organização criminosa:

a. **Número mínimo:** existência de número mínimo de quatro integrantes.
b. **Vínculo associativo:** associação dotada de estabilidade e permanência.
c. **Finalidade:** obtenção de vantagem de qualquer natureza mediante a prática de infrações penais cujas penas máximas sejam superiores a 4 anos ou de caráter transnacional.

Atenção

A Lei de Organização Criminosa aplica-se ainda às infrações penais previstas em tratado ou convenção internacional quando, iniciada a execução no País, o resultado tenha ou devesse ter ocorrido no estrangeiro, ou reciprocamente e às organizações criminosas terroristas.

Desse modo, em provas concursais, é interessante que, antes de tratar especificamente da medida de ação controlada com fundamento na Lei de Organização Criminosa, o candidato preocupe-se em configurar e demonstrar os elementos constituintes de uma organização criminosa, atribuindo ainda aos fatos a tipificação prevista no art. 2º da Lei nº 12.850/2013:

> **Art. 2º** Promover, constituir, financiar ou integrar, pessoalmente ou por interposta pessoa, organização criminosa:
>
> **Pena** – reclusão, de 3 (três) a 8 (oito) anos, e multa, sem prejuízo das penas correspondentes às demais infrações penais praticadas.

O candidato deve se lembrar de que organização criminosa é diferente de associação criminosa (art. 288 do CP).

Relembramos que, nesses casos, não haverá representação a ser elaborada pelo Delegado de Polícia, mas somente a comunicação a respeito da execução da medida.

28.4 AÇÃO CONTROLADA NA LEI DE LAVAGEM DE CAPITAIS (ART. 1º, § 6º, DA LEI Nº 9.613/1998)

A ação controlada na Lei de Lavagens de Capitais possui previsão originariamente no art. 4º-B. Vejamos a redação do dispositivo:

> **Art. 4º-B.** A ordem de prisão de pessoas ou as medidas assecuratórias de bens, direitos ou valores poderão ser suspensas pelo juiz, ouvido o Ministério Público, quando a sua execução imediata puder comprometer as investigações.

Trata-se de modalidade específica de ação controlada que consistem em retardar a ordem de prisão de pessoas ou as medidas assecuratórias de bens direitos e valores, mediante autorização judicial, com o fito de não comprometer as investigações.

Conforme se observa da redação do dispositivo, sempre se entendeu que seria necessária a autorização judicial para a execução dessa técnica especial de investigação.

Ocorre que a Lei nº 13.964/2019 (Pacote Anticrime) introduziu o § 6º ao art. 1º da referida legislação, nos seguintes termos:

> **Lei nº 9.613/1998**
>
> **Art. 1º** (...)
>
> **§ 6º** Para a apuração do crime de que trata este artigo, admite-se a utilização da ação controlada e da infiltração de agentes.

Após a introdução do referido dispositivo, instalou-se a dúvida a respeito exigência ou não de autorização judicial para a execução da medida de ação controlada.

Acreditamos que, após a inclusão do referido dispositivo, não mais se exige autorização judicial. Nesse sentido, vejamos as lições apresentadas por Renato Brasileiro de Lima (2020, p. 689):

> (...) preferimos concluir que, ao introduzir o § 6º ao art. 1º da Lei 9.613/1998, quis o legislador do Pacote Anticrime submeter os crimes de lavagem de capitais à mesma sistemática da ação controlada prevista na Lei de Organização Criminosa (arts. 8º e 9º), do que se concluir que, doravante, a utilização da referida técnica especial de investigação não mais estará sujeita à necessidade de prévia autorização judicial, bastando apenas a comunicação ao juiz competente pelas autoridades policiais ou administrativas, o qual poderá, então, estabelecer seus respectivos limites materiais e temporais.

Esta parece-nos ser a correta análise, pois de outra forma não faria o menor sentido o legislador instituir determinado instituto que já fora anteriormente instituído por outra norma.

Desse modo, na prática, no mesmo sentido do analisado na Lei de Organização Criminosa, bastaria comunicação ao magistrado que seria responsável por definir os limites e alcance da medida.

28.5 AÇÃO CONTROLADA NA LEI DE DROGAS – ENTREGA VIGIADA (ART. 53 DA LEI Nº 11.343/2006)

A ação controlada também conta com previsão legal na Lei nº 11.343/2006 (Lei de Drogas). Vejamos o referido dispositivo legal.

> **Art. 53.** Em qualquer fase da persecução criminal relativa aos crimes previstos nesta Lei, são permitidos, além dos previstos em lei, mediante autorização judicial e ouvido o Ministério Público, os seguintes procedimentos investigatórios:
>
> I – a infiltração por agentes de polícia, em tarefas de investigação, constituída pelos órgãos especializados pertinentes;

II – a não atuação policial sobre os portadores de drogas, seus precursores químicos ou outros produtos utilizados em sua produção, que se encontrem no território brasileiro, com a finalidade de identificar e responsabilizar maior número de integrantes de operações de tráfico e distribuição, sem prejuízo da ação penal cabível. (grifos nossos)

Parágrafo único. Na hipótese do inciso II deste artigo, a autorização será concedida desde que sejam conhecidos o itinerário provável e a identificação dos agentes do delito ou de colaboradores.

A entrega vigiada é uma das técnicas utilizadas no âmbito da ação controlada. Assim, é interessante observar que, majoritariamente, a entrega vigiada consiste em uma das modalidades de ação controlada.

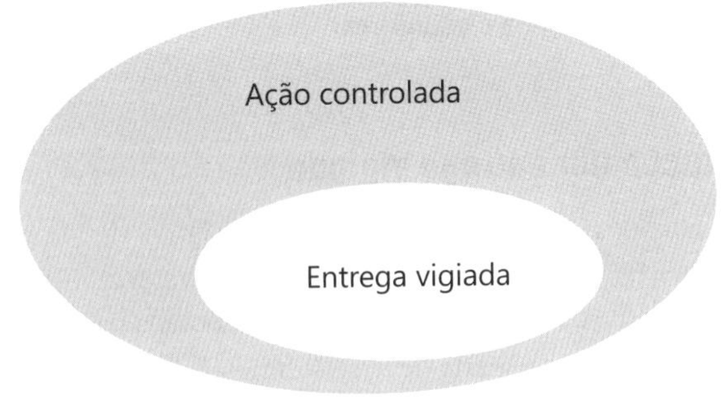

O objetivo da medida é identificar o maior número de envolvidos na estrutura criminal, assim como apreender a maior quantidade possível de objetos ilícitos ocultos e identificar o maior número de fontes de provas. Nesse sentido, os agentes ou objetos ilícitos são observados e acompanhados desde o local de saída até o ponto de entrega.

Renato Brasileiro de Lima (2020, p. 838) nos diz que essa diligência ganhou esse nome justamente por denotar fielmente aquilo que representa: **entrega vigiada**, porque as remessas ilícitas de drogas, armas etc. são monitoradas do ponto de partida até o destino, com identificação dos agentes envolvidos na prática delituosa.

Essa medida investigativa também conta com previsão na Convenção de Palermo, prevista no art. 2º, alínea *i*. De acordo com o preceito convencional, é a técnica que consiste em permitir que remessas ilícitas ou suspeitas saiam do território de um ou mais Estados, os atravessem ou neles entrem, com o conhecimento e sob o controle das suas autoridades competentes, com a finalidade de investigar infrações e identificar as pessoas envolvidas em sua prática.

É interessante, ainda, observar que o termo **entrega vigiada** surgiu como técnica especial de investigação (TEI), destinada a realizar o monitoramento do envio e recebimento de substâncias entorpecentes. Atualmente, não conta com previsão e aplicabilidade restrita às investigações relacionadas a drogas, estendendo-se a outros tipos de investigação.

Contudo, no sentido de diferenciá-la das outras modalidades já analisadas, usaremos o termo **entrega vigiada** para nos referir à medida investigativa de monitoramento da entrega e envio de entorpecentes, fundada no art. 53, II, da Lei nº 11.343/2006.

A doutrina ainda classifica a entrega vigiada em duas modalidades:

1. **Entrega vigiada limpa (entrega com substituição):** nesses casos, as mercadorias ilícitas objeto de remessa serão substituídas antes de serem enviadas ao destinatário final. Chama-se de entrega limpa justamente em razão de não existir propriamente nenhum objeto ilícito naquele contexto, uma vez que as drogas ou armas, por exemplo, são substituídas por simulacros ou substâncias permitidas.
2. **Entrega vigiada suja (ou com acompanhamento):** a remessa de drogas, armas ou outros objetos ilícitos segue o seu trajeto normal, sem interferência dos órgãos policiais que mantêm o monitoramento desde a saída até o local da entrega. Nessa hipótese, os materiais ilícitos não serão substituídos, motivo pelo qual se exige monitoramento mais eficaz, considerando o risco de que os objetos ilícitos saiam do âmbito de vigilância dos investigadores.

28.5.1 Representação por entrega vigiada

Conforme já ressaltado, a ação controlada no âmbito da Lei de Drogas (entrega vigiada) trata-se de técnica de investigação especial sujeita à cláusula de reserva jurisdicional, motivo pelo qual se configura efetivamente como representação a ser elaborada pelo Delegado de Polícia.

A representação por entrega vigiada deve se submeter aos requisitos genéricos das demais representações até agora analisadas:

a. ***Fumus comissi delicti*:** comprova-se por meio da prova da existência de elementos concretos que indiquem a prática da infração penal prevista na Lei de Drogas (Lei nº 11.343/2006). Diferentemente das outras cautelares que se contentam com a indicação de indícios de autoria, a entrega vigiada no âmbito da Lei de Drogas, nos termos do art. 53, parágrafo único, exige a identificação dos agentes do delito ou de seus colaboradores.
b. ***Periculum in mora*:** deve-se demonstrar o risco que a não adoção imediata da medida pode ocasionar à investigação e consequentemente à própria persecução penal. Deve-se demonstrar a urgência da medida com dados concretos apresentados na questão.
c. **Proporcionalidade da medida:** é evidenciada pela demonstração da ausência de outros meios aptos para o sucesso da investigação, basicamente demonstra-se a indispensabilidade da medida.

Além dos elementos tratados, os quais são comuns à grande maioria das medidas investigativas, são exigidos elementos específicos indispensáveis na representação por entrega vigiada.

Assim, o candidato, na representação pela autorização de entrega vigiada, deverá adotar as seguintes cautelas: indicar, conforme narrado no enunciado da questão, o trajeto da droga, nos termos do art. 53, parágrafo único, Lei nº 11.343/2006. Vejamos a redação do dispositivo:

> **Parágrafo único**. Na hipótese do inciso II [entrega vigiada] deste artigo, a autorização será concedida desde que sejam conhecidos o itinerário provável e a identificação dos agentes do delito ou de colaboradores.

Caso se trate de tráfico internacional de drogas, deve-se afirmar que a medida será implementada apenas em **território nacional**.

No mesmo sentido das previsões anteriores, deve-se incluir que a medida é sigilosa e urgente.

Caso a questão traga uma situação específica contendo datas, o candidato deve ressaltar esse ponto.

Caso haja previsão de que a colaboração envolve polícia estrangeira, deve-se ressaltar esse ponto em sua representação. Exemplo: colaboração da polícia paraguaia com a polícia brasileira.

Após a análise de todos os elementos integrantes da representação por entrega vigiada, vejamos a estrutura da peça.

28.6 ESTRUTURA DA PEÇA

Utilizando como base o Capítulo 20, a estrutura da peça segue o padrão, pois conterá os cinco elementos obrigatórios já vistos:

1. **endereçamento**;
2. **preâmbulo**;
3. **síntese dos fatos**;
4. **fundamentos**; e
5. **pedido(s) e fechamento**.

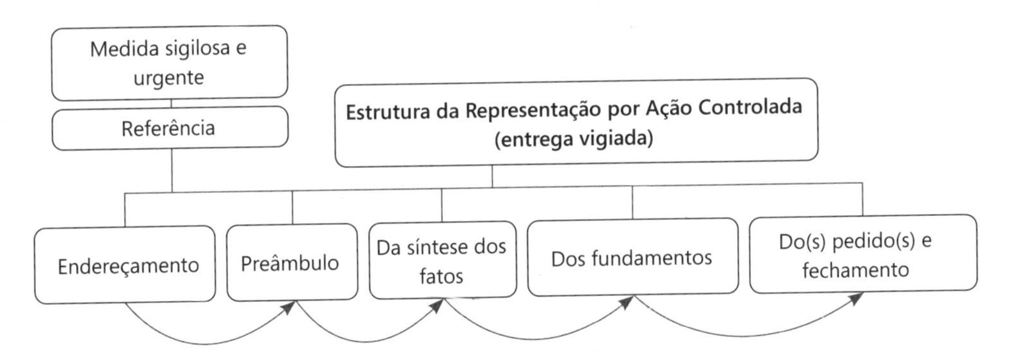

Além dos citados elementos, a peça deve trazer, **entre o endereçamento e o preâmbulo**, a **referência** eventualmente trazida pela questão. Conforme já visto, o mais comum é que a referência seja o número do inquérito policial, mas pode ocorrer de a questão trazer como referência o número da ocorrência policial ou, até mesmo, o número de distribuição do inquérito policial no Poder Judiciário.

O importante é que o candidato coloque exatamente como a questão trouxer, ou seja, se no texto estiver escrito "Inquérito Policial nº 9.748/2021 – 38ª DP", o candidato deve colocar entre o endereçamento e preâmbulo:

Referência: Inquérito Policial nº 9.748/2021 – 38ª DP

Sem abreviar.

Se o texto trouxer "I.P. nº 9.748/2021", o candidato deve colocar entre o endereçamento e preâmbulo:

Referência: I.P. nº 9.748/2021

Abreviando.

Ou seja, exatamente como a questão trouxer. Isso vale para os casos de existir referência ao número de ocorrência ou a qualquer outro número.

Muito cuidado para não errar o número trazido pela questão, pois isso pode gerar uma identificação de prova. Exemplifico: vamos imaginar que a questão traga a referência como Inquérito Policial nº 449988/2021 e você erre na hora de escrever e coloque:

Referência: I.P. nº 448888/2021

Isso pode gerar problema, portanto, é importante que o candidato tenha bastante atenção.

Caso a questão não traga a informação de referência, **o candidato jamais deve criar dados**! O que se pode fazer é colocar entre o endereçamento e preâmbulo o seguinte:

Referência: Inquérito Policial

Observe que a informação deverá ser apresentada sem nenhum número nesses casos, uma vez que a própria questão não indicou nenhum número.

Outro dado que deve constar nesta peça, também entre o **endereçamento** e o **preâmbulo,** é que a medida é **sigilosa e urgente**. Conforme salientado no primeiro capítulo desta parte do nosso *Manual Decifrado*, na dúvida, deve ser colocada esta informação em razão da própria essência das medidas cautelares, que são sigilosas na imensa maioria dos casos e urgente em razão do *periculum in mora* ou *periculum libertatis.*

28.6.1 Endereçamento

Considerando que a representação deve ser analisada por um magistrado, ela deve ser endereçada ao juiz competente, sendo parte obrigatória.

Conforme salientado no Capítulo 20, caso ainda não haja juiz prevento, o endereçamento deve ser realizado ao juiz criminal (crimes comuns), ao juiz do tribunal do júri (crimes dolosos contra a vida), juiz da vara de violência doméstica (crimes envolvendo violência doméstica familiar) ou a outros, a depender do tipo de crime cometido e da organização judiciária do local de onde se presta a prova. Assim, é interessante que o candidato conheça, ao menos superficialmente, a estrutura organizacional do Poder Judiciário do local em que presta o concurso, desde que seja cobrado em edital.

Caso já exista juízo prevento e a questão faça referência a tal juízo, deve-se endereçar a representação a ele.

A título de exemplo, no Distrito Federal temos Varas do Tribunal do Júri, a Circunscrição Especial Judiciária de Brasília e as Circunscrições Judiciárias das Regiões Administrativas. Já nos Estados, geralmente se endereça a peça prática profissional da seguinte forma:

> Excelentíssimo Senhor Juiz de Direito da ___ Vara Criminal da Comarca de xxxxxx.

No que concerne ao pronome de tratamento do juiz, indica-se que não se faça o uso de diversos tratamentos, como: "**Excelentíssimo Senhor Doutor Juiz de Direito**". Indica-se que use somente a expressão: "**Excelentíssimo Senhor Juiz de Direito**".

Nos concursos para Delegado de Polícia Federal é necessário saber que existem Varas Federais que formam as Seções Judiciárias ou Subseções Judiciárias.

Vejamos o seguinte exemplo: caso o crime tenha ocorrido em Belém, a representação deve ser endereçada ao "**Excelentíssimo Senhor Juiz Federal da ___ Vara Federal da Seção Judiciária do Pará**".

De igual forma, com relação ao pronome de tratamento, basta utilizar "**Excelentíssimo Senhor Juiz Federal**".

Lembrando que, caso se esteja diante de crime apurado pela Polícia Federal, nos termos do art. 1º da Lei nº 10.446/2002 (quando houver repercussão interestadual ou internacional que exija repressão uniforme em crimes específicos) não há, via de regra, deslocamento de competência para a Justiça Federal. Nestes casos, portanto, o Delegado de Polícia Federal eventualmente representará ao Juiz de Direito Estadual.

É importante ressaltar que o Pacote Anticrime, Lei nº 13.964/2019, trouxe mudança significativa na estrutura do Poder Judiciário: o juiz de garantias. Até o fechamento desta obra, em razão de decisão do Supremo Tribunal Federal, a instituição dos juízes de garantias está suspensa. Ocorre que o tema pode impactar diretamente no endereçamento da peça, conforme mais bem trabalhado no Capítulo 20 desta obra, para a qual remetemos o leitor.

28.6.2 Preâmbulo

Conforme já salientado, o preâmbulo deve perseguir a consecução de três objetivos básicos:

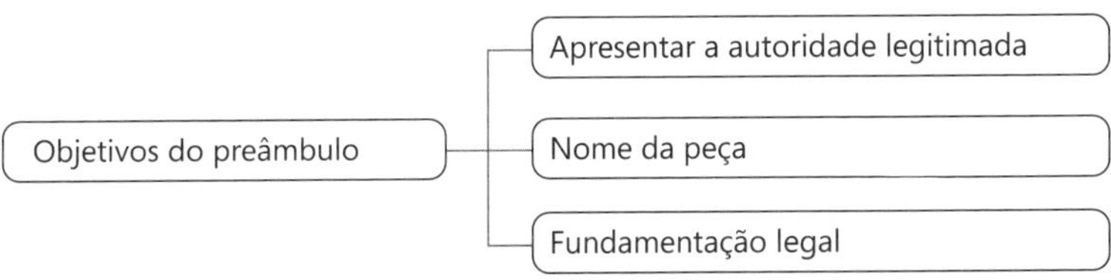

O primeiro objetivo, conforme se percebe, será estático em todas as representações, devendo apenas o candidato adicionar legitimação adicional eventualmente trazida por legislação local. Vejamos um exemplo:

> O Delegado de Polícia Civil ao final assinado, no uso de suas atribuições constitucionais e legais, sobretudo o art. 144, § 4º, da Constituição Federal e art. 2º, § 1º, da Lei nº 12.830/2013 *(se houver legislação local, a exemplo de dispositivo da Constituição Estadual, colocar aqui).*

No caso de se estar diante de uma prova para Delegado de Polícia Federal, evidentemente, haverá alteração da legitimidade constitucional, não cabendo a inserção de legislação local. Vejamos:

> O Delegado de Polícia Federal ao final assinado, no uso de suas atribuições constitucionais e legais, sobretudo o art. 144, § 1º, II,[1] da Constituição Federal e art. 2º, § 1º, da Lei nº 12.830/2013.

Aí vem o cumprimento dos **demais objetivos do preâmbulo**, que não necessariamente precisam respeitar a ordem acima, ou seja, pode ser o nome da peça e, logo após a fundamentação legal ou vice-versa. É uma questão de estilística.

> Com fundamento no art. 53, II, da Lei nº 11.343/2006, vem à presença de Vossa Excelência representar pela autorização de **ação controlada (entrega vigiada)** a ser implementada em (local em que será implementada) pelos fundamentos de fato e de direito a seguir expostos:

Ou

> Vem à presença de Vossa Excelência representar pela autorização de **ação controlada (entrega vigiada)** a ser implementada em *(local em que será implementada)*, com fulcro no art. 53, II, da Lei nº 11.343/2006,[2] pelas razões de fato e de direito que pormenorizadamente se seguem:

De forma integral, teremos o seguinte:

> **Para o cargo de Delegado de Polícia Civil**
>
> O Delegado de Polícia ao final assinado, no uso de suas atribuições constitucionais e legais, sobretudo o art. 144, § 4º, da Constituição Federal e art. 2º, § 1º, da Lei nº 12.830/2013 *(se houver legislação local, a exemplo de dispositivo da Constituição Estadual, colocar aqui)*, com fundamento no art. 53, II, da Lei nº 11.343/2006, vem à presença de Vossa Excelência representar pela autorização de **ação controlada (entrega vigiada)** a ser implementada em *(local em que será implementada)* pelos fundamentos de fato e de direito a seguir expostos:

---

[1] Houve alteração da legitimação, pois a situação envolve caso referente a tráfico de drogas.

[2] Houve alteração da legitimação, pois a situação envolve caso referente a tráfico de drogas.

Para o cargo de Delegado de Polícia Federal

O Delegado de Polícia Federal ao final assinado, no uso de suas atribuições constitucionais e legais, sobretudo o art. 144, § 1º, II, da Constituição Federal e art. 2º, § 1º, da Lei nº 12.830/2013, com fundamento no art. 53, II, da Lei nº 11.343/2006, vem à presença de Vossa Excelência representar pela autorização de **ação controlada (entrega vigiada)** a ser implementada em *(local em que será implementada)* pelos fundamentos de fato e de direito a seguir expostos:

Repare que, por questões didáticas, nós ressaltamos em negrito o nome da peça, no entanto, o candidato em sua prova não deve tentar realizar qualquer destaque. O máximo que se permite é colocar o nome da peça com letras maiúsculas.

Perceba que **a representação deve ser realizada em nome do Delegado de Polícia,** e não da instituição Polícia Civil ou Polícia Federal. Observe que, diferentemente do que ocorre com relação ao Ministério Público, o Delegado de Polícia não se constitui como órgão, mas, na verdade, insere-se no conceito de agente integrante do órgão policial, Polícias Civis ou Polícia Federal. Por esse motivo, a representação deve ser realizada em nome do cargo de Delegado de Polícia.

Ademais, caso a representação fosse realizada em nome da instituição policial, não faria sentido a indicação dos dispositivos previstos na Lei nº 12.830/2013, que é o estatuto do Delegado de Polícia.

28.6.3 Síntese dos fatos

Conforme já analisamos anteriormente, trata-se do ponto comum entre as peças internas e externas. Em ambas as hipóteses, o candidato deverá reservar determinado tópico para a descrição dos fatos que fundamentam a medida.

Algumas informações são bastante importantes a esse respeito, vejamos:

a. Normalmente, o examinador não confere muitos pontos à descrição fática realizada pelo candidato. Contudo esse tópico fornece toda a lógica à estrutura da peça, motivo pelo qual sua confecção ganha relevo.

b. Não se deve copiar *ipsis litteris* o enunciado da questão. O candidato deverá demonstrar a capacidade de síntese, pois na maioria dos casos o espaço da folha de resposta não comporta elementos desnecessários na descrição dos fatos.

c. É necessário objetividade, com prevalência à transcrição de fatos que serão relevantes para a autoria, materialidade do crime e todas as suas circunstâncias relevantes para a apuração.

d. O candidato deverá ressaltar os fatos que possuem relação com a fundamentação jurídica analisada a seguir.

Assim, o nosso leitor deve se atentar para aqueles fatos que possuam relação com a medida pleiteada, exercitando a sua capacidade de síntese. Devem ser indicados os pontos que serão relevantes para que o magistrado decida a respeito do feito. Aqueles fatos que nada contribuem ao objetivo proposto ou que em nada se correlacionem com a medida pleiteada não precisam estar expostos na síntese dos fatos como elemento integrante da representação.

Na síntese dos fatos,[3] o candidato deve ter como parâmetro o **conhecido Heptâmetro de Quintiliano** e buscar responder aos seguintes questionamentos:

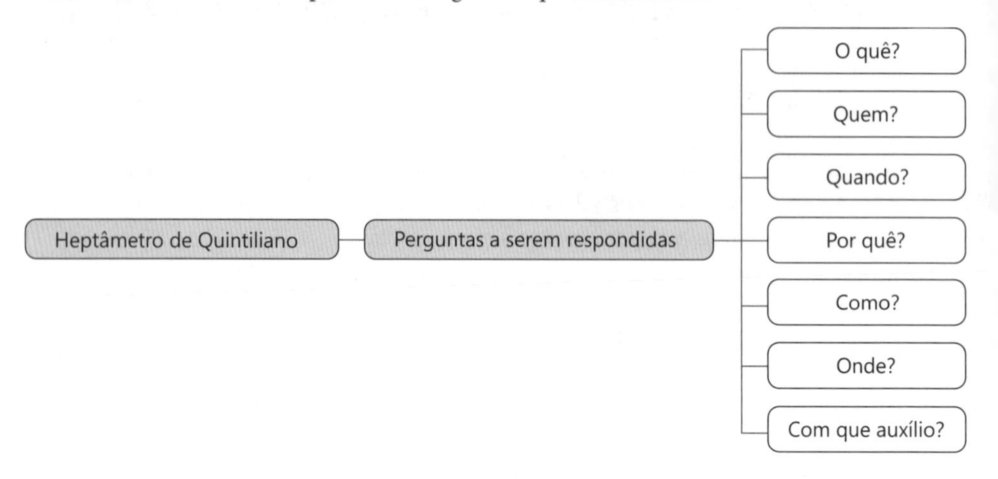

No caso da medida de ação controlada, a partir de dados trazidos pela questão, devem ser apontadas as circunstâncias que servirão para sustentar os pontos da fundamentação jurídica.[4]

28.6.4 Dos fundamentos

Neste ponto, o candidato deverá demonstrar os fundamentos jurídicos trazidos no tópico em que tratamos do arcabouço teórico para a concessão da medida de ação controlada.

Pode-se fazer um apanhado geral sobre a medida de ação controlada, sempre considerando o instituto da Lei nº 11.343/2006, e não da Lei nº 12.850/2013 (que não carece de autorização judicial prévia), ressaltando-a como exceção ao art. 301 do CPP.

Também devem ser apontados o ***fumus comissi delicti***, o ***periculum in mora*** e a **proporcionalidade** da medida.

Observe que deve haver a conjugação entre a descrição fática realizada no tópico anterior (síntese dos fatos) e o ***fumus comissi delicti***.

Na **ação controlada**, o ***fumus*** é a demonstração da prova da existência do crime **previsto na Lei nº 11.343/2006** e **identificação dos agentes do delito ou de seus colaboradores**. O primeiro elemento precisa ser demonstrado concretamente (por meio de dados trazidos pela questão) de que o fato existiu e que ele é definido como crime passível de ação controlada baseada na Lei de Drogas (daí a **necessidade da tipificação correta o delito**). Com relação à identificação dos agentes do delito ou seus colaboradores, isto deve ser ressaltado, devendo ser apontados nomes, apelidos e/ou outros dados qualificadores trazidos pela questão.

---

[3] Pode também ser chamado de "sinopse dos fatos", "do resumo fático", "dos fatos" ou qualquer outro nome semelhante

[4] Confira o exemplo trazido no Capítulo 20 desta obra.

O *periculum in mora* pode ser apontado no seguinte sentido: caso não implementada a ação controlada, provavelmente haverá grave e irreparável risco à investigação e identificação de maior número de pessoas envolvidas nos crimes definidos pela Lei nº 11.343/2006. A urgência deve ser demonstrada por meio de dados trazidos pela questão.

Ficaria assim:

> Excelência, quanto ao *periculum in mora*, pode-se salientar que a referida diligência é urgente nesse momento, uma vez que, se não implementada com celeridade, pode haver prejuízo para a investigação e identificação de maior número de pessoas envolvidas na situação criminosa.

Deve ser ressaltado que a ação controlada, por ser medida subsidiária, é proporcional e adequada ao caso proposto.

A **proporcionalidade, na ação controlada, consiste na demonstração de que não há outro meio eficaz para a produção da prova (indispensabilidade da medida).**

Deve-se demostrar que a investigação recai sobre delito que admite a técnica especial de investigação.

Vejamos um exemplo:

> Excelência, analisando o caso concreto, pode-se apontar que a medida é proporcional, pois, embora arriscada, se valerá não só à colheita probatória, mas *(ressaltar com dados da questão a o que mais a medida servirá)*, não sendo possível o alcance eficaz deste objetivo com técnicas ordinárias de investigação. Ademais, o crime investigado trata-se de *(tipificar o delito)*, o qual admite, legalmente, a implementação da ação controlada como exceção ao art. 301 do CPP.

Sobretudo no caso dessas medidas, por serem subsidiárias por força de lei, se diante do caso trazido pela questão, houver **zona cinzenta** entre o cabimento de mais de uma medida, o candidato deve enfrentar o tema a fim de descartar a outra possibilidade diante do caso proposto.

Deve ser salientado ainda que se conhece o **trajeto que a droga será transportada**, nos termos do art. 53, parágrafo único, da Lei nº 11.343/2006, complementando-se com dados da questão. Caso a questão traga algum dado contendo datas, você deve ressaltar isso.

Ademais, caso seja a situação de tráfico internacional de drogas, deve ser ressaltado que a ação controlada terá início apenas em **território nacional**.

28.6.5 Do(s) pedido(s)[5] e fechamento

a. Pedido

Esta parte é bastante simples de ser elaborada e não há maiores peculiaridades na representação por ação controlada (entrega vigiada) com relação ao modelo genérico anteriormente proposto.

---

[5] Conforme já analisamos, a representação não se trata propriamente de um requerimento ou pedido, contudo, considerando que a prática cartorária-policial consagrou o uso da expressão, decidimos mantê-la neste trabalho, apesar das críticas anteriormente citadas.

Trata-se, basicamente, de uma conclusão do que foi sustentado na fundamentação. Deve-se colocar nesta parte que o **membro do Ministério Público será ouvido**. Vejamos:

Pedido

Pode-se repetir a fundamentação legal aposta no preâmbulo:

> Por todo o exposto, com fulcro no art. 53, II, da Lei nº 11.343/2006, representa esta Autoridade Policial pela autorização de **ação controlada (entrega vigiada)** a ser implementada *(local em que será implementada)*, após manifestação do ilustre membro do Ministério Público.

Ou utilizar a fórmula:

> Isso posto, com fulcro nos dispositivos legais acima citados, represento a Vossa Excelência pela autorização de **ação controlada (entrega vigiada)**, a ser implementada *(local em que será implementada)*, após a oitiva do membro do Ministério Público.

É facultativo o uso da expressão **nesses termos, pede deferimento**. Conforme já ressaltamos, não se trata a representação efetivamente de um pedido, motivo pelo qual não indicamos o uso da expressão, contudo, é muito comum na prática e, efetivamente, apresenta a ideia de encerramento da representação.

b. Fechamento

Por fim, o **fechamento** é realizado da seguinte maneira, fazendo referência:

- ao local e à data;
- à expressão "Delegado de Polícia";
- à lotação (se a questão trouxer).

Trata-se de fase simples, contudo devemos apresentar algumas ressalvas:

- **Com relação à data e ao local, deve-se efetivamente escrever a expressão "local e data".** Caso a questão apresente o local em que os fatos ocorreram, poder-se-ia utilizar como referência o local apresentado na questão. Não se deve utilizar o local da prova ou a data da prova, salvo, logicamente, se forem as mesmas apresentadas na questão.
- **Com relação ao uso do termo "Delegado de Polícia"**, deve-se fazer referência ao uso da expressão no masculino, salvo se a questão especificar que quem conduz a investigação é uma mulher. Não se trata de preferência de gênero, mas de cautela para não identificar sua prova.
- **Com relação à lotação, deve-se utilizar a expressão "lotação".** Caso a questão apresente a lotação, o candidato poderá especificá-la.

Modelo

Representação por Ação Controlada (Entrega Vigiada).

EXCELENTÍSSIMO(A) SENHOR(A) JUIZ(A) DE DIREITO DA ___ VARA (...) DA COMARCA DE (...)

Não use abreviações no endereçamento. Lembre-se de que não é necessário o uso de inúmeros pronomes de tratamento.

Medida Sigilosa e Urgente.

Como dito, pode-se colocar que a medida é sigilosa e urgente em razão da própria essência das cautelares.

Referência: Inquérito Policial nº

Caso haja referência ao número do inquérito, deve-se fazer referência à referida numeração. Caso não haja, o candidato poderá usar o termo: Inquérito Policial nº.

Não há necessidade de pular linhas, sobretudo se o número de linhas de sua prova for reduzido.

Deixar parágrafo de aproximadamente dois dedos de distância da margem.

O Delegado de Polícia ao final assinado, no uso de suas atribuições constitucionais e legais, sobretudo o art. 144, § 4º,[6] da Constituição Federal e art. 2º, § 1º, da Lei nº 12.830/2013 *(se houver legislação local, a exemplo de dispositivo da Constituição Estadual, colocar aqui)*, com fundamento no art. 53, II, da Lei nº 11.343/2006, vem à presença de Vossa Excelência representar pela autorização de **ação controlada (entrega vigiada)** a ser implementada em *(local em que será implementada)* pelos fundamentos de fato e de direito a seguir expostos:

DA SINOPSE DOS FATOS

Nesse ponto, deve-se apresentar o resumo dos fatos elencados na questão, lembre-se de que não devem ser apresentados fatos que não estiverem no enunciado da questão.

1ª informação: unicamente com base na questão apresentada, utilizando-se do poder de síntese, deve ser ressaltado tudo que houver sobre as seguintes perguntas: O quê? Quem? Quando? Onde? Por quê? Como? Com quem?

2ª informação: só devem ser ressaltados fatos relevantes que terão correlação com a parte da fundamentação.

DOS FUNDAMENTOS

Nesse momento, pode-se apresentar um breve apanhado sobre o instituto pleiteado, além do fumus comissi delicti, *do* periculum in mora e proporcionalidade, *que vão variar conforme a medida.*

1ª informação: indique a **materialidade do delito**. Lembrando que aqui esses dados devem estar consubstanciados em elementos concretos. Ressalte na peça a existência de eventuais laudos periciais.

2ª informação: tipifique o delito.

3ª informação: indique **os indícios suficientes de autoria (identificação de agentes ou colaboradores do delito)**. Deve-se apontar quais fatos demonstram que aquele suspeito pode ter cometido o delito. Em análise técnica, deve-se apresentar qual a justa causa para o indivíduo estar sendo investigado e quais as informações colhidas na investigação apontam para a autoria dele. Devem ser apontados nomes e/ou apelidos dos investigados.

---

[6] Lembrando que, caso seja prova para Delegado de Polícia Federal, a legitimidade será alterada.

4ª informação: demonstre ao juiz que **a medida** é **adequada e proporcional** e, se não for implementada de forma célere (*periculum in mora*), gerará risco provável grave e irreparável.

5ª informação: com relação à proporcionalidade, importante ressaltar que **não há outro meio eficaz para a produção da prova** e que a investigação recai sobre **uma das infrações que admitem a técnica especial (Lei nº 11.343/2006)**.

6ª informação: caso haja o trajeto da droga, isso deve ser ressaltado.

7ª informação: caso se trate de tráfico internacional de drogas, deve ser ressaltado que a ação ocorrerá apenas em território nacional.

DO(S) PEDIDO(S)

Será a finalização da peça, indicando ao magistrado a razão da representação.

Deve-se apontar que o membro do Ministério Público será ouvido.

Por todo o exposto, com fulcro no art. 53, II, da Lei nº 11.343/2006, representa esta Autoridade Policial pela autorização de **ação controlada (entrega vigiada)** a ser implementada *(local em que será implementada)*, após manifestação do ilustre membro do Ministério Público.

Local, data.

Delegado de Polícia.

Lotação *(se houver)*.

Embora seja óbvio, o óbvio por vezes precisa ser dito: jamais identifique sua prova, *seja assinando-a, colocando seu nome (ou as iniciais dele) ou de qualquer outra maneira.*

Caso prático

No dia 25.01.2022, foi instaurado o Inquérito Policial nº 10/2022, a fim de apurar crimes de tráfico de drogas e associação para o tráfico. Segundo apurou-se preliminarmente, três brasileiros estavam transportando a droga conhecida como "cocaína escama de peixe" entre os Estados da Região Sul do Brasil.

Embora se soubesse da veracidade das informações, não foi possível, após meses de investigação, a apreensão de qualquer carregamento ou oitiva de qualquer testemunha, uma vez que todas mantinham verdadeiro pavor do grupo, conhecido como bastante violento.

O Delegado de Polícia Civil do Estado do Paraná, então presidente do feito, representou pela interceptação das comunicações telefônicas do suspeito João Junior Furtado, que foi devidamente autorizada pelo juiz da 1ª Vara Criminal de Curitiba.

Durante as interceptações, em 29.01.2022, João, em um dos diálogos, combinou uma nova remessa de droga, em quantidade não identificada, a Lucas Coité que a passaria posteriormente a integrantes do grupo ainda não identificados.

Nos dias subsequentes houve 23 contatos telefônicos entre João e Lucas, os quais ajustaram os detalhes para a entrega da droga, que seria realizada em um caminhão de cor azul com fundo falso. O veículo faria o trajeto Curitiba/PR – Florianópolis/SC, inicialmente.

Ante este panorama, você, Delegado de Polícia, visando a identificação do maior número de integrantes, deve representar pela medida adequada.

Modelo de proposta de resposta

EXCELENTÍSSIMO SENHOR JUIZ DE DIREITO DA 1ª VARA CRIMINAL DE CURITIBA/PR

Referência: Inquérito Policial nº 10/2022. Medida Sigilosa e Urgente.

O Delegado de Polícia, ao final assinado, no uso de suas atribuições, sobretudo o art. 144, § 4º, da Constituição Federal e do 2º, § 1º, da Lei nº 12.830/2013, com fundamento no art. 53, II, da Lei nº 11.343/2006, vem à presença de Vossa Excelência representar pela autorização de **ação controlada (entrega vigiada)** a ser implementada no trajeto a ser percorrido no transporte da droga, entre Curitiba e Florianópolis, pelos fundamentos de fato e de direito a seguir expostos:

DOS FATOS

Trata-se de investigação em curso que visa apurar autoria, materialidade e circunstâncias de crime de tráfico de drogas (art. 33, *caput*) e associação para o tráfico (art. 35, *caput*), ambos da Lei nº 11.343/2006.

Segundo consta, no dia 25.01.2022 foi instaurado o Inquérito Policial nº 10/2022, a fim de apurar os crimes acima citados que envolvem o transporte da droga conhecida como "cocaína escama de peixe" na Região Sul do país, praticado por três brasileiros.

Após frustradas diligências, foi autorizada por esse juízo a interceptação das comunicações telefônicas do suspeito João Junior Furtado, o qual, em 29.01.2022, combinou nova remessa da droga, em quantidade ainda não identificada a Lucas Coité, que a repassaria a integrantes do grupo também não identificados.

Nos dias subsequentes, houve 23 contatos telefônicos entre os suspeitos, que ajustaram que o transporte da droga se daria entre as cidades de Curitiba/PR e Florianópolis/SC, em um caminhão de cor azul, com fundo falso.

DOS FUNDAMENTOS

O delito de tráfico de drogas, como se sabe, está classificado como crime permanente, ocasião em que a autuação em flagrante é exigida pela Autoridade Policial e seus agentes, conforme a regra geral prevista no art. 301 do Código de Processo Penal.

Ocorre, Excelência, que, em crimes dessa natureza, a autuação em flagrante de determinados suspeitos de maneira imediata pode frustrar os objetivos finais da investigação.

A fim de possibilitar a citada atuação retardada da Autoridade Policial, fez por bem o legislador munir os agentes públicos da técnica de ação controlada, ora representada.

Como se percebe, Excelência, há fundadas suspeitas – corroborada por diálogos em interceptação telefônica devidamente autorizada – de que os investigados pelos crimes de tráfico de drogas e associação para o tráfico farão nova remessa da droga conhecida como "cocaína escama de peixe". Condutas estas tipificadas nos arts. 33, *caput*, e 35, *caput*, ambos da Lei nº 11.343/2006.

Portanto, presentes os elementos referentes ao *fumus comissi delict*.

No que tange ao *periculum in mora*, a diligência é urgente neste momento, Excelência, pois há a necessidade de seu deferimento célere em razão da proximidade e não certeza de repetição do evento a ser monitorado e, consequentemente, êxito na operação.

No presente caso, a entrega vigiada servirá à identificação de maior número de integrantes do grupo, porquanto se sabe que a droga, após chegar ao destino Florianópolis – será repassada a integrantes ainda não identificados do grupo.

Faz-se mister salientar que o monitoramento através da ação controlada será executado na Região Sul do país, e que, como afirmado acima, sabe-se de seu trajeto: Curitiba/PR – Florianópolis/SC (art. 53, parágrafo único, da Lei nº 11.343/2006).

A medida mostra-se proporcional e adequada, pois não há outro meio igualmente eficaz para se identificar os demais autores envolvidos na empreitada delituosa, bem como na possível apreensão da droga e prisão dos envolvidos em flagrante.

DO PEDIDO

Por todo o exposto, com fulcro no art. 53, II, da Lei nº 11.343/2006, representa esta Autoridade Policial pela autorização de **ação controlada (entrega vigiada)** a ser implementada no trajeto a ser percorrido no transporte da droga, entre Curitiba/PR e Florianópolis/SC, após manifestação do ilustre membro do Ministério Público.

Curitiba, data.

Delegado de Polícia.

29 Colaboração premiada

As investigações policiais necessitam evoluir no sentido de acompanhar o aprimoramento das ações praticadas por criminosos. O combate à criminalidade e os meios investigativos, antes focados em um criminoso solitário, deparou-se com estruturas organizadas e hierarquizadas de poder, motivo pelo qual também necessitam de meios excepcionais e especializados destinados a combater esse novo tipo de criminalidade.

Desse modo, os meios ordinários de investigação, em algumas situações, mostram-se insuficientes e ineficazes, motivo pelo qual se faz necessário o uso de meios especiais de combate à criminalidade, essencialmente quando se trata de organizações criminosas. Nesse contexto, a Lei que disciplina as organizações criminosas trouxe rol de **meios extraordinários** de investigação. Vejamos o dispositivo legal:

> **Art. 3º** Em qualquer fase da persecução penal, serão permitidos, sem prejuízo de outros já previstos em lei, os seguintes meios de obtenção da prova:
>
> I – colaboração premiada;
>
> II – captação ambiental de sinais eletromagnéticos, ópticos ou acústicos;
>
> III – ação controlada;
>
> IV – acesso a registros de ligações telefônicas e telemáticas, a dados cadastrais constantes de bancos de dados públicos ou privados e a informações eleitorais ou comerciais;
>
> V – interceptação de comunicações telefônicas e telemáticas, nos termos da legislação específica;
>
> VI – afastamento dos sigilos financeiro, bancário e fiscal, nos termos da legislação específica;
>
> VII – infiltração, por policiais, em atividade de investigação, na forma do art. 11;
>
> VIII – cooperação entre instituições e órgãos federais, distritais, estaduais e municipais na busca de provas e informações de interesse da investigação ou da instrução criminal.

O Delegado de Polícia, ao se utilizar dessas medidas investigativas, deve observar o caráter excepcional a que se submetem e necessidade de respeito absoluto aos direitos e garantias fundamentais dos investigados.

O professor Antônio Scarance Fernandes (apud TOLEDO *et al.*, 2009, p. 241) nos diz:

> (...) é essencial para a sobrevivência da organização criminosa que ela impeça a descoberta dos crimes que pratica e dos membros que a compõe, principalmente de seus líderes. Por isso ela atua de modo a evitar o encontro de fontes de prova de seus crimes: faz com que desapareçam os instrumentos utilizados para cometê-los e com que prevaleça a lei do silêncio entre os seus componentes; intimida testemunhas; rastreia por meio de tecnologias avançadas os locais onde se reúne para evitar interceptações ambientais, usa telefone e celulares de modo a dificultar a interceptação, preferindo conversar por meio de dialetos ou línguas menos conhecidas. Por isso, os Estados viram-se na contingência de criar formas especiais para descobrir as fontes de prova, de conservá-las e de permitir a produção diferenciada da prova para proteger vítimas, testemunhas e colaboradores.

De acordo com as lições do professor Renato Brasileiro de Lima (2020, p. 789), pode-se conceituar os meios extraordinários de obtenção de prova como:

> (...) ferramentas sigilosas postas à disposição da Polícia, dos órgãos de inteligência e do Ministério Público para a apuração e persecução de crimes graves, que exijam o emprego de estratégias investigativas distintas das tradicionais, que se baseiam normalmente em prova documental ou testemunhal.

Assim, na utilização dos meios excepcionais de investigação – também chamadas de Técnicas Especiais de Investigação (TEI), deve-se observar essencialmente três requisitos genéricos:

a. **Reserva de Lei**: o instrumento investigativo deve constar com expressa previsão legal.
b. **Reserva de jurisdição:** trata-se de decorrência lógica do princípio da jurisdicionalidade, desse modo, em regra, os meios investigativos excepcionais sujeitam-se ao que se denomina de cláusula de reserva jurisdicional. Com relação ao instituto da colaboração premiada, é interessante observar que a iniciativa para a utilização da técnica não se sujeita à cláusula de reserva de jurisdição, uma vez que se condiciona à inciativa das partes, contudo, os efeitos e benefícios da colaboração sujeitar-se-ão à reserva jurisdicional, uma vez que serão reconhecidas por meio da decisão judicial.
c. **Proporcionalidade:** a medida excepcional deve ser proporcional ao contexto investigativo em que se insere, assim, em representações elaboradas pelo Delegado de Polícia, é imprescindível que se demonstre a imprescindibilidade da medida, revestindo-se de caráter excepcional. Nesse sentido, deve-se demonstrar três subelementos:

- **adequação:** o meio investigativo utilizado é apto a produzir o resultado investigativo que se busca;
- **necessidade:** impossibilidade de utilização de meio menos gravoso e invasivo e igualmente eficaz;
- **proporcionalidade em sentido estrito:** a vantagem obtida com o meio investigativo excepcional deve ser superior à restrição gerada pela aplicação da medida.

Analisaremos neste tópico a proposta por colaboração premiada elaborada pelo Delegado de Polícia nos termos do art. 3º, I, Lei nº 12.850/2013:

> **Art. 3º** Em qualquer fase da persecução penal, serão permitidos, sem prejuízo de outros já previstos em lei, os seguintes meios de obtenção da prova:
>
> I - colaboração premiada; (...)

29.1 CONCEITO DE ORGANIZAÇÃO CRIMINOSA

A Lei de Organização Criminosa é a legislação que trata a respeito do instituto da colaboração premiada. Desse modo, a sua incidência reserva-se ao próprio crime de promover, constituir, financiar ou integrar organizações criminosas (art. 2º da Lei nº 12.850/2013) ou aos delitos cometidos por meio de organizações criminosas.

Em ambas as hipóteses, é indispensável que o candidato demonstre a existência da organização criminosa, evidenciando-se os elementos que lhes são próprios.

Atualmente, a Lei nº 12.850/2013 exige os seguintes elementos para a formação do conceito de organização criminosa:

a. **Número mínimo:** existência de número mínimo de quatro integrantes.
b. **Vínculo associativo:** associação dotada de estabilidade e permanência.
c. **Finalidade:** obtenção de vantagem de qualquer natureza mediante a prática de infrações penais cujas penas máximas sejam superiores a 4 anos ou de caráter transnacional.

> A Lei de Organização Criminosa aplica-se ainda às infrações penais previstas em tratado ou convenção internacional quando, iniciada a execução no País, o resultado tenha ou devesse ter ocorrido no estrangeiro, ou reciprocamente e às organizações criminosas terroristas.

Desse modo, em provas concursais, é interessante que, antes de tratar especificamente da colaboração e de seus benefícios, o candidato preocupe-se em configurar e demonstrar os elementos constituintes de uma organização criminosa, atribuindo ainda aos fatos a tipificação prevista no art. 2º da Lei nº 12.850/2013:

> **Art. 2º** Promover, constituir, financiar ou integrar, pessoalmente ou por interposta pessoa, organização criminosa:
>
> **Pena** - reclusão, de 3 (três) a 8 (oito) anos, e multa, sem prejuízo das penas correspondentes às demais infrações penais praticadas.

No momento da elaboração da peça, é importante que o candidato proceda à tipificação dos delitos investigados, justamente para confirmar que se trata de delito(s) que possui(em) penas superiores a 4 anos ou de caráter transnacional.

29.2 CONCEITO DE COLABORAÇÃO PREMIADA

A colaboração premiada é meio extraordinário de investigação, no qual o agente delitivo, voluntariamente, colabora com a investigação/processo por meio do alcance de finalidades legalmente previstas e obtém, em contrapartida, benefícios legais.

Segundo os preceitos de Gabriel Habib (apud GARCIA, 2018, p. 862):

> (...) colaboração premiada consiste em um acordo que o investigado ou réu faz com o Estado, no sentido de obter um benefício em troca de informações prestadas por ele. Diz-se premiada porque o colaborador recebe um benefício do Estado em troca das informações prestadas. Na lei ora comentada, o "prêmio" consiste na concessão do perdão judicial, na redução da pena ou na substituição da pena privativa de liberdade por pena restritiva de direitos.

No mesmo sentido, o professor Renato Brasileiro de Lima (2020 p. 792) apresenta o seguinte:

> (...) a colaboração premiada pode ser conceituada como uma técnica especial de investigação por meio da qual o coautor e/ou partícipe da infração penal, além de confessar seu envolvimento no Jato delituoso, fornece aos órgãos responsáveis pela persecução penal informações objetivamente eficazes para a consecução de um dos objetivos previstos em lei, recebendo em contrapartida, determinado prêmio legal.

A própria legislação apresenta conceito bastante elucidativo a respeito do instituto:

> **Art. 3º-A.** O acordo de colaboração premiada é negócio jurídico processual e meio de obtenção de prova, que pressupõe utilidade e interesse públicos.

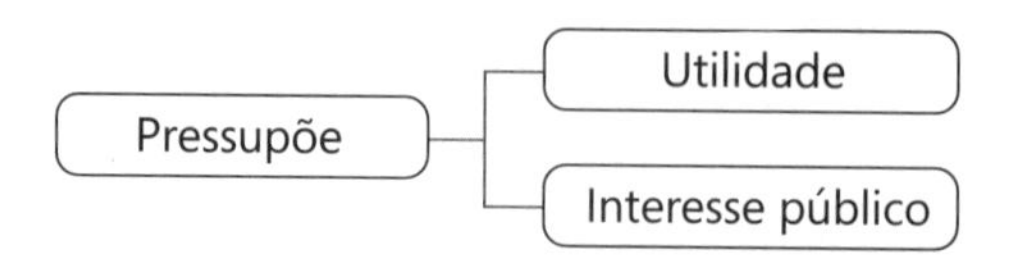

Antes de efetivamente tratarmos a respeito do procedimento e dos tópicos referentes à representação por Colaboração Premiada, é interessante tecermos alguns comentários a respeito da **distinção da colaboração e delação premiada**.

A colaboração é instituto mais amplo, o qual pode ou não envolver a delação. Assim, inicialmente, não são expressões sinônimas.

Nesse sentido, Renato Brasileiro de Lima (2020 p. 793) explica que o investigado pode assumir a prática do delito sem incriminar terceiros, nesses casos, é somente um colaborador. Por outro lado, pode, além de assumir a culpa, deletar terceiro que agiram em concurso com o delator, nesses casos, teríamos a figura da delação (**chamamento de corréu**).

Poderíamos sintetizar da seguinte maneira:

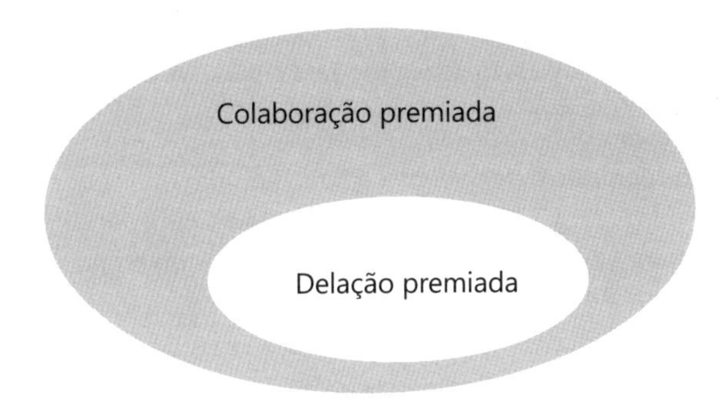

Destarte, a delação é só uma das ações que o colaborador pode desenvolver, a qual encontra previsão no art. 4º, I, Lei nº 12.850/2013, observe:

> **Art. 4º** (...)
>
> I – a identificação dos demais coautores e partícipes da organização criminosa e das infrações penais por eles praticadas; (...)

O **acordo de colaboração premiada** é o efetivo conluio de vontades, celebrado entre o Delegado de Polícia e o investigado (na presença de advogado), o qual, após homologação judicial, passará a ser objeto de execução.

Com efeito, após a homologação, o colaborador terá que adimplir com os compromissos pactuados e gozará dos benefícios oferecidos. É interessante observar que própria legislação aponta quais são esses benefícios legais:

> **Art. 4º** O juiz poderá, a requerimento das partes, conceder o perdão judicial, reduzir em até 2/3 (dois terços) a pena privativa de liberdade ou substituí-la por restritiva de direitos daquele que tenha colaborado efetiva e voluntariamente com a investigação e com o processo criminal, desde que dessa colaboração advenha um ou mais dos seguintes resultados:
>
> (...)
>
> **§ 2º** Considerando a relevância da colaboração prestada, o Ministério Público, a qualquer tempo, e o delegado de polícia, nos autos do inquérito policial, com a manifestação do Ministério Público, poderão requerer ou representar ao juiz pela concessão de perdão judicial ao colaborador, ainda que esse benefício não tenha sido previsto na proposta inicial, aplicando-se, no que couber, o art. 28 do Decreto-lei nº 3.689, de 3 de outubro de 1941 (Código de Processo Penal).
>
> (...)
>
> **§ 4º** Nas mesmas hipóteses do *caput* deste artigo, o Ministério Público poderá deixar de oferecer denúncia se a proposta de acordo de colaboração referir-se a infração de cuja existência não tenha prévio conhecimento e o colaborador:
>
> I – não for o líder da organização criminosa;
>
> II – for o primeiro a prestar efetiva colaboração nos termos deste artigo. (...)

> § 5º Se a colaboração for posterior à sentença, a pena poderá ser reduzida até a metade ou será admitida a progressão de regime ainda que ausentes os requisitos objetivos.

Portanto, a celebração do acordo de colaboração premiada pressupõe uma relação de **custo-benefício**, considerando a perspectiva do colaborador, pois quanto maior for sua colaboração, maior benefício terá, já que se trata de **questão de proporcionalidade**. Caso a colaboração seja extremamente importante e relevante para as investigações poderá ocasionar até mesmo o perdão judicial.

A representação por perdão judicial será analisada em momento próprio deste capítulo.

Desse modo, poderíamos sistematizar da seguinte forma os benefícios que poderiam advir da Colaboração Premiada:

a. não oferecimento da denúncia;
b. perdão judicial;
c. redução em até 2/3 da pena privativa de liberdade;
d. substituição da pena privativa de liberdade por restritiva de direitos.

Mesmo após a sentença, ainda poderão ser concedidos outros benefícios:

a. reduzir até a ½ a pena imposta;
b. progressão de regime, ainda que ausente os requisitos objetivos.

29.3 INÍCIO DAS NEGOCIAÇÕES E ACORDO DE COLABORAÇÃO

O art. 3º-B da Lei nº 12.850/2013 trata do **marco temporal do início das tratativas** referentes à colaboração, assim como dispõe a respeito do sigilo dessas tratativas.

Deve-se observar que há certo receio no momento inicial da negociação a respeito da colaboração, pois tanto os órgãos incumbidos da investigação/persecução quanto os investigados/processados ainda não conhecem plenamente os anseios e objetivos da parte contrária. Neste contexto, essas tratativas são importantes para o processo de aquisição de confiança recíproca.

Desse modo, a legislação dispõe que o recebimento da proposta para a formalização do acordo demarca:

a. o início das negociações;
b. a exigência de confidencialidade.

Inclusive dispõe que constitui violação ao sigilo e quebra da confiança e da boa-fé a divulgação de tais tratativas iniciais ou de documento que as formalize, até o levantamento de sigilo por decisão judicial. Vejamos a redação do dispositivo:

> **Art. 3º-B.** O recebimento da proposta para formalização de acordo de colaboração demarca o início das negociações e constitui também marco de confidencialidade, configurando violação de sigilo e quebra da confiança e da boa-fé a divulgação de tais tratativas iniciais ou de documento que as formalize, até o levantamento de sigilo por decisão judicial.

Dessa forma, a proposta de colaboração é o primeiro ato para a formalização da colaboração premiada. Caso a proposta não seja sumariamente indeferida, passa-se a assinatura do termo de confidencialidade e prosseguimento das tratativas. Vejamos o dispositivo legal:

> **Art. 3º-B.** (...)
>
> **§ 1º** A proposta de acordo de colaboração premiada poderá ser sumariamente indeferida, com a devida justificativa, cientificando-se o interessado.
>
> **§ 2º** Caso não haja indeferimento sumário, as partes deverão firmar Termo de Confidencialidade para prosseguimento das tratativas, o que vinculará os órgãos envolvidos na negociação e impedirá o indeferimento posterior sem justa causa.

Renato Brasileiro de Lima (2020 p. 797) assevera que, sem embargos de o legislador ter outorgado apenas à defesa a possibilidade de oferecer a proposta de colaboração premiada, daí não se pode concluir que os órgãos persecutórios responsáveis pela investigação estejam impedidos de provocar a manifestação do investigado e de seu defensor.

Em provas discursivas, a peça prática que formaliza o acordo de colaboração premiada deve fazer referência à assinatura do termo de confidencialidade, caso essa informação conste do enunciado da questão.

Outro ponto que deve ser ressaltado é que o recebimento de proposta de colaboração ou mesmo a assinatura do termo de confidencialidade não implicam, por si sós, na suspensão da investigação, ressalvada a possibilidade de acordo em sentido contrário naquilo que concerne às medidas cautelares e assecuratórias.

Observe que o termo de recebimento de colaboração premiada e o termo de confidencialidade serão confeccionados pelo celebrante (Delegado ou MP) e assinados por ele, pelo colaborador e pelo advogado ou defensor público com poderes específicos.

Caso não seja realizado o acordo em razão de negativa dos órgãos relacionados à persecução, os elementos apresentados não poderão ser utilizados para qualquer outra finalidade.

29.4 RESULTADOS DA COLABORAÇÃO

Conforme analisamos anteriormente, a colaboração é um negócio jurídico processual e, como tal, deve ocasionar benefícios recíprocos, tanto aos órgãos incumbidos da persecução quanto com relação ao próprio colaborador.

Assim, são resultados que se almejam com a colaboração:

a. identificação dos demais coautores e partícipes da organização criminosa e das infrações penais por eles praticadas;

b. a revelação da estrutura hierárquica e da divisão de tarefas da organização criminosa;

c. a prevenção de infrações penais decorrentes das atividades da organização criminosa;

d. a recuperação total ou parcial do produto ou do proveito das infrações penais praticadas pela organização criminosa;

e. a localização de eventual vítima com a sua integridade física preservada.

Observe que **o benefício proposto será proporcional ao resultado advindo da colaboração.** Assim, o Delegado de Polícia analisará a relevância das informações e o alcance dos resultados almejados. A concessão do benefício levará em conta a personalidade do colaborador, a natureza, as circunstâncias, a gravidade e a repercussão social do fato criminoso e a eficácia da colaboração.

29.5 BENEFÍCIOS AO COLABORADOR

Inicialmente, é interessante observar que os benefícios advindos da colaboração são propostos pelas partes (acordo de colaboração), contudo são aplicados pelo magistrado. Nesse sentido, é salutar a leitura do art. 4º (*caput*), Lei nº 12.850/2013. Vejamos os benefícios:

a. não oferecimento da denúncia.

A respeito do não oferecimento da denúncia é de extrema importância o conhecimento do art. 4º, §§ 4º e 4º-A, dispositivos incluídos pelo Pacote Anticrime:

> **Art. 4º** (...)
>
> **§ 4º** Nas mesmas hipóteses do *caput* deste artigo, o Ministério Público poderá deixar de oferecer denúncia se a proposta de acordo de colaboração referir-se à infração de cuja existência não tenha prévio conhecimento e o colaborador:
>
> I – não for o líder da organização criminosa;
>
> II – for o primeiro a prestar efetiva colaboração nos termos deste artigo.
>
> **§ 4º-A.** Considera-se existente o conhecimento prévio da infração quando o Ministério Público ou a Autoridade Policial competente tenha instaurado inquérito ou procedimento investigatório para apuração dos fatos apresentados pelo colaborador.

b. perdão judicial;
c. redução em até 2/3 da pena privativa de liberdade;
d. substituição da pena privativa de liberdade por restritiva de direitos.

Mesmo após a sentença, ainda poderão ser concedidos outros benefícios:

a. reduzir até a ½ a pena imposta;
b. progressão de regime, ainda que ausente os requisitos objetivos.

O juiz, quando da análise do benefício a ser concedido em decorrência da colaboração, levará em conta aspectos subjetivos do colaborador e elementos objetivos relativos à colaboração. Vejamos o texto do art. 4º, § 1º, da Lei nº 12.850/2013:

> **§ 1º** Em qualquer caso, a concessão do benefício levará em conta a **personalidade do colaborador**, a **natureza**, as **circunstâncias**, a **gravidade** e a repercussão social do fato criminoso e a **eficácia da colaboração.** (grifos nossos)

Desse modo, são elementos que devem ser valorados pelo magistrado quando da concessão do benefício:

a. personalidade do colaborador;
b. a natureza;
c. as circunstâncias;
d. a gravidade;
e. repercussão social do fato criminoso e a eficácia da colaboração.

O STF já se posicionou sobre a constitucionalidade da prerrogativa do Delegado de Polícia em celebrar acordo de colaboração premiada, desde que não haja interferência em atribuições exclusivas do órgão ministerial, como, por exemplo, proposta de colaboração da Autoridade Policial que proponha não oferecimento da denúncia.

O posicionamento foi firmado no bojo da ADI 5.508, ocasião em que o STF considerou constitucional a possibilidade de Delegados de Polícia realizarem acordos de colaboração premiada na fase do inquérito policial. Por maioria de votos, os ministros se posicionaram pela improcedência da ação, na qual a Procuradoria-Geral da República (PGR) questionava dispositivos da Lei nº 12.850/2013 (Lei que define organização criminosa e trata da colaboração premiada) (BRASIL, 2018).

Considerando o posicionamento exarado pelo tribunal, o Delegado de Polícia poderia pleitear:

a. perdão judicial;
b. redução em até 2/3 da pena privativa de liberdade;
c. substituição da pena privativa de liberdade por restritiva de direitos.

29.6 ESTRUTURA DA COLABORAÇÃO PREMIADA

Antes de tratarmos efetivamente da estrutura do acordo de colaboração premiada, é importante ressaltarmos que não se trata tecnicamente de representação elaborada pelo Delegado de Polícia. Conforme já analisados anteriormente no tema referente à conceituação, a colaboração premiada é um negócio jurídico processual e um meio de obtenção de informação extraordinário.[1] Desse modo, juntamente com o Delegado de Polícia, assinam o colaborador e seu advogado.

Subtende-se que o acordo produzirá efeitos favoráveis recíprocos para ambas as partes da relação.

Ajustados os termos do acordo de colaboração, o instrumento será submetido à homologação judicial, conforme analisamos anteriormente.

O magistrado analisará seus elementos formais, sem adentrar no mérito, e, caso o homologue, surgirá o acordo, o qual passará a ser objeto de execução.

---

[1] Diferencia-se dos meios ordinários de investigação.

Assim, após as tratativas iniciais, assinatura do termo de confidencialidade, passa-se à lavratura do acordo de colaboração, **documento que irá especificar os atos de colaboração e os benefícios dos quais irá gozar o colaborar caso cumpra com suas obrigações.**

Desse modo, o termo de colaboração gera:

a. a materialização do acordo verbal entre autoridade e colaborador;
b. o instrumento que confere segurança jurídica ao colaborador.

É muito importante observarmos que a proposta de colaboração premiada poderá ser apresentada pessoalmente pelo colaborador ou por advogado com poderes especiais.

Nesse sentido, é interessante asseverar que **nenhuma tratativa a respeito da colaboração poderá ser realizada sem a presença de advogado constituído ou de defensor público**. Vejamos as disposições legais:

> **Art. 3º-C.** A proposta de colaboração premiada deve estar instruída com procuração do interessado com poderes específicos para iniciar o procedimento de colaboração e suas tratativas, ou firmada pessoalmente pela parte que pretende a colaboração e seu advogado ou defensor público.
>
> **§ 1º** Nenhuma tratativa sobre colaboração premiada deve ser realizada sem a presença de advogado constituído ou defensor público.

Observe que o juiz não participará das tratativas e negociações referentes à colaboração, as quais serão realizadas pelo Ministério Público ou Delegado de Polícia, com manifestação prévia do Ministério Público, e o investigado/acusado sempre acompanhado de seu defensor. Nesse sentido, art. 4º, § 6º, da Lei nº 12.850/2013:

> **Art. 4º** (...)
>
> **§ 6º** O juiz não participará das negociações realizadas entre as partes para a formalização do acordo de colaboração, que ocorrerá entre o delegado de polícia, o investigado e o defensor, com a manifestação do Ministério Público, ou, conforme o caso, entre o Ministério Público e o investigado ou acusado e seu defensor.

Após a formalização do termo, o referido instrumento será encaminhado ao magistrado para homologação, o qual após homologado constituir-se-á, efetivamente, no acordo de colaboração. É importante observar que o acordo de colaboração será composto por:

a. relato da colaboração;
b. possíveis resultados;
c. condições da proposta;
d. proposta de benefícios.

Caso seja esse o instrumento cobrado no exame, é extremamente importante que o candidato faça menção a todos os elementos, logicamente, atentando-se para os fatos descritos no enunciado.

Na decisão de homologação, o juiz não analisará o mérito das declarações prestadas, mas seus requisitos formais de aceitabilidade: regularidade e legalidade das tratativas e acordo, a adequação dos benefícios pactuados e voluntariedade do colaborador.

Nesse sentido, é importante analisarmos o art. 4º, § 7º, da Lei nº 12.850/2013:

> § 7º Realizado o acordo na forma do § 6º deste artigo, serão remetidos ao juiz, para análise, o respectivo termo, as declarações do colaborador e cópia da investigação, devendo o juiz ouvir sigilosamente o colaborador, acompanhado de seu defensor, oportunidade em que analisará os seguintes aspectos na homologação:
>
> I – regularidade e legalidade;
>
> II – adequação dos benefícios pactuados àqueles previstos no *caput* e nos §§ 4º e 5º deste artigo, sendo nulas as cláusulas que violem o critério de definição do regime inicial de cumprimento de pena do art. 33 do Decreto-lei nº 2.848, de 7 de dezembro de 1940 (Código Penal), as regras de cada um dos regimes previstos no Código Penal e na Lei nº 7.210, de 11 de julho de 1984 (Lei de Execução Penal) e os requisitos de progressão de regime não abrangidos pelo § 5º deste artigo;
>
> III – adequação dos resultados da colaboração aos resultados mínimos exigidos nos incisos I, II, III, IV e V do *caput* deste artigo;
>
> IV – voluntariedade da manifestação de vontade, especialmente nos casos em que o colaborador está ou esteve sob efeito de medidas cautelares.

Caso o juiz homologue o acordo, passa-se à sua execução. Caso o juiz recuse a proposta por não atender aos requisitos legais, deverá devolvê-lo às partes para que procedam as devidas adequações.

Devem, ainda, constar do acordo de colaboração a ser submetido à homologação judicial as seguintes informações:

a. o colaborador foi assistido por defensor em todos os atos de negociação (arts. 3º-C, § 1º, e 4º, § 15);

b. os depoimentos prestados pelo colaborador ocorreram na presença de seu advogado, ele expressamente renunciou ao seu direito ao silêncio e assumiu o compromisso legal de dizer a verdade (art. 4º, § 14);

c. o colaborador narrou todos os fatos ilícitos para os quais concorreu e que tenham relação direta com os fatos investigados, caso a questão traga essa informação (art. 3º-C, § 3º).

29.7 MODELO DE ACORDO DE COLABORAÇÃO PREMIADA

A referida peça prática deverá ser composta dos seguintes elementos:

a. nome da peça;

b. referência ao número do expediente investigativo;

c. referência ao sigilo e urgência da medida;

d. colaboração prestada;
e. resultados esperados;
f. condicionantes do acordo de colaboração;
g. proposta de benefício;
h. fechamento.

Vejamos o detalhamento de cada um dos elementos elencados.

Modelo

(Nome da peça)

Acordo de Colaboração Premiada.

(Referência ao número do expediente investigativo – caso a questão traga).

Referência: Inquérito Policial nº xxxx.

(Colaboração prestada).

Deve constar os crimes abrangidos, relato da colaboração e que o colaborador renunciou ao seu direito ao silêncio.

(Resultados esperados).

Ex.: identificação de coautores e partícipes, apontamento de locais, rastreamento de dinheiro etc. **Não invente dados**, apenas cite o que se espera com base nas hipóteses legais e considerando o enunciado da questão.

(Condicionantes do acordo de colaboração).

Ex.: entregar material relativo a transações ilícitas, falar a verdade, indicar pessoas que possam prestar depoimento, cooperar sempre que solicitado. **Não invente dados**!

(Proposta de benefício).

O Delegado de Polícia Federal ao final assinado oferece ao indiciado Fulano *(qualificação)*, os seguintes benefícios legais, sob a condição de alcance dos resultados obtidos com o cumprimento das condicionantes estabelecidas no presente termo.

A proposta de redução da pena privativa de liberdade, efetivamente aplicada ao final do processo, em dois terços, restando ciente que o Juízo tem liberdade de analisar a regularidade e legalidade do acordo, bem como sua adequação ao que se refere aos benefícios e resultados pactuados.

Deve constar ainda que o colaborador foi assistido por seu advogado durante todo processo de negociação (art. 4º, § 15), havendo aceitação de ambos.

Constar eventuais medidas protetivas ao colaborador e sua família.

(Fechamento).

Local, data.

Delegado de Polícia

Colaborador

Advogado

Conforme se pode analisar da própria estrutura da peça que remete ao termo de colaboração para homologação judicial, não se trata propriamente de uma representação, considerando que possui natureza de negócio jurídico processual sujeito à homologação judicial.

Contudo, a própria Lei nº 12.850/2013 prevê uma espécie de representação a ser elaborada pelo Delegado de Polícia, trata-se de peça que pleiteia o perdão judicial, nos termos do art. 4º, § 2º, da Lei nº 12.850/2013. Vejamos a redação do dispositivo:

> **Art. 4º (...)**
>
> **§ 2º** Considerando a **relevância da colaboração prestada**, o Ministério Público, a qualquer tempo, e o delegado de polícia, nos autos do inquérito policial, com a **manifestação do Ministério Público**, poderão requerer ou representar ao juiz pela concessão de **perdão judicial ao colaborador,** ainda que esse benefício não tenha sido previsto na proposta inicial, aplicando-se, no que couber, o art. 28 do Decreto-lei nº 3.689, de 3 de outubro de 1941 (Código de Processo Penal). (grifos nossos)

Essa, efetivamente, trata-se de uma representação, apesar de guardar certa peculiaridade quando comparada às demais representações, uma vez que não exige a demonstração dos requisitos genéricos como o *periculum in mora* ou *fumus comissi delict.* Dessa forma, passaremos a analisar especificamente a **representação anômala por perdão judicial decorrente da colaboração premiada.**

29.8 REPRESENTAÇÃO POR PERDÃO JUDICIAL ADVINDO DE COLABORAÇÃO PREMIADA

Em regra, o acordo de colaboração premiada já conterá os benefícios advindos da colaboração, caso o acordo seja integralmente cumprido por ambas as partes.

Nesse sentido, já analisamos, no tópico anterior, toda a estrutura e procedimento do acordo de colaboração.

Ainda nas explanações realizadas anteriormente, asseverou-se que o acordo de colaboração, sujeito à homologação, não se trata propriamente de representação, uma vez que dotada de natureza jurídica de negócio processual.

Contudo, asseveramos que existe propriamente uma possibilidade de representação a ser elaborada pelo Delegado de Polícia: a representação por perdão judicial, nos termos do art. 4º, § 2º, da n. Lei nº 12.850/2013.

Nesse momento, analisaremos propriamente a representação por perdão judicial decorrente da colaboração, a qual se funda no art. 4º, § 2º, da Lei nº 12.850/2013. Vejamos a redação do dispositivo:

> **Art. 4º** (...)
>
> **§ 2º** Considerando a **relevância da colaboração prestada,** o Ministério Público, a qualquer tempo, e o delegado de polícia, nos autos do inquérito policial, com a **manifestação do Ministério Público,** poderão requerer ou representar ao juiz pela concessão de **perdão judicial ao colaborador,** ainda que esse benefício não tenha sido previsto na proposta inicial, aplicando-se, no que couber, o art. 28 do Decreto-lei nº 3.689, de 3 de outubro de 1941 (Código de Processo Penal). (grifos nossos)

Essa representação se funda na **relevância da colaboração prestada**. Assim, celebrado o acordo de colaboração, pode acontecer que o perdão judicial não esteja inicialmente abrangido pelo acordo, contudo em sua execução observa-se que as colaborações produzam frutos muito maiores do que aqueles inicialmente previstos.

É justamente nesse contexto que se previu a possibilidade de representação elaborada pelo Delegado de Polícia (ou requerimento do Ministério Público) objetivando-se a concessão do perdão judicial, **ainda que esse benefício não tenha sido previsto na redação original do acordo**.

Essa peça, apesar de revestir-se de peculiaridades, assume estrutura de representação semelhante àquelas outras já analisados no curso dessa obra. Trata-se de uma **representação anômala**.

Vejamos a estrutura dessa peça, momento em que analisaremos todas as peculiaridades referentes a sua elaboração.

29.9 ESTRUTURA DA PEÇA

Utilizando como base o Capítulo 20, a estrutura da peça segue o padrão, pois conterá os cinco elementos obrigatórios já vistos:

1. **endereçamento**;
2. **preâmbulo**;
3. **síntese dos fatos**;
4. **fundamentos**; e
5. **pedido(s) e fechamento**.

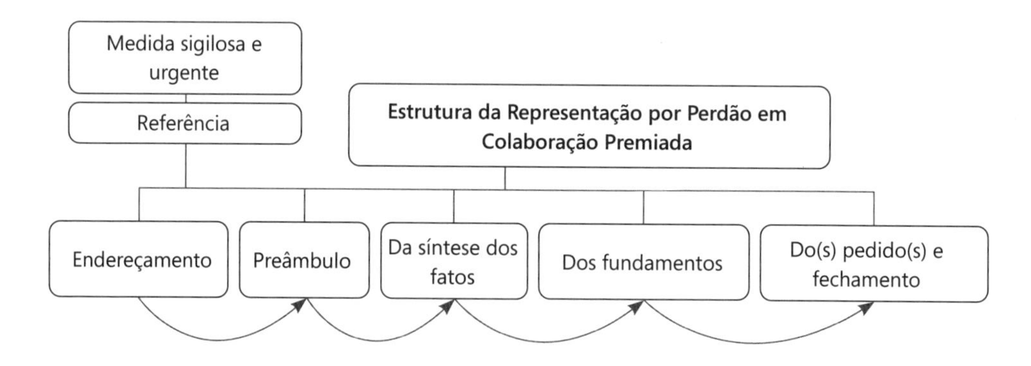

Além dos citados elementos, a peça deve trazer, **entre o endereçamento e o preâmbulo**, a **referência** eventualmente trazida pela questão. Conforme já visto, o mais comum é que a referência seja o número do inquérito policial, mas pode ocorrer de a questão trazer como referência o número da ocorrência policial ou, até mesmo, o número de distribuição do inquérito policial no Poder Judiciário.

O importante é que o candidato coloque exatamente como a questão trouxer, ou seja, se no texto estiver escrito "Inquérito Policial nº 9.748/2021 – 38ª DP", o candidato deve colocar entre o endereçamento e preâmbulo:

Sem abreviar.

Referência: Inquérito Policial nº 9.748/2021 – 38ª DP

Se o texto trouxer "I.P. nº 9.748/2021", o candidato deve colocar entre o endereçamento e preâmbulo:

Abreviando.

Referência: I.P. nº 9.748/2021

Ou seja, exatamente como a questão trouxer. Isso vale para os casos de existir referência ao número de ocorrência ou a qualquer outro número.

Muito cuidado para não errar o número trazido pela questão, pois isso pode gerar uma identificação de prova. Exemplifico: vamos imaginar que a questão traga a referência como Inquérito Policial nº 449988/2021 e você erre na hora de escrever e coloque:

Referência: I.P. nº 448888/2021

Isso pode gerar problema, portanto é importante que o candidato tenha bastante atenção.

Caso a questão não traga a informação de referência, **o candidato jamais deve criar dados**! O que se pode fazer é colocar entre o endereçamento e preâmbulo o seguinte:

Referência: Inquérito Policial

Observe que a informação deverá ser apresentada sem nenhum número nesses casos, uma vez que a própria questão não indicou nenhum número.

Outro dado que deve constar nesta peça, também entre o **endereçamento** e o **Preâmbulo**, é que a medida é **sigilosa e urgente**.

O **sigilo** certamente é uma característica dessa peça, porquanto contém elementos sensíveis à investigação ou que possam colocar em risco a vida do colaborador e sua família.

Com relação à urgência, primando pela técnica, acreditamos que não há essa necessidade pois, como se verá, nesta peça não há *periculum in mora* ou *periculum libertatis*. No entanto, por cautela, aconselhamos o candidato que coloque esse dado em sua peça em razão do disposto no art. 7º, *caput* e § 1º, da Lei nº 12.850/2013, que podem ser aplicados à representação em análise. Vejamos:

> **Art. 7º** O pedido de homologação do acordo será **sigilosamente distribuído**, contendo apenas informações que não possam identificar o colaborador e o seu objeto.
>
> **§ 1º** As informações pormenorizadas da colaboração serão dirigidas diretamente ao juiz a que recair a distribuição, que **decidirá no prazo de 48 (quarenta e oito) horas**. (grifos nossos)

Ficaria assim:

> Medida Sigilosa e Urgente (art. 7º, *caput* e § 1º, da Lei nº 12.850/2013).

Passado esse ponto, abordaremos, um a um, os elementos obrigatórios.

29.9.1 Endereçamento

Considerando que a representação deve ser analisada por um magistrado, ela deve ser endereçada ao juiz competente, sendo parte obrigatória.

Conforme salientado no Capítulo 19, caso ainda não haja juiz prevento, o endereçamento deve ser realizado ao juiz criminal (crimes comuns), ao juiz do tribunal do júri (crimes dolosos contra a vida), juiz da vara de violência doméstica (crimes envolvendo violência doméstica familiar) ou a outros, a depender do tipo de crime cometido e da organização judiciária do local de onde se presta a prova. Assim, é interessante que o candidato, conheça, ao menos superficialmente, a estrutura organizacional do Poder Judiciário do local em que presta o concurso, desde que seja cobrado em edital.

Caso já exista juízo prevento e a questão faça referência a tal juízo, deve-se endereçar a representação a ele.

A título de exemplo, no Distrito Federal temos Varas do Tribunal do Júri, a Circunscrição Especial Judiciária de Brasília e as Circunscrições Judiciárias das Regiões Administrativas. Já nos Estados, geralmente se endereça a peça prática profissional da seguinte forma:

> Excelentíssimo Senhor Juiz de Direito da ___ Vara Criminal da Comarca de xxxxxx.

No que concerne ao pronome de tratamento do juiz, indica-se que não se faça o uso de diversos tratamentos, como: "**Excelentíssimo Senhor Doutor Juiz de Direito**". Indica-se que use somente a expressão: "**Excelentíssimo Senhor Juiz de Direito**".

Nos concursos para Delegado de Polícia Federal é necessário saber que existem Varas Federais que formam as Seções Judiciárias ou Subseções Judiciárias.

Vejamos o seguinte exemplo: caso o crime tenha ocorrido em Belém, a representação deve ser endereçada ao "**Excelentíssimo Senhor Juiz Federal da ___ Vara Federal da Seção Judiciária do Pará**".

De igual forma, com relação ao pronome de tratamento, basta utilizar "**Excelentíssimo Senhor Juiz Federal**".

Lembrando que, caso se esteja diante de crime apurado pela Polícia Federal, nos termos do art. 1º da Lei nº 10.446/2002 (quando houver repercussão interestadual ou internacional que exija repressão uniforme em crimes específicos) não há, via de regra, deslocamento de competência para a Justiça Federal. Nestes casos, portanto, o Delegado de Polícia Federal eventualmente representará ao Juiz de Direito Estadual.

É importante ressaltar que o Pacote Anticrime, Lei nº 13.964/2019, trouxe mudança significativa na estrutura do Poder Judiciário: o juiz de garantias. Até o fechamento desta obra, em razão de decisão do Supremo Tribunal Federal, a instituição dos juízes de garantias está suspensa. Ocorre que o tema pode impactar diretamente no endereçamento da peça, conforme mais bem trabalhado no Capítulo 19 desta obra, a qual remetemos o leitor.

29.9.2 Preâmbulo

Conforme já salientado, o preâmbulo deve perseguir a consecução de três objetivos básicos:

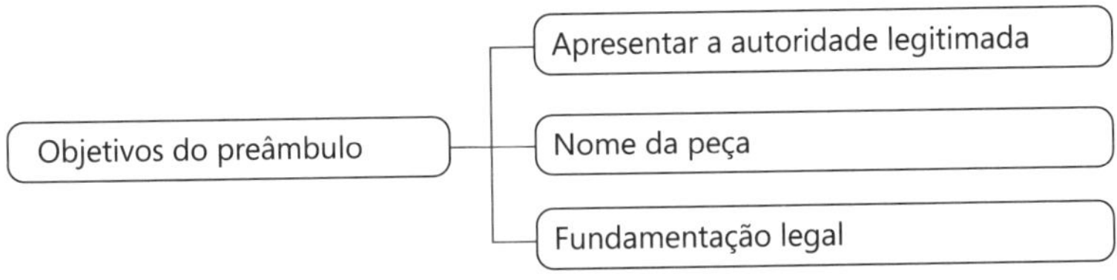

O primeiro objetivo, conforme se percebe, será estático em todas as representações, devendo apenas o candidato adicionar legitimação adicional eventualmente trazida por legislação local. Vejamos um exemplo:

> O Delegado de Polícia Civil ao final assinado, no uso de suas atribuições constitucionais e legais, sobretudo o art. 144, § 4º, da Constituição Federal e art. 2º, § 1º, da Lei nº 12.830/2013 *(se houver legislação local, a exemplo de dispositivo da Constituição Estadual, colocar aqui).*

No caso de se estar diante de uma prova para Delegado de Polícia Federal, evidentemente, haverá alteração da legitimidade constitucional, não cabendo a inserção de legislação local. Vejamos:

> O Delegado de Polícia Federal ao final assinado, no uso de suas atribuições constitucionais e legais, sobretudo o art. 144, § 1º, I e IV, da Constituição Federal e art. 2º, § 1º, da Lei nº 12.830/2013.

Aí vem o cumprimento dos **demais objetivos do preâmbulo**, que não necessariamente precisam respeitar a ordem acima, ou seja, pode ser o nome da peça e, logo após a fundamentação legal ou vice-versa. É uma questão de estilística.

> Com fundamento no art. 4º, § 2º, da Lei nº 12.850/2013, vem à presença de Vossa Excelência representar por **concessão de perdão judicial** ao colaborador *(nome e qualificação do colaborador, se houver)*, pelas razões de fato e de direito a seguir expostas.

Ou

> Vem à presença de Vossa Excelência representar apresentar por **concessão de perdão judicial** ao colaborador *(nome e qualificação do colaborador, se houver)*, com fulcro no art. 4º, § 2º, da Lei nº 12.850/2013, pelas razões de fato e de direito que pormenorizadamente se seguem:

De forma integral, teremos o seguinte:

Para o cargo de Delegado de Polícia Civil

O Delegado de Polícia ao final assinado, no uso de suas atribuições constitucionais e legais, sobretudo o art. 144, § 4º, da Constituição Federal e o art. 2º, § 1º, da Lei nº 12.830/2013 *(se houver legislação local, a exemplo de dispositivo da Constituição Estadual, colocar aqui)*, com fundamento no art. 4º, § 2º, da Lei nº 12.850/2013, vem à presença de Vossa Excelência representar por **concessão de perdão judicial** ao colaborador *(nome e qualificação do colaborador, se houver)*, pelas razões de fato e de direito a seguir expostas.

Para o cargo de Delegado de Polícia Federal

O Delegado de Polícia Federal ao final assinado, no uso de suas atribuições constitucionais e legais, sobretudo o art. 144, § 1º, I e IV, da Constituição Federal e art. 2º, § 1º, da Lei nº 12.830/2013, com fulcro no art. 4º, § 2º, da Lei nº 12.850/2013, vem à presença de Vossa Excelência representar por **concessão de perdão judicial** ao colaborador *(nome e qualificação do colaborador, se houver)*, pelas razões de fato e de direito a seguir expostas.

Repare que, por questões didáticas, nós ressaltamos em negrito o nome da peça, no entanto, o candidato em sua prova não deve tentar realizar qualquer destaque. O máximo que se permite é colocar o nome da peça com letras maiúsculas.

Perceba que **a representação deve ser realizada em nome do Delegado de Polícia** e não da instituição Polícia Civil ou Polícia Federal. Observe que, diferentemente do que ocorre com relação ao Ministério Público, o Delegado de Polícia não se constitui como órgão, mas, na verdade, insere-se no conceito de agente integrante do órgão policial, Polícias Civis ou Polícia Federal. Por esse motivo, a representação deve ser realizada em nome do cargo de Delegado de Polícia.

Ademais, caso a representação fosse realizada em nome da instituição policial, não faria sentido a indicação dos dispositivos previstos na Lei nº 12.830/2013, que é o estatuto do Delegado de Polícia.

29.9.3 Síntese dos fatos e do acordo de colaboração

Conforme já analisamos anteriormente, trata-se do ponto comum entre as peças internas e externas. Em ambas as hipóteses, o candidato deverá reservar determinado tópico para a descrição dos fatos que fundamentam a medida.

Algumas informações são bastante importantes a esse respeito, vejamos:

a. Normalmente, o examinador não confere muitos pontos à descrição fática realizada pelo candidato. Contudo esse tópico fornece toda a lógica à estrutura da peça, motivo pelo qual sua confecção ganha relevo.
b. Não se deve copiar *ipsis litteris* o enunciado da questão. O candidato deverá demonstrar a capacidade de síntese, pois na maioria dos casos o espaço da folha de resposta não comporta elementos desnecessários na descrição dos fatos.
c. É necessário objetividade, com prevalência à transcrição de fatos que serão relevantes para a autoria, materialidade do crime e todas as suas circunstâncias relevantes para a apuração.

d. O candidato deverá ressaltar os fatos que possuem relação com a fundamentação jurídica analisada a seguir.

Assim, o nosso leitor deve se atentar para aqueles fatos que possuam relação com a medida pleiteada, exercitando a sua capacidade de síntese. Devem ser indicados os pontos que serão relevantes para que o magistrado decida a respeito do feito. Aqueles fatos que nada contribuem ao objetivo proposto ou que em nada se correlacionem com a medida pleiteada não precisam estar expostos na síntese dos fatos como elemento integrante da representação.

Na síntese dos fatos,[2] o candidato deve ter como parâmetro o **conhecido Heptâmetro de Quintiliano** e buscar responder aos seguintes questionamentos:

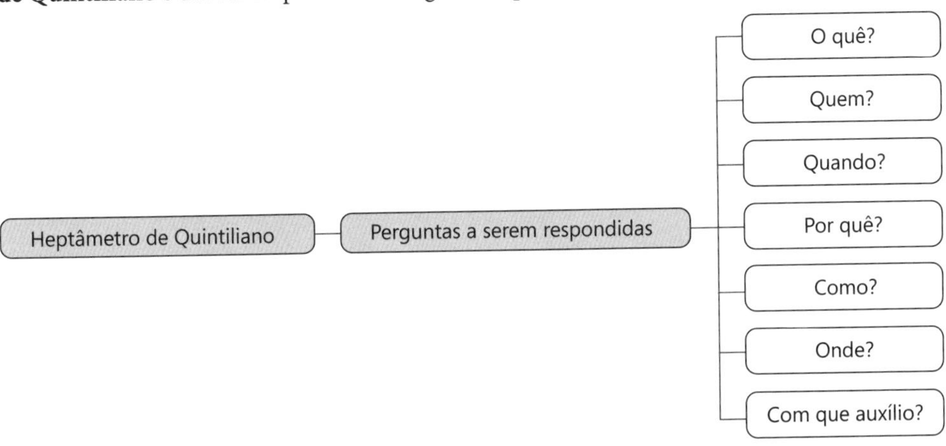

No caso da medida de colaboração premiada, há uma **peculiaridade**: deve ser relatado, além do histórico do fato criminoso (caso a questão traga), também todo o **histórico da colaboração prestada**.

29.9.4 Dos fundamentos

Conforme salientamos, a peça ora analisada é uma **representação anômala**. Neste sentido, esta fundamentação jurídica **se difere das demais**, em razão de não ser uma medida em desfavor do investigado, mas que o beneficia. **Não há necessidade de se demonstrar** *fumus comissi delicti* **e** *periculum in mora*, **pois não se trata de cautelar**.

Deve-se demonstrar o contexto em que se insere a colaboração, tipificando **o delito cometido**, inclusive os elementos que configuram organização criminosa.

Pode-se fazer um apanhado acerca da colaboração premiada, inclusive, salientando a possibilidade de realização pelo Delegado de Polícia. Se houver delação, pode-se diferenciar os institutos.

---

2 Pode também ser chamado de "sinopse dos fatos", "do resumo fático", "dos fatos" ou qualquer outro nome semelhante.

Deve ser demonstrado que:

a. No caso concreto, a representação leva em consideração a personalidade do colaborador, a natureza, as circunstâncias, a gravidade e a repercussão social do fato criminoso.
b. Como, no caso concreto, houve **extrema eficácia da colaboração**, de forma que haveria desequilíbrio entre a magnitude da colaboração e benefício inferior ao perdão. Em outras palavras, extrapolou-se a expectativa do resultado esperado, havendo necessidade de benefício superior (perdão) por questão de justiça.
c. Caso a questão se refira ao acordo de colaboração anterior, deve-se ainda apontar que naquele documento:

O colaborador foi assistido por defensor em todos os atos de negociação (art. 4º, § 15). Nos depoimentos prestados pelo colaborador na presença de seu advogado, ele expressamente renunciou ao seu direito ao silêncio e assumiu o compromisso legal de dizer a verdade (art. 4º, § 14).

29.9.5 Do(s) pedido(s)[3] e fechamento

a. **Pedido**

Esta parte é bastante simples de ser elaborada e não há maiores peculiaridades na representação pela concessão de perdão judicial com relação ao modelo genérico anteriormente proposto.

Trata-se, basicamente, de uma conclusão do que foi sustentado na fundamentação. Deve-se apontar, nesta parte, que o **membro do Ministério Público será ouvido**, em razão do disposto no art. 4º, § 2º, da Lei nº 12.850/2013.

> **§ 2º** Considerando a relevância da colaboração prestada, o Ministério Público, a qualquer tempo, e o delegado de polícia, nos autos do inquérito policial, com a manifestação do Ministério Público, poderão requerer ou representar ao juiz pela concessão de perdão judicial ao colaborador, ainda que esse benefício não tenha sido previsto na proposta inicial, aplicando-se, no que couber, o art. 28 do Decreto-lei nº 3.689, de 3 de outubro de 1941 (Código de Processo Penal).

Pode-se repetir a fundamentação legal aposta no preâmbulo:

> Por todo o exposto, com fulcro no art. 4º, § 2º, da Lei nº 12.850/2013 representa esta Autoridade Policial, após a oitiva do ilustre membro do Ministério Público, pela **concessão de perdão judicial** a *(nome e qualificação do colaborador)* em virtude da relevância da colabora-

[3] Conforme já analisamos, a representação não se trata propriamente de um requerimento ou pedido, contudo, considerando que a prática cartorária-policial consagrou o uso da expressão, decidimos mantê-la neste trabalho, apesar das críticas anteriormente citadas.

ção prestada, sem a qual não se atingiria de maneira célere e eficaz os objetivos propostos na investigação com consequente esfacelamento da organização criminosa.

Ou utilizar a fórmula genérica:

Por todo o exposto e com amparo nos dispositivos legais citados, representa esta Autoridade Policial, após a oitiva do ilustre membro do Ministério Público, pela **concessão de perdão judicial** a *(nome e qualificação do colaborador)* em virtude da relevância da colaboração prestada, sem a qual não se atingiria de maneira célere e eficaz os objetivos propostos na investigação com consequente esfacelamento da organização criminosa.

É facultativo o uso da expressão **nesses termos, pede deferimento**. Conforme já ressaltamos, não se trata a representação efetivamente de um pedido, motivo pelo qual não indicamos o uso da expressão, contudo é muito comum na prática e, efetivamente, apresenta a ideia de encerramento da representação.

b. Fechamento

Por fim, o **fechamento** é realizado da seguinte maneira, fazendo referência:

- ao local e à data;
- à expressão "Delegado de Polícia";
- à lotação (se a questão trouxer).

Trata-se de fase simples, contudo devemos apresentar algumas ressalvas:

- **Com relação à data e ao local, deve-se efetivamente escrever a expressão "local e data"**. Caso a questão apresente o local em que os fatos ocorreram poder-se-ia utilizar como referência o local apresentado na questão. Não se deve utilizar o local da prova ou a data da prova, salvo, logicamente, se forem as mesmas apresentadas na questão.
- **Com relação ao uso do termo "Delegado de Polícia"**, deve-se fazer referência ao uso da expressão no masculino, salvo se a questão especificar que quem conduz a investigação é uma mulher. Não se trata de preferência de gênero, mas de cautela para não identificar sua prova.
- **Com relação à lotação, deve-se utilizar a expressão "lotação"**. Caso a questão apresente a lotação, o candidato poderá especificá-la.

Modelo

Representação por concessão de perdão judicial.

EXCELENTÍSSIMO(A) SENHOR(A) JUIZ(A) DE DIREITO DA ____ VARA (...) DA COMARCA DE (...)

Não use abreviações no endereçamento. Lembre-se de que não é necessário o uso de inúmeros pronomes de tratamento.

Medida Sigilosa e Urgente (arts. 7º, *caput* e § 1º, da Lei nº 12.850/2013).

Como dito, pode-se colocar que a medida é sigilosa e urgente em razão da própria essência das cautelares.

No caso em análise, por terem o sigilo e urgência expressa fundamentação legal, é importante ressaltar, apondo, caso o candidato se recorde, o artigo correspondente.

Referência: Inquérito Policial nº

Caso haja referência ao número do inquérito, deve-se fazer referência à referida numeração. Caso não haja, o candidato poderá usar o termo: Inquérito Policial nº.

Não há necessidade de pular linhas, sobretudo se o número de linhas de sua prova for reduzido.

Deixar parágrafo de aproximadamente dois dedos de distância da margem.

O Delegado de Polícia ao final assinado, no uso de suas atribuições constitucionais e legais, sobretudo o art. 144, § 4º,[4] da Constituição Federal e art. 2º, § 1º, da Lei nº 12.830/2013 *(se houver legislação local, a exemplo de dispositivo da Constituição Estadual, colocar aqui)*, com fundamento no art. 4º, § 2º, da Lei nº 12.850/2013, vem à presença de Vossa Excelência representar por **concessão de perdão judicial** ao colaborador *(nome e qualificação do colaborador, se houver)*, pelas razões de fato e de direito a seguir expostas.

DA SINOPSE DOS FATOS E DO ACORDO DE COLABORAÇÃO

Nesse ponto, deve-se apresentar o resumo dos fatos elencados na questão, lembre-se de que não devem ser apresentados fatos que não estiverem no enunciado da questão.

1ª informação: unicamente com base na questão apresentada, utilizando-se do poder de síntese, deve ser ressaltado tudo que houver sobre as seguintes perguntas: O quê? Quem? Quando? Onde? Por quê? Como? Com quem?

2ª informação: só devem ser ressaltados fatos relevantes que terão correlação com a parte da fundamentação.

3ª informação: deve ser relatado, além do histórico do fato criminoso *(caso a questão traga)*, também todo o **histórico da colaboração prestada**.

DOS FUNDAMENTOS

Nesse momento, pode-se apresentar um breve apanhado sobre o instituto pleiteado.

Trata-se de uma representação anômala, pois não há necessidade de se demonstrar fumus comissi delicti, *nem* periculum in mora.

1ª informação: deve ser demonstrada através de dados trazidos elementos que demonstrem a personalidade do colaborador, a natureza, circunstâncias, gravidade e a repercussão social do fato criminoso.

2ª informação: tipifique o delito.

3ª informação: deve ficar claro como no caso concreto **houve extrema eficácia da colaboração**.

4ª informação: deve constar que o colaborador foi assistido por defensor em todos os atos da negociação.

---

4 Lembrando que, caso seja prova para Delegado de Polícia Federal, a legitimidade será alterada.

5ª informação: deve constar que, nos depoimentos prestados pelo colaborador na presença de seu advogado, ele expressamente renunciou ao seu direito ao silêncio e assumiu o compromisso de dizer a verdade.

DO(S) PEDIDO(S)

Será a finalização da peça, indicando ao magistrado a razão da representação.

Deve-se colocar que o membro do Ministério Público será ouvido.

Por todo o exposto, com fulcro no art. 4º, § 2º, da Lei nº 12.850/2013 representa esta Autoridade Policial, após a oitiva do ilustre membro do Ministério Público, pela **concessão de perdão judicial** a *(nome e qualificação do colaborador)* em virtude da relevância da colaboração prestada, sem a qual não se atingiria de maneira célere e eficaz os objetivos propostos na investigação com consequente esfacelamento da organização criminosa.

Local, data.

Delegado de Polícia.

Lotação *(se houver)*.

Embora seja óbvio, o óbvio por vezes precisa ser dito: jamais identifique sua prova, *seja assinando-a, colocando seu nome (ou as iniciais dele) ou de qualquer outra maneira.*

Caso prático

Pedro Alves é revendedor de veículos e exerce suas funções na cidade de Fortaleza/CE. Em sua atividade, compra e vende veículos de todos os lugares do Brasil e até mesmo do exterior. Em determinado momento de sua vida, percebeu que sua atividade poderia ser muito mais rentável.

Com o objetivo de aumentar os seus lucros passou a atuar da seguinte forma: após a venda dos veículos, Pedro, por meio de grupo criminoso, roubava os carros, os adulterava e realizava nova venda.

Para o exercício dessa atividade contratou Cláudio Malaquias e Severino, os quais eram responsáveis pelos roubos dos veículos e deslocamento até o depósito do grupo criminoso. Nessa ocasião, os agentes se valiam de arma de fogo de calibre permitido para ameaçar as vítimas.

Mário Sérgio e Cláudio Ramos eram responsáveis pela adulteração dos sinais identificadores dos veículos automotores e, por fim, Pedro Alves realizava a venda aos novos compradores, ocasião em que os veículos se apresentavam como lícitos para venda.

No dia 12.01.2022, policiais civis, após diversas denúncias anônimas, prenderam em flagrante, na posse de carro roubado, Cláudio Malaquias e Severino. Cláudio, em suas declarações, permaneceu em silêncio. Severino, acompanhado de seu advogado, informou à Autoridade Policial que tinha interesse em colaborar com investigações, desde que obtivesse algum benefício legal. Nesse ato, foi tombado o Inquérito Policial 009/2022.

O Delegado de Polícia lhe propôs a celebração de acordo de colaboração premiada, o qual foi submetido à homologação judicial e encontra-se em execução na 5ª Vara Criminal de Fortaleza/CE.

No acordo de colaboração, foi previsto que Severino deveria indicar todos os integrantes da organização criminosa e, em contrapartida, obteria diminuição de pena em sua sanção penal.

No dia de sua oitiva, Severino, na presença de seu advogado, prestou as seguintes declarações:

"QUE integra a organização criminosa liderada por Pedro Alves *(qualificação completa)*; QUE o líder da organização atribuiu ao declarante e a Cláudio Malaquias a função de roubar os veículos comprados pelos clientes de Pedro. Nesses roubos, os agentes se valiam de arma de fogo de calibre permitido; QUE após o roubo os veículos eram conduzidos a um galpão, onde Mário Sérgio e Cláudio Ramos adulteravam os sinais identificadores dos veículos; QUE posteriormente, os referidos veículos eram novamente vendidos a outros clientes por Pedro Alves; QUE essa atividade rendia vultuosas quantias à Pedro Alves".

Diante das informações prestadas o Delegado de Polícia representou pela prisão preventiva de Pedro Alves, Mário Sérgio e Cláudio Ramos, considerando que Cláudio Malaquias, já estava preso preventivamente.

A ordem de prisão foi efetivada e os integrantes do grupo criminoso encontram-se, atualmente, presos.

Ocorre que, mesmo após todas as diligências investigativas, não foi possível a localização dos valores provenientes da prática criminosa.

Nesse sentido, após delatar toda a estrutura criminosa e os envolvidos na organização criminosa, adicionalmente, Severino indicou a conta bancária na qual os valores estavam depositados, os quais, após representação da Autoridade Policial responsável pela investigação, foram bloqueados pelo juízo da 5ª Vara Criminal de Fortaleza/CE.

Na qualidade de Delegado de Polícia responsável pela investigação, realize a representação adequada no concerne ao relato adicional de grande relevância realizado por Severino, ocasião em que apontou a conta bancária em que os valores do grupo criminoso estavam depositados.

Modelo de proposta de resposta

EXCELENTÍSSIMO SENHOR JUIZ DE DIREITO DA 5ª VARA CRIMINAL DA COMARCA DE FORTALEZA/CE

Referência: Inquérito Policial nº 009/2022.

Medida Sigilosa Urgente (art. 7º, *caput* e § 1º, da Lei nº 12.850/2013).

O Delegado de Polícia ao final assinado, no uso de suas atribuições constitucionais e legais, sobretudo o art. 144, § 4º, da Constituição Federal e art. 2º, § 1º, da Lei nº 12.830/2013, com fundamento no art. 4º, § 2º, da Lei nº 12.850/2013, vem à presença de Vossa Excelência representar por **concessão de perdão judicial** ao colaborador Severino *(qualificação completa)*, pelas razões de fato e de direito a seguir expostas:

DOS FATOS

Trata-se de investigação policial tombada por meio de Auto de Prisão em Flagrante, em que se buscou apurar a prática dos delitos de organização criminosa, prevista no art. 2º, *caput*, da Lei nº 12.850/2013, roubo qualificado pelo emprego de arma, tipificado no art. 157, § 2º-A, I, e adulteração de sinal identificador de veículo automotor, previsto no art. 311, *caput*, ambos do Código Penal Brasileiro.

No dia 12.01.2021 foram presos em flagrante por roubo de veículo, Cláudio Malaquias e Severino. Durante a lavratura do APF, Cláudio permaneceu em silêncio, mas Severino demonstrou o seu desejo de colaborar com as investigações.

Fora proposto e celebrado acordo de colaboração premiada com Severino, o qual foi homologado e encontra-se em execução perante esse juízo. No acordo, Severino deveria indicar todos os integrantes da organização criminosa e, em contrapartida, obteria diminuição em sua sanção penal.

Severino, em execução ao acordo, na presença de seu advogado, indicou Pedro Alves *(qualificação completa)* como líder da organização e Cláudio Malaquias, Mário Sérgio e Cláudio Ramos como integrantes do grupo criminoso.

Ressaltou que o declarante e Cláudio Malaquias eram os responsáveis por roubar os veículos vendidos por Pedro Alves, os quais eram adulterados por Mário Sérgio e Cláudio e, posteriormente, novamente vendidos a terceiros por Pedro, agora com aparência de licitude.

Relatou ainda que a atividade ilícita rendeu grande numerário financeiro ao líder da estrutura criminosa.

Diante das informações prestadas, todos os envolvidos encontram-se presos preventivamente. Contudo, até aquele momento os valores advindos da prática criminosa não haviam sido encontrados.

Adicionalmente à colaboração prestada, Severino indicou a conta bancária na qual os valores estavam depositados, os quais, após representação da Autoridade Policial responsável pela investigação, foram bloqueados pelo juízo da 5ª Vara Criminal de Fortaleza/CE.

DOS FUNDAMENTOS

Como se sabe, Excelência, a fim de coibir determinadas ações praticadas por organizações criminosas, a Lei nº 12.850/2013 previu a possibilidade ações especiais, dentre as quais, a colaboração premiada.

No caso em tela, trata-se de organização composta por mais de quatro pessoas, estruturalmente organizada e marcada pela divisão de tarefas, com o objetivo de auferir lucro através de prática de crimes punidos com pena de reclusão superior a quatro anos, tipificadas no art. 157, § 2º-A, I *(roubo qualificado pelo emprego de arma)* e art. 311 *(adulteração de sinal identificador de veículo automotor)*, ambos do Código Penal. Além da tipificação do delito de próprio de compor organização criminosa, com previsão no art. 2º, *caput*, da Lei nº 12.850/2013. Durante as investigações, após firmar acordo de colaboração em fase de execução nesse juízo, Severino, assistido em todos os atos por seu advogado (em cumprimento ao art. 4º, § 15, da Lei nº 12.850/2013), renunciou seu direito ao silêncio (nos termos do art. 4º, § 14, da Lei nº 12.850/2013), assumindo compromisso de dizer a verdade, ocasião em que confessou o delito e demonstrou-se arrependido, revelando aspectos de sua personalidade.

Com a colaboração relevante, nos termos do art. 4, § 2º, da Lei nº 12.850/2013, foi possível a identificação dos demais coautores e partícipes, bem como as graves infrações penais praticadas e, ainda, entender de maneira robusta como se dava a estrutura hierárquica e divisão de tarefas praticada pelo grupo, com consequente deflagração de ação policial de desmantelamento da Orcrim.

Por fim, em novas declarações, Severino colaborou de forma ainda mais relevante, fornecendo novos rumos à investigação, porquanto possibilitou a identificação da conta utilizada pela organização criminosa, ocasião em que os valores foram bloqueados por esse juízo.

DO PEDIDO

Por todo o exposto, com fulcro no art. 4º, § 2º, da Lei nº 12.850/2013 representa esta Autoridade Policial, após a oitiva do ilustre membro do Ministério Público, pela **concessão de perdão judicial** ao colaborador Severino *(qualificação completa)*, em virtude da relevância da colaboração prestada, sem a qual não se atingiria de maneira célere e eficaz os objetivos propostos na investigação com consequente repressão à organização criminosa.

Seguem anexas as declarações do colaborador e cópia dos autos que materializam a investigação.

Fortaleza, data.

Delegado de Polícia Civil.

30 Representação por quebra de sigilo financeiro (bancário e bursátil) e fiscal

Antes de efetivamente ingressarmos no tema referente à representação pela quebra do sigilo **financeiro, bursátil ou fiscal**, é interessante observarmos que essa peça ganha relevo nas provas relacionadas ao cargo de Delegado de Polícia Federal.

O motivo é bastante simples: a Constituição Federal no art. 109, VI, define que, na forma da Lei, são crimes sujeitos à competência da Justiça Federal os delitos contra o sistema financeiro e a ordem econômico e financeira. Vejamos o dispositivo:

> **Art. 109.** Aos juízes federais compete processar e julgar:
>
> (...)
>
> VI – os crimes contra a organização do trabalho e, **nos casos determinados por lei, contra o sistema financeiro e a ordem econômico-financeira;** (grifos nossos)

Nesse sentido, a Lei nº 7.492/1986 define os crimes contra o sistema financeiro nacional e, em seu art. 26, que os delitos previstos nessa legislação serão processados perante a Justiça Federal:

> **Art. 26.** A ação penal, nos crimes previstos nesta lei, será promovida pelo Ministério Público Federal, perante a Justiça Federal.

Assim, caso o candidato se depare, em provas discursivas relacionadas ao cargo de Delegado de Polícia Federal, com investigações que envolvam crimes contra o Sistema Financeiro Nacional (Lei nº 7.492/1986), as representações, essencialmente aquelas que tratam sobre o afastamento do sigilo financeiro, bursátil ou fiscal, devem ser endereçadas ao juízo federal.

Já com relação aos crimes previstos na Lei nº 8.137/1990 (crimes contra a ordem tributária, econômica e contra as relações de consumo) ou com relação a outros delitos em que a medida investigativa excepcional se faça necessária, em regra, a competência para o processamento da demanda é da Justiça Estadual, salvo se adequar-se à outra hipótese do art. 109 da Constituição Federal (hipóteses de competência da Justiça Federal).

A título de exemplo, se houver a supressão ou redução de tributos federais, a competência para processamento do crime será da Justiça Federal. De outro modo, nos delitos de corrupção passiva envolvendo a Administração Pública estadual, em regra, a competência para o processamento da demanda será da Justiça Estadual.

30.1 EXCEPCIONALIDADE DAS MEDIDAS INVESTIGATIVAS RELACIONADAS À QUEBRA DE SIGILO

Conforme já ressaltado nos capítulos anteriores desta obra, a estrutura por meio da qual os crimes são cometidos, diariamente, evolui e assume forma quase que empresarial. Nesse contexto, vultuosas quantias são movimentadas, momento que os autores desses delitos se valem do sigilo de que gozam as movimentações financeiras e os dados tributários para ocultar esses valores e gozar de seu proveito.

Justamente nesse contexto, evidencia-se a medida relacionada à quebra do sigilo financeiro e tributário. É comum que autores de crimes em que o proveito financeiro é grandioso passem a movimentar valores que são incompatíveis com seu patrimônio ou mesmo que adquiram bens ou realizem declarações tributárias totalmente descompassadas com os seus rendimentos lícitos.

Desse modo, a representação por quebra de sigilo financeiro e fiscal surge como medida excepcional (uma vez que sujeita à reserva jurisdicional), apta a elucidar delitos em que haja intensa movimentação ou vantagem financeira provenientes da prática de crimes.

Essa medida também é importante no sentido de possibilitar a localização dos ativos provenientes das infrações penais, fato que facilitará o ressarcimento à vítima do crime, a qual, muitas vezes, é o próprio Estado.

Nota-se que é medida eficaz e bastante elucidativa, porém não possui uso indiscriminado. Trata-se de modalidade excepcional de investigação, considerando que haverá violação ao sigilo constitucional de dados e da própria intimidade do investigado.

Assim, a medida relacionada a quebra de sigilo de dados financeiros e tributários deve observar formalidades legais e somente tem cabimento diante da indisponibilidade de outros meios igualmente aptos a obter-se o resultado que se espera.

Nesse sentido, a própria Constituição Federal prevê cláusula geral de sigilo, a qual irá abranger o sigilo fiscal, financeiro e bursátil. Vejamos o dispositivo:

> **CF/1988**
>
> **Art. 5º** (...)
>
> X – são invioláveis a intimidade, a vida privada, a honra e a imagem das pessoas, assegurado o direito a indenização pelo dano material ou moral decorrente de sua violação;
>
> (...)

Assim, o sigilo inerente aos dados bancários e financeiros decorre de mandamento genérico da própria Constituição Federal, motivo pelo qual o afastamento desse sigilo há de ser determinado judicialmente, conforme o adimplemento de requisitos e condições específicas, os quais serão analisados detalhadamente a seguir.

Apesar de não se tratar, propriamente de **técnica especial de investigação**, trata-se de medida excepcional, pois possui requisitos e condicionantes próprios. Não trata de TEI, em razão de não se reservar a um rol restrito de crimes, mas, ao contrário, seria passível de utilização em qualquer investigação, desde que adimplidos os requisitos legais. Assim, podemos citar as seguintes características:

1. **Reserva de lei:** o instrumento investigativo deve constar com expressa previsão legal.
2. **Reserva de jurisdição:** trata-se de decorrência lógica do princípio da jurisdicionalidade, desse modo, em regra, os meios investigativos excepcionais sujeitam-se ao que se denomina cláusula de reserva jurisdicional.
3. **Proporcionalidade:** a medida excepcional deve ser proporcional ao contexto investigativo em que se insere, assim, em representações elaboradas pelo Delegado de Polícia, é indispensável que se demonstre a imprescindibilidade da medida:

- **adequação:** o meio investigativo utilizado é apto a produzir o elemento investigativo que se busca;
- **necessidade:** impossibilidade de utilização de meio menos gravoso e invasivo e igualmente eficaz;
- **proporcionalidade em sentido estrito:** a vantagem obtida com o meio investigativo excepcional deve ser superior à restrição gerada pela aplicação da medida.

30.2 REPRESENTAÇÃO POR AFASTAMENTO DO SIGILO FINANCEIRO

Trata-se de medida cautelar de cunho probatório que permite, após autorização judicial, o acesso ao conteúdo de transações financeiras realizadas pelo investigado – tais como transações bancárias (saques, transferências, depósitos etc.) e demais dados sigilosos das instituições financeiras.

É interessante observar que os dados financeiros são protegidos, tanto em decorrência de mandamento constitucional genérico, quanto em relação a mandamento específico descrito nos arts. 1º e 2º da LC nº 105/2001. Vejamos a redação dos dispositivos:

> **Art. 1º** As instituições financeiras conservarão sigilo em suas operações ativas e passivas e serviços prestados.
>
> **Art. 2º** O dever de sigilo é extensivo ao Banco Central do Brasil, em relação às operações que realizar e às informações que obtiver no exercício de suas atribuições.

O sigilo financeiro abrange o sigilo bancário. Desse modo, o afastamento do sigilo bancário é modalidade específica de afastamento do sigilo financeiro, motivo pelo qual segue a mesma fundamentação.

Essa medida excepcional não se limita aos crimes contra o sistema financeiro. É necessário ressaltar que se trata de medida que possui cabimento em quaisquer investigações em que o afastamento do sigilo seja meio idôneo e necessário a elucidar a prática do delito, desde que, logicamente, sejam adimplidos os requisitos legais.

30.2.1 Fundamento legal para o acesso aos dados financeiros

Conforme já analisado nas demais representações, ainda no preâmbulo da peça prática, nosso leitor deve indicar o fundamento constitucional e legal da medida. Vejamos os dispositivos:

> **Fundamento constitucional CF/1988**
>
> **Art. 5º** (...)
>
> X – são invioláveis a intimidade, a vida privada, a honra e a imagem das pessoas, assegurado o direito a indenização pelo dano material ou moral decorrente de sua violação; (...)
>
> **Fundamento legal Lei Complementar nº 105/2001**
>
> **Art. 1º** (...)
>
> **§ 4º** A quebra de sigilo poderá ser decretada, quando necessária para apuração de ocorrência de qualquer ilícito, em qualquer fase do inquérito ou do processo judicial, e especialmente nos seguintes crimes:
>
> I – de terrorismo;
>
> II – de tráfico ilícito de substâncias entorpecentes ou drogas afins;
>
> III – de contrabando ou tráfico de armas, munições ou material destinado a sua produção;
>
> IV – de extorsão mediante sequestro;
>
> V – contra o sistema financeiro nacional;
>
> VI – contra a Administração Pública;
>
> VII – contra a ordem tributária e a previdência social;
>
> VIII – lavagem de dinheiro ou ocultação de bens, direitos e valores;
>
> IX – praticado por organização criminosa.

Da leitura do dispositivo legal, pode-se extrair duas informações relevantes:

a. O rol constante do dispositivo é um rol meramente exemplificativo, assim, conforme a redação do dispositivo, a quebra do sigilo poderá ser decretada quando necessária para a apuração de qualquer ilícito, logicamente, desde que adimplidos os requisitos legais.

b. Trata-se de medida que tem cabimento tanto na fase inquisitorial investigativa, no inquérito, por exemplo, como na fase processual. Considerando o âmbito de nosso estudo, as representações por quebra do sigilo financeiro serão operacionalizadas no âmbito da investigação e realizadas pelo Delegado de Polícia.

Caso a situação da questão narre a existência de uma organização criminosa, o candidato ainda deve mencionar, como fundamento legal, o art. 3º, VI, da Lei nº 12.850/2013:

> **Art. 3º** Em qualquer fase da persecução penal, serão permitidos, sem prejuízo de outros já previstos em lei, os seguintes meios de obtenção da prova:

(...)

VI – afastamento dos sigilos financeiro, bancário e fiscal, nos termos da legislação específica; (...)

Atualmente, a Lei nº 12.850/2013 exige os seguintes elementos para a formação do conceito de organização criminosa:

a. **Número mínimo:** existência de número mínimo de quatro integrantes.
b. **Vínculo associativo:** associação dotada de estabilidade e permanência.
c. **Finalidade:** obtenção de vantagem de qualquer natureza, mediante a prática de infrações penais cujas penas máximas sejam superiores a 4 anos ou de caráter transnacional.

A Lei de Organização Criminosa aplica-se, ainda, às infrações penais previstas em tratado ou convenção internacional quando, iniciada a execução no País, o resultado tenha ou devesse ter ocorrido no estrangeiro, ou reciprocamente e às organizações criminosas terroristas.

Desse modo, em provas concursais, é interessante que, antes de tratar especificamente da cautelar probatória destinada ao afastamento do sigilo financeiro no contexto de organizações criminosas, o candidato preocupe-se em configurar e demonstrar os elementos constituintes de uma organização criminosa, atribuindo ainda aos fatos a tipificação prevista no art. 2º da Lei nº 12.850/2013:

Art. 2º Promover, constituir, financiar ou integrar, pessoalmente ou por interposta pessoa, organização criminosa:

Pena – reclusão, de 3 (três) a 8 (oito) anos, e multa, sem prejuízo das penas correspondentes às demais infrações penais praticadas.

No momento da elaboração da peça é importante que o candidato proceda à tipificação dos delitos investigados, justamente para confirmar que se trata delitos que possuem penas superiores a quatro anos ou de caráter transnacional.

30.3 INSTITUIÇÕES FINANCEIRAS

A própria legislação apresenta a abrangência a que o conceito de instituição financeira se submete. Nesse sentido, o art. 1º, § 1º, apresenta a seguinte redação:

(...)

§ 1º São consideradas instituições financeiras, para os efeitos desta Lei Complementar:

I – os bancos de qualquer espécie;

II – distribuidoras de valores mobiliários;

III – corretoras de câmbio e de valores mobiliários;

IV – sociedades de crédito, financiamento e investimentos;

V – sociedades de crédito imobiliário;

VI – administradoras de cartões de crédito;

VII – sociedades de arrendamento mercantil;

VIII– administradoras de mercado de balcão organizado; (...)

Em representações elaboradas pelo Delegado de Polícia, deve-se demonstrar que a investigação envolve, conforme definição legal, alguma dessas instituições financeiras.

30.4 REQUISITOS DA MEDIDA CAUTELAR

A representação por quebra do sigilo financeiro deve adimplir todos requisitos genéricos das cautelares. É importante que o candidato evidencie todos esses elementos em sua representação.

Requisitos genéricos das cautelares:

a. ***Fumus comissi delicti*:** existência de elementos concretos que indiquem a prática da infração penal (prova da existência do crime). Comprovada a existência do delito, devem-se indicar elementos concretos que apontem para o investigado, conforme a narrativa fática apresentada pela questão. Vejamos o esquema:

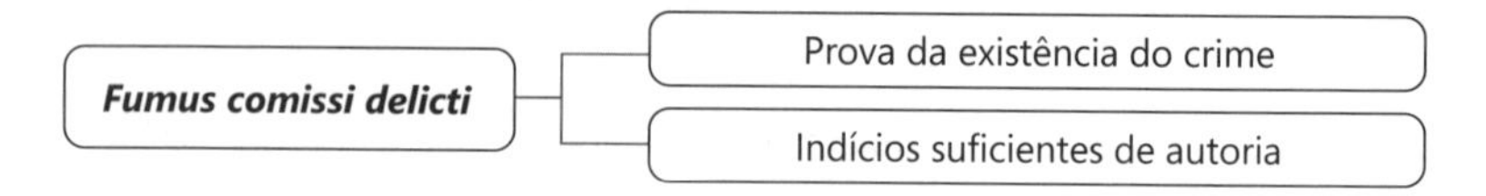

b. ***Periculum in mora*:** com relação a esse elemento, deve-se demonstrar o risco que a não adoção imediata da medida pode ocasionar à investigação e consequentemente à própria persecução penal. Deve-se demonstrar a urgência da medida com dados concretos apresentados na questão. Observe ainda que as instituições financeiras guardam os dados dos clientes por determinado período, desse modo, o *periculum in mora* também pode ser evidenciado pelo risco de que essas informações sejam deletadas dos sistemas bancários, caso refiram-se a períodos antigos.

c. **Proporcionalidade da medida:** a proporcionalidade pode ser analisada sob a perspectiva de ser a medida indispensável para a continuidade das investigações. Assim como pela inexistência de outro meio idôneo e hábil a se obter aquela informação. O benefício advindo do afastamento do sigilo deve ser superior ao prejuízo ocasionado por esse afastamento.

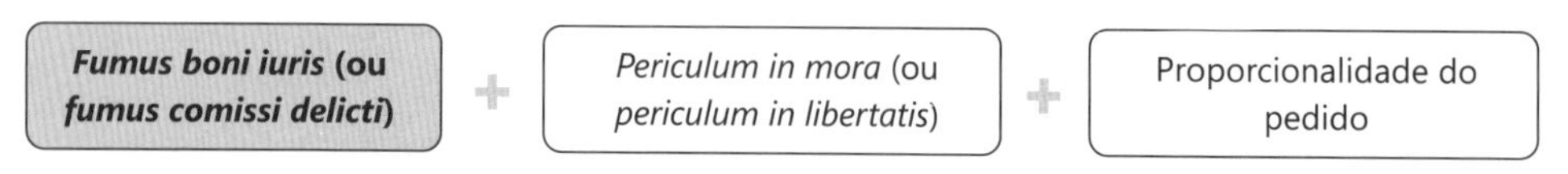

30.5 QUEBRA DE SIGILO FINANCEIRO – BURSÁTIL

A representação por quebra de sigilo financeiro também pode abranger a quebra do sigilo bursátil. O termo bursátil refere-se a operações financeiras que envolvam a bolsa de valores.

Em investigações policiais, o Delegado de Polícia pode deparar-se com situações em que os bens e valores decorrentes de crimes sejam investidos ou movimentados em bolsas de valores. Nessas situações, o afastamento do sigilo da atividade financeira é indispensável para o prosseguimento e sucesso da atividade investigativa.

Os fundamentos legais dessa medida são os mesmos daqueles já apresentados para o afastamento do sigilo financeiro.

Assim, caso a questão descreva que as operações ilícitas ou investimentos são realizados em bolsa de valores, deve-se representar pela quebra do sigilo bursátil, solicitando ao juiz o envio de ofício à Comissão de Valores Mobiliários - CVM e à B3 (Brasil, Bolsa, Balcão), detentora de eventuais dados.

30.6 QUEBRA DE SIGILO FISCAL

Trata-se de medida cautelar de cunho probatório que permite, após autorização judicial, o acesso às informações fiscais prestadas por contribuintes investigados, inicialmente protegidas pela garantia constitucional da intimidade e da vida privada.

É necessário ressaltar que se trata de medida que possui cabimento em quaisquer investigações em que o afastamento do sigilo seja meio idôneo e necessário a elucidar a prática do delito, desde que, logicamente, sejam adimplidos os requisitos legais. É cabível tanto na fase investigativa, quanto na fase processual.

30.6.1 Fundamento legal para o acesso aos dados fiscais

Conforme já observado anteriormente, as informações referentes aos dados fiscais estão abrangidas pela cláusula genérica de intimidade prevista no art. 5º, X, da CF:

> **Art 5º** (...)
>
> X - são invioláveis a intimidade, a vida privada, a honra e a imagem das pessoas, assegurado o direito a indenização pelo dano material ou moral decorrente de sua violação;
>
> (...)

O Código Tributário Nacional apresenta mandamento legal a respeito do sigilo dos dados fiscais:

> **Art. 198.** Sem prejuízo do disposto na legislação criminal, é vedada a divulgação, por parte da Fazenda Pública ou de seus servidores, de informação obtida em razão do ofício sobre a situação econômica ou financeira do sujeito passivo ou de terceiros e sobre a natureza e o estado de seus negócios ou atividades.

Logicamente, a determinação a respeito do sigilo flexibiliza-se naquelas hipóteses em que a manutenção do sigilo poderia ser utilizada indevidamente para acobertar a prática de delitos. É justamente nesse sentido que surge a **representação por quebra do sigilo fiscal**, como medida excepcional, realizada no âmbito da investigação, destinada a elucidar e esclarecer a prática de infrações penais.

A representação fundamenta-se no art. 198, § 1º, do Código Tributário Nacional. Vejamos a redação:

> **Art. 198.** (...)
>
> **§ 1º** Excetuam-se do disposto neste artigo, além dos casos previstos no art. 199, os seguintes:
>
> I – requisição de autoridade judiciária no interesse da justiça; (...)

Caso a situação da questão narre a existência de uma organização criminosa, o candidato ainda deve mencionar, como fundamento legal, o art. 3º, VI, da Lei nº 12.850/2013:

> **Art. 3º** (...)
>
> VI – afastamento dos sigilos financeiro, bancário e fiscal, nos termos da legislação específica; (...)

Atualmente, a Lei nº 12.850/2013 exige os seguintes elementos para a formação do conceito de organização criminosa:

a. **Número mínimo:** existência de número mínimo de quatro integrantes.
b. **Vínculo associativo:** associação dotada de estabilidade e permanência.
c. **Finalidade:** obtenção de vantagem de qualquer natureza, mediante a prática de infrações penais cujas penas máximas sejam superiores a quatro anos ou de caráter transnacional.

> A Lei de Organização Criminosa aplica-se ainda às infrações penais previstas em tratado ou convenção internacional quando, iniciada a execução no País, o resultado tenha ou devesse ter ocorrido no estrangeiro, ou reciprocamente e às organizações criminosas terroristas.

Desse modo, em provas concursais, é interessante que, antes de tratar especificamente da cautelar probatória destinada ao afastamento do sigilo fiscal no contexto de organizações criminosas, o candidato preocupe-se em configurar e demonstrar os elementos constituintes de uma organização criminosa, atribuindo ainda aos fatos a tipificação prevista no art. 2º da Lei nº 12.850/2013:

> **Art. 2º** Promover, constituir, financiar ou integrar, pessoalmente ou por interposta pessoa, organização criminosa:
>
> **Pena** – reclusão, de 3 (três) a 8 (oito) anos, e multa, sem prejuízo das penas correspondentes às demais infrações penais praticadas.

No momento da elaboração da peça é importante que o candidato proceda à tipificação dos delitos investigados, justamente para confirmar que se trata de delitos que possuem penas superiores a 4 anos ou de caráter transnacional.

Atenção

É possível que haja representação pela quebra do sigilo financeiro, bursátil e fiscal na mesma peça. Caso haja dúvida a respeito de qual dos sigilos será violado, aconselhamos ao candidato que represente pelas três medidas, considerando que, em regra, o excesso de pedidos, desde que acompanhado pelos fundamentos legais, não gera perda de pontos pelo candidato.

30.6.2 Requisitos da medida cautelar

A representação por quebra do sigilo fiscal deve adimplir todos genéricos das cautelares. É importante que o candidato evidencie todos esses elementos em sua representação.

Requisitos genéricos das cautelares:

a. ***Fumus comissi delicti*:** existência de elementos concretos que indiquem a prática da infração penal (prova da existência do crime). Comprovada a existência do delito, deve-se indicar elementos idôneos que apontem para o investigado, conforme a narrativa fática apresentada pela questão. Vejamos o esquema abaixo:

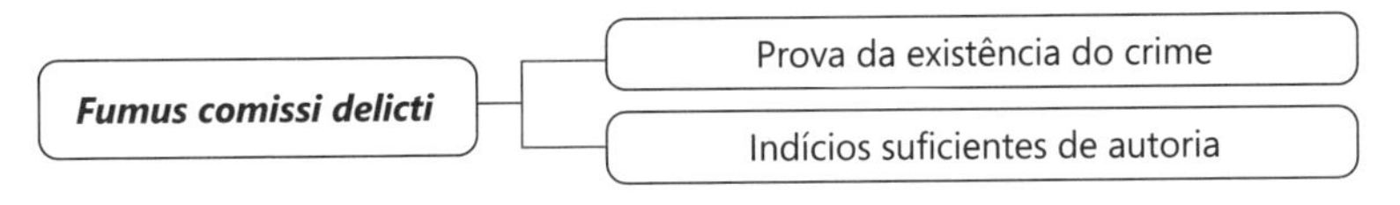

b. ***Periculum in mora*:** com relação a esse elemento, deve-se demonstrar o risco que a não adoção imediata da medida pode ocasionar à investigação e consequentemente à própria persecução penal. Deve-se demonstrar a urgência da medida com dados concretos apresentados na questão. Embora o CTN não trate especificamente do *periculum in mora*, deve-se pontuar que a mora na decretação da medida pode gerar prejuízos ao momento da investigação.

c. **Proporcionalidade da medida:** a proporcionalidade pode ser analisada sob a perspectiva de ser a medida indispensável para a continuidade das investigações. Assim como pela inexistência de outro meio idôneo e hábil a se obter aquela informação. O benefício advindo do afastamento do sigilo deve ser superior ao prejuízo ocasionado por esse afastamento.

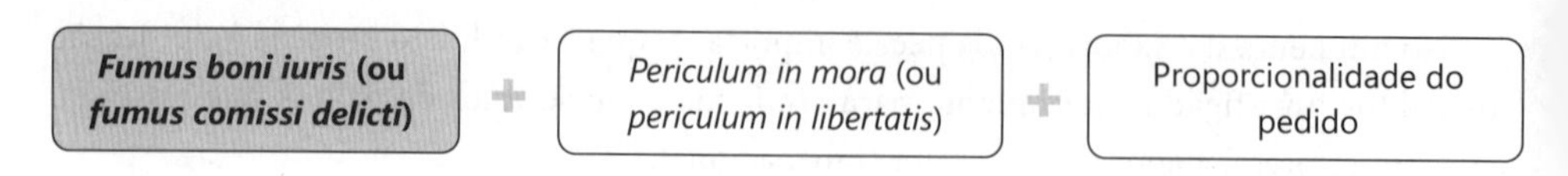

Encerrada essa análise inicial, vejamos a estrutura da representação pela quebra do sigilo financeiro, bursátil ou fiscal.

30.7 ESTRUTURA DA PEÇA

Utilizando como base o Capítulo 20, a estrutura da peça segue o padrão, pois conterá os cinco elementos obrigatórios já vistos:

1. **endereçamento**;
2. **preâmbulo**;
3. **síntese dos fatos**;
4. **fundamentos**; e
5. **pedido(s) e fechamento**.

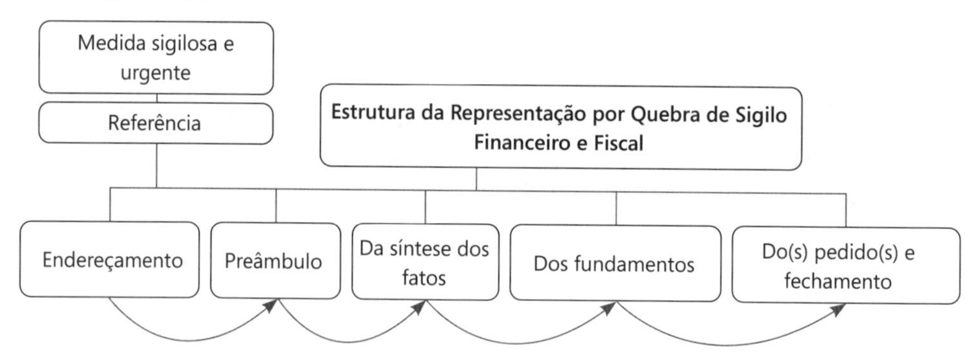

Além dos citados elementos, a peça deve trazer, **entre o endereçamento e o preâmbulo**, a **referência** eventualmente trazida pela questão. Conforme já visto, o mais comum é que a referência seja o número do inquérito policial, mas pode ocorrer de a questão trazer como referência o número da ocorrência policial ou, até mesmo, o número de distribuição do inquérito policial no Poder Judiciário.

O importante é que o candidato coloque exatamente como a questão trouxer, ou seja, se no texto estiver escrito "Inquérito Policial nº 9.748/2021 – 38ª DP", o candidato deve colocar entre o endereçamento e preâmbulo:

Referência: Inquérito Policial nº 9.748/2021 – 38ª DP

Sem abreviar.

Se o texto trouxer "I.P. nº 9.748/2021", o candidato deve colocar entre o endereçamento e preâmbulo:

Abreviando.

Referência: I.P. nº 9.748/202

Ou seja, exatamente como a questão trouxer. Isso vale para os casos de existir referência ao número de ocorrência ou a qualquer outro número.

Muito cuidado para não errar o número trazido pela questão, pois isso pode gerar uma identificação de prova. Exemplifico: vamos imaginar que a questão traga a referência como Inquérito Policial nº 449988/2021 e você erre na hora de escrever e coloque:

Referência: I.P. nº 448888/2021

Isso pode gerar problema, portanto é importante que o candidato tenha bastante atenção.

Caso a questão não traga a informação de referência, **o candidato jamais deve criar dados**! O que se pode fazer é colocar entre o endereçamento e preâmbulo o seguinte:

Referência: Inquérito Policial

Observe que a informação deverá ser apresentada sem nenhum número nesses casos, uma vez que a própria questão não indicou nenhum número.

Outro dado que deve constar nesta peça, também entre o **endereçamento** e o **preâmbulo** é que a medida é **sigilosa e urgente**. Conforme salientado no Capítulo 20 do nosso *Manual Decifrado*, na dúvida, deve ser colocada esta informação em razão da própria essência das medidas cautelares, que são sigilosas na imensa maioria dos casos e urgente em razão do *periculum in mora* ou *periculum libertatis*.

Passado esse ponto, abordaremos, um a um, os elementos obrigatórios.

30.7.1 Endereçamento

Considerando que a representação deve ser analisada por um magistrado, ela deve ser endereçada ao juiz competente, sendo parte obrigatória.

Conforme salientado no Capítulo 19, caso ainda não haja juiz prevento, o endereçamento deve ser realizado ao juiz criminal (crimes comuns), ao juiz do tribunal do júri (crimes dolosos contra a vida), juiz da vara de violência doméstica (crimes envolvendo violência doméstica familiar) ou a outros, a depender do tipo de crime cometido e da organização judiciária do local de onde se presta a prova. Assim, é interessante que o candidato conheça, ao menos superficialmente, a estrutura organizacional do Poder Judiciário do local em que presta o concurso, desde que seja cobrado em edital.

Caso já exista juízo prevento e a questão faça referência a tal juízo, deve-se endereçar a representação a ele.

A título de exemplo, no Distrito Federal temos Varas do Tribunal do Júri, a Circunscrição Especial Judiciária de Brasília e as Circunscrições Judiciárias das Regiões Administrativas. Já nos Estados, geralmente se endereça a peça prática profissional da seguinte forma:

Excelentíssimo Senhor Juiz de Direito da ___ Vara Criminal da Comarca de xxxxxx.

No que concerne ao pronome de tratamento do juiz, indica-se que não se faça o uso de diversos tratamentos, como: "**Excelentíssimo Senhor Doutor Juiz de Direito**". Indica-se que use somente a expressão: "**Excelentíssimo Senhor Juiz de Direito**".

Nos concursos para Delegado de Polícia Federal é necessário saber que existem Varas Federais que formam as Seções Judiciárias ou Subseções Judiciárias.

Vejamos o seguinte exemplo: caso o crime tenha ocorrido em Belém, a representação deve ser endereçada ao "**Excelentíssimo Senhor Juiz Federal da ___ Vara Federal da Seção Judiciária do Pará**".

De igual forma, com relação ao pronome de tratamento, basta utilizar "**Excelentíssimo Senhor Juiz Federal**".

Lembrando que, caso se esteja diante de crime apurado pela Polícia Federal, nos termos do art. 1º da Lei nº 10.446/2002 (quando houver repercussão interestadual ou internacional que exija repressão uniforme em crimes específicos) não há, via de regra, deslocamento de competência para a Justiça Federal. Nestes casos, portanto, o Delegado de Polícia Federal eventualmente representará ao Juiz de Direito Estadual.

É importante ressaltar que o Pacote Anticrime, Lei nº 13.964/2019, trouxe mudança significativa na estrutura do Poder Judiciário: o juiz de garantias. Até o fechamento desta obra, em razão de decisão do Supremo Tribunal Federal, a instituição dos juízes de garantias está suspensa. Ocorre que o tema pode impactar diretamente no endereçamento da peça, conforme mais bem trabalhado no Capítulo 20 desta obra, para a qual remetemos o leitor.

30.7.2 Preâmbulo

Conforme já salientado, o preâmbulo deve perseguir a consecução de três objetivos básicos:

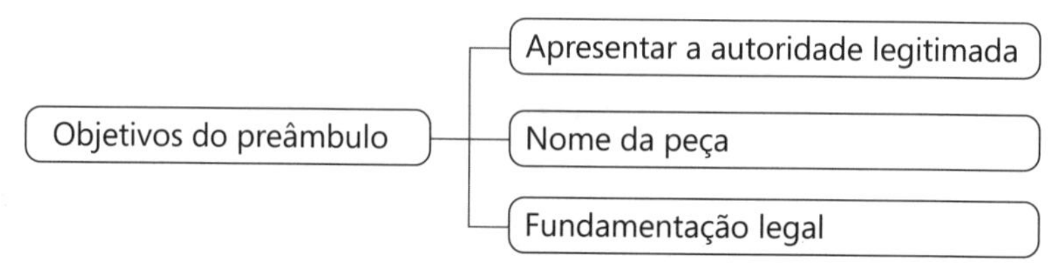

O primeiro objetivo, conforme se percebe, será estático em todas as representações, devendo apenas o candidato adicionar legitimação adicional eventualmente trazida por legislação local. Vejamos um exemplo:

> O Delegado de Polícia Civil ao final assinado, no uso de suas atribuições constitucionais e legais, sobretudo o art. 144, § 4º, da Constituição Federal e art. 2º, § 1º, da Lei nº 12.830/2013 *(se houver legislação local, a exemplo de dispositivo da Constituição Estadual, colocar aqui).*

No caso de se estar diante de uma prova para Delegado de Polícia Federal, evidentemente, haverá alteração da legitimidade constitucional, não cabendo a inserção de legislação local. Vejamos:

O Delegado de Polícia Federal ao final assinado, no uso de suas atribuições constitucionais e legais, sobretudo o art. 144, § 1º, I, da Constituição Federal e o art. 2º, § 1º, da Lei nº 12.830/2013.

Aí vem o cumprimento dos **demais objetivos do preâmbulo**, que não necessariamente precisam respeitar a ordem acima, ou seja, pode ser o nome da peça e, logo após a fundamentação legal ou vice-versa. É uma questão de estilística. Vejamos:

Quebra de sigilo financeiro[1]

Com fulcro no art. 1º, § 4º, da Lei Complementar nº 105/2001[2], vem à presença de Vossa Excelência representar pela **quebra de sigilo financeiro** das contas/movimentações em instituições financeiras de *(colocar o nome do investigado e seus dados qualificadores)* no período compreendido entre *(colocar o período da quebra)*, pelos fundamentos de fato e de direito que pormenorizadamente se seguem:

Ou

Vem à presença de Vossa Excelência representar pela **quebra de sigilo financeiro** das contas/movimentações em instituições financeiras de *(colocar o nome do investigado e seus dados qualificadores)* no período compreendido entre *(colocar o período da quebra)*, com fundamento no art. 1º, § 4º, da Lei Complementar nº 105/2001,[3] pelas razões de fato e de direito que pormenorizadamente se seguem:

Quebra de sigilo fiscal

Com fundamento no art. 198, § 1º, I, do Código Tributário Nacional,[4] vem à presença de Vossa Excelência representar pela **quebra de sigilo fiscal** dos anos-calendários *(colocar os anos-calendários)* do investigado *(colocar o nome do investigado e seus dados qualificadores)*, pelos fundamentos de fato e de direito que pormenorizadamente se seguem:

Ou

Vem à presença de Vossa Excelência representar pela **quebra de sigilo fiscal** dos anos-calendários *(colocar os anos-calendários)* do investigado *(colocar o nome do investigado e seus dados qualificadores)* com fundamento no art. 198, § 1º, I, do Código Tributário Nacional,[5] pelas razões de fato e de direito que pormenorizadamente se seguem:

---

[1] Lembrando que, em caso de representação por quebra de sigilo bursátil, por ser espécie de quebra de sigilo financeiro, a fundamentação será a mesma.

[2] Se o caso trouxer situação envolvendo organização criminosa, deve ser também citado o art. 3º, VI, da Lei nº 12.850/2013.

[3] Se o caso trouxer situação envolvendo organização criminosa, deve ser também citado o art. 3º, VI, da Lei nº 12.850/2013.

[4] Se o caso trouxer situação envolvendo organização criminosa, deve ser também citado o art. 3º, VI, da Lei nº 12.850/2013.

[5] Se o caso trouxer situação envolvendo organização criminosa, deve ser também citado o art. 3º, VI, da Lei nº 12.850/2013.

De forma integral, teremos o seguinte:

Quebra de sigilo financeiro[6]

Para o cargo de Delegado de Polícia Civil

O Delegado de Polícia ao final assinado, no uso de suas atribuições constitucionais e legais, sobretudo o art. 144, § 4º, da Constituição Federal e art. 2º, § 1º, da Lei nº 12.830/2013 *(se houver legislação local, a exemplo de dispositivo da Constituição Estadual, colocar aqui)*, com fulcro no art. 1º, § 4º, da Lei Complementar nº 105/2001,[7] vem *à* presença de Vossa Excelência representar pela **quebra de sigilo financeiro** das contas/movimentações em instituições financeiras de *(colocar o nome do investigado e seus dados qualificadores)* no período compreendido entre *(colocar o período da quebra)*, pelos fundamentos de fato e de direito que pormenorizadamente se seguem:

Para o cargo de Delegado de Polícia Federal

O Delegado de Polícia Federal ao final assinado, no uso de suas atribuições constitucionais e legais, sobretudo o art. 144, § 1º, I, da Constituição Federal e art. 2º, § 1º, da Lei nº 12.830/2013, com fulcro no art. 1º, § 4º, da Lei Complementar nº 105/2001,[8] vem à presença de Vossa Excelência representar pela **quebra de sigilo financeiro** das contas/movimentações em instituições financeiras de *(colocar o nome do investigado e seus dados qualificadores)* no período compreendido entre *(colocar o período da quebra)*, pelos fundamentos de fato e de direito que pormenorizadamente se seguem:

Quebra de sigilo fiscal

Para o cargo de Delegado de Polícia Civil

O Delegado de Polícia ao final assinado, no uso de suas atribuições constitucionais e legais, sobretudo o art. 144, § 4º, da Constituição Federal e art. 2º, § 1º, da Lei nº 12.830/2013 *(se houver legislação local, a exemplo de dispositivo da Constituição Estadual, colocar aqui)*, com fundamento no art. 198, § 1º, I, do Código Tributário Nacional,[9] vem à presença de Vossa Excelência representar pela **quebra de sigilo fiscal** dos anos-calendários *(colocar os anos-calendários)* do investigado *(colocar o nome do investigado e seus dados qualificadores)*, pelos fundamentos de fato e de direito que pormenorizadamente se seguem:

Para o cargo de Delegado de Polícia Federal

O Delegado de Polícia Federal ao final assinado, no uso de suas atribuições constitucionais e legais, sobretudo o art. 144, § 1º, I, da Constituição Federal e art. 2º, § 1º, da Lei nº 12.830/2013, com fundamento no art. 198, § 1º, I, do Código Tributário Nacional,[10] vem à presença de Vossa

---

[6] Lembrando que, em caso de representação por quebra de sigilo bursátil, por ser espécie de quebra de sigilo financeiro, a fundamentação será a mesma.

[7] Se o caso trouxer situação envolvendo organização criminosa, deve ser também citado o art. 3º, VI, da Lei nº 12.850/2013.

[8] Se o caso trouxer situação envolvendo organização criminosa, deve ser também citado o art. 3º, VI, da Lei nº 12.850/2013.

[9] Se o caso trouxer situação envolvendo organização criminosa, deve ser também citado o art. 3º, VI, da Lei nº 12.850/2013.

[10] Se o caso trouxer situação envolvendo organização criminosa, deve ser também citado o art. 3º, VI, da Lei nº 12.850/2013.

Excelência representar pela **quebra de sigilo fiscal** dos anos-calendários *(colocar os anos-calendários)* do investigado *(colocar o nome do investigado e seus dados qualificadores)*, pelos fundamentos de fato e de direito que pormenorizadamente se seguem:

O candidato deve lembrar ainda que, não raras vezes, as representações acima (quebra de sigilo financeiro e fiscal, podem ser cumuladas). Ficaria da seguinte forma:

Quebra de sigilo financeiro[11] e fiscal[12]

Para o cargo de Delegado de Polícia Civil

O Delegado de Polícia ao final assinado, no uso de suas atribuições constitucionais e legais, sobretudo o art. 144, § 4º, da Constituição Federal e art. 2º, § 1º, da Lei nº 12.830/2013 *(se houver legislação local, a exemplo de dispositivo da Constituição Estadual, colocar aqui)*, com fundamento no art. 198, § 1º, I, do Código Tributário Nacional, vem *à* presença de Vossa Excelência representar pela **quebra de sigilo fiscal** dos anos-calendários *(colocar os anos-calendários)* do investigado *(colocar o nome do investigado e seus dados qualificadores)*, bem como, com fulcro no art. 1º, § 4º, da Lei Complementar nº 105/2001, representar pela **quebra de sigilo financeiro** das contas/ movimentações em instituições financeiras de *(colocar o nome do investigado e seus dados qualificadores)* no período compreendido entre *(colocar o período da quebra)*, pelos fundamentos de fato e de direito que pormenorizadamente se seguem:

Para o cargo de Delegado de Polícia Federal

O Delegado de Polícia Federal ao final assinado, no uso de suas atribuições constitucionais e legais, sobretudo o art. 144, § 1º, I, da Constituição Federal e art. 2º, § 1º, da Lei nº 12.830/2013, com fundamento no art. 198, § 1º, I, do Código Tributário Nacional, vem à presença de Vossa Excelência representar pela **quebra de sigilo fiscal** dos anos-calendários *(colocar os anos-calendários)* do investigado *(colocar o nome do investigado e seus dados qualificadores)*, bem como, com fulcro no art. 1º, § 4º, da Lei Complementar nº 105/2001, representar pela **quebra de sigilo financeiro** das contas/movimentações em instituições financeiras de *(colocar o nome do investigado e seus dados qualificadores)* no período compreendido entre *(colocar o período da quebra)*, pelos fundamentos de fato e de direito que pormenorizadamente se seguem:

Repare que, por questões didáticas, nós ressaltamos em negrito o nome da peça, no entanto, o candidato em sua prova não deve tentar realizar qualquer destaque. O máximo que se permite é colocar o nome da peça com letras maiúsculas.

Pode-se adicionar já no preâmbulo o **prazo da medida**, mas, por razões didáticas e estéticas, faremos menção ao prazo no pedido.

Perceba que **a representação deve ser realizada em nome do Delegado de Polícia,** e não da instituição Polícia Civil ou Polícia Federal. Observe que, diferentemente do que ocorre com relação ao Ministério Público, o Delegado de Polícia não se constitui como órgão,

---

[11] Lembrando que, em caso de representação por quebra de sigilo bursátil, por ser espécie de quebra de sigilo financeiro, a fundamentação será a mesma.

[12] Se o caso trouxer situação envolvendo organização criminosa, deve ser também citado o art. 3º, VI, da Lei nº 12.850/2013.

mas, na verdade, insere-se no conceito de agente integrante do órgão policial, Polícias Civis ou Polícia Federal. Por esse motivo, a representação deve ser realizada em nome do cargo de Delegado de Polícia.

Ademais, caso a representação fosse realizada em nome da instituição policial, não faria sentido a indicação dos dispositivos previstos na Lei nº 12.830/2013, que é o estatuto do Delegado de Polícia.

30.7.3 Síntese dos fatos

Conforme já analisamos anteriormente, trata-se do ponto comum entre as peças internas e externas. Em ambas as hipóteses, o candidato deverá reservar determinado tópico para a descrição dos fatos que fundamentam a medida.

Algumas informações são bastante importantes a esse respeito, vejamos:

- **a.** Normalmente, o examinador não confere muitos pontos à descrição fática realizada pelo candidato. Contudo esse tópico fornece toda a lógica à estrutura da peça, motivo pelo qual sua confecção ganha relevo.
- **b.** Não se deve copiar *ipsis litteris* o enunciado da questão. O candidato deverá demonstrar a capacidade de síntese, pois na maioria dos casos o espaço da folha de resposta não comporta elementos desnecessários na descrição dos fatos.
- **c.** É necessário objetividade, com prevalência à transcrição de fatos que serão relevantes para a autoria, materialidade do crime e todas as suas circunstâncias relevantes para a apuração.
- **d.** O candidato deverá ressaltar os fatos que possuem relação com a fundamentação jurídica analisada a seguir.

Assim, o nosso leitor deve se atentar para aqueles fatos que possuam relação com a medida pleiteada, exercitando a sua capacidade de síntese. Devem ser indicados os pontos que serão relevantes para que o magistrado decida a respeito do feito. Aqueles fatos que nada contribuem ao objetivo proposto ou que em nada se correlacionem com a medida pleiteada não precisam estar expostos na síntese dos fatos como elemento integrante da representação.

Na síntese dos fatos,[13] o candidato deve ter como parâmetro o **conhecido Heptâmetro de Quintiliano** e buscar responder aos seguintes questionamentos:

---

[13] Pode também ser chamado de "sinopse dos fatos", "do resumo fático", "dos fatos" ou qualquer outro nome semelhante.

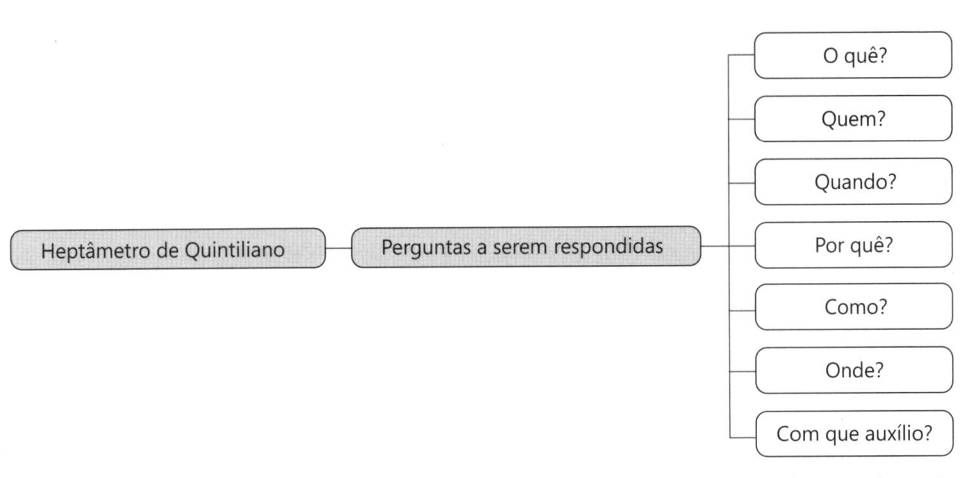

No caso da medida de quebra de sigilo financeiro e fiscal, a partir de dados trazidos pela questão, devem ser apontadas as circunstâncias que servirão para sustentar os pontos da fundamentação jurídica.[14]

30.7.4 Dos fundamentos

Neste ponto, o candidato deverá demonstrar os fundamentos jurídicos trazidos no tópico em que tratamos do arcabouço teórico para a concessão da quebra de sigilo financeiro e fiscal.

Pode-se iniciar tratando sobre o instituto que se pleiteia, sendo facultativa a utilização do roteiro proposto no Capítulo 20 deste *Manual Decifrado.*

Também devem ser apontados o ***fumus comissi delicti***, o ***periculum in mora*** e a **proporcionalidade** da medida.

Observe que deve haver a conjugação entre a descrição fática realizada no tópico anterior (síntese dos fatos) e o ***fumus comissi delicti***.

Por isso, na descrição fática, o candidato deverá ressaltar aquilo que servirá como base aos fundamentos jurídicos e descrever concretamente (por meio de dados da questão), em que se funda a prova da materialidade do crime, fazendo referência a eventuais exames periciais e outros elementos atestadores da materialidade do crime.

Este é o **momento de tipificar o(s) delito(s)**, pois a prova da existência do crime perpassa pela prova de que o fato existiu (materialidade) e também que o fato é definido como crime.

Já no que concerne aos indícios suficientes de autoria, o Delegado deverá apontar, concretamente (por meio de dados da questão), em que se funda a suspeita a respeito da autoria do delito em investigação.

Podemos estruturar o *fumus comissi delicti* da seguinte forma:

a. Primeiro indique a materialidade do delito. Lembrando que esses elementos devem estar provados. Ressalte na peça a existência de eventuais laudos periciais.

---

[14] Confira o exemplo trazido no Capítulo 20 desta obra.

b. O(s) crime(s) deve(m) ser tipificado(s).
c. Posteriormente, indique os indícios suficientes de autoria: quais fatos indicam que aquele suspeito pode ter cometido o delito. De forma mais técnica, qual a justa causa para o indivíduo estar sendo investigado e como as investigações apontam para a autoria dele.

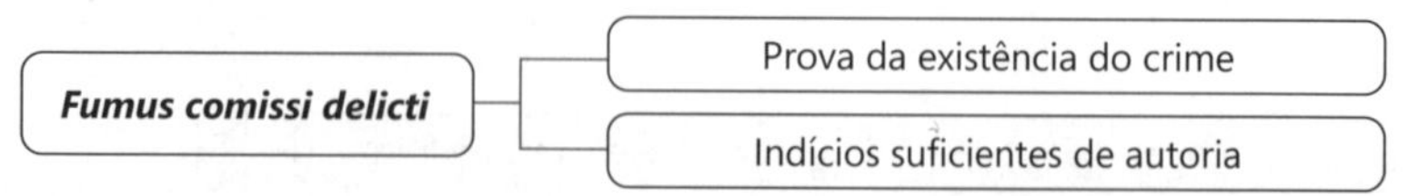

Atenção

Não se deve criar fatos não narrados pelo examinador.

O *periculum in mora* pode ser apontado no seguinte sentido: caso não materializada a diligência rapidamente, provavelmente haverá grave e irreparável risco à constituição célere desta importante prova, que, eventualmente, pode confirmar ou refutar hipóteses da investigação. No caso da quebra de sigilo financeiro, pode não haver outra oportunidade para que os vínculos sejam apontados e, caso a questão informe que se tratam de fatos mais antigos, importante ressaltar que os bancos devem apenas manter os registros financeiros por tempo determinado, podendo os dados serem perdidos posteriormente. O mesmo raciocínio serve, *mutatis mutandis* à quebra de sigilo fiscal.

Vamos a um exemplo genérico:

> Ressalte-se que a decretação da medida é urgente *(periculum in mora)* pois a mora pode retardar o conhecimento de dados importantes para o desenvolvimento eficaz da presente investigação.

A **proporcionalidade, na quebra de sigilo financeiro e fiscal,** deve ser apontada no seguinte sentido: embora haja direito à intimidade, naquele caso concreto este direito deve ser relativizado para que se alcance investigação criminal eficaz, ou seja, o benefício do afastamento do sigilo deve ser superior ao prejuízo causado em razão desse afastamento.

Se diante do caso trazido pela questão houver **zona cinzenta** entre o cabimento de mais de uma medida, o candidato deve enfrentar o tema a fim de descartar a outra possibilidade diante do caso proposto.

30.7.5 Do(s) pedido(s)[15] e fechamento

a. Pedido

Esta parte traz algumas especificidades com relação ao modelo genérico proposto por nós, em razão de determinados pedidos técnicos necessários à implementação da medida.

---

15 Conforme já analisamos, a representação não se trata propriamente de um requerimento ou pedido, contudo, considerando que a prática cartorária-policial consagrou o uso da expressão, decidimos mantê-la neste trabalho, apesar das críticas anteriormente citadas.

Embora, na prática, em algumas polícias[16] o pedido seja baseado no envio de informações através do Sistema de Movimentação Bancária (Simba), não acreditamos que, ao menos em futuro próximo, em provas concursais, seja cobrado tal conhecimento. Entretanto, caso o candidato deseje colocar essas informações em seu pedido, não haverá qualquer problema.

Destarte, basta que o candidato atente para os pontos específicos abaixo que devem constar no pedido.

- **Quebra de sigilo financeiro:** que haja determinação por meio de ofício único ao Banco Central do Brasil para que envie, de forma compilada, por meio digital, os extratos de movimentações das contas dos investigados no prazo de (inserir o período) dias, constante no banco de dados das instituições financeiras.
- **Quebra de sigilo fiscal:** que haja determinação à Receita Federal do Brasil para que encaminhe, por meio digital, as declarações de IRPF (imposto de renda de pessoa física)[17] e os dossiês integrados completos, no prazo de (inserir o período) dias.

Deve-se colocar nesta parte, por cautela, que o **membro do Ministério Público será ouvido**.

Vamos aos exemplos, começando pela **quebra de sigilo financeiro**.

Quebra de sigilo financeiro

Pode-se repetir a fundamentação legal aposta no preâmbulo:

> Por todo o exposto, com fulcro no art. 1º, § 4º, da Lei Complementar nº 105/2001,[18] representa esta Autoridade Policial pela **quebra de sigilo financeiro** – no período compreendido entre *(colocar o período da quebra)* – das movimentações financeiras realizada pelo investigado *(colocar o nome do investigado e seus dados qualificadores)* por meio de instituições descritas no art. 1º, § 1º, da LC 105/2001 e, após a oitiva do membro do MP, em caso de deferimento, que seja expedido ofício único ao Banco Central para que remeta, no prazo de *(colocar o prazo)*[19], os referidos dados compilados, por meio digital.[20]

Ou utilizar a fórmula genérica:

> Por todo o exposto, com fulcro nos dispositivos acima citados, representa esta Autoridade Policial pela **quebra de sigilo financeiro** – no período compreendido entre *(colocar o período da quebra)* – das movimentações financeiras realizada pelo investigado *(colocar o nome do investigado e seus dados qualificadores)* por meio de instituições descritas no art. 1º, § 1º, da

---

[16] Como na Polícia Civil do Distrito Federal e na Polícia Federal.

[17] Caso se trate de pessoa jurídica, por óbvio, deve haver adequação deste ponto para IRPJ (imposto de renda de pessoa jurídica).

[18] Se o caso trouxer situação envolvendo organização criminosa, deve ser também citado o art. 3º, VI, da Lei nº 12.850/2013.

[19] Caso a questão não traga prazo, sugerimos ao candidato que coloque 30 (trinta) dias.

[20] Esse é o momento em que se fala do Simba, se for o caso.

LC nº 105/2001 e, após a oitiva do membro do MP, em caso de deferimento, que seja expedido ofício único ao Banco Central para que remeta, no prazo de *(colocar o prazo)*[21], os referidos dados compilados, por meio digital.[22]

Caso a questão narre situação em que há a necessidade de **quebra de sigilo bursátil**,[23] e o candidato queira especificar, o pedido pode ser realizado da seguinte maneira:

Por todo o exposto, com fulcro no art. 1º, § 4º, da Lei Complementar nº 105/2001,[24] representa esta Autoridade Policial pela **quebra de sigilo financeiro (bursátil)** das movimentações realizada pelo investigado *(colocar o nome do investigado e seus dados qualificadores)* no mercado financeiro, no período compreendido entre *(colocar o período da quebra)*, devendo, após a oitiva do Ministério Público, em caso de deferimento, ser expedido ofício à Comissão de Valores Mobiliários – CVM e à B3 (Brasil, Bolsa e Balcão) para que remeta, no prazo de *(colocar o prazo)*[25], os referidos dados compilados, por meio digital.[26]

Vamos **à quebra de sigilo fiscal.**

Quebra de sigilo fiscal

Pode-se repetir a fundamentação legal aposta no preâmbulo:

Por todo o exposto, com fundamento no art. 198, § 1º, I, do Código Tributário Nacional,[27] representa esta Autoridade Policial pela **quebra de sigilo fiscal** dos anos-calendários *(colocar os anos-calendários)* do investigado *(colocar o nome do investigado e seus dados qualificadores)*, devendo, após a oitiva no Ministério Público, em caso de deferimento, a Receita Federal do Brasil enviar a este signatário, por meio de meio digital, no prazo de *(colocar o prazo)*,[28] as declarações de Imposto de Renda da Pessoa Física (IPRF) e os dossiês integrados completos em nome do representado.

Ou utilizar a fórmula genérica:

Por todo o exposto, com fulcro nos dispositivos acima citados, representa esta Autoridade Policial pela **quebra de sigilo fiscal** dos anos-calendários *(colocar os anos-calendários)* do investigado *(colocar o nome do investigado e seus dados qualificadores)*, devendo, após a

---

21 Caso a questão não traga prazo, sugerimos ao candidato que coloque 30 (trinta) dias.

22 Esse é o momento em que se fala do Simba, se for o caso.

23 Lembrando que a quebra do sigilo bursátil nada mais é que uma espécie de quebra de sigilo financeiro.

24 Se o caso trouxer situação envolvendo organização criminosa, deve ser também citado o art. 3º, VI, da Lei nº 12.850/2013.

25 Caso a questão não traga prazo, sugerimos ao candidato que coloque 30 (trinta) dias.

26 Esse é o momento em que se fala do Simba, se for o caso.

27 Esse é o momento em que se fala do Simba, se for o caso.

28 Caso a questão não traga prazo, sugerimos ao candidato que coloque 30 (trinta) dias.

oitiva no Ministério Público, em caso de deferimento, a Receita Federal do Brasil enviar a este signatário, por meio de meio digital, no prazo de *(colocar o prazo)*,[29] as declarações de Imposto de Renda da Pessoa Física (IPRF) e os dossiês integrados completos em nome do representado.

Caso a quebra seja por sigilo financeiro e fiscal, deve-se unir os pedidos. Vejamos:

Quebra de sigilo financeiro e fiscal

Por todo o exposto, com fulcro nos dispositivos acima citados, representa esta Autoridade Policial pela **quebra de sigilo fiscal** dos anos-calendários *(colocar os anos-calendários)* do investigado *(colocar o nome do investigado e seus dados qualificadores)*, devendo, após a oitiva no Ministério Público, em caso de deferimento, a Receita Federal do Brasil enviar a este signatário, através de meio digital, no prazo de *(colocar o prazo[30])*, as declarações de Imposto de Renda da Pessoa Física (IPRF) e os dossiês integrados completos em nome do representado.

Representa ainda esta Autoridade pela **quebra de sigilo financeiro** – no período compreendido entre *(colocar o período da quebra)* – das movimentações financeiras realizada pelo investigado *(colocar o nome do investigado e seus dados qualificadores)* por meio de instituições descritas no art. 1º, § 1º, da LC nº 105/2001 e, após a oitiva do membro do MP, em caso de deferimento, que seja expedido ofício único ao Banco Central para que remeta, no prazo de *(colocar o prazo)*,[31] os referidos dados compilados por meio digital.[32]

É facultativo o uso da expressão **nesses termos, pede deferimento**. Conforme já ressaltamos, não se trata a representação efetivamente de um pedido, motivo pelo qual não indicamos o uso da expressão, contudo é muito comum na prática e, efetivamente, apresenta a ideia de encerramento da representação.

b. Fechamento

Por fim, o **fechamento** é realizado da seguinte maneira, fazendo referência:

- ao local e à data;
- à expressão "Delegado de Polícia";
- à lotação (se a questão trouxer).

Se no caso de interceptação de comunicações houver qualquer dado referente ao e-mail **do Delegado**, esse dado também deve constar.

Trata-se de fase simples, contudo devemos apresentar algumas ressalvas:

- **Com relação à data e ao local, deve-se efetivamente escrever a expressão "local e data".** Caso a questão apresente o local em que os fatos ocorreram poder-se-ia

29 Caso a questão não traga prazo, sugerimos ao candidato que coloque 30 (trinta) dias.

30 Caso a questão não traga prazo, sugerimos ao candidato que coloque 30 (trinta) dias.

31 Caso a questão não traga prazo, sugerimos ao candidato que coloque 30 (trinta) dias.

32 Esse é o momento em que se fala do Simba, se for o caso.

utilizar como referência o local apresentado na questão. Não se deve utilizar o local da prova ou a data da prova, salvo, logicamente, se forem as mesmas apresentadas na questão.

- **Com relação ao uso do termo "Delegado de Polícia"**, deve-se fazer referência ao uso da expressão no masculino, salvo se a questão especificar que quem conduz a investigação é uma mulher. Não se trata de preferência de gênero, mas de cautela para não identificar sua prova.
- **Com relação à lotação, deve-se utilizar a expressão "lotação".** Caso a questão apresente a lotação, o candidato poderá especificá-la.

Modelo de quebra de sigilo financeiro

EXCELENTÍSSIMO(A) SENHOR(A) JUIZ(A) DE DIREITO DA ___ VARA (...) DA COMARCA DE (...)

Não use abreviações no endereçamento. Lembre-se de que não é necessário o uso de inúmeros pronomes de tratamento.

Medida Sigilosa e Urgente.

Como dito, pode-se colocar que a medida é sigilosa e urgente em razão da própria essência das cautelares.

Referência: Inquérito Policial nº

Caso haja referência ao número do inquérito, deve-se fazer alusão à numeração. Caso não haja, o candidato poderá usar o termo: Inquérito Policial nº.

Não há necessidade de pular linhas, sobretudo se o número de linhas de sua prova for reduzido.

Deixar parágrafo de aproximadamente dois dedos de distância da margem.

O Delegado de Polícia ao final assinado, no uso de suas atribuições constitucionais e legais, sobretudo o art. 144, § 4º,[33] da Constituição Federal e art. 2º, § 1º, da Lei nº 12.830/2013 *(se houver legislação local, a exemplo de dispositivo da Constituição Estadual, colocar aqui)*, com fulcro no art. 1º, § 4º, da Lei Complementar nº 105/2001,[34] vem à presença de Vossa Excelência representar pela **quebra de sigilo financeiro** das contas/movimentações em instituições financeiras de *(colocar o nome do investigado e seus dados qualificadores)* no período compreendido entre *(colocar o período da quebra)*, pelos fundamentos de fato e de direito que pormenorizadamente se seguem.

DA SINOPSE DOS FATOS

Neste ponto, deve-se apresentar o resumo dos fatos elencados na questão, lembre-se de que não devem ser apresentados fatos que não estiverem no enunciado da questão.

1ª informação: unicamente com base na questão apresentada, utilizando-se do poder de síntese, deve ser ressaltado tudo que houver sobre as seguintes perguntas: O quê? Quem? Quando? Onde? Por quê? Como? Com quem?

---

[33] Lembrando que, caso seja prova para Delegado de Polícia Federal, a legitimidade será alterada.

[34] Se o caso trouxer situação envolvendo organização criminosa, deve ser também citado o art. 3º, VI, da Lei nº 12.850/2013.

2ª informação: só devem ser ressaltados fatos relevantes que terão correlação com a parte da fundamentação.

DOS FUNDAMENTOS

Neste momento, pode-se apresentar um breve apanhado sobre o instituto pleiteado, além do fumus comissi delicti, *do* periculum in mora *e* proporcionalidade, *que vão variar conforme a medida.*

1ª informação: indique a **materialidade do delito**. Lembrando que aqui esses dados devem estar consubstanciados em elementos concretos. Ressalte na peça a existência de eventuais laudos periciais.

2ª informação: tipifique o delito.

3ª informação: indique **os indícios suficientes de autoria**. Deve-se apontar quais fatos demonstram que aquele suspeito pode ter cometido o delito. Em análise técnica, deve-se apresentar qual a justa causa para o indivíduo estar sendo investigado e quais as informações colhidas na investigação apontam para a autoria dele. Devem ser apontados nomes e/ou apelidos dos investigados.

4ª informação: demonstre ao juiz que **a medida** é **adequada e proporcional** e, se não for implementada de forma célere (*periculum in mora*), gerará risco provável grave e irreparável.

DO(S) PEDIDO(S)

Será a finalização da peça, indicando ao magistrado a razão da representação. Deve-se colocar, por cautela, que o membro do Ministério Público será ouvido. Solicitar ao magistrado para que determine, por meio de ofício único ao Banco Central do Brasil, para que envie, de forma compilada, por meio digital, os extratos de movimentações das contas dos investigados no prazo de (incluir o período) dias, constante no banco de dados das instituições financeiras.

Colocar o período da quebra.

Por todo o exposto, com fulcro no art. 1º, § 4º, da Lei Complementar nº 105/2001,[35] representa esta Autoridade Policial pela **quebra de sigilo financeiro** – no período compreendido entre *(colocar o período da quebra)* – das movimentações financeiras realizada pelo investigado *(colocar o nome do investigado e seus dados qualificadores)* através de instituições descritas no art. 1º, § 1º, da LC nº 105/2001 e, após a oitiva do membro do MP, em caso de deferimento, que seja expedido ofício único ao Banco Central para que remeta, no prazo de *(colocar o prazo)*[36], os referidos dados compilados, por meio digital.[37]

Caso a questão narre situação em que há a necessidade de ***quebra de sigilo bursátil,****38 o pedido deve ser realizado da forma abaixo:*

---

35 Se o caso trouxer situação envolvendo organização criminosa, deve ser também citado o art. 3º, VI, da Lei nº 12.850/2013.

36 Caso a questão não traga prazo, sugerimos ao candidato que coloque 30 (trinta) dias.

37 Esse é o momento que vai ser falado do Simba, se for o caso.

38 Lembrando que a quebra do sigilo bursátil nada mais é que uma espécie de quebra de sigilo financeiro.

Por todo o exposto, com fulcro no art. 1º, § 4º, da Lei Complementar nº 105/2001[39], representa esta Autoridade Policial pela **quebra de sigilo financeiro (bursátil)** das movimentações realizada pelo investigado *(colocar o nome do investigado e seus dados qualificadores)* no mercado financeiro, no período compreendido entre *(colocar o período da quebra)*, devendo, após a oitiva do Ministério Público, em caso de deferimento, ser expedido ofício à Comissão de Valores Mobiliários – CVM e à B3 (Brasil, Bolsa e Balcão) para que remeta, no prazo de *(colocar o prazo)*,[40] os referidos dados compilados, por meio digital.[41]

Local, data.

Delegado de Polícia.

Lotação *(se houver)*.

E-mail do Delegado *(se houver)*.

Embora seja óbvio, o óbvio por vezes precisa ser dito: jamais identifique sua prova, *seja assinando-a, colocando seu nome (ou as iniciais dele) ou de qualquer outra maneira.*

Modelo de quebra de sigilo fiscal

EXCELENTÍSSIMO(A) SENHOR(A) JUIZ(A) DE DIREITO DA ____ VARA (...) DA COMARCA DE (...)

Não use abreviações no endereçamento. Lembre-se de que não é necessário o uso de inúmeros pronomes de tratamento.

Medida Sigilosa e Urgente.

Como dito, pode-se colocar que a medida é sigilosa e urgente em razão da própria essência das cautelares.

Referência: Inquérito Policial nº

Caso haja referência ao número do inquérito, deve-se fazer referência à referida numeração. Caso não haja, o candidato poderá usar o termo: Inquérito Policial nº.

Não há necessidade de pular linhas, sobretudo se o número de linhas de sua prova for reduzido.

Deixar parágrafo de aproximadamente dois dedos de distância da margem.

O Delegado de Polícia ao final assinado, no uso de suas atribuições constitucionais e legais, sobretudo o art. 144, § 4º,[42] da Constituição Federal e art. 2º, § 1º, da Lei nº 12.830/2013 *(se houver legislação local, a exemplo de dispositivo da Constituição Estadual, colocar aqui)*, com fundamento no art. 198, § 1º, I, do Código Tributário Nacional,[43] vem à presença de Vossa Excelência representar pela **quebra de sigilo fiscal** dos anos-calendários *(colocar os anos-calendários)* do investigado *(colocar o nome do investigado e seus dados qualificadores)*, pelos fundamentos de fato e de direito que pormenorizadamente se seguem:

---

[39] Se o caso trouxer situação envolvendo organização criminosa, deve ser também citado o art. 3º, VI, da Lei nº 12.850/2013.

[40] Caso a questão não traga prazo, sugerimos ao candidato que coloque 30 (trinta) dias.

[41] Esse é o momento em que se fala do Simba, se for o caso.

[42] Lembrando que, caso seja prova para Delegado de Polícia Federal, a legitimidade será alterada.

[43] Lembrando que, caso seja prova para Delegado de Polícia Federal, a legitimidade será alterada.

DA SINOPSE DOS FATOS

Nesse ponto, deve-se apresentar o resumo dos fatos elencados na questão, lembre-se de que não devem ser apresentados fatos que não estiverem no enunciado da questão.

1ª informação: unicamente com base na questão apresentada, utilizando-se do poder de síntese, deve ser ressaltado tudo que houver sobre as seguintes perguntas: O quê? Quem? Quando? Onde? Por quê? Como? Com quem?

2ª informação: só devem ser ressaltados fatos relevantes que terão correlação com a parte da fundamentação.

DOS FUNDAMENTOS

Neste momento, pode-se apresentar um breve apanhado sobre o instituto pleiteado, além do fumus comissi delicti, *do* periculum in mora e proporcionalidade, *que vão variar conforme a medida.*

1ª informação: indique a **materialidade do delito**. Lembrando que aqui esses dados devem estar consubstanciados em elementos concretos. Ressalte na peça a existência de eventuais laudos periciais.

2ª informação: tipifique o delito.

3ª informação: indique **os indícios suficientes de autoria**. Deve-se apontar quais fatos demonstram que aquele suspeito pode ter cometido o delito. Em análise técnica, deve-se apresentar qual a justa causa para o indivíduo estar sendo investigado e quais as informações colhidas na investigação apontam para a autoria dele. Devem ser apontados nomes e/ou apelidos dos investigados.

4ª informação: demonstre ao juiz que **a medida** é **adequada e proporcional** e, se não for implementada de forma célere (*periculum in mora*), gerará risco provável grave e irreparável.

DO(S) PEDIDO(S)

Será a finalização da peça, indicando ao magistrado a razão da representação.

Deve-se colocar, por cautela, que o membro do Ministério Público será ouvido.

Solicitar ao magistrado para que determine à Receita Federal do Brasil que encaminhe, por meio digital, as declarações de IRPF (imposto de renda de pessoa física)44 e os dossiês integrados completos, no prazo de (incluir o período) dias.

Colocar o período da quebra.

Por todo o exposto, com fundamento no art. 198, § 1º, I, do Código Tributário Nacional,[45] representa esta Autoridade Policial pela **quebra de sigilo fiscal** dos anos-calendários *(colocar os anos-calendários)* do investigado *(colocar o nome do investigado e seus dados qualificadores)*, devendo, após a oitiva no Ministério Público, em caso de deferimento, a Receita Federal

---

44 Caso se trate de pessoa jurídica, por óbvio, deve haver adequação deste ponto para IRPJ (imposto de renda de pessoa jurídica).

45 Caso se trate de pessoa jurídica, por óbvio, deve haver adequação deste ponto para IRPJ (imposto de renda de pessoa jurídica).

do Brasil enviar a este signatário, através de meio digital, no prazo de *(colocar o prazo)*[46], as declarações de Imposto de Renda da Pessoa Física (IPRF) e os dossiês integrados completos em nome do representado.

Local, data.

Delegado de Polícia.

Lotação *(se houver)*.

E-mail do Delegado *(se houver)*.

Embora seja óbvio, o óbvio por vezes precisa ser dito: jamais identifique sua prova, *seja assinando-a, colocando seu nome (ou as iniciais dele) ou de qualquer outra maneira.*

Modelo de caso proposto

Caso prático

Marcelo Lourenço é proprietário da Marquet S/A, pessoa jurídica com atuação em vários Estados da Federação e com sede em Fortaleza/CE. Em determinado período de sua atividade, especificamente entre o ano de janeiro a dezembro de 2021, a referida empresa passou por severa crise financeira, fato que afetou diretamente os seus rendimentos relacionados a sua pessoa física.

Durante esse período, Marcelo Lourenço, com o objetivo de fraudar a fiscalização e reduzir o quantitativo de tributos que deveria recolher, inseriu elementos inexatos e omitiu operações financeiras em suas declarações relativas à sua pessoa física à Receita Federal do Brasil.

Essa atividade lhe rendeu vultuosa quantia financeira, contudo, para que a atividade não levantasse suspeitas das autoridades, transferiu todos esses valores para uma conta particular vinculada a ele. Trata-se de conta aberta no Banco Ban, agência 001, conta: 0019-8.

Em razão da quantidade de recursos, Marcelo Lourenço passou a viajar e manter relacionamentos extraconjugais. Contudo logo sua esposa, Maria Marta, descobriu todos os seus casos extraconjugais e encerrou o relacionamento.

Após esses fatos, Maria Marta compareceu até a unidade de Delegacia de Polícia Federal, localizada em Fortaleza e prestou as seguintes declarações:

"QUE fora casada com Marcelo Lourenço; QUE ele *é* proprietário da empresa Marquet S/A, instituição com atuação em vários Estados da Federação e possui sede em Fortaleza/CE; QUE após uma crise financeira Marcelo passou o suprimir tributos por meio da inserção de dados inexatos nas suas declarações de pessoa física *à* Receita Federal, assim como por meio de omissão de operações financeiras; QUE apresenta diversos documentos que indicam efetivamente essa prática; QUE essa atividade lhe rendeu vultuosa quantia em dinheiro, motivo pelo qual transferiu esses valores para uma conta ligada a sua pessoa física; QUE se trata de conta aberta no Banco Ban, agência 001, conta: 0019-8; QUE os funcionários da empresa não prestam nenhuma informação a esse respeito; QUE nenhuma daquelas pessoas tem disponibilidade de prestar depoimento; QUE Marcelo Lourenço não usa aparelho telefônico; QUE o *único* meio de comprovar a prática da infração penal *é* tendo acesso aos dados fiscais e financeiros do investigado".

Essas declarações foram tomadas a termo e os documentos apresentados por Maria Marta foram objeto de análise pelo Delegado de Polícia Federal. Após criteriosa análise, constatou-se

---

[46] Caso a questão não traga prazo, sugerimos ao candidato que coloque 30 (trinta) dias.

que, efetivamente, há indícios da prática de infração penal relativa à redução e à supressão de tributos, motivo pelo qual instaurou o inquérito policial 0003/2022.

O investigado possui residência física e seu estado de liberdade não apresenta risco para a coletividade.

Em despacho, a Autoridade Policial determinou a oitiva de diversas pessoas vinculadas à empresa, contudo todas foram enfáticas em negar a prática de qualquer atividade daquele tipo.

O Delegado de Polícia encontra-se sem meio ordinário para prosseguir com a investigação. Ante o exposto, como presidente do caderno investigativo, elabore a representação cabível e compatível com a fase investigativa.

Considere os seguintes dados:

Marquet/SA, CNPJ 12.987.453/0001-09, localizada na Rua das Flores – Fortaleza/CE.

Marcelo Lourenço, filho de José João e Rita Tita, CPF: 002.343.090-00, residente na Rua das Folhas – Fortaleza/CE.

Modelo de proposta de resposta

EXCELENTÍSSIMO SENHOR JUIZ FEDERAL DA ___ VARA CRIMINAL DA SEÇÃO JUDICIÁRIA DE FORTALEZA/CEARÁ

Medida Sigilosa e Urgente.

Referência: Inquérito Policial nº 0003/2022.

O Delegado de Polícia Federal ao final assinado, no uso de suas atribuições constitucionais e legais, sobretudo o art. 144, § 1º, inciso I, da Constituição Federal e art. 2º, § 1º, da Lei nº 12.830/2013, com fulcro no art. 1º, § 4º, da Lei Complementar nº 105/2001, vem à presença de Vossa Excelência representar pela **quebra de sigilo financeiro** das contas/movimentações em instituições financeiras de Marcelo Lourenço, filho de José João e Rita Tita, CPF: 002.343.090-00, residente na Rua das Folhas – Fortaleza/CE, especificamente da conta movimentada no Banco Ban, agência 001, conta: 0019-8, no período compreendido entre janeiro a dezembro de 2021, assim como, com fundamento no art. 198, § 1º, I, do Código Tributário Nacional, representa pela **quebra de sigilo fiscal** relativas a declarações de Marcelo Lourenço *(qualificação acima)* do ano-calendário 2021, pelos fundamentos de fato e de direito que pormenorizadamente se seguem:

DOS FATOS

Trata-se de investigação policial instaurada com o fito de apurar a prática de supressão e redução de tributos por meio da ocultação ou inserção de dados falsos em declarações prestadas à Receita Federal do Brasil, conduta, em tese, praticada por Marcelo Lourenço, filho de José João e Rita Tita, CPF: 002.343.090-00, residente na Rua das Folhas – Fortaleza/CE, hipótese que, caso constatada, amolda-se ao tipo penal previsto no art. 1º, II, da Lei nº 8.137/1990.

Os fatos objeto de investigação chegaram ao conhecimento desta autoridade por meio de declarações prestadas pela ex-esposa de Marcelo Loureço. Nessa ocasião, além de informações prestadas oralmente, a denunciante apresentou documentos idôneos a instauração deste instrumento investigativo.

Basicamente, as declarações prestadas por Maria Marta apontam que, após crise financeira em sua atividade empresarial, o investigado passou a reduzir e suprimir tributos por meio de apresentação de declarações inexatas.

Aponta que essa atividade lhe rendeu grande numerário de dinheiro, valores que estariam em conta vinculada a sua pessoa física. Indicou ainda que o dinheiro estaria depositado no Banco Ban, agência 001, conta: 0019-8.

Ainda no âmbito da denúncia realizada por Maria Marta, foram apresentados documentos os quais apresentam-se, de acordo com análise desta Autoridade Policial, aptos à instauração do presente instrumento investigativo.

A denunciante ainda ressaltou que as pessoas envolvidas na atividade empresarial não contribuiriam com a investigação, fato que foi constado nos depoimentos prestados, ocasião em que todos os ouvidos negaram a prática de qualquer atividade relativa à redução ou supressão de tributos. No mesmo sentido, apontou que o único meio idôneo a comprovar a atividade ilícita é por meio de acesso aos dados fiscais e financeiros do investigado.

O investigado não usa aparelho telefônico, assim como a sua liberdade não apresenta qualquer risco à coletividade.

DOS FUNDAMENTOS

Trata-se de medida cautelar de cunho probatório que permite, após autorização judicial, o acesso ao conteúdo de transações financeiras realizadas pelo investigado – tais como transações bancárias (saques, transferências, depósitos) e demais dados sigilosos das instituições financeiras descritas no art. 1º, § 1º, da Lei Complementar nº 105/2001 – inicialmente protegidas pela garantia constitucional da intimidade e da vida privada. Assim, como, a medida de quebra de sigilo fiscal busca ter acesso às declarações tributárias prestadas à Receita Federal do Brasil.

A Constituição Federal prevê o direito à intimidade em diversos incisos de seu art. 5º. Dentre essas previsões, está o inciso X, que trata da inviolabilidade da intimidade, vida privada, honra e imagem da pessoa.

Os mandamentos atinentes ao sigilo e a preservação da intimidade, em determinadas hipóteses legais, pode ser flexibilizado, essencialmente naquelas situações em que o acesso é imprescindível para as investigações policiais.

Excelência, são evidentes a materialidade do delito e os indícios de autoria por parte do investigado. Com efeito, evidenciam-se esses elementos por meio das declarações prestadas por Maria Marta, bem como os documentos por ela apresentados e analisados, os quais demonstram indícios da prática de infração penal de redução ou supressão de tributos, tipificada no art. 1º, II, da Lei nº 8.137/1990, cuja pena máxima é superior a 4 (quatro) anos.

Portanto, presentes os elementos referentes ao *fumus comissi delicti*.

No que tange ao *periculum in mora*, as medidas se mostram urgentes neste momento, Excelência, porquanto, se não implementada, os dados tributários, em decorrência do fator tempo, podem ser perdidos.

No que concerne ao acesso aos dados bancários da conta indicada, a medida também se mostra urgente, considerando que o conhecimento célere a respeito das informações financeiras e fiscais tornará a investigação mais robusta, hipótese que possibilitará a adoção novas linhas investigativas, aptas e reprimir a conduta e ressarcir aos cofres públicos.

A medida é proporcional, pois, conforme demonstrado, não há outra forma eficaz e menos gravosa para o prosseguimento das investigações senão a implementação da medida pleiteada, sendo, pois, proporcional e adequada.

DOS PEDIDOS

Por todo o exposto, com fulcro no art. 1º, § 4º, da Lei Complementar nº 105/2001, representa esta Autoridade Policial pela **quebra de sigilo financeiro** – no período compreendido entre janeiro e dezembro de 2021 – das movimentações financeiras realizada pelo investigado Marcelo Lourenço, filho de José João e Rita Tita, CPF: 002.343.090-00, residente na Rua das Folhas – Fortaleza/CE, especificamente na conta aberta no Banco Ban, agência 001, conta: 0019-8, através de instituições descritas no art. 1º, § 1º, da Lei Complementar nº 105/2001 e, após a oitiva do membro do MP, em caso de deferimento, que seja expedido ofício único ao Banco Central para que remeta, no prazo de 30 dias, os referidos dados compilados, por meio digital.

Representa ainda, com fulcro nos dispositivos acima citados, pela **quebra de sigilo fiscal** do ano-calendário 2021, devendo, após a oitiva no Ministério Público, em caso de deferimento, a Receita Federal do Brasil enviar a este signatário, por meio digital, no prazo de 30 dias as Declarações de Imposto de Renda da Pessoa Física (DIRPF) referentes ao investigado e os dossiês integrados completos em nome do representado.

Fortaleza, data.

Delegado de Polícia Federal.

31 Representação por instauração de incidente de insanidade mental

O Código Penal brasileiro adotou, naquilo que concerne à aferição da culpabilidade do agente, o critério biopsicológio, nos termos do art. 26 do referido diploma. Vejamos a redação do dispositivo:

> **Inimputáveis**
>
> **Art. 26.** É isento de pena o agente que, por doença mental ou desenvolvimento mental incompleto ou retardado, era, ao tempo da ação ou da omissão, inteiramente incapaz de entender o caráter ilícito do fato ou de determinar-se de acordo com esse entendimento.
>
> **Redução de pena**
>
> **Parágrafo único.** A pena pode ser reduzida de um a dois terços, se o agente, em virtude de perturbação de saúde mental ou por desenvolvimento mental incompleto ou retardado não era inteiramente capaz de entender o caráter ilícito do fato ou de determinar-se de acordo com esse entendimento.

O incidente de insanidade mental trata-se de procedimento destinado a aferir a culpabilidade do agente de modo a sujeitá-lo à pena, caso imputável, ou à medida de segurança, caso inimputável. Busca-se, nos termos do art. 26 do Código Penal Brasileiro, verificar se o agente é dotado de capacidade de entendimento/comportamento – **critério biopsicológico**.

Desse modo, caso o Delegado de Polícia, no curso da investigação, se depare com elementos que indiquem que o agente era inimputável ou semi-imputável (nos termos do art. 26, Código Penal) é indispensável que represente pela instauração de incidente de insanidade mental, justamente com o objetivo de constatar (ou não) a imputabilidade do investigado.

É extremamente importante relembrar que o referido incidente pode ser instaurando tanto na fase investigativa, quanto na fase judicial, nos termos do art. 149. do CPP (abaixo descrito), contudo considerando a finalidade de nosso trabalho, apontaremos os elementos relevantes para a realização de exame de insanidade mental no curso da investigação. Vejamos o dispositivo legal:

> **Art. 149.** Quando houver dúvida sobre a integridade mental do acusado, o juiz ordenará, de ofício ou a requerimento do Ministério Público, do defensor, do curador, do

> ascendente, descendente, irmão ou cônjuge do acusado, seja este submetido a exame médico-legal.
>
> **§ 1º** O exame poderá ser ordenado ainda na fase do inquérito, mediante representação da autoridade policial ao juiz competente. (...)

Observe que o Delegado de Polícia pode diretamente requisitar a realização de exames periciais, contudo, especificamente com relação ao exame de insanidade mental, é indispensável determinação da autoridade judicial competente (cláusula de reserva jurisdicional). Essa peculiaridade ocorre em razão da necessidade de nomeação de curador ao investigado, caso se constate a sua inimputabilidade ou semi-imputabilidade.

Sendo verificada a inimputabilidade do agente, a sentença, ante a falta de elemento estruturante do crime (culpabilidade), será absolutória, cumulada com a imposição de medida de segurança, motivo pelo qual é denominada **sentença absolutória imprópria**.

Ainda há de se observar que, caso o incidente seja instaurado na fase processual, haverá a suspensão do feito, realizando-se somente aquelas diligências processuais cujo adiamento possa prejudicar a instrução processual.

A representação a ser realizada pelo Delegado de Polícia trata-se do instrumento hábil, **no curso da investigação**, a informar ao magistrado a necessidade de se aferir o estado mental do investigado, quanto a sua imputabilidade ou inimputabilidade.

Em provas práticas, o candidato deve estar atento a elementos que indiquem a alteração da saúde mental do investigado. Narrativas absurdas e desconexas do investigado, comportamentos extremamente violentos e desarrazoados acompanhados de lapsos de perda de memória são situações que podem demonstrar a inimputabilidade e fundamentar a necessidade de representação pelo incidente de insanidade mental.

31.1 HIPÓTESE DE CABIMENTO

A representação a respeito da instauração do incidente de insanidade mental tem cabimento justamente naquelas situações em que houver, fundada dúvida a respeito da **integridade mental** do investigado.

Assim, a dúvida a respeito da integridade mental do investigado é o elemento fático que deve ser evidenciado nas representações elaboradas pelo Delegado de Polícia a respeito da realização do exame.

O fundamento legal é apresentado na parte inicial do art. 149, *caput*. Vejamos a redação:

> **Art. 149.** Quando houver dúvida sobre a integridade mental do acusado, o juiz ordenará, de ofício ou a requerimento do Ministério Público, do defensor, do curador, do ascendente, descendente, irmão ou cônjuge do acusado, seja este submetido a exame médico-legal.
>
> **§ 1º** O exame poderá ser ordenado ainda na fase do inquérito, mediante representação da autoridade policial ao juiz competente. (...)

31.2 LEGITIMADOS

O referido incidente pode, quando na fase processual, ser instaurado de ofício pela autoridade judicial ou mediante requerimento dos seguintes legitimados:

a. ministério Público;
b. defensor;
c. curador;
d. ascendente, descendente, irmão ou cônjuge do acusado.

Na fase investigativa, mediante representação da Autoridade Policial

Nas peças práticas processuais, é interessante que o candidato, ainda no âmbito do preâmbulo da peça prática processual, faça referência ao art. 149, § 1º, do CPP, demostrando a sua legitimidade para a representação.

Ainda com relação à legitimidade do Delegado de Polícia, é interessante ressaltar a possibilidade de se representar por medida cautelar diversa da prisão destinada a aplicação da internação provisória. Vejamos a redação do dispositivo:

> **Art. 319.** São medidas cautelares diversas da prisão:
>
> (...)
>
> VII – internação provisória do acusado nas hipóteses de crimes praticados com violência ou grave ameaça, quando os peritos concluírem ser inimputável ou semi-imputável (art. 26 do Código Penal) e houver risco de reiteração.

Nesses casos, ressaltamos que não é possível cumular a representação por incidente de insanidade mental com a representação por medida cautelar de internação provisória, uma vez que, conforme se observa da redação do dispositivo, a internação provisória seria possível quando os peritos concluírem ser o investigado inimputável ou semi-imputável, ou seja, após a realização do exame.

Ainda se exige para a aplicação da internação provisória (medida cautelar alternativa à prisão) que:

a. o crime seja cometido com violência ou grave ameaça;
b. haja risco de reiteração.

Para melhor entendimento a respeito das medidas cautelares alternativas à prisão, remetemos o leitor para o capítulo referente ao estudo dessas medidas.

31.3 CLÁUSULA DE RESERVA JURISDICIONAL

Conforme já analisado, a instauração do incidente e, consequentemente, a realização do exame pericial sobre a sanidade ou não do investigado somente pode ser determinada judicialmente, motivo pelo qual se submete ao que se denomina cláusula de reserva jurisdicional.

31.4 REQUISITOS GENÉRICOS DAS MEDIDAS CAUTELARES

Conforme já analisado nas demais peças práticas elaboradas pelo Delegado de Polícia, a representação por exame de insanidade mental deve atender aos requisitos das cautelares.

Desse modo, nessas representações o candidato deve evidenciar:

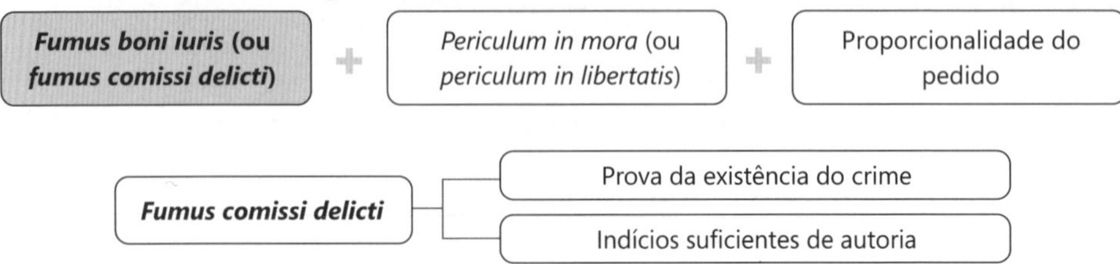

Vejamos detalhadamente cada um desses elementos:

a. ***Fumus comissi delicti***: o elemento *fumus comissi delicti* deve ser adequado à medida em análise, ou seja, sua comprovação dar-se-á por meio da prova da existência de elementos concretos que indiquem a prática do fato definido como crime, além da indicação de indícios a respeito da autoria desse fato.

É extremamente importante observar que, caso seja constatada a inimputabilidade do agente, não haverá tecnicamente a prática de **crime**. Desse modo, no *fumus comissi delicti*, o candidato poderia se referir à existência de elementos que comprovam a prática de **fato definido como crime**.

b. ***Periculum in mora***: com relação a esse elemento, deve-se demonstrar o risco que a não adoção imediata da medida pode ocasionar à investigação e consequentemente à própria persecução penal. Considerando que, constatar a inimputabilidade ou inimputabilidade contribuirá sobremaneira para economia processual, uma vez que não haverá necessidade de refazer-se ato processuais pela falta de curador. Ademais, a mora da constatação pode levar ao cometimento de injustiça no caso concreto e atraso a eventual tratamento especial a que deve se submeter o investigado.

c. **Proporcionalidade da medida:** a proporcionalidade da medida é evidenciada pela demonstração de elementos concretos que evidencie a dúvida razoável sobre a integridade mental do investigado.

Ainda no bojo dessa representação deve o candidato incluir os seguintes elementos:

a. necessidade de oitiva do Ministério Público, considerando que envolve interesse de suposto incapaz;
b. necessidade de designação de curador especial;
c. apresentação dos quesitos a serem realizados aos peritos no sentido de constatar ou não a imputabilidade.

Vejamos a estrutura da peça o detalhamento de cada um de seus elementos.

31.5 ESTRUTURA DA PEÇA

Utilizando como base o Capítulo 20, a estrutura da peça segue o padrão, pois conterá os cinco elementos obrigatórios já vistos:

1. **endereçamento;**
2. **preâmbulo;**
3. **síntese dos fatos;**
4. **fundamentos;** e
5. **pedido(s) e fechamento.**

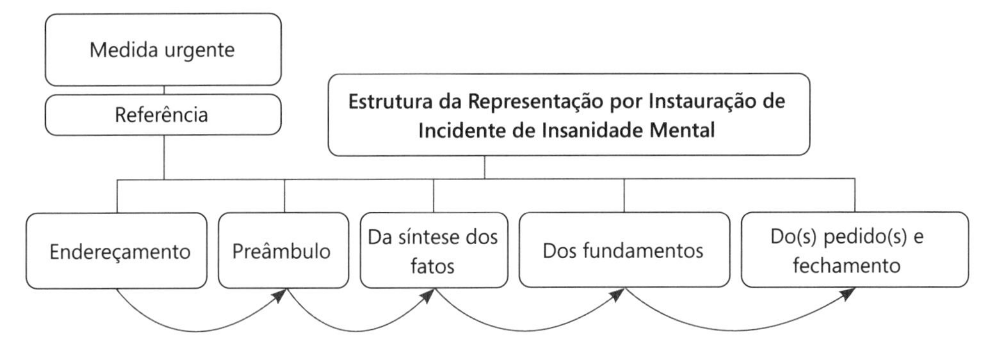

Além dos citados elementos, a peça deve trazer **entre o endereçamento e o preâmbulo**, a **referência** eventualmente trazida pela questão. Conforme já visto, o mais comum é que a referência seja o número do Inquérito Policial, mas pode ocorrer de a questão trazer como referência o número da ocorrência policial ou, até mesmo, o número de distribuição do Inquérito Policial no Poder Judiciário.

O importante é que o candidato coloque exatamente como a questão trouxer, ou seja, se no texto estiver escrito "Inquérito Policial nº 9.748/2021 – 38ª DP", o candidato deve colocar entre o endereçamento e preâmbulo:

Referência: Inquérito Policial nº 9.748/2021 – 38ª DP

Sem abreviar.

Se o texto trouxer "I.P. nº 9.748/2021", o candidato deve colocar entre o endereçamento e preâmbulo:

Abreviando.

Referência: I.P. nº 9.748/2021

Ou seja, exatamente como a questão trouxer. Isso vale para os casos de existir referência ao número de ocorrência ou a qualquer outro número.

Muito cuidado para não errar o número trazido pela questão, pois isso pode gerar uma identificação de prova. Exemplifico: vamos imaginar que a questão traga a referência como Inquérito Policial nº 449988/2021 e você erre na hora de escrever e coloque:

Referência: I.P. nº 448888/2021

Isso pode gerar problema, portanto, é importante que o candidato tenha bastante atenção.

Caso a questão não traga a informação de referência, **o candidato jamais deve criar dados**! O que se pode fazer é colocar entre o endereçamento e preâmbulo o seguinte:

Referência: Inquérito Policial

Observe que a informação deverá ser apresentada sem nenhum número nesses casos, uma vez que a própria questão não indicou nenhum número.

Outro dado que deve constar nesta peça, também entre o **endereçamento** e o **preâmbulo,** é que a medida é **urgente**. Conforme salientado no Capítulo 19 do nosso *Manual Decifrado*, na dúvida, deve ser colocada esta informação em razão da própria essência das medidas cautelares, que são urgentes em razão do *periculum in mora* ou *periculum libertatis*.

Não há a necessidade de se apor que a medida é **sigilosa**, pois, como já visto, deverá ser o autor do fato definido como crime intimado a comparecer ao ato e a ele será designado curador especial.

31.5.1 Endereçamento

Considerando que a representação deve ser analisada por um magistrado, ela deve ser endereçada ao juiz competente, sendo parte obrigatória.

Conforme salientado, caso ainda não haja juiz prevento, o endereçamento deve ser realizado ao juiz criminal (crimes comuns) ao juiz do tribunal do júri (crimes dolosos contra a vida), juiz da vara de violência doméstica (crimes envolvendo violência doméstica familiar) ou a outros, a depender do tipo de crime cometido e da organização judiciária do local de onde se presta a prova. Assim, é interessante que o candidato, conheça, ao menos superficialmente, a estrutura organizacional do Poder Judiciário do local em que presta o concurso, desde que seja cobrado em edital.

Caso já exista juízo prevento e a questão faça referência a tal juízo, deve-se endereçar a representação a ele.

A título de exemplo, no Distrito Federal temos Varas do Tribunal do Júri, a Circunscrição Especial Judiciária de Brasília e as Circunscrições Judiciárias das Regiões Administrativas. Já nos Estados, geralmente se endereça a peça prática profissional da seguinte forma:

Excelentíssimo Senhor Juiz de Direito da ___ Vara Criminal da Comarca de xxxxxx.

No que concerne ao pronome de tratamento do juiz, indica-se que não se faça o uso de diversos tratamentos, como: "**Excelentíssimo Senhor Doutor Juiz de Direito**". Indica-se que use somente a expressão: "**Excelentíssimo Senhor Juiz de Direito**".

Nos concursos para Delegado de Polícia Federal é necessário saber que existem Varas Federais que formam as Seções Judiciárias ou Subseções Judiciárias.

Vejamos o seguinte exemplo: caso o crime tenha ocorrido em Cuiabá, a representação deve ser endereçada ao **"Excelentíssimo Senhor Juiz Federal da ___ Vara Federal da Seção Judiciária do Mato Grosso"**.

De igual forma, com relação ao pronome de tratamento, basta utilizar "**Excelentíssimo Senhor Juiz Federal**".

Lembrando que, caso se esteja diante de crime apurado pela Polícia Federal, nos termos do art. 1º da Lei nº 10.446/2002 (quando houver repercussão interestadual ou internacional que exija repressão uniforme em crimes específicos) não há, via de regra, deslocamento de competência para a Justiça Federal. Nestes casos, portanto, o Delegado de Polícia Federal eventualmente representará ao Juiz de Direito Estadual.

É importante ressaltar que o Pacote Anticrime, Lei nº 13.964/2019, trouxe mudança significativa na estrutura do Poder Judiciário: o juiz de garantias. Até o fechamento desta obra, em razão de decisão do Supremo Tribunal Federal, a instituição dos juízes de garantias está suspensa. Ocorre que o tema pode impactar diretamente no endereçamento da peça, conforme mais bem trabalhado no Capítulo 19 desta obra, para a qual remetemos o leitor.

31.5.2 Preâmbulo

Conforme já salientado, o preâmbulo deve perseguir a consecução de três objetivos básicos:

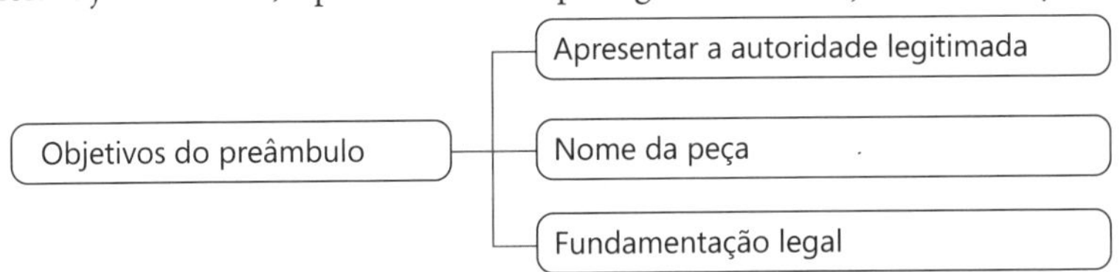

O primeiro objetivo, conforme se percebe, será estático em todas as representações, devendo apenas o candidato adicionar legitimação adicional eventualmente trazida por legislação local. Vejamos um exemplo:

> O Delegado de Polícia Civil ao final assinado, no uso de suas atribuições constitucionais e legais, sobretudo o art. 144, § 4º, da Constituição Federal e art. 2º, § 1º, da Lei nº 12.830/2013 *(se houver legislação local, a exemplo de dispositivo da Constituição Estadual, colocar aqui).*

No caso de se estar diante de uma prova para Delegado de Polícia Federal, evidentemente, haverá alteração da legitimidade constitucional, não cabendo a inserção de legislação local. Vejamos:

O Delegado de Polícia Federal ao final assinado, no uso de suas atribuições constitucionais e legais, sobretudo o art. 144, § 1º, I, da Constituição Federal e o art. 2º, § 1º, da Lei nº 12.830/2013.

Neste caso específico pode-se adicionar o art. 149, § 1º, do CPP.

Aí vem o cumprimento dos **demais objetivos do preâmbulo**, que não necessariamente precisam respeitar a ordem acima, ou seja, pode ser o nome da peça e, logo após a fundamentação legal ou vice-versa. É uma questão de estilística.

Com fundamento no art. 149, *caput*, do Código de Processo Penal, vem à presença de Vossa Excelência representar pela **instauração de incidente de insanidade mental**, devendo ser realizado o respectivo exame em *(nome da pessoa e seus dados qualificadores)*, pelas razões de fato e de direito que pormenorizadamente se seguem:

Ou

Vem à presença de Vossa Excelência representar pela **instauração de incidente de insanidade mental**, devendo ser realizado o respectivo exame em *(nome da pessoa e seus dados qualificadores)*, no art. 149, *caput*, do Código de Processo Penal, pelas razões de fato e de direito que pormenorizadamente se seguem:

De forma integral, teremos o seguinte:

Para o cargo de Delegado de Polícia Civil

O Delegado de Polícia ao final assinado, no uso de suas atribuições constitucionais e legais, sobretudo o art. 144, § 4º, da Constituição Federal; art. 2º, § 1º, da Lei nº 12.830/2013 *(se houver legislação local, a exemplo de dispositivo da Constituição Estadual, colocar aqui)* e art. 149, § 1º, do CPP, com fundamento no art. 149, *caput*, do Código de Processo Penal, vem *à* presença de Vossa Excelência representar pela **instauração de incidente de insanidade mental,** devendo ser realizado o respectivo exame em *(nome da pessoa e seus dados qualificadores)*, pelas razões de fato e de direito que pormenorizadamente se seguem:

Para o cargo de Delegado de Polícia Federal

O Delegado de Polícia Federal ao final assinado, no uso de suas atribuições constitucionais e legais, sobretudo o art. 144, § 1º, I, da Constituição Federal; art. 2º, § 1º, da Lei nº 12.830/2013 e art. 149, § 1º, do CPP, com fundamento no art. 149, *caput*, do Código de Processo Penal, vem à presença de Vossa Excelência representar pela **instauração de incidente de insanidade mental**, devendo ser realizado o respectivo exame em *(nome da pessoa e seus dados qualificadores)*, pelas razões de fato e de direito que pormenorizadamente se seguem:

Repare que, por questões didáticas, nós ressaltamos em negrito o nome da peça, no entanto, o candidato em sua prova não deve tentar realizar qualquer destaque. O máximo que se permite é colocar o nome da peça com letras maiúsculas.

Perceba que **a representação deve ser realizada em nome do Delegado de Polícia** e não da instituição Polícia Civil ou Polícia Federal. Observe que, diferentemente do que ocorre em relação ao Ministério Público, o Delegado de Polícia não se constitui como órgão, mas, na verdade, insere-se no conceito de agente integrante do órgão policial, Polícias Civis ou Polícia Federal. Por esse motivo, a representação deve ser realizada em nome do cargo de Delegado de Polícia.

Ademais, caso a representação fosse realizada em nome da instituição policial, não faria sentido a indicação dos dispositivos previstos na Lei nº 12.830/2013, que é o estatuto do Delegado de Polícia.

31.5.3 Síntese dos fatos

Conforme já analisamos anteriormente, trata-se do ponto comum entre as peças internas e externas. Em ambas as hipóteses, o candidato deverá reservar determinado tópico para a descrição dos fatos que fundamentam a medida.

Algumas informações são bastante importantes a esse respeito, vejamos:

a. Normalmente, o examinador não confere muitos pontos à descrição fática realizada pelo candidato. Contudo esse tópico fornece toda a lógica à estrutura da peça, motivo pelo qual sua confecção ganha relevo.
b. Não se deve copiar *ipsis litteris* o enunciado da questão. O candidato deverá demonstrar a capacidade de síntese, pois na maioria dos casos o espaço da folha de resposta não comporta elementos desnecessários na descrição dos fatos.
c. É necessário objetividade, com prevalência à transcrição de fatos que serão relevantes para a autoria, materialidade do crime e todas as suas circunstâncias relevantes para a apuração.
d. O candidato deverá ressaltar os fatos que possuem relação com a fundamentação jurídica analisada a seguir.

Assim, o nosso leitor deve se atentar para aqueles fatos que possuam relação com a medida pleiteada, exercitando a sua capacidade de síntese. Devem ser indicados os pontos que serão relevantes para que o magistrado decida a respeito do feito. Aqueles fatos que nada contribuem ao objetivo proposto ou que em nada se correlacionem com a medida pleiteada não precisam estar expostos na síntese dos fatos como elemento integrante da representação.

Na síntese dos fatos,[1] o candidato deve ter como parâmetro o **conhecido Heptâmetro de Quintiliano** e buscar responder aos seguintes questionamentos:

---

1 Pode também ser chamado de "sinopse dos fatos", "do resumo fático", "dos fatos" ou qualquer outro nome semelhante.

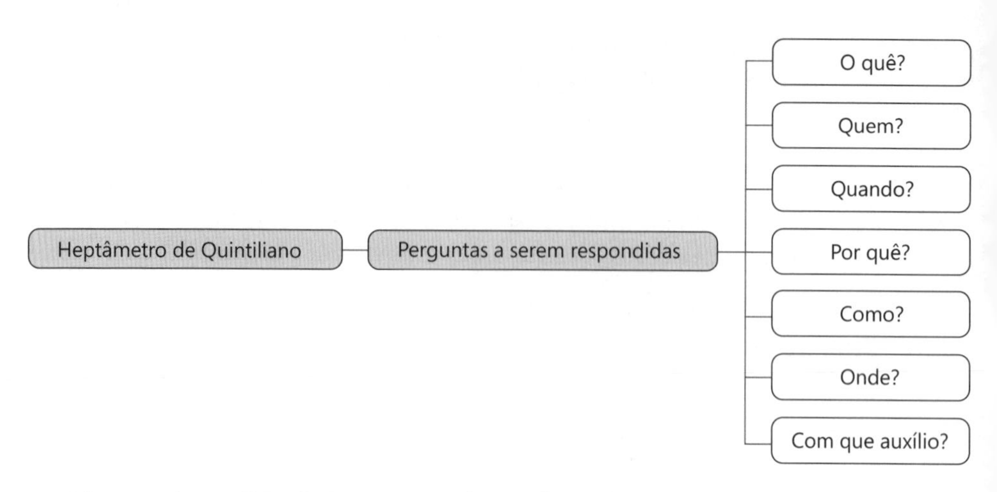

No caso da medida de instauração de incidente de insanidade mental, a partir de dados trazidos pela questão, devem ser apontadas as circunstâncias que servirão para sustentar os pontos da fundamentação jurídica[2] e, principalmente, do pedido formulado.

31.5.4 Dos fundamentos

Neste ponto, o candidato deverá demonstrar os fundamentos jurídicos trazidos no tópico em que tratamos do arcabouço teórico para a concessão da medida de instauração de incidente de insanidade mental.

Pode-se iniciar tratando sobre o instituto que se pleiteia – inclusive tratando acerca da inimputabilidade na teoria do crime – sendo facultativa a utilização do roteiro proposto no Capítulo 20 deste *Manual Decifrado*.

Também devem ser apontados o ***fumus comissi delicti***, o ***periculum in mora*** e a **proporcionalidade** da medida.

Observe que deve haver a conjugação entre a descrição fática realizada no tópico anterior (síntese dos fatos) e o ***fumus comissi delicti***.

Por isso, na descrição fática, o candidato deverá ressaltar aquilo que servirá como base aos fundamentos jurídicos e descrever concretamente (por meio de dados da questão), em que se funda a prova da existência da materialidade do fato definido como crime, fazendo referência a eventuais exames periciais e outros elementos.

Este é o **momento de tipificar o(s) fato(s), embora, se aferida a inimputabilidade, não será(ão) considerado(s) crime(s).**

Já no que concerne aos indícios suficientes de autoria, o Delegado deverá apontar, concretamente (por meio de dados da questão), em que se funda a suspeita a respeito da autoria do fato.

---

2 Confira o exemplo trazido no Capítulo 20 desta obra.

Importantíssimo ainda neste ponto é a demonstração da proporcionalidade da medida, ilustrada pela demonstração de dados concretos (trazidos pela questão) que evidencie dúvida razoável sobre a integridade mental do investigado. Exemplo:

> Excelência, há dúvida razoável sobre a insanidade do investigado, uma vez que, ouvido em termos de declarações, afirmou, de forma completamente ilógica, que lesionou a vítima porquanto esta pertence a uma comunidade de extraterrestres que pretende dominar o mundo. Ademais, o genitor do autor do fato, em oitiva, afirmou que o filho sofre de problemas mentais, mas nunca foi diagnosticado por médico especialista. Presente, pois, a proporcionalidade da medida.

O *periculum in mora* pode ser apontado no seguinte sentido: caso não instaurado o incidente de insanidade mental, pode haver prejuízo à economia processual (uma vez que os atos deverão ser refeitos na presença de curador especial). Ademais, a mora pode levar ao cometimento de injustiça no caso concreto.

Atenção

Não se deve criar fatos não narrados pelo examinador.

31.5.5 Do(s) pedido(s)[3] e fechamento

a. Pedido

Certamente este é o **ponto mais importante e peculiar nesta representação**, pois o candidato deve trazer os quesitos a serem formulados ao perito na ocasião da realização do exame após a instauração do incidente de insanidade mental.

Deve-se colocar nesta parte que o **membro do Ministério Público será ouvido**, pois envolve interesse de suposto incapaz.

Deve, ainda, adicionar ao pedido a necessidade de **designação de curador especial** para o ato (art. 149, § 2º, do CPP). Inicia-se, basicamente, de uma conclusão do que foi sustentado na fundamentação. Vejamos:

Pode-se repetir a fundamentação legal aposta no preâmbulo:

> Por todo o exposto, fundamento no art. 149, *caput*, do Código de Processo Penal, representa esta Autoridade Policial, após a oitiva do membro do Ministério Público e designação de curador (art. 149, § 2º, do CPP), pela realização de exame de sanidade mental a ser realizado

---

[3] Conforme já analisamos, a representação não se trata propriamente de um requerimento ou pedido, contudo, considerando que a prática cartorária-policial consagrou o uso da expressão, decidimos mantê-la neste trabalho, apesar das críticas anteriormente citadas.

em *(nome da pessoa e seus dados qualificadores)*, devendo os expertos, além de eventuais quesitos apresentados pelo magistrado ou promotor de justiça, responderem o seguinte:

Ou utilizar a fórmula genérica:

Por todo o exposto e com amparo nos dispositivos legais citados, representa esta Autoridade Policial, após a oitiva do membro do Ministério Público e designação de curador (art. 149, § 2º, do CPP), pela realização de exame de sanidade mental a ser realizado em *(nome da pessoa e seus dados qualificadores)*, devendo os expertos, além de eventuais quesitos apresentados pelo magistrado ou promotor de justiça, responderem o seguinte:

Logo após, devem constar os quesitos que, no caso de deferimento da medida, serão apresentados aos peritos. Lembre-se de que os referidos quesitos têm o objetivo de constatar ou descartar a inimputabilidade ou semi-imputabilidade do investigado. É importante relembrar sempre do art. 26 do CP, lembrando que o critério adotado é o biopsicológico (doença mental ou desenvolvimento mental incompleto ou retardado anterior somado ao fato de ser inteiramente incapaz de entender o caráter ilícito do fato ou de determinar-se de acordo com esse entendimento).

Nos casos de suspeita geral de inimputabilidade:

a. Ao tempo da ação ou omissão da prática do fato, o investigado era portador de doença mental, desenvolvimento mental incompleto ou retardado? Em caso positivo, qual? (critério biológico).

b. Em razão da doença mental, o investigado era, ao tempo da ação ou omissão[4] inteiramente incapaz de entender o caráter ilícito do fato ou determinar-se de acordo com esse entendimento?[5] (critério psicológico).

c. A junção das alíneas *a* e *b* é o critério biopsicológico para aferição de inimputabilidade.

d. Em razão da doença mental, ao tempo da ação ou omissão, o investigado mantinha reduzida[6] capacidade de entender caráter ilícito do fato ou determinar-se de acordo com esse entendimento? (critério psicológico).

---

4 Deve-se perguntar ao perito se ao tempo da ação ou omissão (art. 4º do CP – teoria da atividade), o sujeito estava tendo problemas no que tange as suas faculdades mentais.

5 Sabe-se que o critério é biopsicológico, portanto, é necessário ter uma doença mental ou ter uma doença mental incompleta ou retardada que estivesse latente durante a ação ou omissão e, em razão dessa ação ou omissão, ele tinha que ser inteiramente incapaz de entender o caráter ilícito do fato, de acordo com esse entendimento. Supondo que o perito responda que ele não era inteiramente incapaz de entender o caráter ilícito do fato, nesse caso, elimina a possibilidade de ele ser inimputável. Ainda surge a dúvida do sujeito ser semi-imputável e, por isso, surge o terceiro pedido.

6 Sujeito semi-imputável.

A junção das alíneas *a* e *b* é o critério biopsicológico para aferição de semi-imputabilidade.

Nos casos de infanticídio, em razão da peculiaridade da situação, os quesitos são formulados de maneira diferente. Vejamos:

Nos casos de infanticídio:

a. Ao tempo da ação ou omissão da prática do fato, a pericianda estava sob efeito do estado puerperal?[7] (**critério biológico**).

b. É possível determinar a duração do estado puerperal? (**critério biológico-temporal**).

A junção das alíneas *a* e *b* ilustram o critério biológico, pois, com relação ao estado puerperal, por se tratar de condição passageira, é necessário saber se, no momento do fato, havia a condição biológica.

c. Em razão do estado puerperal, ao tempo da ação ou omissão, a pericianda era capaz de entender o caráter ilícito do fato ou de determinar-se de acordo com esse entendimento? (**critério psicológico**)

A junção das alíneas *a*, *b* e *c* é o critério biopsicológico para aferição de inimputabilidade.

d. Em razão do estado puerperal, ao tempo da ação ou omissão, a pericianda mantinha reduzida capacidade de entender caráter ilícito do fato ou determinar-se de acordo com esse entendimento?

A junção das alíneas *a*, *b* e *d* é o critério biopsicológico para aferição de semi-imputabilidade.

É facultativo o uso da expressão **nesses termos, pede deferimento**. Conforme já ressaltamos, não se trata a representação efetivamente de um pedido, motivo pelo qual não indicamos o uso da expressão, contudo é muito comum na prática e, efetivamente, apresenta a ideia de encerramento da representação.

e. Fechamento

Por fim, o **fechamento** é realizado da seguinte maneira, fazendo referência:

- ao local e à data;
- à expressão "Delegado de Polícia";
- à lotação (se a questão trouxer).

---

[7] Aqui não se tem o desenvolvimento incompleto ou retardado ou uma doença mental, mas sim a situação do estado puerperal. Para se ter o estado puerperal é necessário que se pergunte qual foi a duração dele para o sujeito poder tomar uma decisão mais concreta em relação a isso.

Trata-se de fase simples, contudo devemos apresentar algumas ressalvas:

- **Com relação à data e ao local, deve-se efetivamente escrever a expressão "local e data".** Caso a questão apresente o local em que os fatos ocorreram poder-se-ia utilizar como referência o local apresentado na questão. Não se deve utilizar o local da prova ou a data da prova, salvo, logicamente, se forem as mesmas apresentadas na questão.
- **Com relação ao uso do termo "Delegado de Polícia"**, deve-se fazer referência ao uso da expressão no masculino, salvo se a questão especificar que quem conduz a investigação é uma mulher. Não se trata de preferência de gênero, mas de cautela para não identificar sua prova.
- **Com relação à lotação, deve-se utilizar a expressão "lotação".** Caso a questão apresente a lotação, o candidato poderá especificá-la.

Modelo

EXCELENTÍSSIMO(A) SENHOR(A) JUIZ(A) DE DIREITO DA ___ VARA (...) DA COMARCA DE (...)

Não use abreviações no endereçamento. Lembre-se de que não é necessário o uso de inúmeros pronomes de tratamento.

Medida urgente.

Pode-se colocar que a medida é urgente, mas não se deve colocar que é sigilosa, pois o autor do fato deverá ser intimado ao comparecer ao ato em que será realizado o exame e a ele será designado curador especial.

Referência: Inquérito Policial nº

Caso haja referência ao número do inquérito, deve-se fazer alusão à referida numeração. Caso não haja, o candidato poderá usar o termo: Inquérito Policial nº.

Não há necessidade de pular linhas, sobretudo se o número de linhas de sua prova for reduzido.

Deixar parágrafo de aproximadamente dois dedos de distância da margem.

O Delegado de Polícia ao final assinado, no uso de suas atribuições constitucionais e legais, sobretudo o art. 144, § 4º,[8] da Constituição Federal e art. 2º, § 1º, da Lei nº 12.830/2013 *(se houver legislação local, a exemplo de dispositivo da Constituição Estadual, colocar aqui)*, com fundamento no art. 149, § 1º, do Código de Processo Penal, vem à presença de Vossa Excelência representar pela **instauração de incidente de insanidade mental**, devendo ser realizado o respectivo exame em *(nome da pessoa e seus dados qualificadores)*, pelas razões de fato e de direito que pormenorizadamente se seguem:

DA SINOPSE DOS FATOS

Neste ponto, deve-se apresentar o resumo dos fatos elencados na questão, lembre-se de que não devem ser apresentados fatos que não estiverem no enunciado da questão.

---

[8] Lembrando que, caso seja prova para Delegado de Polícia Federal, a legitimidade será alterada.

1ª informação: unicamente com base na questão apresentada, utilizando-se do poder de síntese, deve ser ressaltado tudo que houver sobre as seguintes perguntas: O quê? Quem? Quando? Onde? Por quê? Como? Com quem?

2ª informação: só devem ser ressaltados fatos relevantes que terão correlação com a parte da fundamentação.

DOS FUNDAMENTOS

Nesse momento, pode-se apresentar um breve apanhado sobre o instituto pleiteado, além do fumus comissi delicti, *do* periculum in mora *e* proporcionalidade, *que vão variar conforme a medida.*

1ª informação: indique a **materialidade do delito**. Lembrando que aqui esses dados devem estar consubstanciados em elementos concretos. Ressalte na peça a existência de eventuais laudos periciais.

2ª informação: tipifique o(s) o(s) fato(s), embora, se aferida a inimputabilidade, não será(ão) considerado(s) crime(s).

3ª informação: indique **os indícios suficientes de autoria**. Deve-se apontar quais fatos demonstram que aquele suspeito pode ter cometido os fatos definidos como crime. Em análise técnica, deve-se apresentar qual a justa causa para o indivíduo estar sendo investigado e quais as informações colhidas na investigação apontam para a autoria do fato.

4ª informação: demonstre ao juiz que **a medida** é **adequada e proporcional** e, se não for implementada de forma célere (*periculum in mora*), gerará risco provável grave e irreparável.

5ª informação: demonstre que a medida é proporcional, deixando claro, por meio de dados extraídos da questão, que há **dúvida razoável sobre a integridade mental do investigado**.

DO(S) PEDIDO(S)

Será a finalização da peça, indicando ao magistrado a razão da representação.

Deve-se colocar, por cautela, que o membro do Ministério Público será ouvido.

Deve constar ainda os quesitos que deverão ser apresentados aos peritos.

Por todo o exposto com fundamento no art. 149, *caput* e § 1º, do Código de Processo Penal, representa esta Autoridade Policial, após a oitiva do membro do Ministério Público e designação de curador (art. 149, § 2º, do CPP), pela realização de exame de sanidade mental a ser realizado em *(nome da pessoa e seus dados qualificadores)*, devendo os expertos, além de eventuais quesitos apresentados pelo magistrado ou promotor de justiça, responderem o seguinte:

Nos casos de suspeita geral de inimputabilidade:

a) Ao tempo da ação ou omissão da prática do fato, o investigado era portador de doença mental, desenvolvimento mental incompleto ou retardado? Em caso positivo, qual? (**critério biológico**).

b) Em razão da doença mental, o investigado era, ao tempo da ação ou omissão[9] inteiramente incapaz de entender o caráter ilícito do fato ou determinar-se de acordo com esse entendimento?[10] (**critério psicológico**).

---

[9] Deve-se perguntar ao perito se ao tempo da ação ou omissão (art. 4º do CP – teoria da atividade), o sujeito estava tendo problemas no que tange as suas faculdades mentais.

[10] Sabe-se que o critério é biopsicológico, portanto, é necessário ter uma doença mental ou ter uma doença mental incompleta ou retardada que estivesse latente durante a ação ou omissão e, em razão

A junção das alíneas a e b *acima é o critério biopsicológico para aferição de inimputabilidade.*

c) Em razão da doença mental, ao tempo da ação ou omissão, o investigado mantinha reduzida[11] capacidade de entender caráter ilícito do fato ou determinar-se de acordo com esse entendimento? (**critério psicológico**).

A junção das alíneas a e c *é o critério biopsicológico para aferição de semi-imputabilidade.*

Nos casos de infanticídio:

a) Ao tempo da ação ou omissão da prática do fato, a periciança estava sob efeito do estado puerperal?[12] (**critério biológico**).

b) É possível determinar a duração do estado puerperal? (**critério biológico-temporal).**

A junção das alíneas a e b *ilustram o critério biológico, pois, com relação ao estado puerperal, por se tratar de condição passageira, é necessário saber se, no momento do fato, havia a condição biológica.*

c) Em razão do estado puerperal, ao tempo da ação ou omissão, a periciança era capaz de entender o caráter ilícito do fato ou de determinar-se de acordo com esse entendimento? (**critério psicológico**)

A junção das alíneas a, b e c *é o critério biopsicológico para aferição de inimputabilidade.*

d) Em razão do estado puerperal, ao tempo da ação ou omissão, a periciança mantinha reduzida capacidade de entender caráter ilícito do fato ou determinar-se de acordo com esse entendimento?

A junção das alíneas a, b e d é o critério biopsicológico para aferição de semi-imputabilidade.

(...)

Local, data.

Delegado de Polícia.

Lotação *(se houver).*

Embora seja óbvio, o óbvio por vezes precisa ser dito: jamais identifique sua prova, *seja assinando-a, colocando seu nome (ou as iniciais dele) ou de qualquer outra maneira.*

Caso prático

Chegou ao seu conhecimento, na condição de Delegado Titular da Delegacia de Araucárias, neste Estado, que, em 25.01.2022, houve uma tentativa de homicídio praticada contra a vítima Paulo Mércio Faleiros (laudo de exame de corpo de delito 249/2022).

---

dessa ação ou omissão, ele tinha que ser inteiramente incapaz de entender o caráter ilícito do fato, de acordo com esse entendimento. Supondo que o perito responda que ele não era inteiramente incapaz de entender o caráter ilícito do fato, nesse caso, elimina a possibilidade de ele ser inimputável. Ainda surge a dúvida do sujeito ser semi-imputavel e, por isso, surge o terceiro pedido.

[11] Sujeito semi-imputável.

[12] Aqui não se tem o desenvolvimento incompleto ou retardado ou uma doença mental, mas, sim, a situação do estado puerperal. Para se ter o estado puerperal é necessário que se pergunte qual foi a duração dele para o sujeito poder tomar uma decisão mais concreta em relação a isso.

Sem outras informações iniciais, você compareceu ao local do crime, a residência da vítima – situada no endereço Rua Carnaúba, nº 98, bairro: Matadouro, Araucárias. No local verificou-se uma poça de sangue em um dos cômodos e diversas letras de músicas do ritmo *funk* escritas com sangue e fezes nas paredes.

O fato chamou atenção de vários vizinhos, que foram ouvidos por você na condição de testemunhas.

Cristiano Azevedo, morador da casa nº 96, afirmou, às fls. 12/13, que ouviu diversos gritos e, logo após, um alto som de música clássica, salvo engano, a 5ª Sinfonia de Beethoven. Afirmou que não viu ninguém entrar ou sair da residência.

Hudson Cardoso, morador da casa nº 108, disse (fls. 17/18) que estava indo para casa quando, ao passar defronte à casa nº 98, viu um desconhecido "pintando a parede", enquanto ouvia em alto volume uma música clássica.

A perícia realizada no local apontou impressões papiloscópicas da vítima e, também, de Wilson Betovem da Silva, nascido em 04.10.1987, residente na Rua dos Crazy, nº 13, Araucárias, neste Estado. Wilson não possui qualquer registro de antecedentes criminais.

A vítima recobrou a consciência seis dias após o ocorrido, relatando a você, Autoridade Policial, o seguinte:

"Que estava em sua residência quando recebeu a visita de seu colega de faculdade Wilson. Que achou estranha a visita, mas convidou Wilson para entrar, ocasião em que iniciaram um diálogo sobre assuntos variados. Que, em dado momento, em uma conversa sobre música, disse que gostava do ritmo *funk* e que, inclusive, quando mais jovem, chegou a ser cantor do ritmo."

Em continuação ao relato, Paulo afirmou que neste momento Wilson passou a dizer coisas desconexas, afirmando que era a encarnação de Beethoven, que representava Deus, enquanto ele, Paulo, representava o diabo. Após, Wilson pegou uma faca que estava sobre a mesa e lhe desferiu um golpe na região do abdômen. Que recobrou a consciência por alguns minutos quando viu Wilson escrevendo algo com fezes na parede.

Wilson foi intimado para comparecer à Delegacia de Polícia, afirmando em termos de declarações:

"Que sofre de esquizofrenia desde criança, mas não possui nenhum laudo daquela época, embora tenha laudo atual e tenha iniciado tratamento medicamentoso recente; Que, quanto aos fatos investigados, afirma que foi até a casa de Paulo a fim de conversar pois, naquele dia, estava se sentindo estranho, ouvindo algumas vozes; Que, ao chegar ao local, logo se distraiu com a conversa, até que passaram a conversar sobre gostos musicais; Que quando Paulo afirmou que gostava de *funk*, o declarante passou a ouvir vozes que lhe diziam que, por ter Betovem no nome, era seu dever exterminar as pessoas que gostavam de *funk*, pois Beethoven era a encarnação de Deus e o *funk*, o ritmo do diabo"; Que diante disto, passou a seguir o que as vozes lhe diziam; Que o primeiro comando das vozes foi que pegasse uma faca e golpeasse Paulo, o que foi feito; Que o segundo comando foi que colocasse música clássica em alto som, pegasse o sangue da vítima, misturasse com fezes e escrevesse na parede quaisquer trechos de músicas do ritmo *funk* que lembrasse, a fim de expurgar o mal; Que, após os fatos, foi para casa, tomou banho, jantou e viu um programa de televisão; Que está muito arrependido dos fatos, mas que não estava respondendo por si".

No estado em que a investigação se encontra, você deve elaborar a peça profissional adequada.

Modelo de proposta de resposta

EXCELENTÍSSIMO SENHOR JUIZ DE DIREITO DA ___ VARA DO JÚRI DA COMARCA DE ARAUCÁRIAS.

Medida urgente.

Referência: Inquérito Policial nº

O Delegado de Polícia ao final assinado, no uso de suas atribuições constitucionais e legais, sobretudo o art. 144, § 4º,[13] da Constituição Federal e o art. 2º, § 1º, da Lei nº 12.830/2013, com fundamento no art. 149, *caput* e § 1º, do Código de Processo Penal, vem à presença de Vossa Excelência representar pela **instauração de incidente de insanidade mental**, devendo ser realizado o respectivo exame em Wilson Betovem da Silva, nascido em 04.10.1987, residente na Rua dos Crazy, nº 13, Araucárias, neste Estado, pelas razões de fato e de direito que pormenorizadamente se seguem:

DOS FATOS

Trata-se de investigação de homicídio tentado cometido em 25.01.2022 contra a vítima Paulo Mércio Faleiros (laudo de exame de corpo de delito 249/2022).

No local do crime, residência da vítima – situada no endereço Rua Carnaúba, nº 98, bairro: Matadouro, Araucárias – havia uma poça de sangue em um dos cômodos e diversas letras de músicas do ritmo *funk* escritas com sangue e fezes nas paredes.

Foram ouvidas as testemunhas Cristiano Azevedo e Hudson Cardoso, respectivamente às fls. 12/13 e 17/18. O primeiro, em suma, afirmou que, embora não tenha visto ninguém entrar ou sair da residência, ouviu gritos e, logo após, um alto som de música clássica, salvo engano, a 5ª Sinfonia de Beethoven. A segunda testemunha também afirmou que ouviu a música clássica em alto volume e viu uma pessoa "pintando a parede".

A perícia papiloscópicas apontou a presença de impressões do representado no local.

A vítima, após recobrar consciência, foi ouvida, relatando, em suma, que recebeu Wilson, seu colega de faculdade, em sua residência e passaram a conversar sobre assuntos diversos, mas que, em dado momento, quando passaram a conversar sobre música, Wilson passou a dizer coisas desconexas. Wilson afirmou que "era a encarnação de Beethoven, que representava Deus, enquanto ele, Paulo, representava o diabo", por gostar de *funk*. Disse que, logo após, Wilson lhe desferiu um golpe de faca na região abdominal e posteriormente escreveu algo com fezes na parede.

Wilson foi ouvido nesta unidade, ocasião em que confessou a prática do fato, dizendo que foi comandado por vozes que passou a ouvir quando Paulo disse que gostava de *funk*. Afirmou que as vozes diziam que, por ter Betovem no nome, era seu dever exterminar as pessoas que gostavam de *funk*, pois Beethoven era a encarnação de Deus e o *funk*, o ritmo do diabo. Que as vozes lhe disseram para esfaquear a vítima e, ato contínuo, colocar música clássica em alto volume e escrever nas paredes quaisquer trechos de músicas do ritmo *funk* que lembrasse com sangue e fezes, a fim de expurgar o mal. Disse estar arrependido, mas que não estava respondendo por si.

Sobre sua saúde mental, disse que sofre de esquizofrenia desde criança, mas não possui laudo da época, embora tenha laudo atual e esteja tomando medicação.

---

13 Lembrando que, caso seja prova para Delegado de Polícia Federal, a legitimidade será alterada.

DOS FUNDAMENTOS

Excelência, conforme depreende-se do histórico, há robustos indícios do cometimento de fatos que se amoldam ao tipo penal previsto no art. 121, II, c/c art. 14, II, todos do Código Penal, pelo investigado Wilson Betovem da Silva – ora representado.

Com efeito, a materialidade do fato pode ser apontada por meio do laudo de exame de corpo de delito 249/22, havendo, de acordo com os relatos das testemunhas, da vítima e do próprio representado, indícios suficientes de autoria por parte deste. Presente, pois, o *fumus comissi delict.*

Ocorre que, consoante analisado, há dúvida razoável sobre a integridade mental do investigado, porquanto, este afirma que a motivação do delito adveio de algo completamente desconexo com a realidade, versão corroborada pelos demais relatos. Ademais, o representado assegura que sofre de esquizofrenia desde criança, mas que não possui laudos antigos que comprovem a enfermidade, embora afirme que possua laudo recente e esteja se submetendo a tratamento. A medida é, pois, proporcional.

Como sabe-se, a inimputabilidade é elemento essencial à prova da culpabilidade que, de acordo com a teoria tripartite do conceito estratificado de crime, é elemento deste. Destarte, a fim de evitar futuro prejuízo à celeridade processual – diante da necessidade de eventual repetição de atos – faz-se necessária a instauração do presente incidente. Presente o *periculum in mora.*

DO PEDIDO

Por todo o exposto, fundado no art. 149, *caput* e § 1º, do Código de Processo Penal, representa esta Autoridade Policial, após a oitiva do membro do Ministério Público e designação de curador (art. 149, § 2º, do CPP), pela realização de exame de sanidade mental a ser realizado em Wilson Betovem da Silva, nascido em 04.10.1987, residente na Rua dos Crazy, nº 13, Araucárias, neste Estado, devendo os expertos, além de eventuais quesitos apresentados pelo magistrado ou promotor de justiça, responderem o seguinte:

a) Ao tempo da ação ou omissão da prática do fato, o investigado era portador de doença mental, desenvolvimento mental incompleto ou retardado? Em caso positivo, qual?

b) Em razão da doença mental, o investigado era, ao tempo da ação ou omissão[14] inteiramente incapaz de entender o caráter ilícito do fato ou determinar-se de acordo com esse entendimento?

c) Em razão da doença mental, ao tempo da ação ou omissão, o investigado mantinha reduzida[15] capacidade de entender caráter ilícito do fato ou determinar-se de acordo com esse entendimento?

Nestes termos, pede deferimento.

Araucárias, data.

Delegado de Polícia.

Delegado Titular da Delegacia de Araucárias.

---

[14] Deve-se perguntar ao perito se ao tempo da ação ou omissão (art. 4º do CP – teoria da atividade), o sujeito estava tendo problemas no que tange as suas faculdades mentais.

[15] Sujeito semi-imputável.

32 Medidas assecuratórias ou acautelatórias patrimoniais

O CPP prevê uma série de medidas cautelares tendentes a assegurar futura indenização ou reparação à vítima da infração penal, pagamento de despesas processuais ou penas pecuniárias ao Estado ou mesmo evitar que o réu obtenha lucro com a atividade criminosa; trata-se das cautelares patrimoniais (ou reais).

O Delegado de Polícia, no âmbito da investigação, pode representar por medidas cautelares patrimoniais buscando justamente, logo na fase investigativa, preservar a possibilidade de reparar o dano sofrido pela vítima ou mesmo impedir a vantagem patrimonial do agente delitivo.

As medidas cautelares patrimoniais previstas no Código de Processo Penal são:

a. Hipoteca.
b. Arresto.
c. Sequestro.

32.1 HIPOTECA LEGAL

A hipoteca legal incide sobre os imóveis do requerido, gravando-o (ônus real) para as subsequentes alienações (não é indisponibilidade), com o objetivo de recomposição do dano e pagamento das custas e demais despesas processuais. Trata-se de exceção à impenhorabilidade de bem de família (art. 3º, VI, da Lei nº 8.009/1990).

De acordo com o art. 1.489, III, do CC, a lei confere hipoteca: ao ofendido, ou aos seus herdeiros, sobre os imóveis do delinquente, para satisfação do dano causado pelo delito e pagamento das demais despesas judiciais.

Exige-se, para a concessão dessa medida, indícios suficientes de autoria e certeza quanto ao fato (materialidade). Como são os mesmos requisitos para recebimento da denúncia, recebida esta, o requerimento de hipoteca não pode ser indeferido por ausência desses pressupostos.

A legitimação é do ofendido, ocasião em que deverá apontar na petição inicial o valor dos danos materiais causados pela infração, apresentando, desde logo, as provas das alegações. Embora sem especificação em lei, pode também estimar um valor mínimo para eventual recomposição do dano moral, caso em que não se exigirá prova, rigorosamente falando, mas mera estimativa.

A hipoteca legal é liquidada no juízo cível a partir do trânsito em julgado da sentença condenatória. Cabe apelação da decisão que decide em definitivo o procedimento (art. 593, II, do CPP). É cancelada no caso de absolvição ou extinção da punibilidade (após o trânsito em julgado – STJ).

32.2 ARRESTO

Trata-se de medida de constrição patrimonial que possui como fundamento legal o mesmo da hipoteca. É medida de garantia quanto à solvência do agente da infração, no que se refere à responsabilidade civil pelos danos. É um processo incidente, ao contrário da hipoteca (processo cautelar, com maior amplitude probatória). Torna a coisa indisponível e exige a demonstração de risco da dissipação dos bens.

O arresto pode ser:

1. **Arresto preparatório para hipoteca legal** (decretado no início do pedido da hipoteca, revogando-se em 15 dias se não for promovida a hipoteca) em razão da celeridade, pois a hipoteca é um procedimento demorado.
2. **Arresto de móveis subsidiariamente** à **hipoteca, se o responsável não possuir bens imóveis ou os tiver em valor insuficiente** (desde que sejam penhoráveis, de acordo com o regime do CPC). Se deterioráveis e fungíveis, cabe avaliação e venda em leilão. Das rendas dos móveis pode juiz arbitrar recursos para manutenção do indiciado e sua família (precisa haver relação de causa e efeito entre a infração e a necessidade do ofendido). Depósito e administração do bem arrestado segue CPC. As hipóteses de levantamento podem ocorrer em virtude de: absolvição ou extinção da punibilidade com coisa julgada. Liquidação é feita no juízo cível.

Trataremos de forma mais enfática da medida de sequestro de bens, considerando que se trata de medida passível de ser pleiteada pelo Delegado de Polícia na fase investigativa. As outras duas medidas, arresto e hipoteca legal, operacionalizam-se no âmbito do processo, motivo pelo qual não estão abrangidas pelas atribuições do Delegado de Polícia.

32.3 SEQUESTRO DE BENS

Denomina-se, no Código de Processo Penal, sequestro como o ato de constrição (indisponibilidade) de imóvel (ou de móveis, em algumas situações), baseada em **fundada suspeita** de que os bens objetos da medida foram **adquiridos com proventos (receita, lucro) de crime**.

Vejamos o teor do art. 127 do CPP:

> **Art. 127.** O juiz, de ofício, a requerimento do Ministério Público ou do ofendido, ou

mediante representação da autoridade policial, poderá ordenar o sequestro, em qualquer fase do processo ou ainda antes de oferecida a denúncia ou queixa.

Lembrando que a medida de sequestro possui natureza jurídica de cautelar patrimonial, exige-se a presença dos requisitos das medidas cautelares.

Com relação ao *fumus comissi delicti*, o art. 126 do CPP, diz que é necessário "a existência de indícios veementes da proveniência ilícita dos bens". Tal norma contém, implicitamente, a referência aos indícios do próprio crime. Assim, é preciso que seja explicitada a materialidade do delito. Com isso, atende-se ao primeiro requisito.

O segundo, *periculum in mora* (perigo da demora), justifica-se pela dificuldade de recuperação do bem, caso ocorra sua alienação, evitando-se a formação de uma cadeia de terceiros de boa-fé. Também busca-se evitar que haja a dilapidação do produto e proveito obtido com a prática da infração penal.

A medida possui dois objetivos:

a. O primeiro é a tutela da vítima da infração, por meio da recomposição do dano patrimonial.

b. O segundo é a afirmação da efetividade do processo penal, mediante a constrição da coisa adquirida com o produto econômico da infração, e, com isso, enfraquece-se um dos resultados mais essenciais dos crimes patrimoniais.

Em tese, espera-se, ainda, um efeito preventivo.

Em provas concursais, é interessante observamos que a medida de sequestro atinge, em regra, bens imóveis. Contudo, excepcionalmente, bens móveis, quando não for possível a busca e apreensão (art. 240 do CPP), podem ser objeto de sequestro de bens.

É interessante ainda ressaltar que, a depender do bem objeto de sequestro, o fundamento da representação deve ser alterado. Caso se trate de bens imóveis, o fundamento legal é o art. 125 do CPP; já se o objeto for bens móveis, o candidato deverá fundamentar o seu pedido no art. 132 do CPP. Vejamos a redação dos dispositivos.

> **Art. 125.** Caberá o sequestro dos bens imóveis, adquiridos pelo indiciado com os proventos da infração, ainda que já tenham sido transferidos a terceiro.
>
> **Art. 132.** Proceder-se-á ao sequestro dos bens móveis se, verificadas as condições previstas no art. 126, não for cabível a medida regulada no Capítulo Xl do Título Vll deste Livro.

A medida de busca e apreensão tem lugar nos casos em que se necessita buscar e apreender o proveito direto do crime: coisas furtadas, drogas, valores provenientes diretamente das infrações penais investigadas. Já a medida de sequestro tem por objeto o proveito indireto da infração, a título de exemplo, os bens que foram adquiridos com o dinheiro proveniente do tráfico de drogas ou de outros delitos.

Nesse sentido, é muito importante ao candidato a diferenciação entre a medida de sequestro e a medida de busca e apreensão:

Sequestro	Busca a apreensão
Art. 125. Caberá o sequestro dos bens imóveis, adquiridos pelo indiciado com os proventos da infração, ainda que já tenham sido transferidos a terceiro. **Art. 126.** Para a decretação do sequestro, bastará a existência de indícios veementes da proveniência ilícita dos bens. **Art. 127.** O juiz, de ofício, a requerimento do Ministério Público ou do ofendido, ou mediante representação da autoridade policial, poderá ordenar o sequestro, em qualquer fase do processo ou ainda antes de oferecida a denúncia ou queixa.	**Art. 240.** A busca será domiciliar ou pessoal. § 1º Proceder-se-á à busca domiciliar, quando fundadas razões a autorizarem, para: *a)* prender criminosos; *b)* apreender coisas achadas ou obtidas por meios criminosos; *c)* apreender instrumentos de falsificação ou de contrafação e objetos falsificados ou contrafeitos; *d)* apreender armas e munições, instrumentos utilizados na prática de crime ou destinados a fim delituoso; *e)* descobrir objetos necessários à prova de infração ou à defesa do réu; *f)* apreender cartas, abertas ou não, destinadas ao acusado ou em seu poder, quando haja suspeita de que o conhecimento do seu conteúdo possa ser útil à elucidação do fato; *g)* apreender pessoas vítimas de crimes; *h)* colher qualquer elemento de convicção.
O sequestro pode ser efetivado mesmo que o bem tenha sido transferido a terceiros (com ou sem boa-fé), pois persegue a coisa e não o autor ou proprietário.	A busca e apreensão destina-se ao produto da infração (a coisa subtraída, roubada etc.) ou bem que constitua elemento de prova, instrumentos ou petrechos do crime. Assim, sendo o bem móvel adquirido com o provento do crime, cabe sequestro.

Ainda é extremamente importante que o candidato demonstre em sua representação a **proporcionalidade da medida**, requisito intrínseco a todas as medidas cautelares. Nesse contexto o candidato deverá evidenciar inicialmente a indícios concretos de que os bens objeto da medida foram obtidos com valores provenientes da infração penal investigada. Deve-se ainda ressaltar a necessidade de recompor o patrimônio da vítima do delito. Nesse contexto, com relação a medida de sequestro, há de ressaltar o binômio: patrimônio aparentemente ilícito do investigado x prejuízo da vítima e/ou do Estado.

Com relação especificamente ao sequestro, cabem embargos do próprio acusado e de terceiro. O acolhimento dos embargos depende da comprovação:

a. **pelo acusado:** não aquisição com proventos de infração;
b. **pelo terceiro:** aquisição onerosa e de boa-fé.

É muito importante que o leitor conheça medidas de sequestro previstas em legislações específicas, justamente porque esses pontos podem ser cobrados do candidato em provas desse tipo. Vejamos as medidas de sequestro previstas nas legislações especiais.

32.4 SEQUESTRO EM DELITOS QUE RESULTEM PREJUÍZO À FAZENDA PÚBLICA. DECRETO-LEI Nº 3.240/1941

Trata-se de medida cautelar patrimonial (sequestro) com relação a delitos que resultam em prejuízo para a Fazenda Pública. Vejamos o texto do dispositivo legal:

> **Art. 1º** Ficam sujeitos a sequestro os bens de pessoa indiciada por crime de que resulta prejuízo para a fazenda pública, ou por crime definido no Livro II, Títulos V, VI e VII da Consolidação das Leis Penais desde que dele resulte locupletamento ilícito para o indiciado.
>
> **Art. 2º** O sequestro é decretado pela autoridade judiciária, sem audiência da parte, a requerimento do ministério público **fundado em representação da autoridade incumbida do processo administrativo ou do inquérito policial**.
>
> § 1º A ação penal terá início dentro de noventa dias contados da decretação do sequestro.
>
> § 2º O sequestro só pode ser embargado por terceiros.
>
> **Art. 3º** Para a decretação do sequestro é necessário que haja indícios veementes da responsabilidade, os quais serão comunicados ao juiz em segredo, por escrito ou por declarações orais reduzidas a termo, e com indicação dos bens que devam ser objeto da medida. (Grifos nossos.)

Com relação aos crimes contra a Fazenda Pública, o STJ reconhece a validade do decreto, tendo como requisito a existência de indícios de prática de crimes contra a Fazenda. Além disso, admite-se a constrição de tantos bens quantos necessários para reparar o dano, não sendo necessário que ele tenha sido adquirido com o provento direto do crime.

É necessário que se diga que a medida não pode ser decretada pelo juiz *ex officio*.

O STJ mencionou em julgados:

a. A necessidade de existência de "indícios veementes da responsabilidade";
b. A necessidade de indicação dos bens a serem sequestrados;
c. A medida se destina a pessoas já indiciadas ou denunciadas por crimes que resultaram em prejuízo contra a Fazenda Pública;
d. Apesar de a lei dispor que a ação penal deve ser iniciada em até 90 da decretação da medida, o atraso deve ser analisado conforme as peculiaridades de cada causa;
e. A medida pode recair sobre todo patrimônio dos acusados;
f. A medida pode recair sobre bens de terceiros que os tenham adquirido com dolo ou culpa grave;
g. O *quantum* limitador é o prejuízo sofrido pela Fazenda Pública.

32.5 SEGUESTRO DE BENS NA LEI Nº 13.344/2016 (TRÁFICO DE PESSOAS)

Trata-se de medida cautelar patrimonial que tem como objeto os bens, direitos ou valores pertencentes ao investigado ou acusado, ou existentes em nome de interpostas pessoas, que sejam instrumento, produto ou proveito do crime de tráfico de pessoas.

Assim, em provas concursais, caso o delito investigado seja o tráfico de pessoas, as representações por cautelares patrimoniais devem ter por fundamento esta legislação.

Vejamos os dispositivos legais:

> **Art. 8º** O juiz, de ofício, a requerimento do Ministério Público ou mediante representação do delegado de polícia, ouvido o Ministério Público, havendo indícios suficientes de infração penal, poderá decretar medidas assecuratórias relacionadas a bens, direitos ou valores pertencentes ao investigado ou acusado, ou existentes em nome de interpostas pessoas, que sejam instrumento, produto ou proveito do crime de tráfico de pessoas, procedendo-se na forma dos arts. 125 a 144-A do Decreto-lei nº 3.689, de 3 de outubro de 1941 (Código de Processo Penal).
>
> § 1º Proceder-se-á à alienação antecipada para preservação do valor dos bens sempre que estiverem sujeitos a qualquer grau de deterioração ou depreciação, ou quando houver dificuldade para sua manutenção.
>
> § 2º O juiz determinará a liberação total ou parcial dos bens, direitos e valores quando comprovada a licitude de sua origem, mantendo-se a constrição dos bens, direitos e valores necessários e suficientes à reparação dos danos e ao pagamento de prestações pecuniárias, multas e custas decorrentes da infração penal.
>
> § 3º Nenhum pedido de liberação será conhecido sem o comparecimento pessoal do acusado ou investigado, ou de interposta pessoa a que se refere o *caput*, podendo o juiz determinar a prática de atos necessários à conservação de bens, direitos ou valores, sem prejuízo do disposto no § 1º.
>
> § 4º Ao proferir a sentença de mérito, o juiz decidirá sobre o perdimento do produto, bem ou valor apreendido, sequestrado ou declarado indisponível.

O art. 8º dispõe que o juiz, de ofício, ou a requerimento do MP, ou representação do Delegado de Polícia, ouvido o membro do Ministério Público, poderá decretar medidas assecuratórias de bens, direitos ou valores, do investigado/acusado, ou em nome de interpostas pessoas, que sejam instrumento, produto ou proveito do crime de tráfico de pessoas, desde que existam indícios suficientes de infração penal.

Atualmente, considerando a edição do Pacote Anticrime, a possibilidade de o juiz decretar a referida medida de ofício encontra-se bastante fragilizada. Com relação a essa possibilidade, a doutrina ainda não possui entendimento uniforme, motivo pelo qual, considerando a finalidade de nosso estudo, não ingressaremos na discussão dessa temática.

Além disso, remetendo ao procedimento do CPP, é possível a alienação antecipada para evitar deterioração, depreciação ou por dificuldade de manutenção, podendo o juiz determinar os atos necessários à conservação. A liberação, total ou parcial do bem somente ocorrerá com a comprovação da licitude da origem, mantendo-se constrito o necessário para reparação de danos e pagamento de prestações pecuniárias, multas e custas. Assim, todos os bens de origem ilícita devem permanecer apreendidos, já aqueles que natureza e o que tiver origem lícita, sofrem constrição no limite dos pagamentos descritos.

Atenção

É vedado o conhecimento de pedido de liberação sem o comparecimento pessoal do requerente.

32.6 MEDIDA ASSECURATÓRIA EM INVESTIGAÇÃO CONDUZIDA POR CPI (LEI Nº 13.367/2016)

Acrescentou o art. 3-A à Lei nº 1.579/1952, dispondo que caberá ao presidente da Comissão Parlamentar de Inquérito, por deliberação desta, solicitar, em qualquer fase da investigação, ao juízo criminal competente medida cautelar necessária, quando se verificar a existência de indícios veementes da proveniência ilícita de bens.

32.7 MEDIDAS ASSECURATÓRIAS NA LEI Nº 9.613/1998 (LEI DE LAVAGEM DE DINHEIRO)

No mesmo sentido das previsões anteriores, caso o pedido de sequestro tenha por objeto investigações envolvendo lavagem de capitais, o fundamento há de ser o art. 4º da Lei nº 9.613/1998. Vejamos o referido dispositivo:

> **Art. 4º** O juiz, de ofício, a requerimento do Ministério Público ou mediante representação do delegado de polícia, ouvido o Ministério Público em 24 (vinte e quatro) horas, havendo indícios suficientes de infração penal, poderá decretar medidas assecuratórias de bens, direitos ou valores do investigado ou acusado, ou existentes em nome de interpostas pessoas, que sejam instrumento, produto ou proveito dos crimes previstos nesta Lei ou das infrações penais antecedentes.
>
> § 1º Proceder-se-á à alienação antecipada para preservação do valor dos bens sempre que estiverem sujeitos a qualquer grau de deterioração ou depreciação, ou quando houver dificuldade para sua manutenção.
>
> § 2º O juiz determinará a liberação total ou parcial dos bens, direitos e valores quando comprovada a licitude de sua origem, mantendo-se a constrição dos bens, direitos e valores necessários e suficientes à reparação dos danos e ao pagamento de prestações pecuniárias, multas e custas decorrentes da infração penal.
>
> § 3º Nenhum pedido de liberação será conhecido sem o comparecimento pessoal do acusado ou de interposta pessoa a que se refere o *caput* deste artigo, podendo o juiz determinar a prática de atos necessários à conservação de bens, direitos ou valores, sem prejuízo do disposto no § 1º.
>
> § 4º Poderão ser decretadas medidas assecuratórias sobre bens, direitos ou valores para reparação do dano decorrente da infração penal antecedente ou da prevista nesta Lei ou para pagamento de prestação pecuniária, multa e custas.

As medidas supramencionadas trazem um conceito ampliado de sequestro para abranger, além de imóveis e móveis que constituam proveito do crime, quaisquer valores e/ou direitos, que, da mesma forma, tenham origem ilícita. Também possibilitam a apreensão de bens referentes ao delito antecedente relacionado à lavagem. Ainda é admissível o arresto e sequestro para reparação do dano (do crime antecedente e do crime de lavagem) e para pagamento de prestação pecuniária, multa e custas.

As mesmas medidas podem ser adotadas para crimes praticados no exterior desde que haja previsão em tratado ou garantia de reciprocidade. Caso autoridade estrangeira solicite apreensão de bens/valores, a repartição dos recursos será em partes iguais para o Brasil e o requerente, na ausência de outra regra prevista em tratado.

A legitimidade para a concessão da medida é conferida ao Juiz, desse modo, trata-se de medida sujeita à cláusula de reserva jurisdicional. A medida poderá ser concedida de ofício pelo magistrado na fase processual ou por requerimento do Ministério Público ou representação da Autoridade Policial, ouvido o Ministério Público em 24 horas.

A respeito da possibilidade de a medida ser concedida de ofício pelo juiz na fase processual, observe a divergência citada no tópico anterior.

A medida poderá ser deferida no curso do inquérito ou da ação. Exige-se a comprovação de indícios de autoria e da materialidade do delito.

32.8 MEDIDAS ASSECURATÓRIAS NA LEI DE DROGAS (LEI Nº 11.343/2006)

Caso o delito investigado seja um daqueles relacionados a drogas, o fundamento legal a ser utilizado para a concessão da medida assecuratória patrimonial há de ser o art. 60 da Lei nº 11.340/2006. Vejamos o referido dispositivo:

> **Art. 60.** O juiz, a requerimento do Ministério Público ou do assistente de acusação, ou mediante representação da autoridade de polícia judiciária, poderá decretar, no curso do inquérito ou da ação penal, a apreensão e outras medidas assecuratórias nos casos em que haja suspeita de que os bens, direitos ou valores sejam produto do crime ou constituam proveito dos crimes previstos nesta Lei, procedendo-se na forma dos arts. 125 e seguintes do Decreto-lei nº 3.689, de 3 de outubro de 1941 – Código de Processo Penal.
>
> § 1º (Revogado).
>
> § 2º (Revogado).
>
> § 3º Na hipótese do art. 366 do Decreto-lei nº 3.689, de 3 de outubro de 1941 – Código de Processo Penal , o juiz poderá determinar a prática de atos necessários à conservação dos bens, direitos ou valores.
>
> § 4º A ordem de apreensão ou sequestro de bens, direitos ou valores poderá ser suspensa pelo juiz, ouvido o Ministério Público, quando a sua execução imediata puder comprometer as investigações.
>
> **Art. 61.** A apreensão de veículos, embarcações, aeronaves e quaisquer outros meios de transporte e dos maquinários, utensílios, instrumentos e objetos de qualquer natureza utilizados para a prática, habitual ou não, dos crimes definidos nesta Lei será imediatamente comunicada pela autoridade de polícia judiciária responsável pela investigação ao juízo competente.

> **Art. 62.** Comprovado o interesse público na utilização de quaisquer dos bens de que trata o art. 61, os órgãos de polícia judiciária, militar e rodoviária poderão deles fazer uso, sob sua responsabilidade e com o objetivo de sua conservação, mediante autorização judicial, ouvido o Ministério Público e garantida a prévia avaliação dos respectivos bens.

Assim, é extremamente relevante que o candidato analise o crime em que se funda a investigação, pois a depender do delito o fundamento para a representação da medida deverá ser alterado.

A título de elucidação a medida de sequestro foi cobrada em 2015, pela Vunesp, na prova PC/DF. Vejamos o trecho que fundamenta esse pedido:

> Confirmou-se que Márcio tem contato com outros grupos que agem de forma similar em outros estados, é bastante agressivo e anda armado. Márcio Sousa, Lucas Pereira, Antônio Dias, Pedro Silva e Paulo de Tarso foram todos indiciados. Conquanto se saiba que o grupo incluía ao menos 15 integrantes, mesmo com o exaurimento dos meios de investigação por parte da autoridade policial, nenhum outro membro do grupo criminoso teve sua identidade descoberta. Apesar de aparentemente não exercer atividade laborativa regular, Márcio Sousa possui hábitos de luxo e ostentação: frequenta restaurantes caros; faz uso de roupas de grife; e é proprietário de veículos de luxo, tais como uma Lamborghini amarela e uma moto Harley-Davidson.

Considerando que a questão faz referência a diversos bens adquiridos com o proveito da prática delitiva, o Delegado de Polícia no curso da investigação deverá requerer ao magistrado o sequestro dos bens.

Trataremos detidamente da referida questão logo após demonstrarmos a estrutura da representação por sequestro de bens.

As demais medidas cautelares patrimoniais não são objeto de representações elaboradas pelo Delegado de Polícia, motivo pelo qual não as abordaremos neste estudo.

Por fim, é extremamente importante observarmos que é possível que os órgãos incumbidos das funções de segurança pública representem ao juiz a respeito da possibilidade de utilização do bem no exercício de suas atividades legais.

Inicialmente, a referida possibilidade era apresentada no art. 62 da Lei de Drogas (Lei nº 11.343/2006). Vejamos a redação do dispositivo:

> **Art. 62.** Comprovado o interesse público na utilização de quaisquer dos bens de que trata o art. 61, os órgãos de polícia judiciária, militar e rodoviária poderão deles fazer uso, sob sua responsabilidade e com o objetivo de sua conservação, mediante autorização judicial, ouvido o Ministério Público e garantida a prévia avaliação dos respectivos bens.
>
> § 1º-A. O juízo deve cientificar o órgão gestor do Funad para que, em 10 (dez) dias, avalie a existência do interesse público mencionado no *caput* deste artigo e indique o órgão que deve receber o bem.
>
> § 1º-B. Têm prioridade, para os fins do § 1º-A deste artigo, os órgãos de segurança pública que participaram das ações de investigação ou repressão ao crime que deu causa à medida.
>
> (...)
>
> § 4º Quando a autorização judicial recair sobre veículos, embarcações ou aeronaves, o juiz ordenará à autoridade ou ao órgão de registro e controle a expedição de certificado

provisório de registro e licenciamento em favor do órgão ao qual tenha deferido o uso ou custódia, ficando este livre do pagamento de multas, encargos e tributos anteriores à decisão de utilização do bem até o trânsito em julgado da decisão que decretar o seu perdimento em favor da União.

Atualmente, a possibilidade de utilização dos bens apreendidos e sequestrados encontra previsão genérica no Código de Processo Penal; trata-se de medida inserida pelo Pacote Anticrime. Vejamos as disposições genéricas:

> **Art. 133-A.** O juiz poderá autorizar, constatado o interesse público, a utilização de bem sequestrado, apreendido ou sujeito a qualquer medida assecuratória pelos órgãos de segurança pública previstos no art. 144 da Constituição Federal, do sistema prisional, do sistema socioeducativo, da Força Nacional de Segurança Pública e do Instituto Geral de Perícia, para o desempenho de suas atividades.
>
> § 1º O órgão de segurança pública participante das ações de investigação ou repressão da infração penal que ensejou a constrição do bem terá prioridade na sua utilização.
>
> § 2º Fora das hipóteses anteriores, demonstrado o interesse público, o juiz poderá autorizar o uso do bem pelos demais órgãos públicos.
>
> § 3º Se o bem a que se refere o *caput* deste artigo for veículo, embarcação ou aeronave, o juiz ordenará à autoridade de trânsito ou ao órgão de registro e controle a expedição de certificado provisório de registro e licenciamento em favor do órgão público beneficiário, o qual estará isento do pagamento de multas, encargos e tributos anteriores à disponibilização do bem para a sua utilização, que deverão ser cobrados de seu responsável.
>
> § 4º Transitada em julgado a sentença penal condenatória com a decretação de perdimento dos bens, ressalvado o direito do lesado ou terceiro de boa-fé, o juiz poderá determinar a transferência definitiva da propriedade ao órgão público beneficiário ao qual foi custodiado o bem.

Desse modo, observe que é possível que haja representação do Delegado de Polícia a respeito da necessidade de utilização pelo órgão policial dos objetos apreendidos e sequestrados, como veículos, embarcações ou mesmo aeronaves.

Nesses casos, deve constar da representação a necessidade de expedição de **certificado provisório de registro e licenciamento**.

Atenção

Observe que não é tecnicamente correto representar por medida de busca e apreensão ou de sequestro cumulada com a representação pela utilização do bem, uma vez que, inicialmente, deve-se apreender ou sequestrar o bem para, posteriormente, requerer a sua utilização.

Contudo acreditamos que, em provas práticas para Delegado de Polícia, as medidas poderiam ser eventualmente cumuladas caso existam elementos fáticos na questão que indiquem essa medida.

A partir de agora, passaremos a tratar da estrutura da representação da medida de sequestro de bens.

32.9 ESTRUTURA DA PEÇA

Utilizando como base o Capítulo 20, a estrutura da peça segue o padrão, pois conterá os cinco elementos obrigatórios já vistos:

1. **endereçamento**;
2. **preâmbulo**;
3. **síntese dos fatos**;
4. **fundamentos**; e
5. **pedido(s) e fechamento**.

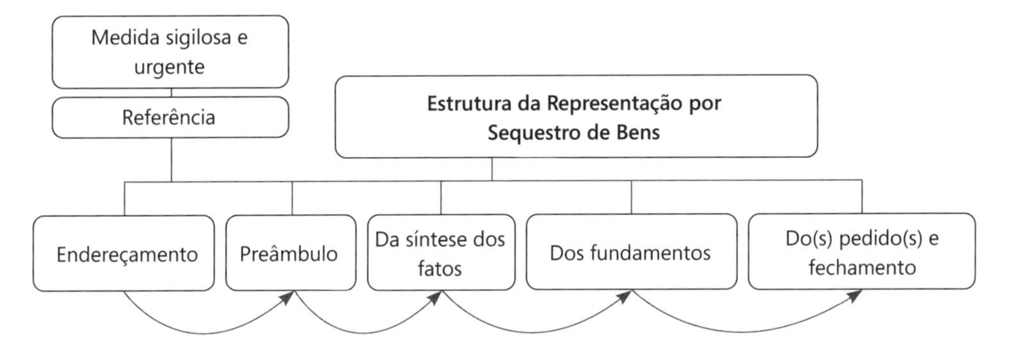

Além dos citados elementos, a peça deve trazer **entre o endereçamento e o preâmbulo**, a **referência** eventualmente trazida pela questão. Conforme já visto, o mais comum é que a referência seja o número do inquérito policial, mas pode ocorrer de a questão trazer como referência o número da ocorrência policial ou, até mesmo, o número de distribuição do inquérito policial no Poder Judiciário.

O importante é que o candidato coloque exatamente como a questão trouxer, ou seja, se no texto estiver escrito "Inquérito Policial nº 9.748/2021 – 38ª DP", o candidato deve colocar entre o endereçamento e preâmbulo:

Referência: Inquérito Policial nº 9.748/2021 – 38ª DP

Sem abreviar.

Se o texto trouxer "I.P. nº 9.748/2021", o candidato deve colocar entre o endereçamento e preâmbulo:

Referência: I.P. nº 9.748/2021

Abreviando.

Ou seja, exatamente como a questão trouxer. Isso vale para os casos de existir referência ao número de ocorrência ou a qualquer outro número.

Muito cuidado para não errar o número trazido pela questão, pois isso pode gerar uma identificação de prova. Exemplifico: vamos imaginar que a questão traga a referência como Inquérito Policial nº 449988/2021 e você erre na hora de escrever e coloque:

Referência: I.P. nº 448888/2021

Isso pode gerar problema, portanto é importante que o candidato tenha bastante atenção.

Caso a questão não traga a informação de referência, **o candidato jamais deve criar dados**! O que se pode fazer é colocar entre o endereçamento e preâmbulo o seguinte:

Referência: Inquérito Policial

Observe que a informação deverá ser apresentada sem nenhum número nesses casos, uma vez que a própria questão não indicou nenhum número.

Outro dado que deve constar nesta peça, também entre o **endereçamento** e o **preâmbulo** é que a medida é **sigilosa e urgente**. Conforme salientado no Capítulo 19 do nosso Manual Decifrado, na dúvida, deve ser colocada esta informação em razão da própria essência das medidas cautelares, que são sigilosas na imensa maioria dos casos e urgente em razão do *periculum in mora* ou *periculum libertatis*.

32.9.1 Endereçamento

Considerando que a representação deve ser analisada por um magistrado, ela deve ser endereçada ao juiz competente, sendo parte obrigatória.

Conforme salientado no Capítulo 20, caso ainda não haja juiz prevento, o endereçamento deve ser realizado ao juiz criminal (crimes comuns), ao juiz do tribunal do júri (crimes dolosos contra a vida), juiz da vara de violência doméstica (crimes envolvendo violência doméstica familiar) ou a outros, a depender do tipo de crime cometido e da organização judiciária do local de onde se presta a prova. Assim, é interessante que o candidato conheça, ao menos superficialmente, a estrutura organizacional do Poder Judiciário do local em que presta o concurso, desde que seja cobrado em edital.

Caso já exista juízo prevento e a questão faça referência a tal juízo, deve-se endereçar a representação a ele.

A título de exemplo, no Distrito Federal temos Varas do Tribunal do Júri, a Circunscrição Especial Judiciária de Brasília e as Circunscrições Judiciárias das Regiões Administrativas. Já nos Estados, geralmente se endereça a peça prática profissional da seguinte forma:

Excelentíssimo Senhor Juiz de Direito da ___ Vara Criminal da Comarca de xxxxxx.

No que concerne ao pronome de tratamento do juiz, indica-se que não se faça o uso de diversos tratamentos, como: "**Excelentíssimo Senhor Doutor Juiz de Direito**". Indica-se que use somente a expressão: "**Excelentíssimo Senhor Juiz de Direito**".

Nos concursos para Delegado de Polícia Federal é necessário saber que existem Varas Federais que formam as Seções Judiciárias ou Subseções Judiciárias.

Vejamos o seguinte exemplo: caso o crime tenha ocorrido em Maceió, a representação deve ser endereçada ao **"Excelentíssimo Senhor Juiz Federal da ___ Vara Federal da Seção Judiciária de Alagoas"**.

De igual forma, com relação ao pronome de tratamento, basta utilizar "**Excelentíssimo Senhor Juiz Federal**".

Lembrando que, caso se esteja diante de crime apurado pela Polícia Federal, nos termos do art. 1º da Lei nº 10.446/2002 (quando houver repercussão interestadual ou internacional que exija repressão uniforme em crimes específicos) não há, via de regra, deslocamento de competência para a Justiça Federal. Nestes casos, portanto, o Delegado de Polícia Federal eventualmente representará ao Juiz de Direito Estadual.

É importante ressaltar que o Pacote Anticrime, Lei nº 13.964/2019, trouxe mudança significativa na estrutura do Poder Judiciário: o juiz de garantias. Até o fechamento desta obra, em razão de decisão do Supremo Tribunal Federal, a instituição dos juízes de garantias está suspensa. Ocorre que o tema pode impactar diretamente no endereçamento da peça, conforme mais bem trabalhado no Capítulo 19 desta obra, a qual remetemos o leitor.

32.9.2 Preâmbulo

Conforme já salientado, o preâmbulo deve perseguir a consecução de três objetivos básicos:

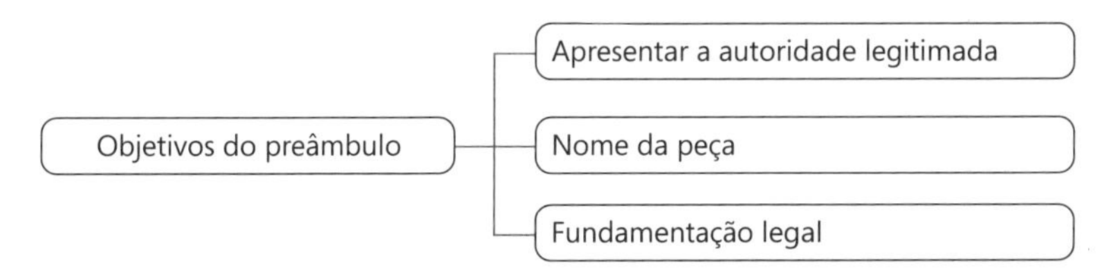

O primeiro objetivo, conforme se percebe, será estático em todas as representações, devendo apenas o candidato adicionar legitimação adicional eventualmente trazida por legislação local. Vejamos um exemplo:

> O Delegado de Polícia Civil ao final assinado, no uso de suas atribuições constitucionais e legais, sobretudo o art. 144, § 4º, da Constituição Federal e art. 2º, § 1º, da Lei nº 12.830/2013 (se houver legislação local, a exemplo de dispositivo da Constituição Estadual, colocar aqui).

No caso de se estar diante de uma prova para Delegado de Polícia Federal, evidentemente, haverá alteração da legitimidade constitucional, não cabendo a inserção de legislação local. Vejamos:

> O Delegado de Polícia Federal ao final assinado, no uso de suas atribuições constitucionais e legais, sobretudo o art. 144, § 1º, I, da Constituição Federal e art. 2º, § 1º, da Lei nº 12.830/2013.

Posteriormente vem o cumprimento dos **demais objetivos do preâmbulo**, que não necessariamente precisam respeitar a ordem acima, ou seja, pode ser o nome da peça e, logo após a fundamentação legal ou vice-versa. É uma questão de estilística. Vejamos:

No caso de bens imóveis:

Com fundamento no art. 125, *caput*, do Código de Processo Penal, vem à presença de Vossa Excelência representar pelo **sequestro** de (nome do bem, sua qualificação, seu endereço e a quem se vincula), pelas razões de fato e de direito que pormenorizadamente se seguem:

Ou

Vem à presença de Vossa Excelência oferecer representação pelo **sequestro** de (nome do bem, sua qualificação, seu endereço e a quem se vincula), com fulcro no art. 125, *caput*, do Código de Processo Penal, pelos fundamentos de fato e de direito a seguir expostos.

No caso de bens móveis:

Com fundamento no art. 132, *caput*, do Código de Processo Penal, vem à presença de Vossa Excelência representar pelo **sequestro** de (nome do bem, sua qualificação, local em que se situa e a quem se vincula), pelas razões de fato e de direito que pormenorizadamente se seguem:

Ou

Vem à presença de Vossa Excelência oferecer representação pelo **sequestro** de (nome do bem, sua qualif icação, local em que se situa e a quem se vincula), com fulcro no art. 132, *caput*, do Código de Processo Penal, pelos fundamentos de fato e de direito a seguir expostos.

De forma integral, teremos o seguinte:

No caso de bens imóveis:

Para o cargo de Delegado de Polícia Civil

O Delegado de Polícia ao final assinado, no uso de suas atribuições constitucionais e legais, sobretudo o art. 144, § 4º, da Constituição Federal e art. 2º, § 1º, da Lei nº 12.830/2013 (se houver legislação local, a exemplo de dispositivo da Constituição Estadual, colocar aqui), com fundamento no art. 125, *caput*, do Código de Processo Penal, vem à presença de Vossa Excelência representar pelo **sequestro** de (nome do bem, sua qualificação, seu endereço e a quem se vincula), pelas razões de fato e de direito que pormenorizadamente se seguem:

Para o cargo de Delegado de Polícia Federal

O Delegado de Polícia Federal ao final assinado, no uso de suas atribuições constitucionais e legais, sobretudo o art. 144, § 1º, I, da Constituição Federal e art. 2º, § 1º, da Lei nº 12.830/2013, com fundamento no art. 125, *caput*, do Código de Processo Penal, vem à presença de Vossa Excelência representar pelo **sequestro** de (nome do bem, sua qualificação, seu endereço e a quem se vincula), pelas razões de fato e de direito que pormenorizadamente se seguem:

No caso de bens móveis:

Para o cargo de Delegado de Polícia Civil

O Delegado de Polícia ao final assinado, no uso de suas atribuições constitucionais e legais, sobretudo o art. 144, § 4º, da Constituição Federal e art. 2º, § 1º, da Lei nº 12.830/2013 (se houver legislação local, a exemplo de dispositivo da Constituição Estadual, colocar aqui), com fundamento no art. 132, *caput*, do Código de Processo Penal, vem à presença de Vossa Excelência representar pelo **sequestro** de (nome do bem, sua qualificação, local em que se situa e a quem se vincula), pelas razões de fato e de direito que pormenorizadamente se seguem:

Para o cargo de Delegado de Polícia Federal

O Delegado de Polícia Federal ao final assinado, no uso de suas atribuições constitucionais e legais, sobretudo o art. 144, § 1º, I, da Constituição Federal e art. 2º, § 1º, da Lei nº 12.830/2013, com fundamento no art. 132, *caput*, do Código de Processo Penal, vem à presença de Vossa Excelência representar pelo **sequestro** de (nome do bem, sua qualif icação, local em que se situa e a quem se vincula), pelas razões de fato e de direito que pormenorizadamente se seguem:

Repare que, por questões didáticas, nós ressaltamos em negrito o nome da peça, no entanto o candidato em sua prova não deve tentar realizar qualquer destaque. O máximo que se permite é colocar o nome da peça com letras maiúsculas.

Perceba que **a representação deve ser realizada em nome do Delegado de Polícia** e não da instituição Polícia Civil ou Polícia Federal. Observe que, diferentemente do que ocorre com relação ao Ministério Público, o Delegado de Polícia não se constitui como órgão, mas, na verdade, insere-se no conceito de agente integrante do órgão policial, Polícias Civis ou Polícia Federal. Por esse motivo, a representação deve ser realizada em nome do cargo de Delegado de Polícia.

Ademais, caso a representação fosse realizada em nome da instituição policial, não faria sentido a indicação dos dispositivos previstos na Lei nº 12.830/2013, que é o estatuto do Delegado de Polícia.

Lembrando ao candidato que, caso **trate-se de caso envolvendo a aplicação da Lei nº 11.343/2006**, o **fundamento legal será o art. 60, *caput***, da referida Lei. Esta mesma observação **serve à fundamentação das legislações esparsas**, conforme visto anteriormente, em razão do princípio da especialidade.

32.9.3 Síntese dos fatos

Conforme já analisamos anteriormente, trata-se do ponto comum entre as peças internas e externas. Em ambas as hipóteses, o candidato deverá reservar determinado tópico para a descrição dos fatos que fundamentam a medida.

Algumas informações são bastante importantes a esse respeito, vejamos:

a. Normalmente, o examinador não confere muitos pontos à descrição fática realizada pelo candidato. Contudo esse tópico fornece toda a lógica à estrutura da peça, motivo pelo qual sua confecção ganha relevo.

b. Não se deve copiar *ipsis litteris* o enunciado da questão. O candidato deverá demonstrar a capacidade de síntese, pois na maioria dos casos o espaço da folha de resposta não comporta elementos desnecessários na descrição dos fatos.

c. É necessário objetividade, com prevalência à transcrição de fatos que serão relevantes para a autoria, materialidade do crime e todas as suas circunstâncias relevantes para a apuração.

d. O candidato deverá ressaltar os fatos que possuem relação com a fundamentação jurídica analisada a seguir.

Assim, o nosso leitor deve se atentar para aqueles fatos que possuam relação com a medida pleiteada, exercitando a sua capacidade de síntese. Devem ser indicados os pontos que serão relevantes para que o magistrado decida a respeito do feito. Aqueles fatos que nada contribuem ao objetivo proposto ou que em nada se correlacionem com a medida pleiteada não precisam estar expostos na síntese dos fatos como elemento integrante da representação.

Na síntese dos fatos,[1] o candidato deve ter como parâmetro o **conhecido Heptâmetro de Quintiliano** e buscar responder aos seguintes questionamentos:

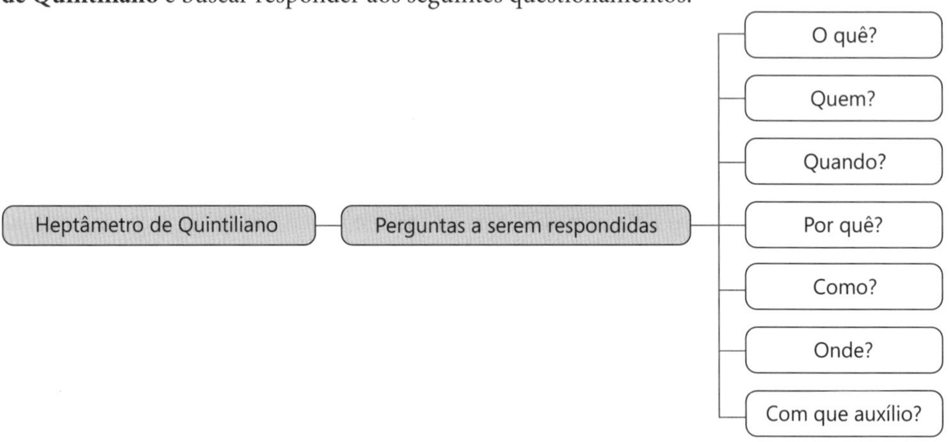

No caso da medida de sequestro, a partir de dados trazidos pela questão, devem ser apontadas as circunstâncias que servirão para sustentar os pontos da fundamentação jurídica.[2]

32.9.4 Dos fundamentos

Neste ponto, o candidato deverá demonstrar os fundamentos jurídicos trazidos no tópico em que tratamos do arcabouço teórico para a concessão da medida de sequestro, seja de bens imóveis ou móveis.

---

[1] Pode também ser chamado de "sinopse dos fatos", "do resumo fático", "dos fatos" ou qualquer outro nome semelhante.

[2] Confira o exemplo trazido no Capítulo 20 da obra.

Pode-se iniciar tratando sobre o instituto que se pleiteia, sendo facultativa a utilização do roteiro proposto no Capítulo 20 deste Manual Decifrado.

Deve ser ressaltado que, ao caso concreto, cabe o sequestro de bens (imóveis ou móveis), afastando, no caso de bens móveis, **a medida de busca e apreensão**, pois, conforme visto, a busca e apreensão, se cabível, tem preferência com relação ao sequestro, nos termos do art. 132 do Código de Processo Penal.

Também devem apontados o ***fumus comissi delicti***, o ***periculum in mora*** e a **proporcionalidade** da medida.

Observe que deve haver a conjugação entre a descrição fática realizada no tópico anterior (síntese dos fatos) e o ***fumus comissi delicti***. No presente caso, o *fumus* deve ser entendido à luz do art. 126 do Código de Processo Penal. Vejamos:

> **Art. 126.** Para a decretação do sequestro, bastará a existência de indícios veementes da proveniência ilícita dos bens.

Sendo assim, na descrição fática o candidato deverá ressaltar aquilo que servirá como base aos fundamentos jurídicos. O candidato deverá descrever concretamente (com dados trazidos pela questão) quais são os **indícios veementes da proveniência ilícita dos bens**, ressaltando, ainda, que o patrimônio do investigado a ser objeto de sequestro não é compatível com sua renda, caso a questão traga esse dado.

A tipificação do(s) delito(s), na medida em análise, embora não tão relevante na prática, **deve ser realizada em provas concursais**, pois geralmente é ponto do espelho de avaliação.

Atenção

Não se devem criar fatos não narrados pelo examinador.

No que concerne ao sequestro de bens, o *periculum in mora* pode ser apontado de maneira genérica, pois, caso não sequestrado com celeridade, pode haver a alienação, doação ou qualquer outra forma de transmissão do bem ou, ainda, sua destruição. Dados específicos trazidos pela questão também devem ser apontados. Exemplo:

> Excelência, é importante salientar ainda que a medida é urgente neste momento, em razão da possibilidade de alienação do bem e consequente embaraço para o ressarcimento ao erário público lesado, sendo, pois, a afetação do patrimônio da indiciada medida proporcional. Ademais, conforme apontou o relatório de investigações 3.219/2022, o investigado anunciou o bens para fins de venda em conhecido *site*.[3]

---

[3] Estes últimos elementos precisam ser dados trazidos pela questão. Não invente dados.

A proporcionalidade da medida se refere ao binômio "**patrimônio do investigado com indícios de ilicitude *e* prejuízo da vítima e/ou do Estado**".

Caso a medida seja combinada com a representação por uso do bem, nos termos do art. 133-A, *caput*, do Código de Processo Penal, deve-se demonstrar **a existência de interesse público** para o uso do bem, baseando-se, se possível, em dados trazidos pela questão.[4]

32.9.5 Do(s) pedido(s)[5] e fechamento

a. Pedido

Esta parte não é complicada, embora haja algumas peculiaridades na representação por sequestro de bens com relação ao modelo genérico anteriormente proposto.

Inicia-se, basicamente, de uma conclusão do que foi sustentado na fundamentação. Deve-se colocar nesta parte, por cautela, que o **membro do Ministério Público será ouvido**. Vejamos:

Pode-se repetir a fundamentação legal aposta no preâmbulo:

> Por todo o exposto, fundamento no art. 125, *caput*, do Código de Processo Penal,[6] representa esta Autoridade Policial pelo **sequestro** de (nome do bem, sua qualificação, seu endereço e a quem se vincula), após manifestação do ilustre membro do ministério Público.

Ou utilizar a fórmula genérica:

> Por todo exposto e com amparo nos dispositivos legais acima citados, representa esta Autoridade Policial pelo **sequestro** de *(*nome do bem, sua qualificação, seu endereço e a quem se vincula), após manifestação do ilustre membro do ministério Público.

Outra peculiaridade é a seguinte: caso se trate de **bem imóvel,** deve requerer-se que seja **oficiado ao Cartório de Registro de Imóvel**, nos termos do art. 128 do CPP. Vejamos:

> **Art. 128.** Realizado o sequestro, o juiz ordenará a sua inscrição no Registro de Imóveis.

---

4 Caso a utilização do bem seja relacionada com o sequestro do art. 60, *caput*, da Lei nº 11.343/2006, a fundamentação deve ser o art. 62, *caput*, da mesma Lei.

5 Conforme já analisamos, a representação não se trata propriamente de um requerimento ou pedido, contudo, considerando que a prática cartorária-policial consagrou o uso da expressão, decidimos mantê-la neste trabalho, apesar das críticas anteriormente citadas.

6 Lembrando que esta fundamentação se modificará caso se trate de bens móveis ou, ainda, se referir a situação que envolvam legislações especiais.

Ficaria assim:

> Requer-se, ainda, que, caso deferida a medida, seja oficiado ao Cartório de Registro de Imóveis para a devida inscrição do ônus, publicidade e providências decorrentes, nos termos do art. 128, *caput*, do Código de Processo Penal.

Caso se trate de um **bem móvel** que tenha controle de matrícula, **por analogia**, é prudente se requerer que seja **oficiado ao local que mantém os dados de matrícula do bem para fins de conhecimento e eventual registro**. Ex.: Detran (no caso de um veículo) ou Capitania dos Portos (no caso de uma embarcação).

Ficaria assim:

> Requer-se, ainda, que, caso deferida a medida seja oficiado à Capitania dos Portos de Pernambuco para fins de conhecimento da medida e eventual registro.

Ficaria da seguinte forma:[7]

Do pedido (bem imóvel):

> Por todo o exposto, fundamento no art. 125, *caput*, do Código de Processo Penal, representa esta Autoridade Policial pelo **sequestro** de (nome do bem, sua qualificação, seu endereço e a quem se vincula), após manifestação do ilustre membro do ministério Público.
>
> Requer-se, ainda, que, caso deferida a medida, seja oficiado ao Cartório de Registro de Imóveis para a devida inscrição do ônus, publicidade e providências decorrentes, nos termos do art. 128, *caput*, do Código de Processo Penal.

Ou, ainda:

> Por todo o exposto, com arrimo nos dispositivos legais acima citados, representa esta Autoridade Policial pelo **sequestro** de (nome do bem, sua qualificação, seu endereço e a quem se vincula), após manifestação do ilustre membro do ministério Público.
>
> Requer-se, ainda, que, caso deferida a medida, seja oficiado ao Cartório de Registro de Imóveis para a devida inscrição do ônus, publicidade e providências decorrentes, nos termos do art. 128, *caput*, do Código de Processo Penal.

Do pedido (bem móvel):

> Por todo o exposto, fundamento no art. 132, *caput*, do Código de Processo Penal, representa esta Autoridade Policial pelo **sequestro** de (nome do bem, sua qualificação, local em que se situa e a quem se vincula), após manifestação do ilustre membro do ministério Público.
>
> Requer-se, ainda, que, caso deferida a medida, seja oficiado ao (órgão em que o bem é matriculado) para fins de conhecimento da medida e eventual registro.

---

[7] Lembrando que, caso se trate de medida prevista em legislação especial, a fundamentação será alterada, conforme salientado.

Ou, ainda:

Por todo o exposto, com arrimo nos dispositivos legais acima citados, representa esta Autoridade Policial pelo **sequestro** de (nome do bem, sua qualificação, local em que se situa e a quem se vincula), após manifestação do ilustre membro do ministério Público.

Requer-se, ainda, que, caso deferida a medida, seja oficiado ao (órgão em que o bem é matriculado) para fins de conhecimento da medida e eventual registro.

Por fim, caso a medida seja cumulada com o disposto no art. 133-A, *caput*, do Código de Processo Penal, deve-se reforçar no pedido. Adicionar-se-ia o seguinte:

Pugna-se, por fim, que, caso deferida e efetivada a medida de sequestro, que seja autorizado desde já o uso do bem, em razão do evidente interesse público, nos termos do art. 133-A, *caput*, do Código de Processo Penal.

Caso se trate de veículo, embarcação ou aeronave, deve-se requerer ainda a expedição de certificado provisório de registro e licenciamento, nos termos do art. 133-A, § 3º, do CPP. Vejamos:

> **Art. 133-A.** (...)
>
> *§ 3º* Se o bem a que se refere o *caput* deste artigo for veículo, embarcação ou aeronave, o juiz ordenará *à* autoridade de trânsito ou ao *órgão* de registro e controle a expedição de certificado provisório de registro e licenciamento em favor do *órgão* público beneficiário, o qual estará isento do pagamento de multas, encargos e tributos anteriores *à* disponibilização do bem para a sua utilização, que deverão ser cobrados de seu responsável.

Ficaria assim:[8]

Do pedido (bem móvel):

Por todo o exposto, fundamento no art. 132, *caput*, do Código de Processo Penal, representa esta Autoridade Policial pelo **sequestro** de (nome do bem, sua qualificação, local em que se situa e a quem se vincula), após manifestação do ilustre membro do ministério Público.

Requer-se, ainda, que, caso deferida e efetivada a medida de sequestro, que seja autorizado desde já o uso do bem, em razão do evidente interesse público, nos termos do art. 133-A, *caput*, do Código de Processo Penal, com consequente expedição de ofício ao (órgão em que o bem *é* matriculado) para que expeça certificado provisório em nome da (nome da polícia – Civil do Estado XX ou Federal).

Ou, ainda:

Por todo o exposto, com arrimo nos dispositivos legais acima citados, representa esta Autoridade Policial pelo **sequestro** de (nome do bem, sua qualificação, local em que se situa e a quem se vincula), após manifestação do ilustre membro do ministério Público.

---

8 Lembrando que, caso se trate de medida prevista na Lei de Drogas, a fundamentação deste pedido será o art. 62, *caput*, da referida Lei.

Requer-se, ainda, que, caso deferida e efetivada a medida de sequestro, que seja autorizado desde já o uso do bem, em razão do evidente interesse público, nos termos do art. 133-A, *caput*, *do* Código de Processo Penal, com consequente expedição de ofício ao (órgão em que o bem *é* matriculado) para que expeça certificado provisório em nome da (nome da polícia – Civil do Estado XX ou Federal).

É facultativo o uso da expressão **nesses termos, pede deferimento**. Conforme já ressaltamos, não se trata a representação efetivamente de um pedido, motivo pelo qual não indicamos o uso da expressão, contudo é muito comum na prática e, efetivamente, apresenta a ideia de encerramento da representação.

b. Fechamento

Por fim, o **fechamento** é realizado da seguinte maneira, fazendo referência:

- ao local e data;
- à expressão "Delegado de Polícia";
- à lotação (se a questão trouxer).

Trata-se de fase simples, contudo devemos apresentar algumas ressalvas:

- **Com relação** à **data e ao local, deve-se efetivamente escrever a expressão "local e data".** Caso a questão apresente o local em que os fatos ocorreram poder-se-ia utilizar como referência o local apresentado na questão. Não se deve utilizar o local da prova ou a data da prova, salvo, logicamente, se forem as mesmas apresentadas na questão.
- **Com relação ao uso do termo "Delegado de Polícia"**, deve-se fazer referência ao uso da expressão no masculino, salvo se a questão especificar que quem conduz a investigação é uma mulher. Não se trata de preferência de gênero, mas de cautela para não identificar sua prova.
- **Com relação** à **lotação, deve-se utilizar a expressão "lotação".** Caso a questão apresente a lotação, o candidato poderá especificá-la.

Modelo

EXCELENTÍSSIMO(A) SENHOR(A) JUIZ(A) DE DIREITO DA ___ VARA (...) DA COMARCA DE (...)

Não use abreviações no endereçamento. Lembre-se de que não é necessário o uso de inúmeros pronomes de tratamento.

Medida sigilosa e urgente.

Como dito, pode-se colocar que a medida é sigilosa e urgente em razão da própria essência das cautelares.

Referência: Inquérito Policial nº

Caso haja referência ao número do inquérito, deve-se fazer referência à referida numeração. Caso não haja, o candidato poderá usar o termo: Inquérito Policial nº.

Não há necessidade de pular linhas, sobretudo se o número de linhas de sua prova for reduzido.

Deixar parágrafo de aproximadamente dois dedos de distância da margem.

O Delegado de Polícia ao final assinado, no uso de suas atribuições constitucionais e legais, sobretudo o art. 144, § 4º,[9] da Constituição Federal e art. 2º, § 1º, da Lei nº 12.830/2013 (se houver legislação local, a exemplo de dispositivo da Constituição Estadual, colocar aqui), com fundamento no art. 125, *caput*, do Código de Processo Penal[10], vem à presença de Vossa Excelência representar pelo **sequestro** de (nome do bem, sua qualificação, seu endereço e a quem se vincula), pelas razões de fato e de direito que pormenorizadamente se seguem:

DA SINOPSE DOS FATOS

Neste ponto, deve-se apresentar o resumo dos fatos elencados na questão, lembre-se de que não devem ser apresentados fatos que não estiverem no enunciado da questão.

1ª informação: unicamente com base na questão apresentada, utilizando-se do poder de síntese, deve ser ressaltado tudo que houver sobre as seguintes perguntas: O Quê? Quem? Quando? Onde? Por quê? Como? Com quem?

2ª informação: só devem ser ressaltados fatos relevantes que terão correlação com a parte da fundamentação.

DOS FUNDAMENTOS

Neste momento, pode-se apresentar um breve apanhado sobre o instituto pleiteado, além do fumus comissi delicti, *do* periculum in mora *e* proporcionalidade, *que vão variar conforme a medida.*

1ª informação: indique a **materialidade do delito**. Lembrando que aqui esses dados devem estar consubstanciados em elementos concretos. Ressalte na peça a existência de eventuais laudos periciais.

2ª informação: tipifique o delito.

3ª informação: indique **os indícios suficientes de autoria**. Deve-se apontar quais fatos demonstram que aquele suspeito pode ter cometido o delito. Em análise técnica, deve-se apresentar qual a justa causa para o indivíduo estar sendo investigado e quais as informações colhidas na investigação apontam para a autoria dele.

4ª informação: demonstre ao juiz que **a medida** é **adequada e proporcional** e, se não for implementada de forma célere (*periculum in mora*), gerará risco provável grave e irreparável.

5ª informação: com relação à proporcionalidade, deve ser ponderado o binômio: "**patrimônio do investigado com indícios de ilicitude e prejuízo da vítima e/ou do Estado**".

DO(S) PEDIDO(S)

Será a finalização da peça, indicando ao magistrado a razão da representação.

Deve-se colocar, por cautela, que o membro do Ministério Público será ouvido.

---

[9] Lembrando que, caso seja prova para Delegado de Polícia Federal, a legitimidade será alterada.

[10] Lembrando que esta fundamentação se modificará caso se trate de bens móveis ou, ainda, se referir a situação que envolvam legislações especiais.

Caso se trate de sequestro de bens imóveis, se requerer que seja oficiado ao Cartório de Registro de Imóveis para devida inscrição do ônus, publicidade e providências decorrentes, nos termos do art. 128 do CPP.

Por todo o exposto, fundamento no art. 125, *caput*, do Código de Processo Penal,[11] representa esta Autoridade Policial pelo **sequestro** de (nome do bem, sua qualificação, seu endereço e a quem se vincula), após manifestação do ilustre membro do ministério Público.

Requer-se, ainda, que, caso deferida a medida, seja oficiado ao Cartório de Registro de Imóveis para a devida inscrição do ônus, publicidade e providências decorrentes, nos termos do art. 128, *caput*, do Código de Processo Penal.[12]

Local, data.

Delegado de Polícia.

Lotação (se houver).

Embora seja óbvio, o óbvio por vezes precisa ser dito: jamais identifique sua prova, *seja assinando-a, colocando seu nome (ou as iniciais dele) ou de qualquer outra maneira.*

Caso prático

Carlos Júnior, 35 anos, empresário, residente em área nobre da cidade, na rua das Amoras, nº 1100, bairro Jardins, na cidade de Claridade é alvo de investigações policiais.

Instaurado Inquérito Policial de nº 015/2022, Carlos passou ser formalmente investigado por suspeita de prática em crime de lavagem de capitais.

Desconfiado, Carlos passou a se desfazer de alguns bens e outros colocou em nome de terceiros, pessoas de sua família.

Na garagem de sua mansão, há uma BMW, cor branca, placa HXY 0000, uma Lamborghini, prata, placa OXX, 0001, e uma moto Kawasaki Ninja H2 SX SE, cor preta, placa SWI O1O. Bens estes, supostamente oriundos da prática ilícita de Carlos.

Realizadas as diligências em face do cumprimento do mandado de busca e apreensão judicialmente autorizado na empresa de Carlos, foram encontrados e apreendidos elementos informais que comprovam atividade ilícita por parte do investigado. Constatou-se que Carlos ocultava e dissimulava valores provenientes da prática de crimes, configurando-se, portanto, o delito de lavagem de capitais. As buscas localizaram e apreenderam cadernetas com anotações das quantias movimentadas, estranhas a sua atividade, assim como contatos telefônicos com datas, que supostamente seriam os dias de transação do dinheiro de cada "cliente". Em uma pasta vermelha, estavam anotadas a destinação de grandes quantias gastas por Carlos, as quais foram destinadas à compra dos carros e da moto anteriormente citados. Todos os documentos encontram-se acostados no inquérito policial, fls. 03/25.

Considerando que todas as informações se encontram formalizadas no inquérito policial, mostra-se imperiosa às investigações a imediata apreensão dos bens suposta-

---

11 Lembrando que esta fundamentação se modificará caso trate-se de bens móveis ou, ainda, se referir a situação que envolvam legislações especiais.

12 Como visto, pode se fazer o mesmo por analogia, caso se trate de bem móvel que possuía matrícula ou situação semelhante.

mente adquiridos pela prática ilícita de Carlos. Diante desses fatos, formule na qualidade de Delegado de Polícia, a peça adequada de forma fundamentada perante o Juízo competente.

Modelo de proposta de resposta

EXCELENTÍSSIMO SENHOR JUIZ DE DIREITO DA ___ VARA CRIMINAL DA COMARCA DE CLARIDADE

Referência: Inquérito Policial nº 015/2022. Medida sigilosa e urgente.

O Delegado de Polícia ao final assinado, no uso de suas atribuições constitucionais e legais, sobretudo o art. 144, § 4º, da Constituição Federal e art. 2º, § 1º, da Lei nº 12.830/2013, com fundamento no art. 132, do Código de Processo Penal, vem à presença de Vossa Excelência representar pelo **sequestro** dos seguintes veículos

1) BMW, cor branca, placa HXY 0000; 2) Lamborghini, prata, placa OXX, 0001, e 3) motocicleta Kawasaki Ninja H2 SX SE, cor preta, placa SWI O1O, todos vinculados ao indiciado CARLOS JÚNIOR, podendo ser localizados na rua das Amoras, nº 1100, bairro Jardins, na cidade de Claridade, pelas razões de fato e de direito que pormenorizadamente se seguem:

DOS FATOS

Carlos Junior, empresário, reside em bairro nobre da cidade de Claridade, e possui alguns bens de alto valor, dentre eles um veículo BMW, cor branca, placa HXY 0000, um veículo Lamborghini, prata, placa OXX, 0001, e uma motocicleta Kawasaki Ninja H2 SX SE, cor preta, placa SWI O1O. O empresário passou a ser alvo de investigações por suspeita de prática de crime de lavagem de capitais.

Instaurado Inquérito Policial nº 015/2022, realizadas diligências na empresa de Carlos, em cumprimento do mandado de busca e apreensão, foram encontrados e apreendidos elementos que indicam a prática de delito de lavagem de capitais, tais como cadernetas com anotações das quantias movimentadas, assim como contatos telefônicos com datas, que supostamente seriam os dias de transação do dinheiro de cada "cliente". Também foi localizada uma pasta vermelha, na qual estavam anotados gastos de grandes quantias realizados pelo investigado, destinados à compra dos carros e da motocicleta descritos.

Todo material encontrado fora acostado no inquérito policial, fls. 03/25.

DOS FUNDAMENTOS

Dispõe o art. 132 do Código de Processo Penal, ser cabível o sequestro dos bens móveis se verificadas as condições previstas non art. 126 do mesmo diploma legal, ou seja, quando houver índicos veementes da proveniência ilícita dos bens.

Diante dos elementos colhidos e acostados ao inquérito policial nº 015/2022, fls.03/25, resta comprovada a materialidade do crime, essencialmente, em razão da apreensão de documentos (fls. 03/25) que demonstram movimentação financeira no sentido de ocultar e dissimular a origem ilícita dos valores. Trata-se de conduta que se amolda ao art. 1º da Lei nº 9.613/1998.

Há indícios de autoria, além de indícios veementes da proveniência ilícita dos bens, considerando os documentos que foram apreendidos na empresa do investigado, em razão de mandado de busca e apreensão judicialmente autorizado. Com efeito, os documentos demonstram atividade incompatível com o exercício empresarial, além de indicarem que os bens em questão foram adquiridos com os valores provenientes das condutas criminosas.

Excelência, configura-se o *periculum in mora*, uma vez que a referida diligência é urgente neste momento, uma vez que o investigado, desconfiado que estaria sendo alvo de investigações já vinha se desfazendo de alguns de seus bens, bem como colocando-os em nome de terceiros.

A medida é proporcional e indispensável, considerando indícios fortíssimo da origem ilícita dos bens, aliada a necessidade de preservar a reparação ao Estado a eventuais vítimas do delito sob investigação.

DO PEDIDO

Por todo exposto e com amparo nos dispositivos legais acima citados, representa esta Autoridade Policial pelo **sequestro** dos seguintes veículos 1) BMW, cor branca, placa HXY 0000; 2) Lamborghini, prata, placa OXX, 0001, e 3) motocicleta Kawasaki Ninja H2 SX SE, cor preta, placa SWI O1O, todos vinculados ao indiciado Carlos Júnior, podendo ser localizados na rua das Amoras, nº 1100, bairro Jardins, na cidade de Claridade, após a oitiva do ilustre membro do Ministério Público.

Requer-se, ainda, que, caso deferida a medida, seja oficiado ao Detran para fins de conhecimento da medida e eventual registro.

Claridade, data. Delegado de Polícia.

Decifrando a prova

(2013 – Cespe – Polícia Federal – Delegado – Adaptada) Almir foi preso em flagrante no aeroporto Antônio Carlos Jobim, na cidade do Rio de Janeiro/RJ, após adentrar em território nacional com duas malas repletas de roupas, relógios e eletroeletrônicos não declarados à Receita Federal do Brasil e cujo imposto de importação não foram devidamente recolhidos. Os produtos foram apreendidos e Almir, encaminhado à delegacia da Polícia Federal. Na posse do conduzido, foram apreendidos os seguintes objetos:

i) diversas passagens aéreas Rio-Miami-Rio em nome de Geraldo e Gabriel; ii) caderno de notas com nome de diversos funcionários do aeroporto; e iii) inúmeras notas fiscais de produtos adquiridos no estrangeiro, que somavam mais de R$ 60.000,00. Durante seu depoimento extrajudicial, na presença de seu advogado, João, Almir afirmou que as roupas e joias não haviam sido adquiridas no exterior, que os eletroeletrônicos realmente eram importados, mas estariam dentro da cota de isenção de imposto de importação e que Geraldo e Gabriel eram apenas seus amigos. Após pagar fiança arbitrada pela Autoridade Policial, Almir foi solto. Foi lavrado o auto de infração e realizado o lançamento definitivo dos tributos devidos e não recolhidos dentro do prazo legal. Instaurado inquérito policial, Almir foi formalmente indiciado. Dando continuidade às investigações, o delegado de polícia requereu ao juiz criminal competente a interceptação telefônica do indiciado, o que foi deferido pelo prazo de quinze dias. O conteúdo das interceptações apontou que Geraldo e Gabriel combinaram que viajariam aos Estados Unidos da América para comprar mercadorias, que seriam revendidas no Brasil por preços inferiores aos de mercado, sendo o preço das passagens aéreas e os lucros das vendas repartidos por todos. Constatou-se que as viagens ocorreram durante os últimos três anos e que os envolvidos não pagavam o respectivo imposto, dissimulando a importação das mercadorias. Com a venda das mercadorias, o trio teria arrecadado mais de R$ 12.000.000,00, e Geraldo adquirido um imóvel na rua Vieira Souto, no bairro de Ipanema, na cidade do Rio de Janeiro/RJ, utilizando os ganhos com a infração penal, muito embora tenha constado do instrumento de aquisição do bem o nome de seu filho, Cléber.

Os autos do inquérito policial foram conclusos ao delegado da Polícia Federal para análise. Em face da situação hipotética acima apresentada, redija, na condição de delegado responsável pela investigação do caso concreto, a peça profissional adequada em face do imóvel adquirido por Geraldo, direcionando à autoridade competente.

Modelo de proposta de resposta

EXCELENTÍSSIMO SENHOR JUIZ FEDERAL DA VARA CRIMINAL DA SEÇÃO JUDICIÁRIA DO RIO DE JANEIRO/RJ

Referência: Inquérito Policial Medida Sigilosa e Urgente.

O Delegado de Polícia Federal ao final assinado, no uso de suas atribuições constitucionais e legais, sobretudo o art. 144, § 1º, I, da Constituição Federal e art. 2º, § 1º, da Lei nº 12.830/2013, com fundamento no art. 125, *caput*, do Código de Processo Penal, vem à presença de Vossa Excelência representar pelo **sequestro** de um imóvel tipo casa, localizada na rua Vieira Souto, no bairro de Ipanema, na cidade do Rio de Janeiro – RJ, vinculado ao indiciado Geraldo, pelas razões de fato e de direito que pormenorizadamente se seguem:

DOS FATOS

Almir foi preso em flagrante no aeroporto Antônio Carlos Jobim, na cidade do Rio de Janeiro, após adentrar em território nacional com duas malas repletas de roupas, relógios e eletroeletrônicos não declarados à Receita Federal do Brasil.

Os produtos foram apreendidos e Almir encaminhado à delegacia da Polícia Federal. Estavam na posse de Almir: passagens aéreas Rio-Miami-Rio em nome de Geraldo e Gabriel, caderno de notas com nome de diversos funcionários do aeroporto e inúmeras notas fiscais de produtos adquiridos no estrangeiro, que somavam mais de R$ 60.000,00.

Almir, em seu depoimento extrajudicial, na presença de seu advogado, afirmou que as roupas e joias não haviam sido adquiridas no exterior. Acrescentou que os eletroeletrônicos realmente eram importados, mas estariam dentro da cota de isenção de imposto de importação e que Geraldo e Gabriel eram apenas seus amigos.

A Autoridade Policial arbitrou fiança, e logo após o pagamento, Almir foi solto.

O crédito tributário foi regularmente constituído. O inquérito policial foi instaurado e Almir formalmente indiciado. Em seguida, a Autoridade Policial requereu ao juiz criminal competente a interceptação telefônica do indiciado, o que foi deferido pelo prazo de quinze dias.

O conteúdo das interceptações apontou que Geraldo e Gabriel combinaram que viajariam aos Estados Unidos da América para comprar mercadorias. Estas seriam revendidas no Brasil por preços inferiores aos de mercado, e o preço das passagens aéreas e os lucros das vendas repartidos por todos.

Foi constatado que as viagens ocorreram durante os últimos três anos e que os envolvidos não pagavam o respectivo imposto, dissimulando a importação das mercadorias.

O trio teria arrecadado mais de R$ 12.000.000,00. Geraldo, utilizando os ganhos com a infração penal, teria adquirido um imóvel na rua Vieira Souto, no bairro de Ipanema, na cidade do Rio de Janeiro, e colocado o bem em nome de seu filho, Cléber.

DOS FUNDAMENTOS

O art. 125 do Código de Processo Penal dispõe ser cabível o sequestro dos bens imóveis quando adquiridos pelo indiciado com os proventos da infração, ainda que já tenham sido transferidos a terceiro.

Há elementos concretos a respeito da materialidade do delito investigado, considerando o lançamento definitivo do crédito tributário, originário do auto de infração lavrado pela Receita Federal do Brasil.

As condutas narradas se amoldam aos tipos previstos no art. 334, *caput*, do Código Penal (descaminho), considerando elementos concretos a respeito do não recolhimento tributários das mercadorias importadas e efetiva constituição do crédito tributário. Os indícios de autoria também estão consubstanciados nos depoimentos prestados e nos áudios recolhidos por meio da interceptação telefônica.

Resta configurada também o delito de associação criminosa, nos termos do art. 288, *caput*, do Código Penal, consubstanciado pela associação estável e permanentes de três agentes para a prática de crimes. Resta evidenciada que o grupo de agentes possuía atividade constante, comprovadas pela quantidade de valores movimentados pelo grupo.

A reunião desses elementos consubstancia o *fumus comissi delict*.

Ademais, importante salientar que há indícios veementes da proveniência ilícita do bem a ser objeto do sequestro ora representado.

Excelência, o *periculum in mora* demonstra-se por meio da urgência necessária para o sucesso da medida. Consta dos autos que o imóvel em questão foi registrado em nome de terceiro, motivo pelo qual pode facilmente ser transferido, fato que dificultaria a recuperação dos proveitos obtidos com a prática delituosa.

Como se sabe, Excelência, a medida ora representada é a adequada e proporcional, porquanto não há outro meio igualmente apto a tutelar o patrimônio, mostrando-se dessa forma como medida imprescindível. A medida ainda é necessária, em razão da necessidade de se preservar a reparação ao Estado e a eventuais vítimas do delito sob investigação.

DO PEDIDO

Por todo exposto e com amparo nos dispositivos legais acima citados, representa esta Autoridade Policial pelo **sequestro** do imóvel, tipo casa, localizado na rua Vieira Souto, no bairro de Ipanema, na cidade do Rio de Janeiro/RJ, vinculado ao indiciado Geraldo, após a oitiva do ilustre membro do Ministério Público.

Requer-se, ainda, que, caso deferida a medida, seja oficiado ao Cartório de Registro de Imóveis para a devida inscrição do ônus, publicidade e providências decorrentes, nos termos do art. 128, *caput*, do Código de Processo Penal.

Rio de Janeiro, data.

Delegado de Polícia Federal.

33 Relatório final

A investigação policial, atualmente, mostra-se como instrumento indispensável ao exercício da persecução penal estatal. Apesar do posicionamento ultrapassado da doutrina a respeito da dispensabilidade do inquérito policial, é fato que o inquérito ainda é o instrumento mais eficaz e transparente à elucidação de delitos.

A atividade investigativa é desempenhada sob a direção do Delegado de Polícia, autoridade dotada de conhecimento técnico-jurídico para elucidar o fato ilícito apontando sua materialidade, autoria e circunstâncias.

Desse modo, a investigação policial, operacionalizada por meio de inquérito policial, constitui-se por meio de um complexo de atos, diligências e providências no sentido de aclarar condutas criminosas. Após toda atividade investigativa, o Delegado de Polícia irá concluir a investigação por meio de minucioso relatório. Diz-se, então, que o relatório final é o ato conclusivo do inquérito policial.

Nesse sentido, o art. 10, § 1º, do CPP trata a respeito do encerramento do inquérito policial. Vejamos a redação do dispositivo:

> **Art. 10.** O inquérito deverá terminar no prazo de 10 dias, se o indiciado tiver sido preso em flagrante, ou estiver preso preventivamente, contado o prazo, nesta hipótese, a partir do dia em que se executar a ordem de prisão, ou no prazo de 30 dias, quando estiver solto, mediante fiança ou sem ela.
>
> **§ 1º A autoridade fará minucioso relatório do que tiver sido apurado e enviará autos ao juiz competente.** (grifos nossos)

O professor Renato Brasileiro de Lima (2018, p. 158), conceitua o relatório final da seguinte maneira:

> Cuida-se, o relatório, de peça elaborada pela autoridade policial, de conteúdo eminentemente descritivo, onde deve ser feito um esboço das principais diligências levadas a efeito na fase investigatória, justificando-se até mesmo a razão pela qual algumas não tenham sido realizadas, como, por exemplo, a juntada de um laudo pericial, que ainda não foi concluído pela Polícia Científica.

Podemos concluir que o relatório final é o ato técnico-jurídico do Delegado de Polícia que encerra as investigações, descrevendo a prática de todos os atos investigatórios, assim como apresentando ou confirmando a sua convicção a respeito da materialidade e autoria do delito. Trata-se, conforme já analisado no capítulo referente à análise do ato de indiciamento, de momento apto para que o Delegado de Polícia exare a sua *opinio delicti* ou mesmo a confirme a respeito dos fatos investigados.

O posicionamento doutrinário tradicional operou-se no sentido que o relatório conclusivo do inquérito policial tratar-se-á de peça meramente descritiva. Esse posicionamento, com todo respeito devido, não deve prevalecer. O Delegado deve proceder à análise técnico-jurídica dos fatos, apresentando, conforme a sua convicção, a tipificação a respeito do delito ou mesmo a conclusão que se trata de conduta atípica. O membro do Ministério Público (no momento da denúncia) e o juiz (no momento da prolação da sentença), podem confirmar ou não a capitulação e conclusão do Delegado de Polícia; trata-se da já analisada *tríplice opinio delicti* (FERREIRA, 2013).

Também não compactuamos com a ideia de que o inquérito e consequentemente o relatório conclusivo seriam dispensáveis. Ora, observe que o inquérito policial se destina a reunir elementos aptos a apontar (ou não) materialidade, autoria e circunstâncias do delito, possibilitando a eventual formação da convicção dos órgãos responsáveis pela persecução penal. Caso essas informações já existam, não se trata de dispensar o inquérito policial, mas sim de ser desnecessário reunir mais informações, tendo em vista que essas já existem. Na verdade, o inquérito policial é **elemento fungível**, mas não dispensável.

Observe a seguinte análise, em uma analogia bastante prática: se determina pessoa já está alimentada, ela não necessitará de mais comida. Nem por isso poderíamos dizer que os alimentos são dispensáveis. O que ocorre nesses casos é que os alimentos são desnecessários naquele contexto, pois a pessoa já estaria saciada.

33.1 DESTINATÁRIO DO INQUÉRITO POLICIAL

Considerando a redação do art. 10, § 1º, do CPP, anteriormente citado, os autos do inquérito policial, acompanhando do relatório final, devem ser encaminhados ao magistrado.

Essa determinação legal sempre foi bastante criticada pela doutrina processualista essencialmente após a edição do Pacote Anticrime, tendo em vista a adoção expressa ao sistema acusatório, mitigando-se a intervenção judicial na fase pré-processual.

Vejamos posicionamento de Renato Brasileiro de Lima (2018, p. 231) sobre o tema:

> Ora, tendo em conta ser o Ministério Público o *dominus litis* da ação penal pública, nos termos do art. 129, I, da Carta Magna, e, portanto, o destinatário final das investigações levadas a cabo no curso do inquérito policial, considerando que o procedimento investigatório é destinado, precipuamente, a subsidiar a atuação persecutória do *órgão* ministerial, e diante da desnecessidade de controle judicial de atos que não afetam diretos e garantias fundamentais do indivíduo, deve-se concluir que os autos da investigação policial devem tramitar diretamente entre a Polícia Judiciária e o Mi-

nistério Público, sem necessidade de intermediação do Poder Judiciário, a não ser para o exame de medidas cautelares (*v.g.*, prisão preventiva, interceptação telefônica, busca domiciliar etc.).

Apesar do posicionamento apresentado, o inquérito policial não se trata de peça essencialmente destinada a formar a convicção do órgão responsável à acusação, ao menos, essa não é sua finalidade principal. O inquérito policial constitui-se em instrumento democrático, apto a, por meio de investigação imparcial, comprovar existência ou não de materialidade e autora do delito, assim como circunstâncias relevantes a sua elucidação.

Logicamente que essa conclusão advinda da investigação também funciona como meio apto a contribuir para a formação da convicção do órgão acusador.

Desse modo, conforme esse posicionamento, após a edição da CF/1988, art. 129, I, dispositivo que conferiu a titularidade de ação penal pública ao MP, quando não houver diligência judicialmente condicionada, os autos da investigação devem tramitar diretamente entre Delegado de Polícia e Ministério Público.

No âmbito da Justiça Federal, há Resolução nº 63, do Conselho da Justiça Federal que regulamentou a matéria. Vejamos alguns trechos interessantes da referida resolução:

> **Art. 1º** Os autos de inquérito policial somente serão admitidos para registro, inserção no sistema processual informatizado e distribuição às Varas Federais com competência criminal quando houver:
>
> a) comunicação de prisão em flagrante efetuada ou qualquer outra forma de constrangimento aos direitos fundamentais previstos na Constituição da República;
>
> b) representação ou requerimento da autoridade policial ou do Ministério Público Federal para a decretação de prisões de natureza cautelar;
>
> c) requerimento da autoridade policial ou do Ministério Público Federal de medidas constritivas ou de natureza acautelatória;
>
> d) oferta de denúncia pelo Ministério Público Federal ou apresentação de queixa crime pelo ofendido ou seu representante legal;
>
> e) pedido de arquivamento deduzido pelo Ministério Público Federal;
>
> f) requerimento de extinção da punibilidade com fulcro em qualquer das hipóteses previstas no art. 107 do Código Penal ou na legislação penal extravagante.

Esse dispositivo trata das hipóteses excepcionais em que os autos devem ser remetidos à autoridade judiciária. Nos demais casos, em regra, os autos do inquérito devem tramitar diretamente entre Delegado de Polícia e Ministério Público, devendo ser remetidos ao Poder Judiciário somente na **primeira tramitação para fins de registro**:

> **Art. 2º** Os autos de inquérito policial, concluídos ou com requerimento de prorrogação de prazo para o seu encerramento, quando da primeira remessa ao Ministério Público Federal, serão previamente levados ao Poder Judiciário tão-somente para o seu registro, que será efetuado respeitando-se a numeração de origem atribuída na Polícia Federal.

> § 1º A Justiça Federal deverá criar rotina que permita apenas o somente o registro desses inquéritos policiais, sem a necessidade de atribuição de numeração própria e distribuição ao órgão jurisdicional com competência criminal.
>
> § 2º Após o registro do inquérito policial na Justiça Federal, os autos serão automaticamente encaminhados ao Ministério Público Federal, sem a necessidade de determinação judicial nesse sentido, bastando a certificação, pelo servidor responsável, da prática aqui mencionada.

Para aqueles candidatos que prestarão concurso para o cargo de Delegado de Polícia Federal, indicamos a leitura completa da referida resolução.

Apesar das referidas críticas a respeito da remessa dos autos do inquérito ao Poder Judiciário, acreditamos que, no âmbito dos concursos de Polícia Civil, ainda seria mais seguro endereçar o relatório à autoridade judicial, salvo se houver regulamentação própria no âmbito do Estado em que se realiza a prova.

Para os cargos de Delegado de Polícia Federal, o relatório conclusivo, caso desacompanhado de representação por medidas cautelares judicialmente condicionadas, indicamos que a remessa seja realizada diretamente ao Ministério Público Federal.

33.2 CONCLUSÃO DAS INVESTIGAÇÕES

O relatório conclusivo é responsável por reunir em uma única peça todas as diligências investigativas no âmbito do inquérito policial. Assim, o candidato deverá descrever, suscintamente, os depoimentos prestados, as perícias efetivadas, o resultado de diligências oportunamente efetuadas: escuta telefônica, infiltração de agentes, ação controlada etc.

O importante nessa peça é efetivamente ser o mais completo possível na descrição dos fatos objeto de investigação. Ao final, apesar de posicionamento doutrinário em sentido diverso, o Delegado deverá formar a sua convicção a respeito da tipificação do delito.

Também é possível que o relatório conclusivo seja acompanhado de representação por prisão preventiva, nesses casos, obrigatoriamente, deverá ser endereçada ao juízo (federal ou estadual).

Atenção

Não é possível a cumulação de relatório final com representação por prisão temporária, pois, considerando que a referida medida prisional serve à continuidade das investigações, seria ilógico que, no momento do encerramento das investigações, por meio do relatório final, se representasse por prisão temporária.

Apresentaremos a seguir a estrutura do relatório conclusivo, contudo é interessante observar que devem ser abordados os seguintes pontos:

1. **Endereçamento** do relatório final.
2. **Preâmbulo** em que consta a fundamentação (art. 10, § 1º, do CPP), cumulado com eventuais outros fundamentos caso cumulada com outras representações.
3. **Sinopse dos fatos e investigações**. Nesse tópico o candidato deverá descrever todos os fatos e diligências realizadas. Deve-se apontar:

- os fatos objetos de investigação;
- pessoas ouvidas, ressaltando os tópicos relevantes para a investigação;
- exames periciais realizados e conclusões apresentadas;
- diligências investigativas e seus efetivos resultados.

4. **Análise jurídica**. Devem ser abordadas conclusões a respeito da:

- tipificação (ou atipicidade) do delito;
- autoria (ou negativa de autoria) do delito.

5. **Fechamento**. Semelhante ao já trabalhado nas demais peças.

33.3 ESTRUTURA DA PEÇA

A estrutura da peça segue é um pouco diferente em relação ao padrão abordado de maneira genérica no Capítulo 20, pois não conterá os elementos "fundamentos" e "pedido". Sendo assim, um relatório final trará em sua estrutura os seguintes elementos obrigatórios:

1. **endereçamento**;
2. **preâmbulo**;
3. **sinopse dos fatos e investigações**;
4. **análise jurídica**;
5. **fechamento**.

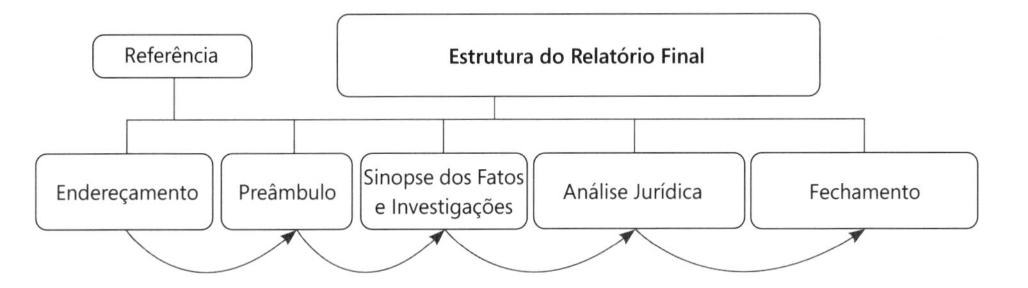

Além dos elementos obrigatórios acima ilustrados, a representação deve trazer, **entre o endereçamento e o preâmbulo**, a **referência** eventualmente trazida pela questão. O mais comum é que a referência seja o número do inquérito policial, mas pode ocorrer de a questão trazer como referência o número da ocorrência policial ou, até mesmo, o número de distribuição do inquérito policial no Poder Judiciário.

O importante é que o candidato coloque exatamente como a questão trouxer, ou seja, se no texto estiver escrito "Inquérito Policial nº 9.748/2021 – 38ª DP", o candidato deve colocar entre o endereçamento e preâmbulo:

Referência: Inquérito Policial nº 9.748/2021 – 38ª DP

Sem abreviar.

Se o texto trouxer "I.P. nº 9.748/2021", o candidato deve colocar entre o endereçamento e preâmbulo:

Referência: I.P. nº 9.748/2021

Abreviando.

Ou seja, exatamente como a questão trouxer. Isso vale para os casos de existir referência ao número de ocorrência ou a qualquer outro número.

Muito cuidado para não errar o número trazido pela questão, pois isso pode gerar uma identificação de prova. Exemplifico: vamos imaginar que a questão traga a referência como Inquérito Policial nº 449988/2021 e você erre na hora de escrever e coloque:

Referência: I.P. nº 448888/2021

Isso pode gerar problema, portanto, é importante que o candidato tenha bastante atenção.

Caso a questão não traga a informação de referência, **o candidato jamais deve criar dados**! O que se pode fazer é colocar entre o endereçamento e preâmbulo o seguinte:

Referência: Inquérito Policial

Observe que a informação deverá ser apresentada sem nenhum número nesses casos, uma vez que a própria questão não indicou nenhum número.

Passado esse ponto, abordaremos, um a um, os elementos obrigatórios.

33.3.1 Endereçamento

Embora na prática possa não ser comum se endereçar o relatório final, porquanto é a última peça do inquérito policial, que será inteiramente remetido ao Poder Judiciário,[1] em provas concursais, é elemento obrigatório, sendo, inclusive, objeto de pontuação no espelho de correção, como no concurso para Delegado de Polícia Civil do Distrito Federal, no ano de 2015.

Conforme salientado no Capítulo 20, caso ainda não haja juiz prevento, o endereçamento deve ser realizado ao juiz criminal (crimes comuns) ao juiz do tribunal do júri (crimes dolosos contra a vida), juiz da vara de violência doméstica (crimes envolvendo violência

1 Ou, no caso da Polícia Federal, ao Ministério Público Federal.

doméstica familiar) ou a outros, a depender do tipo de crime cometido e da organização judiciária do local de onde se presta a prova. Assim, é interessante que o candidato conheça, ao menos superficialmente, a estrutura organizacional do Poder Judiciário do local em que presta o concurso, desde que seja cobrado em edital.

Caso já exista juízo prevento e a questão faça referência a tal juízo, deve-se endereçar a representação a ele.

A título de exemplo, no Distrito Federal temos Varas do Tribunal do Júri, a Circunscrição Especial Judiciária de Brasília e as Circunscrições Judiciárias das Regiões Administrativas. Já nos Estados, geralmente se endereça a peça prática profissional da seguinte forma:

Excelentíssimo Senhor Juiz de Direito da ___ Vara Criminal da Comarca de xxxxxx.

No que concerne ao pronome de tratamento do juiz, indica-se que não se faça o uso de diversos tratamentos, como: "**Excelentíssimo Senhor Doutor Juiz de Direito**". Indica-se que use somente a expressão: "**Excelentíssimo Senhor Juiz de Direito**".

Nos concursos para Delegado de Polícia Federal, a situação se modifica drasticamente, pois, conforme a já citada Resolução nº 63, do Conselho da Justiça Federal, o inquérito policial relatado deve ser remetido **diretamente ao Ministério Público Federal**. Assim sendo, em provas concursais para o cargo de Delegado de Polícia Federal, o endereçamento deve ser realizado ao:

Excelentíssimo Senhor Procurador da República da Procuradoria da República de xxxxxxxx.

Lembrando que essa situação apenas se aplica a casos em que não há, por óbvio, qualquer representação cumulada ao relatório final. Ora, se quem analisará a representação é um magistrado, não faz qualquer sentido remetê-la ao membro do Ministério Público. Sendo assim, caso o relatório final seja cumulado com representação por prisão preventiva, por exemplo, deve ser remetido ao:

"Excelentíssimo Senhor Juiz Federal da ___ Vara Federal da Seção Judiciária de xxxxxx"

Lembrando que, caso se esteja diante de crime apurado pela Polícia Federal, nos termos do art. 1º da Lei nº 10.446/2002 (quando houver repercussão interestadual ou internacional que exija repressão uniforme em crimes específicos), não há, em regra, deslocamento de competência para a Justiça Federal. Nestes casos, portanto, o Delegado de Polícia Federal eventualmente representará ao Juiz de Direito Estadual.

É importante ressaltar que o Pacote Anticrime, Lei nº 13.964/2019, trouxe mudança significativa na estrutura do Poder Judiciário: o juiz de garantias. Até o fechamento desta obra, em razão de decisão do Supremo Tribunal Federal, a instituição dos juízes de garantias está suspensa. Ocorre que o tema pode impactar diretamente no endereçamento da peça, conforme mais bem trabalhado no Capítulo 20 desta obra, para a qual remetemos o leitor.

33.3.2 Preâmbulo

Conforme já salientado, o preâmbulo deve perseguir a consecução de três objetivos básicos:

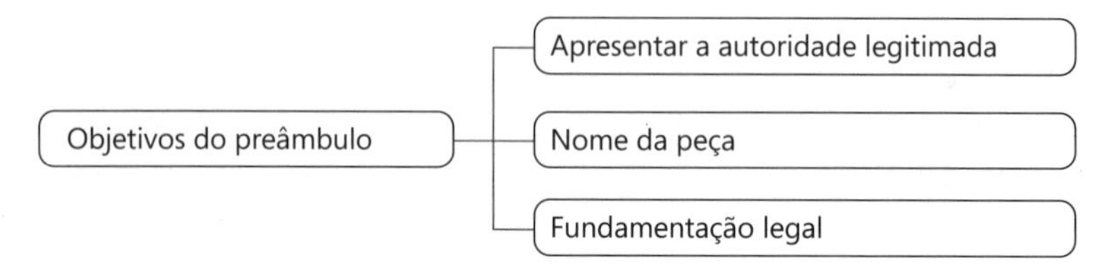

O primeiro objetivo, conforme se percebe, será estático em todas as representações, devendo apenas o candidato adicionar legitimação adicional eventualmente trazida por legislação local. Vejamos um exemplo:

> O Delegado de Polícia Civil ao final assinado, no uso de suas atribuições constitucionais e legais, sobretudo o art. 144, § 4º, da Constituição Federal e o art. 2º, § 1º, da Lei nº 12.830/2013 *(se houver legislação local, a exemplo de dispositivo da Constituição Estadual, colocar aqui).*

No caso de se estar diante de uma prova para Delegado de Polícia Federal, evidentemente, haverá alteração da legitimidade constitucional, não cabendo a inserção de legislação local. Vejamos:

> O Delegado de Polícia Federal ao final assinado, no uso de suas atribuições constitucionais e legais, sobretudo o art. 144, § 1º, I, da Constituição Federal e art. 2º, § 1º, da Lei nº 12.830/2013.

Aí vem o cumprimento dos demais objetivos do preâmbulo, que não necessariamente precisam respeitar a ordem acima, ou seja, pode ser o nome da peça e, logo após a fundamentação legal ou vice-versa. É uma questão de estilística. Vejamos:

> Vem perante Vossa Excelência, com fulcro no art. 10, § 1º, do Código de Processo Penal, apresentar **relatório final** da presente investigação.

Ou

> Vem perante Vossa Excelência apresentar **relatório final** da presente investigação, com fulcro no art. 10, § 1º, do Código de Processo Penal.

De forma integral, teremos o seguinte:

> **Para o cargo de Delegado de Polícia Civil**
>
> O Delegado de Polícia ao final assinado, no uso de suas atribuições constitucionais e legais, sobretudo o art. 144, § 4º, da Constituição Federal e art. 2º, § 1º, da Lei nº 12.830/2013 *(se*

houver legislação local, a exemplo de dispositivo da Constituição Estadual, colocar aqui), vem perante Vossa Excelência, com fulcro no art. 10, § 1º, do Código de Processo Penal, apresentar **RELATÓRIO FINAL** da presente investigação.

Para o cargo de Delegado de Polícia Federal

O Delegado de Polícia Federal ao final assinado, no uso de suas atribuições constitucionais e legais, sobretudo o art. 144, § 1º, I, da Constituição Federal e art. 2º, § 1º, da Lei nº 12.830/2013, vem perante Vossa Excelência, com fulcro no art. 10, § 1º, do Código de Processo Penal, apresentar **RELATÓRIO FINAL** da presente investigação.

Repare que, por questões didáticas, nós ressaltamos em negrito o nome da peça, no entanto o candidato em sua prova não deve tentar realizar qualquer destaque. O máximo que se permite é colocar o nome da peça com letras maiúsculas.

Perceba que **a representação deve ser realizada em nome do Delegado de Polícia** e não da instituição Polícia Civil ou Polícia Federal. Observe que, diferentemente do que ocorre com relação ao Ministério Público, o Delegado de Polícia não se constitui como órgão, mas, na verdade, insere-se no conceito de agente integrante do órgão policial, Polícias Civis ou Polícia Federal. Por esse motivo, a representação deve ser realizada em nome do cargo de Delegado de Polícia.

Ademais, caso a representação fosse realizada em nome da instituição policial, não faria sentido a indicação dos dispositivos previstos na Lei nº 12.830/2013, que é o estatuto do Delegado de Polícia.

33.3.3 Sinopse dos fatos e investigações

No relatório final, no que se refere a este tópico, embora haja semelhança com relação à "sinopse dos fatos" das peças anteriores, com aquele ponto não se confunde, pois deve haver descrição mais robusta, sendo necessário ser apontada a síntese dos fatos que deram inícios as investigações, como esta foi desenvolvida (contendo pessoas ouvidas, tópicos relevantes, exames periciais realizados, conclusões apresentadas e diligências investigativas e seus efetivos resultados) e como a investigação foi concluída.

Algumas informações são bastante importantes a esse respeito, vejamos:

a. Não se deve copiar *ipsis litteris* o enunciado da questão. O candidato deverá demonstrar a capacidade de síntese, pois na maioria dos casos o espaço da folha de resposta não comporta elementos desnecessários na descrição dos fatos.

b. Não se deve criar fatos não citados pelo examinador.

c. É necessário objetividade, com prevalência à transcrição de fatos que serão relevantes para a autoria, materialidade do crime e todas as suas circunstâncias relevantes para a apuração.

d. O candidato deverá ressaltar os fatos que possuem relação com a fundamentação jurídica analisada a seguir.

Na síntese dos fatos,[2] o candidato deve ter como parâmetro o **conhecido Heptâmetro de Quintiliano** e buscar responder aos seguintes questionamentos:

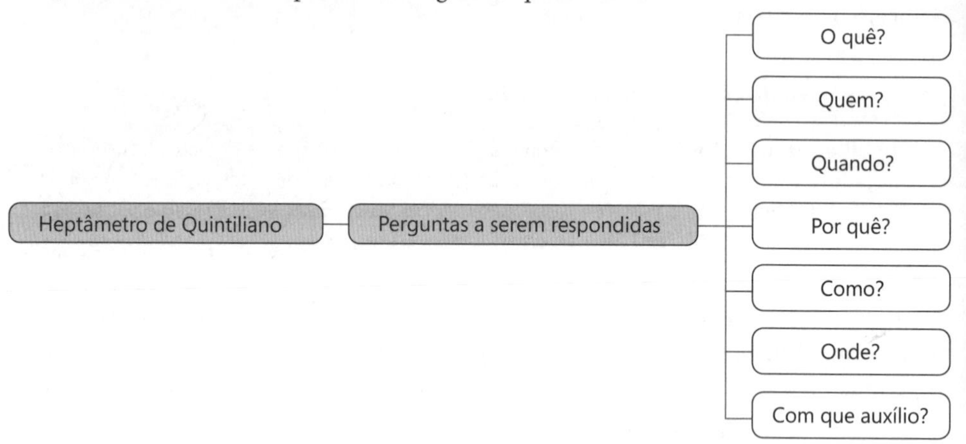

Deve ser ressaltado como as investigações contribuíram para responder os demais pontos inicialmente desconhecidos do referido heptâmetro, revelando materialidade, autoria e circunstâncias do delito.

Caso a questão traga a existência de alguma testemunha que não foi inquirida, isso deve constar na sua peça (art. 10, § 2º, do CPP).

33.3.4 Análise jurídica

Neste ponto, o candidato deverá abordar demonstrar a materialidade do delito, os eventuais indícios de autoria e as circunstâncias do fato, manifestando-se, ainda, acerca da tipicidade (com consequente capitulação), excludentes de ilicitude e de culpabilidade.

Esse é o tópico para se demonstrar conhecimento jurídico sobre a situação proposta, devendo ser citadas teorias, súmulas, divergências doutrinárias e/ou jurisprudenciais etc.

Até o presente momento, a análise de provas práticas anteriores nos demonstrou que é falacioso o raciocínio de que, em certames para o cargo de Delegado de Polícia, deve-se adotar posição menos garantista. Em outras palavras, sugerimos ao candidato que **seja técnico**, dando destaque a posições, mesmo que garantistas, da doutrina majoritária e jurisprudência dominante.

33.3.5 Fechamento

Como percebe-se, por não se tratar de uma representação, não haverá "pedido". Deve ficar claro que as investigações estão encerradas na esfera policial, razão pela qual se apresenta

---

2 Pode também ser chamado de "sinopse dos fatos", "do resumo fático", "dos fatos" ou qualquer outro nome semelhante.

o relatório final e submete-se o procedimento à apreciação do magistrado e ao membro do MP.[3] Vejamos:

Para o cargo de Delegado de Polícia Civil[4]

Isto posto, considerando que as investigações estão encerradas na esfera policial, submeto o presente à apreciação de Vossa Excelência, bem como ao membro do Ministério Público.

Para o cargo de Delegado de Polícia Federal[5]

Isto posto, considerando que as investigações estão encerradas na esfera policial, submeto o presente à apreciação do membro do Ministério Público Federal.

Pode-se colocar ainda a expressão: É **o relatório.**

Por fim, o **fechamento** é realizado da seguinte maneira, fazendo referência:

a. ao local e à data;
b. à expressão "Delegado de Polícia";
c. à lotação (se a questão trouxer).

Trata-se de fase simples, contudo devemos apresentar algumas ressalvas:

a. **Com relação à data e ao local, deve-se efetivamente escrever a expressão "local e data".** Caso a questão apresente o local em que os fatos ocorreram poder-se-ia utilizar como referência o local apresentado na questão. Não se deve utilizar o local da prova ou a data da prova, salvo, logicamente, se forem as mesmas apresentadas na questão.
b. **Com relação ao uso do termo "Delegado de Polícia"**, deve-se fazer referência ao uso da expressão no masculino, salvo se a questão especificar que quem conduz a investigação é uma mulher. Não se trata de preferência de gênero, mas de cautela para não identificar sua prova.
c. **Com relação à lotação, deve-se utilizar a expressão "lotação".** Caso a questão apresente a lotação, o candidato poderá especificá-la.

Modelo de Relatório Final

EXCELENTÍSSIMO(A) SENHOR(A) JUIZ(A) DE DIREITO DA ___ VARA (...) DA COMARCA DE (...)[6]

Não use abreviações no endereçamento. Lembre-se de que não é necessário o uso de inúmeros pronomes de tratamento.

Referência: Inquérito Policial nº

Caso haja referência ao número do inquérito, deve-se fazer alusão à referida numeração. Caso não haja, o candidato poderá usar o termo: Inquérito Policial nº.

---

[3] No caso da Polícia Federal, conforme dito, submete-se diretamente ao Procurador da República.

[4] Endereçado ao magistrado.

[5] Endereçado diretamente ao membro do Ministério Público Federal.

[6] Lembrando que para o cargo de Delegado de Polícia Federal, o relatório final deve ser endereçado ao Procurador da República.

Não há necessidade de pular linhas, sobretudo se o número de linhas de sua prova for reduzido.

Deixar parágrafo de aproximadamente dois dedos de distância da margem.

O Delegado de Polícia ao final assinado, no uso de suas atribuições constitucionais e legais, sobretudo o art. 144, § 4º,[7] da Constituição Federal e art. 2º, § 1º, da Lei nº 12.830/2013 *(se houver legislação local, a exemplo de dispositivo da Constituição Estadual, colocar aqui)*, vem perante Vossa Excelência, com fulcro no art. 10, § 1º, do Código de Processo Penal, apresentar **RELATÓRIO FINAL** da presente investigação.

DA SINOPSE DOS FATOS E INVESTIGAÇÕES

Neste ponto, deve-se apresentar o resumo dos fatos elencados na questão de maneira mais robusta se comparada a uma representação por medida cautelar.

1ª informação: unicamente com base na questão apresentada, utilizando-se do poder de síntese, deve ser ressaltado tudo que houver sobre as seguintes perguntas: O quê? Quem? Quando? Onde? Por quê? Como? Com quem?

2ª informação: deve ser ressaltado como as investigações contribuíram para responder os demais pontos inicialmente desconhecidos do Heptâmetro de Quintiliano.

ANÁLISE JURÍDICA

Neste momento, pode-se apresentar um breve apanhado sobre o instituto pleiteado, além do fumus comissi delicti, *do periculum in mora e proporcionalidade, que vão variar conforme a medida.*

1ª informação: indique a **materialidade do delito**. Lembrando que aqui esses dados devem estar consubstanciados em elementos concretos. Ressalte na peça a existência de eventuais laudos periciais.

2ª informação: tipifique o delito.

3ª informação: indique **os indícios de autoria**. Deve-se apontar quais fatos demonstram que aquele suspeito pode ter cometido o delito.

4ª informação: manifeste-se sobre causas excludentes de ilicitude e culpabilidade.

FECHAMENTO

Será a finalização da peça, indicando ao magistrado a razão da representação.

É o relatório.

Isto posto, considerando que as investigações estão encerradas na esfera policial, submeto o presente à apreciação de Vossa Excelência[8], bem como ao membro do Ministério Público.

---

7 Lembrando que, caso seja prova para Delegado de Polícia Federal, a legitimidade será alterada.

8 Lembrando que, para o cargo de Delegado de Polícia Federal, o relatório final será remetido ao Procurador da República.

Local, data.

Delegado de Polícia.

Lotação *(se houver).*

Embora seja óbvio, o óbvio por vezes precisa ser dito: jamais identifique sua prova, *seja assinando-a, colocando seu nome (ou as iniciais dele) ou de qualquer outra maneira.*

Caso prático

MC e DJ são amigos desde a infância e sempre costumam estar juntos, inclusive residindo na mesma casa. Ambos trabalhavam em uma lanchonete, mas foram demitidos em razão da crise financeira gerada pela pandemia de Covid-19.

Sem emprego e com a situação cada vez mais complicada financeiramente, decidiram praticar assaltos. Para isso, conseguiram uma moto e duas armas calibre .38 com o objetivo exclusivo de cometerem crimes de natureza patrimonial.

MC e DJ decidiram executar seus planos justamente nos dias de pagamento do auxílio emergencial concedido pelo governo federal, ocasião em que ambos ficavam olhando o movimento nas imensas filas para, enfim, subtrair a quantia das vítimas.

No dia 15.04.2020, Maria sacou o dinheiro e saiu em direção à parada de ônibus, nesse tempo, MC estava pilotando a moto, com a arma na cintura e responsável pela fuga da dupla, enquanto DJ, na garupa, anunciava o assalto com a arma em punho. Assim, ambos fizeram com José na mesma tarde. No dia 16.04.2020, a dupla assaltou João e Joana pela manhã.

Maria, mesmo bastante assustada, dirigiu-se à delegacia para registrar o B.O. A vítima prestou seus relatos da seguinte forma: "naquele dia, por volta das 11 h, quando estava chegando na parada de ônibus, após sacar o auxílio emergencial, dois rapazes magros, um de blusa azul e o outro de blusa preta, em uma moto verde, a abordaram e anunciaram o assalto, na posse de uma arma de fogo, subtraindo da vítima a quantia de R$ 600,00 (seiscentos reais)".

Na mesma tarde, **José**, também se dirigiu à delegacia para registrar o B.O. Nessa ocasião, relatou o assalto sofrido. Contou que, " por volta das 15:30, dois rapazes, um de blusa azul e o outro de blusa preta em uma moto verde o abordaram e anunciaram o assalto. Nessa ocasião, o primeiro portava uma arma de fogo na cintura e o outro segurava uma arma na mão, subtraindo da vítima a quantia de R$ 600,00 (seiscentos reais), proveniente do auxílio emergencial que havia recebido".

No dia 16.04.2020, João, por volta do meio-dia, chegou à delegacia, relatando o mesmo fato, contudo, estava com hematomas no rosto em razão de socos que havia recebido de um dos assaltantes.

Antes disso, Zé e Chico, dois funcionários do mercadinho situado nas proximidades da agência bancária, contaram a ele a respeito desses assaltos que estavam ocorrendo no local, as condutas eram cometidas por dois homens de moto. As testemunhas esclareceram que os autores usavam capacete e uma moto verde, além do que possuíam tatuagens, o primeiro no braço e o segundo no pescoço. As testemunhas foram ouvidas em termo de declarações pela Autoridade Policial.

No período da tarde, a vítima foi Joana, que tinha recebido R$ 1.200,00, quantia levada por MC e DJ. Essa relatou o ocorrido na delegacia, momento em que foram tomadas suas declarações.

O Delegado de Polícia, diante da constância e semelhança da ação delitiva praticada, editou a portaria nº 12 e instaurou inquérito policial de nº 1000 para as devidas investigações.

No dia seguinte, 17.04.2020, a Autoridade Policial, decidiu juntamente com seus agentes, rondarem a região da agência bancária, na busca de informações e com o objetivo de identificarem os suspeitos, uma vez que se tratava dos últimos dias de pagamento do benefício no mês, então, haveria grandes chances de os suspeitos voltarem a praticar a conduta criminosa.

No curso da diligência investigativa, nas proximidades, populares pararam a viatura da polícia civil e relataram que acabara de haver um assalto próximo a agência bancária, hipótese em que as características relatadas por elas correspondiam com as de MC e DJ. Contudo, mesmo fazendo buscas pela área, não conseguiram achar os suspeitos.

No dia 20.04.2020, MC e DJ, bem cedo, estavam nas proximidades da agência, analisando o movimento de pessoas para posteriormente retornarem e praticarem a conduta criminosa.

Contudo, a polícia, por sorte, acabou abordando os dois suspeitos. Ao serem questionados pelos investigadores, MC e DJ acabaram confessando serem eles os autores dos assaltos ocorridos nos últimos dias nas proximidades da agência bancária.

Nesse caso, considere que já foram ouvidas todas as testemunhas e vítimas do delito. Todas as declarações já constam do inquérito policial.

MC e DJ já foram ouvidos em depoimento formal, momento em que ambos confessaram a prática dos delitos. Os investigados não oferecem perigo para as investigações, em razão de mostrarem-se colaborativos e estarem aparentemente arrependidos dos fatos praticados.

O Delegado de Polícia representou pela expedição de mandado de busca e apreensão, o qual foi deferido pelo juízo da 6ª Vara Criminal de Fortaleza e devidamente cumprindo, ocasião em que conseguiu-se reaver todos os valores subtraídos das diversas vítimas na casa dos investigados, assim como foram localizadas as armas utilizadas no delito e a motocicleta utilizada na prática do crime. Os armamentos foram submetidos à exame pericial. Nesse mesmo ato, os valores também já foram restituídos por meio de auto próprio.

O Delegado de Polícia procedeu ao reconhecimento dos autores, momento em que todas as vítimas reconheceram os investigados como autores dos delitos investigados, diligência já formalizada em auto próprio integrante do inquérito policial.

Considerando que a investigação se mostra completa, confeccione, na qualidade de Autoridade Policial responsável pela investigação, a peça prática cabível.

Para esse ato, use a seguinte qualificação: MC, brasileiro, casado, desempregado, 28 anos, residente na rua Norte, nº 10, Fortaleza, Ceará e DJ, brasileiro, união estável, 30 anos, residente na rua Norte, nº 10, Fortaleza, Ceará.

Modelo de proposta de resposta

EXCELENTÍSSIMO SENHOR JUIZ DE DIREITO DA 6ª VARA CRIMINAL DA COMARCA DE FORTALEZA/CE

Referência: Inquérito Policial nº 1.000.

O Delegado de Polícia ao final assinado, no uso de suas atribuições constitucionais e legais, sobretudo o art. 144, § 4º, da Constituição Federal e art. 2º, § 1º, da Lei nº 12.830/2013, vem à presença de Vossa Excelência, com fulcro no art. 10, § 1º, do Código de Processo Penal e no art. 2º, § 6º, da Lei nº 12.830/2013, apresentar **relatório final** da presente investigação **c/c indiciamento** dos investigados.

SINOPSE DOS FATOS E DAS INVESTIGAÇÕES

Constam como investigados do instrumento investigatório em epígrafe, MC, brasileiro, casado, desempregado, 28 anos, residente na rua Norte, nº 10, Fortaleza, Ceará e DJ, brasileiro, união estável, 30 anos, residente na rua Norte, nº 10, Fortaleza, Ceará. Os referidos agentes uniram-se para praticar diversos crimes em comunhão de desígnios e em concurso de agentes.

Para isso, com o objetivo de obter maior eficiência em sua empreitada, conseguiram dois revólveres calibre .38 e uma motocicleta.

Nas ações delituosas, DJ descia rapidamente da moto e anunciava o assalto, ameaçando atirar nas vítimas caso não entregassem o dinheiro, em algumas chegava a agredi-las com socos, enquanto MC aguardava na moto, com uma arma na cintura, com o objetivo de garantir a fuga.

No dia 15.04.2020, a vítima Maria registrou Boletim de Ocorrência e narrou, entre outros, os seguintes fatos em suas declarações: "que por volta das 11 h, quando estava chegando na parada de ônibus, após sacar o auxílio emergencial, dois rapazes magros, um de blusa azul e o outro de blusa preta, em uma moto verde, a abordaram e anunciaram o assalto, na posse de uma arma de fogo, subtraindo da mesma a quantia de R$ 600,00 (seiscentos reais)."

Na mesma data, José dirigiu-se para a delegacia para registar o fato, ocasião em que prestou as seguintes declarações: "que por volta das 15:30, dois rapazes, um de blusa azul e o outro de blusa preta, em uma moto verde, o abordaram e anunciaram o assalto, na qual um portava uma arma de fogo na cintura e o outro a segurava, subtraindo do mesmo a quantia de R$ 600,00 (seiscentos reais), que era proveniente do auxílio emergencial recebido."

No dia 16.04.2020, João, por volta do meio-dia, também compareceu à unidade policial e descreveu o mesmo fato, ressalta-se que a vítima estava com hematomas no rosto dos socos que recebera de um dos assaltantes.

Na mesma tarde, a vítima foi Joana, a qual relatou que tinha recebido R$ 1.200,00 (mil e duzentos reais) e que a quantia fora levada por MC e DJ, depoimento constante dos autos.

As testemunhas, Zé e Chico, que trabalham no mercadinho próximo à agência bancária, chegaram a relatar, em depoimento colhido neste expediente investigativo, que um dos infratores possuía tatuagem no braço e o outro no pescoço e utilizavam-se de uma moto verde.

No dia 17.04.2020, policiais civis efetuavam policiamento nas proximidades da agência bancária. Nesse momento, populares pararam a viatura da polícia civil e relataram que acabara de haver um assalto próximo à agência bancária, as características relatadas por elas correspondiam com as de MC e DJ. Os investigadores tentaram localizar os suspeitos, mas sem êxito na captura.

No dia 20.04.2020, MC e DJ estavam próximos à agência bancária e, considerando a constante vigilância realizada por policiais civis, foram abordados por equipe de campo. Ainda no local, os infratores assumiram a prática dos crimes sob investigação. Os investigados foram formalmente ouvidos e liberados, ante a ausência de situação apta a configurar a prisão em flagrante.

Em auto de reconhecimento próprio, todas as vítimas reconheceram os autores como aqueles que lhe subtraíram os valores citados em suas declarações.

Em cumprimento de mandado de busca e apreensão devidamente deferido por esse juízo, foi localizada na casa dos autores, os valores subtraídos das vítimas, os quais, após devida apreensão, foram restituídos aos seus proprietários. No curso do cumprimento da referida ordem judicial, também foram localizadas as armas utilizadas no delito e a motocicleta usadas na prática do crime. Os armamentos foram periciados.

ANÁLISE JURÍDICA

Após todas as diligências investigativas, constata-se a materialidade dos delitos de roubo (art. 157, § 2º, II, e § 2º-A, I c/c art. 71 do Código Penal brasileiro), tipificados no por meio da narrativa fática da subtração patrimonial apresentada pelas testemunhas e pelas vítimas do crime, bem como pela confissão dos investigados, pelos autos de apreensão e restituição dos valores roubados, assim como pela localização das armas e veículos utilizados na empreitada criminosa.

Verifica-se que os delitos foram cometidos no mesmo contexto de tempo, lugar e forma de execução, evidenciando-se a continuidade delitiva nos termos do art. 71, *caput*, do Código Penal brasileiro.

A autoria dos investigados MC e DJ pode ser constatada por meio da confissão e através dos autos de reconhecimento realizados pelas vítimas.

Os agentes mostram-se culpáveis e não há nenhuma circunstância apta a afastar a ilicitude dos seus comportamentos.

Em razão desses fatores, mostra-se evidenciado o *fumus comissi delicti*, comprovando-se a materialidade e reunindo elementos suficientes de autoria.

Diante do exposto, considerando os elementos materiais coligidos e as provas indiciárias existentes e formalizadas neste procedimento apuratório, com fundamento no Art. 2º, § 6º, Lei nº 12.830/2013, **indicio MC e DJ** pelos delitos previstos no **art. 157, § 2º, II, e § 2-A, I c/c art. 71, Código Penal brasileiro**, devendo o senhor escrivão proceder às anotações de praxe e tomar as providências correlatas ao indiciamento.

É o relatório.

Isto posto, considerando que as investigações estão encerradas na esfera policial, submeto o presente à apreciação de Vossa Excelência, bem como ao membro do Ministério Público.

Fortaleza, data.

Delegado de Polícia.

Decifrando a prova

(2015 – Funiversa – PC/DF – Delegado – Adaptada) Na manhã do dia 02.06.2020, Antônio Dias foi preso em flagrante por policiais militares após sair de um estabelecimento bancário localizado em Brasília, nessa ocasião, foi submetido a busca pessoal. Com ele, os policiais encontraram inúmeros cartões bancários em nome de terceiros, R$ 750 (setecentos e cinquenta reais) em dinheiro, ferramentas e um aparelho popularmente conhecido como chupa-cabra, dotado de funções de leitura magnética, gravação e reprodução de códigos de outros cartões. Perante a Autoridade Policial, Antônio Dias confessou fazer parte de um grupo que, nos dois últimos anos, instalou máquinas chupa-cabras em caixas eletrônicos de bancos privados e em lojas a fim de colher dados bancários a serem utilizados em cartões falsificados.

O grupo atuava em vários estados do território nacional e dedicava-se ao cometimento de diferentes infrações penais. Com os cartões clonados, fazia saques e compras de diversos equipamentos eletrônicos e artigos de luxo, posteriormente revendidos.

Em sua confissão, Antônio afirmou que eram, além do declarante, 06 os integrantes do grupo criminoso, que agia em todo o território nacional; que era um dos encarregados de instalar e retirar os chupa-cabras, bem como fazer saques menores; que outros integrantes manejavam programas de computador para a captação das informações bancárias e impressão nos cartões clonados; que alguns membros eram responsáveis pelas transações bancárias de maior vulto, pela abertura de contas camufladas e pela compra e revenda de artigos de luxo; que os dados das vítimas, as contas em que o dinheiro era depositado e o detalhamento das atividades estavam em um laptop na casa do líder do grupo, Márcio Sousa: Quadra 500, casa 11, Brasília-DF. Os prejuízos às vítimas ultrapassam R$ 20.000.000 (vinte milhões de reais).

No endereço mencionado, era feita a partilha do lucro no último sábado de cada mês, oportunidade em que ocorria um churrasco que contava com a participação dos integrantes do grupo criminoso. Ao confessar, Antônio Dias explicou que teme por sua esposa grávida, que iniciou a atividade criminosa por estar desempregado e que recentemente voltou a trabalhar como pintor.

Após a verificação das informações, a Autoridade Policial confirmou que Antônio Dias tem residência fixa, é primário e sem antecedentes criminais e que havia grande movimentação de pessoas no endereço em que reside Márcio Sousa.

Ao longo da investigação, descobriu-se que Márcio Sousa é o líder da organização criminosa, a qual também atua na subtração de dinheiro contido em caixas bancários eletrônicos por meio de dinamite. Nessa atividade, Antônio Dias era responsável por indicar as agências bancárias que seriam furtadas e os demais efetivamente cometiam os crimes valendo-se do uso de explosivos. Inclusive, restou constatado que a agência do Banco Ban, fora furtada pelo referido grupo criminoso em janeiro de 2020.

No início da investigação, não se sabia a real identidade de Márcio Sousa, mas seus números telefônicos foram fornecidos por Antônio Dias (9999.0001 e 8888.0001).

Os números foram interceptados mediante prévia ordem judicial. Em um dado momento da investigação, mesmo podendo fazê-lo, a polícia deixou de prender Márcio Sousa em flagrante. A Autoridade Policial comunicou previamente o retardo da intervenção policial ao magistrado. O objetivo era prender um número maior de criminosos no dia do churrasco em que viria a ser feita a divisão dos valores obtidos por meio criminoso.

No último sábado de junho de 2020, Márcio Sousa, Lucas Pereira, Bruno Lima, Carlos Júnior, Pedro Silva e Paulo de Tarso, integrante do grupo criminoso, participaram do habitual churrasco do grupo. Com eles, foram encontrados inúmeros cartões bancários em nome de terceiros, aparelhos chupa-cabras e o laptop que continha o detalhamento das atividades. Os cinco foram surpreendidos enquanto dividiam entre si R$ 50.000 (cinquenta mil reais), os quais, segundo os cálculos contábeis do laptop, eram produto da clonagem de cartões de crédito.

Nessa ocasião, a polícia prendeu Márcio Sousa, Lucas Pereira, Bruno Lima, Carlos Júnior, Pedro Silva e Paulo de Tarso em flagrante. Constatou-se que Paulo de Tarso era o responsável por administrar os programas de computador para a captação das informações bancárias, além de ter instalado algumas das máquinas chupa-cabras.

Os integrantes do grupo criminoso: Márcio Sousa, Lucas Pereira, Bruno Lima, Carlos Júnior, Pedro Silva e Paulo de Tarso, após a prisão em flagrante, em suas declarações, assumiram tanto a prática de crimes cometidos por meio da utilização de cartões falsos como os crimes relacionados a subtração de valores por meio de explosivo, inclusive confessaram que fora o grupo criminoso que cometeu o crime contra a agência do Banco Ban em janeiro de 2020, fato objeto desta investigação.

Pedro Silva, com especial detalhamento, narrou que o modus operandi era sempre o mesmo: os caixas eletrônicos eram abertos, ainda de madrugada, por meio de dinamite de alta capacidade de destruição. Para agir, o grupo escolhia, meticulosamente, locais sem segurança privada, o que dificultava o trabalho da polícia.

Consta dos autos de inquérito que Márcio Sousa, Lucas Pereira, Carlos Júnior, Bruno Lima, Antônio Dias, Pedro Silva e Paulo de Tarso subtraíram o dinheiro de caixas eletrônicos em ao menos três oportunidades diferentes em continuidade de ações (continuidade delitiva).

Antônio Dias encontra-se em liberdade e não apresenta risco para investigações. Márcio Sousa, Lucas Pereira, Antônio Dias, Pedro Silva, Carlos Júnior, Bruno Lima e Paulo de Tarso encontram-se presos preventivamente.

As investigações encerraram-se, não havendo mais elementos de informação a serem colhidos. Considere que todas as medidas patrimoniais referentes aos valores movimentados pelo grupo criminoso já foram efetivadas pela Autoridade Policial. Em face do relato acima apresentado, na condição de Delegado de Polícia, redija a peça cabível, dirigindo-a à autoridade competente e representando, se for o caso, pela(s) medida(s) pertinente(s). Exponha a fundamentação jurídica pertinente, tipifique os crimes cometidos e não crie fatos novos.

Modelo de proposta de resposta

EXCELENTÍSSIMO SENHOR JUIZ DE DIREITO DA ___ VARA CRIMINAL DA CIRCUNSCRIÇÃO JUDICIÁRIA DE BRASÍLIA/DF

Referência: Inquérito Policial nº

O Delegado de Polícia ao final assinado, no uso de suas atribuições constitucionais e legais, sobretudo o art. 144, § 4º, da Constituição Federal e do art. 2º, § 1º, da Lei nº 12.830/2013, vem perante Vossa Excelência, com fulcro no art. 10, § 1º, do Código de Processo Penal, apresentar **relatório final** da presente investigação.

SINOPSE DOS FATOS E DAS INVESTIGAÇÕES

No dia 02.06.2020, Antônio Dias foi preso em flagrante por policiais militares após sair de um estabelecimento bancário localizado em Brasília, quando foi submetido a busca pessoal.

Na posse de Antônio, os policiais encontraram inúmeros cartões bancários em nome de terceiros, R$ 750,00 (setecentos e cinquenta reais) em dinheiro e ferramentas e um aparelho popularmente conhecido como chupa-cabra.

Na presença da Autoridade Policial, Antônio Dias confessou fazer parte de um grupo que, nos dois últimos anos, instalou máquinas chupa-cabras em caixas eletrônicos de bancos privados e em lojas, a fim de colher dados bancários a serem utilizados em cartões falsificados.

Segundo ele, o grupo atuava em vários Estados do território nacional e dedicava-se ao cometimento de diferentes infrações penais. Relatou ainda que, com os cartões clonados, o grupo criminoso fazia saques e compras de diversos equipamentos eletrônicos e artigos de luxo, os quais, posteriormente, eram revendidos.

Apontou que o grupo criminoso era composto pelo declarante e por mais 6 pessoas. Esclareceu que sua função era instalar e retirar os aparelhos chupa-cabras, assim como realizar saques de menor vulto. Narrou que outros integrantes eram responsáveis por manejar programas de computador para a captação dos dados e impressões dos cartões clonados.

Ainda em sua confissão, Antônio afirmou que outros membros da organização criminosa atuavam na abertura de contas camufladas e na compra e revenda de artigos de luxo.

Contou que todo o detalhamento a respeito da atuação da estrutura criminosa encontrava-se armazenado em um laptop, localizado na casa do líder do grupo, Márcio Sousa:

Quadra 500, casa 11, Brasília/DF. Os prejuízos às vítimas ultrapassam R$ 20.000.000 (vinte milhões de reais).

Restou apurado que, no endereço indicado por Antônio, era feita a partilha do lucro no último sábado de cada mês, oportunidade em que ocorria um churrasco, no qual compareciam os integrantes do grupo criminoso.

A Autoridade Policial verificou as informações e confirmou que Antônio Dias tem residência fixa, é primário e sem antecedentes criminais. Constatou ainda que havia grande movimentação de pessoas no endereço em que reside Márcio Sousa. Antônio Dias, que, atualmente, encontra-se em liberdade.

Os números de Márcio Sousa (9999.0001 e 8888.0001), foram alvo de interceptação telefônica autorizada por esse juízo.

Mesmo diante da possibilidade da prisão de Márcio, a Autoridade Policial optou por retardar a intervenção policial, pois achou oportuno efetuar prisão em flagrante dos integrantes no dia do churrasco em que viria a ser feita a divisão dos valores provenientes do crime. O retardo da intervenção foi previamente comunicado a esse juízo.

No último sábado de junho de 2020, Márcio Sousa, Lucas Pereira, Bruno Lima, Carlos Júnior, Pedro Silva e Paulo de Tarso participaram do habitual churrasco do grupo, e com eles foram apreendidos inúmeros cartões bancários em nome de terceiros, aparelhos chupa-cabras e o laptop que continha o detalhamento das atividades. Foi encontrado em poder do grupo criminoso a quantia de R$ 50.000 (cinquenta mil reais), valores que seriam divididos entre integrantes do grupo. Os seis suspeitos foram presos em flagrante.

Os integrantes do grupo criminoso confessaram a prática dos delitos perpetrados, dentre os quais crimes patrimoniais cometidos mediante a explosão de caixas bancários eletrônicos, inclusive o crime cometido contra a agência do Banco Ban em janeiro de 2020, fato objeto desta investigação.

Pedro Silva, em suas declarações, com especial detalhamento, narrou que o *modus operandi* era sempre o mesmo: os caixas eletrônicos eram abertos, ainda de madrugada, por meio de dinamite de alta capacidade de destruição. Para agir, o grupo escolhia, meticulosamente, locais sem segurança privada, o que dificultava o trabalho da polícia.

Antônio Dias não apresenta risco à instrução, motivo pelo qual está em liberdade, os demais membros do grupo criminoso atualmente encontram-se presos preventivamente.

As medidas patrimoniais relativas à apreensão dos valores provenientes da infração penal já foram adotadas no âmbito desta investigação.

Diante dos fatos, os investigados foram indiciados de modo que não restam outros elementos a serem esclarecidos.

ANÁLISE JURÍDICA

Trata-se de investigação destinada a apurar a prática crimes cometidos por meio de Organização Criminosa (Orcrim), que atua na clonagem de cartões, abertura de contas camufladas, instalação de chupa-cabras e na subtração do dinheiro de caixas eletrônicos, por meio de dinamite de alta capacidade de destruição.

No caso em tela, Excelência, é evidente os índices de autoria e materialidade dos crimes praticados pela Orcrim, infração penal tipificada no art. 2º, *caput*, da Lei nº 12.850/2013. Considerando que se trata de organização criminosa estruturada e caracterizada pela divisão de tarefas.

Primeiramente, Antônio Dias, um dos integrantes do esquema criminoso, foi preso em flagrante e encontrava na posse de inúmeros cartões bancários em nome de terceiros, R$ 750 (setecentos e cinquenta reais) em dinheiro, ferramentas e um chupa-cabra. Diante das provas, ele confessou o crime perante a Autoridade Policial e informou como o grupo atuava. Esclareceu quem eram os integrantes e a função que exerciam. Contou também quem era o líder do grupo, Márcio Sousa, seu endereço e contato telefônico, o qual, posteriormente, foi objeto de interceptação.

Diante desses fatos, constatou-se a configuração do delito de furto qualificado pelo emprego de meio fraudulento, pois é evidente que o grupo, por meio sub-reptício, subtrai valores de contas pessoas, os quais eram posteriormente divididos pelo grupo criminoso. A referida conduta se amolda com perfeição ao tipo penal descrito no art. 155, § 4º, II e IV (furto mediante o concurso de agentes e fraude).

Resta ainda caracterizada a divisão de tarefas relativa ao grupo, ocasião que alguns dos agentes eram responsáveis pela abertura de contas, outros pela instalação dos dispositivos e outros pela gestão dos sistemas informacionais.

A atividade ilícita evidenciou-se pela prisão em flagrante dos integrantes Márcio Sousa, Lucas Pereira, Bruno Lima, Carlos Júnior, Pedro Silva e Paulo de Tarso. Nessa ocasião, foram apreendidos o valor de 50.000 (cinquenta mil reais), inúmeros cartões bancários em nome de terceiros, aparelhos chupa-cabras e o laptop que continha o detalhamento das atividades. Evidenciada está a materialidade dos delitos descritos.

Consta nos autos do inquérito que o grupo subtraiu o dinheiro de caixas eletrônicos em ao menos três oportunidades diferentes, conduta também confessada pelos membros da organização criminosa em seus depoimentos. A referida conduta dos agentes encontra tipificação no delito previsto no art. 155, § 4º-A (furto qualificado pelo emprego de explosivo).

Os investigados Márcio Sousa, Lucas Pereira, Bruno Lima, Carlos Júnior, Pedro Silva e Paulo de Tarso encontram-se presos preventivamente e Antônio Dias, por não apresentar risco às investigações encontra-se em liberdade. Os investigados já se encontram indicados no âmbito deste inquérito policial.

As medidas patrimoniais relativas aos bens já foram adotadas no âmbito desta investigação.

Portanto, presentes os elementos referentes ao *fumus comissi delicti*, conforme anterior indiciamento, esta autoridade conclui que existe prova da materialidade e indícios concretos de autoria referentes aos investigados: Antônio Dias, Márcio Sousa, Lucas Pereira, Bruno Lima, Carlos Júnior, Pedro Silva e Paulo de Tarso, referente aos delitos: Art. 2º, Lei nº 12.850/2013 (Organização Criminosa) em concurso material com os crimes previstos no art. 155, § 4º-A, c/c art. 71 (continuidade delitiva) (furto qualificado pelo emprego de explosivo) e art. 155, § 4º, II e IV (furto cometido mediante concurso de agentes e fraude).

É o relatório.

Isto posto, considerando que as investigações estão encerradas na esfera policial, submeto o presente relatório à apreciação de Vossa Excelência, bem como ao membro do Ministério Público.

Brasília, data.

Delegado de Polícia.

34 Outras peças práticas

Neste capítulo trataremos de maneira sucinta a respeito de outras peças práticas mais simples e com menor incidência em provas concursais para o cargo de Delegado de Polícia.

Com efeito, acreditamos que, com o arcabouço teórico e prático desenvolvido até o presente momento, sempre considerando as informações genéricas abordadas no Capítulo 20, o leitor é capaz de elaborar quaisquer representações e peças menos usuais, mas, a fim de tentar exaurir qualquer possibilidade de lacuna, trataremos neste ponto os pormenores de outras peças passíveis de elaboração pela Autoridade Policial.

34.1 REPRESENTAÇÃO PELA UTILIZAÇÃO DE BEM SEQUESTRADO, APREENDIDO OU SUJEITO A MEDIDA ASSECURATÓRIA

Conforme analisamos nos capítulos anteriores, é possível que os órgãos integrantes da estrutura repressiva do Estado, desde que autorizados judicialmente, utilizem-se de bens apreendidos ou sequestrados em poder de investigados, desde que demonstrado o interesse público na utilização do bem e adimplidos os requisitos legalmente previstos.

O Delegado de Polícia, no curso da fase investigativa, é a autoridade responsável por remeter, por meio de representação própria, a informação a respeito da necessidade de utilização do bem apreendido/sequestrado. É interessante ressaltar que a apreensão pode resultar tanto de medida de busca e apreensão como da medida de sequestro.

Anteriormente, o pleito referente à necessidade de utilização do bem era realizado por meio de simples ofício. Atualmente conta com expressa previsão legal genérica no Código de Processo Penal (art. 133-A, dispositivo incluído pelo Pacote Anticrime) e previsão específica prevista na Lei de Drogas (art. 62). Em ambas as hipóteses, a peça assume estrutura própria de representação.

A previsão genérica, atualmente contida no CPP, incluída pelo Pacote Anticrime (Lei nº 13.964/2019), segue a tendência de um novo modelo de política criminal funcionalista, que busca enfrentar o sentimento social de impunidade.

Inicialmente, a referida possibilidade era apresentada unicamente no art. 62 da Lei de Drogas (Lei nº 11.343/2006), vejamos a redação do dispositivo:

> **Art. 62.** Comprovado o interesse público na utilização de quaisquer dos bens de que trata o art. 61, os órgãos de polícia judiciária, militar e rodoviária poderão deles fazer uso, sob sua responsabilidade e com o objetivo de sua conservação, mediante autorização judicial, ouvido o Ministério Público e garantida a prévia avaliação dos respectivos bens.
>
> **§ 1º-A.** O juízo deve cientificar o órgão gestor do Funad para que, em 10 (dez) dias, avalie a existência do interesse público mencionado no *caput* deste artigo e indique o órgão que deve receber o bem.
>
> **§ 1º-B.** Têm prioridade, para os fins do § 1º-A deste artigo, os órgãos de segurança pública que participaram das ações de investigação ou repressão ao crime que deu causa à medida.
>
> (...)
>
> **§ 4º** Quando a autorização judicial recair sobre veículos, embarcações ou aeronaves, o juiz ordenará à autoridade ou ao órgão de registro e controle a expedição de certificado provisório de registro e licenciamento em favor do órgão ao qual tenha deferido o uso ou custódia, ficando este livre do pagamento de multas, encargos e tributos anteriores à decisão de utilização do bem até o trânsito em julgado da decisão que decretar o seu perdimento em favor da União.

Atualmente, a possibilidade de utilização dos bens apreendidos e sequestrados encontra previsão genérica no Código de Processo Penal, trata-se de medida inserida pelo Pacote Anticrime. Vejamos as disposições genéricas:

> **Art. 133-A.** O juiz poderá autorizar, constatado o interesse público, a utilização de bem sequestrado, apreendido ou sujeito a qualquer medida assecuratória pelos órgãos de segurança pública previstos no art. 144 da Constituição Federal, do sistema prisional, do sistema socioeducativo, da Força Nacional de Segurança Pública e do Instituto Geral de Perícia, para o desempenho de suas atividades.
>
> **§ 1º** O órgão de segurança pública participante das ações de investigação ou repressão da infração penal que ensejou a constrição do bem terá prioridade na sua utilização.
>
> **§ 2º** Fora das hipóteses anteriores, demonstrado o interesse público, o juiz poderá autorizar o uso do bem pelos demais órgãos públicos.
>
> **§ 3º** Se o bem a que se refere o *caput* deste artigo for veículo, embarcação ou aeronave, o juiz ordenará à autoridade de trânsito ou ao órgão de registro e controle a expedição de certificado provisório de registro e licenciamento em favor do órgão público beneficiário, o qual estará isento do pagamento de multas, encargos e tributos anteriores à disponibilização do bem para a sua utilização, que deverão ser cobrados de seu responsável.
>
> **§ 4º** Transitada em julgado a sentença penal condenatória com a decretação de perdimento dos bens, ressalvado o direito do lesado ou terceiro de boa-fé, o juiz poderá determinar a transferência definitiva da propriedade ao órgão público beneficiário ao qual foi custodiado o bem.

Desse modo, observe que é possível que haja representação do Delegado de Polícia a respeito da necessidade de utilização pelo órgão policial dos objetos apreendidos e sequestrados, como veículos, embarcações ou mesmo aeronaves.

Nesses casos, deve constar da representação a necessidade de expedição de **certificado provisório de registro e licenciamento**.

Atenção

Observe que não é tecnicamente correto representar por medida de busca e apreensão ou de sequestro cumulada com a representação pela utilização do bem, uma vez que, inicialmente, deve-se apreender ou sequestrar o bem para, posteriormente, requerer a sua utilização.

Contudo, acreditamos que, em provas práticas para Delegado de Polícia, as medidas poderiam ser eventualmente cumuladas caso existam elementos fáticos na questão que indiquem essa medida.

Deve-se demonstrar objetivamente o benefício advindo da utilização do bem, conforme o seguinte quadro:

Compatibilidade entre o uso provisório do bem pelo órgão cessionário	vs.	Benefícios coletivos advindos da decisão

Modelo

EXCELENTÍSSIMO(A) SENHOR(A) JUIZ(A) DE DIREITO DA ___ VARA (...) DA COMARCA DE (...)

Não use abreviações no endereçamento. Lembre-se de que não é necessário o uso de inúmeros pronomes de tratamento.

Medida sigilosa e urgente.

Sugerimos que sempre coloque a medida é sigilosa e urgente.

Referência: Inquérito Policial nº

Caso haja referência ao número do inquérito, deve-se fazer referência à referida numeração. Caso não haja, o candidato poderá usar o termo: Inquérito Policial nº.

Não há necessidade de pular linhas, sobretudo se o número de linhas de sua prova for reduzido.

Deixar parágrafo de aproximadamente dois dedos de distância da margem.

O Delegado de Polícia ao final assinado, no uso de suas atribuições constitucionais e legais, sobretudo o art. 144, § 4º, da Constituição Federal e o art. 2º, § 1º, da Lei nº 12.830/2013, com fulcro no art. 133-A[1] do Código de Processo Penal, vem à presença de Vossa Excelência representar pela **autorização de uso** de *(nome do bem, sua qualificação, local em que se situa e a quem se vincula)*, pelos fundamentos de fato e de direito que pormenorizadamente se seguem:

---

1 Caso se trate de situação envolvendo a Lei de Drogas, o fundamento será o art. 62 da referida lei.

DA SINOPSE DOS FATOS

Neste ponto, deve-se apresentar o resumo dos fatos elencados na questão, lembre-se de que não devem ser apresentados fatos que não estiverem no enunciado da questão.

1ª informação: só devem ser ressaltados fatos relevantes que terão correlação com a parte da fundamentação.

DOS FUNDAMENTOS

Neste momento, pode-se apresentar um breve apanhado sobre o instituto pleiteado, além do fumus comissi delicti, *do* periculum in mora *e* proporcionalidade.

1ª informação: deve-se fazer referência à apreensão, sequestro ou medida assecuratória anterior.

2ª informação: caso a questão traga dados suficientes, deve-se **tipificar o delito**.

3ª informação: deve-se ressaltar a presença do **interesse público** e que a medida é **adequada e proporcional.**

DO(S) PEDIDO(S)

Aqui será apenas a finalização da peça, indicando ao magistrado a razão da representação.

Por cautela, pode-se colocar que o MP será ouvido.

Por todo o exposto e com fulcro nos dispositivos legais acima referidos, representa esta Autoridade Policial pela **autorização do uso** de *(nome do bem, sua qualificação, local em que se situa e a quem se vincula)*, em razão do evidente interesse público, após oitiva do membro do Ministério Público.

Local, data.

Delegado de Polícia.

Lotação *(se houver)*.

Embora seja óbvio, o óbvio por vezes precisa ser dito: jamais identifique sua prova, *seja assinando-a, colocando seu nome (ou as iniciais dele) ou de qualquer outra maneira.*

34.2 REPRESENTAÇÃO POR IDENTIFICAÇÃO CRIMINAL

34.2.1 Conceito e previsão legal

O objeto da inclusão deste tópico é contextualizar o nosso leitor a respeito das hipóteses nas quais será necessária a determinação dessa importante providência no âmbito da investigação. Nesse sentido, é imprescindível conhecer as determinações constitucionais e legais a respeito do tema.

A Constituição Federal assegura que nenhuma pena passará da pessoa do condenado, por isso faz-se necessário e indispensável que o Estado conheça a identidade do investigado.

O professor Renato Brasileiro de Lima (2018, p. 142) afirma:

> (...) a identificação criminal é o gênero do qual as espécies são a identificação datiloscópica – feita com base nas saliências papilares da pessoa –, a identificação fotográf ica e a novel identificação do perfil genético.

E segue explicando:

> (...) de modo algum se confundem a identificação criminal e a qualificação do investigado. A identificação criminal diz respeito à identificação datiloscópica, fotográfica e genética, e só é possível nos casos previstos em lei (CF, art. 5º, LVIII).

IDENTIFICAÇÃO CRIMINAL ≠ QUALIFICAÇÃO DO INVESTIGADO

Nosso leitor de forma alguma pode confundir a qualificação do investigado com a sua identificação criminal. A qualificação é providência ordinária, comum a todas as investigações. Já a identificação criminal é providência excepcional e somente cabível nas hipóteses legal e constitucionalmente previstas.

Desse modo, a identificação criminal somente será necessária quando não for possível identificar civilmente o investigado ou, ainda, quando a identificação for indispensável para a investigação. Nesse último caso, será necessária uma ordem judicial.

É justamente nessa situação (indispensabilidade para a investigação) em que se constata a representação por identificação criminal. A identificação do investigado não se enquadra em nenhuma das hipóteses legais, mas, ainda assim, mostra-se indispensável para a investigação.

Nesses casos, nos termos do art. 3º, IV, da Lei nº 12.037/2009, a identificação será determinada judicialmente por representação da Autoridade Policial. Vejamos o dispositivo legal:

> **Art. 3º** Embora apresentado documento de identificação, poderá ocorrer identificação criminal quando: (...)
>
> IV – a identificação criminal for essencial às investigações policiais, segundo despacho da autoridade judiciária competente, que decidirá de ofício ou mediante representação da autoridade policial, do Ministério Público ou da defesa; (...)

É interessante observar que essa providência não está restrita à provocação do Delegado de Polícia, pois pode ser decretada de ofício pela autoridade judicial,[2] ou mediante representação do Ministério Público ou da defesa.

---

[2] O que pode ser questionável, sobretudo após as modificações sistêmicas promovidas pelo Pacote Anticrime como reforço ao sistema acusatório.

Nesse contexto, é interessante que nosso leitor conheça os documentos aptos a comprovar a identificação civil. Vejamos o art. 2º da Lei nº 12.037/2009:

> **Art. 2º** A identificação civil é atestada por qualquer dos seguintes documentos:
>
> I – carteira de identidade;
>
> II – carteira de trabalho;
>
> III – carteira profissional;
>
> IV – passaporte;
>
> V – carteira de identificação funcional;
>
> VI – outro documento público que permita a identificação do indiciado.
>
> **Parágrafo único.** Para as finalidades desta Lei, equiparam-se aos documentos de identificação civis os documentos de identificação militares.

As hipóteses, em que é possível a identificação criminal, estão descritas no art. 3º da Lei nº 12.037/2009. Esses casos ilustram situações em que, mesmo apresentando documento, ainda há possibilidade de ocorrer identificação criminal:

> **Art. 3º** Embora apresentado documento de identificação, poderá ocorrer identificação criminal quando:
>
> I – o documento apresentar **rasura** ou tiver **indício de falsificação**;
>
> II – o documento apresentado for **insuficiente** para identificar cabalmente o indiciado;
>
> III – o indiciado portar documentos **de identidade distintos, com informações conflitantes entre si**;
>
> **IV – a identificação criminal for essencial às investigações policiais, segundo despacho da autoridade judiciária competente, que decidirá de ofício ou mediante representação da autoridade policial, do Ministério Público ou da defesa;**
>
> V – constar de registros policiais **o uso de outros nomes ou diferentes qualificações**;
>
> VI – o **estado de conservação** ou **a distância temporal** ou **da localidade da expedição do documento** apresentado impossibilite a completa identificação dos caracteres essenciais. (grifos nossos)

Desses artigos, podemos destacar dois pontos:

a. O inciso IV, diferente dos demais, para ser aplicado depende de **prévia autorização judicial**, podendo-se incluir aqui a possibilidade de coleta de material biológico para o perfil genético. Nesse caso, a providência deverá ser requerida ao Poder Judiciário por meio das representações.

b. Os demais incisos apresentam hipóteses em que a identificação poderá ser determinada nos próprios despachos a serem exarados pelo Delegado, considerando que se trata de medidas com previsão legal.

A par dessas informações introdutórias, vejamos um modelo de representação por identificação criminal.

Modelo de Representação por Identificação Criminal

EXCELENTÍSSIMO(A) SENHOR(A) JUIZ(A) DE DIREITO DA ___ VARA (...) DA COMARCA DE (...)

Não use abreviações no endereçamento. Lembre-se de que não é necessário o uso de inúmeros pronomes de tratamento.

Medida sigilosa e urgente.

Sugerimos que sempre coloque a medida é sigilosa e urgente.

Referência: Inquérito Policial nº

Caso haja referência ao número do inquérito, deve-se fazer referência à referida numeração. Caso não haja, o candidato poderá usar o termo: Inquérito Policial nº.

Não há necessidade de pular linhas, sobretudo se o número de linhas de sua prova for reduzido.

Deixar parágrafo de aproximadamente dois dedos de distância da margem.

O Delegado de Polícia ao final assinado, no uso de suas atribuições constitucionais e legais, sobretudo o art. 144, § 4º, da Constituição Federal e art. 2º, § 1º, da Lei nº 12.830/2013, com fulcro no art. 3º, IV, da Lei nº 12.037/2009, vem à presença de Vossa Excelência representar pela **identificação criminal** de *(suposto nome e dados da pessoa cuja identidade se suspeita)*, pelos fundamentos de fato e de direito que pormenorizadamente se seguem:

DA SINOPSE DOS FATOS

Neste ponto, deve-se apresentar o resumo dos fatos elencados na questão, lembre-se de que não devem ser apresentados fatos que não estiverem no enunciado da questão.

1ª informação: só devem ser ressaltados fatos relevantes que terão correlação com a parte da fundamentação.

DOS FUNDAMENTOS

Neste momento, pode-se apresentar um breve apanhado sobre o instituto pleiteado, além do fumus comissi delicti, *do* periculum in mora *e* proporcionalidade.

1ª informação: deve ser ressaltado através de dados trazidos pela questão qual(is) é (são) o(s) motivo(s) que sugere(m) a **necessidade de identificação criminal**.

2ª informação: caso a questão traga dados suficientes, deve-se **tipificar o delito**.

3ª informação: deve ser ressaltado por meio de dados trazidos pela questão, como a identificação criminal do suspeito pode é essencial à investigação e que a medida é **adequada e proporcional**.

DO(S) PEDIDO(S)

Aqui será apenas a finalização da peça, indicando ao magistrado a razão da representação.

Por cautela, pode-se colocar que o MP será ouvido.

Por todo o exposto e com fulcro nos dispositivos legais acima referidos, representa esta Autoridade Policial pela **identificação criminal** de *(suposto nome e dados da pessoa cuja identidade se suspeita)*, após oitiva do membro do Ministério Público.

Local, data.

Delegado de Polícia.

Lotação *(se houver)*.

Embora seja óbvio, o óbvio por vezes precisa ser dito: jamais identifique sua prova, *seja assinando-a, colocando seu nome (ou as iniciais dele) ou de qualquer outra maneira.*

34.3 REPRESENTAÇÃO POR PRODUÇÃO ANTECIPADA DE PROVAS

O Delegado de Polícia é Autoridade responsável por conduzir a investigação operacionalizada por meio de inquérito policial.[3] Neste contexto, possui discricionaridade na condução da investigação, logicamente respeitando os limites constitucionais e legais.

Em determinadas hipóteses, a própria estrutura constitucional e legal condiciona a prática da diligência investigativa à autorização judicial, como na interceptação telefônica, na infiltração de agentes e em diversas outras medidas já analisadas no âmbito deste trabalho.

Ocorre que, em determinadas hipóteses, o Delegado de Polícia se depara com situações urgentes em que o risco de perecimento do elemento informativo é evidente. Justamente nesse contexto, surge a representação por produção antecipadas de provas.

Apesar de genericamente ser chamada de representação, não se vislumbra em sua completude todos os requisitos genéricos das cautelares. É, pois, uma **representação anômala**. O fundamento básico dessa representação e a urgência e proporcionalidade da medida, marcada pelo risco concreto do perecimento da prova que se pretende produzir com correlação com à necessidade de preservar-se o elemento informacional importante para a investigação.

Observe que o termo a que nos referimos efetivamente é prova, pois será produzida judicialmente perante o magistrado e sob o crivo do contraditório real, diferenciando-se dos elementos informativos ordinariamente produzidos no âmbito da investigação. Consubstancia-se naquilo que chamamos na primeira parte desse manual de **provas antecipadas**.

A representação por produção antecipadas de provas não conta com previsão específica na legislação, contudo encontra fundamento no art. 156, I, CPP:

> **Art. 156.** A prova da alegação incumbirá a quem a fizer, sendo, porém, facultado ao juiz de ofício.
>
> I – ordenar, mesmo antes de iniciada a ação penal, a produção antecipada de provas consideradas urgentes e relevantes, observando a necessidade, adequação e proporcionalidade da medida;

---

[3] Ou outro instrumento apuratório. Ex.: procedimento de apuração de ato infracional.

Conforme a redação do dispositivo, o juiz poderia, mesmo antes de iniciada a fase processual, ordenar a produção antecipadas de provas consideradas urgentes e relevantes, observando-se a necessidade, adequação e proporcionalidade da medida.

As imposições do sistema acusatório, essencialmente após as alterações operadas pelo Pacote Anticrime, impedem que o magistrado atue de ofício na atividade instrutória, ainda mais na fase investigativa. Desse modo, não resta alternativa a não ser conferir ao Delegado de Polícia a prerrogativa de provocar o magistrado a respeito da necessidade de produzir-se antecipadamente determinada prova relevante e urgente.

Nesse contexto, evidencia-se novamente o **poder geral de representação do Delegado de Polícia**, o qual, mesmo diante da ausência de previsão legal específica, autoriza que a Autoridade Policial leve ao conhecimento do magistrado à necessidade de preservar determinada prova.

Imagine, a título de exemplo, a necessidade de ouvir determinada testemunha ocular do delito que se encontra em estado terminal no hospital ou mesmo a necessidade de ouvir crianças vítimas de violência sexual. Nessa última hipótese, não é plausível que essa criança seja ouvida várias vezes a respeito da violência que sofrera, motivo pelo qual representa-se para que ela seja ouvida somente uma única vez perante o juízo.

Nesses casos, são requisitos intrínsecos da representação:

a. Demonstração da urgência da medida. O Delegado de Polícia deverá evidenciar, por meio de dados fáticos, o risco de perecimento do elemento e a urgência da medida. *(periculum in mora).*

b. Relevância da prova que se pretende produzir. Nesse caso o Delegado deverá demostrar em que aquela prova contribuirá para elucidação dos fatos.

c. Necessidade, adequação e proporcionalidade da medida. Trata-se efetivamente da proporcionalidade da medida, demonstrando-se que não há outro meio hábil e efetivo a se produzir aquela prova. Basicamente, demonstra-se a imprescindibilidade da medida.

Modelo relativo à representação por produção antecipada de provas

EXCELENTÍSSIMO(A) SENHOR(A) JUIZ(A) DE DIREITO DA __ VARA (...) DA COMARCA DE (...)

Não use abreviações no endereçamento. Lembre-se de que não é necessário o uso de inúmeros pronomes de tratamento.

Medida urgente.

Sugerimos que sempre coloque que a medida é urgente.

Não há necessidade de se colocar que a medida é sigilosa, pois a defesa do investigado será comunicada para participar do ato de produção antecipada da prova.

Referência: Inquérito Policial nº

Caso haja referência ao número do inquérito, deve-se fazer referência à referida numeração. Caso não haja, o candidato poderá usar o termo: Inquérito Policial nº.

Não há necessidade de pular linhas, sobretudo se o número de linhas de sua prova for reduzido.

Deixar parágrafo de aproximadamente dois dedos de distância da margem.

O Delegado de Polícia ao final assinado, no uso de suas atribuições constitucionais e legais, sobretudo o art. 144, § 4º, da Constituição Federal e art. 2º, § 1º, da Lei nº 12.830/2013, com fulcro no art. 156, I, do Código de Processo Penal, vem à presença de Vossa Excelência representar por **produção antecipada de prova** *(colocar qual será a prova antecipada – Ex: materializada pela oitiva em juízo da testemunha xxxx)*, pelos fundamentos de fato e de direito que pormenorizadamente se seguem:

DA SINOPSE DOS FATOS

Neste ponto, deve-se apresentar o resumo dos fatos elencados na questão, lembre-se de que não devem ser apresentados fatos que não estiverem no enunciado da questão.

1ª informação: Só devem ser ressaltados fatos relevantes que terão correlação com a parte da fundamentação.

DOS FUNDAMENTOS

Neste momento, pode-se apresentar um breve apanhado sobre o instituto pleiteado, além do periculum in mora *e* proporcionalidade.

1ª informação: deve ser demonstrada através de dados trazidos pela questão a razão específica da urgência da medida, ressaltando o risco do perecimento da prova.

2ª informação: caso a questão traga dados suficientes, deve-se **tipificar o delito**.

3ª informação: deve ser ressaltada através de dados trazidos pela questão a relevância da prova que pretende produzir – devendo o Delegado indicar como essa produção probatória irá contribuir para a investigação.

4ª informação: deve-se demonstrar com dados concretos a necessidade, adequação e proporcionalidade da medida, ressaltando-se a imprescindibilidade da medida.

DO(S) PEDIDO(S)

Aqui será apenas a finalização da peça, indicando ao magistrado a razão da representação.

Deve-se colocar que o MP será ouvido.

Deve-se solicitar, em caso de deferimento, que a defesa do investigado seja intimada.

Por todo o exposto e com fulcro nos dispositivos legais acima referidos, representa esta Autoridade Policial, após oitiva do membro do Ministério Público, pela **produção antecipada de prova** *(colocar qual será a prova antecipada – Ex.: materializada pela oitiva em juízo da testemunha xxxx)*, pugnando-se, em caso de deferimento da medida, que a defesa do investigado seja devidamente intimada para o ato.

Local, data.

Delegado de Polícia.

Lotação *(se houver)*.

Embora seja óbvio, o óbvio por vezes precisa ser dito: jamais identifique sua prova*, seja assinando-a, colocando seu nome (ou as iniciais dele) ou de qualquer outra maneira.*

Referências

ALVES, Leonardo Barreto Moreira. *Sinopse de direito processual penal para concursos.* Salvador: JusPodivm, 2017.

________. *Sinopse de direito processual penal para concursos.* Salvador: JusPodivm, 2018.

________. *Sinopse de direito processual penal para concursos.* Salvador: JusPodivm, 2020.

AVENA, Norberto. *Processo penal esquematizado.* São Paulo: Método, 2009.

________. *Processo penal esquematizado.* São Paulo: Método, 2018.

________. *Processo penal esquematizado.* São Paulo: Método, 2019.

BRASIL. STF. *Polícia científica não pode ser criada como nova corporação policial.* 2020. Disponível em: <http://www.stf.jus.br/portal/cms/verNoticiaDetalhe.asp?idConteudo=446234>. Acesso em: 17 nov. 2020.

________. STF. *STF decide que delegados de polícia podem firmar acordos de colaboração premiada.* 2018. Disponível em: http://www.stf.jus.br/portal/cms/verNoticiaDetalhe.asp?idConteudo=382031%3E. Acesso em: 17 nov. 2020.

________. STF. *STF ratifica decisão que determinou a prisão imediata de líder do PCC.* 2020. Disponível em: <http://portal.stf.jus.br/noticias/verNoticiaDetalhe.asp?i=-dConteudo-453446&ori=1>. Acesso em: 21 out. 2020.

________. STJ. *Para Sexta Turma, prisão em flagrante pode, excepcionalmente, ser convertida em preventiva sem pedido do MP ou da polícia.* Disponível em: <http://www.stj.jus.br/sites/portalp/Paginas/Comunicacao/Noticias/17092020-Para-Sexta-Turma--prisao-em--flagrante-pode--excepcionalmente-ser-convertida-em-preventiva-sem-pedido.aspx>. Acesso em: 24 set. 2020.

CÂMARA, Alexandre Freitas. *Lições de direito processual civil.* 3. ed. Rio de Janeiro: Lumen Juris, 2001.

CANOTILHO, J. J. Gomes *et al. Comentários à Constituição do Brasil.* 2. ed. São Paulo: Saraiva, 2018.

CAPEZ, Fernando. *Curso de processo penal.* 6. ed. rev. São Paulo: Saraiva, 2001.

CASTRO, Henrique Hoffmann Monteiro de. *Delegado de Polícia pode acessar dados sem autorização judicial.* 2017. Disponível em: <https://www.conjur.com.br/2017-jun-13/academia-policia-delegado-po- licia-acessar-dados-autorizacao-judicial>. Acesso em: 22 set. 2020.

________; CARNEIRO, Pedro Rios. Concessão de medidas protetivas na delegacia é avanço necessário. *Revista Consultor Jurídico*, jun. 2016. Disponível em: <http://www.conjur.com.br/2016-jun-20/concessao-medidas-protetivas-delegacia-avanco-necessario>. Acesso em: 20 jun. 2016.

________; COSTA, A. S. *Lei de Tráfico de Pessoas amplia poder requisitório do delegado.* 2016. Disponível em: <https://www.conjur.com.br/2016-nov-10/lei-trafico-pes-soas-amplia-poder-requisitorio-delegado>. Acesso em: 17 nov. 2020.

CAVALCANTE, Márcio Andre Lopes. *Foro por prerrogativa de função:* panorama atual. 2018. Disponível em: <https://www.dizerodireito.com.br/2018/06/foro-por-prerrogativa-de-funcao.html>. Acesso em: 7 mar. 2021.

________. *Súmulas do STF e STJ anotadas e organizadas por assunto.* 5. ed. rev., atual. e ampl. Salvador: JusPodivm, 2019.

CEBRIAN, Alexandre; GONÇALVES, Eduardo Rio. *Direito processual penal esquematizado.* 7. ed. São Paulo: Saraiva, 2017.

DI PIETRO, Maria Sylvia. *Direito Administrativo.* 28. ed. São Paulo: Forense, 2015.

DINAMARCO, Cândido Rangel. *A instrumentalidade do processo.* 4. ed. São Paulo: Malheiros, 1994.

DUARTE FILHO, Helcio. *CNJ aprova Polícia Judicial, com atuação no âmbito interno do Poder Judiciário.* Disponível em: <https://www.sintrajud.org.br/cnj-aprova-criacao-da-policia-judicial-com-atuacao-no-ambito-interno-do-poder-judiciario/>. Acesso em: 17 nov. 2020.

FERNANDES, Antonio Scarance. Equilíbrio entre a eficiência, garantismo e crime. organizado. *RBCCRIM*, São Paulo, n. 70, p. 245, 2008.

________. O equilíbrio entre a eficiência e o garantismo e o crime organizado. In: TOLEDO, Otávio Augusto de Almeida *et al. Repressão penal e crime organizado*: os novos rumos da política criminal após o 11 de setembro. São Paulo: Quartier Latin, 2009.

________. *Processo penal constitucional.* São Paulo: Revista dos Tribunais, 2012.

FERREIRA, Marcelo Zago Gomes. Moderna visão do indiciamento penal no curso investigativo. *Revista Brasileira de Ciências Policiais*, Brasília, v. 4, n. 2, p. 79-105, jul./dez. 2013. Disponível em: <https://periodicos.pf.gov.br/index.php/RBCP/article/view/196/203>. Acesso em: 9 mar. 2022.

FREITAS, Jayme Walmer. *Prisão temporária.* 2. ed. rev., ampl e atual. São Paulo: Saraiva, 2009.

GARCIA, Basileu. *Comentários ao Código de Processo Penal.* Rio de Janeiro: Forense, 1945. v. III.

GOMES, Amintas Vidal. *Manual do delegado*: teoria e prática. 9. ed. rev., atual. e ampl. Rio de Janeiro: Forense; São Paulo: Método, 2015.

GOMES, Luiz Flávio; MARQUES, Ivan Luis. *Prisão e medidos cautelares*: comentários à Lei nº 12.403, de 4 de maio de 2011. São Paulo: Revista dos Tribunais, 2011.

GONÇALVEZ, Vitor Eduardo Rios. *Direito processual penal esquematizado*. São Paulo: Saraiva, 2016.

GRECO, Rogério. *Atividade policial*: aspectos penais, processuais penais, administrativos e constitucionais. 10. ed. Niterói: Ímpetus, 2020.

GUIMARÃES, Rodrigo Régnier Chemim. *Controle Externo da Atividade Policial pelo Ministério Público*. Curitiba: Juruá, 2009.

HOFFMAN, Henrique. *A Lei nº 13.441/17 instituiu a infiltração policial virtual*. Disponível em: <https://www.conjur.com.br/2017-mai-16/academia-policia-lei-1344117-instituiu-infiltracao-policial-virtual>. Acesso em: 24 set. 2020.

JARDIM, Afrânio Silva. *Direito processual penal*. 11. ed. Rio de Janeiro: Forense, 2002.

JESUS, Damásio de. Interceptação de comunicações telefônicas. *RT* 735, p. 458-473.

LIMA, Renato Brasileiro de. *Legislação criminal especial comentada*. 4. ed. Salvador: JusPodivm, 2016.

________. *Legislação criminal especial comentada*. 8. ed. rev., atual. e ampl. Salvador: JusPodivm, 2020.

________. *Manual de processo penal*: volume único. 5. ed. rev., ampl. e atual. Salvador: JusPodivm, 2017.

________. *Manual de processo penal*: volume único. 6. ed. rev., ampl. e atual. Salvador: JusPodivm, 2018.

________. *Manual de processo penal*: volume único. 8. ed. rev., ampl. e atual. Salvador: JusPodivm, 2020.

LOPES JUNIOR, Aury Celso Lima; GLOECKNER, Ricardo Jacobsen. *Investigação preliminar no processo penal*. 2. ed. São Paulo: Saraiva, 2013.

MANZANO, Luis Fernando de Moraes. *Curso de processo penal*. São Paulo: Atlas, 2010.

MARQUES, José Frederico. *Elementos de direito processual penal*. Rio de Janeiro: Forense, 1965. v. 4.

________. *Tratado de direito penal*. Porto Alegre: Bookseller, 1997. v. II.

MASSON, Cleber; MARÇAL, Vinícius. *Crime organizado*. 4. ed. rev., atual. e ampl. Rio de Janeiro: Forense; São Paulo: Método, 2018.

MENDES, Gilmar Ferreira; COELHO, Inocêncio Mártires; BRANCO, Paulo Gustavo Gonet. *Curso de direito constitucional*. São Paulo: Saraiva, 2017.

MENDES, João. *Processo criminal brasileiro*. Rio de Janeiro: 1920. v. 1.

MIRABETE, Julio Fabbrini. *Processo penal*. 18. ed. São Paulo: Atlas, 2006.

NEISTEIN, Mariângela Lopes. O agente infiltrado como meio de investigação. 2006. Dissertação (Mestrado) – Universidade de São Paulo, São Paulo, 2006.

NUCCI, Guilherme de Souza. *Manual de processo penal e execução penal*. 14. ed. São Paulo: Revista dos Tribunais, 2018.

OLIVEIRA, Eugênio Pacelli de. *Curso de processo penal*. 21. ed. rev., atual. e ampl. São Paulo: Atlas, 2017.

PERAZZONI, Franco. O delegado de polícia como sujeito processual e o princípio do delegado natural. *Revista de Direito de Polícia Judiciária*, Brasília, ano 1, n. 2, p. 201, 2017. Disponível em: <http://dx.doi.org/10.31412%2Frdpj.v1i2.513>. Acesso em: 21 set. 2020.

________. Sistemas comparados de investigação criminal. *Disciplinas extrajurídicas de polícia judiciária*. Belo Horizonte: Fórum, 2020. v. 7.

PEREIRA, Eliomar. *Teoria da investigação criminal*: uma introdução jurídico-científica. São Paulo: Almedina Brasil, 2010.

PITOMBO, Cleonice Bastos. *Da busca e da apreensão no processo penal*. 2. ed. São Paulo: RT, 2005.

PITOMBO, Sérgio Marcos de Moraes. *O indiciamento como ato de polícia judiciária*. São Paulo: Revista dos Tribunais, n. 577, 1983.

PORTOCARRERO, Cláudia Barros; ÁVILA, Filipe; MILIORINI, Michely. *Legislação Criminal Decifrada*. São Paulo: Alfacon, 2021.

PRADO, Luiz Regis. *Curso de direito penal brasileiro*. São Paulo: RT, 2001, v. 1.

QUEIJO, Maria Elisabeth. *O direito de não produzir prova contra si mesmo* (o princípio *nemo tenetur se detegere* e suas decorrência no processo penal). São Paulo: Saraiva, 2003.

RANGEL, Paulo. *Direito processual penal*. 15. ed. Rio de Janeiro: Lumen Juris, 2008.

REIS, Alexandre Cebrian Araújo; GONÇALVES, Victor Eduardo Rios. *Direito processual penal esquematizado*. Coordenador: Pedro Lenza. 5. ed. São Paulo: Saraiva, 2016.

SANNINI NETO, Francisco. Indiciamento: ato privativo do delegado de polícia. *Jus Navigandi*, Teresina, ano 17, n. 3233, 8 maio 2012. Disponível em: <http://jus.com.br/artigos/21713>. Acesso em: 15 ago. 2013.

________. Lei Henry Borel cria mecanismos de proteção e enfrentamento à violência doméstica praticada contra menores de idade. 2022. Disponível em: <https://www.conjur.com.br/2022-jun-03/sannini-neto-lei-henry-borel-mecanismos-protecao>. Acesso em: 13 set. 2022.

SILVA JÚNIOR, Walter Nunes da. *Curso de direito processual penal*: teoria (constitucional) do processo penal. Rio de Janeiro: Renovar, 2008.

TÁVORA, Nestor; ALENCAR, Rosmar Rodrigues. *Curso de direito processual penal*. 4. ed. Salvador: JusPodivm, 2019.

TOLEDO, Francisco de Assis. *Princípios básicos de direito penal*. 5. ed. São Paulo: Saraiva, 1994.

TOURINHO FILHO, Fernando da Costa. *Manual de processo penal*. São Paulo: Saraiva, 2012.

VALENTE, Manuel Guedes. *Teoria geral do direito policial*. 3. ed. Coimbra: Almedina, 2012.

10
1
2
3
4
5
6
7
8
9
2023